★企业主管实用手册系列★

人力资源主管实用手册

RENLIZIYUAN
ZHUGUAN
SHIYONG SHOUCE

李笑◎主编

经济管理出版社
ECONOMY & MANAGEMENT PUBLISHING HOUSE

图书在版编目（CIP）数据

人力资源主管实用手册/李笑主编．—北京：经济管理
出版社，2009.6
ISBN 978 - 7 - 5096 - 0650 - 6

Ⅰ．人…　Ⅱ．李…　Ⅲ．劳动力资源—资源管理—手
册　Ⅳ．F241 - 62

中国版本图书馆 CIP 数据核字（2009）第 090125 号

出版发行：经济管理出版社

北京市海淀区北蜂窝 8 号中雅大厦 11 层
电话：（010）51915602　邮编：100038

印刷：北京晨旭印刷厂　　　　　　经销：新华书店

组稿编辑：谭伟　　　　　　责任编辑：杜菲
技术编辑：黄铄　　　　　　责任校对：郭佳　陈颖

787mm×1092mm/16　　　49.25 印张　　1200 千字
2009 年 7 月第 1 版　　　2009 年 7 月第 1 次印刷

定价：120.00 元

书号：ISBN 978 - 7 - 5096 - 0650 - 6

编 委 会

前　言

　　人力资源是一种特殊的经济资源，是企业最宝贵的资源，它关系到一个企业的兴衰与成败，而作为人力资源部门的管理者——人力资源主管，越来越被企业领导所重视。因而，作为企业的人力资源主管，只有认识与掌握日常工作方法，树立一种以人为本的全新的企业管理理念，充分挖掘人力资源的潜能，调动企业人力资源的积极性、主动性、创造性，才能在激烈的企业竞争中脱颖而出，才能适应时代的发展，使自己和企业走向成功。

　　本着实用性和科学性的原则，为满足企业人力资源主管的需求，我们组织编写了这本《人力资源主管实用手册》。本书的编写注重推介人力资源主管的日常工作与管理的具体方法和技巧，是为人力资源主管准备的一本务实的、确实有助于提高自身能力和素质的好书，它具有很强的实际操作性，相信对人力资源主管有莫大帮助。

　　本书内容丰富而全面，共分四大篇目。即人力资源主管、日常工作方法、人力资源管理、人力资源制度。篇下设章，共计 26 章，内容系统科学，如人力资源主管职责任务、战略规划与设计、员工招聘与录用、员工培训与开发、员工绩效管理、员工薪酬管理、员工激励管理、劳动关系管理、职业生涯管理等。每一部分内容都力图全面、系统，并结合最新理念和发展趋势，有助于提高人力资源主管运用相关理论和方法分析解决实际问题的能力。

　　本书具有三大特点：

　　1. 全。即全面性。本书涉及人力资源主管工作的方方面面，并结合案例，使人力资源主管能在工作之余轻松掌握和运用。

　　2. 用。即实用性、可用性。本书从人力资源主管的工作实际出发，突出实用，够用，可读性、可操作性强的特点，是人力资源主管的良师益友。

　　3. 新。即新颖性。本书无论是篇章结构，还是内容形式，都新颖、独到，并融合人力资源主管最新的管理方法与技能，具有超前性、时代感。

　　总之，这是一本人力资源主管案头必备的工具指导用书，是人力资源主管提高其能力、管理企业的最佳读物，具有很强的参考价值和实用价值。

　　本书在编写过程中，参考了大量的书籍、报纸、网站，为人力资源主管在实际工作应用中起到了借鉴和帮助作用，给本书增加了分量，作为编者，我们在此深表谢意。

目 录

第一篇　人力资源主管

第一章　人力资源概述 ················· 3

第一节　人力资源与管理内涵 ················· 3

第二节　人力资源管理的任务 ················· 6

第三节　人力资源管理的目标 ················· 9

第四节　人力资源管理的意义 ················· 11

第二章　主管职责任务 ················· 13

第一节　人力资源主管的职责 ················· 13

第二节　人力资源主管的权限 ················· 15

第三节　人力资源主管的任务 ················· 15

第三章　主管素质修养 ················· 22

第一节　职业素养 ················· 22

第二节　知识素养 ················· 23

第三节　能力素养 ················· 24

第四章　主管领导艺术 ················· 28

第一节　知人用人术 ················· 28

第二节　劝导训导术 ················· 40

第三节　刚柔相济术 ················· 44

第四节　恩威并施术 ················· 47

第五章　主管沟通技巧 ················· 54

第一节　主管沟通概述 ················· 54

第二节　有效沟通技巧 ················· 56

第三节　表扬批评艺术 ·· 70

第四节　说服教育艺术 ·· 79

第二篇　日常工作方法

第六章　战略规划与设计 ·· 85

第一节　职务分析 ·· 85

第二节　人力资源战略 ·· 99

第三节　人力资源预测 ·· 121

第四节　人力资源规划设计 ·· 135

第七章　人力资源诊断 ·· 148

第一节　人力资源诊断概述 ·· 148

第二节　人力资源诊断方法 ·· 154

第三节　企业管理者的诊断 ·· 155

第四节　企业组织诊断策略 ·· 159

第八章　员工招聘与录用 ·· 162

第一节　员工招聘概述 ·· 162

第二节　员工招聘策划 ·· 164

第三节　员工招聘渠道 ·· 167

第四节　员工甄选录用 ·· 175

第五节　招聘评估审核 ·· 182

第九章　员工培训与开发 ·· 186

第一节　员工培训概述 ·· 186

第二节　培训需求分析 ·· 191

第三节　员工培训程序 ·· 217

第四节　新员工培训与开发 ·· 220

第五节　培训效果评估与转化 ·· 236

第十章　员工规范与提高 ·· 265

第一节　员工科学管理规范 ·· 265

第二节　员工素质能力提高 ·· 278

第十一章　员工团队的建设 …………………………………… 291

第一节　员工团队观念更新 …………………………………… 291

第二节　加强企业团队建设 …………………………………… 297

第三节　铸造企业钢铁团队 …………………………………… 305

第十二章　企业文化的建设 …………………………………… 313

第一节　企业文化概述 ………………………………………… 313

第二节　企业文化营造 ………………………………………… 327

第三节　企业物质文化 ………………………………………… 333

第四节　企业精神文化 ………………………………………… 337

第三篇　人力资源管理

第十三章　员工日常管理 ……………………………………… 345

第一节　日常管理概述 ………………………………………… 345

第二节　企业人性化管理 ……………………………………… 351

第三节　员工压力管理 ………………………………………… 353

第四节　员工类型管理 ………………………………………… 363

第十四章　员工行为管理 ……………………………………… 383

第一节　员工在职管理 ………………………………………… 383

第二节　员工矛盾冲突 ………………………………………… 395

第三节　员工工作调整 ………………………………………… 399

第十五章　员工绩效管理 ……………………………………… 415

第一节　员工绩效考核概述 …………………………………… 415

第二节　员工绩效考核体系 …………………………………… 422

第三节　员工绩效考核方法 …………………………………… 428

第四节　绩效考核实施控制 …………………………………… 430

第十六章　员工目标管理 ……………………………………… 436

第一节　员工目标管理概述 …………………………………… 436

第二节　员工目标实施 ………………………………………… 449

第三节　员工目标管理促成 …………………………………… 457

第十七章　员工薪酬管理 …………………………………………… 461

第一节　薪酬管理概述 …………………………………………… 461

第二节　薪酬管理内容 …………………………………………… 463

第三节　薪酬设计管理 …………………………………………… 465

第四节　薪酬预算控制调整 ……………………………………… 476

第十八章　员工情感管理 …………………………………………… 494

第一节　情感管理的概述 ………………………………………… 494

第二节　管人如何重情感 ………………………………………… 496

第三节　感情投资的技巧 ………………………………………… 499

第四节　爱抚管理的方法 ………………………………………… 504

第十九章　员工激励管理 …………………………………………… 512

第一节　激励管理概述 …………………………………………… 512

第二节　企业激励管理 …………………………………………… 514

第三节　我国企业激励误区 ……………………………………… 529

第二十章　劳动关系管理 …………………………………………… 531

第一节　劳动关系概述 …………………………………………… 531

第二节　劳动合同管理 …………………………………………… 535

第三节　劳动保险福利 …………………………………………… 549

第四节　劳动争议处理 …………………………………………… 570

第二十一章　职业生涯管理 ………………………………………… 575

第一节　职业生涯概述 …………………………………………… 575

第二节　个体职业生涯 …………………………………………… 586

第三节　职业生涯管理步骤和方法 ……………………………… 592

第四篇　人力资源制度

第二十二章　行政事务管理制度 …………………………………… 599

第一节　员工工作守则 …………………………………………… 599

第二节　员工礼仪守则 …………………………………………… 602

第三节　某公司员工手册 ………………………………………… 604

第四节　员工文明行为规范 ……………………………………………… 616

第五节　员工行为规范制度 ……………………………………………… 617

第六节　员工着装管理规定 ……………………………………………… 619

第七节　仪表仪态行为规范制度 ………………………………………… 620

第八节　公司员工教育实施办法 ………………………………………… 621

第九节　人事纠纷处理制度 ……………………………………………… 622

第十节　员工述职规定 …………………………………………………… 623

第十一节　工作报告制度 ………………………………………………… 625

第十二节　公司保密制度 ………………………………………………… 626

第十三节　公司会议管理制度 …………………………………………… 631

第十四节　公司值班管理制度 …………………………………………… 634

第十五节　公司职员请假休假管理制度 ………………………………… 635

第十六节　员工基本情况一览表 ………………………………………… 638

第十七节　员工月考勤表 ………………………………………………… 638

第十八节　员工请假单 …………………………………………………… 640

第二十三章　后勤文档管理制度 ………………………………………… 641

第一节　设备管理制度 …………………………………………………… 641

第二节　设备维修保养制度 ……………………………………………… 643

第三节　安全保障制度 …………………………………………………… 644

第四节　公文处理规定 …………………………………………………… 646

第五节　档案管理制度 …………………………………………………… 650

第六节　财产管理规定 …………………………………………………… 652

第七节　员工考勤管理规定 ……………………………………………… 653

第八节　防火安全管理规定 ……………………………………………… 655

第九节　员工安全教育管理制度 ………………………………………… 659

第十节　人力资源档案管理办法 ………………………………………… 661

第十一节　公司员工宿舍管理规定 ……………………………………… 662

第十二节　公司文件管理规定 …………………………………………… 663

第十三节　公司印章管理办法 …………………………………………… 667

第十四节　办公用品管理办法 …………………………………………… 668

第十五节　办公用品管理制度 …………………………………………… 669

第十六节　计算机及网络设备管理制度 ………………………………… 672

第二十四章　人事考核奖惩制度 ………………………………………… 675

第一节　人事考核规程 …………………………………………………… 675

第二节　员工奖励办法 …………………………………………………… 678

第三节　员工绩效考核制度 ……………………………………………… 680

第四节　优秀员工评选办法 …………………………………………… 683

第五节　公司员工惩戒制度 …………………………………………… 686

第六节　企业员工奖惩条例 …………………………………………… 689

第七节　员工参与管理制度 …………………………………………… 692

第八节　提案建议管理条例 …………………………………………… 693

第九节　员工建议管理办法 …………………………………………… 695

第十节　员工提案管理办法 …………………………………………… 697

第十一节　久任员工表彰办法 ………………………………………… 699

第十二节　员工发明创作奖励办法 …………………………………… 700

第十三节　出勤及奖惩办法 …………………………………………… 702

第十四节　严重违纪通知单 …………………………………………… 702

第十五节　员工奖惩登记表 …………………………………………… 703

第十六节　员工管理才能考核表 ……………………………………… 704

第十七节　员工工作自我鉴定表 ……………………………………… 704

第十八节　员工综合素质考核表 ……………………………………… 706

第二十五章　工资福利财务制度 …………………………………… 707

第一节　工资标准及发放办法 ………………………………………… 707

第二节　工资保密制度 ………………………………………………… 711

第三节　兼职人员工资制度 …………………………………………… 712

第四节　企业职务工资管理细则 ……………………………………… 713

第五节　总公司工资结构调整方案 …………………………………… 716

第六节　公司员工出差管理制度 ……………………………………… 717

第七节　出差经费管理制度 …………………………………………… 719

第八节　员工福利待遇管理规定 ……………………………………… 720

第九节　某公司福利制度 ……………………………………………… 722

第十节　费用报销规定 ………………………………………………… 724

第十一节　借款及报销制度 …………………………………………… 725

第十二节　奖金管理制度 ……………………………………………… 728

第十三节　年终奖金制度 ……………………………………………… 730

第十四节　绩效奖金制度 ……………………………………………… 731

第十五节　津贴管理制度 ……………………………………………… 734

第十六节　员工抚恤办法 ……………………………………………… 737

第十七节　公司员工抚恤规定 ………………………………………… 738

第十八节　员工公伤补偿办法 ………………………………………… 739

第十九节　员工健康安全福利制度 …………………………………… 740

第二十节　员工薪金单 ………………………………………………… 743

第二十一节　现代企业常用工资表 …………………………………… 743

第二十二节　企业员工保险记录表 ……………………………………………… 744

第二十六章　员工聘用调整制度 …………………………………………… 745

第一节　人员招聘制度 ………………………………………………………… 745

第二节　公司人员聘用管理规定 ……………………………………………… 747

第三节　外聘人员管理制度 …………………………………………………… 749

第四节　管理人员录用办法 …………………………………………………… 750

第五节　公关人员录用办法 …………………………………………………… 751

第六节　新进人员任用细则 …………………………………………………… 752

第七节　新员工培训规章规范 ………………………………………………… 753

第八节　公司员工培训规章制度 ……………………………………………… 756

第九节　人员调整管理方案 …………………………………………………… 757

第十节　员工调离管理方案 …………………………………………………… 758

第十一节　员工离职管理方案 ………………………………………………… 758

第十二节　员工辞职管理办法 ………………………………………………… 759

第十三节　员工退休管理办法 ………………………………………………… 761

第十四节　公司员工试用转正制度 …………………………………………… 764

第十五节　公司人员调动与降职管理规定 …………………………………… 765

第十六节　人员调动与晋升管理制度 ………………………………………… 766

第十七节　离职人员物品移交程序 …………………………………………… 768

第十八节　晋升制度 …………………………………………………………… 769

第十九节　员工离职单 ………………………………………………………… 770

第二十节　员工任免通知书 …………………………………………………… 770

第二十一节　离职人员应办手续清单 ………………………………………… 771

参考文献 …………………………………………………………………… 772

第一篇　人力资源主管

一个杰出的人力资源主管，首先必须拥有高尚的情操与非凡的人格魅力；其次具备较高的综合素质与管理能力；最后要有灵活实用的工作方法。只有这样，才能胜任人力资源主管工作，形成企业凝聚力。

本篇主要从人力资源主管的职责任务、素质修养、领导艺术、沟通技巧等方面进行详细说明，对人力资源主管有很好的参考价值。

第一章 人力资源概述

第一节 人力资源与管理内涵

一、人力资源的内涵

我们要理解什么是人力资源，就首先要分析什么是人力，人力是人的力量的缩写，人的力量是由智力和体力两种天生的原本因素组成的。智力是人的一种内在的软性因素，体力是人的一种外在的硬性因素，这两种力的结合产生了能量，能量通过实施运作转化体现为能力。这样就形成人的力量，简称人力。

接下来我们分析什么是资源，所谓资源，是人类生存基础的自然资源，如空气、水、森林等。从经济学的角度看，资源是与企业和社会相关联的能够带来资产和财富的来源，即资源是为了获取物质财富而投入于生产活动中的一切要素，包括人力、土地、信息、技术等。而在现代社会，能够整合与利用各种资源创造财富的主体是企业。

"人力资源"这一概念是由约翰·R．康芒斯于1919年和1921年分别在其《产业信誉》和《产业政府》著作中提出的。人力资源从宏观层面上是指能够推动整个经济和社会发展的，具有智力劳动和体力劳动能力的人们的总称。人力资源不仅反映出劳动力的数量方面的指标，而且包含质量指标，如应具备学识、经验、技能等劳动能力，同时强调具有社会责任、团队合作、情商等方面的素质，能以健康的、创造性的劳动推动社会的发展和人类的进步。现代管理大师彼得·德鲁克认为，人力资源与其他资源相比，是一种特殊的资源，必须通过有效的激励机制才能开发与利用，并可为企业带来非常可观的经济价值。

人力资源具有以下几个特性：

1. 生物性

即人力资源虽是具有知识、经验、智力与体力等劳动能力的总和，但它总是存在于人体之中，是有生命的、"活"的资源，与人的自然生理特征相联系。

2. 能动性

在价值创造过程中处于主动的地位。

3. 再生性

人力资源能够实现自我补偿、自我更新、自我丰富和可持续开发。

4. 增值性

人的体力、知识、经验和技能等会因不断使用而更有价值。

5. 时效性

人的生命周期中能够被开发利用和进行价值创造的阶段才称为人力资源。

6. 依附性

人力资源依附在人这一物质成分和非物质成分组成的生命体上。

二、人力资源管理定义

所谓人力资源管理，是在经济学与人本思想指导下，通过招聘、甄选、培训、报酬等管理形式对组织内外相关的人力资源进行有效运用，满足组织当前及未来发展的需要，保证组织目标实现与成员发展的最大化。

也有人说，人力资源管理就是预测组织人力资源需求并作出人力需求计划、招聘选择人员并进行有效组织、考核绩效、支付报酬并进行有效激励，结合组织与个人需要进行有效开发以便实现最优组织绩效的全过程。

同时，还存在另外一种说法，人力资源管理，就是指运用现代化的科学方法，对与一定物力相结合的人力进行合理的培训、组织和调配，使人力、物力经常保持最佳比例。同时对人的思想、心理和行为进行恰当的诱导、控制和协调，充分发挥人的主观能动性，使人尽其才，事得其人，人事相宜，以实现组织目标。

根据定义，可以从两个方面来理解人力资源管理，即：

1. 针对人力资源外在要素进行量的管理

对人力资源进行量的管理，就是根据人力和物力及其变化，对人力进行恰当的培训、组织和协调，使二者经常保持最佳比例和有机的结合，使人和物都充分发挥出最佳效应。

2. 针对人力资源内在要素进行质的管理

主要是指采用现代化的科学方法，对人的思想、心理和行为进行有效的管理（包括对个体和群体的思想、心理和行为的协调、控制和管理），充分发挥人的主观能动性，以达到组织目标。

三、人力资源管理的历史和发展

人力资源管理是一门新兴的学科，产生于 20 世纪 70 年代末。人力资源管理的历史虽然不长，但人事管理的思想却源远流长。从时间上看，从 18 世纪末开始的工业革命，一直到 20 世纪 70 年代，这一时期被称为传统的人事管理阶段。从 20 世纪 70 年代末以来，人事管理让位于人力资源管理。

1. 人事管理阶段

人事管理阶段又可具体分为：科学管理阶段、工业心理学阶段、人际关系管理阶段。

（1）科学管理阶段。20世纪初，以弗里得里克·泰罗等人为代表，开创了科学管理理论学派，并推动了科学管理实践在美国的大规模推广和开展。泰罗提出了"计件工资制"和"计时工资制"，提出了实行劳动定额管理的办法。1911年，泰罗发表了《科学管理原理》一书，这本著作奠定了科学管理理论的基础，因而被西方管理学界称为"科学管理之父"。

（2）工业心理学阶段。以德国心理学家雨果·闵斯特贝尔格等人为代表的心理学家的研究结果，推动了人事管理工作的科学化进程。他于1913年出版的《心理学与工业效率》标志着工业心理学的诞生。

（3）人际关系管理阶段。1929年，美国哈佛大学教授梅奥率领一个研究小组到美国西方电器公司的霍桑工厂进行了长达9年的霍桑实验，真正揭开了对组织中的人的行为研究的序幕。

2. 人力资源管理阶段

人力资源管理阶段又可分为人力资源管理的提出和人力资源管理的发展两个阶段。"人力资源"这一概念是由约翰·R．康芒斯在1919年和1921年提出的，在1954年由彼得·德鲁克在其著作《管理的实践》中明确界定。20世纪80年代以来，人力资源管理理论不断成熟，并在实践中得到进一步发展，为企业所广泛接受，并逐渐取代人事管理。进入20世纪90年代，人力资源管理理论不断发展，也不断成熟。人们更多地探讨人力资源管理如何为企业的战略服务，人力资源部门的角色如何向企业管理的战略合作伙伴关系转变。战略人力资源管理理论的提出和发展，标志着现代人力资源管理的新阶段。

四、人力资源部门的组织架构

随着企业或组织的变化与发展，企业内部结构和管理会越来越复杂。通常，小企业的内部结构简单，其职能部门少，往往没有一个专门的人力资源管理部门。当然，小企业也有其人力资源管理的职能要求，只是这一职能通常由经理来履行。有的小企业设有一个管理部或行政部，来负责人力资源管理的职能。但管理部或行政部并不是专门的人力资源管理部门，它还兼有其他许多职责，如企业办公室的一切行政工作，包括接待、后勤、保卫、文秘、总机，甚至采购等工作。对于中型企业来说，人力资源管理的任务变得繁重，需要有一个独立的人员配置职能来协调人力资源活动。有的企业设一个人力资源主管。由人力资源主管来专门负责日常的人力资源活动，如协调人员的配置，负责人力资源开发等，人力资源主管把绝大部分时间用在人力资源管理的基础性事务的处理上。在大型企业中，人力资源管理职能变得更加复杂，需要设置具有负责行使人力资源职能的人力资源部门，这些企业往往会配备一个或更多的人力资源专家。人力资源专家在人力资源管理专门领域受过专业训练。人力资源部门将典型地完成人员配置、人力资源开发、薪酬和福利、安全和健康等工作。当今，随着经济专业化，出现了许多新的部门和领域，如人才中介机构、培训中心等。这些新部门的产生，使许多企业或组织需重新检查内部的各种职能，人力资源管理也不例外。在一个组织中，要设置配套的各种专业人力资源管理人员，代价是相当高的，许多中小企业也没有必要设置这样多的人员，于是就将人力资源管理的部分职能交由专业公司去完成，这称为人事外包。具体讲，人事外包就是将人力资源管理中非核心部分的工作全部或部分委托专业公司管（办）理，但托管人员仍隶属于委托企业。这是一种全面的高层次的人事代理服务。专业公司与企业签订人事外包协议以规范双方在托管期间的权利和义务，以及需要提供外包的人事服务项目。实施人力资源管理职能外包，可以得到外部（社会）专业化的人力资源服务，同时也可以使组织降低人力资源投资风险。

五、人力资源管理与人事管理的区别

现代人力资源管理，深受经济竞争环境、技术发展环境和国家法律及政府政策的影响。它作为近30年来出现的一个崭新的和重要的管理学领域，远远超出了传统人事管理的范畴。具体说来，存在以下一些区别：

（1）传统人事管理的特点是以"事"为中心，只见"事"，不见"人"，只见某一方面，而不见人与事的整体性、系统性，强调"事"的单一方面的静态的控制和管理，其管理的形式和目的是"控制人"；而现代人力资源管理以"人"为核心，强调一种动态的、心理的、意识的调节和开发，管理的根本出发点"着眼于人"，其管理归结于人与事的系统优化，致使企业取得最佳的社会和经济效益。

（2）传统人事管理把人设为一种成本，将人当作一种"工具"，注重的是投入、使用和控制。而现代人力资源管理把人作为一种"资源"，注重产出和开发。是"工具"，可以随意控制它、使用它；是"资源"，特别是把人作为一种资源，就得小心保护它、引导它、开发它。难怪有学者提出：重视人的资源性的管理，并且认为21世纪的管理哲学是"只有真正解放了被管理者，才能最终解放管理者自己"。

第二节　人力资源管理的任务

源于传统人事管理，而又超越传统人事管理的现代人力资源管理，主要应包括哪些具体内容和工作任务呢？

人力资源管理关心的是"人的问题"，其核心是认识人性、尊重人性，强调现代人力资源管理"以人为本"的核心观念。在一个组织中，围绕人，主要关心人本身、人与人的关系、人与工作的关系、人与环境的关系、人与组织的关系等。目前比较公认的观点是，现代人力资源管理就是一个人力资源的获取、整合、保持激励、控制调整及开发的过程。通俗点说，现代人力资源管理主要包括求才、用才、育才、激才、留才等内容和工作任务。一般说来，现代人力资源管理主要包括以下几大系统：①人力资源的战略规划、决策系统；②人力资源的成本核算与管理系统；③人力资源的招聘、选拔与录用系统；④人力资源的教育培训系统；⑤人力资源的工作绩效考评系统；⑥人力资源的薪酬福利管理与激励系统；⑦人力资源的保障系统；⑧人力资源的职业发展设计系统；⑨人力资源管理的政策、法规系统；⑩人力资源管理的诊断系统。

具体说来，现代人力资源管理主要包括以下一些具体内容和工作任务：

1. 制订人力资源计划

根据组织的发展战略和经营计划，评估组织的人力资源现状及发展趋势，收集和分析人力资源供给与需求方面的信息和资料，预测人力资源供给和需求的发展趋势，制订人力资源招聘、调配、培训、开发及发展计划等政策和措施。

2. 人力资源成本会计工作

人力资源管理部门应与财务等部门合作，建立人力资源会计体系，开展人力资源投入成本与产出效益的核算工作。人力资源会计工作不仅可以改进人力资源管理工作本身，而且可以为决策部门提供准确和量化的依据。

3. 岗位分析和工作设计

对组织中的各个工作和岗位进行分析，确定每一个工作和岗位对员工的具体要求，包括：技术及种类、范围和熟悉程度；学习、工作与生活经验；身体健康状况；工作的责任、权利与义务等方面的情况。这种具体要求必须形成书面材料，这就是工作岗位职责说明书。这种说明书不仅是招聘工作的依据，也是对员工的工作表现进行评价的标准，进行员工培训、调配、晋升等工作的根据。

4. 人力资源的招聘与选拔

根据组织内的岗位需要及工作岗位职责说明书，利用各种方法和手段，如接受推荐、刊登广告、举办人才交流会、到职业介绍所登记等从组织内部或外部吸引应聘人员以及委托猎头公司，并且经过资格审查，如接受教育程度、工作经历、年龄、健康状况等方面的审查，从应聘人员中初选出一定数量的候选人，再经过严格的考试，如笔试、面试、评价中心、情景模拟等方法进行筛选，确定最后录用人选。人力资源的选拔应遵循平等就业、双向选择、择优录用等原则。吸纳合适的劳动者进入企业，使其成为员工，为实现企业目标而共同努力。在市场经济条件下，这是通过双向选择和劳动契约实现的。

怎样才能合理地吸纳人？企业吸纳人的前提是符合企业的需要，符合企业的用人标准。企业对人员的要求来源于"事"，这里的事不单指企业目前的事，而且指企业未来的事。企业要根据工作需要对人力资源进行盘存摸查，对人员供求状况和发展趋势进行预测分析，不仅找到所需人员的吸收标准，而且判断所需人员的吸收数量。

5. 雇佣管理与劳资关系

员工一旦被组织聘用，就与组织形成了一种雇佣与被雇佣的、相互依存的劳资关系，为了保护双方的合法权益，有必要就员工的工资、福利、工作条件和环境等事宜达成一定协议，签订劳动合同。

6. 入厂教育、培训和发展

任何应聘进入一个组织（主要指企业）的新员工，都必须接受入厂教育，这是帮助新员工了解和适应组织、接受组织文化的有效手段。入厂教育的主要内容包括组织的历史发展状况和未来发展规划、职业道德和组织纪律、劳动安全卫生、社会保障和质量管理知识与要求、岗位职责、员工权益及工资福利状况等。

为了提高广大员工的工作能力和技能，有必要开展富有针对性的岗位技能培训。对于管理人员，尤其是对即将晋升者，有必要开展提高性的培训和教育，目的是促使他们尽快具有在更高一级职位上工作的全面知识、熟练技能、管理技巧和应变能力。员工培训对于企业核心竞争力有着重要的意义。一方面是对员工素质的改善，有助于提高工作效率；另一方面培训能够造就核心员工，不仅提高工作能力，而且可以取得文化认同，缔结心理契约，强化企业的凝聚力。

7. 合理使用、珍惜员工

得到了符合标准的员工之后，就要确定人的使用方式。合理使用人的基本方式是对事进行分解，使其稳定化和结构化，为员工开展工作、发挥作用提供制度依托。所谓"事事有人管，人人都管事"，解决的就是人的使用问题。使用人不能仅靠监督，更重要的是指导和培养。要使每一个人都找到合适的位置，发挥自己的长项，开发自己的潜力，这可以通过职位调配和职权界定、工作说明等方式来解决。要员工把事办好，关键是让员工认识到事的意义，认识到事的成功与自身发展的一致性。因此，确定任务以后要做的是员工激励，促使员工把工作做好。激励人是根据人的需求强化员工行为的过程，包括通过物质报酬来满足人的生存和发展需要，也包括通过职业开发和职位晋升来满足人的事业成就需要。激励人是人力资源管理工作的重点和难点。能把事做好的人，往往不是从市场上能够直接找到的，而且即使找到了目前合适的人才，也还要不断适应企业发展的需要。这就提出了员工的培养和开发问题。人力资源管理对企业核心竞争力的支持作用，突出体现在对关键员工的开发和造就上。

企业的核心员工是企业的第一资源，必须珍惜和维护。如何保持核心员工不致流失，是企业人力资源管理的一个战略性任务。为此必须在劳动合同的基础上，通过制度建设和行为塑造，建立企业成员的心理契约，形成企业利益共同体。在此过程中，绩效考评、薪酬分配、职业开发，占有极为重要的地位。如果说，企业之所以能够代替市场，是因为权威指挥比讨价还价更能节约交易费用，那么作为权威关系赖以产生基础的企业内部信任，就是企业活力和竞争力的根源。而留住人，作为建立企业内部信任的直接努力，不仅是企业人力资源管理的一项根本任务，而且在企业制度建设中具有根本意义。

8. 工作绩效考核

工作绩效考核，就是对照工作岗位职责说明书和工作任务，对员工的业务能力、工作表现及工作态度等进行评价，并给予量化处理的过程。这种评价可以是自我总结式，也可以是他评式的，或者是综合评价。考核结果是员工晋升、接受奖惩、发放工资、接受培训等的有效依据，它有利于调动员工的积极性和创造性，检查和改进人力资源管理工作。

9. 帮助员工的职业生涯发展

人力资源管理主管有责任鼓励和关心员工的个人发展，帮助其制订个人发展计划，并及时进行监督和考察。这样做有利于促进组织的发展，使员工有归属感，进而激发其工作积极性和创造性，提高组织效益。人力资源管理部门在帮助员工制订其个人发展计划时，有必要考虑它与组织发展计划的协调性或一致性。也只有这样，人力资源管理部门才能对员工实施有效的帮助和指导，促使个人发展计划的顺利实施并取得成效。

10. 员工工资报酬与福利保障设计

合理、科学的工资报酬福利体系关系到组织中员工队伍的稳定与否。人力资源管理部门要从员工的资历、职级、岗位及实际表现和工作成绩等方面，来为员工制订相应的、具有吸引力的工资报酬福利标准和制度。工资报酬应随着员工的工作职务升降、工作岗位的变换、工作表现的好坏与工作成绩进行相应的调整，不能只升不降。

员工福利是社会和组织保障的一部分，是工资报酬的补充或延续。它主要包括政府规定的退休金或养老保险、医疗保险、失业保险、工伤保险、节假日，并且为了保障员工的工作安全卫生，提供必要的安全培训教育、良好的劳动工作条件等。

11. 保管员工档案

人力资源管理部门有责任保管员工入厂时的简历以及入厂后关于工作主动性、工作表现、工作成绩、工资报酬、职务升降、奖惩、接受培训和教育等方面的书面记录材料。

第三节 人力资源管理的目标

人力资源管理目标有终极目标与直接目标之分。从终极目标来说，是为了提高企业竞争力，实现企业价值最大化；就直接目标来说，是为了从人的角度提高企业效率，促进企业的稳定发展。为此，人力资源管理涉及多方面工作，其直接目标可以概括为三个方面。

一、事得其人

既然管理的实质是用人办事，因此事得其人是企业人力资源管理的起点。这里的"事"，是指为了实现组织目标而必须要做的工作。这里的"人"，是指在共同目标指引下进行分工协作的员工。所谓事得其人，就是要让具有一定职责要求的工作岗位获得与其相适应的人，使企业分工协作体系中每一个环节的工作任务都有合适的员工去承担。

企业中的"事"具有稳定性。企业经营管理的任务，通常分解到业务流程的各个环节，通过职位的设置稳定下来。这是企业稳定发展的基本要求。例如，海尔管理理念当中重要的一条就是"事事有人管，人人都管事"；通过明确的职责安排——权利义务的界定，以及合适的员工配置——"赛马不相马"的选拔机制，企业管理得以有序进行。也就是说，企业经营管理的"事"，通过具体的职责、权利和义务来界定，而责、权、利的履行需要具有相应素质的人来承担。事得其人，就是要按照企业的工作标准和员工的个体状况来进行匹配选择，让组织的"事"得到有效的处理，使员工的"人"找到合适的位置。要实现"事得其人"的目标，依赖于企业人力规划、工作分析、招聘甄选、工作调整、培训开发等一系列的工作。

二、人尽其才

这里的"才",不仅指才能、技巧、知识水平,而且指人的需求和愿望,既包括完成工作所需要的能力和素质,又包括动机、意愿、态度等主观积极性方面的内容。所谓人尽其才,是充分调动员工积极性,全面发挥员工的才干和潜力,通过创造性的工作,推动组织的分工协作体系有效运行。"事得其人"解决人与事的初始配置问题,"人尽其才"解决人与事的动态配置问题。只有创造高水平的员工工作绩效,企业效益才能提高。

员工工作能否高效取决于两个条件:一是是否具有积极做好工作的意愿;二是是否具有不断胜任工作的能力。前一个条件要解决员工期望的塑造问题。企业的绩效管理、薪酬分配,目的都是以激励政策塑造共同价值观和行为规则。后一个条件要解决员工的胜任素质问题。分工协作体系要求员工具有特定的能力,并不断适应新的分工协作要求。相应地,员工素质也要不断发展。在这个过程中,如何按照组织需要培养员工的能力,让其持续适应工作,是人力资源管理的又一重要目标。

三、才有其用

"人尽其才"解决人与事的动态配置问题,"才有其用"解决人与事配置的意义问题。这里的"用",是指员工作用的发挥。如何理解员工的作用,关系着员工价值的实现,企业效益的来源。所谓才有其用,是通过为员工提供工作机会和发展途径,使员工能力的充分发挥成为员工价值与企业价值共同增长的源泉。员工的工作目的,除了取得劳动报酬,还要提高自身价值,创造自己的事业。只有在员工目的得以较好实现的基础上,企业才能不断发展。因此,如何把企业发展与员工发展统一起来,引导员工更好地发挥作用,不断提高其价值,是人力资源管理又一基本目标。为此,必须创造良好的工作环境,在劳动契约、工作待遇、发展空间等方面为员工增值提供机会,企业才有凝聚力与竞争力。

综上所述,人力资源管理既要考虑组织目标的实现,又要考虑员工个人的发展,强调在实现组织目标的同时实现个人的全面发展。人力资源管理目标包括全体管理人员在人力资源管理方面的目标任务与专门的人力资源部门的目标与任务。显然两者有所不同:属于专业的人力资源部门的目标任务不一定是全体管理人员的人力资源管理目标与任务;而属于全体管理人员承担的人力资源管理目标任务,一般都是专业的人力资源部门应该完成的目标任务。

无论是专门的人力资源管理部门还是其他非人力资源管理部门,进行人力资源管理的目标与任务主要包括以下三个方面:一是保证组织对人力资源的需求得到最大限度的满足;二是最大限度地开发与管理组织内外的人力资源,促进组织的持续发展;三是维护与激励组织内部人力资源,使其潜能得到最大限度的发挥,使其人力资本得到应有的提升与扩充。

第四节 人力资源管理的意义

在人类所拥有的一切资源中，人力资源是第一宝贵的，自然成了现代管理的核心。不断提高人力资源开发与管理的水平，不仅是当前发展经济、提高市场竞争力的需要，也是一个国家、一个民族、一个地区、一个单位长期兴旺发达的重要保证，更是一个现代人充分开发自身潜能、适应社会、改造社会的重要措施。人力资源管理的主要意义是：

（1）通过合理的管理，实现人力资源的精干和高效，取得最大的使用价值。使人的使用价值达到最大，人的有效技能最大地发挥。

（2）通过采取一定措施，充分调动广大员工的积极性和创造性，也就是最大地发挥人的主观能动性。调查发现：按时计酬的员工每天只需发挥自己 20% ~30% 的能力，就足以保住个人的饭碗。但若充分调动其积极性、创造性，其潜力可发挥出80% ~90%。

（3）培养全面发展的人。人类社会的发展，无论是经济的、政治的、军事的、文化的发展，最终目的都要落实到人，一切为了人本身的发展。目前，教育和培训在人力资源开发和管理中的地位越来越高，马克思指出，教育不仅是提高社会生产的一种方法，而且是造就全面发展的人的唯一方法。

实际上，现代人力资源管理的意义可以从三个层面，即国家、组织、个人来加以理解。

目前，"科教兴国"、"全面提高劳动者的素质"等国家的方针政策，实际上，谈的是一个国家、一个民族的人力资源开发管理。只有一个国家的人力资源得到了充分的开发和有效的管理，国家才能繁荣，一个民族才能振兴。在一个组织中，只有求得有用人才、合理使用人才、科学管理人才、有效开发人才等，才能促进组织目标的达成和个人价值的实现。针对个人，有潜能开发、技能提高、适应社会、融入组织、创造价值、奉献社会的问题，这都有赖于人力资源的管理。

我们不从宏观层面和微观层面，即国家和个人来谈人力资源管理，而是从中观层面，即针对企业组织来谈现代人力资源管理。因此，我们更为关注现代人力资源管理对一个企业的价值和意义。在这里，我们认为现代人力资源管理对企业的意义，至少体现在以下几方面：

1. 对企业决策层

人、财、物、信息等，可以说是企业管理关注的主要方面，人又是最为重要的、活的第一资源，只有管理好了"人"这一资源，才算抓住了管理的要义、纲领，纲举才能目张。

2. 对人力资源管理部门

人不仅是被管理的"客体"，更是具有思想、感情、主观能动性的"主体"，如何制定科学、合理、有效的人力资源管理政策、制度，并为企业组织的决策提供有效信息，永远都是人力资源管理部门的课题。

3. 对一般管理者

任何管理者都不可能是一个"万能使者"，更多的应该是扮演一个"决策、引导、协调"属下工作的角色。他不仅仅需要有效地完成业务工作，更需要培训员工，开发员工潜能，建立良好的团队组织等。

4. 对一个普通员工

任何人都想掌握自己的命运，但自己适合做什么、企业组织的目标、价值观念是什么、岗位职责是什么、自己如何有效地融入组织中、如何结合企业组织目标开发自己的潜能、发挥自己的能力、如何设计自己的职业人生等，这是每个员工十分关心，而又深感困惑的问题。我们相信现代人力资源管理会为每位员工提供有效的帮助。

第二章 主管职责任务

第一节 人力资源主管的职责

人力资源主管作为人力资源部门的最高领导，其基本职责就是领导人力资源部门协调管理人力资源，以帮助企业实现它的目标。具体说来，人力资源主管作为企业高层领导和人力资源系统的负责人，其地位决定了他的职责所在。

人力资源主管的职责随企业不同而有所不同，但一般都有如下职责：

（1）组织拟定全企业机构的人员编制计划。

（2）负责全企业系统人员调动指标的申办工作。

（3）对拟调入本企业系统的各级人员进行调查，并办理有关调动手续。

（4）定期组织对各级管理人员的考核、评议，向企业领导推荐优秀人才。

（5）组织全企业系统内的职称评定工作。

（6）对企业员工进行绩效、薪酬的评定。

（7）负责调查、核实、处理系统内部各种检举信件。

（8）负责落实执行企业的奖惩制度。

（9）调动员工积极性，对企业员工进行日常管理。

具体来说，有以下重点：

一、制定战略

制定战略就是对人力资源管理工作给出方向性的、前瞻性的规划，根据企业战略的需要制定人力资源管理的纲领性制度和文件，从而对人力资源工作起到提纲挈领的作用。战略职能要解决如何依靠人力资源实现企业经营管理目标的问题，主要体现为如何选择人、使用人、吸引人、留住人。其中选择人是战略管理的起点。

战略能否实现，要靠政策来保证。人力资源政策中，企业用工政策、员工分类政策、薪酬分配政策是三大政策，这三大政策是塑造企业经营机制的关键。

政策是通过规章制度具体体现出来的，因此人力资源的政策管理职能，要通过规章制度的建设来落实。建章立制能够把企业内部的责任与权利安排结构化，从而为管理找到依据，保证人力资源管理有序进行。

这些制度主要包括：

1. 职务规范制度

对职位权利义务和任职资格的规范。

2. 员工甄选制度

对内外部的人员选拔流程和制度规定。

3. 培训开发制度

对员工发展途径和措施的制度安排。

4. 绩效考评制度

对员工绩效管理机制的规定和运作安排。

5. 薪酬福利制度

对薪酬和福利的政策规定及实施方式。

6. 劳动关系制度

对劳动合同、员工解雇、劳资纠纷的有关规定。

二、指挥协调

制度建立之后，必须加以有效运行。在此过程中，管理的指挥与协调是人力资源主管的一项日常工作。这项工作包括推动业务运行和进行问题处理两个方面。

推动业务运行是指人力资源主管参与到人力资源管理活动中来。这些活动一般是由具体的人事工作人员来负责，但当涉及核心人员的补充、培训开发的方式、激励制度的运行、人事费用的控制等问题时，人力资源主管必须直接过问和指导业务运行。这些工作可能包括：

（1）对高素质人才的招聘选拔，参加人才测评中心最终的面试考评工作。

（2）对企业内部培训模式的选择以及培训费用和培训效率的控制。

（3）对企业绩效考评总体情况的把握以及对人力资源部门重要管理人员的考查评估，并为他们制定相应的培训措施。

（4）对薪资总额的控制、薪资发放的监控和管理，对各部门进行政策指导。

（5）聘请专业人士或机构进行管理咨询，进行工作分析、薪资制度设计等专业性较强的业务工作。

（6）对劳动关系管理尤其是合同的完善、更改进行监督，保证合法性和合理性。

管理工作难免出现问题，当这些问题影响范围广、涉及方面多，仅靠一般人事工作人员已经难以解决时，就需要人力资源主管直接过问；同时，人力资源部门与其他部门的矛盾，也需要人力资源主管的协调。在这项职能中，人力资源主管通常面对的是重大事件与突发事件，需要马上作出判断和决策，并采取相宜行动。

第二节　人力资源主管的权限

人力资源部门是企业的一个核心部门，肩负整个公司的管理重任。而人力资源主管拥有绝对的决策权，所制定企业战略运作的好坏，直接关系到整个企业的规范化进程。作为一名人力资源主管一定要运用好自己手中的权力。人力资源主管的权限主要有以下内容：

（1）依据企业业务需要，研究组织职责及权责划分的改进方案。

（2）依据企业经营计划，配合企业总目标，拟订本单位的目标及工作计划。

（3）根据本单位工作计划，估计所需的款项支出，编制本单位年度预算，并加以控制。

（4）配合企业经营目标，依据人力分析、人力预测的结果，拟订人力资源发展计划及人员编制数额，并根据人力发展计划，筹划办理各项教育培训。

（5）设计、推行及改进人力资源管理制度及其作业流程，并确保其有效实施。

（6）经与各主管会商后，拟订每一职位的工作标准及其所需资格、条件，以求量才适用。

（7）依生活水准、工资市场情况及企业政策，研讨合理的员工薪酬办法。

（8）制定各项员工福利与工作安全的措施，并维持员工与企业间的和谐关系。

（9）运用有效领导方法，激励员工士气，提高工作效率，并督导其依照工作标准或要求，有效执行其工作，确保本单位目标的达成。

（10）将本单位工作按所属人员的能力，予以合理分派，并促进所属员工之间工作的联系与配合。

（11）有计划地培养、训练所属人员，并随时施予机会教育，以提高其工作能力与素质。

（12）依员工考核、奖惩办法，审慎办理所属人员的考核、奖惩、升降等事项，并力求处理公平合理。

第三节　人力资源主管的任务

现代企业的竞争最终就是资源的竞争，而人力资源的有效利用正在被越来越多的企业所重视。企业如何有效地吸引、留住人才，使企业保持强劲的生命力，这是人力资源主管责无旁贷的工作任务。

许多人力资源主管认为，人力资源部门作为一个职能部门，自己的工作内容主要就是聘用企业所需的员工、控制工资支出，以及当员工离开企业时，与这些员工进行谈话和办理离职手续等活动。这正是人力资源主管对自身角色定位不准确、不明晰的体现。

在新经济形势下，人力资源主管所扮演的是企业战略合作伙伴的角色，不但要领导人力资源部门进行企业的各项人力资源管理，还要为其他经理人在理清企业如何运作、策略如何执行等问题上提供人事方面的支持。人力资源主管的任务是管理督促人力资源部门履行其职责，即建立起一个结构合理的人员配备体系，并把适当的人力安排到相应的工作岗位上，使其各司其职，各尽其能。人力资源主管的任务包括以下内容：

1. 组织建立人事规章

（1）组织规章方针的拟定。

（2）组织规章的计划。

（3）组织规章的制定、修改、更正。

（4）人事制度及规章方针的拟订。

（5）人事制度及规章的计划。

（6）人事制度及规章的管理。

（7）人事制度及规章的解释运用。

（8）人事制度及规章的研究分析。

（9）人事制度及规章的新设与改废。

（10）各单位职责划分原则及划分方法分析的拟订。

（11）各单位职责划分的拟订计划。

（12）计划的分析研究。

（13）职责划分的更正、修改、实施。

2. 人力资源管理

（1）新进、在职、临时、兼职人力资源管理办法原则的拟订。

（2）新进人员人力资源管理办法的拟定计划。

（3）临时、兼职人员人力资源管理办法的拟订计划。

（4）在职人员人力资源管理办法的拟订计划。

（5）人力资源管理办法的分析研究。

（6）人力资源管理办法的修改、更正、实施。

（7）人力资源管理办法的解释运用。

（8）人力资源管理办法的新设与改废。

（9）人事不协调问题根源的挖掘。

（10）人事问题解决处理办法。

（11）人事问题的协调。

3. 资料管理

（1）人力资源管理资料的汇集。

（2）人事资料调查、分析、研究。

（3）人事资料及报表的检查、催交。

（4）人事资料的汇编、转呈及保管。

（5）人事报表的汇编、转呈及保管。

（6）服务及职务说明书的签办转呈。

（7）服务及职务说明书的核发。

（8）说明书的编号及副本的汇存。

（9）提供单位外人事资料及说明的核发。

（10）异动的调查、分析、研究、记录。

（11）人事统计资料的汇编与管理。

4. 任免迁调

（1）新进人员的录用。

①干部。

②普通员工。

（2）新进人员聘用手续办理。

（3）临时人员的录用与分发。

（4）兼职人员的合约签订。

（5）临时、兼职人员的迁调签办。

（6）在职人员的迁调计划。

（7）在职人员的迁调。

①干部。

②普通员工。

（8）迁调工作。

①人员任免迁调的登记事项。

②人员任免迁调的通知。

（9）迁调人员赴任工作的查核。

（10）人员的停职、复职及停薪留职。

①干部。

②普通员工。

（11）人员的解雇、解聘。

①干部。

②普通员工。

5. 薪资管理

（1）薪资标准基本方针的拟订。

（2）薪资诸规定的解释运用。

（3）时薪、日薪、月薪、年薪管理办法的拟订。

（4）薪资管理办法的分析研究改进。

（5）月薪、日薪人员晋薪加级签转办理事项。

①干部。

②普通员工。

（6）关于降薪签办事项。

6. 勤务管理

（1）人员请假、勤务事件登记办理。

（2）人员请假、勤务资料汇编事项。

（3）人员动态管理工作。

（4）人员辞职签呈手续的转办。

①干部。

②普通员工。

（5）各种纪念日、例假及办公时间。

①休假日及时间拟订。

②变更事项。

7. 保健管理

（1）保健管理基本工作的拟订。

（2）定期身体检查的实施。

（3）设置诊疗单位及运营。

（4）从业人员健康情形调查分析及统计报告事项。

（5）特约医院。

①特约医院的设立计划。

②特约医院的联络工作。

8. 劳务管理

（1）劳工签约事项。

①签订。

②协议解释运用与联络。

（2）与工会的交涉。

①交涉的原则、方针。

②公共关系。

（3）劳工保险。

①保险办理手续及福利事项的说明运用。

②保险事项的签订与改变。

③团体保险关系事务的联络。

（4）劳务安全管理。

①基本方针的拟订。

②管理办法的拟订。

③办法的分析研究与改进。

（5）劳务政策的基本方针。

（6）员工的招募及生活安排。

9. 奖惩考绩

（1）考绩基本方针的拟订。

（2）考绩计划工作。

①考绩类别。

②考绩内容项目。

③考绩进行方式。

④考绩期限的规定。

⑤考绩绩效的统计分析。

⑥考绩办法的分析研究改善。

（3）考绩成果的核签办理。

①干部。

②普通员工。

（4）奖惩制度。

①基本方针的拟订。

②制度的计划工作。

③制度的分析、研究改进。

④奖惩制度的实施。

（5）表彰签办。

①一般服务工作及精神表彰。

②出勤表彰（全年性）。

③特殊贡献及特殊事项表彰。

（6）惩戒签办。

①干部。

②普通员工。

（7）奖惩事件的登记统计分析。

（8）奖惩资料的检讨及有关措施。

10. 就职前训练

（1）就职人员就职前实习及讲习教育方针。

（2）就职前训练计划的拟订。

（3）就职一般技术训练的筹办。

①干部。

②普通员工。

（4）在职人员专长技术训练工作筹办。

（5）在职人员兴趣训练筹办。

（6）在职人员一般行政工作筹办。

①管理行政。

②事务行政。

③财务行政。

（7）在职人员专长行政训练工作筹办。

（8）训练绩效总结分析汇报。

11. 进修

（1）关于从业人员辅助升学方针的拟订。

（2）辅助升学计划工作的拟订。

（3）辅助升学筹办。

①到初级中学进修。

②到高级中学进修。

③到大专院校进修。

④留学进修。

（4）专题培训班参加人员的筹办。

①短期性培训（7日以内）。

②中期性培训（7日至1个月）。

③长期性培训。

（5）参加观摩会的筹办。

①团体性（10人以上）。

②组别性（10人以下）。

③个别性。

12. 考试

（1）关于新进人员就职考试方针的拟订。

（2）就职考试工作计划的拟订。

（3）就职考试的筹办。

①干部。

②普通员工。

（4）在职人员晋级考试方针拟订。

（5）晋级考试的计划工作拟订。

（6）晋级考试的筹办。

①干部。

②普通员工。

（7）考试结果分析汇报。

（8）考试方式及方法的改进建议。

13. 福利事项

（1）福利制度方针的拟订。

（2）福利制度计划工作的拟订。

（3）福利制度的签呈汇办。

（4）促进福利委员会组织制定计划。

（5）促进各委员会组织推进工作。

（6）协助各委员会业务工作。

（7）福利制度研究分析及改进。

（8）福利组织的改组措施工作。

（9）福利工作的总结、分析改进。

（10）福利工作事项的改进措施。

14. 退休抚恤

（1）退休、抚恤、救济方针的拟订。

（2）退休、抚恤、救济制度的计划工作。

（3）退休制度事项。

①拟订工作。

②签呈核办。

③统计分析、总结改进。

（4）抚恤办法事项。

①拟订工作。

②签呈核办。

③统计分析、总结改进。

（5）救济工作事项。

①救济事件分析研究调查报告。

②救济金额签办。

③救济事件的总结改进。

15. 公共关系

（1）对内公共关系。

①各单位的公共关系事项。

②各单位人事纠纷的协调。

③单位间公共关系协助事项。

（2）对外公共关系。

①政府机关公共关系的方针。

②政府机关公共事项的总结改进。

③对同行业的公共关系。

④对同行业工会的公共关系。

⑤对同行业以外行业的公共关系。

⑥对所在社区及其他人员的公共关系。

16. 人事业务

（1）人事单位组织设置拟订事项。

（2）人事单位组织调整的拟订。

（3）人力资源管理事务的建议与改进。

（4）人事单位工作计划。

（5）工作成果的分析报告事项。

（6）人事业务文稿拟办事项。

（7）其他有关人事业务工作。

第三章　主管素质修养

人力资源工作是相当烦琐的工作，从事这项工作必须要讲究方法与技巧，而作为人力资源主管必须具备以下几个基本素质与技能。

第一节　职业素养

拥有良好的职业素养，对人力资源主管来讲非常重要。良好的职业素养包括两方面的内容：人格品质与职业道德。

一、完美的人格品质

人力资源主管需具备的人格品质一般包括以下内容：

1. 对人诚实守信，平易近人，有亲和力

只有具备亲和力才能使人轻松地走进对方的世界被对方接受。更重要的是可以跟周围的人建立起心灵之桥，进而让周围的人尊重你、信任你。

2. 对工作有很强的上进心，有活力，对企业有责任感

对工作的上进心和活力可以带动周围的其他人，从而会大大提高工作效率。

3. 处理事情公正公平，不嫉贤妒能，尊重知识，尊重人才

处理事情公平公正，不仅可以使一个团体更加团结，压制不良风气的滋生，还能够在工作中树立自己的权威。

二、高尚的职业道德

在职业道德方面，人力资源主管应像其他部门的经理一样，必须有爱岗敬业、团结拼搏等精神，具体说来有以下要求：

1. 责任心

认真做好工作中的每一件事情。人力资源工作中的工作不分大小，每一件都很重要，每一件都负有责任。

2. 爱心

爱员工，爱工作，尊重领导。

3．业务精益求精

做事情每时每刻都寻求合理化，精通人力资源管理业务，知人善任，育人有方，追求人与事结合的最佳点。

4．树立诚信为本的为人处世观念

5．具有探索、创新、团结、协调、服从、自律、健康等现代意识

第二节　知识素养

人力资源主管必须具备绝对的渊博知识，所掌握的知识范围应该是广泛的。作为人力资源主管，起码应掌握下面这些对人力资源工作有极大关系的领域知识。

1．哲学

探索人类特性和人类行为的本质。

2．伦理学

处理和解决道德观念和价值判断问题。

3．逻辑学

讨论推理规律和原则。

4．数学

描述数量、体积、系统之间的精确关系。

5．心理学

研究个人意识和个人行为的现象。

6．社会学

研究人类群体的形式和功能。

7．人类学

研究自然、环境同人类社会和文化形态之间的关系。

8．医学

所有分支旨在保障人类的健康。

9．历史学

以记载和解释以往事件为主旨。

10．劳动法学

调整劳动关系及与其密切相连的一些社会关系。

11．经济学

旨在对有限资源的各种竞争的用途做出最佳选择。

12．管理学

研究对有组织的人员的灵活领导。

13．组织行为学

提高管理人员的能力，促使管理者达成近期和远期目标，并使他们所管理的人的目标也同时得以实现。

14. 政治学

研究人们怎样被人制约和制约自己的问题。

人力资源主管只有熟练运用以上知识，才有利于管理，达到工作的最佳效果。

第三节　能力素养

一、组织能力

人事工作从某种意义上说，应是组织协调工作，因此人力资源主管的组织能力显得尤为重要。它是指人力资源主管在从事人力资源管理活动过程中计划、组织、安排、协调等方面的活动能力。

人力资源主管的组织能力包括以下内容：

1. 计划性

人力资源管理活动要有计划，不仅要明确为什么进行，进行什么和怎样进行，而且还要知晓先做什么，后做什么。只有明确了这些，人力资源管理活动才能有条不紊地顺利进行。否则将陷入杂乱无章的境地。

2. 周密性

要保证人力资源管理活动成功，就要对方方面面的问题考虑周全。不仅要重视大的方面如活动的内容、形式，而且对一些细小的方面如员工的接待、环境的布置、仪表、仪容、着装等均应引起足够的注意，不要因为细节方面的失误而破坏总体效应。

3. 协调性

一项人力资源管理活动并不是少数几个人事职员的事，而是需要各方面的配合和支持。所以组织能力强的人力资源主管也应是一个协调关系的专家，调动积极性的高手，争取各方面的帮助，把人力资源管理工作做好。

二、协调能力

协调能力主要是指妥善处理与上级、同级和下级之间的人际关系的能力。工作中人力资源主管需要同这三者打交道，而这些人的身份、地位、交往需求、心理状况不尽相同，需与他们友好相处，互相配合，协调一致。在企业中人力资源主管与上述三者的不协调主要表现在：一些权利界限的不明确、制度规章的不规范以及具体事务的纠纷等；与下级人员的职责问题、分配任务问题等；与其他部门关系问题等。为了处理这些矛盾或冲突，就需把握几个环节：

1. 尊重

每个人都有被别人尊重的欲望。人力资源主管在处理与上级的关系时，要获得上级的信任和理解，表现在要"服从"上级，若有疑义，用适当方式加以说明；在处理与同级的关系时，表现在互相配合，分清职责，不争名夺利；在处理与下级的关系时，表现在要支持和肯定下级工作，对下级建议要认真听取、采纳。

2. 了解

了解上级，就是要把握上级的整体思想；了解同级，就是要相互沟通信息，协调一致；了解下级，就是要了解下级需要什么样的支持和帮助，有什么困难或苦衷。

3. 给予

对上级应不折不扣地完成任务；对同级是不相互嫉妒、相互攻击；对下级要做到适度奖励与关心。总之，搞好协调工作是人力资源主管应注意的问题，因此协调能力也是人力资源主管应具备的能力之一。

三、创新能力

不断进取的创新开拓能力，是人力资源主管必须具备的能力之一。时代在前进，处在这种时代浪潮中的人力资源主管，如果没有旺盛的进取心，就会被时代所抛弃；没有开拓创新的能力，就只能因循守旧，墨守成规，工作就自然没有起色。有了不断进取的创新能力，永不衰竭的进取心，任何艰难困苦、落后势力都不能阻碍前进的步伐。创新是一种综合能力，它应包括：良好的记忆力、丰富的想象力、严谨的抽象力。

四、表达能力

作为经常要和各方联系协调和组织的人力资源主管，具有很强的表达能力是很有必要的。人力资源主管可能要借助报告、信件、演讲和谈话来表达自己的看法；可能会用微笑、点头、拍肩膀来激励手下的员工，通过各种方式向他表明你已经看到了他所取得的成绩；也可能需要不失时机地安慰失望者和悲伤者，让他们充分体会到你言行中所表达出的支持和关怀。善于与人交流永远都是人力资源主管及人事工作必备的素质。

五、观察能力

人力资源主管的观察能力是人力资源主管在人力资源管理理论的指导下，对周围的人和事从人力资源管理者角度予以审视、分析、判断的能力。

人力资源主管观察能力的强弱对于人力资源管理工作的效果和组织的人力资源管理状态来说至关重要。

人力资源主管的观察能力可以从三方面表现出来：

1. 对周围的事从人力资源管理角度予以审视

人力资源主管的头脑中应有一根人力资源管理意识的弦，把周围发生的事与维持良好的人事关系结合起来。

2. 对周围的事从人力资源管理角度予以分析

人力资源主管应能准确地分析周围所发生的事件的前因后果，能够从此预测出人力资源管理发展的趋势。

3. 对周围的事从人力资源管理角度予以判断

人力资源主管应能对周围的事或现象给组织的人力资源管理状态所带来的影响作出

正确的判断。

　　人力资源主管若是能做到上述几方面，那么其观察能力便是强的，便会有利于人力资源管理工作的开展。

六、应变能力

　　人力资源主管的应变能力是指人力资源主管在遇到一些突发性的事件或问题时的协调和处理能力。

　　人力资源管理工作的内容有时是多变的，因而对于人力资源主管来说，要具备较强的应变能力也成为其基本要求之一。

　　在人力资源管理工作上，应变能力强不是指一般意义上的化险为夷，保证员工不受伤害，而是指人力资源主管在遇到突发性的问题并着手解决时，使自己的工作对象——员工也不受到伤害，始终与员工处在良好的关系状态上。

　　人力资源主管的应变能力应包括以下内容：

　　1. 遇事不慌张，从容镇定

　　应变能力首先要求的是遇到突如其来的事或问题，不可惊慌失措，而要保持镇静，迅速地寻找对策。

　　2. 忍耐性强，不可急躁发火

　　在突发性的事件或问题中，有些会令人力资源主管难堪，这时，人力资源主管要有较强的情感驾驭能力，要尽可能地克制和忍耐，耐心地说服和解释。

　　3. 思维灵活，迅速想出解决的办法

　　应变能力不是被动的能力，而是主动的，也就是说要根据突如其来的事件，找出解决问题的办法，或变通的办法，使工作不受突发性事件的影响。

　　4. 提高预见性，打有准备之仗

　　应变能力严格说来不是一时间的奇想，而是经验的总结和积累。如果对各种可能出现的情况都有所考虑，那么当问题一旦形成出现，也比较容易解决。

七、交际能力

　　人力资源管理企业员工工作及人力资源主管的职位需要具有极强的交际能力，人力资源主管的交际能力不仅是指日常生活中的应酬，还包括与交往对象——员工迅速沟通，赢得好感的特殊才能。

　　人力资源主管的交际能力可以包括下列方面：

　　1. 交际礼仪的掌握

　　交际有一定的规范和要求，交际活动要严格地遵守这些规范和要求。像着装、体态、语言、人际距离、宴会的座位安排等在交际活动中如运用得当，可以大大增强人际沟通的效果。人力资源主管应通晓这些交际中的礼仪。

　　2. 交际艺术的掌握

　　交际艺术是指交际中的技巧，人力资源主管掌握了这种技巧可以帮助他们更好地、更有效地与员工沟通。交际艺术涉及对时间、地点的巧妙运用，对交际形式的创造性发挥，有助于消除对方的心理障碍等。

3. 交际手段的运用

交际能力也可在对交际手段的运用上表现出来。如怎样恰到好处地赠送礼品、纪念品；怎样准确地使用语言和肢体语言；怎样驾驭自己的情感等。

八、写作能力

写作是人力资源工作的基本内容之一，人力资源部门的规章制度等大多出自人力资源主管之手，所以写作能力是人力资源主管的基本功。人力资源主管应是一名写作高手，在写作的文字中不仅要能够准确表达意思，而且也要能准确地表达态度和情感。

第四章　主管领导艺术

第一节　知人用人术

一、善于选人

1. 选人标准要灵活实用

（1）不片面追求文化程度。近年来，企业招聘人才对学历的要求越来越高。仔细想一想，这种人才"高消费"的做法未必合适。往往有这样一些现象，一些企业招聘了一批又一批人员，经过一段时间才发现，由于各种原因造成留存人数很少。只好继续招聘，周而复始地造成了人力、物力的很大损失。

20 世纪 60 年代，盛田昭夫的《让学历见鬼去吧》一书可谓一鸣惊人。因为，当时的日本还沉浸在一种过于重视文凭的氛围中，盛田昭夫的这一创新使得索尼人才济济。索尼公司不仅拥有众多的科技人才，还特别重视选拔和配备具有高度创新精神的经理班子。在选拔高级管理人员这个问题上，索尼从不雇用那些仅仅能胜任某一个具体职位的人，而是乐于起用那些拥有多种不同经历、喜欢标新立异的实干家。索尼公司也从不把人固定在一个岗位上，而是让他们不断地合理流动，为他们最大限度地发挥个人的聪明才智提供机会。在这样的环境中，索尼人特别乐于承担那些具有挑战性的工作，个个积极进取，人人奋勇争先，整个企业始终充满了生机和活力。几十年来的辉煌历程清晰地表明，索尼所取得的巨大成功，源泉正是——索尼人。

（2）能力比知识更重要。必须认识到，知识分子常自陷于自己知识的格局内，以至于无法成大功、立大业。

汽车大王亨利·福特曾经说过这么一句话："越好的技术人员，越不敢活用知识。"福特是在企业经营上屡次发明增产方法的人。他为了增产的事和他的技术人员研讨时，他的技师往往说："董事长，那太难了，没有办法的，从理论上着眼，也是行不通的。"而技术越好的人，越有这种消极的个性。因此令福特大伤脑筋。

今日的年轻人，多受过高中、大学的教育，所以有相当的学问和知识。由于现代社会的变迁，分工很细，公司的工作项目也越来越繁杂，所以年轻人具备高程度的学问和知识，在一方面来说，是必要而且是很好的事。但重要的是不要被知识所限制，也不要只用头脑考虑太多，要决心去做实际的工作，然后在处理工作当中，充分运用所具备的知识，这样的话，学问和知识才会成为巨大的力量。

尤其是刚从学校毕业的年轻人，最容易被知识所限制，所以要十分留心这一点，发挥知识的力量，而不是显示知识的弱点。

在实际工作中常常可以发现，一些工程技术人员虽然学历不高，却往往具有较深的专业知识和较强的实际工作能力；相反，一些高学历人员，虽然各方面都表现不错，却没有强烈的个性，与他们谈话留下的印象不深。一个人实际工作能力的高低，并不能单从学历或应聘时笔试、面试的成绩，就可以看得出来的。具有了实际工作经验，也未见得能力就强，创造性就高。20世纪90年代初，日本在人员招聘中提出要注重实际能力，特别是选拔事业开发型人才时主要看他的综合基础能力，就像挑选运动员苗子一样，关键看他是不是一块好"材料"，有没有发展潜力。所以，高学历不等于高能力。在招聘过程中更应注重招聘那些高能力的人才。

（3）人格比专业知识更重要。在商场上，不仅知识和技术重要，同时更应以正义的立场、公正无私的生活方式，来表现高尚的人格，这也是用人的一个要诀。在运用人才上，只要不存私心，经常考虑何者当为，何者不当为，进而发挥潜在力量，是不难迈向理想境界的。

（4）不可忽视心理素质和工作态度。现代经济社会的竞争是激烈与残酷的，而这势必给每一个企业、每一个员工造成强大的压力。企业是否能顶着压力前行，是否能在竞争中脱颖而出，不仅看员工的技术水平和工作能力，还要看其是否具备良好的心理素质。在招聘新员工时，是否考虑过这些问题：新招进来的员工是否具有创造才能和创造精神？是否能领导和训练他人？他是否能在团队中工作？他是否能随机应变并善于学习？他是否具有工作热情和紧迫感？他在重压之下能否履行职责……在一些发达国家或地区，如美国、日本、英国等越来越重视对员工心理素质的考察，并通过一系列心理素质测定来判定招聘对象心理素质的高低。它们认为，这是一个可以减少冒险，促进做出完美决定的过程。凡此种种，目的只有一个：就是要找到心理素质较好的人才。

一个真正意义上的人才应是德才兼备的。才，无可置疑，就是反映在工作能力和心理素质上；而德，一般来说就是从工作态度中体现出来。良好的工作态度，往往能为本人带来工作激情和动力，从而提高工作效率。当然我们不能将工作态度简单地和工作绩效联系在一起，还必须考虑到企业环境的各种具体条件的影响，这是企业在日常经营管理时所应考虑和处理好的客观因素，而在进行人员招聘时，应聘者所持有的工作态度，却是我们不得不考虑的主观因素。由此为本企业选拔到具有良好工作态度的人才，必将能使以后的经营管理工作事半功倍。

2. 选用德才兼备之人

人格是人性中最优秀的部分融合而成的内在品格，是人性中最完美、最高尚的东西。伟大的人格是一种发自内心的东西。正是由于这一点，所以人格具有独特的魅力，能够影响人、团结人。人格的魅力，应该说是一个优秀员工重要的内在因素。然而，一般人往往看重员工的知识和技能，而忽视他们的人格。其实，作为一名优秀的员工，不仅要凭借自己的知识和技能去解决某一具体的技术问题，而且还要善于团结、帮助别人，并且具有忠诚的品质、乐于奉献的精神，与其他员工能凝聚在一起，形成巨大的工作热情和创造力。

一直以来，德才兼备的人最为人们所喜爱、尊敬、推崇，这样的人对下既能办事又能处理好关系；对上是忠心耿耿、不谋私利，叫人放心。员工服你，上级信你，非德才兼备是很难做到的。而能识到这样的人才确是万幸，能用到这样的人才也是人力资源主管之福。古今中外，许多人力资源主管都选用那些德才兼备的人才，并予以重用，而这些人也不负所托，尽职尽责，做出了极大贡献。

领导若想选择德才兼备的人才，就不妨从以下几个方面来考虑：

（1）是否具有创造能力。企业的成长和发展主要在于不断地创新，科技的进步是日新月异的，商场的竞争更是瞬息万变的，停留在现状就是"逆水行舟，不进则退"。人的新观念是克敌制胜之道，新观念和新思潮才能促成进一步的发展。

（2）判断是否有良好的表达能力。现代企业管理人员最显著的一个特点，就是敢于走出办公室，谈吐自如地与人交往。这乍看起来似乎没有什么，但是这种交流实际上是个人能力和才华的最直接的展示。口才是展示一个人的最有效的工具。许多优秀的大学生甚至在生人面前连一句完整的话都说不出来，更别说与人交往了。这是领导者必须注意的一个方面。

（3）是否具有敬业乐观的精神。从前常有这样的一句话，用来形容某一位英雄人物：革命乐观主义精神。仔细分析这样的人，的确了不起。革命表示他对事业的执著，是一种高度负责的工作态度；乐观主义，表示他永远对目标充满希望，对眼前的困难不屑一顾，总是充满信心地、微笑着迎接工作中的挑战。想想看，在现在这个"商场如战场"的时代，是否也需要这种精神呢？回答是肯定的。

（4）是否具有良好的人际关系。这是一项很神秘的能力，种种迹象证明，有着良好的人际关系的人，往往成功的机会也就更大。有一些人天生就可以自由地为自己建立良好的人际关系网。这些人就具有这种先天的资质。良好的人际关系并不是一个圆滑的"墙头草"所能得到的，必须以信任、诚恳作为纽带，别人才会向你敞开心扉。

（5）是否具有美好的品德。中国人的教育始祖孔子早在三千多年前就把人才的素质概括为"德、智、体"三个方面，并且把德提高到首要的地位。人们往往都有这种想法，一个品德不好的人，即使他的能力再强，也只能成为国家和社会的祸害。思想品德包括一个人的爱国精神、责任感、正义感等不同的性格特点，所以评价一个人时，德是必须考虑的。请相信，一个没有品德的人，是绝对不会在他的企业面临危难之际与其他员工共患难的。

（6）是否具有很强的适应能力。通常一个善于与人交际，工作能力强，有责任心，热情帮助别人，做事坚决、有恒心并时刻保持乐观精神的人，很快就能适应各种突变的环境。

3. 善于挖掘人才

世上有了伯乐，然后才有千里马。千里马常有，而伯乐不常有。所以即使有千里马，也只是辱没在马夫的手里，和普通的马一起死在马厩里面，不会因为日行千里而出名。

其实人才在被发现之前，都是默默地生活在普通人中间的。人才犹如冰山，浮于水面者仅10%，沉于水底者达90%。企业要想兴旺发达，就必须充分利用这些人才。

对于人力资源主管来说，要想发现人才并正确使用人才，就必须深入调查，综合考核，只有这样才能较为准确地评价一个人，才能发现真正的人才，保证企业的正常发展。

人力资源主管发现了人才，必须对人才进行选拔。选拔人才的时候，要不受主观感觉的影响，不受世俗偏见所左右，在实践的基础上用理性思维去评价和考核，这才是选拔人才的重要指导思想。重男轻女思想、论资排辈思想和求全责备思想，都不利于选择有利于企业发展的人才。

同时人力资源主管必须坚持公开公认的原则。对于企业来说，人才的选用一定要公开，不仅要公开人才的选择范围，而且要公开人才的选择材料。同时，人力资源主管在选择人才时，要秉承公认的原则。在正常的情况下，得到同事们认可的人才，一般都具有一定的代表性和先进性。因此在人才的选拔上，要有一定程度的民主。当然有些时候，对于一些特殊的人才可以不采用公认原则，因为他们可能在性格上有诸多缺陷，从而影响他在别人心目中的认同度。破格录取人才的办法只能在特殊情况下才能使用，否则会引起整个企业的动荡。

公开、公认原则要求人力资源主管以身作则。人力资源主管在选拔人才的时候，一定要制定详尽的人才选拔材料，并向众人昭示，自己正是靠这种标准上来的。

二、知人善任

人才是企业永恒的资本和决定因素。优秀的人力资源主管要具有一双"慧眼"，善识人才，善用人才。识人准确，用人恰当，辨其贤愚，端其良莠，让藏龙腾飞，卧虎猛跃，在激烈的企业竞争中，只有知人善任才能战无不胜。

1. 创造环境稳人才

任何一名员工，都希望领导重视自己，能站在自己的立场考虑自己的利益，让自己有安全感和归属感。而作为领导，也的确必须考虑员工的利益，让他们没有后顾之忧，工作时才能使出浑身解数达到高效率状态。在一个缺少领导关心的企业里，员工每天的心情便如临深渊、如履薄冰，工作时也会顾虑重重。虽然他们同样会遵守规则，完成任务，但如果领导者想期望他们尽情发挥创造，几乎是不可能的事。

心理学家将人类的需要分为几大类：第一类是生理需要；第二类是安全需要；第三类为社会需要、自我实现需要等。无论哪一种需要，都符合利益的特点。每个人都希望自己的付出能得到合理的回报。因此可以说每名员工都希望领导能够关心并安排自己的将来。

美国一家公司率先推出帮员工买健康保险的制度后，员工工作的积极态度明显提高，几个本想跳槽的优秀人才也因此安下心来投入工作。这一切都是因为领导使他们无后顾之忧。其实一个大型的企业，员工的层次不一，有些人从事体力劳动，有些人从事脑力劳动，不管何者，对他们而言，最关心的是失业以后的生活费来源、退休以后的生活保障，这些人始终害怕领导不重视他们，没有为他们的未来打算，怕领导借故扣除奖金、退休金。这些担忧使得他们在工作时持着观望态度。如果是懂得用人术的领导者，一定会尽快消除员工的不安全感，以达到激励员工的目的。

如何才能消除员工的不安全感？首先要创造一个人性化的工作环境。任何职场不能没有管理制度，也不能没有工作压力，但是过于苛刻的管理会影响领导者与部属的和谐关系，打击员工的热忱；过于松懈又容易造成散漫作风，让工作效率降低。只有高压、怀柔并用才是长久之计。以员工的切身利益和立场为出发点，掌握好利益的尺度，方可使公司前途不可限量。

2. 仁义待人结其心

就实际而言，在提拔人才或选用人才时，领导者一定要以仁义之心待他，以后他也必会对你有所帮助。

3. 用人要精而不滥

求贤若渴，实为主管高明之举。但如果因为人才紧缺，对其渴望过度，饥不择食，用人过滥，则会适得其反，欲速则不达。

现在有一些企业，在用人方面就是滥而不精，主要表现在：

一是用人多，人浮于事，不能充分发挥每个人的作用，浪费资源；二是人员素质不高，有滥竽充数的，有力难胜任又需特殊照顾的，有看人行事的。这些人的存在，势必会影响企业团结和规章制度的推行。总之，用人过滥，给企业带来了很多问题，是企业一大弊端。

要防止企业发生用人过滥的问题，最重要的是坚持用人制度，严格按照有关的规章办事。一方面教育人力资源主管在用人问题上要树立廉洁作风；另一方面要加强对用人的不正之风的检查处理。这样，就可以使企业在用人问题上能沿着一条正确的、健康的道路走下去，防止用人过滥而搞乱了企业。

4. 善任是管理成功的根基

在知识大爆炸、科技日新月异的今天，人才显得尤为重要。这是世界各国人力资源主管所公认的一条规律，所以人力资源主管（包括企业经理人）必须树立正确的人才观，知人善任。

成功的人力资源主管不是那种瞬息而逝、昙花一现的人力资源主管，而是决定企业健康、长远发展的决策者，善任是人力资源主管管理的关键，同时也是影响人力资源主管能力的决定因素。因此，如何用人以及充分调动和发挥人的积极性和创造性，是人力资源主管用人的关键，同时也是人力资源主管成功领导员工的根基。

当然，人力资源主管的信任受制于多个因素，通常受限于人力资源主管的主观判断，但是管理的信任实质上也是放权，如果一个人力资源主管的放权有误，小而言之就是提不高组织的效率；大而言之，就将影响整个企业的发展，甚至将其拖垮。因此，人力资源主管在信任这个问题上，一定要慎重。当然也不能全面介入，要给员工自由发挥的空间。所以，信任不仅是一门艺术，而且还是一个人力资源主管向成功人力资源主管转化的一个重要因素。

信任的人力资源主管为员工提供了一个可以表现自我的舞台，信任还关系着人力资源主管与员工之间的沟通与交流，直接影响着整个团队的组建以及人力资源主管的成功交接。信任的人力资源主管不仅是一位成功的人力资源主管，而且还是一位眼光独到的战略家。因此，信任是成功管理员工的一把利剑，同时也是管理员工的根基。

5. 善于发掘员工的才能

人力资源主管识才，不仅要看到那些锋芒毕露者，更要留心寻找那些暂时默默无闻和表面上平淡无奇，而实则很有才华和发展前途者。这类隐性人才群体，称为潜在人才。潜在人才犹如待琢之玉，似尘土中的黄金，只是还没有得到公众的承认，还没有显露出自己的价值。如果没有独具慧眼的识才之人是难以发现的。

随着企业竞争的加剧，人才的利用率大大提高，总的来说，人才在企业竞争中的地位已日益显著，但是人才的流失是影响企业人才竞争的致命因素。为此，留住人才已成为企业竞争的一个重点，如何才能留住人才呢？杰克·韦尔奇很坦率地告诉大家："发掘员工的潜能，让员工最大限度地发挥他的价值，使他有成就感，因而自愿留在企业，再带头推动企业的发展。"

因此不难看出，人力资源主管不仅要处理好许多管理层面上的工作，而且还要发掘有能力、有发展远景的员工为人力资源主管所用，这才是一个合格的人力资源主管。

发掘员工的潜力不仅需要人力资源主管在工作中长期积累的经验，同样还需要人力资源主管对员工敏锐的洞察力和对潜能开发的独到见解。有的人力资源主管为此事而惹出了不少麻烦，甚至影响人力资源主管的工作。如果正因为不被员工认同而烦恼，可以先试着努力只看员工的优点，绝不能先入为主地认定某人毫无能力可言。因为你的态度，对方多少隐约有所感觉，如此一来双方当然无法建立良好的关系。

开发员工潜能，会影响员工的职业生涯规划，因此要慎重。洛林公司的乔治·克莱斯说出了自己的感悟："人对于真心给自己建议、愿意让自己一展才能的人所提的意见，应该都能坦然接受。建议的内容严厉与否并不重要，但是如果只是一味迎合，反而可能遭人轻视了。"

因此，管理发掘员工的潜能，不仅影响人力资源主管自身的管理能力，而且还将影响员工的价值的体现。所以，发掘员工是人力资源主管用人的一个必备条件。

6. 善于"用兵点将"

主管的才干，在于能否按照企业生产经营管理的要求和员工的素质特长，合理地"用兵点将"。

俗话说："三人行，必有我师焉。"人各有所长，能善用其长以处事，必可收事半功倍之效。所以成功主管用人的重要原则之一就是适才适所，也就是"把恰当的人摆放在最恰当的位置上"。企业人力资源主管要相当深入，脚踏实地地支持协助员工了解工作方法，解决工作困难。这不仅对员工的工作可以彻底了解，而且对员工的才干也可以有深切的了解，因而可以认清员工目前工作是否适才适所。如有不适，应当迅速迁调，发挥其所长。企业经营的成败取决于人，无论用人者还是被用者，都必须认真对待。因此，人力资源主管在任何时候都必须以这样一种态度严格选拔人才，做到量才录用。人力资源主管管理别人的重要因素就是在真正理解员工的基础上，给他们提供一个展其所长避其所短的舞台。要看到部下的长处，人就像一块有待雕琢的玉，只要善于打磨雕琢就肯定会有灿烂的一面。所以对员工首先要信赖，然后再大胆使用。使用时因人而异，对于那些精明强干、眼光敏锐、处事果断的人，多采取命令态度，这样能够促使他们发挥最大的能动性，想方设法完成任务。而对那些能力欠缺的人，则为他们拟定方案，然后建议他们按照自己的方法去做。每个企业家都应该相信，你的员工，只要给予机会，就一定会大有作为。

用兵点将就是让员工投其所好，适才适所，尽量让员工们做自己感兴趣的工作，使企业的发展史成为员工个人的发展过程的累积史。

三、用人方法

1. 以退为进

在日本商业界，流行一句名言："重病、失败、降级，三者为选任重要干部的必要条件。"也许有人曾提出大相径庭的理论，认为很多优秀的人才并不一定都曾经历这三种痛苦的经验，类似这类一帆风顺的想法，其实是一种错觉，是不知大部分人的工作潜力而发的言论。

如果你是一位主管，如何处理和部属之间的小摩擦和小误会呢？首先要淡化敌对的情绪，让情势不致演变成双方立场的对立。其次要有容人的雅量，充分体贴部属的处境和心情，而关键之处则是在处理问题时，灵活运用适当的方法，以免造成滥施刑罚，而伤害主管与员工之间的感情。

2. 度量知人

曾参是事亲至孝的孝子，品德崇高，他的母亲从小抚养他长大，对他最为信任和了解。

有一天，一个和曾参同名同姓又同乡的人杀了人，一个邻居以为是曾参干的，就告诉曾参的母亲："你的儿子杀人了，你还不快躲起来。"曾母不为所动地说："我相信自己的儿子不会杀人。"于是她照样织布。不一会儿，又有一位远房亲戚跑来说："不得了啦，你儿子曾参闯下大祸了。"曾母依旧照样织布，不为所动。可是仅隔了一会儿工夫，一个素不相识的人跑来说："曾参杀人了。"这回，曾母害怕了，她赶紧扔下机杼，爬墙而走。曾参是出了名的贤人，他的母亲又如此信任他，然而当很多人都说他杀了人时，连他的母亲也不能不信。

这真是众口铄金，人言可畏。领导者尤其应注意加强修养，随时保持一种良好的心态，相信自己的判断力，相信自己的部属。

3. 打破常规

任何人力资源主管都不能容忍员工是一个没有作为的人。所以，如何区别有无作为是相当重要的，因为稍有不慎，便会流失难得的将才，有句名言："天才与蠢材只有一线之隔。"可见贤愚难以分辨之处。

日本本田公司是日本权威经济刊物《日经商业》评出的优秀企业之一。而公司创始人本田宗一郎虽然已有80多岁的高龄，但仍然才思敏捷，经营有方，使本田公司创业不到半世纪，就发展成为世界级企业。

本田宗一郎出身于铁匠之家，自小就酷爱机器。他40岁时创立了本田公司，选拔企业人才时偏爱"不正常"的人。有一次，公司在招考优秀人才时，主管人员对两名应征青年取舍不定，于是向本田请示，本田宗一郎毫不犹豫地回答："用那个有缺点的人。"他认为，正常的人发展有限，"不正常"的人反而不可限量，更能创出惊人之作。

4. 果断决策

主管用人切忌优柔寡断，用人不疑，既然任用部属，就不该牵制他，使部属无法安心完成交付的任务。俗话说："老虎虽然厉害，如果犹豫不决，还不如一只野蜂。"

刘邦登上帝位后，久有杀韩信之心。韩信手下蒯通劝韩信早日自立，韩信犹豫不决，最终走向灭亡之途。驱使贤才也是如此，迟疑不决是一大忌。

5. 抓大放小

用人者首先要考虑的是如何使用人才和考察人才，千万不可越俎代庖，陷入不必要的琐事中。一代名臣诸葛亮正是身陷小事之中导致过度操劳而死的，他虽然聪明过人，却犯了一个大忌，就是事必躬亲，什么事都要过问，大到行军打仗，小到校对簿书，甚至连行刑时都要亲自监督，以致劳累成疾，英年早逝。

智慧用人术中的大忌很多，主要的有好察微隐、求全责备、偏听偏信、陷人于不法、任人唯亲、以言貌取人等等。人力资源主管千万要记住，在具体选择人才和任用人才时，不能犯下这些大忌，否则后果难以预料。

6. 用人之长

楚庄王有一次大宴群臣，令其爱妾许姬敬酒，恰遇风吹烛灭，黑暗中有人拉了许姬飘舞起来的衣袖，许姬顺手摘下那人的帽缨，并要楚庄王掌灯追查。楚庄王说："酒后狂态人之常情，不足为怪。"并请群臣都摘下帽缨后再掌灯。不久，吴国侵犯楚国，有个叫唐狡的将军屡建战功后，对楚庄王说："臣乃先殿上绝缨者也。"

宽容，是领导者的一种美德和修养。"宰相肚里能撑船"这句俗语就形象地说明领导者要有宽大的胸怀和气量。倘若楚庄王没有宽广的胸怀和气量，就不可能有卫国戍边中战功显赫的唐狡。领导宽容待人，就是在组织内部创造友好和谐的气氛、民主平等的环境，这不仅是工作顺利开展的重要保证，而且有助于解除员工的后顾之忧，并最大限度地发挥他们的聪明才智。

人的成长受多种因素的影响和制约，因此一个人诸方面发展是不平衡的，必然有所长和有所短。一个人如果没有缺点，那么他也就没有优点。现实的情况是：缺点越突出的人，其优点也越突出，有高峰必有低谷。一个主管在用人时若能有"容人之短"的度量和"用人之长"的胆识，就会找到帮助自己获取成功的满意之人。

7. 考虑其兴趣和气质

对人才的能质，不仅要考察反映人才业务素质的智力和技能等因素，而且要考察非智力因素，比如某些个性心理品质、气质类型和性格特点。之所以要这样，是因为任何一个人能力的实际发挥都不仅取决于人才所具有的具体知识和技能，还与人才的许多非智力因素有密切的关系。同样，每一个工作岗位对人才的能力要求也不仅仅是智力方面的，还包括非智力方面的。

第一，分配工作时要考虑人的兴趣。大家常说，兴趣和爱好是最好的老师和"监工"。因为当兴趣引向活动时可变为动机；当人产生了某种兴趣后，他的注意力将高度集中，工作热情将大大高涨；人一旦产生了广泛的兴趣，他就会眼界开阔、想象力丰富、创造性增强。总之，兴趣将使人明确追求、坚定毅力、鼓足勇气、走向成功。因此，企业在使用人时，除要求专业对口外，也要适当考虑一个人的兴趣。因为任何人的兴趣都是可以变化的，只是程度和速度不一样罢了。

第二，分配工作要注意气质类型。心理学将人的气质分为胆汁质、多血质、黏液质和抑郁质四种，不同气质的人对工作的适应性不同。比如精力旺盛、动作敏捷、性情急躁的胆汁质人，在开拓性工作和技术性工作岗位上较为合适；性格活泼、善于交际、动作灵敏的多血质人，在行政科室或多变、多样化的工作岗位上更为适宜；深沉稳重、克制性强、动作迟缓的黏液质人，适合安置在对条理性和持久性要求较高的工作岗位；性情孤僻、心细敏感、优柔寡断的抑郁质人，适合安排在连续性不强或细致、谨慎性的工作岗位上。现实生活中的人大多是四种气质的混合体，这里讲的只是有所侧重而已。

8. 奖赏与鼓励有技巧

美国一家工厂的主管杰夫说："如果你的员工不能在八小时的工作时间内做完分内工作，不是分配的任务过重，就是员工的能力堪议。"杰夫先生担任主管期间，每天下班之后，都会到工厂里绕一圈，命令那些还在岗位上忙碌的员工回家。虽然许多人都认为他这种做法欠妥当，但事实证明，在他担任工厂主管的几年内，工厂始终以最快的速度运转着，产品品质极佳，数量也达到标准，工作绩效也相当良好。

杰夫先生经常与员工亲近，使员工觉得领导者是为自己的利益着想，无形中也提醒他们，领导者希望他们在规定的时间里完成任务。领导者若想使用以利相诱的用人术，必须用精神或物质的利益去激发员工的创造力。杰夫先生的做法就是使员工精神上多一种温暖感；工作时也多一份使命感。后来接手的主管利克斯先生却不太赞同杰夫先生的用人之术，他认为如果员工真正想做好工作，八小时的工作时间是不够用的。另外，一个只想等下班时间一到拔腿就走的人，是不可能有奉献精神的。于是他将杰夫所订的制度大为改变。员工们必须早到晚走，上班时可先喝一杯咖啡，聊聊天；中午吃饭的时间由原来的半小时延长为一个小时；上班前半小时可以先做一些与工作无关的事。他认为这种用人术很"民主自由"，以为这样的管理方式会收到良好的效果，事实却恰好相反，这种方法实行没多久，产品的数量和品质就开始大幅滑落。

其实，杰夫先生的做法相当正确，是运用用人术中以利相诱，俯首听命的最高手段，迫使员工创造成果和确定目标导向。每一名员工都知道必须在八小时内完成工作，因此，员工都养成积极的工作态度和有节奏的工作习惯，但利克斯却在时间上给员工太大的弹性，工作时间长但又没有什么佳绩的员工反而受到赞赏，这样的用人术只会浪费时间，使员工工作时敷衍了事。

任何职场都可能发生这种状况，他们普遍认为工作时间长的员工就是好员工，但他们从来不关注这些员工创下的成果是好是坏。有的主管还以此为考核标准，给予他们实质上的丰厚奖励，事实上这是在赞美员工的忙碌而不是成绩。身为一个善于用人的人力资源主管，奖励员工的标准应该是看他们创造的效益，而不是工作时间的多寡。在员工进行创造的同时，要力求避免出现"徒劳无功"的局面。对于事半功倍的员工要特别鼓励与支持，要用精神或实质的利益激发员工。

四、善于授权

1. 给员工一些决策权

据管理学专家及一些大企业对高级管理层所做的调查发现，各级管理层每天需要对77～583件事做出决策，而人们普遍做出的反应是或者等待，或者做出选择，采取行动。其实，无论是高级管理人员还是一线的领班，每天都需要对许多事情做出决策，一些看似简单或无关紧要的决策，实际上却异常重要。

不论是什么类型的企业和机构，每个员工都需要做出决策，因此，企业人力资源部应当适当放权，一方面让员工感到自己是企业的重要组成部分；另一方面培养员工处理问题的能力，在问题刚出现时能够立即给出恰当决策，并立即行动。有人可能会说："即便员工每天都需要做出许多决策，但是这些小决策叠加起来也不及整个企业做出的战略性决策。"这个观点是错误的。当然，企业战略性决策决定企业的发展方向，但是，这些非战略性决策叠加起来却会产生巨大效应，而精确计算小决策会给企业带来多大经济效益也是不可能的。现在的问题并不是小决策是否具有影响力，而是如何使它们有效结合起来产生正面效果。

企业高级管理层从做出战略性决策到付诸实施的时间跨度可能是几年，而在此期间，每个员工做出的数百万个决策所具有的影响力则是巨大的，企业的潜在客户可能因此增加或减少。不论是高级管理层还是员工，不论是大决策还是小决策，人们的判断力、拥有的决策权和给予的建议都至关重要，它们将影响决策本身和最终效果。正如詹奎兹所言：员工的判断力、决策权和建议是任何一项工作的组成部分，不论工作特性如何，也不论处于哪个决策层。然而，一些管理人员认为，授权给员工，让员工做决策将使企业变得混乱不堪，无法管理，而设立的规则和管理层越多，对员工进行的监督越全面，给他们"胡想"的机会越少，越好控制局面，自己的决策才能贯彻下去。但是，有两个方面需要注意：第一，任何企业不可能100%的控制员工的工作。一定程度上讲，员工不得不使用自己的判断力。第二，全部控制员工的决策权只会产生最低效果。

交响乐团指挥的控制权看起来很大，演奏员绝不可能按自己的兴趣随便演奏，指挥实际上控制着整个表演过程的各个方面。因此，可以说，他（她）具有100%的控制权，每个演奏员必须听从指挥棒。但是，交响乐团的一个成员却说：一个伟大的指挥家最具魅力的地方就是用最微妙的手势产生巨大效果，他让你了解他的意图和期望获得的效果，他通过指挥棒了解每个演奏员的能力，他需要和谐和力度，他给每个人充分决定权。但是，如果你越想控制，获得的效果越糟，到头来就只剩下生气了。因此，完全控制是不可能的。即便可能，在今天竞争激烈的商业环境中也不应该如此，否则你将因为自己的管理失策而失去市场优势。应该说，任何一个领域都要遵循一个原则，那就是给员工一定的决策权。

为什么有些人力资源主管不想把他的工作授权给员工做呢？以下就是一些可能的原因：

（1）如果随便把工作授权给别人做时，他能够符合我的标准吗？

（2）没有适合的人选。这是人力资源主管不想授权的最大理由，但这并不表示真的没有合适的人选，或许是有而被疏忽了，或许是他本身也太忙了，也或许是对方并无意接受这种安排。但是，如果有意愿，而且愿意付出的话，这些都不是理由，也一定可以克服，惟一的可能是并不希望授权给别人。到底在怕什么？怕犯错吗？要知道一个组织不犯错的话，那就永远没有成长的机会。如果真正没有合适的人选时，就要考虑再招募新人了。

一个聪明的人力资源主管要善于授权，只有这样，和员工才可以互得其利，从而缔造一个"双赢"的局面。

2. 授权应遵守一定的原则

作为一种管理技能的授权，是科学和艺术的结合，其中既包含着能用科学概括、归纳和总结的东西，又有只能依赖于艺术思维去把握的内容。

为了探讨各种授权所具有的共同性的准则，我们需要了解授权所涵盖的范围是怎样的，授权的内容包括三个方面：

一是用钱之权。授权中的"用钱之权"需要注意的问题有四个，即考虑预算内或预算外账目的种类、金额的大小、正式或非正式的授予形式及员工的级别层次。

二是用人之权。授权中的"用人之权"包含两个方面：其一，决定某个时间内要增加若干人数的权力；其二，在这些增用的人员中，选用特定人员的权力。

三是做事之权。授权中的"做事之权"需依据员工个人能力、工作性质等因素授予，以期员工能够自动地、及时有效地承担面临的例行工作，而不必事事都请示上司。

不管哪种授权，总是存在一些共同的准则可以遵循，其内容如下：

（1）有目的授权。首先，授权要以组织的目标为依据，分派职责和委任权力时都应围绕组织的目标来进行，只有为实现组织目标所需要的工作才能设立相应的职权。其次，授权本身要体现明确的目标。分派职责时要同时明确员工要做的工作是什么，达到的目的标准是什么，对于达到目标的工作应如何奖励等。只有目标明确的授权，才能使员工明确自己所承担的责任，盲目授权必然带来混乱不清。

（2）因事设人，视能授权。人力资源主管要根据待完成的工作来选人。虽然一个高明的组织者主要将从所要完成的任务着眼来考虑授权，但在最后的分析中，人员配备作为授权系统至关重要的一部分，是不能被忽视的。被授权者或授权者的才能大小及知识水平高低、结构合理性是授予权力的依据，一旦人力资源主管发现授予员工职权而员工不能承担职责时，人力资源主管应明智地及时收回职权。

（3）无交叉授权。在现代组织中，即使是一个小的公司，也会有多个部门，各部门都有其相应的权利和义务，人力资源主管在授权时，不可交叉委任权力，那样会导致部门间的冲突，甚至会造成内耗，形成不必要的浪费。

（4）权责相应的授权。授权解决了下级有责无权的状态，有利于调动下级的积极性。但在实践中又要防止另一种倾向，即避免发生有权无责或权责失当的现象。如果有权无责，用权时就容易出现随心所欲、缺乏责任心的情形。如果权大责小，用权时就会疏忽大意，责任心也不会很强；如果权小责大，下级就无法承担权力运用的责任。因此，授予多大的权力，就必须要求负有多大的责任；要求负多大的责任，就应该授予多大的权力。权与责应保持对应、对等的关系。

（5）逐级授权。授权应在上级同其直接员工之间进行，不可越级授权。例如，局长直接领导处长，就应向处长授权，而不能越过处长直接向科长或科员授权。越级授权，势必造成权力紊乱，造成中层主管人员的被动，部门之间的矛盾增加，破坏上下级之间的正常工作关系，不利于工作正常进行。

（6）单一隶属的授权。下级被授予的权力应当是确定的，这只有在一个下级只对一个上级负责的情况下才能做到。如果是多头领导或隶属关系不清，下级会感到无所适从，左右为难，难以行使被授予的互不相干甚至互相冲突、干扰的各种权力，当然也难以履行各种互不相干或者互相冲突的职责，同时给授权之后的考核带来困难。

（7）充分交流的授权。人力资源主管在完成授权之后，授出的工作任务实际上并未从他的肩上卸去，只是换成一种更有效率的方式，人力资源主管不能因为授权而放弃对于职权的责任，因此不存在管理的独立性。科学合理的授权不应造成上下级关系的隔断，这就是说，上下级之间的信息应该自由流通，使下级获得用以决策和适当说明所授权限的信息。现代高科技介入现代公司管理，尤其是网络的介入，为这种开放畅通的交流渠道提供了极大的便利性。许多世界知名的大公司在其公司的内部网络上建立了类似的主页，为上下级、同级之间的信息交流、谋求咨询、协调沟通提供了一条便利的通道。

（8）合理授权原则。这是指通过合理的程序，为实现合理的目的而进行的正当授权，是领导授权应当首先坚持的基本原则。坚持这一原则，要求领导向其员工授权做到适当，不要过分。领导如果授权过重，超过合理的范围，难免要发生问题。这个原则是对授权的范围来说的，即不能把不该授的权都授出去。

（9）量力授权原则。主管向员工授权，应当视自己的权力范围和员工的承受能力而定，既不可超越自己的权力范围，又不能不顾及员工的承受能力。这是就授权多少而言的，是对领导和员工适度的要求。领导在授权过程中，还要注意根据员工的承受能力，来决定授些什么权、授多少权。对员工来说，也有个授权适度问题，应当做到量力而行。领导授给员工的权力，一是不超负荷，不能使员工承担不了，硬给他们一些不适度的权力；二是不要授权不足，不充分授权。这样，会影响员工能力的发挥。怎么才能掌握得好？这要看领导对授权时客观形势的分析，对员工承受能力的判断以及对怎样才算是授权适度的理解。领导授权有个量力问题，员工接受权力也有个量力问题。如果自不量力，也难以用好权。这个原则，适合于每一位领导的授权，也是授权的一项基本原则。

（10）带责授权原则。主管授权并非卸责，权力下授，并未减轻主管的责任。主管授权给员工，还要把责任留给自己，这也是授权的一项基本原则。但是，主管在向下授权的同时，也必须明确员工的责任，将权力与责任一并赋予对方。这种授权方式不仅可以有力地保证员工积极地去完成所承担的任务，而且可以堵住上下推卸责任的漏洞，使员工也不至于争功诿过，而会忠于职守，努力工作，发挥自己的主动性和创造性。这种带责授权的做法，体现了责权一致的精神。

带责授权中的责任，包括两个方面：一方面是员工在行使权力的过程中应遵守些什么；另一方面是对活动的结果应负有什么责任。对于这两个方面，主管在授权时都要做出明确的规定，都要讲清楚，这既是责任范围，也是权力范围。只有规定得清楚，才能便于执行。当然，这种带责授权就像上面已经讲过的，并不是授出领导的责任，最终责任还是要由领导负的。领导绝不能以为责任一经授出就万事大吉了。主管必须做到：即使权力下授了，凡属自己管理范围内出现的问题，也要自觉地承担管理的责任。主管在带责授权以后，对员工职权范围内的事，不应妄加干预和牵制，而且要经常给予支持和指导，这一点也必须明确。

（11）信用授权原则。信任是授权、用权的关键。领导授权有没有效，用权是否顺利，很大程度取决于此。主管不信任的授权，等于没有授权。想放又不敢放，放后又干涉，放了又收，收了又放，犹犹豫豫，反反复复，这些态度都是不信任的表现。坚持信任原则，主管就要摒弃包办主义，就要彻底放权，真正放手让人家去干。

（12）授中有控原则。主管授权，不是把权力放下去以后就撒手不管了，授权应是可控制的。主管授权以后，并不会像有些人所担心的那样，会出现混乱。授权要有某种可控程度，不具可控性的授权，那不是授权，而是主动弃权。所谓可控授权，就是主管应该而且能够有效地对员工实施指导、检查和监督。这也就是上面已经谈到的，主管不能把自己所有的权力下放给员工，而是只授给员工应具有的那一部分权力，主管自己仍然要持有一部分权力，例如事关前途命运的一些大事、要事的决定权，直接领导的有关岗位的人事任免权，以及需要直接处理的员工之间发生问题的协调权等。一些有关全局性的决策权必须由自己所执掌。主管授权须做到能放、能控，也能收。主管把权力授出去以后，授权者的具体事务减少了，但主管指导、检查和监督的职能却相对地增加了。主管的这种指导、检查和监督并不是干预，它只是一种把握方向的行为。主管关注员工的工作动向，及时发现员工工作中出现的问题，并加以指导乃至纠正，其目的也是促使员工正当地运用权力，保证既定目标的实现。

（13）宽容失败原则。日本神户大学的一名教授写的《领导者成功的要诀》一书中指出："真正的授权是以主管宽容员工的失败为前提的。"真正的授权就是这样，是不能怕员工失败的。在国外一些成功的企业家看来，办什么事情，失败的可能性都是经常存在的。怕失败，就不能坚持，就注定会失败。所以，他们对员工的失败一般都是很宽容的。授权以后，出了问题很少责备，而是由领导做起，先检讨自己，再启发大家总结经验，力争下次取得成功。他们说：要减少授权的失败，惟一的途径，就是主管的宽容，具有允许员工失败的勇气和度量。这就是他们获得成功的要诀。

第二节 劝导训导术

一、怎样避开处理员工不满的"雷区"

如果部属心怀不满，自然意志消沉，此时如果漠然置之，不加理会，那么情况就会越来越恶劣。如果还想让公司正常运转的话，那最好花点时间来处理一下。可以在以下几个方面注意做些调整。

尽量向员工明示你对他们的期望，避免产生误会；及时将员工的表现状况告诉他们，使他们知道你关注员工的工作，对于员工的错误要事先警告，如果屡教不改，再加以处分；强调工作之所以能够顺利完成，是群策群力的结果，而非你个人的力量所致；信任员工的工作能力，即便他们有不能胜任的事情也不要求全责备，应该热心帮助；将公司现状告诉员工，使他们一起为公司的进步而欢欣，对公司的退步而加以反省；让部属参与公司政策和规章的制定，这样他们更乐于遵守；让部属参与决策则更有利于公司整体战略的顺利实现。

二、如何从容面对部属不敬

作为人力资源主管，每天都同人打交道，什么样的人都会碰到，因为每个人的个性、优缺点都不同，再加上各自的教育背景、家庭出身、人生经历均有差异，更增加了人性的复杂性和丰富性。因此在工作过程中难免会碰上不敬的部属，问题在于如何处理才是恰当的。第一步自然是弄清楚部属何以不敬。

有些人是因为心理不平衡。原先是在一起工作的同事，大家各方面都差不多。现在你得到晋升，而他们却原地不动，心中不是滋味，难免会出现挑衅的言行。

有些人的确是不识抬举，或欺善怕恶，你凡事以和为贵，遇事不愿张扬，他反而以为你怕他，以为是"软柿子"，故常存心为难你。

还有的人已经是身在曹营心在汉，打定主意要走人了，自然也就没有必要再把领导放在眼里。索性来点哗众取宠，做一把众人心目中的英雄过过瘾。

有些人的确是偏才、怪才，这种人大都在技术或业务方面有一定的过人之处，但却不一定具备领导管理才能，所以也不怎么把管理者放在眼里。其中有些人看准公司用人之际，便开始翘辫子，态度嚣张，以为你不敢对他们怎样。

无论部属基于什么原因，自己要做到问心无愧，保持风度，从容面对。

对于第一种人，不用太着急。时间久一点，就可以用实力向他证明自己能够胜任这项工作。同时谦虚地向他们表明，自己的工作能否顺利进行有赖于他们的配合，自己取得的业绩中有一份是他们的。拿出自己的耐性和友善的态度就可以解决，千万不要因一开始受到孤立而感到沮丧，更不能敌视他们，想办法整治他们，那样等于说明自己心胸狭窄，让他们觉得自己没看错人。

对于第二类部属，最好是跟他们保持一定的距离，因为只有展示自己的尊严才能不会让他与你过度亲热。这种人的特性就是以为一旦跟你热乎，即肆无忌惮，看你能够怎样。在工作中公事公办，公私分明就可以表明你对他的态度。

第三类人，责任心不强，没有必要跟他们一般见识。这些人大多涉世未深，没经过多少磨炼，受不了一点委屈，于是频繁跳槽。对于这类人一方面要做好他们的心理转化工作，让他们尽快适应；另一方面也要多多帮助他们，因为他们以前大多是在学校里受到保护的，刚刚踏进社会难免不适应，希望有个照应。

第四类人因有恃无恐，往往说话没遮拦，但他们未必怀有恶意。他们可能会大发一通牢骚，历数公司里的坏处，肆意批评公司政策。这样往往会给新员工造成不良影响。

对这种人可以用其所长，比方说新员工来了，对各方面不熟悉，可以提出来让他们利用自己的长处带一下这些新手。他们受到了尊重，也就不会再怎么样了。

三、如何抓住训导和劝导的核心

管理咨询专家玛丽安·麦娜认为，处理任何问题都需要主管人员具备训导和劝导能力，训导和劝导是可以通过坚持和耐心学得的技能。如果有诚挚的愿望去发掘和支持他人，有自律精神来实施这一具体的策略，就可以精通这些领域。

她在《提高你的训导和劝导能力》一文中指出，主管人员提高自己的训导和劝导能力，会得到足够的回报。这些技能可以用来创造最佳的工作条件，这包括：对雇员正确的定位和培养；建立清晰的责任和标准；在转型时期提供合适的指导和支持，并确保通过有效反馈来增进动力和效率。

训导与劝导采用"热炉"规则，"热炉"规则是一套被频繁引用的规则，它能指导管理者有效地训导员工。这一规则因触摸热炉与实行训导和劝导之间有许多相似之处而得名。二者均令人痛苦，但其相似之处远不止如此。首先，当触摸热炉时，得到即时的反应。在瞬息间感到灼痛，使大脑毫无疑问地在原因与结果之间形成联系。其次，得到了充分的警告，知道一旦接触热炉会发生什么问题。再次，其结果具有一致性。每一次接触热炉，都会得到同样的结果——被烫灼。最后，其结果不针对某个具体人。无论是谁，只要接触热炉，都会被烫灼。

训导和劝导与此十分类似，下面来扩展一下这四个方面的内容，这是开发训导和劝导技能的核心原则。

1. 即时性

如果违规与惩处之间的时间间隔延长，则会减弱训导和劝导活动的效果。在过失之后越迅速地进行训导和劝导，员工越容易将训导和劝导与自己的错误联系在一起，而不是将训导和劝导与这一行为的实施者联系在一起。因此，一旦发现违规，应尽可能迅速地开始训导和劝导工作。当然，即时性的要求不应成为过于匆忙的理由。公平而客观地处理不应由于权宜之计而打折扣。

2. 事先警告

作为管理者，在进行正式的训导和劝导活动之前有义务事先给予警告。也就是说必须首先让员工了解到组织的规章制度并接受组织的行为准则。如果员工得到了明确地警告，知道哪些违规行为会招致惩罚，并且知道会有什么样的惩罚时，他们更有可能认为训导和劝导活动是公正的。

3. 一致性

公平地对待员工，要求训导和劝导活动具有一致性。如果以不一致的方式处理违规，则会丧失规章制度的效力，降低员工的工作士气，员工对训导和劝导者工作能力也会发生怀疑。另外，员工的不安全感也会使生产力受到影响。每个员工都希望知道许可行为和不许可行为之间的界限，并会以管理者行为举止作为指南。顺便说一下，一致性并不是说对待每一个人完全相同，这忽略了环境因素的影响。但是，当训导和劝导活动对不同员工显得不一致时，管理者有责任为自己的训导和劝导活动提供明确的证据。

4. 不针对具体人

"热炉"规则的最后一项是应使训导和劝导不针对个人。处罚应该与特定的过错相联系，而不应与违犯者的人格特征联系在一起。也就是说，训导和劝导应该指向员工所做的行为而不是员工自身。记住，所处罚的是违反规章制度的行为而不是个体。一旦实施了处罚，必须尽一切努力忘记这次事件，并尽可能像违规之前那样对待该员工。

四、如何选择劝导或训导的最佳时机

知道何时去劝导或训导是一项重要的技能，这是劝导或训导过程的第一步。当你可以适时地确认形势要求你的这一技能，你就正在成为一名高明的管理者。

当遇到以下的情况时，请记住，它们不仅适用于对你汇报工作的雇员，也适用于同事、老板，甚至你自己。

1. 需要劝导的工作情况

改组；解雇，劝导那些被解雇和未被解雇者；由于组织变化的降级；工资冻结，薪水、地位或责任的下降；雇员面临着来自组织内外的其他职业机会；雇员在组织内没有职业机会；雇员对你作为老板不满；雇员对工作安排不满；雇员间发生摩擦；雇员觉得沮丧、生气，或对损失有伤痛的反应；雇员对完成工作的技能或能力有担忧；雇员退出去寻找新的工作；被提升的雇员觉得不安；雇员在私人问题上需要支援，这些私人问题正影响其他方面的表现；悬置已久的工作问题；正经历失败的雇员；雇员对新工作感到失望；其他。

2. 需要训导的工作情况

定位和训练一名新雇员；教授一项新的工作技能；需要解释工作团体的标准；需要解释组织的文化标准和政治事实；对工作的简单纠正是必要的；目标或商业条件的变化；新到一个团体；雇员面临新的工作经历；雇员需要帮助确定事情的轻重缓急；一个培训会谈的后继工作；雇员表现低下或一般；雇员需要巩固良好的表现；雇员希望成为一名顶尖的工作者；正式或不正式的工作回顾；雇员需要对他/她将来的职业目标进行准备；雇员需要对更多挑战性的工作任务进行准备；雇员需要培养自信；当权力或控制之争影响到了团队凝聚力；其他。

五、如何巧妙做好训导和劝导

1. 以平静、客观、严肃的方式面对员工

管理者通过自由、放松、非正式的方式可以促进许多人际交往活动，因为这样的环境能使员工感到无拘无束。然而，训导和劝导的实施与这些情境完全不同。此时，应避免愤怒或其他情绪反应，而以平静、严肃的语气表述意见。但也不要以开玩笑或聊家常的方式来减弱紧张的压力。这类举动会令员工感到困惑，因为它们传递了相互矛盾的信号。

2. 具体指明问题所在

当与员工坐在一起时，指出你有具体针对这一问题的记录。出示违规发生的日期、时间、地点、参与者及其他任何环境因素。要确保使用准确的语言界定过失，而不是仅仅引证公司的规章制度或劳动合同。你要表达的并不是逾越规则这件事本身，而是违规对工作集体的绩效所造成的影响。具体阐明它对员工个人的工作绩效、对单位的工作效果以及对其他同事造成的不良影响，以解释这一行为不应再度发生的原因。

3. 使讨论不针对具体人

批评应指向员工的行为而不是人格特征。比如，一名员工多次上班迟到，应指出这一行为如何增加了其他人的工作负担，或影响了整个部门的工作士气，而不应该责怪此人自私自利或不负责任。允许员工陈述自己的看法。无论拥有什么样的事实支持你的谴责，正确的工作程序应该是，给员工一个机会陈述自己的看法。从他的角度来看，发生了什么事？为什么会发生？他对规则、条例和环境的理解是怎样的？如果在违规方面，与员工的观点差异极大，恐怕你需要做进一步的调查。

4. 保持对讨论的控制

在很多人际交流活动中，你希望鼓励开放式的对话，希望抛开控制而制造一种双方平等的开放沟通的气氛。但在实施训导和劝导时却不是这样。因为违规者会利用一切机会将你置于守势。换句话说，如果你不进行控制，他们就会控制。训导和劝导的定义指出，对员工的训导和劝导是权力基础下的活动。要想巩固组织准则和规程就必须进行控制。让员工从自己的角度陈述所发生的事情，抓住事实真相，但不要让他们干扰或使你偏离目标。

5. 对今后如何防犯错误达成共识

训导和劝导应包括对改正错误的指导。要让员工谈谈他们今后的计划以确保违规过失不会再犯。对于严重的违规，要让他们拟定一个改变问题行为的"小步"计划，然后安排出以后见面的时间表以评估他们每一次的进步。

6. 逐步地选择训导和劝导程序，考虑环境因素的影响

如果某种违规行为重复发生，则处罚应该逐级加重。一般情况下，训导和劝导活动以口头警告为最轻；而后依次为通报批评、暂时停职、降职或降薪；最后，对于极为严重的事件，以开除处理。所选择的惩罚措施应该是公平而一致的，这意味着需要考虑到环境因素。

第三节 刚柔相济术

一、该严厉时就要严厉

由于领导者背负着管理和指挥的任务，因而，就被赋予一种强制他人的权力，基于权力可以教导、指挥所有员工。批评同时也是权力的一种表达方式。

作为领导，有时你的责备是不允许被批评者多做抗辩的，甚至连说话的机会都不应给予对方，只需告诉他：你必须马上如何如何就行了，否则就会失去批评的大好时机，错过教育部属的机会，同时也降低你的威信。

例如，部属出现了明显的失误时，你只需将错误之所在清清楚楚点出，根本不必听其辩白，必须马上给予训斥。有些人力资源主管，发现部属在工作时间打牌就该大喝一声"停止"。在这种情况下，千万不能像绅士一般听部属辩解，如果你不及时纠正他们的错误，部属就会以为得到了领导者的认可，即使你事后再长篇大论批评犯错的部属，也会使他们产生"这位领导好面子不会给别人难堪"的心理。一旦形成习惯，管理上的失序就可想而知了。

另外一种现象是，有些部属即使犯了错也不愿意接受批评，不管领导多么有诚意，态度多么温和，做法如何低调，他一律不领情，迟到了他推说塞车；工作失误他说同事不配合；算错账说计算机出毛病。对这样的部属，一般的用人之术反而不易奏效，除了使用以权相迫之外，别无他法。领导者只需说"不要狡辩，你照我说的做"。由权力而产生的强制力，让部属一点也不敢违抗。

面对爱强辩的部属，当批评他们时，要注意千万不要和他理论，不要批评细节，抓住关键问题即可。如果允许部属辩解，就会落入陷阱，部属无穷无尽的理由，会让一场严肃的批评变成一场毫无意义的争论，更危险的是，一旦领导者在语言细节上出现失误被部属抓住，他就会无休止地纠缠下去，因此，对那些刚愎自用的部属，不能够用平和的态度去批评他，否则他会认定领导者是软弱可欺的。

二、以身作则，树立威信

人力资源主管在企业之中，扮演着组织、领导的角色，他的言行对部属有直接而重要的影响力，在现实生活中，有些主管只会紧盯着部属应尽之责而忽略了自己应尽的责任，造成了负面影响。

三国英雄录中，最出色的领导曹操当之无愧，虽然正史中骂他为一世奸雄，但大家心里都明白这样的事实：他之所以能成就大业，完全在于他精通使用贤才和笼络人心，就这一方面来看，曹操称得上是卓越的领袖人物。虽然他诛吕伯奢、杀孔融、杨修、董承伏完、皇后、太子，并且明目张胆地说："宁我负人，毋人负我。"然而，他的确拥有高明的用人之术。

有一次，曹操率大军行进，为怕踩坏田里的麦苗，曹操下令，禁止马匹和士兵闯入麦田，损坏三株麦苗就要问斩。不巧行军时，曹操的战马被惊飞的鸟雀所惊，跑进了麦田，踏坏了一大片麦苗，为了整肃军纪，曹操召来掌握刑罚的官员，问自己按律法该当何罪。官员说："你是最高长官，怎么能问斩呢？"曹操坚持要按律例办事，众官们都苦苦哀求，于是他拔刀割下自己的头发代替首级，以示众军将士，军纪为之肃然。

这件事清楚表示出曹操之所以得人心的理由，虽然后世许多人认为这只是曹操玩弄权术笼络人心的伎俩，但是，身为一名领导者，这种借用权势树立威望的做法仍然值得借鉴。

三、要有区别地对待部属

现代的领导群中，能够把握权力并运用于用人和管理方面的人很多，但能够收到良好效果的却很少，这关键在于领导者没有充分掌握以权相迫，驭人获利的智慧精髓，而造成了负面效应。

对于优秀的人才，人力资源主管不仅要懂得珍惜，而且还要充分掌握部属的心理，分清孰轻孰重，区别对待。

刘邦获取天下之后，论功行赏，群臣争功，刘邦自己一时也无法定夺，因为所有的部属都为他打过江山，大业才刚统一，也不好厚此薄彼。致使论功行赏之事过了一年多都没有结果。

众人争吵不休时，刘邦便站出来表扬萧何的功劳最大，其他的部属都表示不服。有位将军说："我们披坚执锐，多者百余战，少者数十战，攻城略地，大小都有功；而萧何只靠文笔指点，没有汗马之功劳，居然位于我们之上，是何道理呢？"

刘邦没有直接回答他这个问题，反问众人："你们知道打猎吗？打猎时追杀飞禽走兽，是猎犬的职责，而判别野兽踪迹指挥猎犬追逐的则是猎人。现在你们所想得到的是猎物，充其量是有功的猎犬而已。而萧何，则是出谋划策，指挥驱驰的功臣。何况你们跟随我，最多不过带亲属两三人，而萧何则率全家族几十人追随我，功劳当然大过你们。"

在这里，刘邦运用谋略来论功行赏，既说服了其他部属，又奖赏了有功之人，达到合理发掘和使用贤才的效果。

四、不谋一时谋久远

不懂得谋略的领导者，肯定不能够合理地使用人才和统筹规划，在当今科学技术、社会经济飞速发展的客观要求下，领导者必须放眼未来，深刻把握发展的趋势，用谋略去开拓人才市场，制定具有长远性的发展规划。正如《大趋势》一书中所说，在一个充满变化的世界中，长远谋算是成功的重要秘诀。

没有久远的战略眼光，只注重眼前的得失，走一步算一步，是无法达到成功的。每个人力资源主管都会说："我最大的财富就是手下的员工"，但能够体会这句话的深刻含义的人却不多见，没有谋略的用人之术即使偶有小利，也会稍纵即逝。

五、痛斥部属之后别忘了安慰

无论任何团体，当员工犯下不可原谅的错误时，身为主管，不可避免地要对其加以斥责。然而，一旦呵斥的次数过多，便往往起不了任何作用，且极易使部属认为他们的上司性情暴戾、动辄发怒，进而对上司产生反感。因此，身为上司者只有在真正必要时方可采取痛斥部属的手段。

值得注意的是，真正善于领导的统帅者，在痛斥部属之后，必不忘立即补上一句安慰或鼓励的话语。因为，任何人在遭受上司的斥责之后，必然垂头丧气，对自己的信心丧失殆尽。心中难免会想：我在这家公司别想再往上爬了！如此所造成的结果必然是他更加自暴自弃。

然而，此时上司若能适时地利用一两句温馨的话语来鼓励他，或在事后私下对其他部属表示：我是看他有前途，所以才舍得骂他。如此，当受斥责的部属听了这话后，必可深深体会"爱之深，责之切"的道理，而更加奋发图强。

松下幸之助经常在痛斥部属之后当天晚上立刻打电话到该部属的家中，给予一定鼓励与安慰。因此，遭受斥责的部属往往心存感激地认为，上司虽然毫不留情地训了我一顿，但他实在是用心良苦。

如此一来，部属对于责骂的内容更加牢记在心，并且因而大大地提高了工作的自觉性。松下幸之助素有"经营之神"的雅称，他在指挥部属方面的确有其独到之处。

第四节　恩威并施术

一、施恩术

施恩术是人情关系学中最基本的策略和手段，也是管理学中开发利用人力资源最为稳妥的灵验功夫。人都是有感情的，让人生死相许的不是金钱和地位，而是一个"情"字。利用感情作为杠杆，是控制和激励部属最有力的手段。此法不可不用。

1. 至柔之物往往也是至刚之物

我们知道，水是至柔之物，所以有"柔情似水"这一说法；但水又是至刚之物，它可以穿山破岭、奔流直下、勇往无阻，所以又有"水滴石穿"之喻。在文学修辞上，水的柔情不过是感情的一种比喻形式，水是最柔的，但它的柔又可以克刚；感情也是柔的，但看似柔软的感情同样可以起到摧坚化硬的效果。

用感情来"收服"人心，远比刀光剑影的威力巨大得多。有效地运用好感情这一手段，是主管取得成功的一个关键。

世界知名的日本东芝公司，在成立将近百年的时候曾一度陷入困境。此时，士光敏夫出任董事长。士光上任后，经常不带秘书，一个人前往各工厂听取工人的意见，跟工人聊天。身为大公司的董事长，步行到工厂已非同寻常，更妙的是他常常提着酒瓶去慰劳员工，与他们共饮。对此，员工们刚开始时都很吃惊，不知所措，但士光这种不摆架子、慈祥关怀员工的姿态，赢得了公司上下的好感。员工反映，士光董事长和蔼可亲、有人情味、善待我们，我们更应该努力，竭力效忠。因此，他上任后不久，收支情况大为改观，两年内便把一个亏损严重、日暮途穷的公司重新支撑起来，使东芝成为日本最优秀的公司之一。

由此可见，感情因素对人的工作积极性影响之巨大。它之所以具有如此能量，正是由于它击中了人们普遍存在着"吃软不吃硬"的心理特点。我们的主管也应当灵活地运用这一手段，通过感情的力量去鼓舞、激励员工。

通过加强与员工的感情沟通，尊重、关心员工，让员工了解对他们的信任、尊重与关怀，并通过一些具体事例表现出来，可以让员工体会到领导的关心、企业的温暖，从而激发出主人翁责任感和爱厂如家的精神。中国有一句俗话："受人滴水之恩，当以涌泉相报。"对于绝大多数人来说，投桃报李是人之常情，而主管对员工的感情之举，员工的回报就更强烈、更深沉、更长久。这种靠感情维系起来的关系与其他以物质刺激为手段所达到的效果不同，它往往能够成为一种深入人心的力量，更具凝聚力和稳定性，能够在更大程度上承受住压力与考验。

用情感来驾驭员工，不只可以调节员工的认知方向，调动员工的行为，而且当人们的情感有了更多一致时，即人们有了共同的心理体验和表达方式时，集体凝聚力、向心力即成为不可抗拒的精神力量，维护集体的责任感，甚至使命感也就成了每个员工的自觉立场。

2. 用感情的绳索才能绑住真英雄

"情"，是这个世界上最为结实的绳索。它"剪不断，理还乱"，甩不掉，逃不脱。每一个主管都应当明白，让那些真正的英雄生死相许的不是金钱和地位，而是一个"情"字。一个关切的举动，几句动情的话语，几滴伤心的眼泪，往往比高官厚禄的作用还要大上千万倍。它所影响的除了受惠人，更有其他所有知晓此事的人。可以说，"情"是多种"笼络"人心的权谋术中的最佳选择。每个成功的主管，以情让"真英雄"为自己卖命的本事都是炉火纯青，登峰造极。

人是感情最丰富的动物，很难逃脱感情的束缚；人也是需要激励的，而最长久而深入人心的，往往是情感的激励。"感人心者，莫过于情"，真情能够充分地体现我们对能人的重视、信任、关爱之情。

对于能力非凡的人来说，最忌讳的就是被人当做工具，被当做一台赚钱机器。压榨与不加爱惜地使用会令他们心寒、辞职。只有多用真情，才能与他们建立默契的关系，并把他们牢牢地绑在自己身边。

有一点是要记住的：虽然说感情是一种很好的"绑人"手段，但这感情至少看起来是发自内心的。高级人才的感觉往往很敏锐，如果他们觉得是以虚情假意来糊弄人，结果反而会适得其反。

3. 感情投资是一种零成本激励

无论什么人，除了基本的物质需要外，还有获得情感的关怀和激励的需要。主管只有满足了员工的情感需要，才能真正增强凝聚力，提高员工的积极性，让员工在工作中感到快乐。

感情投资是一种零成本激励。这里的感情投资是指主管通过一些手段来传达主管的诚挚感情，增强主管与员工之间的情感联系和思想沟通，形成融洽的工作氛围，更好地实现管理的目的，让员工真正做到自动自发地工作。

在国外，管理学家通常把以情感交流为主要内容的管理模式称为"软管理"，并且掀起了一股"软管理"的热潮。这从一个侧面反映了其不可忽视的作用。相对于过去那种劳资对立、尊卑分明、崇尚权威以及动辄就惩罚员工的"管、卡、压"的管理方式，"软管理"无疑是无法阻挡的趋势。

甚至可以这样说，员工的能力大小与主管对他们的感情投资的多少是成正比例的。为什么呢？

（1）主管对员工的感情投资，可以有效地激发员工潜在的能力，使员工产生强大的使命感与奉献精神。得到了主管感情投资的员工，在内心深处会对主管心存感激，认为领导对自己有知遇之恩，因而"知恩图报"，愿意更加尽心尽力地去工作。

（2）主管对员工的感情投资，会使员工产生"归属感"，而这种"归属感"正是员工愿意充分发挥自己能力的重要源泉之一。人人都不希望被排斥在主管的视线之外，更不希望自己有朝一日会成为被炒的对象，如果得到了来自主管的感情投资，员工的心理无疑会安稳、平静得多，所以，便更愿意付出自己的力量与智慧。

（3）主管对员工的感情投资，可以有效地激发员工的开拓意识和创新精神，鼓足勇气，不会"前怕狼后怕虎"，所以工作起来便无所担心。人的创新精神的发挥是有条件的，当人们心中存有疑虑时，便不敢创新，而是抱着"宁可不做，也不可做错"的心理，只求把分内的工作做好就行了。如果主管能够对员工进行感情投资，建立起充分的信任感、亲密感，就会有效地消除员工心中的各种疑虑和担心，从而更愿意把自己各方面的能力都发挥出来。

4. 雪中送炭可使"施恩"的效果倍增

俗话说："天有不测风云，人有旦夕祸福。"出于各种各样的原因，员工的生活偶尔会出现这样那样的困难。这是一个感情投资的良机，这种温暖员工心的机会可不能让它从你的手中溜走！因为，雪中送炭能使"施恩"的效果倍增。

（1）对施与者来说，相对成本低。一篓"炭"的价钱比一篮"花"的价钱要低，如果是金枝玉叶，就更贵了。所以，雪中送炭要比锦上添花更划算。

（2）对被施与者来说，相对价值高。这个相对价值，主要是实际效用大小的问题。炭对于雪中人来说，实际效用很大；而花对于锦上人来说，实际效用就小得多。

（3）对施受双方来说，道义价值都高。锦上添花，有趋炎附势之嫌，道义价值是负的，对员工锦上添花虽谈不上负的道义价值，但并没有太大意义；雪中送炭，有扶危济困之名，得仁人义士之誉，道义价值之高，可想而知。

（4）受者对给者的回报高。雪中送炭的回报有多高？历史上的例证，是投入一碗米，回报一千金。这是汉代名将韩信对漂母的回报。这个回报还算是小的。吕不韦得到的回报更大。他花费了一批金银、一个宠妾就夺来了一座江山。这是聪明人的大生意经。

（5）对受者的约束力强。一旦一个人在雪中被人送了"炭"，他为送炭者无论回报多少东西，都不为多。他如果不回报或不能按要求回报，就会背上不仁不义之名。

人们对雪中送炭的人总是怀有特殊的好感。雪中送炭、分忧解难的行为最易引起员工的感激之情，进而形成弥足珍贵的"鱼水"之情。

主管要想有效地关爱员工，正确地给员工雪中送炭，需要把握以下三个要点：

（1）平时注意"天气"，摸清哪里会"下雪"。主管要时常与员工谈心，关心他们的生活状况，对生活较为困难的员工的个人和家庭情况要心中有数，要随时了解员工的情况，要把握员工后顾之忧的核心所在，及时发现哪里有"雪"，以便寻找恰当的时机送出"炭"。

（2）"送炭"时要一脸真诚。任何人都不喜欢别人虚情假意地对待自己，员工也一样。如果他发现主管"送炭"不过是想利用自己时，就算接受了"炭"，也不会产生感激心理。假如是这样的结果，那"炭"岂不是白白浪费了？因此，主管在"送炭"时必须一脸真诚，让当事人和所有周围的旁观者都觉得，你是实实在在、诚心诚意的，觉得确实是在设身处地地为员工着想，真正地为员工排忧解难。

（3）要量力而行。主管对员工送"炭"要在力所能及的范围内进行，不要开出实现不了的空头支票。送出的"炭"可以是精神上的抚慰，也可以是物质上的救助，但要在主管本人和团队财力所能承担的范围内进行。对于困难比较大的员工，要尽量地发动大家集体帮助，必要时可以呼吁社会伸出援助之手。同时，主管还要处理好轻重缓急，要依据困难的程度给予照顾，不能"撒胡椒面"似的搞平均主义。

雪中送炭，是感情投资的一种重要方法。如果你拥有并用活了这种权谋术，不仅接受"炭"的人会感激不尽，还会感动其他的员工。这样，员工必然会怀着感激和尊敬的心理，心甘情愿、死心塌地地为企业效力。

5. 把握给员工施"小恩小惠"的时机

适当的"小恩小惠"，可以体现对员工的关怀，可以"笼络"人心。"小恩小惠"不仅仅是实物，善于驾驭员工的主管，总是从点滴做起，让员工在不经意间感受到关怀，使他产生无限的温暖。

其实，只要时刻抱着关爱员工的信念，你就会发觉，一切都可能是你给员工施与"小恩小惠"的机会。比如：

（1）留意每个节日与每个员工的生日。

（2）关注员工的健康状况。

（3）员工住院时，亲自探望。

（4）不要忽视工作餐。

（5）保证员工的工作安全。

（6）提供舒适的工作条件。

（7）关心员工的家庭和生活。

6. 给落后的员工一些关心和帮助

人在什么时候最容易心存感激呢？是在他被别人看不起，而得到你的帮助的时候。一旦你在此时给予他帮助，哪怕他明知你只是举手之劳，他都会发自内心地感激你。

在企业里也是一样的，如果主管能给予落后的员工以关怀和帮助，那么，员工就会心存感激，并通过更加努力的工作来回报你对他的关爱。

员工中总有那么一些人，尽管工作态度很认真，能吃苦，听指挥，但工作总是干得不如别人好，有些力不从心。其中有些人常常变得精神颓废，没有干劲，自暴自弃，见人不敢抬头。如果放弃不管这些人，无论是对团队还是对他们个人，都是极大的损失。

一般的主管往往只垂青于那些才华横溢、有突出成就的人，经常表扬、提拔他们，而很少注意这些能力低、成绩差的人。但是在一个团队里，才能出众的毕竟只是少数，而才能平庸和低下的则是多数。如果扔下这些人不管，整个团队素质就很难得到提升，也不能指望团队成员对你的广泛拥护。所以，主管要给予落后者一些关心和帮助。这样，既能更好地完成工作，又能得到他们的支持。

（1）消除他们的自卑感。人有了自卑感后，即使有能力也难以发挥出来。其实，除了少数能力特别突出的人外，其余人的能力相差并不大。如果能让他们增加信心，消除自卑感，他们甚至可以取得与能力强的人一样的成果。所以，领导要关心这些人，多与他们进行交流，列举他们的优点和成绩，证明他们并不见得比别人差多少，也一样可以干得很出色，从而激发他们的上进心和自信心。

（2）为他们开小灶。对这些员工，需要比对别人多花一点精力。给其他员工布置工作，交代清楚就可以了；给这些人布置工作，要更明确、具体一些，不仅要交代任务，而且要教给途径、教给方法。在其完成任务的过程中，要加强指导，帮助他们克服困难，清除障碍，使之不断增加经验，满怀信心地发挥自己的才干。

（3）不要损伤他们的自尊心。能力低的人自卑感强，自尊心也很强。面对这样的员工，安排工作时不要损伤他们的自尊心。需要批评时也要婉转，否则容易使他们产生敌对心理，或从此自暴自弃、破罐子破摔。

（4）让他们先出成绩。安排工作时，找一些相对比较容易的工作让他们干，完成得好，出了成绩，哪怕是小小的成绩，都要立即表扬鼓励，让他们从自己的成功中看到希望，增强信心。随着其能力的不断提高，对他们的要求也应不断提高。相信过不了多久，他们的能力就会有很大的提升。

7. 努力在公司营造出家的氛围

作为主管，要努力在公司营造良好的环境，把每个员工都当做家庭的一员对待，营造家的温馨，才能形成亲和力和向心力。反之，只顾自己多获利，让员工拼命多干活，却不让员工分享利益，那么这样企业的发展是不会有什么前景的。

一个幸福完美的家庭应该充满着温馨、和谐与关爱，这种气氛不仅有利于提高全体员工的工作积极性和创造性，还能为公司带来很多利益。所以，让公司成为家，应该成为每一个主管的目标。这只需要主管真心地关心员工，而关心员工最简单的方式就是坚持"以人为本"的原则，把员工当成自己家人一样，帮助他们做事，关心他们的生活。

二、震慑术

过分的宽大仁慈必将导致管理失败。因为怀柔并不能解决所有的问题，不然国家机器中就不会有暴力机关存在。对待不太听话的员工，绝不能养虎为患，要适时地予以震慑，找准合适的切入点，给他一点警示。如此行事，才能让员工服从管理。

1. 仁厚并非任何时候都可取

性格仁厚的主管在情感方面常常低调，他们总是以忍为先，显得平静而泰然自若，对任何事情都很有耐心。这种性格特征的主管仁慈善良，善于隐藏自己内心的情绪，总是一副乐天知命的好模样；他们很细心，做任何事都面面俱到，绝对不会让员工感到被冷落。

美国前总统福特就是个性格仁厚的人，别人称赞他常用的词语是"令人愉悦、谦逊、闲适、仁厚"。他所行使的中间路线，没有侵略性，让人感觉到他是一个可靠朴实的人。

但是，对于关系自己或国家尊严的问题，福特却是十分较真。福特认为，仁厚并不是放弃尊严。生活中我们可以称兄道弟，但如果不尊重我，或主动向我挑战，那我也绝对不会示弱。

在现实生活中也是这样，上下级之间必然会有矛盾和摩擦，虽然有些矛盾没有必要过分计较，何况有时还是由于误解造成的，但应该牢记的是：仁厚并不是放弃尊严，更不是永远都迁就员工。如果对一些侮辱性的、有碍于尊严的攻击一味地退让，忍气吞声，这就算不上谦让、大度，而是窝囊、怯懦。所以，主管在进行了必要的忍让之后，该反击时一定要反击。一击成功，会让你马上建立起自己的威信，也会使对方一败涂地。

有的员工经常在同一个错误上反复，这时主管也可适当生气发怒。所发之怒，足以显示主管的威严和制度的严肃性。应该说，对那种"吃硬不吃软"的员工，适时地发火施威，常常胜于苦口婆心和千言万语。

2. 过度的怀柔会影响到权威

在管人的过程中，施恩、怀柔可在一定程度上使员工产生报恩心理。但凡事过犹不及，过度的怀柔，会影响到你的权威，不利于组织的工作顺利开展。

同样的鱼肉蛋菜，有的人能炒出香味扑鼻、吊人胃口的佳肴，有的人却只能做成平淡乏味、有失本色的饭菜。其中的奥妙和诀窍何在？有经验的厨师会告诉你两个字：火候。火候不到，不会香甜可口；火候过了，又会煮烂烧煳。只有火候恰到好处时，才会色香味俱全。炒菜如此，管人的道理亦然。掌握火候，把握分寸正是一个管人者要悉心注意的。否则，必将给自己带来麻烦。

管理中讲究柔仁本没有错，现代管理不是也提倡人性化管理吗？关键是柔仁也是有限度的，只执其一端，必然导致另一端的失控，这一道理古今是一样的。在企业中，这种过柔的管理，会让工作无法开展。

3. 运用"抓典型"树立主管威严

在管人过程中，运用"抓典型"策略，对树立主管威严、增强对员工的控制力具有十分显著的效果。但是，在具体运用时也应该注意以下几条原则：

（1）严打出头者。如果说公司里已经暴露出了无序的苗头，主管就应该注意观察，抓住第一个以身试法者，并从速从严予以处置。这样做有两个好处：第一，第一位只有一个人，容易处置；第二，第一位胆量大，影响坏，若不及时处理，便会有效仿者紧随其后。处理第一位能够起到杀一儆百的作用。

（2）打击情节严重者。如果同时碰到好几位违纪违规者，应当缩小打击面，重点惩处情节严重、性质恶劣、影响最坏者。其他的给予适当的批评教育就行。如果不加选择，一律照打，第一，由于打击面过宽，达不到"警"的目的；第二，会影响工作；第三，树敌太多，影响威信。只有有选择地重点打击，才能切实收到效果。

（3）惩处要使对方心服口服。既然是惩罚，肯定都是无情的。作为主管，在使用这一手段时，也要考虑到对方的情绪。应当注意：第一，惩处方式不能过于偏激，要留有余地，能被对方接受；第二，惩处要有理有据，根据纪律规定、制度来执行，使被惩处者心服口服，无话可说。

（4）惩处要恩威并用。"抓典型"只是管理上的一种手段，但不是唯一的手段，它不是以打击报复为目的的。所以，还需辅之以"恩"的手段，软硬兼施。这样，能使被惩处者在被"杀"的同时，又感受到了一些关爱。对主管而言，铁腕政策得到了实施，又笼络了人心，还树立起了一个可畏可敬的形象。

（5）要注意频率和次数。此法不能用得太多、太频繁。否则，会引起员工们的不满，甚至认为你只会处罚人、挑别人毛病，缺乏管理能力，从而从内心里看不起你，影响主管的形象和权威。

4. 施威时留点感情补偿的余地

主管在工作中，不免有生气发怒的时候。发怒施威，足以显示领导的威严和权势，对员工构成一种令人敬畏的风度和形象。

上下级之间的感情交流，不怕波浪起伏，最忌平淡无味。有经验的领导者在这个问题上，既敢于发火震怒，又有善后的本领；既能狂风暴雨，又能和风细雨。

在平时的工作中，适度适时的施威是必要的，特别是在原则问题或在公开场合碰了钉子时，或对有过错的人帮助教育无效时，必须以发火压住对方。当领导人确实是为员工着想，而员工又固执不从时，领导发多大火，员工也会理解的。

但是，施威不宜把话说过头，不能把事做绝，那样的话就起不到说服的目的了。而应注意留下感情补偿的余地。领导人话一出口，一言九鼎，特别是在大庭广众之下，一言既出，驷马难追，而一旦把话说过头则事后骑虎难下，难以收场。

施威应当虚实相间。对当众说服不了或不便当众劝导的人，不妨对他大动肝火，这既能防止和制止其错误行为，又能显示出领导人具有威慑性的力量。但对有些人则不宜真动肝火，而应以半开玩笑、半训斥的方式去进行。使对方既不能翻脸又不敢轻视，内心有所顾虑——假如上司认真起来怎么办？

另外，施威时要注意树立一种被人理解的"热心"形象，要大事认真，小事随和，轻易不发火，发火就叫人服气，长此以往，主管才能在员工中树立起令人敬畏的形象。令人服气的发火总是和热诚的关心帮助联系在一起的，领导应在员工中形成"自己虽然脾气不好但心肠热"的形象。

日常施威，不论多么高明总是要伤人的，只是伤人有轻有重而已。因此，发火伤人后，需要做及时的善后处理，即进行感情补偿，因为人与人之间，不论地位尊卑，都是有自尊的。妥当地善后要选准时机，看好火候，过早了对方火气正旺，效果不佳；过晚了则对方积愤已久，不好解决。因此，以选择对方略为消气，情绪开始恢复的时候为佳。

正确的感情补偿要视不同的对象采用不同的方法，有的人性格大大咧咧，是个粗人，领导发火他也不会放在心里，故善后工作只需三言两语，象征性地表示就能解决问题。有的人心细明理，领导发火他能理解，也不需花大工夫去善后。而有的人则死要面子，对领导向他发火会耿耿于怀，甚至刻骨铭心，此时则需要善后工作细致而诚恳。对这种人要好言安抚，并在以后寻机通过表扬等方式予以弥补。还有人量小气盛，则不妨使善后拖延进行，以天长日久的工夫去逐渐感化他。

第五章　主管沟通技巧

第一节　主管沟通概述

沟通，与员工之间搭建有效的互动平台。有人说：沟通是公司成功的桥梁；也有人说：沟通良好的公司已经成功了一半。不管哪种说法更贴切，都能反映出沟通的重要性。对于主管而言：如果高高在上，不重视与员工之间的沟通，那么不但没有与员工之间架起一座桥梁，反而会让你与员工之间的"沟"越来越深。如果主管还没有觉察到危险而我行我素的话，那么主管会发现最终掉进沟里的是自己。

沟通在生活中是不可缺少的，它是现代社会人际关系发展和持续的纽带。在企业中，我们同样能体会到沟通的重要性，沟通在企业的运营中无处不在，人与人之间，部门与部门之间，企业上下级之间以及其他各个方面，特别需要彼此进行沟通。然而，在现实中，人与人之间却常常形成一道道无形的"墙"，妨碍彼此的沟通。尽管现代化的通信设备非常神奇，但却无法穿透这种看不见的"墙"。如果沟通的渠道长期堵塞，信息不交流，感情不融洽，关系不协调，就会影响工作，甚至使企业每况愈下。

沟通在管理中的作用是多方面的，对一个企业来说，有效沟通至少可以获得以下三种显著效果：

1. 收集到有益的建议和智慧

通过沟通，可以从其他人那里得到更多的信息，可以了解不同角度、不同层次的想法和建议，为自己思考问题和做出决策提供更多的参考和依据，为各级主管制定制度、措施、方法的正确性提供保证。可能员工一个小小的建议，就能带来成本的大幅度降低或效益的提高。

2. 发现和解决企业内部问题，改进和提升企业绩效

通过沟通，可以更充分地发现企业内部存在的问题和解决问题的方法，只有不断地发现问题和解决问题，企业的管理水平才会不断地提高，企业或部门的绩效才会不断提升。

3. 提升和改进企业内各部门的合作

通过沟通，可以促进各部门之间、上下级之间、员工之间的相互了解。只有充分的了解才能实现相互的理解，只有深刻的理解才能实现良好的协作。

同时，有效的沟通对管理人员的重要作用体现在以下五个方面：

1. 能得到他人或员工的支持和信赖

沟通的过程就是征求意见和建议的过程，是发动员工参与企业管理的过程。通过沟通可以使自己的决策和主张得到员工的广泛支持和信赖。

2. 提高个人在企业或部门内外的影响力

沟通的过程就是相互影响的过程，通过沟通，使自己的思想和主张得到他人的广泛认同，自己的影响力必将得到提升。

3. 获得良好的工作氛围和健康的人际关系

通过沟通，可以化解矛盾、消除隔阂、增进相互的了解和理解，获得良好的工作氛围及和谐的人际关系。

4. 使自己成为受欢迎的主管

通过倾听员工的心声可以了解员工的感受，制定出符合员工期望的切合实际的制度和措施，使主管和员工之间的协作达到最佳效果，使主管成为受欢迎的领导者。

5. 充分激励员工的积极性

沟通的一个重要方面就是倾听员工的心声，了解员工的看法和感受，这本身就能体现对员工的尊重，能充分表明主管对员工的建议、态度和看法的重视。如果在决策中能采用或考虑员工的建议，对员工是一种很好的肯定和激励。

综上所述，无论是从企业还是从管理人员自身出发进行考虑，有效的沟通是必不可少的。如果一个企业不重视沟通管理，大家便都会消极地对待沟通，从而忽视沟通文化，那么这个企业长期下去就会形成一种无所谓的企业文化。这种无所谓文化便会表现为员工对什么都无所谓，有什么问题或看法，既不想方设法解决，也不主动找领导沟通寻求解决方法，而是抱着事不关己、高高挂起的态度，任由问题存在或发展；主管也对什么都无所谓，不仔细去观察和了解，不去主动地发现问题和解决问题，而很可能对出现的问题推诿拖延，导致问题越来越严重，直到付出沉重的代价。在无所谓文化中，员工更注重行动而不是结果，主管更注重布置任务而不是发现解决问题，工作缺乏主动性，结果当然就难以预料。长此以往，员工没有进取心，工作上缺乏激情和积极性，工作效率必然无法得到提高。同时缺乏沟通还将导致员工之间、主管与员工之间人际关系冷漠，相互协作意识淡薄，企业将会成为一盘散沙。

因此，可以说沟通在管理中就如人的血脉。如果沟通不畅，就如血管栓塞，其后果是可想而知的。所以，沟通是企业实现管理、创造价值的有效桥梁，"管理过程之父"法约和管理学家哈罗德·孔茨都认为，沟通是管理中不可或缺的职能之一。

在世界经济一体化的今天，企业面临的竞争和压力不断加剧，其中一个最显著的特征就是企业周围的环境变化速度加快，这对视信息如生命的企业，沟通显得愈加重要，有效的沟通当之无愧地成为了提升企业运营效率的重量级武器。

第二节 有效沟通技巧

通过上述分析，我们已经认识到沟通在员工管理中的重要性，但对于沟通能力，大家往往感觉它仍是看不见摸不着，无从下手，以至于对有效的沟通还是不能够充分地认知。

因此，掌握有效沟通的第一步，就是需要能深刻理解什么是有效的沟通，只有识其"庐山"真面目，才能够做到运用自如。

一、有效沟通的四个层面

1. 有效的沟通是一种感知

禅宗曾提出过一个问题，"若林中树倒时无人听见，会有声响吗？"答曰："没有。"树倒了，确实会产生声波，但除非有人感知到了，否则，就是没有声响。这里的意思是沟通只在有接受者时才会发生。但仅仅有了接受者也不一定就能够沟通成功，这就要求与他人说话时必须依据对方的情况。如果一个经理人和一个半文盲员工交谈，他必须用对方熟悉的语言，否则结果可想而知；谈话时试图向对方解释自己常用的专门用语并无益处，因为这些用语已超出了他们的感知能力。接受者的认知取决于他的教育背景、过去的经历以及他的情绪。如果沟通者没有意识到这些问题的话，他的沟通将会是无效的。另外，晦涩的语句就意味着杂乱的思路，所以，需要修正的不是语句，而是语句背后想要表达的看法。有效的沟通取决于接受者如何去理解。例如，经理告诉他的助手："请尽快处理这件事，好吗？"助手会根据老板的语气、表达方式和身体语言来判断，这究竟是命令还是请求。德鲁克说："人无法只靠一句话来沟通，总是得靠整个人来沟通。"

所以，无论使用什么样的渠道，沟通的第一个问题必须是，"这一信息是否在接受者的接受范围之内？他能否收得到？他如何理解？"

2. 有效的沟通是一种期望

20 世纪 80 年代，有一对两地分居的夫妇，丈夫留学美国，妻子在国内上班。当时的电话资费非常贵，每分钟国际长途要 20 多元钱，这对夫妇沟通的成本很高。后来他们想了一个既省钱又能保证每天都能沟通的办法。他们约定：当电话铃响一声就挂断的话，含义是我很好，不要挂念；当电话铃响两声挂断的话，含义是你的回信我收到了，请放心；当电话铃响三声挂断，含义是：我的信件寄出，注意查收；铃响三声以后还不挂断，代表我确实有话要说，请接电话。

故事中的夫妇巧妙利用打电话的约定，将他们的沟通模式化、标准化，于是，在一方听到电话铃声后就能够有效地知道对方的期望，同理，对于主管来说，在进行沟通之前，了解接受者的期望是什么显得尤为重要。只有这样，我们才可以知道是否能利用他的期望来进行沟通。因为我们所察觉到的，都是我们期望察觉到的东西：我们的心智模式会使我们强烈抗拒任何不符合其"期望"的企图，出乎意料之外的事通常是不会被接受的。

3. 有效的沟通产生要求

在上面的故事中，我们也可以这样理解，正是他们夫妇之间事先进行了有效的沟通，于是便产生了诸如请对方查收信件或是接听电话的要求。一个人一般不会做不必要的沟通。沟通永远都是一种"宣传"，都是为了达到某种目的，例如发号施令、指导、斥责或款待。沟通总是会产生要求，它总是要求接受者要成为某人、完成某事、相信某种理念，它也经常诉诸激励。换言之，如果沟通能够符合接受者的渴望、价值与目的的话，它就具有说服力，这时沟通会改变一个人的性格、价值、信仰与渴望。假如沟通违背了接受者的渴望、价值与动机时，可能一点也不会被接受，或者最坏的情况是受到抗拒。

4. 信息不是有效的沟通

沟通以信息为基础，但和信息不是一回事。信息与人无涉，不是人际间的关系。它越不涉及诸如情感、价值、期望与认知等与人有关的成分，就越有效力且越值得依赖。信息可以按逻辑关系排列，技术上也可以储存和复制。信息过多或不相关都会使沟通达不到预期效果。而沟通是在人与人之间进行的。信息是中性的，而沟通的背后都隐藏着目的。沟通由于沟通者和接受者认知和意图不同显得多姿多彩。

尽管信息对于沟通来说必不可少，但信息过多也会阻碍沟通。信息就像照明灯一样，当灯光过于刺眼时，人眼也会受不了。

二、有效沟通的时机

当工作中出现下列情况，主管一定要与员工进行沟通，沟通的内容也基本围绕特定范围展开。

1. 阶段性绩效考评结束之前的绩效沟通

这是最重要也是最必需的一种沟通形式。

2. 员工工作职责、内容发生变化

在这种情况下，需要向员工解释具体哪些内容发生了变化，变化的原因是什么，这种变化对公司有什么好处，同时征求员工对这种变化的看法，最后要对变化后的工作职责、内容进行重新确认。

3. 员工工作中出现重大问题或某个具体工作目标未完成

在这种情况下，主管肯定要与员工沟通，但要注意沟通时的语气，要本着帮助其发现原因或认识到错误本质的目标，不要一味地指责和批评，要注意了解出现问题的原因到底是什么，同时要向员工表明沟通的目的是解决问题和帮助其在工作上有所提高，而不是为了追究责任，希望其能坦诚地分析原因。

4. 员工表现出现明显变化

员工表现出现明显变化的情况，诸如表现异常优异或非常差等。要对表现突出的方面及时提出表扬，并可适当了解和分析其出现变化的原因，以加强和延续其良好势头。对表现非常差的，要向其指明表现不佳的现象，询问其遇到了什么问题，帮助其找出原因和制定改进措施，并在日常工作中不断给予指导和帮助。

5. 员工工资、福利或其他利益发生重大变化

要说明变化的原因，不管是增加还是减少，都要解释公司这么做的依据。尤其是减少时，更要阐述清楚公司对调整的慎重态度，并表明什么时间会再次做出调整，调整的依据是什么。

6. 员工提出合理化建议或看法

现在很多公司都设立了合理化建议奖，这体现了公司对员工提出合理化建议的重视和希望。要求各级主管要按公司要求，对员工提出合理化建议要重视和鼓励，而沟通就是体现鼓励和重视的重要手段。如建议被采纳，应及时告诉员工并进行奖励，明确指出建议对公司发展的帮助，对员工提出这么好的建议表示感谢。如未采纳，也应告知未采纳的原因，表明公司和主管本人对其建议的重视，肯定其对公司工作的关心和支持，希望其继续提出合理化建议。

7. 员工之间出现矛盾或冲突时

要了解和分析出现矛盾的原因，要进行调解，主要从对方的出发点、对方的优点、对工作的影响、矛盾的无足轻重等与双方分别进行沟通。涉及其他部门人员时，可以请其他部门主管帮助一起做工作。

8. 员工对主管有误会时

作为一名合格的主管，首先要检点自己，看自身工作有无不妥或错误，如有则列出改进的方案或措施，向员工道歉并说明自己改进的决心和措施，希望其能谅解，如因员工理解有误，需主动向员工解释理解有误的地方，帮助其重新认识，切忌指责员工或采取不理不睬的态度，任由误会不断加深。

9. 新员工到岗、员工离开公司时

新员工到岗，主管要与其确定工作职责和工作内容，明确工作要求和个人对他的殷切希望。通过沟通，对个人情况进行了解，帮助其制定学习和培训计划，使其尽快融入团队。员工辞职时，也要进行充分沟通，对其为公司所做贡献表示感谢，了解其辞职的真实原因和对公司的看法，便于今后更好地改进工作。对辞退的员工也要充分肯定其对公司的贡献，解释辞退的理由，并表明自己本人的态度，提供个人的建议，询问其对公司的看法。

10. 公司经营状况、发展战略、组织结构等发生重大变化时

这种情况一般采取正式公布或会议发布的形式向员工做出说明，但一些不便于大面积发布的，可采用私下沟通的形式通报。

11. 员工生病或家庭发生重大变故时

作为主管和同事，应关心员工的生活，了解和体谅其生活中的困难，并提供力所能及的帮助，培养相互之间的感情，而不是单纯的工作上的关系。

一般来说，出现以上情况，各级主管应意识到，需要立即与员工进行沟通。而在其他时刻，主管可以随时与员工进行沟通，内容和形式可以灵活掌握，只要注意采取适当的方式和方法即可。

三、有效沟通的环形过程

在上面的介绍中，我们已经认识到有效的沟通是一种感知，所以我们这里假设你是信息发出者甲，要给接受者乙某一信息，你肯定会考虑到接受者乙对你所发出信息的理解接受能力。如果你认为乙同你一样聪明，你肯定会照着自己头脑中的理解发出信息；但如果你认为乙不如你，或者不十分敏感，你可能就会使发出的信息简单、易于理解。所以，你对乙的感觉不仅影响着所要传递信息的内容，而且影响着信息传递的方式。

也就是说，你的信息受着你对乙的印象的制约。同时，乙对你也有相应的印象。你可能是乙的老板、员工、朋友、对手、亲戚或者熟人，乙对你发出的信息会有不同的印象，这取决于乙对你的理解。我们有时也常对别人说："你去告诉他们，他们会听你的。"所以，有时当信息的发出者改变时，信息往往能得到更好的接受。

不仅是甲、乙方彼此的印象会影响到信息的发出与接受，甲、乙方对信息本身的感觉也会对此有很大影响。如果是个好消息，甲将很乐意去告知乙，而乙也很乐意去听；但如果是个坏消息，甲可能会含糊其辞，或者试探或者含糊，而乙也可能听不明白或者不完全明白。这就构成了一个环形的过程。

举个例子来讲，假设小张在工作中出了点差错，而他的上司王经理一向很喜欢他，对他很器重，这时他一定会为小张不佳的表现感到惊讶。王经理会对小张说："这项工作做得的确不够好，这不是你的水平，我对此感到惊讶。你一向是很讲究精确的，我希望你能重做。"而小张一直很尊重自己的上司，他会回答说："对不起，因为有其他事情的影响导致了此次的失误，我马上重新再做。"王经理知道小张重做一定会让他满意的。

但现在假设王经理不喜欢小张。他的话在内容上与前边一样，但在语调上就会显得更短促。他会省略一些话而简单地说成"你一向是很讲究精确的"。这样听起来就有惩戒性质了。另外，如果小张也并不信任他的这位上司，因为担心会失去这份工作，他会在言辞中辩护道"我的事情太多了"，或者说"你没有解释清楚"，甚至可能会很乖戾地承认失误说，"好的，好的，我去重做……"

在第一种情况下，因为王经理对员工能力的信任和小张对上司的信任使他们的关系得到强化。而在第二种情况下，由于相互缺乏信任和长期不和而使其间的关系受到了阻碍。

对于管理人员而言，该怎样做才不至于陷入上述第二种类型的沟通陷阱之中呢？

我们不妨用几分钟的时间思考一下并试着回答这样一个问题。设想你是王经理，正和小张谈话，考虑一下小张有何感想，然后转换角色再次考虑一番。

作为上司在给其员工下达指令或对其工作表示不满意时，首先必须考虑这位员工给他的印象，所使用的语言以及语调会因主体事件及其对员工所持的印象而有不同的感情色彩；你所要掌握的策略是如何处理你对员工的印象，如果在你并不喜欢他们，不信任他们，或者十分器重他们等情况下，你对某一特定事件所说的话不会显得过头。有些人几乎相信所有人，直至这种信任破裂，而另外一些人则几乎不信任任何人，而你必须长时间获取他们的信任。同样作为主管的你是属于哪种类型的人呢？

因此，要使我们的沟通产生实际的效益，也就是说，让自己更好地去理解别人和使别人更好地理解自己，这就需要管理人员与员工之间建立起一种协调的关系，相互间要敏锐地感知意图和信息，把交流过程中的干扰减少到最低限度。同时，还应掌握遣词用句、语气运用、肢体语言表达感情等基本技巧以及善于聆听、接受外部反馈意见的本领。

四、多渠道的有效沟通

长期研究主管沟通方式的克拉克，曾在哈佛商学院实用知识网络周刊上指出，主管在沟通时应该注意，有效的沟通包含事实、情绪以及象征三个部分。

克拉克表示，不同的员工会以不同的方式接收信息，如果主管只顾及其中的一个部分，便无法让信息顺利完整传出。在每一次的沟通中，根据内容及目的的不同，三个部分的比重跟着调整，在适当的时机放进不同的部分，能够大幅提高沟通的效果。

1. 在事实方面

主管需要做的不是丢出大笔冷冷的数字，也不是重复强调数字，而是向员工解释数字所代表的意义以及与员工工作的关系。

2. 在情绪方面

主管必须面对两个层次：一是有能力诚实和适当地与员工分享自己的情绪。有些领导人为了避免暴露自己的弱点，不愿意表达这个部分。事实上，诉说故事是一种重要的沟通方式，主管个人的故事能让员工更了解主管的感觉。二是与员工的情绪产生联系。

3. 在象征方面

象征是将情绪或理性以一个简洁的方法表达出来，当员工看到时，能够立刻就了解。

以上三个部分就是克拉克提出的被称为多渠道的有效沟通。

五、如何才能有效沟通

一个企业中没有交流沟通，就不可能达成共识；没有共识，就不可能协调一致；达不到一致，企业的宏大目标也就很难实现了。所以，从一定意义上来讲，进行有效的沟通是企业实现宏大目标的前提。

在当前的中国企业中，对于财、物来说，都具备有效的管理，但对于"人"的管理却比较薄弱。举个例子：企业的领导经常听到这样的话，"这事没办成不怪我，我根本就不知道"，"这事我早就想向你汇报，但你太忙了，所以就耽误下来了"，"这事应该他先通知我的，但他根本没通知"，"这事三天就要干完呀，我以为不那么着急呢"，"你是让我干这件事吗，我还以为你让我干那件事呢"。

如此下去，时间一长，企业的管理层就会面临着这样的问题：每天早上起床就感觉有一堆事，心里想着"这事我得提醒提醒，不然他们该忘了"，"那件事也不知进展怎样了，得问问"，一天上班，光打电话就得花去大部分时间，到手的财务报告、业务报告反而没有时间看了。而企业的普通员工呢，也因为部门之间的协调不畅、任务分配的不明晰、时间限制不固定，而产生了种种的抱怨。

不仅在企业内部的管理中存在着信息沟通的问题,在企业的一个业务链中也存在着同样的问题。比如我们非常熟悉的销售业务中,会牵扯到客户、销售人员、售前人员、商务人员、财务人员、分销伙伴以及决策人等多种角色的相互配合和制约。一个小的环节出现问题,都会关系到整个订单的成败。执行一套严格规范的管理体制可以使销售经理对销售员的一举一动了如指掌,但你越是认真地执行这种规范就越远离销售员;而另一个极端是销售经理由于害怕挫伤销售员的积极性而放任不管,十天半月也不和销售员进行交流,一到年底,才发现市场大变,业绩滑坡,于是组织突击销售活动。最后企业领导追查原因的时候,每个与销售环节有关的人都尽力推卸自己的责任,以免"热山芋"烫了自己的手,要赶快把它传出去,结果大多是责任不清楚,各自推托与别人的沟通不够。

足见有效的沟通是多么重要了。

1. 让员工把不满说出来

在哈佛案例教学里,很重视人的管理,尤其是沟通这门商业界的高层管理艺术。作为主管,如果不能与员工进行行之有效的沟通,不能了解员工的需求,那么,这个主管就是个不称职的主管。而对企业管理现状的不满,正是沟通的黄金时机。优秀的主管,就要能够从员工的不满中学会管理的"金科玉律"。

再能干的主管,也要借助他人的智慧。在某一方面,说不定员工比上司更有经验,而这时如果对他们的建议不重视,那么不仅会造成主管决策的失误,还会挫伤员工的积极性。因此,主管与员工之间要建立一种诚信关系,并由这种关系促使员工带着责任感去工作,而不是消极地服从。

(1) 从抱怨声中完善管理。员工产生抱怨的内容主要有三类:一是薪酬;二是工作环境;三是同事关系。那么作为领导和管理人员该如何对待并及时处理员工的抱怨呢?以下几点值得参考。

①要乐于接受抱怨。抱怨无非是一种发泄,抱怨需要听众,而这些听众往往又是抱怨者最信任的那部分人,只要他在你面前尽情发泄抱怨,你的工作就已经完成了一半,因为你已经成功地获得了他的信任。

②要尽量了解抱怨的起因。

③要注意平等沟通。事实上许多的抱怨是针对小事,或者针对不合理、不公平,它来自员工的习惯或敏感。对于这种抱怨可以通过与抱怨者平等沟通来解决,先使其平静下来以阻止住抱怨情绪的扩散,然后再采取有效措施解决问题。

④处理要果断。一般来说,大部分的抱怨是因为管理混乱造成的,而由于员工个人失职而产生的抱怨只占一小部分,所以规范工作流程、明确岗位职责、完善规章制度等是处理抱怨的重要措施;在规范管理制度时应采取民主、公正、公开的原则,让员工参加讨论,共同制定各项管理规范,这样才能保证管理的公正性和深入人心。

(2) 通过良性冲突改善经营。主管要在企业大力倡导良性冲突,引入良性冲突机制,对那些敢于向现状挑战、倡议新观念、提出不同看法和进行独创思考的个人给予大力奖励,如晋升、加薪或采用其他正面的强化手段。良性冲突在 GE 公司新建立的价值观中相当受重视,该公司经常安排员工与公司高层领导进行对话,韦尔奇本人经常参加这样的面对面沟通，与员工进行辩论。通过真诚的沟通直接诱发与员工的良性冲突，从而为改进企业的管理作出决策。

在运用沟通激发冲突时，要特别注意运用非正式沟通来激发良性冲突。盛田昭夫就是在与员工的非正式沟通中激发良性冲突的，如在一次与中下级主管共进晚餐时，他发现一位小伙子心神不宁，于是鼓励他说出心中的话来。几杯酒下肚后，小伙子诉说了公司人力资源管理中存在的诸多问题。盛田昭夫听后马上在企业内部进行了相应的改革，使企业的人力资源管理步入良性轨道。

（3）完善坏消息沟通途径。当组织坦诚地与员工沟通坏消息的时候，组织证明了其存在的真实意义。在沟通坏消息的时候，高层或中层应该尽早加入，对消息情况完全知情并能提供支持。组织在计划处理坏消息事件的时候，应该仔细考虑员工和外界公众的需要和关注点。对向公众和股东公布的信息需要进行协调，并且保证这些发出的信息与传达给员工的是一致的。

沟通坏消息时应该注意以下因素：①以一种明确、坦诚的态度描述消息；②解释为什么采取现在的措施；③提出解决方案；④表明组织是关心员工的。

2. 建立有效的双向沟通

有效的沟通，能使企业和员工互相产生信任感和认同感，并使员工建立与企业一致的价值观，愿意为企业的发展献身。

实践已经证明，有效的沟通是企业发展和员工事业成功的重要环节，但建立有效的沟通并不是一件容易的事。例如，有业绩考核指标的销售员在一起进行沟通时，业绩好的销售员为了保证自己的领先地位，很有可能不把自己认为有效的那套方法全盘说出来；中层领导认为经理说得或者做得并不对，但出于自己职位的考虑，他可能不会向经理说出来；而有的员工出于对领导的不满等，不愿意把自己真实的想法说出来；等等。

有些时候事情的表面并不是它实际应该的样子。而有效的沟通则既可以弄清楚事情的真相，也可以校正自己在某些方面的偏差。

那么，企业主管应该如何建立有效的双向沟通呢？

（1）建立全方位的沟通机制。几乎所有的企业在发展过程中都会碰到沟通不良的问题，一般来说，企业的机构越复杂，管理层次越多，职能越不明晰，其沟通的效果就越差。建立全方位的沟通体制，首先要摒弃那种只是由公司领导层向员工发布命令，员工的反馈和意见却很少有人倾听的单向沟通模式，这样的沟通方式不仅无助于监督与管理，长此以往也会严重挫伤员工的积极性。

良好的沟通机制应该是多角度的、多级的、双向的。应该在企业内部建立全方位的沟通机制，形成管理层与部门领导、部门领导与普通员工、管理层与普通员工、普通员工之间的多层次交流对话机制，保持沟通渠道的畅通，要让员工意识到管理层乐于倾听他们的意见；他们所做的一切都在被关注；使每个员工都有参与和发展的机会，从而增强主管和员工之间的理解、相互尊重和感情交流。

（2）注重非正式沟通。公司内部的沟通方式不外乎两种：正式沟通和非正式沟通。

所谓正式沟通，就是通过固有的组织结构按照规定的信息传递渠道进行的信息交流和传达，如公文的传递、通知及相关信息的传达、例行的会议和谈话等，这种沟通方式对信息传达的途径、格式和对象都有严格的规定，具有沟通效果好、易于保密、有较强的约束力等优点；缺点是方式刻板、沟通速度较慢、缺乏相应的反馈和互动交流。

非正式沟通指的是通过正式沟通渠道以外的信息交流和传达方式，我们平常所说的"小道消息"也是非正式沟通方式的一种。由于企业内部非正式组织的存在，作为社会人的公司员工往往会通过非正式渠道获取和反馈大量信息，如果能够对企业内部非正式的沟通渠道加以合理利用和引导，就可以帮助企业主管获得许多无法从正式渠道取得的信息，在达成理解的同时解决潜在的问题，从而最大限度地提升企业内部的凝聚力，发挥整体效应。

（3）坚持离职面谈制度。员工的离职总会有一个对企业不满的理由，企业人力资源主管应尽量与其进行面谈，了解其离职的真正原因。与在职人员相比，即将离职的员工在谈及对管理模式、工作环境和职位评价之类的问题时的顾虑要少得多，并且也能够摆脱主观意识，站在第三者的立场上对其所熟知的情况发表评论。公司再根据实际情况对实际存在的不足加以改进，防止继续发生类似情况。

对离职员工的面谈，同时也体现了"以人为本"的管理思想，表达企业对其的尊重和关怀；俗话说"同行是冤家"，与离职员工好说好散，也可以尽量避免心怀不满的离职员工在以后的工作中引发恶意竞争甚至产生诋毁原公司的情况。

3. 掌握六大技巧，学会有效沟通

沟通的目的在于传递信息，如果信息没有被传递到所在单位的每一位员工，或者员工没有正确地理解主管的意图，沟通就出现了障碍。那么，主管如何才能与员工进行有效的沟通呢？

（1）让员工对沟通行为及时做出反馈。沟通的最大障碍在于员工误解或者对主管的意图理解得不准确。为了减少这种问题的发生，主管可以让员工对主管的意图做出反馈。可以观察他们的眼睛和其他体态举动，了解他们是否正在接受你的信息。

（2）对不同的人使用不同的语言。在同一个组织中，不同的员工往往有不同的年龄、教育和文化背景，这就可能使他们对相同的话产生不同的理解。另外，由于专业化分工不断深化，不同的员工有不同的"行话"和技术用语。而主管往往注意不到这种差别，以为自己说的话都能被其他人恰当地理解，从而给沟通造成了障碍。

由于语言可能会造成沟通障碍，因此主管应该选择员工易于理解的词汇，使信息更加清楚明确。在传达重要信息的时候，为了消除语言障碍带来的负面影响，可以先把信息告诉不熟悉相关内容的人。比如，在正式分配任务之前，让有可能产生误解的员工阅读书面讲话稿，对他们不明白的地方先作出解答。

（3）积极倾听员工的发言。沟通是双向的行为，要使沟通有效，上下级都应当积极投入交流。当员工发表自己的见解时，主管也应当认真地倾听。

领导在沟通中不仅要善于"表达自我"，更要注意"体谅对方"。体谅就是要设身处地为对方着想，并且体会对方的感受与需要。由于了解和尊重，对方也会体谅你的立场与好意，因而做出积极而合适的回应。

当别人说话时，我们在听，但是很多时候都是被动地听，而没有主动地对信息进行搜寻和理解。积极的倾听要求主管把自己置于员工的角色上，以便于正确理解他们的意图而不是你想理解的意思。同时，倾听的时候应当客观地听取员工的发言而不作出判断。当主管听到与自己不同的观点时，不要急于表达自己的意见，因为这样会使你漏掉余下的信息。积极的倾听应当是接受他人所言，而把自己的意见推迟到说话人说完之后。

（4）注意恰当地使用肢体语言。在倾听他人的发言时，还应当注意通过非语言信号来表示你对对方谈话的关注。比如赞许性的点头，恰当的面部表情，积极的目光相配合；不要看表，翻阅文件，拿着笔乱画乱写。如果员工认为你对他的话很关注，他就乐意向你提供更多的信息，否则员工有可能对自己知道的信息息于汇报。

（5）注意保持理性，避免情绪化行为。在接受信息的时候，接受者的情绪会影响到他们对信息的理解。情绪能使我们无法进行客观的、理性的思维活动，而代之以情绪化的判断。领导在与员工进行沟通时，应该尽量保持理性和克制，如果情绪出现失控，则应当暂停进一步沟通，直至恢复平静。

（6）减少沟通的层级。人与人之间最常用的沟通方法是交谈。交谈的优点是快速传递和快速反馈。在这种方式下，信息可以在最短的时间内被传递，并得到对方回复。但是，当信息经过多人传送时，口头沟通的缺点就显示出来了。在此过程中卷入的人越多，信息失真的可能性就越大。每个人都以自己的方式理解信息，当信息到达终点时，其内容常常与开始的时候大相径庭。因此，主管在与员工进行沟通的时候应当尽量减少沟通的层级。

4. 改进有效沟通

在每天的工作中都有沟通，沟通在不知不觉中进行，然而，沟通不良依然存在。

沟通不良或许是每个企业都存在的老毛病。企业的机构越是复杂，其沟通越是困难。往往基层的许多建设性意见未及反馈至高层决策者，便已被层层阻挡，而高层决策的传达，常常也无法以原貌展现在所有人员面前。而沟通的持续恶化，就会造成"高层煮酒论英雄，底层士气灰飞烟灭"的严重情况。

主管和员工沟通时的细节，会影响到员工对主管、对公司以及工作的想法。通常，员工会从主管和他们的沟通中寻找蛛丝马迹。他们很注意主管说了什么以及没说什么；他们也很在意主管的聆听能力以及他们关心员工的程度。在沟通环节中如果主管疏忽了一些细节，会成为和员工沟通的致命伤。一些细节如不注意，的确十分致命，对其多加注意，将对创造"无障碍"沟通的环境大有裨益。

（1）聆听方面的致命伤及改进之道。

致命伤一：听而不闻，员工在意的不是主管听到了多少，而是主管听进了多少，如果主管没有真心聆听员工所说的话，员工会觉得主管根本不在乎他们，他们也会变得不在乎主管或主管所说的话。如此一来，便形成了沟通上的恶性循环。

改进之道：认真倾听。主管要学会倾听员工的申诉，对于员工的正当要求，要尽量予以解决。不能以敷衍的态度来对待员工，无论员工是对是错，主管都应该认真对待，否则员工会认为主管不够重视。

致命伤二：先说再听。当员工有了问题时，很多主管会把员工找来，把自己的想法告诉员工，并且批示应该如何解决这个问题。在这种情况下，该员工很可能会觉得自己被特别警告，所以员工会变得有防御心，对主管的要求产生敌意。

改进之道：主管可以用聊天的方式开头。例如："最近工作如何？哪些部分做得比较顺利？哪些部分做得不怎么顺利？"把先说再听转为先听再说。这样等于邀请员工分析他对工作的想法，同时也为主管要预说的话作铺垫，营造出比较自然的谈话气氛。

致命伤三：一心二用。如果主管在和员工谈话时，同时还在看文件、电脑或做其他琐事，员工会觉得他们不受重视。

改进之道：当主管需要和员工谈话时，可以事先约好，并且先确定谈话时间，以及大致会进行多久。如此可以让双方认真看待谈话，而非只是可有可无的闲聊。

（2）表达方面的致命伤及改进之道。

致命伤一：说得太多。有些主管只是不断地说，从来不管员工的心情。这种主管不仅无法学到任何事情，而且员工在面对这种无止境的演讲时，通常会觉得兴味索然。

改进之道：如果是一对一的情形，主管要做到先听再说。如果是召开会议，主管一开始要先简述召开会议的目的，然后把80%的会议时间，都花在聆听员工对会议主题的看法上。在会议结束前，简短地总结所听到的意见，告诉员工公司预备采取的措施，并且感谢他们提供意见。

致命伤二：说得太少。在办公室里很少说话，也很少向员工提及公司的状况。尤其是当经营情况不良时，他们更少和员工沟通。当员工无法从主管那里得到任何资讯时，他们会以自己的推测来猜想真实的情况，通常这种猜想会脱离实情。

改进之道：当公司出现问题时，主管要集合员工，把问题摊开来说。告知员工公司目前采取的解决方法，并让员工有表达看法及提供建议的机会。

致命伤三：找错说话对象。许多主管会把甲员工的问题告诉乙员工，希望能得到一些内幕消息。一开始，被询问的员工可能会因为成为上司的"密友"而很高兴，然而最终员工会害怕自己也成为上司和其他同事的谈论对象，造成员工间彼此猜疑。

改进之道：如果员工有问题，主管可以直接找员工谈。如果主管需要客观的意见，则可以和该员工的直属上司讨论，千万不要和甲员工谈论乙员工的问题，重视和员工沟通时的听说艺术，避免陷入和员工沟通的致命伤。

（3）环境变化影响内部沟通。今天的环境有何不同？它是怎样影响公司内部沟通的？近半个世纪以来，企业环境发生了翻天覆地的变化。今天的人们对现状提出质疑，他们想要自己做决定，他们想同大家分享自己的想法和工作热情，而不是仅仅等着别人告诉他们该做什么。今天的员工们希望能与主管们开诚布公地沟通。另外，工作环境的变化还包括员工面临的对未来责任的压力，他们现在更强调工作业绩和工作的自主性。

当面临来自公司以外的压力时，许多公司会犯忽视员工的错误，就像家长们面对许多家庭外的问题时，就会忽视了自己的孩子一样。有些主管常常忘记员工才是公司中最重要的组成部分。一旦公司失去了员工对公司的信任和友善，再想纠正错误、重新建立起这些员工对公司的忠诚，将十分困难，而正是这些员工掌握着公司的未来。

许多公司出问题的部分原因在于，高级主管们不准员工参与大多数决策过程，这使员工感觉被疏远，也就不愿按主管的要求改进他们的工作。

主管们发现这些受过良好教育的新一代员工更喜欢动脑子而不仅仅是动手。许多公司的经验表明，公司员工参与公司管理有助于提高工作效率。使员工提高工作效率的关键是与他们进行沟通，沟通比其他方式更有效。沟通应该是双向的，而不是像现在许多公司那样传统的自上而下的过程。沟通越多，员工越信任管理层，无论公司发展的情况如何，这都是一笔巨大的财富。

六、注意沟通细节

1. 通过细节体现沟通心态

有人认为，越平易近人，越和员工打成一片、称兄道弟，沟通得就越好。其实，这种看法是错误的。如果你是人力资源主管，请回想一下，你是否经常与你的员工共同出入各种社交场合？你是否对你的某一位知心的员工无话不谈？你的员工是否当着其他人的面与你称兄道弟？如果已经出现了上述几种情况，那么危险的信号灯已经亮了，你需要立即采取行动，与你的员工保持一定的距离，不可太过于亲密。

俗话说得好：有距离才有美。适度的距离对你是有好处的。即使你再"民主"，再"平易近人"，也需要有一定的威严。当众与员工称兄道弟只能降低你的威信，使人觉得你与他的关系已不再是上下级的关系，而是哥们儿了。于是其他员工也开始对你的命令不当一回事。隐私对于每一个人来说都是必要的和重要的。让你的员工过多地了解你的隐私对你来说只能是一种潜在的危险。你敢肯定他哪天不会把你的秘密公之于众吗？你能确定他不会利用你的弱点来打倒你吗？——这实在是太可怕了。你可以是员工事业上的伙伴，工作上的朋友，但你千万不要与他成为"哥们儿"。

2. 善于利用幽默让沟通更顺畅

幽默是一门社会交往的艺术，是人与人相处的润滑剂。身为一名领导，如果你能巧妙地运用幽默，它将使你的人际关系更和谐融洽，获得上司与员工的赞赏与钦佩，幽默还可以帮你摆脱尴尬，营造一个良好的工作氛围。

与员工沟通时，不免也会有些类似的不愉快的事情发生，若你能运用幽默化解这其中的尴尬，一定会收效甚佳。幽默的人受人喜欢，幽默的领导比古板严肃的领导更易于与员工打成一片。有经验的领导都知道，要使身边的员工能够和自己齐心合作，就有必要通过幽默使自己的形象人性化。然而什么事都要有个度，"过犹不及"，当你在"幽他一默"之时也一定要把握住幽默的限度，领会其必需的技巧：

（1）不要随意幽默，幽默并不是随时随地都可以运用的，应在某些特定的场合和条件下发挥幽默。例如：在一个正式的会议上，当你的员工在发言时，你突然冒出一两句逗人的话，也许大家都被你的幽默逗笑了，但发言的那位员工心里肯定认为你不尊重他，对他的发言不感兴趣。

（2）幽默要高雅才好。在生活中，有不少人在开玩笑时往往把握不住分寸，结果弄得大家不欢而散，影响了彼此的感情。当你在与员工沟通时，把员工的缺陷作为笑料是一种最不明智的行为。

（3）不幽默时无需硬要幽默。如果当时的条件并不具备，你却要尽力表现出幽默，其结果必定是勉为其难，到底该不该笑一笑？这会令彼此陷入更尴尬的境地。

总之，幽默是一种优美的、健康的品质，恰到好处的幽默更是智慧的体现，当你掌握了幽默这门社会交往的艺术时，你会发现与员工沟通不再是一件困难的事情。

3. 员工的自由交流有益无害

现代社会，人力资源主管应了解工作与信息的关系，以便在公司里能够培养一种学习和成长的气氛，促进公司的生产力及创造能力。

好的公司会利用科技这一在未来职场的最大资源，善用独一无二的沟通和学习方式，激发新员工发挥最大的价值，并从中选择吸收大量信息。由于现代职员习惯于接触以各种形式呈现以及提供各种不同观点的科技信息，他们在反映出这种经验的信息环境中最能得心应手，因为信息就是他们成长的营养。

由于具有信息最佳接触管道及公开沟通的环境，使员工在工作中觉得有保障、能够胜任、有力量，而且有创造力。使员工更有效率、更有生产力，更乐于为主管效力，有最好的成绩。实践证明，人力资源主管若能提供充分的信息来源，他们将会是非常有效率的信息消费者。因而能有效率地提供信息，制定明确的目标，并保持沟通渠道的畅通。

优秀的公司具体表现在以下几个方面：

（1）公司的人力资源部门很棒，他们会一一讨论所有计划，并留下许多时间来讨论问题，让员工有时间跟上进度，以尽力达成领导的期望。

（2）重视星期例会，公司每星期一早上有一个"成果汇报"，讨论上一周每个案例的成果，在成果汇报之后，主管马上和主管碰面讨论下周的议程，在同一本笔记上分别在不同页上记录每个委托人的案例，以及个别完成的特定目标。一起评估前一周的成果，看看个别的成绩如何，还有什么需要继续追踪的，最后并根据每个委托人的要求，制定新的目标议程。

（3）员工可以随时走进领导的办公室和领导谈事情，即使对他而言未必是最重要的事，他也愿意花时间和员工谈。在简短的会谈中，人们得以解决他们的问题。

（4）一个好领导，会告诉员工为什么要做这些事。员工正在做一些规格样本，它们之间的差异很小。公司根据这些样本做决定，让员工对成果充满兴趣。

（5）领导行事风格让员工有可能问问题，并且获得必要的信息。他让员工知道自己在做什么，如果员工需要指导，他也会尽力协助员工。员工可以感觉到学到更多东西，分析能力更强，也比以前更有活力。

4. 如何正确理解员工的话语

说话的人想要表达的内容意义和听者所接受的内容意义如果一致，则可说明这番话产生了一定的效果。为了达到这一目的，说话者必须付出极大的努力。但是，世上的任何事物都是相对的。同样，听者也必须努力地去了解说话人话中的含义。凭借语言的人际沟通，说者与听者各负一半责任，只有这样，方能使你的人际关系更为和谐美满。

所谓"听"，就是探究说者的本意并加以了解的一种行为，因为，只有在认真正确的"听"的基础上，才能够产生正确的对应。然而，生活里我们与同事相处中，"听与对应"容易产生偏差。"自我"是人之天性，人们往往以自我的一套观念或方式从自我的立场出发来对应各种不同的对象，即使稍有差别，往往也只是外在的枝节而已，其本质是不会轻易改变的。这种观念有时并无确实的理论根据，或任何道德理由，仅仅是茫然不知所以而开口的。因为这种先入为主的观念而造成的偏见、曲解，乃至妄想、盲目的偏激态度，在相处中所制造的种种矛盾，真是举不胜举。这种在说与听之前即具有的观念，我们权且称之为"事前观念"。如果被事前观念束缚得无法动弹，则将无法对各种刺激产生正确的应对。事前观念可分为以下三种：

（1）关于语言的——语言是抽象化的东西。以个人的观念和方式去理解、解释对方的语言，使彼此无法沟通，这就是关于语言的事前观念在作祟。

（2）关于事物的——一般人对于事物，皆站在自己的立场上，针对自身之利害、价值而衡量之。以此尺度来观看世间的万物，就是掺杂了个人的事前观念。

（3）关于人的——人类皆以个人的好恶来评断他人，这种主观的成见往往成为彼此了解的绊脚石。

总之，一般人对于说话的方法，事实的观察以及待人的态度等，极易流于一个固定的模式或僵化的态度，如此自然无法达到彼此间的正确了解。因此，人们必须以较富弹性的态度来接受他人的一言一行。

5. 改善人际沟通的原则和方法

人与人之间的信息交流过程就是沟通过程。人际沟通可以发生在个人与个人之间，也可以发生在个人与群体或群体与群体之间，还可以发生在大众传播过程中。不管发生在什么情况下，人际沟通总是沟通者为了达到某种目的、满足某种需要而展开的。人们在沟通时，会根据双方的特点选择沟通的内容、通道以及策略，以达到影响对方的目的。

人际沟通可以使人们的观念、情感和思想进行交换，有助于建立和维持人与人之间的相互联系，有助于认识自我、认识他人，有利于促进人们之间的相互了解，协调人们的社会生活，使人们的行为能够更好地适应社会环境，从而使社会生活维持动态的平衡。虽然人际沟通对于我们的工作和生活具有重要作用，对于组织的正常运转也具有不可忽视的影响，但在实际组织中的人际沟通并不尽如人意。

一般来说，下列这些沟通中的表现会造成人际沟通中的困难：①面无表情；②在沟通中表现出不耐烦；③盛气凌人；④随意打断别人的话；⑤少讲多问；⑥笼统反馈；⑦对人不对事；⑧指手画脚；⑨"泼冷水"。

如果我们在沟通过程中注意避免这些问题，将有利于我们在沟通中取得理想的沟通效果。

作为人力资源主管，我们改善人际沟通除了要避免以上的表现外，还要在管理中掌握以下这些人际沟通的原则和方法：

（1）出以公心。这是搞好人际沟通的思想基础。要进行有效的人际沟通，领导除了企业的共同目标、利益以外，不带任何个人的、局部的、小团体的私心杂念。这样的人际沟通才能得到员工拥护，在根本目标上形成共识和一致。

（2）平等待人。这是搞好人际沟通的感情基础。主管的责任是使领导成员之间、上下级之间增进了解和理解，以诚相待，与人为善，形成民主、和谐的氛围，保证有效人际沟通，促成齐心合力的工作。

（3）以理服人。这是人际沟通的理想基础。要摆事实、讲道理；要善于劝说、解释、疏导、晓之以理、动之以情；要平和、达观。不能自以为是，固执己见，特别是在上级与下级进行沟通时，不能居高临下，应循循善诱，积极启发。要讲究沟通的艺术，遇到对方一时不能理解不能接受的情况，可以换换角度，站在对方的立场上开导。对方态度不好时，要保持冷静，求得理解。沟通的时间应尽可能地充分，不要过于匆忙，以致无法完整地表达意思。

（4）双向沟通。这是人际沟通融洽的基础。沟通是使双方的理解、认识达成一致，不能光有"你说我听"或"我说你听"，而是你我都要有说有听。

（5）因地制宜。这是人际沟通的形式基础。沟通的最终目的，在于实现企业生产经营目标。围绕这个目标，一切沟通形式都可以采取，而不必拘泥于某种固定模式。采用正式沟通还是非正式沟通，会上沟通还是会下沟通，集体沟通还是个别沟通，直接沟通还是间接沟通，要依对象、内容、地点、环境和时机而定。既可以采用某一形式，也可以交叉采用多种形式，力求沟通的最高效益和最佳效果。

6. 积极地倾听值得听取的声音

倾听可以使员工感觉到被尊重和被欣赏。根据人性的知识，人们往往对自己的事更感兴趣，对自己的问题更关注，更注意自我表现。领导如此，员工也如此，且员工更希望获得领导的赞赏。一旦领导能专心听取员工谈自己的事时，他就会觉得备受重视。由此，精神动力转为对工作的热情，员工会更加勤奋地工作，领导和员工的关系也将变得更和谐。

倾听能更真实地了解员工，增加沟通的效果。一位领导如果只顾自己一个劲儿地说这计划如何如何的好，而不学会倾听的话，是不会了解员工对这一计划的真实想法的。因而，应尽可能地听取员工的建议，说不定员工的方法更为切实可行。

倾听是解决冲突、矛盾、抱怨的最好方法。一位牢骚满腹的员工如果情绪总是不佳，这也会给领导的工作造成一定麻烦，此时不必动怒，只需凭耐心去听听他抱怨的原因，领导愿意倾听，员工就会把心中的烦闷说出来，一旦解决问题后，就相安无事了。

通过倾听可以向他人学习，使自己聪明，同时摆脱自我，成为一个谦虚的受欢迎的人。每个人都有自己的长处和短处，善于倾听使我们能取人之长，补己之短，同时防备别人的缺点错误在自己身上出现，这样使自己成为一位更完善的主管。作为领导，与员工交谈时，将注意力集中在倾听员工的谈话上，这样便会很容易摆脱人们比较讨厌的"自我"，使自己成为一位受员工欢迎的谦虚的领导。

倾听的优点很多，可是怎样才能让自己成为善于倾听的领导呢？这需要注意下述几点：

（1）不要胡乱假设任何事情，不要猜测别人要对你说些什么，并且不要让员工认为领导了解他要说的事情，即使已经真的知道。

（2）不要随意打断员工的谈话，随意打断别人的谈话是一种不礼貌且不尊重别人的表现。与员工交谈时，应尽量让员工把想说的话说完，如果中途有急事，可限定大致时间或另约时间再谈。

（3）应对员工的谈话有所反应。如果员工想要交谈，必定是有好的建议或不便的事情提出，此时听了以后，如对其所提建议有所赞赏，应适时地表示一下自己的看法。

善于倾听在所有方式的沟通中都是很重要的，要想成为受员工欢迎的优秀主管，更应去接触每一位员工，并且要认真积极地听取值得听取的声音。

7. 利用沟通减少员工的不满

没有任何一个人力资源主管不重视员工引起的问题。好在部分问题还只是小问题，不过，对这些小问题置之不理的话，它们就可能牵扯公司领导许多的时间和精力。

此外，关心这些员工还有许多经济效率原因和人道主义的原因。一个较大的原因是不佳表现的员工很有可能是来自遇到困境的丈夫、儿子、女儿或妻子。

不过，必须承认，公司最关心的还主要是经济原因。由于工作绩效受到影响，聘请员工的成本是很昂贵的。

不佳表现的员工经常迟到、旷工、不易监督，而他们还有影响群体情绪的倾向。因此，公司主管应该在以下几个环节上加以注意：

（1）首先了解他们。

（2）帮助他们保持一定程度的工作效率，尽量减少他们对公司整个工作的影响。

（3）考虑他们是否已无法自我适应而需要专业治疗。

（4）调查他们是否因为不满而造成不佳表现。

第三节　表扬批评艺术

一、表扬员工的心态

1. 善于发现员工的"闪光点"

赞美具有非凡的魔力，即使有些赞美不是那么真实的，也能起到很好的诱导作用。因此，主管有必要把赞美这一管人权谋术重视起来，并灵活运用到管理实践中去。

每个人都有他的优点，世界上虽没有十全十美的圣人，但也没有一无是处的人。这个世界就是因为每个人都能发挥其特有的才能才得以存在和发展的。

只要我们诚心待人，以一种赞赏的心情、正确的眼光来评估别人，一定会发现别人的某些优点。想想看，为人父母者，总认为自己的孩子是最优秀的，如果能以这种态度去评估自己的员工，就不难发现员工的优点。长处人人都有，只是有的人发挥出来了，有的人还没有发挥出来。这就需要主管用欣赏的眼光去发现他们闪光的一面，以此来激发他们的潜力。

有一句老话说：世界上不是缺少美，而是缺少发现美的眼睛。事实确实如此，任何一个人，即使是一个罪大恶极的死囚，也有他值得肯定的地方，何况是你经过若干招聘关口而请进来的员工？只要用心寻找，总能发现员工的值得赞美之处。

寻找赞美点需要多角度。多一把衡量的尺子，就会多出许多好员工。如何看待一个人，固然有其客观标准，但与观察者看人的角度也有一定关系。用灰暗心理看人，从人的短处着眼，所看到的缺点自然多于优点，短处多于长处；用欣赏眼光看人，从人的长处着眼，所看到的优点一定多于缺点，长处多于短处。

能够看出员工值得肯定之处的主管，才可能取得大的成就。光自己一个人能干，能做的事情是有限的，即使一个才能出众的人，也无法胜任所有的事情，唯有善于发现员工长处的主管，才可完成超过自己能力的事情，事业才有前途。

2. 在小事上发现美需怀感恩之心

许多员工虽然没有干成大事，却默默无闻地为公司、机关、学校等付出自己的劳动。从日出到日落，兢兢业业，几十年如一日。然而，很多领导却熟视无睹。在他们的眼里，这些人仿佛不存在一样。如果能从微不足道的小事来夸奖员工一下，不仅会给员工以出乎意料的惊喜，而且获得关心员工，对员工体贴入微的形象。

一位服装店的职员发现新上架的一件衣服做工有问题，便及时把它转移到顾客看不见的角落里。值班经理夸她为公司着想，维护公司的荣誉。这位职员简直有些受宠若惊了，到处赞扬那位经理眼快心细，自己的一点小成绩也逃不过他的眼睛，在这样的公司工作才有价值感。

由此看来，要能从小事上赞美员工，首先应该有一颗感恩的心。只有懂得感恩，才能从小事上发现美，发现其重大意义。

3. 赞美员工要"一碗水端平"

有一句谚语说："一碗水端平。"赞美员工实际上也是把奖赏给予员工，也是一种分蛋糕的事，这就要求公平、公正。

有的人力资源主管不能摆脱自私和偏见的束缚，对自己喜欢的员工极力表扬，对不喜欢的员工即使有了成绩也看不到，甚至把集体参与的事情归于自己或某个员工，常常引起其他员工的不满，从而激化了内部矛盾。这样的主管不仅不总结经验，反而以"一人难称百人意"为自己解脱，实在是一种失败。

说话做事要"一碗水端平"是做领导的前提。它不仅关系到领导自身的形象，也和全体员工的工作积极性紧密相连。每一位主管都应对这一问题给予足够的重视，切实做到公平、公正。

要做到公正地赞美员工，必须妥善处理好下面几个问题：

（1）不要拒绝赞美有缺点的员工。在一般人心目中常常这样认为，受到赞美的人应该是没有很多缺点的，受到赞扬应该把自己的缺点改掉，才能与领导的赞美相符，同事看了也提不出意见。

事实上，十指伸开都不一样长，员工也是各有长短。有的员工缺点和弱点明显，比如工作能力差、与同事不和、冲撞领导等等，这些缺点一般都受到主管的厌恶，对这样的人也容易产生一叶障目的错误，看不到他们的成绩和进步，或者认为成绩和进步可以与缺点抵消，不值得赞美。

其实，有缺点的人更需要赞美。赞美是一种力量，它可以促使员工弥补不足、改正错误，而冷淡和无视则会使这些人失去动力和力量，无助于问题的解决。

（2）要有赞美比自己强的员工的胸怀。现代社会中什么能人都有，许多单位里也不乏"功高盖主"的员工，一些员工在某些方面也超过领导，从而使领导处于一种不利的局面。小肚鸡肠的人则容不下这些强己之处，对这些强人或超过自己的人不敢表扬，这也有失公正。

（3）主管对自己喜欢的员工，赞美时要把握好分寸。领导与员工交朋友很常见，这样不仅工作合作愉快，而且志趣相投。赞美这样的员工也要不偏不倚，把握好分寸，不能表扬过分过多，也不要不敢表扬。

表扬过分过多，一有成绩就表扬，心情一高兴就夸奖几句，喜爱之情溢于言表，很容易引起其他员工的不满，与其说是向着自己喜欢的员工，倒不如说是害了他。也有的领导怕别人看出与某个员工关系密切，因而不敢表扬，这都是错误的做法。

领导喜欢某个员工无可非议，但要一视同仁，公平对待，该表扬的表扬、该批评的批评，不能搞差别待遇。对自己喜欢的员工可以做私下的朋友，相互帮助，相互促进，但感情归感情，工作归工作，在工作上还是要严格要求、公平对待为好。

4. 把握当众表扬时的五个原则

正确地公开表扬员工，可以起到双重激励的效果。首先是直接受到表扬的员工会意识到主管对他的肯定和欣赏；其次也能给其他人树立榜样，鞭策其他人努力工作，干出成绩。

但是，如果当众表扬某一位员工的成绩和优点时的方法不恰当，就可能引起其他人的不满，不仅对被表扬的员工造成坏的影响，还会损害领导的威信和形象，激化企业的内部矛盾。所以，当众表扬员工时要注意方法的问题。总的来说，我们需把握以下五个原则：

（1）当众表扬员工要有理有据。"有理"就是要求人力资源主管的话有道理，无可挑剔。"有据"就是要有事实根据，确凿无疑，谁也说不出个"不"字来。"有理"和"有据"必须结合起来才能起到教育和激励的作用。

（2）当众表扬某个员工时要有诚意。在表扬员工时，只想着树立自己个人的威信，收买人心，实际上并没有表现出欣赏的诚意，无论是被表扬者，还是其他人都像被当猴耍一般，这样的做法根本不可能使主管如愿。所以表扬员工，必须首先自己表示欣赏、表示出诚意。

（3）切忌褒此贬彼。当众肯定和称赞有成绩的某个员工，不可避免地要造成未受肯定和称赞的下级的心理失衡，这对于激励众人是必要的。但是这种效果一般情况下只应客观生成，上司不应采取褒此贬彼的方式。如果对某个员工的长处极度赞誉，而对其他不具备此种长处的众人倍加贬损，那将会严重地损伤众人的自尊心和领导的亲和力。这样表扬下级不但收不到预期效果，相反地，却会酿成领导、被表扬的下级以及未被表扬的众人之间不应有的疏离。

（4）注意其他人的嫉妒。在众人面前过于热情地称赞某一位员工，会使其他人感到不快。被称赞的人会感到拘束不安；而其余的人则可能产生妒忌心理。称赞越多、越重，其他员工产生妒忌心理的可能性就越大。如果称赞言过其实，他们甚至会鄙夷你，怀疑是否属实。因此，在当众表扬员工时，要注意把握分寸，尤其是要控制其他人的嫉妒心理。

控制好员工的嫉妒心理并不是说完全杜绝嫉妒心理的产生，其实，当众称赞一位员工让其他人产生一点嫉妒和羡慕是正常的，关键在于主管能切实把握好、引导好，把这种嫉妒和羡慕心理朝着有利于工作和团结的方向引导。

（5）给每个人以公平的机会。当众表扬员工，因为影响面较大，所以应当坚持公平的原则，给每个人以公平的机会。表扬要把握对事不对人的原则，谁有了成就、符合要求、达到标准都要当众表扬，而不能此一时彼一时，忽冷忽热，专门偏向某个人或某几个人。这样才能充分发挥当众表扬的激励作用，创造一种公平竞争、努力向上的工作氛围。

二、表扬的作用

赞美是一种不可思议的推动力量，它有着促使某种行为出现和强化的趋向。如果想在某方面改进一个人，只需告诉他那种特点他已经具备了即可。作为一名人力资源主管，必须深谙赞美的妙用，以让员工们美滋滋地去做那些你想要他们做的事。

1. 得到肯定是人类的普遍需求

在生活中，大多数人希望自身的价值得到社会的承认，希望别人欣赏和称赞自己。甚至在一定程度上，能否获得称赞，以及获得称赞的程度，成了衡量一个人社会价值的标尺之一。

天底下所有的人在付出心力之后，都不希望别人无动于衷，而是至少对自己的付出有一点感激的心情。不论是经理还是普通员工，是父母还是子女，是教练还是运动员，尽管每个人表面上看起来好像都很独立很知足，可是骨子里，我们谁都需要别人的肯定来确定自己存在的价值。

员工也不例外。他们都想要得到领导的欣赏，需要得到别人包括团队同事的肯定；需要别人知道自己的价值，自己的优点。

优秀的人力资源主管懂得，员工取得成绩时，最想得到的就是上司对他的一句表扬与鼓励的话语。当感受到自己的表现受到肯定和重视时，他会表现得更加出色。他觉得一切都是自己主动的，自己的继续努力也是主动的。此时的工作在他眼中会是一片灿烂与美好。

所以，当想让你的员工把工作干得更好，最好不要老是站在领导的地位来严肃地教训他，留心他的工作，找到一点点值得称赞之处时，就紧抓住它来促进你对员工的鼓励，那么一定会得到满意的收获。

2. "赠人金银莫如送人良言"

英国著名的哲学家和法学家边沁也认为"善言必然导致善行"。"良言一句三冬暖。"主管适度地赞美员工，也会激发他们择善而从，不断地提高自己。这并非偶然的个别现象，而是一种普遍的行为。

著名的心理学家史金纳说，要想达到最大的诱导效果，应尽可能在行为发生后立即加以赞美。通过赞美可以达到以下效果：一是可以培养员工，提高员工的自信心和工作激情；二是可以保证工作质量，促进工作的顺利完成；三是可以体现一个主管应有的个人修养；四是可以树立主管的个人威信；五是可以创造良好的企业文化。

聪明的主管从不吝惜自己真诚的赞美，并且注重创造一个充满激励的和谐环境，使其中的人们舒心开怀，个人的潜能得到最大的发挥。

3. 赞美是一种有力的心理暗示

管理大师洛克菲勒曾经说过："要想充分发挥人的才能，方法就是赞美和鼓励。世间最足以毁灭一个人热情与雄心的，莫过于责备和批评。"事实确实如此，实验证明，赞美是一种有力的心理暗示，它的力量是惊人的。

赞美是贴近人的本性的激励方法，从经济学的角度来看，赞美是一种产出远远大于投入的投资。给人以赞美，甚至不需要做物质上的付出，但却可能得到超出想象的回报。没有一位员工愿意做一个平庸的人，每个人都希望力争上游。因此，人力资源主管要善于使用赞美塑造和鼓励你的员工，使他们变得干劲十足。

4. 赞美可有效唤醒对方的潜意识

赞美是一种鼓励，一种肯定。它可以让平凡的生活变得美丽，激发人的自豪感和上进心，把世间的不和谐的声音变成美妙的音乐。真诚地赞美员工，是现代管理理论中大力提倡、实践中多有应用的管理方法，但这通常是指在一个员工确实有出色的表现的情况下，如果说员工在某些方面存在不足，仍然以肯定、赞赏对待他，这样做会是什么结果呢？

实践证明，这种"不真实"的赞美也具有非凡的积极作用。即使一个人本来不具备某种品质，如果送一顶"高帽"给他，可以奇迹般地唤起他的潜意识，随后，他就会真的具备了这种品质。

每个人都有维护自身荣誉形象的自我意识倾向，通俗地说，就是虚荣心。这是一个人希望实现自我价值需要的反映。它是一种与自信心、进取心、责任感、荣誉感密切相连的心理。

三、表扬的注意事项

表扬员工，不仅要符合表扬的基本要求，而且需要领导掌握具体的表扬方法和艺术。只有表扬方法运用得当，才会起到事半功倍的效果。表扬方法不当，就可能起到消极作用。表扬的方法很多，下面介绍几种常用的基本方法。

1. 就人表扬和就事表扬

就人表扬是指领导表扬整个人，对他的为人处世、思想品德等进行全面肯定。这种表扬适用于树立先进、模范。就事表扬是指领导对某件做得好的事情进行正面评价，它不涉及某个人怎样，而主要评价某件事的成功与意义。这种表扬，要求把表扬事和评价人区别开来，对事不对人。即使做这件好事的人过去犯过什么错误，或者现在毛病还很多，同样可以表扬这件事。

2. 直接表扬和间接表扬

员工在场，领导提出表扬，叫做直接表扬，又称为当面表扬。这种表扬方法的优点是表扬及时，产生效果快。间接表扬，就是当事人不在场，领导在背后进行表扬。当表扬者想表扬一个人而又不便当面提出时，可以在他的亲朋好友面前把他表扬一番，表扬的信息可通过第三者间接地传到他耳中。人的心理常常是，厌恶别人背地讲他的坏话，但是很喜欢别人在背后讲他的好话。这比领导当面讲他的好话更能使其乐于接受。他会认为你的表扬是诚心诚意的、公平无私的。因此，有时间接表扬的效果要比直接表扬好得多。特别是员工对某领导有成见、有误解时，领导多采用间接表扬，往往能消除成见和误解，融洽双方关系。

3. 个别表扬和当众表扬

主管当着众人的面表扬某人或某事，叫当众表扬。对那些突出的好人好事，或带有方向性的良好行为以及过去在群众中有不好影响而现在确有转变的人，领导采用当众表扬方法，常常能收到鼓励先进、鞭策众人的效果。这种方法的不足之处是，如果表扬不得当，特别是大家也做了同样的事而未受表扬时，便容易引起一些人的不服，因此有的人害怕主管当众表扬他，对这些人适合用个别表扬法。个别表扬就是没有第三者在场时，表扬某个人。对于害怕当众表扬的人，适合用这种方法。比如，这种人只要拍拍他的肩膀说："你的工作很卖力，也很认真负责。这件事做成功了，有你一份功劳。"这样个别表扬，他心里会感到领导对他是了解、满意的、信任的。领导的这种表扬，不仅能使人上进，而且能沟通关系，融洽感情，起到当众表扬无法起到的作用。

4. 领导表扬和公举表扬

领导对员工的成绩和长处给予肯定，叫领导表扬。这种表扬体现了领导对员工的了解、尊重和信任，带有权威性。一般来说，员工是很重视领导对他们的评价的，他们根据领导表扬的多少，来评估自己在领导心目中的地位。公举表扬，就是由群众推举和评选，让群众代表去表扬某人或某事。这种方法的好处是，能稳定受奖者在群众中的基础，可防"领导偏心"之嫌，更能成为群众自觉学习的榜样。

5. 个人表扬和集体表扬

个人表扬就是领导表扬成绩突出的某个人。集体表扬是领导对集体进行表扬，这种表扬应具备以下条件：集体做出了明显成绩；集体的成绩不是少数人努力的结果，而是大多数人对集体的成绩都有贡献。集体表扬的优点是可以培养人们的集体荣誉感和责任感，增进团结，其缺点是使荣誉分散。因此它常常与个人表扬结合起来运用。

6. 其他表扬形式的运用

表扬除了以上几种形式之外，还有许多形式，比如上光荣榜、颁发奖状、授予荣誉称号和奖章、赠纪念品、给予旅游机会和休假时间、让其生产特别重要的产品或操纵关键设备等。领导者根据需要和可能，应尽量采取别开生面、效果理想的表扬方式。

7. 学会用得当的方式称赞员工

表扬是一种激励，这是毫无疑问的。

对于一个领导，若能以欣赏的眼光来观察员工的优点，并毫不吝啬地加以表扬，那么员工将因表扬而备受激励，对于所交付的工作，就能愉快地完成。从而，不但员工能发挥出惊人的工作效率，甚至你还能挖掘出优秀的人才。

8. 表扬要符合事实

表扬是含有巨大能量的，作为一门艺术，一个领导必须掌握它、运用它，用它来激发员工的创造力，表扬员工要注意应符合事实，不能过度渲染，真诚的赞美才有效果。

赞美员工时，一定要让他有认同感，故而赞美应符合事实，要出于真诚并且不能过度，才有可能发挥出激励员工的作用。

　　语意模糊的抽象赞美不会有正面的效果。赞美别人，要真诚。不应使用浮华的辞藻，如对自己的员工缺乏了解，只讲些"年轻有为，前途无量"、"干得不错"之类缺乏感情的公式化语言，就没有打动人心的力量。人们希望得到赞赏，但这些赞赏应该能真正表明他们的价值。

　　真诚的赞美总是言之有物的，它能真正指出对方的心血、精力之所在。对一位员工如果只说很能干，就不如说某件具体事办得很漂亮更"实"些。对一位有才干的领导，空洞地说经验丰富、德高望重，就不如说某件事中他的建议对解决问题起到了什么作用更合适。一位工作有成就的人，他听到的恭维话自然就多，你泛泛地称赞他的工作、能力，就如同把水倒进海中，毫无影响。

　　真诚的赞美要切合实际。所以，一位人力资源主管应该懂得何时需要赞美，怎样表达内心的真情实感，不应滥用赞美误人误己，也防止有些人利用赞扬以获利。

四、用批评有效引导员工

　　问题是这种引导并不像表扬那样令人愉快，也不是人人都能"闻过则喜"，这就要求我们的领导在对员工进行批评时，一定要讲究方式方法，讲究批评的艺术。

　　1. 要对症下药

　　批评的要领是要抓住问题的实质。但必须注意根据批评对象的不同特点，采用不同的批评方式。因为不同的人由于年龄、阅历、文化程度、性格特征等方面的不同，接受批评的态度和方式迥然不同。对于性格内向、善于思考的人，可采用提问诱导的批评方式，让被批评者通过回答问题来反思、认识自身的缺点错误；对于脾气暴躁、否定性心理表现明显的人，可采取商量探讨的批评方式，使被批评者置身于一种平等的氛围中，在心平气和的条件下虚心地接受批评意见，避免一下子谈崩；对于性情大大咧咧、什么都不在乎，心理承受能力特别强的人，可采取单刀直入的批评方式，一针见血地促其警醒。

　　2. 把准火候

　　人都是有自尊心的，即使是犯了错误的人也不例外，更何况绝大多数的人都是能知错就改的。因此，作为领导批评员工时，一定要注意把握好火候。几句话就能解决问题的，就不要多说，点到为止；一次批评已经奏效的，就不要再次提起，适可而止；宜采用私下批评的，就不要采取公开批评的方式，要顾及被批评者的脸面和影响。批评时不仅要指出员工的错误，更要平心静气地和员工一起分析产生错误的原因，并共同探讨有效的解决问题的方法，给员工一种亲近感、爱护感。当然，必须采取公开曝光式批评的也不能姑息迁就，以免问题发展成普遍性的通病而难以收拾。

　　3. 以理服人

　　批评能不能奏效，关键在于批评者能否以理服人。有些领导总是忘不了自己大小是个"官"，员工一旦有错，总是居高临下，盛气凌人，好摆领导的架子，好拿当官的腔调，动辄训人。其实，有些人犯了错，在你没有批评他之前，他早有自知之明了，也许还想好了弥补的措施。可面对官气十足者的训斥，反而会产生逆反心态，"就是不服气"，甚至对着干。人非草木，孰能无情？只要晓之以理、动之以情、言辞恳切，把批评融进关切之中，既指出问题，也帮助分析问题产生的原因以及任其下去可能会造成的影响，同时给予热情的勉励和殷切的期望，让员工从内心里感到你是在关心他、爱护他，是在真心实意地帮助他修正缺点、改正错误，这样才能真正达到惩前毖后、治病救人的目的。

4. 曲径通幽

有时候，因被批评对象身份的特殊性，不便进行直接的批评，可采用借彼批此的手法，含蓄蕴藉，在不伤害被批评者自尊心的前提下，让其自我感悟，自纠其错。

五、批评要抓住要害

批评是主管在实施有效领导时常用的方法，主管要想使批评达到管理之效用，一定要抓住员工所犯错误的要害，力求以理批评，不能给员工"权大一级压死人"的错觉，这样员工才能口服心也服，达到主管实施批评的目的。

1. 看重批评带有"传染性"的错误

什么是带有"传染性"的毛病呢？就是指不及时查处和肃清的话，就会很快在员工中蔓延的毛病。比如说发牢骚。别小看牢骚，员工在工作中的牢骚绝大多数的情况下都不是空穴来风。那么如果员工中出现了牢骚，又该如何对待呢？

牢骚应该说可以反映出员工在某个问题上的不满情绪，并且随着各种各样的牢骚的增多，不满情绪也在不断的积累。或许你可以忽视某一次牢骚的出现，但如果你一贯以放任的态度对待牢骚，那么早晚有一天，你要被如潮般的不满情绪所推翻。正所谓"水能载舟，亦能覆舟"。但是处理牢骚也绝非一件简单的事情，这里面多多少少也要一点人情技巧和处世哲学。

（1）不可压制牢骚。压制牢骚是十分幼稚而武断的行为，根据牢骚的产生根源，可以看出牢骚的产生是必然的。古代曾有一位暴君，他因为十分憎恶百姓们对他昏庸残暴的议论而大兴牢狱，对人们任何言语所犯的忌讳都要兴师问罪，最后弄得人们都不敢随便说话，只是"以目示路"，即路上遇见熟人也只是使个眼色，表示打招呼。一位正直的大臣直谏道："您虽然可以用这种手段控制住百姓的口，但却不能控制住他们的心，这样下去早晚会激起民愤的。"昏君不睬。果不多久，人们再也无法忍受这个暴虐的国君而纷纷揭竿而起，推翻了他的统治。所以，强迫别人隐藏自己的看法，尤其是一些对事物持否定意见的看法，是十分危险的，因为这会潜移默化为一种聚集的力量。就好比火山的活动，对于一个时常有些小活动的火山来说，出现大规模的火山爆发的可能性，要比那些每隔一个较长的时间才爆发一次的火山小得多。因为它时常有些小的喷发，没有为以后留下多少能量的积累，而活动周期较长的火山却因为自然能量的不断的长时间积累，容易造成大规模的岩浆喷发。所以适时地让员工们发发牢骚也是让他们随时释放自己内心不满情绪的一个很重要的方法，只要控制得当不会造成太大的危害。

（2）寻因。了解牢骚是如何产生的，是最终消除牢骚的要诀。从某种角度上说，牢骚也为你提供了一些发现问题的机会。比如，最近部门里加班的时间越来越长，而且次数越来越多，但全部都是为了一些没有意义的工作；或者办公室里的旧电脑运行速度越来越慢，大型的办公软件根本无法使用，这大大降低了员工们的工作效率；或是小王好像有点不对劲，老是让同组的同事替他做工作……总之，许多令你平常注意不到的问题，都是通过发牢骚而使其外现。

（3）公开解答。有一些牢骚是针对一些公司规定和既成的事实，比如工资少，福利不够高或是别的什么在短期内不可能也没有必要去解决的问题，那么消除牢骚的最好方法，就是在公开场合明确地对这些问题予以答复。并要告诉员工，即使他们再不满意，有些东西也只能试着去接受它，一味地发牢骚是毫无用处的。

（4）企业"牢骚"。既然牢骚总是要出现，那么不妨有目的地组织一些交流会，让员工们有机会在公开场合痛快地发发牢骚，效果一定也不错！

以上几种对策就是针对带有"传染性"错误而做的，但这种"毛病"的产生毕竟是由于领导一方工作有疏漏引起的，因此处理的方式较平和而富有耐性，如果员工的牢骚属于无理取闹或受某些外部影响而做出偏激的举动，则应采取较直接而严厉的批评方式，以免造成大的不利影响。

2. "修理"员工时要看够不够忍

我们要经常评判某些行为，并且对那些表现出不同个性的员工给予宽容和容忍。当我们与员工一起工作时，关键是要找到各自价值的最大共同点。

有一种情况确实难于处理，这就是在多大程度上可以忍受员工的不足。是否可以对他们的微小错误视而不见？当员工违背了你一直保持的做事标准时，是否应当给予惩罚？是否应当提醒员工注意他们的错误？

这些问题确实令你左右为难。如果你装作视而不见，却难免担心员工趁机利用这一点，并使之继续蔓延；如果你及时给予关注和处理，又担心他们视你为多事之人，把你当做一个不管员工多么努力而从不对他们表示满意的完美主义者。

对他人的缺点和不足表示容忍和理解，这是一个主管的重要品质。

绝不要动辄实施惩罚，或者造成一个令人惊恐的气氛。如果员工出现某一错误时，他们不用担心自己即将遭受处罚，那势必会更好地工作。员工在对领导作出评判时，宽容型的领导似乎更易让他们接受。在许多公司里，当员工出现某一问题时，事后的调查与追究是较普遍的一种做法。实际上，对于员工的错误，最好是从中总结更多的教训而不是过于追究。

当然，宽容也要有个限度，如果某位员工经常地违反公司规定，并且最终导致很大的损失，这时，作为领导的你，应当马上介入，并且采取相应的措施。

作为人力资源主管，你的作用就是要保证事先制定的标准得以贯彻，并且以一种令人接受的方式去解决那些偏离标准的行为。如果你将自己视为一个评判他人行为的法官，不断审视他人，那你将会与员工逐渐疏远。应当充当员工的一名顾问，让他们对自己的行为和结果作出令人能够接受的判断。

当今时代，不可能迫使员工去改变那些令你无法容忍的东西，只能制定一种制度和程序，让员工根据你对他们的工作需要而自我检查其价值和行为。在此过程之中，必须保持适度的宽容和容忍。

3. 批评员工时既要抓事又要抓理

客观事物是复杂的，现实生活中的许多矛盾和问题都有其特点，即当人们还没有从理性上来认识问题时，往往会用老经验、老办法来处置一切事情，这种做法是不可取的。主管应该以事实为依据，对具体矛盾作具体分析，把事情的原因找准；要通过充分就事论理，把道理讲深讲透，使员工自觉地接受正确思想。相反，如果主管不从某一具体情况的特殊要求出发，或者简单地就事论事，就不利于问题的解决。

批评的时候，不要对问题进行夸大，应该抓住问题的根本所在。一般来讲，抓住根本的批评就是要从陈述行为的影响开始，可以保证批评的针对性。因为批评者对对方的行为表现和影响是清楚的，而对其动机不一定清楚，从陈述影响开始进行批评就使得批评具有针对性，避免了武断。批评时应实事求是，不随便给人"上纲上线"，不随便给他人的行为贴上你的主观色彩的标签，而是始终把握在实际的、可以观察到的情况上就事论事。

"事实胜于雄辩"，与其说"我觉得你并没有把工作做好"，还不如摆出事实说"我注意到你已经连续几个星期没有按时交报告了"，这样的效果一定比纯主观的说法要好。

围绕中心，抓住根本，要求主管批评的时候就事论事直入主题，指出问题的严重性，不要做一些无谓的拐弯抹角。例如，明明是工作中存在很严重的问题，而你却拐弯抹角地说，需进一步加强；明明是甲工作存在实质性问题，而你偏偏说乙的工作做得好，大家需要向他学习；某人明明是作风武断，你却说他脾气急躁。这种批评没有抓住问题的根本，很多时候无法实际解决问题。

4. 对典型性的错误行为要严惩

根据管理需要运用杀鸡儆猴策略，有助于树立主管的威严，增加对员工的控制力。同时，能及时抓住个别害群之马，从严处理，以告诫其他员工遵纪守法，服从指挥，以确保整个领导活动顺利进行。

主管在管理员工时，只采取奖励的办法来鼓励先进是不行的。有时候，还必须采取严厉措施，坚决惩罚那些违法乱纪、屡教不改的捣乱分子，以维护管理制度的严肃性。这种选择个别坏典型，惩一儆百，以确保整个领导活动得以顺利进行的用人谋略，就叫做"杀鸡儆猴"。

第四节　说服教育艺术

一、说服的概念

说服别人就是要改变他们的信仰、态度或行为。我们知道，借助于严密的逻辑推理来展开信息交流，是促使他人改变观点的有效手段。但也不是所有的转变都是推理的结果，成功地说服还将依赖感情的影响。因此，当运用理智和感情劝说别人时，我们提出了"说服"这个概念。

"说服"一词，听上去似乎是这样一种方法：让别人去做他们不想做的事，或者让别人去相信他们不相信的事。其实，说服既不同于强迫，也不同于操纵。强迫意味着使用暴力或用武力恐吓别人改变其行为；操纵则是通过不老实或幕后指使的方式使别人的行为发生转化。相比之下，说服是指出一些可以自由取舍的论据，以影响别人的信仰、价值观、态度或行为。说服是使人们赞同你的观点、用同一个角度看问题的艺术。

说服既然是一门艺术，它就不是三言两语可以奏效的，要有一定的技巧。因此，在进行说服之前，必须懂得一些基本原则。

二、说服的技巧

1. 以情动人，以理服人

说服别人，是主管必备的一种能力。说服别人，理由要充分，一味地说空话、套话是不管用的。

旁征博引往往会使你的说服工作更有力量，这要以丰富的知识作为条件，否则，说服工作就会成为无源之水，无本之木。培根曾经讲到，读书足以怡情，读史使人明志，读诗使人隽秀，数学使人周密，科学使人深刻，伦理学使人庄重，逻辑思维学使人善辩。

说服别人话越少越好，不要喋喋不休一大堆，应努力加强语言的力度。说话要有内容，不要空洞说教，言之无物。还要条分缕析，脉络清晰。

一些领导在做员工的说服工作时，喜欢从头到尾像流水账一样，罗列许许多多理由。这些理由堆积在一起，既无主次之分，又无重点可言，让人听了毫无眉目。主要原因是次要理由掩盖遮挡了主要理由，眉毛胡子一把抓，因而失去了劝说语言应有的力度。

2. 采用影射

当两种意见对立的时候，往往需要一种缓冲的说法来调和，影射就是一种很好的方式。它使用一些小故事或生活中一目了然的道理，先与对方取得相同的立场。这既为下一步提出自己的意见埋下伏笔，又维护了对方的自尊心，比较容易奏效。

3. 巧妙利用数字

数字本身是冷冰冰的，但是用它来为列举的事实作精确统计时，就会变得有强烈的说服力。

20世纪初，美国一位政治家在伦敦参事会介绍美国劳工情况，讲到一半时，突然停下来，取出表，站着看听众一分十二秒之久。正当人们窃窃私语以为他忘了词时，他才说："诸位，刚才大家感到局促不安的一分十二秒时间，就是每个普通工人垒一块砖的时间。"

利用数字来说服要注意准确，不准确的数字会让人觉得虚假。

4. 重复申述

把一件事重复申述，是加深对方认识的常用方法。特别是那些新鲜观点，只讲一两次是不会留下印象的。刘备三顾茅庐才说服诸葛亮出山辅佐自己。多次申述也可使被说服者感受到你对他的重视与尊重。当然，重复申述的次数也要掌握好，次数过多，用得不当，会使人产生厌烦。

5. 举出具体例证

优秀的说服者都清楚，个别的、具体的事例和经验比概括的论证和一般原则更有说服力。在说服他人时，举出一些实例，把亲眼看过的人和事说出来，人家也会自然而然得出这个结论。这种让听者自己得出的结论，比强灌给他的结论要深刻得多。

6. 用名人的话来支持言论

名人的话往往有一种号召力，因此借助名人的话，有时可省去与对方许多不必要的对话。引用名人的话要引证得明白确切，有针对性，要把名人的姓名说出来，对原话至少要记得大意。再则，所引用的名人，必须是对方崇敬的，否则，即使引用得再恰当，人家还是听不进的。还要注意某些名人在某个问题上不一定是权威，此时引用他的话，听者会产生某种心理障碍。如介绍经商经验以引述大企业家的话为好，引用战斗英雄的话未必奏效。

7. 提示具体方法

一旦对方对我们所讲的原则有所理解时，不要以为自己的说服工作已大功告成。接受了，但并不等于懂得具体处理问题的方法，所以紧接着应该给对方指点迷津，告诉他一些切实可行的解决办法。这样有利于对方了解行动的步骤目标，自动付诸实现。

8. 让人多说"是"——苏格拉底问答法

让人多说"是"的方法，是说服他人的一个重要技巧。其全部内容就是：开头先让对方连连说"是、是"，假若有可能，尽量不要对方说："不。"据说这是两千多年前古希腊哲学家苏格拉底常用的方式，故称苏格拉底问答法。

9. "使人信"定式

美国心理学家杜威提出了说服他人的"使人信"定式。"使人信"定式由五个密切相关的步骤构成：

第一，直截了当地告诉对方某处存在着某个极其严重的问题（状况）。

第二，帮助对方分析研究该严重问题产生的原因。

第三，帮助对方搜集各种可能解决问题的办法。注意，必须尽可能穷尽一切办法，并把自己准备提出的观点放在最后介绍。

第四，帮助对方依次分析和斟酌这些可能的解决方法。

第五，最终使对方认可并接受其中最理想的解决方法，也就是放在最后提出的你认为最正确的方法。

这个定式在实际运用中，各个步骤可详可略，但其精髓不会改变。

10. 归纳和演绎

逻辑推理中的归纳法和演绎法，是说服他人的最基础的逻辑手段，也是人们在说服中最常用的两个方法。

（1）归纳法。这是一种从众多的个别事例中归纳出其共同点的推理法，曾在科学研究中发挥过无比的威力，有时也被称为科学法。它从大量的实例或观察开始，然后得出某个结论，结论的可靠性取决于用于证明的论据要有一定的数量及真实度。具体地说，归纳法说服技巧的特征是：①先举出许多例证。②把例证中的各种共同点全部集中起来。③借此强调结论的真实性与可靠性。显而易见，归纳法是我们用以说服他人的有力武器。

（2）演绎法。说服他人的另一种利器，便是跟归纳法逆向运行的演绎法。这是一种"闻一知十"的方法，是从抽象的原理断定具体事实的演绎手法，也可以说是由普遍原理判定"特殊事实"的方法。更简单地说，就是从某种共同点去举出众多实例，最后把它集中投向对方，形成锐不可当的说服力。演绎推理的基本形式是绝对三段论，即大前提、小前提以及从两个前提中得出的结论。

归纳法是从各种特例中，引出某些共同原理；演绎法则是从共同原理中推出各种特例。或者说，当从论据中得出结论时，用的是归纳推理；而当把信念应用于实际情况时，所用的就是演绎推理。两者过程相反，效果却是殊途同归。归纳法和演绎法虽然是说服中最常用的手法，但在具体应用中，并非像我们上面讲的那么简单，它们在实际应用中变化无穷，在各自基本原理的基础上，演化出种种说服妙法来。

第二篇　日常工作方法

　　作为一名人力资源主管，要掌握科学的日常工作实务，制定符合本企业的战略规划，正确对待员工，提高员工的素质和能力，使企业各项工作开展得科学、有效、规范。

　　本篇主要从人力资源的规划设计与诊断、员工招聘与录用、员工培训与开发和员工规范与提高等多个方面进行综合介绍，对提高人力资源主管的能力及工作效率会有很大的裨益。

第六章 战略规划与设计

第一节 职务分析

职务分析是人力资源主管的一项基础性工作。旨在全面了解组织中各级、各类、各个岗位工作的特点、功能和对任职人员的要求，以此确定岗位规范。开展职务分析和设计，是提高组织效能，改善人力资源管理状况的重要环节。因此，它是每个人力资源主管必须熟练掌握的一门专业。

一、职务分析的概述

1. 职务分析的含义

职务分析是对组织中某个特定工作或岗位职务的目的、任务或职责、权力、隶属关系、工作条件、任职资格等相关信息进行收集，通过分析，对该职务的工作做出明确的规定，并确定完成该工作所需要的行为、条件、人员的过程。职务分析的结果是形成可供实际操作的工作描述书与任职说明书。职务分析是人力资源管理中必不可少的环节，它与人力资源的规划、招聘、调配、培训、考核、报酬等工作均有密切的关系。

2. 与职务分析相关的术语

由于职务分析、工作设计等术语和概念主要是从西方引进的，往往会有不同的翻译形式，且这些专业术语有的与日常生活中所使用的术语有近似之处，但有的却与人们通常意义上的理解完全不同。如职务分析有时也译作工作分析；岗位说明也称工作说明或职务说明，即对岗位工作责任范围和要求做出条理化的描述；岗位规范也译作工作规范或职务规范，即对岗位工作的基本职责、工作标准以及任职资格和条件做出的规定。工作位置往往被译成工作岗位。因此，要了解职务分析，首先应对与职务分析相关的术语进行界定。

（1）工作要素：是指不能再分解的最小工作单位。例如，打字员开启电脑、敲击键盘等，均是工作要素。

（2）任务：是指为达到某种目的或结果而从事的一系列活动，它由一个或多个工作要素组成。如打字员打印一份文件、秘书接听电话都是一项任务。

（3）责任：指个体在工作岗位上需要完成的主要任务或大部分任务，它由一个或多个任务组成。例如，打字员的责任包括打字、校对、打印文件、维修电脑等任务；车工的责任是加工零件、对加工的零件进行质量检查、对机床进行维护与保养。

（4）职位：与岗位同义，指根据组织目标为个人规定的一组任务及相应的责任。职位与个体是一一匹配的，有多少职位就有多少工作人员，两者的数量相等。例如，财务部门设有一个会计职位、一个出纳职位，则需要一个会计员、一个出纳员。

（5）职务：与工作含义相同。由责任相似或相同的一组职位所组成，如总裁秘书职务。有时一种职务只有一个职位，有时则有许多职位，即一职多位。例如，生产计划员、统计员、调度员这些职位均可由一人或两人甚至多人共同来担任，因而，这些职位分别构成对应的职务。生产科长则由一人担任，它既可以是职位，又可以是职务。

一般说来，职位与职务是不加区分的。但职位与职务在内涵上有很大的区别。职位是任务与责任的集合，其数量又称为编制，是有限的；而一个人所担任的职务不是终身的，可以是专任的，也可以是兼任的，可以是常设的，也可以是临时的、经常变化的；职位不随人员的变动而改变，当某人的职务发生变化时，是指他所担任的职位有了变化，即组织赋予他的责任产生了变化，但组织的职位依旧是存在的，并不因为他的离去而发生变动或消失。

职位可以按不同的标准加以分类，但职务一般不加以分类。职位分类是指将所有的工作岗位（职位），按其业务性质分为若干职组、职系（从横向看）；然后将责任的大小、工作难易、所需的教育程度及技术高低分为若干职级、职等（从纵向上看），对每个职位给予准确的定义和描述，制成职位说明书，以此作为对聘用人员管理的依据。

（6）职系：是指一些工作性质相同，而责任轻重和困难程度不同的专门职业，如教师系列、科研人员系列、工程技术人员系列等。

（7）职组：也叫职群，由工作性质相近的若干职系所组成。我国现有 27 个职组，43 个职系。如高等教育、科学研究、医疗卫生、企业、新闻、出版等，就是职业。

（8）职级：指将工作内容、难易程度、责任大小、所需资格皆很相似的职位划为同一类别，实行同样的管理、使用与报酬。尽管不同职系的名称不尽相同，但一般都分成正高级、副高级、中级、初级等。

（9）职等：工作性质不同或主要职务不同，但其困难程度、职责大小、工作所需资格等条件基本相同的职级归纳称为职等。同一职等的所有职位，不管它们属于哪一个职级，其薪酬基本相同。

（10）职业：由不同时间、不同组织中相似的工作所组成。职业与职务的主要区别在于两者涉及的范围不同，职业是跨组织、跨行业的，涉及范围较广，而职务一般局限于某个组织内，所涉及的范围较窄。

3. 职务分析作用

职务分析是人力资源管理的一项基础性的工作。具体而言，职务分析在人力资源开发与管理中具有如下的功能：

（1）职务分析是人力资源规划的基础。任何工作职务都是根据组织的需要来设置的，每项工作责任的大小、任务的轻重、时间的约束、工作条件的限制等因素决定了所需的人力配置。职务分析就是根据组织的需要，将影响工作的因素逐一列举分析，首先决定需要设置哪些工作；原有的工作哪些需要保留、哪些需要去除，哪些新的工作需要设置等。其次再决定每项职务所需的人力。通过对部门内各项工作的分析，确定人员编制，然后落实人力资源的需求计划。此外，通过职务分析可以将相近的工作归类，合理安排，裁减员工，统一平衡供求关系，从而提高人力资源规划的质量。

（2）职务分析有助于合理选拔和任用合格人员。通过职务分析，能够明确地制定各项工作的近期和远期目标，规定各项工作的要求和责任，掌握工作任务的静态和动态特点，提出任职人员的心理、生理、知识和品格要求。在此基础上，确定任用标准，通过素质测评，选拔和任用符合工作要求的合格人员。只有这样，才能保证工作安排准确，真正做到不多设一个岗，不多用一个人，按岗设人，人尽其需。

（3）职务分析有助于针对性地培训开发。通过职务分析可明确从事某项工作所应具备的技能、知识和其他各种素质条件。这些要求和条件并非人人均能满足和达到的，因此，需要按照职务分析的结果，设计和制定培训方案，并根据实际工作需要和参加者的不同情况，有区别、有针对性地安排培训内容和方法，以此促进工作技能的发展，提高工作效率。另外，通过职务分析可以使每个员工明确其工作责任与要求，并根据自身的素质与能力，为实现工作目标而努力。

（4）职务分析结果是绩效评估的依据。职务分析可以为绩效评估提供标准和依据。由于职务分析明确了职位的规范和工作标准，从而使员工的绩效评估有了客观的依据，而公正合理的评估是保护员工积极性的一个重要因素。

（5）职务分析有助于报酬的公正合理。通过职务分析，明确了责任，使得该项工作在组织中的重要程度得以认同，即工作的相对价值得到确认。以此为依据制定的薪资水平容易实现组织内及组织间报酬的相对公平。

（6）职务分析是人力资源调配的基础。职务分析的结果之一是任职说明书。任职说明书对任职资格与要求做出了确切的说明，使得组织对员工的晋升、调配、解雇有了客观的标准，也可据此对员工的个人能力、素质与绩效进行对比分析，从而做出晋升、调配、解雇等决策。

（7）职务分析有助于职业安全和健康。依据职务分析中对工作环境的分析结果，可以预先发现可能发生危险的场所或设施，并针对这些潜在的危险采取适当的措施，可避免或减少职务伤害即职业病的发生。

（8）职务分析有助于人力资源管理的整合。主要体现在三个方面：首先，职务分析使工作有了明确的规范，从而使得员工的个人价值观必须服从于组织理念，个人行为必须服从于组织的规范，这有利于员工的组织同化。其次，通过职务分析可以发现和改进组织在分工协作、责任分配、工作环境等方面的缺陷，以达到加强沟通的目的。最后，通过职务分析可以使组织避免触犯劳动人事方面的有关法规，避免与个人在劳资问题上发生冲突。

4. 职务分析溯源

（1）古代的职务分析思想。尽管职务分析作为人力资源管理的一项基础性工作和方法，只是 20 世纪后才开始受到关注并发展起来的，但职务分析的思想可以追溯到古希腊时期。著名思想家苏格拉底在对理想社会的设想中指出社会的需求是多种多样的，每个人只能通过社会分工的方法，从事自己力所能及的工作，才能为社会做出较大的贡献。他认为个人的工作是具有差异性的，不同工作岗位的要求也存在差异性，只有让每个人从事他们最适合的工作，才能取得最高的效率。因此，人们需要了解各种不同的工作以及工作对人的要求。这种思想为后来的工作（职务）分析奠定了基础。

（2）20世纪以来职务分析的发展。始于18世纪的工业革命使人类社会发生了巨大的变化。在工业社会中，生产规模不断扩大，但在工业生产过程中的一些问题也逐渐暴露出来。例如，由于在工作中缺乏统一的标准，造成一些机器设备的损失；很多工作没有充分考虑到人的因素，而造成生产效率的低下。因此，随着机器大工业的发展，对组织进行科学的管理显得越来越重要。

被誉为当代科学管理之父的美国工程师泰罗，在20世纪初对组织的管理进行了一系列的研究，并对当时和现在的管理都产生了非常深刻的影响。当时由于老板不知一个工人一天能干多少活，所以工人出于各种原因经常怠工，导致劳动生产率非常低。为了挖掘工人的潜力，提高劳动生产率，泰罗通过科学的观察、记录、分析，致力于"时间动作研究"，探讨提高劳动生产率的最佳方法，制定出合理的日工作量。所谓时间动作研究，就是将工作分成若干部分并分别进行计时。通过分析，对各种活动的时间及顺序进行重新规划，达到提高生产率的目的。泰罗在1903年出版的《商店管理》一书中，详细地描述了由于把工作分成若干部分并进行记时而提高了劳动生产率的事实。1911年，他又出版了《科学管理原理》一书。他在该书中宣称，要对组织进行科学的管理，就必须对组织中的每一份工作进行研究，从而科学地选拔、培训工人。泰罗的研究被认为是科学的职务分析的起始。

现代意义上的职务分析还和人员选拔测评等人力资源管理和开发工作密切地联系在一起。人员的选拔测评就是确定在某一职务上所要做的工作和胜任该工作所需的能力、技能、知识等，从而将能够胜任与不能胜任这项工作的人筛选出来。由于任何一项工作在环境、时间、作业活动、任职者四个要素方面都存在差异，所以要做到人和职的匹配，就必须对工作进行合理的分析。工作分析是人事选拔和测评的主要手段和必经程序。20世纪初，与人员选拔和测评密切相关的工业心理学得到了迅速的发展。闵斯特贝尔格于1913年在美国出版了《心理学与工业效率》，标志着工业心理学的诞生。而心理测试学的发展，则更为人事选拔和测评提供了技术上的支持。1905年，心理学家比纳和医生西蒙应法国教育部的要求编制了世界上第一份智力测验试卷。该测验对于筛选弱智儿童非常有效。在第一次世界大战和第二次世界大战期间，人们把测验应用于军人的选拔和安置上并获得了极大的成功。人事选拔和测评还被广泛应用于商业，而且变得越来越重要，作为人事选拔和测评的主要方法和必经程序——职务分析，也得到了迅速的发展。

在第一次世界大战期间，美国便设立了军队人事委员会来实施工作分析，于是职务分析一词便开始使用。1920年，美国国家人事协会规定把职务分析定义为一种处理方法，其结果可以确定一种职务的构成及胜任该职务的人所必须具备的条件。据调查，1930年，美国各大公司采用职务分析的仅占39%，而到1940年剧增到75%。

早期的工作分析，侧重于对职务信息的定性描述。随着统计科学、心理测试理论等相关学科的发展，以及人们对工作分析了解、研究的增多和要求的提高，20 世纪 70 年代以来，结构化、定量化的工作分析方法不断涌现。著名的有工作者指向的职位分析问卷法、职务指向的职能工作分析法等。同时也出现了关键事件法、功能性工作分析法、工作要素分析法等新的方法。西方国家还通过公平就业等方面的法规对职务分析的某些方面做出了规定。

1979 年，德国工效学家罗莫特把他几十年的职务设计研究加以总结，提出了职务分析工效学调查法，被公认为"职务分析"的创始人。

现在，越来越多的企业认识到了职务分析对企业管理的作用和意义，从最初的仅仅为了工艺流程的设计和人员的招聘发展到了应用工作分析的结果进行绩效考核、培训、薪酬管理等。工作分析受到了越来越多的企业的重视与欢迎。

（3）我国职务分析的现状与发展。我国的职务分析工作始于 20 世纪 20 年代的人事心理学的研究。新中国成立后，我国开展了比较系统的劳动心理学研究，职务分析的研究处于起步阶段。这时心理学家进行了使工人适应工作要求的研究以及工效学方面的一些研究。20 世纪 60 年代以来，由于"文革"的破坏，工作分析、人力资源管理工作长期处于停滞状态，其结果是行政和企事业单位普遍存在职责不清、分工不明、权力与责任相分离、工作与利益相脱节的现象，存在着因人设岗、机构膨胀、人浮于事的现象。改革开放以后，一些大型的跨国公司纷纷进入我国，不仅带来了资金和先进的装备及技术，而且还带来了先进的管理理念。特别是进入 20 世纪 90 年代后，随着企业中导入人力资源管理的理念和方法，职务分析方法也已被介绍并被越来越多的企业所应用，一些企业在专家的指导下运用个案法、工作日记法、问卷调查法和现职干部评定法等方法，对企业各个层次和部门的干部的工作任务和职务特征进行了比较全面的分析，包括工作内容、时间分配、技术难度、任务紧迫性、人际交往频率、职责和工作负荷等。明确了企业各级各类职位的职责，初步确定了任职者所应具备的心理素质、知识和能力水平等条件，为企业各级员工的选拔、培训、考核、调动、晋升打下了基础，取得了较好的效果。尽管如此，目前我国企业的职务分析还只是刚刚开始，从观念认识到实际操作都存在不少问题。如不少人认为职务分析与岗位责任制没有什么太大的区别；一些人认为职务分析是大中型企业应该做的，小企业可以不做；还有一些人认为职务分析只是人力资源部门的事情，与业务部门无关。在实际操作上，有的企业从事职务分析的人员不懂专业内容，不知如何去做问卷设计与抽样调查，更不知道怎样才能撰写出简明扼要、反映职务本质特征的职务描述书和任职说明书，有的干脆让业务人员自己撰写职务说明。有的企业即使制定出一套职务说明书，但几乎不与企业人力资源的选拔、培训、考核、调动、晋升挂钩而形同虚设，不能对员工产生激励作用，失去了进行职务分析的目的。故在我国企业实施规范的职务分析并确实发挥其在人力资源管理中的基础性功能，仍是一项任重而道远的工作。

二、工作分析的程序和内容

工作分析即职位分析，工作分析是一项全面的技术性很强的评价过程，这一过程可分为四个阶段：准备阶段、调查阶段、分析阶段、完成阶段。这四个阶段相互联系、相互影响，如在调查阶段少不了分析，而在分析阶段，对不清楚的地方则还要进一步调查。

1. 准备阶段

准备阶段主要任务包括：了解基本情况，确定样本，建立联系，设计调查方案并明确调查方法。具体工作如下：

（1）明确工作分析的意义、目的。有了明确的目的，才能正确确定调查的范围、对象和使用的方法。

（2）对所分析的工作进行初步了解。查阅已有的文件，对此工作的主要任务、主要职责及工作流程有大致的了解。

（3）确定此项调查工作的主要任务，明确通过调查应收集的信息数据。

（4）向有关人员宣传、解释，消除误解，建立友好合作关系。

（5）确定调查对象，选择样本，明确调查方法，设计调查方案。

（6）对分析者进行培训，使其掌握工作分析的内容、方法、具体的步骤及注意事项。

2. 调查阶段

在本阶段，主要任务是对整个工作过程、工作环境、工作内容和工作人员等各个方面做一个全面调查。具体工作如下：

（1）编制各种调查问卷和提纲。

（2）综合运用各种调查方法实地调查。

（3）根据工作分析的目的有针对性地收集有关工作的特征及所需各种数据。

（4）重点收集工作人员必需的特征信息。

（5）要求被调查的员工对各种工作特征和人员特征的发生与重要性做出等级评定。

3. 分析阶段

分析阶段是工作分析中十分重要的一个阶段，主要任务是对各个不同岗位的工作特征、人员特征的调查结果进行深入全面的分析和总结。具体工作如下：

（1）仔细审核已收集到的各种信息。

（2）以创新精神分析现状，尽可能地发现有关工作人员在目标工作中存在的问题，比如副总裁不该干什么，他却正在干，就要在分析中指出他的主要职责。

（3）归纳总结出工作分析的要点，包括关键岗位的职责、任务、工作关系、职务范围等。

（4）回顾最初列出的主要任务，针对工作分析提出的问题，提出改进建议，重新划分工作范围、内容、职责，确保所提出的问题都得到解决。

4. 完成阶段

完成阶段是工作分析的最后阶段，主要任务就是根据所收集的信息和调查的结果，综合提出工作描述和工作规范，并制订职务说明书（或工作说明书）、工作标准。

三、工作分析的方法

确定了要分析的工作，并收集完背景材料之后，就要收集与工作活动和职责有关的资料，进行工作分析。

在通常情况下，收集工作分析资料的人员包括人力资源专家、工作者和工作者的上司，其中人力资源专家可以包括人力资源经理人、工作分析员和公司顾问。人力资源专家的工作是观察并分析各项工作，然后编写工作说明书和工作规范；工作者及其上司要回答工作分析问卷，然后再认可工作分析人员得到的资料。

在开展工作分析时，收集工作分析信息的方法很多，但人力资源主管需要注意的是，各种方法都有优缺点，没有一种收集信息的方法能够提供非常完整的信息，因此应该综合使用这些收集方法。可以将工作分析方法划分为定性和定量两类基本方法。

1. 定性的工作分析方法

定性的工作分析方法包括工作实践法、直接观察法、面谈法、问卷法、典型事例法和工作日志法等。

（1）工作实践法。指的是工作分析人员亲自从事所需要研究的工作，由此掌握工作要求的第一手材料。这种方法的优点是可以准确地了解工作的实际任务和在体力、环境、社会方面的要求，适用于那些短期内可以掌握的工作。它的缺点是不适用于需要进行大量训练和危险的工作与需要较复杂脑力劳动的工作。

（2）直接观察法。指的是工作分析人员观察所需要分析的工作，以标准格式记录各个环节的内容、原因和方法，这一方法可以系统地收集一种工作的任务、责任和工作环境方面的信息。

直接观察法的优点是：工作分析人员能够比较全面和深入地了解工作的要求，适用于主要是由身体活动来完成的工作，如装配线工人、保安人员等。

直接观察法的缺点是：①它不适用于脑力劳动成分比较高的工作和处理紧急情况的间歇性工作，有些工作内容中包括许多思想和心理活动、创造性和运用分析能力，如律师、教师、急救站的护士等，这些工作就不容易使用直接观察法。②直接观察法对于有些员工来说难以接受，因为他们会感到自己正在受到监视甚至威胁，所以会在内心对工作分析人员产生反感，同时也可能导致动作的改变。因此，在使用观察法时，应该将工作分析人员用适当的方式介绍给员工，使之能够被员工接受。

直接观察法经常与面谈法结合使用，工作分析人员可以在员工的工作期间观察并记录员工的工作活动，然后与员工进行面谈，请员工进行补充。工作分析人员也可以一边观察员工的工作，一边与员工交谈。第一种结合方式比较好，因为工作分析人员可以专心观察和记录，而且不会干扰员工的工作。

（3）面谈法。一般说来，正在承担某一工作的员工对这项工作的内容和他的任职资格是最有发言权的，因此与工作的承担者面谈是收集工作分析信息的一种有效方法。很多工作是不可能由工作分析人员实际体会的，如飞行员的工作；或者是不可能通过观察来了解的，如脑外科手术专家的工作。在这种情况下，就需要通过与工作者面谈来了解工作的内容、原因和做法。

在应用面谈法时，一般也是以标准的格式记录，目的是使问题和回答限制在与工作直接有关的范围内，而且标准格式也便于比较不同员工的反应。

面谈法的种类包括个别员工面谈法、集体员工面谈法和主管面谈法。个别员工面谈法适用于各个员工的工作有明显差别，工作分析的时间又比较充分的情况。集体面谈法适用于多名员工从事同样的工作情况。使用集体面谈法时应请主管出席，或者事后向主管征求对收集到的材料的看法。主管面谈法是指同一个或多个主管面谈，因为主管对于工作内容有相当的了解。主管面谈法能够减少工作分析的时间。

在面谈过程中，要做到以下几点：①工作分析人员应该只是被动地接受信息，如果在工作内容的难度和任职资格方面与员工有不同的看法，不要与员工争论，如果员工对主管人员进行抱怨，工作分析人员也不要介入，以防止破坏双方合作的气氛；②不要流露出对工作的工资、待遇方面有任何兴趣，否则会使员工夸大自己的职责，对收集信息工作产生误导；③工作分析人员也不要对工作方法和组织的改进提出任何的批评和建议，批评现行的工作方法会招致员工对组织产生反感情绪；④克服员工对工作难度的夸大，可以使用集体面谈或者分别与几个员工面谈的方法来解决。

面谈法的典型问题包括做哪些工作、主要职责、如何完成、在哪些地点工作、工作需要怎样的学历背景、经验、技能条件或专业执照、基本的绩效标准、工作有哪些环境和条件、工作有哪些生理要求和情绪及感情上的要求、工作的安全和卫生状况，等等。如果使用工作分析表，就会更系统、全面和准确。

面谈法的优点是：①能够简单而迅速地收集工作分析资料，适用面广；②由任职者亲口讲出工作内容，具体而准确，工作者自身有长期的工作体会，因此这种方法可以使工作分析人员了解短期的直接观察不容易发现的情况；③让任职者吐吐苦水，有助于管理者发现被忽视的问题。

面谈法的缺点是：①工作分析经常是调整薪酬的序幕，因此员工容易把工作分析看作是变相的绩效考核，而夸大其承担的责任和工作的难度，这就容易引起工作分析资料的失真和扭曲；②面谈法依赖于分析人员的主观判断，可能双方理解的偏差或对问题描述不准确而造成误解。因此，面谈方法不应该作为工作分析的唯一方法。

（4）问卷法。就是事先拟定一份问卷，根据工作信息填写问卷。收集工作分析信息的问卷可以由承担工作的员工来填写，也可以由工作分析人员来填写。

使用问卷法时，关键在于决定问卷的结构化程度。有的问卷非常开放，如"请叙述工作的主要职责"，开放式的问卷很容易产生面谈法中产生的问题；有的问卷非常结构化，包括数以百计的工作职责细节，十分复杂，而且可能限制员工的思维。最好的问卷应该介于两者之间，既有结构化问题，也有开放式问题。

问卷方法的优点是：①它能够从许多员工那里迅速得到进行工作分析所需的资料，可以节省时间和人力。这种方法一般比其他方法费用低、速度快。②调查表可以在工作之余填写，不会影响工作时间。③这种方法可以使调查的样本量很大，因此适用于需要对很多工作者进行调查的情况。④调查的资料可以数量化，由计算机进行数据处理。

问卷方法的缺点是：①设计理想的调查表要花费很多时间、人力和物力，费用比较高。在问卷使用之前，需要进行测试，以了解员工理解问卷中问题的情况。为了避免误解，还经常需要工作分析人员亲自解释和说明。②填写调查表是由工作者单独进行，缺少交流，因此被调查者可能不积极配合与认真填写，从而影响调查的质量。

（5）典型事例法。指的是对实际工作中工作者特别有效或者无效的行为进行简短的描述，通过积累、汇总和分类，得到实际工作对员工的要求。

典型事例法的优点是：直接描述工作者在工作中的具体活动，因此可以揭示工作的动态性质。

典型事例法其缺点是收集归纳典型事例并进行分类需要耗费大量时间。此外，还由于描述的是典型事例，因此很难对通常的工作行为形成总体概念，而后者才是工作分析的主要目的。

（6）工作分析法还有工作日志法，它要求任职者在每天的工作结束后记下工作的各种细节，由此来了解工作的性质。工作日志法也可以同面谈法结合使用。

2. 定量的工作分析方法

有些工作分析法不适用定性的方法，特别是当需要对各项工作进行比较来决定薪酬和待遇高低的时候，这时应该采用定量的工作分析法。定量的工作分析法主要有三种：职位分析问卷法、管理岗位描述问卷方法和功能性工作分析方法。

（1）职位分析问卷法（PAQ），是于1972年由麦考密克提出的一种适用性很强的工作分析方法。PAQ包括194个项目，其中的187项被用来分析完成工作过程中员工活动的特征，另外7项涉及酬薪问题。工作分析人员要对以下各个方面给出一个6分制的主观评分：使用程度、时间长短、重要性、发生的可能性、对各个工作部门以及部门内部的各个单元的适用性，并计算总得分作为PAQ评价值。

PAQ中的所有项目被划分为6个部分，第一部分包括工人在完成工作过程中使用的信息来源方面的项目，用来了解员工如何和从哪里获得完成工作时所需要使用的信息。第二部分是工作中所需要进行哪些推理、决策、计划和信息处理活动的问题。第三部分识别工作的"产出"，回答工作完成哪些体力活动和使用哪些机器、工具和设施的问题。后三项考虑工作与其他人的关系、完成工作的自然和社会环境以及其他的工作特征。在应用这种方法时，PAQ方法所需要的时间成本很大，非常烦琐。

（2）管理岗位描述问卷方法。在分析管理者的工作时需要注意以下两个特殊问题：一是管理者经常试图使自己工作的内容去适应自己的管理风格，而不是使自己去适应承担的管理工作的需要。在使用面谈法时，他们总是描述自己实际做的，而忘了自己应该做的。二是管理工作具有非程序化的特点，经常随着时间的变化而变化，因此需要考察的时间比较长。

一般分析管理人员的工作应该使用调查问卷方法，包括从行为角度进行分析的管理行为调查问卷和从任务角度进行分析的管理任务调查问卷。

管理岗位描述问卷法是由托纳和平托在1976年提出的，它与PAQ方法非常相似，包括208个用来描述管理人员工作的问题。这种问卷由管理人员自己填写，也是采用6分标准对每个项目进行评分，并计算总得分。这208个问题可被划分为13个类别。这些类别包括：①产品、市场和财务战略计划；②与组织其他部门和人力资源管理工作的协调；③内部业务控制；④产品和服务责任；⑤公共与客户关系；⑥高层次的咨询指导；⑦行动的自主性；⑧财务审批权；⑨雇员服务；⑩监督；⑪复杂性和压力；⑫重要财务责任；⑬广泛的人事责任。

（3）功能性工作分析方法。美国训练与就业署开发出来的这种方法所依据的假设是每一工作的功能都反映在它与资料、人和事三项要素的关系上，故可据此而对各项工作进行评估。在各项要素中，各类基本功能都有其重要性的等级，数值越小，代表的等级越高；数值越大，代表的等级越低。采用这种方法进行工作分析时，各项工作都会得出数值，据此可以决定薪酬和待遇标准。

一种改进的功能性工作分析法是在上述工作分析方法的基础上进行扩充，即除了采用资料、人和事三项要素来分析工作以外，还补充了以下资料：①指出了完成工作所需要的教育程度，其中包括执行工作任务时所需要的推理和判断能力的程度，所需要的使用数学能力的程度和所需要的应用语言能力的程度；②它指出了绩效标准和训练要求。

四、工作分析的评价

对工作分析的评价可以通过对工作分析的灵活性与成本收益的权衡来说明。工作分析越细致，所需花费的成本就越高。于是，在工作分析的细致程度方面就存在着一个最优化的问题。

因此，有许多公司都在减少工作类别的划分，并愿意进行比较灵活的工作描述。例如，通用汽车公司和丰田汽车公司成立的合资企业新联合汽车生产公司把120种不同的工作合并成4个等级的技师。在这种情况下，一种工作的定义比较宽泛，做同一种工作的两个员工的工作任务可能有很大的差别。但是，从对组织的贡献角度讲，他们创造的价值是相同的，因此得到相同的报酬。当组织的任务需求固化，需要在相同的一类工作中对员工的工作进行调整时，组织具有很强的灵活性，不需要办理工作调转的手续，也不需要调整员工的工资。一些日本的企业，包括东芝和三菱等就不使用工作描述，而是强调研究完成工作所需要的能力和经验要求。

这种通用性的工作描述的一个缺点是容易让员工对组织的报酬公平性产生怀疑。一般而言，工作分析中所收集的资料越详尽，越容易对工作之间的差别进行区分，当然成本也越高。至于对工作之间的差别进行详尽的描述是否值得，这将取决于组织所面临的特定环境。

工作分析还有可靠性和有效性的问题。工作分析的可靠性是指不同的工作分析人员对同一个工作的分析所得到的结果的一致性和同一个工作分析人员在不同的时间对同一个工作的分析所得到的结果的一致性。工作分析的有效性是指工作分析结果的精确性，这实际上是将工作分析结果与实际的工作进行比较。通常检验工作分析有效性的方法是通过多个工作者和管理人员收集信息，并请他们在分析结果上签字表示同意。

五、工作设计

1. 工作设计与工作分析

工作设计即设计工作的内容和方法，以最大限度地提高组织的效率和劳动生产率，同时又能够最大限度地满足员工个人成长和增加个人福利的要求。

工作分析与工作设计之间有着密切而直接的关系。工作分析是工作设计的基础。工作设计需要说明工作应该如何做，才能既最大限度地提高组织的效率和劳动生产率，同时又能够最大限度地满足员工个人成长和增加个人福利的要求。工作设计的前提是对工作要求、人员要求和个人能力的了解，因此工作设计是在工作分析的基础上进行的。

但是二者又存在区别。工作分析的目的是明确所要完成的任务以及完成这些任务所需要的人的特点。工作设计的目的是明确工作的内容和方法，明确能够满足技术上和组织上所要求的工作与员工所要求的工作之间的相互关系。

2. 工作的性质

工作性质是指工作及其组织方式，它们对人力资源管理具有重要影响。在很大程度上，工作性质会影响到员工的收入、福利及自我实现感。同时，工作性质也会影响到企业服务其客户的能力以及员工的工作成果。而员工工作的成果则会影响到组织的财务状况。因此，进行工作设计需要首先了解工作性质。

从理论上讲，工作性质的决定因素有：组织所使用的技术、企业的经营战略和企业的组织结构。总之，组织的条件决定工作的性质。工作的性质包括：

（1）工作的内容，包括两种形式：一是工作所包含的需要员工完成的特定任务、员工的义务和责任；二是工作要求员工的行为。

（2）完成工作所需要的资格条件，包括完成工作所需要的员工的技能、能力、知识和经验。这些资格条件对员工招聘、任用、制定报酬标准和制定员工培训计划具有重要意义。

（3）完成工作的收益和奖励。员工从工作中得到的收益和报酬包括外在报酬和内在报酬两种形式。外在报酬是指工资、福利、晋升、表扬和舒适的工作条件等具体的报酬形式；内在报酬是指自我成就感、工作的自由度和工作的自主性等不容易被观测到的报酬形式。

工作设计是指把工作的内容、工作的资格条件和报酬结合起来，目的是满足员工和组织的需要。可以说，工作设计是能否激励员工努力工作的关键环节。工作设计方法包括传统的科学管理方法、人际关系方法、工作特征模型方法、优秀业绩工作体系、辅助工作设计方法等。

六、工作设计的方法

1. 传统的科学管理方法

泰罗的科学管理原理是系统设计工作的最早的方法之一。泰罗的目标是管理者以比较低的成本使工人生产出更多的产品，提高工作效率。泰罗的基本方法是工作简单化，把每项工作简化到其最简单的任务，然后让员工在严密的监督下完成它。

按照科学管理方法进行工作设计的基本途径是时间—动作研究，即工程师研究和分析手、臂和身体其他部位的动作，研究工具、员工和原材料之间的物理机械关系，研究生产线和工作环节之间的最佳次序，强调通过寻找员工的身体活动、工具和任务的最佳组合来实现生产效率最大化。时间—动作研究的基本目的是实现工作的简单化和标准化，以使所有员工都能够达到预先确定的生产水平。这样设计出来的工作的优点是安全、简单、可靠，但是很少考虑员工工作中的精神需要。

尽管泰罗的科学管理原理是一套系统化的工作设计的原理，但是许多经理人员应用这些原理的时候，过于强调严密的监督和僵硬的标准，而很少考虑工人的社会需要和个人需要，因而产生了很大的副作用。这包括工作单调乏味、令人厌倦、只需要手臂而不需要头脑；工人缺乏成就感，对工作不满，工作的责任心差，管理者和工人之间产生隔阂；离职率和缺勤率高，怠工和工作质量下降。

与工作简单化相对立的是工作扩大化。工作扩大化的目标也是效率，其优点是减少任务之间的等待时间，提高组织的灵活性，减少对支援人员的需要。

迄今为止，科学管理原理对工业社会的工作设计仍然具有很大的影响，在对教育水平、个人判断和决策活动要求比较少的加工制造行业的工作中应用非常广泛。

2. 人际关系方法

人际关系运动是对科学管理运动的非人性倾向的一个否定。人际关系运动从员工的角度出发来考虑工作设计。

人际关系运动的起点是 20 世纪 20 年代的霍桑实验。在美国西方电器公司霍桑工厂进行这项实验的最初目的是研究工作条件的变化对劳动生产率的影响，而最终得出的结论却是采光、通风和温度等工作环境的变化对生产率的影响没有工人之间的社会关系重要。研究人员发现工人自发地构成工作环境，建立标准并在他们中间实施制裁。因此，设计出支持性的工作群体是提高员工工作动力和生产率从而实现组织目标的关键。品质圈和其他的工人参与管理的项目就是人际关系运动思想在当代的应用。

人际关系思想在工作设计中强调对承担工作的员工心理的影响。尽管按照科学管理方法设计工作为组织和员工都带来了利益，但是科学管理方法设计强调工作的标准化和简单化，只需要低水平的技能，工作枯燥而单调，限制了员工内在报酬的获得，降低了员工工作的独立性。人们发现员工需要从工作中得到的不仅是表现为经济利益的外在报酬，他们还需要体验表现为工作成就感和满足感的内在报酬。内在报酬只能来自工作本身，工作的挑战性越强，越令人愉快，内在报酬也就越强。根据人际关系哲学提出的工作设计方法包括工作扩大化、工作轮调和工作丰富化等内容。

（1）工作扩大化。其做法是扩展一项工作包括的任务和职责，降低工作的枯燥感。但是这些工作与员工以前承担的工作内容非常相似，只是一种工作内容在水平方向上的扩展，不需要员工具备新的技能，所以并没有从根本上改变员工工作的枯燥和单调。

（2）工作轮调。这是让员工先后承担不同的但是在内容上很相似的工作。不同的工作要求员工具有不同的技能，从而可以增强员工的内在报酬。

（3）工作丰富化。是指在工作中赋予员工更多的责任、自主权和控制权。工作丰富化与工作扩大化、工作轮调都不同，它不是水平地增加员工工作的内容，而是垂直地增加工作内容。这样，员工会承担更多重的任务、更大的责任，员工有更大的自主权和更高程度的自我管理，还有对工作绩效的反馈。工作丰富化思想在工作设计中的影响很大，并已在此基础上形成了一个非常著名的工作特征模型。

3. 工作特征模型方法

工作特征模型方法的理论依据是赫兹伯格的"保健—激励"理论。按照这一理论，公司政策和薪酬等都属于保健因素，如果这些因素没有达到可以接受的水平，将引起员工不满和不理想的行为。相反，如果这些因素达到了可以接受的水平，也只是使员工没有不满，但是并不能对员工产生激励作用。能够对员工产生激励作用的激励因素是员工的成就感、责任感。因此，关键的问题是提供充分的保健因素以防止员工的不满，同时提供大量的激励因素来促进员工努力工作。

赫兹伯格为了应用其理论，设计了一种工作丰富化方法，即在工作中添加一些可以使员工有机会获得成就感的激励因子。通常工作丰富化可以采取下述措施：①组成自然的工作群体，使每个员工只为自己的部门工作，这可以改变员工的工作内容；②实行任务合并，让员工从头到尾完成一项工作，而不是只让他（她）承担其中的某一部分；③建立客户关系，即让员工尽可能有与客户接触的机会；④让员工规划和控制其工作，而不是让别人来控制，员工可以自己安排工作进度，处理遇到的问题，并且自己决定上下班的时间；⑤畅通反馈渠道，找出更好的方法，让员工能够迅速知道其绩效情形。

工作丰富化的核心就是激励的工作特征模型。根据这一模型，一项工作可以使员工产生三种心理状态：即感受到工作的意义、感受到工作结果的责任和了解工作结果。这些心理状态又可以影响个人和工作的五个方面：内在工作动力、绩效水平、工作满足感、缺勤率和离职率。而引致这些关键的心理状态的是工作的某些核心维度：技能的多样性、任务的完整性、工作任务的意义、任务的自主性和反馈。工作特征模型认为我们可以把一项工作按照它与这些核心维度的相似性或者差异性来描述，于是，按照模型中的实施方法丰富化的工作就具有高水平的核心维度，并可由此而创造出高水平的心理状态和工作成果。

工作特征模型强调员工与工作之间的心理上的相互作用，并且强调最好的工作设计应该给员工以内在激励。其基本方法是工作丰富化，目标是员工的满意度。这种方法的优点是认识到员工的社会需要的重要性，可以提高员工的动力、满意度和生产率；其缺点是成本和事故率都比较高，控制还必须依赖管理人员，而且在技术上对工作设计没有多少具体的指导意义。

需要指出的是，丰富化并不适用于所有的工作，因为并不是所有员工都愿意承担丰富化的工作。不过，一般来说，遵守下述的工作丰富化原则可以取得比较好的效果：

第一，员工绩效低落一定是因为激励不足。如果绩效低落是因为生产流程规划不当或者员工训练不足，工作丰富化就没有意义。

第二，不存在其他更容易的改进方法。

第三，保健因子必须充足。如果薪水、工作环境和领导方式等方面让员工不满，工作丰富化也不会有意义。

第四，工作本身应该不具有激励潜力。如果工作本身已经足够有趣，或者已经具有挑战性，实施工作丰富化就不值得。

第五，工作丰富化必须在技术上和经济上可行。

第六，工作品质必须很重要。工作丰富化的主要收益通常在于工作的质量，而不在于工作的数量。

第七，员工必须愿意接受。有些员工不需要也不希望承担富有挑战性的工作，他们就喜欢单调枯燥的工作，而把兴趣寄托在 8 小时之外。

4. 优秀业绩工作体系

所谓的优秀业绩工作体系是将科学管理哲学与人际关系方法结合起来的一种工作设计方法。这一模型的特点是同时强调工作社会学和最优技术安排的重要性，认为工作社会学和最优技术安排相互联系、相互影响，必须有效地配合起来。

在优秀业绩工作体系中，操作者不再从事某种特定任务的工作，而是每位员工都具有多方面的技能，这些员工组成工作小组。工作任务被分配给工作小组，然后由小组去决定谁在什么时候从事什么任务。

工作小组有权在既定的技术约束和预算约束下自己决定工作任务的分配方式，他们只需要对最终产品负责。工作小组管理者的责任不是去设计具有内在激励作用的工作，而是建立工作小组，确保小组的成员拥有完成工作所需要的资格，同时小组的目标与整个组织的目标相一致。这意味着工作小组的管理者是一个教练和激励者。当然，管理者必须使小组在组织中拥有足够的权力，并对小组实施领导。这种工作设计方法特别适合扁平化和网络化组织结构。

优秀业绩工作体系非常重视员工自我管理和工作小组的运用。工作小组是由两个或多个员工组成的一个工作群体，小组中的各个员工以独立的身份相互配合以实现特定的共同目标。工作小组可以是暂时的，也可以是长期的；可以是半自治的，也可以是自我管理的。工作小组可以由具有相同技能的员工组成，也可以由具有不同技能的员工组成；工作小组可以包括管理者，也可以没有管理者。但在工作小组中，通常需要有一个领导来处理纪律和工作中的困难。

倡导优秀业绩工作设计体系需要三个步骤：第一，技能多元化，即让每位员工学习和掌握其他的操作活动；第二，建立自我支持的工作小组，即每位小组成员能够自己寻找方法来改进生产工艺而不再需要等待外部专家；第三，建立自我管理的小组，即小组成员监控客户的需要，并决定每天提供的产品和服务。工作小组可以自己安排假期、选择小组成员、评价小组内部每位员工的工作业绩。

5. 辅助工作设计方法

所谓辅助工作设计方法，指的是缩短工作周和弹性工作制，虽然它们没有改变完成工作的方法，因此从根本上讲还不是工作设计的内容，但是它们改变了员工个人工作时间的严格规定，并在实际上也产生了促进生产率的作用，所以可以把它们作为辅助的工作设计方法。

（1）缩短工作周，是指员工可以在5天内工作40个小时，典型的情况是每周工作4个10小时工作日。一般是错开工作时间，使得在所有的传统工作日都有员工工作。

缩短工作周的优点是每周员工开始工作的次数减少，缺勤率和迟到率下降，有助于经济上的节约。员工在路上的时间减少，工作的交易成本下降，工作的满足感提高。缩短工作周的缺点是工作日延长使工人感到疲劳并可能导致危险，员工在工作日的晚间活动受影响。实行缩短工作周的企业与实行传统工作周（5天×8小时）的企业在联络时会发生时间上的障碍。研究结果发现，4天×10小时工作周只有短期效果。

（2）弹性工作制，典型做法是：企业要求员工在一个核心时间内（如上午10点到下午3点）必须工作，但是上下班时间由员工自己决定，只要工作时间总量符合要求即可。

弹性工作制的优点是员工可以自己掌握工作时间，为实现个人要求与组织要求的一致创造了条件，降低了缺勤率和离职率，提高了工作绩效。弹性工作制的缺点是每天的工作时间延长增加了企业的公用事业费，同时要求企业有更加复杂的管理监督系统来确保员工工作时间总量符合规定。

最后需要指出的是，在现实中许多企业并不进行专门的工作设计，而是假设人们对如何组织工作内容有一种先验的看法，同时在劳动力市场上可以招聘到现成的合格员工来承担这一工作。这种方法大大简化了招聘、选择的决策，而且也可以使组织的运作方式与市场通行的商业教育和培训相互协调。对许多组织而言，这种简单的工作设计方法还是可行的。

每个组织使用的工作设计方法都可能不同，在一个组织中，也可以对不同层次的员工和不同的工作类别，实行不同的工作设计方法。而且，一个组织可以使用一种工作设计方法，也可以同时使用几种工作设计方法。

第二节　人力资源战略

一、人力资源战略概述

所谓人力资源战略管理，包括两个方面的含义：一是指要把人力资源管理纳入企业战略发展之中，为企业战略服务；二是指要对人力资源管理进行战略性安排，使之具有长远性和整体性。因此，通过人力资源战略，人力资源管理各职能工作得到动态整合，为企业战略的制定与实施提供支持。

要实现企业战略，必须找到依靠力量。人力资源战略首先关注企业依靠谁的问题，从分类标准上确定企业的人才需要，这是基础性工作。合乎标准的员工从哪来？这是人力资源战略要解决的第二个问题。由此决定人员的征召、选拔和培养方式。员工在企业中如何发挥作用，是人力资源战略需要解决的第三个问题。由此确定员工的使用原则与办法，建立员工和企业双向促进、共同发展的机制。为了解决这些问题，需要结合企业实际，从人力资源管理的目的、原则、途径、方法、过程等方面做出根本性回答。

如何制定企业人力资源战略？首先，人力资源战略作为企业战略的支持系统，要服从企业整体战略的引导，体现企业使命和目标的要求。其次，人力资源战略与人力资源政策密切相关，必须在对外部环境和内部条件的分析基础上，进行管理原则的选择与定位。为此，要进行战略信息的收集与统计，战略态势的分析与判断，战略方案的制定与择优。人力资源战略是否合理，关键在于能否得到企业各利益相关方的认同，满足他们的需要。从不同利益群体的角度来进行企业战略分析，是人力资源战略的特征与要求。

人力资源战略决策产生不同的管理模式。所谓管理模式，本质上是人事关系的稳定处理方式，从资源投向、业务分工、协作关系、变革发展等角度，对人事匹配的方式进行制度化处理。人力资源管理模式为企业战略服务，与成本领先、差异化、创新式战略相关，有市场本位、企业本位和人才本位等不同的人力资源管理模式。对于不同模式的选择，必须基于经营环境、企业理念和员工状况等约束条件来进行。

二、人力资源战略的性质

什么是人力资源战略？简单地说，人力资源战略是企业关于如何通过人力资源获取竞争优势的总体性谋划。人力资源战略具有以下性质。

1. 整体性

人力资源战略的整体性，是说人力资源管理各模块之间具有密切联系，是一个不可分割的整体，它们在战略的整合下共同发挥作用，以支持企业经营管理。

首先，战略为人力资源规划提供方向。根据经营任务对人力资源的需求进行人力资源的总体运作谋划，这是人力资源规划的任务。人力资源规划要根据人力战略决策，对人力资源供求状况进行整体平衡，制定相应的政策和方案，保持人力管理在实践中的弹性和稳定性，为工作的反馈和控制提供依据。

其次，战略为职务分析提供标准。职务分析的任务是根据企业经营管理的需要，建立分工协作体系，在此基础上确定工作职位的责、权、利，建立企业员工特别是核心员工的选择标准，为人力资源管理系统的运行提供平台。

在上述两方面工作的基础上，对应职务要求和员工现状之间的距离，要制定解决人力资源缺口的方案。由此产生员工递补与甄选计划，以满足企业的人力资源需求。外部招聘和内部培养是满足人力资源需求的两个基本途径，需要根据企业情况进行选择；人力资源战略把不同的员工补充方式与企业管理原则结合起来，使之在体现企业价值观的同时，适应企业发展的需要。

员工补充必须符合职务任职资格的要求。如何按标准选拔合适人才，是人员甄选要解决的问题。作为甄选结果的合格标准是相对标准，实际工作中会出现员工素质与任职要求之间有距离现象。因此必须进行员工培训。培训谁、培训什么、怎么培训，必须根据企业需要进行整体安排，受到人力资源战略的引导。

培训是为了做好工作。什么样的工作状况是理想状况，应该要求员工往什么方向努力，如何提高员工工作绩效，是企业管理的中心问题，必须进行系统安排，才能使企业与员工之间双向促进，这离不开人力资源战略的定位。根据不同的战略定位，会形成不同的绩效评价标准和评价方法。

绩效评估为薪酬管理提供依据。合理的薪酬管理，能够在公平的基础上提高企业和员工的投入产出率，较好地满足员工需求，建立良好的企业劳动关系。如何进行薪酬分配，怎样协调企业不同利益相关者之间的关系，协调企业不同员工之间的相互关系，是事关企业生存发展的根本问题。制定企业分配政策，是人力资源战略管理的重要任务。

薪酬分配直接影响劳动关系。企业是一种契约体，其中投资者与劳动者之间的契约具有中心意义。合理处理企业与员工之间的劳动关系，建立企业利益共同体，是提高企业竞争力的基本保证。为此，更需要从战略角度进行整体安排与长期谋划。

人力资源战略与人力资源各管理职能之间的关系，可用图 2-1 来表示。

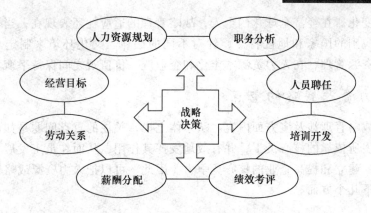

图 2-1 人力资源功能模块结构图

2. 支持性

人力资源战略的出发点和落脚点，是从人的角度支持企业战略的实现，这种支持作用是通过建立企业与员工的双向促进机制来实现的。

首先，企业战略依靠员工来实现。企业战略管理的任务，是在分析内外部环境和优劣势后，通过合理的资源调配来建立竞争优势。在这一配置过程中，人力资源具有关键的作用。人力资源与物力、财力资源相区别的地方在于，人有不同的需求结构，只有通过调动员工工作的热情，培养企业所需要的能力，激励员工在岗位上发挥潜力，才能使企业战略运作起来。这是连接战略决策与具体执行之间的关键环节。比如企业的使命，即企业为什么存在价值观，只有得到员工的认同和实践才有意义。像海尔的"真诚到永远"，就依赖于具有细致耐心服务精神的员工，通过他们挖掘客户需求，以生产和服务满足顾客需求，才能实现企业的承诺。而塑造这样的员工素质，要通过人力资源战略来系统地解决找人、用人、育人、留人的问题。

其次，员工发展依赖企业战略来实现。人力资源战略的出发点是企业战略，落脚点是员工的增值和发展。然而这个落脚点却是以出发点为依托的。就是说，员工利益只有在企业战略这一整体性的长期目标牵引下才能实现。例如，在薪酬管理中，员工绩效工资的水平除了以个人能力为依据，同时也受部门工作状况的约束。如果部门不能完成绩效目标，就无法得到理想的利益报酬。从这个意义上说，员工发展尤其是长远发展，依靠企业战略的有效运作。其中人力资源战略起沟通和支持作用。

人力资源战略对企业战略的支持性，在于通过企业与员工之间的双向促进机制，使企业战略与人才发展相统一，使员工与企业共同成长。在企业战略目标的引导下，培养相应的员工素质能力，激励相关的员工工作行为，从而建立企业的核心竞争力。

3. 适应性

所谓人力资源战略的适应性，是指人力资源战略必须适应环境的变化。人力资源战略管理是一个与企业战略动态匹配的过程。战略的确定，以对未来变化的预见为依据；战略形成之后，也不是一成不变的，而要视宏观和微观环境的变化，及时进行战略调整。战略管理的一个重要意义在于，能够保持对环境变化的敏感，使人力资源管理主动地适应环境的变化。在经济全球化的今天，战略管理的适应性还表现在，当企业跨国经营时，积极适别的国家和地区特点，针对不同的法律、文化环境来制定人力资源政策，进行人力资源管理，在人力资源本土化和企业统一价值观之间保持平衡。

三、人力资源战略的重点

人力资源战略管理涉及多方面内容。从总体上说，关注的重点问题是如何确认和吸取企业生存发展所依靠的核心员工，并有效地发挥其作用，从而在员工发展与企业发展的双向促进中，建立和提高企业的核心竞争力。因此，可以把人力资源战略管理的主要内容归纳为以下几个方面。

1. 依靠谁

企业战略依靠谁来实现？根据企业管理的"20/80"原则，必须对员工进行分类，找到企业发展所依靠的核心员工，并针对不同类型的员工采用不同的管理政策。

员工分类首先要确定分类标准。这里介绍两个分类模型（见图2－2和图2－3）。

图2－2　人才分类图1　　　　　　　　图2－3　人才分类图2

（1）第一个模型是由康奈尔大学斯科特·谢尔（Scott Shell）教授提出的分类模型，如图2－2所示。这个模型的一个维度是员工的惟一性，就是员工所拥有的能力和技术的专用性；另一个维度是价值性，就是员工的能力和技术对企业的重要性。由此组合可以分出四类员工：

①核心型员工，这类员工对企业是高价值的，他们直接与企业核心能力相关联，他们的工作绩效对企业业绩有直接的和重大的影响；同时他们是在企业待了很多年，占据企业重要位置，对企业的方方面面有深入了解，认同企业文化，掌握企业独特知识和技能的员工。例如软件开发人员、药物研究人员、基金管理经理、金领工人等。这类员工的工作属于关键性、创造性的工作。

②通用型员工，这类员工对于企业来说是高价值的，他们的工作与企业的核心能力相关联，他们的工作绩效对企业业绩有直接和重大影响。但不同于核心型员工，他们所掌握的是普遍性的知识和技能，对企业没有高度的不可替代性；企业能够较为容易地获得替代性人员。这些员工包括会计、销售人员、卡车司机等。对于这类员工，应该以工作任务为核心，强调考核和短期绩效，按照生产效率来使用和奖惩。

③辅助型员工，这类员工对企业的价值不高，他们的工作不直接与企业的核心能力相关联，他们的工作绩效对企业只有局部的、次要的影响，他们的知识和技能没有高度

的不可替代性。企业较为容易获得替代性人员。他们大多从事事务性、操作性的工作，例如装配工人等。

④特殊型员工，这类员工对企业来说价值不高。他们的工作并不直接与企业的核心价值相关联，他们的工作绩效对企业只有间接的影响。但是他们的知识和技能是企业所需要的，难以替代的。企业需要他们的贡献，但不需要他们持续为企业工作，因此他们的工作多半是阶段性的、项目性的，例如设计工程师、培训师等。这类员工的雇用以合作为基础，企业不必强调他们对企业的忠诚，但必须要求他们忠诚于自己的工作。

（2）第二个模型是按照才干和承诺两个维度来划分的（见图2-3）。这个模型被韦尔奇所认同。所谓才干，是指员工能力对于企业的重要性；所谓承诺，是指员工对企业的认同和忠诚度。由此也划分出四种员工类型，即贤人、能人、好人、庸人。"贤"的员工，既具有符合企业要求的技能，可以为企业竞争力做出重要贡献；同时又具备良好的职业道德和人格素养，他们对企业文化的认同、对企业行为规则的遵守以及对企业长远发展的关注和投入，都使得这部分员工成为企业最重要的核心员工。"能"的员工，虽然具有良好的才干，但他们与企业的关系还只是一种短期交易关系，不过把企业看作一个自己发展的工具，更为关注与自己切身相关的利益实现。对于此类员工，一是可以通过长期激励政策来促使他们转变；二是要运用约束机制和共享机制方式保留他们的知识，防范企业核心信息的外露。"好"的员工，愿意与企业共同发展，但他们的开发潜力不大，业绩水平一般，这类员工可以用在操作简单的工作岗位上，是企业的基层支持力量。"庸"的员工，既没有强的才干也不具备对企业的忠诚，但可以在企业制度框架内发挥一定的作用。对于这类员工，监督考核是必要的，重奖重罚能够发挥他们的作用。

员工分类标准并不限于上述模型。企业可以按照自己对于人才价值的理解来确定必要的维度，从而确定自己的核心员工队伍。

2. 从哪里来

员工分类标准确定后，需要按照标准来寻找和甄选人才。对于不同类型的人才，获得的途径也有所差别。获得员工的不同途径，体现着企业对员工的不同态度，带有企业与员工之间不同的交易方式特征。

（1）外聘。外部聘用方式，是在因事用人的原则下，按照市场交易的方式吸纳员工。相应地，对外招聘所强调的，是对着工作任务、工作岗位的能力要求来找人，重视的是人的技能与事的要求相匹配。在这个过程中，期望员工进入企业以后，能够按照劳动合约的规定，按照企业的规章制度要求，迅速适应岗位所需要的规范行为方式，按照统一的标准开展工作，融入企业的运作秩序并发挥作用。至于这个员工是否关注企业的长远发展，是否能够理解企业文化，是否愿意对企业做出自觉贡献，不做过多考虑。无论是对一般员工还是对于职业经理人，企业都通过劳动市场的自由调配和自由选择来获得人，并以"现货交易"的眼光判断交易得到的收益和遭受的损失，由此做出权利义务的明确规定。企业为此会强调员工待遇的竞争力，通过高报酬来吸引员工。而对员工而言，企业能否为自己提供长远的发展舞台，是否符合自身对职业发展的期待，也不是考虑的重点，他们通常抱着对短期回报的期望加入企业，满足于合约中所规定的直接报酬。

（2）内育。内部培育方式，是通过企业自身的力量来造就所需要的员工。随着企业发展，这种方式已经越来越成为员工来源的主要途径。重视内部培育，也就是重视通过企业内部的职业发展道路，以培训、晋升、工作轮换的方式，把员工补充到所需要的工作岗位上来。内部培育作为一种员工来源，已经从单纯强调物质利益，上升到谋求企业与员工共同发展的层次上来。这种途径所获得的员工，对企业的行为规则、利益结构都能较好地理解和认同。他们把企业的发展看作是自己人生价值的实现舞台，把工作岗位看成实现人生目标的事业，而不仅仅是看作物质利益的等价物。而且，由于员工在企业中所面临的机遇挑战以及所接受的培训教育，他们所具备的技能、知识甚至品格都为企业所需要，已经较好地融入企业的价值体系。在这种方式中，企业与员工已经从短期交易方式，转变为一种长期合作行为，双方都期望从长远发展中获得未来收益的增长。这种长期预期建立在双方互相信任的基础之上，具有了经济契约以外的心理契约意义。

（3）推荐。员工推荐是管理实践的新发展。这种方式的特点表现在，企业新聘任的员工，是通过企业老员工的引导和介绍进入企业的。这种方式与纯粹的外部招聘不同，有企业老员工的中介作用在牵引。企业员工的中介作用，使新员工进入企业之前就通过介绍人对企业文化、企业行为方式有了认识，而且是在认同介绍人的情况下进入企业的，对中介人的信任能够转化为对企业的信任。中介人由于在企业中工作，会对自己的行为负责。而企业由于介绍人熟悉工作要求，也便于对推荐来的人有一个初步把握；企业对介绍人的信任，能够转换为对新员工的信任。这样，企业中的市场交易就转换为社会交易，经济关系通过社会关系得以扩展。无论对于企业形象建立、员工队伍壮大，还是对于员工的发展要求，都有重要意义。

3. 怎么用

不同的员工需要不同的使用方式，不同的企业也有使用员工的不同办法。采取什么样的人力资源管理政策，是人力资源战略必须解决的又一重大问题。从人事匹配规律出发，可以把用人力资源管理政策规定为三个方面。

（1）职权界定，是给予员工多大的权变空间，让其自主决策、自主管理。通过员工分类标准可以看到，对于不同类型的员工，约束方式是不一样的。对于才能好、价值高的人才，充分授权才能发挥其创造性；对于才能低、承诺少的员工来说，强有力的约束和指令性管理方式才是合适的。职位权力的规定，指的是对资源调配幅度的规定，也是负责范围的界定。职权越大，拥有的资源就越充分，发展的舞台更广阔，发挥的作用也越明显。

（2）待遇界定，是给予员工贡献的回报。这里的回报，主要是物质激励。显然，贡献越大、价值越高的员工，待遇应该越高，他所得到的薪资、福利、奖酬应该更为丰厚。这里应该遵循的是剩余索取权与剩余控制权之间对称的原则。按照这一原则，对于控制着关键资源的员工，只有通过与剩余收益相挂钩的利益机制才能有效激励。当然，物质激励不一定是现付的金钱，也可以是在职消费等隐性激励。

（3）发展界定，是给予员工的未来增值机会。在这方面，人力投资的作用是明显的。培训开发、职业指导、工作设计、岗位轮换等，都是对人力资本增值的政策设计，它带来员工远期的人力价值提高。在这方面，应该按照员工发展的要求与潜力、人力资源价值的重要性等标准，来衡量如何给予相应的激励。

对应于员工的分类标准，可以施行不同的人员使用政策。不同政策的差异和适用范围，可以用图2-4来表示。

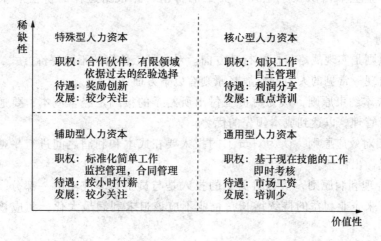

图2-4 人才分类管理政策

四、人力资源战略的结构

人力资源战略具有内在结构。作为一种总体性谋划，它从企业使命的高度定义了人力资源管理工作的落脚点，并为完成这一使命做出了规划。由于它是关于为何做以及总体上怎么做的规定，因此具有指导意义。人力资源战略的指导意义通过人力资源管理工作的整体结构发挥作用，这种作用可以从图2-5中得到说明。

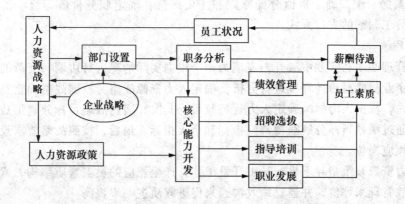

图2-5 人力资源战略结构图

一个完整的人力资源战略包括以下内容：

1. 目标

人力资源战略目标，往往是企业人才观念的集中体现。

微软公司奉行的是"以最丰厚的政策吸引最优秀的人才"；宝洁公司强调与员工共同成长和健康的生活；而亚洲最佳雇主 Leviala 公司则追求员工的快乐工作……这些目标都反映了企业如何从根本上评价员工的价值，并根据这样的价值观来确定管理的方向。

2. 原则

战略原则是实现战略目标的行动方向。对应员工价值的不同评价方式，会有不同的战略原则出现。常见的人力资源战略原则有以下方面：

（1）成本约束原则，认为对员工付出所给予的报酬是经营成本，要通过控制和约束机制进行管理，以达到成本领先的优势。

（2）相对效应原则，认为对员工的投入要在成本和利润之间进行平衡，要对应于不同的状况做出调整。

（3）合理利润原则，认为对员工的投入是与员工共享成功的一部分，员工利益的增长能够带来企业利益的持续增长，企业不应该追求利润最大化，而应该追求利润合理化。

3. 途径

战略途径是落实战略目标和实施战略原则的具体措施。常见的人力资源战略措施包括：

（1）组织设计，部门设置和工作设计，对职权、流程等科学安排。

（2）职务分析，划分职类、职种、职级，确定任职资格。

（3）甄选开发，包括对人员的聘任选拔、指导培训和职业指导，进行人力资本投资。

（4）绩效评估，对战略目标进行分解，设定从部门到个人的绩效指标；对绩效进行评估和反馈，确立相关制度以提高绩效。

（5）薪酬分配，确定价值分配原则和工资政策；确定职务价值等级、工资结构和水平以及员工薪酬的支付方式。

4. 过程

战略管理必须在实践中展开，表现为一个根据实际情况进行协调、变革的过程。

根据企业战略对内外环境进行分析，确定人力资源战略。根据战略确定三个方面的内容：首先，根据人力战略确定人力管理政策；其次，通过战略目标分解形成关键绩效指标，并通过绩效指标分解获得部门指标和个人指标；最后，按照战略要求设定所需要的部门和相应岗位。

在人力资源政策指导下进行员工开发工作，产生相应的员工素质结构，素质结构的状况由绩效管理来评价，并通过绩效沟通来促进素质进一步提高。

以员工素质表现和绩效评价为依据进行薪酬管理，这种追求内部公平性和外部竞争性的激励活动，是影响员工状况的最直接的因素。在这个管理框架内，会出现人员流动率、员工满意度、人工费用率、劳动纠纷率等衡量员工状况的指标。

根据人员流动率、员工满意度、人工费用率等的状况分析，可以看出企业人力资源状况，为人力资源战略的调整提供依据。同时绩效状况也表明了企业人力资源战略的效果，对人力战略的重新变革起引导作用。

五、人力资源战略制定

制定人力资源战略的过程，是在企业战略方向的引导下，根据客观环境分析进行管理决策的过程。这一过程的关键：一方面在于确保分析的客观性和科学性；另一方面在于按照企业理念进行合理选择。

1. 战略方向

人力资源战略是在企业总体战略已经确定的情况下制定的，因此服从企业战略的方向性指导。

（1）企业宗旨。一般分为以下三项内容：

①企业使命，主要定义企业存在的理由，也简要说明企业的主要产品、服务或者所在行业。关于企业使命的表述应当简短、清晰、明确、容易被记住。企业使命应当具有吸引力，能够唤起与个人需要和兴趣对应的情绪。使命的表述很少改变，因为它们是关于"我们所在的企业"或者"我们为什么做企业"的说明。它们为员工、顾客等利益相关方提供最精练的战略说明。

②企业愿景，将使命转换为关于企业发展的蓝图。它确定了企业将来打算变成什么样。这种蓝图要展示出企业未来与众不同的特点，确定其成功的标准。它可能包括：

规模：收入、员工、盈利率、资产。

影响：市场与产品如何，市场份额有多大，与竞争对手相比的地位如何。

身份：企业在客户、竞争者和公众中的形象。

管理：企业如何在未来组织中进行管理。

愿景使人能够看到未来的发展概况，能够帮助人们想象不同环境中的工作状况。通常，5～10年的愿景是企业建立共识，顺利进行组织变革、人员调整和业务整合的一种工具。

③企业价值观，是企业经营所依据的信念、原则或者哲学。它提出了企业判断事物的标准。

企业价值观是企业的行为准则。企业成员的行为可能不总是符合这种价值观，但这种价值观作为每个企业成员努力的方向和标准，却是十分必要的。有的企业价值观可能比较简短，如IBM公司的价值观是"尊重个人，世界上最好的服务，追求卓越"。而有的企业的价值观可能比较具体，由几个层次构成：首先确定企业的基本信念，然后将这些信念界定为行为、承诺或者行动。

（2）经营目标。一般而言，经营目标是对企业所要达到的市场地位和管理绩效的刻画。

经营目标具有很强的体系性，它一方面与企业宗旨紧密相连，让使命、愿景和价值观能够得到落实；另一方面与企业各经营层次相联系，由总体经营目标到经营单位目标，到职能部门目标再到关键个人目标，是一个逐步细化的过程。

①总体经营目标。在大中型的企业中，特别是在多种经营的企业里，总体经营战略是企业战略中最高层次的目标。它要根据企业远景选择合适的经营领域，配置所必需的资源，使各项业务相互支持。可以讲，从公司经营发展方向到公司经营单位之间的协调，从有形资源运用到公司观念、文化的建立，都是总体经营目标的内容。

②经营单位目标。在大型企业中，特别是在企业集团里，为了提高协同作用，加强战略实施和控制，企业把具有共同战略因素的若干事业部或者其中某些部分组合成一个经营单位。经营单位目标是战略经营单位、事业部或者子公司的目标。它主要针对不断变化的外部环境，在各自经营领域里进行有效竞争。各经营单位要有效控制资源的分配和使用，协调各职能层的目标，使之成为一个统一体。

③职能部门目标。职能部门目标是企业内各部门的短期目标，它使职能部门的管理人员可以更加清晰地认识到本部门在实施企业总体目标时的责任和要求，有效地运用研发、营销、生产、人力资源等方面的资源，保证实现企业目标。

④个人绩效目标。企业目标最终是通过人来实现的，对于目标实现具有关键性作用的个人，其绩效目标是结合个人需要和企业要求所制定的，体现为工作责任和要求。个人绩效目标的设置，要符合"20/80"的分类管理原则，是实现企业经营目标的保障。

2. 战略依据

制定战略的目的是获取竞争优势。竞争优势是一种相对优势，是在一定环境条件下的竞争结果。因此，环境分析对于人力资源战略决策十分重要。对环境的分析包括外部环境和内部环境。

(1) 外部环境。

①政策法律环境。主要是指一个国家或地区的政治制度、体制、国家方针政策以及法律、法规等方面的因素。这些因素常常制约、影响着企业的经营行为，影响着企业人力资源活动。《中华人民共和国劳动法》(以下简称《劳动法》)就对人力资源管理具有重要影响，如《劳动法》规定各级工会组织是员工利益的代表，有权对执行劳动法律、法规的情况进行监督。这既是维护员工合法权益的重要体现，也是工会的一项重要职责。在国有企业，这种监督体现为代表员工参与民主管理和重大问题的决策，对工资分配、保险福利、辞退员工、员工奖惩、合同签订与解除、劳动争议等进行民主监督，参与劳动关系调解，是员工民主管理的重要手段。在非国有企业，主要体现为建立产业、地区集体谈判制度，签订集体劳动合同，实施产业、地区性和企业监督。《劳动法》还规定了最低工资和社会养老保险等。此外，《中华人民共和国工会法》、《中华人民共和国妇女法》等，也对人力资源管理有一定影响。各国与企业人力资源管理有关的法规，在特点和细则方面存在着很大差别。在许多西欧国家，有关工会和失业的法律，往往要求给予被解雇员工很高的补偿，使企业往往难以减少员工的数量。各国关于平等就业方面的规定也参差不齐。当企业计划在一国开展业务时，人力资源专业人员应该对所在国的政治与法律环境进行全面考察，其中应包括对劳工组织角色和特点的界定。

②经济技术环境。一个国家的经济，无论在总体上，还是在它的各个领域，都是影响企业人力资源管理的主要外部因素。一般来说，经济繁荣时，不容易招聘到合格的工

人；而经济衰退时，可适用的求职者却很多。经济环境具体是指在企业经营过程中所面临的各种外部经济条件，主要包括一个国家或地区的经济特征、消费者收入与支出、物价水平、消费信贷及居民储蓄等宏观因素。首先，经济特征从总体上体现了一个国家或地区的经济状况。在众多宏观经济指标中，国民生产总值是最常用的指标之一，它的总量及增长率，与市场购买力及其增长率有较高的正相关关系。近年来，欧美各国都将亚洲特别是中国视为新的投资热点地区，就是因为亚洲经济保持了持续的高速增长，中国经济保持了更高的增长速度。其次，消费者收入是影响市场的最重要因素。收入高低直接影响着购买力的大小，从而决定着市场容量和消费者支出模式。再次，价格是经济环境中的敏感因素之一。如果物价上涨过快，可能引发恐慌心理，整个市场机制和经济秩序会出现紊乱。但是，价格如果过于平稳，或者持续下降，也不利于企业经营。最后，购买力在其他因素不变的情况下，还要受消费者储蓄和消费者信贷的直接影响。各国的经济状况千差万别。许多不发达国家愿意接受国外投资，为日益增长的人口创造就业机会。对跨国企业来说，这些国家的劳动力一般比欧美廉价得多。不过，跨国企业能否在这些国家获得可观的利润，还取决于货币的波动情况以及政府在收入转移方面的政策措施。在许多发达国家，特别是一些欧洲国家，虽然失业率不断上升，但政府对就业的管制程度及工资水平依然很高。政府对个人和企业税收也都处于相当高的水平。对这些因素，人力资源专业人员都必须认真分析，并将其作为确定是否在这些国家开展经营的条件。

③人才供求环境。劳动力市场是企业外部的人员储备机制，通过这种储备机制，企业能够有效地获得它所需要的员工。由于可从企业外部雇用新的员工，因此劳动力市场是人力资源管理必须考虑的一个最直接的外部环境因素。劳动力市场是随时变化的，这就可能引起企业员工的变化。在此过程中，企业内部每个人的变化都会影响到劳动力问题的处理方式。目前，我国劳动力市场状况是：劳动就业人口基数很大，但高层次人才严重缺乏。首先，中国实际劳动就业人口多，而且增长快。中国劳动年龄人口增长超过人口增长，潜在劳动供给人口超过实际劳动需求人口，形成持久的就业压力。但是，劳动力整体的科学文化水平低、素质差。其次，在高层次人才资源方面，我国目前的状况是，人才资源总量很大，但是高层次人才严重短缺。人才资源中的两个"5%"现象值得警惕。第一个是人才资源仅占人力资源总量的5.7%左右；第二个是高层次人才仅占人才资源总量的5.5%左右。高层次人才紧缺已经成为制约中国经济发展的关键因素之一。另外，在人才结构中，研究型、理论型人才比重偏高，应用型人才更为缺乏。不少学科领域的理论研究水平，我国与世界先进国家相差无几，但开发设计能力差较大，产品质量的差距就更大。

（2）内部条件。

①组织状况。企业的组织状况对人力资源战略有直接影响。组织的结构与规模、组织资源的丰富程度和复杂程度，要求采取不同的人力资源战略。

对企业组织体系的分析包括以下几个方面：

A. 业务流程状况。这是从事的联系方式入手了解人力资源状况。业务流程管理的缺陷，可能导致职能工作效率低下、相互扯皮等现象；通过对业务流程的分析，为组织结构变革提供新路径，是人力资源战略的一个重要内容。

B. 企业的组织结构。企业组织结构包括部门设置、管理宽度、权责划分、协调方式等问题。关于职权、职责关系的界定，对于企业人力资源战略管理具有基础性的意义。它能够在很大程度上帮助找到管理不畅、部门冲突等老大难问题的症结。

C. 非正式组织状况。非正式组织被认为是与不明朗的公司政治相联系的组织结构。实际上，非正式组织具有双重性。当非正式组织的目标与企业目标一致时会有利于企业发展，反之亦然。企业中的非正式组织可能是地缘因素、学缘因素、亲缘因素和非正当利益因素凝结起来的团体，分析人员结构和人员的交往集中度等就可以比较好地把握非正式组织的规模、影响等问题，从而通过结构调整、工作轮换等政策来引导非正式组织向合理化的方向发展。

②人员状况。企业现有人员状况是人力资源战略的基础，是将来发展的起点。企业战略目标的实现，首先要立足于开发现有的人力资源。因此，必须对企业现有人力资源状况有充分的认识。利用一定的方法，对企业的人力资源数量、人力资源质量、人力资源分布、人力资源利用等方面进行认真的统计分析，是人力资源战略决策的前提。企业可以借助人力资源信息系统中关于员工基本资料、工作经验、受教育程度以及其他特殊信息的记录来分析评估。

评估人员状况还应该对人员的态度和人员对企业认识的角度等进行调查。这方面的调查尤其应该针对冲突情况进行。比如，开展对离职人员的访谈，了解他们离开企业的原因，从而总结企业人力战略和政策的疏漏，加以有针对性地改进。通过对员工满意度的调查，可以发现哪些政策是有效的，员工对哪些政策比较敏感，并准确地评估员工的需求等。

另外，还可以通过人力资源的量化刻画来把握员工状况。典型和比较成熟的方法是人力资源会计和审计。此类工作从投入产出的角度，对人力资源管理的成本和效益进行定量分析。通过这方面的分析，可以研究如何提高人力资源的投入产出效益。以成本为导向的企业可以研究人力成本的控制方法，而实行创新性战略的企业，可以从收益方式中找到创造差异化竞争力的人力资源支持。人力资源审计与此类似，只是更强调从宏观上把握战略管理各功能模块的总体效果，从而为优化政策找到路径。

3. 战略分析

战略分析是在竞争环境考察的基础上，对各方面的信息进行处理以找到方向的过程。人力资源的战略分析具有客观性、结构性和社会性三方面的要求。

（1）客观性。战略分析必须具备客观性，客观性来源于分析角度和评价参数的确定性。根据相关的环境因素，可以展开 PEST 分析，对影响人力资源管理活动的法律政治、经济和市场、技术环境等方面内容进行定量定性分析。实践证明，这些分析角度是客观的，不能有偏漏。这些数据和资料，可以通过实地访谈、公开资料查阅、网络光盘资源检索，甚至咨询外包活动来实现。而对于内部环境的分析，问卷统计、高层访谈等都是可以使用的办法，由此获得有关的客观信息。无论收集方式如何，这些信息都是基于现实的数据信息，都是战略决策的客观依据。以这些数据为基础的战略分析，才有实际工作的意义。通过保证这些信息获取和分析过程的严谨性，确保战略制定的针对性和适应性，能够使人力资源战略具有真实的实践基础，从而取得指导人力资源工作的实效。

（2）结构性。战略分析不但要从多个角度进行，更要从这些角度之间的联系入手，深入地分析不同参数之间的关系。事实上，这些因素是在动态联系的系统中发生作用的。具体来说，劳动力市场状况在很大程度上与经济环境因素相关。经济处于低潮的时候劳动力市场往往供大于求。劳动者如果对收入的预期低，那么消费的谨慎性又会反过来影响经济增长，对企业招聘和薪酬管理造成冲击。在企业内部，人员满意度低往往和非正式组织活跃以及组织结构层级森严、管理流程混乱等方面紧密相关。这要求人力资源主管具有敏锐、全面的触觉和辩证思维的能力，能够从复杂的参数之间找到关键因素，并找出这些关键因素是如何通过影响其他因素起作用的。找到了不同因素之间的关联方式、关联路径、相互作用效果，就可以比较深刻地理解人力资源战略的内容与形式了。

（3）社会性。把握了这些因素之间的关系以后，要着手对出现的问题进行处理。由于人力资源战略涉及的是人员之间的关系，而企业成员是因为利益要求进入企业的，因此人力资源战略对于问题的处理，关键是把握企业成员之间的利益关系。这是它与其他战略明显不同的特点。就人力资源管理而言，只有在平衡企业利益相关者之间关系基础上建立的目标，才会为各方所接受，才具有实现的可能。这就是人力资源战略管理的社会性。具体地说，对于同一战略目标，从投资者、经营者、员工、顾客、政府的角度分别来看，具有不同的意义，必须找到平衡点。

要平衡各方利益，必须知道各方利益是以什么方式联系在一起的。可以从图2－6中人力资源战略分析结构看到其社会性。

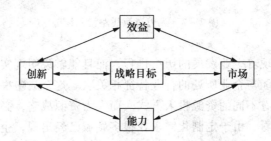

图2－6　人力资源战略分析结构图

在图2－6中，效益、市场、能力、创新，围绕着战略目标展开，分别代表着投资者、消费者、劳动者、经营者的要求，它们相互之间既矛盾又相关。在这个分析结构图中，目标是连接经济效益与企业能力、顾客需求、创新活动之间的中心点。这就解释了人力资源战略目标之所以具备利益平衡能力的原因，因为正是目标起到了不同企业成员之间利益和需求的转化整合作用。

4. 战略决策

战略分析是为决策服务的。在战略分析的基础上，以一定的企业价值观为原则，可以做出不同的人力资源战略决策。这里提供人力资源战略决策的一些模型，对不同战略方案所考虑的因素、约束条件以及价值观特点加以说明，为战略决策提供参考。

（1）人力与物力。图2－7模型所给出的，是关于企业投入产出中资源投向的战略决策方式，并从人工费用比和企业竞争力两个维度加以比较和分析。从中可以看到，在劳动密集型企业中，主要的资源投入是人力投入，通过大规模雇用工人形成企业竞争力。这个阶段的人工费用比较高，但企业竞争力之间的差别不明显。这类企业被资本密集型企业所取代。在资本密集型企业中，生产率的提高是通过机器代替人员来实现的。企业通过技术改造和设备更新，能够带来企业竞争力的提升；相应地，资源投向逐渐向物力资本倾斜。这类企业由于机械设备的投入增加和资本规模效应要求的提高，企业人工费用比较低。在人才密集型企业中，由于经济环境的变化以及顾客需求的多样化、个性化发展趋势，使仅仅提高设备水平已经不能适应市场竞争的需求。产品和服务的创新需求越来越强烈，人员作为创新的惟一实现者，地位不断提高。企业竞争力的关键在于高素质的员工。于是，企业的人力费用比再一次上涨，成为主要的投入内容。与劳动密集型不同的是，这时的人工费用，倾向于投向知识性、创造性的员工，而不是一般劳动力。

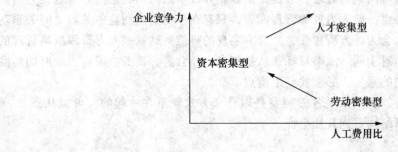

图 2 - 7　人力资源战略投向模型

上述模型不仅体现着企业发展的历史进程，而且能够说明现实企业的不同特征。资源投向的不同，还可能与企业所处的行业特征相关联。这个战略决策模型指出，在不同的市场竞争环境下，有不同的资源投入方式。而人力资源战略，必然受到资源投入方式的影响。从现实情况看，由于定制化需求在很多领域已经出现，企业响应需求变化而加大人力投资已经成为普遍趋势。

（2）留人与走人。图 2 - 8 模型所显示的是企业内部不同业务与企业价值和员工人数之间的关系，这一关系以统计曲线体现出来。这个 U 形曲线图形，由两条关于不同业务所具有的人均价值的趋势曲线拼接而成。模型说明，不同业务所具有的价值，并不与该业务所占有的人数成正比；相反，价值越高的业务，所需要的人数往往越少。如果某种业务价值大而人员少，显然说明从事该业务的员工所创造的价值量很大，因而是企业的骨干员工。而人数多却滞销的业务，例如采购和主板生产，这些业务领域的员工是非骨干员工。

由此可见，在一个企业中，真正创造价值的业务所需要的人并不多；这正体现了管理的"20/80"原则。由此提供了人力资源战略决策的一个重要原则：企业必须对所从事的业务领域进行分析，找出那些影响企业竞争力的核心业务领域，确认在这些领域中工作的员工，作为企业的第一资源加以保留。留住这些单位价值高的个体，对企业的发展至关重要。而那些非核心员工，可以通过市场机制加以调节。

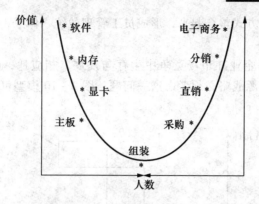

图 2 - 8　ACER 微笑曲线

（3）竞争与协作。企业效益是通过一个个的具体员工创造的，但又不是员工个人单独创造的，而是企业内部分工协作的结果。因此，个体与群体之间的关系，是人力资源战略需要考虑的又一重大问题，而问题的关键，在于处理好竞争与协作的关系。

图 2 - 9 模型所要解决的问题是企业如何根据工作特点来设计人力资源管理政策。这是紧接着资源投向和人员分类之后要做的选择。

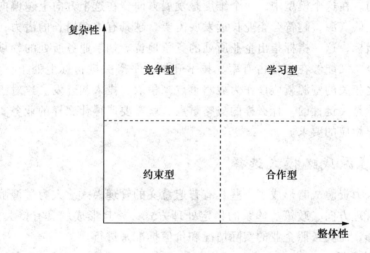

图 2 - 9　组织风格与人力资源管理政策

可以把工作任务按照复杂性和整体性两个维度来划分。在企业各项业务中，有的工作需要员工独立完成，这就可以通过员工之间的竞争来推动员工发挥才干。而在另一些业务中，所需要的是共享知识、团队努力，这就需要用员工之间的协作来提高整体绩效。同样道理，对于复杂性低而协作性高的工作，比如流水线上的工作，就得员工彼此支持。但他们并不需要基于团队知识的成功，因此他们的奖酬仍然可以按照单个员工的绩效来评价。而在复杂性和协作性都低的工作中，可以设计严密的考评办法和重奖重罚机制，以鼓励恰当的行为，让其在有限的职权空间内发挥作用。

如何把不同的管理方式整合起来，形成员工管理的统一体系，是人力资源战略必须解决的又一重大问题。

（4）稳定与创新。企业在市场竞争中生存与发展，相应地，必须处理好稳定与创新之间的关系；人力资源战略必须考虑这一问题。图2－10模型可以对此提供参考。

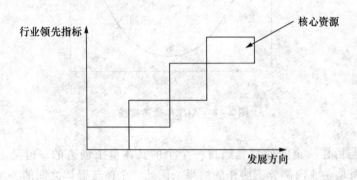

图2－10　稳定与创新模型

稳定与创新模型所要解决的问题，是在市场竞争环境中确认核心资源，从而为人力资源战略确定方向。在这个模型中，一个维度是发展方向，在这个方向上越偏向右端的业务和与此相匹配的资源，越符合企业长远发展需要，越具有继续增长的潜力；另一个维度是行业领先指标，这一指标指出企业所处的竞争地位。如果业务所处的领域既与未来发展方向相契合，又能够在市场占有率、技术开发水平等关键指标上处于行业前列，这样的业务和与之相关的资源就应该作为战略重点来争取、投入和开发。这对于人力资源战略决策的影响是关键性的。什么样的战略重点，就需要取得什么样的业务支持，从而对人力资源提出相应的要求。

六、人力资源战略模式选择

在实践中，人力资源战略形成了一些具有普遍意义的管理模式。人力资源战略管理模式是人力资源管理方向、政策、体系的稳定处理方式，一旦形成就具有持久的意义。对战略模式的选择，需要按照企业的实际情况和价值标准来进行。

1. 战略模式的性质

在日常实践中，人力资源管理通常被称为人事工作。对此必须进一步问，为什么总把人和事联系在一起？人与事之间的关系究竟应该怎样处理？对这一问题的回答方式，直接影响人力资源的战略管理模式。

从实际情况看，关于人事关系有两种基本处理方式：一是因事用人；二是因人设事。人们现在普遍倾向于肯定因事用人，否定因人设事；其实这种观点只在一定范围内是合理的，因人设事的原则，在很多情况下也有其合理性。因事用人和因人设事，是人力资源管理的两种常见方式，对不同方面的倾斜，产生不同的人力资源战略模式。

（1）所谓因事用人，是把事作为前提，根据事的需要来选择人、使用人；因事用人的工作流程，可以用图2－11来表示。

图 2－11　因事用人的工作流程

因事用人是管理的基本方式。管理者根据经营发展需要设立工作目标以后，致力于如何使工作任务通过合适的人来完成。人力资源的高层管理者，通常要考虑以下问题：公司是否有适当的人选来执行这项计划？如果没有的话，采取怎样的措施来获得所需的人才？怎样把战略任务与员工管理结合起来？

找到能够完成目标的人，建立能够完成任务的工作团队，并保证计划的实现，是战略执行的任务，也是因事用人的流程。

这种因事用人的流程，以获得合适的人为起点，一般有以下几种形式：

①职位因为人事流动而出现空缺，需要寻找新员工来承担原有的工作任务。

②原有人员素质结构不适应新的工作任务，需要新员工来承担原有岗位的新任务。

③因为企业经营战略调整而启动组织变革，需要新员工开展新的工作。

④因为临时项目而组建工作团队，开发项目，发挥群体创造力。

由于组织当中的事，是通过职务加以确认的，职务实际上是"事"的结构化设置，因此，因事用人往往又表现为因职用人。因职用人需要建立规范的职务体系，把任职资格作为人力资源管理的基本依据；因此，在因事用人的战略方针指导下，企业人力资源管理通常具有较强的稳定化和制度化特征。

（2）因人设事。人们通常认为因人设事与现代管理的要求相去甚远，被认为是人浮于事、人不做事、权责不清、互相扯皮和组织内部不满增长的原因。这种看法有一定的道理，但不全面。

例如，在企业高层人事安排中，因人设事屡见不鲜，而且往往带来管理效率的提高。联想总裁柳传志，提出著名的总经理工作三要素——搭班子、定战略、带队伍。"搭班子"之所以放在"定战略"之前，说明先要有一批志同道合、有着共同理想的人，然后才能基于这批人的特点，定出最能发挥这批人长处的可行战略。可以说，没有柳传志和李勤，就没有联想，也就不可能有联想今天这样的战略和目标。柳传志认为，实际上在中国做不到"因事设人"那么清楚，人绝对是第一位的。合适的人是阿拉伯有效数字 1，其他资源是有效数字之后的 0；后面带一个 0 是 10，带两个 0 是 100，三个 0 是 1000；没有合适的人带头，再多的资源，也没有用。柳传志认为，杨元庆和郭为是这样的人。"有多少人做多少事"，而不是反过来，有多少事找多少人；因为事是没有完的，关键在于有没有能力去干；而在这个问题上，人是最重要的。后来联想分拆，分别由郭为和杨元庆领军神舟数码和联想集团，再一次证明因人设事有其合理性。

企业的战略是基于办企业的人而制定的，而不是相反。对于人力资源主管这样的高层人物而言，协助总裁识别那些志同道合的核心员工，平衡这些成员之间的利益关系，并通过职权的界定、任务的分派使得利益结构稳定化，是最为重要的管理任务之一。

因人设事有两个层次的意思：

①根据现有核心人才状况决定发展目标（见图2－12）。这种情况通常发生在企业创立或者重要的战略调整过程中。高层决策者把现有核心人才结构作为战略决策的前提条件，在能够为核心团队理解、把握和运作的前提下确定经营管理目标，并进行分解以形成分工协作体系。这里所谓的核心团队，是具有一致利益要求和相近管理理念的团队，它必须具有强有力的领导核心，能够识别和吸引核心人才，并凝聚核心人才共同奋斗。

图2－12　因人设事流程1

②根据现有核心人才素质进行组织变革。把具有特殊能力的员工放到重要位置，有不同的操作方式。最常见的做法，是把他安排到已有的关键职位上去，这就是因事用人的办法。但常常有这样的情况：已有职位不足以发挥员工的能力，或者根本没有合适的职位。这种情况下怎么办？可能出现另一种角度的处理办法：调整原有职位的职能，甚至重新建立新的职位。在必要的情况下，还会重组企业的工作流程与组织架构。这就出现了典型的因人设事情况。然而这种情况不仅是可能的，而且是必要的。基于管理监控和调整的需要而进入最高决策层，并把原来的业务职能带到新的工作岗位。一旦这种情况增多时，组织变革就来临了。

以人才为依据调整组织结构的情况，可用图2－13表示。

图2－13　因人设事流程2

在因人设事的战略方针指导下，企业人力资源管理具有弹性化和变动化的特征，从而产生不同的战略管理模式。

2. 战略模式的类型

把因事用人与因人设事的方针贯彻到实际工作中去，结合不同的环境条件，会形成不同的人力资源战略模式。由于企业人力资源管理的主线，是处理企业与员工之间的关系，而处理这种关系的基本途径，无非有市场处理和组织处理两种，因此人力资源战略管理模式，可以分为市场本位制、企业本位制和人才本位制三种。

（1）人力资源管理的市场本位制模式，常常与企业的成本领先战略相对应。成本领先战略强调在同样品种和质量的情况下，通过控制成本取得更好的投入产出效应，从而打造自己的竞争优势。市场本位制具有以下特点：

①市场化：短期的用工方式。这种战略模式的前提，是劳动力市场的发达和完善，

对于劳动力供求起着主要调节作用。例如美国，企业人力资源管理工作同市场息息相关。从雇主一方而言，企业一旦需要人才，无论是高级工程师，还是后勤人员，都可以在市场上发布信息，通过规范的甄选录用程序达到招聘的目的。一旦需要裁员以维持企业利益时，则毫不留情，把员工从企业中排出，推向市场重新择业。反过来，从劳动者角度来看也是如此。如果劳动者发觉企业不适合自己发展，或者其他企业提供的报酬、待遇更有利，也会毫不客气地"良禽择木而栖"。在这种用工方式下，员工流动率一般较高。劳动者与企业之间是短期交易，是一种较为纯粹的市场买卖关系。两者之间的权利义务主要依靠契约确立。换言之，这是一种市场化色彩比较强烈的战略模式。

②标准化：规范的职责界定。这种方式能够行得通的重要前提是实行标准化管理。为了追求规模效益，企业越来越庞大，并以分工协作的发展为前提。这种方式下的企业管理强调分工明确，职责清晰。精细严密的分工可以使工作简单化，减少对熟练工人的依赖，使员工的培训和递补很容易进行，从而可以减少工人罢工、流失等行为给企业带来的危害。比如在美国汽车厂中，工种总计达数百种，每一种职务及从业人员都有规范化的岗位说明、任职资格要求。专业化和制度化使企业用人机制灵活，不存在论资排辈，而是注重能力。能力主义和淘汰机制是这种用工方式的鲜明特征。

③结构化：投资以物为主。在这种模式下，企业投资主要集中于物力资源。由于通过用机器生产代替人工操作，能够提高劳动生产率，控制经营成本，就调动了向机器设备投资的积极性。在这种情况下，会产生一种观念，认为人是机器的附属物，不具有独立的作用。因此，在这些企业一般通过对生产设施的投入、配置优化来实现效率提高。物力投资所占投资比例较大。

④规模化：生产的批量要求。这种管理模式适应大批量的生产方式。在手工作坊时代及以前，生产规模小，市场有限，不可能产生市场本位制。随着大工业时代的来临，大型企业相继形成，这些企业实行资本密集型生产，通过规模效应来降低成本，扩大产量。这就使工作流水线化，生产大批量化，通过规模生产来提高企业效益。

总之，市场本位制的战略模式是企业与员工之间短期交易的模式，以工作职务的规范化界定为基础，通过大批量生产来提高效率。不难看出，这种战略模式体现的是因事用人的管理原则。

(2) 人力资源战略管理的企业本位制模式，常常与企业的差异化战略相对应。差异化战略强调产品服务的高质量、独特性、个性化，强调创新设计、技术专长，或不同凡响的商标形象。通过特色化的产品与服务区别于对手，通过溢价收益获得竞争优势。

①企业化：长期用工。在企业本位制下，企业像一个大家庭，员工与企业长期合作，甚至终生不分。员工一旦进入某个企业，一般情况下不会离开，会在这个企业中长期工作直至退休。企业也不会轻易解雇员工，即使经营不景气，也会尽力为员工解决生存问题。

这些企业在注重对员工长期雇用的同时，非常重视员工培训，包括一般培训和特殊培训。企业招募员工时，看重的是个人基本素质而不是特殊劳动技能，宁可把素质好的员工招进企业之后再进行技能培训，而不录用具有成熟技术可以马上使用的人。因为企业要求员工能够融入企业，长期合作，而不重一时一事的当前效益。由于对员工的培训费用大，因而企业不会轻易解雇员工，以免造成人力投资的损失；而员工接受培训之后，尤其是受了企业的特殊培训之后，因为所获技能只对该企业有用，因而一般也不会轻易离开。

②团队化：人际协作。在企业本位制下，员工有一种共识：别人工作上的事是集体的事，因此也是我的事。企业中会形成一种灵活的分工协作机制，分工不会太严，规章制度也不会太硬，可以根据生产经营的实际需要，随时安排和调动员工。在这些企业中，要求劳动者了解生产的整体过程，必要时能及时到新的岗位上补缺。从总体上看，企业本位制要求员工关心整体工作状况，对员工责任心和协作性的要求更高，而不像市场本位制，每个人只负责完成自己职责范围内的事情即可。因此，在企业本位制下，很难从市场上直接找到可以立即使用的人才，选拔人才时尽量以内部选拔为主，注重员工的资历。因此，在这种企业中，一个新进者即使能力很强，但如果对企业制度和企业成员关系不熟悉，对企业文化的接受和消化不到位，就很难开展工作。

③弹性化：技能投资。既然企业本位制下分工不够细化，职责不够明确，因而就要求员工具备更广泛的能力以适应不同的情况。在企业本位制战略的企业中，生产和服务要求员工具备多样化的技能。这些技能的需求，一方面来自于多样化的产品和服务要求；另一方面也来自于对环境变化迅速反应的拉动。日本有名的JIT（即时制生产方式）所要求的零库存、零缺陷管理目标，就是以员工的自我管理和多技能为条件的，它要求员工能够全能力地完成一个完整的生产流程。在这种情况下，企业重视针对多种生产技能的员工培训，以此来推动员工工作效率提高和供应链上的前端推动作用。

④多样化：供大于求。企业本位制与市场本位制的适用条件是不同的，这种用工方式是在社会需求多样化、特殊化、多规格、小批量的背景下产生的。企业本位制下的生产方式，由于其员工技能的多样化和灵活性，可以适应产品类型的多样化，满足不同层次的市场细分需求。在市场多变、产品日益复杂化的情况下，企业本位制模式有特殊作用。IBM公司的前总裁安德鲁·格鲁夫说过：经理是最晚知道变化的人。这时，调动员工积极性以适应市场变化具有重大意义。如果说市场本位制的优点是能够适应大规模生产的要求，简化工人的职责和职能，减少其流动对企业的伤害，那么，企业本位制的优点则是可以较好适应市场变化迅速、工作灵活多样的竞争环境。

总之，企业本位制的战略模式，是企业与员工之间长期合作的模式，以工作团队的自觉协作为基础，通过多规格生产来提高效率。不难看出，这种战略模式体现的是事在人为的管理原则。

（3）人力资源管理的人才本位制模式，常常与企业的创新战略相对应。创新战略的要求，是在差异化基础上进一步强调产品的持续改进和个性化服务，并以改进能力和个性特征为企业竞争力的依托。这种战略是以引领市场发展来获取竞争优势的。

①多样化：灵活的用工方式。在人才本位制下，注重员工分类管理，实行较为灵活的管理方式。如日益流行的弹性工作制、在家办公等形式，正在许多企业中试行，而且实现了效益与效率的双提高。人才的价值越高，需求层次也越高。对于核心员工，企业往往使其在工作上有较大自主权，在报酬上有更大的吸引力。企业招聘员工的方式也开始变得灵活多样，网络招聘、猎头选人等方式在选人、用人方面给双方带来了更多的

选择。

②开发化：持续的人力投资。企业注重人力资本投资，重视对员工的培训和开发。由于劳动市场存在着信息不对称，新雇主对员工在先前企业当中接受的培训水平和劳动生产率不很了解。因而即使工人在原企业接受了较多的培训，但在新企业中，对其技能水平不会一开始就承认。其劳动力价格也未必能相应增加。也就是说，企业通常以相对较低的价格聘用新员工，很大一部分人工费用则被用在对于员工的培训上，并根据培训效果对员工价值进行动态的测评，使员工发展和企业发展同步。企业加大对培训投入的同时，为了巩固和发挥培训的作用，也会采取相应的措施，如职业计划等，吸引员工长期为企业服务。

③自主化：利益的整合统一。人才本位制企业的产权关系也发生了重大变化。许多企业为了吸引员工，纷纷推行员工内部持股计划。这种形式使员工同企业成为一个利益共同体。员工的未来收益与企业的未来发展紧密相关，员工为了自身利益的最大化而努力为企业工作。不仅如此，随着产权关系的变化，企业组织结构也出现了新的变化。因为对人才尊重的需要和对信息快速传递及反馈的客观要求，流行组织扁平化设计，由原来分工严密、等级众多的金字塔式管理结构，转为分工灵活、层次较少、信息可以充分传递和处理的扁平式管理结构。一些新的组织结构，如矩阵式组织，也日益为企业采用，以加强横向的合作与沟通。这种方式下所强调的，是企业与员工之间的心理契约。也就是说，劳资双方对对方的期望都理解和做出承诺，在双向促进的基础上共同发展。这就大大加强了员工的工作自主性。

④创新化：市场的开发引导。高科技行业是典型的人才本位制环境。在这样的环境中，技术发展迅速，市场变化复杂。在这样的环境中，跟随市场已经远远不够了，只有那些能够在市场变化趋势出现之前就有预见和准备，并且能够把技术实力转化为顾客需求的企业，才能取得竞争优势。也就是说，不是简单地针对需求而提供产品服务，而是要引导和推动市场需求的产生，让企业的新产品理念得到市场认同和追随，从而成为市场领跑者。这种环境是变化的环境，是开发创造的环境，是速度胜于规模的环境。在这种环境中，创新能力是企业最重要的能力，创新者是企业最宝贵的资源，人力资源战略，要以推动创新作为基本思路，带来管理模式的全面变化。

总之，人才本位制的战略模式，是企业与员工之间相互促进的模式，以核心员工的创新活动为基础，通过引导市场来提高效率。不难看出，这种战略模式体现的是因人设事的管理原则。

3. 战略模式的选择

（1）战略匹配。不同的人力资源战略管理模式，分别与不同的企业经营发展战略相适应，因而具有不同的应用范围。由于企业的实际情况是由多方面因素所制约的，因此人力资源战略模式要综合不同方面的因素来建立；不仅如此，由于每个企业都有不同类型的员工，因此在同一企业中还有可能对不同员工采取不同的办法。这种情况使人力资源战略模式的选择与设计出现复杂的情况。但不管情况如何多变，人力资源战略与企业经营战略的匹配仍然具有内在规律可循。

关于人力资源战略与企业战略之间的匹配方式，可以从表 2-1 中看到。

表2-1　人力资源战略与企业战略匹配关系

企业战略	人力资源战略				文化整合
	核心人才	配套措施（顶端为关键措施）信息提供弹性规划		开发目标	
创新战略	开发型	长期激励政策自主、灵活的工作设计		成就感	学习精神
差异化战略	服务型	培训开发分工协作以团队为基础的 薪酬以绩效评估作为开发的手段		敬业感	团队精神
成本战略	管理型	考评监督工作说明书以绩效为基础的 薪酬明确的工作规范与管理条例		责任感	敬业精神

显然，三种人力资源战略具有不同的适应性。战略模式的选择，需要根据企业内外部环境的特点来进行具体分析。

（2）战略选择。在进行人力资源战略选择时，经营方式和企业理念是两个需要特别关注的问题。

①企业经营方式一般相对固定，这是一种路径依赖。就是说，作为经营管理的初始定位会产生持续的影响，企业现有的经营模式一般是在原有的竞争策略和制度安排的基础上发展起来的，从投入产出和优势构建的角度来说具有一定的稳定性。

企业的经营方式对于人力资源战略选择的影响是显而易见的。在劳动密集型产业中，企业经营方式讲究成本优化，是通过专业化分工和流程划分进行规范化管理。在这种经营方式下，市场本位的战略模式是适用的。然而在人才密集型的医药、电子行业当中，企业的经营方式侧重于灵活的顾客响应方式，在流程设置上具有信息化、系统化的要求，在协作方式上更倾向于团队的项目式管理。可见，经营方式对战略模式选择的影响是根本性的。

②企业理念具有强烈的个性色彩，它表达了企业一以贯之的价值标准。企业理念通常是由高层管理人员建立的，然后组织又通过规章制度和日常运作使这种理念转化为企业成员的共同习惯，在员工行为中体现出来，成为企业的共有理念。通过企业理念，企业成员清晰地知道自己应该做些什么，能够在什么样的空间中自主行动。

与经营方式不同，企业理念不是基于客观资源条件做出的选择，而是一种主观意志。在同样的经营方式下会有不同的企业理念产生。是追求高速增长还是稳健成长？是信奉员工至上还是股东本位？这些问题就是企业理念关注的内容。对这些问题的回答，会直接制约规章制度的建立和日常行为的方式。因此，企业理念对于人力资源战略具有重要的影响。在那些重视员工成长的企业中，内部培训和内部晋升制度会比较完善；而在鼓励竞争和个人主义的企业中，保持一个合理的人员流动率是非常必要的。对于那些追求员工与投资者利益融合的企业，在战略上倾向于效益分享甚至股权激励的做法屡见不鲜；而另一些企业则从员工的劳动力提供者角度出发，可能强调薪酬的稳定性和安全性，重视固定薪资和福利。从这个角度不难理解，为什么在市场本位制企业中，强调的理念是敬业精神；而在人才本位制企业中，强调的则是学习精神。

第三节　人力资源预测

一、人力资源的供求预测

1. 外部人力资源供给的预测

招聘和录用新员工对所有企业或组织都是必不可少的。随着市场经济的建立，劳动力逐步走向市场化，各地劳动和人事行政主管部门建立了许多劳动力市场和劳动力中介机构，并随时向社会发布劳动力供求情况。例如，武汉市人事局下属的武汉市人才市场经常向社会发布武汉市劳动力的供求信息。这些信息包含有大中专毕业生、复转军人、待业青年、下岗工人以及民工的供需数量、质量与结构。社会人力资源供求量一般可由以上一些统计信息获得，但人力资源的流向和流量还受国家就业政策、分配政策、户籍政策、就业心理以及用人单位竞争状况等因素的影响。例如，20 世纪 80 年代初，国家分配计划具有决定性的影响，到 80 年代末，大学毕业生自主择业占了重要地位，严重影响了老少边穷地区及其他农村和基层地区企业专业技术人员的补充。再例如，进入 90 年代后，由于科技特别是网络技术的飞速发展，出现了计算机专业、电子、电信类专业的大学生明显供不应求的现象，各用人单位为争夺此类人才而大打人才战。在就业心理方面，新一代大学生都希望到大都市如北京、上海、深圳等工作，不少年轻人贪图舒适、轻松，宁可上大饭店、大商场，也不愿意去工厂，使许多企业在补充人力方面发生困难。

较长期的人力资源计划还要考虑人口背景及体制改革的趋势。例如，现在一些大城市，如上海，年轻夫妇大都主张晚要孩子，有的甚至决定终生不要，若干年后，这些地方的劳动力供应可能出现短缺。再例如，随着我国西部开发的号角奏响，越来越多的年轻人开赴西部，尽显自己的才华，这在一定程度上缓解了西部企业人才奇缺的压力。教育体制的影响也不可忽视，如大学扩招在一定范围也缓解了就业压力。另外，国家对户籍政策的进一步放宽，特别是一些大中城市都制定了相关的政策，使得人才流动更加便利，这对城市企业人力供需也会有直接影响（见图 2 – 14）。

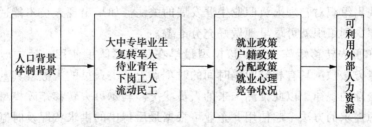

图 2 – 14　外部人力资源供给预测

2. 内部人力资源供给的预测

根据企业内部人员信息状态预测可供的人力资源以满足未来人事变动的需求，最常用的内部供给预测方法有两种：管理人员接替图和马尔可夫转移矩阵模型。

（1）管理人员接替图。这种方法又称为管理者继承计划，它是对现有管理人员的状况进行调查、评估后，列出未来可能的管理者人选。该方法被认为是人力资源规划和企业战略规划结合起来的一种较有效的方法。IBM公司自20世纪60年代以来就开始实施管理者继承计划，该公司宣称实行该计划的目的是"保证高层管理者的素质，为公司遍布全世界的所有管理者职位做好人才准备"，从公司分部经理到总经理都负有执行这次计划的责任，具体工作则由负有人事职责的专门人员来做。GM公司每年也会为公司高层管理人员做一次鉴定，分析其5年内的升迁、接替问题。

管理人员接替图主要涉及的内容是对主要管理者的评价：主要管理人员的现有绩效和潜力，发展计划；所有接替人员的现有绩效和潜力；其他关键职位上的现职人员的绩效、潜力及其评定意见。图2-15为一典型的管理人员接替图示例。

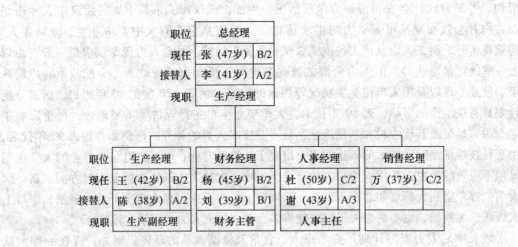

图2-15 管理人员接替图

图2-15中，括号内数字表示该管理者的年龄，竖线旁的字母和数字是对其绩效和晋升可能性的评估。A表示现在就可提拔；B表示还需一定的开发；C表示现职位不很合适。对其绩效的评估分为4个等级：1表示绩效表现突出；2表示优秀；3表示一般；4表示较差。通过这一张图（可继续下去），使得组织既对其内部管理人员的情况非常明了，又体现出组织对管理人员职业生涯发展的关注。如果出现人员不能适应现职，或缺乏后备干部，则组织就可尽早地做好充分准备。

（2）马尔可夫转移矩阵模型。该模型最早在荷兰军队里使用，后扩展应用于企业中，它用定量方法预测具有相同间隔时间的时刻点上各类人员的人数，其基本思想是找出过去人事变动的规律，以此推测未来的人员状况。马尔可夫转移矩阵模型可以和任何预测人力资源需求的方法一起使用，企业可根据最后得出的供求状况及时制定人力资源的规划方案。

3. 人力资源的需求预测

人力资源需求预测可分为定性法（主要是经验判断法）与定量法（主要是依据统计学的方法）。

（1）定性方法（经验判断法）。这种方法是让专家或有关人员根据自己的经验判断企业未来对人力资源数量与结构的需求。它特别适用于企业在不稳定的环境下对劳动力需求的预测，这里介绍其中的两种：管理评价法和德尔菲法（Delphi）。

①管理评价法是预测人力资源需求最常用的方法，它是由高层主管、部门经理、人力资源经理等人员预测和判断企业在某一时段对劳动力的需求。它可分为上级估计法和下级估计法两种，前者由高层领导根据组织发展战略、经营环境的变化预测人员需求；后者是首先由基层管理人员根据生产能力、员工流失等情况预测人员需求，然后向上级主管部门汇报。预测人员需求的依据有组织目标、生产能力、市场需求、销售预测、人员配置和员工的流动性等。这种评价方法的主要缺点是容易犯主观错误，影响判断的主要因素是判断依据的真实性与判断者的经验。

②德尔菲法是邀请某一领域的一些专家或有经验的管理人员对某一问题进行预测，也叫做专家预测法或天才预测法。德尔菲是阿波罗神殿所在地的希腊古城，传说阿波罗是太阳神和预言神，众神每年都会到德尔菲集合来预言未来，因此后人便把征询专家意见预测的方法称为德尔菲法。该方法在管理中的应用始于 20 世纪 40 年代末，在美国的兰德公司的"思想库"中发展起来。

德尔菲法与一般的主观判断法并不相同，首先，它吸取和综合了众多专家作预测的智慧信息，以避免个人作预测可能出现的信息量小、判断不够准确的缺点；其次，它不采用集体讨论的方式。若专家们面对面地进行集体讨论，会使一些人由于受身份、地位差别等因素的影响而不愿批评别人，乃至放弃自己的合理意见。故在德尔菲法中，使用一个"中间人"或"协调员"在专家们之间收集、传递、归纳反馈信息。德尔菲法往往要经过几轮的预测，使专家们的预测意见渐渐趋向一致，有较高的预测准确性。

德尔菲法的主要步骤如下：一是提出要求，明确预测目标，向专家们提供有关情况和资料，征求专家意见及补充资料。二是提出预测问题。由专家们对调查表所提问题进行评价并说明理由，然后由协调人员对专家意见进行统计。三是修改预测。要求每位专家根据反馈的第二轮统计资料，再次进行判断，并要求持异议的专家充分陈述理由。四是最后进行预测，请专家们提出他们最后的意见及依据。德尔菲法的调查表举例见表 2-2。

表 2-2　德尔菲法调查表

预测项目：××公司专业技术职业 x 与 y 的合理人才数量比
上次（第×次）的调查结果为：
1. ×职位不需设置。因为……
2. 1:0.5。因为……
3. 1:1。因为……
4. 1:1.5。因为……
5. 1:3。因为……
中间值 1:1，四分位点：1:0.5～1:1.5，极端值 1:3，回答……
x 职位不需要的占 5%。
您的新估计：
请说明理由：

在实施德尔菲法时，应注意以下问题：

第一，被调查专家要有一定的数量，一般不少于 30 人，且返回率不低于 30%，否则缺乏广泛性和权威性。

第二，给专家提供充分的信息使其能作出判断。

第三，提高问题的质量。不要问那些与预测目的无关的问题；所提问题应是所有专家都能答复的问题，且应保证所有专家能从同一角度去理解，避免造成误解和歧义。

第四，在进行之前，首先应取得参加者的支持，确保他们能认真地进行每一次预测工作，以提高预测有效性。同时也应向公司高层说明预测的意义和作用，取得决策层和其他高级管理者的支持。

第五，只要求专家们做粗略的数学统计，而不要求精确。

（2）定量方法（统计学的方法）。这种方法是选择一个与人力资源需求有关的商业要素，并预测随商业要素的变化而产生的劳动力需求变化。所谓商业要素是一种商业属性，如生产能力、销售商、市场份额、商业面积、工作时数等，统计学方法的关键是确定一个与劳动力紧密相关的商业要素，一般在相对稳定的经营环境中容易发现这些因素。因此，这种方式适用于在相对稳定的环境中企业对人力资源的预测。在这里介绍趋势分析法、比例分析法、工作负荷预测法和一元线性回归法。

①趋势分析法是根据企业的历史资料，分析某个商业要素的变化从而预测商业要素变化而导致的人力资源需求。如某公司在进行劳动力趋势分析时选择销售额为商业要素，作为预测指标，然后列出历史上的销售额和劳动生产力（劳动力与销售额之比），就能从中计算出预测年份的劳动力需求数，见表 2-3。

表 2-3 人力资源需求趋势分析

年　份	销售额（万元）	劳动生产力（销售额/劳动力）	劳动力需求数量（人）
1993	2351	14.33	164
1994	2613	11.12	235
1995	2935	8.34	352
1996	3306	10.02	330
1997	3613	11.12	325
1998	3748	11.12	337
1999	3880	12.52	310
2000	4095	12.52	327
2001	4283	12.52	342
2002	4446	12.52	355

②比例分析法是通过计算某一商业要素与员工数量的比率数，推测员工数量，它比趋势分析法更加精确。商业要素与劳动力数量的比率通常是由某个行业的生产率决定的。如高校规定师生比例为 1:15，即每招 15 名学生需配置 1 位教师，现某高校今年扩招 3000 人，则需新增加老师 200 人。

③工作负荷预测法根据工作分析的结果算出劳动定额，再按未来的产品生产量目标算出总工作量，然后折算出所需人数。我们知道劳动定额有工时定额和产量定额两种，根据其含义有：

未来每年（月）所需员工数 = 未来每（月）工作总量/每年（月）每位员工所能完成工作量

= 未来每年（月）工作总时数/每年（月）每位员工所能工作时数

例 某工厂新设一车间，设有 4 类工作，根据计划产量来预测未来 3 年所需的员工数。

a. 根据工作分析，求得这 4 类工作工时定额分别为 0.5 小时/件、1 小时/件、1 小时/件、0.5 小时/件。

b. 估计今后 3 年每一类工作的计划产量，见表 2－4。

表 2－4 某新车间的年计划产量　　　　　　　　　　单位：件

年度 / 类别	第一年	第二年	第三年
1	10000	15000	20000
2	30000	40000	45000
3	30000	30000	35000
4	40000	45000	50000

c. 将工作量折算成所需工作时数，见表 2－5。

表 2－5 工作时数　　　　　　　　　　单位：小时

年度 / 类别	第一年	第二年	第三年
1	5000	7500	10000
2	30000	40000	45000
3	30000	30000	35000
4	20000	22500	25000
总计	85000	100000	115000

d. 若一年 365 天除去 104 天的双休日，10 天法定节假日，工人出勤率为 80%，产品合格率为 95%，则可根据工作一天 8 小时及出勤天数 (365 - 104 - 10) ×8×80% 计算出员工共工作小时为每年 1606.4 小时。这样，得到 3 年所需人数为：

第一年：（85000÷95%）÷1606.4 = 55.7≈56 人

第二年：（100000÷95%）÷1606.4＝65.5≈66 人

第三年：（115000÷95%）÷1606.4＝75.4≈76 人

为保证人力资源充分与年度计划完成，对数值结果采用进一法而不是通常采用的四舍五入法。

④一元线性回归法，当人力资源的历年数据呈现较有规律的近似直线趋势分布时，可用最小二乘法求出直线回归方程 $y = a + bx$，来预测未来的人力需要，运用这种方法，要满足一定的条件，即人力资源的增减趋势保持不变，内在、外在环境因素保持不变。

例 某公司过去 10 年来的人力资源数据如表 2-6 所示，假设今后公司仍保持这种发展趋势，预测今后第三年、第五年所需人数。

表 2-6 某公司过去 10 年人员数量表

年度 x	1	2	3	4	5	6	7	8	9	10	$\sum x = 55$	$\sum xy = 30550$
人数 y	500	480	490	510	520	540	560	550	580	620	$\sum y = 5350$	$\sum x^2 = 385$

直接用公式：

$$a = \frac{\sum y}{n} - b\frac{\sum x}{n}$$

$$b = \frac{n\left(\sum xy\right) - \sum x \cdot \sum y}{n\left(\sum x^2\right) - \left(\sum x\right)^2}$$

得 $a = 459.98$　$b = 13.64$

则 $y = 459.98 + 13.64x$

未来第三年所需人员为：

$$y_3 = 459.98 + 13.64 \times 3 = 500.9 \approx 501 \text{ 人}$$

同理，未来第五年所需人员数为：

$$y_5 = 459.98 + 13.64 \times 5 = 528.18 \approx 529 \text{ 人}$$

二、人力资源预测与平衡

1. 人力资源需求预测

（1）人力资源需求的分析。人力资源需求预测是指对企业未来某一特定时期内所需人力资源的数量、质量以及结构进行估计。企业的人力资源需求是一种引致需求，它最终取决于市场对企业产品和服务的需求。因此，在进行人力资源需求预测之前，先要预测企业产品或服务的需求，然后在一定技术和管理条件下，将这一预测转换为满足产品或服务需求所需的员工数量和质量预测。因此，人力资源需求预测需要对下列因素进行分析。

①产品和需求预测通常是从行业和企业两个层次对市场需求进行预测。从行业角度看，不同行业的产品侧重于满足消费者不同方面的需求，受到消费者人数、消费者偏好、收入水平、价格水平以及政治、经济、社会、技术等直接和间接、长期与短期因素的影响。因此行业需求既有长期的稳定趋势也有短期波动现象，市场对个别企业产品和服务的需求决定了它在整个行业中的市场份额，它取决于企业与竞争对手在产品质量、成本价格、品牌信誉、促

销努力等多个方面的差距。

一般地，在生产技术和管理水平不变的条件下，企业产品需求与人力资源需求呈正相关关系，当企业产品和服务需求增加时，企业内设置的职位和聘用的人数也会相应地增加。

②企业的发展战略和经营规划一方面取决于企业外部市场环境，尤其是企业产品和服务的需求状况；另一方面也取决于企业对外部市场环境的应对能力和独特的目标要求。企业的发展战略和经营规划直接决定了企业内部的职位设置情况以及人员需求数量与结构。当企业决定实行扩张战略时，未来的职位数和人员数肯定会有所增加，如果企业对原有经营领域进行调整，未来企业的职位结构和人员构成也会相应地进行调整。

③生产技术和管理水平的变化，不同的生产技术和管理方式在很大程度上决定了企业内部的生产流程和组织方式，进而决定了组织内职位设置的数量和结构。因此，当企业的生产和管理技术发生重大变化时，会引起组织内职位和人员情况的巨大变化。当企业采用效率更高的生产技术的时候，同样数量的市场需求可能只需要很少的人员，同时新的技术可能还要求企业用能够掌握新技能的员工来替换原有员工。但是新的技术也可能会有一些新的职位要求，如设计、维修等，也会在一定程度上增加对某一类员工的需求。

影响企业人力资源需求的因素有很多，而且不同企业的影响因素会有所不同，即使是同一种影响因素，对人力资源需求的实际影响也有所差异，因此预测人员需要根据企业的具体情况，分析和筛选对企业人力资源需求影响最为关键的因素，并确定这些因素对人力资源需求的实际影响，然后根据这些因素的变化对企业人力资源需求状况进行预测。

(2) 对人力资源需求进行预测的方法有很多，但不外乎两大类：第一类是定性方法，包括主观判断法、微观集成法、工作研究法和德尔菲法等；第二类是定量方法，包括回归分析法、趋势预测法、生产函数法、比率预测法（见图2-16）。需要指出的是，在实际预测中，不可能只用一种方法，而应当将多种方法结合起来，这样预测的结果会比较准确。

①定性方法。

A. 主观判断法。这是一种最为简单的预测方法。它是由管理人员根据自己以往的经验，以及对人力资源影响因素的未来变化趋势的主观判断，对人力资源需求情况进行预测。在实际操作中，一般先由各个部门的负责人根据本部门未来一定时期内的工作量情况，预测本部门的人力资源需求，然后再汇总到企业最高层管理者那里进行平衡，以确定企业最终需求。

这种方法完全凭借管理人员的经验，因此要求管理人员具有丰富的管理经验。而且这种方法主要适用于规模较小或者经营环境稳定、人员流动不大的企业。

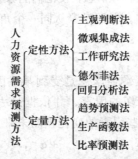

图2-16　人力资源需求预测方法

B. 微观集成法。可以分为"自上而下"和"自下而上"两种方式。

"自上而下"是指有组织的高层管理者先拟订组织的总体用人计划和目标，然后逐级下达各具体职能部门，开展讨论和进行修改，将有关意见汇总后反馈回高层管理者，由高层管理者据此对总的预测和计划做出修改后，予以公布。

"自下而上"是指组织中的各个部门根据本部门的发展需要预测未来某种人员的需求量，然后由人力资源部门进行横向和纵向汇总，最后根据企业经营战略形成总的预测方案。

C. 工作研究法。是指在分析和确定组织未来任务和组织流程的基础上，首先确定组织的职位设置情况，然后根据职位职责，计算每个职位的工作量及相应的人员数量。工作研究法的关键是工作量的计算和分解，因而必须制定明确的岗位用人标准以及职位说明书。

D. 德尔菲法。这是邀请某一领域的一些专家或有经验的管理人员对某一问题进行预测，经过多轮反馈并最终达成一致意见的结构化方法（见图 2 - 17）。在实施德尔菲法时应注意下面几个问题：

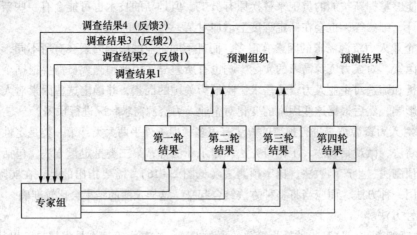

图 2 - 17　德尔菲法示意图

第一，专家组的人数应根据问题的重要性和复杂性确定，人数越多，片面性越小。

第二，专家发表意见时，采取匿名方式，即所谓"背靠背"方式，以避免从众行为，因此需要一个协调者在专家之间进行信息传递、归纳和反馈。

第三，要给专家提供充分的资料和信息，使他们能够进行判断和预测。

第四，问卷设计应当清晰明白，保证专家从同一个角度去理解问题，避免造成误解和歧义。

②定量方法。

A. 回归分析法。由于人力资源需求总是受到某些因素的影响，回归分析法就是要找出那些与人力资源需求关系密切的因素，并依据过去的数据资料确定它们的数量关系，建立回归方程，然后根据这些因素的变化预测未来人力资源需求。

$$Y = \alpha_0 + \alpha_1 X_1 + \alpha_2 X_2 + \cdots + \alpha_{n-1} X_{n-1} + \alpha_n X_n + \varepsilon \qquad (2-1)$$

式（2-1）中，Y 是因变量；X 是自变量；α 为回归参数；$n = 1, \cdots, n$，n 为自变

量的个数，如果 $n=1$，则为一元回归方程，如果 $n>1$ 则为多元回归方程；ε 为随机扰动项。

代入 Y 和 X 的观测值，运用最小二乘法，得到 α 预测值以及预测方程：

$$\hat{Y} = \hat{\alpha}_0 + \hat{\alpha}_1 X_1 + \hat{\alpha}_2 X_2 + \cdots + \hat{\alpha}_{n-1} X_{n-1} + \hat{\alpha}_n X_n \qquad (2-2)$$

根据式（2-2）可以预测未来人力资源需求。

B. 趋势预测法。这是根据企业过去若干年份的人员数量和变化趋势，预测企业在未来某一时期的人力资源需求量。获得时间序列数据趋势的具体方法有很多，包括直观图视法、移动平均法、指数平滑法以及时间序列法等。

指数平滑数学模型为：

$$\hat{Y}_t = \hat{Y}_{t-1} + \alpha \left(Y_{t-1} - \hat{Y}_{t-1} \right) \qquad (2-3)$$

式中，$\hat{Y}$ 为预测值；Y 为实际值；α 为平滑系数；t 为年份，$t=1,\cdots,T$。

C. 生产函数法。常用的生产函数为柯布·道格拉斯函数，它一般假定产出取决于资本和劳动两个要素：

$$Y = AK^{\alpha} L^{\beta} \mu \qquad (2-4)$$

式中，Y 为产出水平；K 为资本投入量；L 为劳动投入量；α 和 β 分别为资本和劳动产出弹性系数，且 $\alpha + \beta \leqslant 1$；$\mu$ 为随机扰动项，对式（2-4）两边取对数，整理后得到：

$$\lg Y = \lg A + \alpha \lg K + \beta \lg L + \lg \mu$$
$$\lg L = \theta_0 + \theta_1 \lg Y + \theta_2 \lg K + \varepsilon \qquad (2-5)$$

式中，$\theta_0 = \dfrac{-1}{\beta} \lg A$；$\theta_1 = \dfrac{1}{\beta}$；$\theta_2 = \dfrac{-\alpha}{\beta}$；$\varepsilon = \dfrac{-1}{\beta} \lg \mu$。

可以运用回归方法对人力资源需求量进行预测。

D. 比率预测法。这是基于对员工个人生产效率的分析而进行的一种预测方法，进行预测时，首先要计算人均生产效率，然后根据企业未来业务量预测对人力资源的需求，即：

所需人力资源＝未来业务量/目前人均生产效率(1＋生产效率的变化率)　　(2-6)

使用这种方法进行预测时，需要对未来业务量、人均生产效率及其变化做出准确的估计，这样对人力资源的预测才会比较符合实际。

2. 人力资源供给预测

（1）人力资源供给分析。对企业来说，人力资源供给本质上是生产过程中的劳动投入，它取决于企业劳动力总人数、单位劳动力的劳动时间以及标准劳动力的折算系数。由于国家法律的限制，劳动者的劳动时间基本上是恒定的。标准劳动力的折算系数取决于劳动者的能力和实际生产效率，能力和实际生产效率越高，折算系数越大。因此人力资源的供给预测就是对在未来某一特定时期内能够提供给企业的人力资源数量、质量以及结构进行估计。

对于多数实行长期雇用的企业来说，人力资源的供给包括外部供给和内部供给两个来源。与此相对应，人力资源供给预测也应当从这两个方面入手。

①外部供给分析和预测。外部供给是指企业可以从外部劳动力市场获得的人力资源。外部劳动力市场主要是针对那些没有技能的体力劳动或不需多少技能的服务工作、零星工、短工和季节工等经济活动中的次要部门的雇用情况，此外最主要的就是具有长期雇用潜力的新员工。具有长期雇用潜力的新员工只有经过一系列的培训，并取得企业信任之后才能进入内部劳动力市场。在此之前，他们与其他的外部劳动力一样，其标准劳动力的折算系数都比较低。因此，外部供给分析主要是对劳动者供给数量进行分析。

在外部劳动力市场雇佣关系是短期的，没有晋升的承诺，工资也完全受劳动市场的调节。一般来说，多数企业对外部劳动市场无法控制，除非它是劳动力市场的垄断需求者。因此，对外部供给的分析主要是对影响供给的因素进行分析，进而对外部供给的有效性和变化趋势做出预测。

外部劳动力市场的供给主体和分析单位是家庭。影响家庭人力资源供给决策的因素不仅包括市场工资水平，还包括家庭对于闲暇的偏好。这些因素的共同作用会形成总的劳动力供给态势。当劳动供给大于或等于劳动需求时，多数企业外部劳动力需求会得到满足。当然对于某个具体企业而言，家庭对于生产行业和企业的偏好也会影响企业所面临的实际供给状况。因此，企业所处的行业是否具有吸引力，以及企业本身是否比竞争者更有吸引力，可能对企业的人力资源供给状况具有更直接的影响。

②内部供给分析。内部供给是指企业从内部劳动力市场可以获得的人力资源。主要部门的劳动者，如拥有技能的蓝领工人、大部分管理和专业技术人员等，其雇用和工资并不直接受外部劳动市场的影响，而是由企业按照内部的规定和惯例来决定，从而形成一个与外部劳动市场（即一般意义上的劳动市场）相对隔离的内部劳动市场。内部劳动市场的主要特征表现为：长期雇用；从外部劳动市场进入企业的入口处很少；按工作而非个人的生产率支付工资；内部晋升等。

进入内部劳动力市场的劳动者，其标准劳动力的折算系数基本大于1，并且随着培训以及劳动者劳动经验的积累和基本技能的增加，其标准劳动力的折算系数还有可能进一步增加。在新员工数量受到严格限制的条件下，企业内部劳动力市场的劳动者人数将随着劳动力的自然减员（如退休、生育）和离职而降低，但是人力资源供给却可能由于劳动者能力和素质的提升而增加。因此与外部供给分析不同，内部供给分析不仅要考虑劳动者供给人数的变化，更要研究劳动者能力和素质的变化。

A. 内部劳动力市场劳动者人数分析。内部劳动力市场劳动者人数取决于长期雇用潜力的新员工人数以及现有内部劳动力市场劳动者人数。在新员工数量受到严格限制的条件下，内部劳动力市场人数供给状况主要取决于现有内部劳动力市场劳动者人数的自然变化和流动状况。

内部劳动力市场劳动者人数的自然变化取决于员工的性别、年龄和身体状况结构。例如，企业现有58岁男性员工30人，那么两年后内部劳动力市场的供给就会减少30人。内部劳动力市场劳动者的流动状况包括人员流出和内部流动两个方面。企业员工流出的原因有很多，如辞职、辞退等，企业员工流出的数量形成了内部劳动力市场减少的数量。企业员工内部流动主要影响企业内具体的部门和职位层的人员供给状况。影响企业员工内部流动的因素主要是企业的绩效考核制度和结果，以及企业职位内晋升和轮换制度等。

因此，内部劳动力市场劳动者人数分析应当关注员工的性别、年龄和身体状况结构，企业员工离职倾向、企业绩效考核制度和结果，以及企业内辞退、晋升和轮换制度等因素的变化和影响。

B. 内部劳动力市场劳动者素质分析。在内部劳动力市场劳动者人数保持不变的条件下，人员素质的变化会影响内部劳动力市场的供给状况。人员素质的变化体现在两个方面：高素质员工的比例变化以及员工整体素质的变化。无论是高素质员工数量的增加还是员工整体素质的提升，最终都会引发企业生产效率的提高，从而相对增加企业内部劳动力市场人力资源的供给。影响员工素质的因素有很多，工资水平增加、激励工资（包括绩效工资、奖金、利润和股权分享计划）的实施，以及企业各类培训投入的增加都可能有助于提升员工的素质。因此在进行内部劳动力市场劳动者素质分析时，必须对这些因素的变化和影响给予高度的关注。

（2）人力资源供给预测方法。人力资源供给预测方法有很多种，这里简单介绍几种有代表性的方法。

①技能清单法，是指将组织中的人力资源信息合成一体，以最简单的形式提供员工的基本信息，包括员工的姓名、特征和技能的清单。表2-7是技能清单的示例。

表2-7 技能清单示例

姓名：		职位：		部门：	
出生年月：		婚姻状况：		到职日期：	
教育背景	类别	学校	毕业日期	主修科目	
	大学				
	研究生				
技能	技能种类		所获证书		
训练背景	训练主题		训练机构		训练时间
志向	是否愿意从事其他类型的工作？			是	否
	是否愿意到其他部门工作？			是	否
	是否愿意接受工作轮换以丰富工作经验？			是	否
	你最喜欢从事哪种工作？				
你认为自己需要接受何种训练	改善目前技能和绩效的训练				
	晋升所需的经验和技能训练				
你认为自己可以接受何种工作					

一般来说，技能清单包括七大类信息。

一是个人数据：年龄、性别、婚姻状况。

二是技能：教育经历、工作经验、培训。

三是特殊资格：专业团体成员、特殊成就。

四是薪酬和工作历史：现在和过去的薪酬水平、加薪日期、承担的各种工作。

五是公司数据：福利计划数据、退休信息、资历。

六是个人能力：在心理或其他测试中的测试成绩、健康信息。

七是个人特殊爱好：地理位置、工作类型。

技能清单的主要优点是它提供了一种迅速而准确地估计组织内可用技能的工具，尤其是随着计算机和网络技术的广泛使用，技能清单的制作和使用越来越便利。除了为晋升和调动决策提供帮助之外，技能清单还可以用于规划未来培训甚至员工招聘工作。技能清单可以用于所有的员工，也可以仅包括部分员工，当然不同员工类型的技能清单，其具体项目可以根据需求进行修改和调整，以反映该员工类型的主要特征。例如，管理人员技能清单除了上述七类主要信息外，还应包括管理者过去的绩效、优缺点和提升潜力评估等信息。

②替换单法。这种方法是对现有员工的状况做出评价，然后对他们晋升或调动的可能性做出判断，以预测企业潜在的内部供给。同时可以通过及时发现可能出现空缺的职位，预测企业员工需求。

图 2-18（A）是企业某部门的人员接替模型图。该部门有甲、乙、丙、丁、戊五个员工，目前各自的职位分别为 A1、A2、B1、A3、B2。职位后有两个方框，下面的方框记录该员工可以轮换和平调的职位及需要适应的时间，上面的阴影方框记录该员工可以晋升的职位和需要适应的时间。例如乙目前的职位是 A2，可以轮换和平调的职位是 B1，需要适应的时间是 0.5 年；可以晋升的职位是 A1，需要适应的时间是 1 年。由多张人员替换单可以推出整个部门甚至企业的人员替换模型。

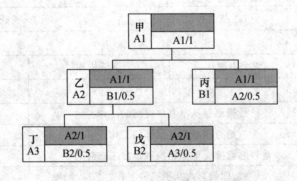

图 2-18 某部门人员接替模型（A）

从图 2-18（B）可以看出，职位 A1 的编制为 3 人，现有 2 人，需退休 1 人，因此需求量为 2 人，可以从企业内提升 2 人补缺，一名来自 A2，另一名来自 B1。同时这两个职位的空缺由下级晋升或由同级平调弥补。最后将空缺转化为最基层的职位 C2 的空缺，再通过招聘加以弥补。

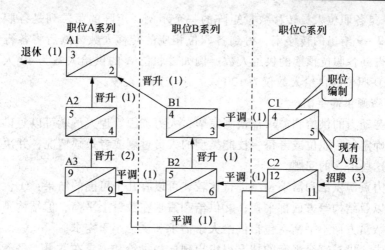

图2-18 人员接替模型（B）

③转移矩阵。其与人员接替模型类似，它的基本思想是通过过去各职位人力资源的流动比例，预测未来供给情况。表2-8为各职位人员转移比例矩阵的一个示例。

表2-8 各职位人员转移比例矩阵示例

	A	B	C	D	离职率合计
A	0.8				0.2
B	0.1	0.8			0.1
C		0.16	0.7	0.1	0.04
D			0.2	0.6	0.2

表2-8假定企业有A、B、C、D四个职位类型。矩阵的第一列为转出职位，第一行为转入职位。矩阵中的数值为由转出职位转移到转入职位的人员比例。例如，A职位有80%的人员保留，20%的人员离职；B职位有10%的人员晋升到A职位，80%的人员保留，10%的人员离职。给定各职位的转移率和期初人数，就可以计算出各职位的供给人数（见表2-9）。

表2-9 各职位人员转移数量矩阵示例

	期初人数	A	B	C	D	离职率合计
A	40	32				8
B	80	8	64			8
C	100		16	70	10	4
D	150			30	90	30
预期供给		40	80	100	100	50

表 2-9 是各职位人员转移数量矩阵的一个示例。矩阵的第二列是各职位的期初人数，根据表 2-9 给出的转移率，得到各职位相应的转移人数，然后将各行的供给人数纵向相加，得到各职位预期的供给人数。例如，职位 A 的供给人数为 40 人，与期初人数相当；而 D 职位的供给人数仅为 100 人，小于期初人数。

3. 人力资源供需平衡

一旦对劳动力的供给和需求都预测完毕，人力资源管理人员就可以对供求数据进行比较，从而确定每一职位或者每一技能类型的人员过剩或者短缺情况，并决定采取何种措施来解决这些潜在的问题。

企业人力资源供给和需求预测进行比较，可以有几个可能的结果：①供给和需求在数量、素质以及结构等方面都平衡；②供给和需求在数量上平衡，但结构不匹配；③供给和需求在数量方面不平衡，包括供给大于需求和供给小于需求。

在现实中，供求完全平衡的情况很少出现。当供给和需求在数量上平衡但结构不匹配时，企业需要对现有人力资源进行结构调整，如将一部分人员从某些供过于求的职位上转移到某些供小于求的职位，其办法包括提升、平调甚至降职。另外也可以针对某些人员进行专门培训，同时辅以招聘和辞退，以保证人员结构的平衡。

当供求数量不平衡时，企业也可以采取相应的措施加以调节。例如当供给大于需求，形成人员供给过剩时，企业可以实施裁员、减薪、降级、工作分享、岗位轮换、提前退休、自然减员、再培训等措施。当供给小于需求，形成人员供给不足时，企业可以实施加班、增加临时雇员、外包、加速转岗、减少流动、增加新员工、采用节约劳动的新技术等。

不同的平衡措施，其实施效果差别很大，而且对企业和员工常常具有不同的含义。例如在解决供给过剩问题方面，裁员要比自然减员速度快得多，因而对企业更有利，但对员工来说，裁员所带来的经济和心理方面的损害要比自然减员严重得多，因而可能会遭到员工的强烈反对。表 2-10 对各种平衡措施的效果进行了比较。

表 2-10　供需平衡比较方法

方　法		解决问题的速度	员工受伤害的程度
供给大于需求	裁员	快	大
	减薪	快	大
	降级	快	大
	工作分享或岗位轮换	快	中等
	提前退休或自然减员	慢	小
	再培训	慢	小
方　法		解决问题的速度	可以撤回的程度
供给小于需求	加班	快	高
	临时雇用	快	高

续表

方　法		解决问题的速度	可以撤回的程度
供给小于需求	外包	快	高
	培训后换岗	慢	高
	减少流动数量	慢	中等
	外部雇用新人	慢	低
	技术创新	慢	低

第四节　人力资源规划设计

一、人力资源规划概述

人力资源规划是人力资源开发与管理的重要组成部分。我们每个人都知道，做事如果没有计划，成功的可能性很小，即使成功的话也是盲目的。凡事预则立，不预则废。同样的道理，要成功地进行人力资源开发与管理，制定适当的人力资源规划是至关重要的。

1. 人力资源规划的概念

人力资源规划是根据组织的战略目标，科学预测组织在未来环境变化中人力资源的供给与需求状况，制定必要的人力资源获取、整合、调整与控制、保持与激励、开发等策略，确保组织对人力资源在数量上、质量上和结构上的需求，使组织和个人获得长远利益。

由此我们可以看出：

（1）人力资源规划是以组织的战略目标为依据的，当组织的战略目标发生变化时，人力资源规划也随之发生变化。因此，组织的战略目标是人力资源规划的基础。

（2）组织外部环境中政治、经济、社会、技术等一系列因素处于不断变化之中，组织内部环境中的员工队伍本身处于不断变动之中，如离职、晋降级、退休等。这一切都会引起人力资源供需的变化，人力资源规划就是要对人力资源供需状况进行分析预测，以确保组织在近期、中期和长期对人力资源的需求。

（3）一个组织应制定必要的人力资源政策，以确保组织对人力资源需求的如期实现。政策要正确而明晰，如对涉及内部人员调动补缺、晋升、降级、外聘、开发培训以及奖惩等要有切实可行的措施保证，否则就无法保证人力资源规划的实现。

（4）人力资源规划要使组织和个人都得到长期的利益。这是指组织的人力资源规划，还要创造良好的条件，充分发挥组织中每个人的主观能动性，得以使每个人提高自己的工作效率，提高组织的效率，使组织的目标得以实现。与此同时，也要切实关心组织中每个人在物质、精神和业务发展方面的需求，并帮助他们在实现组织目标的同时实现个人目标。

2. 人力资源规划的类型

人力资源规划的类型一般有：人事规划、人力资源规划、战略人力资源规划和战术人力资源规划。

（1）人事规划。即劳动力规划，主要涉及员工的招聘和解雇，是一种规划面较窄的古典式人力资源规划，由于没有重点考虑人力资源的保留与提高，因此很难达到企业的目标。因此，在现代企业中较少运用。

（2）人力资源规划。其特点是全面考虑企业的需求，同样关注企业人力资源的引进、保留、提高和流出四个环节，因此能较好地达成组织的目标。

（3）战术人力资源规划。指的是3年以内的人力资源规划，常常被称为年度人力资源规划。企业为了目前的发展，较多地考虑微观的影响因素，主要是为了达到企业的战术目标而制定的人力资源计划。

（4）战略人力资源规划。它指的是3年以上的人力资源规划。企业为了长远发展，较多地考虑宏观的影响因素，主要是为了达到企业的战略目标而制定的人力资源规划，在一个战略人力资源规划中常常包含若干个战术人力资源规划。

3. 人力资源规划的内容

以上是对人力资源规划按战略性程度及时间幅度进行的分类。在实际操作中，人力资源规划通常按两个层次进行规划，即总体规划与各项业务规划（详见表2－11）。人力资源的总体规划是有关计划期内人力资源开发利用的总目标、总政策、实施步骤及总的预算安排。根据某企业发展战略，需要在外地设立一分公司，设分公司人数为4000人，其中专业技术人员比例占20%，90%以上员工应达到高中或以上水平，30%以上员工应达到大专及以上文化程度，5%的员工应具备高学历（硕士及以上学历），劳动生产率达到人均5万元。因此，人力资源规划的总任务包括举办人员招聘、大规模培训等，总政策包括提高专业人员待遇，改革人事制度等。实施步骤：第一年从高校招聘1000人，培训原公司员工500人，从劳动力市场招聘500人；第二年……总预算人力资本额5000万元/年，如此等等。

4. 人力资源规划的意义及其影响因素

（1）意义。

①在人力资源方面确保实施企业的目标。

②具体规定了在人力资源方面需要做哪些事项。

③对企业需要的人力资源做适当的储备。

④对企业紧缺的人力资源发出引进和培训的预警。

⑤使管理层与员工对人力资源开发与管理要达到的目标更加清晰。

（2）影响因素。

①宏观经济。如从计划经济走向市场经济；地区性的金融危机；人口流动迅速增加等。

②企业管理层更变。企业由于高层管理人员的变化，会使企业的战略目标发生变化，进而影响到人力资源规划。

③政策法规。政府由于各种需要，制定、修订或取消一些政策法规，进而影响到企业的人力资源规划，如：关于离退休年龄的规定；外来人员的用工制度；最低工资保障等。

表 2-11 人力资源规划的内容

计划类别	目标	政策	步骤	预算
总规划	总目标（绩效，人力总量、素质、员工满意度等）	基本政策（扩大、收缩、改革、稳定等）	总体步骤（按年安排）如完善人力资源信息系统（HRMIS）等	总预算×××万元
人员补充计划	类型、数量对人力结构及绩效的改善等	人员标准、人员来源、起点待遇	拟定标准（×月）广告宣传（×月）考试（×月）录用（×月）	招聘、选拔费用××万元
人员使用计划	部门编制，人力结构优化及绩效改善，职务轮换幅度	在职条件；职务轮换范围及时间	略	按使用规模、类别及人员状况决定的工资、福利预算
人才接替及晋升计划	后备人才数量的保持；提高人员结构及绩效目标	选拔标准、资格试用期、提升比例、未提升人员安置	略	职务变动引起的工薪变化
教育培训计划	素质绩效改善；培训类型数量；提供新人力；转变态度及作用	培训时间的保证；培训效果的保证；（待遇、考核、晋升）	略	教育培训总投入、脱产损失
评估与激励计划	人才流失降低；士气水平；绩效改进	激励重点；工资政策；激励政策；反馈	略	增加工资奖金
劳动关系计划	减少非期望离职率；干群关系改进；减少投诉率及不满	参与管理；加强沟通	略	法律诉讼费
退休解聘计划	编制、劳务成本降低及生产率提高	退休政策；解聘程序等	略	安置费、人员重置费

④技术创新。市场的竞争极大地推动了技术发展，电脑的广泛使用以及一些新技术的推广会出乎人们的预料，这样会改变企业中原来的人力资源需求和供给的数量与结构。

⑤企业的经营状况。企业的经营状况不佳或运行良好都可能影响到企业的人力资源规划。

⑥企业的人力资源部门人员的素质。一个企业的人力资源计划在一定程度上反映了该企业人力资源部门人员的素质。反之，人力资源部门人员素质的高低当然会影响人力资源计划。

5. 人力资源规划的制订者及制订时间

（1）制订者。一般认为人力资源部负责制订人力资源规划。事实上，制订者还包括高层管理者、其他部门负责人、人力资源部门、管理专家。他们的作用详见表2-12。

表2-12　各类人力资源规划制订者的作用

制订 HRP 的项目	高层管理者	其他部门负责人	人力资源部门	管理专家
制订企业战略目标	√			√
制订企业战术目标	√	√		
制订人力资源目标	√	√	√	√
收集信息		√	√	
预测内部 HR 需求		√	√	
预测内部 HR 供应		√	√	
预测外部 HR 供应		√	√	
分析企业 HR 现状	√	√	√	
制订企业战略 HRP	√	√	√	
制订企业战术 HRP		√	√	
实施 HRP	√	√	√	
收集 HRP 实施反馈信息		√	√	

（2）制订时间。制订战略人力资源规划的时间并不固定，往往在确定了企业战略目标，又掌握了足够的信息之后才开始制订。一般制定后三年修改一次。

年度人力资源计划当然应年年制订。为了得到足够的反馈和更正确地执行人力资源计划，许多大企业往往在当年的7月份就开始启动制订明年的人力资源计划。一般在当年的10月份完成制定任务，还有两个月进行工作沟通和修改补充，以利于人力资源计划的实施。

（3）人力资源规划与企业战略的关系。企业人力资源规划应该服务于企业发展战略和目标。在制订人力资源规划时首先要明确企业发展的战略和目标，以及企业为完成这些目标需要的组织能力。譬如，一个企业采取低成本战略时，人力资源部要相应地制订以严格控制成本为目标的人力资源规划，采用聘请成本控制专家、分析现有员工需求、合并工作岗位、提高工作效率、减少劳动成本和费用、解聘多余人员等一系列具体方案。再比如，当一个企业决定向海外发展时，人力资源计划应该说明企业需要海外子公司各类员工的数量与结构，说明这些人员在组织内部与外部的供给情况，说明是通过内部招聘还是外部招聘或者是通过雇员本土化来使员工在数量与结构上满足这些企业需要。企业人力资源规划建立在企业发展目标基础之上，它保证企业有效地实施发展战略如企业战略是发展或扩大，则人力资源管理会采用招聘、培训、提拔的战略；如企业战略是收缩，则人力资源管理会采取解雇、终止合同、提早退休的战略；如企业采用多样性的战略，则人力资源管理会考虑进行员工调整、提拔、培训、招聘的战略；如企业采用兼并、收购的战略，则人力资源管理会采用相应的内部调整、吸收、招聘或解雇的战略；如企业采用高质量标准的战略，则人力资源管理战略要考虑招聘有技能的员工，制定特别薪资计划，以吸收、保留高素质员工。

现代人力资源管理正逐渐发展为战略性人力资源管理，这体现在它与组织的整体战略紧密联系上。在组织的战略中，人力资源战略成了不可或缺的部分。人力资源规划时应与企业的总体战略保持一致，人力资源规划是联系企业整体战略规划和人力资源管理的纽带，如图 2－19 所示。

图 2－19　人力资源规划与企业整体战略的关系

（4）人力资源规划与其他规划之间的关系。人力资源规划如果不与组织或企业中的其他规划相协调，则规划必定失败。因为其他规划往往制约着人力资源规划。

例如，其他部门的活动直接承担着人员需要的种类、数目、技能及工资水平等。人力资源规划的目的往往也是为其他规划服务的，只有与其他规划相协调一致才会取得好的成效。所以说，人力资源规划既受其他规划制约，又为其他规划服务，不协调绝对不行。如员工的工资往往取决于财务部门的预算；销售决定生产，生产决定员工的数目、种类和技能等，人力资源规划与其他规划的关系表述在图 2－20 中。

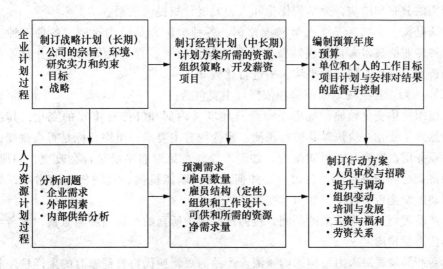

图 2－20　三个层次的企业规划和人力资源规划关系

二、人力资源规划的编制

1. 人力资源规划编制程序

编制人力资源规划的程序，总的来说就是分析、预测和决策。

（1）分析。这里讲的分析，是指对企业现有人力资源的"盘点"与查核。分析的重点是：

①人员使用情况的分析。现有人数与编制定员的比较，判断人员适用程度；实际工作率与标准工作率的对比，判断工作潜力。所谓工作率实际上就是工时利用率，与生产任务的饱满程度和管理水平等多种因素有关。分析时，应分类进行即把一线、二线、三线人员分类对比。

对一线工人：可以从劳动时间使用情况的统计报表中获取。

对二、三线人员：靠"工作日写实"或"工作抽样"的方法，取得一次性工时研究资料进行分析计算。

工作潜力的计算公式：

$$工作潜力（人数）= |(P_1 - P_0)| TH/P_0 T \tag{2-7}$$

式中，P_1 为实际工作率；P_0 为标准工作率，指企业主管部门要求达到的或企业自己确定的目标工作率；T 为制度工时；H 为分析期的期末人数。

②年龄结构分析。为诊断企业年龄老化以及为编制劳动力更新计划提供依据，分析方法主要有两种：计算平均年龄。企业员工的平均年龄以 25~40 岁为最佳（经验、能力、体力、效率兼顾）。若大于 40 岁，则应该采取更新措施；按年龄组统计分析各类人员、各工种以及各类职务人员的年龄结构。企业理想年龄结构应为梯形，顶端接近退休年龄，底端则为青年员工。

③业务结构分析。为诊断企业各种职务、岗位之间的比例，文化程度、技术工种、专业门类的分布和结构，为结构优化和人力发展计划提供依据。

方法是按一、二、三线人员构成比例、各种学历人员结构比例、各种工种工人比例、各种专业的技术人员比例、技术人员的职称结构、管理人员的职务分布等分类统计，分析发展趋势，与行业平均水平进行比较。

（2）预测。这是规划的前提和依据。主要包括：

①组织机构变化预测。随着企业经营环境（内部和外部环境）的变化，其组织结构也必然发生变化，应该对其进行预测。预测内容主要指：组织目标是否会改变，如何改变；职务层次序列是否可能改变，如何改变；意见沟通路线是否会改变，如何改变；有效的协调与合作关系是否会改变，如何改变；职能机构、直线机构的增减，如何增减；劳动组织是否会改变，如何改变。

②产品规划对人力需求的预测。按照产品规划所列的产品品种与数量，参考编制定员的办法进行预测。

③新产品发展对人力结构影响预测。产品的更新换代将打乱原有的生产秩序和加工工艺过程，使各个环节上的劳动量发生重大改变，相应地将改变岗位和职位的数量和结构，对此必须加以预测。

④设备的技术改造与更新对人力结构的影响预测。设备的技术改造与更新会从根本上改变现有的人力结构和职位序列，需要重新组合。要依据设备技术改造计划，预测人力结构、职位序列、人员数量与质量的新变化。

⑤劳动效率预测。根据劳动对象、劳动手段、劳动条件、劳动组织、管理方式、激励方法和企业文化的预期变化，预测它们对劳动效率的影响及其程度，具体预测方法有：动态分析法；典型对比法；因素分析法。

⑥减员预测。造成企业减员主要有两方面因素：劳动力自然减员（男60岁，女55岁退休，或死亡）；人员变动的结果（包括调出、参军、入学、解雇等）。

进行这种预测需要分析历年人员流动规律和未来阶段人员流动的趋势和可能的流动对象。

⑦人才、劳务市场预测。有必要了解人力资源供求关系及发展趋势，预测未来阶段人才、劳务市场的情况，以制定相应的市场策略。

（3）决策。这是计划的核心步骤。人力资源规划的决策过程就是大力发展规划的编制过程。需要决策的主要问题是：

①确定人力资源规划的目标。目标是规划的出发点和归宿，是人力资源计划的首要问题。应根据企业整体规划目标和各项职能计划对人力资源的要求，紧紧围绕着提高劳动生产率这个中心来确定。

②职业转移的决策。包括各类人员增补数量、增补时机、增补方式以及对增补人员素质上的要求等。

③职业转移的决策。包括职业转移的规模、类别、时机、政策和去向等。

④企业发展的人力决策。因企业规模扩大、技术设备更新所需新增人员的数量、素质及来源的决策。

⑤员工培训决策。包括培训目标、培训内容、培训方式、培训对象、培训时机及培训经费预算。

⑥劳动力维持决策。为了维持劳动力的正常状态，需要在劳动保护、员工福利等方面确定目标、采取措施以及预算经费。

在上述决策的基础上，编制人力供需平衡表、人力更新规划表、职业转移规划表、人力增补规划表、人力培训规划表、劳动力维持规划表等，同时拟定人力资源计划的措施与实施方案。

图2-21表示出整个人力资源规划的过程。虽然不同规模的组织在人力资源计划的制定中存在着各种各样的差异，但在主要方面则是大同小异的。

2. 人力资源规划编制方法与示例

在确立目标、收集信息、预测人力资源需求和预测人力资源供给的基础上可以制定人力资源规划了。

每个企业的人力资源规划各不相同，但典型的人力资源规划（见表2-13）至少包括以下几个方面：规划的时间段、规划达到的目标、目前情景分析、未来情景预测、具体内容、规划制订者、规划制订时间。

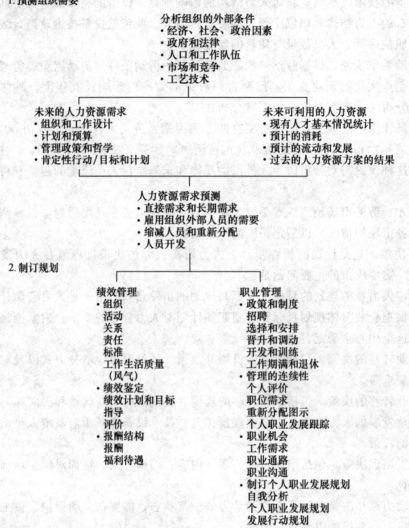

1.预测组织需要

分析组织的外部条件
· 经济、社会、政治因素
· 政府和法律
· 人口和工作队伍
· 市场和竞争
· 工艺技术

未来的人力资源需求
· 组织和工作设计
· 计划和预算
· 管理政策和哲学
· 肯定性行动/目标和计划

未来可利用的人力资源
· 现有人才基本情况统计
· 预计的消耗
· 预计的流动和发展
· 过去的人力资源方案的结果

人力资源需求预测
· 直接需求和长期需求
· 雇用组织外部人员的需要
· 缩减人员和重新分配
· 人员开发

2.制订规划

绩效管理
· 组织
　活动
　关系
　责任
　标准
　工作生活质量
　（风气）
· 绩效鉴定
　绩效计划和目标
　指导
　评价
· 报酬结构
　报酬
　福利待遇

职业管理
· 政策和制度
　招聘
　选择和安排
　晋升和调动
　开发和训练
　工作期满和退休
· 管理的连续性
　个人评价
　职位需求
　重新分配图示
　个人职业发展跟踪
· 职业机会
　工作需求
　职业通路
　职业沟通
· 制订个人职业发展规划
　自我分析
　个人职业发展规划
　发展行动规划

图 2 - 21　人力资源规划过程

（1）规划的时间段。要具体写出从何时开始，至何时结束，如果是一份战略性的人力资源规划，可以长达 10 年以上；如果是一份年度人力资源计划，则以一年为期限。

（2）规划达到的目标。在这里要遵循三个原则：

①与企业的目标紧密联系起来。因为人力资源规划是一种局部性规划，它一定要为企业的目标服务。

②要具体。不要泛泛而谈，最好要有具体数据。

③不要太啰唆，要简明扼要，使人们容易记忆。

（3）目前情景分析。这主要在收集信息的基础上，分析企业目前人力资源的供需状况，指出制订该规划的依据。

表 2 - 13　人力资源规划范本

ABC 公司人力资源规划
1. 规划的时间段
2. 规划达到的目标
3. 目前情景分析
4. 未来情景预测
5. 具体内容　　执行时间　　负责人　　检查人　　检查日期　　预算
(1)
(2)
(3)
(4)
(5)
(6)
……
6. 规划制订者
7. 规划制订时间

（4）未来情景预测。这主要在收集信息的基础上，在规划的时间段内，预测企业未来的人力资源供需状况，进一步指出制订该规划的依据。

（5）具体内容。这是人力资源规划的核心，涉及的方面较多，例如工作分析的启动、新的员工绩效评估系统、改进后的报酬系统、规划中的培训工作、该推行的员工职业规划、招聘方案、促进人员流动方案，等等。每一方面都要写上以下几个内容：

①内容要十分具体。例如：不要仅仅写上"招聘人员"，要写上"TPI 公司招聘八位部门经理或副经理级人才"。

②执行时间。写上从启动到完成的日期。例如：2008 年 6 月 1 日至 2009 年 8 月 31 日。

③负责人。即负责执行该具体项目的负责人。例如，人力资源部经理赵小舟先生。

④检查人。即负责检查该项目的执行情况的人。例如，分管人力资源管理的副总经理张大卫先生。

⑤检查日期。写上检查的具体日期与时间。例如，2009 年 8 月 31 日上午 9 点。

⑥预算。写上每一项内容的具体预算。例如，人民币贰拾万元整。

（6）规划制订者。规划制订者可以是一个人（例如，人力资源部经理赵小舟先生），也可以是一个群体（例如，ABC 公司董事会），也可以包含个人与群体（例如，ABC 公司人力资源部经理赵小舟先生草拟，由董事会通过）。

（7）规划制订时间。主要指该规划正式确定的日期，例如，董事会通过的日期、总经理批准的日期或经理工作会议通过的日期。

三、人力资源规划的协调、控制与评价

1. 人力资源供给与需求的协调

（1）当企业人力资源供给小于需求即出现短缺时，可采取如下对策：

①把内部一些富余人员安排到一些人员短缺的岗位上去。

②培训一些内部员工，使他们能胜任人员短缺但又很重要的岗位。

③鼓励员工加班加点。

④提高员工的效率。

⑤聘用一些兼职人员。

⑥聘用一些临时的全职人员。

⑦聘用一些正式员工。

⑧把一部分工作转包给其他公司。

⑨减少工作量（或产量、销量等）。

⑩添置新设备，用设备来减少人员的短缺。

以上的政策，其中前四项是内部挖掘潜力。虽然也要增加一些成本，例如增加工资、奖金、福利等。但相对代价较低，有利于企业的长期发展，是企业首选的政策。

其中的后三项属于较消极的政策，不仅代价大，而且不利于企业的发展，不到万不得已，不宜使用。

其余属于中策，当内部挖掘潜力已相当充分时，不妨运用一下，但也要谨慎。

（2）当企业人力资源供给大于需求即出现富余时，可采取如下对策：

①扩大有效业务量，例如提高销量、提高产品质量、改进售后服务等。

②培训员工。由于人力资源富余，一部分员工可以通过培训来提高自己的素质、技能和知识，以利于他们走上新的工作岗位。

③提前退休；降低工资；减少福利；鼓励员工辞职；减少每个人的工作时间；临时下岗；辞退员工；关闭一些子公司。

以上的政策，其中前两项是相当积极的，但许多企业不一定能做到，这是对企业家的一种挑战，可以把人员富余的危机当作一次企业发展的机会。后一项是十分消极的，但在紧急关头也不得不用，因为这种"丢卒保车"的措施毕竟可以使企业渡过难关，以利于今后发展。

2. 人力资源规划的控制

有了人力资源规划方案后，进入运用和实施阶段，这就要求对人力资源规划在实施过程中进行有效控制，其中主要包括：建立完善的人力资源信息系统、人力资源供应控制、降低人力资源成本等。

（1）人力资源信息系统是组织进行有关人及人的工作方面的信息收集、保存、分析和报告的过程。"系统"特指为实现特定目标而将各种分散活动组成合理的、有意义的整体过程。

信息系统可以是人工的，也可以是计算机化的。小型组织（少于250人）中使用人工的档案管理和索引卡片系统比较有效。而在大型组织中，人力资源信息的计算机存取

则是必需的。管理者在决策时需要准确、及时和相关的信息资料，如果信息不完整、不准确、不考虑需要哪种信息，那么使用计算机也是徒劳的。

建立人力资源信息系统必须具体地考虑四个方面：

首先是对系统进行规划。这其中包括使全体人员充分理解人力资源信息系统的概念；考虑人事资料设计和处理的方案；做好系统发展的时间进度安排；建立起各种责任制度和规章制度；等等。

其次是系统的设计与发展。其中包括：分析现有记录、报告和表格，以确定人力资源信息系统中数据的要求；确定最终的数据库内容和编码结构；说明用于产生和更新数据的文件保存和计算过程；规定人事报告的要求和格式；决定人力资源信息系统技术档案的结构、形式和内容；确定上计算机的员工工资福利表的格式及内容等要求；确定工资和其他系统与人力资源信息系统的接口要求。

再次是系统的实施。其中包括：考察目前及以后系统的使用环境以找出潜在问题；检查计算机硬件结构、所用语言和影响系统环境以及软件约束条件；确定输入输出条件要求、运行次数和处理量；提供有关实际处理量、对操作过程的要求、使用者的受教育情况及所需设施的资料；设计数据输入文件、事务处理程序和对人力资源信息系统的输入控制。

最后是系统的评价。这包括：估计改进人力资源管理的成本；确定关键管理部门人员对信息资料有何特殊要求；确定人们补充特殊信息的要求；对与人力资源信息系统有关的组织问题提出建议；提出保证机密资料安全的建议。

人力资源信息系统的用途之一是为人力资源规划建立人事档案。人事档案既可以用来估计目前劳动力的知识、技术、能力、经验和职业抱负，又可用来对未来的人力资源需求进行预测。这两种信息必须互相补充，否则对人力资源规划是无用的。例如，如果不以组织内现有人员状况为基础作出的预测，显然对组织是无用的。并且我们也只有对未来人员的数量、技术及经验等有所了解，方能制订行动规划去解决预计的问题。

人力资源信息系统的用途之二是通过人事档案对一些概念加以说明。如晋升人选的确定、对特殊项目的工作分配、工作调动、培训，肯定性行动规划和报告、工资奖励计划、职业生涯计划和组织结构分析。这些工作的完成都必须借助于人力资源信息系统。

人力资源信息系统的用途之三是可以为领导者决策提供各种报告。如用于日常管理的工作性报告：包括岗位空缺情况等。还可以向政府机构和一些指定单位提供规定性的报告和用于组织内部研究的分析性报告，以表明劳动力在各个部门或各管理层次上的性别、种族和年龄分布，按消费水平划分的雇员福利情况，也可表明录用新员工的测验分数与工作绩效考核分数之间统计关系的有效性研究等。总之，人力资源信息系统，是人力资源管理中的一项基础性工作，它可以为决策者提供许多必不可少的决策信息，使管理和决策更加科学化和更符合实际。

（2）预测人力资源供给所面对的因素很多，如技术改进，消费模式及消费行为、喜好、态度改变，本地及国际市场的变化，经济环境及社会结构的转变，政府法规政策的修订等。当企业预测了未来的人力需要后，下一步就是分析人力供应问题。人力资源的供给来源主要是外部的劳动力市场和企业内部的现有劳动力。

①企业外部的人力资源供给源。外部劳动力的供给是受整个社会经济及人口结构因素影响的，政府的教育政策和劳动、人事政策也有一定的影响力。按理说，统计局应该提供社会整体就业情况、整体劳动人事政策及增加劳动力的数量及素质等情况，随着改革开放的发展，这些数据会逐步提供。要分析整体劳动力供应数量是否足够，先要考虑人口结构、年龄分布、性别、教育水平、就业情况及各行业的独特性等。鉴于我国目前还无完善的劳动力市场的实际状况，对外部劳动力供应的问题就不多加讨论了，而把重点放在企业内部现有劳动力的供应上。

②企业内部人力资源供给源。企业内部人力资源供给主要是分析在职员工的年龄分布，离职及退休人数。从人员减少和流动性的情况分析，来探讨人力供给的情况。此外，企业内部的人力的移动，例如提升、转职等，现有人力资源是否已充分运用，亦是值得研究的。

分析内部劳动力的供给时首先从现有员工着手。一般劳动力供给除了受社会劳动力的市场供需情况的影响，还需考虑其他企业的竞争。为了避免人才流失或损耗，管理人员必须对造成员工损耗的因素加以分析。导致员工损耗的因素可分为员工受到企业外部的吸引力所引起的"拉力"和企业内部所引起的"推力"。"拉力"包括可望转到其他企业，以求较高收入和较好的发展机会；社会就业机会多，员工到外边可找到较好的工作；以及员工心理问题。"推力"包括企业欠缺周详的人力资源规划，造成人力政策不稳，裁减员工等；员工自身的问题，如某些青年员工对工作认识不够深入，或不能适应新的工作环境，加上年轻、未婚、没家庭负担等，使他们常喜欢转换工作；工作压力大造成的，如由于缺勤多、流失多造成人手不足，所以造成在职员工压力更大，迫使他们辞职；人际关系的冲突也容易造成员工的不满而流失；工作性质的改变，或工作标准的改变，也可使某些员工失去兴趣或无法适应而辞职。

③人力损耗的处理。管理者可以利用管理库存、管理人员替置表及个人技能库存等鉴定企业内现有人力资源。这些分析有助于利用内部人力资源来满足企业需要。一般来说，企业内部调配供应所需人力比从外部获得人力的成本低，而且从内部提升还可增加员工的士气及积极性。

企业能否有效地留住现有人才，可以利用人力损耗曲线，并研究其原因。一般人力损耗的模式是用曲线表示任职时间长短与离职的关系。在最初一段时间内，人力损耗会比较多，随着时间的推移，损耗的人数会逐步增加，主要是由于员工未能适应新的工作环境、企业的政策、工作要求及人际关系等，故离职率较高，甚至达到一个高峰。但过一段时间，离职率开始递减，原因是新员工过了适应期后，进入胜任阶段；员工不会主动轻易离职。事实上，由于解雇、自动离职、退休等原因，人力损耗现象是无法避免的。

④人力资源的合理利用。除了分析企业内部人力供给的情况，还需要就现有人力资源能否充分利用加以分析。主要是年龄、缺勤、职业发展和裁员四项内容。

一是员工年龄分布。企业内员工的年龄分布情况对于员工的工资、升迁、士气及退休福利等的影响极大。举例来说，一个已进入成熟或持续收缩阶段的企业，员工的年龄分布偏高，老年员工占较大比例，由于工资与年资有关，所以年资越长，工资越高；另外对于退休福利与接班人的需求问题也较严重；此外还会影响到其他员工的升迁机会，进取态度及工作士气。

二是缺勤分析。缺勤通常包括假期、病假、事假、怠工、迟到、早退、工作意外、离职等。此外士气低落、生产率低、工作表现差、服务水准差等都可以反映缺勤的情况。若管理者能留意这些缺勤指标及其他有关数据，可以估计未来的缺勤程度，就会对未来的人力供给估计有较切合实际的分析结果。假如缺勤情况严重，就应对缺勤因素加以分析并改善，希望现有人力资源得以充分发挥作用，不致浪费。

三是员工的职业发展。指导员工规划好他们个人的前程，提供他们充分发挥其潜能的机会，是挽留人才的有效方法之一，也是人力资源规划中重要的一环。帮助员工了解到他们可以获得某些职位或晋升的机会，会使他们对前途充满合理的期望。

四是裁员。当企业内部需求减少或供过于求时，便出现人力过剩，则裁员是无法避免的措施。这是国际上通行的做法，裁员对企业是一种浪费，因为损耗已培养过的人才，无论对企业现有员工还是对被解雇的员工都是很大的打击。一项好的人力资源规划必然没有员工过剩的现象出现，即使需要裁员也可以通过其他方法如退休、辞职等来平稳人力供求。还有其他方法给予补偿金，鼓励年老员工提前退休，提供青年员工接受训练的机会以转迁到其他工作单位等也可以采用。

3. 人力资源规划的评价

在对人力资源规划进行评价时，首先要考虑人力资源规划目标本身的合理性。评价时要注重以下问题：第一，熟悉人力资源工作的程度及其重视程度；第二，处理好与提供数据及使用人力资源规划的管理人员之间的工作关系；第三，合理掌握与相关部门进行信息交流的难易程度；第四，考察管理人员对人力资源规划中提出的预测结果、行动方案和建议的重视和利用程度；第五，关注人力资源规划在企业高层管理者心目中的地位和价值。

在评价人力资源规划的时候，还要将行动的结果与计划本身进行比较，目的是通过发现计划与实际之间的差距，修正和指导今后的人力资源规划。其主要的比较方面为：

实际人力资源招聘数量与预测的人力资源净需求量比较；

劳动生产率的实际水平与预测水平的比较；

实际的与预测的人员流动率的比较；

实施人力资源规划的实际结果与预期目标的比较；

人力费用的实际成本与人力费用的预算比较；

行动方案的实际成本与行动方案的预算比较；

人力资源规划的成本与收益比较。

上述项目之间的差距越小，表明人力资源规划越符合实际，越有利于企业目标的实现。

第七章 人力资源诊断

第一节 人力资源诊断概述

一、人力资源管理诊断的基本含义

人力资源管理诊断是指管理咨询人员通过对组织人力资源管理诸环节运行的实际状况及发展趋势进行分析、评估，发现存在的问题，提出合理建议或改进方案，以提高管理效率。

人力资源管理诊断涉及两个方面：一是劳动过程中管理者与被管理者各自状态及相互关系，以及人与物，人与劳动环境的相互关系；二是对劳动者的具体管理，主要包括招聘、调配、培训、考核、晋升及奖惩等方面的政策及方法。

人力资源管理诊断是一项智力服务活动，其主要作用在于：专业诊断人员凭自己丰富的管理知识及诊断经验的优势，较迅速地发现组织人力资源管理中存在的问题，找出解决问题的措施，提高组织管理水平；通过人力资源管理诊断活动，可以使组织管理者与诊断人员交流双方的实践经验和知识技能，有助于提高组织管理者的经营能力。

人力资源管理诊断通常由上级机构派出或聘请具有丰富管理知识和诊断实践经验的专业人士进行。组织内部管理人员常常会对组织存在的问题熟视无睹，即使了解症状，也难以找出问题的症结所在，这就是人们常说的"不识庐山真面目，只缘身在此山中"。外部诊断专家没有条条框框限制，作为旁观者容易发现管理中的问题，找准原因。组织内部人员受传统习惯、人际关系等影响，容易犯"当局者迷"的错误，邀请或派来的诊断专家则能公正客观地看待问题，即使是组织内部存有争议的问题，其见解也容易被组织成员接纳，有利于解决组织经营上的问题。

组织可以自诊。组织内部人员自诊可以保障组织内部机密不外泄，诊断方式及时间也可灵活机动，诊断费用少，但解决问题时易带感情色彩，易形成偏见，其局限性是显而易见的。

诊断可以是制度性的，也可以是自发性的，所谓制度性，是指上级组织对下属组织进行定期或不定期的诊断，通过诊断对下级部门进行检查、督导，这是一种经常性的活动。自发性诊断通常是组织决策层遇到难度大的问题，难以自行解决，邀请诊断专家对其现状进行诊断，找寻解决困难的方案。

二、人力资源管理诊断的基本内容

组织中人与人、人与事的关系错综复杂，人力资源管理涉及的内容很多，诊断主要从以下几个方面入手。

1. 对管理人员的管理能力、品质、决策风格的诊断

其诊断要点为：

（1）管理者的经营战略、经营方针。

（2）管理者的品德及知识结构。

（3）管理者的决策风格。

（4）管理者的创新能力、学习能力。

（5）管理者的知人用人能力。

2. 对经营组织的诊断

其诊断要点为：

（1）组织是否具有凝聚力、战斗力。

（2）组织人际关系是否和谐。

（3）组织经营目标是否得到员工支持，员工是否参与管理。

（4）组织各部门、各职务间的责权分割是否明确协调。

3. 对人力资源管理政策及人力资源管理组织的诊断

组织管理中，人居于主导地位，加强人力资源管理是组织提高劳动生产率、增加收益的重要途径。人力资源管理政策及人力资源管理组织诊断要点为：

（1）组织有无明确的人力资源管理方针、政策。

（2）人力资源管理组织是否适应组织的特点与规模。

（3）员工是否了解组织人力资源管理方针、政策。

（4）人力资源管理制度是否健全。

（5）人力资源管理部门与组织其他部门之间是否协调，沟通是否有效。

4. 对人力资源管理考核的诊断

人力资源管理考核是晋升、培训、奖惩的依据，其诊断要点为：

（1）有无完整的考核制度与严格的考核规章程序。

（2）人力资源管理记录是否完整。

（3）人力资源管理考核的方法、程序是否适应不同考核目的、不同考核对象。

（4）人力资源管理考核结果是否具有权威性、适用性。

5. 对能力开发与培训的诊断

能力开发和教育训练是现代经营的战略任务。为了不断提高组织素质，增强竞争能力，经营者越来越重视对人的能力进行开发和培训工作，能力开发与培训是人力资源管理的重要课题，其诊断要点为：

（1）能力开发是否在职务分析的基础上进行。

（2）有无教育培训计划，实施情况如何，是否受到组织高层重视。

（3）教育培训是否与能力开发及工作调动有机结合。

（4）教育培训与人员晋升是否做到有机结合。

（5）教育培训方法、设施是否合适，培训效果如何。

6. 对工资的诊断

工资是人力资源管理中最敏感的领域，其诊断包括工资总额、工资体系、基本工资、奖金。

（1）工资总额诊断。工资总额指对工资、津贴、奖金各种福利及伴随劳动力使用支付的全部费用，其中的问题是如何根据不同支付能力判断工资总额规定是否得当。工资总额诊断要点包括：

①工资总额如何确定。

②决定工资总额时是否与工会协商，是否考虑了广大员工的意见。

③是否考虑了工资费用的支付能力。

（2）工资体系诊断。工资体系是构成工资总额的各种工资支付项目的总括，其诊断要点为：

①现行工资的作用如何，是否与公司经营的方针一致，是否有利于提高生产率、管理水平及技术水平，是否有利于现有人员的稳定及招聘到合格人员。

②组织管理者对工资问题的认识如何，有无改善工资管理的愿望。

③现存工资体系存在哪些问题，员工有哪些不满和意见。

（3）基本工资诊断。基本工资诊断的要点是：

①基本工资由哪些要素构成，它在工资总额中所占比重如何。

②工作业绩在基本工资中是如何体现的。

③组织有哪些津贴，与基本工资的关系如何。

④基本工资的构成方法与组织性质是否相符。

⑤晋升、提薪的基准是否明确。

⑥各种工资成分的比率是否恰当。

（4）奖金诊断。发放奖金的目的是多种多样的，有的是对有功者的奖励，有的是变相的生活补助，有的是利润分配，有的是对全年工资总额的调节。与发放奖金的目的相对应，发放奖金的方法也是多样的：有的一律平均，有的强调考核，有的突出工作成绩，有的重视年功，有的重视全面考察。

奖金诊断的要点是：

①组织的奖金与经营方针、人力资源管理方针的关系如何。

②发放奖金的目的和发奖的方法与组织性质的特点是否一致。

③奖金固定部分与浮动部分的构成比率是否适当。

④奖金总额的决定方法和分配方法是否适当。

7. 对人员调配与任用的诊断

人员调配的任用是人力资源管理的主要工作之一，其诊断要点为：

（1）人员任用是否有计划按职务要求进行。

（2）对新进员工如何管理评价。

（3）能否做到因事择人，人适其职。

（4）对能力不适者如何处置。

（5）是否实行能力晋升制度。

三、人力资源诊断程序及实施要点

人力资源管理诊断活动一般遵循的程序如下：

诊断申请→收集相关信息→信息分析→提出问题、分析问题→编制诊断报告书→实施诊断方案。

这一程序通常分为三个阶段：

1. 预备诊断阶段

预备阶段是为正式诊断作准备的。预诊工作越细致，正式诊断也就越迅速、越准确。预诊包括如下操作：

（1）组建诊断小组。通常根据受诊组织的状况、规模、人力资源管理部门的实际情况而定。一般诊断小组由诊断人员、人力资源管理部门主管及组织管理者共同组成。

（2）收集组织内外部资料。内部资料主要包括：组织员工数额及构成情况；组织机构及职权范围；劳动法律及出勤情况；过去一年的生产情况；各类人员变动情况、工资及奖金发放情况；离职、退休制度及执行情况；作业规划及实施情况；人力资源考核和能力评价方法；现场整顿和安全卫生状况；教育培训情况及效果；提薪晋级手续及执行情况；部门之间、人员之间情报交流状况；福利保健设施及使用状况；领导及从业人员素质；人际关系状况；员工的工作热情，近三年劳动生产率变化状况；受诊组织劳动环境的特殊性；组织经营战略及产品发展计划、技术进步计划、投资计划；组织战略及人力资源开发设想，等等。

外部资料主要包括：受诊组织上级在人力资源管理方面的原则、惯例；同行业的劳动生产率水平、人员结构状况、行业内享有较高知名度人物及管理理念与特点；劳动力市场状况；市场竞争状况、人力资源管理规程、法律制度等。

（3）准备诊断计划、设计调查问卷。诊断的目的在于使组织量才录用，因事寻人，提高员工积极性以增强组织的凝聚力与竞争力。诊断计划要围绕目的进行，问卷调查要根据组织具体情况专题设计，切忌勉强套用现成问卷。

2. 实施正式诊断

正式诊断是整个人力资源管理诊断活动的主体，通常要花费较长时间。一般经过以下步骤：

（1）综合调查。通过调查组织经营概况，人力资源管理部门运营状况，了解组织面临的问题，有针对性地进行详细调查。

（2）详细调查。根据需要解决问题，对人力资源管理工作的主要职责类别有重点地调查，分析调查结果，利用管理分析、心理分析、统计分析等方法找准问题。

（3）制定综合改进方案。

①根据详细调查及分析结果，诊断人员共同协商、讨论、结合，然后提出较全面的

改进方案，再讨论与协商。

②与组织管理者面谈，主要讨论改进方案的内容及设想，双方相互交换意见，反复讨论，以充分理解组织人力资源管理中的主要症结，改进措施，同时补充、修改不完善部分。

（4）总结。汇总诊断结果，编写诊断报告书，举办诊断报告会，使组织所有员工对改进方案理解、认同，促使组织人力资源管理工作改革。

3. 落实阶段

这一阶段主要由组织人力资源管理部门组织进行，落实诊断的改进措施，对改进方案落实过程中出现的问题及时修正，积累经验，改进组织人力资源管理效率。

四、人力资源管理功能正常的标准

医生进行生理诊断时有人体运行正常的标准。进行人力资源诊断时，也应提出人力资源管理功能正常的标准。

1. 人力资源管理功能正常的意义

对人的管理是组织所有管理中的灵魂。人是物力、财力及信息的创造者，又是这些资源的载体和变压器，这些资源的功能通过人可以放大或缩小。如何充分发挥各类人员的潜在功能是人力资源管理的核心。

人力资源功能的发挥程度取决于动机，动机是人的需求和期待。这种需求和期待形成个人行为的目的。人们总在为实现某种目的而行动，为达到某种目标而努力。从人力资源管理角度看员工动机可以分为两类：一是个人需求，表现为加薪、晋级及个人成就感；二是从组织角度看，表现为出色完成任务，为组织作出了贡献。从动机到实现的过程是不确定的，需要通过良好的人力资源管理来达到或接近理想状态。

人力资源管理功能充分发挥的标志是高质量的工作。专家认为高质量的工作具有以下特征：

（1）工作是有趣的、挑战性的，工作态度是认真负责的。

（2）工作人员得到公平的酬劳，其贡献得到组织的承认。

（3）工作场所是清洁、明亮、安全、低噪声的。

（4）工作有监督，但主要靠工作人员自觉。

（5）影响员工工作的决策应由员工参与制定。

（6）提供必要的生活福利及福利设施。

高质量的工作能最大限度地调动员工积极性，推动组织效益的提高。

2. 人力资源管理功能正常的标准

组织在进行人力资源管理诊断或自我检查时，希望有一个理想的管理标准。而目前还没有一个理想而又统一的标准，我们认为包括以下几点：

（1）组织人力资源管理政策与政府政策及国家法规一致，并且符合以下要求：

①应当形成容易理解又能全面概括其职能的文字。

②应当有实施条款，还要在组织中广泛宣传，使员工理解。

③应与组织方针与目标一致。

④应与具体的人力资源调配、开发培训等管理环节相吻合，互为支撑。

⑤政策制定应经过由组织各级管理人员，员工代表组成的具有广泛代表性的临时委员会讨论、协商。

（2）人力资源管理过程必须充分体现员工是组织主人的原则。

（3）人力资源管理人员应由懂政策、熟业务，具有专门人力资源管理知识的人来担当；其职责范围、工作目标明确，还需具备讲原则、守纪律、作风民主，有说服能力等特点。

（4）人力资源管理过程中应做到：招聘有计划、考评有制度，晋升按规定，人员流动要合理，开发培训针对性强、效果好。

（5）工作环境适宜，福利待遇合理，分配政策能调动员工积极性。

（6）编制定员适度，职位安置和资格制度健全。

以上标准仍具有抽象、灵活的特征，但其中心是明确的，调动组织所有员工的积极性，使整个组织充满活力，具备强大的竞争力。

3. 常用人力资源管理状况分析指标

（1）群体指标。

①组织从业人员主要变动状况指标：

就职率＝新就职人数/组织人数

退职率＝退职人数/组织人数

满员率＝已录用人数/需要人数

②组织从业人员主要工作状况指标：

实际出勤率＝实际工作日/总工作日

加班率＝加班时数/总工作时数

每月平均加班率＝每月加班时数/组织人数

③组织人员主要构成比率指标：

直接人员比率＝直接作业人数/组织人数

一线管理人员比率＝一线管理人员数/直接作业人员数

④主要教育培训比率指标：

受训比率＝受训人员数/组织人数

人均受训率＝教育培训总时数/组织人数

⑤主要安全比率指标：

工伤事故率＝全年工伤事故件数/组织人数

工伤事故损失率＝损失劳动时间/总劳动时间

员工福利保健率＝福利保健费/组织人数

（2）个体指标。

①学历、工作能力。

②受培训情况：受训内容、考核结果、受训后的业绩等。

③工作岗位转移状况：升级、降职、专业调动、部门调动、职务变动等。

④奖惩情况：荣誉、惩罚处理情况及现实表现。

第二节 人力资源诊断方法

人力资源管理涉及组织人的管理、人与事的管理,其采用的诊断方法与一般经营诊断的侧重点不同,诊断方法既有定性诊断,也应用定量方法。

一、人力资源管理诊断直观方法简介

1. 实地观察法

诊断人员在诊断过程中,实地考察组织生产环境、生产过程。进行现场观察,仔细调查,询问和了解组织的工作气氛,富有经验的诊断人员用此种方法往往可以较准确地获得人力资源工作状况的感性认识,此种方法很直观,对规模较大的企业,所花的时间较多。

2. 面谈法

面谈是人力资源管理诊断的一种有效的方法。一名优秀诊断人员只需与少数人进行面谈,便可对人力资源管理及整个组织状况有较准确的把握,并对组织运转状况有较准确的认识。面谈是人力资源管理诊断人员获取第一手资料的一种有效方法。使用此种方法要求具有较丰富的谈话经验,运用心理学、管理学及社会学知识。

3. 问卷调查法

问卷调查是人力资源管理诊断常用方法之一。依据不同的人力资源管理诊断目的,可设计不同调查对象、不同结构、不同内容的问卷,由回答人在不受干扰的情况下独立填写,在规定时间内回收,最后由调查人对问卷结果进行汇总、分析、整理并写出调查报告。

二、人力资源管理诊断中较复杂的方法简介

1. 量表调查方法

量表调查方法是使用一种标准化的等级量表,通过组织测评、群众测评、自我测评等多种途径,对人力资源管理状况进行全面调查的方法。

量表调查方法的优点是调查项目设计严密,调查问题明确,被调查对象的意见选择规范,计量方法统一,调查结论经统计分析方法分析,便于进行横向及纵向比较。

量表需要打分的项目是经周密考虑的,打分通常用五个等级"1、3、5、7、9"表示,与数字对应的含义通常表示"很差、差、一般、好、很好",若认为等级划分粗糙可加入"2、4、6、8"四个亚等级。2表示"比很差好一点,比差坏一点",实际表示"1~3"的中值。每一项打分后面还应标明权重,表明项目的相对重要性。权重可以根据经验给出,也可用下面介绍的"层次分析方法"得出。

2. 人力资源功能测评法

人力资源功能测评用于组织各类人员德、智、体、能、绩的测量与评定,是一种定性与定量相结合的方法,可用于人力资源考核与人才选择的科学方法,人力资源功能测评的要素包括以下四个方面:

（1）素质结构。在人力资源测评诊断中通常指被诊断者的思想品德，反映了事业心、责任心、原则性等。

（2）智力结构。主要指被诊断者知识结构、思维能力，这是由先天、社会经历及教育三个方面形成的，通常指被诊断者的观察力、知识面、思维的深度与广度等。

（3）能力结构。主要指被诊断人员的特殊能力和专业结构，通常包括工作经验、处事能力、组织能力、创造能力及学习能力等。

（4）绩效结构。主要指各类被诊断者的工作成效，这是素质与能力物化的结果，通常由工作质量、数量、效率等要素组成。

人力资源功能测评是人力资源业绩考核的工具，评定时既要足够的评定人数，又要分层分级加权，从多个角度获取信息，防止评价结果的片面性，测评时常用到"层次分析"方法。

3. 层次分析测评法

层次分析方法是把定性与定量方法相结合，把复杂问题分解为若干层次，在每一层次上将人们主观判断数量化。

人们评价事物时离不开比较。比较的一种方法是用一个统一的尺度去衡量被比较事物；另一种方法是把事物两两比较，这种方法看起来烦琐些，而且保持前后比较标准一致比较困难；然而对缺乏公度性的事物之间比较时，前一种方法几乎行不通，后一种方法则是可行的。

层次分析假定层次之间存在递进结构：从高到低或从低到高。层次分析方法需要建立层次结构模型，建立层次结构模型首先要对问题有明确认识，把问题之间的层次化分清楚。然后建立判断矩阵，判断矩阵是同层次元素两两比较得出的，它是由定性过渡到定量的重要环节，求解判断矩阵的特征向量并对判断矩阵进行一致性检验是紧接其后的步骤，一致性检验是考察诊断者的判断思维是否具有一致性。最后是计算层次的总排序，即各因素相对重要性或权重。

第三节 企业管理者的诊断

组织的兴衰存亡与经济管理者的能力息息相关。管理者的能力对组织至关重要，对管理者的诊断是人力资源管理诊断的重要环节。

一、谁都能当管理者吗

不少组织都倾向将其出色的技术研究骨干推向各级领导岗位，好像他们在自己领域干得不错，在管理岗位上也一定干得好，结果，多数情况下事与愿违，这些人担任管理者后，既荒废了自己的专业，又耽误了组织的前进。在他们的治理下，组织生出一堆矛盾和一片混乱。这种观点的错误在于否认管理是一门精深的学科，承担管理责任需大量管理专业知识与特别才能，这种专业知识不是短期能学到，才能也不是很快就积累起来的。

1. 管理工作的职位特征

（1）管理职责充满挑战与困境。组织在复杂情况下，要完成其基本目标和经营策略，管理者必须具有前瞻性，合理调配组织内可使用的资源，对付各种突如其来的挑战。

（2）管理职位受各种关系的挑战。管理者除工作职责外，还受各种人际关系网络的宏观影响。这些关系网络由管理职责而产生，同时仅仅作用于其职责的实施，对这种关系网络，他们有义不容辞的责任去建立、发展、维护，每一组重要的人际关系将导致相关问题和挑战，他们要处理与上级、同僚、下级的关系，还要激励下属雇员。

正是这种充满挑战与困难的工作，给管理者职业增加了成倍的机遇和无限的魅力。

2. 管理者所应具备的能力

管理者的能力是影响组织绩效的关键因素。如果一个人缺乏必要的能力，无论他有多大动力，要想达到较高的绩效水平是不可能的。也就是说，如果一个人的能力低于某个层次，就不可能单纯通过努力来弥补能力的不足。能力由天资与受教育程度及积累的经验构成，管理者要应付职位的挑战，需要具备的能力有：

（1）创造性思考能力，能突破传统框框和常规思维，举一反三，既能看到局部又能总揽全局，能从整体上考虑问题。

（2）解决问题的能力，运用精密的推理能力，综合不同观点，发挥创造性，找出问题的症结，设计经得起推敲和实践考验的方案。

（3）表达及谈判能力，能筛选各种纷繁的信息，用文字或口头清晰表达自己的观点，简洁地解释复杂问题。以理服人，谈判时能与对方进行建设性对话，共同解决问题，创造双赢局面。

（4）感召力，善于观察和听取他人意见，理解不同背景、不同角度对问题的不同看法，善于识别他人的才能，获取他人支持、合作与尊重，引导组织的团队精神。

（5）学习能力，管理者必须善于学习、永不自满；掌握本门专业知识吸收管理知识，经济学、社会学、心理学等学科的知识，知识越多，经验越丰富，眼光就越宽阔，决策失误减少，进取心增强。

3. 管理者的素养

管理者不但要具备能力，还要具备以下素养：

（1）品德超人，良好的品德为社会和员工所敬仰，品德超人还意味着管理者有深厚的涵养，他们心理成熟、稳定，有诚意，具有打动人心的力量，能取得下级的信赖。

（2）强烈的责任感，管理者负有一定责任，在处理问题时要敢于决断，敢于负责。不争功，也不诿过。讲信誉，重承诺。

（3）成熟感，成熟的管理者在危机时能镇定自若，能消除员工的不安，鼓励后进的同事；不成熟的管理者缺少宽容的雅量，猜疑心重，自尊心过强，不敢负责，不诚实等；成熟的人严于律己，宽以待人，他们谨言慎行，不走极端，能理解不同的价值观和不同的宗教观念，有韧性、有毅力。

管理者是领导者，也就是负有引导他人去完成组织目标的人，不具备以上能力和素养是不能引导、感召他人的。优秀的管理者不一定是天生的，是可以培养出来的，然而不是短期培训可以奏效的。

4. 管理者素质的体现

管理者的能力与素养综合形成管理者的素质。当他从事管理时，这种素质便体现在其管理风格之中。管理者的素质通过其行动表现出来，管理的过程是一个素质外部化的过程。管理素质具体体现在以下几方面：

（1）确定经营方向。素质高的管理者，其目光远大，经营方向绝不小富即安。战略注意力必定集中于全球市场，敢于和任何强者竞争，如海尔管理者总是将其战略注意力集中在国际市场。

素质高的管理者还善于聘用、培训出一批富于献身精神的出色骨干。通过他们使全体员工认同其战略经营方向，进而形成一种认真求实的文化氛围，使经营战略落实在员工的行动上。宽松的内部环境有利于培育组织内的开拓精神，使组织在社会中形成良好的形象。好的组织易于获得好的人才，人才的创造性加固了好的组织，形成一种良性循环。

（2）团队精神。素质高的管理者善于培养团队精神，采用民主管理，全员参与决策，将组织目标变成全员目标，组织内存在和谐的工作关系，成员都有满足感。

高素质管理者善于营造一个人人都有晋升机会和最佳表现的环境，组织没有陈腐的官僚气息、繁文缛节。组织充满无拘束的合作气氛，管理者十分重视与员工的关系，在员工中拥有很高的威望，这样的领导才能引导员工按组织的要求自觉工作。好的领导善于发挥每一个人的潜力。

二、管理人常见病症

管理人员在组织中起决定性作用，然而他们也是人，也会犯错误。常人的错误影响范围小，管理范围越大的管理者犯错误，其影响也就越大，管理人员常见错误或者说是常犯的病症有以下几类：

1. 盲目前冲型

这类组织通常由一位雄心勃勃且专权的管理者领导。他有强烈扩张的愿望，组织也处于一种急速扩张过程中。当组织随着扩张变得复杂起来时，管理者往往不愿授权也不屑与中层管理者协商，被迫事无巨细都由其过目，下属老是被动工作。结果，管理者抱怨训斥增加，组织士气低落，缺乏长期打算。组织管理跟不上扩张，失败随之而来，这类型组织的管理者患上了自大专权症。

2. 故步自封型

这类组织过去经营很成功，资源管理有效，管理者长期习惯于在稳定的环境中经营，他们忽视经营环境的变化，忽视顾客需求，不理会竞争者及经营、技术方面的新发展，强烈反对变革，这类型公司不鼓励市场研究与分析，管理系统官僚作风严重，对任何革新措施不屑一顾，这类组织的核心层故步自封，官僚习气严重、上下无法沟通、士气低落，环境是经常在变的，当环境变化较大时，这些组织便像恐龙一样处于灭绝之中，这类型组织的管理者患上了呆滞症。

3. 软弱型

管理者常被称为组织的大脑，当一个缺乏经营管理能力的人占据了组织主管位置，可能无法制定适合组织发展的战略，对组织能否适应激烈市场竞争毫不关心，对组织内部关系缺乏协调能力。组织在市场上处于一种随波逐流状态，主管位置形同虚设，对性格强悍的下属一味迁就。结果，组织无力创新，没有明确的战略与资源使用计划，各部门各自为政，冲突此起彼伏，组织像一条在波涛汹涌的大海上失去动力的船，随时都有倾覆的危险，这类组织的管理者患的是无能症。

4. 赌徒型

这类公司往往是早已陷入困境之中。以往的经营失败使组织可用资源几乎耗尽，市场萎缩，设备落后，人心涣散。当新的管理者接手时，只看到破败景象，不仔细调查衰败的原因，找出症结所在，企图凭借自己及少数助手，一举扭转局势。以赌一把的心态，采用风险极大的冒险计划。员工往往拒绝合作，因新领导与他们缺乏沟通，其目标不被员工认可。管理者不休养生息、调整内部损坏的结构、调动多数人的积极性，冒险进入风险大、盈利大的领域，往往输得血本无归，导致组织破产清算，这类组织的管理者也是不合格的，他们往往使一只病牛变成死牛。

三、管理者疾病诊断

组织的失败，在多数情况下与管理者密切相关，确定管理者患有何种疾病，才能对症治疗。下列问题有助于管理者疾病诊断：

（1）组织主管是否专权，所有决策是否皆出自主管？

（2）组织成长策略是否过于激进，管理复杂性增加过快？

（3）财务过分扩张是否由银行债务构成，管理人员是否感觉资金不足？

（4）高层决策愈来愈反映出其对行业变化无知，当某一基层出现危机，高层是否感到意外？高层是否处于不停解救危机之中？

（5）组织是否没有成文的战略规划，无明确的市场策略？

（6）组织是否受老产品影响强烈，新产品几乎不见踪影？

（7）组织有无标准作业程序，管理者是否将注意力集中于正式报告体制中，组织是否层级分明，地位等级分明？

（8）主管是否有名无实，优柔寡断，或办公室常见不到人，决策多出自基层管理者，组织是否无明确发展方向？

（9）组织部门间是否经常发生冲突，各自为政？

（10）组织疲软是否有较长时间，各种资源是否匮乏？

（11）组织新进管理人员是否缺乏经验？是否打算与原有基层管理人员合作？其提出拯救计划是否有大而空之嫌？

（12）扭转组织局面，是否时间太短，牵涉变革太多，资源消耗亦过多？

若对（1）～（5）答案为肯定者，组织患第一类冲动症，组织治疗应以扩大决策阶层，降低扩张率，扩大授权，实行民主管理为主。

若对（1）、（4）、（6）、（7）答案为肯定者，组织患第二类呆滞症，官僚作风袭击该组织。组织治疗应推广民主管理，推进组织结构改革，研究市场及技术发展趋势，加强内部沟通，扩大决策范围，培养创造精神。

若对（4）、（5）、（8）、（9）答案为肯定者，组织患有第三类无能症。更换主管，招聘强有力的管理者是主要治疗方案。

若对（10）～（12）回答为肯定者，组织患有第四类冒险症。这类情况最难治疗，最好是从组织内部选拔熟悉情况，有革新精神，受员工拥护者担当主管，采用渐进的办法恢复组织体力。

第四节　企业组织诊断策略

组织诊断是人力资源管理诊断的一个重要组成部分。组织诊断目的在于弄清组织的长处、弱点及问题所在，对症下药，理顺组织上下关系，建立一个协调、健康、高效的系统化组织。

一、健康组织的特征

进行组织诊断，必须有明确的诊断标准，这个标准是理想状态的组织所具有的特征。

1. 实行民主管理

健康组织是下级经常参与工作决策。组织宗旨、政策、规章、指标等为组织所有成员理解和支持。监督人员与下级相互支持、相互尊重，上级意图能迅速贯彻执行，下级情况能及时反映到上面。员工工作主动，热情高。

2. 内聚力强

健康组织中各群体之间无冲突。无抱怨和不满，部门及成员间相互合作、工作信息自由流通、冲突能及时合理地化解，人际关系和谐、劳资关系协调，员工满意度高。

3. 稳定性高

健康组织具有较高的稳定性。这里稳定性指两方面情况：一方面指组织内部人心稳定：面对各种诱惑，组织骨干成员是稳定的，组织不会出现频繁大量人员流动状况，组织权责分明，工作高于弹性，具有较高灵活性，组织信赖员工，员工以组织自豪；另一方面指组织面对多变的市场环境，其效益是稳定的，市场是稳定的，经营是稳健的。

4. 具有成长性

健康组织和人一样具有成长性，其成长性也包含两个方面：一方面是指各级员工进入组织后都有成长机会，有接受挑战性工作的机会，有培训与升迁的机会，个人价值得到恰当的评估，员工责任感强；士气高昂，自觉与组织共同成长。由此产生另一方面的成长性，组织人才济济，创新多，创新能力强，产品质量好，市场信誉高，经营业绩具有良好的增长前景。

二、组织诊断的程序

组织诊断包括信息的收集、组织质量分析诊断、人际关系诊断、组织对策研究。

1. 信息收集

进行组织诊断首先要收集对诊断有用的各种信息。信息的收集方法有以下几种：

（1）查阅资料。通过查阅组织历史资料是收集诊断信息的基本手段，需要通过查资料收集的信息有：组织经营业绩及其分析，经营业绩变化状况；组织内部经营责任制、权力关系；有关业务管理规章制度；组织运行情况通报等。

（2）跟踪调查。通过全程参与组织处理某项业务或某项事件，以获得有关组织文化，责权关系，信息沟通，工作效率等方面的情况及存在的问题等资料。

（3）访谈。有目的地找组织各层有代表性的人员面谈，通过面谈了解组织运行特征、缺陷，员工的改进意见等信息。

（4）问卷调查。这是了解组织运行状况，组织存在缺陷的重要工具。

（5）座谈。可以获得有价值的改进组织效率的建议，座谈会应使参与人员消除顾虑，畅所欲言。

通过以上各种办法收集组织信息后，为诊断方便，可绘制组织结构图，责权分配图，信息流程图。

2. 组织质量分析诊断

收集信息之后，应用所得信息，分析组织质量。质量分析包括以下几个方面：

（1）经营业绩分析，这是衡量组织运行状况，确定是否存在以下问题：

①创新不足，产品档次低，价格低，销售不畅；

②产品质量不稳定，市场信誉不高，交货期难以保证，服务跟不上；

③成本居高不下，规模效益差，市场占有率低，难与同行竞争；

④成长缓慢，甚至停滞不前。

（2）管理分析，用管理科学为指导对组织的计划、执行、激励、协调、控制等管理过程进行分析，确定是否存在以下问题：

①信息不灵、决策失调、计划水平低；

②缺乏有效激励，组织难以适应激烈的竞争；

③各部门相互推诿，互不合作，责权不清；

④组织内外关系存在严重缺陷，经营控制不力；

⑤考核、升迁无章可循，缺乏透明度。

（3）组织体制分析，从组织组成原则检验组织体制，找出组织存在的问题：

①组织模式是否与战略目标相适应，部门地位与战略重点是否对应；

②组织体制与人员素质是否适应，职务设计是否有利于人的才能发挥；

③分工是否明确合理，责权是否对称，协作程序是否明晰；

④机构是否有冗余，制度是否烦琐、管理跨度是否合理；

⑤政令是否通畅，是否具有必要的权力制衡机制；

⑥信息沟通渠道是否有梗阻，组织文化与组织目标是否一致。

3. 人际关系诊断

人际关系诊断包括对组织的情报交流，人力管理咨询制度及小组参与制度等的诊断，其诊断要点如下：

（1）组织是否有明确的工作目标。

①所有成员是否都了解其工作目标，完成目标的热情如何。

②是否定期征求意见，员工是否充分发表了自己的意见。

③工作目标是否根据变化的情况及时调整。

④对完成目标的情况是否给予了公正评价。

（2）情报交流状况。

①现行组织架构是否能适应情报交流的要求。

②组织内部各部门，员工之间是否能经常交流情况，沟通思想。

③组织内有哪些妨碍情报交流的因素。

（3）人力资源管理咨询制度的执行情况如何。

①人力资源管理咨询由谁担当，从业人员是否乐意找他们反映自己的不满和困难。

②有无人力资源管理咨询记录，人力资源管理部门如何应用这些记录。

（4）提案制度实施情况。

①有无提案制度，执行情况如何。

②对提案能否以统一的尺度进行公正的审查。

③全年有多少提案，采纳比率有多大，未被采纳的提案是否向提案人说明了原因。

（5）小组参与制度执行情况。

①组织有无质量管理小组，无缺点活动小组等。小组活动开展如何，小组参与活动效果如何。

②小组活动课题如何确定，小组活动中有哪些好的方法，有哪些缺陷。

③小组长是否受过专门的教育训练，才能发挥如何；小组成员是否能畅所欲言，各抒己见。

4. 组织对策研究

通过诊断所反映出来的组织存在的问题，提出有针对性地改进对策，通常所采用的对策有：调整组织结构，加强薄弱环节，取消冗余部分；明确管理权限，加强监管与制衡；疏通正式沟通渠道，开辟非正式沟通渠道；改造或重塑组织文化；调整管理人员，强化组织纪律等。

所提对策需通过座谈会等形式与被诊断组织进行沟通，寻找切合实际的解决之道。

第八章　员工招聘与录用

第一节　员工招聘概述

一、员工招聘的含义

现代人力资源管理中的招聘是指为了实现组织的战略目标，由人力资源管理部门和其他部门按照科学的方法，运用先进的手段，选拔岗位所需要的人力资源的一个过程。

一个组织要想永远留住自己所需要的人才是不现实的，组织内部人员的正常退休、人员辞退及人员调动都会引起组织内部人力资源数量的变化，所以，员工招聘工作是组织人力资源管理的一项经常性工作。但是招聘是一项需要耗费大量人力、物力和财力的工作，如果盲目招聘，不但员工队伍的素质无法保证，而且会造成经济上的巨大损失。

一般情况下，组织是由于以下几种情况而产生人员需求的：①新的组织成立；②组织发展了，规模扩大了；③现有岗位的空缺；④现有岗位上的人员不称职；⑤突发的雇员离职造成人手不足；⑥岗位原有人员晋升了，形成职位空缺；⑦机构调整时的人员流动；⑧为使组织的管理风格、经营理念更具活力，而必须从外面招聘新的人员。

如果一个组织只在"缺人"时才想到招聘，说明它还没有形成人力资源管理理念，没有深刻体会到招聘的意义。随着市场经济的建立，"以人为本"的观念正在各组织中逐步树立，人才的吸收和培养也越来越受到组织的重视。

二、招聘原则

1. 效率优先原则

人力资源部门在招聘时首先应考虑的是组织的效率，可招可不招时尽量不招；可少招可多招时尽量少招。一个岗位宁可暂时空缺，也不要让不合适的人占据，对于招聘来的员工一定要充分发挥他们的潜能，做到人尽其才。

2. 双向选择原则

在计划分配成为历史，劳动力市场日渐完善的条件下，双向选择成为招聘者和求职者的最佳选择。招聘者在劳动力市场上搜寻令他满意的劳动者，而求职者也在劳动力市场上寻找适合的用人单位，双方处于平等地位。

3. 符合国家法律政策和社会整体利益的原则

在招聘中应坚持平等就业、相互选择、公平竞争、禁止未成年人就业、照顾特殊群体、先培训后就业，不得歧视妇女等具体原则。由于用人单位的原因而订立了无效劳动合同或违反了劳动法规，用人单位应承担相应的责任。

4. 公开、公平原则

组织在招聘时应把招聘的部门，招聘职位的种类、数量、要求以及考试方法向社会公开。这样做不仅可以扩大筛选范围，而且有助于形成公平竞争的氛围，使招聘单位确实招到德才兼备的优秀人才。

与公开原则相适应，招聘单位对应聘者应该一视同仁，努力地为人才提供公平竞争的机会，不得人为地制造不平等条件。如上面提到的性别歧视、年龄歧视、地区歧视等，这些不平等条件和歧视政策常常把许多优秀求职者排斥在外。

5. 竞争、择优、全面原则

竞争和择优是公平、公正的必然选择。人员招聘必须制定科学的考核程序、录用标准，选择合适的测试方法来考核和鉴别人才，只有根据测试结果的优劣来选拔人才，才能真正选到良才。

在强调择优的同时不能忽略全面的原则，在考核时应兼顾德、智、体多方面的因素。因为一个人的素质不仅取决于他的智力水平、专业技能，还与他的人格、思想等密切相关。当然，在坚持全面原则的同时，对人也不能求全责备，任何人才都不可能十全十美。

6. 确保用人质量和结构合理原则

一般说来，选聘人员时应尽量选择素质高、质量好的人才，但也不能一味强调高水平，应坚持能级配置和群体相容的原则。简单地说，就是要根据组织机构中各个职务岗位的性质选聘相应人员，而且要求在工作群体内部保持较高的相容度，形成群体成员间心理素质差异的互补，使整个组织的人员结构合理。招聘到最优的人才只是手段，最终的目的是每一岗位上都是最合适、成本最低的人，从而使组织的整体效益达到最优。

7. 降低招聘成本，提高招聘效率

我们这里所指的招聘成本包括：招聘时的各项费用；因招聘不慎、重新再招聘所花费的费用，即重置费用；因人员离职给组织带来的损失，即机会成本。目前，招聘单位对招聘成本和招聘效率往往不够重视。我们必须看到人力资源招聘工作的投入资金是有限的，在以效益为中心的组织中，招聘同样要讲究效率，应该以最低的代价获得合适的人才。

三、招聘的发展趋势

随着信息技术的发展和组织对人力资源的日益重视，招聘工作出现了以下的新趋势：

1. 招聘和选拔工作向着战略化方向发展

随着组织对招聘工作意义的深入了解，各组织对招聘和选拔的重视程度越来越高，招聘和选拔工作开始向战略化方向发展。传统的招聘和选拔工作往往是一种事后的统计，而如今更多的是事前的预测，特别是在战略人力资源管理中，招聘和选拔工作对组织战略目标的实现，起着越来越大的支持作用，所以战略层次的人力资源管理也更加注重长远的人力资源规划。

表 2-14   招聘与选拔工作在直线部门和职能部门之间的职责划分

	人力资源管理专业人员的职责	部门主管人员（直线人员）的职责
招聘与选拔工作的职责划分	1. 列出特定工作岗位的任职要求，以便协助人力资源部门进行工作分析 2. 向人力资源管理人员解释对未来雇员的要求以及所要雇用的人员类型 3. 描述工作对人员素质的要求，以便人力资源管理人员能够设计出适当的甄选和测试方案 4. 同候选人进行面谈，做出最后的甄选决策	1. 根据部门主管人员提供的资料编写工作描述和工作说明书 2. 制定出雇员晋升计划 3. 拓宽招聘渠道，开展招聘活动，为组织争取一批高质量的应聘者 4. 对候选人进行初步面试、筛选，然后将可用者推荐给部门主管人员

2. 越来越多的职能和专业部门参与到招聘活动中

原来的招聘工作一般由人力资源管理部门一家包办，但人力资源管理部门往往不是最终的用人部门，它们选聘的人员不一定能满足用人部门的要求。在这种情况下，各个职能和专业部门越来越多地参与到招聘和选拔工作中，按照工作的实际需要进行人员选拔。人力资源管理部门的职责则转变为向各个部门提供支持，使它们能够合理、有效地实施相应的招聘计划。

3. 对招聘者的素质提出了更高的要求

由于组织对招聘和选拔工作更加重视，高素质人才的争夺更加激烈以及筛选测试技术更加复杂多样，所以招聘者也需要具备较高的素质和较广的知识面，不仅要熟知人力资源管理知识，对社会学、心理、统计学等也要有一定的研究。而且以人才招人才易，以庸才招人才难，只有招聘者本身就是一位人才，才能为组织招来更多的人才。

4. 员工选拔的方法越来越科学

在目前的招聘活动中，计算机技术被广泛运用，比如运用计算机资料库和互联网发布招聘广告和筛选应聘者，并且许多前期筛选工作现在都可以通过计算机来完成。此外心理学、笔迹法、诚实性测验等新技术也开始得到认可，而且取得了很好的效果。

第二节   员工招聘策划

招聘是组织与潜在员工进行接触的第一步，人们通过招聘环节了解组织，并最终决定是否为它服务。从组织的角度看，只有对招聘活动进行有效的规划和良好的管理，才能得到高质量的员工。组织在招聘计划中应该考虑以下问题：怎样填补一个空缺职位；

招聘职位的任职要求是什么；组织准备花多少时间完成整个招聘过程；招聘团队如何组建。

一、招聘规划

招聘规划在组织不同管理层次上的分工是非常明确的。组织高级管理层的招聘规划工作包括审核和批准就业计划、进行职务分析、制定招聘的总体政策，确定招聘雇用的标准、设立雇员的起始薪酬水平等。组织部门经理的主要工作是向人力资源部门提供本部门空缺职位的数量和类型信息，部门经理还需要参加本部门应聘者的面谈、筛选工作。人力资源部门在招聘规划中是当然的核心单位，最高管理层决定的招聘总政策要通过人力资源管理部门来具体实行。人力资源管理部门需要制定具体的招聘政策、招聘程序，同有关部门一起研究雇员需求情况，完成各项具体的招聘工作，对候选人进行招聘、筛选和录用。

1. 招聘规划的主要内容

招聘规划工作简单地说就是把空缺职位的工作说明书和工作规范变成一系列目标，并根据这些目标确定需招聘员工的具体数量和类型。

（1）招聘人数。计划招聘人数往往要多于实际录用人数。这是由于一些应聘者可能资格不够，一些应聘者可能对申请的职位没有兴趣而退出，一些应聘者可能是脚踏两只船，认为其他组织更好。

那么，究竟应该吸引多少应聘者才是合适的呢？招聘计划要在人数确定方面达到尽善尽美是不可能的，但是可以运用一定的技术使计划尽可能准确。在这里招聘收益金字塔是一个比较有用的工具。招聘收益是指在招聘过程中经过各个环节筛选后留下的应聘者的数量。使用这种方法，可以帮助人力资源管理部门确定为了确保最终获得一定数目的雇员，在招聘之初必须吸引多少申请者。

如图 2-22 所示，假设根据过去的经验，组织每成功地录用到一名销售人员，需要对 5 个候选人进行试用，而要挑选到 5 个理想的候选人又需要有 15 人来参加招聘测试和面谈筛选，而挑选出 15 名合格的测试和筛选对象又需要有 20 人提出求职申请。那么，如果组织现在想最终能够招聘到 10 名合格的销售人员，就需要至少 200 人递交求职信和个人简历，因此至少应有 200 人收到组织发出的招聘信息。

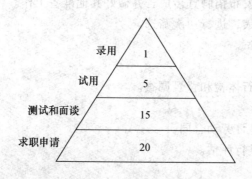

图 2-22　招聘收益金字塔

不同的岗位、不同的地区、不同的时期，每一个步骤的收益率都会有所不同。这些比例的不同与劳动力市场的供给直接相关，劳动力供给越充足，收益率就越小，反之亦然。需要的劳动力素质越高，收益率也会越小。这些比率的确定需要依靠丰富的招聘经验。当然每一步骤的收益率是可以调整的。比如，在招聘广告中如果雇用要求非常详细，那么就可以提高申请阶段的收益率，因为详细的说明会使一些不合格的、潜在的申请者进行自我淘汰。

（2）招聘标准。就是组织决定录用什么样的人才。这些标准包括年龄、性别、学历、工作经验、工作能力、个性特征等。招聘标准的确定是建立在职务分析的基础之上的。

确定招聘标准，最合理的办法是将任职要求分为两大类：必备条件和择优条件。必备条件就是对候选人最低限度的资格要求，这些任职资格或条件不能依靠其他力量，比如学习新的技艺或从其他途径获得帮助来加以弥补。如果要求汽车司机在复杂的路况下安全行驶，那么他的基本驾驶能力不可缺少。必备条件确定以后，另一组与此对应的要求也需要确定，这就是带有倾向性的资格要求，即所谓的择优条件。在候选人的其他任职条件都相当的情况下，择优条件可以帮助招聘者比较候选人的相对优劣。

（3）招聘经费预算。除了参与招聘工作的有关人员的工资外，招聘工作还要支付广告费、考核费、差旅费、电话费、通信费、文具费等，所以人力资源部门应尽量压缩招聘的单位成本。

2. 招聘程序

在招聘的主要内容确定以后，下一步工作就是拟订可以具体操作的行动计划，这是整个前期工作的关键。招聘人员往往需要花很大的精力充分估计招聘活动的具体细节。如果没有特殊的要求，招聘活动往往会按以下程序进行：

（1）根据组织的人力资源规划，确定人员净需求量，制定人员选拔、录用政策，在组织的中期经营规划和年度经营计划的指导下，制定出不同时期不同人员的补充规划、调配计划以及晋升计划。

（2）得到职务分析报告之后，确定空缺职位的任职资格以及招聘测试的内容和标准，再据此确定招聘甄选技术。

（3）拟订具体招聘计划，上报组织领导批准。

（4）人力资源部门发布招聘宣传广告并做好其他准备工作。

（5）审查求职申请表，进行初次筛选。

（6）组织面试和笔试。

（7）甄选。

（8）对录用人员进行体检和背景调查。

（9）试用。

（10）正式录用，签订劳动合同。

（11）对招聘工作进行评估。

第三节 员工招聘渠道

招聘渠道是能够提供合格员工的途径。一般来说，招聘渠道可以划分为两类：一类是组织内部渠道；另一类是组织外部渠道。在每一类招聘渠道中，又有许多不同的细分渠道。具体选择哪种招聘渠道，取决于组织所在地的劳动力市场、空缺职位的类型和工作内容以及组织的规模等一系列因素。

一、内部招聘

一说到招聘，许多人首先想到的是广告、人才市场和大学校园，而那些已经在组织内任职的雇员却往往被人忽视。内部招聘是员工招聘的特殊形式。内部晋升、岗位轮换等都属于内部招聘。严格说来，内部招聘不但属于人力资源招聘的范畴，而且应该属于人力资源开发的范畴。

在组织内部进行人员调整，可以最大限度地发挥组织现有人力资源的潜力。组织在进行人员招聘、录用时，内部招聘应优先于组织外部招聘，尤其是高级职位或重要职位的选聘工作更应如此。

内部招聘具有以下优势：一是有利于员工的职业发展，能够调动组织现有员工的工作积极性；二是可以利用现有人事资料简化招聘、录用程序，节省人力、财力和时间；三是内部员工对组织比较熟悉，对新职务的适应期更短；四是可以控制人力成本，减少培训时间和费用。

组织内部招聘可以通过公布现有职位空缺，鼓励员工自我推荐来实现。招聘者在进行内部招聘时，必须保证筛选的公开性和公正性。不透明和不合理的选拔容易挫伤员工的积极性，反而会降低员工的工作绩效。另外，对于未被选用的员工，管理者要详细说明原因，并提出期望，指出将来的机会。

1. 内部招聘的渠道

内部招聘的渠道很多，其中最主要的是职位公告和职位投标、职位技术档案筛选以及雇员推荐三种。

（1）职位公告和职位投标，这是组织内部招聘的普通方法。过去的做法是在公司或组织的布告栏，发布工作岗位的空缺信息；现在则有更多发布招聘信息的方法，比如通过内部电视台、内部报刊、局域网发布招聘信息。职位公告应该包括空缺职位的责任、义务、任职资格、工资水平及其他相关信息，如公告日期、截止申请的日期、申请程序、联系电话、联系地点、联系时间、是否同时进行外部招聘，以及在面谈过程中应聘者是否需要演示他们的技能等。能够满足应聘条件的雇员可以提交正式申请或者在职位投标单上签名。对组织来说，采用职位公告既有优点也有缺点。职位公告的优点在于帮助组织发现那些可能被忽视的内部潜在应聘者。职位公告的缺点是必须让每个员工都知道空缺职位的信息，而且还要对未被聘用的员工做出相关解释，所以文件处理的工作量比较大。另外，如果没有一项政策限制一个雇员在一定时期内变换职位的次数，职位公告可能在组织内造成过高的职位流动率，影响组织的稳定。对于组织内高级职位的内部招聘，使用得较多的是职位清单、个人记录、雇员推荐等方法。

（2）职位技术档案筛选。随着计算机的普及，那些保存了计算机电子技能档案的组织，越来越多地利用技能档案来进行内部招聘。技能档案中记录了雇员资历、技能、智力、教育和培训方面的信息，而且这些信息是经常更新的，这些信息不仅能够帮助决策者获得职位投标者的相关信息，而且还可以帮助组织发现那些具备了相应资格但由于种种原因没有提出申请的雇员。

职位技术档案的优点是可以在整个组织内发掘合适的候选人，同时职位技术档案也可以作为人力资源信息系统的重要资料。如果准备适当，而且职位技术档案包含的信息又比较全面，那么招聘者采用这种方法进行内部招聘就会既省时又省力。

（3）雇员推荐。许多组织都采取雇员推荐的方法来招聘员工。这一方法主要具有以下一些优点：首先，雇员在推荐候选人时，他们对组织的要求和候选人的条件都有一定的了解，会预先进行一次筛选；其次，被推荐者可以通过推荐者对组织有一个比较全面的了解；最后，推荐者通常会认为被推荐者的素质与他们自己有关，只有在他们认为被推荐者不会给他带来不好的影响时，才会主动推荐他人。当然，这种做法也有一些缺点，如果雇员推荐的人被拒绝了，这个雇员就可能产生不满情绪；而且推荐的人数过多，就容易形成小团体和非正式组织，从而削弱组织的凝聚力。

除了以上三种内部招聘方式外，职位转换也是组织填补职位空缺的一个最常见的方法。组织管理者经常会发现，一个雇员如果离开现有的职位，转移到其他职位，对组织和这个雇员的发展都更加有利。

2. 内部招聘的优缺点

内部招聘对于组织的管理职位来说尤为重要，在美国，抽样调查资料显示，有90%的管理职位空缺是由内部招聘来填补的。正是因为内部招聘具有以下优点，才会被广泛使用：

（1）内部招聘对现有的雇员来说是一种重要的晋升渠道，得到升迁的员工会认为自己的才干得到组织的承认，因此工作积极性和绩效都会提高。

（2）由于现有的雇员在组织中已经工作了一段时间，他们对组织有更深厚的感情，因此流失的可能性比较小。

（3）提拔内部员工可以提高所有员工对组织的忠诚度，使他们在规划自己的职业生涯时，能做比较长远的考虑。

（4）由于组织对雇员的技能、才能比较了解，所以通过内部招聘往往能找到与职位更匹配的员工。

（5）内部招聘不仅可以为组织节约大量的广告费和筛选录用费，还可以节约相应的培训费。通过内部招聘，雇员在组织中已经接受的培训得到了肯定。雇员对组织的贡献也将通过内部招聘这种形式得到最好的回报。

但是，作为一种选择范围相对狭小的招聘方式，内部招聘也有许多的不足之处：

（1）那些提出了申请却没有得到职位的员工以及没有得到招聘信息的员工可能会

感到不公平和失望，甚至会影响工作的积极性，因此需要做出明确的解释。

（2）内部招聘常常使雇员群体中产生嫉妒、攀比心理，而且容易形成非正式组织和小团体。

（3）如果组织已经有了内部补充的惯例，当组织需要从外部招聘人才时，就可能会遇到内部员工的抵制。

（4）内部招聘会造成新的职位空缺，即被提升的人空出的职位。这一职位也是需要填补的。因此，内部招聘可能会增加培训方面的压力。因为一次就产生了两个需要培训的雇员，一个是得到晋升的人，一个是填补已晋升人员职位空缺的人。

（5）内部招聘的最大问题是近亲繁殖。如果组织的整个管理队伍都是从同样的途径晋升上来的，组织的管理决策就会缺乏差异，整个管理阶层就会缺乏创新意识。

如何平衡内部招聘的优缺点，是一项具有挑战性的工作。内部招聘的缺陷，一般都可以通过一些更细致的工作来弥补或消除。比如做好信息发布工作，使有关信息传达到组织的每一个角落；对于提出申请的员工，应该让他们知道，尽管他们在被考虑之列，但并不能保证一定能得到升迁。这些细致的工作有助于消除误解，减少未获得晋升的员工的不满情绪，避免对士气产生不良影响。

二、外部招聘

外部招聘是根据一定的标准和程序，从组织外部的众多候选人中选拔符合空缺职位要求的人员。虽然在上面内容中我们谈到内部招聘的种种好处，但组织过于依赖内部招聘也是一种失误，外部招聘则可以弥补内部招聘的许多不足。

1. 外部招聘的优缺点

（1）外部招聘的优点。

①缓和内部竞争者之间的紧张关系。每个内部竞争者都希望得到晋升的机会，但空缺职位却总是那么少。当员工发现自己的同事，特别是原来与自己处于同一层次、具有同等能力的同事被提升而自己竞争失败时，就可能产生不满情绪，懈怠工作，不服管理。外部选聘则可能使这些竞争者得到某种心理上的平衡，有利于缓和他们之间的紧张关系。

②为组织带来新鲜空气。来自外部的应聘者可以为组织带来新的管理方法和经验。他们不受既定思维的束缚，工作时可以放开手脚，给组织带来更多的创新机会。此外，由于他们新近加入组织，与上级或下属没有历史上的个人恩怨，从而在工作中可以不必顾忌复杂的人情网络。

③帮助组织树立良好形象。外部招聘是组织与外部交流的一个机会，借此机会组织可以在潜在雇员、客户以及其他外界人士中树立良好的形象。

（2）外部招聘的缺点。

①外聘人员不熟悉组织内部情况。所以需要经过较长的适应期才能有效进行工作。

②组织对应聘者缺乏深入了解。虽然组织在进行选拔的时候可以借助一定的测试、评估方法去了解应聘者，但一个人的能力不是通过几次短暂的面谈和书面测试就能得到正确反映的。被录用人员的实际工作能力与选聘时的评估结果可能存在很大差距，组织

可能因此聘用一些不符合要求的员工。

③挫伤内部员工的积极性。这也是外部招聘最大的缺点。多数员工都希望在组织中有不断发展的机会，都希望能够担任重要的职务。如果组织经常从外部招聘员工，而且形成制度和习惯，就会堵死内部员工的升迁之路，从而挫伤他们的工作积极性，影响他们的士气。有才华、有潜力的外部人才在了解到这种情况后也不敢应聘，因为一旦应聘，虽然在组织中的起点很高，但今后被提升的希望却很小。

由于内外招聘都各有优缺点，所以大多数组织都实行内外招聘并举。如果一个组织的外部环境和竞争情况变化非常迅速，它就既需要开发利用内部人力资源，又要充分利用外部人力资源。对于那些外部环境变化缓慢的组织来说，实行内部招聘往往更为有效。一般来说，内部招聘的重点是发现管理人才，外部招聘的重点是引进技术人才。

2. 外部招聘的渠道

外部招聘的渠道可谓多种多样，组织应根据实际情况做出灵活的选择。比较重要的外部招聘渠道有：被推荐者和随机求职者、招聘广告、就业服务机构、校园招聘、海外招聘、其他招聘渠道。

（1）被推荐者和随机求职者。上一节我们已经讨论了作为内部招聘渠道的员工推荐。当然，被推荐者也不一定非得是公司的内部人员不可。公司的关系单位、上级部门、所在社区或者同行业协会都可作为推荐人，从外部向组织推荐人才。这种方式的优点在于推荐人与组织相互之间比较了解，但是同行业之间的推荐容易使组织内部形成小团体，所以仅适用于大型组织的一些高层职位招聘。

随机求职者对组织来说，是一个重要的工作候选人来源。他们通常都是一些蓝领工人或低级文员，尽管他们的素质和能力可能不如其他来源的应聘者，但组织必须礼貌对待，妥善处理，因为这不仅是尊重求职者的问题，更关系到组织在社会上的声誉。

（2）招聘广告。招聘广告适用于各种工作岗位的招聘，比其他招聘方式更能吸引应聘者，因而成为应用最广的一种招聘方式。组织可以通过广播、报纸、电视和行业出版物等媒介向公众传达公司的人员需求信息。在设计广告时，公司必须注意树立组织形象。公司应该给应聘者提供一份详细的工作说明书，尽力吸引那些注重自身发展的员工，强调工作和组织的独特吸引力。广告必须为求职者提供充分的信息，包括对工作的简要说明、对学历和能力的要求以及求职者提出申请的形式等。

广告招聘具有传播范围广、接受人群多、可以同时进行组织宣传等众多优点。并且，广告可以激发潜在的求职者对组织的兴趣，并进一步寻求有关公司的更多的信息。但广告的作用时效较短，提供给求职者的信息量往往不足。

招聘广告的传播媒体可以是报纸、杂志、广播电视、互联网、宣传单等。不同的媒体各有其优缺点，招聘者应对这些优缺点有充分的了解，根据实际需要和预算选择适合的媒体。

①报纸。通过报纸进行招聘的优点是：标题短小精练、广告大小可以灵活选择；发行集中于某一特定的地域；各种栏目分类编排，便于求职者查找。报纸招聘也有其不足之处：容易被潜在求职者忽视；集中的招聘广告容易导致招聘竞争；发行对象没有针对性，企业不得不为大量无效的读者付费；报纸广告的印刷质量相对较差。

如果企业想把申请者局限在一个特殊的地理范围内，或者可能的求职者大量集中于某一地区并且这些求职者习惯于通过报纸广告求职，那么报纸广告是最合适的选择。另外，报纸是那些高流动率行业招聘员工的最好方法。对于某些行业来说，如零售业、饮食业，高流动率是不可避免的，这些行业通过报纸广告进行招聘是比较好的选择。

②杂志。在杂志上发行招聘广告的优点在于：专业性杂志能够使广告信息送达很小的职业群体；广告大小也具有灵活性；广告的印刷质量一般比较高；有较高的编辑声誉；时限长，求职者可能会将杂志保存起来再次翻看。

杂志招聘广告的缺点在于：发行的地域太广，如果希望将招聘限定在某一特定区域内则不宜使用；每期杂志的发行时间间隔较长，需要较长的广告预约期。

杂志招聘广告的优缺点决定了这种方式特别适合于专业技术人才的招聘，当时间和地区限制不太重要的时候，也可以选择在杂志上发布招聘广告。

③广播电视。广播电视的优点是：只要观众收听或者收看了节目，广告信息一般都不会被忽略；能更好地让那些不是很积极的求职者了解到招聘信息；可以将求职者来源限定在某一特定地域；比印刷广告更有效地传递招聘信息；不易引起招聘竞争；适合有多种职位空缺，而且在某一特定地区又有足够求职者的情况；有利于组织集中、迅速地扩大影响。

广播电视的缺点是：只能传递简短的信息；缺乏持久性，需要不断重播才能给人留下印象；商业设计和制作不仅耗时而且成本很高；缺乏特定的兴趣选择，为无效的广告接收者付费。

④其他印刷品。海报、公告、招贴、传单、宣传旗帜、小册子、直接邮寄、随信附寄等都是适用于特殊的场合、有特别效果的广告方法。这些方法可以在求职者可能采取某些立即行动时使用，引起他们对组织的兴趣，而且极富灵活性。但是这些方式自身的作用非常有限，必须与其他招聘方法相结合才能产生良好的效果。

在一些特殊场合，比如在就业交流会、公开招聘会、定期举行的就业服务会上，可以布置海报、标语、旗帜、视听设备等，或者在求职者访问组织的某一工作地时，向他们散发招聘宣传资料。

（3）就业服务机构。随着劳动力市场的完善，我国的就业服务机构也出现了分化，目前我国的就业服务机构可以分为两类：一类是私人就业服务机构；另一类是公共就业服务机构。而公共就业服务机构又可以分为劳动力市场和人才市场。

①私人就业服务机构。我国的私人就业服务机构产生得比较晚，在经营上还存在一些不规范的地方，在发展上受到一定的限制。通常组织只是在招聘临时雇员时才会考虑私人就业机构。

近几年，在我国兴起的猎头公司，主要是为组织搜寻高级人才的就业服务机构，在搜寻高层管理人才和专门技术人才方面发挥了很大的作用。猎头公司具有以下优势和特征：它们同许多已经被雇用并且没有太大积极性变换工作的高级人才都保持着联系；能够对组织的名称保密，直到职位候选人搜寻完成为止；可以为组织的高层管理人员节约时间；能够帮助组织接触到高素质的应聘者。因此，利用这类机构进行招聘，所费不菲。猎头公司与一般的职业介绍机构的不同之处在于，猎头公司只提供中、高层管理人员和高级技术人员的招聘服务。猎头公司收取的费用通常是招聘职位第一年薪酬的25%～33%，费用一般由组织支付。

②公共就业服务机构。我国的公共就业服务机构相对私人就业服务机构来说比较发达。由于在计划经济体制下我国就存在劳动局和人事局的传统划分，所以现在的公共就业服务机构也分化为劳动力市场和人才市场，组织一般在劳动力市场上招聘"蓝领"工人，在人才市场上招聘"白领"员工。

就业服务机构作为一种专业的中介机构，自然拥有比单个组织更多的人力资源资料，而且招聘、筛选的方法也比较科学、效率较高，可以为组织节省时间。另外，就业服务机构作为第三方，能够坚持公事公办、公开考核、择优录用，公正地为组织选择人才。

但是就业服务机构并不是组织本身，在筛选过程中可能会使较差的求职者只经过初选就被送到负责招聘的主管人员那里，而主管人员又可能轻信就业服务机构的挑选，最终雇用这些不合格的人。因此在招聘普通员工时利用这些公共就业服务机构的效果比较好，对于高级管理人员或专门技术人员的招聘则效果不佳。

（4）校园招聘。这是组织获得潜在管理人员以及专业技术人员的重要途径。许多有晋升潜力的工作候选人最初就是通过校园招聘进入组织的。通过校园招聘，组织可以发现潜在的专业人员、技术人员和管理人员。公司一般都派招聘人员去学校进行招聘宣传和筛选工作。由于校园招聘对组织和大学双方都有益，所以，双方都会采取一定的措施来发展和保持这种联系。对很多组织来说，大学是发掘人才的最佳途径，它们通过设立奖学金，提供实习、勤工俭学的机会等方式吸引优秀毕业生加入它们的组织。

大学校园中高素质的人才相对比较集中，组织能够在校园招聘中找到较多的合格申请者，招聘、筛选的手续也相对简单。而且年轻的毕业生们充满活力、富有工作热情、可塑性强，往往对自己的第一份工作有较深的感情。但校园招聘也有明显的不足：许多毕业生，尤其是优秀毕业生在校园招聘中常常有多手准备；刚刚进入劳动力市场的毕业生，对工作和职位容易产生一种不现实的期望；招聘来的毕业生由于缺乏工作经验，需要进行较多的培训，需要花费较长的时间与组织文化相融合；校园招聘相对于其他一些招聘形式来说，成本比较高，花费的时间也较长，因此必须提前进行准备。

组织也会从职业学校中招聘办事员或其他初级操作员工。比如，许多从事家用电器修理、小机械装配、服务礼仪培训的专业职业学校，都可以为组织提供合格的初级员工。有些公司甚至与职业学校合作，长期接收这种经过培训并且具有特殊工作技能的员工。倾向于从学校招聘员工的组织往往自身拥有很好的培训机构，不要求新员工具有丰富的社会经验和工作经验。同时，对于那些十分强调自身独特文化的组织来说，没有工作经历的大学应届毕业生也许较容易被塑造和培养。

（5）海外招聘。在招聘高级管理人才或一些尖端技术人才时，组织有可能需要在全球范围内进行选择。而且当组织在跨出国门向海外扩大经营时，海外招聘就成为组织补充人员的重要方式。

海外招聘的好处很多，比如可以在世界范围内进行人才的选择；与国内招聘相比，候选人的数量更充足，质量也相对较高。但是在海外进行招聘也会遇到许多的困难，比如要想证明和核查外国人的各种证书是很困难的，应聘者的背景调查也是一项很难进行的工作，而且雇用外国人的手续也比较烦琐。当然这些问题在一定程度上可以通过选择合理的招聘渠道和筛选手段得到解决。

（6）其他招聘渠道。

①竞争对手或其他公司。对于一个要求具有近期工作经验的职位来说，竞争对手和同一行业中的其他公司可能是一个较好的招聘渠道。随着人员流动性的日益加大，这个渠道越来越显示出其重要性。对于那些没有能力提供专业培训的小公司来说，他们更加倾向于录用那些受过大公司良好培训的员工。

②失业者和下岗人员。失业者和下岗人员也是重要的招聘渠道，有许多合格的求职者由于不同的原因加入到失业队伍中。例如，公司破产、削减业务或被其他公司兼并，都会使许多合格的员工失去工作。这些员工往往薪酬要求不高，有利于组织节约人力资本。

③退伍、转业军人。他们往往具有明确的工作目标，有高度责任感和纪律性并具备优秀的身体素质和道德品质。对那些强调全面质量管理和组织忠诚度的组织来说，这是一个很好的员工来源。

④老年人。那些已退休的老年人也是一个宝贵的员工来源。由于老年人具有丰富的社会经验，较为稳重和可靠，他们可以弥补年轻员工的一些不足。曾有调查显示，大多数组织对他们的老员工评价较高，因为他们具有丰富的经验、纯熟的技能以及较高忠诚度。

⑤个体劳动者。这也是一个不可忽视的潜在招聘渠道，对于一些要求具备特殊技能和专业知识的工作来说，这些人或许能够满足招聘者的要求。

三、网络招聘

随着信息技术的发展，网络招聘以其独特的优势成为一条重要的招聘渠道。人力资源管理部门通过互联网或内部网络发布招聘信息，并通过电子邮件或简历库收集应聘信息，经过信息处理后，初步确定所需人选的一种招聘方法。

1. 网络招聘的优点

（1）扩大招聘选择的范围。通过网络招聘可以使组织获得更多的求职者，因为组织的招聘信息可以在全世界范围内被人们看到。另外，组织还可以从互联网上直接获得大量现成的求职信，需要招聘雇员的组织可以在搜索引擎中输入 MBA、财经、英语流利等类似的关键词进行电子查询。

（2）获得高素质的求职者。对某些技术要求较高的工作来说，通过网络招聘获得的应聘者其素质通常比较高。

（3）缩短组织的招聘时间。对网络上公布的空缺职位感兴趣的应聘者，可以通过网络直接将求职简历传送给招聘组织。同样的过程如果是在通过报纸广告进行招聘的情况下，通常需要 6 ~ 7 天才能完成。

（4）降低招聘成本。网络招聘没有空间、时间和地域的限制，供需双方足不出户便可直接交流。而且，在互联网上发布招聘信息也比较便宜。

（5）提高了招聘信息的处理能力。利用搜索引擎和自动配比分类装置，公司可以迅速找到符合公司要求的潜在人选。自动反馈功能可以使求职者立即得到确认提示。

2. 网络招聘的缺陷

由于网络招聘是通过网站这样一个中介来进行的，求职者与招聘者不能面对面地交流，所以网络招聘也不可能尽善尽美。

（1）由于缺乏面对面的交流，招聘人员无法深入考察应聘者的综合能力、内在素质、语言表达能力、思维敏捷程度、外在气质形象等，而且网上简历也存在失真的现象。组织在确定初步人选后，通常还需要对应聘者进行面试，以进一步考察应聘者的真实能力。

（2）目前，招聘网站良莠不齐，又缺乏规范化的管理，许多网站之间的竞争演化成争夺信息的竞争，一些网站不经授权转载报纸杂志的招聘信息，网站之间互相抄袭的问题极为严重，这些行为会导致信息的失真，对应聘者产生误导。

（3）由于网络招聘与网络硬件、信息技术密切相关，在一些欠发达地区，不具备网络招聘的条件。

大型公司招聘人才，目前多采用"两条腿走路"的方法。一方面，它们仍然向相关的报纸、杂志发布征聘广告；另一方面，它们利用公用网站的人才数据库或公司自己的网站，来进行人才征询。

3. 网络招聘的方式

互联网的飞速发展和计算机的普及为网络招聘提供了良好的基础。网络招聘的方式有两种：一是加入商业性的职业招聘网站；二是在自己公司的主页上发布招聘信息。

（1）加入商业性的职业招聘网站。盈利性的职业招聘网站不仅建有职业数据库，而且存储了丰富的人才数据，能为组织提供方便、快捷的服务。如果将招聘或求职信息存入商业招聘网站的数据库，公司需要缴纳相应的费用。

（2）利用自己公司的主页。如今许多公司都拥有自己的主页，并将本公司的职位空缺在自己的主页上公布。求职者如希望到某个公司去工作，就可以直接访问该公司的主页。公司也应该在网页上提供一份公司简历，这份文件应该言简意赅、通俗易懂，包含所有求职者希望了解的情况，比如公司的所在地、曾经取得的成就和未来的发展潜力等。与求职者简历不同的是，公司简历还应该包括营业额、利润、具体办公环境、公司的技术能力以及相对于同行业其他公司的付酬标准。

4. 网络招聘的步骤

网络招聘过程可以被分解为以下四个步骤：

（1）吸引求职者。周详的招聘计划和全面的市场战略，是确保网络招聘成功的至关重要的因素。比如组织可以在招聘广告中以类似的结构、颜色和式样发布产品广告，用产品品牌塑造人力资源品牌，还可以在组织的促销产品上印上组织的网址，这可以增加求职者对组织网站的访问量。公司主页是求职者比较关注的地方，也常常被求职者作为公司的基本评估因素。因此，在网络招聘的设计中要体现出公司的潜在招聘意识。

（2）人才分类。网络招聘使求职者提交求职材料变得更轻松，由此导致的一个问题是组织招聘网站上个人简历的泛滥，其中有相当一部分是不符合要求的。对求职者迅速分类而不漏掉优秀人才,成为网络招聘的一项关键技术。目前许多公司开发出不同的筛选程序,为网络招聘提供了一定的技术支持。

(3)与应聘者迅速取得联系。一旦选中了优秀的应聘者,迅速取得联系是必要的。在许多公司同时争取优秀人才的情况下,第一个与求职者取得联系的公司往往拥有更大的优势。这就要求招聘者具备较高的办事效率、较大的灵活性和市场创造力。

(4)达成一致。在这一阶段,招聘者不能过多地依赖网络技术,面对面地交流是一个关键的步骤。网络招聘最大的缺陷是招聘者往往花费过多的时间去寻找合适人选,但缺乏足够的沟通时间去说服对方接受这个职位。这种错误的招聘方式导致大批优秀人才与公司擦肩而过。因此,有些公司的招聘者会接受销售技巧培训,学习怎样增强沟通能力,以便说服应聘者加入公司。

第四节　员工甄选录用

在吸引来大批应聘者之后,组织面临的问题就是如何从众多应聘者中筛选出符合组织需要的应聘者。筛选是整个招聘过程的一个关键环节,而且筛选费用在全部招聘费用中占绝大多数。因此,组织应慎重对待筛选,如果不慎录用了不合格员工,就会给组织带来时间和财富的巨大浪费,影响组织的生产率,降低组织的士气。组织应该借助多种筛选手段来公平、客观地做出录用决策。

一、筛选与测试的信度和效度

筛选测试的目的,就是要从应聘者中区分哪些人具备完成任务的能力,哪些人不能完成任务。但并不是所有的筛选技术都能保证组织最终招到合格员工,只有那些可靠的、有效的技术才能把招聘失误减少到最低限度,这就要求筛选技术必须具有较高的信度和效度。

1. 信度

信度是指测试的可靠程度和客观程度,即测验的一致性,它要求对同一个人反复进行同一个测验应当取得相同的结果,测验结果不能随时间、地点或者测验人的变化而变化。测试的信度很重要,如果某人在周一的智力测试中得 90 分,而在周二的测试中却得了 130 分,你可能会对测试结果产生怀疑,也不会将它作为人才筛选的依据。

评估信度的方法有很多种,以下是几种比较常用的信度指标。

(1)再测信度。对某一应聘者进行测验后,再对其进行同一测验,两次测验之间的相关系数即为再测信度,这种方法较为有效,但却不适合受熟练程度影响大的测验,因为被测者在头一次测验中,可能记住某些东西,提高了第二次测验的分数。

(2)对等信度。招聘人员在编制测验试题时,编制两套出题方式、内容几乎一样的测试题,在连续的时间内,对同一组受测者进行测验,这两组测试分数之间的相关系数即为对等信度。这一方法减少了重测信度中前一次测验对后一次测验的影响,但两次测验之间的相互作用，在一定程度上依然存在。

（3）分半信度。将同一组受测者接受的同一测验分为两部分加以考察，这两部分测试结果之间的相关系数即为分半信度。这种方法既省时，又避免了前后两次测验间的相互影响。

（4）同质性信度。又被称作内部一致性系数，是指同一个测验内部不同题目之间的一致性程度。这种方法能对内部信度进行测量，这也是某些问卷中有重复性问题的原因。在其他条件不变的情况下，测试的同质性信度越高，就越有可能根据测试结果反映出的差异性做出正确决策。

2. 效度

效度也就是有效性或者正确性，是指一种评判技术能够真正衡量它所要衡量的对象的程度。测试首先必须有效，缺乏效度证据的测试技术或方法不应被使用。在雇佣测试中，效标效度和内容效度是评估效度的两个主要指标。

（1）效标效度。这是反映测试分数（预测因子）与工作绩效（效标）的相关程度的效度指标。效标效度要证明那些测试中表现好的受试者，在工作中表现亦好；在测试中表现不好的，在工作中亦表现不好。如果测试分数高的人工作绩效也高，则说明测验有效度。

对于效标效度来说，最关键的是效标的选取，选取的效标可以是实际活动中的表现，也可以是某一个本身已经被证明有良好信度的同类测验。效标效度有两种类型：预测效度和同测效度。

①预测效度指招聘者对所有应聘者都实施同一种测验，但并不依据其结果决定录用与否，而以其他选拔手段，如申请表、面试等来录用人员。待这些被录用人员工作一段时间后，对其工作绩效加以考核，然后再将绩效考核的得分与当初的测验结果加以比较，求出两者的相关系数。相关系数越大，说明此测验的效度越高，可以用来预测应聘者的潜力；相关系数很小，或不相关，则说明此测验无法预测应聘者的工作潜力。

②由于进行预测效度的研究要花费大量的时间和精力，因此，许多雇主采用另一种效度指标——同测效度。招聘者首先对已经处在工作岗位上的在职员工进行测试，然后再考察所得的测试分数与这些被测者在目前岗位上工作绩效的相关程度。如果当前工作岗位上工作绩效最好的员工在测试中得到的分数，比那些工作绩效差的员工所得的分数更高，那么就说明这种测试是有效的。

一般说来，一种甄选测试的得分与工作绩效得分之间的相关程度越高越好，为检测这种相关程度而建立的样本的规模对于效度也起着同样大的作用。建立在小样本基础上的效度研究是很容易失败的。由于许多公司规模太小，所以很难在甄选工作中使用效标效度。

（2）内容效度。当样本规模较小时，可以使用另外一种效度指标即内容效度，就是要证明在测试中设计的题目、提出的问题，在多大程度上能够反映出工作的实际情况。一份具有较高内容效度的测试会让求职者置身于与实际工作非常类似的情境之中，然后测试求职者目前是否具有相关的知识、技术和能力来处理实际工作中的问题。例如，组织在招聘打字员时，通常会对应聘者的打字速度和准确性进行测验。还有我们熟悉的 GRE 考试，也具有很高的内容效度，能够在 GRE 中取得好成绩的人，大多数都能够在国外大学的研究生院取得好成绩。

一个具有较高内容效度的测验必须满足两个条件：第一，要有完整、全面的测试内容范围；第二，测验题目必须是以上测试内容范围的代表取样。与效标效度不同的是，内容效度不用测验结果与工作绩效考核得分的相关系数来表示，而是根据招聘人员或测验编制人员的经验来判断。表 2－15 列出了一些筛选工具和测验的效度系数。

表 2－15　员工未来工作绩效预测方法的效度系数

在招聘新雇员以及进行培训时 所用预测方法的效度系数	根据员工当前绩效预测未来绩效时 所用预测方法的效度系数
智力测验 0.53	工作实例测试 0.54
工作试用 0.44	智力测验 0.53
个人简历 0.37	同事评价 0.49
背景调查 0.26	以往工作绩效评价 0.49
实际工作 0.18	专业知识测验 0.48
面试 0.14	评价中心 0.43
培训和实际工作成绩 0.13	
学术成果 0.11	
教育背景 0.10	
兴趣 0.10	
年龄 －0.01	

二、筛选方法

常用的筛选方法主要有简历、工作申请表、推荐检测、笔试、笔迹学法、试用、心理测试、面试、行为模拟法等。

1. 简历

简历是求职者的第一份材料，因此，求职者最愿意在简历上下工夫。这也导致了简历制作的一些问题，比如求职者在简历中隐瞒自己不好的方面，夸大自己的成绩。用简历进行筛选还有一个明显的问题，就是招聘者对简历的内容和风格缺少控制，求职者的简历中可能并没有招聘者想要知道的信息。

当然，用简历方式进行筛选也有其优点。简历可以提供一些与应聘者相关的额外信息。比如组织要招聘一位设计员，可以要求求职者按自己的想法提供一份简历，通过这份简历考察他的表达能力。

2. 工作申请表

（1）工作申请表的内容。工作申请表是一种比较传统而且运用得最广泛的筛选方法。不同公司在招聘中使用的申请表要求填写的项目是不同的。比如，对于技术类和管理类职位的申请者，组织通常要求他们较为详细地回答教育程度方面的情况，而工厂一线工人的职位申请表则可能会要求申请者回答关于工具、设备操作方面的问题。但是不管哪种形式的申请表，一般说来都应反映出以下方面的信息：

①识别应聘者的基本信息，如姓名、性别、住址、电话等。

②应聘者个人信息，如婚姻状况、家庭负担、子女情况等。

③应聘者的身体特征，如身高、体重、健康状况、是否残疾等。

④应聘者的教育情况，如教育水平、学历、职业培训经历等。

⑤应聘者过去的工作经验及业绩，特别是与其申请的职位相关的工作经验。

（2）工作申请表的设计。在设计和使用工作申请表时，应注意以下问题：

①工作申请表内容的设计必须根据工作说明书来确定。

②设计工作申请表时必须注意有关法律和政策。

③即使已经有一个现成的表格，也不要直接使用，首先要审查一下，确保这份申请表可以提供你想了解的申请人的情况。

④在审查申请表时，要估计背景材料的可信程度。

⑤通过审查申请表，将其中的疑点一一列出，以便在面试时详细询问。

3. 推荐检测

推荐检测也是组织对应聘者进行初选的常用的方法之一。许多组织要求应聘者在提供申请材料的时候，附上有关推荐人的信息，包括推荐人的姓名、地址等。

收集推荐资料的方法主要有电话问讯、书面推荐和个人访谈这三种。雇主们都希望能从推荐者那里获得详细的应聘者信息，但研究表明，这种检测方式预测求职者未来工作绩效的信度与效度是很差的。这是因为大多数推荐材料对求职者的评价都是较高的，因而很难利用它们来对求职者进行筛选。

推荐检测这一筛选手段的信度、效度比较低，但并不是毫无价值，通过采取一些措施，可以使推荐检测更有成效。比如，利用结构化的表格，以免漏掉一些重要问题，或者进行彻底的推荐书核查，与求职者的上级、同事、下属进行接触，以便获得关于求职者的可靠信息。

4. 笔试

笔试是一种既古老又基本的测试法。它是让求职者在试卷上笔答事先拟好的试题，然后由主考人根据求职者解答的正确程度评定成绩的一种测试方法。通过笔试，可以测量求职者的基本知识、专业知识、管理知识、综合分析能力和文字表达能力。

笔试的长处是一张考卷可以包括十几道乃至上百道试题。考试的"取样"较多，对知识、技能和能力的考查信度和效度较高。组织可以大规模地对应聘者进行评价，测试耗时短，效率高，比较经济。同时，受测者的心理压力较小，容易发挥正常水平。测试成绩的评定比较客观，而且可以保存受测者的真实答题材料。笔试的上述优点决定了笔试至今仍是各大组织常用的一种选拔方法。

这种方法的局限性在于，不能直接与应聘者见面，不直观，不能全面考察求职者的工作态度、品德修养、组织管理能力、口头表达能力和操作技能，而且不能排除作弊和偶然性。因此，还需要用其他测试方法作为补充。一般说来，在人员招聘与选择的程序中，笔试往往作为应聘者的初次筛选方法，成绩合格者才能继续参加面试或下一轮测试。一般来说，专业知识考试（营销知识、会计知识考试）、基本能力测试（外语考试、计算机知识考试），往往会采用笔试的方式。

5. 笔迹学法

笔迹学法是根据应聘者的字迹来预测其未来工作绩效的一种方法。笔迹分析法的支持者相信笔迹能显示出一个人的潜力和能力，而这些信息从简历和申请表中是看不出的。

在我国笔迹学法的运用还不是很广泛，一方面，组织对这种方法还缺乏了解；另一方面，运用这种方法进行人才筛选，还必须要有心理学家的帮助才行。而且，这种方法的信度和效度还有待证明。

6. 试用

组织拟录用一名新员工后，一般都有 1～6 个月的试用期，经过试用再最终确定是否正式录用。

组织通过试用，把求职者放在实际工作岗位上进行考察，根据他们在实际工作中的表现来做出录用决策，因此可以比较全面地观测求职者。求职者也可以在试用期内，更深入地了解组织，再进行一次自我筛选。

但是这个方式也有一些不足，比如耗费时间很长，花费的人力、物力也不少。在试用期间，求职者的归属感和忠诚度都比较低，可能不安于现状，因此影响了实际工作绩效。因此，这一方式一般只有在求职者通过了其他一切筛选之后再进行。

7. 心理测试

所谓心理测试就是通过一系列心理学方法来测量被试者能力和个性差异的一种人才筛选方法。心理测试在西方国家的招聘录用活动中应用得十分广泛，许多组织不但用心理测试来挑选员工，还用来确定哪些员工具有晋升潜力。

心理测试有许多类型，能力测验和人格测验是两个主要组成部分。能力测验是根据个人会做什么事来对他们进行分类，而人格测验则是根据个人具有什么样的性格来对他们进行归类。常见的能力测试包括一般能力测验、特殊能力测验、创造力测试和职业适应性测试等。目前经常使用的人格测验方法有数百种，由于它们依据的人格理论不同，所以采用的测试方法也不同，主要的方法有自陈量表法、投射法、情境法、评定量表法。

8. 面试

面试是通过考官与考生直接交谈或将考生置于某种特定情境中进行观察，了解考生的知识状况、能力特征以及求职应聘动机，从而预测考生适应职位的可能性和发展潜力的一种测评技术。筛选面试是用专门设计的面试题目对应聘者提问，并且从他们的回答中获得信息的过程，从这些获得的信息中，招聘者可以预测应聘者未来的工作表现。面试是全部筛选技术中使用得最广泛的筛选技术。面试的优点在于，它比笔试或简历资料更直观、灵活、深入；缺点在于评价的主观性大，考官容易产生偏见，难于防范和识别考生的社会赞许倾向和表演行为。

尽管很多雇主都使用面试这种方法来筛选人才，但面试的效度和信度却不尽如人意。近年的研究显示，面试的效度和信度取决于面试的实施过程。完整的面试过程包括五个步骤，即准备、开始、正式提问、结束和复审。

（1）面试准备。首先，招聘者应当提前做好面试准备，确定面试的时间和地点。招聘者应审查求职者的申请表和履历表，把信息模糊的地方和表明求职者优点、缺点的地方标注出来。招聘者还应当查阅工作规范，带着对理想求职者特征的清晰印象进行面试。对于招聘量大的组织或公司来说，应尽可能地印制面试评价表。即使没有面试评价表，招聘者至少应该将要问的问题事先写下来，制定出面试提问的提纲。

（2）面试开始。面试的主要目的是发现应聘者的与工作有关的特质。为了做到这一点，招聘者必须采取措施使他们放松，摆脱拘束感。面试开始的前 3~4 分钟，考官要努力营造一种和谐的面谈气氛，使面试双方建立一种信任的关系，解除对方的紧张和顾虑。常用的方法是采用微笑、放松的姿势对应聘者进行问候，让应聘者感到很轻松，能够全面和明智地回答所有提问。可以通过问一些没有争议的问题，如天气或交通状况，来开始整个面试或让对方做一个简要的自我介绍，这个阶段面试考官要注意倾听和观察。

（3）正式提问。其方式主要有三种：非结构化面试、结构化面试和混合式面试。

在非结构化面试中，考官可以随时发问，无固定的提问程序。针对每位应聘者的具体情况，考官可以了解到关于应聘者的特定信息，但所获信息往往缺乏全面性和系统性。非结构化面试没有可遵循的固定形式，谈话可以向各个方面展开。考官可以在一定的工作规范指导下，向每位应聘者提出不同的问题。面试的非结构化性质，允许考官根据候选人的最后陈述提问，并且使话题发散开来。考官还可以在一些关键点上追踪提问。这种面试的好处是主考者和应聘者在问答过程中都比较自然，应聘者在回答问题时也更容易敞开心扉。但是由于考官对每个应聘者所提的问题都不一样，面试的效度和信度都受到了影响。这种面试最大的问题在于，考官在提问时可能会把关键的问题遗漏掉。

在典型的结构化面试中，主考者要问的问题事先已经设计好了，而且还可以根据应聘者回答的情况进行评分。结构化面试的好处是一般不会漏掉重要的问题，可以对不同应聘者的回答进行比较，因为向应聘者提出的问题都是一样的。这种面试的有效性和可靠性更高，但是由于不能进行话题外的提问，使谈话局限在很小的范围内。因为每个问题都是事先设计好的，提问的过程可能显得不自然，问题可能显得比较唐突。

混合式面试则既有结构性提问又有非结构性提问，综合了两种方法的优点，是面试中常用的一种方法。

（4）面试结束。在面试结束之际，考官应留有时间回答求职者的问题，应当告知求职者公司是否对求职者感兴趣，如果感兴趣，公司下一步将怎么办。另外，考官在拒绝求职者时要讲策略，应该采用比较委婉的方法表示拒绝。如果考官不能马上做出录用决策，就应当告诉求职者公司将尽快以书面形式通知面试结果。

考官在正式面试中要注意掌握一些面试技巧，面试中多采用开放式提问，让被评估者充分阐明自己的观点和看法。由于面试的目的是评估应试者，所以在面试中考官要避免过多地陈述自己的观点。此外，考官不要随便打断对方的谈话，也不要随声附和。

（5）面试复审。求职者离开后，考官应当检查面试记录，填写结构化面试表格。在所有的面试结束后，考官们应当将各自的评价结果进行综合，形成对应征者的统一认识。

面试考察的内容可根据需要的不同进行调整。一般来说，面试分两部分：第一部分，考察应试者的综合能力；第二部分，考察应试者的专业知识和技术能力。在面试中，考官还应该根据对考生的具体情况，有针对性地提出需考察的个别问题，判定考生的特殊能力。

由于应聘者应聘的职务、职位不同，在对他们的综合能力进行考察时，考察的内容和侧重点也不同。在制定面试方案前，考官需要分析各种职位的任职资格条件有哪些，这些条件的重要性如何。一般来说，面试需要考察以下几个方面的内容：

①举止仪表，包括应试者的体格外貌、穿着举止和精神状态。

②言语表达，包括应试者言语表达的流畅性、清晰性、组织性、逻辑性和说服性。

③综合分析能力，比如面试者能否抓住问题的本质、要点，并且充分、全面、透彻而有条理地加以分析。

④动机与岗位的匹配性，比如面试者对职位的选择是否源于对事业的追求，是否有奋斗目标，积极努力，兢兢业业，尽职尽责。

⑤人际协调能力，比如应聘者在人际交往方面的倾向与技巧、处理复杂人际关系的能力、协调各种利益冲突的能力。

⑥计划、组织、协调能力，比如面试者是否清楚完成工作所需的步骤，能否合理安排整个工作流程，争取各方面的支持。

⑦应变能力，比如面试者在实际情境中，是否具有解决突发性事件的能力，能否迅速、妥当地解决棘手问题。

⑧情绪的稳定性，包括面试者的自我控制能力，语调、语速的控制能力，遣词造句的能力，面试者的耐心、韧性以及对压力、挫折、批评的承受能力。

专业知识和技术能力考察主要是根据不同职务的任职要求，对应聘者的专业知识、技术和能力进行考察。主考官可根据具体需要考察考生的专业知识，考察形式一般有以下几种：

①提出专业性问题，让考生回答。

②给考生一个具体的任务让考生现场完成。

③假定一个工作情境，让考生设想自己在假定条件下的行为表现。

有时主考官还需要考核应试者一般技术能力，如计算机水平，英语熟练程度等。对于这些能力的考核，主考官只需根据具体需要选择让考生进行实际操作或回答问题即可。

9. 行为模拟法

行为模拟法又称情境模拟法，就是在情境模拟状态下考察求职者是否表现出与组织目标相关的行为。如果招聘者要了解应聘者的销售行为，就可能给应聘者"布置"推销某种产品的"作业"。他们会得到该产品和顾客有关的信息。该求职者的销售行为受到招聘者的直接观察。然后，招聘者根据有关评价"维度"来评价这些销售行为。

常用的行为模拟法有以下两种：

（1）完成工作任务。这是一种常见的行为模拟法，测量对象是应聘者完成各种工作任务的能力。对秘书进行的打字测试，对档案员进行的档案管理测试，对出纳员进行的出纳业务测试，均属工作任务完成测试。这类测试大多数都可以得到客观的测试结果，而其他的行为模拟测试是让观察人员根据严格的测试提纲进行比较主观的评价。与所有的行为模拟法一样；工作任务完成测试也是根据某一目标岗位的专门要求而仔细设计的，力求真实地反映工作的内容。

（2）角色扮演。许多工作要求员工在面对压力或突发情况时能及时协调好各方面的人际关系，与顾客、同事或下属和善相处。这些情境可以被模拟：由求职者扮演一个角色，考察人员扮演一个与之相对的角色。考察人员通过观察求职者在模拟状态下的各种行为，评价求职者的规划能力、组织能力、领导能力、敏感性、倾听技能、行为的灵活性、口头交流能力、坚韧性、分析能力、控制能力、记忆力以及承受压力的能力。

第五节 招聘评估审核

招聘过程结束以后，人力资源管理部门应该对招聘活动进行评估和审核，这是被许多组织忽视的一个环节。

招聘工作的评估方法很多。归根结底，所有的评价方法都要求在招聘费用既定的条件下，对已录用员工的适用性进行比较。这种适用性可以用全部申请人中合格人员的比率、合格申请人与空缺职位的比率、实际录用人员的数量与计划招聘数量的比率、录用后新员工的绩效水平、新员工的辞职率等指标来衡量。不管使用什么方法，组织都应仔细考虑招聘活动的投入和产出，不仅要计算整个招聘工作的成本和各种招聘方式应分摊的成本，还要考察各种招聘方式招聘到的每位新员工的工作绩效水平。

在评价过程结束以后，招聘活动的负责人还应撰写招聘总结，作为重要资料存档。通过这样一个评估与审核的过程，组织可以发现招聘工作中的不足，在下次招聘活动中选择适用的招聘手段，努力提高今后招聘工作的效率。

一、成本评估

招聘成本评估是对招聘过程中的费用进行调查、核实，并对照预算进行评价的过程。招聘成本是鉴定招聘效率的一个重要指标，如果招聘成本低，而录用人员的质量高，就意味着招聘效率高；反之，则意味着招聘效率低。从另一个角度来看，成本低，录用人数多，就意味着招聘效率高；反之，则意味着招聘效率低。

在招聘工作开始之前，组织每年在制定全年人力资源开发与管理的总预算时，必须要认真考虑招聘工作的预算。

招聘预算主要包括：招聘广告预算、招聘测试预算、体格检查预算以及其他预算，其中的招聘广告预算占相当大的比例。每个组织可以根据自己的实际情况来制定招聘预算。

招聘工作结束之后，组织应对招聘工作进行核算。招聘核算就是对招聘经费的使用情况进行度量、审计、计算、记录。通过核算，组织可以了解招聘经费的精确使用情况，检查招聘活动的各项开支是否符合预算，主要差异出现在哪些环节上。在招聘过程中发生的各种费用，我们称之为招聘成本。招聘核算过程，实际上就是对招聘成本进行核算的过程。

1. 招聘成本

招聘成本就是在招募和录取员工的过程中支出的招募、选拔、录用、安置成本。

（1）招募成本。这是为吸引组织所需人才前来应聘而发生的费用，主要包括招聘人员的直接劳务费、直接业务费（如会议费、差旅费、代理费、广告费、宣传材料费、办公费、水电费）、间接费用（如行政管理费、临时场地及设备租用费）。招募成本既包括组织内部或外部招聘人员的费用，又包括吸引应聘者的费用，比如为吸引高校研究生而预先支付的委托代培费，其计算公式如下：

招募成本 = 直接劳务费 + 直接业务费 + 间接管理费 + 预付费用

（2）选拔成本。这是指为了对应聘人员进行鉴别选择，以做出录用决策而支付给人才鉴别机构或人才鉴别专家的费用。一般情况下，选拔费用主要包括以下几个方面工作支付的费用：①初步口头面谈，进行人员初选；②填写申请表，汇总候选人员资料；③进行各种书面或口语测试，评定成绩；④进行各种调查和比较分析，提出评论意见；⑤根据候选人员资料、考核成绩、调查分析评论意见，召开负责人会议，讨论录用方案；⑥进行最后的面谈，与候选人讨论录用后的职位、待遇等；⑦获取有关证明材料，通知候选人体检；⑧体检，在体检后通知候选人录取与否。

以上各项工作发生的选拔费用不同，其成本计算方法也不同，各项成本的计算公式如下：

选拔面谈的时间费用 = （每人面谈前的准备时间 + 每人面谈需要的时间）/选拔者工资率×候选人数

汇总申请资料的费用 = （印发每份申请表的费用 + 每人资料汇总费）/候选人数

考试费用 = （每人平均的材料费 + 每人平均的评分成本）×参加考试的人数×考试次数

测试评审费用 = 测试所需时间×（人事部门人员的工资率 + 各部门代表的工资率）×测试次数

体检费 = （检查所需时间×检查者工资率 + 检查所需的器材、药剂费）检查人数

一般来说，选择外部人员比选择内部人员的成本要高，选择技术人员比选择操作人员的成本要高，选择管理人员比选择一般人员的成本要高。总之，选择成本随着职位的高低以及对组织影响力的强弱而发生变化。

（3）录用成本。这是指经过招募选择后，正式录用、安置合格人员而发生的费用。录用成本包括录取手续费、调动补偿费、搬迁费和旅途补助费等。这些费用一般都是直接费用。被录用者职务越高，录用成本也就越高。从组织内部录用员工仅仅是工作调动，一般不会发生录用成本。录用成本的计算公式如下：

录用成本 = 录取手续费 + 调动补偿费 + 搬迁费 + 旅途补助费

（4）安置成本。这是为安置已录用员工而发生的费用。安置成本包括为安排新员工而必须发生的各种行政管理费用、为新员工提供工作装备的费用、因安置活动而发生的时间成本。被录用者职务的高低对安置成本有一定的影响。安置成本的计算公式如下：

安置成本＝各种安置行政管理费用＋必要装备费＋安置人员时间损失成本

2. 重置成本与离职成本

以上讨论的招聘成本是招聘过程中实际发生的各种费用。但招聘工作只是整个人力资源管理工作的起点，招聘工作效率的高低直接影响着员工的质量。

因此，对招聘工作的效率进行评价不能仅限于招聘这一独立的阶段。招聘的成本还包括因招聘不慎和员工离职给组织带来的损失（离职成本）以及重新进行招聘花费的费用（重置成本）。

（1）离职成本。它可以分为直接成本和间接成本两个部分，直接成本是那些通过检查会计账簿和准确估计时间、资源，就可以量化的成本。这些成本主要包括以下内容：

①由于处理离职问题而发生的管理时间的额外支出。

②解聘费（公证费、法律手续费）。

③离职面谈的成本。

④因临时性的加班补位而支付的加班费。

⑤策略性外包成本。

⑥应付的工资和福利。

员工离职的间接成本比直接成本高得多。研究表明，80%的员工离职成本都是间接的。间接成本主要包括以下内容：

①由于员工离职使留下来的员工生产力降低。

②替补人员适应过程中的低效成本。

③现金或资产的潜在损失。

④顾客或公司的交易损失。

⑤留下来的员工士气降低。

⑥销售人员战斗力下降。

（2）重置成本。除了招聘过程中发生的成本和离职成本外，还包括人力资源开发成本和医疗保健费用。人力资源开发成本包括在职培训成本、特殊培训成本、培训者时间损失和劳动生产率损失等。医疗保健费用包括医疗保险费用、卫生保健费用、养老保险费用以及为改善环境和生产质量而发生的费用。组织因员工流失而产生的离职成本和重置成本往往比较高，所以这两项成本的考核，也是衡量招聘工作效率的不可缺少的部分。

当然，员工离职的因素非常多，招聘工作的低效率可能只是其中的一个因素。因此，在进行离职面谈时，面谈者应尽量弄清楚员工离职的真正原因。

二、录用人员的评估

录用人员的评估是指根据招聘计划对录用人员的质量和数量进行评价的过程。在大型组织的招聘活动中，对录用人员进行评估是十分重要的。如果录用的员工不合格，那么招聘过程中花费的时间、精力和金钱都浪费了；只有录用真正合格的员工才算是全面完成了招聘任务。

评估招聘数量的一个简单的方法就是看空缺职位是否减少，雇用率是否真正达到招聘计划的标准。招聘质量应按照组织的长、短期经营指标分别评估。在短期计划中，组织可根据求职人员的数量与实际雇用人数的比例来评估招聘质量。在长期计划中，组织可根据录用员工的转换率来评估招聘质量。由于存在很多影响转换率和工作绩效的因素，所以招聘工作质量的评估十分不易。

录用人员的数量可用以下几个指标来衡量：

1. 录用比

$$录用比 = 录用人数/应聘人数 \times 100\%$$

2. 招聘完成比

$$招聘完成比 = 录用人数/计划招聘人数 \times 100\%$$

3. 应聘比

$$应聘比 = 应聘人数/计划招聘人数$$

录用比越小，录用者的素质相对来说就越高；反之，录用者的素质可能就比较低。

如果招聘完成比等于或大于100%，说明组织在数量上已经或者超额完成了招聘计划。

如果应聘比比较高，说明组织招聘信息的发布效果较好，录用人员的素质比较高。除了用录用比和应聘比这两个数据来反映录用人员的质量，还可以根据招聘计划的要求和工作分析的要求对录用人员进行分级排列来确定其质量。

三、招聘总结

评估工作完成之后，最后一项工作就是对招聘工作进行总结，对招聘的实施过程进行回顾分析、总结招聘工作中的经验和教训，撰写招聘总结，并把招聘总结作为一项重要的资料存档，为以后的招聘工作提供参考依据。

1. 招聘总结的撰写原则

（1）真实地反映招聘的全过程。

（2）由招聘工作的主要负责人撰写。

（3）明确指出招聘工作成功之处和失败之处。

2. 招聘总结的主要内容

（1）招聘计划。

（2）招聘进程。

（3）招聘结果。

（4）招聘经费。

（5）招聘评定。

第九章　员工培训与开发

第一节　员工培训概述

一、人员培训与开发的概念与实质

1. 人员培训与开发的概念

人员培训与开发是人力资源管理的重要内容，是指组织根据组织目标，采用各种方式对员工实施的有目的、有计划的系统培养和训练的学习行为，使员工不断更新知识、开拓技能、改进态度、提高工作绩效，确保员工能够按照预期的标准或水平完成本职工作或更高级别的工作，从而提高组织效率，实现组织目标。美国学者 L. S. 克雷曼认为，培训与开发是"教会工人们怎样去有效地完成其目前或未来工作的有计划的学习经历"，"培训与开发的实践旨在通过提高雇员们的知识和技能去改进组织的绩效"。

尽管培训与开发这两个术语在一些场合可以混用，但实际上两者还是有区别的。人员培训是根据组织和个人在某一时期的发展和工作需要，运用现代培训技术和手段，提高员工绩效和增强组织竞争力的过程。人员开发指为员工未来发展而开展的正规教育、在职实践、人际互动以及个性和能力的测评等活动。两者的主要区别在于目标的指向。传统观念认为，培训侧重于近期目标，重心放在帮助员工完成当前的工作，培养员工与当前工作或特定任务相关的能力，掌握基本的工作知识、方法、步骤和过程，故人员培训具有一定的强制性。而人员开发侧重于培养提高管理人员的有关素质（如创造性、综合性、抽象推理等），帮助员工为企业的其他职位作准备，提高其面向未来职业的能力，同时帮助员工更好地适应由新技术、工作设计、顾客或产品市场带来的变化。

然而，随着企业培训地位的提高，培训越来越重视同企业发展和经营战略的契合，培训与开发之间的界限日益模糊。具体说来，越来越多的企业认为，要想通过培训获得竞争优势，培训就不能仅仅局限于基本技能的开发，还要关注员工解决和分析工作中发生的问题的能力，满足现代企业对速度和灵活性的要求。另外，培训还要从单纯地向员工教授具体技能转变为创造一种知识共享的氛围，使员工能自发地分享知识，创造性地应用知识以满足客户的需求。在现代意义下，两者都注意员工与组织现在和未来的发展，而且一般员工和管理人员都必须接受培训与开发，人们已经越来越习惯于把两者并称为培训（T&D）。

具体来讲，培训与开发的含义可以从以下几个方面来掌握：

（1）培训与开发是一种人力资本投资。人力资本是与物质资本、金融资本相并列的三种资本存在形态之一。根据劳动经济学中的人力资本理论，人力资本是一种稀缺的生产要素，是组织发展乃至社会进步的决定性因素，但是它的取得不是无代价的。要想取得人力资本，就要进行投资活动，即人力资本投资。员工培训就是要在改进员工的知识、技能，提高员工的工作态度和行为方面的活动中进行投资，即体现在道德、观念、知识和能力四个主要方面。其中前两者是软性的、间接的；后两者是硬性的、直接的，是员工培训的重点。

（2）培训与开发的主要目的是提高员工的绩效和有利于实现组织的目标。当一个组织提出一项培训计划时，必须准确地分析培训成本和收益，考察它对组织目标实现的价值。员工培训与开发的目的是提高员工现在和将来的绩效和职业能力，从根本上讲，是为实现组织的目标服务。这就要求组织在计划及实施员工培训与开发时，必须首先明确这样一些问题：为什么要进行培训，需要进行什么样的培训，哪些人需要接受培训，由谁来进行培训，如何评价培训的效果，如何进行员工开发等。不能为培训和开发而培训与开发，更不能做表面文章，要提高培训与开发的效率与效果，否则这些问题不明确，只能使培训与开发的效率与效果大打折扣。

（3）培训与开发是组织开展的有计划、有步骤的系统管理行为。人员培训与开发必须确立特定的培训目标，提供特殊的资源条件，遵循科学的培训方法和步骤，进行专门的组织和管理。它包括培训需求分析、制定培训方案、实施培训方案、评价培训的效果等环节。从管理的全过程来看，培训与开发既是一种管理手段，也是一个管理过程。

（4）培训与开发是员工职业发展和实现自我价值的需要。现代人力资源管理理论认为，一个组织成员在为组织作出贡献的同时，也要尽力体现自身价值，不断自我完善和发展。有效的员工培训活动不仅能够促进组织目标的实现，而且能够提高员工的职业能力，拓展他们的发展空间。换言之，培训与开发应该带来的是组织与个人的共同发展。从实际效果看，无论是知识、技能等的培训，还是素质、管理潜能的开发，组织都会从中大受其益，而员工个人自身的知识、技能等人力资本也无疑得到增值，使其增强适应各种工作岗位和职业的能力。从组织角度说，在实施培训和开发过程中，绝不能忽视了员工的个人职业发展，这样才能进一步增强组织的凝聚力，更好地提高组织的运行绩效。因此，员工培训与开发是员工职业发展、实现自我价值的需要。

2. 人员培训与开发的实质

培训实质上是一种系统化的智力投资。培训作为人力资源开发和组织发展的重要手段，并非纯粹是一种成本支付性活动，而是一种智力投资，企业投入人力、物力对员工进行培训，员工素质提高，人力资本升值，公司业绩改善，获得投资收益，是创造智力资本的重要途径。许多化工企业发展的实践证明，如果企业的员工在两年之内没有接受任何培训与智力开发，那么他们的知识就已经落伍了。对于员工个人来说，这种机会不仅可以补充新知识，掌握新技能，确立新观念，还可以增强员工对终身职业的满足感，使员工更加忠诚于自己的企业。而对企业来说，可能一时投入较大，但其成果迟早会在企业经济效益指标上反映出来，从而增强企业的竞争力。因此，这种培训与其说是在奖励员工，不如说是企业回报率更高的智力投资。

人员培训区别于其他投资活动的特点在于它的系统性。企业的员工培训是一个由多种培训要素组成的系统。它包括培训主体、培训客体，培训的计划子系统、组织子系统、实施子系统、评估子系统等。例如，全员培训要求企业中所有的员工，从高级经理到基层工人，从新近招聘的员工到公司元老都要参加。而全方位培训就要求对企业员工的各个方面，包括知识、技能、企业文化等进行全面系统的培训。

二、人员培训与开发的目标和原则

1. 人员培训与开发的目标

（1）培养员工的能力。通过培训，员工掌握相关的技术、程序、方法和工具等，是个知其然的过程。能力分为基本能力和解决实际问题的能力。基本能力是员工从事岗位工作所需要的知识和技能；处理实际问题的能力包括心理素质、理解能力、判断能力、创造能力、组织能力和协调能力等。

（2）提高企业效益。培训是为了不断地提高企业的效益。对员工培训的任务是要使员工掌握与工作有关的知识和技能，并使他们能够担负起随着工作内容变化的新工作。只有保持一支技能水准合格、价值观与行为标准都与企业要求一致的素质良好的员工队伍，才能提高他们在工作岗位上的工作效率；只有不断地对员工进行培训，才能保证企业拥有一批掌握本领域内最新科学技术并在实践中不断有所创造的科学技术队伍和管理人员队伍。许多成功的国内外企业的实践证明，他们取得成功的最重要秘诀之一是极为重视对本企业员工不断的培训。反之，失败的企业也往往是他们忽视对员工的培训所致。

（3）灌输企业文化。企业文化是企业所拥有的共同的价值观和经营理念。企业文化在增强组织的凝聚力、指引员工自觉行动、协调团队合作以及提升企业形象方面有着非常重要的作用。如何让员工适应并融入企业文化中，自觉地遵守企业文化，是企业培训中的一个重要内容。

（4）迎合员工的需要。从员工本人的期望看，广大员工，特别是年轻人，都希望从事具有挑战性的工作，在自己的工作中有成长的机会。这就给企业的管理者提出一个严峻的问题：如何才能不断地给员工分配具有挑战性的工作？如何才能给他们提供发展的机会？培训是一条重要的途径。培训的目标之一就是使员工不但要熟练地掌握现有工作岗位上所需要的知识和技能，还要使他们了解和掌握本企业或本行业最新的科学技术动态，以增强他们在实践中的工作能力。事实证明，对企业员工，"高工资"不是吸引或留住他们的惟一的标准，而有吸引力的培训则变得越来越重要了。

（5）适应竞争的需要。从市场竞争的角度看，市场竞争的本质或取得市场竞争优势的关键仍然是人。只有掌握最新科学技术的人才能不断地研制出市场需要的新产品，才能生产出高质量的符合顾客需要的产品。从这一点看，企业进行培训的目的就是要培养一大批始终站在科学技术前沿的高级人才，并要通过培训使广大的员工能适应工作内容变化的需要。正是由于管理的基本作用是管理人和使人掌握现代的科学技术，又由于环境的复杂多变，因而必须重视对企业管理人员的培训和提高。

2. 人员培训与开发的原则

培训作为人力资源开发的一项重要手段，可以为企业创造价值，但这种价值的实现，还要求企业在实施培训的过程中遵循以下几个基本的原则。遵循这些原则也是培训任务完成和培训目标实现的重要保证。

（1）理论联系实际原则。企业员工培训和一般院校的普通教育不同，只有和实际相结合才能产生较好的效果。理论联系实际，就是要求培训要根据企业经营和发展状况以及企业员工的特点来进行，既讲授专业技能知识和一般原理，提高受训者的理论水平和认识能力，又解决一些企业在经营管理中存在的实际问题，以提高企业的整体效益和管理水平。贯彻这一原则的基本要求是：①加强员工培训教材的教学，使员工了解教材与实际的关系。②结合本企业各岗位的实际，组织多种方式的培训实践，使员工掌握相应的技能技巧，培养运用知识的能力。

（2）因材施教原则。培训作为教育的一种形式，运用教育的基本原理来指导培训，也可以保证培训的有效性，因材施教便是其中之一。因材施教首先要求承认企业员工个体之间的差异，这对于制订有针对性的培训计划是非常重要的。所以，培训要根据企业员工的不同状况，选择不同的培训内容，采取不同的培训方式。同时，即使是对同一员工，在不同的发展阶段，其培训也应有所差异。

（3）心态原则。企业员工以一种什么样的心态来对待培训，对培训效果有很大的影响。所以，对任何企业的培训而言，员工的积极心态是非常重要的。因此，培训要让员工有一种开始学习的心理准备，换句话说，就是首先要有思想发动，使其对培训内容、安排等各个方面都有一个初步了解，而且要尽力使培训成为一个轻松的过程，不要成为员工的一种负担。

（4）兴趣原则。常言道，"兴趣是最好的老师"。有了兴趣，企业员工才有可能全身心地参与和投入到培训当中。所以任何企业开展培训，如果员工对其不感兴趣，是没有什么效果可言的。要使员工对培训发生兴趣，就必须使培训的内容、方式等能最大限度地满足其需要。这样，培训才能由"要我学"变成"我要学"。

（5）自发创造原则。由于对象、形式、内容、手段等方面的差异，从严格的意义上说，每一次培训对组织者来说，都是一次新的挑战，都是一个创新的过程。因此在培训的过程中，要注意充分调动企业员工的主动性、创造性，强调员工的参与和合作，使他们在每一次培训的过程中都能自发地体验到创造的乐趣。

（6）启发性和激励的原则。该原则是指在员工培训中，培训者要善于把培训的要求转化为员工的内在需要，运用激励手段，充分调动员工学习的积极性和主观能动性，启发员工进行观察、思考、探索和推断，提高独立地发现问题、分析问题和解决实际问题的能力。①在培训中，培训者启发员工多思考，培养员工的思维能力。培训者要善于提出问题、提供情况，提高员工发现问题、分析问题和解决问题的能力。②培养员工的自学能力。提高企业员工素质是指全员而言，对那些想学、肯学、愿学的员工，要尽量为他们提供条件，让他们学有所长，以更好地在本职工作岗位上多做贡献。

（7）全员培训与重点提高的原则。全员培训就是有计划、有步骤地对在职各类人员进行全面培训，而不是只培训管理人员或一般工作人员。进行全员培训是提高全部员工素质和增强组织整体竞争能力的需要，因为在知识经济时代，每个人都面临知识的更新问题。目前，凡是比较正规的组织，都建立了全员培训制度。但是全员培训不等于没有重点，在实行全员培训的同时，应重点地培训一批技术骨干和管理骨干，特别是中高级管理人员和关键技术骨干，使这些重点培训对象发挥"火车头"式的带动作用。

三、人员培训与开发的战略化管理

企业实施人力资源培训的战略化管理，应审慎地确定其中长期及近期定位，努力再造其管理及操作模式。

1. 全面分析培训与开发需求

培训与开发需求分析既是制定培训与开发计划的前提，又是评估培训与开发效果的基础，主要从以下五个方面着手：一是组织分析，着重分析每个职能部门的组织结构和组织目标，确定其培训范围及重点。二是岗位分析，着重分析每个工作岗位的素质要求和绩效要求，确定其培训目标及内容。三是人员分析，着重分析每个现职人员的工作过程和工作结果，确定其培训方向及要求。四是绩效分析，着重分析每个部门、每个岗位、每个人员的实际绩效与目标绩效之间的差距，确定其潜在的或隐含的培训与开发需求。五是需求评审，主要从以下四个方面进行：其一，与发展战略的关联程度，关联程度高的培训与开发需求应优先满足；其二，对企业运作的重要程度，重要程度高的培训与开发需求应优先满足；其三，所涉及的人员人数，培训与开发需求所涉及的人员人数越多越应当优先满足；其四，可预期的绩效提升，培训与开发需求可预期的绩效提升幅度越大越应当优先满足。

需求分析所确定的所有培训与开发需求均应按轻重缓急排序。形成人力资源培训与开发需求序列，在此基础上编制《培训与开发需求调查表》，为制订培训与开发计划创造条件。

2. 严格制订人员培训与开发计划

培训与开发计划既是培训与开发需求分析的结果，又是培训项目实施的依据，其制定过程应遵循严格的程序，按如下四个步骤渐次展开：一是人力资源培训与开发需求征询，即人力资源培训职能部门将《培训与开发需求调查表》分发到每个职能部门，所有人员均须认真填写；二是部门培训与开发需求征询，即人员填妥的《培训与开发需求调查表》经直接主管初审、部门主管复核后汇总成为本部门的培训与开发计划，报送人力资源培训职能部门；三是确定培训与开发计划，即人力资源培训职能部门汇总各职能部门的培训与开发计划，拟订培训与开发计划草案，经总经理室审定后提请企业年度工作会议讨论通过；四是发布培训与开发计划，即在全企业范围内发布培训与开发计划，并确保每个人员都能知晓相关内容，以利于培训与开发计划的贯彻执行。

培训与开发计划应包含本企业所有的岗前培训（以新人员为培训对象的基础培训）、岗位培训（以在岗和拟转新岗的普通人员为培训对象的增值培训）和职务开发（以在职和拟任新职的管理人员为培训与开发对象的增值培训与开发），并应涵盖培训依据、培训目的、培训对象、培训时间、课程内容、师资来源、进度要求和经费安排等项要素。

3. 认真实施培训与开发项目

企业培训与开发项目可分为工作现场内培训和工作现场外培训开发两大类。工作现场内培训是由直接主管在工作现场范围以内对人员进行的分散式培训，重在帮助人员在工作过程中树立严谨的工作态度、掌握适用的工作技能、养成良好的工作行为、建立融洽的工作关系。工作现场外培训开发是由培训教师在工作现场范围以外对参训人员进行的集中式培训，重在向参训人员传播旨在提高其综合素质、增进其胜任能力的新理念、新知识、新方法、新技能。

无论是哪一类培训与开发项目，只要列入培训与开发计划，都应有组织、按计划地予以实施，且每个培训项目在实施过程中都要切实做到如下四个注重：一是注重过程管理，每个培训项目都应当是一个完整的"PDCA 循环"过程，即"策划（Plan）→执行（Do）→检查（Check）→改进（Action）"的质量控制过程；二是注重营造氛围，即营造既有竞争又有合作的培训与开发氛围，使整个培训与开发活动变成一个团队活动；三是注重个人感受，即激发培训者和受训者之间的沟通和互动，使双方都能从中感受到培训的乐趣；四是注重职业规划，即每个培训与开发项目都应当对参训者的从业理念有所启发、对参训者的职业规划有所裨益。

4. 深入评估培训与开发效果

培训与开发效果可分为反应、知识、行为、成效四个递进的层次，企业培训与开发效果评估即应从这四个方面入手。一是关注参训人员的反应，主要评估参训人员对培训的主题、内容、教材、教师、形式、进度、环境和设施等项条件是否满意，评估方法有观察、面谈、意见征询、抽样调查等。二是测试参训人员的知识，主要评估参训人员是否掌握了培训所传授的原理、方法、技能、规程等，评估方法有卷面考试、实地操作、写心得、谈体会等。三是考察参训人员的行为，主要评估参训人员返岗后工作行为是否有所变化、工作绩效是否有所提高，评估方法有行为观察、绩效考评、实测、访谈（访谈对象除本人及其主管外，还应包括相关的同事和客户）等。四是衡量培训与开发项目的成效，主要评估培训项目是否有助于企业业绩的提高，评估方法依企业业绩评定、绩效考评的方法而定，但需注意定性评价与定量分析的有效结合。

这四项评估的主旨就是学以致用。前两项在培训结束之前完成，侧重解决学而有益的问题；后两项在培训结束之后开始，主要解决学而有成的问题，各有功效，不可偏废。

第二节　培训需求分析

一、培训需求分析概述

在企业培训中，确定培训需求、培训计划、培训实施和培训反馈构成了培训的过程。在培训过程中，确定培训需求是培训过程的开始，也是培训过程的重要环节。

所谓需求就是一个组织预期应该发生的事情和实际发生的事情之间的差距，这一差距就是"状态缺口"。企业对雇员的能力水平提出的要求就是"理想状态"，而雇员本人目前的实际水平即为"目前状态"，两者之间的差距就是"状态缺口"。企业要努力减小这种"缺口"，就形成了培训需求。

所谓培训需求分析就是指在规划与设计人力资源培训与开发活动之前，由培训部门、主管人员和工作人员等收集企业战略、组织与员工的相关数据信息，然后采用一定的分析方法和技术，对各种组织及其成员的目标、知识、能力等方面进行系统的鉴别与分析，以确定企业是否需要进行培训与开发活动及培训的内容的一种活动或过程。它的关键是找出产生培训需求的真正原因，并确定是否能通过培训来解决。培训需求分析既是确定培训目标，设计培训规划的前提，也是进行培训评估的基础，是培训活动的首要环节。

图 2-23 显示了从培训需求分析得出的培训原因和评估结果。培训需求的压力点是来自多方面的，包括绩效问题、新技术的应用、法规和制度的变更、员工基本技能的欠缺、客户偏好和要求的变化、新的工作要求等。许多压力点的存在说明培训是必要的。但是，并不是所有的问题都能通过培训来解决，只有知识、技能的欠缺可以用培训手段来解决，而其他的压力点则需要通过工作环境的重新设计、薪酬机制等来解决。

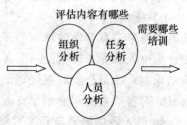

图 2-23 培训需求分析模型

1. 培训需求的确认

在进行人力资源开发前，我们有必要对因采取培训措施而将带来的回报有一个清楚的了解。要不要进行培训，如何进行培训，在决定进行培训之前，管理者首先应该回答以下几个问题：

一是组织的目标是什么？

二是达成这些目标的工作是什么？

三是对于负有工作完成责任者来说什么行为是必需的？

四是负有工作完成义务者在表现应有行为时所缺乏的是什么？是技术、知识或态度？

以上四个问题与人员培训需求的决定是紧密相连的。一旦我们可以明确地回答这四个问题，则对培训需求的本质和内容就可有所了解。

究竟哪些现象可以警示管理者需要进行员工培训呢？很明显，与绩效有直接关系的现象是最足以让管理者觉察的现象。一般说来，我们可以通过以下步骤确定培训需求：

（1）员工行为或工作绩效的差异是否存在。行为或工作绩效差异是指实际行为或工作绩效和计划行为或工作绩效的差异。组织可以从单位生产、单位成本、安全记录、缺席率、能力测验、个人态度调查、员工意见箱、员工申诉案件和工作绩效评估等指标，了解组织现有员工的行为、态度及工作绩效与组织目标之间的差异。如存在差异，就说明有必要培训。

（2）绩效差异的重要性。只有绩效和行为差异对组织有负面影响时，这个绩效和行为的层面才值得重视。绩效层面的重要性自然要根据组织的目标和发展方向而定。当绩效差异影响到组织目标的实现与组织的未来发展时，就必须分析影响绩效的原因和根源：是欠缺适当的知识技能？是环境上的限制或制约？是缺乏适当的诱因或动机？还是员工的身心健康状况不佳？这主要由组织的上层领导来分析，并确认是否有进行培训的必要。

（3）培训员工是否是提高绩效的最佳的途径。当绩效和行为差异是因为个人知识和技能不足，或因员工行为表现不佳，或因主管不积极参与员工培训所引起时，员工或主管的培训便可能是最好的方法。因为培训不仅能提高员工的技术和增加员工的知识，而且能够引导员工的行为规范。但是，培训是否为解决问题的有效途径，还应考虑培训成本和绩效差异所造成损失的比较，如果不经过这种比较，将会导致培训边际效用的减少，使最终效用受到影响。

2. 培训需求产生的原因

要进行培训需求分析，首先要明确培训需求产生的原因。一般来讲，产生培训需求的原因大致包括企业经营方向的变化、工作变化、企业的人员变化、绩效低下。

（1）企业经营方向的变化。企业经营方向不是一成不变的，当企业经营战略发生变化后，经营方向也会做出相应的调整。经营方向一旦发生变化，企业面临的环境和条件也会发生变化，企业对每一个员工的要求也会发生变化，这时企业所有的员工可能都面临着适应新环境和新工作条件的要求，就会产生培训的需求。

（2）工作变化。工作变化主要是工作环境和工作内容的变化。原因是在企业发展过程中经常会引进新设备、新技术或新工艺，自动化、重组和管理风格的变化，重新定位和重新立法，使得组织和个人要在变化的环境中生存和发展必须做出灵活的反应。

（3）企业的人员变化。企业健康发展，企业内部的员工就应该在稳定的基础上不断地流动，同时，为了满足企业发展的需要，企业应该不断从外界引进人才，不断淘汰不合格的员工以及企业内部的员工调整。企业内部的员工流动必然意味着企业人员的变化，一旦人员发生变化，员工在新岗位上难免遇到问题，这些都可以通过培训来解决。

（4）绩效低下。企业绩效的提高是培训的重要原因。员工的工作态度、技能以及知识直接关系到企业的效率，怠工、操作失效和事故等使其无法达到应有的绩效，因此培训是必不可少的。

3. 培训需求的影响因素

影响培训需求的因素分为两大类：常规性影响因素和事件性影响因素。常规性影响因素主要是指在企业日常经营活动中经常涉及的一些问题，对于它们要在确定培训需求时作为一般因素来加以考虑；事件性影响因素则是指一些偶发的，非经常性的事件，对于它们要在确定培训需求时作为补充因素来加以考虑（见表 2 - 16）。

4. 培训需求分析的作用

培训需求分析是对培训对象现状与将达到的要求的系统分析与探索。它是与组织和个人的业绩分析及目标设置紧密相关的。

表 2 - 16　培训需求的影响因素

常规性影响因素	事件性影响因素
企业发展目标	新员工的加入
企业发展战略	员工职位的调整
员工个人职业生涯规划	顾客的投诉、抱怨
岗位胜任能力	生产意外事故的发生
社会环境、法律法规、规章制度	产品生产质量下降
员工行为评估、员工考核	产品销售量下降
竞争对手的发展变化	企业内部损耗升高
新技术应用、新产品开发	员工工作效率下降、士气低落
客户偏好的变化	应对特殊事件的能力
企业培训资源状况的限制	世界或国内偶发的重大事件

在企业培训过程中，培训需求分析是设计培训项目、建立评估模型的基础。现代培训的系统理论认为，培训是一个系统，这一系统始于对培训需求的分析评价，然后是确定培训目标，选择设计培训方案，实施培训，最后检验培训效果。培训系统是各部分相互联系的网络，培训需求分析是培训的首要和必经环节，是其他培训活动的前提和基础，在培训中具有重大作用。其具体表现为：

（1）确认差距。培训需求分析的基本目标是确认差距。它主要包括两个方面：一是绩效差距，即组织及其成员绩效的实际水平与绩效应有水平之间的差距，它主要是通过绩效评估的方式来完成的。绩效评估的方式多种多样，主要有实绩记录法、工作标准法、因素评定法、代表人物评定法、强迫选择法和目标管理评价法等。二是完成一定绩效的知识、技能和能力的差距。它的确认一般包含三个环节：首先，必须对所需要的知识、技能、能力进行分析，即理想的知识、技能、能力的标准或模型是什么？其次，必须对实践中的或现实缺少的知识、技能、能力进行分析。最后，必须对理想的或所需要的知识、技能、能力与现有的知识、技能、能力之间的差距进行分析。这三个环节应独立有序地进行，以保证分析的有效性。

（2）改变原有分析。原有分析基本是针对组织及其成员的既有状况而进行的。当组织面临持续动态的变革挑战时，原有需求分析就可能脱离组织及其成员的实际状况，因而改变原有分析对培训显得尤为重要。当组织发生变化时，不管这种变化涉及技术、程序、人员，还是涉及产品或服务的提供问题，组织都有一种特殊的、直接的需求。那些负责培训和开发的人应及时把握住这些变化，改变原有分析，从而制定出符合实际情况的培训规划和设计。

（3）促进人力资源分类系统向人力资源开发系统转换。需求分析的另一个重要作用便是能促进人力资源分类系统向人力资源开发系统转换。无论是公共部门，还是私营部门，一般都有人力资源分类系统。人力资源分类系统作为一个单位的信息资料库，在制定关于新员工录用、预算、职位升降、工资待遇、退休金等政策方面非常重要，但在工作人员开发计划、培训和解决问题等方面用途有限。如果一个人力资源分类系统不能够帮助工作人员确定他们缺少什么技能以及如何获得这些技能，工作人员就不可能在一个较高的工作岗位上承担责任；如果它不能分析由任务和技能频率所决定的培训功能，它就不能形成高质量的目标规划。然而，当培训部门同人力资源分类系统的设计与资料收集密切结合在一起时，这种系统就会变得更加具有综合性和人力资源开发导向。

（4）提供可供选择的解决问题的方法。认为培训需求分析的目的就是通过培训解决组织及其成员存在的问题，是一种非常片面的认识。美国学者米切尔把通过需求分析获得的问题分为四类：体制问题、组织问题、技能问题、动机问题，并认为并不是所有问题都是培训问题。实际上，培训需求分析可以提供一些与培训无关的选择，如人员变动、工资增长、新员工吸收、组织变革，或是几个方法的综合。假设人力资源部门预测，在高速公路建设方面急需增加一批交通工程专家，一个选择便是对已经工作在组织内的工程人员进行再培训，另一个选择可能是雇用已经获得高薪的资深工程专家，还有一个选择是雇用一些低薪的、资历浅的人员，然后对他们进行大规模培训。选择的方式不同，培训的分类也不一样。现实中，最好是把几种可供选择的方法综合起来，使其包含多样性的培训策略。

（5）形成一个信息资料库。培训需求分析实际上是一个通过各种方法和技术收集与培训有关的各种信息资料的过程，经由这一过程，可以形成一个人力资源开发与培训的信息资料库。一个设计良好的培训需求分析，能够确定一般的培训需要与受训者，确立培训内容，指出最有效的培训战略，确定特殊的受训者等。此外，在培训之前，可通过研究这些资料，建立一个评估标准，然后用此标准来分析所进行的培训项目的有效性。

（6）决定培训的成本与价值。如果进行了系统的培训需求分析，并且找到了存在的问题，分析人员就能够把成本因素引入到培训需求分析中去。需要研究的一个问题是："不进行培训的损失与进行培训的成本之差是多少？"如果不进行培训的损失大于进行培训的成本，那么培训就是可行的；反之，如果不进行培训的损失小于培训成本，则说明当前还不需要或不具备条件进行培训。当然，不同性质的组织，培训成本的难易程度是不同的。

（7）为获得组织对培训的支持创造有利条件。组织支持是指在培训过程中，各种组织及其成员，如管理人员、领导人员、工作人员对培训活动的支持，从而保证培训活动的顺利进行。组织支持贯穿于培训的全过程之中，没有组织支持，任何培训活动都不可能顺利进行，也不可能获得成功。通过培训需求分析，可以使有关人员认识到组织中存在的问题，发现组织成员知识、能力和技能的差距，了解培训的成本和价值，从而为获得组织支持创造条件。因为人们只有认识到培训的必要性与价值，才会积极地投入其中。因此，培训部门必须想方设法获得组织支持，而获得组织支持的重要途径之一便是进行培训需求分析。

5. 培训需求分析的参与者

培训需求分析的参与者可以包括以下人员：

（1）人力资源部门工作人员。培训需求分析的整个工作是由人力资源部主持的，同时他们对每个岗位的要求和变化也是最清楚的。

（2）员工本人。培训的对象就是针对每位员工，本着促进员工职业发展的原则，了解他们的学习需要并制订相应的培训项目与计划，将有助于培训得到员工的支持和欢迎，并取得理想的效果。

（3）员工的上级。作为员工的直接管理者，他们对员工的优缺点比较清楚，他们能帮助人力资源部门明确培训目标和培训内容，并亲自督促执行。

（4）有关项目专家。专家具有丰富的经验和深厚的知识，他们对问题的看法往往是颇有见地的，因此向专家请教，无疑会得到一些启示。

（5）客户以及其他相关人员。"当局者迷，旁观者清"，企业外的人员对企业中存在的问题分析一般会更客观，这对培训项目的设计是有帮助的。

二、培训需求分析的框架

企业员工培训需求分析评价是 20 世纪 60 年代 Mcgehee 和 Thayer 等人提出的一种通过系统评价确定培训目标、培训内容及其相互关系的方法。到了 20 世纪 70 年代，人力资源培训发展成为国外组织心理学的热门研究领域之一，培训需求分析在这种背景下得到了进一步的发展与完善。其中，20 世纪 80 年代，L. L. Goldstein、E. P. Braverman、H. Goldstein 三人经长期研究将培训需求评价方法系统化，指出培训需求分析应从三个方面着手，即组织分析、任务分析和人员分析，构建了最为广泛流行的培训需求分析框架。

进行培训的需求分析，一般来说应从组织分析、任务分析、人员分析三方面分析着手，大致的分析步骤如图 2-24 所示。

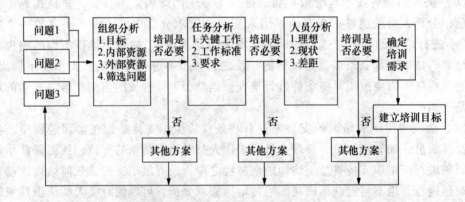

图 2-24　培训的需求分析步骤

1. 组织分析

培训需求的组织分析主要是在给定公司经营战略的条件下，通过对组织的目标、资源、特质和环境等因素的分析，准确地找出组织存在的问题与问题产生的根源，即现有状况与应有状况的差距和造成差距的原因，以确定培训是否是解决这类问题的最有效的方法。培训需求的组织分析涉及能够影响培训规划的组织的各个组成部分，包括对组织目标的检查、组织资源的评估、组织特质的分析以及环境的影响等方面。组织分析的目的是在收集与分析组织绩效和组织特质的基础上，确认绩效问题及其病因，判断组织中哪些部属和哪些部门需要训练，寻找可能解决的办法，以保证培训计划符合组织的整体目标与战略要求，保证为培训提供可利用的资源及获得管理者和同事对培训活动的支持。

一般而言，组织分析主要包括下列几个重要步骤：

（1）组织目标分析。组织目标是企业或组织一切活动的导向，深刻影响培训活动的进行，组织目标决定着组织培训的中心，对员工知识与技能的提升有着约束导向作用。明确、清晰的组织目标既对组织的发展起决定性作用，也对培训规划的设计与执行起决定性作用，组织目标决定培训目标。比如说，如果一个组织的目标是推出新产品，那么培训活动就必须与这一目标相一致。假若组织目标模糊不清时，培训规划的设计与执行就显得很困难。

（2）组织战略分析。培训最终是为企业战略与经营目标实现服务的，从企业经营战略到年度经营计划，从年度计划到人力资源开发计划，分析制订出一定时期的培训需求计划。但是，培训计划还要不断地随企业业务的变化而调整才能真正服务于企业发展的需要。所以，系统的培训规划要根据基于企业战略的人力资源规划来制定，培训需求分析就是为实现企业战略目标对人才的要求应运而生的。

企业战略在很大程度上影响着组织的培训类型、数量以及培训所需要的项目开发，也影响着培训的频率和组建方式，将企业战略作为影响培训需求的重要因素，突出了员工培训的战略导向，展现了战略性人力资源管理的特色。可见，组织分析对达成企业战略目标提供支持，确保培训活动产生附加价值。因此，在进行员工培训需求分析时，透彻理解企业战略，准确把握业务发展方向就成为重点、难点。培训的侧重点会因组织经营战略的不同而存在巨大差异，表2-17阐述了不同经营战略下的培训重点。

（3）组织资源分析。包括对组织的金钱、时间和人力等资源的描述。组织内部的人力、物力、财力都是有限的，如何利用这些有限的资源创造最大的价值是组织最终的目标。如果没有确定可被利用的人力、物力和财力资源，就难以确立培训目标。只有弄清楚组织拥有的培训资源状况，才能准确评估组织是否拥有适宜的经费、时间、人员和设计等资源来支持培训活动的开展。在一般情况下，通过对下面问题的分析，来了解一个组织资源的大致情况。

①金钱。组织所能提供的经费将影响培训的范围和深度。

②时间。对组织而言，时间就是金钱，培训是需要相当的时间的，如果时间紧迫或安排不当，极有可能造成粗略的培训结果。

③人力。对组织人力状况的了解非常重要，它是决定是否培训的关键因素。组织的人力状况包括工作人员的数量、年龄，工作人员对工作与单位的态度，工作人员的技能水平、知识水平和工作绩效等。

（4）组织特质分析。组织特质的优劣对培训的成功与否也起到重要的影响作用。因为，当培训规划和组织的价值不一致时，培训的效果很难保证。组织特质分析主要是

表 2-17　不同经营战略下的相关培训重点

战略	重点	达成途径	关键点	培训内容
集中战略	• 增加市场份额 • 降低运营成本 • 建立和维护市场地位	• 改善产品质量 • 提高生产率或技术流程创新 • 产品和服务的客户化	• 技能的先进性 • 现有劳动力队伍的开发	• 团队建设 • 跨职能培训 • 专业化的培训计划 • 人际关系培训 • 在职培训
内部成长战略	• 市场开发 • 产品开发 • 创新 • 合资	• 现有产品的营销或者增加分销渠道 • 全球市场扩展 • 修正现有的产品 • 创造新的产品或者不同的产品 • 通过合资进行扩张	• 创造新的工作和任务 • 创新	• 支持或者促进高质量的产品价值沟通 • 文化培训 • 帮助建立一种鼓励创造性的思考和分析问题的组织文化 • 工作中的技术能力 • 反馈与共同方面的管理者培训 • 冲突谈判技能
外部成长战略（兼并）	• 横向一体化 • 纵向一体化 • 集中的多元化	• 兼并在产品市场链条上与本企业处在相同阶段上的企业 • 兼并能够为本企业供应原材料或者购买本企业产品的企业 • 兼并与本企业毫无关系的其他企业	• 一体化 • 人员富余 • 重组	• 确定被兼并企业中的雇员能力 • 使两家企业的培训体系一体化 • 兼并后企业中的各种办事方法和程序 • 团队培训
收回投资战略	• 精简规模 • 转向 • 剥离 • 清算	• 降低成本 • 减少资产规模 • 获取收入 • 重新确定目标 • 出售所有资产	• 效率	• 激励、目标设定、时间管理、压力管理、跨职能培训 • 领导能力培训 • 人际沟通培训 • 重新求职帮助 • 工作搜寻技巧培训

对组织的系统结构、文化、资讯传播情况的了解，主要包括如下内容：

①系统结构特质，指组织的输入、运作、输出、次级系统互动以及与外界环境间的交流特质，使管理者能够系统地面对组织，避免组织分析中以偏概全的缺失。

②文化特质，指组织的软硬体设施、规章、制度、组织经营运作的方式、组织成员

待人处事的特殊风格，使管理者能够深入了解组织，而非仅仅停留在表面。

③资讯传播特质，指组织部门和成员收集、分析和传递信息的分工与运作，促使管理者了解组织信息传递和沟通的特性。

（5）组织环境分析。企业要生存和发展，就必须能够适应社会环境并不断发展创新，因此培训需求的组织分析还应包括组织环境分析，如对企业的培训需求有着广泛影响的经济及公共问题等环境因素、市场竞争、本行业的技术水平，其他同类企业的培训水平以及企业外部的资源状况等外部因素等。要保持培训的预见性，就要预测组织未来在业务、产品、技术、销售、组织结构上可能发生的变化，以发展的眼光评价培训需求。

2. 任务分析

任务分析主要是通过对工作任务和岗位责任的研究，发现从事某项工作的具体内容和完成该工作所需具备的各项知识、技能和能力，以确定培训项目的具体内容。任务分析的结果也是将来设计和编制相关培训课程的重要资料来源。

（1）任务分析需要确定的因素。对员工个人所在岗位的工作进行全面的分析，需要确定的因素主要有：

①工作的复杂程度。这里主要是指对其思维的要求，是抽象性一些还是形象性一些，是需要更多的创造性思维还是按照有关的标准要求严格执行等。

②工作的饱和程度。工作量的大小以及工作的难易程度，大多数的工作所消耗的时间的长短等。例如，行政部的工作是小而多且繁杂，但是工作的时间相对都比较短一些，而人力资源部的工作则是工作量相对较少，但是对工作的细致程度却要求较高，那么在对两位主管进行培训时就要在培训的重点上有所不同。

③公司业务的发展引起的工作的发展状况。随着公司业务量的不断发展，有些部门的工作量会增加很多，而有些部门的工作量则相对较小，那么在进行培训时就要注意到这一点，并在培训中实施不同的内容和方式。例如，市场部的工作量会随着公司业务的发展而工作量急剧增加，那么对于未来所要发生的事务，必须要有一定的前瞻性，从而在公司不断发展的过程中，能够坦然应对，而不至于在衔接上出现问题。

④从公司整体工作的角度，对所在的岗位工作进行分析。公司的各项工作任务之间是相互协调统一的，所以有必要以公司整体的角度，对工作进行分析，这样能更准确地确定该岗位在公司整体工作体系中的地位和所承担的责任。

（2）任务分析的步骤。

①建立全面的工作说明书。这种工作说明书主要是对职务中主要职责任务及任职条件的说明。有的组织有现有的职务工作说明书，这样对这些资料进行核实就可以了，但是如果没有，就需要进行工作分析，建立较为全面地反映职务内容和要求的工作说明书。

②进行职责任务分析。进行职责任务分析主要是对工作中的结构、内容及要求的分析，即主要弄清楚每个职务的主要任务是什么，每项任务完成后应该达到什么标准。

③确定完成任务所需的 KSAO。对完成职责任务所需的 KSAO 进行分析，为人力资源培训与开发提供目标和依据。其中，K 指知识，完成任务所需要了解的相关信息、原

理、方法；S指技能，完成任务所需要的某些熟练性、技巧性的行为能力；A指能力，完成任务所需要的某些身体与精神方面较综合的行为能力；O指其他个性特征，包括态度、品性与兴趣因素。

④确定培训需求。通过分析与比较每个任务及相应的任职条件的评估分数，包括任务在职务中的重要性、出现的频率或者所花费的有效劳动时间、完成的难度，任职条件相对职务工作绩效的重要性、学习难度以及在工作中获得的机会等，来具体确定哪些任务与KSAO应该纳入培训需求系统中。

⑤确定培训需求系统的因素级别和开发顺序。培训需求系统的建立确定了组织培训具体需求。但由于支持组织培训的资源有限，不可能让所有的培训需求得到满足，所以就应该考虑每一种需求的优先级别，具体确定需求系统中每个任务与KSAO的开发顺序。

任务分析是培训需求分析中最繁琐的一部分，但是，只有明确任务分析的重点（见表2-18），对工作进行精确的分析并以此为依据（见表2-19），才能编制出真正符合企业绩效和特殊工作环境的培训课程来。

（3）与任务分析相关的信息收集。任务分析的过程同样也是以信息收集为基础的，已有信息和以培训需求分析为目的的专门收集的信息都可为任务分析服务（见表2-20）。

表2-18 任务分析的重点

序号	重　点
1	任务分析不仅要知道员工在实际工作中做些什么，还要知道他们应该怎么做
2	任务分析首先要将工作分解成职责和任务
3	使用两种以上的收集任务信息的方法，以提高分析的有效性
4	为使任务分析更有效，应从专门项目专家那里收集信息，专门项目专家包括熟悉该项工作的在职人员、经理人员和普通员工
5	在对任务进行评价时，重点应放在能实现企业长远目标和现实目标的任务上

表2-19 任务分析调查问卷

姓　名		日　期	
职　位			
请从以下三个方面给每一项任务打分，任务对工作绩效的重要性、任务执行的频率和任务执行的难度。在评分时请参照下列尺度：			

续表

重要性	4 = 任务对有效绩效至关重要		
	3 = 任务比较重要但并非至关重要		
	2 = 任务比较重要		
	1 = 不重要		
	0 = 没有执行过这项任务		
频　率	4 = 每天执行一次任务		
	3 = 每周执行一次任务		
	2 = 几个月执行一次任务		
	1 = 一两年执行一次任务		
	0 = 没有执行过这项任务		
难　度	4 = 有效执行这项任务需要有丰富的工作经验和培训经历（12~18个月或更长）		
	3 = 有效执行这项任务需要有一定的工作经验和培训经历（6~12个月）		
	2 = 有效执行这项任务需要以前有过短期的工作经验和培训经历（1~6个月）		
	1 = 有效执行这项任务不需要以前有过特定的工作经验或培训经历		
	0 = 没有执行过这项任务		

任务	重要性	频率	难度
1. 维修设备、工具和安全系统			
2. 监督员工工作绩效			
3. 为员工制定工作日程进度			
4. 使用计算机统计软件			
5. 监控生产过程			
6. 统计方法带来的变化			

表 2 - 20　任务分析中可用的信息

获得工作信息的技术	人力资源开发/培训需求的含义
1. 职务描述	对于典型的职务活动和职责进行概述 但是不需要包含所有的活动 用以帮助界定绩效差异
2. 职务说明书/任务分析	列出每项职务所要求的任务 比职务描述更详尽 说明书的内容会延伸到包括该职务所要求的知识、技能和其他特质
3. 绩效标准	职务任务的目标及其判断标准 其中也包括数据底线
4. 履行职责	找出详尽的任务的最有效标准 局限性在于绩效要求中工作水平越高，绩效与工作产出间的差距越大

续表

获得工作信息的技术	人力资源开发/培训需求的含义
5. 观察工作样本	略
6. 有关职务的文献回顾 　　其他行业的研究 　　专业刊物 　　文档资料 　　政府资源 　　博士或硕士论文	在对职务进行结构性的比较分析时有用，但是在任何特定组织或有特定绩效要求的情形下，可能没有意义
7. 对职务的提问 　　在职者本人 　　主管 　　高层管理者	略
8. 培训委员会	对不同的观点（来自参与培训委员会的各个方面）的注意通常能显现出培训需求或开发/接受培训的愿望
9. 运作问题分析 　　停工报告 　　浪费 　　维修 　　送货不及时 　　质量控制	妨碍任务的迹象，如环境因素等
10. 卡片分类	在培训会议中使用 依据培训的重要性对"应该怎样做"进行的分类

3. 人员分析

人员分析主要是从员工的实际状况的角度出发，通过分析员工实际绩效与期望绩效或绩效标准之间的差距，来确定谁需要和应该接受培训以及培训的内容，以形成培训目标和内容的依据。人员分析关注的重点是员工绩效不良或员工绩效与组织要求的标准的差距。

（1）培训因素与非培训因素的鉴别。培训的一个压力点是较差的或达不到标准的工作绩效，但这是由何种原因引起的，是否可采用培训的方法来解决是一个首要回答的问题。表 2－21 给出了影响绩效水平的因素，包括个体特征、工作输入、工作输出、工作结果和工作反馈。人员分析重在鉴别个体特征、工作输入、工作输出、工作结果、工作反馈对绩效的影响，来鉴别培训因素与非培训因素，即鉴别影响绩效低下的因素是否可通过培训来改善。

①个性特征。是指能使员工顺利地完成工作并且能够学习培训项目内容所需要的技能。其基本技能包括认知能力和阅读写作能力。而自我效能是员工对自己能够胜任一项工作或学习一项培训内容的一种自信。

表 2 – 21　影响员工绩效与学习的因素

个体与工作特征	主要影响因素
个体特征	能力与技术 态度与动机
工作输入	对工作必要性的了解 必要资源（机器设备等） 其他工作要求的干预 执行机会
工作输出	判断优秀执行者的标准
工作结果	执行的积极结果/动力 执行的少量消极结果
工作反馈	有关工作执行情况的反馈

②工作输入。指的是工作环境，工作环境包括条件限制和社会支持。条件限制包括缺乏合适的工具设备、材料供应、资金和时间。社会支持指管理者和同事愿意提供信息反馈和帮助。如果员工有完成工作必需的知识、能力、态度和行为方式，但缺少合适的工具和设备，那么他们的绩效水平也不会高。

③工作输出。在工作中员工经常出现较差的或达不到标准要求的业绩表现，其中一个原因是员工不知道他们应达到什么样的绩效水平。员工可能具备执行任务的知识、技能和态度，但由于不知道绩效标准而实际水平不理想。对绩效标准缺乏意识属于沟通问题，不属于培训可"修补"的问题。

④工作结果。良好的绩效是需要激励的。如果员工认为绩效奖励不具有激励作用的话，那么即使他们具有必要的知识、技能、态度和行为方式，也不愿执行绩效标准，就会导致绩效不良的结果。

⑤工作反馈。如果在工作中没有人向员工定期反馈他们的工作表现的话，也会导致绩效问题。对于"员工知道自己应该做什么（工作输出），但不知道做得怎么样"这类问题，培训不是最好的解决方法。理想的方法是向员工提供有针对性的、关于工作执行情况的详细反馈，让其明确自己的行为是有效的还是无效的。

总之，如果员工缺乏完成工作的知识和技能且在其他条件许可的情况下，培训是需要的。如果员工具备需要的知识、技能和其他条件，但工作输入、工作输出、工作结果或工作反馈不足，培训就不是解决问题的最好方法了。

（2）人员分析的步骤。绩效评价法通常用于人员分析，通过确定员工的绩效问题，分析实际绩效与期望绩效或绩效标准之间的差距原因，便可帮助管理者确认员工培训线索、方向及必要性和可行性。

第一，查找绩效差距。培训需求分析应从绩效差距入手，寻找企业工作岗位要求的绩效标准与员工实际工作绩效之间存在的差距，或者是包括企业战略或企业文化需要的员工能力与员工实际能力之间的差距。只有找出存在绩效差距的地方，才能明确改进的目标，进而确定能否通过培训手段消除差距，提高员工生产率。

第二，分析绩效差距的原因。发现了绩效差距的存在，并不等于完成了培训需求分析，还必须寻找差距的原因，因为不是所有的绩效差距都可以通过培训的方式去消除。影响绩效的因素很多，如个人的知识、技能或能力，个人的态度和动机，设备、时间和预算等资源方面的支持，来自上级、同事的反馈和强化，薪酬等的机制，如何做好工作的及时具体的反馈等。

第三，确定解决方案。找出了差距原因，就能判断应该采用培训方法还是非培训方法去消除差距。可以提出若干问题来确定培训是否为解决绩效问题的最佳途径：

①该员工是否存在工作绩效问题，严重程度如何？

②该员工是否知道如何有效地工作？

③该员工是否掌握并正确运用了工作所要求的知识、技能和行为方式？

④该员工是否得到了恰当的激励和工作反应？

⑤是否还存在其他可替代的解决方案？

（3）与人员分析相关的信息收集。获得数据的准确性和全面性关系到分析的质量，所以要充分利用各种可用资料。人员分析过程中可采用以下方法收集数据：

①个人考核绩效记录。个人考核绩效记录主要包括员工的工作能力、平时表现（请假、怠工、抱怨）、意外事件、参加培训的记录、离（调）职访谈记录等。

②员工的自我评量。自我评量是以员工的工作清单为基础，由员工针对每一单元的工作成就、相关知识和相关技能真实地进行自我评量。

③知识技能测验。以实际操作或笔试的方式测验工作人员真实的工作表现。

④员工态度评量。员工对工作的态度不仅影响其知识技能的学习和发挥，还影响与同事间的人际关系，影响与顾客或客户的关系，这些又直接影响其工作表现。因此，运用定向测验或态度量表，就可以帮助了解员工的工作态度。个人需求分析的可用资料来源见表2－22。

总之，对以上问题的分析结果，可以帮助培训部门列出一张代表其培训需求的清单，并以此作为将来设置培训课程的基础。完整、科学的培训需求分析是确保工作、绩效、培训高度契合的基础。

4. 不同人员关注的重点

很多信息资源被用来确认所需要的知识、技能和能力，但这些资源相互之间可能发生冲突。不同的人在企业经营活动中扮演着不同的角色，在需求分析中关注的重点就不一样（见表2－23）。例如，不同层次的管理人员，在培训需求分析中关注的重点就不一样。高层管理者更倾向于从公司发展前景来关注培训与其他人力资源管理活动，而中层管理者则更关心影响本部门财务目标的那些因素。

表 2-22 个人需求分析的可用资料来源

技术或获得的信息	人力资源开发/培训需求的运用

1. 以绩效资料或弱项作为问题
  或者弱项指标
  生产率
  旷工或拖拉
  事故
  短期病假
  抱怨
  浪费
  送货不及时
  产品质量
  停工
  维修
  设备使用
  顾客抱怨
	包括弱项及可改进的领域，也包括强项用于确定培训需求的主题及类别，易于分析和量化这些数据能被用于识别绩效差异

2. 观察工作样本	比较主观的技术，但同时提供了雇员行为及行为结果的信息
3. 采访	员工个人是惟一知道自己需要学习什么的人 让他们参与到培训需求分析中，能够激励他们努力学习
4. 调查问卷	与采访同样的方法 易于适应组织的特点 但通过使用事先构造好的项目进行调查可能产生偏见

5. 测验
  职务知识
  技能
  成绩
	测验可以是特制的，也可以是标准化的
	必须注意测验测量的是与工作相关的素质

6. 态度调查	基于个人的调查，有益于发现每位雇员的士气、工作动机及满意度情况
7. 清单/培训进度表	每位雇员的技能更新列表 能表明每项职务的未来培训需求
8. 等级量表	必须注意确保等级量表中对雇员的测量是相关的、可靠和真实的
9. 关键事件	对工作绩效的成功或失败起关键作用的可观测到的行为
10. 日常记录	雇员个人的详细工作记录

技术或获得的信息	人力资源开发/培训需求的运用
11. 虚构情景 角色扮演 案例学习 会议领导 培训课程 商业游戏 纸篓游戏	在这些技术中显示出某些知识、技能、态度
12. 判断性分级	使用清单进行等级判断
13. 评估中心	前面几项技术结合在一起成为一项强化的评估方案
14. 教练	与一对一访谈相似
15. 目标管理/工作计划与检查系统	在组织的、个人的或团队的经谈判确定的绩效标准的基础上对实际绩效进行多次测量获得相关信息，从而了解测量的底线，识别并分析随后的绩效提高或绩效退步 这种绩效回顾及潜能回顾应该与更大的组织目标相协调和联系

表 2 - 23　不同人员在培训需求分析中关注的重点

	高层管理者	中层管理者	培训者
组织分析	●培训对实现我们的经营目标重要吗 ●培训将会怎样支持战略目标的实现	●我愿意花钱搞培训吗 ●要花多少钱	●出席高层管理会议 ●我有资金来源购买培训产品和服务吗 ●经理们会支持培训吗
人员分析	●哪些职能部门和经营部门需要培训	●哪些人需要接受培训（经理、专业人员、一线雇员）	●我怎样确定出需要培训的雇员
任务分析	●公司拥有具备一定知识、技能、技术，可参与市场竞争的雇员吗	●在哪些工作领域内培训可大幅度地改善产品质量或顾客服务水平	●哪些任务需要培训 ●该任务需要具备哪些知识、技能或者其他特点

三、培训需求分析的方法与信息收集

1. 培训需求分析方法

（1）组织整体分析法，这是从组织的整体现实出发，以战略目标为依据确定组织培训需求的方法。组织整体分析法一般从分析反映组织经营状况的指标开始，如经营环境、利润率、投资回报率、销售利润率、员工流动率、客户满意率、权益报酬率等。通过分析这些指标，找出组织在技术、生产、经营、管理和公众关系等方面的差距，从而确定各种培训需求。组织整体分析法具有操作方便，容易得出具有普遍意义的培训需求的优点，从而引起高层管理人员的重视。但是，这种方法必须以得到充分的数据为基础，并理解掌握它们，然而得到这些详细真实的数据是比较困难的。

（2）任务分析法，也称工作分析法或工作盘点法，是依据工作描述和工作说明书，确定员工达到要求所必须掌握的知识、技能和态度。通过系统的收集反映工作特性的数据，对照员工现有的能力水平，确定培训应达到什么样的目标。在工作说明书中一般都会明确规定：①每个岗位的具体工作任务或工作职责；②对上岗人员的知识、技能要求或资格条件；③完成工作职责的衡量标准。除了使用工作说明书和工作规范外，还可以使用工作任务分析记录表，它记录了工作中的任务以及所需要的技能。工作任务分析表通常包括工作的主要任务和子任务，各项工作的执行频率，绩效标准，执行工作任务的环境，所需的技能和知识以及学习技能的场所。显然，依据上述几方面的信息，对比员工个人的实际状况，即可以找到培训需求了。

（3）员工个人培训需求分析法，是员工对自己进行分析，根据今后发展要求，不断寻求进步的一种培训需求分析法，主要是员工根据工作感受和自己的职业发展规划，对自身的知识和能力结构进行主观评估，进而确定培训需求。这种方法具有深层性、针对性强和有效调动员工参与培训兴趣的优点。但由于员工很难客观地对自己进行评估分析，往往会产生不切合实际的培训需求。

（4）问卷调查法，通过员工填写"培训需求调查问卷"，并对问卷信息进行整理、汇总、分析，从而确定培训需求的方法，这也是组织经常使用的一种方法。这种方法的优点是调查面广，资料来源广泛，收集的信息多，相对省时省力。缺点是调查结果间接取得，如对结果有疑问，无法当面澄清或证实，调查对象很容易受问题误导，获得的深层信息不够等。但在公共关系专家或统计专家的指导下，可以大大减轻这些缺陷的程度。

（5）绩效分析法，通过考察员工目前的绩效与组织目标的理想绩效之间存在的差距，然后分析存在绩效差距的原因：是不能做还是不想做，还要进一步分析知识、能力和行为改善方面存在的差距的程度，最后确定培训的具体选择。这种分析法主要围绕"缺陷"展开，也称缺陷分析。通常，员工缺陷有两种：一种是"技能"上的缺陷，称为"不能做"；另一种是"管理"上的缺陷，称为"不想做"。前一种"缺陷"是指员工工作技能、工作技巧、工作熟练程度和业务知识水平等方面的不足；后一种"缺陷"是指员工工作态度、领导层的任务分派和指导、信息沟通与反馈等方面的不足。

对于缺陷的分析，可归结为组织和员工个人两方面的原因：

①技术缺陷。组织方面的原因是工作设计不合理、分配任务不当、工作标准过高、工作条件差。个人方面的原因是未能理解工作任务、缺乏工作所需的知识和技能等。

②管理缺陷。组织方面的原因有薪酬系统不合理、激励不当、人际关系紧张和组织氛围差等原因。个人方面的原因有责任心差、职业道德水平较低等。

如果属于个人知识、技能和态度方面的原因，则需要进行培训。培训需求分析的动机模型（如图2-25所示）可以用于绩效分析过程中。

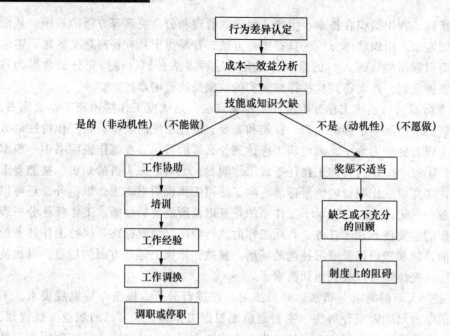

图 2 - 25 培训需求分析的动机模型

（6）观察分析法，亲自看每一位员工的工作状况，如操作是否熟练，完成每件工作需要多少时间等，通过仔细观察，从中分析出该员工需要培训的内容。该方法虽然简单，但是存在着无法克服的缺陷：如果观察者意识到处于被观察状态，易造成紧张，使其表现失常，使观察结果出现较大的偏差；在评价别人时，受个人成见的影响，评价人都会犯这样或那样的错误，导致评价结果出现偏差，而且消耗时间长是观察法的突出缺陷。

（7）前瞻性培训需求分析模式，这是以组织未来发展需要为依据，确定员工培训需求的方法。随着技术的不断进步和员工在组织中个人成长的需要，即使员工目前的工作绩效是令人满意的，也可能会为工作调动或职位晋升做准备、为适应工作内容要求的变化等原因提出培训的要求，甚至员工个人的职业生涯发展计划也会对培训提出前瞻性的要求。同时，在组织发展过程中，会不断地产生出对员工更高的知识和能力等方面的要求。前瞻性培训需求分析过程如图 2 - 26 所示。

（8）培训需求的逻辑推理模式，根据员工对培训的不同需求，对员工各方面进行推理。这个模式主要分为七个阶段（如图 2 - 27 所示）。

阶段一：说明员工目前工作的现状。

阶段二：检查过去的工作情形，从员工的上级、同事那里获得资料，并与员工直接讨论或做测试。

阶段三：培训工作者如果发现工作流程出了错误，则应该设法改善流程；如果是员工未能圆满地完成工作任务，则进入第四阶段。

阶段四：培训专家通过培训来给予员工协助，例如，展示新的工作方法，改变工作观念上的认知偏差。

阶段五：消除员工心理上的障碍。

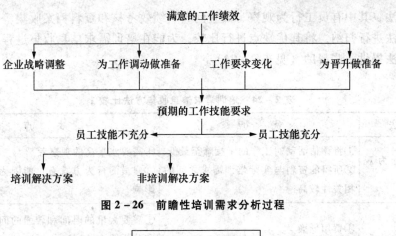

图 2－26　前瞻性培训需求分析过程

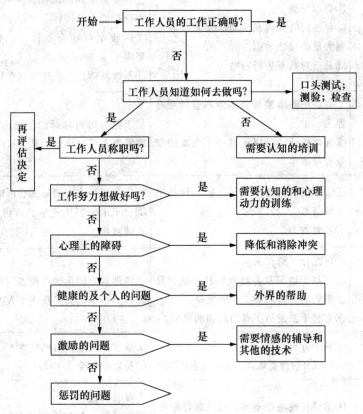

图 2－27　培训需求的逻辑推理模式

阶段六：要考虑员工的健康状况及其他个人问题是否是导致其不良工作表现的原因。

阶段七：通过对员工个人内在心理需要的满足、消除其心理障碍来改善员工的行为和态度。

2. 培训需求信息收集方法

要进行培训需求分析，首先要收集与培训需求相关的信息，在培训需求分析中可采用多种方法，其中有员工行为观察、调查问卷、绩效考核和资料档案收集等方法，在此对这些方法进行归纳，将其优缺点进行比较，为能在培训需求信息收集过程中选择适当的收集方法提供一些帮助（见表2－24）。

表2－24 培训需求信息收集方法比较1

方 法	优 点	缺 点
1. 员工行为观察法	①将评估活动对工作的干扰降至最低 ②所得的资料与实际培训需求之间的相关性较高	①需要水平高的观察者 ②雇员的行为方式有可能因为被观察而受影响
2. 调查问卷法	①费用低廉 ②可在短时间内从大量人员那里收集到大量的反馈数据 ③易于对数据进行归纳	①需要大量的时间和较强的问卷设计能力和分析能力 ②回收率可能会很低，有些答案不符合要求 ③不够具体，无法得到问卷以外的问题
3. 绩效考核法	①有助于弄清楚导致绩效不佳的所有原因 ②针对性强，可以形成一个书面的绩效辅导清单	易于把一切问题都归于培训，而忽视态度或管理需求方面的问题
4. 管理层调查法	①管理层对自己下属员工的培训需求比较清楚 ②省时省力	①管理层个人主观好恶会影响调查的效果 ②出于未来职位竞争的考虑，可能会选错培训对象
5. 面谈法	①可充分了解相关信息 ②有利于培训双方建立信任关系，易于得到员工对培训工作的支持 ③有利于激发员工参与培训的热情	①培训双方的面谈可能占用很长时间 ②员工不一定真实反映个人发展计划
6. 关键事件法	①易于分析和总结 ②可以分清楚是培训需求还是管理需求	①事件的发生具有偶然性 ②易以偏概全
7. 集体（小组）讨论法	①能够在现场把不同的观点综合起来 ②利于最终形成决策	①费时费钱 ②公开场合部分人可能不愿表达自己的观点和看法
8. 测试法	帮助确定一个已知问题是由于能力低还是由于态度造成的	①测试项目数量少，则有效程度有限 ②数量多了则费时费力
9. 资料档案收集法	①便于收集 ②可以了解员工现有的技术职称资格 ③可以了解员工已受过哪些培训	不一定能反映员工现在的真实技术水平

续表

方　法	优　点	缺　点
10. 以前项目评估法	①可为发现问题提供线索 ②在活动和集体中，为问题的解决提供客观证据	①问题的原因和解决方法很难发现 ②材料中的观点往往是对过去有所反映，而不是对现在的情况或最近的变化做出反应
11. 顾问委员会研究法	①反映的内容和问题比较客观 ②有利于培训需求的长期趋势分析	①成本较高 ②时间较长
12. 态度调查法	①易于区分工作上表现欠佳是否是由于技能缺陷造成的 ②易于发现工作中的其他问题	态度调查的对象可能会故意掩饰自己的看法和心态
13. 趋势研究法	可提供企业培训远程发展目标	①费时 ②方向难以把握

从另一个角度讲，培训效果的好坏又必然要受到培训需求分析时被培训对象的参与程度、管理人员的参与程度、分析过程所耗时间、培训需求分析成本以及分析过程量化指标的程度的影响。通过对上述指标的比较分析，会发现在具体应用过程中这些方法有着不同的效果（见表 2-25、表 2-26、表 2-27 和表 2-28）。

表 2-25　培训需求信息收集方法比较 2

方　法	被培训者参与程度	管理者参与程度	分析过程耗时程度	培训需求分析成本	分析过程量化程度
顾问委员会	低	中	中	高	低
评价中心	高	低	低	高	高
态度调查	中	低	中	中	低
集体讨论	高	中	中	中	中
面谈候选培训对象	高	低	高	高	中
调查管理层	低	高	低	低	低
员工行为观察	中	低	高	高	中
业绩考核	中	高	中	低	高
关键事件法	高	低	中	低	高
问卷调查与清单	高	高	中	中	高
技能测试	高	低	高	高	高
评估过去项目	中	低	中	低	高
绩效档案	低	中	低	低	中

表 2 - 26 某公司技术工人培训需求调查问卷

第一部分：基本情况	年龄：　　　　　　　　　　性别： 目前的工种：　　　　　　　技术等级： 在本公司工作年限：　　　　从事本工种年限：
第二部分：培训需求 （请您在与您观点相符的项目括号内打"√"）	1. 培训对帮助我做好工作非常重要： 　　同意（　　）　中立（　　）　不同意（　　） 2. 培训对个人发展很有帮助： 　　同意（　　）　中立（　　）　不同意（　　） 3. 总体说我接受的培训不够： 　　同意（　　）　中立（　　）　不同意（　　） 4. 以往参加培训的原意： 　　自己主动提出（　　）　　领导指派（　　） 5. 请说明您近两年参加培训的情况：＿＿＿＿ 6. 您目前在工作中遇到了哪些问题和困难：＿＿＿ 7. 您希望通过学习哪些课程和知识来帮助解决您目前的困难：＿＿＿＿ 8. 您目前工作中主要压力来源于： 　　技术水平跟不上（　　）　　活儿很难干（　　） 　　活儿太多干不完（　　）　　零件差，质量很难把握（　　） 9. 如果利用业余时间开展技能培训您愿意参加吗？ 　　非常愿意参加（　　）　　不愿意参加（　　） 　　短期业余时间培训愿意参加，如果占用过多业余时间就不愿意参加（　　） 10. 希望学到的主要方面： 　　与工作相关的基本知识和原理，具体操作技巧工作中可摸索（　　） 　　与工作相关的操作技巧，基本知识和原理作用不太大（　　） 　　基本知识原理和操作技巧两方面相结合（　　） 　　其他方面： 11. 希望得到的培训方式： 　　配高水平的老师传授（　　）　　送出去集中时间参加学习（　　） 　　就工作中普遍问题难点请教师来公司讲授（　　） 　　公司内按高级技校课程设置要求，系统培训（　　） 12. 就本公司知识型技术工人培训工作的建议：＿＿＿ 　　＿＿＿＿＿＿＿＿＿＿

表2-27 请标出您认为最合适的描述或回答以下问题

您的工作部门与工作岗位	
您在目前这个岗位上工作了多长时间？	□少于1年 □1~2年 □2~3年 □3~4年 □4年以上
您希望接受哪些方面的培训？	□目标管理和绩效考核 □薪酬福利管理 □企业文化建设 □有效授权技巧 □部门主管（经理）的综合管理技能培训 □高绩效团队 □项目管理 □非财务人员的财务管理 □商务谈判技巧 □其他：请详细说明
您期望在什么时候接受上述培训？	培训周期跨度：□3天以内 □1周 □2~4周 □4周以上 培训时段安排：□上班时间 □晚上时间 □周末时间 单元培训时间：□50分钟 □90分钟 □120分钟 □150分钟 培训开展的形式：□脱产 □外派 □实习 □聘请外部专业人员讲课 □其他
其他建议或要求	

表2-28 培训需求调查问卷

姓 名		性 别		出生年月	
学 历		部门及职务			
请在合适的答案前打"√"					
一、目前最急需的培训 　□能力培训 　□岗位业务培训 　□专业知识 　□学历进修 　□英语 　　　□计算机 　　　□其他					
二、营销培训 　□市场营销原理 　　□营销中的产品知识 　□营销技巧训练 　□市场经济法规知识 　□公共关系和心理学 　□其他					
三、专题讲座					
四、有关意见和建议					

四、培训计划的制订

目前，国内真正有系统培训计划的企业还不足50%，也就是说仍然有一半以上的企业对培训计划缺乏计划概念，在管理方面计划性还十分欠缺，这对于培训管理来说是非常不利的。培训计划性不够便会间接地影响到培训的效果，而且缺乏计划性的培训不仅容易在培训目标上出现诸多偏差，而且还容易导致资源应用不合理、分布不均匀等后果。最为重要的是，只有当培训计划是成长性的培训管理计划时，才能够使培训管理水平不断得到提高，并且不会出现"管理泡沫"的现象。

1. 培训目标的确定

培训需求分析之后，就要为培训项目确定目标。马丁·布罗德威尔（Martin Borad-well）指出"教学过程中最重要的且惟一需要考虑的是设定目标，选择了合适的视角后，全部课程从开始到结束应围绕着目标旋转"。培训目标就是以描述受训者应该能做什么来作为培训后果，也就是扼要确定培训活动的目的和结果。每个培训开发项目都应当确定自身的切实可行的总体目标以及具体目标。有了建立在需求分析基础上的培训目标，才能为培训计划提供方向、指针、构架和信息输入，才能将对象、内容、时间方法和教师等要素有机结合，还能为衡量培训效果提供评估依据。

培训目标主要可分为知识传播、技能培养和态度转变三大类。培训目标所指向或预期的培训成果可以分成认知成果、技能成果、感情成果、绩效成果和投资回报率五大类。其中，认知成果用来衡量员工对培训内容中强调的原理、事实、技术、程序或过程的熟悉程度；技能成果用来评价员工在技术或运动技能，以及行为方式上的提高程度，它包括员工对一定技能的学习获得，以及在实际工作过程中的应用两个方面；感情成果用来衡量员工对培训项目的感性认识，包括个人态度、动机、忍耐力、价值观和顾客定位等在内的情感、心理因素的变化情况，这些因素往往影响或决定个人的行为意向；绩效成果是用来衡量员工接受培训后工作绩效的提高情况，绩效成果通常以受训员工的流动率、事故发生率、成本、产量、质量和顾客服务水平等指标的上升或下降来度量；投资回报率是指培训的货币受益与培训成本（包括直接成本和间接成本）的比较，它可以用来评价组织培训的效益。

设置培训目标要注意的是：设置培训目标要与组织宗旨相统一，要与组织资源、员工基础、培训条件相协调，要尽可能量化、细致化并现实可行，还应当注意的是设置目标需同组织长远目标相吻合，并且一次培训的目标不宜过多。设置的目标要有一个合理的期限，还要考虑到是否有足够的时间让员工完成实践，以达到这些目标；目标不宜过大，可将其分解成几个小目标在不同的培训课程中实现。

2. 何谓培训计划及其作用

（1）所谓培训计划是按照一定的逻辑顺序排列的记录，它是从组织的战略出发，在全面、客观的培训需求分析基础上做出的对培训时间（When）、培训地点（Where）、培训者（Who）、培训对象（Whom）、培训方式（How）和培训内容（What）等的预先系统设定。培训计划必须满足组织及员工两方面的需求，兼顾组织资源条件及员工素质基础，并充分考虑人才培养的超前性及培训结果的不确定性。

培训计划要考虑的问题有：

①Why：为什么要进行培训？人力资源的开发即要在最大限度上挖掘人的潜力，使人在工作中充分发挥其优势。培训是人力资源开发的主要手段之一。

②What：培训内容是什么？

③Who：培训的负责人是谁？

④Whom：培训的对象是谁？

⑤When：什么时间进行培训，需要多长时间？

⑥Where：培训所在的场所和环境？

⑦How：如何实施培训？实施操作步骤和采用什么方式、技术？

⑧How much：培训的投入和预算是多少？培训的直接成本和间接成本是多少？

（2）培训计划的作用。从某种意义上讲，培训计划的作用就如同驾车外出旅行时常需的道路指南。有了它，培训者就能够知道起点在哪，终点在哪，所要经过地方的确切位置。否则，虽可出发旅行，但却无从得知去什么地方，或能否抵达目的地。具体地说，培训计划有利于管理和控制：它保证不会遗忘主要任务；它清楚地说明了谁负责、谁有责任、谁有职权；它预先设定了某项任务与其他任务的依赖关系，这样也就规定了工作职能上的依赖关系；它是一种尺度，可用于衡量对照各种状态，而后则用于判断项目、管理者及各成员的成败；它是用做监控、跟踪及控制的重要工具，也是一种交流和管理的工具。

3. 培训计划的种类与内容

培训计划按不同的划分标准，有不同的分类。以培训计划的时间跨度为分类标志，可将培训计划分为长期、中期和短期培训计划三种类型。按计划的层次可分为公司培训计划、部门培训计划与培训管理计划。

一个完整的培训计划应包含培训目的、培训对象、培训课程、培训形式、培训内容、培训讲师、培训时间、培训地点、考评方式、培训预算以及培训出现问题时的调整方式等内容（见表2-29）。

表2-29　具体的培训计划内容

项　目	具　体　内　容
培训目的	每个培训项目都要有明确目的（目标），为什么培训？要达到什么样的培训效果？怎样培训才有的放矢？培训目的要简洁，具有可操作性，最好能够衡量，这样就可以有效检查人员培训的效果，便于以后的培训评估
培训对象	哪些人是主要培训对象？这些人通常包括中高层管理人员、关键技术人员、营销人员以及业务骨干等。确定了培训对象就可以根据人员，对培训内容进行分组或分类，把同样水平的人员放在一组进行培训，这样可以避免培训浪费
培训课程	培训课程一定要遵循轻重缓急的原则，分为重点培训课程、常规培训课程和临时性培训课程三类。其中，重点培训课程主要是针对全公司的共性问题、未来发展大计进行的培训，或者是针对重点对象进行的培训
培训形式	培训形式大体可以分为内训和外训两大类，其中内训包括集中培训、在职辅导、交流讨论、个人学习等；外训包括外部短训、MBA进修、专业会议交流等

续表

项　目	具　体　内　容
培训内容	培训计划中每一个培训项目的培训内容是什么？培训内容涉及管理实践、行业发展、企业规章制度、工作流程、专项业务、企业文化等课程。从人员上讲，中高层管理人员、技术人员的培训宜以外训、进修、交流参观等为主；而普通员工则以现场培训、在职辅导、实践练习等方式更加有效
培训讲师	讲师在培训中起到了举足轻重的作用，讲师分为外部讲师和内部讲师。涉及外训或者内训中关键课程以及企业内部人员讲不了的内容，就需要聘请外部讲师
培训时间	包括培训执行的计划期或有效期、培训计划中每一个培训项目的实施时间，以及培训计划中每一个培训项目的课时等。培训计划的时间安排应具有前瞻性，时机选择要得当，以尽量不与日常的工作相冲突为原则，同时要兼顾学员的时间
培训地点	包括每个培训项目实施的地点和实施每个培训项目时的集合地点或召集地点
考评方式	采用笔试、面试还是操作，或是绩效考核等方式进行
调整方式	计划变更或调整的程序及权限范围
培训预算	包括整体计划的执行费用和每一个培训项目的执行或实施费用。预算方法很多，如根据销售收入或利润的百分比确定经费预算额，或根据公司人均经费预算额计算等

4. 影响培训计划制订的因素

在制订培训计划时，必须考虑以下的因素：

（1）员工的参与。让员工参与设计和决定培训计划，除了加深员工对培训的了解外，还能增加他们对培训计划的兴趣和承诺。此外，员工的参与可使课程设计更切合员工的真实需要。

（2）管理者的参与。各部门主管对于部门内员工的能力及所需何种培训，通常较负责培训的计划者或最高管理阶层更清楚，故他们的参与、支持及协助，对计划的成功有很大的帮助。

（3）时间安排。在制订培训计划时，必须准确预测培训所需时间及该段时间内人员调动是否有可能影响组织的运作。编排课程及培训方法必须严格依照预先拟订的时间表执行。

（4）成本资源约束。培训计划必须符合组织的资源限制。有些计划可能很理想，但如果需要庞大的培训经费，就不是每个组织都负担得起的。能否确保经费的来源和能否合理地分配和使用经费，不仅直接关系到培训的规模、水平及程度，而且也关系到培训者与学员能否有很好的心态来对待培训。

第三节 员工培训程序

一、员工培训的实施过程

1. 制定培训实施计划

制定培训计划之前，首先要了解学习的规律及员工学习的特点。由于培训的成败经常与学习的原则相关联，因此，应了解不同培训方式或技巧的使用效果。现代培训要求注意以下几个方面：①设定学习目标，如课程的路线图、明确学习要点；②尽可能提供有意义的学习材料，如一些丰富多彩的实例；③多安排行为示范，通过正确行为的模仿和错误行为的纠正使员工明确如何去行动；④重视员工的个体差异；⑤积极提供机会让员工参与实践；⑥注意将培训内容的整体学习与部分学习相结合；⑦注意在时间上将系统学习和分段学习相结合；⑧通过积极的反馈与检查来激发员工的学习动力；⑨通过及时的鼓励使员工产生成就感来实现学习的强化。

员工培训应该建立他们的自尊，而不是破坏他们的自尊。要让员工有机会提问，并回答他们的问题。让他们在小组中与大家分享自己的知识专长和个人经验。在培训中，要让员工自己形成看法，自己找到答案，而不是告诉他们该干什么、什么时候干。最后，为了满足员工对实用性知识的要求，培训中提供的信息和技能要能很快应用在工作中。培训者要选择员工可能面对的实际问题和情境案例，这样员工就能把观念化的信息与实践建议结合起来，并把观念运用到工作中。

2. 培训计划的内容

培训计划一般应包括以下几个方面的内容：

（1）确定培训目标。培训目标是根据培训需求分析结果，指出员工培训的必要性及期望达到的效果。好的培训计划可以为培训工作提供明确方向，为确定培训对象、内容、时间、教师、方法等具体操作内容提供依据，并可以在培训之后，对照此目标进行效果评估。从某一培训活动的总体目标到每堂课的具体目标，培训目标可分为若干层次。目标的设置也要注意与企业的宗旨相兼容，切实可行、陈述准确。

（2）安排培训课程及进度表。这一过程其实是培训目标的具体化和操作化，即根据培训对象、培训目标及要求，确定培训项目的形式、学制、课程设置方案及教学方法，拟定培训大纲、培训内容、培训时间、培训方式，选择教科书与参考教材、任课教师、辅助培训器材与设施等。为受训人员提供具体的日程安排和详细的时间安排。培训计划应将总体计划及各分项目标计划实施的过程、时间跨度、阶段划分用简明扼要的文字或图表表示出来。

（3）设计培训方式。在培训中，可视需要及许可条件选择一系列培训方法，如讲授法、开会研讨法、案例研究法、行为示范法、工作轮换法、角色扮演法、管理游戏法、现场培训法等，可采取以其中一两种方法为重点，多种方法变换组合的方式，使培训效果达到最理想状态。而且培训方法的设计也要注意受训者的知识层次和岗位类型，如案例研究对管理者和科技人员比较适合，但对操作人员来说，现场培训和授课方法的效果可能会更好。

（4）培训经费预算。一般来说，派员工参加组织外部的培训，其费用都按培训单位的收费标准来支付。组织内部培训的经费预算则应包括多种项目，常见的是组织内部自行培训、聘请培训师来组织培训和聘请培训公司来组织培训等几种形式，其开支预算是不一样的，主要包括培训师及内部员工的工资、场地费、设备材料的损耗费、教材及资料费用等。培训计划应对所需经费做出详细预算。

（5）制定培训控制措施。为保证培训工作的有序进行，应采取一定的措施及时跟踪培训效果、约束员工行为、保障培训秩序、监督培训工作的开展。常见的控制手段有签到登记、例会汇报、流动检查等。这也是培训计划中所需安排的一项重要内容。

二、培训的具体实施

1. 确定培训师

组织要培养一位合格的培训师成本很高，而培训师的好坏直接影响到培训的效果。一位优秀的培训师既要有广博的理论知识，又要有丰富的实践经验；既要有扎实的培训技能，又要有高尚的人格。因此，培训师的知识经验、培训技能以及人格特征是判别培训师水平高低的三个维度。

2. 确定教材和教学大纲

一般由培训师确定教材，教材来源于四方面：外面公开出售的教材、与本组织工作内容相关的教材、培训公司开发的教材和培训师编写的教材。一套好的教材应该是围绕培训目标，简明扼要、图文并茂、引人入胜。教学大纲是根据培训计划，具体规定课程的性质、任务和基本要求，规定知识与技能的范围、深度、结构、教学进度，提出教学和考试（考核）的方法。教学大纲要贯彻理论联系实际的原则，对实践性教学环节做出具体规定。

3. 确定培训地点

培训者和受培训者对培训环境的评判是从以下因素来考虑的：视觉效果、听觉效果、温度控制、教室大小和形状、座位安排、交通条件和生活条件等。

4. 准备好培训设备

根据培训设计事先准备好培训所需设备器材，例如：电视机、投影仪、屏幕、放映机、摄像机、幻灯机、黑板、白板、纸、笔等。尤其是一些特殊的培训，需要一些特殊的设备。培训设备的添置和安排一般要受培训组织的财务预算制约，但至少要满足培训项目的最低要求。

5. 选择培训时间

培训时间的合理分配要依据训练内容的难易程度和培训所需总时间而定。一般来说，内容相对简单、短期的培训可以使用集中学习，使之一气呵成；而内容复杂、难度高、时间较长的学习，则宜采用分散学习的方法，以节约开支，提高效率。

三、培训实施方法

常见的培训实施方法有如下几种：

1. 讲授法

属于传统的培训方式，主要是由培训者讲授知识，受训者记忆知识，中间穿插一些提问。其优点是运用起来方便，便于培训者控制整个过程，常被用于一些理念性知识的培训。缺点是单向信息传递，反馈效果差，而且效果取决于培训师的演讲水平。

2. 视听技术法

通过现代视听技术（如投影仪、DVD、录像机等），对员工进行培训。优点是运用视觉与听觉的感知方式，直观鲜明。但学员的反馈与实践较差，且制作和购买的成本高，内容易过时。它多用于企业概况、传授技能等培训内容。

3. 讨论法

按照费用与操作的复杂程度又可分成一般研讨会与小组讨论两种方式。研讨会多以专题演讲为主，中途或会后允许学员与演讲者进行交流沟通。优点是信息可以多向传递，与讲授法相比反馈效果较好，但费用较高。而小组讨论法的特点是信息交流时方式为多向传递，学员的参与性高，费用较低。多用于巩固知识，训练学员分析、解决问题的能力及人际交往的能力，但运用时对培训教师的要求较高。

4. 案例研讨法

通过向培训对象提供相关的背景资料，让其寻找合适的解决方法。在对特定案例的分析、辩论中，受训人员集思广益，共享集体的经验与意见，有助于他们将受训的收益在未来实际业务工作中思考与应用。这一方式费用低，反馈效果好。近年的培训研究表明，案例、讨论的方式也可用于知识类的培训，且效果颇佳。

5. 角色扮演法

指在模拟的人际关系情景中，设计一系列尖锐的人际矛盾和人际冲突，要求被试者扮演某一角色并进入角色情景去处理各种问题和矛盾，看受训者是否符合角色的身份和素质要求，使他们真正体验到所扮角色的感受与行为，以发现和改进自己的工作态度和行为表现。由于信息传递多向化，这种培训方式反馈效果好、实践性强、费用低，多用于人际关系能力的训练。

6. 观摩范例法

指通过现场演示方法进行培训。这一方式较适合于操作性知识的学习。由于成人学习具有偏重经验与理解的特性，让具有一定学习能力与自觉的学员在观察过程中学习是既经济又实用的方法，但此方法也存在监督性差的缺陷。

7. 互动小组法

也称敏感训练法。此法主要适用于管理人员的人际关系与沟通训练。让学员以在培训活动中的亲身体验来提高他们处理人际关系的能力。其优点是可明显提高人际关系与沟通的能力，但其效果在很大程度上依赖于培训教师的水平。

8. 电脑网络培训法

这是近年来流行的一种新型的计算机网络信息培训方式。这一方面投入较大，但由于使用灵活，符合分散式学习的新趋势，节省学员集中培训的时间与费用。这种方式信息量大，新知识、新观念传递优势明显。特别为实力雄厚的企业所青睐，也是培训发展的一个重要趋势。

可见，各种培训方法各有其优缺点，根据不同的培训项目和培训目标，我们可以寻找到一组最佳的组合办法。另外，培训方法的选择也依赖于培训经费的支持，要有培训场地和器材作保证，需要培训教师准确有效的采用。1972 年美国学者卡罗尔（S. J. Carroll）、佩因（F. T. Paine）和伊凡维奇（J. J. Ivancevich）对人事专家进行了一项专门调查，结果如表 2 - 30 所示。

表 2 - 30　几种培训方法的效果比较

培训方法	获得知识	改变态度	解决难题技巧	人际沟通技能	参与许可	知识保持
案例研究	2	4	1	4	2	2
讨论会	3	3	4	3	1	5
讲课（带讲座）	9	8	9	8	8	8
商业游戏	6	5	2	5	3	6
电影	4	6	7	6	5	7
程序化教学	1	7	6	7	7	1
角色扮演	7	2	3	2	4	4
敏感性训练	8	1	5	1	6	3
电视教学	5	9	8	9	9	9

表 2 - 30 中研究者列出获得知识、改变态度、解决难题技巧、人际沟通技能、参与许可、知识保持等几个不同的指标来对不同培训方法进行衡量，以此反映专家对不同方法的评价，排列的次序越高，说明专家认为这种方法越有效。

四、培训控制

培训控制是指在培训过程中不断根据培训目标、标准和受训者的特点，矫正培训方法、进程的种种努力。培训控制的主体是培训工作的负责人及其他管理人员，组织中的高层领导也可以监督检查的方式介入其中，受训者亦可根据切身感受提出建议。

第四节　新员工培训与开发

一、新员工培训与开发概述

1. 新员工培训与开发的内涵

新员工的培训与开发，是一个企业把录用的新员工从局外人转变为企业人，使新员工从一个团体融入另一个团体并逐渐熟悉、适应组织环境的过程，也是开始初步规划或者继续发展自己的职业生涯、定位自己的角色、发挥自己才能的过程。因此，新员工的培训与开发是员工与企业群体互动行为的开始。

一般新招聘来的员工刚开始往往对组织有以下三种期望：一是希望获得对自己应有的欢迎和尊重。进入一个陌生组织环境的新员工，通常对组织和老员工对自己的态度和礼遇十分敏感，特别期望获得来自组织领导、自己部门的上司和同事们的认可、接受和尊重，担心自己被人轻视和忽略。这方面期望的实现状况不仅关系到新员工个人基本需要的满足程度，而且还会波及他们对组织的总体认识和推断，进而影响到他们个人在组织中的定位以及组织归属感的建立与巩固。二是希望获得对组织环境和工作职务的相关情况了解。新员工迫切想知道自己所加入组织的历史、性质、目标、价值观、规章制度与行为规范，部门与人员状况，本职岗位的职责、权利与义务等。因为这些信息有助于他们消除对组织、工作和人员的陌生感，增加认同感和自信度。三是希望获知在组织中的发展机会。发展机会可以说是新员工选择加入一个组织所追求的重要目标，如果这方面的信息缺乏或路径不明，新员工就会心中无底，但当明确了发展提高的机会时，新员工就会增加方向感和主观能动性。

新员工培训与开发主要针对员工的期望、其抱有的希望和抱负，但又不知从何下手以及对自身的前途和发展的担心和迷茫，而给予其关怀、鼓励、指导和帮助，使他们感受到组织给予的尊重、信任、目标和机会。新员工培训与开发要给新员工提供组织的基本背景情况，使之对新的工作环境、条件、人员关系、工作内容、规章制度、组织期望等有所了解，尽快顺利定下心来开始新工作。通过向新员工灌输组织所要求的主要态度、规范、价值观和行为模式等，可以培养新员工组织归属感——对自己组织的认同、忠诚、承诺和责任感，成为组织的"自己人"。

2. 新员工培训与开发的目标

总的来说，新员工培训与开发的目标应该体现在能够有效地了解和调整新员工的期望值，满足新员工的期望，引导、诱发新员工对企业的组织归属感，使其对新的工作环境、条件、人员关系、工作内容、应尽职责、规章制度和组织的期望有所了解，尽快而顺利地安下心来，融合到企业中来并投身到工作中去，以良好的状态投入到职位角色中去，并创造优良的工作绩效。具体的目标分为以下几点：

（1）了解企业，了解工作，帮助新员工更快地胜任本职工作。新进员工刚进入企业面临的是一个完全陌生的环境，即使是有丰富经验的员工，由于各个企业的经营理念、企业文化以及制度安排等方面都有所不同，也有一个重新认识并融入的过程。让新进的员工了解企业对于企业和员工个人来说都是有必要的。企业在新员工培训中提供给新员工与之有关的规章制度，使新员工明确相关的工作职责、适应新的职业运作程序，掌握一定的操作技能。通过员工手册、职位说明书、必要的参观活动和一定的技能培训，让新员工明确自己的工作任务、职责权限和上下级汇报关系；让新员工对工作不再感到陌生；对自己的生活习惯、知识结构、技能结构做出相应的调整，从而有利于新员工开始胜任自己的工作。

（2）了解环境，融入企业的文化。对于新员工，不论筛选和录用工作做得有多好，都难以完全地适应企业中的文化。这其中的主要原因是新员工对于职业、组织的文化、职业生活的"游戏规则"等都有着各自不同的理解。因此，企业要做到全员行为方式和价值观念统一，就需要在新员工培训与开发中，使新员工适应环境，认同企业文化。对新员工进行价值观和行为准则的灌输，把组织的文化传递给每个新员工，并使它们成为新员工的思想观念、思维方式、行为规范、行为方式。使新员工被企业的文化环境所同化，并且快速转变成为真正的"企业人"。这是新员工培训最重要，也是最核心的一个目的。联想在新员工的培训与开发中，使新员工变成"人模子"，不管新员工是什么背景，都用强化的方式让他很快适应公司的组织文化，大家用同一种声音说话，变成具有企业相同"形状"的人，降低"文化冲击"。

（3）消除新进员工的焦虑，使新员工融入企业团体之中。新的环境一般会给新员工一种不确定感，从而在思想上会出现迷惘感。新员工会担心自己是否能被组织及组织成员所接受，因此在行动上会不知所措；或者由于原来对工作有过高的期望，而进入企业后发现事实并非像个人预想或组织介绍得那么好，从而产生"现实震荡"。因此，通过对新员工进行培训与开发将会有助于稳定新员工的情绪，消除其焦虑感，满足新员工进入企业的心理上的需要，并且通过参加积极的沟通游戏、团队协作课程等，使新员工树立团队意识；通过让老员工与新员工充分接触、相互交流，形成符合实际的期望和积极的态度，并且建立良好的与同事和工作团体的关系，逐渐被团体所接纳，融入企业团体之中。

（4）使新员工了解企业对员工的职业生涯设计，降低新员工流失率。新员工来到公司时，会对自己的努力方向和发展方向不了解，往往做起工作来很迷茫。对职业生涯机会把握不住，对个人职业生涯设计的不明朗就会带来他们的离职。而在这时提供高效的新员工培训与开发，可以让新员工了解企业对员工的职业生涯设计，使个人的职业计划目标与组织目标协调一致，使其明确自己的职业发展道路，明确努力发展方向。这样，新员工就会关注自己的成长机会，消除不必要的流动打算，将企业看成自己的企业，将工作看成自己的工作，脚踏实地的考虑"自家"的发展。通过这样的新员工培训与开发，无疑可以有效地防止新员工的流失。

（5）为招聘、甄选和录用、职业生涯管理等提供信息反馈。通过对新员工进行培训与开发，可以使新员工在招聘与甄选活动中"制造"的假象暴露出来，也可以使招聘负责人的错误认知和主观偏见得到纠正，而且新员工也会充分地表现自己的全面形象，企业可以在培训期间对新员工进行更全面深入的了解，这些都会给招聘、甄选和职业生涯管理等提供信息反馈。

3. 新员工培训与开发存在的问题

（1）新员工的培训与开发内容过于简单。很多企业的新员工培训与开发就是员工手册的培训和参观企业等，这些简单的内容并不能让新员工从中受益，同时也不利于其尽快开展工作。如果没有具体的有针对性的培训，新进员工就会猜测，自己应注意什么事情，怎样才能成为一名合格的员工？如何融入企业？这样新员工就会花费一定的时间与精力来思考和磨合，慢慢摸索。而如果给新员工提供切实有效的信息，那么花费在新员工培训的时间成本肯定比员工自己摸索的时间成本要少，从而也减少员工从局外人变为内部人所费的成本。

（2）新员工培训开发的内容安排有误。在新员工的培训与开发中，有些企业给员工很少的时间让其填很多的表格、读很多的手册，让新员工很快就投入到工作中，并按正常的员工要求来严格地要求新员工，这样做往往适得其反，使新员工不能尽快地融入工作。应该至少给这些新员工一个月左右的时间，让其熟悉企业的表格、手册和产品，等磨合期过了以后，再用正常的工作标准去严格要求新员工，这时新员工的工作效率才会高。

（3）新员工培训与开发的观念有误。有些部门经理给新员工一些轻松点的活儿做，以为这样可以给新员工机会学习和适应工作。结果，反而会经常导致新员工感觉不被激励、重视而选择离职。我们经常说，师出名门，员工出多大的成果在一定程度上取决于部门主管对他的期望有多高。每个人都需要有个人成长的机会，都希望接受有挑战的工作。面对紧锣密鼓的工作挑战，强度渐升的工作压力，设定的工作踮着脚才能够得着的，才是新员工最愿意接受的，也最能使新员工提起兴趣，并且最能使其成长发展。

（4）新员工培训与开发的程序有误。有些经理们往往相信实践出真知，尤其在人手不够时，还没等新员工培训结束，就已经把新员工分配出去工作。因为有时经理会想，当初我入职时，不就是这么被对待的吗？我们需要记住一点：当员工心里不踏实的时候，越是急切地推他进去干活，他越是容易找不到自己的位置，这样就容易导致新员工的离职。

（5）缺乏对新员工培训开发后的评估机制。有些企业没有将精力放在新员工培训与开发的评估工作上，没有认识到评估工作的重要性。大多数的企业并没有建立完善的新员工培训与开发效果评估体系，对新员工培训与开发的效果进行测评的方法单一，仅仅停留在对新员工培训与开发过后的一个简单的考试，事后不再做跟踪调查。这样并不能起到考评培训效果的作用，在新员工培训与开发上的投入可能并没有收到预期的回报。

二、新员工培训的内容

1. 新员工培训的阶段

目前，国内企业的新员工培训与开发普遍采用二阶段培训与三阶段培训。

（1）二阶段培训。一般分为全公司培训和工作现场培训。

①全公司培训，又称为集中培训，是指所有新员工，无论将从事什么工作，都接受同样内容的培训。培训内容一般是公司概况、行为规范、生产过程等，方法主要有集中授课、现场参观、实习等。

②工作现场培训。一般在新员工到岗后进行。新员工在事先确定的岗位上熟悉具体业务，掌握特定的技能。

③二阶段培训适用的情况。一是企业管理层次较少，比如有的贸易公司只有公司领导和业务部门两个层次；二是企业的部门业务分工细，人员较少，由于业务分工细人员又较少，搞部门层次的新员工培训不太可能；三是下属企业的组织结构、业务和人员等基本相同。

（2）三阶段培训。三阶段一般由总部培训、分支机构或部门培训、工作现场培训组成。实行三阶段培训的前提是，企业要建立两级培训体制，下属企业或部门在上级人力资源部门的监督和指导下对岗前培训进行安排和组织，培训结束后，下属企业或部门应将培训情况和结果报上级人力资源部门备案。

①总部培训。公司总部培训要使受训者了解下列各点：公司状况；公司的各部门及未来的工作岗位（特征及如何与各部门配合）；公司产品的性能、包装及价格；市场销售情况的分析；市场上同类产品及厂家。主持公司总部培训的人员，应对受训者的优缺点做出评价，并提供给未来的技术培训和实地培训负责人作为参考资料。新进人员在接受公司总部培训之后，必须紧接着实地见习。

②分支机构或部门培训。分支机构的培训重点在于新员工未来实际工作技术的学习，重点内容在下列几方面：了解未来的工作范围；了解每天的例行工作和非例行工作；强调时间与效率之重要性；各部门之间的协调与配合等。

③工作现场培训。工作现场培训即为见习期，是在一位资深员工的指导下让新员工从事未来所负责的工作。工作现场培训应让新员工尽量表现，指导人员仅是在旁协助，待新员工做完某项工作后再告诉他应改进的地方。

④三阶段培训适用的情况。一是企业管理层次比较多；二是存在业务单一、人员较多的部门；三是下属企业的组织结构、业务和人员等存在着较大的差异。

（3）培训阶段的特例。由于具体的情况不同，有些企业职位的全部或部分新员工的培训并不是按照上述进程进行的，而是另辟蹊径，如：

①以见习为起点的培训。以见习为起点的培训是指应聘者与用人单位签订意向书后开始培训，应聘者去公司进行毕业实习，从事未来要从事的工作。通过以见习为起点的培训，能够让应聘者在正式工作前对用人单位有一个深入的了解；企业可以在正式聘用前对聘用者进行全面考查。

②外派培训。因为企业中有些职位的任职者必须具有有关部门颁发的证书方能上岗，如果由于某些原因选择了没有证的人员，可以在集中培训后将新员工派出培训，以获得必要的证书。另外，企业在准备购置新的设备、引进新的技术时，可以招收一批素质好的新员工外出接受训练，以备将来使用。

2. 新员工培训的具体内容

为了制定有效的新员工培训方案，我们首先需要清楚新员工培训应该包含的内容。新员工培训的内容一般包括公司概况、职位说明及职业必备、法律文件与规章制度、企业文化和管理理念、员工发展规划、介绍同事并参观厂区或公司等。

（1）公司概况。有效的新员工培训首先应让员工全面了解、认识公司，减少陌生感，增加亲切感和使命感。公司概况既包括有形的物质条件如工作环境、工作设施等，也包括无形的如公司的创业过程、经营理念等。一般来说，公司概况应包括如下信息：

①公司的地理位置和工作环境。具体应包括：首先是公司在该城市的客观位置，公司的平面图以及公司在全市的地理位置。如公司已有结构模型和宣传图片，应由专人负责引导他们参观，并向他们作解说，使他们对公司的地理位置有一个大概的了解。其次是员工的工作环境，包括办公室的设施、工作的流水线、其他工作的辅助设施，如电脑、复印机、传真机、总经理办公室、主管办公室等，每位新员工工作的大环境和小环

境，硬件和软件设备均需作详细的介绍。

②企业的标志及由来。每个企业的视觉识别系统（VIS）及由来都是企业的骄傲，每位员工均要能识别并了解它的特殊含义。如麦当劳的颜色主要由金黄色和红色构成，其标志"M"既是麦当劳的首写字母，又形似凯旋门，象征着吉利和成功。

③企业的发展史和阶段性的英雄人物。每个企业的发展史都会和几个阶段性的标志人物紧密连在一起，他们都是企业的英雄人物，如法国名酒白兰地系列，就有马爹利老爹和马爹利老屋的传奇故事、甜美葡萄的传说以及棕木桶传奇般的功能和传说。伴随着企业的发展，有英雄人物，有转折阶段，有传奇故事，有美丽的传说，把这些编成故事，讲给新员工听，使他们更热爱自己的企业，更有归属感。

④企业具有重要意义的标志和纪念品的解说。向新员工介绍企业重要的标志和纪念品的来由与意义，可以使新员工更加了解企业的历史和文化，增加新员工对企业的归属感。例如，美国有一个企业，它的大厅里有一个标志性的纪念品（一根用大玻璃罩罩着的金色香蕉）。一个员工因为向董事长提出了非常出色的工艺改进的建议，这个董事长很想立刻奖励这个年轻的小伙子，但此时董事长身边并没有合适的奖品，董事长就拿起桌子上的一根香蕉，奖励给了这位员工。从此以后，提建议成为这个公司的一种风气。

⑤企业的产品和服务。介绍产品的名称、性能、原材料和原材料的来源，产品生产的流程，产品的售后服务等。只有了解了企业的产品才能真正地了解企业的生产经营活动，更好地开展自己的工作。而有些企业的"产品"就是服务，如旅游业。旅游业新员工必须了解企业售出的"服务"包含的内容，服务的性质，服务的对象，服务质量的检验，服务错误的纠正等。

⑥企业的品牌地位和市场占有率。企业努力创造属于自己企业的品牌，创品牌是企业的一个长期奋斗的过程。自己企业的品牌，品牌在社会的认可度，品牌定位在哪个层次，本企业有哪些竞争对手，彼此的市场占有率是多少，这是新员工培训中不可缺少的内容。

⑦企业的组织结构及主要领导。可以利用组织结构图与各部门工作职责书，让新员工了解组织的部门设置情况、纵横关系以及各部门的职责与权利，在将来工作中碰到问题该找哪个部门解决，也需要介绍企业的主要领导的名录和联系方式，因为新进员工应该具有一定的机会和通过一定的渠道获得与高层管理者的对话。

⑧企业的战略和企业的发展前景。企业现时的战略定位和企业战略的发展阶段、发展目标、发展前景，也是新员工十分关心的问题，因为只有企业的发展才能给个体带来发展空间，也才能激发新员工内在的工作热情和创造激情，才能激发新员工为企业奉献自己的智慧和才干。

（2）职位说明及职业必备。职位说明中应包括工作流程、上下关系及相关规范，所属部门的目标、业务和结构以及本部门与其他部门之间的关系。要向新员工详细说明职位说明书上的有关条款，使新进员工了解自身所要承担工作的职责任务以及该项工作与其他同事之间的工作关系。还需要描述恰当的工作行为并做出示范，要制定日程安排并在规定的时间内让新员工掌握工作方法和工作技能，要对绩效考核、晋职和加薪等规定详细说明，要接受新员工提出的问题并给予必要的指导。所谓职业必备是指新员工应掌握的在具体工作中如何与同事联络、上司的管理风格、必要的保密要求、办公系统的使用、公司中的一些"行话"等。

（3）法律文件与规章制度。法律文件是指基于法律和有关规定而签署的有关劳动合同、公司的身份卡、钥匙、考勤卡、社会保障等方面的文件。规章制度是新员工工作和行为的准则，有关员工工作和人力资源管理方面的规章制度必须让员工了解，这些通常载于内部刊物或员工手册中。具体内容可参见表 2-31。

表 2-31 企业规章制度一览表

制度类别	具 体 制 度
主要政策规定	工作日制度 加班制度 员工晋升制度 绩效考评制度 领导人权责制度 决策制度等
福利报酬制度	基本工资制度 加班工资补偿制度 工资扣留办法 纳税方法工资预支方法 奖惩制度 贷款制度
社会保障制度	医疗保险 失业保险 人寿保险 保险金、公积金提取办法 员工退休制度 病假事假制度
劳动安全制度	岗位安全措施 卫生制度 员工体检制度 紧急情况处理 作业安全制度
劳动关系制度	劳动合同制度 实习制度 员工利益与责任工会活动安排 辞职、临时解聘及辞退制度
员工行为规范	员工行为标准 公司礼仪 工作场所行为及规范 生活守则 工作休息制度

（4）企业文化和管理理念。企业文化是企业在经营管理过程中逐渐形成的一套价值观和行为准则，是一个企业员工的集体思维模式和行为模式。价值观是企业文化之核心。新员工进入企业便会感受到企业文化的氛围，更重要的是让其认可企业的价值观。

企业管理理念是系统的企业发展战略、经营管理方针及员工行为规范等各个方面的具体体现，是企业文化中极具特色和最具应用性的内容。每个企业的管理理念都是彼此不相同的，新员工一进入企业，管理者就要把本企业正确的经营理念传授给员工，让员工主动与企业协调工作。这部分内容要与新员工与企业融合过程相联系进行设计，目的在于加强团队协作精神、内化企业管理理念、增强员工对企业的忠诚感和归属感等，使新员工成为企业的"家里人"。

（5）员工发展规划。向新员工介绍企业倡导的员工发展理念，让新员工了解企业对员工的职业生涯设计，介绍新员工在企业能够获得的提升机会和发展路径，以及在本企业可以走的职业生涯道路及相应可以获得的资源。使其个人的职业计划目标与组织目标协调一致，明确努力发展方向。

（6）介绍同事并参观厂区或公司。当新员工置身于未经介绍的陌生人群时，都会感到十分的窘困，把新员工介绍给部门主管、同部门的人、别的部门相关的人、财务部的人、人力资源部的人，这样陌生感就会逐渐消失，让新员工觉得自己已经是这个大家庭中的一员。新员工一般对新环境都会感到陌生，不安全感特别强。而参观厂区、食堂、宿舍、运动场、办公室里的复印区、产品陈列室等，会使他消除对环境的陌生感，可帮助他尽快地进入状态。

三、新员工培训与开发的实施

1. 新员工培训与开发的方法

新员工培训与开发作为人力资本投资的一种方式，要投入相当大的资金、时间和精力。如果培训与开发方式选择不当，就可能导致新员工对培训的积极性不高。所以，企业应努力探索见效快、易掌握的培训与开发方式。新员工培训与开发除了可以采用在前面章节介绍的通用的培训与开发方法外，还可以采用下面介绍的特别的新员工培训与开发方法。

（1）网上学习，又称 E – Learning，这种方式是利用局域网开发的在线软件运作方式，分为网上课件（将课程、学习计划编成学习进展图）和网上学校两种，是西门子、IBM 等采取的主要新员工培训与开发方式。

E – Learning 促成了学习方式的革命，实际上把学习带给人们，而不再是把人们带到学习场所，"化推动为拉动"。E – Learning 所具有的流程固化性、可追索性、可跟踪性和互动性等技术优势，可以使训前评估、培训、训后行为转化以及高度承诺的管理实践之间产生良性高效的互动协同。E – Learning 大大强化了培训的针对性——由于每一个新员工都可以根据工作需要和自身情况独立选择适合自己的学习内容，将学习与工作质量改善、自我提升紧密结合。由于 E – Learning 所涉及的培训内容可以统一规划，覆盖面广泛，组织中的每个学习者都可获得相应的培训，因而可以大大提升组织整体培训效能，但这种方式在开始时课程开发成本较高，因而适用于拥有网络化办公条件和大规模人群的企业学习使用。

（2）指导人指导，这是指每位新员工都将被安排一位指导老师，这位指导老师可能是资格老的同事或是部门经理，该指导人对新员工进行全方位的指导和帮助。指导人不仅要对自己指导的新人做出评价，而且新人也要对指导人的指导做出评价。

①指导人指导的目的。指导人指导的目的有三个：一是进行磨合，让新员工感受是否适合企业的文化；二是让其判断自己是否能够胜任这个岗位；三是公司也要看新员工是否能够融入公司。这是新员工培训与开发的一个重要方法。一对一的指导可以让新员工感受人文关怀，并且对指导人本身也是能力的提升。

②指导人的职责。指导人的职责有：对新员工进行工作安排与具体工作指导；对新员工的生活等方面提供可能的帮助，使之尽快消除陌生感，让他们在试用期中发挥最大的潜能；对新员工的思想状态进行跟踪，并对之进行入司培训及公司企业文化方面的宣传指导；对新员工进行每月考核，包括思想品质、工作进度和工作能力等方面；把新员工的情况向部门经理及人力资源部门进行定期及不定期的反馈；对新员工是否达到转正条件提出决定性意见。

（3）员工手册。新员工培训与开发中一个重要的方法就是运用员工手册。在新员工对企业及员工不熟悉的情况下，员工手册基本上可以说是获取企业信息的重要来源，并且员工手册以其内容丰富、成本低廉、查阅迅速、携带方便、不受时间和地域的限制，可以多人传阅，并能够长期使用与保存的独特优点，越来越深受现代企业新员工培训的青睐。

①员工手册应包含的内容。员工手册应当包括哪些内容，并无定规，编排亦无固定模式。但一般可由以下几个部分组成：

一是公司概况。让新员工大致了解公司性质、经营范畴、主导产品（含劳务、服务）、市场分布、注册资本、现有资本及实现利税等基本情况，以对公司实力和竞争能力充满信心。简要回顾公司发展历史，再对公司战略目标及发展规划略加阐述，并将公司美好前景展示给员工，以激励斗志。

二是企业文化。现代企业文化讲求共识，提倡参与，崇尚团队精神是团结教育广大员工，增强企业凝聚力和向心力的有力武器，理应择要写入员工手册，并且可将凝练出的企业精神，印到员工手册的扉页，以求醒目，鼓舞斗志。如"追求一流——公司永恒的目标；求实创新——迈向成功的阶梯"；"没有最好，只有更好"等。

三是组织结构。员工来到公司，自然应对公司结构框架有个粗略的了解。一般可绘制部门结构图。通过该图，员工不仅可一目了然地知晓公司包括哪些部门，且对公司的产权构成、组织管理模式以及各个系统（生产系统、营销系统、财务系统等）形成印象。

四是部门职责。通过阅读各部门的工作职责，员工自会明白：某个部门负责何种事务，协同哪些别的部门、参与哪些其他工作。部门自身职责、权责分明，部门之间纵横关系清晰，有利于回答员工"有事找谁"和"我所在的部门分管什么"两个基本问题，有助于员工搞准自身位置，尽快进入角色。

五是政策规定。首先是人事政策，即员工选聘依据、考核标准、晋升条件、聘用（解聘）程序；其次是工资待遇，即工资结构及分级、工龄计算、各种奖金和补贴发放办法、试用期待遇等；还有劳动纪律。其他各项制度，如报销制度（指差旅费、医药费等）、车辆使用制度、安全制度等，都可做出概略介绍。公司为员工提供的各种社会保险（如养老保险、医疗保险、人身保险）以及其他福利，如提供工作服、免费午餐，提供可借阅的图书，提供单身公寓或发放租房补助金，提供年度休假等，亦应列入此部分，以体现公司的关怀，展示公司为员工创造的良好工作、生活条件以及必要的保障。

六是行为规范。员工的一言一行、一举一动，均代表着企业形象。公司在这些方面有哪些要求，应当明确而又具体地写进员工手册之中，以便新员工经常对照，不断提高自己的道德修养和文明素质。待人接物的行为准则，以达"习惯成自然"。

在员工手册正文之前，可由董事长（厂长）致辞，对新员工表示诚挚欢迎，预祝事业成功，并书亲笔签名，让人倍感亲切。正文之后可增设附录：厂标、厂徽释义、厂歌、驻外机构名称、地点、负责人、邮编、电话、传真及网址等。

②编印员工手册应注意的问题。

一忌贪多求全。员工手册不是"企业大全"，不可能也无必要包罗万象，面面俱到。手册所含内容，应是新员工最为关心的、与员工日常工作和切身利益相关度最高的事项，通常亦是出现频率高、处理程序化强的各种事宜。手册内容不能过多过细，以免杂乱无章，查阅不便。

二忌陈旧过时。有的公司员工手册未能及时修订，以至于已经撤销或被合并的部门仍出现在机构框架中；已废止的文件仍被引用。诸如此类错误的信息将产生误导，给员工造成不便乃至损失。员工手册编写的依据只能是公司现有状况。因此，规划中的组织机构，设想中的管理模式，亦不宜出现在手册中。

三忌口气生硬。口气生硬，可谓是企业"官方文件"的通病。员工手册不是一般意义上的规章汇编，最好少用"不准"、"严禁"、"绝对不许"等字样，更慎用"过时不候"、"后果自负"之类。应将命令变为沟通，对员工发出心灵的呼唤，增加亲切感。多用几个"请"，用协商口吻"让我们……"，拉近管理者与部属的距离，将公司与员工融为一体，以体现团队优势。

四忌印刷粗糙。员工手册是新员工拿到的第一份书面资料，无疑体现着现代公司形象。员工将集中学习，经常查阅，长期保存，还会向亲友乃至公众宣传、炫耀。员工手册的质量不仅体现在科学取舍、精心编写上，还首先体现在装帧精美的印刷质量上。唯此，方能给新员工留下美好的第一印象。

（4）新员工培训与开发的团体游戏。

①神灯游戏。在神灯游戏中，阿拉丁神灯的故事表述的是一个名叫阿拉丁的人偶遇一盏灯，当划亮这盏灯时巨灵神会出现在他的面前，并说可以满足他三个愿望。借这个大家熟知的神话故事引申开展一项名为神灯的活动：在培训的每一天要求学员在一张纸条上面写上自己的名字，放在同一个盒子里，并在第二天从盒子里随机地取出一张。每个人手中纸条上的人名就是他今天的"阿拉丁"，这一天默默地为"阿拉丁"服务。

游戏的目的是明确的，就是要每个人学会关心别人，并从中也可以从自己的"神灯"上感受到被关心的温暖，体会亲情的重要和团队的温暖，有利于新员工互相熟识，快速接受新的环境。

②坠蛋游戏。在坠蛋游戏中，活动前先分好小组，然后给每个小组一个任务（目标），即让鸡蛋从4米高空坠下不破。材料（提供的资源）由20根吸管和一卷小型透明胶带组成。此项训练对新员工领会团队的分工与协作、资源利用等意识是非常有好处的，并可在之后的鸡蛋检验中体会如何保持好的心态。

③自我管理小组。自我管理小组是一种组织的自我管理方法和模式。也就是说，在每天的小组成员中找出愿为整个组织服务的小组成员，分别负责组织维护的各种角色。如在联想的新员工培训现场，自我管理小组成员基本包括活跃气氛的、掌控时间进度的、保障讲师和学员水资源的、环境维护的等角色，既可以保证培训的正常进行，也可以让新员工学会在团队中如何进行必要的自我管理和团队建设。

（5）新员工拓展培训项目。新员工拓展培训项目可以分为地面项目和高空项目两类。地面项目主要考验的是团队的协作精神和执行能力。高空项目是考验个人意志和团队精神支持的活动，但开展高空项目需要有一定的活动设施，并且要特别注意学员们的安全。

①蜘蛛网。在"蜘蛛网"项目中，学员们要在最短的时间内通过一张交叠错综、网眼有限的蜘蛛网，每个学员从一个网眼通过但身体任何部位不能触网。每个人只有一次选择机会。学会统筹，学会协调，学会沟通，学会尊重别人，是"蜘蛛网"带给学

员们的启发。

②梅花桩。在"梅花桩"项目中，一个团队要全部站在大小不一、高低不一、距离不一的梅花桩上，按照一定的规则从一端移动到另一端。在这一项目中让学员体会到了团队的骄人业绩靠集体的智慧与个人的责任感，用心沟通，善于聆听，服从领导，是成功的关键。

③过河抽板。在"过河抽板"项目中，一个团队利用两块木板，三个油桶，在任何木板不能触地的前提下，移动木板及油桶走向设定的目标。在这一项目中，学员体会到的是没有动脑，没有缜密的计划与方案，很多即使看起来简单的事情做起来都不容易。让新员工学会换位思考，集思广益，把握时间和效率，使困难迎刃而解。

④盲人摸号。在"盲人摸号"项目中，培训人员分别发给每个学员一个数字号码，并把同组的学员分散在不同的区域，在蒙住双眼并不能说话的情况下，每组的学员要通过团队特定的沟通方式找到自己的同伴，并按照数字大小重新排列顺序。这一项目让新员工充分体会到团队之间智慧、默契、沟通和合作的重要性。

⑤跨越毕业墙。在新员工拓展项目的最后，所有接受培训的新员工必须通过高达4米多的毕业墙。此项目是新员工培训拓展项目中所有团队必须完成的项目，它包含团队工作中所代表的诸多意义，有聆听、组织、领导、配合、沟通等。同时，也是整个新员工培训拓展项目的大结局，学员通过完成此项目，充分感受一个团队在完成某项大型工作时所表现出来的团队精神与力量。怀着一颗"激动的心"，走上工作岗位。

（6）同事日常指导。同事日常指导是指老员工通过与新员工在日常的工作频繁接触中发现问题，并及时进行反馈，但语言的统一性和操作的规范性无法保证，无法体现公司对个体的重视，并且老员工个人思想对新员工的影响过于强烈，风险较高，也容易拉帮结派，形成小团体。

（7）网上驿站和网上论坛。这是企业在内部网上开辟的自由言论空间。如果专为新员工开辟这样的空间，有利于新员工之间、新员工与企业高层之间以及新员工与老员工之间的交流和沟通。成为最近流行的新员工培训形式，但由于这种自由言论又会导致网上各种言论的泛滥，积极的引导和快速的反馈措施以及问题的解决变得尤为重要。如联想在内部开设的刺儿梅和进步信箱都是开放民主的网上空间。

2. 提高新员工培训与开发有效性的办法

（1）给新员工留下美好的第一印象。让新员工对就职的第一天留下深刻的好印象，就意味着新员工培训和员工融入新环境成功了一半；同时，这也不失为角色转换的一个很好的切入点。那么，这里罗列一些方法供参考选择，看似琐碎，却可细微之处见实效：举办一个简单但热烈的欢迎招待会，备些咖啡和茶点，邀请公司员工来和新同事见面认识；帮助新员工安排好工作的准备，包括：办公座位、办公用品、姓名牌、名片、出入卡、内部通信录、紧急联络表、电话设置、电脑设置（包括电子信箱的申请开通），甚至台历等；告知最基本和即刻需要用到的信息，如：办公区的布局，最常用的电话和电邮的使用指南，复印、传真和打印等办公设备的使用，茶水间、餐厅、洗手间的使用等；用公司的"行话"或"俚语"准备的一封生动幽默的欢迎信，这也可体现企业文化和亲和力；印有公司标志的纪念品；邀请新员工与管理人员共进午餐；尽量指定"专人"负责某位新员工的第一天等。

（2）培养新员工归属感及忠诚度。企业越来越应该意识到员工忠诚度是与员工技能同等重要的，因此新员工培训与开发目光也放得更长远。忠诚度必须在新员工培训时就以他们能够感受到的方式进行不断传递。因此，企业需要运用培养归属感及忠诚度来促进新员工角色的转换。

（3）结合户外实习或活动进行新员工角色转换游戏。通过户外拓展活动与企业在新员工培训中相结合，在进行团队建设活动中，围绕"从此不再是旁观者"的目的设计的一些活动成效比较好。这些活动设计的理念应该认为：既然进入职场了，那么，就要像运动员一样，鼓掌、欢呼与点评都不应该，下场踢几脚直至去射门，才是应该做的。旁观者往往会摆出一副事不关己的架势，而真正的运动员则要全身心地投入——只要是公司的事，就是我的事，而不会推三阻四。

（4）进行亲切的问候和爱的鼓励。人人都是环境，教新员工一些统一的语言和行为，以形成培训的整体氛围，并可以由新员工渗透到日常工作中，带动较好的工作环境。

（5）举行新员工座谈会。通过举办新员工座谈会，鼓励新员工积极提问，进一步使员工了解关于组织和工作的各种信息。让新员工坐在一起也可以及时收集一些意见与建议，及时解决新员工在培训中碰到的问题，增进大家的沟通和理解。座谈会既能够拉近新员工与新员工之间的距离，让大家在一起畅所欲言；又有助于拉近新员工与企业之间的距离，充分体现以人为本的企业文化，培养员工的忠诚度，使之情系企业。

3. 新员工培训的注意事项

（1）做好计划是新员工培训成功的基本保证。预则立，不预则废。为了避免新员工培训变成走马观花，流于形式，新员工培训必须在实施之前根据企业自身的具体情况和新员工的特点，制定详细的规划，对培训的内容、形式、时间、负责人、费用做出详细的计划，并对执行的过程进行监控。

（2）新员工培训不是人力资源一个部门的事情。对于新员工培训的责任部门和人员，一定要明确人力资源部、高层管理者、岗位所在部门负责人、相关部门负责人的职责划分，明确不同内容的责任主体，并在各自部门和岗位的考核中予以体现，以保证各岗位和部门担负起各自应尽的职责。

（3）应该充分利用现有的人力资源。新员工培训与开发的良好实施既能影响新员工，也能促进老员工的发展，是新老员工的良性互动。有效的指导人指导往往要体现如何挖掘现有人力资源，即充分利用老员工。新员工对企业价值的认同，往往是从与其工作环境的老员工的接触开始形成的。老员工不仅熟悉企业资源、具有相关专业理论知识，而且还谙熟经济实务和各种工作技能，更是企业哲学的认同及实操者，因此他对新员工的发展可能有着莫大的帮助。处理得好的新老员工关系，可以说是企业内部人力资源的又一次提升。

（4）效果评估非常重要。为了保证实际效果，新员工培训实施之后应及时进行记录归档和效果评估，并由人力资源部组织新员工进行测验和座谈，通过之后才能予以转正上岗，并且对于不合格者应给予补充培训或辞退。这些评估信息也将为今后的招聘、选拔、考评工作提供依据，对于改进和提高也非常重要。

（5）对发现不合适的新员工要坚决予以辞退。在实际的新员工培训与开发的过程，通过测评和培训师、指导人的意见，可以对新员工的性格、能力等有进一步的认识，可以弥补一些在招聘过程中的信息不对称。在认清新员工的性格、能力时，如果发现并不适应需要从事的工作，又无其他工作可以安排，就必须对不合适的新员工坚决予以辞退。

有些公司因为从招聘、录用到认清新员工的性格能力为止，花了不少的时间、精力和资源，所以不愿意轻易放弃新员工。但是如果新员工实在无法胜任公司的任何工作，就算是强留下来，不但对公司一点帮助都没有，反而会耽误他的发展和前途。尽早发现、尽早决定新进员工的去留问题对公司对新员工本人都是有好处的。一方面，公司可以尽快再次寻找需要的人才；另一方面，对于被解雇的新员工来说，早解雇比晚解雇要好。因为早被解雇的话，还有时间准备寻找下一个公司，加上这次的就职经验，被解雇者可能找到更适合自己的工作。

四、新员工培训与开发的程序

1. 新员工培训与开发的前期准备

（1）了解新员工背景，确定培训与开发内容。首先需要通过分析新员工群体的特点，因人制宜，对症下药。准备新员工背景资料以让培训部门或人员了解其所培训对象的基本情况，如社会背景、工作阅历、学历水平等，依此来确定培训课时的长短、培训内容的深浅及培训方式等。对于有企业工作经验的员工可以采用提问的方式，让其作答，以确认其对相关知识的掌握程度，只须作补充或纠正即可；而对于那些没有从事过企业行业的员工而言，则需要花较长的时间来进行解释，并因此确定培训的目标或目的，包括培训的口号、主题等。培训内容要求实用、通俗、新颖，适合与新员工的沟通。

（2）确定培训讲师，并与讲师进行沟通。培训讲师的发挥将直接影响培训效果，所以在培训前与讲师要进行充分沟通。讲师魅力要求：100％理论知识＋100％实践经验＋100％技巧。要求讲师不仅要有丰富的理论知识和实践经验，还要有很好的培训技巧。技巧主要包括表达能力、普通话水平、煽动水平、把握现场局势能力等。

（3）确定培训地点、器具、材料。培训地点要富于变化，并且通过变化培训环境，能让新员工多了解公司的一些辅助设备，从多方位接触公司，同时培训地点的变换，有助于吸引被培训者的注意力，缓解培训的疲劳。培训器具应充分利用公司先进的设备，力争在新员工面前展示一种正规、有档次的感觉。借用投影仪、笔记本电脑、灯光设备等，制作幻灯片、投影卡、图片等。培训的材料应包括：

①新员工培训资料袋。企业的培训部应该准备好相关的资料，如企业的背景资料、《企业产品知识》、《企业员工手册》、《新员工入职培训课程表》、《新员工岗位培训检查表》、《新员工培训教材》及企业相关图片等，将这些资料放在一设计精美的资料袋内，而此资料袋封面应设计突出企业的特色。在新员工来企业报到时，发放给新员工，能让每位新员工从中感受到企业的管理正规性，企业对新员工培训与开发的重视。同时也暗示新员工，在日后的工作中都须按照企业的相关规定来开展，不可随意。当然，并不是所有的资料都会发放给新员工，因为这些资料也会涉及企业的商业机密，普通员工

只需知道其中一些概况即可，而不必一定要提供详尽的书面资料，对此，作为培训者，还须进行筛选。

②新员工培训前调查问卷。拟定一份调查问卷，就新员工培训前所关心的事宜进行调查，以便能及时解决新员工的需求或疑难，使新员工能切实感受到企业对员工的重视与爱护，从而使员工产生一种归属感和认同感。此调查问卷旨在了解新员工所思所想并尽快解决存在的问题，有利于新员工尽快进入企业角色。

③新员工培训课程日程表。有些企业在给新员工培训时只是让新员工上午或下午几点来参加培训课，没有告诉新员工上课的一些内容或日程表之类，让新员工显得很被动。因此，在上课前应给每位员工提供一份新员工培训日程表，让新员工能主动参与到培训课程当中，如当新员工知道下午要培训的课程时，便能有意识地去阅读相应内容，从而对培训人员而言，可以将培训的效率提高。

④签到表。在新员工培训之前须打印出一份新员工入职培训确认表，将培训项目罗列出来，然后每上完一节课或在上课前让参加培训的员工进行签名确认，证明其已接受过相应的培训课程，同时也分期归入培训档案当中。

⑤培训教材。很多企业不具有培训教材或没有给员工发放培训教材（指学员使用教材，而非教师教材），而有的企业即使有也不发放给学员。学员教材主要是培训者要求学员一定要掌握的一些要点的提纲，而不是详尽的培训内容。学员教材可以使学员省去很多上课时做笔记的时间，腾出更多的时间来听课，从而有助于提高培训的接受效果。

2. 培训过程控制

在培训过程中，培训人员或培训部须向人力资源部门提供一份受训新员工培训期间的评估表，记录接受培训的新员工在培训期间的各种表现，及可能存在的某些方面的发展潜力或缺陷，并结合培训结束后的考核来对每位新员工进行评估，同时给人力资源部门提供新员工的使用建议，如决定是否具有可培训并成为正式员工的可能，或是否录用等的建议。

要想用好员工就必须了解员工，很多企业虽然知道，但却无暇顾及或不屑于这份工作。上完课后就草草了事，没有主动了解新员工的信息，不能更深层地去挖掘新员工的优缺点，这样就不能为人力资源部门或相应的新员工任职部门提供充分的参考，这对培训人员而言是不尽职的表现。这些都可以通过培训师在上课时的提问，设计题目让新员工自行表露自我，如请列出自身的十大优缺点得出；也可以通过观察新员工回答问题的表现欲、课堂观察、活动的参与情况等得出。那么对每位接受培训的新员工都作课堂记录，是不是很麻烦？况且怎么可能对每位员工都记录下他们在课堂上的一举一动？首先，作为企业一般不会每次都招用很多人，往往是最多几十个人，而且如果人数比较多，也需要分成几个班级。当然，要记录下员工的言行举止有一定的麻烦，因为需要一边上课一边观察记录员工的举止，但这有利于人力资源部门及相应的部门更为清楚地了解员工，以便能在适当的时候以适当的方式来让其潜力得以发挥，充分利用人力资源。

3. 新员工培训与开发后的监控

在新员工培训考核中，正式的和系统的监控是非常有必要的。培训后的监控主要包括以下部分：

（1）培训课程效果调查问卷。让受训人员来填写有关培训人员或培训部培训效果的不记名调查问卷。

①调查的内容。调查的内容可包括以下几部分：第一，新员工培训活动是否得当，教育场所、文件资料和表达方式等是否使新员工得到了关于组织的正确印象。第二，培训内容是否容易理解，如果是各种不同专业和背景的新员工一起接受培训，那么就需要了解培训的内容是否普遍适用，是否容易理解。第三，培训活动是否有趣，灵活性如何，新员工培训内容是否有助于新员工与他人的沟通，是否能通过培训尽快适应组织环境。第四，新员工培训是否对其有激励作用，接受培训后能否感受到组织对他们事业的关心，能否树立今后在组织中发展的方向。

②调查的目的。通过调查可达到以下几个目的：其一，有效监督培训人员，对其是一种实际的考核，相对于培训人员而言，受训者就是宾客，培训人员就是服务员，服务员所做的一切是否能让宾客满意，宾客有否觉得从中可以学到很多的东西。其二，可以客观地将培训当中存在的问题发现出来，以便作及时的弥补或改进日后的培训工作。

（2）理论考核。在进行了理论授课后，必须对学员进行闭卷考试，以检查其对知识的掌握程度。没有考核的培训就像没有验收的工程，因此考核是培训工作不可或缺的一环。但这里要强调一点，那就是理论考试的试题应难度适当，并且与实际的工作相联系。

（3）新员工入职培训评估表。针对新员工在培训期间的言行举止表现来对其是否适合本职工作或其适合程度进行评判，当然这是综合的评估，也应包括其理论考试在内。

（4）新员工入职培训项目检查表。确保每位新员工都能接受充分的培训是培训部的职责，培训部人员除了确保自己的培训之外，也应承担起确保员工接受相应部门培训的义务，因为这也是培训的工作内容。在新员工经过考核及格后，给每位新员工发放此部门的培训项目检查表，有利于新员工心中有数，同时督促各部门承担培训班义务，起到双重作用。

（5）办理相关手续。当新员工培训考核及格后，应由人力资源部安排其正式入职的相关手续，如制作员工胸卡、考勤表、更衣柜等，并由公司领导对其颁发聘书，以增加员工加入组织的荣誉感。同时对不及格者不给予录用。

（6）新员工入职岗位培训跟踪。新员工入职培训不仅仅局限于上岗前的几天培训，而应包括新员工分配到相关部门后再到转正。在这个过程中有几项重要工作需要培训部人员去处理。其一是对各岗位培训的跟踪与督导及对新员工日常言行举止定期不定期抽查、巡查；其二是新员工到岗后两个月再举行一次新员工座谈会，对其近段时间的表现进行评估，让新员工也谈谈他们对工作的感受、意见、建议等，尽快纠正或帮助他们；其三是负责和各相应部门一起对新员工的业务技能及知识进行考核，监察各相应部门认真做好新员工的岗位培训工作。对那些在试用期间不能完成岗位所有项目的培训者，或虽然培训完毕，但基本岗位项目考试不合格者，不给予转正。

五、新员工的工作能力开发

新员工的工作能力的开发历来是企业最为重视的人力资源管理工作之一，对于如何做好新员工的工作能力开发，主要包括以下几点。

1. 提供具有挑战性的工作

对于新员工来讲，企业能够做的最重要事情之一就是争取做到为新员工提供的第一份工作是富有挑战性的。新员工都希望接受有挑战的工作，希望有个人成长的机会，提供富有挑战性的起步性工作是帮助新员工取得职业发展的最有力却并不复杂的途径之一。比如，在一项以美国电报电话公司（AT&T）的年轻管理人员为对象的研究中，研究者们发现，这些人在公司的第一年中所承担的工作越富有挑战性，他们的工作也就显得越有效率、越成功，即使是到了五六年之后，这种情况依然存在。

然而在大多数组织中，提供富有挑战性的工作似乎并不是一种普遍的事实，反倒更像是一种例外情况。比如，在以研究开发性公司为对象的一项调查中发现，在22个公司中，只有1家公司有正式的向新员工提供富有挑战性工作。如果考虑到在招募、雇用和培训新员工过程中所花费的大量精力和金钱，我们不难看出，这是一个巨大的管理失误，而另外一些企业则完全不同，他们通过赋予新员工以较多的责任而在一开始就增加工作的挑战性。在丰田公司，即使是流水线上的工人也会被立即分配到由具有高技能和强大工作动力的同事所组成的自我管理工作小组之中，在这些自我管理小组中，他们必须快速地学会变成一位具有高生产率的小组成员。在古德曼·萨奇斯公司，管理者们总是期望公司的年轻专业人员能够比较快地做出贡献，并希望他们能够通过在承担富有挑战性项目的工作小组中工作而迅速地找到自己的位置。正如当某个项目小组与客户会谈时，即使会谈小组负责人手下全是一帮刚刚新进公司的新员工，他也往往不充当第一个发言的人——第一个发言的往往是最新进公司的新员工。新员工担负这种责任，整个小组则全力支持。这正是许多人被吸引到古德曼·萨奇斯公司来的重要原因，因为在这里可以在工作初期就能够获得决策能力。

2. 在招募时提供较为现实的未来工作展望

最大限度地降低现实冲击并提高新员工的长期工作绩效的有效途径之一是，在招募时就向被招募者提供较为现实的关于未来工作的描述，使他们明白，如果自己到企业中来工作，估计能够得到哪些方面的利益和发展。新员工在初进企业阶段所面临的一个最大问题就是如何在一种"双向买卖关系"中获得关于对方的精确信息。在面试阶段由于急于网罗到高素质候选人，招募者往往都会发出不真实的信息，往往只说明在本公司中好的一面。而另一个问题，求职者由于往往急于将自己优秀的一面表现给招募者，很自然地发出关于自己本身不真实的信息。其结果是，面试主考人员对求职者的职业目标可能形不成较为真实的印象，而求职者对企业也形成了一种较好的但也许是不现实的印象。

对未来的工作进行较为现实的展示所能起到的重要作用表现在，它能够显著提高那些被雇用来从事相对较为复杂工作的新员工（比如见习管理人员、销售人员、人寿保险代理人员等）长期留在企业中的比率。这种做法已经被萨顿公司等一些企业成功地加以采用，这些企业坚持向被招募来从事装配工作的新员工展示他们未来的工作是什么样子，以及在企业中工作所接触的环境条件是怎样的。

3. 对新员工严格要求

在新员工与其上级之间往往存在一种"皮格马利翁效应"，换言之，上级的期望越高，对自己的新员工越信任、越支持，那么新员工干得就越好。因此，不要将一位新员工安排到一位陈腐的、要求不高的或不愿提供支持的主管人员那里。相反，在一位新员工开始探索性工作的第一年中，应当为他（或她）找到一位受过特殊训练、具有较高工作绩效，并且能够通过建立较高工作标准而对自己的新员工提供必要支持的主管人员。这样，通过该主管对新员工严格的要求，热情地引导和帮助，将会使新员工受益匪浅，对新员工今后的发展将会有莫大的益处。

4. 向新员工提供阶段性的工作轮换

阶段性的工作轮换的做法是将一名新员工在不同岗位上轮换（比如从财务分析到生产管理再到人力资源管理等），去尝试各种具有挑战性的工作，让他经历不同的工作职责。这就增加了任务的多样化，提高了对工作的认识，扩大了工作目标的范围。通过阶段性的工作轮换，一方面使新员工们获得了一个评价自己的资质和偏好的良好机会；另一方面企业也得到了一位对企业事务具有更宽的多种功能视野的管理者。

5. 建立以职业发展为导向的工作绩效评价

主管人员必须明白，从长期看，向上级提供关于自己所属新员工的工作绩效评价的有效信息是十分重要的，不能因为保护直接下属的短期利益而提供不真实的信息。因此，主管人员需要将有关被评价者的潜在职业发展信息加以具体化——换句话说，主管人员需要弄清楚自己正在依据将来从事何种性质的工作来对下属人员的工作绩效进行评价，以及下属新员工需要具备的素质是什么。

6. 鼓励新员工进行职业生涯规划活动

企业还应当采取步骤，加强新员工对他们自己的职业规划和开发活动的参与。比如，有些企业正在尝试开展一些活动来使新员工意识到对自己的职业生涯加以规划以及改善自己的职业决策的必要性。在这些活动中，新员工可以学到职业规划的基本知识，并有机会参与各种以明确自己的职业生涯为目的的活动以及形成较为现实的职业目标等。类似地，企业还可以举行一些职业咨询会议，有时可能是作为工作绩效评价面谈会的一个组成部分，在这种会上，新员工和他们的主管人员或者是人力资源负责人将根据每一位新员工的职业目标来分别评价他们的职业进步情况，同时确认他们还需要在哪些方面开展职业生涯开发活动。

第五节　培训效果评估与转化

一、培训评估概述

企业培训作为一项管理活动，它不仅能提高员工完成一定任务所要求的技能，提高员工的工作绩效，改变员工的行为模式和态度等，而且能提高员工适应知识化、全球化等外部环境和企业内部环境变化的能力。目前，我国很多企业都已经认识到培训的重要性及战略意义，但在实施培训体系过程中往往出现以下问题：员工培训后能力获得了哪些提高？实施培训后企业效益增长多少？培训整个过程的投入是多少？只有明确了这些问题才能知道培训体系的实施是否有效，而企业培训效果评估是指企业在培训之后，通过一定的方法对培训效果进行分析。因此，在重视企业员工培训的同时还要对培训的效果进行全面评估，以完善培训职能本身，使其真正成为一种创造价值的管理活动，为企业发展储备足够的人力资本，提高企业的竞争力。

1. 培训效果与培训评估的含义

培训效果是指企业和受训者从培训当中获得的收益。对于企业来讲，培训效果是因为进行培训而获得绩效的提升和经济效益；对于受训者来讲，培训效果则是通过培训学到各种新知识和技能，培训所带来的绩效的提高以及获得担任未来更高岗位责任的能力。

培训评估是一个系统的收集有关人力资源开发项目的描述性和评判性信息的过程，其目的是有利于帮助企业在选择、调整各种培训活动以及判断其价值的时候做出更明智的决策。培训评估是一个完整的培训流程的最后环节，它既是对整个培训活动实施成效的评价和总结，同时评估结果又是以后培训活动的重要输入，为下一个培训活动、培训需求的确定和培训项目的调整提供重要的依据。培训评估是运用科学的理论、方法和程序对培训主体和培训过程及其实际效果的系统考察，是社会项目评估的技术和方法在培训领域中的应用，是社会项目评估的特例。

完整的培训流程包括培训需求分析、培训教材和师资开发、培训活动组织与实施以及培训效果评估等环节，但并不是只有在培训结束后，才能进行评估。传统意义上讲，培训评估是培训流程中的最后一个环节，所以只在培训结束后，对培训实施环节进行评估——评价它的价值。但是，一个完整的、有效的培训评价不仅要有一个系统的规划，也应该是从培训需求分析、培训课程开发，以及培训活动的组织与实施多个环节同时进行的。

但是，在当前培训评估工作中存在一些问题：评估委托方往往要求评估者做出全面的总结，甚至提出改进方案，一旦产生与自己有关的利害关系，将使培训带有太多的主观感情色彩；评估往往是由内部人员进行的，这些人员可能不愿报告方案的消极因素，有些组织甚至要求培训方案设计者自己进行评估，这就愈发加重这种倾向；虽有评估制度，却对其结果难以使用，评估虎头蛇尾，不了了之，如此评估无胜于有。总之，对培训进行评估并不是如想象中那么容易的。由于缺乏有效的评估，会在某种程度上导致培训在许多组织中只能处于从属的、非战略性的地位。

2. 培训评估的目的

菲利普斯将评估可以帮助解决的问题总结如下：

（1）确定培训项目是否实现了其目标。

（2）确定人力资源开发项目的优缺点，确定哪些项目导致了所希望的变化。

（3）测量人力资源开发项目的投资回报率。

（4）确定哪些参与者从项目中获得的收益最大。

（5）确定将来谁参加培训。

（6）测量最后结果以评估培训项目的总体成果。

（7）测量和跟踪培训全过程，以保证对项目做出改进。

（8）研究资料来支持未来项目的市场营销。

（9）研究非量化和无形的影响。

（10）建立一个数据库来支持管理决策。

3. 培训评估在培训流程中的作用

在培训体系循环中有四个环节：培训规划/计划，即人力资源专业人员和直线管理者共同收集需求、分析需求、拟订计划、沟通，并根据企业策略变化确定、调整计划；培训的组织与实施，即根据已确定的教育培训计划和企业的突发性培训需求，着手课程的设计、培训讲师的确定、培训场地的准备、相关辅助材料的准备及开课等组织工作；培训评估，即对培训取得的效果、资料、文件的评估以及评估之后的反馈；培训工作的改进，即根据反馈的信息修正下一次的教育培训行动，或是对整个培训体系的改进方案实施。与管理中的控制功能相似，在培训体系循环中，培训评估环节是提高培训体系有效性的基础，不仅是培训体系中关系到培训工作改进和提高的关键环节，也是证明培训与开发项目的价值的依据，在人力资源部获得开发资源、支持以及成功营销推广培训项目等过程中起着重要作用。

（1）有利于人力资源开发项目的营销和推广。培训评估的结果是人力资源部门向上级汇报的重要资料之一，可以让公司管理层和业务管理者认识到培训能帮助业务部门产生绩效，从而重视、认可、支持和推进培训工作。

（2）能为决策提供有关培训项目的系统信息，从而做出正确的判断。决策需要高质量和高可信度的信息，而评估是提供这些信息的最好手段。通过从评估获得的信息，有助于判断在特定的环境和条件下何种方案将能起到更大作用，也有助于决定时间跨度较长、投入资金较多的培训项目是需要继续还是需要即行终止。

（3）有利于改进和优化培训体系。通过培训评估产生的信息，从课程角度可以提供给讲师以优化课程和讲课的效果，从培训组织角度可以提高培训服务水平，提高学员的满意度，从改进和优化教育培训体系角度可以提高培训工作的整体绩效。

（4）可使培训管理资源得到更广泛的推广和共享。通过培训评估，可促进有关各方关注与培训活动有关的资料，同时使培训对象更清楚自己的培训需求与目前水平的差距，从而增强其未来参加培训的愿望，进而间接促进培训的深入开展。

（5）可以促进培训管理水平的提升。培训评估可以帮助培训者全程审视培训的各个环节，如培训需求的确定、培训目标的选择、培训计划的拟订、培训资源和时间的控制、培训形式的采纳、培训讲师的确定、培训环境的营造等。经此过程，有关各方可从中吸取经验教训，从而使培训需求确定更加准确、培训动员更加有效、培训计划更加符合实际需要、培训资源分配更加合理、培训内容与形式更加相得益彰、培训讲师更加符合需要，而且有利于及时对培训进行调整和纠偏。这样，组织培训工作就可不断跃上新台阶。

4. 培训评估回答的效度问题

一般来讲，我们希望使受训者在培训项目结束时做得更好。培训评估涉及的另一个基本问题就是效度问题，培训的效度即培训达到的效果是否是其所要实现的目标。戈德史坦（Goldstein）通过研究指出了评估培训的效度主要有四种类型：训练效度、迁移效度、组织内效度和组织间效度。

（1）训练效度。这个特定阶段的效度仅指培训项目的效度，也被称为培训效度。培训效度是指受训者达到培训方案建立的标准的程度。培训效度与培训的内部标准有关。如果培训目标不明确，或者不能收集到组织的基础水平数据，就会降低培训效度。

（2）迁移效度。迁移效度是指受训者在回到工作岗位时达到工作标准的程度。这个阶段的分析指的是培训项目迁移表现或工作情境下测量的表现的效度。迁移效度与外部标准有关，说明培训所提高的实际工作成绩。不适当的职务分析、未考虑到迁移机制、组织目标不具体等都有可能影响培训迁移的效果。一般来讲，培训和迁移效度都属于内部效度的范畴。也就是说，他们都关注处理是否在特定情况下产生效果。

（3）组织内效度。这个概念指的是组织内部新的一群受训者实行原培训项目的效度，即培训效果在企业内部的普遍性。在此情况下，分析者试图根据前面一组被试者的表现来预测新一组被试者的表现。比如，销售人员和财务人员接受某一技术培训，两者的效果是否都能取得很好的效果。企业生产情况的稳定性、组织发生的变革、培训评价的准确性，培训方案实施中未预料到的变化等，都可能影响培训效果的普遍性。

（4）组织间效度。在此情况下，分析者试图确定在一个组织中确定的有效培训项目是否在另外的组织情形下仍然有效。它涉及培训的外部意义。例如，组织间效度高的培训方案，应该既适用于工业企业，又能在事业单位取得成效。组织间效度主要受组织之间相似程度的影响，包括任务、职务、产品、需要和心理气氛等方面的相似性。

组织内效度与组织间效度的概念比较好理解，这里主要讨论培训效度和迁移效度的问题。培训效度关注的是评估的程序，而迁移效度则是从不同层面来考察培训的效果。这四种不同的效度以层次形式排列，沿着层次越往下则保证效度越容易。这是因为当培训方案沿着层级向上发展时，遇到的潜在的障碍就相应增多了。

5. 培训评估的类型

培训评估是指对培训项目、培训过程和效果进行评价。按照不同依据，培训评估可分为不同类型：

（1）按评估过程划分，可分为培训前评估、培训中评估和培训后评估。培训前评估是在培训前对受训者的知识、能力和工作态度进行考察，作为培训者编排培训计划的根据。培训前评估能够保证培训项目组织合理、运行顺利，保证受训者对培训项目的满意度。培训中评估是指在培训实施过程中进行的评估。培训中评估能够控制培训实施的有效程度。培训后评估是对培训的最终效果进行评价，是培训评估中最为重要的部分。目的在于使企业管理者能够明确培训项目选择的优劣、了解培训预期目标的实现程度，为后期培训计划、培训项目的制定与实施等提供有益的帮助。

（2）按评估的方式划分，可分为非正式评估和正式评估。非正式评估是评估者依据自己的主观性来判断。一般而言，非正式评估是主观性的。换句话说，它往往根据"觉得怎样"进行评判，而不是用事实和数字来加以证明。非正式评估的优点有：

①不会给培训对象造成太大的压力。

②可以更真实、准确地反映出培训对象的态度变化，因为这些态度在非正式场合更容易表现出来。

③可以使培训者发现意料不到的结果。

④方便易行，几乎不需要耗费什么额外的时间和资源。

正式评估往往具有详细的评估方案、测度工具和评判标准。它尽量剔除主观因素的影响，从而使评估更有信度。在正式评估中，对评估者自身素质的要求降低了，起关键作用的不再是评估者本身，而是评估方案和测试工具的选择是否恰当。正式评估的优点有：

①在数据和事实的基础上做出判断，使评估结论更有说服力。

②更容易将评估结论用书面形式表现出来，如记录和报告等。

③可以将评估结论与最初的计划比较核对。

（3）按评估的目的划分，可分为建设性评估和总结性评估。建设性评估是指以提出改进培训项目建议为目的，而不是以是否保留培训项目为目的的评估。它通常是一种非正式的、主观的评估，适用于培训需求分析至培训实施阶段，主要探究各阶段实施的细节及其成果（如学习目标、教材、教学法等）是否有缺失，除确保各个阶段的品质之外，也使整个培训课程合乎教学科技的标准。因此，建设性评估是以培训过程控制的方式运作，通过严格控制各程序细节及成果，以求得最好的培训课程。

总结性评估适用于学习活动结束之后，为对培训者的学习效果和培训项目本身的有效性做出评价而进行的评估，主要衡量培训课程的效果、效率、价值或贡献。这种评估经常是正式的、客观的和终局性的，它只能用于决定培训项目的生死，而不能作为培训项目改进的依据；只能用于决定是否给培训对象某种资格，而无助于培训对象学习的改进。总结性评估可分为下列三种：

①结果评估。结果评估主要探讨学员是否获得了培训目标所列的知识技能，继而判断培训课程的好坏及成本效益，再决定是否继续采用或舍弃该培训课程。

②证实评估。证实评估适用于培训活动实施一段时间后，定时收集、分析资料，以决定学员是否能继续表现其能力，或检查培训课程的持续效果。

③终极评估。终极评估适用于培训课程已结束，而且学员回到工作岗位一段时间之后，以了解学员将所学转移应用于其工作的程度，以及所学知识对于其工作与组织的实际贡献。终极评估不仅针对学员学习课程的效果，更注意所学应用于组织营运的整体绩效，可以说这是一种最切实际，但却不容易达成的方法。

（4）按评估进行的时间划分，可分为即时评估和滞后评估。即时评估一般是在培训结束时就进行评估。目的在于对受训者在培训期间的各种表现做出评估，并与参与培训前的技能水平相比较，以检验培训的成效。主要评估受训者的学识有无增进，以及增进多少，受训者技能有无提高，以及提高多少等。滞后评估是培训结束回去工作后进行评估。评估的目的不在于受训者在培训期间表现如何，而在于培训结束后回到工作岗位后的表现，来判断培训中所学知识、技能和行为在工作中是否已得到应用。评估内容主要包括：工作态度有无改变，改变程度如何，维持的时间有多久，工作效率有无增进，增进程度如何等。

6. 培训评估前的可行性决策

就是培训效果评估开始之前收集和分析有关培训及其评估系统资料的可靠性，进而做出是否可行的决策。

在某些情况下，培训评估对培训意义重大，这时候培训主管一般要进行培训评估工作。但有些情况下，并不适宜对培训项目进行评估，所以有必要进行培训效果评估可行性分析（见表2－32）。

表 2-32　培训效果评估可行性分析

必 须 评 估	不 宜 评 估
• 培训项目所需经费超过一定警戒线	• 培训项目目标不明，缺乏共识，评估无标准
• 培训项目需三个月或更多时间	• 培训评估的结果得不到利用，如评估者动机不
• 培训项目确定的受训者面广，为数众多	纯，或评估后无人负责根据结果进行任何改进行
• 培训效果对整个企业而言十分重要，如顾客满	为，致使评不评估一个样，甚至适得其反
意，产品质量	• 培训评估所需资源不足
• 一个部门的培训项目对其他部门产生很大影响	• 时间有限，评估不能保证质量，如评估时间仓
• 当企业面临一系列重大的改革措施，需要以培	促，致使信息数据收集不全，或培训效果需要更
训评估结论做依据	长时间才能显现出来

二、培训评估的模型

许多学者对应该在什么层次和以什么标准来衡量人力资源开发活动进行了研究，表 2-33 显示了九种不同的学术观点。但当前对培训评估进行系统总结的模型占主导地位的仍然是柯克帕特里克（Kirkpatrick）的培训评估模型。其他不少研究者也对该模型提出批评，针对其不足提出自己的模型，主要有：考夫曼（Kaufman）的五层次评估模型、CIRO 评估模型、CIPP 评估模型、菲利普斯（Phillips）的五层次投资回报率评估模型，其中最有价值的变化是菲利普斯所提出的五层次投资回报率评估模型。

表 2-33　培训评估的分析框架

框　架	培训评估模型
1. 柯克帕特里克（1967，1987，1994）	四个层次：反应、学习、行为和结果
2. CIRO（沃尔等，1970）	四个层次：情境、投入、反应和结果
3. CIPP（高尔文，1983）	四个层次：情境、投入、过程和成果
4. Brinkerhoff（1987）	六个阶段：目标设定、项目设计、项目实施、直接结果、中间或应用结果以及影响与价值
5. 系统方法（Bushnell，1990）	四种活动的组合：输入、处理、输出和结果
6. Kraiger，Ford & Salas（1993）	将学习结果细分为三类（认知的、基于技能的、情感的），并针对每种结果给出了恰当的评估标准
7. 考夫曼和凯勒（1994）	五个层次：启动和反应、获取、应用、组织输出和社会成果
8. 霍尔顿（1996）	确定了五类变量及它们之间的关系：次要的影响、激励因素、环境因素、结果和能力因素
9. 菲利普斯（1996）	五个层次：反应和有计划的行动、学习、将学习应用于工作、商业结果和投资回报率

1. 柯克帕特里克的培训评估模型

威斯康星大学教授柯克帕特里克于 1959 年提出的培训效果评估的四层次模型是最有影响力的，是被全球职业经理人广泛采用的模型。该模型认为评估必须回答四个方面的问题，从四个层次分别进行评估，即受训者的反应（受训者满意程度）、学习（知识、技能、态度、行为方式方面的收获）、行为（工作中行为的改进）、结果（受训者获得的经营业绩）对组织的影响（见表 2-34）。

表 2-34　柯克帕特里克的培训评估模型

评估层次	内容	可询问的问题	衡量方法
反应	观察学员的反应	● 学员喜欢该培训课程吗 ● 课程对自身有用吗 ● 对培训师及培训设施等有何意见 ● 课堂反应是否积极主动	问卷、评估调查表填写、评估访谈
学习	检查学员的学习结果	● 学员在培训项目中学到了什么 ● 培训前后，学员在知识、技能等方面有多大程度的提高	评估调查表填写、笔试、绩效考试、案例研究
行为	衡量培训前后的工作表现	● 学员在学习基础上有无改变行为 ● 学员在工作中是否用到培训所学的知识、技能	由上级、同事、客户、下属进行绩效考核、测试、观察和绩效记录
结果	衡量公司经营业绩变化	● 行为改变对组织的影响是否积极 ● 组织是否因培训而经营得更好	考察事故率、生产率、流动率、士气

反应评估是指参与者对培训项目的评价，如培训材料、培训师、设备、方法等。受训者反应是培训设计需要考虑的重要因素。

学习评估是测量原理、事实、技术和技能获取程度。评估方法包括纸笔测试、技能练习与工作模拟等。

行为评估是测量在培训项目中所学习的技能和知识的转化程度，受训者的工作行为有没有得到改善。这方面的评估可以通过参与者的上级、下属、同事和参与者本人对接受培训前后的行为变化进行评价。

结果评估是在组织层面上绩效是否改善的评估，如节省成本、工作结果改变和质量改变。

Alliger 等人（1997）在培训效标关系的元分析中主要针对柯克帕特里克的培训评估模型中的反应和学习层次进行了扩展。他们认为，柯克帕特里克的培训评估模型中的反应，仅仅是从情感上进行评估，而对于培训的效用大小的反应更加重要。因为效用型反应与培训迁移的相关更大。在学习层次上，原先的模型仅仅注重受训者当时描述性知识学习的评估，而受训者的程序性知识掌握得如何直接影响培训迁移的程度，并且他们得出了效用型反应与培训迁移的相关要比传统评估中的学习与培训迁移的相关更大。

2. 考夫曼的五层次评估模型

考夫曼扩展了柯克帕特里克的培训评估模型，他认为培训能否成功，培训前各种资源的获得是至关重要的，因而应该在模型中加上这一层次的评估，并且培训所产生的效果不应该仅仅对本组织有益，它最终会作用于组织所处的环境，从而给组织带来效益。因而他加上了第五个层次，即评估社会和顾客的反应（见表 2 – 35）。

表 2 – 35　考夫曼的五层次评估模型

评估层次与项目	内　　容
5. 社会效益	社会与客户的反应、结果与报偿情况
4. 组织效益	对组织的贡献情况
3. 应用	组织中的个人与小组应用的情况
2. 掌握	个人与小组的掌握情况
1b. 反应 1a. 可能性	方法、手段和程序的接受情况与效用情况，人力、财力、物力的有效性、可用性和质量

3. CIRO 评估模型

沃尔（Warr），伯德（Bird）和雷克汉姆（Rackham）等学者于 1970 年开发出了一套被称为 CIRO 的评估模型，CIRO 是 Contextual，Input，Reaction 和 Outcome 的缩写。这种方法认为评估必须从情境（Contextual）、投入（Input）、反应（Reaction）和结果（Outcome）四个方面进行，所以也是一种四层次的评估方法，起初开发用于欧洲，是一种非常独特的区分评估过程的方法。它比一般的培训评估的范围更宽泛。

情境评估是指获取和使用当前情境的信息来明确培训需求和培训目标。这种评估实际上是进行培训需求分析。在此过程中，需要评估三种目标：最终目标（组织可以通过培训克服或消除的特别薄弱的地方）、中间目标（最终目标所要求的员工工作行为的改变）和直接目标（为达到中间目标，员工必须获取的新知识、技能和态度）。情境评估是要收集组织绩效的信息，评估这些信息确定培训需求，在此基础上设定三个层次的目标。

投入评估是指获取和使用可能的培训资源来确定培训方法。这些资源包括内部资源和外部资源。这当中财务预算和管理要求可能限制了目标的选择。

反应评估是指以获取和使用参与者的反应来提高培训过程。这个评估过程的典型特征是参与者的主观评价，参与者的主观评价是非常重要的，但是评价质量的好坏在某种条件下依赖于信息收集的方法是否具有系统性和客观性。

结果评估是指收集和使用培训结果的信息。该评估被认为是评估最重要的一个部分。它包括四个阶段：界定趋势目标、选择或构建这些目标的测量方法、在合适的时间进行测量和评估结果以改善以后的培训。

4. CIPP 评估模型

高尔文于 1983 年在教育领域研究成果的基础上，提出了 CIPP 评估模型，CIPP 模型与 CIRO 相似，它包括四种评估：情境（Context）、投入（Input）、过程（Process）和成果（Product）。其评估层次见表 2-36。

表 2-36　CIPP 评估模型

评估层次	内 容
1. 情境	主要是确定培训需求、机会和目标
2. 投入	主要是确定培训方案计划及资源的使用方式
3. 过程	主要是培训方案的监督、控制及反馈
4. 成果	衡量培训目标达到的程度

情境评估界定相关环境、识别需求和机会、诊断具体问题，需求分析是情境评估的一个例子。

投入评估可以提供如何最佳使用资源去成功实施培训的信息。投入评估的信息有助于制订培训项目计划和培训设计的一般策略，通常投入评估的结果有关于制度、预算、时间安排、建议书和程序等方面的内容。

过程评估可以提供反馈给负责培训实施的人，它可以监控可能的失败来源，或给预先的决策提供信息。

成果评估对培训目标进行测量和解释，包括对预定目标和非预定目标进行衡量和解释，这个级别的评估既可能发生在培训之中，也可能发生在培训之后。

总之，情境评估有助于形成目标，投入评估帮助计划培训项目，过程评估引导培训实施，结果评估有助于回顾决策。

5. 菲利普斯的五层次投资回报率评估模型

菲利普斯等人于 1996 年在柯克帕特里克模型的基础上增加了一个第五层次的评估，从而形成了菲利普斯的五层次投资回报率评估模型。

通常在培训结束后，绝大多数的公司只是报告在培训上花费了多少费用，多少培训时间，参加培训的人员数目，而没有提供培训给公司带来的价值，参与者所学习到的东西以及由于培训带来的投资回报。近年来，特别强调要对培训发展的投入进行评估，ROI（投资回报率）过程成为评估的关键部分（见表 2-37）。

表 2-37　菲利普斯的五层次投资回报率评估模型

层 次	评 估 内 容
1. 反应和既定的活动	评估受训者对培训项目的反应以及略述实施的明确计划
2. 学习	评估受训者技能、知识或观念的变化
3. 在工作中的应用	评估受训者工作行为的变化以及对培训资料的确切应用
4. 业务结果	评估培训项目对业务的影响
5. 投资回报率	评估培训结果的货币价值以及培训项目的成本

第一层次：反应和既定的活动，即测量学员的满意度以及他们打算如何应用培训所学的东西。检查满意程度时必须认识到，良好的意见反馈并不一定完全表明学员学到了新的知识和技能。

第二层次：学习。进行学习评估时务必要意识到，有关这一平台的正面结果，并不一定都能保证其在工作中得到应用。

第三层次：在工作中的应用。利用许多跟踪方法测量学员新技能的使用频率来判定学员是否将培训内容在工作中得以应用。需要注意的是，这一层级很重要，但他们并不能确保培训项目会对组织产生百分之百的积极影响，因而必须对之进行审慎、客观的评价。

第四层次：业务结果。评估学员运用知识后对组织业绩的影响情况，通常测量产量、质量、成本、时间和客户满意度等。

第五层次：投资回报率，即将培训项目所带来的货币利润与其成本进行比较。ROI通常表示成一个百分数或成本与收益的比率。

以上培训评估模型中都有柯克帕特里克经典培训评估模型的影子。特别是菲利普斯的ROI框架仅仅是在最后加上了投入产出的分析而已，而考夫曼模型、CIRO模型和CIPP模型在评估实施过程的两头作了文章，即将培训需求分析的一部分以及培训对外界的影响纳入了评估范围之中，中间则几乎保持不变。在一个全面的评估过程中，应当进行五级中的任何一级评估。在大多数评估模型中，共同的思路是强调小组或组织改进的最终结果，这是最难获得、最难记录和最难评估的。当需要对最终结果进行评估时，前三个级别的评估是远远不够的。研究表明，四层次评估（组织影响）和五层次评估（投资回报率）是人们最渴望的，并且能得到组织的支持。

在企业的实际运作中，上述任何一种模型都难以直接应用。与其他管理工作一样，培训开发的评估也存在许多局限性，因此有必要建立适合于企业发展实际的评估体系。培训模型从组织的各个层次为培训效能的评估提供了思路。所以，我们在评估培训项目时，需要考虑以下因素：培训需求的确定和不同需求的优先顺序的选择产生的影响；培训参与者特征和组织特征（组织文化和标准；培训前、中、后期主要气氛；培训和组织整体规划的关系）对培训结果的影响；学习的类型、培训设计与教学策略的关系；迁移支持策略的贡献；两难问题的解决，如培训各方的不同兴趣（并且他们对于什么是好培训的标准不同）。

三、培训评估方案的设计及信息收集

1. 培训评估方案的设计

人力资源开发评估要解决的问题包括在充分考虑各种可行性因素的基础上，选择恰当的评估方案，这直接决定着评估对非培训因素的分解，决定着对培训出来的结果的测量。在不同的方案之间进行选择的最重要的标准是有效性，即效度。

最常见的设计包括实验设计、准实验设计和非实验设计。不使用参照组是非实验设计，它重视的是目标群体的纵向变化。使用参照组的是实验设计，它既注意目标群体的纵向变化，还注意实验组和参照组的横向比较，这样才能更好地将培训效果分解出来。

实验设计中的参照组是完全随机产生的参照组，称为控制组，这样就能保证实验组和控制组在理论上是完全相同的。准实验设计中的参照组不是随机产生的，这样的参照组，称为对照组，这时，我们只是力求参照组与实验组在各方面相似（如图 2-28 所示）。

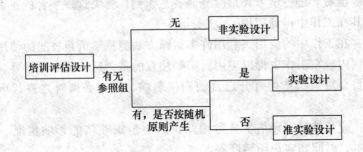

图 2-28 培训评估方案的设计

（1）单组后测设计。

X　　T₂

这是一种最简单的评估方案，即在培训后进行一次评估，只收集和测试员工受训后成果的评估方案，简单易行，但评估效果不能让人满意。

（2）单组前测/后测设计。

T₁　　X　　T₂

事前/事后测试，即在被培训者刚进入培训课程的时候和培训课程完结后对被培训者进行内容相同或者相近的测试，将两次测试的结果进行对比分析，其变化结果即反映了培训所获得的新知识。这是一种较常用的方法，培训前后两者的差距即培训的效果，此法的关键是评估方法的有效性。这种方法较为科学，操作也不繁琐。

（3）前测/后测控制组设计。

实验组（R）T₁　　X　　T₂
控制组（R）T₁　　X　　T₂

为了加强评价的可信度，还可以采用该方法，也被称为控制实验法，即将参加培训的人员组成实验组，将不参加培训的员工组成控制组，同时对这两组员工进行事前测试和事后测试，这两组培训前的测定结果应该是相似的，将测试结果进行交叉比较来评估培训的效果，最后在同一时间内对实验组和控制组分别进行评估，评估结果的差距就是培训的效果。对比评估虽然比较复杂，但是由于它更为准确，更为人所认同，较适合在企业中对培训效果进行评估。它比较科学，如果评估者和被评估者都不知道评估的目的，评估效果极为理想。

（4）所罗门四组设计。

1组（R）T₁　　X　　T₂
2组（R）T₁　　　　T₂
3组（R）　　　X　　T₂
4组（R）　　　　　T₂

　　实验设计经前面提到的几种设计结合起来，这样做的好处是把干扰培训效果的其他因素的影响减少到最低限度。在具体操作的时候，可以把培训学员随机分成两组接受培训，同时另外设置两个对应的对照组。如果实验组比对照组好，则证明培训课程可能是有效的。如果实验两组之间的成绩相当，而对照组的成绩也不相上下，则证明培训测验没有缺陷，测验本身没有影响培训的成绩，所以所罗门四组设计不仅可以考察培训效果，还可考察测验缺陷。

　　（5）时间序列设计。

　　T_1　T_2　T_3　T_4　X　T_5　T_6　T_7　T_8

　　时间序列设计是指在培训前和培训后每隔一段时间检测一次培训效果，按既定时间间隔、阶段性的测试和收集培训成果有关信息数据的一种培训评估方案。该方法伴随培训过程，进行跟踪测量，从而获取不同时间序列点上的效果值。同样，也可以将数据绘至坐标图上，清晰地观察培训与时间的交互效应（如图 2 − 29 所示）。

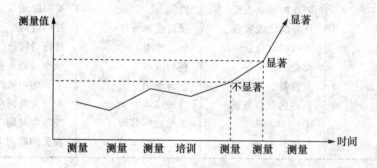

图 2 − 29　时间序列坐标

　　时间序列法适用于时间跨度较长（跨年度）的培训评价。这类评估方案设计的优势在于，在培训期内监测培训效果的动态，洞悉学习效率高峰与低谷时段。相对前述若干方法，时间序列法提供的信息量更大，可以使评价者对培训结果在一段时间的稳定性进行分析。

　　时间序列评估方案可以采用或放弃对照组，它经常用于评估会随着时间发生变化的一些可观测性的培训结果，如生产率、缺勤率、事故发生率。

　　综上所述，不同的培训效果评价方案设计，能够获得不等的信息量，揭开许多看不清、道不明的缘由。在设计和选择何种类型评估方案之前，通常需要考虑以下的基本因素：培训的重要性、培训变化的可能性、培训规模和参与范围、培训目标、组织文化与评估看法、专业技术、评估成本以及时间限定等。值得一提的是，越是信息量大的方案设计，所需的时间、财务成本越高，在实践中，需在成本和效益之间做好权衡，避免顾此失彼。

2. 信息收集

　　培训评估指标可分为定量和定性类。定量的结果可以通过对劳动生产率、人均利润贡献率、员工满意率、员工忠诚度（流失率）等相关数据的比较分析得到；定性分析范围可以广一些，从企业战略实施程度、新型企业文化的建立、企业对环境适应等方面加以分析。所有这些数据都可以归为硬数据和软数据两类（见表2-38和表2-39）。

表2-38　硬数据指标列表

质　量	产　量	成　本	时　间
废品	生产的数量	预算的变化	运转周期
次品	制造的吨数	单位成本	投诉的应答时间/次数
退货	装配的件数	财务成本	设备的停工时间/次数
出售比率	售出件数	流动成本	加班时间
返工	销售额	固定成本	每日平均时间
退货	贷款批准数量	营业间接成本	完成所需时间
与标准的差距	存货的流动量	运营成本	贷款的处理时间
产品瑕疵	对申请的处理数量	延期成本	管理时间
生产故障	毕业的学员数量	罚款	培训时间
存货的调整	任务的完成数量	项目成本节省	开会时间
工作顺利完成的	工作的订货量	事故成本	修理时间
比例	奖金	规划成本	效率（以时间为基础）
事故数量	发货量	销售费用	工作的中断时间
顾客投诉	新建的账目数量	管理成本	对订货的回应时间
		平均成本节约	晚报告时间
			损失的时间天数

表2-39　软数据指标列表

工作习惯	新技能	氛围	发展	满意度	主动性
旷工、消极怠工、看病次数、违反安全规定、沟通破裂的次数、过多的休息	决策、问题的解决、冲突的避免、提供咨询的成功机会、倾听理解能力、阅读速度、对新技能的运用、对新技能的运用意图、对新技能的运用频率、新技能的重要性	不满的数量、歧视次数、员工的投诉、工作满意度、组织的承诺、员工的离职比例	升迁的数量、工资的增加数量、参加的培训项目数量、岗位轮调的请求次数、业绩评估的打分情况、工作效率的提高程度	赞成性反应、工作满意度、态度的变化、对工作职责的理解、可观察到的业绩变化、员工的忠诚程度、信心的增加、顾客/客户的满意度	新想法的实施、项目的成功完成、对建议的实施量、设定目标

　　硬数据和软数据各有优缺点。硬数据比较客观，容易衡量和量化，更容易转化成货币价值，衡量管理业绩的可靠性很高，是衡量组织机构业绩的常用标准。相比之下软数

据在多数情况下是主观的，有时候很难衡量和量化，很难转换成货币价值，作为对业绩的衡量标准可信度较差，而且往往是行为导向的，但软数据更具有弹性和动态性，弥补了硬数据单一、固化、抽象的缺点，同时运用两者可以使评估的效果更加真实可靠。

3. 培训效果的方法选择

培训效果的评估多是在反应、学习、行为、结果以及投资回报率层次上的评估，主要分为定性评估与定量评估。定性评估是建立在经验与逻辑的基础上，而定量评估法则是以数学、统计学为基础的，人力资源开发工作人员在评估培训效果时，应综合应用两类方法，以得出较为准确的评估效果。在此以反应、学习、行为和结果为主，投资回报率将在后面介绍。

（1）定性评估法。定性评估法在评估培训效果中运用得较为广泛，它是指评估者在调查研究、了解实际情况后，再结合自己的经验与标准，对培训的效果做出评价。定性方法进行评估只是对培训项目的实施效果做出一个方向性的判断，也就是主要是"好"与"坏"的判断，由于不能得到数量化的结论，故不能对培训效果达到的程度做一个准确的表述。

该方法简单易行，所需数据少，可考虑因素很多，评估过程可以充分发挥自己的经验等，但定性评估法的缺点在于评估结果受主观因素、理论水平和实践经验影响较大，由于不同评估者的工作岗位不同、工作经历不同、掌握的信息不同往往会对同一问题做出不同的判断。

①问卷调查法。问卷调查是在培训项目结束时，收集被培训者对于培训项目的效果和有用性的反应，被培训者的反应对于培训方案的重新设计或继续培训项目至关重要。当采用问卷调查法进行评估时，设计问卷是关键。评估者需要围绕培训课程设计问卷，问卷的内容往往包括培训内容的针对性、培训师水平、培训设施、自己从培训中得到的收益等问题。问卷调查既易于实施，也容易分析和总结。问卷调查的缺点是其数据是主观的，并且是建立在被培训者测试时的意见和情感之上的。

②笔试（测验）法。培训组织者可以通过笔试方法来了解被培训者在培训前后，知识以及技能的掌握方面有多大程度的提高。笔试是了解知识掌握程度的最直接的方法。对知识的评估通常采用测验的方法，可采用事前/事后测试，即在被培训者刚进入培训课程的时候和培训课程完结后，对被培训者进行内容相同或者相近的测试，将两次测试的结果进行对比分析，其变化结果即反映了培训所获得的新知识。为了加强评价的可信度，还可以采用另一种控制实验法，即将参加培训的人员组成实验组，将不参加培训的员工组成控制组，同时对这两组员工进行事前测试和事后测试，将测试结果进行交叉比较来评估培训的效果。测试的题目可以相同，也可以从相同的题库随机抽取难度相近的题目，但都要围绕相同主题和培训涉及的知识。

③工作绩效考核法。在培训项目结束后，每隔一段时间（如3~6个月）对员工的工作绩效，如工作量有无增加、工作能力有无提高和人际能力有无增强等方面，进行评估以了解培训效果。对一些技术工作，例如工厂里面的车工、钳工等，则可以通过绩效考核来掌握他们技术的提高。具体的绩效评估方法很多，如360°反馈评价，通过对受训者的上级、同事、客户、下属等的调查来评估他的行为改变。

④工作态度调查表。在培训期间和结束时，用同样的调查表调查培训对象的工作态度，将两次结果对比，即可获得受训者态度是否有变化的信息。

⑤工作标准评价法。通过了解受训者在工作数量、工作质量和工作态度等方面能否达到工作标准来判定培训工作是否有效。

⑥跟踪观察法。评估者在培训结束以后亲自到受训者所在的工作岗位上，通过仔细观察记录受训者在工作中的业绩，并进行比较以此来衡量培训对受训者所起的作用。这种方法由于花费时间较多，不能大范围使用，而且可能会打扰当事人，使得收集的信息不可靠，但是它是用于测量行为改变的极好的途径。

⑦比较法。比较法是一种相对评估法，包括纵向比较评估，即在受训者自身发展过程中，进行历史和现实比较，看是否有进步；横向比较，即与对比组或未参加培训的员工进行比较，以分辨培训是否有效。

⑧目标评价法。制订培训计划时已建立了具体的目标，在培训结束后将受训者的实际工作表现与既定的目标相比较。这种方法可在培训课程结束半年后对受训者进行绩效考核，包括目标考核和过程考核，对比参加培训前的绩效，如果有较为明显的提高即可看出培训的效果。

⑨面谈法。直接与受训者面谈了解受训者在人格、行为特征、学习程度、工作能力与绩效等方面是否有变化，以评估培训效果。

（2）定量评估法。定量评估法在培训效果中评估运用得比较少，但人力资源开发工作人员又不得不重视定量评估法，因为用数据说话更有说服力，评估结果也更准确。定量评估法较为常用的方法有成本—收益分析法、边际分析法、目标成本法、假设检验法等，其中运用得较为广泛的是成本—收益分析法。

培训收益是指培训所获得的总效益减去总成本之后所得到的净收益，培训收益越高，培训效果就越好；反之越差。培训收益法分为直接收益评估法和间接收益评估法。

①直接收益评估法对员工受培训后的效果进行观察，并加以评估。其公式为：

$$TE = （E_2 - E_1）\times T \times N - C$$

式中：TE 为培训收益；E_1 为培训前每个受训者一年产生的效益；E_2 为培训后每个受训者一年产生的效益；N 为参与培训的人数；T 为培训效果可持续年数；C 为培训成本。

②间接收益评估法通过对员工在职培训有关的指标的计算，来研究这种投资的效益，首先找出影响培训效益的因素，即把这种收益分解为一些具体指标，然后根据这些指标的相互关系进行计算。其公式为：

$$TE = T \times S \times d \times N - C$$

式中：TE 为培训收益；N 为参与培训的人数；S 为未受培训者工作绩效的标准差（一般约等于年工资的40%）；d 为效用尺度，即接受培训者与未受培训者工作绩效的平均差值；T 为培训效果可持续年数；C 为培训成本。

另外，d 可表示为：

$$d = （X_1 - X_2）\div S \times R$$

式中：X_1 为受训者的平均工作效率；X_2 为未受训者平均工作效率；S 为未受培

训者工作绩效的标准差；R 为工作绩效评价过程的可靠性。

4. 培训评估信息收集方法

培训评估的有效实施是以获取科学、全面、准确的信息为基础的。评估过程必须要收集相关数据，以便为决策者提供所需的事实和评判依据。常用的评估数据收集方法有问卷调查法、访谈法、直接观察法、档案记录分析、测验和模拟等，它们各有其优缺点（见表2-40）。

表 2-40 培训评估数据收集方法比较

方 法	具体过程	优 点	缺 点
1. 问卷调查	用一系列标准化的问题去了解人们的观点和观察到的东西	• 成本低 • 匿名的情况下可提高可信度 • 可以在匿名的情况下完成 • 填写问卷的人可以自己掌握速度 • 有多种答案选项	• 数据的准确性可能不高 • 如果是在工作中完成问卷填写的，那么对这个过程很难进行控制 • 不同的人填写问卷的速度不同 • 无法保证问卷的回收率
2. 访谈	和一个或多个人进行交谈，以了解他们的信念和观察到的东西	• 灵活 • 可以进行解释和澄清 • 能深入了解某些信息 • 私人性质的接触	• 引发的反应在很大程度上是回应性的 • 成本很高 • 面对面的交流障碍 • 需要花费很多人力 • 需要对观察者进行培训
3. 直接观察	对一项任务或多项任务的完成过程进行观察和记录	• 不会给人带来威胁感 • 是用于测量行为改变的极好的途径	• 可能会打扰当事人 • 可能会造成回应性的反应 • 可能不可靠 • 需要受过训练的观察者
4. 档案记录分析	使用现有的资料，比如档案或报告	• 可靠 • 客观 • 与工作绩效关系密切	• 要花费大量的时间 • 对现实进行模拟往往很困难 • 开发成本很高
5. 测验和模拟	在结构化的情景下分析个人的知识水平或完成某项任务的熟练程度	• 买价低 • 容易记分 • 可迅速批改 • 容易施测 • 可大面积采样	• 可能会带来威胁感 • 也许与工作绩效不相关 • 对常模的依赖可能会歪曲个人的绩效 • 可能有文化带来的偏差

四、培训的投资回报分析

近年来，美国人力资源学界提出将 ROI 模式应用于培训评价，以获得更具体、更具经济价值的评价结果。与传统的培训评价模式多以定性资料为主要评价依据不同，ROI

模式将培训成效转换为具体的货币价值，直接将培训与组织绩效密切联结，成为培训人员向组织呈现培训效果的最有效方式。

以投资报酬率来衡量培训活动的成效，可按照以下步骤进行（如图2-30所示）。

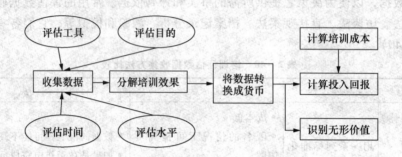

图2-30 杰克·J.菲利普斯的ROI评价过程

1. 对培训项目的效果进行分解

尽管绩效的变化可能与培训有关，但并不是我们所观察到的所有的知识、技能、行为和结果的改变都是由培训项目带来的，其他的非培训因素也有可能对绩效改进产生影响，因此，为了提高培训投资回报评估的精度，有必要对这些效果进行分解。进行分解的方法包括：

（1）使用控制组。分解培训效果的最精确的方法是使用控制组。这种方法要对两个小组收集相关数据，一个是参加了培训活动的实验小组，一个是没有参加培训的控制小组。选择对照的成员应该与实验组大致可比。

尽管该方法是个比较好的办法，在使用中却存在问题，第一个问题是小组成员的选择，应该注意小组成员是相同的，但是实际上完全相同是不可能的。第二个问题是传染问题，即受训者将可能学到的东西通过不同的途径传播到控制组中，或是控制组成员模仿了培训组成员的行为。第三个可能出现的问题就是他们出于不同的地点，各组之间有不同的环境影响因素。另外，就是管理层可能不愿对项目采用带有研究倾向的方法进行评估。

（2）使用趋势曲线。这种方法是先以历史绩效，绘制一条趋势线，用趋势线预测未来绩效，在培训结束后，把实际的绩效曲线同历史趋势进行对比，任何超出趋势线预测的绩效提升，都可以归功于培训。这种方法的优点是操作简单、成本低，如果历史数据可以得到，就能很容易画出趋势线，可以很快评估出培训效果。尽管不是很精确，但却是评估培训效果的一条合理途径。

（3）预测分析法。预测分析法是利用预测模型来预测绩效变量的变化。在只有一个其他变量影响绩效，并且两者的关系是一条直线时，类似$y = ax + b$的直线模型是适合的。这里用一个直线方程替代了画直线，可以计算出绩效提升的预测值。如果培训期间存在其他变量因素，这种方法实际上是趋势线分析的一个数理解释。当有许多变量影响绩效时，这种方法就显出了重要缺陷，就需要使用多个变量分析和复杂统计软件包。

（4）使用主观分析法，即通过直接从参与者、主管、管理层、骨干、下属以及聘请专家评价培训效果，虽然这种主观评价法不精确，可能会面临许多障碍，但这的确为培训效果的分解提供了不同的途径。

这些方法中有的是简单和低成本的，而另外一些则需要更多的时间和成本。所以在选择方法上，要考虑到一些因素：方法的可行性；方法可以提供的准确度；对目标群体而言，方法的可信度；实施的具体成本；使用该方法时，对正常工作的干扰有多大；特定方法需要参与者、员工和管理者付出多少时间。

2. 将收益估计转变为货币的步骤

培训可以帮助员工与企业提高绩效，获得更大的收益，主要包括两方面：产量或销售量增长的价值、成本和费用减少的价值。其中，成本和费用减少的价值，包括原材料、燃料、消耗的减少、人工成本节省的价值、生产残次品减少和机器设备维修减少而节省的费用、员工流失率降低而节省的费用、提高设备利用率及降低生产事故而节省的费用。其具体将收益转换成货币的步骤如下（见表 2 - 41）。

表 2 - 41　把数据转换为货币价值的步骤示例

背　景	一家制造工厂的团队建设培训项目
第一步	关注绩效度量单位：在四步抱怨解决程序中，某个达到第二步的抱怨
第二步	确定每单位价值：让内部专家（劳动关系职员）评估，在考虑了时间成本和直接成本后，确定一次抱怨的成本（V）为 6500 美元
第三步	计算绩效改进数据：在培训完成的 6 个月内，每个月达到第二步的抱怨下降了 10 次。由主管确定，10 次中的 7 次是同培训有关的（分离培训效果）
第四步	确定绩效变化的年度数值：根据 6 个月的数据，每月 7 次抱怨，得出全年的绩效改善数量为 84（$\Delta P = 84$）
第五步	计算绩效改进总价值：年度价值：$\Delta P \times V = 84 \times 6500 = 546000$（美元）

（1）关注绩效度量单位。举例来说，对绩效产出数据度量的单位有生产产品数量、提供服务量或完成销售量。质量是一个常见指标，可以用出错率、废品率、缺陷率和返工率等来反映，软数据指标可以是员工抱怨次数、缺勤次数、离职率等。

（2）确定每单位价值。为上一步选定的单位赋予价值额（V）。

（3）计算绩效改进数据。将其他影响因素分离后，直接归功于培训项目的绩效变化。

（4）确定绩效变化的年度数值。即计算出一年的绩效总变化数量。

（5）计算绩效改进总价值。即把年度的绩效改变（ΔP）同所考察群体的度量单位价值（V）相乘，得到绩效改变的总价值。

3. 培训投资成本核算

培训成本分为直接成本和间接成本。所谓直接成本为明确可计算成本。直接成本包

表 2 – 42　成本项目列表

0. 工资与福利——人力资源开发人员	这个账目包括人力资源开发部门的主管人员和非主管人员的工资与员工福利成本
1. 工资与福利——公司其他人员	这个账目包括公司其他人员（包括主管人员和非主管人员）的工资与员工福利成本
2. 工资与福利——学员	这个账目包括学员（包括主管人员和非主管人员）的工资与员工福利成本
3. 用餐、差旅、住宿——人力资源开发人员	这个账目包括公司人力资源开发部门员工的用餐、差旅、住宿和杂费
4. 用餐、差旅和住宿——学员	这个账目包括人力资源开发培训项目的学员的用餐、差旅、住宿和杂费
5. 办公用品和开支	这个账目包括文具、办公用品和服务、期刊订阅、邮资、电话和电报服务等项目所发生的开支
6. 培训项目资料与用品	这个账目包括特定培训项目所购买的资料和用品的成本，其中包括胶卷、文件夹、讲义资料以及所购买的培训项目等
7. 打印与复制	这个账目包括所有资料的打印和复制所发生的开支
8. 外部服务	这个账目包括外部公司、机构或除本公司员工以外的个人（如管理顾问和专业培训讲师或辅导员等）在提供特殊服务时所引起的费用和开支
9. 设备——开支分摊	这个账目包括最初设备成本中被分摊到特定人力资源开发项目（包括计算机）中的部分
10. 设备——租赁	这个账目包括在行政管理工作和人力资源开发培训项目中所使用的设备的租金
11. 设备——维护	这个账目包括对公司自有设备和家具进行修理和维修时所引起的开支
12. 注册费	这个账目包括学员参加讲座和会议时产生的由本公司支付的注册费和学费，这个账目还包括员工加入行业、技术和专业协会时产生的并由本公司支付的会员费
13. 设备开支分摊	这个账目包括使用公司自有设施进行人力资源开发培训项目时发生的开支
14. 设施租赁	这个账目包括与人力资源开发培训项目相关的所有设施的租金
15. 一般费用分摊	这个账目包括对每个人力资源开发培训项目按比例计算的一般费用开支
16. 其他费用	这个账目包括为培训提供的其他费用

括参与培训的所有的雇员（受训者、培训教师等）、咨询人员和项目设计人员的工资和福利；培训使用的材料和设施费用；设备或教室的租金或购买费用；交通费用。间接成本是与培训的设计、开发或讲授并不完全直接相关的费用，它主要包括办公用品、设施及相关费用。

4. 投资回报率计算与非货币收益

（1）投资回报率计算。投资回报率是通过投资成本与收益的比较，来衡量开发项目的实际价值，具体有两个最常用的衡量方法：一个是收益/成本比率法；另一个是 ROI 公式法。

评价培训投资最早使用的方法之一就是收益/成本（Benefits Costs Ratio，BCR）比率法，即用项目收益除以项目成本的比率，称为收益成本比率，计算公式为：

$$BCR = 项目收益 \div 项目成本$$

投资回报率是用净收益除以项目的成本得到的。净收益是项目收益减去其成本。这个比率一般用百分比表示。用公式表示为：

$$ROI（\%） = （项目净收益 \div 项目成本） \times 100\%$$

ROI 值和 BCR 值之间相差系数为 1，但现在还没有统一的收益成本比率标准和 ROI 衡量标准。

（2）非货币收益。除了有形的、货币的收益，大多数培训项目都会有无形的、不能以货币表示的收益。非货币性收益是指那些与培训项目直接相关，但不能转换成货币价值的收益（或损失），这些指标尽管不能转换成货币价值，但是对评估流程来说也是很关键的。比如在一些人际关系技能、团队建设、领导能力和沟通等培训中，非货币性收益指标往往比货币价值指标或可度量指标重要。所以，将有关数据以非货币化收益形式列出，并加以恰当的解释和描述，对准确评价培训项目来说会更好些。表 2 - 42 是非货币性收益的一些度量指标。

表 2 - 43　与培训相关的典型非货币性衡量指标

● 态度调查数据	● 员工转岗
● 组织归属感	● 客户满意度调查数据
● 组织气氛调查数据	● 客户投诉
● 员工抱怨与委屈	● 对客户反馈时间
● 歧视投诉	● 团队合作
● 压力减轻	● 协作
● 员工离职率	● 冲突
● 员工缺勤	● 果断性决策
● 员工怠工	● 沟通

五、培训评估的流程

评估是一个由几个核心成分组成的系统。大多数成功的评估方案是在进行需求分析、提出影响该培训项目问题的过程中就有所计划的，而不仅仅是在培训项目完成之后，才对数据进行收集、分析和汇总。评估活动贯穿于培训项目全过程的每一个环节。一般说来，培训评估包括以下环节：评估决策、评估规划设计、评估的实施以及评估结果总结与反馈。

1. 评估决策阶段

（1）培训需求分析。进行培训需求分析是培训项目设计的第一步，也是培训评估的第一步。不管一个培训项目是由什么原因引起的，人力资源开发人员都应该通过培训需求分析来决定具体的知识、技能、态度的缺陷。培训需求分析中所使用的最典型的方法有访谈法、调研法和问卷调查法。调查的对象主要集中在未来的受训人员和他们的上司中，同时，还要对工作效率低的管理机构及员工所在的环境实施调查，从而确定环境是否也对工作效率有所影响。

（2）确定培训评估的目的。在培训项目实施之前，人力资源开发人员就必须把培训评估的目的明确下来。多数情况下，培训评估的实施有助于对培训项目的前景做出决定，对培训系统的某些部分进行修订，或是对培训项目进行整体修改，以使其更加符合企业的需要。例如，培训材料是否体现公司的价值观念，培训师能否完整地将知识和信息传递给受训人员等。重要的是，培训评估的目的将影响数据收集的方法和所要收集的数据类型。

（3）建立培训评估数据库。进行培训评估之前，企业必须将培训前后发生的数据收集齐备，因为培训数据是培训评估的对象。培训的数据按照能否用数字衡量的标准可以分为两类：硬数据和软数据。硬数据是对改进情况的主要衡量标准，以比例的形式出现，是一些易于收集的无可争辩的事实。这是最需要收集的理想数据。硬数据可以分为四大类：质量、产量、成本和时间，几乎在所有组织机构中这四类都是具有代表性的业绩衡量标准。有时候很难找到硬数据，这时，软数据在评估人力资源开发培训项目时就很有意义。常用的软数据类型可以归纳为六个部分：工作习惯、新技能、氛围、发展、满意度和主动性。

2. 评估规划设计阶段

（1）确定培训评估的层次。培训评估应本着实用、效益的原则，企业应根据自己的实际条件和培训项目的特殊性，确定适宜的培训层次。可以基于由柯克帕特里克提出的最著名的模型确定评估层次，即从评估的深度和难度角度分为反应层、学习层、行为层和结果层四个层次。人力资源开发人员要确定最终的培训评估层次，因为这将决定要收集的数据种类、收集方法和时机，并以此进行评估规划的设计。

（2）选择评估方法。根据评估的不同分类，对于不同的评估层次和数据类型，选择恰当的评估方法，系统的、有计划的收集数据。对不同层次的评估可采用不同的方法。第一层次的评估可采用问卷、评估调查表的方法；第二层次的评估可采用关键人物法、笔试、技能操作等；第三层次的评估可采用绩效考核法，也可采用比较评价法；第四层次的评估可采用收益评价法，计算培训为企业带来的经济效益，也可通过考查事故率、生产率和士气等指标来衡量。

3. 评估的实施阶段

在完成评估规划设计以后，就进入培训效果的实施阶段。培训评估实施的关键在于收集培训对象的数据与资料。要做到收集的数据准确而有价值，就要按照培训评估规划，在适当的时候收集所需要的数据，如果不能在恰当的时候收集数据，评估计划就达不到预期的效果。收集数据可以将多种方法相结合，如向受训者发放咨询表或问卷、与受训者进行座谈、观察等，以提高数据收集效率。

收集数据以后，就要开始对数据进行整理和分析，以及对分析结果进行解释。数据整理过程主要是依据数据类别，将同一类的数据放在一起，为以后的统计、分析作准备。

4. 评估结果总结与反馈阶段

（1）调整培训项目。基于对收集到的信息进行认真分析，人力资源开发部门就可以有针对性地调整培训项目。如果培训项目没有什么效果或是存在问题，人力资源开发人员就要对该项目进行调整或考虑取消该项目。如果评估结果表明，培训项目的某些部分不够有效，例如，内容不适当、授课方式不适当、对工作没有足够的影响或受训人员本身缺乏积极性等，人力资源开发人员就可以有针对性地考虑对这些部分进行重新设计或调整。

（2）培训项目结果的沟通与反馈。在培训评估过程中，人们往往忽视对培训评估结果的沟通。尽管经过分析和解释后的评估数据将转给某个人，但是，当应该得到这些信息的人没有得到时，就会出现问题。在沟通有关培训评估信息时，培训部门一定要做到不存偏见和有效率。一般来说，企业中有四种人是必须要得到培训评估结果的。最重要的一种人是人力资源开发人员，他们需要这些信息来改进培训项目，只有在得到反馈意见的基础上精益求精，培训项目才能得到提高。管理层是另一个重要的人群，因为他们当中有一些是决策人物，决定着培训项目的方向。评估的基本目的之一就是为妥善地决策提供基础。应该为继续这种努力投入更多的资金吗？这个项目值得做吗？应该向管理层沟通这些问题及其答案。第三个群体是受训人员，他们应该知道自己的培训效果怎么样，并且将自己的业绩表现与其他人的业绩表现进行比较。这种意见反馈有助于他们继续努力，也有助于将来参加该培训项目学习的人员不断努力。受训人员的直接经理也有必要了解培训效果。

六、培训效果转化理论

要成功地完成培训项目，受训员工必须持续有效地将所学知识技能使用于工作当中，最好是转化为受训者的习惯行为，成为其自身素质的一部分，这一过程称为培训成果的转化（其实质是一种学习迁移）。培训转化是培训学习的迁移，是指将培训中所学到的知识、技能和行为应用到实际工作中去的整个过程。培训的目标就是学以致用，受训员工不仅要学会掌握培训项目所要求的各项知识技能，还必须持续有效地将所学知识技能运用到工作当中，将"所学"转化为"所用"，转化为企业效益，这就涉及培训迁移问题。如果培训活动结束后便无人过问培训是否起到了作用、受训者是否把所学知识技能应用到实际工作中，从而改变他们的态度或行为、是否真正改善工作绩效，那么这个培训项目就失败了。培训转化这一环节对于提高培训的有效性可谓生死攸关，培训在多大程度上能够发生迁移直接影响到培训给企业带来的实际效益。

在培训效果评估过程中要面临着一个培训效果转化的问题,受训者接受培训之后,培训内容是否被消化,是否会转化到学员的现实工作中,这是一个学习转化的过程。在学习理论中,对培训迁移的研究形成了三种有影响的培训迁移理论,它们是同因素理论、激励推广理论和认知转化理论,这些理论分别是在行为主义、认知主义和人本主义学习理论下面发展起来的培训成果转化理论。表2-44介绍了这三种主要的理论。

表 2 - 44 培训成果转化的三种理论

理　　论	强　调　重　点	适　用　条　件
同因素理论	培训环境与工作环境完全相同	工作环境的特点可预测并且稳定,例如设备使用的培训
激励推广理论	一般原则运用于多种不同的工作环境	工作环境的特点不可预测并且变化剧烈,例如谈判技能的培训
认知转换理论	有意义的材料和编码策略可增强培训内容的储存和记忆	各种类型的培训内容和环境

1. 同因素理论

同因素原理是行为主义学习理论中典型的和最有影响的学习迁移原理,它是由桑代克等人在实验的基础上提出来的,同因素理论认为培训转化只有在受训者所执行的工作与培训期间所学内容完全相同时才会发生。

19世纪末20世纪初他们发现,学习迁移最容易发生在两个具有相同成分或者因素的学习之间,且两种学习的相同因素越多,迁移发生的可能性就越大。能否达到最大限度的转换,取决于任务、材料、设备和其他学习环境特点与工作环境的相似性。同因素的相似性有两方面:实物相似和心理相似。实物相似指培训项目中的设备、任务和环境方面与实际工作中环境的条件相同。心理相似指受训者给培训和实际工作赋予了相似的含义。心理相似在培训和实际任务中、具有相似的时间限制的学习经历中值得运用。同因素理论特别关注"转化力"的发生,按照同因素理论设计培训评估方案应考虑的一个重要问题就是,培训和实际执行当中的行动、行为方式或知识之间的关系。

同因素理论广泛应用于人力资源开发领域,然而,相似性要求越高,复杂性和成本就会越高,这在实际工作中往往要对其进行权衡。该理论被用于许多培训项目,尤其是那些与设备应用相关或包含特定程序的培训。该理论对技能的培训有比较大的用途,在人际关系培训的最初阶段也还是有用的,但它没有告诉我们如果学习环境与培训环境不相同时应该如何进行转换,所以对人际关系技能的培训来说,这个理论就很不适用了。

2. 激励推广理论

学习的同因素迁移只是一种简单的迁移,对许多学习活动都是没有意义的,不能真正变成学习者的行动指南,一旦情形发生变化,学习者将无所适从。激励推广理论是在认知主义框架中发展起来的,认为两种学习之间存在的共同成分(同因素理论)仅仅是学习迁移的外在因素和条件，或是必要条件，但不是决定条件。该理论指出，产生学习迁移的关键是学习者能否概括出两种学习之间的共同原理，它强调学习者对学习内容的概括加工，而不仅仅看重回忆问题。

激励推广理论指出，理解培训转化问题的方法是建立一种强调最重要的一些特征和一般原则的培训，同时明确这些一般原则的适用范围。激励推广理论强调"远程转换"。"远程转换"是指当工作环境（设备、问题、任务）与培训环境有差异时，受训者在工作环境中应用所学技能的能力。

3. 认知转换理论

认知转换理论是以信息加工模型为基础，是具有代表性的认知主义学习理论的学习迁移理论，该理论认为信息的储存和恢复是关键因素。这一理论认为，培训效果转换与否取决于受训者恢复所学技能的能力。认为可通过向受训者提供有意义的材料来增加受训者将工作中遇到的情况与所学能力相结合的机会，从而提高转换的可能性。

鼓励员工思考培训内容在实际工作中的可能性应用就是认知迁移理论在培训过程中的一种应用。许多培训项目包括这样的环节，即让受训者找出工作中遇到的问题或状况，然后讨论培训内容的可能应用，还可以让员工在接受培训后，通过制订实践计划使自己在工作环境中发现适当的线索（问题、状况），来帮助学员回忆起培训内容并将其用于工作当中。

七、培训效果转化过程及其影响因素

1. 培训成果转化的四个层面
为了分析影响培训转化的因素，首先来分析培训转化的四个层面（如图 2 - 31 所示）。

自我管理
融会贯通
举一反三
依样画瓢

图 2 - 31　培训转化的四个层面

培训转化的第一个层面是依样画瓢式的运用，即受训者的工作内容和环境条件与培训时的情况都完全相同时才能将培训学习成果迁移。培训转化的效果取决于实际工作环境与培训时环境特点的相似性大小，比如情境模拟培训在这个层面的转移程度就大。

培训转化的第二个层面是举一反三，即"推广"。受训者理解了培训转化的基本方法，掌握培训目标中要求的最重要的一些特征和一般原则，同时也明确这些原则的适用范围。这个层面的转移效果可通过培训师在培训时示范关键行为，强调基本原则的多种适用场合来提高。

第三个层面的转化是融会贯通，即受训者在实际工作中遇到的问题或状况完全不同于培训过程的特征时，也能回忆起培训中的学习成果，建立起所学知识能力与现实应用之间的联系，并恰当地加以应用。

第四个层面的转化是自我管理，即受训者能积极主动地应用所学知识技能解决实际工作中的问题，而且能自我激励去思考培训内容在实际工作中可能的应用。比如，能较为恰当地判断在工作中应用新掌握的技能可能会产生正面或负面作用；为自己设置应用所学技能的目标；对所学内容的运用实行自我提醒、自我监督；对培训内容的应用加以自我强化，以实现扬长避短、熟能生巧，继而进入创新地应用成果的良性循环。

2. 培训转化的过程

培训转化，即要成功地完成培训项目，受训者要有效且持续地将所学技能运用到工作当中。Timothy Baldwin 和 Kevin Ford 提出了一个培训迁移过程的模型。这个模型指出培训设计、受训者特征和工作环境都会影响学习、保存和转移，并且受训者特征和工作环境直接影响转移效果。推广能力指受训者在遇到与学习环境类似但又不完全一致的问题和情况时，将所学技能（语言知识、动作技能等）应用于工作上的能力。维持能力是指长时间继续应用新获得的能力的过程（如图 2 - 32 所示）。

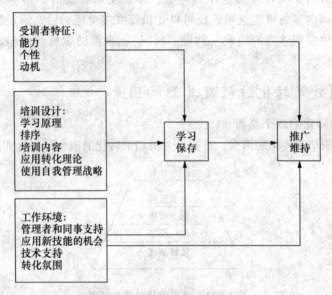

图 2 - 32 培训成果转化过程

培训设计是学习环境的重要特征。学习环境的重要特征包括有意义的材料、实践机会、反馈、学习目的、项目组织协调以及培训场地的自然环境特点。

另一个影响学习和保存的因素是受训者特征。受训者特征包括影响学习的各种能力和动机。如果受训者不具备掌握所学能力的基本技能（如认知能力、阅读技能），缺乏学习动机，不相信自己能掌握所学能力（自我效能程度低），那么，学习行为与培训转化能否发生令人怀疑。

第三个影响学习、保存和转化的因素是工作环境。工作环境是指能够影响培训转化的所有工作上的因素，包括管理者和同事支持、技术支持、转化氛围和在工作中应用新技能的机会。

从上面培训效果转移过程可以看出，培训转化受若干因素的影响：受训者特点、培训项目的设计、工作环境。下面就受训者特点和工作环境两方面谈谈其对培训效果转化的影响。

3. 受训者特点对培训效果转化的影响

受训者特征包括培训动机、文化水平及基本技能。一方面，受训员工的培训态度、动机极大地影响培训学习的效果和培训转化的程度。如某研究所的员工，有的抱着"既然让我去，那么去学学也没什么坏处"的思想，有的希望通过培训获得一个文凭或证书，将来能因此获得晋升或技术职称上的好处，未去思考学过之后有多少得到了实际应用。这样的动机对培训的有效性是一大破坏。另一方面，虽然员工主观上积极参加培训学习，但是由于缺乏培训所要求的基本技能，只能进行第一层面的转移，只能照搬照套，情况稍有些变化就不会灵活应用了。

对以上问题，可以采取下面的措施来解决：在分析确定培训对象时应有所选择，要求受训者具备学习培训项目内容所需的基本技能，即认知能力和阅读、写作能力。选择时，可以对候选人采用书面形式进行测试，测试结果不记入员工的个人档案以消除员工对此形成恐惧心理而不愿意参加培训；要求受训者做好受训准备，端正学习态度和学习动机；如有必要还须就适当的基本技能做自我学习提高；明确告知培训后将进行学习结果和应用情况考核，而且是有奖有惩并与晋升等待遇挂钩；如果员工不具备基本技能但又不得不参加培训，可以将基本技能指导融进培训计划中；培训实施前可将培训设计的一些资料印发给受训员工，让他们事前阅读理解，这样对提高培训有效性大有好处。

4. 工作环境对培训效果转化的影响

培训迁移环境指受训员工结束培训回到工作岗位后能够影响培训迁移的所有工作上的因素。工作环境指能够影响培训转化的所有工作上的因素，包括管理者支持、同事支持、技术支持、转化氛围和在工作当中应用新技能的机会。表2－45描述了有利于培训成果转化的工作环境特征以及工作环境中阻碍培训成果转化的主要因素。

表2－45 影响培训成果转化的工作环境

有利于培训成果转化的工作环境特征	直接主管和同事鼓励：受训者使用培训中获得的新技能和行为方式
	工作任务安排：工作特点会提醒受训者应用在培训中获得的新技能，因此工作可以依照使用新技能的方式重新设计
	反馈结果：主管应关注那些应用培训内容受过培训的管理者
	不轻易惩罚：对使用从培训获得的新技能和行为方式的受训者不公开责难
	外部强化：受训者会因应用从培训获得的新技能和行为方式而受到物质等方面的奖励
	内部强化：受训者会因应用从培训获得的新技能和行为方式而受到精神方面的奖励
阻碍培训成果转化的主要因素	与工作有关的因素（缺乏时间、资金，设备不合适，很少有机会使用新技能）
	缺乏同事支持
	缺乏管理者支持

有利于培训转化的工作氛围应该具有以下特征：第一，受训后员工的工作是按照让他们能使用新技能的方式来设计的，这个工作特点能起到督促或提醒受训者应用在培训中获得的新知识技能和行为方式的作用。第二，受训员工的直接主管及其他管理者能与受训者一起讨论如何将培训成果应用到工作当中，他们对受训者在工作中使用培训获得的新技能是持鼓励、支持的态度，而不是冷嘲热讽或漠不关心。第三，管理者对刚接受培训就将培训内容应用于工作中的行为加以表扬，以进行正向强化。当员工在应用培训内容出现失误时，管理者不会当众责难，而是个别指出并帮助寻找原因和解决方法。第四，受训员工若在工作中成功应用了培训内容，而且使用频率或改善绩效达到了某一规定标准，那么他们会得到加薪的机会，并将此记入员工个人档案作为全年绩效考核和晋升的依据。

影响培训迁移的环境因素有多种，如管理者的支持、同事的支持、技术支持和运用所学技能的机会等。

（1）管理者对培训成果转化的支持。美国培训专家雷蒙德·诺伊（Raymond A. Noe）认为，管理者对培训的支持度越高越有助于培训迁移。这里所说的"管理者"应该指的是企业中各级别的管理者，既包括最高主管，也包括中层管理人员和一线的基层管理者。管理者可能为培训活动提供不同程度的支持，支持程度越高，就越可能发生培训成果的转移。管理者提供的最基本的支持水平是允许参加培训，最高水平是亲自参加培训工作（见表2-46）。

表 2-46　管理者支持对培训转化的影响

支持程度		重　点　内　容	
在培训中任教	高支持 ↑ 低支持	作为培训指导者参与培训计划，督促最大限度地转移	高转化 ↑ 低转化
目标管理强化		与受训者共同制定转移目标：提出待解决的项目或难题，提供必要的各种资源，明确进度要求	
		与受训者讨论培训成果应用情况，对成功应用加以表扬，对失误加以引导解决	
时间技能		提供工作中的现有机会让受训者应用新知识技能	
参与		全过程关心了解培训进展、受训者的收获	
鼓励		通过重新安排日程让员工安心参加培训	
接受		承认培训的重要性，同意员工参加培训	

企业培训在很大程度上是要靠领导人来推动的，在培训这个问题上，企业最高主管的想法和行动常常是决定性的，它在培训迁移中的作用当然也不例外。培训迁移的其他环境因素有利与否，如是否能得到同事的有力支持，是否能获得技术支持及运用所学技能的机会多寡等，都与企业最高主管的支持与否及支持度密切相关。受训员工的直接上级对员工参与培训项目的重视程度，以及培训内容在工作中应用程度都极大地影响培训

成果的转移。当然，其他各级管理者的支持也是提高培训迁移效度必不可少的。

为获得企业各级管理者对培训迁移的理解与支持，可以采取如下方面的措施：在准备开展某一培训之前，向管理者介绍培训的目的，培训将给企业带来的收益及与企业或部门经营目标、经营战略间的关系，使管理者对培训收益有一个良好的预期；鼓励受训者将他们在工作中遇到的难题带到培训中去，通过培训努力解决实际工作中遇到的问题，并将结果反馈给管理者，以引起管理者对培训项目的重视，从而信任受训者能经过培训提高工作能力；将收集到的有关信息与管理者共享，如以往受训人员所获得的收益，开展过此项培训的企业所获得的收益，这些企业为培训迁移提供了哪些支持等；把各级各类管理者应该做的有助于培训迁移的事项列出一份清单分发给有关人员；可能的话，聘请管理者做培训师，或者让管理者先接受培训，然后赋予他们培训下属的责任。诺伊认为，这是最能体现管理者支持培训的方式。

（2）同事对培训效果转化的支持。同事的支持主要指来自参加过培训的同事的支持。受训员工的上级主管应鼓励参加过培训的员工之间建立联系，及时沟通，共享在工作中应用培训所学技能的成功经验，探讨处理阻碍培训迁移因素的具体办法。管理者也可以推荐一名同事作为刚接受过培训员工的咨询人员或实践顾问，这位同事应该参与过同样的培训项目，并且已有培训迁移的成功经验。此外，受训者的同事当中有一部分可能因种种原因尚未有机会参加培训，获得他们的支持也很重要。作为管理者应向这部分员工做好解释并与之进行沟通，预防受训者与未参加培训的同事之间可能出现的矛盾，受训者本人也应设法与他们融洽相处，使暂未参加培训的员工也成为促进培训迁移的一股力量。

（3）提供有利于转化的技术支持。如果受训员工需要不断学习新的知识技能，并需不断地将所学运用于实践，那么企业为培训迁移提供技术支持则十分必要。比如，目前有一种叫做"电子操作支持系统"的计算机应用软件系统，它能为员工提供技能培训，提供所需信息及专家建议。一旦员工在操作过程中出现设备故障，他们可以通过安装在操作台旁的电子操作支持系统很快地诊断出问题，并接受系统的指导，以便对机器进行修理。有了这样的技术支持系统，无疑将为培训迁移提供极大的便利。

（4）在工作当中运用新技能的机会。运用所学能力的机会是指受训员工是否有机会运用所学知识和技能，与其上级管理者支持与否关系极大。为了促进培训迁移，提高迁移效度，当受训员工回到工作岗位后，他们的上级主管应及时向他们提供应用所学知识技能的机会，如受训者的直接上司可以有意识地分配给受训员工需要应用新知识技能的工作。管理者尤其是受训者的直接上司应给受训人员提供实践机会并进行反馈，提供实践机会，如岗位轮换、外出交流实习、国际交流或集团内部交流等，鼓励培训技能在工作中的运用，同时管理者应当多关心培训人员的学习、工作和生活。一般情况下，所学知识技能如不及时应用，没有应用的机会，就会退化直至完全丧失。为此，有关管理者应对受训员工应用所学知识技能的机会有一个较全面的了解。比如他们是否有过应用的机会，第一次应用机会距离培训结束有多久，机会的多寡情况，应用的效果如何等。对于机会甚少，甚至没有机会的受训者应采取相应的补救措施。若受训员工确实无应用所学技能的机会，那就说明企业的这种培训是不必要的。

（5）学习氛围。几名同事一同参加培训比单独一名员工参加培训的转化效果好，培训结束后，几个同事经常交流、共享应用新技能的心得、经验，探讨工作中的难题，共同克服转移应用中的障碍，这种相互指出能给予受训者极大的勇气和信心，能促使员工积极主动进行培训成果转化。因此，培训组织者在实施培训项目时可利用这一点，尽量避免某部门一名员工独自参加培训。即使不得已遇到这种情况，也要让这名受训者与其他部门的受训者多交流沟通，共享经验，或者让该部门已参加过此类培训的员工作应用指导，以尽可能提高培训效果的转化。

（6）学习型组织。为了使工作氛围更有利于培训效果的转化，让受训者获得更多应用新知识技能的机会，企业应该努力向学习型组织转变。学习型组织是通过整个组织持续有效的学习形式获得生存与发展机会的组织形态，学习型组织特征见表 2 – 47。资料表明：学习型组织是 21 世纪最具竞争优势和最具适应能力的组织形态。企业是否能在全球竞争中脱颖而出，并保持领先的优势地位，越来越取决于员工的学习能力。培训这种学习形式不仅发生在个体员工这个层面上，而且还发生在团队和组织层面上，学习型组织强调系统这一层面的学习。企业向学习型组织转变，那么整个组织内学习氛围浓厚，全体员工都有学习、培训意识，有共享与创造的理念，易于接受新事物，适应外界环境和内部组织结构的变化。这样的工作氛围对培训成果转化是最高水平的支持。

表 2 – 47 学习型组织的主要特征

特 征	主 要 内 容
持续学习	学习意愿强，学习是一种投资而非消费。员工们共享学习成果，把工作视为知识应用和创造的基础
知识创造与共享	具有整体目标和获得创造、分享知识的系统
系统化的思维方式	鼓励员工用新的方式思考问题，采用"提出假设—寻找联系—反馈结果—验证假设"方式
学习文化	管理者和企业目标明确对学习的奖励、促进和支持
激励灵活性、实践性、开放性	员工敢于接受新理念，不断革新，开创新思路，尝试新过程，开发新产品和服务

第十章 员工规范与提高

第一节 员工科学管理规范

一、科学管理规范概述

1. 科学管理的基本原理

管理的主要目的，应该是使企业主实现最大限度的利益。同时，也使每个员工实现最大限度的利益。

"最大限度的利益"这个词，从广义的意义上来讲，不仅意味着为公司或老板获取巨额红利，而且还意味着把各行各业的经营引向最佳状态，这样才能使利益永存。

同样的道理，最大限度的利益对每个员工来说，不仅意味着能比其他同级别的人取得更高的工资，更重要的是，还意味着能使每个人充分发挥他的最佳能力。一般说来，这样就能以他的天赋和聪明才智去干出最佳等级的活来。

企业主的利益联系着员工的利益，应该是管理的两个端头的目的，这看来是不言而喻的，毋庸赘言。都相信企业主和员工的根本利益是对立的。

科学管理则恰恰相反，它的真正基础在于相信两者的利益是一致的：只有员工也一样富裕起来，企业主的富裕才会长久，反之亦然；给员工以他最需要的高工资和给企业主以他所需要的产品的低劳工费用，也是完全可能的。

总之，最大的利益只能是最大限度的生产量的成果。员工和企业双方最重要的目的应该是培训和发掘企业中每一个员工的才干，使每个人尽他天赋之所能，干出最高档的工作——以最快的速度达到最高的效率。

2. 科学管理与以人为本

所谓"以人为本"（其实是"企业人道主义"）的管理，是在 20 世纪 50 年代中期以后逐步形成的一种更高境界的管理制度。"以人为本"强调的是尊重人、理解人、信任人、尊重人的首创精神，调动人的积极性，降低监督成本。需要特别强调的是，"以人为本"的管理并没有替代传统的科学管理，而是在传统的科学管理所强调的精确、严格的基础上，通过对员工抽象人格的肯定，以协调企业内部不同要素之间的关系，增进企业的运行效率。传统的科学管理是严酷的，但它毕竟练就了员工严格、守时、守则的职业精神。

"以人为本"的管理是以传统的科学管理为基础的，不可脱离这一基础而奢谈尊重人、理解人、信任人，否则，我们面对的将是一群只愿意享受主人翁权利，却不愿意或没有能力承担岗位责任的"主人"，而找不到企业赖以生存和发展的"公仆"。

二、科学管理规范方法

1. 由谁来设计管理规范

在管理系统设计中谁来制定标准的问题历来是不成问题的：应由上级主管来定。习惯了，也就自然了。但这并不是一个很好的方法：首先，主管可能对现场作业流程并不了解；其次，手工主管往往是某一职能部门的主管，不可能制定出系统的管理规范，如部门间的衔接和权责该怎么处理，这是部门与部门之间互相踢皮球的关键原因；最后，这些经理对"现在是什么"可能比较了解，但对于"应该是什么"，也就是如何改变才更富有效率，比较模糊。

有效的管理规范设计是一个系统地探索的研究过程。因此，管理规范设计首先要考虑各种影响和制约的因素，包括组织目标、竞争环境、法律政策约束、内部经营条件、内部传统经验、业务流程、生产类型、产品和市场、人力资源情况、技术系统条件等。管理规范设计就是要在这种令人眼花缭乱的内外环境中进行。

因此，我们的建议是由专业咨询公司牵头，通过对企业深入的了解，进行管理诊断后再由咨询公司和企业同仁共同设计管理规范。为什么要请专业的咨询公司来设计管理规范呢？原因有三：

第一，咨询公司能保持独立性，容易突破组织中的既得利益，而不计情面、现状及部门的推动管理规范。

第二，咨询公司作为专业的管理顾问，更清楚应该如何做才能更好。

第三，咨询公司看到的是整个经营系统，而不囿于单个环节或部门。

但是咨询公司又不太了解企业的缺点，所以咨询公司成功的服务有赖于深入地了解企业，和企业员工共同工作。

2. 管理规范应有何特点

企业管理规范作为企业员工的行为准则，应具有以下特点：

（1）规范性。管理规范选取具有概括和代表同类事物基本特征的其中某个典型，以重复性的、经过实践检验被证明是合理、可靠、有效的管理活动为对象，比较详细地规定了"做什么"以及"怎样做"；并进一步明确"做到什么程度"，应"由谁去做"；"由谁协助"；"工作程序如何"；等等。管理规范是企业员工在管理工作方面的准则，可用来规范员工的管理活动，保证行为的一致和统一。

（2）权威性。管理规范作为企业法规，对全体员工具有严格的约束力，任何人不得违反。为此，企业管理规范要有公开性和权威性，要有一定的制定程序和形式。一般是由企业的专业机构根据企业的目标和要求来拟定，有关员工讨论，最后经批准后向企业全体员工公开发布，让全体员工都了解和掌握，以便遵照执行。

（3）科学性。管理规范要成为人们的行为准则，它本身必须符合企业生产和管理的客观规律，正确反映事物的内在联系，总结员工的丰富经验。这样制定出来的规范才具有先进性和可行性。规范的条文要力求准确、齐全、统一，不能模棱两可，更不能相互矛盾。

（4）可衡量性。管理规范必须是可以度量的，它反映的是事物在一定条件下的质和量的规定性，以及时间和空间上的规定性，从而便于进行考核和检查。

（5）相对稳定性。管理规范一经批准实施，在一定时间内要保持稳定，不能朝令夕改，使人无所适从。当环境与条件没有很大变化时，规范应保持稳定，以便大家熟悉和掌握，在工作中相互协作配合，发挥规范的应有效能。当情况发生较大变化，确实需要修改时，也要经过一定的工作程序和批准手续，并且要先立后破，避免出现大的失误。

（6）群众性。制定管理规范，是为了让企业广大员工遵守执行，因此要注意简明扼要，通俗易懂，便于员工掌握和执行。企业的管理规范，应当以激发效果为目的，注意以鼓励取代禁止，以事前防范取代事后责备，以积极奖赏取代消极处罚。

3. 如何行动

（1）方案设计。方案设计的思路，按职能分析、组织结构设计、管理标准设计的顺序进行。即按做什么、谁来做、怎样做、做的标准、做错做对谁来管这样的顺序进行。

（2）组织机构。组织机构是职能的承担者，而组织的正常运转要靠一系列的运行机制加以保证。管理标准是运行机制的主要内容。改革的重点，是在流程设计和接口分析的基础上制定各类管理标准。

（3）管理标准。管理标准是一个统称，它的实质含义是将经常和反复出现的管理工作标准化。管理标准主要包括业务标准、工作标准和作业标准。其主要内容是：职能（工作）范围、职责权限、业务流程和业务接口、工作承担者、工作完成好坏的标准与考核条件、业务进行的条件以及业务中发生纠纷的仲裁等。一句话，就是本单位应当做什么、怎样做与怎样做好。以往的各种制度，相当一部分是给别人看的，应付了事的多于真正要使用的。现在制定的管理标准，则是百分之百地给自己看，让自己用的。因此，标准制定的是否合格，要看：

①是否所有的接口（业务衔接点）都反映在标准中了？

②以往工作中出现的矛盾、扯皮等问题是否都将解决的办法纳入了标准？

③每个部门和岗位做什么和怎样做的问题是否都在标准中明确了？

管理标准的制定按以下三原则进行：

①由使用标准的人（标准对象）来制定，报上一级批准，即"专家"制定原则。

②标准中涉及的部门和岗位要对标准的内容加以确认，即协商一致原则。谁的标准由谁制定，制定了就照着做。

③若有专业咨询公司介入，由咨询公司来组织设计。

（4）改革方案。改革方案的制订，应由各部门负责人直接组织，成立专门班子进行。草拟后的方案应在尽可能大的范围内充分讨论加以完善。

改革就是要树立新观念,不破不立。参加改革的同志应首先努力摆脱传统思想的束缚。对任何一个问题,都应按下述顺序进行分析:应不应该改、能不能改和怎样改。

将立足点放在"应该"两字上,立足改革而不是立足现状,不是从现有的条件、现有的工作、现有的员工和水平出发,而是从应该做什么、应该怎样做、应该由什么样的人来做出发。"应该"与"现状"的差距,正是我们这次改革与管理规范设计的内容。

三、科学管理规范内容

1. 管理制度

这类管理规范主要规定各个管理层、管理部门、管理岗位以及各项专业管理业务的职能范围、应负的责任、拥有的职权以及管理业务的工作程序和工作方法,即规定应该"做什么"和"怎样做"的问题。

这类管理规范,有基本管理制度,这是企业中带有根本性、全局性、综合性的管理制度,是企业管理的基本方式的集中反映,如企业领导制度、民主管理制度、经济责任制度等。还有专业管理制度,它是在基本管理制度的指导下,对企业各项专业管理工作的范围、内容、程序、方法等所做的规定。这一类规范在企业中是大量的,它是企业组织机构正常运行的基本条件。企业内各管理层次、各部门要依据它来开展工作,使组织结构顺利运转。同时,它也是制定管理岗位责任制度以及对管理部门进行考核奖惩的重要依据。专业管理制度的种类繁多,不同规模、不同类型的企业又各有不同之处。

各类专业管理制度的内容,一般包括以下一些部分:

(1)该项专业管理工作在企业生产经营活动中的地位、作用和意义。

(2)该项管理工作应遵循的基本指导思想和原则。

(3)进行该项管理工作的依据、资料和信息的来源。

(4)管理业务活动的范围和工作内容。

(5)管理业务的工作步骤、工作方法和工作手段。

(6)该项管理业务涉及的岗位和部门。

(7)该项专业管理与其他专业管理之间的关系及联系方式。

这些方面的内容,就是要回答清楚。该项专业管理应当"做什么"、"依据什么去做"、"怎样做"以及"做到什么程度"。各项专业管理制度,通常采用条例的形式来阐述,个别也有采用表格式、图解式和问答式的。

2. 岗位责任制度

控制要做到"事事有人管,人人有专责",这就是岗位责任制,它具体规定企业内部各个部门、各类员工的工作范围、应负责任及相应权力的制度。建立责任制的目的,是在对企业职工进行合理分工的基础上,明确每个部门与岗位的任务与要求,把企业中千头万绪的工作与成千上万的人对应地联系起来,使企业生产和管理活动有条不紊像钟表一样准确地运行。它也是进行绩效考核的条件和基础。

岗位是根据组织目标需要设置的具有一个人工作量的单元,是职权与责任的统一体。企业应从现实及发展目标出发,经过调查、论证、分类、评价、归级等程序设置岗位并加以科学管理，使岗位以最优的工作效益融于组织目标之中，产生出理想的组织效益。

岗位包含下列几个方面的内涵：其一，岗位是根据组织目标确定的，是组织设计的一部分，先有组织机构设计、职务设计，而后才有岗位设置；其二，岗位是企业组织中的一个单元或细胞，它仅具有一个人的工作量；其三，岗位具有相应的职权、责任与工作范围，体现客观性。

（1）岗位独立存在的条件。

①应有一定的工作范围和职责要求，凡是界限模糊、范围不清、职责不明的工作不能构成岗位。

②应有充分的工作量，这有两层含义：其一是岗位工作量应符合制度工时要求；其二是对工作量的判断以先进效率为依据，不能鼓励落后、效率低下现象。

③应具有相对稳定性，岗位的存在必然具有时间性和空间性的特点，如果岗位变化频次过高、变幅过大，管理效益会很差。

④应一岗一人，事实上，任何一个部门员工工作都有相对独立性，如果多人从事同一个岗位，就违反了集合元素不能重复的原则，肯定职责不清，往往是能干的多干，不能干的少干，不想干的不干。

企业的任何岗位均是组织工作流程的一个节点，不会游离于工作流程之外。岗位的活力就在于，它在自身产生工作价值的同时又同其他岗位进行信息交换和成果传递，从而使组织具有生命力。一旦组织或工作流程发生变化，岗位也会产生变异。

（2）岗位设置原则。岗位工作性质具有专业性特点，因而要求上岗员工必须进行相应的专业训练，具备上岗必备的专业知识。企业各岗位的任职条件、工作难易、责任大小不同，所创造工作成果的水平层次亦不同，造成岗位之间存在能级层次差异。

上述的程序性是岗位设置的基础，专业性是岗位分类的依据，层次性是岗位评价的对象。

①因事设岗原则。设置岗位既要着重于企业现实，又要着眼于企业发展。按照企业各部门职责范围划定岗位，而不应因人设岗，岗位和人应是设置与配置的关系，而不能颠倒。

②规范化原则。岗位名称及职责范围均应规范。对企业脑力劳动岗位规范不宜过细，应强调创新。

③整分合原则。在企业组织整体规划下应实现岗位的明确分工，又在分工基础上有效地综合，使各岗位职责明确又能上下左右之间同步协调，达到合作制胜的目的。

④最少岗位数原则。既考虑到最大限度地节约人力成本，又能尽可能地缩短岗位之间信息传递时间，减少"滤波"效应，提高组织的战斗力和竞争力。

⑤最低岗位层级原则。一般组织设计比较注意机构的能级层次，实际上岗位也是有能级层次的。实践证明，对任何岗位都应在满足岗位员工要求的前提下将岗位任职条件置于低水平。这一方面可以降低岗位成本；另一方面又能人才适用，防止大材小用，高才低用，使岗位与员工实现优化配置。

（3）岗位规范，即岗位说明书。是岗位性质类型、工作环境、资格能力、责任权限及工作标准的综合描述，用以表达岗位在企业内部的地位及对工作人员的要求，简单地说就是"做什么"和"怎么做"。它体现了以"事"为中心的岗位管理，是考核、培训、录用及指导岗位工作人员的基本文件，也是岗位评价的重要依据。

岗位规范一般应包括12项内容，即工作内容、所需学历、所需知识、所需能力、任职资格、任务来源与实施步骤、工作依据、权限、责任、所受领导与指导、考核方式及与其他部门的联系等。制定岗位规范首先要选择典型岗位进行试点，可先选数个不同层次的典型岗位，如工艺科（处）长，产品开发研究所所长，机械加工工艺师，产品设计师等。由现岗位员工对该岗位进行定性描述，再由业务条线上的专家审核、修改，最后由主管领导审批定稿。典型岗位的岗位规范制定后，可作为样本供其他岗位编写时参考。编写岗位规范要遵循下列原则：

①准确性原则。描述要准确，语言要精练，一岗一书，不能雷同，不应"千岗一面"、"一书概全"。

②实用性原则。应体现任务明确好上岗，职责明确易考核，资格明确好培训，层次清楚能评价。

③完整性原则。一般由现岗员工自我描述，主管领导审定，从程序上保证文件的全面性和完整性。

④统一性原则。文件格式统一，按典型岗位编写样本。

典型的岗位样本要包括：

①岗位工作内容描述。

②岗位任职要求描述，包括岗位所需学历、所需知识和操作能力。

③岗位性质描述，包括岗位任务来源与实施步骤和岗位解决专业问题所需参考、借鉴资料文献及他人经验的程度要求。

④岗位权限与责任，赋予本岗位履行职责的权力大小和责任轻重及适用范围。

⑤岗位纵向关系，包括岗位所受领导与指导和岗位工作的考核方式。

⑥岗位横向关系，即岗位与其他部门的联系。

3. 业务标准化

业务标准以管理业务为对象，是以业务流程为主要线索而制定的，一般涉及多个部门或岗位。业务标准以流程为对象，所以它是以动态的观点规定了部门与部门、岗位与岗位之间在业务处理过程中的联系。重视部门或岗位之间在业务进行中的"接口"，业务流程图中的方向线便反映出这一点，这符合部门或岗位之间在实际业务中保持协调一致的要求，也正是制定业务标准的目的所在。

我们在前面提到的岗位工作标准更注重部门内、岗位上的一件件具体工作，是以相对静态的观点对某一部门或某一岗位的工作提出质量上的要求。虽然工作标准也规定了部门或岗位工作间的协调与衔接，但这是从本部门、本岗位的角度出发，规定了与邻近部门或岗位的关系，并且这种关系可能分属于不同的业务过程，在同一工作标准中不能从业务上联系起来。而业务标准考察的是业务的全过程，各有关部门或岗位都要有所反映，关系密切，一环紧扣一环，既要有头有尾，又不能从中间断裂。

企业中的管理业务流程，按照其涉及的范围大小，可以划分为不同的层级。最低层级的业务流程发生在一个工作员工内部，是由一个人来完成该流程中所有步骤的工作。这样的业务流程实际上表现为一种业务处理的逻辑过程。例如，成品库管理员的库存控制活动遵循着这样一个业务流程：①在销售员工从成品库中提货以后，需及时检查余下的库存是否保持在临界点以上水平；②如果低于这个临界点，就要根据销售部门提供的预测资料确定未来几个星期内可能出现的脱库情况；③以此确定需要补充的"订货量"，并向生产部门发出"订货"通知。将这一过程用一定的图式加以表现，可以收到清晰、简单、实用的效果。

比单独某个人执行的业务流程更高一个层级的是，发生在一个部门内部若干个岗位之间，甚至一个系统内部各部门之间的业务流程。这类业务流程图的绘制，不仅需要指明各项目间的逻辑关系，而且往往需要同时指明各工作项目之间在时间和空间上的联系，因此这种流程图绘制起来就相对比较复杂，需要采用标准的图例并按照一定的步骤来绘制。

4. 管理方法标准化

企业还应选择管理领域中经常使用、功效显著而且有普遍推广价值的一些管理方法，将它们制定为标准，并通令在企业中全面推行，这样就形成了管理方法标准。例如，在全面质量管理中运用的七种统计工具，不仅适用于质量管理，而且还适用于其他各项管理业务，就可以将它们规定为企业的管理方法标准。制定管理方法标准，有利于现代化管理方法的推广和巩固，有利于提高管理员工的业务素质，有利于形成全厂统一的管理风格和作风。

企业管理方法标准的建立，应由简到繁、由易至难。从一些先进企业的实践看，在专业管理领域中较为广泛推行的有：

（1）PDCA 工作方法。PDCA 工作方法是计划（Plan）、实施（Do）、检查（Check）、处理（Action）的英文字头。PDCA 循环是改进和提高各项管理业务都应遵循的步骤和程序。

（2）全面质量管理七种工具。即排列图、因果图、分层法、检查表、直方图、散点图和控制图。这是一些很有实用价值的统计方法，它们用图表代替文字叙述，简明直观，形象突出。这些统计工具起初是在全面质量管理中发展运用起来的，企业的实践已经说明它们普遍适用于各项专业管理业务。它们是在管理工作中发现问题、寻找原因和改进措施的辅助统计工具。

（3）5W1H 分析法。亦称六何分析法，即何物（What）、何时（When）、何地（Where）、何人（Who）、何原因（Why）、如何干（How）。它最初产生于生产管理领域，但实际上是一种调查研究和思考问题的方法。它适用各个管理层次和各个管理业务领域。

（4）ABC 管理法。又称重点管理法。其实质是要在管理工作中区分轻重缓急，突出重点，用主要精力抓好重点管理事项，从而取得事半功倍、提高管理效率的效果。它也普遍适用于各项专业管理业务。

四、程序化行为规范

在管理控制中，员工的行为分为程序化行为和非程序化行为。所谓程序化行为是反复出现的、有一定结构、可以通过一定的程序予以解决的活动。每当这种活动和问题重复出现时，可以照此办理，不必再做新的决策。也就是说，这种行为可以程序化、定型化，例如订货程序、材料出入手续。所谓非程序化行为是针对非重复出现的、没有结构化的、新的，而且又属于特别重要的问题而做的活动。这类决策不能程序化，必须每次都做新的决策。例如新产品的开发、工厂的扩建、经营多元化等。

程序化行为可以通过建立规章制度和一定的职责分工，还可建立数学分析模型利用计算机而予以解决。许多企业对程序化行为的控制不力，或将程序化问题当成非程序化问题处理，这必然是兵来将挡，水来土掩，事倍功半。由于没有找到问题的症结，没有建立规则的程序，下次出现这类问题仍然要请示主管解决，这既降低了工作效率，也由于主管对现场问题的不充分了解而出现"瞎指挥"。

将程序化的工作进行作业流程规范化，就是主要针对生产（工作）过程中各种控制因素的内在规律，采取科学的分类和编程方法，把作业员工的全部工作内容编制成规范化的工作程序，并制定相应的工作标准和工作进度，并通过检查、考评和补充修订等手段使之不断完善。

1. 从传统到现代

中国企业的基础管理最薄弱，程序化工作法要做的就是对基础管理的强化。与我国过去的基础管理相比较，程序化工作法有几个明显的特点：

（1）工作程序标准化。做任何一件事情都有一定程序，但执行这些程序带有很强的自发性，不同的执行者会有不同的理解和行为。程序化工作法的特点并不在于有没有程序，而是通过人们事先编制的程序，使工作过程和工程项目的进行程序具有了科学化、标准化、规范化的特征，克服了过去工作因人而异，随意性强的缺陷。

（2）工作标准科学化。管理活动的实践证明，工作标准越具体，越有利于操作和控制，由于企业设备逐渐老化、工艺条件变化频繁、员工队伍素质变化等客观原因，在计划经济条件下形成的控制方式由于通用性强、针对性差，存在一定的局限性，已经不能很好地适应现代企业生产和发展的需要。程序化工作法在探索工作标准具体方面有着积极的作用，把岗位的具体工作、具体标准做出明确的规定，使技能素质不同的员工，都能够依照工作程序、工作标准进行工作，减轻了工作质量对人为因素的依赖程度。

（3）变结果控制为过程控制。传统的控制方法是以控制工作结果为手段来保证工作的质量。管理员工通过对某项工作的结果进行评定，奖优惩劣，而对工作过程的检查、评定较少。这一传统控制方法的突出问题是一旦发现结果不符合要求，往往难以补救，造成损失，或是一旦发现结果不合要求只好马虎了事，使问题越积越多。而过程控制能及时解决这一问题。

（4）把现场管理纳入程序化工作法。生产现场面貌反映企业整体管理水平，治理"跑、冒、滴、漏"是现场管理的重点。生产车间为了搞好现场环境管理，把这项工作纳入程序化工作中去，规定每个班在当班时间内必须抽出一定的时间对设备、现场进行清理，将清理诸如电机、油箱、地面等工作分阶段进行，并结合巡检内容，同步展开，改变了过去临下班前突击搞卫生的做法。

（5）作业员工责任充分。程序化工作法强调作业员工的责任，在一个确定了的工作流程、工作岗位的基础上，在一个确定了的工作时段、工作环节和工作空间内，每一个人的责任都必须是不推诿、不回避、尽职尽责的充分责任，同时需对员工的招聘、录用、培训、职业操守、分配激励机制有相应的程序要求和规定。

2. 程序化工作法的两种类型

程序化工作法不仅适用于炼油化工行业的生产操作及维护管理工作，只要是具有工作面广、因素繁杂、大量重复出现等特点的工作均可适用，具体来说可有以下方面：①在一定时间间隔内，进行的重复性劳动多，非重复性劳动少的作业岗位。②处理过程和处理方法相同或相似的同类工程项目或设备维修工作。③重复性活动较多的某些管理岗位的部分工作。④重复性强、发生频率高、有一定规律的其他工作。

程序化工作法有以下两种类型：

（1）时序型。把一个工作日划分为若干个工作单元，并将每日的工作内容划分到各个工作单元，对每个工作单元的工作内容制定具体要求。作业员工以时间为序，每个工作单元（一般为一小时）都要完成该工作单元的各项工作任务。作业员工上岗后，即像计算机程序一样，到某个时间完成某个工作单元的任务。什么时间干什么？怎么干？干到什么程度？什么时间干完？非常明确，从而可以实现工作过程"自动控制"。

（2）工序型。以完成某项工作的实际进程为序，按工作步骤确定关键的控制点，划分工作段，每段工作确定相应的操作内容、操作方法、质量标准，并制定严格的验收程序，发现偏差，在进入下一工作段前就及时纠正。

3. 基本内容

程序化工作法是规范作业员工岗位工作的方法，一个岗位一套制度，一类（项）工作一套程序。

程序化工作法要对作业员工岗位工作流程中的操作提出规范要求，强调对岗位的全过程进行科学的分段，对工作内容进行科学的定义，对作业员工的基本素质提出要求，对执行和控制、验收与调整的内容进行界定。

（1）程序编制阶段。这是程序工作法的核心和基础部分。这个阶段包括 5 个步骤：

①科学地确定工作内容。要对生产工艺过程或设备维修过程中的各种因素进行认真统计和分析，全面掌握和理解现有的各项管理制度、规章和工艺技术规程对岗位工作的要求，并据此确定该岗位的全部工作内容。在实施中要充分发挥厂级主管部门与生产车间的管理、技术员工和有丰富实践经验的作业员工的作用。

②合理地制定工作标准。要从生产实际需要出发，对每一项工作确定一个尽可能简单的量化标准，这样既便于作业员工据此进行操作，也便于管理员工检查、考核评定。

③运用"ABC 法"管理分类。要对工作内容进行科学分类，找出"关键的少数"，确定"次要的多数"，以使各个工作单元的工作内容安排科学、合理。

④划分工作单元，要按不同岗位的特点，确定某一岗位以"时序型"为主，还是以"工序型"为主。在类型确定后，要根据工作需要，确定合理的单元数量。

⑤把已确定了相应标准的工作内容编制到每个工作单元中去。

（2）培训阶段。程序化工作法的实施对象是作业员工，要使他们正确掌握各自岗位的程序，就必须经过必要的培训过程，由程序编制员工实地指导作业员工全面认识和学会应用程序化工作法。此外，通过培训也可以进一步发现和纠正一些不合理、不科学的要求和标准，从而使程序更加可行。

（3）执行和控制阶段。作业员工要严格按标准执行"程序"，按具体标准的要求完成每个工作单元中的各项工作内容是应用这一方法的前提；管理员工按此标准对作业员工完成"程序"的情况，如工作任务的数量、质量和进度通过检查、评定、纠偏来进行控制，这两者必须同时进行。

（4）程序调整阶段。一套完整的工作程序在执行一段时间后，管理员工和技术员工要按既定程序及时对"程序"本身的科学性进行分析，对存在的问题进行研究解决，及时地对"程序"进行调整和修正。

程序化工作法的工作程序要把工作流程进行科学分段、分环节，建立不同的工作标准体系，并针对组织结构、质量控制方法建立完整的工作体系，特别是通过良性的激励机制强化责任，形成工作程序中的保证体系。

①程序体系：根据不同的产品及其工艺流程，编制一套科学、完善的"工作程序"。

②标准体系：程序化工作法要求对每一项工作内容都制定具体标准。如检查出库商品的密封情况，要规定出查哪几个点、哪几个部位，查到什么程度，标准必须尽可能细化、量化，既便于作业员工操作执行，又便于管理员工检查、考核。标准体系应该包括使用工具、操作方法、每项工作的标准、注意事项等。

③控制体系：通过检查、考评、纠偏来控制"程序"的正确执行。控制体系包括管理员工职责、思想政治工作、奖惩制度、争议裁决办法等。

4. 编制流程的原则

（1）科学性原则。"编程"中的工作内容的确定、标准的制定、"关键的少数"的确定、关键控制点的选择等都必须建立在对诸如工艺过程、设备管理、工程项目和管理工作等各项工作全面深入研究基础之上，程序必须具有科学性，要符合各种控制因素的内在规律。同时，还要注意与原有的操作规程、工作要求等有机地结合起来。

（2）合理性原则。程序的编制必须充分考虑作业员工的劳动强度、接受能力和心理能力，"关键的少数"项目数量既要科学，也要合理。否则会造成劳动强度过大，容易使实际作业员工的积极性受到损害。

（3）实践性原则。规范流程要特别强调"三结合"，即专业技术管理部门、生产（或维修）车间的技术员工和管理员工以及有经验的作业员工共同研究，来确定内容、标准、分类。必须充分重视作业员工的意见、建议，他们对实际操作中的难点、弱点体会最深刻。

（4）可靠性原则。作业员工只要严格执行"程序"，其结果必然是正确的，如果作业员工执行"程序"的过程是对的，而结果却出现了错误，说明"程序"本身不可靠，必须立即对程序进行修正。

5. 人重于流程

程序化工作法创立的用意之一是为了减少工作质量对各种人为因素的依赖。但任何一种管理方式毕竟还要由人来执行，因此必须研究人的因素并采取相应的措施，做好人的工作，提高自我管理的意识。

（1）应用规章制度来规范作业员工的操作行为。在推行程序化工作法的过程中，如燕化炼油厂重新修订和完善了十大制度、五项纪律，即：岗位专责制、交接班制、巡回检查制、设备维护保养制、质量负责制、岗位练兵制、安全生产制、班组经济核算制、文明生产制、班组思想政治工作制；操作纪律、工艺纪律、劳动纪律、施工纪律、工作纪律。以此来保证程序化工作法的全面落实。

（2）通过严格和科学的考核来保证程序化工作法的正确执行。有了规章制度，并不等于工作走上了正轨，更重要的是贯彻与执行。为此，必须有严格的检查、考核办法。

（3）利用工资与奖金的激励作用来调动作业员工的积极性。赫茨伯格的双因素理论认为，激励因素的满足能调动作业员工的积极性，推动生产力的增长。要调动作业员工的积极性，就要发挥工资与奖金的激励作用。

（4）贯彻以人为本的思想。推行程序化工作法，必须使50％的作业员工充分理解，20％的作业员工骨干大力支持，否则很难推行。

（5）通过岗位培训，提高员工的技术素质和劳动技能。作业员工的技术水平从根本上决定着流程编制、执行和控制的水平。技术员工的专业水平对"编程"起着关键性的作用；作业员工的技术素质、工作技能和对"流程"的把握程度对执行有很大影响；管理员工的技术水平和管理水平对执行程序的全过程控制也有很大的影响。

五、非程序化行为规范

程序化决策可以通过一定的程序予以解决。每当这种活动和问题重复出现时，可以照此办理，不必再做新的决策。而非程序化决策是针对非重复出现的、没有结构化的、新的而且又属于特别重要的问题而做的决策。这类决策不能程序化，必须每次都做出新的决策。对非程序化决策的控制要通过规范决策权限来实现，还要依靠决策者的经验与创造精神，培养与挑选合格的主管。要做出正确的决策必须弄清问题的类型与矛盾所在。问题的类型和主要矛盾搞错了，必然做出错误的决策。如果把非程序化问题当成程序化问题解决，必然是无视已经变化的情况和新的矛盾，沿用旧方法来处理，也是不可能正确的。

企业的决策大大小小，数量很多，每一项决策的权力授予哪一个部门和主管，这需要运用决策分析的方法，做出科学合理的规定。决策权限的规范要回答下列问题：

一是为实现企业目标所开展的各项业务活动，需要做出一些什么决策？

二是它们各属于何种类型的决策？

三是这些决策应该分别在企业组织的哪一个层次做出？

四是对处理某一问题所做的决策会影响到哪些业务活动？

五是哪些员工必须参加这项决策？

六是应该事先征求哪些业务部门的意见或在决策后要予以通知？

如果对该项决策的性质与特点认知得不够正确，决策事项及相应的决策权配置就会不够合理，以致把对企业有全局性影响的决策安排在过低的层次，使必要的集权被削弱；或者相反，把许多决策归属到比实际需要高得多的管理层次上，结果阻碍了必要的分权。

企业各项决策都不是孤立的，总会或多或少地影响到其他管理工作。不过，有些决策的影响面较小，例如只影响其他一个或少数几个部门；有的影响面则很大，涉及多项工作乃至整个企业管理。根据决策影响面的大小来配置决策活动与决策权的原则是：决策的影响面越小，越属于较低层次的决策；反之，就应该由较高的层次来承担。这样做的目的，是保证决策者全面考虑所有受其影响的各种职能或部门的要求，避免本位主义，片面追求局部工作最优化。例如，如果允许采购员工拥有充分的权力大量购进廉价原材料。单从物资供应角度看，这可以节省许多费用支出。但从全局看，大量资金将被占用在物资储备上，而价格低廉的好处有相当部分要被支付的利息和其他库存保管费用所抵消；产品销售一旦遇到困难，还可能发生资金周转不灵的危险。这就是说，物资储备以多少为宜这项决策，需要在廉价原料、资金成本和资金周转之间进行平衡才能做出。因此，为了防止物资采购局部优化有损于企业整体效益，物资储备定额的决定权，就应该由能够通盘考虑销售、生产、财务、采购等有关职能的、高于采购部门的层次去行使。当新的物资储备定额确定下来之后，日常采购的决策便完全是采购员工的任务了，上级不应干预。

在进行决策权分配时还要考虑决策的代价，即决策失误可能造成的损失大小。代价可用资金数额来计算，有时还需要从公司信誉、品牌、竞争地位、士气等这样一些无形项目去估计。一般说，决策代价越高，责任就越大，按照责权一致的原则，拥有决策权的管理层次也应该越高。例如，热水器的质量管理若出现差错，将危及消费者的生命安全，企业也会因此而声名狼藉，所以，质量管理决策权在这样的企业，就应集中在公司，由专业管理部门统一行使。其中长远、重大的质量决策问题，高层主管员工必须亲自负责解决。而如生产自行车的企业，虽然也要严把产品质量关，但其决策代价毕竟不像热水器制造公司那么大，因而可以将决策权放到较低层次，交由基层专业员工去行使。

对于那些直接与费用支出相联系的决策，应划分不同档次的费用标准，从而明确规定不同层次的管理部门，各在多少费用支出范围内拥有决策权。例如，如果允许公司下属企业自主购买设备，一般应规定资金限额，超过限额则必须经公司批准，不得擅自决定。

最后还要考虑决策的时效性。决策对企业的影响，在时间上有长有短。某些决策将在较长时期内对企业生产经营起指导和约束作用，有些决策则会很快失去效用。原则上时效性越长的决策，越应配置较高的层次。这个要求同决策的代价是一致的。正因为如此，企业规划、投资和主要干部任免等决策一般都是集权的。以技术开发的长期计划为例，它若存在严重缺陷，将使企业在技术进步方面落后于竞争者几年甚至十几年，企业生产经营将长期处于被动地位。显然，这一决策权应由企业高层组织行使。在技术开发长期计划指导下，新产品设计部门对于产品设计方案的选择也是一种决策，但其时效性相对较短，故可放在较低层次，例如完全由该产品事业部自主决定，公司不予干预。

有些决策的时效性不很明显，容易被忽略而造成错误的职权设计。如物资采购工作，在品种、数量、价格、时间和货源等方面均有决策问题。对于大宗物资的采购，数量、价格、时间等问题固然重要，但更重要的也许是选择供货者，因为这是企业对外经济关系的重要内容，对于获得质量稳定、数量充足、供货及时、服务方便的货源，满足生产需要，增强企业竞争能力等都具有长远影响。所以，有关改变大宗物资供应渠道的决策，时效性较强，往往要经过物资采购部门的上级主管员工批准才行。

根据以上分析以及任何决策都应从实际出发的基本要求，决策权的具体配置所遵循的基本原则是：

1. 一项决策最低应该下放到什么管理层次

每一项决策，应尽量由最低可能层次和最接近行动现场的部门及员工去制定，以便使决策者能真正掌握第一手资料与经验，从实际出发，并使上级主管员工尽可能摆脱那些有标准可依的高频率的事务性工作。

2. 一项决策最低可能下放到什么管理层次

每一项决策，有权对其做出决定的层次，应该是能够全面考虑受该决策影响的所有业务活动及管理目标的层次，以保证局部优化和整体优化的统一。

因为，第一线管理员工的职务是最基本的管理职务，他们承担的责任和应该做出的工作成绩——提供产品和服务、向顾客推销以获得收入、绘制出工程技术图纸，等等，是从最高领导者的责任与目标分解下来的，并对完成高层管理任务起保证作用。所以，按照上述原则，在具体步骤上，决策权的配置应自下而上地进行，即从基层第一线管理员工开始，逐级向上直至企业最高领导者。

从这个意义上说，较高层次的管理职务其实是派生的，是为了指导和帮助第一线管理员工执行其职务，负责解决他们不能解决的问题，为他们提供最大限度的支援。因此，在组织设计中，只有第一线管理员工不能承担的工作，才交给上一级组织。如此类推，直到企业最高领导者，他们承担的责任和工作才可能真正是下属部门和员工不能做也做不了的事情，也就是真正应该归属于领导者的工作。正因为如此，上述决策权配置的基本原则，先是要求把决策权尽量下放，由负责在现场采取行动的人去掌握。只有当其视野受分工的局限而不可能全面照顾到所影响的其他职能时，才有必要把该决策上交给较高的层次去掌握。

首先，企业基层从最低一级组织开始，逐级根据自己的职责范围，各自提出所应享有的下列几种决策权：

（1）不用请示报告，即可采取行动的权力是什么。

（2）允许相机处置，但事后必须报告的权力是什么。

（3）不准自作主张，必须事前请示报告的工作是什么。

其次，在基层范围内，上一级组织的主管员工对下级部门提出的初步方案进行协调平衡与调整，确认下级部门的决策权。这里可能出现两种调整情况：

（1）下级组织提出的决策事项不足，上级予以补充，向其授权。

（2）下级部门提出的决策事项超限，上级予以削减。

再次，企业中层各职能部门按照职责范围，提出应享有的决策权。企业高层领导对所辖部门提出的方案进行协调平衡与调整，确认下级的决策权。这里同样包括补充或削减下级决策的两种情况。企业负责组织设计的部门汇总以上基层、中层和各子系统领导员工提出的初步方案，进行协调平衡与调整，最终拟订出整个企业的决策权配置草案。

最后，企业高层领导研究审定和批准草案，正式颁布执行。

以上步骤只是规范决策权限的逻辑步骤，在实际工作中，有赖于上、下级之间反复协商、研究，通过民意调查、头脑风暴等方式才可能讨论出较为满意的方案来。

第二节 员工素质能力提高

一、诚信道德素质

1. 道德是诚信做人的根本

要拥有诚信素质，不但要能忠诚，还要能讲道德。因为，忠诚和道德都是建立诚信的最重要的基础，而一个人只有道德品格高尚了，才会很自然地讲求诚信，成为一个有诚信素质的人。

从大的方面来说，道德是依靠舆论、传统、习惯和人们的信念来维系、规范人的行为的社会意识，是人们处理相互关系时所应遵循的行为准则，它应用于人的社会实践中，人人都离不开它。比如，人们在日常生活和工作实践中结成错综复杂的社会关系，任何个人都处在一定的社会关系中，都要与他人交往，发生联系，影响他人或社会，同时也会与他人或社会发生矛盾，而道德就在其间起着调整个人行为方向以及人们之间相互关系的作用，并且人们要在社会中得到自身的肯定和发展，道德也是一种不可缺少的品格因素。它和诚信是很相似的，这恰恰说明道德与诚信有着共通性。

我国古代先哲十分重视人才的道德品格问题。战国末期，秦国宰相吕不韦在其主持编撰的《吕氏春秋》中提出了"六验"的人才考核方法，其具体内容是："喜之以验其守，乐之以验其僻，怒之以验其节，惧之以验其特，哀之以验其人，苦之以验其志。"将这段古文翻译成现代汉语就是：使其兴奋以考验其能否冷静，使其玩乐以考验其是否回避不正之风，使其发怒以考验其是否能控制自己，使其恐惧以考验其是否有胆量，使其悲哀以考验其是否不变其理想，使其劳苦以考验其是否不变其志向。这些方法对人才的道德检验具有很大的借鉴性，说明古人也是十分看重人才的道德品格的。现代企业在人才招聘和选拔时更是越来越重视对他们进行品格方面的考察，以检验人才的诚信素质。

真善美统一的人格境界，是道德修养与诚信做人的崇高目标。在当今市场经济大潮中，人必言利，拜金主义正腐蚀着人们的思想，"假恶丑"现象的泛起和重新包装迷惑了一些青年人的视觉，这是最要不得的。成功的真正基础是诚信和道德品格，一个人要想有所成就，就必须加强自己的诚信素质和道德修养。任何一个正常人在社会生活中都要对自己的行为及其后果负责，这是个体道德和诚信行为中的一条很重要的伦理法则。《菜根谭》中说："士人有百折不回之真心，才有万变不穷之妙用。立业建功，事事要从实地着脚，若少慕声闻，便成伪果；讲道修德，念念要从虚处立基，若稍计功效，便落尘情。"就是说人要诚心实意地修德，才能有真道德。道德是诚信做人的根本，任何人都不能忽视这一点。

2. 诚信要用道德来加强

对身在职场的人来讲，道德品格的作用更是不可替代的，它不但是诚信的要素和前提，更是实现诚信的助动力。人无德不立，有道德才有诚信，身在职场，没有道德将寸步难行。道德的助力作用主要反映在如下三个方面：

（1）良好的道德有利于我们规范自己的职业行为，加强诚信，并提高服务质量。有的员工片面理解一些公司以经济效益为中心的方针，为追求一时的得失触犯法律，走上犯罪道路；有的只讲"人人为我"，不讲"我为人人"，甚至见利忘义；有的在处理问题时缺乏大局观念，缺乏团结协作精神；还有的在岗位上只注重完成领导交给的任务，忽视了对下属的责任，因小失大，影响了整体形象。这些只有通过职业道德素质的提高，才能有效解决。

（2）良好的道德素质有利于我们发挥爱岗敬业精神，增强市场适应能力。随着改革开放的不断深入，各种竞争日趋激烈，员工如何才能在竞争中立于不败之地呢？只能靠兢兢业业的爱岗敬业精神，以诚实守信的职业准则为依托，在工作岗位上发奋图强，才能保持恒久的竞争优势。

（3）良好的道德素质有利于我们妥善处理人际关系，建立团结协作的工作氛围。一个人讲道德，必然就会诚实守信。能诚实守信，团队之中必然会团结和谐，要知道团结和谐的工作关系是稳定工作情绪、激发工作热情的必要条件。这种团结和谐的工作氛围要靠员工们彼此共同努力。只有每个员工都具有良好的职业道德素质，彼此尊敬、相互关心、精诚协作，才能增进相互理解，形成优势互补、资源共享的职业环境，激发创造性的工作灵感，产生良好的工作效率，从而形成具有强大战斗力的集体。

员工的道德还反映了他对待工作的态度和精神。有道德的员工必然会诚实地对待自己的工作，他们对公司、对上司、对客户讲信用，为大家创造利益。所以，员工的道德就是一扇窗，从里面可以看出一个企业的诚信价值观，更能体现企业的战略和发展前途问题。

一般情况下，诚信是人的世界观、人生观和道德观的综合体现。提高诚信素质就是要树立正确的世界观、人生观和道德观。特别要努力做到有为人称道的人格，有与人为善的仁心，有容人容己的胸怀，有谦虚谨慎的美德。这样才能与上下左右和谐相处，使各方面人才为己所用。

员工的诚信素质需要自己用道德信念去坚定，需要用道德行动去提升，道德水平更有赖于自己的诚信素质来体现。因此，道德是干好工作的基础之一，有了这个基础，我们才能更好地加强诚信，真正地做到踏实工作，并正确地看待工作中的一切，从而合理地进行自己的工作规划，成为一个优秀的员工。

3. 遵守道德才能经受住诚信的考验

一个有诚信素质的员工必然是一个讲道德的员工，因为他会一如既往地坚持自己的工作原则，他知道道德对一个员工来说具有多么重要的意义，这样的员工也正是最能经受住诚信考验的员工。

面对诱惑，也许我们会很自然地选择去接受它，而不去顾及我们的道德准绳。很多人都面临过这样的考验，而这一时刻也正是考验我们诚信度的时刻。1994 年，身为某跨国公司高级经理的哈沃德·戴维森就面对了一次这样严峻的考验。那时他在亚洲的某个国家工作。他处在将要做成一笔令人眼热的 5 亿美元投资额的生意中，这项投资用于亚洲某国家的公用设施。"我们已经为这笔合同投资了 1100 万美金。"戴维森先生回忆说，他当时是一家管理咨询公司的金融咨询师。在谈判的最后一刻钟，一位政府官员暗示他给自己回扣，否则就不要指望这笔合同。

戴维森要答应他的要求是很容易的，有可能自己还会从中分得一杯羹。毕竟这种交易是很普通的——在亚洲的文化中甚至是可以被接受的。因为在亚洲的许多地方，为政府官员提供报酬叫做"茶水费"，就像美国饭店中的小费，是对服务的回报，是为了使事情更好办。这位官员显然对这种交易是很老练的，甚至告诉了他具体的处理细节，把钱付给一个中介，不会留下任何书面的痕迹。戴维森先生只需将这笔款子作为一笔为某中介公司提供服务的费用填报就可以了。

戴维森花了一天的时间做决定，并打算彻底想个明白，不单是这笔生意，还包括自己内在的职业道德。他说："如果这个协议不成功，那么这笔合同已经进行的总投入，还有投入的 4 个月时间就要灰飞烟灭了。"但是使他心烦的是他将来的感受——"如果我付了这笔钱，明天或者下个月，我如何来认识自己？这对公司的长远发展有利吗？我如何向公司做出交代？在某个时候，我如何向自己的孩子做出解释？"

戴维森先生的内心是反对这样做的，但他还是花时间考虑能使官员满意的办法，以便能让自己既保住生意又仍然坚持他的正直。但最终他还是无法绕过他认识到的事实：官员拼命为自己的包里塞钱的时候，他的许多同胞还在挨饿。"我找不到解决这个问题的任何可行的办法。"他说。最终，戴维森拒绝了这位官员的要求，这笔生意也被放弃了。

然而这个决定为戴维森带来的结果是美好的，他后来向上司吐露了一切。公司高层主管认为他做出了正确的决定并奖赏和提拔了他。

哈沃德·戴维森向我们证明了经受诚信考验的一个原则：对基本道德的遵守。作为一名职员，我们绝不是不择手段地为公司创造效益，这样的结果可能是对公司利益更大的伤害；我们不能违背社会准则，更不能越过基本的道德底线。如果简单地把工作理解为完成任务或创造收益，而不管其手段与过程是否合乎基本的道德标准，那么作为公司会因失去诚信最终使自己陷入困境；作为员工，则很容易沦为赚钱的机器，完全丧失做人的准则，更别提什么诚信素质和道德精神了。

二、工作敬业素质

敬业就是敬重自己所从事的事业，它是对工作的一种敬仰和爱惜的心态，是对自己提出比别人更高的标准，是更专心致力于工作、千方百计地把工作做好的一种追求。这是我们必备的职业操守，只有它能帮助我们把工作做得尽善尽美。

1. 敬业是工作的基本准则

美国畅销书作家詹姆斯·罗宾斯在《敬业——美国员工职业精神培训手册》中对

"敬业"一词是这样解释的："敬业，就是尊敬、尊崇自己的职业。如果一个人以一种尊敬、虔诚的心灵对待职业，甚至对职业有一种敬畏的态度，他就已经具有了敬业精神。但是，他的敬畏心态如果没有上升到视自己的职业为天职的高度，那么他的敬业精神就还不彻底，他还没有掌握它的精髓。天职的观念使自己的职业具有了神圣感和使命感，也使自己的生命信仰与自己的工作联系在了一起。只有将自己的职业视为自己的生命信仰，那才是真正掌握了敬业的本质。"

在企事业单位中，每一名员工的所谓"优势"或"才干"主要指他的思维、感知或行为的模式，其次才是后天学得的技能和知识。员工的敬业素质就是对企事业发展产生影响的前提，是个人职业化的基本要求之一，是实现自身价值的主观条件，也是员工以后进行各种选择（包括职业的选择、对已供职企业的客观认知及对自己的职业生涯规划等）的根本性因素。

一般情况下，身在职场的人都会用三种不同的标准来衡量自己，分别是业内的、公司的、自己的标准。如果工作时只是以业内的岗位要求为标准，那只是个职场"机器人"；如果以公司老板及公司的战略目标为工作标准，那已经是和公司同呼吸共命运的职场"社会人"了；如果以在工作中形成的精益求精的自我要求为标准，那么恭喜，你已经成为令人尊敬的敬业的职场人士了！

人们所选择的对工作的不同标准代表他在职业生涯发展中的不同层次和不同境界。最高的职业标准就是自己的标准，这个层次的人是敬业的，他们把工作当作自己的一件艺术品，艺术品的好坏首先要经得起自己这一关的检验，其次才是合乎外在的要求。有这种思想的人就不是为别人打工，而是为自己工作，因为他的工作从来都是为自己而做的！

敬业作为人的一项必备素质，就是敬重自己所从事的事业，是对工作的一种敬仰和爱惜的心态，是对自己提出比别人更高的标准，是专心致力于工作，千方百计地把工作做好，并把工作做到尽善尽美程度的一种追求。可以说，敬业是员工必备的一条基本准则。

关于敬业这一职场基本准则的意义和内涵，我们应该知道的是：

（1）敬业是一种职业道德。作为一名员工，敬业应是我们必备的一种高尚品德，它要求我们对自己所从事的职业怀着一份热爱、珍惜和敬重，不惜为之付出和奉献，从而获得一种荣誉感和成就感；同时更要在自己所从事的职业中一心一意地努力工作，忠于职守，认识到自己所担负的工作是个人对社会所应尽的一种责任，同时也是这种社会责任在职业活动中的具体表现。

（2）敬业是一种职业意识。员工有了敬业精神才会有一种积极向上的人生态度。秉持这种职业意识的人会树立"这个世界上没有卑微的工作，只有卑微的工作态度"这样的职业价值观。同时，敬业意识更是会表现为对自己的职业水准的更高要求，对工作做到精益求精。在职业生涯发展道路上，我们所选择的态度更会决定我们在职业上所能达到的高度。

（3）敬业是一种职业能力。如果说会讲流利的英语、会熟练使用计算机是一种职业能力的话，我们都会不假思索地认同，但如果说敬业也是一种职业能力，可能很多人都不赞同。其实关于能力的一般解释是——制约我们职业生涯发展的主观因素。而敬业就是在一定职业生涯发展阶段制约、影响我们进一步发展的一个很重要的主观因素。所以，敬业也可以说是一种职业能力。没有敬业精神就不单单是缺失职业道德的问题，更是一种职业能力的缺失。

知道了敬业精神的意义和内涵，我们应当认识到敬业精神是我们职业常青的基石，是自我实现的前提，也是对企业的发展和国家兴旺发达的一种负责任的态度，更是一项收益率很高的职业投资，虽然短期的回报不明显，但从职业生涯的长远发展的角度来看，绝对是利大于弊的。

2. 敬业是最好的成功催化剂

我们都知道日本政府内阁邮政大臣野田圣子的故事，她的成功过程给了我们一个重要的启示：敬业精神是最好的成功催化剂，有了这种精神，任何行业的员工都能做好自己的工作，赢得别人的尊重并获得自己的成功。

3. 只有敬业才能实现理想

工作好比人生的伴侣，始终伴随着我们，如果我们对自己的工作不屑一顾，那么就只能被成功和幸福抛弃。如果我们热爱工作，那么工作就会成为我们人生的舞台。其实工作岗位没有贵贱之分，有区分的只是世俗的看法。

我们应该明白的是自从有了社会分工，就有了不同的职业，即使是伟大的人物，也曾经在不起眼的工作岗位上奋斗过。不同于常人的是他们把每一个岗位都当成充分磨砺和展示自己的天地，从而由平凡走向不平凡。因此，工作岗位就是我们塑造自己人生的舞台，只有爱岗敬业才能赢得进步，成就事业。不管是什么样的岗位，只要勤勤恳恳、兢兢业业地干，我们就能从中增长才干。这样，当从事另外一项更复杂、更重要的工作时，就有了更多的资本来实现理想。

有位名人说："工作是我们要用生命去做的事。"作为一名员工，无论是在什么样的工作岗位，都应当以艺术家的精神，以专注敬重的心态去干好它，这种精神的有无可以决定一个人日后事业上的成败。一个人工作时，如果能持有专注的精神、火焰般的热情，主动、努力的心态，即使是最平凡的人做着最平庸的职业也能做出让人称赞的业绩来。

4. 敬业能使企业与员工双赢

经常会有员工发出这样的抱怨："就给我这点钱，还整天受人白眼。让我努力为老板干活，可能吗？"这类员工的敬业素质是不健全的。这样的人对自己的工作没有兴趣，认为自己的工作枯燥乏味，每天都是琐碎小事，因此难以做到敬业。目前各类型组织中这样的人可不在少数，他们敬业指数低，敬业素质差。同样的还有态度消极、对企业前景认知较差的人，这些人的最大特点就是，遇到困难时选择跳槽或者消极对抗上司，而不是靠自己积极工作来赢取进步。

伴随着我国经济进一步市场化，人员流动也越来越频繁。与此同时，员工消极怠工、迟到早退、工作没有激情、工作中沟通受阻、管理失效等现象在每个企业中都不同程度地存在着。所有这些现象都反映出员工的敬业意识普遍淡薄。而在西方国家是很难想象会出现类似的情况的，更不可能想象一个职业经理人竟然带着手下十几个人集体跳槽到另外一家公司的情景。但在中国，很多员工都只是向"钱"看，即有利可图的事情才去做，利少或无利的事情便无人问津，在这种情况下，敬业精神缺乏也就不奇怪了。

诗人爱默生曾说过："一心向着目标前进，整个世界都能给你让步。"每一名员工都应该让自己具备敬业素质，抛去"工作是为了混饭吃"的不良观念，抱着为了实现理想和价值的态度去工作，只有这样我们才能在自己的岗位上为国家、为公司，更是为自己做出应有的成绩。

三、学习能力素质

1. 学习力可创造强势

要适应形势发展的需要，在时代和市场竞争中把握主动，就要让自己实现人的全面进步，而这只有通过学习才能达到。通过学习，我们可以体会思想上的自由，并将其转化为行动中的自如；在学习中感受到生活的快乐，寻找到生命的意义，从而激发潜能，实现自我价值。

要知道，在如今的知识经济时代，个人的学习力往往能决定一个人在企业中的位置与未来的职业生涯发展。要想成为未来的3Q抢手人才（IQ、EQ、AQ），则必须由"学会"变成"会学"，即掌握学习素质。如果拒绝这一素质，那么很快就会被社会所淘汰。因此，学习并不是某一阶段的事情，而是我们一生都要认真对待的事情。党的十六大就曾明确提出，要"形成全民学习、终身学习的学习型社会，促进人的全面发展"。

1996年，联合国教科文组织在《学习：内在的财富》一书中明确指出，终身学习是人类进入21世纪的一把钥匙。21世纪所需的人才是具有较强学习力的员工，而非只有劳动力的员工。企业必须随时准备转型，进入新的产业或调整产业结构，员工也必须随时适应企业的变化，因此，员工就要做到终身学习与多元学习，培养自己的"学习能力和习惯"，这样才能永远处于优势。

2. 学习力是最本质的竞争力

人们常说：当代的国家之间、城市之间，乃至各个企业之间科技、经济的竞争，说到底是人才的竞争，因为真正的人才都有着较强的学习素质，能和时代同时进步。因此，学习力是动态地衡量人才质量高低的尺子，是见证人才竞争力高低的标准。没有学习力的员工也许可以当一段时间的人才，但迟早是要被淘汰的。

我们知道，创新是知识经济的本质特征，而学习力是创造力的基础和催化剂，也是支撑一个企业、一个国家综合竞争力的核心，更是一个人得以进步的根本。正是基于对此大形势的洞察，一些管理学家提出了创造学习型企业的战略举措，其中的代表就是彼得·圣吉，他认为每一个员工都应该具备学习素质，其目的就是要加强人们的竞争力和适应力。

大文豪罗曼·罗兰告诉我们："财富是靠不住的。今日的富翁，说不定是明日的乞丐。唯有本身的学问、才干，才是真实的本钱。"那么学问和才干从何而来？只能通过学习得到。

没有学习力就没有竞争力。实践证明，企业员工若能通过对学习力的修炼，在原有的基础上增添前进的力量，就可以走向更高的成功。员工们应该能以最快的速度，用最短的时间从内外资源中学到新知识、获得新信息；通过互相学习，大家集思广益，使每个人获得新的竞争能力。这样一来，我们便可以最有效地把学习到的新知识、新信息应用到企业变革与创新中，加强企业的竞争能力，以适应时代和社会发展的需要。

可见，学习力是我们每个员工都应该掌握的一种重要素质，是我们最本质的竞争力；只有具备了这一素质，我们才能胜任工作，帮助企业赢得竞争，更好地在职场上发展自己。

3. 能学习才能进步

所谓进步，就是一个人向着正确的、更高级的方向前进的步伐，每一步都代表了一定意义上的成功和收获。而要有进步就要能学习，选择学习就是选择进步，因为学习是成长的方式之一，这对每一位员工都适用。

很多员工对学习有一种拒绝心理，其实拒绝学习就等于在拒绝自我更新。由于过去的丰富经验和突出的工作业绩，这些员工放弃了对学习的追求，反而使过去的经验和业绩成为自己学习的障碍。因此，背叛自己的经验、倾听别人的意见是员工必须遵守的学习原则。

4. 提升学习素质才能成为优秀人才

一直以来，企业的市场竞争实质上是产品的竞争，产品的竞争其实就是技术的竞争，技术的竞争一定要归结到人才的竞争上，而人的素质的竞争最终一定是学习力的竞争。因此，不论是身在职场，还是正要走向职场，要重视的不应仅仅是学历，更要看重自己是不是具有足够强的学习素质。

也许你是所在企业的一名重要人才，或者希望自己成为一名人才，不论怎样，只要你在以后还想是个人才，就要加强学习素质。人才是有时间性的，不仅要能保证自己今天是个人才，还要证明明天你依然是个人才。复旦大学原校长杨福家教授提出：今天的大学生从大学毕业刚走出校门的那一天起，他四年来所学的知识已经有50％老化掉了。所以，为了使你在明天依然是一个货真价实的人才，一定要以学习力作为后盾。

当今世界，知识老化的速度和世界变化的速度一样快，社会科技发展可谓是日新月异，知识总量的翻番周期已从过去的100年、50年、20年缩短到5年、3年。有人预言：人类现有知识到本世纪末将只占所有知识总量的5％，其余95％现在还未创造出来。这表明，历史绵延很久的"一次性学习时代"已告终结，学历教育已被终身教育取代。另外，人类发展至今，大脑愈来愈发达，一个人脑细胞总量已超过150亿个，而人脑其一生只用到了其百分之几。人脑的巨大容量为每个人吸收、消化、储存大量的信息、知识开辟了广阔的前景。这就要求我们提高自己的学习能力，并贯彻终生，永葆可贵的发展潜力。

由此可见，人才的形成其实是一个动态的过程，它不是一成不变的，不是永恒的。它需要不断地晋级、不断地发展，而这一点只有我们的学习素质能帮助我们做到。唯有学习素质才能使员工成为人才，唯有这样的人才是信息时代最需要的人才，也才是组织最欢迎的人才。

5. 超强的学习力需要全面培养

很多学者认为学习力是由学习的动力、学习的毅力和学习的能力三个方面组成的。

学习的动力体现了学习的目标；学习的毅力反映了学习者的意志；学习的能力则来源于学习者掌握的知识及其在实践中的应用。当有了学习目标和意志，但缺少学习能力时，仅能知道"应学"；当有了学习目标和学习能力，却缺乏意志时，只说明"能学"；而当既有学习能力，又有学习意志，但是还没有找到学习目标时，只是处在"也许能学"的状态。更全面地看，学习力还应包括学习的效率、转化力和修养。只有将这些方面集于一身，我们才能真正地拥有超强的学习力。由此，员工可以从如下几个方面培养自己的学习素质：

（1）加强学习的动力。通常情况下，学习有动力也有压力，我们要做的是多增加动力，并尽量将压力化为动力。比如，给自己树立远大的目标，并且善于将大目标分解成一个个小目标，在不同的时间段完成不同的小目标等。

另外，我们还要有危机意识，经常与比自己强的人进行比较，找出自己的不足，确定努力方向。社会在前进、思想在深化、观念在转变，我们只有通过学习才能跟上这种形势。只有不断注入新知识、新文化、新观念的"活水"，我们才会有"清如许"的崭新的生命力。

（2）增强学习的毅力。要树立终身学习信念，我们就必须认识到：学校教育只是学习的一个阶段——主要是理论学习，而更重要的学习是在工作中的学习，因为工作中的学习是将实践与理论紧密结合起来的学习，也是最有效的学习。其实不管在任何地点、任何时间，只要用心就可以学到新知识、新技能，前提是你对学习要有毅力。

（3）锻炼学习的能力。学习的能力可概括为快速、全面获取信息和知识的能力。不管是否愿意，我们每时每刻都在接受各种新信息、新知识的冲击，每时每刻都面临新的变化。员工唯一具有的持久优势，就是有能力学习得更快更好。谁对变化的反应更快，谁就能掌握先机；谁对变化把握得全面，谁就掌握竞争的主动权。

所以，提升学习素质的首要方面就是获取信息和知识的能力。应认清这个形势，适应这个要求，在学习上树立与时俱进的观念，快速地感知变化的环境，全面掌握最新的科技文化知识，以获取有益于工作的信息。

（4）提高学习的效率。效率在学习的过程中至关重要，没有效率的学习是很累的，我们可以试着用不断更新学习方法的办法来提高效率。首先，要善于聆听，运用探寻与质询的技巧，进行深度沟通。其次，要善于运用新工具学习，如互联网、电子词典、电视、录像等。同时学习要有选择，要学自己有长项的知识与技能，这样学习的效率才高，自己的进步也会很大；如果要弥补自己不足的方面，我们就要从基础学起，并寻求别人的帮助。总之我们要始终使学习的速度大于或等于实际变化的速度，只有拥有较高的学习效率，我们的进步才快。

（5）提升学习的转化力。学习后肯定会有新发现，要思考它的价值所在以及如何将其应用到实践中去，如何在实践中有所创新，这才是学习的真正目的。因此，我们一定要注重提升学习的转化力。

要提升学习的转化力，我们就要转变观念。观念是在人的头脑中形成并支配其行为的巨大精神力量。莎士比亚说："事情没有好与坏，只在于你如何看待。"社会时时刻刻地发生着变化，我们的思想和观念也要随之改进，尤其是一些旧的传统的思维和观念，只有如此，我们才能顺应时代的发展，在实践中不断总结经验、教训，并将它们再次运用到实践中去，这样就进入了学习的良性循环，将工作与学习更好地融合在一起。

（6）强调学习的修养。并不是所有的知识都是有益的，学会了吃喝嫖赌、坑蒙拐骗，不但于己没有帮助，还会有走向犯罪的可能。所以见到什么就学什么，这样的学习不仅无益，甚至对人的发展是有害的。所以，员工还要特别强调学习修养。在具体学习中，要时刻保持谦虚严谨的学习态度。同时，要善于将自己所学的与别人共同分享，这样也能从别人那里学到东西，真正做到共同学习、共同进步。

四、勤奋、细心素质

1. 勤奋素质的培养

（1）拿出超出酬劳的勤奋。如果说诚信、敬业是一个优秀员工的职业操守，那么勤奋则是积极的工作态度与全身心投入的精神。作为一名员工，我们应该明白的是：那些名人们尚且如此勤奋，我们更应该在工作中提供超出自己酬劳的服务，这样我们才能取得成功。科龙电器股份有限公司人力资源总监彭玉冰说："我们的用人标准就是勤奋、敬业、忠诚、自信、合作和学习，它是进入科龙最基本的要求……首先必须要勤奋，不是为了钱来科龙，而是为了事业来科龙。"

所以，不论从事哪种职业，做什么工作，从现在开始，就应该努力打造自己的勤奋素质，努力提供超出你酬劳的服务，为将来的成就做准备！

（2）视公司的事为自己的事。随着社会分工的细化，在一个组织中，一个职员工作的范围很小。而对工作有着雄心和热情的员工，绝不会将自己局限在固有的工作范围之内，他们知道要想在工作上有一番成就，就必须不断扩大自己对公司的贡献。

现在很多公司越来越不喜欢雇用那种只知道每天朝九晚五、缺乏独立思考能力和创造力的员工。他们最看重的就是把公司的事情当成自己事情的人，这样的员工任何时候都敢做敢当，勇于承担责任。

作为一名员工，每天都要这样提醒自己：必须独立思考并且自动自发地去做某些事情。假设有某位员工失职，我们所应做的不是眼睁睁地看着情况继续恶化下去而是想办法补救。

任何时候责任感都是很重要的，不论对公司还是家庭和社交圈子都是如此。同样地，不管是不是自己的责任，只要关系到公司的利益，都应该毫不犹豫地去维护。要是想让上司知道你是一个可造之材的话，那么最好、最快的方法就是积极地寻找并抓住每一个可以促进公司发展的机会，哪怕不是你的责任，也要这么做，因为公司的事情就是自己的事情。

（3）让兴趣引来勤奋。勤奋的素质需要在工作中慢慢建立，首先要建立的就是对工作的兴趣。许多员工之所以不能勤奋地工作，最重要的原因就是他们对自己的工作没有兴趣。很多人对工作抱着完全消极的态度，如果再加上缺乏明确的职业发展规划，其工作的状态自然可想而知了。

兴趣是激发勤奋的重要动力。天才的秘密就在于具有强烈的兴趣和爱好及由此产生的无限热情。兴趣比智力更能促进人的学习，强烈而稳定的兴趣是从事活动、发展才能的重要保证。

职业兴趣是指人们对某类职业或工作抱有的积极态度。职业兴趣的发展，一般要经历从有趣、乐趣到志趣的过程。职业兴趣源于你对某个行业的了解、参与，是人们择业的重要依据。

许多工作是重复性的、缺乏创新、没有刺激，因而很容易让人感觉单调与乏味。但工作对我们来说也是重要的，因此一个优秀的员工必须善于培养对工作的兴趣。只有对自己的工作有兴趣，热爱自己的工作，才能做到自动自发。

要培养对工作的兴趣，关键在于要看到所做事情的意义和价值。如果能换一种眼光来看待工作，感受可能就会发生变化。在对待工作上，我们一定要对它产生兴趣，让兴趣引领我们勤奋工作，然后我们才能在工作和职场中有所成就。那么怎样在工作中找到兴趣呢？我们需要把握这样两点：

①努力寻找工作中的乐趣。即使再乏味的工作，只要用心去体验也可以发现其中的乐趣。有一个每天上班乘坐拥挤的公交车的人一度把公交车上的噪声当作音乐听，虽然有点自我解嘲的意味，但也不失为一种缓解情绪的方法。对待工作也是如此。

②深入了解工作才会产生兴趣。对问题的一知半解很容易使我们陷入困惑之中，只有对问题深入研究和了解之后才会产生兴趣。比如：对一些人来说，数学是一门比较枯燥的学科，不过是数字、符号堆砌起来的恼人的魔术而已。但对真正了解它的人而言，数学则是一门艺术，是世界上最完美、最严谨的艺术。这就是泛泛了解与深入研究的区别。

必须对工作有兴趣，它才能给予我们最大的恩惠并获得最大的成果。记住这样一句话：当你喜欢工作时，它才会使你快乐。从现在开始，让自己变成一个对工作有兴趣的人吧！

（4）克服懒惰的毛病。命运会垂青每一个勤奋的人，机会也会垂青每一个勤奋的员工。勤奋虽然会辛苦一些，但是最后得到的一定会远远超出所付出的。而懒惰人的生活总显得可怜而无奈。

很多职场人士在发展到一定程度后，各方面都相对稳定了，就很容易产生一种满足感和惰性，开始不思进取，久而久之也就很容易随遇而安了。因为生活一旦能满足人的需要，减缓外界环境对人的压力，就会形成一种封闭式的自我满足感。而这种感觉正是员工发展过程中遇到的最大障碍！要战胜这一障碍，唯一的武器就是加强我们的勤奋素质。

（5）培养勤奋的习惯。勤奋是千百年来人们赖以成功的法宝，也是中华民族的传统美德，养成勤奋这种习惯的人，历来都是让人们尊重和敬佩的人。那么为什么现在有很多员工却避而不谈要勤奋地工作呢？这与他们失去了勤奋这一习惯有很大关系。

人们之所以失去了勤奋这一习惯，在很大程度上也与社会舆论有关。这些年来，谈起个人的发展问题，流行的是智商、情商、财商之类的时髦话语，而提起勤奋则觉得老土，其实这是很不对的，勤奋这一习惯任何人、任何时候都不能丢。

我们应该看到："勤"和"苦"虽然经常同时存在，但它们更是和成功紧密相连。勤奋不仅意味着要实干，而且必须持之以恒，养成习惯，才有可能叩开成功的大门。

其实勤奋本身就可说成是一种习惯，这种习惯可以改变你在上司眼中的地位，进而影响你的升迁。所以不妨尽早养成这个习惯，它会使你受益终生。

在工作中，有勤奋习惯的员工不会把今天的事留到明天做，而是今日事今日毕；有勤奋习惯的员工不会在上班时间干私事，而是把公事下班后带回家去干完；老板在与不在的时间，有勤奋习惯的员工都一贯努力认真；即使涉及名与利，那些有勤奋习惯的员工也不会迁怒于别人并逃避自己的工作。因此，有勤奋习惯的员工往往更能获得成功。

2. 细节决定成败

（1）细心就要把小事做好。要想拥有细心素质，首先就要把工作中的小事做好。在工作时，在妥善处理点滴小事的过程中，我们的能力及工作态度才可能被领导和同事认可，我们优良的个人形象也在潜移默化中形成，这些都是细心素质给予我们的财富。

工作中的细心是什么？是在本职工作方面的一种出奇的认真、一种热忱，它要求我们关心工作中的每一件小事，每一个细微之处。我们要知道：工作中每一件事情都是大事，而每一件事情又都是小事，关键是你把它摆在什么地方。如果一根头发不小心掉在某件精密仪器中，将会影响到这台机器的正常运行，从而影响整个实验的失败。那么，在这个地方，一根头发的存在就是一件非常大的事情。

很多年轻的员工都不想从底层做起，因为他们大都雄心万丈，一踏入社会就想"一口吃个饱"。这是不大可能的。实际上，那些成大事者并不是一走上社会就取得成绩的，很多大老板都是从伙计做起，很多政治家都是从小职员做起，很多将军都是从小兵做起才最终成功的。所以，当没有好的条件，又没有良好的家庭背景时，那么先细心地做好基础工作是绝对没错的。先细心地做好基础工作的最大好处是可以在低风险的情况之下积累工作经验，同时也可以借此了解自己的能力，还可培养自己踏实的做事态度和对金钱的正确观念，这对我们日后的成功将有莫大的帮助。

需要注意的是：千万别狂妄地认为自己是个"做大事"的人，而不屑去解决工作中的细节问题，要知道连小事也做不好的人，别人是不会相信你能做大事的！那些认为工作平凡琐碎、在工作中缺少热情、敷衍了事的人是做不成大事的。如果你抱着这种只想"做大事"的心态而不去做小事，那么你就不可能成功。

真正聪明的人能以小见大，善于从平淡无奇的琐事中参悟深邃的哲理。他们不会将处理琐碎的小事当作是一种负累，而是当作一种经验的积累过程，当作是做一番宏图伟业的准备。荀子在《劝学》中说："不积跬步，无以至千里；不积细流，无以成江海。"成功从来都不是一蹴而就的，成功是一个不断积累的过程。

（2）把工作做到位。关注重要而不紧急的事，是提高工作效率最有效的武器，但是单单提高做事情的速度还不够，还要保证把事情的细节做好、做到位。细节到位，成功才会有坚实的基础。细节做得好，才能见到你的功夫。无论难易，细节都不容被忽视。

不要轻看任何细节，它往往能创造出意想不到的奇迹。细心是个人能力的体现，也是别人评价的重要依据。

所以说，每个员工都要训练，而且任何的小事都要训练。下面的细节就有可能对我们的工作有很大的帮助。

①与人握手时，时间稍微长一些以表真诚。

②不必什么时候都用"我"做主语，说话的时候记得常用"我们"来开头。

③坚持在背后说上司和同事的好话，别担心这些好话传不到当事人的耳朵里。如果有人在自己面前说上司和同事的坏话时，可以用微笑来相对。

④切忌把过去的事全让同事知道，言多必失，人多的场合一定要少说话，职务上的机密更应该守口如瓶。

⑤尊敬不喜欢自己的上司和同事，尊重所有的人，包括传达室里的门卫和搞卫生的阿姨。

⑥自我批评总能让上司和同事理解，自我表扬则不然。

⑦切忌把别人对自己的好视为理所当然，而要知道感恩和感谢。

⑧上司的时间比自己的时间宝贵，不管他临时指派了什么工作给自己，都比自己手头上的工作重要。

⑨接到工作要立刻动手，迅速、准确、及时完成，给上司和同事留下反应敏捷的印象。

要把细节做好，最好的办法就是对小事进行训练，从而形成关注细节的习惯。注重细节是一种良好的习惯，需要精心培养，一定要告诉自己：细节万万不可忽视。凡事要多看多想，多去注意别人没注意的地方，这样才能拥有细心素质，才能发现很多虽小却又意义重大的事情，让自己出奇制胜。

（3）培养自己的细节意识。一名优秀的员工也必定是一个注重细节的员工。要培养细心素质，就要培养自己注重细节的意识，从而养成办事细心的习惯。这首先要求我们从一点一滴做起，把每一件事都做好、做精。

注重细节的员工也是最具责任心的员工。对于每个企业来说，员工的细心素质都是至关重要的，它应该是一种工作态度。那些工作不细心，或者不把细节当回事的人，必然是对工作敷衍了事的人。注重细节的人不仅认真对待工作，将小事做细，而且注重在做事的细节中找到机会，从而使自己走上成功之路。所以，优秀员工与平庸者之间的最大区别在于前者有注重细节的意识，而后者则忽视细节的作用。

往往细节本身就潜藏着很好的机会。如果能敏锐地发现别人没有注意到的空白领域或薄弱环节，以小事为突破口，改变思维定式，工作绩效就有可能得到质的飞跃。

也许一个细节是很不起眼的，但很多细节串联起来力量就非常强大了。忽视了一个环节，它就有可能引起连锁反应，最终导致非常严重的后果。我们常说的"蝴蝶效应"就属于这种情况：南半球某地的一只蝴蝶扇动一下翅膀所引起的微弱气流，几星期后可能会形成席卷北半球某地的一场龙卷风。"蝴蝶效应"可以这样来解释：一件极小的事情经过一定的时间，并在其他因素的参与作用下，就有可能演变成极为严重的后果。忽视细节的后果与"蝴蝶效应"颇为相似。

细节归根到底是细心才能做到的。因此，我们要做到细心对待工作中的每一件事，在小事上培养细节意识和细节观念，端正工作态度，认真地做好工作岗位上的每一件小事。比如：从对客户拜访的每个微笑到换位思考为客户着想；从数据的周全准备到严密的逻辑思维分析；从各部门相互协调配合到各自岗位上小事的处理完善。处理好工作细节才是制胜之道，只有小事做好了，才能在平凡的岗位上创造出最大价值，才能成为公司最为看重的员工。

（4）要细心就要能追求完美。对于一家大企业来说，企业的价值链已经很完整了，需要的就是员工追求完美的心态。因此，在工作中，我们应兢兢业业、有条不紊地把众多被细分的小事情做好、理顺。不管什么事情，哪怕再小、再不起眼，哪怕再不需要什么技巧与能力，也要有追求完美的心态。

也许有这样的一些职员，他们平时勤勤恳恳地工作，并且卓有成效，成功已经指日可待。可就是因为一时的疏忽，而与几乎已经唾手可得的成功失之交臂。"千里之堤，溃于蚁穴。"就因为缺乏对工作细节追求完美的心态，而使以前所做的努力都付诸东流。所以，不要轻视工作中的任何一个细节，即便是再简单的工作，也要把它做完美。

其实工作中有很多细节，以及发生在工作中林林总总的事情，有时候很难分辨它们到底算大还是算小。虽然并不是每一个细节都具有重大意义，但我们一定要认真对待它们，用追求完美的工作态度去解决它们。因为忽略的说不定就是一个有重大意义的细节，那么它将造成重大损失。如果暂时还没有这个习惯，那你就从现在、从身边做起。对每一件事，你都要坚持多观察、多思考、多去注意一些细小的环节，尽力把它们做到完美。长期坚持下来，就能养成注重细节的习惯，也能练就发现和解决细节的能力。

第十一章 员工团队的建设

团队是管理中流行的概念，团队是参与管理的最佳形式，它把员工的创造力和凝聚力结合起来，激励了员工，提高了效率。团队是一个伟大的创造，是现代管理的基础。

第一节 员工团队观念更新

一、充分发挥每个团队成员的力量

团队的力量来源于团队中的每个成员，如果能够充分发挥每一个成员的潜在能力，那么，团队将会爆发出巨大的力量。

20 世纪 70 年代，美国学者艾尔伯特·赫希曼针对发展不平衡问题提出了著名的经济学"木桶原理"。意思是说，一个木桶由许多木板条组成，一个木板条长短不一的桶能装多少水，并不取决于长板条的长度，也不取决于各个板的平均长度，而取决于最短的一块板条。

在构成集体关系的第一因素中，决定集体整个水平的关键在于团队中那个能力最低的水准。在构成集体关系的第二因素里，个体之间的关系就好像各个板条之间结合的紧密度，或者将所有板条围在一起箍紧，如果板条不能够箍紧而是出现了裂缝及漏洞的话，那么这个桶即使造成也不能够使用。而在构成集体关系的第三因素里，管理者就好像是这个木桶的设计者和制造者或称桶匠，如果"桶匠"的手艺很糟，这个桶可想而知。

企业是一个整体，是一个系统。企业内"最短板条"的水平决定着企业的整体水平，长短差距越大，整体水平越低。企业要立于不败之地，群体的关系很重要，要保持稳步向前发展，就要保证群体的水平不断提高。从第一因素看，那么我们的工作除抓好优秀员工、优秀管理项目外，更要抓好后进员工和管理工作的薄弱环节，重点抓好企业最差的方面。任何企业的工作都存在着好的、比较好的和差的，我们往往只着重抓了好的，看了优的，忘了差的。甚至认为有一部分差的无所谓，好的是大多数，而忽视了这部分差的正是影响工作的主要矛盾，影响整体水平的关键。

因此管理者要想组建高绩效的团队，必须注重培养、提拔优秀的员工。只有优秀的员工才是组建高绩效团队的重要因素。确实，许多人不擅长在团队中工作。有的人生性孤僻；有的人想突出个人成就。也有很多组织传统上注重个人成就，它们创造了强者生存的竞争性工作环境。如果这些组织采用团队的方式，而员工已习惯彼此竞争，组织就会发现这二者之间很难协调。

成功的管理者不仅能够组建高绩效团队，而且还能够选拔优秀的人来作为下属。工作团队的一个重要的障碍是来自员工个人的阻力。员工的成功再也不能用个人的绩效来确定。为了能成为一名优秀的团队成员，员工必须诚实率直地交流；去面对差异和解决冲突；为了团队的利益要升华个人的目标。对许多员工来说，这些都是很困难的任务，有时是不可能做到的。

一些著名的大公司如福特公司、摩托罗拉和其他美国公司的情况就是这样。这些公司的繁荣是聘用和奖励公司的杰出人才；它们创造了一种竞争环境，鼓励并认可个人成就。在这种类型的公司里，如果突然转向强调团体合作，会使员工感到震惊。某家大公司的老员工过去一直独自工作得很好，加入工作团队后，他说："我得重新学习。在20年里，我头一次得到不良的绩效评估结果。"

因此，要想打造一个高绩效的团队，必须注重每一个团队成员的能力，深度挖掘他们的潜力，只有每一个成员都成为优秀的人才，那么团队的力量才会发挥出来。

二、以团队的眼光看待员工

许多员工习惯于以自己个人的努力程度作为上级管理和评估的依据。即便他们被告知自己是团队的一员，也还是放不下对自己工作表现的关心。这时，管理者的主要工作就是帮助这些员工把注意力从个人的工作表现转移到团队的工作表现上来。如果管理者不做这个工作，依旧让员工从头把注意力放在自己的个人表现上，就难以在他们中间建立起一个高效的团队。

作为一名管理者，当观察、评价员工的工作时，也要努力地转变思维，把目光放在整个团队的表现上，而不是更多地关注某一个员工的表现。当然，个人的表现也很重要，团队的成功来源于个人的表现，但是并不是每个员工的努力都会促进团队整体的表现，因为团队的成功并不是个人表现的简单排列组合，而是一个有机而又有效的组合。有时候，个人努力的方向可能与团队的方向不太一致。所以，要将注意力放在整个团队是如何表现的，以及个人的努力为团队整体的成功所做的贡献上。如果把注意力专注在这里，那么，团队里的每位员工都会这样做，在工作中主动追求与团队整体的磨合。作为管理者，应该将所有的时间和努力花在帮助团队成员磨合成一个团队上，而不是强迫他们专注于自己个人的成就。

作为一名管理者，要关注团队的整体表现，关注每个成员为团队的整体表现作出哪些贡献。这就需要在团队整体中体现这个原则。

1. 让团队来纠正个人的工作表现

在过去，管理者总是把纠正员工的工作表现作为自己的任务之一。团队如果能够真正建立起来的话，这种情况就会改变。高效的团队在纠正、提高成员工作表现方面的作用，要比大多数管理者强得多。因为一位差劲的员工可能会时刻受到团队中其他的压力，而不像以前被管理者骂一顿就完事。

2. 不要奖励无助于团队成功的个人表现

团队里会有杰出人物，但他们不同于传统工作群体中常见的杰出人物。团队中的杰出人物是那些帮助团队实现整体目标的个人。只要有足够的时间，几乎每个团队成员都能成为杰出人物——他们在特定的时间点上都为团队的工作作出了特别重要的贡献。所以，如果有人作出了什么贡献的话，不要把他单列出来。如果团队相信某人作出非常突出的贡献，成员们会承认这个现实，由他们去处理这些事情吧。

3. 如果采用个人表现评估的方法，就应该把团队的表现作为评估个人表现的主要因素

个人表现评估其实并不能与高效的团队表现相提并论，但大部分团队都要对个人进行评估，至少在开始的时候是这样。但是要保证，至少把个人作为团队成员的表现，以及将团队的目标置于自己的目标之上的精神，作为最重要的因素来考虑。

对于个人表现和团队整体的表现，要把个人的工作表现放在整个团队工作中去考虑。团队工作讲究的是协作和互助，如果团队成员之间没有磨合好，团队成员的努力很容易和团队的目标不一致，有些团队成员把工作重点放在个人的成就上，结果，个人的工作很突出，但是却对团队的进步没有起到多大的帮助作用，这时候，就不能对他的行为做出奖励。因为团队中的个人评估是最重要的评估，是个人作为团队成员的表现，即个人的团队协作精神，以及他是否愿意将整个团队的目标放在个人的目标之上。

三、重视团队的精神

在 20 世纪六七十年代，日本经济迅速发展，成为世界经济大国，企业国际竞争力跃居世界前列。就技术而言，自 20 世纪 60 年代以来，日本已逐步在世界工业技术领域里居领先地位。

为了寻找日本经济高速发展奇迹的秘密，以美国为首的西方国家对日本企业展开了深入的研究，日本各界也对"日本式经营"进行了深入探讨。最后，为大家所普遍接受的一个结论就是在日本企业界无处不在的团队精神。

在揭示了这个秘密之后，"团队精神"成为现代企业家的"口头禅"，并成为他们努力追求与塑造的一种现代精神的体现。随着企业竞争的日益激烈，越来越多的企业确信，企业是否具有团结奋斗、共存共荣的"团队精神"，是现代企业经营成败的关键。在和拢型团队管理中，这一点体现得尤为明显。

团队精神并不仅限于企业之间，而是要在企业内部上下之间、纵横之间都要形成相互理解、相互信任、彼此协助的关系。它所追求的是一种全体成员之间的相互关系。在这种"团队精神"的影响下，每个人都会感到共同的利益、共同的事业已把大家联结在一个息息相关的命运共同体内，他们的工作、生活乃至家庭已经同这个命运共同体牢牢地拴在一起了。

团队精神要求成员之间创造出一种"运作上的默契"。正如在一流的球队和爵士乐队中，队员既有自我发挥的空间，又能与集体协调一致。在组织中，杰出的和拢型团队也会发挥同样的"运作上的默契"。每一位成员都非常留意其他成员的表现，并且会采取相互配合、协调一致的方式。这主要表现为以下几点：①将团队成员看做是大家庭中的一员，团队的成员同舟共济，相互依存；②成员之间相互信任，能够互相容纳各自的差异性，真诚相处；③在工作中相互帮助，共同前进；④在团队成员对团队事务的态度上，团队精神表现为团队成员对团队事务的尽心尽力及全方位的投入。

团队精神在团队发展中起着关键作用，是团队的灵魂，管理者一定要加强团队精神建设，但是团队精神也往往受某些因素的影响。

1. 影响因素

（1）团队的管理方法的影响。团队的管理者在团队中起着核心作用，他所采取的管理方法会直接影响到团队精神。美国心理学家温勒曾做过这方面的实验研究，比较了民主、专制和放任三种领导方式下的实验小组的团队气氛。结果表明，当管理者实行开放、民主的管理方法时，成员有充分表达自己意见的机会，有较强的参与意识，愿意与其他成员相互配合，互相取长补短，提供支持与帮助，从而使团队精神不断得到增强。

（2）成员关系的影响。在一个团队中，彼此间存在的较强的人际吸引力无疑是一种聚合的力量，特别是团队中能够形成一个人际聚合中心时，团队比较容易规范团队成员的行为。一个人可以从某个团队内获得个人的满足，这是由于从其他成员的身体外观、态度和价值标准或能力方面，感受到团队的吸引力；或者是由于团队给予他心理上的慰藉。实践证明，如果一个人加入一个团队的难度越大，说明这个团队的人际关系越好，团队精神所起到的作用就可能越强。

（3）团队目标与个人目标的融合的影响。团队目标为团队指明奋斗方向，是所有成员共同的努力方向。一个吸引力、号召力强的团队目标，如果再与个人目标相一致，使成员通力合作才能完成，必能增强团队精神。反之，如果团队成员的任务目标互不关联，成员间交往合作少，感觉不到个人目标与团队目标之间存在不可分割的关系，则团队精神就无从谈起。

2. 成功因素

在很多企业中，团队的成功关键在于有一个好的管理者有效地激发成员的团队精神。要激发员工的精神，管理者必须做到：

（1）信任员工。这不仅是成功领导的特质，而且是领导者激发员工团队精神的一个重要激励手段，因为只有信任员工，让其得到应有的授权和尊重，员工才会士气高昂。因此，团队精神是领导者和被领导者互信的产物，是因彼此相信对方拥有高超的品格和能力而产生。想建立互信，就必须真正关怀员工的利益。

（2）管理者须有诚实正直的品质。管理者有无好的品质会影响到整个团队精神的发挥，而汤姆·克洛宁更加重视管理者的品质，他说："这是管理者才能的中心点。"从某种程度上说，管理者没有好品质，也就没有相应作为一个优秀管理者的资格，更加无从谈起激发员工的团队精神了。

（3）尊重下属。无论是年幼的小孩，还是耄耋之年的老人，所有的人都需要尊重。如果想成为一名优秀的管理者，尊重下属是一门必修的课程。因此，领导激发团队精神，就不能不提到尊重下属，因为管理者尊重员工与否同样影响着团队精神的建设。

让一个人受到尊重比金钱、晋升、改善工作待遇以及其他任何有形东西的刺激都有效。

四、团队利益不能高于一切

"管理是团队的游戏",这是新时期管理者们乐观自信的回答,他们发现,团队的建立使管理变得更有趣,更富创造性了,员工们在得到参与管理的切实满足感后,爆发出强大的热情和干劲。每个人都最有成效地发挥着自己的聪明才智,实现了自己在工作中心灵成长的愿望,这正是自我价值实现的需要。团队建设其实是企业文化的一部分,但许多企业在搞团队建设过程中总是搞不好。

团队首先是一个集体,由"集体利益高于一切"这个被普遍认可的价值取向,自然而然地可以衍生出"团队利益高于一切"这个论断。但是,在一个团队里过分推崇和强调"团队利益高于一切",可能会导致两方面的弊端。

一方面,极易滋生小团体主义。团队利益对其成员而言是整体利益,而对整个企业来说,又是局部利益。过分强调团队利益,处处从维护团队自身利益的角度出发常常会打破企业内部固有的利益均衡,侵害其他团队乃至企业整体的利益,从而造成团队与团队、团队与企业之间的价值目标错位,最终影响到企业战略目标的实现。比如说,一个企业内部各团队都有相应的任务考核指标,出于小团体利益的考虑,某个团队采取了挖兄弟团队墙脚等不正当的手段来完成自己的考核指标,而当这种做法又没有及时得到纠正时,其他团队也会因利益驱动而群起效仿,届时一场内部混战也就不可避免,而企业却要为此支付大量额外成本,造成资源的严重浪费。此外,小团体主义往往在组织上还有一种游离于企业之外的迹象,或另立山头或架空母体。

另一方面,过分强调团队利益容易导致个体的应得利益被忽视和践踏。如果一味只强调团队利益,就会出现"借维护团队利益之名,行损害个体利益之实"的情况。目前不可否认的是,在团队内部,利益驱动仍是推动团队运转的一个重要机制。作为团队的组成部分,如果个体的应得利益长期被忽视甚至侵害,那么他们的积极性和创造性无疑会遭受重创,从而影响到整个团队的竞争力和战斗力的发挥,团队的总体利益也会因此受损。团队的价值是由团队全体成员共同创造的,团队个体的应得利益应该也必须得到保护,否则团队原有的凝聚力就会分化成离心力。所以,不恰当地过分强调团队利益,反而会导致团队利益的完全丧失。

五、切忌团队内部皆兄弟

不少企业管理者在团队建设过程中,过于追求团队的亲和力和人情味,认为"团队之内皆兄弟",而严明的团队纪律是有碍团结的。这就直接导致了管理制度的不完善,或虽有制度但执行不力,形同虚设。

纪律是胜利的保证,只有做到令行禁止,团队才会战无不胜,否则充其量只是一群乌合之众,稍有挫折就会作鸟兽散。南宋初年的岳家军之所以能成为一支抗金主力,与其一直执行严明的军纪密不可分,以至于在金军中流传着这样一句话:撼山易,撼岳家军难。另外一个典型的例子就是三国时期的诸葛亮挥泪斩马谡的故事,马谡和诸葛亮于公于私关系都很好,但马谡丢失了战略要地"街亭",诸葛亮最后还是按纪律将其斩首,维护了军心的稳定。

　　严明的纪律不仅是维护团队整体利益的需要，在保护团队成员的根本利益方面也有着积极的意义。比如说，某个成员没能按期保质地完成某项工作或者是违反了某项具体的规定，但他并没有受到相应的处罚，或是处罚根本无关痛痒。从表面上看，这个团队非常具有亲和力，而事实上，对问题的纵容或失之以宽会使这个成员产生一种"其实也没有什么大不了"的错觉，久而久之，贻患无穷。如果他从一开始就受到严明纪律的约束，及时纠正错误的认识，那么对团队、对他个人都是有益的。杰克·韦尔奇有这样一个观点：指出谁是团队里最差的成员并不残忍，真正残忍的是对成员存在的问题视而不见，文过饰非，一味充当老好人。宽是害，严是爱。对于这一点，每一个时刻直面竞争的团队都要有足够的清醒认识。

六、牺牲"小我"不一定能换来"大我"

　　很多企业认为，培育团队精神，就是要求团队的每个成员都要牺牲小我，换取大我，放弃个性，追求趋同，否则就有违团队精神，就是个人主义在作祟。

　　诚然，团队精神的核心在于协同合作，要强调团队合力，注重整体优势，远离个人英雄主义，但追求趋同的结果必然导致团队成员的个性创造和个性发挥被扭曲和湮没。而没有个性，就意味着没有创造，这样的团队只有简单复制功能，而不具备持续创新能力。其实团队不仅仅是人的集合，更是能量的结合。团队精神的实质不是要团队成员牺牲自我去完成一项工作，而是要充分利用和发挥团队所有成员的个体优势去做好这项工作。

　　团队的综合竞争力来自于对团队成员专长的合理配置。只有营造一种适宜的氛围，不断地鼓励和刺激团队成员充分展现自我，最大限度地发挥个体潜能，团队才会迸发出如原子裂变般的能量。

　　团队建设是一项控制难度很大、实践性很强的工作，出现这样那样的偏差在所难免。但只要坚持以人为本的原则，勤于探索，注重实效，大胆创新，就一定能够走出各种形式的误区，从而真正培养出团队的凝聚力和向心力，形成团队独有的核心竞争优势。

七、信任是团队合作的关键

　　柯维说："团队精神是管理者和被管理者互信的产物，是彼此相信对方拥有高超的品格和能力。"

　　要组建一支高绩效的团队，团队成员必须彼此充分信任。但是，从个人关系中不难知道，信任是脆弱的，它需要很长时间才能建立起来，而且很容易被破坏，且破坏之后要恢复就会非常困难。另外，因为信任会带来信任，不信任会带来不信任，要建立和保持一种信任关系就需要领导者处处留心。

　　信任下属是增强团队竞争力的基础，也是领导成功管理的前提条件。如果领导要增强团队竞争力就必须信任下属，因为信任是领导下属的根基。

　　不可否定，信任的作用对于推动团队竞争力来说是至关重要的，它不仅关系着整个团队的凝聚力，而且还影响着整个团队整体作用的发挥。因此，管理者要想与下属互相信任，就必须表现出对下属的关怀。

作为一名管理者，你最优先要做的是完成任务，再下去就是关心下属的利益，而个人的利益应该在最后面。这样一来，所领导的人会肯冒险犯难，甚至为此牺牲性命。不过，想要建立这样的团队精神，必须具备某些条件。首先目标是值得努力的，其次能显示出利益优先顺序。

培养领导与下属之间的信任度除了关怀之外，领导还应注意维系信任度的几个要素：首先，诚实、可信赖。具有技术技能与人际交往能力。其次，行为可以预测。在处理问题时，具有较强的判断力。最后，愿意为团队维护和保全面子。愿意与团队其他人自由地分享观点和信息。

领导欲取得下属的信任，领袖必须是有能力、关系和品质几种特质的典范。实践证明，信任是影响团队竞争力的关键，同时决定着团队凝聚力的增强与否。

第二节　加强企业团队建设

一、如何重视团队的建设

随着社会的发展，个人单打独斗的时代已经结束。团队合作提到了管理的前台，团队作为一种先进的组织形态，越来越引起企业的重视，许多企业已经从理念、方法等管理层面进行团队管理。团队建设在管理中是必不可少的，有许多方面的好处。

1. 可以提高员工凝聚力

团队成员之间的相互帮助和支持可以增加感情。以团队展开方式，促进成员之间的互动，可以提高员工的凝聚力。

2. 提高决策的效率与质量

把一些决策权下放给团队，能够使组织在决策方面具有更大的灵活性。对与工作有关的问题，团队成员知道得往往比管理人员更多、更细，并且离这些问题也更近。因此，更容易做出有效决策。

3. 可以为管理者节省时间

采用团队形式，尤其是自我管理工作团队形式，使管理者得以脱身去做更多的战略性规则。当工作以个体形式进行设计时，管理者往往要花费大量的时间去监督他们的员工和解决员工出现的问题，管理者成了"救火队员"，很少有时间进行战略性思考。

4. 发展多元化的员工队伍

"三个臭皮匠，顶个诸葛亮。"由不同背景、不同经历的个人组成的团队，决策通常更有广度和深度，而且，这样做出的决策，更能具体到每个方面，能够大大降低决策失误的概率。

每位管理者都想拥有一支完美的团队，那么完美的团队的特征是什么呢？作为管理者应从以下几个方面去打造完美的团队。

一是要有明确的目标。成功的管理者往往是主张以成果为导向的团队合作，目标在于获得非凡的成就。他们对于自己和群体的目标，永远十分清楚，并且深知在描绘目标和远景的过程中，让每位伙伴共同参与的重要性。因此，好的管理者会向他的追随者指出明确的方向，经常和成员一起确立团队的目标，并竭尽所能设法使每个人都清楚地了解、认同，进而获得他们的承诺、坚持和献身于共同目标之上。因为，当团队的目标和远景并非由管理者一个人决定，而是由组织内的成员共同合作产生时，就可以使所有的成员有"所有权"的感觉，大家从心里认定，这是"我们的"目标和远景。

二是让员工各负其责。成功团队的每一位伙伴都清晰地了解个人所扮演的角色是什么，并知道个人的行动对目标的达成会产生什么样的贡献。他们不会刻意逃避责任，不分分内分外之事，知道在团体中该做些什么。

三是强烈的参与意识。现在有数不清的组织流行"参与管理"。管理者真的希望做事有成效，就会倾向参与，他们相信这种做法能确定满足"有参与就受到尊重"的人性心理。

成功团队的成员身上散发着挡不住参与的狂热，他们相当积极，相当主动，一遇到机会就参与。所以，通过参与的成员永远会支持他们参与的事物，这时候所汇聚出来的力量绝对是无法想象的。

四是相互倾听。在好的团队里头，某位成员讲话时，其他成员都会真诚地倾听他所说的每一句话。有位负责人说："我努力塑造成员们相互尊重、倾听其他伙伴表达意见的文化，在我的单位里，我拥有一群心胸开阔、性情开朗的伙伴，他们都真心愿意知道其他伙伴的想法。他们展现出其他单位无法相提并论的风度和技巧，真是令人兴奋不已！"

五是畅所欲言。好的管理者，经常率先信赖自己的伙伴，并支持他们全力以赴，当然他还必须以身作则。在言行之间表现出信赖感，这样才能引发成员间相互信赖、真诚相待。

作为企业的管理者，你必须把建立坚强的团队这件事列为第一优先处理的任务，千万不要忽视或拖延下去了。在重视团队建设中，不能忽略了一些事情的发生。这些事情容易蒙蔽团队管理者的眼睛，如果不引起管理层的重视，团队建设将会前功尽弃。因此，管理者对员工进行管理必须重视团队建设。团队建设需要管理者瓦解团队中的非正式组织。团队是全体成员认可的正式组织。非正式组织短期内能够很好地进行日常工作，能够提高团队精神，调和人际关系，实施假想的人性化管理，在团队发展过程中，基本上向有利于团队的方向发展，但长期而言，会降低管理的有效性，致使工作效率低下，优秀团队成员流失。管理者必须瓦解团队中的各种非正式组织，让所有的员工都融入企业的工作中来。

二、如何增强团队的凝聚力

据有关资料显示，在对15000家企业的调查中，所有团队得到这样一个结论，团队的凝聚力决定一个企业的发展前景，而且影响着员工的愿望。

人力资源是一个变量，它将影响着企业的整体工作进度以及工作质量，有效地激发团队的凝聚力，是组建高绩效团队的前提，也是打造企业竞争力的决定性因素。管理者只有走进员工的内心世界，从工作上、学习上、生活上全方位与他们进行心与心的情感交流，培养共同语言，帮助他们确定自己的发展计划，给他们锻炼和学习的机会，灌输正确的企业团队精神，才能够激励他们创造业绩，并使团队充满活力。

同时，管理一个企业或行政部门，增强凝聚力必须创造上下关爱、团结协作、人人平等的优秀内部环境。因此，增强团队的竞争力，不仅需要员工的配合，更重要的是管理者的整合与重视。

我国著名企业 TCL 就特别强调增强团队的凝聚力，管理者在企业内部营建了一种温馨大家庭的氛围，竭尽全力让每个人都受到热情的鼓舞、温暖的关怀和愉悦的感召。因此在 TCL 这个大家庭中，时刻存在着一股强大而积极的凝聚力，这种凝聚力在愉悦的运动中加速了其核心业务的成长。

TCL 在塑造团队时主要从以下几方面培育了团队成员之间的凝聚力。

1. 在工作上，建立有吸引力的岗位工资制度

TCL 集团公司实行的是"以岗定薪"的薪酬制度，根据工作性质的不同，会有不同的收入待遇。但与同行业相比，TCL 公司的收入是有吸引力的。

2. 在生活上，结合感情激励，解决后顾之忧

TCL 倡导人性化的管理，一直把为员工生活、成长着想，为员工解决实际问题作为重要的工作来抓，使员工工作起来没有后顾之忧。公司总裁李东生认为，员工没有后顾之忧才能安心工作。

3. 在个人发展上，为员工提供自我实现的舞台

TCL 公司一直注重为员工创造机会，为员工提供施展才华的舞台。20 年来，TCL 集团创造的一个奇迹，就是它的高级管理人才几乎没有一个"跳槽"的。为此，李东生说："吸引人才的有力措施是为其创造一个施展才华和实现自我价值的环境，TCL 为人才提供的是超出金钱和福利的东西。"

4. 在管理上，鼓励员工充分参与

在长期的管理过程中，TCL 的管理人员认识到，一个企业要取得成功，除了领导层的正确决策外，更需要全体员工的充分参与。处在生产第一线的员工更容易发现生产过程中的问题，也就更有可能提出解决实际问题的方法。为此，TCL 制订了鼓励员工参与的制度，根据员工提出建议、作出贡献的大小，给予应有的奖励。

可见，增强团队的凝聚力是一个很重要的方面，每一位企业领导都要予以重视。

三、如何培养团队的默契

一个真正的有效率的团队，应该看起来就像一个人一样，身体每一部分的配合与协调都自然随意，妙到好处。要做到这一点，管理者必须学会在员工中间培养默契，找到"心有灵犀一点通"的感觉。

培养员工整体搭配的团队默契，是增进团队精神的一个表现。作为团队的管理者，固然要让每位成员都能拥有自我发挥的空间，但更重要的是，要用心培养大家破除个人主义、整体搭配、协调一致的团队默契，同时，了解取长补短的重要性。

毕竟，只有合作才会产生巨大无比的力量。因此，经常教导灌输成员了解相互依存、依赖、支援才能完成任务的观念，是管理者的重要职责。企业的成功离不开员工的辛勤耕耘，管理大师汤姆·彼得斯指出："一个成功的企业一定有一支高绩效的团队，企业的成功是凝聚在团队基础上的集体行为。"

培养团队的整体搭配与默契是组建一个高绩效团队的关键，如果整个团队没有向上的激情和对成功的欲望，这支团队就是失败的。培养团队的整体搭配与默契是企业的团队精神发挥作用的关键。因此，管理者必须重视。

1. 团队内部不能搞"内讧"

团队精神在很大程度上是为了适应竞争的需要而出现并不断强化的。这里提及的竞争，往往很自然地被我们理解为与外部的竞争。事实上，团队内部同样也需要有竞争。

在团队内部引入竞争机制，有利于打破另一种形式的大锅饭。如果一个团队内部没有竞争，在开始的时候，团队成员也许会凭着一股激情努力工作，但时间一长，发现无论是干多干少，干好干坏，结果都是一样的，每一个成员都享受同等的待遇，那么他的热情就会减退，在失望、消沉后最终也会选择"做一天和尚撞一天钟"的方式来混日子，这其实就是一种披上团队外衣的大锅饭。通过引入竞争机制，实行赏勤罚懒，赏优罚劣，打破这种看似平等实为压制的利益格局，团队成员的主动性、创造性才会得到充分的发挥，团队才能长期保持活力。

在团队内部引入竞争机制，有利于团队结构的进一步优化。团队在组建之初，对其成员的特长优势未必完全了解，分配任务时自然也就不可能做到才尽其用。引入竞争机制，一方面，可以在内部形成"学、赶、超"的积极氛围，推动每个成员不断自我提高；另一方面，通过竞争的筛选，可以发现哪些人更能适应某项工作，保留最好的，剔除最弱的，从而实现团队结构的最优配置，激发出团队的最大潜能。

2. 培养团队精神

团队精神的培养不是一朝一夕的事，要使团队比传统的工作小组运作得更有效就要让每个成员全身投入团队及其工作当中。团队成员必须对任务抱有信念，并且能一起努力去完成。他们还必须专注于整个团队及其成功，而不仅仅是某段时间里自己负责的一小部分工作。如果成员们对任务及团队整体并不专注，他们就不可能组成一个真正的团队，而仍旧是一个工作上多少有些联系的个人的集合而已。对团队敬业精神的培养，需要很长的时间，但管理者可以按下列步骤逐步着手来做这件事情：如果想拥有一个高效的团队，就绝不能让团队成员只关注自己个人的工作。应该帮助他们把主要精力放在团队的整体任务上。因此，管理者所布置的任务必须明确。所有的成员都必须理解团队的任务，并且，他们的理解基本上是一致的。"使顾客满意"相对来说比较明确，而"生产高质量的产品"就并不那么清楚了。

要使团队成员能够全身心投入到一项工作中去，就必须使他们相信为这项工作花费时间和精力是值得的。为"客户提供高质量的产品"相对来说值得去做；而"在上级规定的期限内完成工作"则有些勉强了。同时，要让团队成员感到，这是一项现在就必须去做的工作，而不能等到别的什么更重要的工作完成后再动手。"及时设计好样品，以满足客户需要"相对来说比较紧迫，而"写一份产品销售数量的报告"就并不是一项紧迫的任务。

一旦大家都明确了整体的任务，就要确保每个人都全神贯注地致力于完成整体的任务。在实际工作中，这意味着有时员工们为了整个团队的利益，要对自己的工作做出牺牲。比如，当团队不能及时完成生产时，一个正在写生产报告的员工就得暂时放下手头的工作。这样，大家齐心协力，使任务顺利完成。

3. 把握团队中的关键人物

在今天，人才流动速度越来越快，类似于"跳槽"一类的事不足为奇，不见得是一种错误。但要是其他群体没有做出加高薪或是升高职的承诺，却还是把你的优秀员工给挖走了，这就可能真的是一个错误了。如果这些东西不是金钱，不是更高的职位，那又是什么呢？这个问题，作为管理者要好好想想了。一个公司要向前发展，一个管理者要创造业绩，离不开优秀杰出人才的辅佐，这样才能成就大业。

可以说，远到各朝各代，近到大小公司，若没有杰出人才当朝效力，王朝不会兴盛，公司也不会发达。

造成员工离职可能是下面一些原因：员工们认为你并不是一个好的管理者。他们觉得为别的企业工作更值得；所在团队名声不好。员工们认为，只要他们不离开这个团队，提升的机会就小得可怜；管理者表现得太想留住员工。但员工们认为，时间再长，管理者就会尽力阻止他们离开。这样，他们一有机会就马上离你而去；员工们觉得主管不会欣赏他们做出的努力。如果他们一分钱都加不了，那么至少可以找个能够赏识自己的老板。

当然，除了这些，还会有很多其他的原因。但不管是什么原因，团队中人才的流失，直接威胁到企业的发展，管理者必须阻止这种现象。先仔细反省一下自己的"所作所为"，这可不是件让人开心的事，但如果你不想再失去员工的话，就必须这么做。然后，参考下面的几条建议：

（1）礼贤下士，招揽人才。招揽了杰出人才，他们很快立下了大功，出了风头，这时，有些管理者就心理不平衡，因为无论自己的上司还是部下都把注意力与称赞投向了别人，而不是自己。从此后，常常故意找茬、挑剔，直到最后把有才能的员工挤走。要想留住优秀员工，一定要杜绝此类现象的发生。

（2）给予利益，留住人才。杰出人才之所以留在你的身边，而非另奔他人，是因为他希望从你这里获得最大收获，也只有在这种情况下，员工才能最大限度贡献力量。所以对于杰出人才要给予一定的优待与利益。

（3）做调查，弄清原因。也可以试试另一种方法。调查一下其他公司是怎么运作的？它们的优势何在？然后，留意别人告诉你的每一条意见，并着手进行改革。

（4）该放就放，再想也没用。对于那些身在曹营心在汉的员工，不要死抓住不放，不需要这样的人，把愿意留下来的留下。一心想走的，就让其走，并再送上你的祝福。

可以说，一个团队潜力的大小要看这个团队拥有人才的多少及对人才重要性认识程度的大小。因此，把握团队中的关键人物是管理者手中的一大法宝。

4. 鼓舞团队的士气

"一鼓作气，再而衰，三而竭"，早在战国时代，古人就已经对士气有了如此精深的认识。士气是一个很难定义的概念，有如肉眼看不到的一种物质，也许能感觉到它的存在，或是被它深深地激荡过，但它仍旧只是在一种莫名的状态下接受的一种只可意会、不可言传的事物。

记得麦克·阿瑟将军说过："出色的军队中应该都有一种'节奏'，一种整体感，一种本能的、内在的精神力量。"也许，他所说的正是这种捉摸不定的士气。

了解了士气，你才能弄明白在不同人、不同组织之间有着怎样的天壤之别，这里指的并不是胜与败之间，而是生机盎然与暮气沉沉之间的区别。

团队的士气是团队成员在集体协作的过程中产生的一种美好的精神，或是一种共同的心理基础，不论是在职业联赛中的球队，还是在杀场的战士，无论是提供便利服务的快餐店，还是在追求卓越的企业组织，这种美好的精神情感都激励着团队中的每一个人赢得佳绩。士气的形成既需要团队成员在长期合作中产生的默契，也需要为他们策略性地鼓动、加油。整体感是最能产生士气的了，如果你的员工像麦当劳快餐店一样着装鲜艳整齐，外戴一顶小红帽，那看上去就有一种整齐划一、步调一致的感觉。

当然，每个团队的实际情况与性质大小不同，这也就无法要求得十分"苛刻"，但至少可以将团队的整体感形象化、具体化。如适当地选择一些胸针、胸花或设计一些别具特色的徽章。如果是白领工作人员，可以为他们选择领带夹等一些装饰物，通过这些小饰物，团队成员会在已结成的默契上更增添一份紧密感与团结感。

保持适当快捷的工作节奏也能使团队产生出积极向上的士气。节奏如同音符，调节着工作步调的和谐，如果团队的工作失去了合理的节奏，像原子运动一样没有规则，那么不久以后，人们就厌烦了自己的工作，不是抱怨工作太多，就是抱怨工作太单调，内部的士气在经历几次折腾后，肯定是会泄掉的。团队的士气也需要荣誉的花环，取得业绩的团队是绝不能被冷落的。因业务忙而草草了事的做法，只会使人们的这种美好情感在无比高涨的时候突遭寒流。荣誉对于个人来说，也许多了会产生自满的倾向，但对于一个集体而言，荣誉是再次激发出冲天干劲的"兴奋剂"。

在重大比赛开始前，球员们都会簇拥在一块，叠上一只只手，仿佛在进行一次力量与信心的传递；在将士出征之际，有痛饮壮行酒，然后摔碗在地的壮举，这种手与手的交会，碗碎后的脆响都会在一瞬间使人的精神为之一振。

你的团队当然不可能像他们一样做一番轰轰烈烈的"热身"，但几句简单的口号，一个象征成功的"V"形手势，同样也可以让每个人精神上兴奋起来，士气高涨地进行工作。

5. 提高员工的自信心

作为一名精明的管理者，要想使自己的团队团结一致，高效运转，就要调动起员工的积极性，就要让员工在能够培植自我激励、自我估价与自信的气氛中工作。因为自信能力是一个有良好素质的员工不可缺的创造源泉，也是影响一个人工作能力高低的重要因素。在一个组织之中，员工的自信是与组织的整个士气密切相关的，是与他们的个人绩效紧密联系的。

作为一名管理者，在培养员工的自信心时，要注意到一个最大的"阻碍因素"，即员工的自卑感。不论哪个公司，总存在着两三位有自卑感的人。一旦自卑感作祟，就会丧失自信，使其本身能力降低。有自信的人会不断地提出方案，踊跃地发言，做起事来非常积极。而有自卑感的人，因过于注重他人的言论，总顾忌着一举一动是否惹人注意，会不会受到他人耻笑，因此总不敢发表意见。老是以自信者的意见为意见，于是对自己愈来愈丧失自信，愈来愈自卑，最后竟然完全没有个人思想。

自卑感是在与其他人比较的情况下才会产生的，凡事不关心或者缺乏竞争观念的人根本就不会有自卑感。例如，某人在与资深学者或技艺专精的人做比较时，如果输了，也不致产生自卑感。但在某方面赶不上同伴或者竟然输给能力较差的人，或者看到别人都有卓越的表现，只有自己默默无闻，那除了心中懊恼外，就会产生自卑感、丧失自信心。

因此，管理者要指导员工克服自卑心理，产生自信心。要在本单位、本部门消除上述现象，必须由多方面切实施行。

①使其早日适应工作与团体组织。如果无法适应就无法产生自信，这点对新进人员尤为重要。

②训练他们从事较高水准的工作。他们完成高水准的工作后，在兴奋之余就会产生自信心。

③训练他们掌握自动解决问题的方法。只有依靠自己的力量解决问题才能产生信心。

④赋予他较高的目标，让他独立完成。他若成功了，从此会信心大增。

⑤称赞他。当人受到称赞时就会产生信心。当然，这种称赞应当是切合实际的赞称，否则会起到相反的效果。

另外，还要说明一点，一个人如果过于自信，就容易变成自负了。个人应该了解自己实力到底达到何等标准。公司内工作人员也能以和同事们相处的气氛评定自己的能力。但如果评判自己超过了本身情形，因干涉批评他人，使得人际关系恶化。如果同事升迁快速，则自己会嫉妒、不满，反之，会有"怀才不遇"的郁闷感，认为别人都过于低估自己的能力，于是心理愈加不平衡。因此，上司应准确了解员工的能力，给予公正的评价，也尽量向其本人说明其程度至何水准。如果他了解这点，就不会有过分自信的情形发生。

自信，可提高个人的工作意念。过分自信也会使人变成牢骚专家，甚至降低工作意念。管理者一定要努力培养员工的自信性格，从而帮助员工时刻保持轻松的心情，敢于面对各种困难的考验和挑战，甚至是"绝处逢生"、"柳暗花明又一村"。

6. 培养员工的创造力

毫无疑问，创造力对于一个企业来说已不再是一种发展的必需，而已演化成为生存的必需。在这个追求个性发展的信息时代，没有创造力的员工无异于"高价电脑"，所以为什么还不用真正的电脑顶替他的位置呢？

当然，也不能因为他们的创造力不够而把每一个员工都辞掉。有意识地培养他们的创造力，是管理者们成本低、见效高的选择。现在就好好反省一下，你是否为他们做到了这些：

（1）给员工一个创造的空间。常言道："巧妇难为无米之炊。"一个人再有能力，如果被一些客观不可能实现的条件束缚手脚，那么也只能是无能为力了。一个健全的企业，一定有一套固定的办事方法和规矩，这些规矩有些有利于工作效率的提高，而另一些可以说是弊大于利，使办公手续烦琐和复杂，使每日重复遵守这些死条文的员工们透不过气来，严重影响了他们工作的活力。这需要为员工们提供创造空间的第一个方面；在合理的情况下对既成的规矩予以变通，仔细分析来自工作一线那些最有发言权的员工们的意见，减少条文的细节，不要墨守成规，正所谓"海阔凭鱼跃，天高任鸟飞"。另一个要为员工做到的就是不要以管理者的身份时时处处对员工们"光临指导"。而是给他们一些自主权，任由他们创造性地完成任务。对于聪明的员工来说，微小的差错也会使他们认识到计划制定上的偏差而予以纠正。如果仍不放心，可以适当地将权力范围缩小。

（2）逆向思维。曾经有人问一位商界奇才，他的成功秘诀是什么。"那么，如果你知道一条很宽的河的对岸地下埋有金矿，你会怎样办？"商人问他。"当然是去开发金矿"那人不假思索地回答。商人听后笑着说："如果是我，一定修建一座大桥，在桥头设立关卡收费。"听者这才如梦初醒。商人的高明之处就在于他采取了与正常人相反的思维方式，出奇制胜。正是由于大多数人都习惯于正向思维，才使逆向思维者面临的机会要多得多，才更容易获胜。

（3）员工敢于幻想。人们常说：有幻想的人不一定成功，但成功的人一定曾经幻想过。因为只有这样，他才会有一个目标去追求；而那些整日碌碌无为、只求温饱的人，绝不会去幻想——他们甚至缺少这种勇气。

所以，作为管理者，应该高兴身边多有一些满脑子怪念头的员工，要告诉他们很欣赏他们的这种幻想精神，并鼓励他们做更多的实际工作来完善他们的构想，帮助他们在众多的幻想中选择其中的一二进行更深入的分析。同时，还要感谢这些员工将这种爱幻想的风气带到了你的部门和其他员工身边。最后，在部门大会上肯定这种精神，说明有价值的幻想并不是白日做梦，并希望员工们都拥有自己的幻想。

（4）增强员工知识。员工多多了解各个学科的知识，打好基础，开阔眼界。创造力是一种能力，它在生活中表现为瞬间的思想火花，应该明确这种灵感的产生并不是偶然的。当一个学识广博的人被一种问题所困扰时，他往往会尝试运用所掌握的其他学科的知识来解决问题，这也是一种创造力。

以上的内容如果你都做到了，那么就不愧为一位"有创造力"的管理者。如果没有，把他们当成今后的工作目标，定会让公司和员工自身都受益匪浅。

7. 给员工创造发挥的空间

管理者管理员工不能管得过死，如果管理者过于严厉和苛刻，员工就会畏首畏尾，组织行为就会趋于僵化。有时候，管理者适当地创造出一些空间供员工发挥自己的能力，反倒能有益于提高组织的工作效率。

管理者在业务方面已经十分熟练，但员工可能尚处于学习阶段，所以管理者千万不要期待员工做得跟自己一样的完美。更不能因为员工的不熟练就束缚他们的手脚。

"海阔凭鱼跃，天高任鸟飞。"在对待员工的问题上，管理者就要学习这种气概！

第三节　铸造企业钢铁团队

一、用企业文化激励员工

企业文化是无形的，却很有力。美国戴尔电脑公司总裁麦克·戴尔说："要创造一种公司文化，让组织上上下下都以公司老板的态度来思考行事，就必须力求把个人的表现与公司最重要的目标相结合，这样每个员工都是公司的老板，不太会注意等级或计较谁拥有最好的办公室，只力求兢兢业业地达成目标。"

企业文化作为人的精神需求，是一块肥沃的土地。在这里，管理者可以尽情播下敬业、希望和鼓舞的种子，这是员工被激励时最需要的精神"蛋白质"。

研究表明，一种健康的、有竞争力的企业文化可以使全体员工相信自己是在世界上最好的机构中工作，产生由衷的自豪感，使工人和管理者成为并肩作战的伙伴，共同成功，创造奇迹。

文化激励对一个企业来说，就像人的心脏一样重要。企业文化是企业组织的风俗习惯，是组织内成员共同认定且遵守的行为。企业文化作为一种激励手段，将有力地从思想上引导、规范员工的行为，向企业倡导的积极方向发展。

然而，要想将员工真正植根于企业这样一种文化中，还需要全体员工的通力协作和不断学习，使每个人的不同才能满足不断变化的市场需求。

为此，有时就需要管理者扮演虔诚的牧师的角色，不断地用"情"传播企业文化的精神，布企业文化的道，使员工的精神需求聚集在企业文化的手掌心。若能使企业文化与员工达到"彼此"相爱这种炉火纯青的地步，其激励效果必将使管理者欣喜若狂。

企业文化是开启员工主动性的成功钥匙，故它又被形象地称为企业的灵魂中枢或心脏，也是激励员工的核心力量。

二、用良好的企业形象激励员工

良好的企业形象对股东和消费者具有很大的激励功能。一个形象良好的企业，能使消费者对企业生产的产品产生"品牌忠诚"，这是解释为什么有些消费者对名牌产品特别青睐，宁愿花更多的钱去购买的原因。而消费者对企业品牌的忠诚又反过来保证了企业的经济效益，对企业的价值观念也具有强化作用。一个形象良好的企业能够鼓励社会公众购买本企业股票，因为一个形象良好的企业具有巨大的成长潜力，这正是社会公众购买企业股票的目的之一。相反，一个形象不良的企业前景暗淡，股东就会抛掉手里的股票，退出企业。

企业形象的内涵决定了它不仅对消费者和股东具有激励功能，对经营者和生产者同样具有激励功能。经营者和生产者的需求是多种多样的，他们不仅有对物质的生理需要，还有被社会承认、理解、尊重、接受和肯定的需要。企业形象是企业每个成员的集体"像"或群"像"，企业形象好就意味着企业成员的社会声誉高和社会地位高，经营者和生产者在社会交往中也会受到尊重，从而强化经营者和生产者的成就感、自豪感，强化他们对企业的忠诚，更加尽心尽力地工作，自觉地接受企业的行为规范，努力维护企业的良好声誉或企业的良好形象。相反，企业形象差，经营者和生产者在社会交往中得不到承认和尊重，甚至会得到轻视、排斥和拒绝，体验到挫折和羞辱，从而对企业产生离心倾向，最终离开而流向形象良好的企业。

尊重荣誉才能赢得荣誉。为了吸引、留住和激励员工为企业服务，企业管理者一定要努力树立和宣传良好的企业形象。"良禽择木而栖"，一流的人才也总是在寻找适合自己的最佳机会。他们总是朝着那些现在或将来能够提高其职业地位的方向发展，他们有共同的价值观，就是他们希望企业主是实力雄厚的企业家。

公司要通过参加公益活动，对行业协会进行捐助、关心员工等方式显示和展示自身的正确形象，表示对社会的责任感。这样的活动有：赞助马拉松运动，推动组织联合基金的筹集，参与城区重建项目，等等。

无论是聘任外部的宣传人员还是独立进行宣传推广，都要努力在媒体中获得积极的形象，把你的各种新产品及服务、员工成就、公司发展计划以及其他新鲜事物传达给媒体联系人员。

不要光把注意力放在那些爆炸性的大事上，很多小事也很有效——甚至更有效。心理学家说过，间断的重复很有影响力，反复正面宣传公司的名称，甚至像赞助青少年团体或中学生演出这样的小事，也会使人们把你联想成为一个好企业主。

可以把公司的专业知识作为素材提供给各种新闻媒体：如本市的日报、工商报刊、行业刊物、电台的"脱口秀"及电视的"新闻秀"等。被媒体视为权威对公司有百利而无一害，特别是代表公司的员工作为行业的专家出现在媒体上的时候。寻找合适的渠道对公司的促销活动、新人选的任命、发现和发明、重大成就等进行宣传。这样也就把这些信息巧妙地传达给公司外的一流人才。

展示公司的发展目标。要表明公司实力雄厚，并且有明确的发展目标。如果这项工作还没有做，可以撰写一份任务声明或目标声明。

如果想吸引并留住符合企业核心价值观的员工，让他对企业充满信心非常重要。

展示公司的内部形象。邀请目标员工到办公室谈谈，这时，他们会通过看到的情况判断公司。

仔细观察一下周围、地面、建筑物、接待处和前厅以及办公室。可能会对发现感到很惊讶。要用批判的眼光去看，因为理想人选也会这样。

提供一个建议，就是把管理和领导方面的书摆在办公室里，尤其是那些解决人力资源方面问题的书。办公室里的这些书向来访者表达了主人志趣，告诉了他们什么才是重要的。

要向员工展示：在所处的领域里，是紧跟潮流的。然而，最重要的因素还是公司的产品和服务的声誉。必须是真实的，而不仅仅是通过伪装和掩饰造成的表面现象。

为了获得并保持良好的声誉，迫切需要领导者和下属对质量问题给予足够的重视。如果领导者表里如一，并且真正关心质量，企业定会获得尊重和赞赏。这种尊重和赞赏会吸引那些为声誉而努力的一流人才，从而使他们留下来。成功会带来另一轮成功，在他们取得了成绩后，会因此而产生成就感并向更高的目标提出挑战。

要激励员工为企业付出热情，就一定要努力树立和宣传良好的企业形象。

三、以价值观凝聚人心

每个人在不同时期有不同的价值观，他们的行为也被价值观支配着。但价值观又是一个可塑性很强的事物，管理者可以充分利用价值观的这一特点，使价值观为激励员工这一目的服务。

企业里的员工来自四面八方，是有不同价值观的个体。要让员工为企业奋斗，企业的领导者就必须塑造群体价值观念，也就是企业的价值观。企业价值观是企业文化的核心，它决定和影响着企业存在的目的和意义，企业各项规章制度的价值和作用，为企业的生存和发展提供基本的方向和行动指南，为企业员工形成共同的行为准则奠定了基础。

根深蒂固的价值观提供了衡量内聚力的尺度。没有共同价值观的企业无异于一盘散沙，没有正确价值观的企业就像大海中迷失方向的船只。价值观作为企业共同的规则体系和评判准则决定了企业个体人员共同的行为取向。企业价值观中还包含价值理想，这种永恒的追求信念赋予企业员工以神圣的使命感，并鼓舞企业员工为崇高的信念而奋斗。

美国的管理学家彼德斯和沃特曼指出："我们研究发现所有优秀公司都很清楚它们主张什么，它们所要建立和要形成的便是一种企业价值标准；事实上，如果一个企业缺乏明确的价值准则，或价值观念不准确，我们很怀疑它是否能获得经营的成功。"

建设价值观可以对全体员工产生深远而持久的激励作用，但价值观的建设不是三言两语就能说清的。这里我们指出价值观建设的关键要点，供管理者参考。

1. 企业文化的建设，重在建设价值观

企业文化包含物质文化、行为文化、制度文化、精神文化（价值观）。其中，价值观是企业文化的核心。公司取得成功最重要的因素是公司必须有一整套健全的价值观，而且要严格地遵守。海尔总裁张瑞敏曾经说过：在企业内部管理中，最重要的是价值观，有什么样的价值观就有什么样的制度文化。

2. 价值观要有特色

美国通用公司的价值观有 11 条，其中最有特点的就是：倡导无边界和壁垒的管理风格，永远追求和采用那些最杰出最实用的好主意，而不计较它的来源。这就是杰克·韦尔奇的价值追求和思考。他一直思考如何让企业内部员工经过交流，让 30 万人的智慧火花在每个人的头脑里闪耀。通过在公司内部执行一项"无边界行动"，韦尔奇把 GE 与 20 世纪 90 年代其他世界性大公司区别开来，在竞争中跑在前面。

3. 随时修正企业员工的价值观

随着企业的不断发展，企业的价值观也应该不断得到发展，价值观体系包括企业使命、核心理念、经营理念、管理理念、团队理念、哲学理念等。不断地提升价值理念，广泛征求员工意见，对方案进行选择、修改和补充，由高层团队经过逐字逐句推敲，最终研究确定出属于自己的价值观。

四、鼓励员工做到最好

人人都有优秀的一面，负责组织资源的管理者，主要任务之一就是从员工身上发现资源，然后按照一种最佳的方式组织起来。一方面，这种做法可以让员工最大限度地发挥自己的优势——从心理上来说，员工所取得的每一点进步都是对他们最大的鼓励和奖赏；另一方面，从资源组织的角度来说，能够发现资源并以一种最有效的方式进行组织，对企业而言也是一种最能产生效益的做法。

优秀的管理者不仅善于发现员工身上优秀的一面，而且他们还会通过期待员工做到最好来激发员工的工作积极性。研究表明，在一个组织中，管理者对员工的期待高低与该员工的工作效率有着直接的联系，如果管理者对员工始终抱有很高的期望，他实际上就掌握了一个提高员工工作绩效和增强其工作动力的有效工具。

道理其实非常简单，在日常接触过程中，管理者与员工之间在进行互动的时候经常会不自觉地传递给员工一些信号，员工则会根据这些信号来不断调整自己的行为。当他们感觉上司对自己抱有很高的期望时，他就会产生一种强烈地想要表现得更好的愿望和动机——因为没有人喜欢让别人失望。

在很多情况下，管理者对员工的期待实际上会在员工心里建立一道心理标准，他们只要求自己能够达到上司的要求水平，一旦满足了这个标准，他们就很难主动去提高对自己的要求，从而也就难以取得更大的进步了。

管理者应该如何表现出自己对于员工的期待呢？一个最好的办法就是改变自己对待员工的方式。要想让员工相信自己真的是一个能够取得某种成就的人，管理者就必须像员工已经取得了某种成就一样去对待他们。要想做到这一点，管理者一方面可以把自己对该员工的期望用一些比较具体的方法进行强化——比如说，如果希望某位下属员工成为王牌销售员的话，就要把这个目标清楚地告诉对方，"我相信你能够成为王牌销售员"——记住，在为该员工确立目标的时候，一定要具体，而不要只是简单地说，"我知道你能做得更好"。与此同时，管理者应该时刻鼓励该员工的一点点进步。鼓励和表扬往往能够产生巨大的推动力，可以促使员工向着自己的目标不断前进。

除了向员工明确对他们的期待之外，管理者还应该设法让该员工周围的人对他产生同样的期待。让他周围的人关注他一步步前进，直到实现目标。

在对员工表现出期待的过程中，管理者一定要注意把握好尺度，否则可能就会产生完全相反的效果。所谓把握尺度，就是指管理者既不能对自己的员工作出一些不切实际的期望，也不能对他们期望过低。如果管理者对员工作出一些他们根本无法实现的期望的时候，员工的自信心就会受到打击，他们会觉得自己总是无法达到别人期望的水平，从而可能对自己的能力产生怀疑，那些心理脆弱的员工甚至可能会在内心里产生困惑，"我为什么这么笨呢？"

而在另一方面，如果管理者对员工的期望过低，从而使员工很容易达到这种期望水平的话，他们也同样无法产生继续努力的动力，结果就会导致他们日益陷入倦怠，仅仅满足于自己当前的工作水平。合理的尺度，简言之，就是设立一个员工需要一些努力才能达到的目标。

在对员工设定期望目标的时候，管理者最好做到具体问题具体分析。首先，应该对自己的员工进行仔细的观察考察，对他们所能达到的目标产生一个大致了解。其次，可以把对他们的期望值设定得稍微超出他们的能力范围——比如说，如果一名打字员目前每分钟能录入 100 个字的话，你可以告诉她："只要稍微努力一下，我相信你肯定能够达到每分钟 110 个字的水平！"

五、鼓舞员工的士气之法

企业的领导都知道，提高员工的士气，营造一个良好的企业氛围对于企业来讲多么重要。因为，实在难以想象如果一个企业的员工士气低落，该企业将如何取得成功。

在有些企业中，很多员工的素质都非常好，但却没有把他们的长处充分发挥出来，很难为企业创造更大的价值。原因是什么呢？因为他们身上缺乏 E 元素。什么是 E 元素呢？就是精力（Energy）、兴奋（Excitement）、热情（Enthusiasm）、努力（Effort）、活力（Effervescence），甚至是开支（Expenditure）。企业领导应能够把员工身上的这些 E 元素激发出来，让员工为企业创造更多更大的价值。

怎样才能激发员工的士气，让员工身上的 E 元素发挥出来从而为企业创造更大的价值，成功的企业都有其一定的方法，每个企业的具体做法也不一样，但是总结起来，这些企业一般会从以下几方面去努力：

1. 口号鼓动

口号最初是一种战时鼓动性语言，唤起民众参加或支援战争，后来广泛运用到政治、宗教、艺术、商业及各种群众运动中去。口号反复使用，可以给人以强烈的印象，使人铭记于心，化为鼓动民众行动的力量。因此，用口号作为号召的手段是非常有效的。

在企业管理中，恰当的口号，不仅能喊出企业的形象，更能够调动员工积极性、进取心和责任感，强化他们的观念和行动准则，鼓励全体员工自觉行动起来，表现得更好，以利于树立起企业的良好形象。好的企业口号似战斗的号角，对于激进者是一种鼓励，对于落伍者是一种鞭策。这类口号的特点一般是言简意赅，易于记、诵，体现了企业的特点，中、外不少大企业的口号真是漂亮极了。

公司口号描述了全公司员工的抱负和精神状态，对内是凝聚全公司员工精神力量的基本核心，对外则是展示公司意志、规范行为、振奋人心、鼓舞士气的效果，对动员员工搞好生产经营、实现公司远景目标能起到巨大作用。

企业口号有三忌：一忌形式主义；二忌不讲艺术性；三忌无时间性。

企业口号是企业管理范畴的内容，是企业文化的一部分，是促进生产经营活动的一种方式方法，不必像革命口号那样激烈悲壮，应当如诗如歌，如行云流水。只要恰如其分地运用，企业口号就能在促进经营、生产、质量和管理方面起到一定的作用。

一个企业里除了响亮的企业口号外，还可以有企业歌曲、企业标语、企业标志等，这些都可以极大地促使企业的下属爱岗敬业，使他们信心永驻，力量倍增，在工作中越干越有劲。美国西点军校在这方面就做得非常广泛：全校有 36 个学生连，每个连都有自己的座右铭，同连的一年级学生必须以座右铭向学长问好。

2. 企业应有能鼓舞和激励员工的远景目标

企业的远景目标要能够召唤并驱使人向前，它能激发员工内心有意义的价值，并能鼓舞追随者。

3. 使员工了解自己工作的价值

没有什么比意识到自己所做的工作毫无价值更让人士气低落的了。所以一定要让员工了解自己的工作的价值何在，不管是处于技术岗位、管理岗位或行政后勤岗位，都有其独特的价值。企业领导应首先让员工充分了解自己岗位的价值，使员工意识到自己是在做有意义的工作。

4. 给员工以一定的自由度，让员工进行自主管理

员工在一种被动执行领导指令的状态下工作很难发挥出创造性来，员工也会很快觉得工作比较刻板与乏味，从而丧失工作热情与积极性。因此，领导给员工适当的授权，而不是事必躬亲或事无巨细都安排好，能够让员工感觉到自己是工作的主人，而不是被动的机器，这样才能够充分发挥员工的主观能动性，使员工对工作充满热情。

5. 要鼓励创新

员工的工作模式和工作内容总是一成不变，就会感到缺乏新鲜感，从而逐渐形成惰性，即使是很简单的工作，也可能做得力不从心。所以，应鼓励员工在做好本职工作的基础上不断创新，从而对原有工作进行改善。员工在一种持续改进工作动力的驱使下，会更积极努力地工作。当然，这种创新不一定是彻头彻尾的创新，可以在原有工作的基础上，对部分工作的方法、内容等进行创新，继承原有的合理的部分。

6. 建立一种相互信任、融洽沟通的氛围

企业是一个整体，各个部门、各个岗位都是企业链条上不可缺少的一环，因此要想实现企业的总体目标，必须要协调各个部门、各个岗位的力量共同完成任务，沟通就显得尤为重要。而要进行顺利的沟通，信任是前提和基础。员工只有在信任的基础上才能进行充分的沟通。所以企业的管理者应该在企业内建立一种相互信任、融洽沟通的氛围。领导应当信任员工，员工也应信任领导。员工之间也应相互信任，在相互信任的基础上进行融洽的沟通。

7. 企业应重视人性化管理

员工不是工作的机器，他首先是人，有人的各种需求。企业应了解员工的需求，员工的生活，员工的兴趣、爱好。企业应能适当尊重员工的需求，如定期举办一些活动等，让员工不仅有工作上的紧张，也有身心上的放松。

当然，激发员工的士气，开发员工的潜能，除了以上所说的几个方面，还有其他一些方法。总之，领导应有这种意识，就是要不断地去提高员工的士气，让员工身上的 E 元素充分发挥出来，让员工的潜力充分发挥出来，从而更好地为企业创造价值。

六、用愿景描绘未来之路

激励理论认为：人的思维和行动都具有一定的目的性，设立一个适当而又具体的目标，就可以有效地激发人们的热情，鼓舞和激励人们采取积极的方法去努力奋斗。近年来，研究人员调查显示，离职的优秀员工，有40%是因为他们看不到前途。可见，优秀的管理者要善于应用愿景激励方法去统率和促动你的下属及所有员工。

什么是愿景？愿景是对一个企业组织的主要方面在将来的发展动态的描述。企业的愿景是企业成员所共同持有的意象，也即他们对自己要"创造什么"的认识，它代表着一种共同的愿望与梦想，能够把人们紧密结合起来，推动他们完成任务、开拓事业，并在此过程中实现自己的价值。

企业愿景能唤起员工的希望，特别是内心的共同愿望。把工作变成一种隐含于组织的产品或服务之中的，比工作本身具有更高的目的。比如，"福特公司用制造大众买得起的汽车来提升交通的便利"，"可口可乐公司永远要做饮料世界的第一"，"通用电气永远做世界第一"等都是这些公司对未来愿景的简洁表达。或许可以把这些前景称作口号，但对于真正服膺这些工作前景的人而言，其意义要远远超过口号。

企业愿景均具有一定的气魄和诱人特征。它以其本身所拥有的更高的目标，带着希望深植于组织的文化和行事作风之中，令人欢欣鼓舞，使组织跳出庸俗，产生火花，由此唤起企业全体员工长久的愿望，进而迸发出无限的创造力。

企业在用愿景激励员工的过程中，注意千万不能流于形式。真正的企业愿景能够使全体成员紧紧地联结在一起，有利于淡化人与人之间的个人利益冲突，从而形成一种巨大的凝聚力。这种凝聚力不是企业管理者嘴上说说就有了的，它产生于共同愿景的核心，必须给员工以梦想才可以，这也就是为什么许多企业不断地高唱什么"团结、奋斗、创业"或"服务顾客"等大口号，虽用心良苦，但员工照样拖拖拉拉、精神不振的原因之一。

由此可见，企业愿景可使员工们致力于实现某种他们所关注的事业、任务或使命，使之忘掉自己的私利，不顾一切地凝聚在一起。"伟大的愿景一旦出现，大家就会舍弃琐碎之事。"一个企业只有拥有企业愿景，员工才可能创造出巨大的效率和效益，才可能拥有持续的内在动力。

实现愿景的欲望还可以使员工们具有令人感到任重道远和自豪的感觉。否则，员工工作的激情就不会持久，甚至会消失殆尽。这就犹如把追逐金钱看做是惟一价值追求的人，当他获得很多金钱时，追逐金钱的激情就会无形中淡化。

当然，企业愿景不是可以随意堆积建立起来的空中楼阁。它必须是真切的，可感知的，长远的，且经得起推敲的，是员工可以预见的，经过努力可以实现的未来，它应该诞生于全体员工的个人愿望之中。其中，最重要的一条是，这一企业愿景是属于员工大家的。这样，当员工知道自己的工作是实现企业愿景的一部分时，他们会看到工作的价值，哪怕是最单调、无聊的工作也会给他们以满足感。

同样的道理，要使员工工作积极卖力，最好让他们对自己的部门、机构或是组织正在做什么，目标如何等情况了然于心。事实上，一个管理者若想受到员工爱戴，就要对整个团队的愿景有足够清晰的描绘，让员工看得见、摸得着。

管理者所描绘的愿景应该是鼓舞人心、有发展潜力、前景远大的，绝不能是泛泛之词，诸如"我们的目标就是成为一个非常优秀的团队"或是"我们一定要战胜对手"。应该使用具体的语言，比如说："我们将会比节日的打折特卖场还忙碌，我们的团队会像上了润滑油的机器那样运转良好，我们的工作空间会十分广泛，没有障碍，我们可以对需求做出迅速的应急反应，我们也能很快地满足股东的要求。"

好的企业，通常会吸引认同企业价值的员工，而对于具体实现这些价值的企业，这些员工也会付出更大的努力。ABB 集团副总裁林道说："经理人员不是对某个老板效忠，甚至也不是对企业效忠，而是对他们相信的一套价值观效忠。"

员工们越能全面地看到、听到、尝到、感觉到、闻到企业的愿景，就越能容易准确地驾驭自己的行为，实现愿景。

首先，清晰而具体的愿景能极大地鼓舞企业的员工。研究显示，当员工认为自己处于自信、高效、目标明确的环境中时，他们的行为也恰恰表现出这些特点。其次，企业的具体愿景为员工搭建了一个平台来实现他们更多的积极的设想。而更重要的是，这些积极的设想将会带来积极表现。总之，为企业规划清晰而又具体的愿景将会使员工更加积极地工作。

为了让愿景更有效地激励员工，管理者还要注意以下几点：

（1）不断向员工提示和警告。管理者要为员工指引方向，让他们明白事情的重要性，弄清事实的真相，明白自己的工作与其生存和成功紧密相连。此外，还需要表明他们的贡献有多大，承认他们在企业中所处的地位，让他们看到自己的将来。

（2）如果员工的行为偏离方向，管理者要及时予以纠正。要达到目标，管理者必须明确重点，帮助员工准确把握目标。

（3）在必要的时候，做一些适度的调整，保证所确定的愿景是管理者和员工最大限度的目标。

（4）管理者应当每隔一段时间和员工坐下来，共同描述一下整个企业以及每个人将来的工作前景。

实践证明，一个企业拥有了美好的企业愿景，就等于拥有了无可衡量的永恒价值和取之不尽的潜能。在一种无穷尽的探索中，员工们会将自己深藏的经验、智慧完全表露出来，最终必将超过自身最初的构思和想法，实现自我超越。

总之，铸造企业愿景是企业凝聚力的核心，也是企业激励员工最富有成效、最富有挑战性的一个领域。一个真正拥有企业愿景的企业将会拥有激励员工的无穷无尽的力量。

第十二章　企业文化的建设

第一节　企业文化概述

一、文化的概念与基本特性

1. 文化的定义

关于"文化"的概念，100 多年来，各国学者提出了众多不同的看法。据《大英百科全书》统计，世界上仅在正式的出版物中给文化所下的概念和定义即达 2 万多种，文化一词成了使用最频繁的术语之一，可谓众说纷纭，见仁见智。

将"文化"的各种概念和定义解释归纳起来，可分为广义和狭义两种。

广义的文化，是指人类在社会历史发展过程中所创造的物质财富和精神财富的总和。它主要包括风俗习惯、行为规范、宗教信仰、生活方式、价值观念、态度体系以及人们创造的物质产品等。

狭义的文化，是指社会的意识形态，以及与之相适应的制度和组织机构。文化，一般是相对于经济、政治而言，但有时又不限于此。从高科技到糖葫芦，都属（广义上）文化的范畴。一般而言，文化广泛地与历史、哲学、宗教、建筑、文学、艺术和科技相关联，由物质和精神等多方面、多层次的内容所组成。在"企业文化、商品文化"这个领域，我们更强调的是深层次意识形态的作用，即广义的文化对企业、产品、品牌与消费心理、消费行为的影响。

而我们所论述的"企业文化"，是一个涉及自然科学、社会科学及哲学思想的宽泛的概念，是介于"文化"的狭义和广义二者之间而又融通二者的一个边缘不十分清晰的文化范畴。企业文化不仅包含了伦理道德、文化艺术、思想情感、哲学理念、精神意蕴，并且包含了历史文化、传统文化和民族文化等方面。

2. 文化的基本特性

概括文化的基本特性，可归结为文化的民族性、借鉴性、创新发展性和可改造嫁接性等几方面。

（1）文化的民族性。主要是指其思想、意识、感情和心理等不同的精神特质而言。

一个民族共同参与、享受一种文化制度越是久远，接受这种文化制度的社会化也就越深刻，因而民族文化的传统精神也就越强烈，越具有民族性。

尽管文化的含义非常广泛，但是不同的民族其文化内涵差别极大。例如，英国文化的典型特征是经验的、现实主义的；而法国文化则是崇尚理性的，由此导致英国人重视经验，保持传统，讲求实际，而法国人则更喜欢能够象征人的个性、风格，反映人精神意念上的东西。英法文化的民族性也在两国人不同的服装风格上再现出来。英国人的时装庄重、大方、实用、简练；而法国人的时装潇洒、抽象，具有更高的艺术性。

就中华民族来讲，几千年传统的儒家文化的熏陶，形成了强烈的民族风格，即使在今天西方文化的不断冲击下，那种中庸、平和、忍让、谦恭的文化蕴涵，仍然是一种主要的民族文化心态。表现在人们的消费行为中，就是随大流、重规范、讲传统、重形式，这同西方人强调个性，重视个人价值，追求新奇、与众不同形成了强烈的反差。

（2）文化的借鉴性。一个民族文化的不断积累和扩展，在很大程度上要融进和借鉴其他民族的优秀文化，甚至成为本民族文化的典型特征。

文化借鉴大都开始在具有相当文化含量的产品中，我们将此类产品称为精神性的产品，最典型的例子是烟、酒、茶，中国的烟、酒、茶文化源远流长，如果再向烟、酒、茶品牌注入文化内涵，并与产品自身的文化属性相融合，那企业的文化属性就会非常醇厚。

但需要指出的是，我们承认文化的借鉴性，并不等于说一个民族的文化就一定会被其他的民族所接受。由文化影响所形成的原有的习惯性行为方式，是根深蒂固、难以改变的，特别是当借鉴外来文化与原有的文化模式相冲突的时候尤其如此。例如，许多富裕的中东国家生活中的各种用品都来自于经济发达国家，小到刮胡刀、打火机，大到飞机、大炮。但是，它们的民族服装却几百年甚至数千年没有大的变化，男性穿长袍，女性戴面纱，尽管有人提倡要引入西方的西装、短裙，但绝大多数阿拉伯人在服饰上依然故我，因为这种变革与传统的阿拉伯文化大相径庭。

文化的各个方面都是相互联系着的，当一种新思想、新观念的融入会危及某些传统习俗的延续，威胁其地位或与本民族的传统产生对立时，这种文化借鉴遭到拒绝的可能性就更大了。这就是为什么不同文化背景下的消费者消费行为差别极大的根本原因。例如，饮茶是绝大多数中国人的传统习惯。在改革开放的今天，随着新潮生活方式的涌入，喝咖啡似乎成了人们追求现代生活方式的某种标志，但那毕竟是少数人的时髦行为，饮茶在绝大多数中国人中还有着广泛的市场。

（3）文化的创新发展性。文化的显著特征之一是其发展性。文化是不断变化的，如人们的价值观念、习惯、兴趣、行为方式等随着人类社会的前进，会发生一定的变化。在某些特殊时期，这种变化尤为突出。

人类与动物最根本的区别，就是人类能够能动地认识世界，改造世界。并在这一过程中，不断创造、丰富人类的文化。人类能从早期的茹毛饮血到今天的各种精美佳肴，由原始人披树叶、住山洞到今天难以穷尽的各种服饰、摩天高楼大厦，都是文化不断发展的结果。没有文化的发展，就没有今天的文明社会，也就不可能形成现代的文明与文化。

（4）文化的可改造嫁接性。企业的品牌不仅能利用传统文化创造新的流行文化，甚至能改造置换原有的文化背景，反客为主。俄罗斯是一个爱喝烈性酒的民族，伏特加与俄国几乎有同等的概念。伏特加酒与伏尔加河一样源远流长，只有这种基于俄罗斯文化的伏特加才是最正宗的，这几乎成了 Vodka 定律，其他的 Vodka 只能是仿制品。因此，定位在瑞典 400 年传统文化 Absolutevodka，也必然是没有什么名气与销路的。它在进入西欧、北美市场时，就受到这种文化背景的强大阻力。但在 TBWA 的策划下，它改变了原有的文化定位，把自己定位在大欧洲的文化背景上，并以此为中心，向世界各种文化推进，努力把自己的酒瓶定格在世界各国民族悠久、优秀、为人熟知的文化象征上：以《圣经》中天使形象为改造的（绝对天堂），在酒瓶上加上一对翅膀，让消费者在感觉上真的成了上帝。

拥有精神、文化内涵的企业品牌，不仅可以成为引导新文化潮流的先锋，也能在根本上回归传统文化，同时嫁接异域文化的能力也很强。在 2001 年春节，一套 12 生肖罐装可口可乐推出，这绝不像推出者所言是为了满足收藏者爱好，这是超越本土化经营策略的一个大动作。12 生肖的文化范围远远超出中国，在东亚、东南亚、澳大利亚都影响巨大，它与西方文化中的圣诞文化有同等题材的意义。联想到可口可乐在西方推出的圣诞老人罐装，我们可以推断，这是可口可乐掀起的一场以中国文化为中心的促销运动。

从企业与文化的关系分析中我们可以看出，企业不仅仅是为了销售产品，它更是为了传播产品与服务的内在价值。而这种价值的核心，最终就沉淀为一种文化。当有人问，为什么可口可乐卖得比原油贵几倍时，他们反问，为什么不呢？它是一种精神能源，可口可乐永远为美国民族的奋进加油。耐克则从篮球中发现了自己的内在价值：征服与超越，一种从胜利走向胜利的精神。如今，已经没有人将 Nike 视为一种商业体育运动或者是一场单纯的篮球赛，它被耐克改造为一个美国梦。在光荣与梦想中，耐克被诠释为当今美国文化的象征之一。美国实用主义的建国政策被耐克改造成为一句流行世界的广告语：Just do it（说干就干）。一种国家理念就成了一种企业品牌的广告概念，并进而推广为狂热的大众流行文化，这种企业品牌也最终演绎成为民族精神与国家形象的组成部分。

二、企业文化的内涵

1. 对企业文化的各种片面理解

对于企业文化的内在含义，我国企业界和学术界有着非常不同的理解，甚至有的理解之间存在着很大的分歧，可以说有根本性区别。我国企业界和学术界对于企业文化的内在含义的不同解释，虽然非常之多，但大体上主要有下述几种：

（1）企业文化是企业的识别系统。即企业文化是识别一个企业与另外一个企业有哪些不同的识别标准，也就是说是评判企业之间差别的标准。正因为如此，所以持这种观点的人认为，企业文化一般包括视觉识别、行为识别以及理念识别。也就是说，持这种观点的人认为，识别一个企业与另一个企业究竟有哪些不同的时候，可以从视觉识别、行为识别、理念识别三个方面，来判断这个企业与另外一个企业有什么不同。由此可见，在持有这种观点的论者看来，这种判断企业之间有哪些不同的识别标准就是企业文化。

（2）企业文化是包装企业的方法。即企业文化是运用各种非常好的形容词，以及好多流行的名言和警句，把企业加以包装。这些包装企业的词语，就是企业文化，例如顾客就是上帝、时间就是金钱等流行名言，就被称为企业文化。也就是说，在现实中有人把企业文化看成了用文化方式包装企业的方法。正因为此，所以有人经常找一些非常好听的形容词或者称赞企业的词汇来包装企业，把这些词汇作为一个企业的所谓的企业文化。如一些企业的车间及办公室的墙上，写着各种流行语言，例如"服务社会"、"争创一流"等，这些企业的负责人认为这些就是他们企业的企业文化。

（3）企业文化是企业的思维系统。因而把企业文化分为企业理念、企业哲学、企业精神。这种观点认为，不同的企业的思维系统是不同的，企业思维系统的差异就构成了不同的企业文化。因此，持这种观点的人把企业的思维系统分成了不同的种类，把这些不同种类的思维系统称为企业文化。例如，某企业的企业理念是尊重客户，企业哲学是竞争中求生存，企业精神是顽强拼搏，并把这些都称为该企业的企业文化。

（4）企业文化是企业的文化活动。比如员工的卡拉 OK 比赛和员工的体育比赛等。因此也就把企业的所有文化活动，都称为企业文化。例如一位企业的负责人说，他们的企业文化搞得很好，他们收购了一个足球队。其实，收购足球队根本就不是企业文化，而是企业投资于体育产业，投资于体育产业并不是企业文化。现在，在一些企业的宣传栏中，几乎都是把企业搞文化活动当成企业文化来宣传。

（5）企业文化是人类的优秀文化成果。人类历史发展中的所有有利于企业发展的优秀的思想，都可以看成是企业文化。正因为此，所以持有这种观点的人在讨论企业文化的时候，往往把马克思主义、孔孟之道以及人类历史上所形成的各种有价值的道德观念，都当做企业文化来讨论和研究。例如一个企业的负责人介绍他们的企业文化，几乎所有的内容都来自于《孙子兵法》及《三国演义》。这些人类历史上的优秀文化成果虽然可以为企业所利用，但是把它们都称为自己的企业文化，恐怕有所不妥。

（6）企业文化是企业的形象设计。把企业的形象设计称为企业文化。这种观点非常普遍，好多人都把 CI 设计当做企业文化，把企业形象策划当做企业文化。如一家以企业文化设计为经营方向的中介机构，它们所谈的企业文化，基本上都是企业形象设计和形象策划的内容，包括企业标志、产品包装的颜色等，与企业制度及企业战略根本不着边。但这些人认为，他们所搞的就是企业文化。这显然是把企业形象设计等同于企业文化了。

（7）企业文化是企业产品的文化品位。因而把所有有关企业产品的文化品位的内容，都统统称为企业文化。比如说把企业产品的广告品位，把企业产品的设计品位，把企业产品的消费品位等，都称为企业文化。也就是说，把企业产品的文化品位，当成了企业文化。企业产品的文化品位虽然与企业文化相关，但是它本身并不是企业文化。如一位茶叶经营商大谈茶文化，并把茶文化当成自己的企业文化加以宣扬；一位酒厂的老总大讲酒文化，认为酒文化就是他的企业文化。所有这些，都说明人们混淆了企业文化与产品文化的不同。

（8）企业文化是纯粹的文化理念。即把企业文化解释成为纯粹的文化形态的内容，也就是解释为非经济的内容，非企业形态的内容，单纯地从人类文化的角度来解释企业文化，似乎企业文化并不具体反映企业运行过程。一些研究文化形态及意识形态的人，之所以非常重视研究企业文化，就是把企业文化当成纯粹的文化行为，当做文化形态的一种形式，在并不懂得经济问题及企业问题的基础上研究企业文化。企业文化实际上不能算做文化形态的内容，企业文化是企业问题的重要组成部分，是经济学的内容，把企业文化作为文化形态的一种类型，与把企业文化作为企业问题的重要组成部分来研究，是有根本性区别的，前者实际上曲解了企业文化的真正内涵。

以上就是我国目前所存在的对于企业文化的各式各样的不同解释。从上述可以看出，人们对企业文化内涵的理解有很大的差异，有些观点甚至是对立的。这种现象的产生是有其社会原因的，因此，只有搞清楚了这些原因，才能理解企业文化的真正含义。

2. 片面理解企业文化的原因

为什么我国的经济学界、学术界和企业界对企业文化的内在含义有不同的理解？原因虽然是多方面的，但是出现这些不同理解的最主要原因在于下述几个方面：

（1）研究企业文化的时间太短。我国对企业文化的研究实际上刚刚开始，也就是说，我国研究企业文化，只是近几年才出现的事，原来我们并没有企业文化这个概念，因此也就谈不到去认真探讨企业文化的问题。从有关的资料看，只是近几年，我国有一些人才开始正式讨论企业文化的问题。正因为我们对企业文化的研究在时间上比较短，所以人们对企业文化的认识就不可能深刻，不深刻当然就可能有差异，有差异就统一不起来，因而不可能使每个人都能正确把握企业文化的真正含义。总之，对于企业文化，我们研究的时间太短了，正因为研究的时间太短了，所以就会有不同的理解；同时，正因为有不同的理解，所以也就会难以真正把握企业文化的内涵。

（2）从国外引进"概念"中出现了差异。我国目前流行的有关企业文化的基本理论及其内容，大部分是从国外引进的，甚至连企业文化的构成体系，也是从国外引进的，而国外对企业文化的基本理论及内容也有不同的认识。例如对企业文化的含义就有不同的理解，存在着不同的流派，但是我们在引进企业文化的时候，并没有对此加以区分，而是把对企业文化的不同理解及不同的派别都引进来了，这些不同的派别对企业文化的理解和论述也是不一样的，由此导致了我们学术界、经济学界和企业界，对企业文化的认识的不同。尤其是人们在引进国外的不同的企业文化派别的时候，都认为自己所引进的是正宗的、正确的，因而往往不承认别的流派的存在，当然更不会考虑到自己所引进的流派有什么问题，最终的结果必然导致人们对企业文化认识的不统一。

（3）研究人员的基础不同。我国对于企业文化的研究，有的是经济学界的人士，有的是哲学界的人士，甚至还有文学界的人士。任何人都可以研究企业文化，无论是经济学界的，还是非经济学界的，问题是企业文化作为企业的一个重大问题，不懂得经济问题及企业问题，是很难深入研究下去的。如果不懂得经济问题及企业问题的人却研究企业文化，当然就和懂得经济问题及企业问题的人对企业文化的研究有很大的差异。也就是说，正是因为人们来自于不同的研究领域，所以人们的研究方法不同，所掌握的知识不同，理念和信息来源也不同，从而导致了人们对企业文化理解的差异。尤其是有一些主要从事文化研究的人，对经济学及企业制度等方面的状况不甚了解，因此往往就把文化领域的范畴以及概念引进了企业文化，把企业文化看成是文化形态的一个组成部分，而不是把企业文化看成是企业问题的一个组成部分。也就是说，从文化的角度研究企业文化，对企业文化的理解往往可能与经济学界的理解有很大的不同，有不同的认识和理解是正常的，问题是有的认识和理解是错误的。

3. 企业文化的真正含义

到底什么是企业文化？要给企业文化下一个科学的定义，对其内涵做出准确和适当的表述确实困难。人们可以很容易地列举一些方面来说明什么是企业文化，如企业的"社训"、厂风厂貌、文化设施、文明礼仪、娱乐活动等。但这些都是企业文化的外延，即它的表现，不是企业文化的内涵。各家各派力图探索企业文化的内涵，但有的定义过于笼统和宽泛；有些模棱两可，似是而非；有的则强调了企业文化特征的某一方面、某一领域，涵盖又不够全面。但无论哪家哪派的概括，在我们看来，都没有抓住企业文化总体的特征，没有给予明确的表达和描述。

我国著名经济学家魏杰教授在《文化塑造——企业生命常青藤》（中国发展出版社，2002 年第 1 版）一书中做了明确的概述。所谓企业文化，就是企业信奉并付诸于实践的价值理念。也就是说，企业信奉和倡导，并在实践中真正实行的价值理念，就是企业文化。

我们认为，应当从企业文化的产生以及它所涵盖的准确范围，特别是它不同于其他文化的核心特征方面，探寻企业文化的内涵，并且用准确的语言表述出来。根据这样的原则，企业文化的内涵可以这样表述：企业文化是由企业领导层提倡、上下共同遵守的文化传统和不断革新的一套行为方式，它体现为企业的价值观、经营理念和行为规范，渗透于企业的各个领域和全部时空。

企业文化的内涵包括这样几个方面：

（1）企业文化质的规定性在于：它是一种企业经营理念、价值观和企业人的行为准则。

（2）企业文化无时不在，无处不在，充满企业运行的一切时间和空间，体现于企业人的一切行为之中。

（3）企业文化不是突然出现的，它与企业相伴而生，因而它是继承下来的，但又不是一成不变的，是随着时代的发展而不断变化的。

（4）企业领导层在企业文化形成过程中起主导作用，企业文化通常体现企业创办人及其后继者所提倡的文化和经营思想。

4. 企业文化含义的把握

一般来说，对于企业文化的理解，需要把握以下几个要点：

（1）企业文化从形式上看是属于思想范畴的概念。也就是说，企业文化属于人的思想范畴，是人的价值理念。这种价值理念是和社会道德属于同一种范畴的。我们在治理社会的时候，首先提出来要依法治国，但是再完善的法律都会有失效的时候，法律失效了靠什么约束？靠社会道德，所以既要依法治国，同时又要以德治国。管理企业也一样，首先是靠企业制度，但是对于任何企业制度来说，再完善都会有失效的时候，企业制度失效了靠什么约束？靠企业文化约束。

由此可见，企业文化是和社会道德属于同一范畴，是人的价值理念。也就是说，企业文化和社会道德一样，都是一种内在约束，即人们在思想理念上的自我约束，因而都是对外在约束的一种补充，只不过是发生作用的领域不同而已。社会道德是对全社会有作用，而企业文化则是对某个企业有作用。所以我们说，从形式上看，企业文化是属于思想范畴的概念。正因为此，企业文化是极为重要的。例如，企业财务制度失效了，但是一个人如果有不是我的钱我不能拿的价值理念，那么即使是企业财务制度对他没有了约束，他也不会去拿不是自己的钱的。相反，如果一个人有着不拿白不拿的价值理念，那么财务制度一旦失效，他就会去拿不属于自己的钱。

（2）企业文化从内容上看是反映企业行为的价值理念。也就是说，企业文化在内容上，是对企业的现实运行过程的反映。具体来讲，它是企业的制度安排以及企业的战略选择在人的价值理念上的反映。或者说，企业的所有的相关活动都会反映到人的价值理念上，从而形成了企业文化。

由此可见，从内容上讲，企业文化是与企业的活动有关的价值理念，而不是别的方面的价值理念，它反映了企业的现实运行过程的全部活动的价值理念，是企业的制度安排和战略选择在人的价值理念上的反映。例如，一个企业如果在体制安排上要拉开人们的收入差距，那么这个企业在企业文化上就应该有等级差别理念。又例如，一个企业在经营战略上要扩大自己的经营，那么这个企业的企业文化就要有诚信的理念，等等。总之，企业文化在内容上是企业制度安排和企业战略选择在人的价值理念上的反映。

（3）企业文化从性质上看是属于付诸实践的价值理念。也就是说，价值理念如果从其实践性的角度看，实际上可以分为两大类：①信奉和倡导的价值理念；②必须付诸实践的价值理念。企业文化既属于企业信奉和倡导的价值理念，又属于必须要付诸实践的价值理念。也就是说，企业文化真正地在约束企业员工的行为，真正地在约束企业的运行过程，是在现实中真正起作用的价值理念，而不仅仅是一种倡导或者信奉的价值理念。

（4）企业文化从属性上看是属于企业性质的价值理念。文化如果从其作为价值理念的角度看，是一个极为广泛的领域，可以说与物质相对应的范畴，都可以称为文化，因而文化的内容是极其丰富的。也就是说，对于价值理念来说，如果从其拥有的主体上来划分类别的话，可以分为自然人的价值理念、法人的价值理念、企业的价值理念、民族的价值理念、国家的价值理念，等等。而企业文化属于企业的价值理念，是企业的灵魂。

企业文化不是一般的别的价值理念，而是作为企业本身自己的价值理念而存在的；企业文化虽然有时也可能会受到民族的价值理念、社会的价值理念以及其他有关方面的价值理念的影响，但是就它的属性来看，它是属于企业的价值理念，所以人们把企业的价值理念，即企业文化，称为企业的灵魂。例如企业文化中的理性竞争理念，指导着企业与其竞争对手的竞争与协作关系；企业文化中的创新理念，指导着企业的体制创新、技术创新等创新活动；等等。

（5）企业文化从作用上看是属于规范企业行为的价值理念。也就是说，企业文化作为企业的价值理念，是对企业发挥真正作用的价值理念，企业文化对企业的行为以及员工行为起到非常好的规范作用。例如，企业文化中的责权利对称性管理理念，规范着员工的责权利关系；企业文化中的共享共担理念，规范着企业与员工在风险承担及利益享受上的相互关系。

换句话说，企业文化是真正解决企业问题的价值理念，而并不是为了好看而用来包装企业的价值理念。所以企业文化往往是在现实中形成的，是作为现实的需要而逐渐成长起来的，而不是从一般的逻辑抽象推理出来的，更不是作为一种宣传性的需要塑造出来的，因而不能从企业包装的目的上来讨论企业文化。

总之，企业文化从形式上讲，它是属于思想范畴的，是所谓思想范畴的概念；从内容上讲，它反映了企业的现实运行过程的价值理念，是企业制度安排和企业战略选择在人的价值理念上的反映；从性质上讲，它不是一般的、只是信奉或者倡导的价值理念，而是企业必须要执行的付诸实践的价值理念；从属性上看，它不同于国家的价值理念、社会的价值理念等有关的价值理念，完全是企业的价值理念；从作用上看，它注重于解决企业中存在的问题，而不是作为包装企业的价值理念存在的，也就是说，它不是宣传企业的价值理念，而是要解决企业问题的价值理念。

三、企业文化的特征

企业文化的内容十分丰富，但从其本质特性来说，有别于其他文化。企业文化的特征可归纳为如下几点：

1. 企业文化的民族性

企业不是一个孤立的生产单位或经济组织，更不是若干生产人员、经营人员的单独组合。企业是社会群体中的社会组织。企业的文化绝非自然生成，而是企业所属地域的社会文化影响、渗透的结果。企业文化植根于民族文化，直接反映出民族文化的特征。民族的传统文化是孕育企业文化的土壤，正是民族文化传统直接影响企业员工的言论、思想和行动，并随时代的变化而发扬光大，长久流传。民族的心理习俗和价值取向影响着企业员工的好恶取舍，引起人们的感情共鸣，加强着企业的内聚力和发展的动力。企业只有在全民族共同认可的风俗习惯范围内选择培养企业文化，才能够最大限度地调动企业员工的积极性、创造性以及工作热情。反过来，富有创新意识和崭新风貌的成功的企业文化又会丰富民族文化，为传统的民族文化增强生命力。

2. 企业文化的功用性

企业文化是维系企业生存和发展的内在动力之一，这在本质上体现出它的功用性。当今世界，经济正朝着一个全新的高技术化、信息化、产业化的新时代迈进，新的经济领域不断被开拓，旧的经济体制不断被革新。面对新的经济形势和环境，企业的生存和发展日益依靠综合的、整体的战略决策以及企业的经营和组织策略。单纯的经济手段和生产手段都有可能会产生片面性和短期行为。只有从企业文化的宏观角度看待企业的生存和发展，审时度势，探索道路，适应时代的发展要求，充分控制和利用环境的有利条件和企业内在潜力，才能使企业向高效、健康的方向发展。企业的领导者应学会将企业文化所倡导的软性控制管理技能与科学性的规划和数量化管理相结合，坚持策略性思考与文化意识并重，发挥企业文化在创造和维持卓越企业中的促进功能。当前我国经济正处在全面的结构性调整阶段，企业的生存和发展问题变得越来越突出。在过去计划经济体制下，企业的运营只靠完成指标或提高产量就可以了，因此在很大程度上忽略了企业自身具有的文化管理功能。为了扭转这种局面，使企业走出困境，我国的企业必须重新认识企业文化的管理功能，注重在企业内部建立起能将企业全体员工团结起来、能激发全体员工为企业的崇高目标努力工作的企业文化，使中国的企业赶上世界先进水平。

3. 企业文化的承传性

企业文化是企业成员共同拥有的财富，更是所有成员行为的规范和准则。任何成员要想在企业中求得发展，就要不断地学习所在企业的文化。这种学习包括员工在日常工作和生活中不断地实践和探索，积累新的经验，在更高的层次上加深对企业文化的认识。这种对企业文化的由适应、遵守到为其发展做出贡献的过程，带来的是成员自身素质的提高和企业文化的持续进步。同时企业也需要通过教育、训练的途径培养和提高整个企业员工的素质，并在此基础上推动企业的整体文化不断成长。

一旦某个企业在生产、经营等活动中形成了具有自身特色的企业文化，就说明该企业已经具备了自己的文化传统。每一种文化又都是在承袭了前人的优秀文化成果和传统的基础上建立起来的。企业文化历经漫长岁月的磨练会逐渐形成自身相对稳定的传统，企业成员在日常生活与工作中也因此有所依据和遵循，企业也能够发扬自身的传统优势，用企业文化的力量去激励员工与企业同心同德，共创未来。

4. 企业文化的人文性

人文主义是欧洲中世纪反对神权统治、主张个性解放的产物。它的基本要义是尊重人、关心人和人本主义。企业文化的宗旨就是为社会服务，为企业员工创造和谐的生活、工作和发展的环境和条件。因此，企业文化自始至终都体现出以人为中心的特征。人文性也是企业文化区别于西方传统企业管理理论的重要标志之一。在西方的科学管理领域中，自泰罗发明了科学管理法起，就一直主张以监督和管制人的制度取胜，把人与机器同等对待。企业的目标也是重视物质指标，不重视人。产品第一、产量第一、利润第一成为了企业管理的主旨。

自 20 世纪七八十年代企业文化理论流行起来，特别是富含东方人文主义色彩的企业文化，强调企业从内到外的一切活动都要以人为本、以人为中心。从企业内部来看，企业不应是简单的制造产品、追求利润的机器，员工也不应是这架机器的附属。相反，企业应该成为企业成员能够发挥聪明才智，建功立业，实现事业追求、和睦相处和舒畅生活的大家庭。从企业外部看，企业与社会不再是简单的商品交换关系，企业的生产与经营是为了满足社会发展的需要，是为了满足全社会成员的物质与文化生活的需求。从当代企业文化的发展潮流看，企业的人文性、服务性将日益成为企业文化发展的首要内容。我国企业向来重视员工的全面发展，坚持工人、干部和技术人员当家做主的原则，这是我国企业长期保留下来的优良传统，应在社会主义新型企业文化的建设中加以坚持和发扬光大。

5. 企业文化的革新性

企业文化在企业中一经形成，便具有了自己相对稳固的模式和传统，但它也不是亘久不变的。随着社会历史时期的不断交替，企业文化赖以生成的社会文化会不断地变换其内容和形式，与此相适应，企业文化也必须具有显著的革新性，企业文化只有随社会历史和文化发展不断地运动、变革和发展，才能保持其旺盛的生命力和活力。这一特征在当代企业文化中表现得尤为突出，以至于国内外的许多成功企业都在顺应改革潮流，不断更新旧的文化模式，创造新的文化内容。

企业文化的革新性正是体现在企业文化能够在与时代潮流的持续磨合中，在保持自身优势的前提下，历经适应、变革、创新到新的适应这一循环往复的过程，以确保企业永远走在时代潮流的前列，在竞争中立于不败之地。

6. 企业文化的独特性

企业文化虽然都体现着以人为本这一核心，但它在各个企业中所采取的形式却又是多种多样的。不同的企业走过的从创立、生存到发展的道路各不相同，各企业采用的推动企业经营与管理的手段和方法也不同。每个企业内部都存在着自身所独有的企业文化，它能够辅助企业对外适应外部社会与市场环境、对内营造良好的协调机制与人际关系，促进企业全面成长。因此，每个企业的企业文化又都各具特色，表现出明显的不同于其他企业的、具有不可替代的个性化和独特性。一般情况下，相同或相近行业内的企业文化在类型方面表现为相近或相似；不同行业间企业文化的差异较大。正是企业文化呈现出的异彩纷呈的局面，形成了整个企业界或行业内企业文化的多样性，即众多的、局部的个性化、独特性构成了全局的多样性。而每个企业在自身的企业文化建设中都必须以自身的特点为立足点，充分利用自己已有的条件，发挥自身优势，有选择地学习于己有益的理论、方法和经验，克服盲目追赶或照搬，力图建立和发展具有本企业特色的企业文化。盲目照搬人家的企业文化，不仅不能发挥企业文化固有的功能，而且也没有生命力。

四、企业文化与经营管理的关系

企业文化是企业管理的一个要素，它与企业管理之间是局部与整体的关系。但鉴于企业文化的特殊性，它们之间又存在着某种特殊的关系。

1. 企业文化以新的管理方式推动企业发展

一个企业的生产力能否提高取决于企业使用资源的效益。理论上人们把企业拥有的资金、技术、劳动力和占有的设备、原材料看做是企业拥有的资源。如果这些资源被合理地组合起来并加以有效管理，企业乃至整个社会的生产力水平都会不断提高。生产率是一种投入和产出的关系，它的目标就是要使生产性产出的增长快于资源的投入。要做到这一点，必须仰仗企业高效的资源配置（其中包括最佳的投入产出比例）和不断发展的科学技术，经过良好教育、具有较高道德素质的员工队伍及良好的生产、经营管理。

企业文化的功能在于辅助企业确立起有利于资源合理配置的经营哲学和工作组织。企业文化在继承和发展传统管理理论的基础上，突破了旧的过分迷信组织制度和机械的管理理论和方法，突破了忽视非理性、非组织因素，特别是忽视企业的主体——人的因素这一致命弱点，主张企业在重视制度、组织等硬件的同时，特别重视人的因素，重视人的感情因素、文化因素。它不仅重视管理科学，更强调将人、企业和社会联成整体，使企业不仅成为员工求生存的场所，而且能使员工从中寻找到生命的意义，实现生命的价值。这样，企业文化便把传统的管理从单纯经济的层次扩展到文化的层次、价值的层次，同时它也支持着企业在管理方面进行竞争和角逐，既促进了管理理论的深化，也推动了管理实践的完善。

2. 企业文化以健全企业内部组织结构的方式加强企业的内部治理

现代化的企业一般都拥有一支专职管理人员队伍来负责企业各级日常管理工作，维护企业的运营。这类日常的管理工作一方面是数量化、技术化的；另一方面则是协调企业与其所处的外部社会环境间的关系及协调企业内部各方面之间的关系。企业的这种协调管理工作常常是发挥企业文化特有的激励与协调功能的体现。从企业内部的分工与协作情况，更能看出企业文化发挥的作用。但凡现代化企业的成员都分属三大层次，即董事会及成员、各层管理人员、技术人员和普通员工。现代企业正是由于贯彻了企业文化中尊重人的因素的思想，考虑到企业内各方人员物质与精神的要求，发挥企业文化凝聚、激励与协调的功能，协调机构间的相互关系，才能使各部门间、各方人员间实现责任、权力与义务的统一，工作上相辅相成，相互协作，成为相互依存的有机整体。这将直接有利于企业经营效益的提高。

3. 企业文化促进企业经营思想的提升

随着时代的进步，文化的意识在各行各业大大增强。一方面，今日的企业仅仅着眼于市场和经济核算的经营方式已经不能满足时代的要求。现代化企业的经营应以满足社会成员高层次的物质、文化生活需求为目标，经营方式应带有文化色彩，企业家在开拓与发展自己的事业中也应具有文化的眼光。另一方面，在企业所处的内外环境中、企业间及人与人的交往中，处处存在着社会的、民族的文化影响。这种文化影响日益强烈，甚至对社会的经济生活、企业的经营与管理起到了制约的作用。这两种意义上的文化与传统经营原则的矛盾与冲突，促使现代化的新型经营思想的产生。

我国传统的企业经营思想重视计划、指令、调整、控制等基本要素。企业通过对这些基本要素的改造，在目标上追求成果的产生和价值的产生；合理的计划和高效的运营；企业功能的全面发挥和竞争的胜利。企业文化所主张的现代企业经营思想在吸收了传统经营思想合理成分的基础上，拓宽了视野，提出企业的经营活动是社会经济生活的一部分，在性质上属于一种社会集团的活动。企业的经营活动必须与社会文化共同发展。在当今这个知识文化高度发达并渗透于各个领域的时代，企业在经营思想上也出现了重大转变。这种转变主要体现在，由过去的只抓指标和数量管理转移到抓经营战略的策划和制定，抓企业与所处的社会文化环境、自然环境、市场竞争环境及企业内部人员环境的相互适应上来。在现代企业的经营思想中经营目标、经营战略和综合管理成为三大要素。

我国的企业是社会主义制度下的企业，在经营思想上除了学习西方企业的科学化管理外，更应强调企业的社会责任感，企业为社会和人民谋福利，为社会提供一流的产品和优质服务，一切以满足人民的需要和有利于社会发展为最高宗旨。

4. 企业文化是企业的灵魂与活力的内在源泉

任何企业都会倡导自己所信奉的价值理念，而且要求自己所倡导的价值理念成为员工的价值理念，并且在实践中将自己所倡导的价值理念认真实施，从而使自己所信奉的价值理念成为指导企业及其员工的灵魂。也就是说，企业文化实际上是指导企业及其员工的一种价值理念，这种价值理念体现在每个员工的意识中，当然最终就成为指导员工行为的一种思想，因而企业文化最终作为企业的灵魂而存在。

从现实状况来看，任何一个企业所倡导的企业文化，恰恰就是这个企业在制度安排以及经营战略选择上对人的价值理念的一种要求，也就是要求人们在价值理念上能够认同企业制度安排及企业战略选择，并以符合企业制度安排及战略选择的价值理念指导自己的行为，因而企业文化实际上是作为企业的灵魂而存在。例如，有一家名牌企业信奉顾客就是上帝的原则，坚持诚信理念，因而当企业生产出质量上无把握的产品后，就自动毁掉了这些产品，使企业及员工都在利益上遭受相当的损失，从而强制性地使所有员工都必须具有诚信理念。

企业文化又是企业活力的内在源泉。企业活力最终来自于人，来自于人的积极性，只有人的积极性被调动起来了，才能使企业最终充满活力。而人的积极性的调动，往往又要受到人的价值理念的支配。也就是说，只有人在价值理念上愿意去干某件事的时候，才会有内在的积极性，如果人对某件事在价值理念上不认同，那么即使是强迫他去干，最终也不一定会干好。他虽然会被动地执行命令去干这件事，但他并没有内在的积极性，因而不一定会干好，因为他在干这件事的过程中并没有自己内在的活力。所以，要让企业中的每一个人能够积极地去从事某项活动，那么首先就要让他在价值理念上认同这件事。

五、企业文化的基本功能

以价值观为核心的企业文化，是现代企业管理中不可缺少的重要组成部分，对企业的生存发展来说是一种具有神奇作用的内在动力。在激烈的市场竞争条件下，对于企业的生存发展来说，到底什么因素最重要、最关键？有人说奖金最关键，钱最灵验。也有人说要靠严格的管理制度。可事实上，一些企业奖金没少发，管理也不可谓不严格，但重奖重罚并未见到明显的长远效果。有人说最重要的是资金设备，也有人说市场条件最关键。可事实上，有的企业资金设备条件并不差，市场也比较广阔，却倒闭垮台了。那么，到底什么最重要，什么是企业生存发展的内在动力呢？国内外成功企业的经验已经回答了这个问题。美国的 IBM 公司、摩托罗拉公司，日本的松下公司，我国的邯钢、海尔等企业，无不对人的因素，对文化观念的神奇力量有深切的感受。它们获得成功最重要的诀窍，不在于严格的规章制度、奖金和利润指标，也不在于资金设备和市场条件，而在于真正重视人的因素，激发人的潜能，充分发挥企业员工的积极性和创造性，增强企业的凝聚力。

1. 企业文化的导向功能

企业文化的导向功能是指企业以自己的价值观和崇高目标指引员工向企业生产和经营的既定目标努力奋进，它体现了企业生产经营活动的规律和经验。企业文化所包含的企业价值观和经营目标记录了企业在过去岁月里成功与失败的经验，以及企业决策者为企业制定的未来努力的方向和企业的发展前景。可以说，企业的经营管理离不开企业文化的导向。

一个企业价值观直接影响到企业活动的各个方面——从企业发展目标、生产什么产品、满足什么需要、怎样进入市场，到如何对待员工、如何对待消费者和客户、如何对待竞争对手等。积极向上的价值观，保证企业的经营决策既符合本企业的利益要求，又符合社会整体利益的要求，满足人们日益增长的物质文化需要；保证企业的行为遵纪守法，恪守职业道德和社会公德，杜绝欺诈行为和各种形式的假冒伪劣。

企业文化的导向功能，首先体现在它的超前引导方面。这种超前引导是通过企业的价值观和崇高目标的培训教育起作用的。

一般地说，企业对员工的培养有两方面的内容：①基本技能技术的训练，即科学技术的灌输；②对员工进行价值观念和崇高目标的灌输。

也就是说，人才的培养内容不仅包括科学技术知识，而且要包括企业文化精神的思想内容。企业文化管理模式更加重视思想内容方面的教育和培训，认为企业文化所宣传的、以企业价值观和崇高目标为主要内容的企业精神，对员工起着人格培养的作用。通过这种企业精神的培训，使企业精神在员工心中形成共识，引导员工齐心协力，为实现企业的大目标做出贡献。这种对员工的培训教育要持续不断，内容要充实、具体，它集中反映了企业的价值观和崇高目标，其形式可以灵活多样。

除了发挥超前引导作用，企业文化的导向作用还体现在它对员工行为的跟踪引导。企业文化管理模式主张把代表企业精神的企业价值观和崇高目标化为具体的依据和准绳，使员工能够随时参照，并据此对自己进行自我控制，使自己在企业的生产经营活动中不致脱离企业的大目标。

2. 企业文化的凝聚功能

企业中每一个群体组织和每一个员工都有自己的价值评判标准和行为准则，都有自己物质和精神方面的需求，因此不同组织和个人表现出不同的个性特征。这些个性特征要想凝聚为一个整体，只有依靠企业的整体价值观。企业的各个群体组织和各位员工，把个人的理想信念融入企业整体的理想信念中来，形成价值观共识，才会为企业发展提供强大的精神动力。当个人价值观与企业价值观融为一体时，企业成员才会感到自己不仅是在为企业工作，也是在为自己工作。这种员工与企业的和谐一致，能够激发起员工强烈的归属感和自豪感，使员工的士气保持长盛不衰。

企业的凝聚力指的是企业和员工的相互吸引力，具体说是指企业对员工的吸引力，员工对企业的向心力。凝聚力是一种情感，凝聚力既可以通过企业对员工的关爱表现出来；又可以通过员工对企业的依恋体现出来。这种凝聚力还必然会转化为企业发展的推动力，表现为员工与企业结成命运共同体的合力。

在一个企业中影响企业凝聚力的因素是多样的。苏联学者彼得罗夫斯基提出，增强企业凝聚力要从加强企业内部情感联系入手，达到价值观的高度认同，最终实现目标的彼此内化。美国管理学家西蒙和马奇提出的提高企业凝聚力的有效方法是，树立良好的企业形象，强化企业目标的共享意识，扩大企业内部信息沟通与交流的渠道，加强企业内部人与人之间的理解与信任，有效地控制企业内部成员之间的竞争强度，等等。

企业文化管理模式在强化企业凝聚力方面把亲密情感、价值共识与目标认同作为强化企业凝聚力的关键因素。具有强烈文化的企业特别重视企业内部的情感投资，不断地满足企业员工的情感需求，加强企业对员工的吸引力及企业内部人际关系的吸引力。同时，企业文化又为企业内部员工提供统一的行为规范与准则，建立起在企业价值观基础上的行为模式，从而把员工的行为吸引到实现企业目标的轨道上来。企业文化引导员工追求的崇高目标中除了要充分体现企业的经营理念与经营宗旨外，还要广泛地容纳企业员工的利益要求，使企业员工能够感觉到企业目标的实现也意味着个人利益需求的实现。这样就能最大限度地激发员工为实现企业的崇高目标而勤奋工作、积极进取。

3. 企业文化的激励功能

现代企业文化管理模式把以人为本视为企业的主要价值观念，视人力资源为企业中最为宝贵的资源，对激励问题极为重视。但企业文化管理模式与传统的企业管理模式不同之处在于，它由重视激励个体转变为重视激励群体，为提高企业员工的生产积极性、主动性和创造性提供了新型的手段与方法，为企业员工的激励问题开辟了新的途径。

现代企业文化管理理论认为，人的行为不仅取决于个体心理的需求与动机，而且还取决于他所在的组织的心理与需求，取决于他所在的群体的文化因素。因此，要想激发起员工的生产积极性、主动性和创造性，就不能把注意力完全集中于个体的需求与动机上，而应当把视野扩展到对个体行为具有影响的组织的需求与动机上，扩展为营造企业文化的激励机制。企业价值观不仅使员工明确企业的发展目标和方向，而且使员工了解工作的目的不仅仅是赚钱，个人的需要也不仅仅是物质上的需要，还有比赚钱和物质需要更重要的东西，那就是满足社会需要和实现自我人生价值。企业价值观所确定的共同目标和共同信仰，能够激发起企业员工赴汤蹈火的激情和忘我工作的精神，促使大家追求更加卓越的目标，把工作干得更好。美国著名心理学家费罗姆提出的期望理论认为，假如一个人把自己行为目标的价值看得越大，或自我估计实现目标的可能性越大，那么，这种目标对他的行为的激励作用就越大。

企业文化管理模式一方面采用个人激励的手段与方法，如提供晋升机会，赋予个人更多的责任与权利，在企业内部创造一种相互尊重、平等、民主的气氛等，激发员工追求出色工作和在出色的企业中工作的愿望；另一方面又采取群体激励的方法，如为企业员工提供统一的价值观念，树立企业的崇高目标，形成具有战斗力的团队精神等，满足员工在出色的企业中工作的愿望。而在企业文化中的价值追求和崇高目标影响下形成的一套完整的行为规范与准则，通过企业英雄人物、典礼仪式及文化网络等因素的强化，为企业员工实践价值追求提供了机会，对个体行为的积极性产生了更持久、更广泛的影响。企业文化对群体精神的激励，强化了个体对群体的归属感、使命感，激发起个体为集体做出贡献的决心与信心，促使个体产生稳固的行为积极性。

4. 企业文化的规范协调功能

企业价值观是企业制定各种行为规范和职业道德规范的依据，也是贯彻执行这些规范的精神武器。在具有强烈文化气氛的企业中，企业价值观引导和约束人们的行为，使之符合企业整体的价值标准。在企业文化的引导与约束下，员工能自觉意识到什么事应该做、什么事不应该做、什么是应该提倡的、什么是应该反对的，从而对产品和服务的质量精益求精，对客户和消费者高度负责，为企业提高美誉度和知名度。经验表明，这种在企业价值观基础上形成的企业文化"软性"约束机制，对企业及其员工行为的规范与约束十分有效。

企业作为社会有机体中的细胞，它的生存与发展一方面依赖社会向它提供的必要的生存空间；另一方面企业也要承担起它对社会应负的责任。企业文化中崇高的社会目标的规定、企业文化网络的建立等为企业如何协调与社会的关系，提供了现实的选择。

总体来看，现代企业文化强调以人为本和崇高的社会目标，并非刻意追求企业利润的最大化。但是，它的引导功能、凝聚功能、激励功能和规范协调功能的充分发挥，却可以使企业取得最好的效益。例如，人们在一种先进的企业文化浓厚的氛围中工作，会充满自豪感和主人翁精神，会忘我地、创造性地工作，并井然有序，高效精确，人际关系融洽，内耗与效率损失减少，还能取得政府、社区和消费者的广泛支持，并减少工作中大量不必要的冲突与摩擦。企业的效益会因此大大提高，就是企业文化功能所表现出来的作用。

当然，不同的企业会有不同的企业文化，不同的企业文化发挥的功能也会有所不同。例如，就企业文化的策略来讲，它是企业制度安排和战略选择在人的价值理念上的反映，而不同的企业又具有不同的制度安排和战略选择，因而对于作为反映企业制度安排和战略选择的企业文化，当然在功能上就有很大的不同。也就是说，企业自身的制度安排和战略选择的不同，就使得企业文化有很大的差异。例如海尔的企业文化与长虹的企业文化就不同，因为它们在制度安排和战略选择上有很大的差异。

另外，企业家的文化对企业文化的影响也是很大的，企业文化实际上必然会打上企业家的文化的烙印；而不同企业的企业家的价值理念往往又是很不相同的。因此，企业文化往往表现出各自不同的差异性。

第二节　企业文化营造

企业文化的精神层文化又叫企业精神文化，相对于企业物质文化和行为文化来说，企业精神文化是一种更深层次的文化现象，在整个企业文化系统中处于核心地位。

企业精神文化，是指企业在生产经营过程中，受一定的社会文化背景、意识形态影响而长期形成的一种精神成果和文化观念。它包括企业精神、企业经营哲学、企业道德、企业价值观念和企业风貌等内容，是企业意识形态的总和。它是企业物质文化、行为文化的升华，是企业的上层建筑。

一、企业精神

企业精神是现代意识与企业个性相结合的一种群体意识。每个企业都有各具特色的企业精神，它往往以简洁而富有哲理的语言形式加以概括，通常通过厂歌、厂训、厂规和厂徽等形式形象地表现出来。

一般地说，企业精神是企业全体或多数员工共同一致，彼此共鸣的内心态度、意志状况和思想境界。它可以激发企业员工的积极性，增强企业的活力。企业精神作为企业内部员工群体心理定式的主导意识，是企业经营宗旨、价值准则、管理信条的集中体现，它构成企业文化的基石。

企业精神源于企业生产经营的实践之中。随着这种实践的发展，企业逐渐提炼出带有经典意义的指导企业运作的哲学思想，成为企业家倡导并以决策和组织实施等手段所强化的主导意识。企业精神集中反映了企业家的事业追求、主攻方向以及调动员工积极性的基本指导思想。企业家常常以各种形式在企业组织过程中全方位、强有力地贯彻企业精神。于是，企业精神又常常成为调节系统功能的精神动力。

企业精神总是要反映企业的特点，它与生产经营不可分割。企业精神不仅能动地反映与企业生产经营密切相关的本质特性，而且鲜明地显示企业的经营宗旨和发展方向。它能较深刻地反映企业的个性特征和它在管理上的影响，起到促进企业发展的作用。

企业的发展需要全体员工具有强烈的向心力，将企业各方面的力量集中到企业的经营目标上去。企业精神恰好能发挥这方面的作用。人是生产力中最活跃的因素，也是企业经营管理中最难把握的因素。现代管理学特别强调人的因素和人本管理，其最终目标就是试图寻找一种先进的、具有代表性的共同理想，将全体员工团结在企业精神的旗帜下，最大限度地发挥人的主观能动性。企业精神渗透于企业生产经营活动的各个方面和各个环节，给人以理想、以信念，给人以鼓励、以荣誉，也给人以约束。

企业精神一旦形成群体心理定式，既可通过明确的意识支配行为，也可通过潜意识产生行为。其信念化的结果，会大大提高员工主动承担责任和修正个人行为的自觉性，从而主动地关注企业的前途，维护企业的声誉，为企业贡献自己的全部力量。

从企业运行过程中可以发现，企业精神具有以下基本特征：

1. 企业精神是企业现实状况的客观反映

企业生产力状况是企业精神产生和存在的依据，企业的生产力水平及由此带来的员工、企业家素质对企业精神的内容有着根本的影响。很难想象在生产力低下的经济条件下，企业会产生表现高度发达的商品经济观念的企业精神，同样，也只有正确反映现实的企业精神，才能起到指导企业实践活动的作用。企业精神是企业现实状况、现存生产经营方式、员工生活方式的反映，这是它最根本的特征。离开了这一点，企业精神就不具有生命力，也发挥不了应有作用。

2. 企业精神是全体员工共同拥有、普遍掌握的理念

只有当一种精神成为企业内部的一种群体意识时，才可认做是企业精神。企业的绩效不仅取决于它自身有一种独特的、具有生命力的企业精神，而且还取决于这种企业精神在企业内部的普及程度，取决于它是否具有群体性。

3. 企业精神是稳定性与动态性的统一

企业精神一旦确立，就相对稳定，但这种稳定并不意味着它就一成不变了，它还要随着企业的发展而不断发展的。企业精神是对员工中存在的现代生产意识、竞争意识、文明意识、道德意识以及企业理想、目标、思想面貌的提炼和概括，无论是从它所反映的内容还是表达的形式看，都具有稳定性。但同时，形势又不允许企业以一个固定的标准为目标，竞争的激化、时空的变迁、技术的飞跃、观念的更新以及企业的重组，都要求企业做出与之相适应的反应，这就反映出企业精神的动态性、稳定性和动态性的统一，使企业精神不断趋于完善。

4. 企业精神具有独创性和创新性

每个企业的企业精神都应有自己的特色和创造精神，这样才能使企业的经营管理和生产活动更具有针对性，让企业精神充分发挥它的统率作用。企业财富的源泉蕴藏在企业员工的创新精神中，企业家的创新体现在其战略决策上，中层管理人员的创新体现在其怎样调动下属的劳动热情上，工人的创新体现在其对操作的改进、自我管理的自觉性上。任何企业的成功，无不是其创新精神的结果，因而从企业发展的未来看，独创和创新精神应当成为每个企业的企业精神的重要内容。

5. 企业精神要求务实和求精精神

企业精神的确立，旨在为企业员工指出方向和目标。所谓务实，就是应当从实际出发，遵循客观规律，注重实际意义，切忌凭空设想和照搬照抄。如美国杜邦公司的企业精神是"通过化学为人们的生活提供更好的商品"，表明了杜邦公司的经营特色和独具个性的理念。我国在 20 世纪 50 年代也有过鞍钢的爱厂如家的"孟泰精神"，20 世纪 60 年代有过"三老四严，四个一样"的"大庆精神"，等等。

求精精神就是要求企业经营上高标准、严要求，不断致力于企业产品质量、服务质量的提高。在现代强手如林的市场竞争中，质量和信誉是关系事业成败的关键因素。一个企业要想得到长期稳定的发展，永远保持旺盛的生命力，就必须发扬求精精神。

6. 企业精神具有时代性

企业精神是时代精神的体现，是企业个性和时代精神相结合的具体化。优秀的企业精神应当能够让人从中把握时代的脉搏，感受到时代赋予企业的勃勃生机。在发展市场经济的今天，企业精神应当渗透着现代企业经营管理理念，确立消费者第一的观念以及灵活经营的观念、市场竞争的观念、经济效益的观念等。充分体现时代精神应成为每个企业培育自身企业精神的重要内容。

二、企业经营哲学

企业经营哲学，是指企业在经营管理过程中提升的世界观和方法论，是企业在处理人与人及利益（雇主与雇员、管理者与被管理者、消费者与生产者、企业利益与员工利益、企业利益与社会利益、局部利益与整体利益、当前利益与长远利益、企业与企业之间相互利益）、人与物（产品质量与产品价值、员工操作规范、技术开发与改造、标准化、定额、计量、信息、情报、计划、成本、财务等）关系上形成的意识形态和文化现象。在处理这些关系中形成的经营哲学，一方面与民族文化传统有关；另一方面与特定时期的社会生产、特定的经济形态以及国家经济体制有关。

企业经营哲学还与企业文化背景有关。一个企业在确立自身的经营哲学时，必须考虑到企业文化背景对企业的影响力。外向型企业、跨国公司、企业跨国经营更需重视这一点。东西方民族文化传统不同，在企业经营中，从方法到理念上都存在着明显的差异。英美国家的企业受其文化传统影响，崇尚个人的价值——聪明的企业家、诺贝尔奖得主、工资收入悬殊，技能培养自我负责、任意辞职或任意解雇，追求利润最大化。他们崇尚天马行空、独来独往式的英雄，崇尚个人奋斗和竞争。在管理中比较强调"理性"管理，强调规章制度、管理组织结构、契约等。而东方文化圈的企业更强调"人性"的管理，如强调人际关系、群体意识、忠诚合作的作用；强调集体的价值——企业集团、社会负责、技能训练、团队精神、对公司的忠诚、产业发展战略以及推动经济增长的产业政策。一个是以理性为本，一个是以人为本，以情感为本，两种文化传统形成鲜明的对比，从而也形成了两种不同的企业经营哲学。

日本在吸取中国传统文化基础上形成的日本式经营哲学已引起了世界的关注，这种经营哲学也直接影响着日本企业运营的绩效。第二次世界大战后，日本仅用 10 年的时间，就医治了战争的创伤，并保持了 10% 的年平均增长速度，人均国民收入从 1945 年的 200 美元增长到 1980 年的 8940 美元。日本的汽车、家用电器等产品源源不断地大量输入美国，并以其质优、价低、物美对美国的同类产品构成极大的威胁。日本经济高速增长的因素很多，但其企业经营哲学的独特是一个重要因素。管理专家和企业家发现，美国企业家重视管理"硬"的方面，即重视理性主义的科学管理，而日本企业不仅重视"硬"的方面，而且更重视企业形成共同的目标、共同的价值观念、行为方式和道德规范等"软"的精神因素。

东亚文化圈的企业经营哲学，重视集体精神的价值，每当公司制定发展战略，一定要征求公司集体的意见。在日本企业内，雇员被放在利益相关集体的首位，客户次之，股东则更次之。由于雇员的利益最重要，日本公司总是设法不断提高雇员的工资，以培养雇员对公司集体的忠诚。

随着科技的进步和世界经济的迅速发展，企业跨国经营的国际化趋势不断明显。企业的跨国经营是工业发达国家利用国际资源，壮大经济实力的必由之路。企业跨国经营、跨文化管理孕育了企业跨国经营哲学。管理学大师彼得·德鲁克说过，跨国经营的企业是一种多文化的机构，其经营管理思想基本上是一个把政治、文化上的多样性结合起来而进行统一管理的哲学思想体系。跨国经营企业面临的是在诸多差异之间进行生产经营活动的经营环境，企业经营环境的跨文化差异是企业跨文化管理的现实背景。一般地说，跨国经营企业所面临的经营环境包括经济环境、政治环境、法律环境、社会环境和文化环境等。

跨文化管理，又称交叉文化管理，是指企业跨国经营。在这一领域中，企业经营哲学与企业文化背景之间的相互联系显得格外重要。西方国家早已开始了跨文化经营哲学的研究。

文化因素对企业运行来说，其影响力是全方位、全系统和全过程的。在跨国经营企业内部，东道国文化和所在国文化相互交叉结合，东道国与所在国之间以及来自不同国家的经理职员之间的文化传统差距越大，所需要解决的问题也就越多。在跨文化管理中，形成跨文化沟通、和谐的具有东道国特色的经营哲学是至关重要的。成功的跨国经营企业在这方面做出了有益的尝试。中国惠普公司探索了一种建立在东西方文化结合基础上的人本管理新模式，用他们的话来说，就是在中国文化和美国文化背景的相互交融中，不断提高外部适应性和内部和谐性。共同的长期战略、互利、互信和共同管理是跨国经营哲学的基础。

三、企业价值观

企业价值观，是指企业在追求经营成功过程中所推崇的基本信念和奉行的目标。从哲学上说，价值观是关于对象对主体有用性的一种观念。而企业价值观是企业全体或多数员工一致赞同的关于企业意义的终极判断。

这里所说的"价值"是一种主观的、可选择的关系范畴。一事物是否具有价值，不仅取决于它对什么人有意义，而且还取决于是谁在做判断。不同的人很可能做出完全不同的判断。如一个把"创新"作为本位价值的企业，当利润、效率与"创新"发生矛盾时，它会自然地选择后者，使利润、效率让位。同样，另一些企业可能认为："企业的价值在于致富"、"企业的价值在于利润"、"企业的价值在于服务"、"企业的价值在于育人"。那么，这些企业的价值观分别可称为致富价值观、利润价值观、服务价值观和育人价值观。

在西方企业的发展过程中，企业价值观经历了多种形态的演变，其中最大利润价值观、经营管理价值观和企业社会互利价值观是比较典型的企业价值观，分别代表了三个不同历史时期西方企业的基本信念和价值取向。

最大利润价值观，是指企业全部管理决策和行动都围绕如何获取最大利润，并以此为标准来评价企业经营的好坏。

经营管理价值观，是指企业在规模扩大、组织复杂、巨额投资而投资者分散的条件下，管理者受投资者的委托，从事经营管理而形成的价值观。一般地说，除了尽可能地为投资者获利以外，还非常注重企业员工的自身价值的实现。

企业社会互利价值观，是 20 世纪 70 年代兴起的一种西方社会的企业价值观，它要求在确定企业利润水平时，把员工、企业、社会的利益统筹起来考虑，不能失之偏颇。

当代企业价值观的一个最突出的特征就是以人为中心，以关心人、爱护人的人本主义思想为导向。过去，企业文化也把人才培养作为重要的内容，但只限于把人才培养作为手段。西方的一些企业非常强调在员工技术训练和技能训练上投资，以此作为企业提高效率、获得更多利润的途径。这种做法，实际上是把人作为工具来看待，所谓的培养人才，不过是为了改进工具的性能，提高使用效率罢了。当代企业的发展趋势已经开始把人的发展视为目的，而不单纯是手段，这是企业价值观的根本性变化。企业能否给员工提供一个适合其发展的良好环境，能否给其发展创造一切可能的条件，成为衡量一个当代企业或优或劣、或先进或落后的根本标志。德国思想家康德曾指出：在经历种种冲突、牺牲、辛勤斗争和曲折复杂的漫长路程之后，历史将指向一个充分发挥人的全部才智的美好社会。随着现代科学技术的发展，现代和 21 世纪文明的真正财富，将越来越表现为人通过主体本质力量的发挥而实现对客观世界的支配。这就要求充分注意人的全面发展问题，研究人的全面发展，无论对于企业中的人，还是对全社会，都有着极其重要的意义。

四、企业文化的营造方式

企业文化不是自然而然地形成起来的，而是要通过营造的方式建立起来，所以不能把企业文化当成一种完全可以通过自然而然的方式而形成起来的价值理念，而是要注重对企业文化的营造。也就是自觉地建立自己的企业文化。

一个企业到底怎么样营造自己的企业文化？应该有以下几个方面的工作要做，或者说，建立企业文化必须从以下几个方面来开展工作。

1. 企业文化制度化

企业文化制度化，在现实中包含两层含义：第一层含义就是指企业文化必须要充分体现在企业的制度安排和战略选择中，虽然企业文化是企业制度安排和战略选择在人的价值理念上的反映，但是要看到企业文化对企业制度安排和战略选择的能动作用，即企业文化对企业运行要有指导作用。因此，要使企业文化能够真正形成，就必须要把企业文化制度化，使人的价值理念充分地体现在企业的现实运行过程中，形成一种制度，使企业文化浸透于企业制度安排和战略选择之中。企业文化制度化的另外一层含义就是指企业文化作为企业倡导的价值理念，必须通过制度的方式统率员工的思想，任何一个员工都必须在思想上接受企业文化，使效忠本企业的企业文化作为员工在思想上的制度而存在。

企业文化不仅仅是一种企业倡导的和信奉的价值理念，而且必须是要付诸实践的价值理念。也就是说，企业文化要指导企业制度的建立和企业战略的选择，是指导企业一切行为的价值理念。所以，企业文化不仅来自于实践，同时必须要指导实践，充分在实践中实现。因而企业文化不仅仅是企业倡导的价值理念，而且还是指导企业实践的价值理念。国外一些企业的企业文化不仅表现在企业的各种文件中，而更多的是表现在员工的行动中，表现为员工自觉地实践着企业文化。

2. 企业文化教育化

企业文化教育化，是指要通过灌输的方式将企业所信奉的和必须实践的价值理念，渗透到员工的头脑中去。因此，建立企业文化的重要工作，就是要加强企业的培训。企业培训不仅是对员工进行的一种业务培训，而更重要的应该是企业文化的培训。也就是要用企业文化去整合与占领员工的思想，让所有的员工都必须认可本企业的企业文化，并用这种企业文化在现实中指导自己的行为。所以，有关企业文化的教育化，是建设企业文化的一个很重要的工作。

在国外的企业中，企业不仅注重企业文化培训经费的筹措，例如规定企业文化培训费用不能低于企业销售额的1%，而且还注重企业文化培训教材的建设，例如有企业文化白皮书。企业文化白皮书就是企业的企业文化的培训教材。因此，我们应该全方位重视企业文化的教育工作。

3. 企业文化奖惩化

企业文化奖惩化，是指遵守企业文化的人会受到很高的奖励，而违背企业文化的人则会受到很重的惩罚，通过奖惩的方式而使企业文化能够真正成为企业中所有员工的价值理念。从现实状况来看，没有奖惩的办法，很难真正地形成企业文化，也很难使企业文化植根于企业员工的头脑之中，所以，在塑造企业文化的过程中必须强调奖惩制度。

国外的一些企业在评选优秀员工的活动中，往往注重对那些自觉遵守企业文化的员工进行奖励，当然也在各个方面对那些无视企业文化的人进行批评。

4. 企业文化系统化

企业文化系统化，是指企业文化的内容必须不断完善。所有企业在塑造企业文化的过程中，应该不断地根据现实状况，从发展的角度去完善自身的企业文化，最终形成一个内容非常完善的系统性的企业文化。这种非常完善的系统性的企业文化将会对员工有很大的约束力。国外有些企业的企业文化白皮书竟然有十几万字之多，这么多的企业文化内容，并不是一两年就能完成的，而是长时期积累的结果，是坚持企业文化系统化的结果。

总之，对于怎样营造企业文化的问题，应该主要从上述几方面来进行考虑。只有通过上述几个方面的工作，才能最终使企业文化真正植根于企业员工的头脑之中，成为员工所信奉和实践的企业文化。因此，企业不能把企业文化的营造留在口头上，而是应该落实在行动上。

第三节　企业物质文化

在创造企业物质文化的过程中，应当遵循一定的原则。时代不同，人们的价值观念也有所不同，为了适应新世纪人的心理的、审美的变化，企业在进行物质生产和服务中，应当遵循"品质文化"的规范；遵循知识经济的规律；遵循技术审美和顾客愉悦的原则。

一、遵循"品质至上"的规范

"品质至上"，即强调企业产品的质量。产品的竞争首先是质量的竞争，质量是企业的生命，持续稳定的优质产品，是维系企业商誉和品牌的根本保证。

以产品质量驰名于天下的奔驰汽车（Benz），充分体现了它所代表的产品的卓越品质。奔驰车的质量号称20万公里不用动螺丝刀；30万公里以后，换个发动机，可再跑30万公里。以卓越的质量为后盾，它们敢于播发这样的广告：如果有人发现奔驰汽车发生故障被修理厂拖走，我们将赠您1万美元。

奔驰汽车之所以有如此高的品质，首先在于全公司范围内树立起"品质至上"的企业理念，全体员工人人重视质量。他们的劳动组织是把生产流水线作业改为小组作业，12人一组，确定内部分工、协作、人力安排和质量检验，改变了重复单一劳动容易出现差错的现象，提高了效率和产品质量。奔驰公司特别注重技术培训，在国内有502个培训中心负责各类员工的培训。新招收的工人除了基本理论和外语的培训外，还有车、刨、焊、测等技术培训。结业考试合格才能成为正式工人，不合格可以补考一次，再不合格就不被聘用。

奔驰公司要求全体员工精工细作，一丝不苟，严把质量关。奔驰车座位的纺织面料所用的羊毛是从新西兰进口的，粗细在 23～25 微米，细的用于高档车，柔软舒适；粗的用于中低档车，结实耐用。纺织时还要加进一定比例的中国真丝和印度羊绒。座位皮面要选上好的公牛皮，从养牛开始就注意防止外伤和寄生虫。加工鞣制一张 6 平方米的牛皮，能用的不到一半，肚皮太薄、颈皮太皱、腿皮太窄的一律除去，制作染色工艺十分考究，最后座椅制成后，还要用红外线照射灯把皱纹熨平。奔驰公司有一个 126 亩的试车场，每年拿出 100 辆新车进行破坏性试验，以时速 35 英里的车速撞击坚固的混凝土厚墙，以检验前座的安全性。奔驰公司在全世界各大洲设有专门的质量检测中心，有大批质检人员和高性能的检测设备，每年抽检上万辆奔驰车。这些措施使奔驰名冠全球，使奔驰的"品质至上"深入人心。

二、遵循科技和美学相结合原则

美国心理学家欧内斯特·迪士特（Ernest Dichter）被誉为动机研究的思想之父，他把人类消费动机的研究和市场营销联系起来，创立了市场营销学新的思想方式。迪士特指出，消费者首先是用眼睛来观察商品，然后才在他的头脑中加深印象，并试图来认识他所看到的产品对他具有什么意义。现代消费者购到一件商品，并非仅为了购买商品的物理功能或效用，也并非只是为了取得商品的所有权，他更希望通过购买商品，从中获得一系列心理的满足和愉悦感。

日本电通市场营销战略研究会曾就消费者选购商品和服务的原因进行过调查，他们把饮食、服装、娱乐、交往和学识 5 个领域的 50 种商品和服务列为调查对象，从中了解消费者选择商品时的着眼点——拟定了"气氛、印象"、"合乎感觉"、"流行"、"广告形象"、"优越感"、"发挥个性"、"功能、质量"、"社会评价"、"廉价"及"对厂家的信任"10 个项目。应用"因素分析法"对收集的资料进行分析后发现，影响消费者购买心理的原因主要有两类：一是感性与理性；二是同一化与差别化。

感性，是指消费者出于"合乎自己的感觉"、"流行"、"气氛、印象"的原则选购商品；理性，是指消费者出于"对厂家的信任"、商品的"性能、质量"、"廉价"的理智心理选购商品。同一化，是指消费者从"广告形象"及"社会评价"的原则出发选购商品；而从"优越感"、"发挥个性"出发选购商品，则是差别化的购买原则。在此基础上去把握消费者的购买心理，从中可以做出判断：人们的购物心理大都出于购物的审美无意识。

这种审美无意识可归结为"轻、我、华、鲜"四个字。

"轻"即轻快感。物质生产的"轻、薄、短、小"是近年来世界性趋势，它代表着时代潮流。快餐店、运动饮料、摩托车、汽车、旅游都成了消费的时尚，特别是对广大青年男女，具有轻快感的商品和服务具有极大的市场。

"我"即个性感。富有个性的人们，希望过一种即使有钱别人也模仿不了的生活。托夫勒在《未来的冲击》中说，未来社会的短暂性和多样性，使人们染上了当代的通病——"自我认证的危机"。所谓无可选择的"群体化社会"是不会有自我认证的追求的，只有面临大量复杂的选择时，才会有这种追求。选择的可能性越多，则越容易失去个性；越害怕失去个性，就越渴望重新进行选择。现代人面临的两难生活境地，促使人们更多地到消费中去寻求自我、寻求个性。因此，能够体现"自我"这个概念以及能满足"自我"这种感受的商品和服务都大受欢迎，如个人计算机、节日礼品、生日礼物、各种培训班、文化中心、各种旅游和蹦极运动等。选择此类商品可以感受到自我存在的乐趣。

"华"即潇洒感、富裕感。这种感受并不仅限于有闲阶级才能享受，现在的普通人也可以体验，如音响设备、首饰、珠宝等，以使用和拥有本身成为快乐。为了追求这类感受，社会的中上层、白领阶层常常愿意在这方面花费。

"鲜"即新鲜感、健康感。现代社会生活节奏加快，使人们对新鲜感和健康感的追求更为迫切。对于个人来说，生活节奏是至关重要的心理变化，科技和社会变化的加快，正是通过生活的加快才在个人生活中产生影响的。而新鲜感、健康感无疑可以缓解生活节奏对人心理造成的不适，它使人们从紧张的工作和人际关系中解脱出来，重新调整自己的情绪。

第二次世界大战前后，技术美学得到了迅速的发展。席卷全球的经济危机迫使企业家在产品开发和产品制造过程中，从外观、功能等方面进行革新，以扩大产品的销路。第二次世界大战后的一个时期，社会的物质生活水平有了很大提高，商品销售竞争日益加剧，更加刺激了技术、设计朝着更高的审美水平发展。

技术美学在英语国家中用 design 来表示。design 的含义不只是设计的意思，还包含有"不同寻常"、"机敏"的意思。因此，design 常常被理解为"美的设计"、"不同寻常的、别出心裁的设计"。在德语中，技术美学通常指工业造型理论，明确地把工业造型的艺术设计理论称为技术美学的是捷克斯洛伐克著名艺术家佩特尔·图奇内。

1944 年 12 月，英国创立了世界上第一个技术美学学会。1957 年，在日内瓦成立了国际技术美学协会，又称国际工业品艺术设计协会。它标志着世界范围内的工业生产和产品制造的美学问题，已经引起极大的重视并逐步深化。工业产品不仅成为人的使用对象，而且也成为人的审美对象，这就要求企业家在组织产品生产中兼顾产品的功利价值以及它的审美价值。

产品的审美价值是由产品的内形式和外形式两部分构成的，其中外形式的审美价值具有特别重要的意义。

审美功能要求产品的外形式在具备效用功能的同时，还需具备使人赏心悦目、精神舒畅的形式美。审美功能的表层意义，是技术美的可感形态的直观显现，它体现了人们追求精神自由的愿望；审美功能的深层意义，则体现出人们对技术美的本质追求——实现人在自然面前的物质和精神的双重解放。

产品的技术美存在于那些具有三度空间的、抽象的、具有各种效用功能的技术产品中。当技术产品以不同的形式构成三度空间的实体时，就存在着不同结构形式所产生的结构美。在一定程度上，结构是技术产品得以成立的重要手段，从事产品开发设计的人员应当懂得结构作为一种手段对产品所产生的审美意义。

技术美学原理不仅要贯彻到产品设计与制造之中，而且还要贯彻到企业环境的总体设计、企业建筑设计以及门面设计等方面。

结构在产品中的含义是：构成技术产品的诸要素的组接方式，即零件与零件、元件与元件、部件与部件之间的组合和连接方式。

结构美的本质是简洁、轻巧、可靠和方便。法国工业美学学院院长乔治·康贝说过，"优秀的设计是手段的节约"。建筑大师米斯·凡德罗说："越少即是越多。"产品的结构美是通过紧凑、轻便、折叠、装配和集合等手段实现的。

企业的生产环境条件对员工的劳动效率会产生直接的影响，良好的生产环境能激起人们愉快、高昂的工作情绪，提高工作效率，消除紧张、疲劳、厌倦和烦躁不安的情绪。如果生产环境杂乱、肮脏、嘈杂，员工的情绪和健康都会受到影响，势必会降低工作效率。

企业不仅是在制造产品和提供服务，而且还是在创造一种情境。企业将产品、商店和广告作为信息提供给消费者，给消费者带来新的生活情境。企业要善于调动消费者各种知觉能力，企业如果能全面调动起消费者的听觉、触觉、动觉、嗅觉、味觉，那么情境的空间即由单一的知觉空间变为复合知觉空间。目前，越来越多的商场采用开架式销货，便是在调动消费者视觉的基础上，进一步调动触觉和动觉参与消费的情境创造，这样，消费者心理感受的强度大大提高，购买的欲望也会增强。

三、遵循服务于顾客愉悦原则

企业通过产品、商店和广告等途径，在企业与消费者之间构造一个愉快关系的场合，一切营销活动不过是构造愉快关系场合的中介。日本学者把愉快关系的场合称为共生圈，在这个共生圈内，企业依靠产品、商店和广告，向消费者传递信息，同时又从消费者需求和感受中捕捉信息的反馈，并根据反馈信息为消费者提供新的生活情境。

从企业文化的视野看，产品不仅意味着一个特质实体，而且还意味着顾客购买他所期望的产品中所包含的使用价值、审美价值和心理需求等一系列利益的满足。具体地说，顾客愉悦原则应当包括品质满意、价格满意、态度满意和时间满意。

品质满意，是指顾客对产品的造型、功能、包装和使用的质量的肯定。我国的《产品质量法》是对产品品质和质量的最基本的要求。品质满意是品质文化的核心规范之一。

价格满意，是指产品必须以质论价。俗话说，一分钱一分货。什么样的产品品质就应该有什么样的价。"货真价实"、"童叟无欺"是中国自古以来强调的商业道德。但是，一些以利润第一为导向的企业忘记了自己的根本使命，损害了企业的声誉和形象，这是应当引起重视的。

态度满意，主要是针对商业企业和服务性行业来说的。现在，服务性行业中存在的主要问题是服务水平低，服务人员业务素质差、工作责任感不强；服务设施差，不少商业部门和服务行业没有便民服务设施；服务职责不明，对于哪些是工作职责范围，应无偿、义务提供，哪些是额外服务，需适当收取费用的无明确规定。一些商业企业服务附加费过高，损害了消费者的利益。

顾客愉悦集中表现在顾客重复购买的程度上。一般地说，第一次购买可能出于偶然，但以后重复购买，就说明顾客的满意程度。塑造良好的产品和服务形象，一是为了增强产品和服务的"回头客"，为企业获取更多的利润；二是以此不断激发企业员工的创新意识。因为，企业员工在生产产品的同时，企业产品的使用和消费反过来影响员工的生产积极性。一个生产市场紧俏商品的企业和生产市场趋于饱和产品的企业，其员工的精神状态是不一样的。企业物质文化和精神文化两个层面是相互联动的。企业的"拳头产品"是员工们创名牌、争优质的物化成果，是企业员工聪明才智和勤奋工作的结晶，是企业价值观的物质表现。一种产品一上市就立刻受到顾客的欢迎，会促使企业员工发挥更大的工作热情，如此循环，使企业充满活力。

顾客愉悦性是企业公共关系所要解决的重要内容。随着商品经济的发展和市场竞争的日趋激烈，企业要想在竞争中占据有利地位并赢得众多的顾客，必须在广大消费者中树立自己的良好形象和信誉，处理好与顾客、用户和供货方等方方面面的关系，争取他们的支持和协作，这已成为企业经营成功的重要手段。

经营活动就其本质而言，就是组织以物质产品为对象的生产、交换和流动活动。但它又并非是单纯的物质关系，同时也反映着一种人际关系。有时交换关系甚至是以人际关系、公共关系为依托的。市场竞争迫使企业以物美价廉和优质服务来招揽顾客，让社会了解企业的产品或服务，取得社会的信任和理解，并吸引社会公众对企业的间接管理和监督，从而实现企业与社会的沟通和协调。这就需要建立企业与社会公众的交流和对话。如何恰当而巧妙地处理好企业上下左右、四面八方的关系，为自己的生存发展创造一个良好的社会环境，顾客愉悦是重要的一条。

时间满意，是指产品交货或应市时间要让顾客满意，同时，也包括及时的售后服务。

商业伦理强调"信义经商"、"和气生财"，良好的企业形象可以使消费者信赖企业，建立稳定的顾客关系，保证企业商品销售无阻、顾客盈门。外向型企业也是如此，在国际商品经济大循环的竞争中，树立良好的信誉和企业形象，是企业立于不败之地的可靠保证。从这个意义上说，顾客愉悦原则就是服务文化。服务文化首先要强调的就是商业道德和商业伦理。

第四节　企业精神文化

企业精神文化是支撑企业文化体系的灵魂，企业文化作为整体是动态的，受企业外部环境所制约，时代的变化、消费模式的变化会影响企业文化的发展变化。在当今社会，诸如以什么样的态度和方法对待市场和顾客、以什么样的态度和方法对待效率和效益、以什么样的态度和方法对待员工和社会，已成为塑造企业精神文化的新课题。

一、以人为本的企业价值观

如何看待股东、员工、顾客和公众的利益，如何处理这些利益关系，在一定程度上反映了以人为本的企业价值观。以人为本就是把人视为管理的主要对象和企业的最重要资源。

股东对企业拥有所有权，企业管理者对企业有控制、管理权，顾客和公众通过购买企业产品，最终拥有对企业的监督权和否决权，他们通过手中的"货币选票"和"舆论"来行使他们的权力。员工通过参与企业民主管理行使自己的权力。

股东有投资增值的需要，管理者有权力、地位、成就感和与取得其贡献相适应的经济报酬的需要，顾客有获得质量高、价格低、方便快捷的产品和服务的需要。企业如果不能满足这些需要，股东就要抛售股票，管理者就要跳槽，顾客就会不买企业的产品。企业只有持续地以人为本、不断创造解决人的需要的新途径，才能不断创造更高的效率和效益。

在企业内部，以人为本的核心是解决员工和企业的关系问题，即如何看待企业员工的权力和需要的问题。

德国通过"社会契约"和"共同决策"的监事会制度，在权力的平衡方面步子迈得最大，但从结果看，企业并没有获得应有的活力和竞争力，因为它决策太慢。几十年来，日本企业通过文化和制度来造就一种心理上的权力平衡，但日本的终身雇佣制正受到严峻的考验，而它的年功序列制几乎已经瓦解。美国企业是通过工会来达到某种权力平衡的，但工会会员在大量减少，工会面对近年来员工收益减少而管理者收益大增的趋势却束手无策。

在信息时代，员工多元化的价值追求不仅是需要满足的需求，而且是创造力的源泉。信息时代将给企业带来新的机会，快速、激烈的竞争将迫使企业越来越趋向民主化，因为这是取得竞争优势的惟一途径。在重新构建的企业文化中，人的自我实现的价值在于创造而不在于权力，在于工作而不在于等级。在开放的机会中，人们对级别、地位的看法将会发生根本的变化，认识和能力将构成企业新的价值基础，对级别和地位的竞争将渐渐淡化，这将净化企业内的文化，净化企业内人与人的关系。企业在结构和价值观上的变化将领先于社会和政治，并将最终影响全社会。现在，已经可以看出这样一种趋势：企业家们的开明、开放和包容程度正在超过政治家。在20世纪60年代以前，社会的明星是政治家，像罗斯福、艾森豪威尔和肯尼迪；在60年代以后，企业家成了社会的明星。进入90年代以后，这一趋势更为明显，像比尔·盖茨、沃尔顿、沃伦·巴菲特和罗斯·佩罗特，成了家喻户晓的人物。企业家通过个人奋斗所取得的成功，淡化了人们对社会阶层、级别和地位的看法。企业创造的文化，正在潜移默化地改变着世界。

信息时代的企业组织形式也要适应以人为本的价值观，这种组织形式和组织制度不仅要考虑到人的职业，还要考虑到人的兴趣、爱好、脾气和秉性以及他们可能的发展方向。组织的核心将可能不再是以业务能力为主要考察对象，而是以人际关系能力和善于把握方向为主要考察对象。同时，员工的报酬将不是根据职位，而是根据能力和贡献，这意味着业务经理可能因主要贡献在调整人际关系上而比主要贡献在业务上的雇员拿得要少，"升官"不一定"发财"，将大大减少因内部摩擦，特别是将大大减少优秀的专业人员都挤向经理这条狭窄的路上而造成人才资源的浪费，使人才资源能各得其所、发挥特长，使各类人才都能在自己选择的专业和道路上不断实现自我价值，不断取得他应有的经济、社会和自我需求的满足。

二、参与、协作、奉献的企业精神

企业精神是企业全体员工共同一致、彼此共鸣的内心态度、意志状况和思想境界。

每个企业都有自己的成长历程，都有各自不同的企业个性，因此，在提炼本企业的企业精神时，不必与其他企业雷同，应有自己的特色。

在当代社会，参与、协作、奉献已成为现代企业员工值得倡导的一种意志状况和思想境界。各企业在提炼自身企业精神时可作为参考。

参与首先指的是参与管理。参与管理是企业兼顾满足员工各种需求和效率、效益要求的基本方法。员工通过参与企业管理，发挥聪明才智，得到比较高的经济报酬，改善了人际关系，实现了自我价值。而企业则由于员工的参与，改进了工作，提高了效率，从而达到更高的效益目标。

根据日本公司和美国公司的统计，实施参与管理可以大大提高经济效益（一般都可以提高50%以上，有的可以提高1倍至几倍），增加的效益一般有1/3作为奖励返还给员工，2/3作为企业增加的资产投入再生产。

在实施员工参与管理的过程中，要特别注意引导，要反复把企业当前的工作重点、市场形势和努力的主要方向传达给员工，使员工的参与具有明确的方向性。有些企业家对潮水般涌来的建议和意见不知如何处理，这主要是他们自己对企业的经营方向、管理目标缺乏目的性和计划性，不知道如何引导员工有计划、分阶段地实施重点突破。这种方法是保护员工参与的积极性，使参与管理能持续实施的重要手段。实施参与管理还要有耐心。在实施参与管理的开始阶段，由于管理者和员工都没有经验，参与管理会显得有些杂乱无章，企业没有收到明显的效益，甚至出现效益下降。管理者应及时总结经验、肯定主流，把实情告诉员工，获得员工的理解，尽快提高参与管理的效率。

实施参与管理要根据员工知识化程度和参与管理的经验采取不同方式。参与管理的全过程一般可分为如下3个阶段：

1. 控制型参与管理

针对员工知识化程度较低、参与管理经验不足的情况，采用控制型参与管理。它的主要目标是希望员工在经验的基础上提出工作中的问题和局部建议，经过筛选后，由工程师和主管人员确定解决方案并组织实施。提出问题阶段是由员工主导的，解决问题阶段的主导权控制则在工程师和主管人员手中。美、日、德等国企业中的参与管理很多是采用这种模式，这种模式的长处在于它的可控性，但由于它倾向于把参与的积极性控制在现有的标准、制度范畴之内，因而不能进一步发挥员工的积极性和聪明才智。

2. 授权型参与管理

针对员工知识化程度较高、有一定的参与管理经验的情况，采用授权型参与管理。它的主要目标是希望员工在知识和经验的基础上，不但提出工作中的问题和建议，而且制定具体实施方案，在得到批准后被授予组织实施的权力，以员工为主导完成参与和改革的全过程。美国高技术制造业和高智能服务业的员工知识化水平较高，因此，多采用这种模式。

3. 全方位参与管理

它不限于员工目前所从事的工作，员工可以根据自己的兴趣、爱好，对自己工作范围以外的其他工作提出建议和意见。企业提供一定的条件，帮助员工从事自己喜爱的工作并发挥其创造力。这种模式是针对员工具有较广博的知识，管理部门又具有相当的宽容度，企业内部择业又有很大自由度的情况而采用的。就人而言，每个人都有自己的长处或短处，只要找到适合自己的工作并努力去做，每个人都将成为卓越的一员，企业家的职责就是帮助人们找到适合自己的工作岗位，并鼓励他们努力去做。

日本企业家盛田昭夫说过，企业家最重要的任务在于培育起与员工之间的健康关系，在公司中建立起一种大家族的整体观念。这种健康关系和整体观念就是要有一种宽容的态度，让员工找到更适合自己的工作，允许员工每两年或一定时间内可以调换一次工作，创造一个毛遂自荐的机会，这是发掘人才的重要途径。如果能让员工自由选择自己所爱好的工作，那么他们为了成功，就会精力百倍地投入这项工作中去。

在很多美国公司中，参与成为一种企业精神，公司要求每个员工每年要写一份自我发展计划，简明扼要地阐述自己在一年中要达到什么目标，有什么需要，希望得到什么帮助，并对上一年的计划进行总结。自我发展计划，一方面是员工实行自我管理的依据；另一方面给每个员工的上级提出了要求：如何帮助下属实现自己的计划，它既可以作为上级人员制定自我计划的基础，又成为对上级人员考核的依据。每个员工可随时提出合理化建议并定期填写对公司意见的雇员调查，这个调查可以使那些没有参与管理积极性的人也参加进来，他们对公司工作的评价会成为管理部门主动了解意见和建议的基础。雇员调查的内容比较广泛，涉及公司业务的各个方面。企业每年进行一次员工评议，包括总经理在内，都要受到他的上级和下属、与他有关的平行部门（企业内外）的评议。

协作是现代企业精神必须强调的重要内容。促进协作精神的方法多种多样，可以通过工作后的聚餐、郊游等形式来增进同事之间的私人感情和协作精神，在同事关系之外加上朋友的关系。日本的企业界，很多经理几乎每天晚上都要和年轻的职员一起聚餐、聊天，直到深夜，这种聚餐已成为日本各公司的普遍做法。在美国，过去有工作后社交的习惯，但一般不涉及同事，近年来，这种社交活动逐渐向同事关系扩展。协作精神还可以通过非正式组织、团队（或以班组、或以部门、或以临时任务组织、或以兴趣小组为基础）形式来促进企业员工的协作精神。团队在许多现代企业中已成为促进企业员工协作精神的有效手段和组织形式。美国管理学家哈默指出，团队是一个伟大的创造，是现代企业管理的基础，是重新构建公司的一个基本出发点，具有强大的生命力。

奉献精神是与企业社会责任相联系的一种企业精神。它是指在组织企业经济运营过程中关心整个社会的进步与发展、为社会多做贡献的境界。企业只有坚持公众利益至上，才能得到公众的好评，使自己获得更大的、更长远的利益。这就要求企业积极参加社会公益事业，支持文化、教育、社会福利和公共服务设施等事业。通过这些活动，在社会公众中树立企业注重社会责任的形象，提高企业的美誉度，强化企业的道德责任感。

三、以市场为导向的经营哲学

市场是企业经营管理的出发点和落脚点，是企业一切管理活动的依据，也是企业经营哲学的核心。

企业家在确立以市场为导向的企业经营哲学的过程中，为适应信息化的社会，必须强化全体员工的学习、教育和培训。学习对于现代化企业的经营管理至关重要。列宁说过，我们不能设想，除了庞大的资本主义文化所获得的一切经验为基础的社会主义外，还有别的什么社会主义，如果不去向资本主义的第一流专家学习组织托拉斯大生产的本领，那么这种本领便无从获得。

这种学习、教育和培训不是单一的，而是复合式的；不是单向的，而是多向的；不是单线互动的，而是多线互动的。例如，国外不是由企业家孤军奋战来提高企业经营管理水平，而是有一个由大学、科研院（所）和咨询公司的专家们组成的高水平的参谋队伍共同工作。这支参谋队伍既有长期固定对企业给予指导的，这就是各公司董事会中的专家董事；也有临时性指导的，这就是具体的业务咨询人员。这支参谋队伍理论水平高，对市场和企业管理的发展走势看得很清晰。由于他们不断给不同公司参谋咨询，对各种企业的管理也有深入、实际的了解，他们是企业家进行战略决策的重要信息来源和参谋助手。国家从政策上扶植、发展咨询业，企业也重视咨询对自身的作用，这样就提高了企业管理的外部推动力，有利于企业经营哲学永葆清晰、准确无误的战斗力。

成功企业所确立的经营哲学都是从外到内、依据市场情况决定的。以市场为中心进行管理定位，不是一种简单的、线性的、因果式的关系，而是一种交互式的关系。市场的现实需求需要企业通过市场调查和分析确定各种需求的内容和边界，优化生产要素，调动企业力量，调整企业管理方式，以求满足需求。市场的潜在需求需要企业在市场调查和分析的基础上发挥创造力和想象力，把握技术的发展动向，预测市场潜力，进行风险决策，调动企业力量，优化生产要素，调整生产管理方式，以创造需求。

无论是满足需求还是创造需求，企业必须建立与市场间强有力的联系渠道，建立快速、准确的市场信息系统。现代企业通过多元渠道建立企业市场信息系统已成为企业经营哲学的一项重要内容。在企业内部，最初的市场信息渠道主要是销售部的信息反馈；在企业外部，企业最初主要靠市场调查机构获得市场信息。但调查机构的分析主要是统计学的、初步的。随着市场的差别化、细分化，市场需求的变化越来越复杂，统计学调查结果往往比较简单，特别是它对科学技术发展与市场需求的关系，社会政治文化发展与市场需求的关系等复杂的系统关系无法做出深刻的评价，对企业重大决策起不了直接的指导作用，因此，企业越来越依靠咨询公司来进行市场分析并提出完整的策略建议，并以此作为企业管理决策的依据。

第三篇　人力资源管理

　　人力资源管理水平的高低直接关系到企业的兴衰存亡。随着国际化程度的加深，越来越多的人力资源主管更加注重人力资源管理的科学性。所以，作为新时期的主管，一定要高瞻远瞩，学习和掌握最新的管理知识，并结合本企业的实际情况加以变通，才能建立起适合于本企业发展与兴盛的管理规则。

　　本篇主要从员工日常管理、薪酬管理、激励管理、职业生涯管理等知识面进行论述，并贴合企业实际，给人力资源主管提供帮助。

第十三章 员工日常管理

第一节 日常管理概述

综观世界近现代发展史，企业管理思想的沿革大致经历了以下更替：一是以机器为本，这是西方资本主义前期的企业管理思想。当时，企业经营者最关注的是机器，甚至把员工也当作机器，以至于人为地制造了人与机器的对立，于是发生了西方国家工人破坏机器的运动，如卢德运动。二是以技术为本，这是19世纪末20世纪初的企业管理思想。随着技术的迅速发展，企业经营者普遍重视经营技术和方法。有的虽然在理论上开始强调人的因素，而在实际操作时，却是围绕既定的技术程序运转的。三是以资本为本，这是20世纪二三十年代以后的企业管理思想。由于世界资本主义大量的资本输出和全球统一市场的形成，企业管理的战略资源表现为金融资本，有了资本就有了一切，于是形成了以资本为主宰的企业管理思想。四是以人为本的企业管理思想。20世纪八九十年代以来，由于信息时代的到来，这时候企业的战略资源是信息、知识和人的创造性，企业能够取得利润的主要途径，就在于员工本身，"人先于利润"，于是就形成了以人为本的企业管理思想。所以，近年来国内外企业都把对员工管理的研究置于管理研究最重要的位置上，从理论到实践创造了大量的、富有成效的有关员工的管理方法与技术。

一、员工管理的内容和目标

根据 Han Williams 在《员工管理》中的描述，员工管理应该包括以下内容：①布置任务和行动；②对正在做的事情进行检查；③激励员工，让他们做得更好；④对一些做事的方法进行批评；⑤了解无法完成工作的原因；⑥确定工资和奖金；⑦对职业生涯发展进行建议；⑧帮助员工渡过个人生活中的危机。阿布雷在其所著的《管理的演进》（The Management Evolution）一书中提出了管理的十大要领，在这十大要领中有六项是关于员工管理的，可见在公司中对人的管理的重要性，这六项要领也可以作为人力资源部门进行员工管理的六大目标，它们分别是：①应使员工明白企业制订的目标，以确保其实现；②应使企业中的每一成员都了解其职责、职权范围以及与他人的工作关系；

③定期检查员工的工作绩效及个人潜力，使员工个人得到成长和发展；④协助并指导员工提高自身素质，以作为企业发展的基础；⑤应有恰当及时的鼓励和奖赏，以提高员工的工作效率；⑥使员工从工作中得到满足感。

二、员工的需求及其实现

全球著名的管理咨询顾问公司盖洛普公司曾经进行过一次调查，研究人员采用问卷调查的方式，让员工回答一系列问题，这些问题都与员工的工作环境和对工作场所的要求有关。最后，他们对员工的回答作了分析和比较，并得出了员工的 12 个需求。这些需求是：

(1) 在工作中我知道公司对我有什么期望。

(2) 我有把工作做好所必需的器具和设备。

(3) 在工作中我有机会做最擅长做的事。

(4) 在过去的 7 天里，我出色的工作表现得到了承认和表扬。

(5) 在工作中上司把我当一个有用的人来关心。

(6) 在工作中有人常常鼓励我向前发展。

(7) 在工作中我的意见一定有人听取。

(8) 公司的使命或目标使我感到工作的重要性。

(9) 我的同事们也在致力于做好本职工作。

(10) 我在工作中经常会有一个最好的朋友。

(11) 在过去的 6 个月里，有人跟我谈过我的进步。

(12) 去年，我在工作中有机会学习和成长。

以上需求集中体现了现代企业管理中员工管理的新内容。从上述需求可以看出，在员工满足了生存需要之后，更加希望自己得到发展并有成就感。我们可以通过加强员工的规范化管理来实现上述目标。

1. 明确岗位职责和岗位目标

明确岗位职责和岗位目标可以让员工明白公司对他的希望和要求。但在许多时候，岗位职责和岗位目标与员工的实际工作并不相符，这种陈旧的职责和目标比没有这些东西更加可怕，它会给员工的工作带来误导，并且损害了公司规章制度的严肃性，所以人力资源部门要及时根据公司的变化及时对岗位职责和目标进行调整，使其真正能够发挥作用。例如，一位年轻的炮兵军官上任后，到下属部队视察操练情况，发现有几支部队操练时有一个共同的情况：在操练中，总有一个士兵自始至终站在大炮的炮筒下，纹丝不动。经过询问，得到的答案是：操练条例就是这样规定的。原来，条例因循的是用马拉大炮时代的规则，当时站在炮筒下的士兵的任务是拉住马的缰绳，防止大炮发射后因后座力产生的距离偏差，减少再次瞄准的时间。现在大炮不再需要这一角色了，但条例没有及时调整，出现了不拉马的士兵。这位军官的发现使他受到了国防部的表彰。

管理的首要工作就是科学分工。只有每个员工都明确自己的岗位职责，才不会产生推诿、扯皮等不良现象。如果公司像一个庞大的机器，那么每个员工就是一个个零件，只有他们爱岗敬业，公司的机器才能得以良性运转。公司是发展的，管理者应当根据实际动态情况对人员数量和分工及时做出相应调整。否则,队伍中就会出现"不拉马的士兵"。如果队伍中有人滥竽充数,给企业带来的不仅是工资的损失,而且会导致其他人员的心理不平衡,最终导致公司工作效率整体下降。

2. 加强管理沟通

让每个员工去做最擅长的事情,有助于发挥员工的最大绩效,达到管理的最高境界,但我们在很多时候并不能做到这些。因此,作为管理者必须了解员工,不但要观察员工的工作行为,还要注意多与员工进行沟通,特别是管理沟通,认真听取员工对公司管理和部门管理的建议,了解员工的思想动态,并让员工自己对自己进行工作评价,以便统一员工与直接上级对工作的认识,更好地解决在员工管理中出现的问题。

3. 建立意见反馈机制

在具体工作中,员工难免会对公司或部门的一些管理行为产生意见,从而影响工作情绪。而这些意见并非都适合直接告诉直接上级。从公司的管理流程上讲,应该有这样一个"第三方"来收集员工的意见,并将这些意见整理、归类,然后直接反映给最高层或公司管理部门,这也是对各级管理人员的一种监督方式。这种意见反馈应该是书面式的和正式的,并且要纳入公司的规章制度中,要明确进行意见反馈是一个正常的工作内容。

4. 进行书面工作评价

不少公司都会对员工的工作绩效考评,但是在工作考评后不仅要有及时的考评沟通,还应该要有书面的工作评价。工作评价可以每半年进行一次,在工作评价中要诚恳地对员工的优缺点进行分析和总结。在员工拿到自己的工作评价时,对自身的情况不仅能有一个客观的了解,并且会感觉到公司在时时刻刻地关心着自己的成长,从而使员工对组织产生一种归属感和忠诚感。

5. 完善职务升迁体系

职务的晋升是对员工工作的肯定和嘉奖。但如果将晋升只局限在行政级别的提高,则会出现管理上的混乱,因为每个部门经理只有一个。所以,职务晋升要注重专业职务和行政职务并重,使员工既可以向专业深度发展也可以向管理发展。如一个软件开发人员,既可以向开发小组长、开发经理、技术总监的管理方向发展,也可以向程序员、高级程序员、资深程序员、主任程序员等专业技术深度发展。完善职务升迁体系是为了使每位员工都感觉到在公司工作有发展前途。

6. 做好办公设施的管理

办公设施是在员工管理中常常被忽略的部分,事实上每个员工进行工作时都要有相应的设备和办公用品,之所以在这方面会出现问题,往往不是设备和办公用品的数量不足,而是管理的不善,在需要的时候物品往往找不到,或者设备已经陈旧,不利于员工工作的正常运行。因此,对物品的管理应该由行政部门安排专人负责,借用和领用都应有相应的登记管理制度,并委任专人对办公设施进行维护和更新。

三、员工安全保护

根据马斯洛的需要理论,人都有生理需要和安全需要,如果这些基本需要不被满足，很难说员工会有追求其他需要的欲望。随着工业时代的不断发展，员工的安全保护方面取得了长足的进展。在知识经济时代，这些保护内容已经有了质的变化。它不仅局限于对人身体和生理的保护，还涉及对心理和工作目标的保护。根据员工对保护的需求，我们可以把保护分成四个方面：身体安全保护，心理健康保护，生活条件保护和工作目标保护。

1. 身体安全保护

这是对员工保护的基本内容，特别是对一些危险的岗位和行业，身体安全保护显得尤为重要。即便是一些现代办公环境，也应该注意装修时的有害气体污染、电磁污染和各种职业病的发生。

2. 心理健康保护

心理健康保护是目前员工保护中最容易忽视的一个环节。健康的心理环境有助于让员工保持良好的精神状态，有助于员工提高工作效率。工作压力过大、工作环境不适应、人际关系紧张都容易影响心理的健康。对于一些大型公司，公司中应该有专门的心理医生负责解决员工的心理问题，并对心理健康做出有益的指导。

3. 生活条件保护

没有好的生活条件，就没有好的工作。从日常工作来讲，员工有三方面的需求，即工作需求、娱乐需求和学习需求。在工作之余，公司应该提供相应的环境和设施，充分满足员工娱乐和学习的需求。一些著名的企业都有自己的活动中心和娱乐中心，甚至有健身中心和教育基地。

4. 工作目标保护

从本质上讲，每个员工都有将本职工作做好的愿望。完成了既定目标，不仅对公司有利，也会使员工本人有成就感。但在具体工作中，有这样或那样的障碍影响了员工达成工作目标。这些障碍多半是管理中的障碍，如目标不明确、资源配置不合理、岗位职责不清、工作流程失效等。这些都需要管理者与员工经常沟通，及时解决这些问题，以保护员工顺利实现其工作目标。

四、员工的价值体系管理

价值体系，就是指一个人用什么样的态度去处理他身边发生的事情；也就是说，在他心目中哪些事情是次要的，哪些事情才是最重要的。

价值体系对一个人的影响是非常巨大的，它足以影响人的一生。价值体系是人进行思考和行为的尺度和准则，在每一行为和决策中都有价值体系的体现，所以说价值体系的影响也是无处不在的。

虽然不是每个人都能清楚地认识到价值体系的存在，但却实实在在地影响着我们的工作。价值体系的形成源于从小所受的教育和成长的环境，并且会随着社会阅历的增加而发生变化。

1. 传统管理与现代管理的区别

在传统管理中，员工仅仅是"会说话和灵巧的机器"，员工是机械式地工作，老板所关注的是员工每天所完成的工作量，没有必要去关心员工在想什么和希望做什么。在传统管理中，老板与员工的关系如下：①我是老板；②我不信任任何人；③我命令你；④我知道一切，所以一切听我的；⑤我付你很少的工资。

然而，随着自动化程度的提高，员工的工作逐渐从机械式劳动转向创造性劳动，创造性劳动需要员工的知识资本和创造力，所以现代管理更强调员工的主动性和创造性；在现代管理中，老板与员工的关系有如下显著的新特征：①让我们共同创造；②我信任你；③我尊重你；④我听从你的建议；⑤我们共享成果。

2. 价值体系对现代管理的影响

现代管理更注重人自身的价值，因此在现代管理中人自身的价值体系显得越来越重要，主要是对工作目标的影响。管理者可以告诉员工完成什么样的工作，员工也可能按管理者的要求按时完成工作。但质量的好坏，却取决于该员工价值体系对这项工作的认同程度，员工是否能够创造性地完成该项工作（高效率地完成），也取决于该员工价值体系对这项工作的认同程度。

对现代员工而言，工作的主要目的已不再仅仅是为了生存，更重要的是为了实现自身的价值，这个"价值"就是员工"价值体系"中所推崇的那部分价值。如果员工的价值体系并没有对这项工作产生认同，这项工作就是"要我工作"；如果他的价值体系对该项工作产生了认同，这项工作就会变成"我要工作"。正是由于员工对工作目标认同的差异，在工作过程中其工作行为也会产生差异。比如，当工作出现问题时是推诿逃避，还是认真解决，都与员工的价值体系有着直接的关系。

3. 价值体系的识别

要对价值体系进行管理，首先要对员工的价值体系进行识别。由于每位员工的社会背景和教育背景不同，所以价值体系也不可能相同。

（1）沟通法。通过与员工的沟通交流可以基本了解员工的价值体系。比如在面试时，我们可以提出以下问题来识别应聘者的价值体系：①你为什么要选择原先那家公司？②现在你为什么又要离开那里？③你为什么要选择我们公司？

员工加入公司和离开公司总有自己的动机，了解他的真实动机，就能把握他的价值体系。通过应聘者对问题①、③回答的对比，你可以基本了解该员工是重发展，还是重待遇。问题②可以清晰地反映出应聘者来应聘的真实目的。另外，应注意应聘者的回答是否符合逻辑，并可以适当地提些细节问题，以了解应聘者回答的真实度。

（2）观察法。对在职员工使用观察法可以比较客观地了解其价值体系，主要是通过观察他对突发事件和对影响自己利益事情的态度来进行判断。

4. 价值体系的管理

对员工价值体系的管理是对员工的高层次管理，其目的是让员工从价值体系上对所做的工作产生认同，从而增强工作的主动性和协同性。在管理中要考虑和尊重员工的现有价值体系，并用企业文化对员工的价值体系进行引导。

（1）完善工作流程。可以使员工养成良好的工作习惯，这些习惯有助于员工培养工作的责任心。

（2）完善企业文化。将公司所追求的价值体系明确告诉员工，可以使他们更加明确工作的目标和方式，并能使员工认真地检查自己的价值体系与公司倡导的价值体系的差别，从而促进员工价值体系的提升。

五、如何提高员工的工作效率

根据国外一项管理研究报告显示：员工实际的工作效率只有他们能达到的 40% ~ 50%。提高员工工作效率，除了要有明确的工作岗位和良好的激励政策之外，管理方法也很重要，下面就是六个非常实用的管理方法：

1. 选择合适的人进行工作决策

在对工作进行决策时，应该选择有相当技术能力或业务能力的员工进行决策。一些员工由于技术或经验的欠缺，在进行决策时，会对工作造成错误的指导。如果方向错了，做再多的工作也没有意义。

2. 充分发挥办公设备的作用

许多工作，可能是因为电话、传真机等办公设备出现故障而耽误下来。有的公司没有传真机，收发一份传真需要走很长时间的路，这样自然无法提高工作效率。

3. 工作成果共享

有时我们会发现，自己做的工作可能是其他员工已经做过的。有时查找一些资料，辛辛苦苦查找到了，结果发现另一位员工以前已经查找过了，如果当初向他咨询，就不必费这么大的劲了。将员工的工作成果共享，是一个很重要的问题。特别是对于员工较多的公司，这一点显得尤其重要。管理者可以利用部门内部的办公例会让大家介绍各自的工作情况。另外，对一些工作成果资料要妥善地分类和保管，这些都能达到工作成果共享的目的。

4. 让员工了解工作的全部

让员工了解工作的全部有助于员工对工作的整体把握。员工可以更好地将自己的工作与同事的工作协调一致。如果在工作中出现意外情况，员工还可以根据全局情况，做一些机动处理，从而提高工作的效率。

5. 鼓励工作成果而不是工作过程

管理者在对员工进行鼓励时，应该鼓励其工作结果，而不是工作过程。有些员工工作很辛苦，管理者可以表扬他的这种精神，但并不能作为其他员工学习的榜样。否则，其他员工就可能会将原本简单的工作复杂化，甚至做一些表面文章来显示自己的辛苦，获取表扬。从公司角度而言，公司更需要那些在工作中肯动脑筋的员工。所以，公司应该鼓励员工用最简单的方法来达到自己的工作目标。总之，工作结果对公司才是真正有用的。

6. 给员工思考的时间

公司在做一件事情之前，如果决策层没有认真地进行思考，这件事情就不会干得非常出色。员工工作也是如此，如果管理者不给员工一些思考的时间，也很难让他们做好自己的工作。管理者要鼓励员工在工作时多动脑子，勤于思考。用大脑工作的员工肯定要比用四肢工作的员工更有工作成绩。

第二节 企业人性化管理

作为企业人力资源主管，或许希望员工更敬业、多奉献，上班 8 小时能干出 10 小时的活，在节假日也积极来企业加班。然而，对于大多数员工来说，工作并非他们生命的全部。每个员工首先是一个追求自我发展和实现的个体人，然后才是一个从事工作有着职业分工的职业人。他们更愿意在工作上展现自己的个性、体现自身价值，而不喜欢在事事被安排、时时被监督的环境中工作——当今，在管理者们不断探讨对员工采用何种管理方式最有效的话题时，人性化管理一词的被提及率越来越高。人性化管理作为游离于制度与人性之间的一种管理方式，正被越来越多的企业和员工所推崇，一批懂管理、有人情味、有亲和力的管理者越来越受到更多员工的爱戴和追随。而来自企业和员工的这种强烈需求，则汇成了企业管理对人性化管理的强烈呼唤，人性化管理已逐渐成为当今企业管理发展的新趋势。

马斯洛的需要层次理论曾告诉我们：人的需要遵循生理需要、安全需要、被尊重的需要、人际交往的需要和自我实现需要的递增规律。当人们由低层次的需要到高层次的需要依次得到满足之后，才可以安心工作、全心付出、完成自我管理和自我实现。而从当今企业员工生存现状看，大多数员工低层次的需要已基本满足，但是许多员工觉得自己渴望被尊重、人际交往、自我实现的强烈需要却难以得到满足。尤其是许多知识型员工，他们喜欢自己对工作能有更多的主动权，希望自己的私人身份受到尊重，希望能有更多的时间考虑个人的发展；希望在工作的同时能补充知识，提高技能，希望有充足的时间休息娱乐，和自己欣赏的人探讨工作和人生；还希望能在下班的时候暂时忘掉工作，享受家庭团聚的温馨，而不是一天 24 小时都被工作所累，时时处在备战状态。我们常听到身边有员工抱怨：认为自己工作时在受到头儿的监督，被管制得很严，工作环境很压抑，难以忍受等。

给员工适当的空间，并尊重他们，用计划和目标来管理他们，已成了企业员工对管理者的基本要求。而员工们的自我发展和自我实现的需求只有在得到了重视和满足后，他们才更愿意用心工作，更愿意接受管理者的加班要求，从而更加有效地完成管理者的指令。

有管理者深有体会地说：人性化的管理不是挂在嘴边漂亮的话语，也不是靠讲什么忠诚度的理论就可以说服人，它需要企业平等真诚地和员工交流，真正让员工感觉到被尊重。企业也只有树立了以人为本的人性化管理理念，才能真正创造出吸引人才、留住人才的环境。

一、什么是人性化管理

"人性化管理"是由现代行为科学演变出来的一种新的管理概念，对于这一概念的研究便也成为人性管理学。随着知识时代的来临，人作为知识、智慧的主体变得越来越重要，合理开发人的内在潜能已成为现代管理的重要课题。

要明白什么是人性化管理，就必须知道人性是什么。人性，是指人的本性。管理学对人性的研究，侧重于人的本性、行为和管理方式、管理措施等的相关联系。各个时期的管理人员都以人性假设为依据（分别经历了"经济人"、"社会人"、"自我实现人"和"复杂人"四个人性假设阶段），然后用不同的方式来组织、领导、控制、激励员工。从管理理论的历史发展来看，人性假设（或认识）有一个由简单到复杂不断深化的过程，人性化管理在企业管理中的作用越来越突出。

所谓企业人性化管理，应该是在充分认识人性的各个方面的基础上，按照人性的原则去管理，利用和发扬人性中有利的东西为管理和发展服务；同时对于人性中不利的一面进行抑制，弱化其反面作用。在企业人性化管理的实施和手段上采取"人性"的方式、方法，尊重个人、个性，而不是主观地以组织意志或管理者意志来约束和限制员工。在实现共同目标的前提下，给员工更多的"个人空间"，而不仅仅是靠理性的约束和制度的规定来进行管理。

二、为什么要实施人性化管理

1. 瞬息万变的环境呼唤企业的"人性化"管理

环境是企业生存和发展的土壤，而原来的管理制度已经越来越难以适应当前激烈的环境变化。过于陈旧的"硬"制度已经不能适应现代企业的管理需求，越来越多的制度应逐渐"软"化，符合企业的变革与创新，从而更好地适应新的环境。从外部环境来说，"人性化"管理的程度决定了一个企业能否吸引和留住优秀人才，因为现在几乎所有的企业都认识到人的因素在企业的管理中起着至关重要的作用。所以，企业之间的竞争在一定程度上变成了对人才的竞争。这就必然要求企业在管理中融入更多的"人性化"。从内部环境来说，企业战略的制定、计划的实施以及企业文化的建设都离不开员工的参与。企业只有实施更为"人性化"的管理，才能提高企业适应环境变化的能力。

2. "人性化"管理是激发创新的有效机制

有人把在严格制度管理下的员工比喻成高速运转机器里的零部件，只能被动地跟着机器转动，而没有个人主观能动性的发挥。完善的规章制度是企业健康运行的重要保证，但比制度约束更高明的，是企业实施的人性化管理。这种"人性化"管理使企业与员工形成一种心理契约。制度约束对于员工而言是"要我做"，而形成心理契约对于员工而言却是"我要做"。把员工的主观能动性调动起来，是企业进行制度创新和技术创新的前提条件。而"人性化"管理正是给员工提供了一种相对宽松的创新环境。

3. "人性化"管理制度有助于企业做出高质量的决策

面对激烈的市场竞争，企业需要做出决策的速度越来越快，决策内容也越来越复杂。任何管理者都难以独立决策，必须转向决策的民主化，吸收员工参与决策，集思广益，改善决策的速度和质量。而企业实施人性化管理，能够让员工充分地参与到企业的决策当中，体验到主人翁的责任感和使命感。这样，既有利于做出正确的决策，又便于决策的执行，充分提高了企业的工作效率。

三、企业如何实施人性化管理

1. 树立以人为本的价值理念

人在不同的人力资源管理模式的影响下，会有不同的行为和心理表现。许多成功的企业，正是树立了"以人为本"这样一种价值理念，才得以不断地发展壮大。从现有成功企业不难看出，任何企业只有实施"以人为中心、理性化团队管理"，这个企业的人性化管理才可能会迈上科学、有序的轨道，企业员工才会团结协作、积极主动、行为规范、不断创新，企业的发展前景也将是美好的。如果一个企业在实际管理人力资源的过程中，实施"以自我为中心，非理性集权管理"模式，其人力资源管理就会步入混乱无序的轨道，企业员工就会私欲膨胀、各自为政、放弃责任、混时度日，这定会将企业推向衰败。

2. 有合理的制度与先进的理念配套

健全合理的制度是企业运行的基础。再先进的理念，如果没有制度做保障，也会变成无源之水、无本之木。以人为本的管理制度是以合理的管理制度，如规范的业务流程、合理的管理平台和科学的决策体制及监督体制等，来整合个人利益，协调各种冲突，从而实现企业组织管理的目标。

3. 建立起尊重员工的企业文化

尊重员工是"人性化"管理的必然要求，只有员工的私人身份受到了尊重，他们才会真正感到被重视、被激励，做事情才会真正发自内心，才愿意和管理人员打成一片，站在企业的立场上，主动与管理人员沟通想法、探讨工作，完成企业交办的任务，心甘情愿为工作团队的荣誉付出努力。人性化的管理就要有人性化的观念，就要有人性化的表现，最为简单和最为根本的就是尊重员工的私人身份，把员工当作一个社会人来看待和管理，让管理从尊重开始，让员工普遍感受到组织的关怀和温暖，只有这样才能最大限度地发挥个人的主观能动性，这也是一个企业最希望收到的效果。

第三节　员工压力管理

一、员工压力概述

每个人在生活和工作中都会有压力——特别是在竞争日趋激烈的今天。当员工碰到不顺心的事情，或者对工作一筹莫展的时候，员工就会产生压力。适当的压力对个人来讲是有益的，但如果压力过大，就会使人产生消极的情绪。也就是说，压力就像一把"双刃剑"，既是好事也是坏事。

2003年8月4日，韩国现代集团总裁郑梦宪跳楼自杀，举世为之震惊！尽管其死因至今仍是一个谜，但人们普遍怀疑这与其不堪承受巨大的心理压力有关；1993年3月9日，大众汽车公司前总经理方宏从五楼总经理室的窗口纵身往外一跃，突然之间结束了自己堪称辉煌的一生；2001年10月，北京一家通信公司董事长突然从其办公楼的窗口跳了下去，经抢救总算保住了性命，但两条腿再也不能站起来；2002 年 7 月 23 日，浙江一家公司的老板，在妻子去世三周年这一天，到妻子坟前献上一束鲜花后，便在家中服下大量安眠药自杀身亡⋯⋯

一个又一个近似残忍的事件引起了人们对平时工作强度过大的员工应如何进行身体锻炼这一问题的关切。压力管理，现代企业再也不能等闲视之了。

联合国国际劳工组织发表的一份调查报告认为："心理压抑已成为 21 世纪最严重的健康问题之一。"企业管理者已日益关注工作情景中的员工压力及其管理问题，因为工作中过大的压力会使员工个人和企业都蒙受巨大的损失。

据美国一些研究者调查，每年因员工心理压抑给美国公司造成的经济损失高达 3050 亿美元。目前在中国，虽还没有专业机构对因职业压力给企业带来的损失进行统计，但北京易普斯企业咨询服务中心的调查发现，有超过 20% 的员工声称"职业压力很大或极大"。业内人士初步估计，中国每年因职业压力给企业带来的损失至少上亿元人民币。过度、持续的压力会导致员工严重的身心疾病，而压力管理能预防压力对员工造成的这种损害。有效地维护、保持企业的"第一资源"——人力资源。员工压力管理有利于减轻员工过重的心理压力，保持适度的、最佳的压力，从而使员工提高工作效率，进而提高整个组织的绩效、增加利润。企业关注员工的压力问题，能充分体现以人为本的理念，有利于构建良好的企业文化，增强员工对企业的忠诚度。

（1）常见员工压力的种类。企业员工可能会面临着多方面的压力。从大的方面讲，可以分为自我需求压力、工作压力、家庭压力和社会压力。

①自我需求压力。员工的压力是员工个体与环境相互作用或相互影响的结果。从本质上讲，压力来自于员工的需求，而需求是由环境所引起的。

员工的需求可分为生理需求和心理需求两大类，这些需求就是压力的来源，简称需求压力源。当员工感到自己的需求可能会超过自己的能力时，就会产生压力或潜在的压力。

在工作中，员工自我需求产生的压力，主要取决于四个方面：一是员工对环境的感受，感觉环境不利时容易产生压力；二是员工的个体差异，性格拘谨往往容易感到压力；三是员工之间的相互影响，尤其压力信息的传递，也易产生压力；四是员工过去的经验，经验越少，往往压力越大。

②工作压力。工作压力是指员工在工作中产生的压力。比如，新员工刚上岗时就可能会出现不适应的压力。新的岗位面对着许多新变化，新员工可能会担心自己不能适应这份工作而产生压力。

另外，当打破了正常的工作流程和工作进程时，也会产生压力。比如，当员工接受紧急任务或重大任务时，可能担心自己能否按时完成，或者担心自己的失误会对全局产生严重的影响，从而产生压力。

随着社会的前进，新技术层出不穷。当员工面对新技术时，也会产生压力。特别是年纪稍大一些的员工，由于接受新技术的能力不如年轻人，可能会担心自己无法掌握这些技术，产生下岗、失业的恐惧压力。

工作环境中的人际关系压力也不容忽视。在工作中，每位员工都不可避免地要同自己的上级或客户打交道，如果这些沟通出现了障碍，或者被别人误解，就会产生人际关系压力。如果该员工人际关系处理得较为融洽，这方面的压力就会小些，反之则会加重。

③家庭压力。每位员工都属于一个家庭，家庭环境的和谐与否对员工有着很大的影响。家庭压力一般来自于配偶压力、父母压力、子女压力及亲戚压力等。比如夫妻感情不和、父母生病住院、子女学习成绩不好等事情都会对员工产生压力。

有时员工不得不为处理这些事情而请假。当员工因为这些压力而求助于企业的人力资源部门或管理者时，企业应该对员工进行力所能及的帮助，比如帮助调解纠纷等。

虽然这些事情可能与员工的工作无关，但是企业只有协助解决员工的这些压力，才能够让员工全身心地投入工作。同时，员工也可以感受到企业的关怀，从而加强企业与员工之间的凝聚力。

④社会压力。每个员工都是社会中的一员，自然也要受到来自社会的压力。比如住房问题，能拥有一套自己的房子，是很多人的梦想。如果没有合适的住房，自然会影响到员工的心情。

另外，如果员工的社会地位处于较低的层次，也会产生压力。当员工将自己的职业、收入、开支等与社会中的其他成员进行比较后，发现自己远不如人，就会产生因攀比而引起的社会压力。

了解员工容易产生压力的来源，有利于引导、帮助员工正确面对压力和处理压力。作为管理者，帮助员工正确处理压力将会使其在工作中取得更好的成绩。

（2）员工的压力源。员工压力的来源也称为压力的起因。其来源从内容和形式上分为：生理压力源、心理压力源、工作压力源和生活压力源四种。

①生理压力源。是指由于身体状态的变化，对员工个体引起的压力。生理压力源包括疾病、疲倦、营养等。由生理带来的压力通常会有这样几种征兆：一是当处于压力之下时，头疼的频率和程度会不断地增加；二是肌肉紧张，尤其是发生在头部、颈部、肩部和背部的紧张，是一种非常准确的早期预警信号；三是皮肤对压力特别敏感，皮肤干燥、有斑点和刺痛都是典型的压力反应征兆；四是消化系统问题，例如胃痛、消化不良或溃疡扩散，都是未能妥善处理相关压力问题的预警信号；五是心悸和胸部疼痛也经常是与压力有关的预警信号。

②心理压力源。许多事物由于不同的个体产生不同的心理活动，因而产生的压力也会程度不一。几乎每种事物都可能成为心理压力源。从大的方面讲，生气、后悔、自卑感、不胜任感及挫折感都是心理压力源。

生气是指人对客观事物不满而产生的一种情绪活动；后悔是指个体未经深思熟虑，轻率地做错了事，事后醒悟过来而产生的自我埋怨、自我谴责以及自我惩罚；自卑感是指个体由于在人生道路上遇到挫折而把自己看得很低，从而产生一种轻视自己的情绪活动；不胜任感是指个体自己感到不能完成任务所产生的一种情绪状态；挫折感是指个体在遇到挫折时产生的一种消极的心理状态。

③工作压力源。其表现形式很多，因为工作中的每一件事都有可能成为压力源。

引起工作压力的因素主要有：工作特性，如工作超载、工作条件恶劣、时间压力等；员工在组织中的角色，如角色冲突、角色模糊、个人职责、无法参与决策等；事业生涯开发，如晋升迟缓、缺乏工作安全感、抱负受挫等；人际关系，与上司、同事、下属关系紧张，不善于授权等；工作与家庭的冲突；组织变革，如并购、重组、裁员等使许多员工不得不重新考虑自己的事业发展、学习新技能、适应新角色、结识新同事等，这都将引起很大的心理压力。

④生活压力源。按对压力影响程度主要有：配偶死亡、离婚、夫妻分居、家庭成员死亡、外伤或生病、结婚、解雇、复婚、退休等。可见，生活中的每一件事情都可能会成为生活压力源。

二、员工压力管理

我们都知道香港启德机场位于市中心，飞机掠过深水涉、九龙等闹市的时候，乘客能清楚地看见住家阳台上晒的衣服。就是这么一个被称作"世界上最危险的机场"，数十年直至关闭都没有出现过大灾难。探究其中的原因，有人说正是因为危险，所以全世界的飞行员都小心翼翼，不容许自己出一点差错，香港的启德机场因此才成为世界上最安全的机场之一。

危险固然可怕，但比危险更可怕的是人的麻痹大意；危险不一定制造灾难，但人的疏忽往往是灾难的渊源。这正是"压力效应"——推而广之，管理者是不是也应该对你的员工进行一些有效的压力管理呢？这个自是当然。

1. 压力管理，从两个角度进行

压力管理的两个角度是指企业角度和员工角度。

（1）从企业的角度看。如何正确对待员工的压力，是考查企业落实"人本管理"理念的一个主要指标。只有开展有效的压力管理，才能在企业里真正建立"以人为本"的管理机制。从企业的角度看，有效的压力管理包括以下四个方面的内容：

①制定员工的职业生涯发展规划。人才在成长过程中，经常要面临成长"瓶颈"的困惑和压力，这就需要企业制定员工的职业生涯发展规划，通过"职业发展阶梯"和"职业生涯通道"，在尊重人才意愿的基础上，帮助人才开发各种知识与技能，解决人才成长过程中面临的职业发展压力。

②开展职业咨询与压力辅导。随着社会的进步和企业的发展，员工的身心健康将得到越来越多的关注，职业咨询与心理压力辅导也将随之产生，这能帮助员工正确处理工作压力，提高其工作质量。

③建立公平的内部竞争机制。许多压力，尤其是工作方面的心理压力，是来源于企业内部的不公平竞争机制。这种不公平的内部竞争机制，既不利于员工的身心健康，也不利于企业的可持续发展。因此，企业只有建立公平的内部竞争机制，包括薪酬激励分配机制、晋升筛选机制等，才能有助于减轻企业员工的心理压力。

④构建人性化管理机制。作为企业，是集多方利益于一身的载体，不仅要满足投资者的利益，也要满足员工个人的利益。而员工的身心健康是员工利益的重要组成部分，企业只有构建人性化的管理机制，才能真正实现其作为载体存在的意义。

（2）从员工的角度看。最近，英国一项关于人力资源的最新研究发现，巨大的工作压力会对员工造成不少消极影响，如情绪低落、工作时发呆、走神、白白浪费时间等。此项研究的负责人之一卡里教授说，他们调查了 1971 名来自英国不同公司的员工，结果 83% 的人承认，严峻的工作形势、紧张的工作节奏、繁多的工作内容以及人们彼此间激烈的竞争常常让他们感觉到压力，而这种压力又直接影响了他们的工作效率，工作过程中精神不集中、突然发呆等都是常事。

而且，有 42% 的人透露说，即使回到家里，他们也总是为工作压力担心和忧虑，有时候情绪甚至非常低落，还有一小部分人表示，巨大的工作压力让他们茶饭不香，睡眠也受到影响，常常失眠或是入睡困难。

因此，站在员工的角度上讲，如何处理好个人面临的压力，对个体的身心健康起着至关重要的作用。所以，在市场竞争日益激烈的情况下，员工尤其有必要做好自身的压力管理。

①预见和评估压力。许多我们体验过的压力来源，事先是可以预期的。因此，员工在工作过程中，要做好个人的职业生涯规划，熟悉企业文化或内在潜规则，对可能出现的压力做好评估和预测，增强工作积极性，保持乐观的生活态度。

②接受和释放压力。有许多人总是抓住过去的失望、挫折或与他人的不和，不愿正确面对和接受压力，这使他们陷入在过去而回不到现在。如果你愿意改变对某种情况的感觉和态度，会发现接受它比较容易。在接受压力过程中，我们需要学会大声说"没什么"，永远记住"祸福之所倚、福祸之所伏"，知道"有所为、有所不为"，表现"难得糊涂"，保持"宽宏大量"，做到"退一步海阔天空"等。在释放压力过程中，可以采用请求协助、休息一下、处理愤怒等有效的方法。

③管理压力。管理压力包括管理时间（即利用 80/20 法则，做重要的事情）和管理生活方式。管理生活方式包括心理暗示（给自己鼓劲）、视觉化的心理图像（回忆过去美好的记忆）、适度运动、呼吸法（深呼吸）、营养均衡（饮食结构、饮食习惯合理）、充足的睡眠。

总而言之，有效的压力管理，既有助于员工的身心健康，也有助于建立员工和企业间的良好关系。

2. 四个症状，四副药方

工作压力，正悄悄地袭来。英国《金融时报》日前撰文称，在英国有 500 万人感觉工作压力"非常大"或"极大"，与压力有关的多种问题让各机构每年耗资 37 亿英镑。据最近一项调查显示，我国有近一半的上班族面临较大的工作压力。

毋庸置疑，压力在一定程度上能够转化成动力，但过强的压力，则可能会使人们在工作时无精打采、精神恍惚；一旦压力与能力反差太大，执行者就会承受不了，效率也会越来越低。所以，对于管理者来说，减轻下属过重的压力甚有必要。

下面我们就相关专家指出的员工压力常见的四个症状，给企业管理者以四副药方，从而能够"对症下药"，并最终帮助下属从过度压力中走出来。

症状一：工作任务太重，目标制定得不切实际，导致任务根本无法完成。

药方：员工参与目标制定。

管理者在制定目标的时候一定要合理，要让下属有信心完成目标。从经济指标来讲，如果去年完成 100 万元，那就自然不能为今年制定 500 万元的目标（除非外界或自身出现很大的转变）。如果制定的目标超出下属的能力范围，那么给下属带来的将是无尽的压力。

为了避免目标太远，任务过重，管理者在制定工作目标的时候最好让下属参与，将目标管理与参与管理相联系，让执行者有充分信心完成这一目标。

症状二：由于人际沟通的问题，与周围同事产生矛盾，心理压力过大。

药方：一视同仁、察言观色。

管理者想营造良好的氛围，自身先要有浩然正气，不搞人际斗争，提倡公平、协作、坦荡的工作精神，在这种理念的支撑下，摩擦一定会大幅度减少。而对于那些已经存在的矛盾，管理者要善于察言观色，主动去协调、沟通和解决。

对于管理者来说，最重要的是不能偏心，而是一视同仁。任何一个人都会有所偏好，但这时一定要提醒自己，努力避免个人偏好影响到工作中来，否则会越来越糟糕。

特别值得一提的是，对那些能力差的员工，管理者需要给予更多的关注，主动关心，以减轻其心理压力。

症状三：身处跨国公司，文化差异造成个人压力。

药方：融入与沟通。

如果你是一个"外来"的管理者，那么不管带来的是何种先进的管理模式和理念，都要记住，在这些"舶来品"融入公司之前，本人先要融入这个集体。作为外方管理人员，要了解该本土企业的文化和一贯的做法，然后结合这些本土观念再做改变。

如果是一位本土的管理者，并在跨国公司获得了一定职位，那么就要学会充当"桥梁"，在中方下属和外方上司之间进行沟通，让他们更多地了解彼此的行为标准和习惯，通过上下的有效沟通，减少双方由于文化背景不同而可能引发的误解，避免可能因此带来的压力。

症状四：来自个人生活、家庭的压力。

药方：伸出援助之手。

有些管理者会认为员工的个人问题属于隐私范畴，不适合过问。但这种压力对于员工来说，往往是最难摆脱的。这时候，如果管理者能伸出"援助之手"，获得的将是员工更大的信任。

对于管理者来说，一方面，在工作中要有领导艺术，善于观察，如果看到员工心不在焉，就要主动沟通；另一方面，当下属因为家庭与工作产生矛盾的时候，管理者一定要分清轻重缓急，绝对不能因为员工在关键时刻因私事请假而从此对他"另眼相看"、产生偏见。

3. 积极的压力策略

有调查发现，越来越多的员工开始陷入工作压力的困惑。现实中职业压力与员工的缺勤率、离职率、事故率、工作满意度等息息相关，而且对企业的影响是潜在的、长期的。

我们在这里倡议，压力管理策略的实施要有积极性。

（1）控制压力管理的"度"。国外一位著名的心理咨询师说过："压力就像一根小提琴弦，没有压力，就不会产生音乐。但是如果弦绷得太紧，就会断掉。需要将压力控制在适当的水平——使压力的程度能够与你的生活相协调。"

对于企业而言，压力管理的核心就是减轻员工的压力和心理负担对其造成的不良影响。而企业在熟知员工压力来自何方时要以管理的方式进行疏导，对于员工的内心压力源、意见等，采取正确的态度来审视。无疑，会对企业的良好发展起到助推作用，实际上也是一种良性循环。重要的是，压力管理在相当大的程度上延长了企业的生命周期。

建议企业制定职业压力管理办法，它是针对企业员工的身心健康和绩效而对内部职业进行预防和干预的系列措施，是企业职业压力的管理体系和方法，通常这种管理体系以企业为核心但又更注重企业中的个体性。一个完整的职业压力管理办法包括：压力评估、组织改变、宣传推广、教育培训、压力咨询等内容。

同时，还要做一些如压力测试等心理测试来辅助企业的目标管理、考核，利用工作分析，制定合理可行的工作标准，在实践中逐步调整工作量，使员工的能力与工作内容成正比，同时让大家明白并非所有的压力都是负向的。有些人在压力大的情况下职业生涯更上了一层楼。尤其是在一些欧美公司，人们通常是通过学习克服压力从而升迁到高层职位。但是当压力使人感到要崩溃时，这种压力便发生了质的变化，如一个人考大学前的奋斗使学生遇到很大压力，当考完后一下子身心就放松下来了。正如上面介绍的那位心理咨询师所说，对于我们每一个人来说，危机的爆发点是不同的。

（2）"苦情室"释放压力。日资企业工作压力是很重的，为了缓解释放压力，一些企业设立了"苦情室"、茶室等，供员工宣泄、释放紧张情绪。一些企业在电脑中放置了一些发泄对上司不满的游戏，有一些排解压力的书籍、音乐以及心理咨询的热线电话等，也有的企业将中层以上干部的照片放在那里供人来宣泄不满情绪等，但工作室有明确的规章制度。

有的企业设定了上下午各有 10 分钟的休息、做操时间，工作时还播放一些调节心情的音乐。中午休息时可以到公司阅览室看报、读书，也可以到公司健身房锻炼身体，这些对释放压力均有收效。

在国外，长期以来流行一种名为员工帮助计划简称 EAP 的服务。该计划通过专业人员对组织的诊断、建议，对组织成员及其家属的专业指导、培训和咨询，旨在帮助解决组织成员及其家属的心理和行为问题，以维护组织成员的心理健康，提高其工作绩效，并改善组织管理。到现在，EAP 已经发展成一种综合性的服务，其内容包括压力管理、职业心理健康、裁员心理危机、灾难性事件、职业生涯发展、健康生活方式、法律纠纷、理财问题、饮食习惯、减肥等方面，全面帮助员工解决个人问题。解决这些问题的核心目的在于使员工在纷繁复杂的个人问题中得到解脱，减轻员工的压力，维护其心理健康。

有的企业规章制度中用一个章节明确企业员工的申诉制度，及时解决员工因工作压力造成的紧张情绪。以完善的培训计划、薪酬标准和保障制度增强员工的安全感和较为稳定的就业心理，减轻其压力。

当然，压力管理是多方面、多层次、多渠道的，这就要求企业的各级组织包括工会、党组织、团组织、行政部门等积极配合减少员工的压力。

（3）积极性压力管理的三个关键点。

①增强信心，提高员工压力的承受能力。心理学中有一个翁格玛利效应，意思是指对对象进行心理暗示：你很行，你能够做得更好……从而使对象认识自我，挖掘潜力，变压力为动力，快速适应岗位需要，从而可见信心的影响力。在现代企业里，翁格玛利效应不仅传达、传递了管理者对员工的信任度和期望值，还更加适用于团队精神的培养。在强者生存的竞争环境中，翁格玛利效应绝对是最有效的灵丹妙药。因此，增强信心是压力管理的支点，有了信心，才能够顶住压力。

②培养兴趣，充实员工的生活。压力管理大师戴维森在《完全傻瓜手册——如何纾解压力》一书中写道："要想在压力环境下自由呼吸，培养一个兴趣或嗜好是必不可少的，这样至少可以保证员工在某个时间段、某一领域集中精力，充实自己，而不用考虑使自己压抑的话题。"所以，培养起员工的兴趣就好比建立了一所加油站，为员工的压力管理增添源源不断的动力。

③职业生涯规划，压力管理的关键。良好的职业生涯规划帮助员工改善思维，抛弃不切实际期望值太高的目标，而建立现实客观的 SMART 式的发展目标：S（Specific 特定的、适合自己的），M（Measurable 可衡量的），A（Achievable 可实现的），R（Realistic 实际的），T（Time - based 基于时间的）。它使员工站在最合适的定位上，处于一个最佳的平衡状态，既不会因为定位过高而面临过度压力，也不会因为定位过低而面临匮乏压力。综合起来看，职业生涯规划是压力管理的关键一步，没有良好的职业规划，所有的压力管理便很难进行。

4. 压力是可以"传染"的

压力就像是癌细胞，在一个集体的肌体内悄悄滋长，不仅会造成不良的集体气氛，还会改变人体的免疫系统，降低抗病力。在一个蒸蒸日上的企业里，也是同样的道理。在市场竞争日益激烈的环境里，企业的变革便对管理人员提出了更高的要求。肩负重任的企业的各级管理人员，尤其是中高级管理者，将备感压力的剧增，随之而来的将会不知不觉地把自己内心的压力传染给员工，使他们也感染上来自工作和组织变革上的压力。当员工成为压力"携带"者，他们会以诸多的"管理难题"形式把压力再返回给管理层或者管理者。如此一来二去，管理者与员工之间的压力互动（相互传染），越来越强化压力的程度，越来越使压力原因复杂化。批评、责怪、训斥、怒骂、抱怨、讥讽、挖苦、报复、转嫁责任成为压力在管理过程中以传染的基本形式出现，形形色色的"言说"，成为管理者与员工进行压力互动的方式。

言为心表，"言说"是心理和情绪在嘴巴上的反应。管理者的压力，会变成压力性的"言说"传染给员工：权力或者影响力越大，他们传染压力的面积和深度就越大和越深，而且占据着传染压力的主导位置。

对于员工，工作中在他们感到压力的时候，管理层和管理者的"言说"，自然就成了他们认为的压力源。谁愿意感受压力呢？压力是一种不安全、不顺服的感觉。对来自管理者的压力，员工本能的有一种抵抗的冲动。抵抗，是他们面对压力进行自我保护的内心愿望。抵抗的方式：一是推卸责任；二是阳奉阴违；三是跳槽；四是弄虚作假；五是消极怠工；六是假公济私；七是斤斤计较、你争我夺。对于员工的抵抗，管理者感到一种管理压力，于是继续施加或者增加压力。在管理者与员工的压力对抗中，时间、精力、机会、激情都被内耗掉。压力对抗中，管理者与员工是两败俱伤的。

很少有管理者意识到，员工七种破坏工作的行为，正是他们对来自管理者压力的抵抗。更让管理者难以意识到的，是管理者对自己的压力和压力传染是盲目的。他们认为，自己对员工的批评是有依据和理由充分的。发脾气，是因为员工的工作错误屡教不改而忍无可忍；高要求，是为了促进员工进步和成长；不信任，是因为员工的工作能力总是令人不放心；怀疑，也是因为员工不够忠诚。

是的，在我们遭遇压力的时候，我们总是容易"外怪"。也就是老百姓常说的"睡不着觉怪床歪"，即在自己以外的地方找压力源。事实上，压力源就在我们自己。打个比方，用手电筒照镜子，反射回来的电光，恰恰是我们照射镜子的电光。管理者感到的管理压力，恰恰是管理者传染给他们压力的反抗。

所以，在管理过程中，管理者如果不能有效地"管理嘴巴"，他们的内心压力就会不自觉地传染给员工。这种无意识的传染与蔓延将会如"大堤上的蚁穴"，不经意间将瓦解和摧毁整个组织的士气和协作精神。

5. 丰佳的压力管理

虽然，压力管理对于国内大多数的企业仍是一个全新的概念，但实际上人力资源部门在很大程度上已经担当起这方面的责任。作为管理者，在企业中扮演着一个非常特殊的角色：一方面，需要解决自己在工作中所面临的各种压力；另一方面，必须扮演一种管理压力的角色，帮助员工疏导压力，实现企业的目标。

丰佳国际是一家创办于20世纪90年代初的罗马尼亚华人企业，主要以林工产品、烟草、电器业等为经营业务，在欧洲、南美市场享有一定的知名度。2003年，在中国良好的经济环境和发展潜力等因素的驱使下，丰佳国际把总部迁到上海，主攻中国市场。作为一家跨国企业，丰佳国际在企业文化和管理理念等方面有着自己独特的模式，其中在对员工进行压力管理所取得的经验便很值得众多企业分享。

（1）分析压力来源。"企业离不开管理，而管理的本身就对员工造成压力。所以，压力是一种不可避免的现象。"丰佳国际认为，人力资源主管在管理压力时：必须像一个医生对病人诊断一样进行分析：员工压力的来源是什么？针对不同的来源，人力资源主管能够做些什么？

丰佳国际也认为，员工的压力主要来源于工作和生活两个方面。其中，在工作方面，造成员工压力的主要原因有五点：一是工作目标不确定；二是企业对员工的期望和他自身条件存在差距；三是沟通渠道的不畅；四是企业文化与个人风格不匹配；五是企业制度和管理模式的不规范。这就需要人力资源主管主动发现员工压力的来源，并且针对不同的压力源，分析自己的职权范围和能力，进行有选择的改善。例如，员工的压力如果是源于目标的不确定，人力资源主管首先就要完善企业的职务分析和岗位描述，进一步完善企业的考核体系；如果员工的压力是因为企业对他的期望和他自身的素质产生偏差，那么人力资源主管就要去做沟通，一方面是了解员工的潜质；另一方面应该让管理层认识到，对员工的期望值应该合理。

对于由于员工生活上的问题而产生的压力，丰佳国际的管理者会直接与员工谈心，同时对员工适当进行心理沟通或心理辅导，以缓解员工的压力。

（2）建立监控机制。丰佳国际认为，如果公司出现员工由于工作压力的原因而离职，这说明公司没有真正地做好压力管理。因此，注重前期的监控，从发现压力到疏导压力，才是解决问题的最关键所在。

为了有效地监控员工存在的压力，丰佳国际目前建立这样两种措施：

①设立一个以人力资源部门为主线，各层领导者为辅线的网络结构。在丰佳国际，公司的制度规定，除了人力资源部门，所有的管理者都是公司外围的人力资源力量。每个员工在每个月末，上报一份包括自我评价、合理化建议等内容的工作总结：作为人力资源的外围力量，主管应当清楚该员工本月的工作表现和工作态度，并在第一时间发现这些员工存在的问题，同时写入工作报告，最终汇总到人力资源部门。

除了人力资源的外围人员能够监控到的变化，作为人力资源主管也会通过自己的渠道了解到员工状况变化。当出现问题的时候，每个员工可以直接和人力资源主管沟通。

②设立总裁信箱、公司内部电子刊物等交流平台。丰佳国际设立总裁信箱，建有内部网站、电子刊物等，员工可以通过总裁信箱和 News Letter 表露自己的真实想法，提出问题。人力资源部门会对员工的抱怨、意见和建议提供反馈，并且每个月公布一次。对于一些个性化案例，人力资源部门与总裁、各部门高层等沟通，大家一起来关注和解决这些问题。

丰佳国际认为，员工的工作环境也是给员工带来压力的一个原因；其中，员工与上司的沟通、上司对员工的工作安排和沟通方式，如果处理不当，员工会觉得不适应。这时，对于一般员工，企业应该倡导给员工一个沟通渠道，特别是与总裁等高层管理者的沟通。

（3）设立适当的压力。丰佳国际认为，适当的压力是必要的，对员工来说，没有压力反而是一种压力：关键是怎样掌握这个度，去营造一个正面的压力。现在许多公司推行 wI 的目标管理，其中给员工设定一个目标不难，但是设定一个恰好适合员工的目标是非常难的，这也是丰佳国际一直在努力做的一件事。

丰佳国际对员工工作目标的设定是建立在对员工充分评估基础上的。其中，一个是对员工过去工作的评估，一个就是在员工达到目标过程中能力的评估。在设定这个目标之时，人力资源主管和主管、员工进行三方确认。这个过程中，人力资源主管没有太多的技巧，主要是靠人力资源主管平时对员工的关注。

但是，在设立目标之后，往往最终出现员工没有完成目标的问题。丰佳国际认为，企业不能单纯地看待这个问题，需要进行综合的分析。因为，造成这种现象的主要原因可能是：员工刚开始认可了这个目标，可是没有意识到工作的复杂性，或者对自己完成这个目标的能力估计过高。这时，人力资源主管存在的责任是及时发现这种问题，及时给该员工调整目标，如果在最后考核的时候，还是按照原来完全不适合的目标进行考核，如果员工在工作过程中已经产生了巨大的心理压力，到最后获得一个不受认可的绩效表现，那么，这个评估对员工是一个重大的创伤。所以，人力资源工作要做得非常的细，时时做好对员工的关注，让员工能够产生胜任工作的信心。这也是管理者的一个非常重要的日常工作。

（4）注重源头管理和后续营造。丰佳国际认为，人力资源主管在招聘中首先应该清楚企业的文化和岗位要求，在甄选人才时就要有所侧重，选择符合企业文化和岗位要求的员工，如果这一点没有把握住，那么后来都是亡羊补牢。所以，丰佳国际比较注重对压力"源头"的管理。在招聘过程中，通过心理测试、潜质测评等手段加强对员工心理素质的把关。

丰佳国际非常注重员工的学习能力和适应能力，在前期的招聘过程中有意识选择这样的人才，在其后的培训中，也加强对员工这方面能力的培训。丰佳国际为员工创造一个学习的环境，促使员工提升自己的能力。丰佳国际认为，有时对于一些员工来说，压力并不可怕，可怕的在于承担了这么多压力，而企业没有给予相应的职位和更多的发展空间。因此，丰佳国际在要求员工具备这些能力的同时，也会为具备这些能力的员工提供良好的发展空间。因为，企业营造一种竞争氛围，主要是帮助员工去竞争，而不是希望他们在竞争中被淘汰。

第四节　员工类型管理

一、怎样了解员工类型

知人，实际上在选人时就已开始了。只是选人时，一般时间较短，对一个人的了解还是表面的、感性的，基本上停留在"知人知面不知心"的阶段。"心"是我国特有的概念，它是气质、觉悟、天性、愿望、品德等精神状态的综合。要想真正了解一个人，必须在他走上工作岗位以后追踪考察。从这个意义上，知人是选人的继续。知人既是善任的基础，又是管理和激励的基础。

至于了解一个人需要多少时间，就要看领导知人的本领了。一般来说，可采用以下方法：

1. 静中观察

留心观察每个人的日常行为和生活习惯，是一种简捷而又可靠的知人方法。由于人们在日常行为与生活习惯中表露出来的个体特征，较之他们在工作场所里的表现更具实在性，因而也具有更大的参考价值。古人云："必见其阳，又见其阴，乃知其心；必见其外，又观其内，乃知其意；必见其疏，又见其亲，乃知其情。"因此，领导或组织人事部门静中观察应是多角度的。

（1）留心观察对象的饮食起居，了解其自我约束力和防腐能力。通常自律严格的人，爱学习，重操守，绝不会热衷于开低级玩笑或贪图享乐、沉迷酒色。相反，那些作风散漫、生活放荡的人，往往缺乏自制力和抗腐力。

（2）留心观察对象在人前人后的所作所为，识别其品行。品行好的人忠厚老实，正道直行，不会两面三刀，阳奉阴违。而品行不端的人常常当面一套，背后一套，耍两面派，搞小动作。

（3）留心观察对象在各种事变前的行为表现，识别其立场。有的人立场坚定，不管风吹浪打，态度始终如一；有的人一有风吹草动，特别是遇到大的政治风波或危难时刻就成了"变色龙"或逃兵。

（4）留心观察对象的交友行为。俗话说，物以类聚，人以群分。观察一个人与哪些类型的人交朋友，是识别人的重要途径。或交"酒肉"朋友，或交"淡水"朋友，无不反映一个人的内在品质。

2. 动中考察

人是处在变化发展之中的，动中考察，了解的已不是表层印象，而是志向、气质和品性等深层次的内在素质，这较之静中识人，无疑更具深刻性。

领导或组织人事部门通过静中观察，对观察对象形成初步的印象之后，就要"投石入池"激起波澜，变静中被动的观察为动中主动的考察，可以采用以下方法：

（1）当面谈话。这是比较简捷有效的识人途径。它可以帮助我们了解被考察对象的语言表达能力、逻辑思维能力、知识和见识水平以及智能状况。

（2）委托办事。以此考察其实践和操作能力。考察时，不仅要注意其处事能力和办事效果，还要全面了解其处事的过程与艺术。

（3）置于艰险特异环境之中考察。如抢险救灾以及突发事件等。在突发事件或危难环境中，极能最快地识别一个人。

3. 广咨博询

人是社会人，生活在社会群体之中。由于日常交往频繁，加之各种利害关系交织，在每个人的周围形成了像波纹状环绕着的层层人际关系圈。真正能够"看透"某人的人，是他所处的那个生活圈子中的人。因此，领导或组织人事部门，要识别一个人，就必须打入他的关系圈，广咨博询，兼听明辨。为此，要重点把握以下方面：

（1）群众对他的了解程度。一个长期不为周围群众了解的人，要么是韬光养晦的高人，要么是无所作为的庸人，或者是与人格格不入的怪人。

（2）群众对他的接纳程度。一个人无论有多大的才能，如不切实用，或孤傲自绝于人，群众难以接纳，则不是合适的人选。

（3）群众的信任程度。信任缘于对人的德性和才能的认可。一个不关心群众、不为群众着想的人，绝不会得到群众的信任。

（4）群众的期望程度。同样为群众所敬重的人，群众对其期望值是不相同的，有的指望为他们带来切身利益，有的指望为他们解决一些实际问题。这种期望值的大小，大多缘于群众对其德才的透彻了解，是领导识别人才的重要依据。

广咨博询，从群众中识人的方法，可采用个别走访式，如深入到知情人家中询问了解；也可用座谈式，如召集各类座谈会，广泛听取群众的意见；还可以采用就事论事式，让群众回忆和评议某些具体事例，以了解主要涉事者所起的关键作用；或可采用综合漫谈式，不露痕迹地启发群众评人评事；等等。

4. 对比鉴别

人的品德有优劣，才能分高下，领导不仅要从人群中识别出一个个优秀人才，而且要从众多优秀人才中区分出不同等级档次。

因此，领导不仅要深入调查，掌握被考察对象的大量感性材料，而且还要认真进行分析比较，上升到理性认识的高度。其认识的深化表现为：由假识真或由真识假，循表识里，见微知著，由显识潜。社会的复杂往往迫使一些人需要某种"保护色"，来掩饰自己真实的内心世界，因而这些人表现双重或多重人格。考察中遇到诸如此类的现象，就不能凭假象仓促下结论，而应进行去伪存真的分析鉴别，才能避免因假象错识伪君子，漏识真人才。

比较法，是对人才进行归类、排队、筛选的基本方法。有比较才能有鉴别。比较一定要注意两者之间的可比性。同时，任何事物都处在变化发展中，一次性的比较往往带有较大的随意性，要准确识别变化中的人，还要反复多次进行比较，才能把人看得较准。

5. 知心知人

不光知心，还要知人的气质类型。什么样的工作，需要什么气质的人来做合适，大有讲究。因此，了解人的气质类型十分重要。人的气质有很多类型。在我国，常用内向型和外向型两类来概括。内向型不外露，较谨慎；外向型喜外露，较活泼。在外国，对人的气质的分类更多，有按性格来分，有按血型来分，还有按表现来分，等等。美国的《国际管理》上说领导选择接班人时，可能遇到以下类型的人：

（1）开拓型。这种人敢说敢做，难以驾驭。因为他们勇于负责，具有开拓禀赋，不怕困难，敢于迎接挑战。如果能帮助他们掌握处事待人的技巧，是可以作为领导接班人选的。

具有以下特点的人才算是个开拓型的人才：

①主动性：具有旺盛的求知欲和强烈的好奇心。

②独创性：勇于弃旧图新不墨守成规。

③变通性：联系实际，举一反三，触类旁通。

④独立性：不盲从，不依靠，敢负责任。

⑤严密性：想象的东西是否可行，还要深思熟虑。

⑥洞察力：富于直觉，能预见事物发展趋势。

⑦坚持力：抓住目标，坚持到底，锲而不舍，百折不挠。

⑧果断力：能从很多提案中，决定最佳方案，坚决实施，不怕诽谤、打击。

⑨说服力：能说服别人，相信自己的决策是正确的。

⑩想象力：浮想联翩，幻想奇特。

（2）守成型。这种人墨守成规，没有创见。虽然对上听话照办，但一遇新事物、新问题，就茫然不知所措了。这种人会窒息组织的创新空气，不宜作为领导人选。

（3）劳碌型。这种人整天忙忙碌碌，工作中分不清轻重缓急，也不适合做领导。因为现代社会讲求效率，忙碌已不是一种美德，而且有时最忙的领导，往往效能最低。

（4）理想型。这种人具有理想，却缺乏常识。因为他们总相信自己是集体中的出类拔萃者，但是很多人对他们的作风难以忍受。如果对这类人加以指导，使他们做事脚踏实地，并能谦虚好学，也有希望作为进一步培养的接班人选。

（5）冷热型。这种人情绪不稳定，心血来潮时干劲十足，但时隔不久热情消退，变得死气沉沉。这种人多数是有才能的，必须经常加以督导才能成就事业，是可造之才，但不是理想的接班人选。

（6）谄媚型。这种人品性差，意志弱，能说会道，口是心非。他们的信条是人与人之间是尔虞我诈的。他们总是竭尽吹拍之能事，讨领导的欢心；同时又认为领导是可以随意操纵的蠢才。虽然这种人有一定本事，工作也可能出色，但是绝对不能选拔重用。

当然，气质只是素质的一个方面，要知人，还应全面了解人的素质，这就靠领导对人的理解力了。

二、怎样管理不同类型的员工

1. 怎样管理不合群员工

管理好不合群员工不是一件易事，但如果真做到了，那么所付出的时间和精力绝对会物有所值。

不合群员工是令每个管理人员都有点头疼的员工：大部分员工都往左转，他们却想向右转；公司早9点到晚5点是上班时间，而这些人却想在上午10点到午夜12点来工作；他们的一些怪异做法或想法常常给其他人带来不便。尽管如此，大部分公司却想方设法要留住他们，因为他们一般都有公司不可或缺的技术或才能，也常常给公司带来一些新的设想或意外收获，而且，他们一般也不过多地追逐名利。

（1）有不合群者不是坏事。调查发现，不合群员工并不总是一个公司里最具创造力和想象力的人，技术革新也不是总靠这些人。但有这样的人存在，对公司来说却不能不说是一件好事。他们时常会提出一些观点，做出一些举动来挑战或对抗公司的某些规章制度。而往往因为这些人不循规蹈矩，公司才显得更有活力。因为他们使管理者在应付不"协调"时重新思考公司现有的一些规章制度和做法，而这种再思考往往导致公司对规章制度或做法的改进。不合群者使管理者能听到"不和谐音"，从而避免管理者耳朵里老是充满"是"、"好"、"对"之类的声音。美国一家公司的调查发现：组织中成员多样性越大，作出正确决策的可能性越大。

一个棒球队有时需要一个左撇子投手，一个公司也会需要一些与众不同的员工，因为这些人能起到别人无法起到的作用。

社会对高水平管理人才需求的增长速度远远高于大学培养这些人才的速度，因此一个公司在当今激烈的竞争下能否成功，在很大程度上取决于它是否能吸引并留住人才。美国的贝思管理咨询公司总结出了这样的观点："如果每个公司只雇用那些严格符合公司用人要求的员工，实际上它是在抹杀人们的才智和创造力。如果每个公司都拥有一个人才库，只有那些拥有不同类型人才的公司才会更有竞争力。"

（2）什么是"不合群"员工。不合群员工具有如下一些特征：

①工作习惯。有些员工希望早6点上班，上午10点下班；有些人觉得晚上或夜里工作更有热情和创造力；有些人因为家庭的原因希望不按固定时间上班。解决这个问题的一个办法是对这些人实行弹性工作制。

②生活节奏。有些人喜欢一周工作80小时然后休息一周，而有些人却希望在工作

和家庭生活方面维持相应的平衡。解决这个问题的办法还是弹性工作制，只要他们能保质保量完成工作。

③心理需求。不合群员工也在兢兢业业地为公司工作，他们也希望得到认可，只是他们实现目标的方式与众不同。他们不希望所做的每一步都得到别人的欣赏，而只希望员工达到目标时能得到与其他人同样的认可和回报。

④事业动机。不合群员工一般具有比别的员工更强的事业心。他们在公司工作可能是为了学到新东西、积累经验，以便跳槽或单干。他们不太想得到快速的提升，他们只想检验自己的能力或尝试着把自己的一些想法付诸实践。

（3）搞好与不合群者的关系。了解不合群者在工作习惯、生活节奏、心理需求及事业动机方面与其他员工的异同，有助于管理者协调好与他们的关系，实施有效管理。

下面几点是一个管理者应该记住的：

①恰当与公平。对不合群者实行弹性管理，尽量满足这些人的不同需求，这会大大改善管理者与不合群者的关系。这样做可能会引起其他员工的嫉妒，因此管理者必须记住这样一条原则：每个员工都应得到恰当的安排，但并不是每个员工都应得到相同的安排。只要保证每个员工都能获得他应得到的就可以了。换句话说，在一个公司里，有的员工可以不按公司的统一时间来上班，有的可以在家上班，但并不是所有的员工都能享受这种特权。

区别对待这些不合群者可以使雇佣双方受益：员工可以按自己的时间和方式舒适地安排自己的工作，公司也可以从这些员工更有激情、效率更高的工作中获益多多，甚至得到一些意想不到的收获。

②耐心和信心。与不合群者搞好关系的管理者需要在时间和精力上有较大投入。因此管理者应该知道什么时候去指导不合群者，什么时候去做自己的工作。"首先我们需要的是观察"，一家软件开发公司的老板很有心得地说，"个性就像是新生的婴儿，很容易受到伤害。如果仅凭表面现象、听一面之词，我们很容易采取老板们的通行做法——解雇他们。要给他们足够长的时间去证明自己。拴在他们身上的绳子要放得足够长，不要过早地往回拉。"

③妥善对待敏感。不合群者一般会非常敏感。他们给人的印象可能是什么都不在乎，但实际上他们却比常人更在乎。他们需要人们的注意，人们的倾听，人们的认同。管理者不能对他们的话充耳不闻或者不给他们讲话的机会。

要使这些不合群者学会和别人相处，也要让别人容忍这些不合群者。如果一个班组或团体里有一个不合群者，就会给别人带来压力。这时要么团体里的人学会和这个人相处；要么管理人员出来帮助这个不合群者学会和别人和睦相处，以缓解紧张局面。管理人员的责任是让大家相互认清对方的优点，化解误解和潜在的矛盾。

2. 怎样管理消极的员工

消极型员工和气、友善，是个好好先生，人缘不错。但他们对自己要求不高，只愿维持现状，不愿面对冲突，不愿竞争，不愿改变。一旦问题出现，永远是被动地等待。

（1）消极被动型员工的人格分析。他们是与世无争的好人，对人生没有太多的要求。他们心地善良，洁身自好，习惯在处理事情中忍让、退缩、息事宁人，避免与他人发生冲突。他们也不愿意看见身边有任何人发生冲突，因此经常会以和事佬的形象出现。

他们消极被动，总是认为自己受环境和他人的左右，如果别人不指点，环境不改变，自己就只有消极地生活下去。碰到问题的时候，他们首先想到的是找人帮助解决，因为自己是无法完成事情的。他们总是在等待着命运之神的眷顾。他们总是把工作看成"要我做的事"，以为是工作找上他们，自己无法推动事情的发展。他们允许或期望环境控制自己，喜欢一切听别人安排。

消极被动型的员工常会用反常的办法保护自己：越是怕出错，越是将眼睛盯在过错上。一句话会后悔半天，人家并未介意的事情，他也会神经过敏。他对人际冲突极为恐惧，解决人际冲突的办法也很奇怪：与别人发生冲突，在对方恃强要挟之下，他甚至会当众打自己耳光，以求宽恕。

他们悲观失望，在他们看来：人生来就是要受苦的，无论怎么努力都免不了人生的苦楚。于是，整天愁眉苦脸，看什么都不顺眼，只要出现一点困难就备受打击。

很显然，一种消极的、悲观的态度是容易在团队内部传播的。

也许有人会提出这样一个问题：为什么这些人还要继续留在这里工作，而不去寻找另外一份工作呢？答案是：大多数抱有消极等待的工作态度的员工缺少寻找另外一份工作的热情和动机——这是消极否定的态度所带来的另外一个恶果。

（2）消极被动型员工的典型表现。消极被动者的表现各不相同。他们或者悲观失望，或者愤世嫉俗，或者过于循规蹈矩，又或者终日浑浑噩噩。

①悲观主义。悲观主义者事事都会往最坏面去考虑，他们总是说"怎样都是没有用的"之类令人泄气的话。每一个提案拿来讨论时，他们首先看到的永远是它的不可行性。他们总是叹气，总是愁容满面，总是模糊管理者的重要判断。他们的人生观已经在影响团队其他成员的情绪和工作热情了。

悲观主义者的一些言行举动有时会令人发笑，有时又令人可悲。为了说服悲观失望的人，管理者耗费了大量的时间和精力。

②愤世嫉俗。他们对周围的丑陋面特别敏感。他们嘴里常念叨着什么"世风日下"，"人心不古"。

老实说，作为领导者，如果他只是对社会现象作评论，那么管理者没有什么可以非议的。毕竟这是个人行为，人人都有言论自由。但是，当某一天，他对公司的制度、福利有意见时，管理者就应该引起注意了。

就和流感病毒一样，对公司的这些意见是有传染性的。如果管理者没有及时处理，那么这些意见就会消磨掉其他员工对工作的热情，对公司的信任。

③过于循规蹈矩。他们缺乏创意，喜欢模仿别人。不但为人处世如此，工作也是永远地墨守成规：他们既没有自己的主见，也没有自己的风格。如果你没有给他定下规矩，他就不知该如何办事了。

一旦事情出现改变，他们或者不知所措，或者搬出老皇历来寻找依据。灵活应变对他们来说真的是太难了。所以，对于新事物、新规则，他永远是最后一个接受。但是事情似乎总是在变化之中，所以他们常常感到无所适从。

④浑浑噩噩。卡耐基博士讲过这样一件事：

有位二十六七岁的男士，不满意自己的工作，来找卡耐基博士咨询。卡耐基博士问他想要达到什么样的境界？"我现在还没有确切的目标。我真的不知道我想要做什么。我从来没有想过。"这就是这位男士的回答。对此，卡耐基博士的忠告是："你想要从你现有的位置打出一片江山，但是你却不知道你想要打出什么样的江山。你不知道你可以做什么，或是你想要做什么。你必须把你的想法好好组织一下，先期待你要达到什么目标，才能够开始出发。"

这位男士的病症就是浑浑噩噩，没有目标。企业中浑浑噩噩的员工也是这样，他们总找不到目标，从来不对自己的职业生涯作必要的规划。

（3）管理消极被动型员工的一般办法。其实，很容易就能看出消极被动的工作态度已经在你的部门里生根的迹象：员工的高流动率、缺勤率的上升、工作动机的丧失、士气的低落、工作态度存在问题、对小组或企业的忠实度降低等，这一切都足以说明已经出现了问题。

对于管理者来说，要想阻止消极被动的工作态度在自己的小组蔓延，消除它的潜在影响，就要认真管理部门里消极被动型的问题员工。

要充分认识并承认消极被动型员工的存在，然后帮助他们，使他们改变自己的状态。这对部门主管有一定的要求。你可以先问自己这样几个问题：

是否是一个积极的倾听者？

是否是一个好的交流者？

是否知道在员工工作表象的背后存在着什么问题？

是否能为员工提供充分的指导？

是否能为员工提供具有建设性的反馈意见？

如果答案是肯定的，那么，只需要掌握一些基本的技巧，就可以游刃有余地管理他们了。

①悲观主义。当他们在表达一个消极的观点时，要让他们描述得尽量具体一些，为什么这样不行？这仅仅是一种猜测呢，还是建立在客观事实基础之上的客观判断？它仅仅是一种无根据的预感呢，还是在许多教训的基础上得出的经验之谈？总之，管理者一定要设法让他们明确地指出计划中的哪一部分会出现问题？产生这样问题的具体原因是什么？

询问他们解决这些问题的办法。当然，也要让他们尽可能详细具体地作答：不能满足于他们如下的答案，"我不太清楚——要说明白这个问题，我有点力不从心。"

悲观主义者通常都十分害怕失败，因此，他们不敢冒险，并且会试图阻止团队其他人的冒险；这时，不妨让他们描述一下一旦实施了这个"危险"的计划之后可能出现的最坏的结果。这样的描述可以帮助悲观主义者们对未来的前景作出比较客观的预测。

尽量解除悲观者肩上的责任。他们害怕失败的最根本原因是担心承担失败后的结果！解除了他肩上的责任，让他意识到即使整个计划失败，他们也不用承担任何责任，那么他们就会表现得积极一些。

不要太过反感他们，要知道，这种悲观主义者往往可以防止集体发生失误。也不要动不动就对他们进行严厉的批评，如果到了非批评不可的时候，也要始终保持冷静的态度。

从批评的全过程看，有的开始尚能冷静，但在批评的过程中，感情也发生了起伏变化，产生兴奋激动，越说越气愤，甚至涉及对方的人格问题，这是一种最不可取的批评方式，人们对语言的刺激是最敏感的，仅说几句过分出格的话，就足以使人心扉紧闭。正确有效的批评，绝对不要掺入个人感情的成分，而应该十分冷静，处处体现说理性。真正的批评，应该是一次经过细腻处理的、冷静的、充满理智的谈话。

总之，对于他们，作为管理者，既要小心谨慎地开发他们善于发现错误的敏锐力。同时又要避免让他们的悲观情绪影响到整个团队的士气。

②愤世嫉俗。这样的人对人的本性和动机根本就不信任。他们怀疑一切。管理这样的人，首先就要赶紧消除他给团队带来的消极情绪。

也许有的管理者会把他们解雇了事。但是，这样做并不能有效去除消极情绪的蔓延。人人都有一种逆反心理，越是要阻止的事情，他们越是要进行。所以，最好的方法就是将愤世嫉俗者的行为漫画化。给消极的观点穿上一件幽默的外衣，没有比这更好的办法了。

当然，也可以用事实为证据，来击碎愤世嫉俗者危言耸听的论点，而且要及时。

总之，在做这件事时，要充分发挥幽默才能，让这个令士气低落的观点在笑声中消弭于无形。

③过于循规蹈矩。虽然因为过于循规蹈矩，缺乏创新精神，没有远见，但是他们仍然是有优点的。他们做事情认真仔细，一丝不苟。他们很少，几乎不会发生原则性的错误，所以他们易于管理。只要是有明确目标的一般性的事务，交给他们办，他们能够按照这些具体的指标把事情做到令人万分满意，难以挑剔的程度。

所以，管理这类人，管理者不妨安排一些不违反常规的琐事给他们做，他们能够严格按照主管的指示，并且模仿其风格，搬用其行事方法，把事情做得完全符合要求。

④浑浑噩噩。很显然，他们需要的是一个目标。正如卡耐基博士给那位男士的忠告："你必须把你的想法好好组织一下，先期待你要达到什么目标，才能够开始出发。"要督促并帮助他们完成这个过程。

有了目标之后，要经常地提醒他，促使他坚持完成目标而不会半途而废。

制定目标时，他们最好有一个长期的目标和一些短期的、易于达到的目标，让他们尽早品尝到实现目标的满足感。

另外，对他们必须下猛药。要时刻督促他，使他改变自己，顺利完成任务。即使批评他们，也要紧抓不放，直到确实改正错误为止。因为，领导者批评下属的过错，就是为了使下属改正过错，做好工作，以利于整个团队的发展。因此，领导者批评下属的时候，要特别注意批评的实际效果。所以，对他们的过错，要抓住不放，多次批评，一直到他们以实际行动改正了为止。

3. 如何对付跳槽型员工

（1）员工跳槽对企业的影响。不可否认，"频繁跳槽"型员工是让管理者很头疼的一类，这些员工的离职，使企业不仅损失了人力培养的成本，还要付出再招聘成本。如果流失的员工是业务骨干，企业损失会更加惨重；还有一些个别员工离职会带走他们所拥有的企业信息资源；更让管理者谈虎色变的是：由于员工离职，引起企业内部员工的不稳定情绪。

"集体跳槽者"便是离职员工危害的具体体现："集体跳槽"和"集体辞职"等词最近一段时间频频出现在各大媒体上，有企业的"好事者"通通把此类行为归为"叛"和"逃"，归纳这现象为"集体叛逃"。而最近的几起大规模的"集体跳槽"和"集体辞职"似乎更引起注意。

我们稍微分析一下，不难发现"集体跳槽者"和"集体辞职者"多少都与以前的老板有些"不愉快"，而借此机会大肆炒作一下，会增加不小的无形资产。冷静之余，这些"集体叛逃者"是否应该想一想这样做会不会损坏自己和整个辞职团队在职场和业界的"口碑"呢？是否需要反思一下自己的职业道德呢？进一步来说，自己未来短期之内能否迅速创造出业绩呢？能否与新的团队进行融合呢？而"集体叛逃"行为将影响"叛逃首领"在业界所形成的良好口碑，只允许成功不允许失败的职业要求也将直接影响他们未来 5～10 年的职业生命。

（2）"集体跳槽者"需要冷静的同时，企业也需要冷静。企业或者公司一旦出现了这种企业的核心"集体跳槽"和"集体辞职"，对组织来说，无疑是一场打击和危机。企业不得不面对这些问题：团队军心是否受到很大影响？多少骨干会随之而去？他们是否会泄露企业的核心机密跑到竞争对手那里去？如果是企业销售队伍的话，那么他们还必须回答，自己的客户是否会受到影响？

"集体叛逃"对企业来说，危机是难免了，然而如何化"危"为"机"，如何预防企业中的"集体叛逃"呢？这是摆在每一个管理者眼前的重要问题。第一，要提醒"集体叛逃"的"首领"，根据已经签署的企业避止协议和公司与他签署的相关合约，他无权进入竞争对手公司，无权带领大规模的团队离职；如果其执意孤行，公司可以考虑起诉他以及接纳他的公司，表示坚决维护权益；同时将这一信息传递给将要接纳他的竞争对手，对方极有可能知难而退。第二，督促"带头人"在离职前办妥接任安排及严格的离职手续，而利用这个机会瓦解这样一个"非正式组织"，留下那些对公司来说是核心员工，非常重要，但又不是"叛逃"的带头人。第三，内部尽快选拔接任人选，宣布任命。提拔那些对公司忠心耿耿，工作能力又不错的人员，来稳定和巩固现有团队。当这一切措施尽快实施时，员工议论虽然一时难以平息，但局面明朗，人人各司其职，业务仍然会良性延续。随着新局势的确认和时间作用，人心不难安定。而对"叛逃的首领"进行起诉的时候，一些尚在摇摆中的追随者将会息心安定，因为他们知道，一方面，公司将严厉追究，甚至将他们列为行业黑名单传播；另一方面，竞争对手对"首领"更感兴趣，即便愿意付出代价，也不可能付出在一些普通人员身上，两下相比较留在原有公司更为明智。

实际上，"集体叛逃者"一般都是企业的核心团队，有的是"隐性"的核心团队，有的是"显性"的核心团队，他们一般在正式的组织架构上没有显现。他们的"集团叛逃"对企业来说是致命的，甚至是"毁灭性"的，如何来预防这些核心团队的"集体叛逃"呢？主要从以下几点着手：首先，积极与组织内的核心员工进行定期和不定期的沟通，了解这些员工的心态，解决他们的问题。一般来说，出现"集体叛逃"的人员多半是对组织不满，长时间的怨恨在积累之后爆发的，领导者只有利用更多的时间与这些核心员工进行沟通，大家才会相互理解和产生共鸣。只有理解了，核心员工才有可能获得多方面的支持，领导才能掌握他们的思想，在管理工作中做到有的放矢。其次，企业领导者应当鼓励企业中有良性的"非正式组织"存在，而积极化解和分化组织中存在的不良的"非正式组织"。企业中存在良性的"非正式组织"可以促使组织提高效率，增强组织的凝聚力。而非良性的"非正式组织"往往会成为某种小利益团体，这种小利益团体是非常危险的，往往会成为"集体叛逃"的对象。而这个小利益团体如果是由核心员工组成的，危险则更大，"叛逃"的可能性会更大。对于企业的领导者来说，发现这些不良的非正式组织后，积极采取措施，利用其中的矛盾，利用组织中的不同利益取向，把他们分化，则会减少集体"叛逃"的可能。再次，在组织的设计过程中，采用"互补性"的组织设计结构，让企业的核心员工和企业中的非正式组织群体朝着健康方向发展。企业的领导者把组织中的不同优势和不同性情的人组织在一起工作，既可以避免形成不良的"非正式组织"，也可以提高组织的运作效率。领导者尽可能地融入企业的核心群体中去，群体中的各个人员，利用这样的机会增强凝聚力。最后，任何以改变核心群体利益为目标的改革和变革都需要精心设计和慎重从事。企业既不能取悦于这样的核心团队，也不能疏远他们。

（3）要有宽广的心胸。曾经担任中信证券公司总经理的蒲明书在谈到如何善待离职员工时提出，只要领导人心胸开阔，眼光长远，离职员工仍然是公司的人力资源。

为什么说离职员工仍是公司的人力资源？蒲明书说，因为他们的作用主要表现在：一是给公司传递市场信息，提供合作机会；二是介绍现供职机构的经验教训，帮助公司改进工作；三是他们在新岗位上的出色表现，会折射出公司的企业文化之光。

他进一步提出，如果更开放一些，我们还应该摒弃"好马不吃回头草"的陈腐观念，欢迎跳槽的优秀人才重返公司效力。其好处：一是聘用成本低；二是"回头好马"的忠诚度较高。

据悉，国外大公司的人力资源部就有这样的一个新职位叫"旧雇员关系主管"：它设立的理论基础是：以前的雇员也是公司的重要财富。据说，世界著名的管理咨询公司——Bain公司就建有一个前雇员关系数据库，存有北美地区2000多名前雇员资料。而旧雇员关系主管的工作，就是跟踪这些人的职业生涯变化情况，甚至包括结婚生子之类的细节。只要是曾在Bain公司效力的前雇员，都会定期收到内部通信，并被邀请参加公司的聚会活动。

麦肯锡公司则把离职员工的花名册称之为"麦肯锡校友录"，其中不乏CEO、高级管理人员、教授和政治家，麦肯锡从他们那儿获得了大量的商机。以生产服务器著称的SUN公司CEO麦克利尼也说，他为SUN培养出众多的CEO感到自豪而不是悲戚。这三家世界级的公司善待跳槽员工的理念和做法及收到的效果，是值得我们深思的。

蒲明书认为，善待离职员工，体现了企业的人文关怀，其实就是善待公司在职的员工，善待公司的今天，善待公司的未来。应该把善待离职员工，看成是企业文化的组成部分而加以重视。

"你的心胸有多大，你的生意就能做到多大。"台湾一家企业接待厅里的条幅可以给更多的企业家以有益的提示。

(4) 好马为什么离槽。"企"字当头一个"人"字，人是推动企业发展的主体。企业的发展能力除了产品或服务在市场的竞争力以外，在很大程度上讲，还来自于企业员工综合素质和团队整体作战能力，即企业凝聚力。

我们把企业中的员工比喻为"马"，把管理者比喻为"伯乐"，把企业比喻为"槽"。

"好马"离槽，大概有以下几种情况：一是因为暂时性的不可抗拒的原因；二是企业业务方向发生变化，新岗位不适合自己的职业规划；三是员工认为与同行业相比，薪酬太低，外面的诱惑太大；四是员工认为企业给自己提供的舞台太小，想出去闯一闯。

"好马"离槽，反映了什么问题？"好马"离槽会促使企业在关系、环境与文化等方面自省。伯乐识好马而不知马性，有如管理者在企业的环境、文化、意识中忽视人才的想法，没有积极鼓舞员工的工作热情，严重的还有从公司行为中伤及员工工作热情，员工无法从公司发展中获得个人发展及归属认同，"好马"自当离"槽"。

什么是"好马"？就是能够使团队团结一心、步调保持一致、以点带面保持企业旺盛战斗力的人才。在这个基础上一是要具备诚信的品质，二是专长，三是责任感，四是善于协调沟通。为什么要诚信？"好马"是企业的领头，是企业管理的骨干，素质越高的人才越能保证高质量、高效率地组织生产经营活动，让决策者目标得以顺利高效的贯彻执行。而缺乏诚信，这些顶梁柱一旦抽身而走，会在很长一段时间内对团体的工作质量造成影响。而有些人在离职前的较长时间内，总会把情绪的波动反映在行动上，干扰正常工作，背后传言，消极怠工，并且在日常工作中为求小利而不顾全局发展，出卖企业利益，让企业蒙受巨大损失。

高品行的人员素质是优秀企业的保证。优秀企业所创造的文化、环境是人员素质的基础。企业偷税漏税（不包括合理避税）、坑蒙客户、不正当竞争、不履行承诺的行为，同样也会影响员工的思想。员工就会欺上瞒下，导致企业生存发展力降低，直至溃散。企业自认为是优秀的还远远不够，要看广大员工是怎样认为的。企业文化作为社会文化的重要组成部分，是企业发展的推动力。

"共享机会，热情诚信"对客户如此，对员工更应如此，只有尊重和爱护员工，才会产生极大的凝聚力和向心力，才能使企业的效益更上一层楼。这也是"好槽"的基础作用。

西方企业在100年的实践中发明了一整套管理方法，这些方法贯穿于企业在生产、销售、财务、再生产运作的各个环节。严格按照这些方法工作，在企业的长久发展中一定不会犯太大错误，但是也不大可能出现企业发展的奇迹。在中国这种人性化管理渗透至企业身体末梢神经的氛围下，企业的管理者和员工不免对企业的制度、章程、政策有了人性感情的奢望与要求。当感情色彩凌驾于管理机制、奖惩制度、公司章程之上，热情过后思考更多的会是收获期的分歧。

所谓"人间正道是沧桑"，"正道"是不可能容下投机取巧的，只有严格地按照这些实践总结出方法，建立合理的制度去操作企业，才能在成熟的市场中安身立命，立于不败之地。

"好马"是企业的宝贵财富，企业在激烈的市场竞争中对人才也要运用优胜劣汰的市场原则，这样会更加鼓舞人才热情，让人才有更大的挑战舞台。宽容平庸就是能者上、平者让、庸者下，让人才发挥出最大的创造性，让"好马"有驰骋的空间，让英雄有用武之地。

"好槽"是员工安身立命的归宿，只要认同企业观念，能够为企业创造价值的人才就应重用。以真诚赢得员工的合作，真正体现以人为本，尽显人才价值，将企业的事业规划和员工个人发展计划相统一，长期一贯地这样做了，企业最终会赢得社会效益和经济效益最大化。

当员工离职率偏高时，公司应该尽快找出问题的症结：是招聘流程出了问题，以致没有找对员工，还是主管的管理风格造成员工不满？在"健康问题、家庭因素"等常见的离职原因背后，探索真正的原因。

要减少这种流失人才和钱财的事情发生，企业应该定有降低员工离职率的策略。那么企业在制定相关策略时，应该依循什么步骤呢？

①了解离职原因。

A. 收集四种资料。了解原因是解决问题的第一步。当公司的员工离职率偏高时，公司首先要做的是，系统性收集相关资料，了解公司留不住员工的主因为何。公司可以收集资料的方式，包括员工离职访谈、对离职或现有员工进行问卷调查等。公司一般需要收集的资料有四种：一是离职的是哪一种员工以及离职的原因；二是公司与员工去留相关的政策；三是业界员工的平均离职情况；四是留在公司的员工待在公司的原因。

B. 重视了解现有员工。许多公司将收集资料的重心放在离职员工上，希望能够改进缺点。事实上，了解员工选择待在公司的原因，能够发挥公司现有优点，对公司一样有帮助。因此，不要忽略了向现有员工收集资料。

C. 进行离职访谈。调查显示，88%的公司依赖员工离职访谈，以了解员工离职的原因。但是不少研究却指出，员工离职访谈的效果不佳，因为即使公司有诚意想要用心了解，离职员工通常会避免说出离职的真正原因。员工已经要离开公司，谈论对公司的不满之处，对他们而言是弊多于利。许多人会随便找个理由（例如，家庭或健康的因素），只求离职过程容易一些，因此，员工离职访谈收集的资料常常不够正确。

要避免这种情况，公司可以委托企管顾问公司，在员工离职一段时间后，再对他们进行追踪调查。这种方式收集的资料之所以比较正确，是因为离职员工比较可能把离职原因诚实告诉中立的第三者。

D. 补充外部同业资料。除了内部的资料，公司也应该从外界收集额外的补充资料。例如，员工离职原因的相关研究、产业留住员工的实际做法等，比较公司与其他公司的情形，以更清楚掌握公司的状况，帮助公司更能找到问题的核心。

②解读资料，界定问题。有了足够且正确的资料后，公司需要整理解读这些资料，界定公司目前面临的问题。例如，公司发现某个部门的员工离职率特别高，可能的原因是，该部门的主管给予员工的自主性及弹性不足，造成员工对工作不满。又例如，公司的招聘程序不佳，无法有效筛选不适合公司，或喜欢更换工作的求职者，以致员工待在

公司的时间无法长久。

　　A. 员工离职率并非越低越好。许多公司误以为，员工的离职率越低越好。事实上，只有当工作表现好的员工留下来时，对公司而言才是好的。绩效不好的员工离职，对公司而言反而是正面的。公司在分析员工离职问题时，应该将员工依工作表现分类，重要的不是数字，而是对公司造成的影响。

　　B. 部分离职无法避免。公司也必须了解，有些员工离职是无法避免的，并非公司的问题。例如，员工因为个人因素，无法再继续工作。有些员工离职甚至对公司是好的，因为这样可以给公司带进新鲜血液：公司必须看出数字代表的真正意义，它决定公司能够接受的员工离职率。

　　③针对问题找出办法。找出问题后，公司接着要针对各个问题，找出解决的方法。

　　瑞典的 Skandia 金融集团，是全球第十大保险公司，公司对于员工的训练发展非常重视，公司内设有企业大学，公司还补助员工再进修的学费等。这些做法应该会成为公司留住人才的一大优势，但是却意外地成了员工离职的帮凶。许多离职员工表示，为了达到公司要求他们不断自我充实的目标，他们必须牺牲私人生活，边工作边进修，压力让他们大感吃不消，长久下来只好选择离开。

　　公司的美意获得了相反的效果，后来，公司针对平衡员工的工作、进修和私生活，设定一项新的员工福利。公司为各员工设立一个储蓄账户，员工可以拨取部分薪资存入账户中，当员工存钱进账户时，公司也会存进相同的金额。

　　如果员工感到压力过大，或者有其他需要时，他们可以请假一段时间，但是仍然支领全薪。在员工请假的这段时间，公司会从他的储蓄账户中提钱，外包或聘请临时员工暂代该员工的职务。如此一来，减少了员工的离职问题。

　　研究显示，男性与女性员工的离职率相差不多，但是离职的原因却大不相同。例如，女性员工比男性员工更常因为家庭因素、升迁机会不佳、办公室性骚扰等因素离职。此外，研究显示，工作表现不好的员工最可能离职；工作表现平平的员工则最不可能离职。表现不好的员工之所以想要更换工作，主因之一是他们的工作绩效评估不佳，获得的加薪幅度较同事小，而且升迁发展的机会也较少。

　　④制定公司策略。首先要决定策略目标，例如五年内，公司营销部门的整体离职率减少4%。策略目标可以是针对全公司或者某个部门。所谓的成功策略，是为公司留下想留下的员工。其次要决定实际做法。员工决定去或留，通常有一个以上的原因，而影响员工离职或留职的主因不一定是同一个原因。例如，一名员工因为其他公司的高薪挖脚，因此考虑离职，但是后来该员工决定留职，不是因为公司提高了他的薪资，而是因为他很喜欢公司的同事。

　　A. 留人要比"挖人"容易。研究显示，如果现有工作与其他工作机会的条件相差不多，一般人会倾向于留在原公司，选择待在熟悉的环境，而不是经历改变。因此，公司想要留住员工，比其他公司想要挖走员工有着较大的优势。公司要做的是，为工作增值，让员工在衡量去留的众多原因中，整体的吸力能够大于推力，这样一来，公司才能成功地留住员工。

B. 对离职员工挥动回家的"黄手绢"。幸福的"黄手绢"出自美国的一部小说，说的是一个家庭的男主角背叛了家庭，离家出走后身陷绝境，在从监狱出来返回家的车上，十分焦虑不安。原来，他与妻子约好，如果家庭能原谅他，会在家里院子的竹竿上系上黄手绢。当他在车上远远望见住房的四周高高地飘扬着许多黄手绢时，激动得流下了眼泪。后来这个故事被善于模仿的日本人搬上银幕，取名《远山的呼唤》，男主角又是影坛硬汉高仓健，"黄手绢"便成为曾经背叛的人回归时又受到欢迎的代名词。

对一个家庭来说，需要黄手绢欢迎回头的浪子，对用人单位来说，同样也存在是否准备一块"黄手绢"，欢迎离开的员工随时再回来的问题。对那些由于各种原因离开自己的人，是恨其不忠、怒其变心、记恨在心、还以颜色呢，还是以礼相待、笑脸相送、随时为他系上"黄手绢"，欢迎他的回归呢？在现实生活中，大部分用人单位没有那种度量，往往是用"你不仁，我不义"的心态来对待跳槽者。面对"背叛"自己的跳槽者，有意抬高赔偿标准的有之，卡住档案关系的有之，不负责任评价的有之，甚至在档案里做手脚让人背一辈子黑锅的也有之。其实，这是种损人不利己的愚蠢做法，除了败坏了别人的名声，造成别人求职的困难外，对自己的形象也会造成一定的伤害。比如，在员工的心目中就会有"人走茶凉"的感觉，还会为自己的将来担忧，从而可能使更多的人才流失。

国内外人力资源专家的理论——善待离开的员工，是用人单位整个人力资源战略的重要组成部分。"重视人才"早已成为公司老总们的口头禅。但令人不解的是，许多用人单位一边在为员工的流失而担忧，一边又对离开的员工还以颜色，致使自己在人才流失问题上陷入了更大的困境。有人形象地比喻说，如果公司一台价值 2 万元的计算机不见了，公司一定会对此事展开调查。但是如果一位掌握着各种客户关系、每年能为公司创造几十万、几百万，甚至几千万的部门经理被竞争对手挖走，也许就不会进行调查，去找出他离开的原因，以防止更多的人才流失。在发生了这种情况后，大部分用人单位首先想到的是要跳槽者的好看，否则太便宜了这些没有良心的家伙。其实，在留住人才方面，做得再好，也不可能留住所有的人才，关键人物仍会离开。高明的做法是从中吸取教训，弄清在哪个环节上出现了偏差，从而尽可能地减少关键人才的流失。

（5）正确对待员工离职。下面举几个例子，看几个名企业是怎样对待"离职"员工的。

①离职面谈：请提意见。天狮集团对离职的每个人员，不管是个人主动离职的还是被集团解职的，人力资源部都要与之谈话，问他们为什么离开，如果时间能倒退，企业怎样做才能留住他。并请离职员工填写离职档案，给公司留下他们的意见。但是有些员工在离职时由于某些原因往往不会如实填写。人力资源部会等到他离开后一段时间再问他，那时候可能他已经没有顾虑了，会将自己真实的原因讲出来。员工离开时，集团公司还要通过不同形式进行欢送，让员工离开得非常愉快。

②握手话别：陪送"嫁妆"。惠普（美国）公司有一家子公司，该公司对待跳槽的员工的态度是：不指责、不强留，利索地放人，握手话别。一个离开惠普出去创业的人说：惠普每年要花不少钱用在人才培训上，有的人来惠普就是为了镀金，学了本事再离开。对此，公司的管理层认为，人家愿意来，说明惠普有很大吸引力；人家想走，强留

也不会安心。再说，电脑业本来流动率就高，当初选进的人才不见得都符合惠普的要求。退一步说，一些优秀人才到外面去服务，也是惠普对社会的贡献，也符合惠普一贯坚持的"互胜"精神。

③建立名录：一网打尽。麦肯锡咨询公司有一本著名的"麦肯锡校友录"，即离职员工的花名册。他们将员工离职视为"毕业离校"，离职员工就是他们遍布各处的"校友"，其中不乏 CEO、高级管理人员、教授和政治家。麦肯锡的管理者深知，随着这些离职咨询师职业生涯的发展，他们将会成为其潜在客户，无疑会形成一大笔资源。麦肯锡一直投巨资用于培育其遍布各行业的"毕业生网络"，事实证明，这一独特的投资为公司带来了巨大的回报。

④真心牵挂：人走心连。世界著名的管理咨询公司 Bain 公司专门设立了旧雇员关系管理主管，负责跟踪离职员工的职业生涯变化情况。为记录这些变化情况，公司还建有一个前雇员关系数据库，其中存有北美地区 2000 多名前雇员资料，不但包括他们职业生涯的变化信息，还包括结婚生子之类的细节。Bain 公司定期向那些曾在公司效力的前雇员发送内部通信，邀请他们参加公司的聚会活动。如此感情投资，也是为了有朝一日能有效利用这些"跑了"的人力资源。

⑤不计前嫌："好马"回头。摩托罗拉非常重视"好马"的回头，为此有一套非常科学完备的"回聘"制度。首先"回聘"的目的是为了给拥有公司需要的工作知识和技能的前任员工提供工作机会，它的适用范围是所有那些主动提出辞职的前任公司常规雇员。为了鼓励"核心人才"的回槽，公司制定的相应的服务年限计算办法是：

A. 假如前雇员在 6 个月之内被重新聘用，他/她以前服务年限将累计计算，如果超过 6 个月，仅按照他/她以前服务年限提供奖励；如果员工 6 个月之内被重新聘用，且在辞职前已经是正式员工，可以免除试用期。

B. 如果前雇员超过 6 个月才被重新聘用，试用期按照新员工执行。一些高效率的公司深刻地认识到，每当一名熟练员工辞职时对公司的投资都是一种相当大的损失，因此这些公司采用相应的雇员保留计划，努力制止高技术人员流失情形的发生。在 IT 行业中，高智能人才的竞争同样激烈，技术人员经常会得到其他雇主提供的许诺，诱使他们离开现在的工作。如果新的雇主提供了适当的条件，那么即便是最好的雇员保留计划也无法阻止专业技术人员的离职。

4. 怎样管理麻烦型员工

（1）哪些员工属于麻烦型员工。当我们将眼光放在企业里的时候，我们是不是会发现，差不多每家企业里都有狂妄自负、根本不把任何人放在眼里的人呢？答案是肯定的。这些人在很多管理者眼里是不折不扣的麻烦。

如何处理与这些人之间的关系，如何应对由这样的人引发的组织冲突，对于管理者来说，实在是一个相当有难度的挑战。如果作一下细分的话，我们可以将这些较为典型的麻烦人物分为三类：

①有背景的员工——肿瘤。这些员工的背景对管理者来说，是一个现实的威胁。"背景"就是他的资源，可能是政府要员，可能是老板，也可能是工作中的某个具有重要意义的"合作伙伴"。这些背景资源不但赋予了这类员工特殊的身份，而且也平添了

许多麻烦。

这些员工在工作中常常有意无意地向你和其他同事展现他们的背景，为的是获得一些工作中的便利。即便是犯了错，某些"背景"也可能使他们免受处罚。但是，"背景"这种资源往往在某些关键的时候起着不可替代的作用，一些用常规的方法无法处理的困扰，到了这类员工手里，有可能只是一句话的问题。他们就像身上的"肿瘤"一样，一旦处理不好，会时常担心它恶化，但真的割掉，可能又会有生命危险，实在是不好处理。

②有优势的员工——组织的破坏者。这些人往往是那些具有更高学历、更强能力、更独到技艺、更丰富经验的人。正因为他们具有一些其他员工无法比拟的优势，所以能够在工作中表现不俗，其优越感也因此得到进一步的彰显。这种优越感发展到一定的程度时，直接体现为高傲、自负以及野心勃勃。

比如，他们不屑于和同事们做交流和沟通，独立意识很强，协作精神不足，不把领导放在眼里，甚至故意无条件地使唤别人以显示自己的特殊性。

从工作能力上看，他们中的大部分都是"精英"，是领导们倚重的骨干，但从公司管理角度来看，这些人很多时候（可能是无意的）扮演了一个"组织破坏者"的角色，他可能会因此而造成其他同事的反感，也可能因为与其他同事越走越远而成为团队冲突的源头。

③想跳槽的员工——情绪的败坏者。他们很显然是一些"身在曹营心在汉"的不安分分子，这些人往往是非常现实的家伙，他们多会选择"人往高处走"。而且，这些人中间确实也有相当一部分是身怀绝技的"抢手货"。

如果仅此而已，也就罢了，但偏偏有些人这样想，反正是要走的，不怕公司拿我怎么样，就干脆摆出一副"死猪不怕开水烫"的姿态，不把公司的制度和管理规范放在眼里，工作消极，态度恶劣，甚至为了以前工作中的积怨，故意针对某些领导和同事挑起组织冲突，到最后，人是走了，但留下的消极影响却很长时间也消除不了。

（2）对麻烦型员工的管理技巧。以上三类员工，都是令管理者十分头痛的麻烦；作为主管可以断然采取措施，比如，将这类员工全部炒掉，以保持组织的纯洁度。但到最后，得到的可能真的是一个非常听话然而却平庸无比的团队——根本无从创造更高的管理绩效。

既然我们的经营目标像毛主席说的那样"团结一切可以团结的力量"，不断挑战更高的管理绩效，那么，为什么不开动脑筋把那些又麻烦、又有强大能力或特殊资源的人充分利用起来呢？作为管理者，善用策略，不但可以有效减少组织冲突，还可以让这些拥有各种资源和能力的人积极效力。

①对于那些有背景的员工来说，他们拥有稳定的既得利益以及某种心理上隐秘的满足感。从工作能力上讲，这些人不一定比其他同事强，但是，他们的心理状况一般好于其他人，做人做事方面更自信，加上背景方面的优势，更能发挥出水平。

对于这种人，最好的办法是若即若离，保持一定的距离。如果在工作中有非常好的表现，可以适当地进行褒奖，但一定要注意尺度，否则，这些人很容易恃宠而骄，变得越来越骄横。如果这些特殊的人在工作中表现平庸，而且常有意无意地以自己不凡的后台自居，那么，在与他们保持距离的同时，绝不可姑息纵容，否则不但不足以服众，而且会给自己带来无穷的麻烦。

②对于那些有优势的员工来说，他们并不畏惧更高的目标、更大的工作范畴、更有难度的任务，他们往往希望通过挑战这些来显示自己超人一等的能力以及在公司里无可替代的地位，以便为自己赢得更多的尊重，以下几个方面的问题是值得仔细关注的：

如果是善于辞令、善于捕捉人心理的管理者，可以试着找他们谈谈心、做做思想工作。

行动永远比语言更有说服力，在巧妙运用你的权力资本时，为这些高傲的家伙树立一个典范，让他们看看一个有权威的人是怎样处理问题、实现团队目标的。

这些家伙往往好胜自负、进取心强，在委派任务的时候，最好用一句简洁有力，但颇能刺激他神经的话来结束："这个任务对你来说有困难吗？"在得到了他不服气或略带轻蔑的回答后，便可结束了。

运用智慧和鼓舞力，有意对这样的员工进行"冷处理"，让他体会到个人的力量与团队的力量相比是微不足道的，然后，在适当的时候鼓励其发挥专长，保全他的面子和自尊。

制度面前人人平等，不要让他们误以为自己有某些优势，就可以凌驾于制度之上。这点是长期驾驭这些人的关键，一定要坚持。

③对于那些想跳槽的员工，机会、权力与金钱就是驱使他们作出抉择的动因。把握一些原则是必要的：

不要为了留住某些人轻易作出很难实现的承诺，如果有承诺，一定要兑现；如果无法兑现，一定要给他们正面的说法。千万不要在员工面前扮演一个言而无信的管理者角色，那样只会为将来的动荡埋下隐患。

及时发现员工的情绪波动，特别是那些业务骨干，一定要将安抚民心的工作做在前头。虽然是"亡羊补牢，为时未晚"，但因预警工作做在前头，是不是可以避免一些不必要的损失呢？

攻心为上，以理服人，以情动人。如果员工去意已定，那么不要太过勉强，在必要的时候，可以请他们提前离开公司。重要的在于不要让某些人的跳槽变成有针对性、有目的性的挑衅，造成全公司员工大面积的情绪波动。

随时检查公司的晋升、薪酬、绩效考核等人力资源管理制度是否合理，避免因制度性原因造成员工非正常流动。

我们常说：人的工作是最难做的。一个管理者的最大成就是，构建并统率一支具有强大战斗力与高度协作精神的团队。把一些很难管理而又十分关键的员工团结在一起，充分发挥他们的作用，不断为公司创造更大绩效。

5. 如何管理责任心缺乏的员工

（1）责任心缺乏的表现。员工的责任心对于一个企业的成败有着重要的作用。很多企业在创业初期，有着极强的凝聚力，员工的责任心也很大，企业随之成长起来。但是伴随着企业的成长，员工缺乏责任心的问题也凸显出来。小的地方表现在浪费公司资源，诸如办公用品的滥用、招待费用的超支等，最终造成的是企业的轰然崩坍，这些都说明需要我们对员工的责任心进行有效的经营。

《细节决定成败》一书中阐述了一个重要的道理，就是说一个企业的成功依靠无数个经营管理中的细节，同样，需要责任心的地方，也往往都是那些看似无大碍的小节之处，并不一定都马上涉及企业的生存问题，但是，就是这些小节的积累，往往就决定着企业今后能走多远。

在工作中我们还经常看到这样的事情，电话铃声持续地响着，而我们的员工还在慢条斯理地处理着自己的事情，根本充耳不闻。在接待投诉处，一屋子人在聊天，电话铃声此起彼伏，可就是没人去接听，因为还没有到上班时间。其实，离上班时间仅差几分钟，就是看着表不接。在某家公司，有些客户服务部门的员工有着约定的行内"规则"：5点下班后马上回家，不然遇到顾客投诉就麻烦了，要耽误回家的，即使这个时候有电话也不要轻易接，接了之后也许就成了烫手的山芋。这些问题表面上看起来是微不足道的小事情，但是恰恰反映了员工缺乏责任心，而且这些细小之事关系着企业的信誉、信用和发展。

（2）责任心缺乏的原因。首先，从根本上讲，是因为公司缺乏一个良好的强有力的企业文化，当遇事就逃避的作风成为了一种风气之后，就形成了一种坏的企业文化。大家都这样做，如果你不这样做，反而意味着你是不遵守规则的人，在其他人看来你也许有什么别的企图。在这样的状况下，即使有好的愿望，也很难落实到行动中：因此，要想改变员工缺乏责任心的做法，最重要的就是宣扬一种积极的企业文化，让企业的利益和员工的利益紧紧联系在一起，"厂兴我兴"，长期贯彻下去，形成一种文化，扎根于员工心中，才能从根本上解决问题。

其次，是由于管理者的问题；企业的管理者不知道该如何体现和增强员工的责任心，这也是经验少、思维能力不足的表现。如果管理者思想懈怠或者疏于管理监督，员工自然跟着懈怠；如果上层懈怠一成，那么员工就能懈怠五成。

最后，这是源于人的懒惰天性。企业的规章制度制定得十分完美，本来也执行得很好，可惜不能够长期地执行下去，时间一长就会懈怠，思想上一放松，责任心就减弱，行为上自然就松懈了。体现在日常的工作中就是执行力下降，很多问题就由此而生。

（3）怎样有效管理员工的责任心。责任心体现在做事情的整个过程中，主要有以下三个阶段：第一，做事情之前，这个时候要先想到后果；第二，在做事情的过程中，这个阶段要尽量控制事情向好的方向发展，防止坏的结果出现；第三，出了问题要敢于承担责任，勇于承担责任和积极承担责任不仅是一个人的勇气问题，而且也标志着一个人的心底是否自信，是否光明磊落，是否恐惧未来。那么，怎么来经营责任心呢？怎样才能让员工有着极强的责任心呢？

①要完善并严格执行业务的流程。要想保证员工尽职尽责，首先要对业务流程、服务流程和管理流程等所有工作流程进行科学设计，从流程上确保工作质量，只有流程上科学合理，才能产生高效率的生产结果。所有的经营管理事务工作都应该流程化、标准化，没有流程化和标准化，就很难统一要求，每个人由着性子来，企业的竞争力也就无从谈起。只要把流程设计得科学合理，做到了标准化，那么所有员工的岗位责任也就设计进去了；只要按照这个流程和标准去做，责任心自然也就体现在其中了。所以，流程

设计所约束的是每个参与工作的人的操作行为。

②强化制度监督。我们对员工按照流程和标准进行要求，而要求的内容就是制度。制度是从物质上、精神上等多方面约束，是强迫员工按照流程标准来做，是强迫员工尽职尽责的手段。企业通过制度，让员工明白违反流程、不尽职的代价是什么、监管是管理工作所必需的，监管分为传统人力上的监管和技术上的监管，随着工作复杂程度的提升，技术监督也越来越重要。制度是死的，是条文性的东西，有了制度没有人监管，等于没有制度；监管者首先自己要遵守制度，其次还要敢于破除情面，不徇私情地进行监管。

③从培训做起。要解决员工的责任心问题，不能仅依靠流程制度和监管问题，那只是表面的东西，是外在的东西，如果有不完善的地方，员工还是会钻空子的，更重要的是要通过培训来解决员工的思想问题。如果说流程和管理工作是硬性的强迫性约束，那么行为教育则是让员工自愿接受约束，起到春风化雨的作用，这就是教化的作用。行为教育分为两个部分：一部分是对工作人员进行培训教育，另一部分是领导者的示范作用。

对工作人员进行培训教育，是企业人力资源部门的基本职责之一，这也是该部门的责任心的体现。要想让每一个工作人员的责任心都充分体现出来，必须首先让员工学会遵守工作流程，严格按工作标准工作，不违反工作制度，自觉接受组织监管。要做到这一点，就要依靠人力资源部门对员工进行培训，告诉员工什么应该做，什么不应该做，违反规定的后果是什么。通过培训，使员工达到熟练掌握和习惯自觉的程度，使他们养成按工作流程和标准工作的习惯。

通过培训教育，使员工自觉自愿地反复做正确的事情，把演练和实战相结合，使员工达到对业务流程熟悉的程度，对业务标准形成条件反射的程度，行为达到习惯的程度，达到统一的行为模式和企业氛围，从而提高整个组织的责任心，构建企业的防火墙。只有这样，才能谈得上企业对员工责任心的经营。

④用企业文化点亮员工的责任心。上面所述的都是一些制度化的东西，属于看得见、可操作的东西，如果要从根本上解决责任心的问题，还要建立一种良好的企业文化。无论是通过流程设计和强化管理来约束员工尽职尽责，还是通过行为教育来让员工主动接受约束，达到岗位尽职尽责的目的，都是来自员工外部的压力和驱动力。如果要使员工做到自我驱动，自己感觉不这样做就不舒服，就必须创造一种家的文化，使员工感到企业和自己息息相关，用企业文化来点燃员工的责任心。

怎样做才能建立起一个好的企业文化，从而来增强员工的责任心呢？这里给出几点建议：

第一，提高聘用标准。实践证明，有很强责任心的员工都是一流的员工，为此，整个聘用程序要让应聘者了解到企业的实力，也要让他们知道进入这个企业就要面临着非常严格的要求。

第二，让新员工从最底层开始做起，打破他们的坏习惯。通过压力打消他们自鸣得意的心理，使他们认识到自己的不足，从而能够自然地向他人求助。

第三，让未来的企业领导者负责具体工作。有经验的企业，无论其规模大小，总是

— 381 —

会让企业高层管理人员负责企业的核心业务，并从最底层的工作做起。比如，一个开面包房的父亲一定会让自己的孩子学会如何烤面包，如何包装，如何采购原料以及如何售货等一系列程序。

第四，让员工了解工作的目的，当他们达到目标时要予以奖励。根据管理学上的强化理论，这样的行为经过数次反复之后，员工的责任心就建立起来了。否则，若员工今天尽了自己的责任却没有得到相应的物质上的或者精神上的奖励，以后的日子他就不会有足够的动力去这么做。

第五，教育员工使他们具有比赚钱更高一层的境界。显然，员工来企业工作是为了赚钱，但是赚钱不是唯一的目的，当工资达到了一定的水平之后，公司的形象也会给员工带来精神上的满足。

第六，树立榜样人物，证实企业文化。对于企业而言，为年轻的员工树立榜样非常重要。如果有高层人物作为榜样，那么效果尤为明显。

第十四章　员工行为管理

第一节　员工在职管理

一、员工工作时间管理

1. 如何安排员工工作时间

令管理者伤透脑筋的一件事是有些员工"大错不犯，小错不断"，然而这样的事又偏偏经常在工作中遇到。虽然像经常性早退和迟到、不遵守安全工序等违纪行为一般不会造成重大损失，但如果任其发展不仅会影响生产效率，还有可能导致重大事故发生，因此必须妥善处理。

（1）上下班的界限。现代社会中，员工们觉得没有必要遵守严格的上班时间。因为可以利用现代电信随时联系到他们。朝九晚五的制度已不再像 10 年以前那么有意义了。因为现代通信手段，例如手机、呼叫器、传真机、个人电脑等，已经使许多人的工作时间和地点都扩大了。现代员工可以在家里甚至任何地方工作。

尽管新科技很神奇，但并不是人人都会使用，也并不是人人都乐于使用，当然还有一部分人承担不起使用这些新科技的费用。这样，尽管科技发展这么迅速，人们对它的利用非常普遍；尽管有人喜欢在办公室以外的地方工作，认为随时可以和人联络上，但还是有人觉得这是负担。那么主管应该采取什么态度呢？管理专家们建议，不应该把时间定得很死，应该使时间有弹性，以符合员工和公司的需要，因为弹性时间制度更受欢迎。

（2）弹性时间制度更受欢迎。如果部门中有迟到现象，如果希望员工 9 点即来上班，那么，首先召开会议，简单明了地告诉他们这项规定，任何无法在 9 点到来的员工可在会后与主管讨论。否则，如果把时间定得很死，可能会深受迟到的困扰。

如果准时上班确实很重要，管理者就要严格要求员工准时上班。如上所述，按时上下班是否重要取决于工作的性质和内容，尽管员工们通常会认为迟到几分钟或半个钟头没什么关系。

然而，如果员工是因为一些必须因素而不是对于工作的态度不良才经常迟到，一般就应该给予这类员工时间弹性，这是许多公司的做法。他们要求这类员工一定要工作达到工作量或工作时数。他们可以从9点半工作到5点半，或8点到4点，或是更弹性的时间表。公司所能容忍的弹性依照公司业务的性质而定。

弹性时间制度已经行之有年了，这当然不能完全满足员工的喜好。然而，正如管理专家们指出的那样："运用弹性时间的公司经常发现员工的生产力提高、对工作更满意，因为他们不再需要每天忙于遵守既成的规定，自己一点回旋的余地都没有。"

美国管理协会的专家们认为弹性时间还有另外一个效益，那就是它可以缩短每天刚开始上班半个钟头到一个钟头的喝咖啡闲聊时间。如果员工的上班时间更自主，他们就不会同时到达公司，聚在一起喝咖啡、看报纸了。这个方法能让员工比以前更快进入工作状况。

弹性时间之所以广受欢迎，是因为它对公司和员工都有利。管理人员可以制定基本的规则，使公司在业务高峰时刻维持充裕的人手。另外，排定某些员工早点到公司或晚点下班，还可以延长工作时间而不必增加人员。总之，只要员工在弹性时间内一样认真、负责，这就是一个很好的制度。

2. 如何预防习惯性迟到

在有的部门中，迟到不是个别现象，更何况员工们并没有耽误工作绩效，此时部门主管可以适当安排弹性工作时间。但是有些部门中，经常性迟到的就那么一两位员工，有些员工通常主管只要给予一两次警告，就不太会继续迟到。但是有些经常性迟到的个别员工即便是口头警告也完全无效。

口头警告只是处理员工习惯性地迟到的开始，一般公司都设立主管可资遵循的处理程序来应对这类问题。主管首先给予正式的警告，接下来主管可以做的第一件事就是正式和员工谈这个问题。

在做出警告之后，主管还应该向迟到的员工说明准时上班的重要性，让他明白工作需要他必须按时上班。让他们知道他们的行为会影响到同事和公司的生意。即使是最独立作业的员工，如果让他们随意进出公司，也会影响到公司的整体士气。有些员工甚至搞不清楚公司的要求，那就应该明确他们的工作时间表，如果有所更动，一定要给他们正式通知。

如果在经过面谈后，员工继续迟到，可以加大惩戒力度，例如主管把书面警告列入员工的个人记录中。但不可以搞突然袭击，这些警告必须事先让员工知道。

如果书面警告也不能杜绝继续迟到的现象，那就要按照程序继续处理，例如对员工处以两三天的停职停薪。在收到这些处分之后，一般员工如果还想继续工作下去，就会收敛一些。如果没有更特别的原因，那就有可能是他不在乎这份工作。如果这样，最后，开除这名员工也就是顺理成章的事情了。正式处分会给员工和主管留下不愉快的回忆，正因为如此，主管在处理时一定要遵循每一个步骤。如果不进行处分，那么就起不到惩戒作用，就没有人会遵守上班时间；如果不依照程序，就会引发员工们的不满。

有时候员工们不能准时上班、准时下班、午饭时间不超时未必是他们想这样做，而是因为管理者没有注意到一些这方面的细节。因此在处理员工们的这类问题的时候，管理者也应该反省一下自己是否在部门中就这一问题作了强调。例如，是否已经以书面告知所有员工上下班时间；是否在迟到状况一发生时，就立刻和员工讨论；做表现考评时，是否已把迟到问题列入讨论；自己是否以身作则，准时到公司；有没有对留下来加班或午餐时间照常工作的员工表示谢意；是否有意识地控制自己的午餐时间，或者你尽量减少不必要的应酬午餐；是否了解员工的需求，或者是否了解他们迟到背后的真正原因。

3. 如何处理高缺席率

不论高缺席率是整个部门的问题，还是仅限于某一两名员工，管理者都必须强调高出席率的重要性。因为高缺席率是比迟到、早退与午饭过长更严重的违纪现象，自然也是身为主管所不可忽视的问题。因为缺席不仅违纪，还会严重伤害到部门的生产力。

研究表明，如果工作环境令人愉快和满意，员工的出席率就高；反之，他们就会经常旷职。因此，处理高缺席率的一个方法就是让工作环境更满意、舒适，合乎人性的需要。除此之外就是找经常旷职的员工好好谈一谈，因为不同的人对工作环境的要求是不同的。比方说喜欢音乐者觉得在工作间里放音乐很好，但不喜欢音乐者则觉得很吵。因此，管理者职能是工作环境做到整体上令人满意，但不可能令每个人都感到完全满意。

在跟经常旷职的员工谈话的时候，重点向他们说明行为的后果。有些员工旷职是因为个人或工作的确有问题，另一些员工则是故意滥用制度。对此，主管应该明确向他们表明这种行为是无法容忍的。对于前者，应该给予协助帮他们改变行为。对于后者，则要让他们知道必须立刻停止这种行为。

同时，那些出席率良好的员工应该受到称赞，赞赏他们的行为给公司和他人带来了方便。这种赞赏不仅仅是停留在口头上，还应该有实际行动。比方说，让每月出席率良好的员工周末可以早点回家，或者允许他们的午餐时间较长。当然，最起码应该对他们说："谢谢！我们很感谢你的这种敬业精神。"

总之，部门主管的底线是要坚持员工一定要遵守时间表。然而，如果员工确实有其他重要的责任，不得已才违反这个规定，那么主管应采用一些弹性措施，但不能影响到生产效率。主管要让部门内的所有员工确实理解上下班时间的规定，不能给任何人以特许。如果某位员工利用了弹性时间却没有做出弥补，那么，会严重伤害其他员工的积极性。

4. 如何处理员工请假

张强正急得如热锅上的蚂蚁，偏偏这时他的得力助手李明找不着了。张强问李明的同事是否知道李明去了哪里。李明的同事回答说李明刚才打电话来说生病了，让他帮忙说一声。

这是主管们经常碰到的另一件事，当你有要紧的工作需要找某个员工去做时，却发现他又"生病"了。生病固然很正常，但是一个平时看起来很健康的员工经常"生病"，不能不令人怀疑这位员工在滥用病假。

生病可以请假，而且一般不会扣薪水，这项规定本是很人道的。但有些员工却认为病假是多出来的假期，可以随时利用。甚至有的员工认为，即使请病假要扣薪水，但权衡一下，只要合算，一样可以请假，反正没什么损失。但这样的思维逻辑会给管理者带来麻烦。

虽然员工旷职在所难免，但如果管理者听之任之，那么旷职事件会越来越多，经常性的旷职也就成了家常便饭。因此管理层在碰到这种现象时，必须及时采取有效措施。美国管理协会的专家们建议，最好是在刚刚雇用员工的时候，就对他讲明白病假、事假的规定。不要等到出现问题时才采取措施。在与员工讨论旷职问题时，应该解释以下几点：公司规定的病假的天数，并不代表不管有病没病，都有权利请假；要请病假，必须是真正的生病；只有在真正生病时，才可以请公司规定天数以外的病假；公司病假天数的规定是根据公司所能承受损失的程度；员工要在病假天数以外请假，必须要有真正迫切的理由。

解释请假规定的最基本的目的是让员工明白每天来上班是很重要的，公司期望他们每天都来上班。

公司主管也常会碰到员工长期请假而不知道他会不会再回来上班的情况。为减少损失，在确定这位员工是否会再回来之前，应该先采取弥补性措施，重新分配工作或使用短期员工。但这不是说这位请假的员工已经被解雇了，公司在一定期限内还是会为生病的员工保留机会的。

如果因为受伤而无法从事需要大量体力与长时间劳动的工作，主管可以鼓励员工在公司里找一项比较轻松的工作。这不仅比较合乎人道，而且可以避免伤害员工的士气。在员工生病时表示同情，会提高其他员工对主管的评价。

二、员工工作环境管理

1. 怎样营造工作自然环境

过度旷职有时候是由于工作环境所致，例如对工作不满、与同事或主管不和、工作时觉得太热或太冷、噪声太大或灯光太暗等。好在这些问题都比较容易解决，但主管一定要用心观察，才会发现真正的原因。

在出现这类问题的时候，不要立刻质问员工为什么会旷职，以免使他们处于防卫的心态。可以试着与员工讨论他的工作，比方说，问问员工是否喜欢他的工作、是不是觉得需要改变一下工作节奏或工作方式，现在的工作是否符合他自身的特殊风格、是否对工作条件满意等。这些问题的答案可以看清旷职问题的根源所在。如果发现员工有普遍的不满情绪，也许得考虑重新安排某些工作。美国管理协会的专家们建议试试如下方法：

（1）充实工作内容。重新设计工作，给员工更重大的责任、更多自主性、更多样化的任务，这样可以减轻员工对工作枯燥的感觉。

充实工作内容可以在部门里实施，不需要成为全公司管理政策的一部分。可以从小幅度改变员工的工作开始。譬如说，作为办公室主管，本来让职员以生产线的方式处理信件，一个人贴邮票、一个人开信、一个人分信。现在可以让一个人全权负责三件事，这样就把处理所有信件的责任交给他了。这个员工会觉得他对部门有更大的贡献。

（2）实行工作轮调。因为工作轮调通常用在员工实习时，很多人就以为它只有这个功能。然而，工作轮调也可作为激励员工的好方法。如果安排了良好的轮调计划，就可以用它来增进生产力，减少部门内的旷职现象。

（3）重新安排工作空间。如果认为已经给了员工有趣而具挑战性的工作，但是部门内的旷职情形依然严重，可能就需要对工作环境做一些改变。首先要问自己的是：是不是需要来一次大扫除？当工作场所过于脏乱时，人们可能会在下意识中加以逃避。

和员工决定一个日子，把日常工作放在一边，全力把堆积如山的纸堆清理干净，再重新分配每个人的位置。一起把办公室内超过一两年的档案与报表清干净，把它们放在比较偏僻的角落。

看看有没有办法让空间看起来比较大，或比较方便走近办公室的机器，比较容易与同事一道工作。

2. 如何营造工作动力环境

如果员工缺乏工作动力，也会导致习惯性制度旷职。在经过一段时间的高压状态之后，员工们经常会觉得很疲乏。此时，最好利用员工高涨的士气，激励他们去迎接下一个有挑战性的工作。

如果没办法给予员工升职，那么就必须想办法弥补，给予另外的奖励。给员工们分派其他任务，或是让员工们提出自己的计划，这对其他员工有激励的作用。如果还是无效，就必须采取积极措施。在激励无效之后，那就必须和表现最差的员工一对一面谈了。

三、员工在职情况管理

1. 如何预防突然的人手不足

不管执行政策有多成功，总还是会碰到员工旷职的问题——而且有些员工还可能忽然辞职不干。因此，除了设计一个良好的请假控制制度之外，还应该想办法避免人手不足的状况：

（1）对员工实行交叉训练。如果可能，至少要让两名员工互相知道对方的工作如何进行。

（2）坚持要员工定期向你报告现状。确实掌握员工的现状，可以防止员工突然离职或不适任时所造成的麻烦。

（3）维持足额的员工数。流行性感冒通常会同时侵袭部门中的多名员工。此外，员工的辞职通常也是集体性的，经常会有两到三名员工同时离开公司。如果人手本来就不足，在这两种状况下，麻烦就更大了。

（4）让员工分担团队责任。这个方法不但可以在一名员工不到的时候提供缓冲，还可以使员工不敢随便请假。

（5）使用短期员工。当请假突然使办公室人手不足时，使用短期员工，对主管会很有帮助。

（6）分担工作。需要长时间处于不适与噪声过大的环境下进行的工作，通常会造成过度旷职的现象。在这种状况下，比较聪明的做法是让两名员工轮班，而不是让一名员工全天候做这份工作。

2. 怎样灵活处理员工的违纪现象

某公司的主管到达公司的时候心情烦躁。因为汽车修理工没有在前一天把他的汽车按时修理好，今天早上他不得不坐出租车来上班，而路上又因出租车故障使他不得不中途换车，换车后又遇到堵车，这让他非常恼火。偏巧他的一名部属这时候迟到。于是这位主管毫不犹豫地说："你知道我们公司无法容忍这样的行为，我不希望再看到你，你被解雇了。"话音未落，他的部属回答道："你这样做是没有根据的，我们的合同规定迟到有3次警告，我会让我的律师同您交涉。"

一位员工到人力资源经理办公室递交辞职信，他已经在公司工作了10年。他对自己的上司非常不满。当人力资源经理问他出了什么问题时，这位员工回答说："昨天我犯了一个错，机器操作上的失误。这是几年来我第一次犯这样的错误。老板在我的朋友面前斥责我，总裁都不会那样对待我。"

刘凯是最得力的员工，他对于安全措施越来越漫不经心，主管多次发现他在危险区域都没采取相应的防护措施；胡敏每隔一天就缺席一次，但她总能在期限内完成工作，而且很令人满意；古克昨天请病假，但有人却在购物中心看到他和家人在一起；李婷没有准时完成一件重要的工作，吃午饭却花了两个小时……

上面这些例子都是管理者经常遇到而且必须处理的状况。虽然他们都违反了工作纪律，但每个例子在采取行动之前，都必须个别加以考虑：①是初犯抑或惯犯，以前有没有警告过这名员工；②有没有安全上的问题，这名员工是否会危及自己与其他员工的安全；③这名员工的态度如何，过去有没有违纪的记录；④有没有可斟酌的情况可以解释这名员工的违纪；⑤这名员工是否知道自己违反了公司的纪律；⑥过去别的员工犯同样的错误时，是如何处理的；⑦公司有没有既定的政策以处理违纪事件；⑧违纪情况到底有多严重；⑨这名员工是否造成公司利益的损失？

从以上观之，我们可以看出处理违纪事件并不是硬邦邦无弹性的，在做出决定前，必须考虑许多个人因素。

3. 在处理员工违纪时怎样保持一致

（1）一致。主管在处理违纪事件时经常遇到的一个问题就是在给予工作评鉴或施以额外的训练时，处理违纪通常会变得人人皆知，其曝光程度超过主管或员工所希望的。这是因为当某名员工违纪时，组织中会有很多人知道。因此，必须确定自己在处理违纪事件时有一致性。

"一致性"通常被认为是一个理想主管的良好素质。一致性不是对所有员工一样对待，对每一件违纪事件一样处理，如果这样，就不是适当的管理方法。因此，当说执行纪律应该有一致性时，意思是说对违纪的处分应该适当，如果可能的话，所有员工都应该有公平的机会改进他们的行为。

（2）适当。执行纪律的另一个原则就是应该在违纪事件发生后及时加以处理。但千万不要忘了要按照适当的程序来进行。采取任何处分行动之前，应该通盘考量情况。当然，这必须包括给员工解释自己行为的机会，还应该考量员工是否知道自己已经违规。

事实上，把公司的政策、规定及程序沟通清楚，是维持纪律的最佳助力。如果员工不了解规定及指示，就不能期待他们会加以遵守。此外，一个自己不遵守规定的主管，要比只享有少数特权的主管更难以让员工遵守规定。

4. 员工标准设立规定

美国管理协会的专家们认为，避免太多违规事件的一个方法就是：不要有太多规定。听起来很容易，其实不然。规定确是工作所需。一旦要建立公司，就必须立下规定来确保工作场所的安全、使成本合理、使工作顺畅而有生产力。如果规定对个人的工作管得过多，就会变成阻力而非助力。

许多工作（除了精细的工作）都有不同的做法，每个人看法都不同。如果主管强加许多规定，限定每样工作该怎么做，员工就没有机会独立完成。这可能会逼得员工不得不违反规定，或是不用自己的方式做事。

在设立规定之前，先想想要的是什么；再看看是否对员工做不必要的限制，就能达成目的。例如，假设在管理一群研究者，要在三个月之内交出一份报告。为了确保能在规定时间之内完成，规定每个人一天至少写出五页。这是必要的吗？

这种严苛的控制会造成管理上的困难。要让员工能够接受规定，一定要有正当的理由才行。如果规定只是设计来控制或监管，则不只员工很难接受，他们还会花很多精力去想出躲避的办法。

正如参与式管理能鼓励大家合作为部门或工作团体设定目标，团体的参与也能在设立规范时提供助力。如果办公室问题已严重到不得不订立新规，就试着让员工也参与制定他们都能同意也都能遵守的规定。

由于组织中的某些规定不合理所导致的违纪现象不是一两个员工的违纪，而是整个部门的大部分人违纪，因为不合理的规定令人们无法遵守。美国管理协会的专家们认为，如果想让规定有效而且能够执行，就必须达到几个标准。例如：

第一，必须有必要性。规定不可只是为了控制就对员工加以限制。要定期检查现有的规定，看看是否有些已因为状况或目标的改变而变得不合时宜。

第二，必须有可行性。如果经常有人违反规定，那还不如改变或修改规定以符合现实。

第三，规定必须与公司的政策一致。

第四，规定应该通知每个人。

第五，规定必须清楚而容易理解。模糊的规定没什么用处，每一个会受到规定影响的人都应该完全了解规定的内容。

第六，规定要合理。太过僵硬的规定——例如不容许亲人的死亡或生病等特殊状况的规定，反而会发生反效果。虽然规定必须一致地适用于所有人，也得保持一些容许例外的弹性。

第七，规定必须能够执行。员工必须能够知道自己违反规定的程度。此外，规定也必须直接适用于员工的工作。

第八，处分与违规的程度要符合。要公平地处理违纪者，处分就必须与违规的严重性成正比。

四、如何使用惩罚措施

1. 处罚的原则

惩罚又叫惩处或处罚，通常包括行政纪律处分和经济手段处罚，其目的是为了限制、制止或纠正某些不正确的行为。奖惩是为了能达到是非分明，功过两清，调动积极性的目的。与奖励相比，惩罚是一种更难运用的领导艺术，掌握得好，会起到与表扬同等，甚至更大的作用；掌握得不好，也可能会伤害人的感情，影响下属的积极性。那么，领导者应怎样坚持原则进行惩罚呢？

（1）要准确无误。惩罚是一件非常严肃的事情，领导者在对一个下属作出惩罚决定之前，必须以负责的态度，弄清被惩罚者的错误事实、原因、结果甚至每一个细节，然后再根据有无犯错误的动机，错误带来的后果，改正错误的态度等客观情况，决定惩罚的方式。管理者绝不能道听途说，捕风捉影；也不能偏听个别人的反映，或攻其一点，不及其余。

（2）要公正合理。所谓公正，就是要体现人人平等的原则，作出同等贡献的要受到同等的奖励，犯了同样错误的也应该受到同样的惩罚。这就是说，领导者对下属要一视同仁，纪律面前，人人平等，不能搞亲亲疏疏那一套。如果不分是非，因人而异，一味庇护自己的人，管理者就会失去下属的信任，威信扫地。所谓合理，就是要在惩之有据的前提下做到罚之有度。根据犯错误的情节和后果，该批评的批评，该处理的处理。一般来说，只要错误不太严重，就不宜给重处分。特别对下属在独立探索中出现的失误或失败，能不惩罚的就不惩罚，更多的是要给予热情鼓励和具体帮助。

（3）目的是教育。领导者不是为了惩罚而惩罚，惩罚的目的是为了教育人、帮助人。因此，一定要从关心爱护的愿望出发，力戒居高临下、盛气凌人的态势。应与人为善，晓之以理，动之以情，并多作一些"移情式理解"，即以心比心，设身处地地替受惩罚者想一想。只有这样，惩罚对象才能感到心服口服，受惩而无怨，惩罚的目的才能达到。

（4）要以少为宜。惩罚的人或事宜少些。只有在必须实行惩罚时，才进行惩罚。如果惩罚司空见惯，大家就会不以为然了。一个人受了几个处分，他就会索性豁出去了。在一个组织中，当某种不良倾向已经成为一种普遍现象，惩罚尤其应当慎重，可先处理"重点人"，处分的人太多，大家的压力感就小了，有时还会使受处罚的人纠集在一起，不利于对他们的批评教育。因此，可处罚可不处罚的，一般就不给处罚，可轻可重的，一般的要从轻处罚。

（5）要及时。这就是说，一旦发现有违法乱纪者应当立即处罚，毫不含糊。这样能收到立竿见影之效，能使违法之人和未违法之人立刻看到，不遵纪守法的害处和损失，起到警戒的作用。否则，松松垮垮，时过境迁，就难以奏效。

（6）首罚要慎重。首次惩罚讲的是一个人在一个单位所受到的第一次批评，处分等。首次惩罚作为第一印象对人们今后的情绪、工作都会有较大影响。一般来说，首次惩罚要个别进行，不宜公开点名；只要错误不太严重，处分要轻不要重；语言要温和，不要尖刻。

2. 如何处理好惩罚中的几种关系

惩罚有多种方式，无论采用哪一种方式，实施中都要讲究方法和艺术。

（1）要罚前有规定。奖赏是以功绩为依据的，惩罚是以过失为依据的。规定是人们的行为界定的规则，是维护人们正常生活、工作等秩序的手段，也是判定人们过失大小的依据。因而，有规定而后才有惩罚。没有规定，惩罚就没有标准，也就没有真正的惩罚。所以，领导者在实施惩罚前，必须首先制定有关规定，让下属有明确的行动准则，以自觉维护正常的工作秩序。然后，方能对违反者进行惩处。否则，就不足以儆众、服众，难以达到惩罚的目的。

（2）要情罚交融。管理者对有过失的部下，也要尊重、理解、关心，要关心他们的实际生活，为其排忧解难，让其充分体会到领导的温暖。但这不能以丧失原则为代价，也就是说既要讲人情味，又不能失去原则性。切不可把人情味庸俗化，人情味要讲，原则性更要讲。讲人情只有在坚持原则的前提下；只有坚持了原则性，人情味才能更有效，更具有教育性和感召力。

（3）要宽严适度。管理者对待犯错误的下属，要像医生对待病人一样宽严相济，根据病情，找出病因，说明其危害程度和严重性。作为一个领导者，要严格掌握惩罚的度。在实际工作中，对违纪者一定要具体分析其错误的性质和情节，区别是偶然还是一贯，考察其一贯表现及认错态度，全面地、历史地、具体地分析有关问题。根据错误的大小、性质及危害程度，区别对待，需经济惩罚的则经济惩罚，该纪律处分的要纪律处分，对确实作出了各种努力真心实意想把工作做好，但由于种种原因致使工作有些失误的，要从宽对待。

（4）要罚后明理。惩罚兑现之后，不论是纪律处分，还是经济处罚手段，都代替不了必要的工作。有的管理者对下属的不良行为，动不动就处分，以罚代教，结果造成不良影响，有些地方还造成了管理者同属下的对立情绪。必要的处罚作出以后，事情并没有完结，要具体指出他错在哪里，帮助其查找犯错误的思想根源，让其真正认识自己的错误，使其增强改正错误的决心和信心，并为其改正错误创造条件。

五、如何挽留员工

现代企业的竞争是人才的竞争，这是很多管理者的共识。对一个企业来说，能否留住核心员工，能否辞退不合格的员工就变得极为重要。一个主管如果不善于处理此类事务，那么肯定不是一个合格的主管。那么，如何挽留员工呢？

1. 避免人才不辞而别

如果优秀人才不辞而别另择高就，公司上下事先却无人觉察或知情人并没有报告，则实际上是公司经营管理不善的反映。一个优秀的管理者应该对自己部属的思想动态一清二楚，如果有人要跳槽应该在第一时间得知，并尽量使其回心转意。

管理者对下属的工作情况、思想状况、是非观念、人生大事等方面应及时掌握，要经常鼓励他们战胜困难，对他们的成绩要做充分肯定。员工们的工作或家庭遇到难题，情绪总会波动并表现出来，或许你的帮助并不能完全解决问题，但只要能得到这份关心，员工也会心满意足。

为了避免员工的不辞而别，愈来愈多的公司开始采取某些留才措施。以下是常用的方法：

（1）具有竞争性的福利。

（2）良好的沟通。

（3）良好的工作环境。

（4）激励专案。

（5）定期考核与咨询。

（6）晋升或调任其他部门，担任更佳的工作。

（7）享有选购公司股票的权利。

（8）节省税负的递延给付报酬计划。

（9）目标管理专案。

（10）非竞争性协议书。

（11）不恶性挖角。

（12）储蓄专案。

（13）利润分享。

2. 对待怀才不遇者的办法

一个员工工作量的多少并不能说明他对公司的满意程度如何。有的人经常仅靠自己的能力和遵守公司的管理制度就能圆满超额完成自己的定额，但内心里他并不真正喜爱这份工作。

如有位销售部门主管工作成绩非常骄人，在公司连年都超定额，收益、利润都很可观，是公司的骨干。但他却对制作电视广告情有独钟，希望有朝一日成为电视制作部门的主管。从公司角度出发，他留在销售部门是最理想不过的，但他却一心向往到电视部门。此时如果有合适的广播电视公司，他一定会义无反顾地离开销售工作去搞电视制作。

能挽留他的最好办法是让他同时兼做这两项工作，如果他确实才华横溢，兼做两份工作都很出色，不仅满足他对兴趣的追求，又为公司留住了人才。公司就不会因人才流走而担心销售额下降了。

对此类自认为怀才不遇的员工，公司一定要创造机会，使他的才能有发挥的空间，惟其如此才能留住他的心。

3. 诚意对待与老板不合者

与老板不合的原因是很多的，但是人们常常认为，责任在老板。如果老板能在发生冲突时，显出自己的大人大度，不去斤斤计较部属，那么许多问题是可以解决的。

作为一名执行经理对其部属应敏感体谅，而员工则应随时把自己情绪上的波动、工作中的合理要求及时告诉他，这是双方呼应的事。老板不可能真正了解员工的内心世界，但是可以通过执行经理的工作，使老板与员工在工作、思想交流上保持上传下达、减少隔阂。可见，领导诚意对待与老板不合者，是可以逐渐消除两者隔阂的。

大公司的老板不可能认识每一位员工。但精明的老板每当下属要求接见时，总会安排时间，无论时间长短，都会倾听他们的意见和建议。他们这种办法，确实十分高明。

4. 大胆提拔杰出员工

当公司招聘到一位能力强、有开拓创新精神的年轻人，并且舆论公认此人以后必然会成为某经理的接班人时，必须认真思考：给他什么样的职位，如何提拔他更好？如果在他的任用问题上稍有疏忽，处置不当，将会给公司带来不必要的麻烦。要么这位能者会因位置不好而另寻高就；或者会使那些资历比他高，工作时间比他长的人为此而抱怨公司一碗水未端平，厚此薄彼。所以用人的事，不是小事，不可轻视。

5. 重视年轻员工的培养

对于刚刚离开学校到公司工作的大学生、研究生，若不加强管理、注重早期培养、压担子的话，在两三年内他们最容易跳槽。由于他们年轻有为，前程远大，正是公司的希望所在，并且已熟悉了公司业务，如果让他们流失，公司定会有很大的损失。对这些，不少公司并没有引起高度重视。

假如一位胸怀抱负的能人在公司里仍做低级职员的工作，其才干并没有得到充分肯定，此时此刻他要求离职另求发展是很平常的事。要避免这类不愉快的事情发生的办法有：一要把新来的员工看作是公司的一笔长期投资，精心地培养督促他们；二要安排公司有能力的主管或员工指导他们，让他们承担一些力所能及或者是超过其能力的工作。

这一切就如一个长期项目，并不期待马上得到回报或收回投资。只要他们在公司工作的时间愈长，公司得到的回报将愈大。

6. 挽留员工的七项原则

不管有多少原因使得员工想辞职，但事实上，大部分的员工还是宁愿留在目前的岗位上，而不愿另寻高就。所以，如果他们待在这家公司觉得很舒服且受重视，他们多半不会想要离开。

以下是许多重视人才的公司常用的七项原则：

（1）让好人出头。当发现员工表现卓越时，立刻奖赏他们，方式有晋升、给予激励、额外报酬、红利、更高头衔等。不要忘记，成就感强且努力工作的员工并不多。更不要忽略，表彰工作杰出的最佳方法就是赞赏。

（2）内部晋升。许多流动率较低的公司，在有升迁机会时，通常都优先考虑公司内部员工，而不是派遣空降部队。忽略内部员工而任用外人担任主管职位，常会打击士气。

（3）保持沟通管道畅通。所有员工的抱怨都应该被重视，并有所回应。当回复员工时，要表明所采取或将要采取的措施。另外，要找出时间与表现优良的员工做非正式、一对一的沟通，这样的讨论方式会让他们有参与感，并受到激励。

（4）运用头衔。头衔让人有归属感，能提高自尊与自重感。

（5）不要忽略小节。维持最基本的礼貌，不要在众人面前严厉批评任何一位员工。这也意味着，对员工笑一笑，道一声早安，说声谢谢，或在适当的时候写封感谢函。

（6）态度公允。只要基本的法令规章适用于全公司每一个人，且惩戒时带有同情心，大部分的员工就不会太介意比较严格的要求。对待员工应该恩威并济。即使要开除一名员工，也要确实有正当理由，并确信这是最妥当的决策。

（7）排除不良分子。具有破坏性的员工即使能力再强，最好还是调离。如果调迁不可能，也只好忍痛损失一名大将。坏的员工树立不好的典范，留住他们，会使全体员工士气低落。

7. 让员工参与管理

在许多成功的公司里，管理阶层都设法让员工参与公司决策。

以下的建议，可作为建立与维持一个健全参与管理体系的参考：

（1）运用团队方式。

（2）博采众议。

（3）印行公司刊物。

（4）使会议有意义。

（5）不妨自夸。员工喜欢那种为"胜利者"工作的感觉。所以公司有任何成就都应当让全体员工知晓。

参与管理会带给员工一种满足感和受重视的感觉，这不需要花一分钱，而员工无疑更倾向于留在这样的公司里。

8. 竞争式的报酬制度

（1）多付一点点。可考虑给付稍高于一般水准的薪资。就长期而言，如此做反而能够省钱。因为较高的薪水可以鼓励员工多为工作尽力，也可避免能干的员工因为其他公司的薪资较高而跳槽。

（2）有弹性。不要被单一的薪资政策所局限，尤其是牵涉到重要部属时。

（3）制定一套公平的晋升办法。在大部分管理良好的公司里，员工们都了解，自己在工作上的表现与所投入的心血在什么样情况下会得到赏识与回报。

（4）委婉地说"不"。有些时候，必须拒绝员工加薪的要求，即使是面对顶尖的人物。在这时，应该审慎地解释如此做的原因。

9. 小额优惠"贿赂"员工

额外津贴如医疗保险、利润分享、旅游与补助贷款等，从长远来看，都会使员工觉得很特别，受到尊重。许多公司甚至备有"津贴手册"，每位员工可在一定额度内选择他想要的组合。

以下所费不多的福利津贴项目，颇值一试：

（1）对员工成就的赞赏函。

（2）吸引人的任务。

（3）公开表扬。

（4）头衔。

（5）特殊节日的小礼物（生日、结婚日）。

（6）运动比赛与表演的入场券。

（7）忙碌时给予短暂援助。

（8）免费咖啡与点心。

（9）愉快的工作环境。

10. 加薪留人的效果

更高的薪水，当然是一般人换工作的最大原因，对此并没有什么解决之道，尤其是如果觉得他们的薪水已经足够了。

也可以试着加薪挽留，但通常这不见得对公司或员工有什么好处。一家专门代寻人才的波登国际公司调查了450位主管另谋高就的情形。在40个公司中以加薪挽留的情况下，有27个人接受了，留在原来的公司。但半年内，这27个人中有25个人不是自动求去，就是被解雇了。这样看来，他们的问题并不是单单用钱就可以解决的。

11. 得力助手要跳槽怎么办

没有人愿意失去一名好的助手，特别当这名助手是经自己一手训练出来的。不过，世上不如意的事十常八九，失去好助手是十分普遍的情况，身为主管，随时随地要有这样的心理准备。

眼看着自己一手培训出来的人跳槽，为他人服务，当然满不是味道，在心里可能还会责备这名手下"忘恩负义"，忘记了是自己一手提携他的。

但在今天这个如此现实的社会里，像这类的想法实在非常不合时宜，甚至可以说是封建落后的。

市场经济鼓励人才流动，下属有出卖劳力、脑力给你的自由，自然亦有不出卖的自由。不可能永远把他控制着为你效忠。当今社会已不同于封建王朝，再没有什么"忠君"思想，一切讲自由买卖，哪里前途好、薪酬优厚便到哪里去，跳槽的人丝毫不会有罪恶感。

假如你自己心爱的一名好助手突然向你表示要离开时，首先保持冷静态度，然后问他跳槽的原因，千万不可一听到他要离去便大发雷霆，这样做并不能挽救什么。

如果他真的有去意，索性成全他。此外还可问他新工作的性质及前途，祝福他一帆风顺。

有些主管也许不能接受事实，于是千方百计去挽留下属，甚至开出种种自己也未必能实现的承诺或条件去打消员工的去意。

这种做法其实十分愚蠢，假如这名下属去意已决，就算他勉强留下来再干一段日子，而最后他发觉主管的承诺竟无法兑现时，还不是一样要离去？这时既失去了信用，又阻碍了人家的前程，又何苦呢？

大家既然宾主一场，何不好来好去呢？况且那毕竟是他的事业，应由他自己去决定，主管又何必太过操心呢？

记着，要在愉快气氛下分手，彼此留下一个好印象，日后好相见。说不定几年后，大家还会再度携手合作哩！

第二节　员工矛盾冲突

人们常说："和为贵。"而中国也有句古老的格言："天时不如地利，地利不如人和。"这就是说，调解人际矛盾，实现人与人之间的和谐具有多么重要的意义。一个组织系统的工作成效如何，往往取决于这个系统中的成员是否相"和"。所谓的"和"就是协调，就是团结，而团结就是力量，有力量才会有成效。所以，任何领导者，要想成就一番事业，就必须重视人和，善于调解各种人际矛盾，同舟共济，齐心协力地实现组织目标。

在现代企业中，出现矛盾并不可怕，可怕的是不解决矛盾，任其存在和发展，成为工作中的障碍，产生无休止的内耗。现代主管的重要职责之一，就是调解各种人际矛盾。只有调解了矛盾，企业才得以发展。企业发展要求人们同心协力、互助合作，因而必须人和。人际矛盾，造就人的感情上的抗争和沟通中的疑难，阻碍了交流，只有化解矛盾才能引导大家上下同心，左右同心，和衷共济，搞好工作，才能有效地实现企业的目标；只有调解矛盾，化干戈为玉帛，才能使员工心情舒畅，工作热忱高涨，工作积极性、主动性、创造性得到激发。因此，每个企业领导者都应把化解矛盾作为一项重要的工作来做。

一、化解矛盾的原则

1. 塑造融洽的人际环境

人人都希望在和谐、友好、安定的环境中工作和生活，不愿意在互相争吵的气氛里过日子。尤其在企业或公司中，人际矛盾严重地影响着企业的发展。所以，为了保证企业的协调发展，就必须调解好员工的人际关系。但是，冲突的发生与否，并不以人的主观意志为转移。凡是有人群的地方，都有可能发生冲突。

在矛盾、冲突过程中，管理者有时扮演的是重要当事人的角色，有时则是仲裁者。无论扮演什么角色，重要的是管理者必须具有判断冲突情况及科学处理这些冲突使之为企业的目标服务的知识和技能；必须有能力在所有当事人都满意的前提下，分析和解决冲突，并保证他们都心悦诚服，且不影响今后的关系，从而为员工的工作创造一个融洽的人际环境。

2. 化解矛盾，从管理者自身做起

企业的每个成员都有自己的思想和嗜好，都拥有自我意识。社会聚集了各种各样不同的人，当然就会发生很多对立的情况。人类社会就像是个许多问题的集合体。作为企业管理者，如果将对峙的情况置之不理的话，企业内部的人际关系就会恶化，不但会妨碍正常的工作秩序，也会给企业的经营带来不良的影响。因此，一旦出现了对立的情况，管理者应尽快了解具体的原因，对症下药，消除对立的状况。主要应做到以下几点：

（1）不要误会员工。其实员工对上司并没有恶意，而管理者却以为员工在故意跟自己作对。事情所呈现出的一面可能是掩盖了很多细节的结果。即使在看一个人的时候，也常会因所看到的某一部分而发生误解。如果是这样的话，管理者可以重新整理自己的视角，问题就能解决了。

（2）不要妄加揣测。有时候，下属无心的一句话，在听者看来却变得过于严重。管理者怎么对别人，别人就怎么对管理者。可能因为管理者的态度不好，而使得对方也不得不与管理者对立了。

当然，如果是影响公司利益或规章制度上不允许的重要事情的话，就必须划下一道界线。管理者不能视人际关系为轻易妥协的产物，但是管理者必须了解到，为了微不足道的事情而对立，是件多么愚蠢的事情。

"大人不记小人过"，说起来容易做起来难。为了消除上下级之间的对立情绪，管理者有时需要委屈一下自己，设身处地地了解对方的心理和观念，以"君子之心"度"小人之腹"，从自身做起，以大度及宽容来化解矛盾。

3. 让矛盾消失在萌芽状态中，最大限度地减少其影响程度

在员工日常管理中有效防止和解决冲突矛盾，最根本的是要抓准苗头。无论个人之

间还是群体之间，当矛盾处于萌发之时，某一问题或为双方关注、争执、互不相让的焦点，矛盾就会初露端倪，如政治方面的某个观点，切实利益的具体项目，道德方面的某一行为倾向，情感方面的隔阂等，如对方继续在某个焦点上积累矛盾，发展到一定程度，就会围绕这一点形成冲突。社会学家认为，一个群体间的矛盾就像是一个大气球，必然是越积越多。因此，必须在达到爆破的极限之前，先释放一些气，避免矛盾继续激化，也就不至于造成冲突。

当人们普遍就所关心的问题做了较偏激的反应时，就会形成一种时尚心理，这种心理的突出特点就是情绪色彩浓厚。这些情绪色彩显现在外的就是对企业管理者产生较强烈的对立情绪，特别是当一部分人的要求得不到满足时，这一特点就更加明显。企业管理者如不及时加以疏导，这种对立情绪就会恶化并引起冲突，对此企业管理者必须从理顺情绪入手，疏通宣泄渠道。

从现实生活中的许多具体冲突事例可以看出，矛盾不断激化的一个重要原因，是员工不满意的地方太多，又压着不能讲，问题长期得不到解决。就像高压锅一样，持续高温又没有出气的地方，到一定程度非爆炸不可。

当然，矛盾和冲突发生后企业管理者要果断处置，迅速控制事态，最大限度地减少冲突导致的消极影响和破坏。对那些性质比较严重、事态可能扩大的冲突，要快刀斩乱麻。在情况不明，是非不清而又矛盾激化在即的时刻，先暂时"冷却"、"降温"，避免事态扩大，然后通过细致的工作和有效的策略适时予以解决。只要把握了解决矛盾的主动权，任何矛盾和困难都是可以解决的。

企业员工生活在社会上，不可避免地会存在家庭矛盾、邻里矛盾、社会矛盾，人们遇到此类矛盾或受到委屈，有时处于依赖心情，会向企业管理者吐露一点情况，纯属私人事务的问题。作为企业管理者，应真诚地帮助其化解矛盾，提出建议，切不可到处张扬，也不可在管理层其他成员之间散布。散布会伤害成员之间的感情和形象，隔阻反而利于工作和团结。

二、调解员工矛盾要讲究方法艺术

作为企业管理者，面对组织内部存在的种种矛盾，必须对员工的意见做到及时处理、有效地调解纠纷，矛盾处理不慎，就会惹火烧身，造成矛盾各方关系不和，生产率下降。如果听之任之，就会导致企业"健康"出现问题，分散员工的精力、时间及企业资源，使之不能全部用到正当而重要的个人及企业目标上。结果，企业遭受破坏，陷入财务和情感困境。

不过，处理得好，企业会受益无穷，因为得到妥善处理的矛盾有如安全阀，能让人发泄怨气，并帮助找出办法解决棘手问题。

作家鲍德温（James Baldwin）曾经说过："唯有直接面对，才能有所改变。"回避矛盾，不能解决矛盾，因为大部分矛盾不会自行了结。而如何化解矛盾冲突，融洽人际关系，则必须讲究方法艺术了。结合企业实际，管理者在处理矛盾问题上应注意以下几点：

1. 态度真诚，公正处理

调解矛盾时应注意，和事佬态度、欺软怕硬的方法都不利于问题的解决，应当以真诚、负责的态度来公正处理。这样不仅能有效地帮助别人解决纠纷，亦会增加信任和尊重。具体操作上可以采用协商法，这是一种常见的解决冲突的方法，也是最好的解决方法。当冲突双方势均力敌，并且理由合理时，管理者适合采取此种方法。具体做法是：管理者分别了解矛盾冲突双方的意见、观点和理由，然后组织一次三方会谈，让冲突双方充分地了解对方的想法，通过有效的沟通，最终达成一致。

2. 弄清情况，有的放矢

调解员工纠纷时应先弄清事情的基本情况，做到心中有数。

（1）弄清矛盾当事人。有时甲、乙之间的矛盾只是表面现象，而丙、丁之间的纠纷才是实质，或是主要问题。主次关系或多重关系都需要厘清，调解时才能"对症下药"。对纠纷各方当事人的思想状况及在矛盾中所处的地位要基本掌握，从而可以根据不同的当事人确定不同的调解办法。

（2）弄清冲突的要点。不弄清冲突的焦点是什么，争执的对象是什么，只根据表面现象或一时的表现急于着手调解是不妥当的。

（3）弄清产生冲突的背景。有时矛盾是由于误会而产生的，有的矛盾起因是一些不实之言。因此，弄清真正的原因，矛盾也就容易平息了。

3. 认真听取当事人陈述

在调解矛盾的过程中，要认真听取当事人的陈述。要明白矛盾双方都可能感情用事，因而在耐心倾听的过程中要思考一些问题：所陈述的事情有没有夸大不利于对方的成分，掩盖或缩小与己不利的地方？自己是否保持了冷静，不受当事人情绪的影响？陈述有没有前后不一致的地方？

适当的时候，可以向当事人提出相关问题，以便搞清事实。必要时，也可侧面向知情者了解情况。

4. 冷处理

调解要先经过一个"冷处理"阶段，即让矛盾双方冷静下来。当事人正在气头上，让当事人暂时分开，或让其中一方先回避，在整个过程中，要有足够的耐心。必要时，可以在双方冷静后借助其他方面的力量。比如，有的矛盾双方互不相让，矛盾尖锐的可考虑通过其他有威信的人，如父母、前辈来协助调解，使冲突缓和下来，直到最后解决。

5. 劝解的几种方法

对员工进行劝解，通常可采用以下几种办法：

（1）当面劝解。有的矛盾已争执清楚，当事人也有解决问题的思想基础，客观条件具备。这时，可以把双方当事人叫到一起，彼此把问题说清楚，致歉，握手言和。

（2）引导劝解。对于火气大，缺乏解决问题思想基础的人，应耐心引导他站在对方立场上考虑一下问题，同时看到自己的不足之处，然后再来解决纠纷。

（3）迂回劝解。有时当事人背后还有支持人，可先做支持者的工作，通过支持者迂回地做当事人的工作。

第三节　员工工作调整

员工调整又称为人事调整，是人力资源管理的重要手段，许多人力资源管理活动最终都是以调整的方式来完成的。通过调整，整个企业的人事结构可达到合理优化，并保持动态形式；通过调整，人尽其才，才尽其用，每个人的才智可得到充分发挥，从而实现企业目标。

一、员工调整的原则和要求

1. 员工调整的原则

员工调整是一件极其严肃而复杂的工作。它涉及员工的切身利益，关系到企业的兴衰。因此，需要慎重对待。企业的员工调整需遵循以下原则：

（1）依法调整的原则。国家的法律是企业、事业单位和一切公民的行为准绳，也是员工调整必须遵循的规范。企业的员工调整，必须依据法律规定的原则、程序和条件进行。

（2）有利于生产经营的原则。一般情况下，有利于生产经营的原则，应该是合理调整人员的基本原则，为了企业的利益，社会的安定，安排或引进暂时对企业的生产经营并非最佳的人选时，也要考虑把他们安排到最有利于企业生产经营的位置。

（3）适才适用的原则。在调配员工时，必须根据每个人的具体情况进行安排，尽量做到有效使用，用其所长，适人适用。尽可能地将每个人放到最适宜发挥其才智和潜能的岗位上去，最大限度地发挥个人专长。

（4）内外并重的原则。人力资源的调配既要着眼于企业内部，充分搞活企业的人才存量，坚持不拘一格使用人才；同时也要着眼于企业的外部，善于借助国内外的人才市场和人才资源为我所用，学会在竞争中吸引人才，在流动中优化队伍。在人才资源共享上多下工夫，通过内外结合，建立一支高素质的员工队伍。

2. 员工调整的要求

为了有效地开展员工调整工作，在实际操作中企业应特别注意以下事项：

（1）通过建立和健全有关规章制度使其规范化和可操作化。员工调整制度包括说明员工调整的依据、调整的审核权限、调整的程序、相应移交手续的规定和调整的方法。

（2）拥有健全的员工调整资料。员工调整资料主要指各类申请表、通知单、信息卡、登记表等。健全的员工调整资料有助于员工调整管理的规范和信息的收集。

（3）员工调整后的结果评价工作。对内部员工进行调整后，要及时了解员工在新任职位上的工作表现，检查人员调整工作是否按规范化程序进行。做好此项工作，有利于更好地进行员工调整。

二、调动管理

1. 工作调动

如果说晋升是一种纵向职业路径，那么调动则属于横向职业路径。工作调动，是指员工被调动到公司内部的另外一个不同领域去接受某种工作安排。工作调动通常并不一定包含工作职责的增加或者薪酬水平的提高，而是一种水平的流动，即流向一种责任类似的其他工作岗位。组织通过调动管理实现更好的人力资源配置、人职匹配问题，同时，这种横向调动可以使工作具有多样性，使员工焕发新的活力、迎接新的挑战。虽然没有加薪或晋升，但员工可以增加自己对组织的价值，也使他们自己获得了激励。

工作调动既可能在同一地区进行，也可能被派往其他地区。然而无论哪种工作调动都有可能给员工带来压力，这不仅是因为员工的工作角色发生了变化，而且因为工作调动可能影响员工的家庭生活。对员工本人来说，他必须学习一套新的工作规范和工作程序，必须与自己的新的管理者和同事重新建立人际关系，同时，尽管他们对于当前所负责的产品、服务、流程或者下属的情况了解可能并不多，但人们却期望他们在当前的工作岗位上的表现能够像他们在过去的工作岗位上一样出色。对员工家庭来说，员工的调动有可能导致其配偶不得不随之重新找工作，员工家庭也可能不得不加入一个新的社区，使员工的日常生活、人际关系以及工作习惯发生改变。同时，调动也会因为远离朋友和家庭而失去一部分情感上的支持。

正是由于工作调动存在上述问题，所以组织往往很难说服自己的员工接受工作调动。研究表明，具有下述特征的员工往往具有较强的接受工作调动的意愿：较高的职业抱负；对自己在公司中的未来充满较大的信心；认为接受工作调动是一个人在公司中取得成功的必要条件。另外，那些未婚的员工以及在社区中并不是很活跃的员工通常是最愿意接受工作调动的。在已婚的员工中，配偶的流动意愿是左右员工能否接受工作调动的一个重要影响因素。

2. 工作轮换

工作轮换是一种短期的工作调动，是指在组织的几种不同职能领域中为员工做出一系列的工作任务安排，或者在某个单一的职能领域或部门中为员工提供在各种不同工作岗位之间流动的机会。通过工作轮换，让员工熟悉各种不同岗位的工作内容和流程，有助于员工更好地实现合作。同时，工作轮换也有利于管理技能的开发。例如，格雷霍恩德财务公司针对具有高潜质的高级管理人才实施"强身健体"的工作轮换计划。在该计划中，管理人们会被派到许多部门中接受锻炼，他们将不得不执行许多与他们过去所从事过的工作完全不同的工作任务，而管理人员在每一种工作方位上停留的时间取决于每一项工作任务安排的目的。

组织实施工作轮换有助于员工对组织的目标有一个总体性的把握；可以增强员工对组织中不同职能的理解和认识；形成一个组织内部的沟通网络；有助于提高员工解决问题的能力和决策能力。在制订工作轮换计划时，需要显示出它与知识的获得、薪酬水平的上升以及晋升机会的增加之间所存在的关系。Cheraskin 与 Campion（1996）提出了有效的工作轮换所具有的特征：

（1）工作轮换的目的是更好地实现人职匹配和开发员工的技能，同时为员工提供一种为胜任管理类工作所必需的实践经验。

（2）员工理解对于工作轮换所要开发的那些特定技能。

（3）工作轮换与职业管理过程联系在一起，员工了解每一种工作调动所强调的开发需要。

（4）工作轮换可以应用到各种层次和各种类型的员工。

（5）通过工作轮换的时间管理来降低工作负担所带来的成本，同时帮助员工理解工作轮换在他们的开发计划中所起的作用，最终使工作调动实现收益最大化。

（6）无论员工属于哪种人口群体，所有的员工都有相同的接受工作轮换的机会。

总的来说，晋升、调动和降职都是一种人力资源管理手段，目的是为了激励和维持员工的积极性并开发员工的潜能。但对于员工来说，这些工作上的变化意味着生活可能随之变化，这就需要员工也认可这是一种开发机会，这样才能达到增进绩效的目的。为此，组织需要做到：

（1）为员工提供关于新工作的工作内容、所面临的挑战、潜在收益等方面的信息以及与新工作地点有关的信息。

（2）为员工提供一个实地考察新的工作地点的机会，并且向他们提供新社区的相关信息，从而使他们参与到工作调动的决策当中来。

（3）提供明确的绩效目标和清晰的个人工作绩效反馈。

（4）让一位东道主帮助员工适应新的社区和工作地点。

（5）提供有关新的工作会如何影响员工的薪酬和将来的发展的信息。

（6）为员工出售、购买或者租赁住房提供相应的补偿或赞助。

（7）制订一套使员工适应新的工作和地点的适应性计划。

（8）对员工的家庭提供帮助，如配偶的工作、子女的教育以及老年人的看护等。

三、解雇与遣散的管理

在职业生活中，有时员工会面临与组织劳动关系的解除，这种劳动关系的解除有多种分类，如根据是否符合员工的主观意志分为员工自愿的和非自愿的，前者又称为员工主导的离职，后者则称为组织主导的离职；根据离职的原因可以分为员工个人方面原因导致的离职和组织原因导致的离职；从组织职业管理的角度，主要有解雇和遣散两种管理活动。

1. 解雇管理

（1）解雇概述。解雇是指员工与组织的雇佣关系的非自愿性终止。解雇往往是组织主导型的，由于员工个人方面的原因导致雇佣关系的解除。在我国国有企业和集体企业中，也称为开除。为了有效地进行竞争，组织必须采取步骤确保高绩效员工有动力留在组织中，同时还应当允许、鼓励甚至在必要的情况下迫使低绩效的员工离开组织。成功组织的一个特征是有能力留住核心员工，而另一个特征则是有能力并且愿意解雇那些表现出对组织的生产率造成不利影响的员工。事实上，保留高生产率员工的关键之一是，确保这些人不会因那些从事没有生产价值的、具有破坏性和带有危险性行为的上级主管或同事而心情郁闷。

解雇的原因往往是工作绩效不合要求、行为不当、违反规定、业务水平不合格、工作要求改变、不服从等员工个人方面的原因。工作绩效不合要求可以界定为：一直没有完成指定任务或一直不符合规定的工作标准。具体的原因包括旷工、行动迟缓、经常完不成额定工作任务，或者对组织、主管或同事持不良态度。行为不当界定为：蓄意、有目的地违反组织的规定，可能包括盗窃、打架斗殴、不服从管教等。业务水平不合格界定为：员工虽然很勤奋但没有能力从事指定的工作。工作要求改变可界定为：在工作性质改变后，员工没有能力从事指定的工作。在后两种情况下，如果可能，组织应尽可能留住这个员工并将其调动到合适的岗位上。

不服从是指故意蔑视或不服从上级的权威或正当的指挥；当众批评上级等。不服从时常是解雇的原因，虽然它比其他解雇原因更难证明。盗窃、打架斗殴以及工作绩效差等都是清楚可见的解雇原因，而不服从则往往难以讲清楚。因此，需要记住一些不服从或应被视为不服从的举动：

①直接蔑视上级的权威。

②完全不符从或拒绝遵照上级的命令，尤其是当着其他人的面。

③故意蔑视明确规定的组织政策、规章和程序。

④当众批评上级。与上级对抗或争执也是消极和不适当的。

⑤公开无视上级的正当指令。

⑥不尊重的蔑视态度，例如提出蛮横无理的批评，更重要的是在工作时蔑视。

⑦通过绕过直接上级的方式提出申诉、建议或政治策略来表示对指挥链的蔑视。

⑧领导或参与暗中削弱和取消上级权力的活动。

当然，也不能简单地把这些行为作为解雇的原因，组织职业管理的目的是为了达到激励和改善绩效的目的，在适当时候可以采取一些宽大的处理，但这种决定权应当掌握在员工的直接上级手中。

（2）解雇的注意事项。解雇是组织对员工可采取的最严厉的纪律处分，强制性的解雇会损害被解雇者的尊严，使他们感到精神上的痛苦和愤怒，甚至可能采取极端行为。因此，必须慎重所采取的步骤，处理不当不仅会引起纠纷，而且可能伤害留下来的员工对组织的承诺。具体来说，解雇应当是正当的、有充分理由的，并且是循序渐进的。只有在采取了绩效辅导与改善的适当步骤均告无效的情况下才可以采取解雇。但毫无疑问，在需要解雇的时候应当立即解雇。

在解雇时需要注意做到公平。首先是结果公平，在一个人丢掉了自己的工作而别人却没有丢掉工作的情况下，被解雇的员工很容易产生结果不公平的感受。然而这种潜在的不公平感在多大程度上会转化为某种形式的恼怒甚至暴力攻击行为或诉讼行为等报复形式，则取决于被解雇者对程序公平以及人际公平的感受。即使将一个被解雇的人所面临的所有负面效应都考虑在内，只要作出解雇决定的程序是具有一致性的、没有偏见的、准确的、可修正的、有代表性的以及符合道德规范要求的，那么被解雇的人也很可能会以一种心平气和的心态来接受这一决策。同样，如果组织对解雇决策进行了充分的解释，并且在实际执行决策的过程中以一种微妙的、细心周到的、充满人情味的方式来行事，那么被解雇员工因为失去工作而引发的怨愤就很有可能会得到释放。

解雇前的谈话是使员工知道自己已被解雇这个事实的谈话。一旦作出解雇决定，组织应当保护管理人员不受攻击报复。为了降低导致暴力后果的可能性，解雇前的谈话应该掌握以下原则：

①解雇面谈前的准备。在进行解雇面谈前，应当对被解雇员工的危险程度作出一个判断，以确认这位员工是否会铤而走险。例如，此人自我感觉对组织的重要程度如何？这个人过去是否威胁过自己的同事或上级管理人员？这个人有无犯罪经历？解雇对这个人的生活的影响程度有多大？同时，处理这一事情的人还要了解被解雇者的精神稳定性，如是否曾经因为精神紊乱而接受过治疗？

②精心设计谈话。尤其是谈话的时间、地点。资料表明，大多数组织喜欢在星期五的下午进行解雇面谈。事实上，在星期一上午进行解雇面谈所引起的暴力反应反而更少一些。解雇面谈的场所最好是在工作现场中的公共场所，面谈的基调应当尽可能表示出对员工的尊重并且让他感到对未来还有希望。在谈话前，应该准备好各种协议、档案等，以备迅速解决。

③抓住要点。不要寒暄或谈其他无关紧要的事情来旁敲侧击，应当在员工进来有过片刻的放松后，直接将决定告诉他。

④说明情况。简要地说明解雇的原因，使员工知道这个过程是客观公正的，说明是经过各部门最后的决议。这里要注意的是不要攻击员工个人，仅说明客观事实即可。谈话时间也不要超过15分钟。

⑤倾听。重要的是持续谈话直到员工能够放松地谈话，看起来能够接受自己被解雇的事实和原因。不要陷入争执，尽量保持倾听，以表现出对员工的尊重。

⑥讨论解雇费。接下来，要仔细检查解雇费的所有项目，说明解雇的补贴、福利以及其他问题的解决渠道。不要给员工暗示还有留下来的机会，或者承诺要进一步"调查"情况。在员工离开办公室时，解雇过程就应当完成。

⑦确定下一步。被解雇员工可能会迷失方向，不清楚下一步要做什么。在面谈的最后应该告诉他下一步到哪里去，与公司的什么人联系。

其实，面谈结束后并不能代表以后就不会再发生问题了。即使面谈本身进展很顺利，也仍要保持警惕并对事态进行监控，尤其是在事情发生后的某个"周年纪念日"的时候。员工援助计划案件管理协会主席约翰·霍布金斯说："否认此类事情发生的可能性以及不做好充分准备是导致暴力事件发生的那些组织所具有的一个共同特征。"

在实际工作中，除了在一些极端情况下，一般不应当在员工第一次出现过失的时候就予以辞退。相反，解雇应当发生在系统的惩戒计划执行完之后。有效的惩戒计划有两个核心的构成要素：文件（包括具体的书面工作规则和工作描述，这些文件应当在实行惩戒之前准备好）和逐级惩罚措施。如表3-1所示，惩戒措施应当以逐渐加大力度的方式来执行，并且这些惩戒措施必须事先详细阐明并有明文记载。惩戒的第一步可以从对第一次违反政策或犯错误的员工提出非正式警告开始，如果再犯则予以书面警告。有些时候，员工再次犯错误有可能会导致临时停职，我国又称待岗。同时给予员工一份"最后通牒"，以表明如果下次再犯错误，就会被解雇。

表 3 - 1 逐级惩戒计划举例

犯错的频率	组织的反应	文件记载
第一次犯错	非正式口头警告	证人作证
第二次犯错	正式书面警告	文件存档
第三次犯错	第二次正式警告，并发出可能会被临时停职的威胁	文件存档
第四次犯错	临时停职并发出"最后通牒"	文件存档
第五次犯错	解雇（保留申请仲裁的权力）	文件存档

2. 遣散管理

非惩罚性遣散是组织生活的现实。它既可以由组织发起，由于销售和利润降低可能要求解雇员工，也可以由员工发起，如员工可能为了退休或寻找更好的工作而终止劳动关系。对组织来说，为了保持竞争能力、降低劳动成本，在必要的时候会选择一些适当的方法使员工离开组织或暂时离开组织。

对组织来说，组织发起的遣散有两种具体的方式。

（1）临时解雇。临时解雇是指工作暂时短缺，因而告诉员工，没有工作可提供给他们，但在有可能得到工作时，会重新召回他们。临时解雇不同于解雇，解雇是雇佣关系的永久解除，临时解雇关键要取得员工的谅解，使员工不会因为被临时解雇而对组织产生不良印象，从而在召回后能保持同样的组织承诺。这需要做好临时解雇的程序，即根据什么标准确定在没有工作的情况下如何让谁解雇。一般允许员工利用他们的资历保留工作。临时解雇程序大多有以下共同特点：资历通常是确定谁将留下来工作的根本决定因素；年资可以让位给业绩与能力，但那些有着深厚资历的人除外；资历是根据该员工加入本组织的日期来算，而不是从其接受某种特定工作算起；在那些资历较深的员工不需要进一步培训就能胜任拟议中的工作时，可以让他去替换或顶替另一岗位的员工，以使其继续留下来工作。

对临时解雇来说，也有替代性的形式，比如员工主动降薪、制定季节性薪酬方案等。这些方案实施的前提是使员工能够理解组织，与组织建立共同的愿景。

（2）裁员。又称精简，是指为了强化组织的有效性而实行的计划之中的大规模人事削减。当组织面临倒闭、停业、降低规模、效益下滑或者战略性经营转移时，组织要减少劳动力的数量或者更换劳动力的类型导致的劳动关系的终止，而不是由于员工个人的原因引起的组织解聘决定。

在精简过程中，可以分两个阶段。第一阶段是确定精减人员的阶段，这个时候需要公平地对待每个员工，让被精减员工理解组织现状以及做出精简决策的程序。对于战略性裁员来说，往往因为裁员与绩效没有关系而让员工很难接受，对组织的社会声誉影响更大。所以尤其需要做好裁员的后续工作。例如，有些员工如果因为被强制解雇而失业，可能导致精神上和经济上的压力，甚至激化家庭矛盾。组织应该利用各种方式帮助那些因为解雇而暂时失业的人。但精简结束工作并没有完成，还有更重要的第二阶段工作。因为裁员也会影响留任者的预期，组织应该设法使他们保持对公司的信任和忠诚，保持工作团队的团结、士气和生产效率。组织必须注意那些留下来的人，通过建立精简后计划，使留下来的员工迅速步入正轨、高效地工作。首先是实施一系列的通告活动，包括举行全体员工大会，向员工说明组织的现状，紧接着向每个员工个别通报其在组织中的状况。其次，在通告活动后的几天里采取跟踪行动。在这个阶段，让留下来的员工与组织的管理人员一起进行小组讨论，鼓励员工表达对这次解雇的感想，说出他们对自己在组织的未来以及对组织的未来的关心和期望。同时，该计划中应包括长期的计划，例如，鼓励关键性管理人员经常与留下的员工举行非正式会见，不断地给这些人以组织支持。经过大约两个月后，与留下来的人员举行讨论会，以确定他们把所有的顾虑都消除了。

当然，对于组织的精简目标，在实践过程中，可以有很多形式，例如，组织为了降低劳动力成本，设计有诱惑力的退休金方案或提供求职援助来诱使员工提前退休，温和地解决精简问题。

我国在国有企业改革进程中，也逐步探索出了一些有效的遣散形式。例如减员增效计划，其含义是通过减少企业劳动力的数量来降低企业的成本，提高企业的盈利能力和生存能力。减员的标准有两个：一是资历原则，即将员工按照年龄大小排序，选择那些最年轻的员工解聘，直到把员工的规模降到目标水平。这种方法强调员工对组织的奉献，相对来说是比较公平的。二是绩效原则，即将员工按照绩效高低排序，选择那些绩效水平比较低的员工解聘，直到达到目标。这种方法强调效率，但对一些老员工可能是不公平的。在实际操作中，大多数企业采取了折中的策略，即"去两头，留中间"，让年龄在50岁以上的接近正常退休年龄的员工和30岁以下的还有能力学习新的工作技能的员工下岗，而保留三四十岁的员工。这是一种兼顾资历和绩效原则的方法。在具体应用的时候，企业往往使用多种方法，如买断工龄、提前退休、停薪留职、整体分流等方式。买断工龄即通过根据员工的工作年限对员工过去对组织贡献的一次性补偿让员工主动解除劳动关系的方法。提前退休是在承诺给他们部分工资的前提下，让不到退休年龄的员工提前退休。停薪留职，顾名思义就是保留工作，停发工资，让员工暂时离开组织的方法。这些在新形势下的探索为我国的人力资源管理提供了宝贵的经验。

四、晋升管理

员工在通过外部招聘进入一个组织以后，就开始了他在组织内部的发展过程。从员工个人的角度看，员工在组织内部的发展不仅会影响员工个人的职位升迁、地位变化和收入水平，而且会影响员工个人的人生态度和价值理念，影响他的成就感和满足程度。从组织的角度来说，对员工的管理体系能否保障合适的员工在合适的时间改变员工在组织中的相对地位也将对组织的生产效率和经济效益产生非常重要的影响。员工在组织内部的职位变化既包括由低级职位向高级职位发展的晋升，也包括同级职位之间的工作调动。

1. 晋升概论

晋升是指企业员工的工作岗位、职务、技术职称、工资等级、技术等级、工作条件由低层向高层的变动。从广义上说，晋升也是一种奖励。晋升通常普遍被人们视为企业对员工自身价值或已取得成就的一种肯定方式，兼有物质奖励和精神鼓励两方面的功能。晋升作为一种重要手段被普遍运用，也是一种重要手段。晋升通常涉及薪酬水平的提高。晋升是组织在员工的职业管理中的一项非常重要的工作，是组织的内部选拔，选拔决策的方式将影响企业员工的工作能力、工作绩效以及献身精神的强弱。那些被提升的员工往往会获得一种安全需要、归属需要等的满足，同时会感到事业的发展。

在进行晋升管理时，组织需要作出三种决策。

（1）以资历为依据还是以能力为依据。在做出是否提升某人的决定时所遇到的最重要的决策是，是以资历为依据还是以能力为依据，或者是以两者某种程度的结合为依据。从经验的角度来说，以能力为依据晋升是最好的。然而，能否将能力作为唯一的晋升依据取决于多种因素，包括工会组织、劳动法规等的限制。在美国企业中，员工过去的工作绩效、工作经验和资历都是影响员工晋升的重要因素。在选择次序上，首先应该提升那些工作能力明显突出的员工，如果两位候选人的能力和工作经验基本相同，则可以依据资历进行提升。在员工晋升的决策依据上，需要注意的是不能过分依赖员工过去的工作业绩。著名的彼得原理（Peter Principle）认为过分强调过去的业绩是一种危险的倾向，如果企业的员工晋升决策完全依赖于过去的业绩，那么很可能导致这样的结果，即员工晋升到某一个职位后缺少这一工作岗位所需要的技能和能力，并因此导致无法胜任该工作，而晋升的目的是充分激励员工，充分发挥员工的潜能。彼得原理说明不适当的晋升依据会使员工晋升到自己无法胜任的工作位置。

（2）如何对能力进行衡量。当晋升是以能力为依据的时候，组织还必须决定如何对能力加以界定和衡量。对过去的工作绩效进行界定和衡量是一件很容易的事情，工作本身的界定是清楚的，工作目标也已经确定下来，只要运用一两种评价工具对员工的工作绩效加以记录就可以了。但是，在进行晋升决策时，还要求对员工的潜力做出评价，因此组织必须制定一些有效的程序来预测候选人的未来工作绩效。有的组织运用测试的方法来评价员工的可提升性，判断员工在管理方面的发展潜力；有的组织则运用评价中心技术来评价候选人的管理潜力。

（3）晋升过程正规化或非正规化。组织决定晋升时，还必须决定晋升应当是一个正规的过程，还是一个非正规的过程。许多组织仍然依靠非正式的渠道来提升员工，在这些组织中，是否存在空缺职位以及空缺职位的要求是什么往往是保密的。于是，晋升决策往往是由企业的主要管理人员从他们认识的员工中或者从某些给他们留下印象的员工中挑选，即所谓的经验选拔或"拍脑门式"的选拔。但这种做法的问题在于，在组织不能让员工知道组织有什么样的职位空缺、晋升的标准是什么，以及晋升决策如何作出的情况下，工作绩效和晋升的标准之间的联系就被卡断了，晋升的负面影响远远大于正面影响，激励作用就会大大降低。因此，许多组织制定并发布了正规的晋升政策和晋升程序。在这种情况下，组织通常向员工提供正式的晋升政策解释，详细说明员工获得晋升的资格是什么，这表示，空缺职位及其对从业者的要求都将公布出来并传达给每位员工。这样，组织在晋升时就会有更大的选拔范围，而且在员工的思想意识中，晋升变成了一种与工作绩效紧密相连的奖励。

2. 影响晋升的其他因素

员工在组织中的发展情况不仅要受到员工个人才能和个人努力程度以及机遇的影响，而且要受到员工所在组织的员工职业管理模式的制约。一个组织的员工管理模式是组织管理当局的理念、组织所处的行业、组织的发展阶段以及组织所面临的市场竞争环境共同作用的结果。

首先，组织所处的状态影响晋升，当组织处于盈利阶段或者成长阶段，组织为员工提供的晋升机会可能会更多，而当组织处于结构重组或变革阶段，或者是利润下滑阶段时，晋升的机会可能就会非常少。其次，社会环境对组织晋升产生影响。1988 年，索南费尔特（J. A. Sonnenfeld）和佩珀尔（M. A. Peiperl）根据组织的员工队伍对外部劳动力市场的开放性和组织内部员工晋升竞争的激烈程度把组织的员工职业管理划分为四种类型。第一种，城堡型组织。这种组织的员工队伍对外部劳动力市场的开放程度高，同时组织内部员工晋升的竞争程度低。组织内部员工的就业安全的主要威胁来自组织的外部。第二种，棒球队型组织。这种组织的员工队伍对外部劳动市场的开放程度高，同时组织内部员工晋升的竞争程度也高，因此组织中的员工的就业安全和职业前程同时受到来自组织内部和外部的严重威胁。第三种，俱乐部型组织。这种组织的员工队伍对外部劳动力市场的开放程度低，同时组织内部员工晋升竞争的激烈程度也低。因此，员工的就业安全和职业前程受到双重的保护。第四种，学术机构型组织。这种组织的员工队伍对外部劳动力市场的开放程度低，同时组织内部员工晋升竞争的激烈程度却很高。员工的就业安全和职业前程的发展情况主要取决于员工在组织中的绩效表现。这四种管理模式在员工进入组织、在组织的内部发展以及在退出组织的环节具有各自不同的特点。这种分类标准说明，员工在一个组织内部职业发展的成败取决于他与内部的竞争者和外部的潜在竞争者竞争的结果。

3. 晋升管理需要注意的问题

晋升是组织人力资源管理的一项重要的手段，需要影响组织的所有员工，而不光是影响晋升员工个人。因此，组织的晋升决策要切实符合公平、效率的原则，具体需要注意以下问题：广泛征集晋升的候选人；对于所有的候选人都要有标准化的、可信的信息资料；让所有的相关人员参与组织的晋升决策，这有助于使那些没有被提升的员工继续努力工作。

4. 管理人员的晋升

经验表明，经常调换管理人员的工作既能够使公司在不同的环境中考察管理人员的工作，又能够使他们积累更加丰富的工作经验。一般而言，对比较低层次的管理人员的选拔比较容易做到科学合理，因为人们对比较低层次的管理人员所需要具备的知识、技能和其他品质比较容易了解。但对于比较高层次的管理人员的选拔则面临许多困难。

不同层次的管理人员需要管理者具备不同的工作技能，一个人在非管理职位上所获得的成就并不能说明他在管理职位上将获得成功。相应的，一个优秀的基层管理人员并不一定会成为一名杰出的高层管理人员，不同层次的管理工作需要不同的能力。高层管理人员最重要的工作是长远的计划、公司经营监督、协调公司与客户的关系、市场开发和内部咨询等。而基层管理人员最主要的工作就是监督员工完成工作任务。

组织在不同的发展阶段需要不同的管理风格。组织发展初期，生产规模迅速扩大，具有基本的生产线，强调产品的设计和开发，几乎没有稳定的客户。这时组织需要善于在风险环境中能够随机应变的，果断的创业型管理者。在组织高速发展阶段，组织既要扩大市场占有率，又要建立一个精良的管理班子，同时生产线得到扩大和完善，并开始赢得客户的信赖。这时组织需要善于建立稳定的管理系统来巩固初期阶段成绩的成长型管理者。在组织的成熟阶段，强调市场占有率，通过规模经济来降低成本，这时需要采用严厉的管理手段来约束工人的活动，积累资本来开发新的生产线，需要善于处理各种日常经营事务的固定模式型管理者。这一阶段要求经理人员具有更多的经济学知识。在组织的衰退阶段，力求维持原来的市场占有率，通过持续而集中的努力来降低成本，谋求继续生存，这时组织需要一位创业型管理者来淘汰已经无利可图的产品，解雇生产效率低下的员工，减少不必要的费用。

在管理人员的选拔问题上，常见的错误有：用人标准不明确，没有正确地选择适合的人选，造成工作上的损失；用人标准规定的过死过窄，缺乏灵活性，限制了员工的积极性；选拔管理人员时求全责备，脱离实际，不考虑人力资源市场的实际情况，招募人才时抱有不切实际的奢望；没有准确把握时机而浪费金钱。

5. 管理发展

管理发展是指通过传授知识、改变态度和增进技能来提高管理人员目前或未来的工作绩效所做的努力，其目的是向管理人员提供胜任其工作的领导技能，因此可以把管理发展看成是管理人员的技术训练。管理才能是员工能否得到晋升的首要条件，管理发展能够促使管理人员更好地胜任未来较高层次的职位，而且有助于使基层人员从训练中学到正确的价值观念和态度，更好地配合公司的管理。对于不同职位的管理人员，管理发展的技能也有所不同，中低层管理人员比较需要评估员工、设定目标、沟通技巧和奖惩等技术能力，而高层管理人员比较需要建立团队、财务管理、预算控制以及劳工关系等方面的技能。管理发展技术包括工作轮调、敏感训练、角色扮演、案例讨论和模拟董事会等多种方法。

6. 专业技术人员的晋升

专业技术人员是指工程师、程序设计员、销售人员和研究开发人员等。在许多组织中，专业技术人员往往面临一种事业困境，他们在自己所在的专业领域内是非常出色的员工，而且愿意在自己的专业领域内继续发展，但是组织为他们设计的晋升路径很短，超过某一层次后就必须纳入管理系列向上发展。这样会导致人力资源的隐性浪费，甚至可能因为优秀的专业技术人员不愿意也可能没有足够的能力充当一个优秀的管理人员，给组织带来损失。这种现象在中国的国企和公共部门表现得尤为突出，不管个人所从事的是什么专业，如果业绩突出，最后都将成为某一级别的行政干部，结果人们习惯于用行政级别来衡量自己的事业成败。专业技术人员的这种事业困境的另一个结果就是中国的"官儿"特别多，因为只要承担一定的责任，不管是行政方面的还是专业方面的，最终都要纳入一个行政头衔系列。这种"官本位"的职业意识和员工职业发展的管理方式不仅对员工个人的专业前程，而且对组织的整体绩效都有严重的消极影响。为解决这个问题，人们提出了双梯晋升路径。双梯晋升路径，是指为管理人员和专业技术人员设计一个平行的晋升体系，管理人员使用管理人员的晋升路线，专业技术人员使用专业技术人员的晋升路线。在管理人员的晋升路线上的提升意味着员工有更多的制定决策的权力，同时要承担更多的责任。在专业技术人员的晋升路线上的提升意味着员工具有更强的独立性，同时拥有更多的从事专业活动的资源。

随着组织结构从金字塔式的科层化向扁平化和网络化的转换，员工在组织中的晋升路线往往是水平形式的，这表现为职位资格的积累，而不是地位的变化，因此，工作团队的负责人、网络联系人和项目协调人等职位比监工和管理人员更可能成为员工谋求的职业目标。组织也需要员工能够扩大工作经验的广度，职业生涯也将延长。因此，员工在同一职级上进行轮换就具有合理性。在制定晋升政策时，可以规定员工必须在本公司的多个部门或多个地区工作过以后才可以获得提升。而且，应该树立这样的观念：能够获得同职级轮换的员工是很成功的人。

7. 晋升方式

在企业中，根据不同的划分标准，晋升可表现为不同的方式。

（1）按照晋升的幅度划分：常规晋升，就是按一定标准和条件以及晋升路线定期进行的晋升，常规晋升的幅度是按照晋升的路线逐级提升，这种晋升通常要经考核和工作年限等条件的制约；破格晋升，就是公司对于具有特殊才能和贡献的员工，不受年资、学历、经历等条件的限制，超常规加以晋升。

企业对个别有突出贡献，做出优异成绩的员工，打破常规晋升制度规定的时间限制随时晋升，或者实行破格晋升，越级超常规晋升，可以激励员工的工作，提高员工的自信心，激发他们的工作热情，可以使企业多出人才，快出人才。

（2）按照晋升者的职务与工资等级之间的关系划分：职务与工资等级同时晋升；职务晋升而工资等级不变；职务不变而工资等级晋升。

（3）按晋升者的来源划分：内部晋升制，是指企业的职位空缺由本企业在职员工升任，它比聘用公司以外的员工可能节省时间和成本，优点是公司比较了解晋升职员的特点，能更好地任人唯贤；外部升补制，是指企业的职位空缺由企业外部人员补任。

（4）按影响晋升的主要因素划分：年资晋升制，是指把工作时限的长短和资格的深浅作为晋升的主要依据，通常在国有企业使用较多，这种制度的标准明确，简单易行，使员工具有某种安全感和归属感。但易造成员工不求有功，但求无过的消极心理，特别是会阻碍人才的合理流动和开发利用。功绩晋升制，是指以员工实际工作成绩的大小作为晋升的主要依据，这种制度便于选拔人才，鼓励员工积极努力，能有效防止埋没人才，在我国行政机关较为常见。能力晋升制，是指根据员工的各种能力的大小来决定晋升的制度，它能够全面反映职员的显在的和潜在的能力，做到合理使用人才，但仅局限于能力，不考虑劳动态度和实际贡献大小，会挫伤部分员工的积极性。综合晋升制，这是兼顾年资、功绩和能力等多方面因素，把这些因素同时作为晋升的依据，这是一种比较合理的晋升制度，一些大公司通常采用这种综合晋升制。

8. 员工晋升的储备

建立员工储备档案的目的是经常而准确地了解组织内员工的构成状况。为选择合适的晋升对象提供条件，使晋升有计划地进行。员工储备工作需要建立一系列有关的人事资料。

（1）个人基础资料。包括个人知识、技能情况，健康状况，家庭环境，考试成绩记录，性格测定，工作资历，业务经验，主要业绩，教育训练等。个人资料的建立是员工晋升储备的前提条件。

（2）拟晋升人员资料。包括有关员工的姓名、职务、工作业绩、优点、缺点、工作态度、能力、可晋升岗位，晋升预期时间、需要改进的方面等。拟定晋升人员的资料便于加快工作进度，快速开展工作。

（3）晋升的程序。

①部门主管提出晋升申请。部门主管根据部门发展计划，预测需要增补的岗位，然后根据本部门岗位空缺情况，提出晋升申请。

②人力资源管理部门审核、调整各部门提出的晋升申请。内容有：部门的发展计划是否可行；部门内员工辞退、辞职人数是否属实；晋升员工是否符合晋升政策。人力资源管理部门在审核的基础上，根据各部门的岗位空缺情况调整各部门的晋升申请。审核晋升申请必须进行严格的程序，防止有徇私舞弊的情况出现，不能由个人因素决定审核结果。

③提交岗位空缺报告。在这之后，人力资源管理部门提交岗位空缺报告。岗位空缺报告中应该说明企业内空缺岗位名称、空缺原因、空缺人员数量及候选人名单和情况介绍等。岗位空缺应在公司中经常调查，随时对空缺职位进行报告，以免影响公司工作进程。

④选择合适的晋升对象。选择依据和标准包括工作绩效、工作态度、能力、适应性、人品、资历等。

（4）晋升的方法。

①主管人评定法。部门主管根据考察项目对晋升对象进行评定。

②配对比较法。列出考察项目，如工作表现、工作态度、能力、资历等，将员工两人一组进行对比，评出优秀者，确定为晋升者。这种配对比较法，一般使用的频率不多。

③升级考试法。这种方法规定只有在组织中服务一定期限，且工作成绩优良者方具有晋升资格。这些人需要参加升级考试，考试科目分为普通科目与专业科目，另外加口试。普通科目测验一般性常识，而专业科目的测验则是与岗位相关的专业知识或通过实地操作来考察。同时，参考工作绩效的得分。升级考试法通常较为合理，在企业中使用较多。升级考试应该参照其他方法，这样会更为合理。

④评价中心法。主要适用于管理人员，特别是对高层管理人员晋升的评价。这种方法的特点是综合利用多种测评技术对候选人的个性、兴趣、职业倾向、能力、特长、管理潜力等进行综合的评价，以取得对他们的全面了解，最后，通过比较测评结果选出合适的晋升人员。

⑤综合法。是将多种晋升方法综合起来选拔晋升者的方法。综合法对晋升者的考察比较全面、客观，主要用于管理者的晋升。

这几种方法各有利弊，通常各公司只有根据实际情况整体使用适合自己公司的方法，才不至于埋没人才。

（5）晋升的作用。合理的晋升制度，主要有以下几种作用：

①合理有效的晋升制度是可以避免企业人才外流和吸收外部优秀人才的重要手段。如果公司有公平合理的员工晋升制度，就会对员工产生极大的吸引力。这种吸引力不仅有利于稳定现有的各类员工，使员工更加积极努力地工作。还会向公司外部扩展，吸引更多的优秀人才到本公司中来。

②有弹性的，能够根据现实情况的发展变化而不断完善的晋升制度，可以实现人员的合理使用，人尽其用，事当其人。公司的整体效益也可以在这个过程中得到提升。

人才的成长要经过一个过程，当其能力高于现职位要求的水平时，如长期得不到晋升，将会造成人才的浪费。也会使优秀的人才因为自己的抱负无法实现产生流动的动机，通过晋升不仅能使员工的能力和职位的要求相匹配，还能促进他们的工作能力和业务专长得到进一步的发挥和提高。

③晋升制度的稳定和规范有利于保持工作的连续性和稳定性。由于员工退休、离休、退职、调动、职级升降等原因，公司经常会出现职位空缺。晋升制度的规范稳定能保证各个职位经常保持"职得其人"的状态，使空缺职位及时得到补充，从而保持工作的连续性和稳定性。如果一个企业没有稳定可靠的晋升制度，经常不合理地提拔员工，则会对公司发展产生不利因素，也使员工人心涣散，影响团结。

五、降职与停薪留职管理

1. 降职管理

降职是指从原有职位降低到责任较轻的职位，降职的同时意味着削减降职人员的工资、地位、权力和机会。因此，从某种意义上看，降职是一种带有惩处性质的管理行为。它与晋升相反，降职的同时员工所承担的责任被降低以及职权被削弱。一是调动到等级相同但所承担的责任和所享有的职权都有所下降的另外一个职位上，即平级降职；二是临时性的跨职能调动；三是由于绩效不佳而予以降级。对于员工开发来说，临时性地向下一级职位流动是一种最常用的开发手段，它使员工获得在不同的职能领域工作的实际经验。大多时候，降职往往意味着工资减少，降低地位，失去特权和发展机会。

（1）降职的原因。一般而言，有下列情形可对员工进行降职处理：

①由于组织机构调整而精简工作人员。

②不能胜任本职工作，调任其他工作又没有空缺。

③按照员工要求，如身体健康状况欠佳，不能承担繁重工作等。

④按照奖惩条例，对员工进行降职。

（2）降职的程序与审核权限。降职程序大多是由用人部门提出申请，上报人力资源部门，人力资源部门根据组织政策，对各部门主管提出的降职申请予以人事调整，然后呈请组织中主管人事的上级核定。凡予以核定的降职人员，人力资源部门以人事变动发布，并以书面形式通知本人。这里涉及一个重要的问题，就是降职的审核权限，根据人力资源管理规则，审核权限按以下管理层次核定：

①总经理、副总经理的降职由董事长裁决，人力资源部备案。

②各部门经理级人员的降职由人力资源部提出申请，报总经理核定。

③各部门一般管理人员降职由用人部门或人力资源部提出申请，报经理审核，由总经理核定。

④各部门一般员工的降职则由用人部门提出申请，报人力资源部核准。

2. 停薪留职管理

停薪留职是指在某些情况下企业停止付给固定员工薪酬而保留其职务。这是一种员工以不失去企业成员身份与职位的方式，退出企业，而在其退出企业原因消除后，即可复职的制度。

一般来说，凡是企业的富余人员，经个人申请后均可允许停薪留职。但如果是工作需要的人员要求停薪留职应严格控制，做好思想工作，使其安心于现任的工作。此外，企业管理者不允许停薪留职。凡未经批准而擅自离职的员工，可按自动离职处理。

员工要求停薪留职需由本人提出书面申请，经单位行政领导批准后签订"停薪留职"的协议书，并报企业主管部门和当地劳动人力资源部门备案。

停薪留职人员接到由人力资源部门核发的通知后于指定之日办理移交手续，不得无故推诿延迟。

对停薪留职工作进行管理应注意如下几点：

（1）停薪留职时间一般不得超过两年。停薪留职期间，不升级，不享受各种津贴、补贴和劳保福利待遇。

（2）停薪留职人员在从事其他收入的职业时，原则上应向原单位缴纳劳动保险基金，其数额一般不低于本人原标准薪酬的20％。停薪留职期计算工龄。

（3）停薪留职期满，员工愿回原企业工作的，需在期满前一个月向原单位提出申请。原单位应给予安排适当工作。

（4）停薪留职期间，员工要求辞职，经批准按辞职处理。期满一个月内，员工未提出复职申请，原单位有权按自动离职处理。

（5）停薪留职期间，员工因病、残基本丧失劳动能力，可按退职办法处理。从事非法活动，按企业奖惩条例规定符合开除条件的，原单位有权按开除处理。

六、辞职管理

辞职是指员工要求脱离现任职位，与企业解除劳动契约，退出企业工作的人事调整活动。辞职是员工的权利，组织应予以尊重。

1. 辞职对企业的影响

（1）员工因能力或健康状况不能胜任工作，要求辞职时，可以减少企业负担。

（2）辞职人数保持在正常范围内，可以促进企业吸收新生力量，保持员工队伍正常的新陈代谢。

（3）辞职人数超过正常范围，特别是骨干工人、专业技术人员、管理人员提出辞职，会严重影响企业正常的生产运营，对企业的发展极为不利。

2. 员工辞职的原因

（1）个人原因：因个人的能力、健康状况或无法解决的生活困难等辞职，属于正常辞职。企业对此可不做详细的分析。如果可能的话，企业应酌情帮助。

（2）报酬原因：其他单位用高薪、优厚待遇吸引人才，从而促使员工辞职。

（3）管理原因：由于企业管理不善导致员工的不满情绪，从而引起员工辞职。对于这种原因引起的辞职，企业应予以高度重视，针对不同原因采取相应措施，尽量加以避免。

3. 辞职的程序

辞职管理是一项程序化工作。一般按如下程序办理：

（1）拟辞职员工向所在企业人力资源部门提出书面申请，书面申请须写明辞职理由。

（2）所在单位按有关规定对申请进行审查，同意辞职的，发给《辞职申请表》。

（3）所在单位在接到辞职者已填好交回的《辞职申请表》后，在国家或地区、行业有关规定期限内进行审批或转报。

（4）属转报审批的，审批机关在接到转报函件及《辞职申请表》后，在国家或地区、行业有关规定期限内审批。

（5）对审批同意其辞职的，应通过所在部门办理工作移交、结清账务、归还公物、资料等有关手续。

（6）申请辞职人员履行上述第5项程序后，凭所在单位证明向有关人力资源部门领取《辞职证明书》。

七、退休管理

1. 退休的含义

当员工为企业服务达一定年限，不愿继续任职，或已届退休年龄，或因年老体衰，或因身体残疾而无法胜任工作时，企业应同意其退休或命令其退休，并给予一定退休补助，以补偿和酬谢他为企业所做的贡献以及安顿其晚年生活。

2. 退休的条件

员工退休的条件通常都由国家有关法规规定，只要是符合法规条件而且自愿退休或被企业命令退休的，都可以按企业退休制度享受退休福利。

3. 退休金的筹措与支付

企业退休金的筹措必须采取公平、有效的方式，并注意劳资双方的负担。退休金的筹措方式根据负担方式可以区分为以下几种：

（1）企业负担制。即员工将来的退休金由企业负担，不管企业事先有无提存，到时都由企业依照退休制度规定，付给退休金。这种制度根据企业有无提存，又可以分为两种方式：

①储金提存，即企业按员工每月薪酬总额的一定比率提存基金，作为员工退休金的来源。当然，此提存金由企业负担，而不是从员工工资中扣减。

②预算给付，即员工的退休金，企业平时不予提存，而是年度编列预算时，估计该

年度的退休人数，编列退休金预算，在员工退休时，按规定发给退休金。

（2）员工负担制。即退休金的来源由员工本人自己负担，企业每月从员工工资中提存一定比率，将来员工的退休金就是员工个人提存的基金及利息，企业不另外负担。员工负担制，对员工来说有增加负担的感觉，因此，这种负担方式很少被采用。

（3）共同负担制。即员工的退休金由企业和员工共同负担，每月从员工的工资中扣缴一定比率的金额提存，企业也相应提存一定比率的金额，将来员工退休时，此提存基金及利息就作为退休金。通常，企业提存比率高于员工提存比率。

退休金支付方式通常是：

①一次性退休补助。即退休人员应得的退休福利补助一次领完。其优点是数目较大，退休员工可以有效运用。缺点是数目较大，当企业经营状况欠佳时，支付可能受影响。另外，若退休员工运用不当，日后生活会受影响。

②月退休金制。即通常的年金制。退休人员按月、按季或按年领取，符合养老保障精神。

③一次及月退休金制。即退休人员先一次领取一部分，再按月、按年领取一部分。

退休金给付的标准，通常是根据其年资长短、职务高低、退休时工资高低而定的，而不像养老保险的养老金那样主要依其投保额而定。

第十五章　员工绩效管理

第一节　员工绩效考核概述

一、员工绩效考核含义

员工绩效考核又称人事考核、绩效评估、绩效评价、员工考核等，是收集、分析、评价和传递有关某个人在其工作岗位上的工作行为表现和工作结果方面的信息的过程。

员工绩效考核是人事资源管理中的一项十分棘手但又十分重要的工作，是企业人力资源规划、员工关系调整与维护、员工薪酬管理、人力资源培训与开发的主要依据，并和员工激励紧密相连。

大约有80%以上的企业对它的考核体系不满意。员工绩效考核如果要想做到公正、准确、及时，人力资源主管优先要考虑的应是领导人力资源部门建立一套有效的绩效考核体系，并监督各级考核人员必须要遵循绩效考核体系中的考核程序、考核制度。员工绩效考核可以根据企业的具体情况而定，有的十分简单，通过面谈，考查一下被考核者的一般情况。有的非常复杂，设立专门的机构加以研究，并设计绩效考核的标准、制度，形成一个考核体系，建立一个考核中心，科学地进行。同时人力资源主管必须清醒地认识到绩效考核本身不是目的，而只是为获得一个更高的业绩而使用的手段，因而应指导考核人员考虑那些在员工控制之外的但却能影响他们绩效的制度因素。

二、绩效考核的类型与职能

1. 绩效考核的类型

按考核的时间和性质的不同进行分类，绩效考核可以分为以下几种类型：

（1）日常考核。是指企业对每个员工每天都要进行的考核。主要考核员工的生产成绩、劳动态度、业务知识、安全生产等，并认真进行记录统计。把对员工经常的各种考核的结果，作为确定员工薪酬的重要依据。

（2）定期考核。指每年或每半年对员工进行政治、技术、业务全面考核，也包括学徒学习期满转正考核，合格可以转为正式工人，不合格的延期转正；成绩优异的提前转正。还包括员工参加各种训练班或专业学校的结业考试、考核等。考核的绩效应放入员工技术、业务档案，作为晋升、使用和奖惩的依据。

（3）关键设备、关键岗位工种的考核。对关键设备、关键岗位，从事危险性作业的工种，或要害部门工作的人员，要严格挑选，专门培训，经考核合格发给"技术等级证书"才准上岗独立操作。

（4）晋升考核。对员工升级加薪，要进行严格的考核，内容包括劳动态度、技术水平高低、贡献大小。工人的技术等级标准考核，包括技术理论和实际操作考试，其成绩作为升级的依据。对管理人员和工程技术人员按照职务职称和责任制要求进行考试，看其是否熟悉岗位职责和业务技术，是否能胜任本职工作，工作表现如何。对于领导干部还要看他们的政治水平、政策水平、组织领导能力以及执行民主集中制的态度等。

2. 绩效考核的职能

绩效考核既有决策性职能，又有战略性职能。从决策性职能来说，员工绩效考核是为决策服务的，它为各项人事决策提供依据。

绩效考核还有战略性职能，即为企业管理者提供战略决策的依据。这是因为在现代社会中人力资源是决定企业命运的重要因素，通过绩效考核把人事状况弄清楚，是进行战略决策的主要依据。绩效考核的职能主要有控制、激励、标准、发展和沟通等。

（1）控制职能。绩效考核是人力资源管理中主要的控制手段。通过绩效考核，使工作过程保持合理的数量、质量、进度和协作关系，使各项管理工作能够按计划进行。对员工本人来说，也是一种控制手段，使员工时时记住自己的工作职责，起到促进员工按照规章制度工作的自觉性。

（2）激励职能。绩效考核除了控制职能以外，还有激励职能，绩效考核对员工的工作成绩给以肯定，本身就能使员工体验到成功的满足、对成就的自豪感，由此调动员工的积极性。

（3）标准职能。绩效考核为各项人力资源管理提供了一个客观而公平的标准，并依据这个绩效考核的结果决定晋升、奖惩、调配等。不断地绩效考核，并按照标准进行奖惩与晋升，会使企业形成事事按标准办事的风气，使企业的人力资源管理标准化。

（4）发展职能。绩效考核的发展职能，主要表现在两个方面：一方面是企业根据绩效考核的结果，制定正确的培训计划，达到提高全体员工素质的目标，以推动企业发展；另一方面，它可以发现员工的长处和特点，根据其特点决定培养方向和使用办法，充分发挥个人的长处，促进个人的发展。

（5）沟通职能。绩效考核的结果出来以后，人力资源主管要和员工谈话，并向他说明绩效考核的结果，听取员工的申诉与看法，这样就为领导与员工沟通提供了机会，增进相互的了解。

3. 绩效考核的原则

绩效考核在人力资源管理中有极重要的意义，人力资源主管应指导人力资源部门在进行绩效考核时必须要贯彻以下的原则：

（1）全面性与完整性。全面性与完整性是讲要注意到反映绩效的各个方面，不要只考核反映绩效的一个或几个指标，而应当考虑到反映绩效的各种主要指标，甚至要考虑到影响绩效的各种因素与条件。

（2）相关性与有效性。人力资源管理是由许多互相联系的环节构成的一个完整的体系，考核不过是这个体系中的一个环节，但是这个环节是与其他许多环节相互联系的。凡是有关的这些联系，都要在制度中做明确规定，以保证考评与相关问题的一致性。

在考虑相关性的同时，还必须考虑有效性。比如说，在规定考核结果与晋升的关系时，还必须考虑到考评结果以后，获得优等的数量——高一级职务的数量，否则就可能出现条文规定无法兑现的情况，那样考核的规定就无法执行。

（3）明确性与具体性。绩效考核要明确具体，不要含糊不清，抽象而不易掌握，使执行发生困难。

①明确性。就是指对不同的绩效考评，要有一个肯定的既有定性又有定量的规定，不能有"给予适当奖励"这样的含糊其辞的规定。

②具体性。是指这些规定要有明确的界限，例如绩效考核获得优等与获得良好的奖励有什么区别，要有明确的规定，而不能以"绩效考核优良者给予晋升"这样的不具体的规定。

（4）可操作性与精确性。员工的绩效考核要能够操作，并且规定得很精确，否则在考核中就会出现混乱。

①可操作性是指各种规定要能够实施，不能太原则。

②精确性是指有关技术性的规定要十分准确，适应幅度不能太大，否则执行起来就会发生困难。

（5）原则一致性与可靠性。考核要前后一致，不能发生相互矛盾的情况，要可靠。可靠性，要具备以下几个条件：

①符合国家的法律、法规和政策。

②符合国家企业的章程、基本制度与规章。

③要与有关部门协调一致，取得共识，否则在执行时会产生矛盾，甚至无法实行。

（6）公正性与透明性。员工的绩效考核的各项规定，都要体现公平的原则。公平，是讲在制度面前人人平等，不能因人而异。制度一旦决定，就要向群众公布，大家都明白，这样才能起到激励员工上进的目的。公正性与透明性是考核的核心与灵魂，是考核能否起到预期效果的关键。

三、绩效考核的流程与作用

1. 绩效考核的流程

员工绩效考核的流程（如图 3 - 1）的起点是确定特定的目标。一种绩效评价体系不可能有效地服务于每一种所期望的目的。因此，人力资源主管应选择那些认为是最重要的，并能真正得以实现的特定的绩效考核目标。例如，有的企业想强调员工的发展，而其他企业则想集中于行政管理决策；比如工资的调整。由于管理部门不能确定希望评价制度完成什么，所以致使许多评价制度走向失败。管理部门往往对一种方法期望得太多。

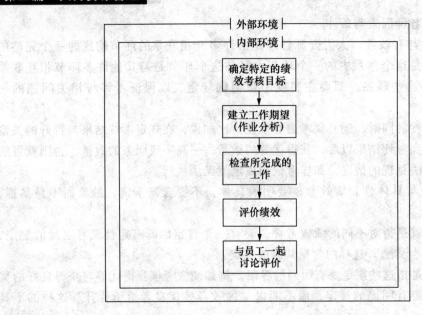

图 3 - 1 绩效考核流程图

在建立了特定的绩效考核目标之后，员工和工作小组必须明白在他们的任务中希望得到什么。让员工知道对他们的期望便是一种最重要的员工关系任务。

在评价的最后阶段，评价者可观察工作的完成情况，并根据所建立的绩效标准对它进行考核，然后将考核结果通知员工本人。与基层主管共同讨论绩效考核，从而有利于工作要求的再建立。

绩效考核过程受许多外部和内部因素的影响。例如，法律要求考核制度不应具有歧视性。企业应避免使用那些对被保护阶层造成不相称的负面影响的任何评价方法。

工会是另一个可能影响绩效考核过程的外部因素。传统上工会强调把资历作为提升和加薪的依据。例如，他们强烈反对使用设计旨在违反这些目的的绩效考核制度的管理方法。

内部环境中的因素也能影响到绩效考核过程。例如，企业文化的类型能有利或妨碍这个过程。当今处在动态中的绩效，必须越来越重视利用工作小组来完成工作，且要认识到全部工作小组的努力结果和个人的贡献。一个封闭的、缺乏信任的企业文化不能够为个人或工作小组的努力提供所需的环境。在这样一个环境中，即使个人可能努力地做好工作，但业绩也往往难以实现。认可这其中的真正贡献，可能是十分困难的。

2. 绩效考核的应用

员工绩效考核是与人力资源管理的其他功能密切联系，相辅相成的。一个设计和联系都很合理的绩效考核体系，能够有助于实现企业的目标和提高员工的业绩。绩效考核的结果对许多人力资源领域的职能的应用都有潜在的价值。

（1）人力资源规划。在评价一个企业的人力资源时，必须要得到能够描述出所有员工，特别是重要管理人员的提升可能和潜力的数据。管理的后续计划是所有企业都十分关心的问题。一个设计完善的绩效考核体系能够提供出对企业中人力资源优劣势的剖析数据来支持这项工作。

（2）员工的招聘与录用。绩效考核等级可能会有助于对应聘者业绩的预测。例如，它可以通过一个企业中成功的经理们（通过绩效考核识别出来的）在执行重要任务时所表现出的行为来确定。于是这些数据为描述面试的应聘者的反应提供了基础标准。在确认选择测试中，员工的等级也可能被用作与对应的测试分数相比较的变量。在这个例子中，对选择测试可靠性的正确决策将取决于考核结果的准确性。

（3）人力资源培训与开发。绩效考核应指出员工对开发和开发方面特定的需要。例如，如果某员工的工作要求具有技术方面的写作技能，如科技写作，而他在该条件上得到了一个勉强合格的评价，那么就有可能要求他在书面交流方面需要进行额外的培训。如果人力资源主管发现，许多基层主管在管理纪律方面存在困难，那么就有可能建议在培训期间谈谈这个问题。通过识别那些对业绩有不利影响的缺陷，人力资源部门和直线管理人员有能力制定出人力资源开发方案以允许个人发挥他们的优点并使其缺点最小化。一种制度并不能保证员工得到适当的培训和开发，但当考核数据值得参考时，对于确定培训和开发需要的任务是有帮助的。

（4）员工职业计划和发展。员工职业计划和发展可以从个人或组织的观点中看出来。无论怎样，考核数据在评价一个员工的优缺点及确定其潜能时，都是十分重要的。人力资源部门主管可以利用这些信息来评议下级，并帮助他们发展和执行他们的职业计划。

（5）员工薪酬管理与改革方案。绩效考核结果为增加员工薪酬提供了合理决策的基础。大多数经理或主管认为，杰出的工作业绩应给予明确的加薪奖励。他们认为"你的薪金是你应该得到的"。为鼓励出色业绩，公司应设计和执行一个公正的绩效考核体系，并且对最富有效率的员工和小组给予相应的奖励。

（6）员工关系的调整与维护。绩效考核数据也常用于员工关系的调整与维护，主要是员工的辞退与处分等几个领域中的决策，比如处分、提升、降级、撤职、解雇和调动等方面的决策。例如，自尊对于处分是必不可少的。因此，考核制度必须按照一定的方式进行设计和贯彻，以保持员工的自我尊重。坦率无情的业绩描述构成的绩效考核制度，往往使得一些人失去动力。

员工在一种工作中的业绩，对于确定其完成另一种同等水平工作的能力时十分有用，在考虑调动岗位时这一点也是需要的。如果当其业绩水平不能被接受时，则可能会受到适当的降级甚至撤职处理。当涉及同种劳动协议下工作的员工时，员工解雇与否常见地是依据资历而定。然而，当管理工作具有更大的灵活性时，员工的业绩记录可能会是一个更重要的判断标准。

（7）员工潜能的评价。有些组织在考核工作业绩时，试图评价一名员工的潜能。据说，未来行为的最好预言是过去发生过的行为。但一名员工过去的一种工作上的业绩，可能并不能准确地显示出他在更高层次或不同职位上的未来业绩。公司中最好的销售人员可能并不会成为一个成功的地区销售经理。最好的计算机程序员如果被提升为数据处理经理，则可能是一场灾难。过于强调技术而忽视其他同样重要的技能，是在将员工提升到管理工作岗位中常见的一种错误。对这个问题的认识促使一些公司将反映过去行为的绩效考核与描述将来行为的潜力评价区分开来。

3. 影响绩效考核的因素

员工常常怀疑绩效考核的结果是否公正、合理，同时许多绩效考核方法都受到了专家的严厉批评。除了那些无法左右的外部影响因素外，考核人员与考核方法是影响考核的主要因素。在所有合理的方法中，一般批评所提出的许多问题并不是这种方法所固有的，而是反映出这种方法的不恰当使用。比如，考核者有可能没有受到足够的培训，或实际使用的考核方法与工作无关等。以下为这些影响因素的具体表现，人力资源主管应对这些问题给予高度重视，应监督考核人员尽量避免这些问题，真正做到公平、公正、合理。

（1）缺乏客观性。传统绩效考核方法的一个潜在弱点是，它们缺乏客观性。例如在业绩评定表中，通常使用的因素，如态度、忠诚和品格等都是难以衡量的。另外，这些因素可能与员工的工作业绩没有关系。

在考核方法中总会存在着一些主观性，但使用与工作有关的因素能够增加其客观性。主要基于个人特征的员工考核，会将考核者及企业置于与员工和政府指导方针都站不住脚的位置上，企业将很难证明这些因素是与工作有关的。

（2）晕圈错误。当考核者仅把一个因素看做是最重要的因素，并根据这一因素对员工做出一个好坏的全面评价，则便发生了晕圈错误。例如，某位高层人士非常重视整洁，并把它作为企业绩效考核体系中的一个重要因素来使用。当他对他的某位职员进行绩效考核时，他注意到这位员工是个极不注意整洁的人，根据这一点给了他一个较低的评价。此外这位高层人士还有意无意地让这个评价又转移到其他因素上，从而根据所有因素给了这位员工一个不应得的低评价。当然，如果这位员工很整洁的话，则可能发生相反的评价结果。无论怎样，晕圈错误对有关员工和企业都造成了损害。

（3）宽松或严格。给予不应受到的高评价被称为宽松。这种行为产生的动机往往是避免引起评价争议。当使用主观性（并且难以克服）强的业绩标准，并要求考核者与员工讨论评价结果时，这种行为最为盛行。宽松会引起若干企业的问题。当与员工讨论其工作缺陷时，他们可能不知道需要提高自己的业绩，而继续维持现状。其他员工，特别是那些工作比较出色的员工，可能会对宽松的评价感到不满，特别是如果涉及提升和加薪时更是如此。最后，一个企业会发现，如果一个表现很差的员工有一个满意的评价记录，想解雇他（她）会是很困难的。

对一个员工的工作业绩过分的批评被称为严格。尽管宽松通常要比严格盛行，但有些经理评价采用的标准要比公司制定的标准更为苛刻。这种行为可能是由于对各种评价因素缺乏了解而造成的。如果一个经理对整个单位过分严格，则这个单位的工人在加薪和提升方面都将受到影响。对某个特定的人评价过分严格，则会有受到歧视性指控的潜在可能。

70%以上的被调查经理认为，抬高和降低的评价都是给下属故意做出来的。表3-2中是这些经理对他们这种做法的解释。结果指出，许多绩效考核制度的有效性是有缺陷的。应该对考核者进行培训来强调评价者产生错误的严重后果。

（4）集中趋势。集中趋势是当不正确地将员工考核为接近平均或中等水平时所发生的一种常见错误。有些业绩考核表制度要求考核者对过高或过低的评价写出书面鉴定。在这种情况下，考核者可以通过只给平均水平的评价来避免可能发生的争议或批评。

表 3 – 2　故意抬高或降低评价的原因

抬高评价
认为精确的评价将对下属的动机和业绩有不利影响
期望提高员工凭业绩提薪的合格率
期望避免部门不光彩事情的扩散
希望避免产生一个消极的、永久的并可能在将来仍会影响员工的不利业绩记录
需要对那些业绩因为个人问题受到影响但却一贯业绩优秀的人进行保护
希望对那些即使业绩仍较低但已付出了很大努力的员工进行奖励
避免与某些难以管理员工的对抗
希望促进较差或令人生厌的员工逐步离开该部门
降低评价
担心员工对其良好的业绩感到惊慌
为了惩罚一个顽固的或难以对付的员工
为了鼓励一个有问题的员工辞职
为计划要解雇的人制造一个有说服力的记录
为了缩减凭业绩提薪的下属数量
为了遵守企业不提倡经理给出高评价的规定

（5）近期行为偏见。实际上每位员工都准确地知道何时安排对自己的绩效考核。尽管员工的某些行动可能并不是有意识的，但常常是在考核之前的几天或几周内，员工的行为会有所改善，劳动效率也趋于上升。对于考核者来说，最近行为的记忆要比遥远的过去行为更为清晰，这是很自然的事情。然而，绩效评价通常贯穿一个特定的时期，因此评价个人的业绩应当考虑其整个时期的业绩。

（6）个人偏见。部门主管进行绩效考核，可能在他们员工的个人特征，如种族、宗教、性别、残疾或者年龄等有关方面存在着偏见。因为法律保护这些员工，所以歧视的存在仍然是考核过程中的一个问题。

评价中的歧视现象可能源于上述原因之外的许多其他因素。例如，态度温和的人可能仅仅因为其不对结果提出强硬的反对理由而得到很苛刻的评价。这种人的行为与那些怒斥者形成鲜明的对比。

（7）考核者的结论性角色。实施绩效考核的部门经理们，有时会被控在耍弄他们的员工。在有些情况下，经理们实质上控制着考核过程的每个方面。由经理所操纵的考核，决定着员工们的加薪和提升决策，这就是经理如何滥用考核制度的一个例子。他们决定着评定等级，并时常试图向员工灌输他们的看法。一些承担结论性角色的评价者常常对员工严加防范。这种关系对员工的发展、士气和生产效率是非常不利的。

第二节　员工绩效考核体系

进行员工绩效考核，首先必须建立一个有效的考核体系，对考核的内容以及标准加以界定和设计，进行定性与定量的分析并建立一个考核中心。没有一定的标准和制度就难以进行说服力强的、认真的评定，人力资源主管必须使员工绩效考核、考核制度与评定标准统一明确，进而发展成绩效考核体系，并在企业的考核中心完成对员工的评价工作。

一、有效绩效考核体系的特征

一种考核体系是否具有有效的考察作用，可能是决定该体系是否令人满意的最为直接和最肯定的方法。但这类考察的费用高、时间长。

任何一种考核体系都不可能不受到法律要求的影响。然而，具有某些特征的考核体系可能更具有合法性。但在绩效考核中，仅仅合法是不够的。其目的在于不仅要遵守法律，而且要有一个合乎道德准则的体系。应允许用一个旨在提高个人和小组业绩的共同发展计划来寻找一种诚实的绩效考核。这个体系必须诚实地告诉员工，他们与企业是多么的一致。以下为有效绩效考核体系的基本特征：

1. 与工作相关的标准

用以考核员工绩效的标准必须是与工作相关的，必须通过工作分析来确定工作信息。主观因素，如主动性、热情、忠诚和合作精神显然是很重要的，然而，它们实际上却难以界定和计量。除非这些因素能够像那些能清晰地表现出与工作相关的因素一样，否则，它们就不应在正式的考核中采用。

2. 业绩期望

在考核期之前，经理就必须清楚地说明对他们下属的业绩期望。否则，使用员工一无所知的标准来考核他们显然是不合理的。

建立高度客观性的工作标准，对许多如制造、安装和销售领域相对较简单，然而，对许多其他类型的工作，这个任务就较为困难。但考核必须一直进行下去，因此业绩期望虽然难以捉摸，但应该用易于理解的术语给出其定义。

3. 标准化

对在同一负责人领导下从事同种工作的员工来说，应使用同一考核方法进行考核。对全体员工定期进行考核也是很重要的。此外，考核期应是相同的，虽然年度考核最为普遍，但许多具前卫观念的企业所进行的考核较为频繁。此外，还应定期安排全体员工的反馈会议和考核会见时间。

标准化的另一方面是，提供正规的文件。员工应在他们的考核结果上签字。如果员工拒绝签字，经理应为这种行为提供书面材料。记录也应该包括一份对员工职责的描述、期望业绩结果和在做考核决策时检查这些资料的方式。但并不要求较小的公司同步使用与那些大组织同样正规的业绩考核体系。是因为小企业的高层管理者更熟悉他们员工的工作，所以在不足30人的小公司中，客观标准并不是很重要的。

4. 合格的考核者

考核员工业绩的责任应分配给至少能直接观察到工作业绩典型样本的人或一些人。通常，这个人是该员工的直接领导者。然而如前所述，其他方法正日趋流行。

直接领导者客观考核业绩的能力如果不足，这种情况是指那些在矩阵组织机构中所发现的情况。在这种公司里，某些员工可能被正式地分配给一个部门主管领导，但实际上却在另一个项目经理领导下工作。此外，处在新岗位上的部门主管，开始可能没有足够的员工业绩知识。在这种情况下，就可使用各方考核者进行考核。

为了确保连贯性，考核者必须受到良好的培训。培训中应强调，绩效考核是每位经理工作的一个重要组成部分。培训还应强调，部门主管的首要任务是保证下属了解对他们的期望是什么。另外，培训本身是一个不断持续的过程。它对评价体系中的变化及部门主管由于种种原因可能会违背已建立的工作程序这一事实，都会做出反应。培训中还应包括如何评价员工、进行评价会见和书面说明。这些书面说明应非常详细，并且要强调做出客观和无偏见评价的重要性。

5. 公开交流

大多数员工都渴望知道自己的业绩如何。一个好的考核体系会提供一种对员工这种渴望的持续性反馈。一个有价值的目标应避免考核会见期间的意外事情。即使会见给双方提供了一个相互交换思想的良好机会，它也不应替代日常的相互交流。另外，绩效考核体系应允许直接了解员工的有关信息。绩效考核也提醒经理留意那些如果不能提高业绩则可能会有解雇风险的人。考核制度允许人事专家采取事先措施，诸如提供培训或转岗，来挽救那些表现欠佳的人。

6. 让员工了解考核结果

对于许多被设计用来提高业绩的考核体系而言，不告诉考核结果是令人难以想象的。员工不知道这个信息，无非是不能更好地完成工作而已。此外，允许员工审查考核结果，也就相当于允许他们发现任何可能已出现的错误。否则，员工可能干脆不同意这个考核，并且可能正式指责这个考核。应当对得到低标准考核的员工给予必要的培训和指导。部门主管必须尽力挽救那些勉强合格的员工。但应特别告诉这些员工，如果他们不提高自己的业绩将会发生什么。

7. 预定的步骤

与正式的考核相关联，确保考核的步骤是至关重要的。如果没有的话，则应开发一个正式的工作程序步骤，用于处理当员工对他们认为不准确或不公平的考核结果提出诉讼时的情况。员工必须有一个能客观地起诉冤情并提出抗议的程序步骤。

二、绩效考核标准

绩效考核的标准是建立在工作职责基础上的标准，是期望员工达到的水平，是有效绩效考核体系的一个首要特征。一个合理的考核标准应是员工有机会达到并得以超过的企业目标，同时也表明未达到此标准是无法让人满意的。

1. 绩效考核标准的分类

绩效考核的标准一般分为：绝对标准、相对标准和客观标准三种。

（1）绝对标准。是指建立员工工作的行为特质标准，然后将达到该项标准列入评估范围内，而不在员工相互间做比较。绝对标准的评估重点，在于以固定标准衡量员工，而不是与其他员工的表现做比较。

（2）相对标准。是指将员工间的绩效表现相互比较，也就是以相互比较来评定个人工作的好坏，将被评估者按某种向度做顺序排名，或将被评估者归入先前决定的等级内，再加以排名。

（3）客观标准。是指评估者在判断员工所具有的特质，以及其执行工作的绩效时，对每项特质或绩效表现，在评定量表上每一点的相对基准上予以定位，以帮助评估者做评价。

2. 绩效考核标准的特征

一般而言，一项有效的绩效考核标准必须具有下列八项特征：

（1）标准是基于工作而非基于工作者。绩效考核标准应该根据工作本身来建立，而不管谁在做这项工作。而每项工作的绩效考核标准应该就只有一套，而非针对每个工作的人各订一套。

绩效考核标准和目标不同。目标应该是为个人而不是为工作而订。目标的典型特征是必须具有挑战性。一位主管虽领导指挥很多人从事相同的某项工作，他应该只订出一套工作标准，但对每位部属却可能设定不同的目标，这些目标则依个人之经验、技术、过去的表现而有不同。

（2）标准是可以达到的。绩效考核的项目是在部门或员工个人的控制范围内，而且是通过部门或个人的努力可以达成的。

（3）标准是为人所知的。绩效考核标准对主管及员工而言，都应该是清楚明了的，如果员工对人事考核标准概念不清，则事先不能确定努力方向；如果主管不清楚人事考核标准，则无从衡量员工表现之优劣。

（4）标准是经过协商而制订的。主管与员工都应同意该标准确属公平合理，这在激励员工时非常重要。员工认为这是自己参与制订的标准。自己有责任遵循该标准工作，达不到标准而受相应的惩戒时也不会有诸多抱怨。

（5）标准要尽可能具体而且可以衡量。人事考核的项目最好能用数据表示，一般属于现象或态度的部分，因为抽象而不够具体，就无法客观衡量比较。

（6）标准有时间的限制。绩效考核资料必须定期迅速而且方便取得，否则某些评估将失去时效性，而没有多大的价值了。

（7）标准必须有意义。绩效考核项目是配合企业的目标来制订的，所采用资料也应该是一般例行工作中可以取得的，而不应该是特别准备的。

（8）标准是可以改变的。因为绩效考核标准须经同意并且可行，有必要时就应定期评估并予以改变。

3. 绩效考核标准的总原则

绩效考核标准的总原则是工作成果和企业效率，依据企业的战略，就可制订个人或群体的工作行为和工作成果标准，标准尽管可有多项，每一项也有很明细的要求，但衡量绩效的总的原则只有两条：

（1）是否使工作成果最大化。

（2）是否有助于提高组织效率。

个人的工作成果最大化一般都有助于提高企业效率。企业效率的含义非常广，如企业的盈利能力强、产品质量好、客户服务满意度高，都是企业效率高的表现。个人的工作成果评价，必然以有助于提高企业效率为前提，否则就谈不上好的工作绩效。

4. 建立单项或多项标准

绩效考核在整个管理程序里是不可缺少的一环，它要和企业目标及每个部门在功能上一致配合。绩效考核的项目到底要有多少，并没有一个肯定的数字可作为标准答案。如果工作职责简单明确，如一名流水线操作工的工作，只需设立单项绩效标准，如果工作内容复杂，则需设立多项绩效标准。

单项还是多项绩效标准，从有效性来说并没有优劣之分。对于员工素质普遍较高的岗位，绩效考核可以更有弹性一些，而对员工素质较低的岗位，就应设立比较刚性的、详尽的绩效标准，这样不仅给员工提供了详细的工作指导，而且也便于主管能够从多方面来评估其员工，同时也能指出员工工作的长处及应予改进的地方。

绩效考核的标准可以是单项的，也可以是多项的，就评估本身而言，必须具备相当的信度和效度。"恰当"和"实际"，可以说是决定绩效考核标准时应该把握的原则。

5. 绩效标准的实例

绩效标准必须与职务说明书联系起来，必须能阐述各职位的要求，以下范例如表3－3、表3－4、表3－5所示。

表3－3　职务说明书

姓名		职称	贸易一部经理	单位		贸易一部
编号		职系		主管		
项目类别	工作内容	工作依据	权责	时限	表单	绩效标准
					名称 / 分送单位	
1	信件、电报等文件签核及处理	所收信件、电报	执行	不定	电报、信件 / 助理主管	于每日下午4：30交回助理业务代表
2	客户开发及巩固	按业务年度计划	执行	不定	月报告表年度报告表 / 总经理	每月检查一次
3	商品推销与检讨	按业务年度计划	执行	不定	季报告表年度报告表 / 总经理	每季检查一次
4	与管理部门就有关事项进行联络	按实际情况	执行	0.2小时	外厂001簿 / 管理部门	下班前或规定时间内回复

续表

项目类别	工作内容	工作依据	权责	时限	表单 名称	表单 分送单位	绩效标准
5	客户接待	按规定范围	执行	不定			公司的客户接待须有助理在场
6	账表签核	按实际收款情形	签核	0.2 小时	对账表	部门经理	收到当月完成
7	完成总经理交办事项	按总经理指示	执行	不定			规定时间内完成
8	向总经理汇报业务	按实际情形	执行	0.5 小时	周报告表	总经理	每周一与总经理室秘书安排时间后执行
9	订单签核	按公司工厂价格表	签核		订单	①部门主管、总经理 ②助理	①收到订单的第一日中午前交部门经理，或交回经理 ②订单金额达 50 万元新产品者，交部门经理呈总经理考核
组织关系	略						

表 3-4 绩效标准实例样表 1

职位：招聘	
工作要项	绩效标准 1. 收到人力需求后三周内，90% 的需求能有合格人员补齐 2. 每名员工的征募成本应比通过介绍所寻找为低 3. 合格申请人资料应保持最新档案以备补缺 4. 工作询函应于两个工作日内回复

表 3-5 绩效标准实例样表 2

职位：招聘	
工作要项	绩效标准 1. 9 月 15 日前提出次年度支出预算建议 2. 9 月 15 日前提出次年度资本财政支出建议 3. 12 月 1 日前建立明年分项工作目标 4. 1 月 20 日前报告上年度达成目标 5. 12 月 15 日前预备 5 年长期计划并逐年更新 6. 分派每日工作至少达成原定进度的 85%

三、设立绩效考核中心

设立绩效考核中心是人力资源主管必须面对的问题，因为企业在考核一个人过去业绩的同时，还试图对他（她）的发展潜力做出评价。一些企业已研究出一种单独评价潜力的方法。这种过程常常在绩效考核中心的地方进行。

绩效考核中心要求员工完成类似于他们在实际工作中可能遇到的活动。这些模拟练习是以整个作业分析为基础的。在某一时期，考核者通常在某处观察员工，而不是在员工平常的工作位置上观察他们。被选择的考核者主要是有经验的经理们，他们既参与这种行为又评价业绩。考核中心已越来越广泛地应用于：①识别那些具备较高管理水平潜力的员工；②选拔基层主管；③确定员工的发展需要。

设立绩效考核中心的一个优点是，它提供的信息具有更强的可靠性和有效性。绩效考核中心在业绩预测方面比能力测试方法更加成功。

表3－6所示为某企业绩效考核中心的典型计划。绩效考核方案被用于选择新员工和考核现有员工的潜力上。注意在考核一个参与者行为时所利用的练习数量。

表3－6　某企业绩效考核中心的典型计划

第一天
大约每个候选人需要4个小时的背景面谈和一组演习。面谈涉及诸如工作经验、教育背景和领导经验等传统的范围。而演习则为个人提供了示范他（她）如何处理包括日常救火般的行政管理问题的机会。第一天的所有活动都根据个人进行安排，并且由员工关系部门的人员负责实施

第二天
另外4小时用于小组和个人的演习。与资源再分配有关的小组演习是为了观察候选者在同事中解决问题时的个人表现。在个人的演习中，每个候选者扮演部门主管的角色来处理4种典型的工作问题。6位业务经理作为考核中心工作人员安排第二天的活动。他们观察和评价6名候选人的表现。随着每次演习的结束，他们要立即完成每位候选人的业绩评定表格。在所有的演习完成和候选人离开后，工作人员要对每个人成为部门主管的潜力做出总体评价。对有关每位候选人业绩的50多条资料及从会见中得到的信息进行审查，然后工作人员对每位候选人达成一致意见并着手推荐工作

表3－6的考核过程显示出：绩效考核中心是以部门主管岗位的工作分析为基础的，并且考虑到了内容的有效性。绩效考核中心提供给所有候选人证明他们技能的平等机会，并且不歧视任何员工。例如，对来自14家公司的1000多位候选人的研究表明，成功率对于高加索人、少数民族人和妇女都是能接受的。那些在绩效考核中心中得分最高的人，同时也是后来受到工作提升次数最多的人。因此，绩效考核中心预测效力的一个方面得到了证实。

表3－6的考核还表明每六位考核者可以考核一个参与者。参与者在企业中的职位，常常决定着在中心里花费时间的长短。基层主管的候选人可能只花费一天或两天的时间，而对那些中层管理职位和高级管理人员，则考虑需要更多的时间。评价期结束之

后，参与者回到他们的工作岗位上，考核者准备他们的评价结论。有趣的是，因为考核者常常并不是人力资源开发人员，所以他们常常较注意观察经理们在组织中是如何工作的，经验表明：参与者能够深入地洞悉到他们自己的优点、缺点和利益。根据这些洞察，管理者和个人可以判定员工发展的计划。

准确地考核潜力和考核业绩，对生产效率是极为关键的。构思不佳的或者未能正确实施的体系，实际上还会影响员工的业绩。绩效考核明确地送给管理者一把双刃剑。然而，既然要提高劳动生产率，且要做出诸如加薪、提升和转岗等方面的决策，则企业必须尽可能力争最好的绩效考核体系。

绩效考核方法直接影响考核计划的成效和考核结果的正确与否。具有代表性的考核方法必须具备信度和效度，并能为人所接受。信度，是指考核结果必须相当可靠；效度，是指评估达成所期望目标的程度。一项好的考核方法还应具有普遍性，并可鉴别出员工的行为差异，使考核者以最客观的意见做考核。目前企业采用的绩效考核方法差异很大，但其基本方法有以下几类。

同时需要提醒人力资源主管的是以下这些绩效考核的方法，各有优点，也各有不足，不必去断言哪一种方法是最优的，而是应该在指导人力资源部门进行绩效考核的实际运用中，选择一种较为合适的考核方法。总的说来，良好而适用的评估方法应符合以下几个原则：

（1）最能体现企业目标和考核目的。

（2）对员工的工作起到正面引导和激励作用。

（3）能比较客观地评价员工工作。

（4）考核方法相对比较节约成本。

（5）考核方法实用性强，易于执行。

第三节　员工绩效考核方法

一、常规考核方法

常规考核方法最终产生的结果是按工作绩效由高到低排序的员工名单，据此可以做出精简组织、人事调整的决策。

1. 排序法

在直接排序法中，考核人员及被考核者的直接上司按绩效表现从好到坏的顺序依次给员工排序，这种绩效表现既可以是整体绩效，也可以是某项特定工作的绩效。这种绩效顺序仅适用于小企业，当企业员工的数量比较多时，以这种方法区分员工绩效就比较困难，尤其是对那些绩效中等的员工。这时，考核人员可采用间接排序法：第一步是把最好的员工列在名单起首，表现最差的员工列在名单末尾；然后在剩下的员工中挑选最好的列在名单开首第二位，把表现最差的列在名单倒数第二位……这样依次进行，考核人员不断挑选出最好的和最差的员工直接排序完成，排序名单上中间的位置是最后被填入的。

2. 两两比较法

两两比较法指在某一绩效标准的基础上把每一个员工都与其他员工相比较来判断谁"更好"，记录每名员工和任何其他员工比较时被认为"更好"的次数，根据次数的高低给员工排序。这种方法较之排序法的优点在于：考虑了每名员工与其他员工绩效的比较，更加客观。其缺点是：

（1）如果需要评价的人数很多，则需做的比较次数将非常多，工作量很大。

（2）若评价出甲比乙表现好，乙比丙表现好，丙比甲表现好，则无法自圆其说。

3. 等级分配法

由考核小组或考核人员先拟定有关的考核项目，按考核项目对员工的绩效做出粗略的排序。设立一个绩效等级并在各等级设定固定的比例分配，如"优"10%，"较优"20%，"中"40%，"较差"20%，"差"10%，按每个人的绩效排序分配进绩效等级。采用这种方法，人事考核结果不再着重于具体排序，而着重于每个人的绩效等级。

这种方法的问题在于：员工的绩效可能不适于分配设定的等级。

二、行为考核法

对于上述三种常规方法来说，考核人员在运用时不得不把每名员工的绩效与其他员工相比较，若整体绩效较差，这种考核就失去了客观的参照系，失去了准确性。而行为评价法使考核人员能够独立于其他员工，仅依据客观的行为标准来考核每一个员工。

1. 量表评等法

量表评等法是应用最广泛的绩效考核法。评等量表通常包括几项有关的考核项目，如评估中级管理人员的工作实绩时，一般制定的考核项目有：政策水平、责任心、决策能力、组织能力、协调能力、应变能力和社交能力等方面，对每项设立评分标准，最后把各项得分加权相加，即得出绩效评分。

2. 关键事件法

从这一次考核到下一次考核之间，考核人员应该搜集情报使考核尽可能公平正确。如果未能做到这一点，考核就可能只是依据模糊的记忆来判断。

"关键事件法"共有三个基本步骤：

（1）当有关键性事件发生时，填在特殊设计的考核表上。

（2）摘要评分。

（3）与员工进行评估面谈。

考核的记录并非一种标准，而是收集员工工作的重要事迹。收集的事实需要以能对考核人员及管理阶层发挥作用为前提，也就是要能协调员工了解工作需要，也兼能发展员工潜能，以担当更重的职责。

3. 行为评等法

行为评等法是关键事件法的深化和突破，它主要是通过行为事实方面的依据来考核员工，这些行为事实，就是平时记录下来的关键事件。

行为评等法首先要进行工作分析，收集描述是否胜任该工作岗位的行为事实，把这些行为事实细分为多个方面（如管理能力、人际关系等），每个方面都设立具体的标准，并对每个方面的重要性进行量化，即分配权数。根据这些基于行为事实的等级标准和权重，可以形成一张含义明晰、衡量公正、易于使用的表格。考核人员可以利用这张行为评等表格进行员工考核。

4. 混合标准评等法

混合标准评等法综合了关键事件法和行为评等法的长处，尽量避免了两者的弊端，作为一种实践发展的产物，它是有较大优越性的。混合标准评等法使用混合标准量表，此表在设计的系统性方面与行为评等法很相似，但它不同于行为评等法对每一行为表现的精确量化，它是就某项工作的几个特定方面分别做出三种行为描述表示绩效的高、中、低三档，而没有明确的分值。

5. 行为观察评等法

行为观察评等法是行为评等法的另一种发展。行为观察评等法并非考核被考核者做某项工作的水平或优劣程度，而观察被考核者做某项特定行为的频度，设定与频度相关的分值。例如，一名营业员在一月之内与顾客发生 0 次争执得 5 分；发生 5 次以上争执得 0 分。

行为观察评等法的突出优点是直观、可靠，被考核者更易接受反馈、提高自我绩效。

三、工作成果考核法

1. 绩效目标考核法

绩效目标考核与目标管理很相似，考核绩效更有针对性。绩效目标通常是特定的、有时限的、有条件的、与组织目标完全一致的。绩效目标不仅有总目标，还有很多项分目标，在考核时每一项都按员工达到目标的程度独立考核，最后再加权平均。

这种考核法的最大优点在于为员工的工作成果树立了明确的目标，能激励员工尽量向目标靠拢。绩效标准越细致，员工人事考核中的偏见和误差越少。这种方法的缺点在于需要较多的时间和精力去制订一套完整的人事考核标准。此外，绩效目标尽管可能成为激励员工努力工作的强大动力，但也可以导致员工之间不必要的激烈竞争，使内耗增加，整体绩效下降。

2. 指数考核法

指数考核法不同于绩效目标评估法之处是绩效衡量的方式不同，指数法通过更客观的标准（如生产率、出勤率、跳槽率等）来考核绩效。

第四节　绩效考核实施控制

一、确定绩效考核的间隔时间

设定绩效考核的间隔时间对考核运作来说，也是必不可少的一环。设定的间隔时间因工作性质而异，应充分讲求科学性，若间隔时间太短，则投入大量的人力、物力、财力得出毫无意义的考核结果，如对流水线操作工每天进行绩效考核就没有必要；若考核的间隔时间太长，一则失去了绩效考核对员工工作应有的监督作用和威慑力，二则不能让员工对自己的工作及时获得反馈信息，影响员工修正工作的方法、提高工作绩效。

就考核的科学性而言，不同的工作应设定不同的考核间隔期。一般的考核间隔期为六个月至一年，对大多数工作，如熟练的流水线操作工或组织中常规工作的管理人员，这一考核间隔期是比较合理的。但对于项目制工作而言，一般在一个项目结束后进行绩效考核或在期中、期末进行两次考核。对于培训期的员工，绩效评估的间隔时间设定比较短，以使员工及时获得反馈和指导。

此外，绩效考核的间隔期因考核目的不同而应有所不同。若考核目的是为了更好沟通上下级意图，提高工作效率，则间隔期应适当短一些；若考核目的是为了人事调动或晋升，则应观察一个相对较长时期内的员工工作绩效，以免为某些员工投机取巧的行为所蒙蔽。若员工的长期工作绩效一贯良好且不断上升，则应考虑给他加薪或升职；若员工原长期工作绩效一贯低下，则应考虑其他人替代其工作岗位。

二、设计员工绩效考核的表格

绩效考核的标准体系确定下来之后，必须设计一系列的表格来对员工的工作情况进行记录，以便绩效考核有据可查，同时也将是员工薪酬管理、员工激励、教育培训管理的基础，绩效考核表格一般有：

（1）日常考核表格。

（2）员工定期考核表格。

（3）关键岗位工种考核表格。

（4）员工晋升考核表格。

考核表格的样式多种多样，格式也很灵活，但应根据企业实际情况设计，现列出员工晋升考核表的样式（如表3-7）以供人力资源部门参考。

表3-7　员工晋升考核表

姓名：　　　　部门：

服务单位				到职日期			年　月　日	
出生日期		籍贯	省　县　市		性别		学历	
现职任务								
本职位经验	十年以上	五年以上	三年以上	一年以上	执行公司政策	贯彻	大部分	部分	小部分
	10	7	4	2		10	8	6	2

续表

统御性向	有领导力	稍具领导力	需加训练	无能力	熟悉公司章规	熟悉	尚熟悉	部分	不太熟悉
	10	6	2	0		10	8	6	2
对上司有否意见	十次以上	五次以上	一次以上	无能力	工作态度	忠诚	热忱	合作	保守
	10	7	4	0		10	8	6	2
发展潜力	智慧	知识	判断力	主见	计分	评语：			
	10	10	10	10					

以上由评审小组评分　　　　评分：

学历	大学	专科	高中	初中	本公司年资	十年以上	五年以上	三年以上	一年以上
	10	8	6	4		10	7	4	2
出勤情形	准时到班	偶有迟到	常请假	不守规则	热诚参加公司集会	参加	部分	偶尔	不参加
	10	6	2	0		10	7	4	0
奖励分	大功	小功	嘉奖	表扬	惩罚分	大过	小过	告诫	警告
	9	3	1	0.5		9	3	1	0

以上由人力资源部门评分　　　　评分：

指示		人力资源部门：章

三、收集员工资料

有了考核的标准体系和考核的表格之后，考核工作就可以正式进行了。

收集员工资料是指考核人员实施绩效考核的第一步，它是在一次考核至下一次考核间隔期内观察员工的行为表现或听取企业内其他人员观察到的该员工的行为表现。这是人事考核的基础工作。

收集员工资料最常用的是"关键事件法"。此法所收集的事件资料，都是明确而易观察且对绩效好坏有直接关联的。事件收集到手并加以整理后，填入设计的表格中，作为员工考核的原始依据。

在收集考核"关键事件"时，绩效考核人员应重点获取以下两方面资料：

（1）工作表现的记录，例如：生产产品质量、工作中努力的程度、是否按时完工等。

（2）与被考核者有来往的人的考核，包括直接主管、同事或该员工服务的对象。资料的来源越多越好，但要加以选取，保持其正确性。

四、绩效考核形式

绩效考核的形式一般有四种，自我评估、同事评估、上司考核、亲自考核。下面重点介绍上司考核与亲自考核。

1. 上司考核

上司是指被考核员工的直接主管，也通常是绩效考核中最主要的考核者，好的主管比其他任何人更了解下属的工作和行为表现，因此他在绩效考核中最有发言权，因此，上司考核一般用于复评，起决定作用。

上司考核的优点在于：一是考核可与加薪、奖惩等结合；二是有机会与下属更好地沟通，了解下属的想法，发现下属的潜力。

上司考核的弊端在于：一是由于上司掌握着切实的奖惩权，考核时下属往往感到受威胁，心理负担较重；二是上司的考核常沦为说教——单向沟通；三是上司可能缺乏考核的训练和技能；四是上司可能有偏见，不能保证考核的公平公正性，会挫伤下属的积极性。

2. 亲自考核

亲自考核主要是指考核人员采取面谈、填写表格、翻阅等方式进行考核，是所有考核形式中最为公正的考核形式，面谈的方法技巧如下：

（1）准备考核面谈。考核面谈的准备工作，应该是考核人员及员工两方面的事，考核人员应决定面谈要完成的目的有哪些，应安排妥当的设备，通知员工，并计划好采用何种方式。员工应该先有准备，以便在会谈时参与讨论使评估比较公平。

①应达成的目的。共有五项：对员工的表现双方有一致的看法；指出员工的优点所在；指出员工待改进的缺点；双方对某项缺点制定的改进计划；协定下一次考核阶段及考核人员所希望员工做的事（即工作要项及绩效标准）。

②考核人员的准备：

A. 决定最恰当的时间：这个时间要使双方都能抽得出，而且不受干扰。

B. 决定最佳场所：单独一间的办公室是最理想的场所，场所要能舒适且使双方都觉得轻松。

C. 准备设备：桌椅的安排要使部属感到自然，可能的话，要有茶水供应。

D. 集中资料：填就一份客观考核表。

E. 计划如何开场：是开门见山面谈的目的呢，还是先从一些轻松的话题入手。不论哪种方式，一定要自然，而且能造成最佳面谈气氛。

F. 计划采用的方式：下面介绍的一些方法值得主管考虑：先谈员工的优点，再谈工作要项中需改进的地方；直接从表格入手，说出考核且一次只讨论一项；在提出考核之前，先让员工说出他（她）的看法，让员工把表上所有项目都先说完，或者是逐项检核时让员工先说，和员工轮流发言。

G. 事先通知员工时间要适当：员工应该有足够的时间来准备面谈，并且清楚地知道面谈的时间、地点、目的等。

H. 计划结论：想好用什么方式、在什么时候结束面谈。

I. 保证不受干扰：确定面谈时，没有电话也没有访客。

③员工的准备：收集与先前绩效有关的资料，包括与工作行为及成就相关的资料，对于某些未完成及做得不正确的工作也应说明理由；预先把不在办公室的工作安排好。

（2）进行考核面谈。举行面谈是考核作业中最重要也是最困难的部分之一。充分准备是必要的，除此之外，尚有一些具体的面谈方式与技巧可供采用，以求最高效果。最重要的是考核人员应把握以下两点：一是说明面谈的目的在于讨论工作和绩效而不是人格的问题；二是注重未来要做的而不是既往已做的。

以下是提供给人力资源部门的 10 点方针，对人力资源部门的面谈考核有极大的帮助。

①建立并维持彼此的信赖。信赖可以定义为一种适合面谈的气氛。如要真能促进彼此的信赖，那么花几分钟作应酬式的交谈也是值得的。怎样是属于彼此互信的面谈气氛？怎样的气氛又不是呢？表 3 - 8 将两者对照做一比较。

表 3 - 8　面谈气氛表

充满信赖的气氛	缺乏信赖的气氛
自在，轻松	紧张，恐惧，急躁
舒适	不舒服
友善，温暖	正式，冷峻
敢自由坦诚地说话	不敢放开说话
信任	挑战，辩解
倾听	插嘴
明白	不明白
接受批评而无怨气	怨恨别人的批评
不同意别人的意见也不攻击别人	争辩，侮慢对方

②清楚地说明面谈的目的。考核人员要用积极的字眼清楚地让员工明白此次面谈要做什么。

③鼓励员工说话。面谈一定要有双向的沟通。

④倾听而不打岔。要在倾听的过程中挖掘对方的想法以及他的感觉，而不只是保持缄默不说话。

⑤避免对立及冲突。虽然双方能表示不同的见解，但主管应避免造成对立及争辩的场面。

⑥集中在绩效，而不在性格。因为这是绩效面谈。

⑦集中在未来而非过去。

⑧优点与缺点并重。

⑨该结束时立即停止。

⑩以积极的方式结束面谈。要使员工离开时满怀积极的意念。

五、公布考核结果

考核结束后，为了使考核的作用得到充分发挥，就必须将考核的结果及时反馈给被考核者本人，以起到激励和奖惩的作用。考核结果公布的形式可以有很多种，但主要有集体公开和个人公开两种：集体公开就是将考核的结果向全体员工公布；个人公开就是将考核的结果只向被考核者个人公布。

一般而言，凡是企业所提倡的行为，其考核的结果应采取集体公开的形式。不提倡的行为，其考核的结果应采取个别通报的形式，以教育本人，为其改正行为留有余地。

在实施人事考核中，千万不能忽视对考核人员的训练，如果没有训练有素的考核人员，就不可能有效地运用和执行考核标准和制度。

第十六章　员工目标管理

第一节　员工目标管理概述

一、何为目标管理

目标的传统作用是管理当局施加控制的一种方式。制造企业的总裁告诉生产副总裁，他希望下一年度制造成本水平应当是多高，这位总裁还可能告诉市场营销副总裁，下一年度销售额应达到什么水平。销售主管可能告诉业务员每人的销售业务应是多少，可以开销多少业务费用，等等。在随后的某些时间和进程上，管理者对完成结果进行评价，以确定分派的目标是否达到了。

传统的目标控制的主题是目标由组织的最高主管设定，然后分解成子目标，并落实到组织的各个层次上。这是一种单向的过程：由上级给下级规定目标。这种传统方式假定最高主管最了解应当设立什么目标，因为只有他能够综观组织的全貌。

除了全是自上而下地设定目标，这种传统的目标设定方法，在很大程度上还是非操作性的。如果最高主管采用泛泛的语言定义组织的目标，如"获取足够的利润"或"取得市场领导地位"，这些模糊性目标在转化为具体目标的过程中，不得不经过组织的层层过滤。在每一层上，主管都加上一些可操作性的含义，明确性的获得是靠每一级主管用他自己的理解，甚至是偏见，对目标进行解释。结果是，目标在自上而下的分解过程中，丧失了它的清晰性和一致性，见图3-2。

传统目标管理的弊端还有，在设定目标过程中，只有委任，没有授权。下一级员工接受了目标，即承担了责任，但没有权力，有权无责，只有扯皮和推诿，员工动力不足。

目标会带来约束，会形成控制。但关键是——目标、计划、标准如何产生、如何形成？

如果由上级说了算，一个人拍板决定，而后"宣布"，指使员工照着去做，则员工肯定会反感。因为，这是一种外部的"强加"，规范和控制来自于外部。

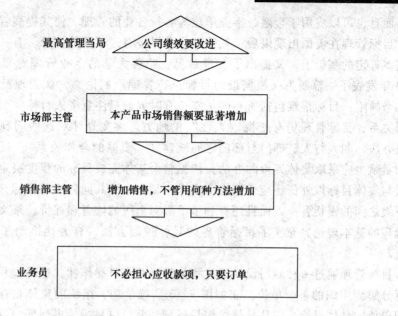

图 3 - 2　传统的目标制定过程

如果上级与员工共同商议，共同决定目标、计划、工作标准，员工直接参与决策，那么，情况将大大改观。员工会将这些目标、计划、标准视为己出，会认同、接受它们，会在行动中积极、主动地实现它们，会用它们去量度、控制、指导、规范自己的行为。他们就会感到：这是自己为自己订立了行动的依据，自己没理由出尔反尔，没理由自己反对自己，没理由去违反自己的决定。

目标管理不是什么新概念，早在 40 年前，著名管理学家彼得·德鲁克就在他的《管理实践》一书中提出了这一思想。它的吸引力在于提供了一种将组织的整体目标转换为组织单位和每个成员具体目标的有效方式。

目标管理产生于现代管理理论。泰罗的科学管理方法大大地提高了劳动生产率，但也使工人的劳动变得紧张而又单调，使工人整天在机器旁疲于奔命，引起工人的强烈不满。因此需要谋求新的管理控制理论和方法来缓和劳资矛盾，获得更大生产效率。在这种情况下，开始了著名的霍桑试验，产生了以梅约等人为代表的"人际关系"学说。梅约等人认为，要提高生产率，调动工人的积极性，必须"重视人性"，"把工人当成人看待"，而不是当做机器零件看待。目标管理理论把泰罗的"科学管理"学说同梅约的"人际关系"学说结合起来，强调要把企业的生产经营搞好，必须把企业的组织目标与个人的目标协调一致，管理办法要从"威逼"发展到"利诱"。传统的管理方式"诱饵与鞭子"、"指挥与控制"在实现目标过程中已无济于事。控制方法应该改变，使员工充分发挥自己的才能和潜能，实行自我控制，达到个人与组织目标的统一。这远非以往传统的管理控制方法所能奏效的。

目标管理方法一诞生，就被企业界广泛采用。据美国某顾问协会的一项调查，在被调查的公司中，有 80% 都采用了目标管理制度。另外还有一项研究表明，超过 300 个床位的大医院也都采用了目标管理方法。应用实践证明，目标管理不仅可以应用于工业企业，而且也可以应用于金融、事业单位等各行各业的管理，使其提高管理效果。

目标管理在美国出现以后，在管理实务界曾有过不同的评价。有一些企业管理专家在基本肯定的基础上，又提出了改进意见。哈佛大学的企业管理专家亨利·莱文森在1970年发表了一篇题为《根据谁的目标进行管理》的论文，认为现行的目标管理有以下几个缺陷：目标很难包括所有的工作；有时人们只注意个人目标，而忽视了工作间的协同关系；目标管理仍有忽视"人性"的地方。莱文森针对这些问题，提出了相应的解决办法，如人与人、部门与部门之间应建立"真诚的合作关系"。还主张每个人对集体的贡献也应采取集体评价的办法，依据整个集体完成目标的程度决定奖励的多少；除个人与集体目标以外，还应该制定由个人和顶头上级共同完成的目标，这样不仅有利于上下级之间的密切合作，而且还有利于下级对上级的监督和评价。莱文森等人丰富了目标管理的基本理论，充实了目标管理的具体控制方法，有力地推动了目标管理的应用实施。

目标管理通过一种专门设计的过程使目标具有可操作性，这种过程一级接一级地将目标分解到组织的各个单位。正如图3-3所描绘的，组织的整体目标被转换为每一级组织单位的具体目标，即从整体组织目标到经营单位目标，再到部门目标，最后到个人目标。因为较低层单位的主管参与设定它们自己的目标，因此，目标管理的目标转化过程既是"自上而下"的，又是"自下而上"的。最终结果是一个目标的层级结构，在此结构中，某一层的目标与下一层的目标连接在一起，而且对每一位雇员，MBO 都提供了具体的个人绩效目标。

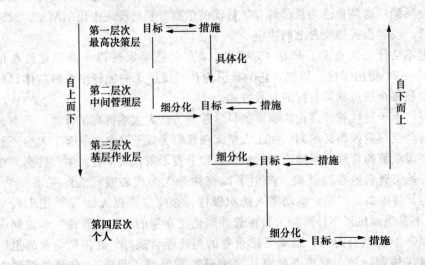

图3-3　目标的层级结构

目标管理是依据外部环境和内部条件的综合平衡，确定组织在一定时期内预期达到的成果，制定出目标，并为实现该目标而进行的组织、激励、控制和检查工作的管理控制方法。该管理控制方法的主要特点是：

1. 不要让员工说"没有功劳也有苦劳"

在管理控制中，有两种方式：一种是注重怎样干而忽视工作目的；另一种则是注意从达到一定目的出发而采取措施保证实现目的成果。两种不同的控制方法，必然有不同的工作结果。前者容易造成工作中按章办事，墨守成规，缺乏创造精神，或者促成上传下达的官僚主义。而后者则注意调动各方面人的积极性，为达到目的而采取各种方法、途径，充分发挥员工的主观能动性，在明确工作范围和工作业务的前提下，由员工自己和组织共同制定出某时期内要完成的工作成果和措施，自始至终围绕实现目标而尽心竭力，促成自我控制。

目标管理体现了"责、权、利"的密切结合，是一种立体的、多维的、新的经济责任控制体系。目标管理对员工实现的成果进行考评，比较明确、具体、客观、公平。成果考评的结果不仅给予相应的奖励和表彰，还把个人成果反映到人事考核上，作为晋级、提升的依据。这种把企业的业绩提高和员工个人晋升等个人利益结合起来的做法必然会成为激励员工积极争取更好的成果的推动力。

2. 控制由静态到动态

传统的控制方法以责任制为基础，以静态的岗位为对象，规定的条文一般要几年才能修改一次，并不与管理目标相联系。责任制多强调分工，但是"分工"越细，"扯皮"的问题也就越多。而目标控制是针对企业现实制定出一定时期的具体目标，密切联系总体目标而采取相应的策略，层层展开，落实到每个岗位，越到基层，其目标和措施越具体，所承担的责任也就越明确。

现代管理之父彼得·杜拉克认为："目标管理的主要贡献之一，就是它使得我们能用自我控制的管理来代替由别人统治的管理。"目标管理控制通过预先确定目标、适当授权和及时的信息反馈，推动各级管理员及员工实行自我控制，根据具体情况具体分析。

3. 控制以整个组织的成果为中心

企业中每名成员都有不同的贡献，但所有的贡献都必须是为着一个共同的目标。他们的努力必须全都朝着同一方向，他们的贡献必须互相衔接而形成一个整体——没有缺口、没有摩擦、没有不必要的重复劳动。因此，目标管理要以每个部门、每个岗位对组织最终成果的贡献来评价他们的工作，从企业总目标的需要出发，制定各部门、各岗位的目标。

4. 控制有的放矢

无明确的目标，管理是杂乱的、随意的。对任何人和任何集体都难以期望有效地完成其任务。应当为企业各级机构的所有员工，从上到下，直到每个工长、推销员以及诸如会计员、工艺师、化学师等规定目标，使层层、处处、人人、事事都有目标，这样就规定了每个人在一个特定时期内预期完成的具体任务，从而使整个管理部门的工作能在特定的时刻内充分地融合为一体。

5. 以自我控制代替被人把持

传统管理中，通常由上级为下级规定目标，如总主管为厂长规定目标，厂长为车间主任规定目标，等等。目标管理要求对实现目标负有责任的各方员工共同协商制定目标。以部门目标为例，它由三方面员工参与制定，即上级主管、部门主管及部门工作员工，其中上级主管起指导作用，部门主管承担主要责任，部门工作员工参与协商。换言之，每个管理员工都要参与制定三个不同层次的目标，即高一层次的目标、本部门的目标及下属的目标。

个人目标的制定主要依靠执行者本人，这和以往的管理由上而下摊派工作任务的做法截然不同。现代目标管理重视协商、讨论和意见交流，而不是命令、指示、独断专行，是体现民主的管理，能在一定程度上缓和上下级之间的某些矛盾，使关系更加密切，有利于调动员工的积极性和创造性。

以目标管理为中心的控制是一种"主动"的控制方式，使员工自觉地努力追求目标的实现，以积极的行动代替空洞的言论，以自我要求代替被动从属，以自我控制代替被人把持。

最后，以目标为中心的控制方法有助于克服管理控制中的许多通病。例如，目标管理把全体工作员工的注意力都集中到实现企业总体目标上来，可以提高凝聚力，增强全局观念，有利于克服本位主义；目标管理以成果为中心，不是强调做什么事和做多少事，而是强调有效的成果，有助于克服事务主义；目标管理面向未来，使组织各方面工作预先有了努力方向和统一安排，从而可防止或减少"突击式"管理；目标管理加强了上下沟通，减少了工作的盲目性，可防止"瞎指挥"；评价一个组织与个人，统一以目标的实现程度、对企业的贡献作尺度，可减少凭个人好恶奖惩的主观主义做法，防止把组织引向错误的方向。

目标管理控制的共同要素：明确目标，参与决策，规定期限，反馈绩效。其典型步骤是：

（1）制定组织的整体目标和战略。

（2）在经营单位和部门之间分配主要的目标。

（3）各单位的主管和他们的上级一起设定本部门的具体目标。

（4）部门的所有成员参与设定自己的具体目标。

（5）主管与下级共同商定如何实现目标的行动计划。

（6）实施行动计划。

（7）定期检查实现目标的进展情况，并向有关单位和个人反馈。

（8）基于绩效的奖励将促进目标的成功实现。

二、目标管理与其他制度的关系

1. 目标管理与预算制度的关系

有人认为，预算和目标应该一致，所以，除预算外还要设定目标，这种两头马车的做法，似属浪费，其实不然，目标的设定可以有效帮助预算的执行。

（1）预算通常是对整个部门做概括性的分配。虽然有时会分配到个人，但并不会分配到每一个人。而目标的设定，则不管是幕僚或一线员工，每个人都有份。从这个观点来说，目标可以说是预算的作业网。

（2）预算只是用金额或数量表示工作项目，而未表示完成工作所需的具体的方针或方法。但目标管理，却要求明确表示具体的方针和方法，因为缺乏方法的目标，不能算是真正的目标。

（3）有人认为，所谓预算不过只是规定了最低限度的业绩要求。设定目标的目的，在于决定期望员工去努力提高业绩的程度。在较为狭隘、防范意识较重的单位，通常总是把预算设定在低目标的水准。在这样的情况下，目标管理可以在消除预算目标偏低的现象方面产生促进作用。

（4）最应注意的一点是，预算很容易变成一种配额。因为大部分预算是由上向下"强卖"的。但是，目标管理必须在上下彼此同意之后，设定工作目标。也就是说，目标管理具有一种激励作用，使人们消除配额观念来设定目标。因此，目标管理可以帮助人们产生达成预算的工作干劲。

2. 目标管理与权责划分的关系

权责划分的形式、内容，因企业不同而各异。但也有些共同的地方：

（1）虽然划出了所属单位整体的职务编制，但没有言及每个人的职务细则。

（2）各项职务可以说是一种静态的设定，并未反映时时刻刻发生的变化。

（3）只记述某一个职务应该做什么（投入），对于应做到什么程度（产出），则没有记载。

目标则不然：

（1）它明确表示每个人的职务（目标）重点。

（2）对于这个职务（目标），要以"现在—将来"的方式，随时把握。

（3）对于该职务（目标）的内容（即投入）和应做到的程度（即产出）都一并记载周全。

（4）我们可以说，把"死规定"不断地做修订，而予以加强的东西便是"活目标"。

3. 目标管理与全面质量管理的关系

全面质量管理也要以目标设定作为重要支柱。它和目标管理的目标设定，到底有何关系呢？

全面质量管理在于"零缺陷"和"提高品质"。从这一点来说，它的目标是限定的。相反，目标管理的目标，涵盖工作的所有范畴，可以说是统筹全局的。

所以，最好是将全面质量管理当做目标管理中的一部分，去全力推行。因为如果各工作单位认为无缺点运动或"品管"活动重要的话，当然会把它设定为重点目标的。不管是目标管理，或是全面质量管理，它们的基本精神，就是对人的责任感、发现问题和解决问题的能力都是信任的。

再者，"零缺陷"运动、"品管"活动，通常是由小组（小集团、小团队）单位设定目标。因为在这种工作场所，是以小型的团体做同种同类工作为基本原则。根据我们的经验，在这种情形下，可以不必设定个人目标。

相对的，目标管理则以设定个人目标为原则。因为适用目标管理的工作，以管理性职能居多，每个人都在从事不同性质的工作。也就是说，目标设定要适用于小组或个人，是依工作性质而定，两者在本质上并无抵触之处。

我们最好是把这两者予以一体化,而将无缺陷运动及"品管"活动,视做目标管理的副体系。

4. 目标管理和人事考核的关系

关于是否把目标管理的成果评价和人事考核结合在一起,有赞成与否定两种看法。

有人以为既然加以评价,如果不与薪金(加薪、年终奖金、奖金)结合的话,不会发生激励作用。具有这种想法的人,主张评价结果必须跟人事考核结合在一起。从理论而言,这是很对的。

但在目前的情况下,要在目标评价后马上和金钱相联结,似乎不合时宜。有以下三点理由:

(1)目标评价是以所谓"绝对评价"来个别单独评价的,不能以平均范围来控制。相反,人事考核是用"相对评价"把全体员工控制在一定的平均范围内。所以,要把目标评价结合人事考核,在技术上甚为困难。

(2)每个人所设定的目标水准,从侧面看,不一定很公允。特别是在能力和目标不一致的情形下,更是问题。例如设定的目标,如果低于能力时,达成率便会不合理地高出来。在目标设定的技术问题还未进一步解决以前,要和人事考核结合在一起,似乎有困难。

(3)如果目标评价结果马上和金钱发生关联,对于还未成熟的目标管理,难免有被歪曲的可能。员工本身也有自卫本能,所以,谁也不能保证不会在目标上做手脚。这样的话,目标管理本来的目的,便会被破坏无遗。因此,在目标管理尚未生根到有信心以前,不要轻率地把目标管理和人事考核直接牵连在一起。

但如果目标管理已经迈进到成熟阶段,当然要跟人事考核结为一体。

三、共同目标的设定

1. 设立共同目标要考虑什么

设定一个组织(集团、分公司或部门)的共同目标,首先必须决定本组织的前进方向。设定共同目标时应考虑的问题有:

(1)本组织为什么要存在?

(2)本组织要存在的必要条件是什么?

(3)本组织是一个怎样的事业机构?

(4)本组织有些什么可资开发的潜力?

(5)五年后或十年后,本组织应该达到怎样的境界?

(6)在设定组织的共同目标时,还必须确认产品或服务的正确性,并明了这些产品或服务对于客户需求改变时所扮演的角色。举例来说,某公司是一家航空公司,其产品或服务也就是"乘客的运送",在设定公司的共同目标时,管理层就必须考虑有关航程、装备、技术、服务、可靠性等问题。

(7)"变化"或"革新"也是一个必须考虑的项目。若干年前,一家航空公司也许认为其服务项目为"移动中的大饭店",因而其共同目标也许是给予乘客豪华的享受、周到的服务、快捷的速度。但是在今天,这家同样的公司很可能改以"移动中的度假胜地"，因而其共同目标又将重于娱乐、轻松、特殊的观光和购物机会等。

2. 管理角色的转变

推动目标管理，对于各级经理或主管，最大的变化就是——不要再把自己视为主管。

如何调动第一线员工的活力，并迅速地发挥出应变力和创造性呢？答案是：树立一个崇高的共同目标——适应今天和未来需要的远见和共同的价值观。作为一名主管，如何树立共同目标呢？答案就是：不要把自己当做一名主管，而是一名领导。

（1）管理是什么？100个主管会有100个答案。主管的"管"字意味着要压抑人，要管束人；领导则意味着引导人、激发人。摒弃自己是主管的理念就是要像一个伟大的领导那样将共同目标传递给下属，以此来引导、激发他们。

（2）领导的艺术精髓就是必须要有一种远见和使命，必须在各种场合都能清楚、有力地阐述这种共同目标。摒弃自己是主管的理念就是，要像一个伟大的领导那样不能吹奏不定调的喇叭。

（3）凡是有效的领导都具备这样的特点：一套核心哲学和对于企业（或部门）形成自己有特色、有远见的思想。为了进一步发展和灌输这一套哲学和思想，应该和同事们一起工作，以顾客为中心，授权下属去工作。摒弃自己是主管的理念就是要像一个伟大的领导那样身体力行。

（4）领导的基本要素是具有影响组织成员，并使他们明确目标的能力。主管是把事情做好的人。领导则是做那些该做的事情。其区别可以概括为：领导从事有关制定目标及进行判断的活动，强调的是效果；而与此相对的是主管从事例行的活动，强调的是效率。摒弃自己是主管的理念就是，要像一个伟大的领导那样关心公司的共同目标和总的发展方向，眼界应是未来的远景目标和整体利益，不仅仅是简单地进行例行管理。

总之，提出一套共同目标，更重要的是满腔热情地加以实践，这是主管进行有效控制的基本要素，关键是把自己的角色定位成领导。

3. 设定共同目标的一些原则

（1）有效的共同目标要激励人心。海尔集团：要么不干，要干就要争第一；海尔营销中心：在国内市场中的份额不低于前三名；海尔科研所：永远改进，追求完美；海尔生产车间：零缺陷。最有效的共同目标所要求这种或那种方式的"最佳表现"不是要求什么数字，而是如永远改进、追求完美、零缺陷、用户永远是对的等。

（2）当其他控制手段失效的时候，共同目标要扮演指路灯和控制器的角色。自我管理小组在现代管理中已占有一席之地，取消第一线的监工，减少中层主管，实行组织扁平化，是未来管理的趋势。但是，所谓控制并不是指许多的审计、会议或报告，相反，控制是对公司或团队的基本概念和经营哲学的理解。

（3）有效的共同目标要清楚并富有挑战性。宝丽来公司的创始人埃德温·兰德曾说："你通常要做的第一件事是让人们感到任务极其重要，而又几乎完不成。这才能使人们产生勇于拼搏的劲头，并变成强者。"气魄大方可成大，起点高才能至高。

有效的共同目标要通过强化灵活性和实施过程，在一个混乱的环境中经受得住时间的颠簸。共同目标强调的是要创造一种持久的能力，保证公司顺利地实施自己的战略，如一些有效的方向尺度：质量、服务、营销、反应能力。

（4）有效的共同目标体现在细节里，而不是一蹴而就。一个富有远见的指导思想是简明的、全面的，它是勾勒出企业如何在一个主要市场上长期保持优势的蓝图，但是共同目标的远见卓识体现在具体实施的细节之中，员工日程安排、工作目标以及奖惩制度等都是每日每时体现共同目标的"材料"。这些细节将口号转化为行动，并形成可靠和信任的基础，而这是任何别的东西所做不到的。

4. 如何建立共同目标

如何去建立共同目标呢？假设你刚刚被提升担任人力资源主管，或是创造了一家小公司，这时你想提出一个省力的远景目标。那么，该怎么办？

（1）回顾一下从前的经验。多少年来你一直是公司的一员，学到了什么呢？这样的组织中什么最使你烦恼？内控体系为什么"跑、冒、滴、漏"？当人们工作热情高涨时，是什么在起作用呢？相互扯皮的原因又是什么？一个远大的共同目标和一套价值准则首先来自于这些过去的经验。

（2）到处走走以了解情况，但要抓紧时间。随意逛一逛，把想法写在卡片上，与各方面员工交谈，征求他们的意见，思考所有的意见和情况。但行动要快，新官上任三把火形容的是新官的"蜜月"，若行动不及时，随着时间的流逝，你会失去冲动和兴趣。

（3）推行广泛参与。事情步入正轨之后，便可以在 30 天内，与完全不同的各个小组安排 15 次会议——来自各职能部门的一线员工、一线主管和工段长，以及供应商、顾客、经销商等等，与他们畅谈你的想法。

（4）逐步澄清自己的思想。你要沉到信息、资料和意见中去，并去伪存真，理出头绪。

（5）善于倾听。主管要从当时约束条件下的各种可能的方案中选择一种概念，接着清楚地解释它，赋予它存在的形式和合法性，并引起属下的注意和认同。但是，公司或团队的共同目标很少是由主管独自构想出来的。作为主管的你必须是一位高明的听众，尤其对推动组织变革和转型的主管来说，更需如此。成功的主管都是让员工成为"提问家"，并且确实倾注全力倾听。

5. 如何获得认同和支持

共同目标多为理念、观念，付诸实践的关键是让员工沉浸在这些思想里，并据此制定出自己的具体的目标。

麦戈雷戈："只要管理得当，人们能够把个人目标和组织目标统一起来。"要让人们为共同目标奋斗，需要人们从共同目标中看到自己的利益。销售业务部的团队利益建立的基础，就是要让那些下属相信，只要他们顾及公司的最大利益，主管就永远会照顾到他们的最佳利益。确立这样的信念，就要护卫他们的权利，帮助他们解决面对的问题，认同他们的成功，有加薪和升迁的机会，并推荐他们晋升，向高层主管赞美他们。主管要不断信守所有的承诺，须让所有成员感觉到他们参与的荣耀，且得到合理的奖赏。操纵得宜的主管提供给下属信任和激励，下属则提供自律和奋力。

（1）让每个员工必须相信，当共同目标达成时，他们自会得利。

（2）安排有赢家的善意竞争，但如果达到目标的话，就不要有牺牲者。

（3）内部竞争是健康的，但不要特别指明某个员工对抗另一个员工。赞美甲上个月的工作很努力没有错，但责问乙为什么不能像甲一样做得那么好就不对了，那样乙就会希望甲下个月业绩不好。那样就无法建立团队精神和共同目标。

（4）鼓励小组中的成员一起努力，要他们彼此帮忙，优势互补。

（5）阶段要求达成时一起庆祝，举行颁奖典礼，主管要有一定的表示。

四、目标管理的类别

1. 全员推行

一份调查结果显示，推行目标管理的对象范围仅由主管实施者意外地多，当然有的是引进初期的权宜措施，而有意逐渐扩大推行对象。无论如何，只有管理层实施，就变成没有手脚，仅有头部的目标管理，产生不了作用。如此则目标管理的旗帜，无法全面迎风招展。

因此，既然要推行，就应该一开始便由"全员"推行。当然为达到这个目的，必须谋求万全的准备工作与彻底的共识。

2. 业绩导向型还是能力开发型

所谓以组织为主的做法的业绩导向和以人为本的能力开发，本来是应该予以整合的。予以整合才是目标管理的真面目。所以，不管是哪一种职能，必须努力使两种类型合并实施，但仍然要依职能来调整其所占的分量。

一般而言，现场的工作"业绩导向"所占的分量要高，幕僚的工作则应偏重"能力开发"。至于主管员工方面，越是上级，越需要提高业绩导向的分量。越是下级，越需要提高能力开发的分量。

简而言之，应从每个人的职能上，视事实需要决定应有何种分量。

3. 成果主义型还是过程主义型

目标管理的最后目的在于"成果"，相信无人反对。所以，目标管理也有人称为成果管理。

但所谓成果管理，可能令人迷惑。若误认为成果管理只以成果是问，则与以前传统的管理方式，并无任何不同之处。

我们认为目标管理不只在求取成果，同时应重视"过程"的管理。当然成果必须作为一种结果列出来，但应将注意力贯注于成果未显现前的管理态度。也就是说，更应重视并关注它的过程。

但成果主义型和过程主义型的想法，并不相对立。我们甚至可以说，应该把过程与成果连成一气来考虑。不过，在观念上应该要有"有成果才有过程"的传统想法，同时要具有"有过程才有成果"的新想法。因此，我们认为应依管理层次的不同，酌用这两种方式。

一般而言，对管理阶层宜采用"成果主义型"，而对一般阶层，宜采用"过程主义型"。管理阶层本来就应该按其成果接受严格评价。从职责来说，直接向成果负责是理所当然的。所以，目前那种不彻底的做法，必须被摒弃才是。这就是对管理阶层来说，目标管理应该采用成果主义型的原因。

对于一般阶层而言，从地位和职责来说，在要求成果以前，应致力于发展其能力较为重要。以前的主管往往把自己应负责的成果责任推诿给员工，而对于应培养员工能力方面却很怠慢。因此，对一般阶层来说，目标管理应该采用过程主义型。

4. 个人中心型还是小组中心型

以前目标一向被认为应按个人设定为原则，这与目标管理的发源地是美国大有关系，因为在美国一切组织都以个人为中心。但目标管理移植到日本后，不只是以个人为中心，也有以小组为中心的，而且一般认为以小组方式的效果来得大。当然产生这种结果，与日本企业依集体主义行动的社会背景大有关系。

在我国企业，到底是以"个人中心"好，还是以"小组中心"好？不能一概而论。我们认为应该配合我们的"工作方式"来决定最为理想。一般说来，在一个工作场所里，分配给每个人的工作，如果因人而异的话，就应该采取"个人中心"方式。如果分配给小组的工作，是同性质的话，就应该采取"小组中心"方式。

如果采取"个人中心"，则过去那种互相依赖的不负责体制，就可能消灭掉，进而会迈向一种自立专业化的途径去。如果是以小组为中心时，前面讲过的团队的好处，可以充分发挥。最典型的例子，便是"无缺陷小组"等。关于无缺陷运动，应与目标管理一体实施的重要性已于前述。我们必须考虑究竟采用何种方式作为达成任务的单位较有效果，去决定采用个人中心型或小组中心型。

5. 管理循环周期应多样化

通常目标管理的管理循环周期为 6 个月。此期间不算长，也不算短。可以说最理想又可以配合公司的会计年度，能与预算连贯，颇为方便。但要把循环周期一律予以固定，则不甚妥当。

一般而言，企划、调查、研究、开发等职能，也许以一年为周期较为理想。相反，制造部门或销售第一线的职能，也许以 3 个月为周期，较符实际。上级阶层，周期宜予较长，下级阶层者，宜予较短。

竞争环境的变化也应加以考虑。在竞争不太激烈的时期，周期要放长；在竞争激烈的时期，周期要缩短。这样就可以因势而宜。

总而言之，应该配合职能、职位和环境的情况，使管理循环周期的长短，保持多样性。

五、好目标应该是什么样的

1. 好的目标要以问题为导向

所谓的"问题"，有很多种。首先是"看得见的问题"。比如，机器发生故障、库存品越来越多、客户抱怨等，这些问题谁都看得见。一般说来，这类问题"预期的水准"很明确，只要把脱离常规的现象当做问题处理就是。

因为能看得到，所以，作为问题的层次很低。可以说是：不是问题的问题。比"看得见的问题"高一层次的问题，就是所谓"待发掘的问题"，例如已采取某种措施，成本仍未降低；又如大家都在全力工作，而效率却未见提高，为什么？还有，和其他地区的条件完全一样，怎么某某地区的营业额不见起色？未知何故。诸如此类问题，并非每个人都能看得出来。如果光是用眼睛去"看"，而不用眼力去"观察"的话，是无法洞悉的。

一般言之，如果觉得情况异常，或认为必须采取某种措施，此时即应分析事实，探究原因，把握问题的症结，了解真相。再高一层次的问题是，"需要创造的问题"。例如 A 产品具有销售利益，但已进入成熟期，在此情况下，究竟应否着手研究开发代替 A 产品的新产品？今后是否应该将重点放在省力设备的投资方面？再如依目前情况，虽无迫切需要，究竟应否趁此机会，来大量培养软件设计的技术人才？所谓创造性的问题，便是指这些事情。也就是说：目前虽不成问题，但在 5 年或 10 年后可能成为问题的事。对这类问题的基本态度是，觉得不能长期如此，必须趁早采取某种措施。换言之，是一种预测将来而发掘机会的做法。

由"看得见的"问题，到"待发掘的"问题，再由"待发掘的"问题，到"创造性的"问题，必须深入发掘。一经掌握真正的问题，就将它列为目标。这种目标，才算是问题导向型的目标。必须克服"问题导向"，才能产生好的目标。

2. 好的目标要具体化

目标的具体化就是决定"从何项做起"、"做多少"、"如何做"及"在何时以前完成"这些问题。具体化之所以被认为是好目标的必备要件，是因为目标具体化后，容易确认结果。甚至有这么一个定律："要有衡量测定工作结果的方法，目标管理才会推行成功。"

（1）"从何项做起"——目标的重点化。这是目标的数目问题。"从何项做起"是"什么都做"的相对词。目标在设定的阶段，通常是这也要那也要。几乎想把所有经办的工作统统写出来。但我们似乎应该跳出综括主义的范畴才是。必须依工作的轻重缓急、重要性，依次选定目标。果真如此，目标应予"重点化"才可以。从很多目标中选出觉得重要的业务。通常以"五项"左右为理想。如果每一个目标都是有价值的话，只要达成 5 个目标，便需要相当大的努力。事实上，很难达成 5 个以上的目标。目标多，容易变成许多无效目标的并列。选定目标后，要权衡分量。分量的衡量要素要用"重要程度"和"困难程度"。这样把目标重点化后，重点以外的工作是否就可以不重视？其实所谓重点以外的工作，大都属于例行的工作。当然例行工作也不可以忽略，只是我们没把它们设定为目标而已。不把例行的工作设定为目标，那是目标重点化的关键所在。

（2）"做多少"——目标的数量化。这就是目标的量（数量）的问题。"做多少"，便是"尽量做"的相对词。目标应当简明扼要，仅仅说希望降低成本、改善服务或提高质量是不恰当的，这些期望必须转换成定量的目标从而可以进行度量和评价。例如，明确的目标应该是这样的，降低成本 7%；改进服务，保证所有的电话订单在收到后 24 小时内得到处理；或者提高质量使退货率低于销售额的 1%。但有些工作无法数量化。例如"加强意见沟通"目标，无法用数字表示出来。虽然如此，仍应力求将其具体化。例如改为"某某单位的会议，每星期一举行一次"。像这样，把抽象化的问题当做目标时，要思量"为实现此目标，应该做些什么事"，这便是具体化的秘诀。

（3）"如何做"——实现目标的方案。这是为了实现目标而设定方案的问题。所谓"如何做"，便是"设法做"的相对词。方案应该更加受到重视才是。讲得极端一点，设定方案比设定目标还要困难。因为设定方案，必须要有创意和策略才可以。无论要实现什么目标，都有两种以上的方案。尤其目标是新设定的或难以实现的，能否成功，那就要看选择的方案如何而定了。例如："提高工作效率6%"这个目标，假定方案可依靠改良机器工具、改善作业流程、改动标准时间、实施技术再训练等几种手段来达成时，到底要选择哪一种，就要看效率降低的真正原因如何而定。没有方案的目标，不是目标。

（4）"在何时以前完成"——实现目标的进度表。这是实现目标的时间问题。所谓"在何时以前完成"，是"尽快"的相对词。我们是否很有信心地说出，对时间的关切，能和对人、金钱及物的关切一样？"请赶快做"这句话，不只是在表明时间急迫，而且默认没有进度表。所谓进度表，是对于将来工作预订计划的时间表。目标要求附带这种进度表。必须明白提示什么时候开始、什么时候完成。刚才提示过，有些目标不容易予以数量化。这里的进度表化，便具有代替它的作用。可以说，工作越高度复杂，越需要用时限来加以控制。

3. 好的目标要多元化

在追求目标的过程中，我们发现把目标多元化也是一个可行的方式。它的目的在于把过去的单线变成复线，使目标能配合各单位不同的需要。

（1）个人目标、小组目标及共同目标。设定目标单位原则上是以个人为设定单位，而不是以组织（部门、科室、小组）为设定单位。换言之，即主管、科长、员工个人设定目标。因为目标管理在根本上是否定传统管理所称的集体不负责任制度。再看看质量管理等团队活动，只要有团队目标就能够圆满实现目标，不必再设定个人的目标。所以，只要是属于人数少的团队，团队里所有员工都从事同类工作，团队成员的工作和该单位的目标，直接连接在一起，以及所有成员互相积极协调，用团队目标去推动，反而较好。团队目标是属于一个单位内的问题。如果为了达成这个目标，需要其他单位的协助支援时，应由两个以上单位的协调来设定目标，这就是共同目标。为了设定共同目标，管理阶层必须在事前和对方协调，上层协调妥当时，基层做事时的冲突就减少。

（2）业务目标、培植员工目标及自我启发目标。这是指目标领域的多元化。主管的责任大致分为达成业绩责任和培植员工责任。但事实上设定的目标，差不多以有关业绩责任方面者居多。属于培植责任方面的目标，却寥寥无几。为了修订这个偏向，应将主管的目标划分为"业务目标"和"培植目标"。那么，主管便不得不去关注员工，进而培植员工。此外，可以想见的是：在这种情况下，应让员工去设定"自我启发目标"。那么，"培植目标"便以和工作有直接关系的能力开发为中心，而"自我启发目标"则以工作上附带有关联的事物为重点。

（3）维持目标、改善目标及革新目标。这是指目标分类的多元化。大凡工作可分为维持性的、改善性的及革新性的三种。不管是哪一种职位，都应该包括这三种工作。通常认为基层员工以维持性的工作居多；中层员工以改善性的工作居多；而高层员工以革新性的工作居多。因此，在设定目标时，要分成"维持目标"、"改善目标"及"革新目标"三类。如果每一个人按照这个分类法去做，便可以达到目标的多元化。

4. 制定目标卡

可以说，目标类似上级和员工之间订立的"契约"，但并非是一般契约的那种片面的债权债务关系，而是决心达成共同目标的双方当事人的连带关系。既然是契约，就必须严谨。把这个严谨性表现在文书上的，便是"目标卡"。目标卡等于是"证据文件"。因为是证据文件，所以重要项目不可以漏列，同时忌用华丽的词句。

目标卡要做成两份。主管和员工各执一份，正本由员工存查，副本交主管保管。因为员工是设定目标的主体。员工和上级的目标卡，需要逐期保存下来，以便留下很有价值的记录文件。此项记录便是有关一个人向什么工作挑战过、取得什么成果的生动故事。说起过去的记录文件，就如同人事考核。人事考核只不过罗列一些食古不化的评语和分数而已。作为一个人工作的历史来说，目标卡的分量重多了。目标卡应该和其他人事资料，同时列为永久保存的资料档案。

至于目标卡的理想格式，到底是怎样呢？前已述及，目标卡是一种证据文件，所以它必须把重要事项简单明了地写下来。

（1）做何事——目标。

（2）从何项做起——达成基准。

（3）做多少——百分比。

（4）如何做——行动方案。

（5）时限——进度。

（6）与何人做——关联部门。

（7）过程——目标达成期间的追踪。

（8）结果如何——成果考核。

前6项是目标设定阶段，第7项是在目标达成过程中，最后一项是成果评价时所用。所以，任何一项都非常重要，不可漏掉。

第二节 员工目标实施

一、企业目标的制定

共同目标要进行分解，落实到小组或员工身上，这实际上就相当于将不同的工作分配给不同的员工。因为每位员工都有各自不同的才能和资质，目标分解又存在着效率和公平的问题，这样目标分解的结果则可能是有的员工乐意，而有的员工抱怨。但是，既定的目标总得完成，要怎么样才能把工作安排得妥妥当当呢？

这其中的关键是如何把每个人的目标连接在一起。每个人的目标不同，但是方向必须一致。如果每个人可以任意设定目标，则可能在目标间产生矛盾、重复及脱节的现象。这样，一个单位便会支离破碎。构成一个单位的每个目标——领导的目标、自己的目标、同事的目标、员工的目标——应像齿轮一样密切地衔接在一起。

1. 目标应依序由上而下地设定

目标的体系化必须依序由上而下，即由公司目标、部门目标、单位目标、小组目标、个人目标的顺序来设定。每个人的目标，是为了达成上级的目标而存在。如果没有上级的目标，无从设定个人的目标。所以，这个关系变成"组织目标—个人目标"、"全体目标—部分目标"、"上级目标—员工目标"，条理要极为明确。

所谓由上而下，并不是说，上级向下级强制指定目标："这就是你的目标。"如果这样交代时，就不是目标，而变成"配额"了。在这里所谓由上而下的意思是，上级亲自向下级发表自己的目标，下级承受这个目标后，再设定各自的目标。如此，则每个人的自主性，就不会受到丝毫损伤。现在具体说明如何由上而下地设定目标。这件事很不容易做到。最大的缺点是，发生所谓重复上级的目标。例如上级设定"降低成本"目标，下级也来一个"降低成本"，再下一级也是"降低成本"。如此则没有经过咀嚼消化的过程。

为了避免产生这种结果，必须明确把握"目标"和"方案"的关系。也就是说，员工不是直接承受上级目标，而是要承受上级的方案，经思考后，用以设定自己的目标。假定上级设定目标和方案之一是"提高综合市场占有率5%"，而方案为"集中全力于某某产品"，那么，下级就应秉承上级的方案，制定出"提高某某产品占有率3%"的目标和"开发某某地区"的方案。接着，员工秉承此方案，设定"争取某某地区经销商五家"的目标，并制订出"增加几次拜访次数"的方案来。

像这样，就并不是由目标—目标—目标，依次直线由上而下地设定，而是依照目标—方案—目标—方案—目标。这样迂回式的设定，才是正常的做法。也可以说，上级的方案转化为下级的目标。这个过程便是上级目标的细分化，也就是上级方案的具体化。

2. 目标应从左至右地设定

从横向看来，目标必须和有关部门的目标有所联系。例如对于"交货期延误"这一问题。此问题不只限于某一部门，通常牵涉很多部门。此事涉及销售部门接受订货过多；物料部门采购计划有了出入；外购部门零件迟交；制造部门生产线失去平衡等情况，这些情况互为因果关系。所以，假如只有制造部门设定"提高如期交货率50%"的目标通常是无法达成的。在此情形下，必须和其他有关部门合作，以"共同目标"的方式配合处理才可以。

3. 了解他们对该项目标的感觉

目标管理控制大都是在个别协商中实现的。细分目标和评价成果时，上级要同下级进行个别协商，借此以做到如下几点：

（1）协调上下级之间的分歧意见，向下级提出对公司业绩贡献最大的目标。

（2）加强上下级在工作上的意见交流，增进相互了解。

（3）提高下级完成业绩的热情，并进行指导。

有些主管说明了工作内容——如何在一定时限内成功地完成某一目标后，他们认为惟一需要的就是清楚地说明——也就是说，如果你（们）能充分了解，就应该准备做了。他们的结论通常是："你（们）都完全了解了吧？"员工的回答可能是含糊地点个头，或是喃喃一句："应该吧。"员工也许完全了解了这工作，但这并不表示他（们）想去做。

成功的委任必须包括员工的承诺和去执行的欲望。关于这点，除非主管问员工，否则很难获知。主管通常都了解这点，但却多半依据他们自以为来自员工的"共鸣"；固然是有一些管理者很能观察或感觉这种"共鸣"，但这种所谓的"共鸣"却很容易被误解。记住，好的委任绝对不仅限于说明及讨论该项工作。

不要仅依赖"共鸣"。在讨论终了时，问员工对该项工作的感觉如何，注意倾听他们的答复。如果他们不喜欢该工作或指示，务必查明细节理由，同时，与被委任者必须一起讨论出解决方法。

以本公司或团队的共同目标为基础分派工作，并告知员工工作的程序及步骤，让他们了解，什么是必须做的，而又应当如何做。同时，要给予充分的信息和资料，制定工作评估的标准。让每位员工都发挥各自不同的潜能。作为主管，要分配工作的对象是一群人而并非一个人，这样就应当了解每个员工的实际情况，给他们机会来证明自己的能力。分配工作还应按部就班，不可操之过急。

4. 使下级理解、接受和提高积极性

在进行协商时，最重要的是如何使下级理解，接受自己的意图和提高他们的积极性。如果提出了目标，但下级却认识不到提出它的意义和目标的重要性，或把目标看成定额，或因考评方法不当而失去信心，或对上级失去信任，那么，下级的积极性就会受挫，不可能充分发挥他的全部力量。

（1）在轻松的气氛中协商。为了通过协商，使下级理解、领会，首先在相互之间（特别是下级）要有一种知无不言的气氛。为此，重要的是在平时就要建立一种促膝谈心的相互信任的关系。而在这种关系没有形成之前，协商只能流于表面形式。尽管如此，只要进行协商也就可以有助于形成和加深这种相互信任的关系。在决定协商时，要提前将日期、内容通知给下级，让他们做好准备。

①在互相商量的融洽气氛中开始协商。

②要有"工作辛苦了"这样一种慰问的心情。

③对下级提出的意见，要尽可能和蔼可亲地回答。

④也要适当地夹杂点闲谈。

⑤对下级实现目标，要始终表示给予支持的态度。

（2）以下级为主体。要使下级理解、接受别人的意见，就得让本人通过思考，认识到这些意见是正确的。只有感到自己应该做，才能决心去做。此外，即使自己认为是正确的，但因为是别人提出来的，也往往会产生一种抵触情绪。所以要让下级思考、讲话。

一个人，如果到了严重挫伤自尊心的地步，态度就容易变得顽固起来。这样，协商就会出现适得其反的结果。因此，在进行成果和能力的考评时，要特别注意尊重下级的人格。

①批评要对事不对人，要少指责："你的工作方法不对头"、"你不懂得该怎么做工作"；要多诱导："在这种情况下，采取这样的程序和方法，会不会更好些呢？"这样不

但不会损伤人格，而且能促使员工更清楚地了解哪些地方需要改进，也就容易去做了。

②采取说明情况为主的形式，使下级和自己站到一个立场上。命令不是来自上级，而是出于情况的要求。

③平时（特别是说明共同目标时）就必须搞好意见交流，及时提供必要的信息，使下级和管理员工知道得一样多。

④在进行协商时，对于重点问题，要将非如此做不可的理由结合共同目标进行充分说明，使下级站到管理员工的立场上去考虑问题，进而积极工作。"因为老总这样说了"、"我的共同目标是这样的"，用这样的话来说服下级，是迫不得已的最后一招。

⑤关键在于相互信任的关系和管理员工的正确判断。协商的技巧很多，但是，技巧再好，如果上下级之间本来就缺乏信任，或上级判断（制定恰当目标和进行公正评价时的判断）有错误，下级是不会"接受"和产生工作积极性的。

（3）协商要有充分的准备。要想顺利而有效地与下级进行协商，事前就需要对如下问题进行充分的准备和研究：

①向下级说什么，问题的重点是什么？检查目标卡片的填写内容有无问题，借以明确对下级的要求事项，如提出"更高的目标"等。

②怎样向下级说，如何使下级理解和接受？

二、企业目标管理实施程序

1. 目标设定阶段

（1）在设定目标以前，要把所属单位的全体员工集合在一起发掘问题。现在收齐所属单位的下年度事业计划，和所属单位的下期预算，放在主管面前。为了完成这个计划和预算目标，前面一定有许多困难和障碍在等待去解决。到底有什么问题？必须在初期把所有问题统统提出来。也就是说，要发掘问题。

①挖掘问题的方式，最好用单位扩大会谈的方式去做。虽然说单位里所有员工都要参加会谈，但会谈进行时因单位的大小而不同：如果单位小，可以一起参加；单位大时，不容易这样做，可以先举行主管员工的会谈，等到想法一致后，各主管回到原单位，再主持所属员工的会谈。

②在单位扩大会谈，先由主管说明公司和事业部门的动向、所属部门的业绩、下期计划、预算编制的目的、所属单位的下期任务及实现目标的方针等。但这不是开会致词，而是提供信息。它是唤起部属问题意识的第一步。

③然后开始讨论。在讨论时，应该彻底找出业务（工作）方面和能力开发方面两大部分的问题。在业务方面，着眼点应提示：可以省略的工作、可以简化的工作以及需要新开发的工作。在能力开发方面，最好提示：不满意的工作、不熟悉的工作和得意的工作。如果找出很多问题，便要按题目分别加以整理。然后收集相关问题的信息，分成几组。每一组都赋以主题。那么，问题点便会很明显地浮现出来。

为了顺利推行工作，可以把大家的发言写在标签上，或用图表加以整理。这种方法在加深大家的认识或整理大家的想法上，很有帮助。

④将问题点明晰后，把目标引导出来。可利用等级分类表，如图3-4所示。横轴

表示重要性，纵轴表示紧急性，分成上、中、下三个部分。然后把目标方案套进该表的九个格子里。结果得到如图3-4所示的目标分布。

大致上a~e目标属战略目标；f~k目标是战术目标；l~p目标便成为战斗目标。这便是问题导向型目标。

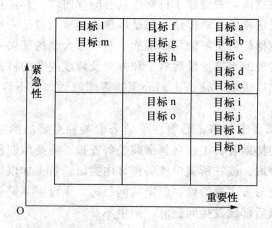

图3-4 目标分布图

（2）主管应将公司总目标提示给部属，并且对部属传达他的期望。一是主管要研拟所属单位的总目标。总目标分为业务目标和培植目标。二是当研拟总目标时，要将上级主管交下来的上位目标（图3-4中的纵系）和步骤的等级分类表目标（图3-4中的横系），妥善交织结合在一起。三是对于总目标方案，需要和上司会谈并获得他的确认。上司可能从更广泛的立场，要求变更目标。四是把定案的总目标提示给部属，并准许部属提出反论、不同见解及建议。五是部属以按小组或个人设定目标为宜，应依职能来判断处理。六是主管对于部属的期望，应该是有关方向和幅度，不可以是"点"。

在这里，提出三点有关期望内容的应该注意事项：

①在此期望里，要掺进新工作的要素。目标管理在推行几年后，经常发生一种现象，那便是老化守旧。每期设定的总不外乎那些目标，部属会感叹"又来啦"。这表示主管对于自己工作领域的开发和开掘问题的怠慢。如果平常注意到这一点，目标自然会变得多彩多姿。

②此期望必须比当事人的能力要稍高一点。就是当事人会感觉"我到底能做到吗"的程度。比如假定某一个人的能力是100，目标大概要设定在120。这个差距可以引发向目标挑战的干劲。但如果高到158，便值得考虑了。因为目标偏高时，可能一开始便失去斗志，以致灰心而放弃不干。

③必须具有在事后能品尝达成感的期望，必须能够听到"好棒"的欢呼声才行。谈到达成感，必须要有结果。在设定阶段，也许会认为不知道会怎样。但凡是身为主管者，必须在设定目标时，具有看透结果的洞察力才可以。

（3）要部属研拟目标：一是事先分发前述目标等级分类表，对于设定目标很有帮助。虽然主体是业务目标，但要指导部属，至少应该列入一个自我启发目标。二是小组目标不是由主管一个人来设定，而是由所属单位全体员工通过会谈来设定的。

（4）以部属所研拟的目标作为蓝本，于会谈后当做暂定方案：首先让部属对于所设定的目标加以说明。倾听固然重要，但不要忘记应不时提出"为什么这样做"这种问题。其次由主管提供意见。关键在于目标所具有的导向性、具体化、多元化，及体系化的问题。不是指示要这样做、那样做，而是尽量让当事人自己去想、去发言。对于谦逊型的部属要鼓励，使他们向更好的目标挑战。对于夸大型的部属要一方面规劝，另一方面把目标降到可能实现的水准。最后对于和方向及幅度脱节的目标必须加以修订。对于修订理由必须好好加以说明，使员工们心服。否则的话，好不容易设定成功的目标，会变成配额。

（5）主管对于部属要求的事，必须在事前采取某种必要的措施：一是部属要求编制预算及需要其他部门协助者，主管必须事前妥善安排。需要编制预算的目标，主管必须和上级交涉。尽力争取，或在所属单位的预算内拨出，负责加以解决。二是需要其他部门协助的目标，应与对方主管洽商，设定共同目标。未设定共同目标时，主管必须事先和对方联系，以免以后部属发生问题时，措手不及。

（6）修订后的目标卡要予以确认，正本由部属保管，副本送给主管。

（7）召开目标发表会：一是为了重新下定决心、加强团结，所属单位全体员工集合在一起开发表会，有很大的用处。每一个人对于别人的目标，总比自己的目标要关心。这是自然产主的竞争心理。二是发表会可分为全公司级、部门级、单位级三种。公司或部门发表会通常限于代表性（典型）事例，具有激励大会的意义。但次数一多，恐将流于形式。三是最好的是单位级的发表会。要求所有员工都参加，每个人都应该发表意见，不要由主管一人包办，唱独角戏。

（8）编制包括全公司所有单位在内的目标体系图，并让全体员工知道。所谓目标体系图，便是把各单位的所有个人目标，用组织图的形式表示出来。它对于加强每个人的任务意识，和全体员工的连带意识方面很有帮助。所以，最好把这种图画在纸上，贴于所属单位的墙壁上，或发给所属员工，好让部属知道目标设定的情形。

2. 目标达成阶段

（1）对部属授权，好让部属在自由裁决下从事工作。

①对于部属，不可拆断人的相互信赖之桥梁，要赋予能承受风险的工作，放手让他们去干。但必须严格看守他们，并指导他们如何运用权限，让他们领悟权限是靠自己创造出来的。希望主管对于诸如此类的行动基准，能够身体力行。

②如果上司这样做时，员工会自然而然地产生一种被赏识、被期待的感觉。因而对于自己课以责任去做，而且会自认这不是由上司推卸的责任。这种自我责任，才可以说真正具有价值。

③上司不干预，就能促进自由裁决的作用。因上司要对部属的工作结果负责，所以，上司必须不断关切部属的工作进度情形。不管是否出于善意，上司难免会干预部属的工作，当部属碰到这种干预时，会觉得好像自己的权限被剥夺了似的。能干的上司或属于老资格的上司，也经常会发生这种情形。上司在指导的美名下，连细节也予以指

示，部属不照办时便不满意。这些作为缩小了部属自由裁决的幅度，阻碍创造力的发挥。

④自由裁决并不是自由放任。虽然容许部属自由裁决，但主管必须经常把握部属工作的进行情况。尤其当部属碰了壁而茫然不知所措时，不可不予协助，而徒然看着部属弄得七零八落。当部属有困难时，应该马上伸手援助，作为后盾，并予鼓励，这一点非常重要。像这种支援或激励，与授权和自由裁决的原则一点也不抵触。

（2）对于和部属的工作有关的信息要尽量提供给部属。

①我们在前面已经论述与其由主管控制，不如用信息来控制。主管应该率先收集信息，不可吝惜，应及时提供给部属。在推行目标管理时，虽然不干预，但要提供信息，这是管理的要诀。

②积极开展所属单位全体员工会谈或举行例会，下意识地制造提供信息的机会，这是非常重要的。

③发行简要的单位新闻或壁报，由部属轮流担任编辑，对于培养信息管理观念，也有帮助。

④部属也是一种信息来源。所以，对于特殊而专业性的资料，应建立收集责任制。把收集信息任务分配给每一位部属，也是一个可行的方法。

（3）规定时间让部属主动报告。不是说部属获得上司授权，用自由裁决方式去实现目标，就可以和上司断绝关系。部属正因为上司授权，更需要适时地向上司报告。但主管必须预先告知部属所谓报告事项，实际上包括目标的推行状况、今后的达成预测、达成方针的制定和困难问题的解决处理等。报告时，必须携带目标卡。

其实要员工常常向上司报告，这件事很难做到。通常上司不叫，员工是不会主动前来报告的。即使有所报告，往往对他有利的事才会报告，而坏消息却很少吐露出来。主管应该指导员工，不管好坏都必须按期报告才对。

为了养成这种习惯，最好规定报告日期（如 A 在每周一报告）。不需上司的督促，部属应自动的提出报告，此事必须彻底实施。

（4）上司和部属必须互相做追问、应答式的意见沟通。目标达成过程管理之所以未能蓬勃起来，是因为缺乏盘问应答的关系。而主管的懒散，是欠缺盘问、应答的最大原因。

（5）对于例外事项和非常情势，应由上司与部属共同处理。发生在自己权限内无法处理的例外事项，或非常事态时，员工应尽早向上司报告，要求协助。此时，上司不宜直接指示对策，只提供一种适当的建议即可，目的在于不侵犯员工的自由裁决权。

部属未发觉有例外或非常情势存在时，由上司盘问。

（6）在实施目标管理期间，计划和预算发生重大变化时，应修订目标。一个公司常因外部经济情势或竞争对手发生变化，不得已被迫修订计划和预算。在这种情况下，如果不修订目标，便会和实际情形格格不入，结果导致部属不信任目标。为了配合实际需要，预算应加以调整，目标也必须适时予以变更，同时修订目标卡。

当然也不希望目标像猫的眼睛一样变化无常。修订预算的幅度很小，只要上司和部属间获得谅解即可，未必一一加以修改。如果经常发生这种变化，应缩短目标的循环周期，较为理想。

（7）在办公处所悬挂目标进度牌，随时公布目标进度情形。在目标达成过程中，要经常让单位里的每个小组和每个人都知道目标达成度。为此，必须准备目标进度牌。这种表牌，必须按每个小组或每个人的目标，画出预定线（虚线）及实绩（实线）的进展情形，使之能一目了然。通常悬挂在所属单位的墙壁上，使得每一个人随时能看到。

目标进度牌具有追踪作用，它能激发每一个人的实现目标热忱，能掀起夺魁的竞争精神。

3. 成果评价阶段

（1）先让部属对于该期中途的成果做自我评价。当自我评价时，对于每个目标并不是靠感觉，而是要凭事实去评价。即使这样慎重，仍难免因人而发生差异。属于谦逊型的部属，其自我评价通常较严；而夸大型的部属对于自己评价的标准较宽。为期公允，在会谈时如有出入，必须加以调整。

评价成绩分为 ABC 3 级。也许有人认为 3 级过于单纯，但它却最为正确。因为上司和部属的判断差距最少。如果分成 5 级或 10 级，看起来精密，但评价者相互间的判断出入反而较大。至少在引进目标管理初期，以 3 级为佳。

用评语代表时，可用下列表示：A 代表超过预期标准；B 代表照预期目标达成；C 代表未达到预期目标。

这些等级要填在目标卡自我评价栏上，并在 ABC 当中，圈出一个等级，在它的下面写上评语。为了不致流于形式，主管应指导部属培养自我反省的习惯。

（2）上司和部属会谈，要以部属的自我评价为中心。如果是小组目标，由小组所有员工参加会商；如果是个人目标，要和目标设定者会谈。会谈的标准时间：小组为 1 小时；个人为 30 分钟。如果以忙碌为理由，而匆匆忙忙处理，就会流于形式。

首先要让部属说明自我评价的结果。不仅是成果的达成度，更重要的是，让他们说明达成过程中应如何思考、努力到什么程度。上司虽然只是在听取部属的自我评价，但对于关键事项，应该询问这个评价是根据什么来的。

然后开始会谈，必须朝向切磋（品尝结果）的境界，追求四个关键（互相确认事实、成功则称赞、失败则反省及鼓励将来）。

在会谈时，二者的判断有时会大有出入，这时正是发挥主管作用的时候：要让谦逊型的部属增加光彩；对于夸大型的，要抑其锐气。过去不是假装不知道吗？须知共鸣的原则也带有这么严肃的一面。

（3）会谈结果达成协议时，最后由上司评价。直截了当地说，上司对于部属的自我评价，如果不是直接加以承认，便是应做部分的修订。同时，上司要考虑到整体的平衡。所以，必须重新查对所属员工的评价，然后才做最后决定。不用说，成果评价最重视达成程度。如果其他条件相同，应该可以用达成程度来评价才是。

但事实上，其他的条件不可能都一样。在其他条件方面，重要的是设定目标的困难程度（注意每个人的目标高度是否公平）和在目标达成过程中的努力程度（在达成过程中所发生的必备条件，有五个个别差异）。所以，在评价时，对于这两件事，必须加以考虑。就是对于已经评定过的达成程度，应再斟酌困难程度和努力程度，来加以修正。

然后，把评定结果填在目标卡"主管评价"栏内。把 A、B、C 当中的一个等级圈起来，并且在它的下面填写意见（必须简单扼要）。具有指导或激励的字句，比单纯批评要好。填妥后，交由上司和部属，各保管一份。

召开成果发表会的宗旨和程序，与目标发表会完全一样。在实务上，将上期目标发表会和本期成果发表会同时举行，较为方便。

（4）评价结果作为晋升、加薪及考核的参考资料。关于目标管理和人事考核的关系，两者的结合如何要看目标管理推动程度来决定。但无论如何，此项评价资料应该有效灵活用于人力资源管理才是。过去的人事考核有一个严重的缺点，那就是没有"他做过什么"的记录。因为差不多所有的考核，采取要素评价方式（判断能力、企划能力、领导能力及协调能力如何等）。

从这一点来说，目标管理的成果评价是以工作本身作为评价对象，因此，此项记录便成为某个人做什么事的凭证。如果没有此项凭证，即无法掌握一个人活生生的画像。从这一意义来说，评价资料应活用于人力资源管理才对。

第三节　员工目标管理促成

一、高层主管的全力支持

建立目标管理控制的第一步骤是，要让组织的高层主管对整个组织进行深刻地审计，以了解本组织的目的、本组织的人力情况、本组织的优点和弱点以及本组织的可用资源的状况等，以决定应从何处着手及应如何着手，如此才能获致最大的效果。高层主管通常应重点考虑的问题有以下几项：

（1）目标管理制度应否成为一项正式的制度；若需成为正式制度，应该"正式"到什么程度？

（2）是否全部的管理层次均应参与？

（3）此制度的推行，是否仅以公司的某一营运部门为限，或应在整公司全面推行？

（4）推行该目标管理制度，是否应与绩效奖金制度相连接？

（5）此项制度推行时，与公司内部的管理信息系统及其他有关制度，应建立怎样的关联？

（6）推行目标管理制度之前，是否应先有一段试行期？

（7）是否应先就公司内某一部门或某一管理层次开始，然后根据推行的经验再进行扩大？

怎样建立一项目标管理制度，事实上没有什么方法能算是最佳的方法。每一个组织，规模不一，复杂性不一，资源不一，管理层的喜恶也不一。因此，在刚起步的时候，便应由高层主管参与规划，做有关的决策，并开始推动。

倘使没有高层主管的积极参与和承诺，我们就不要奢望低管理层次的重视。较低的管理层次会认为所谓目标管理，只不过是公司的另一项新规定而已。目标管理是以公司的共同目标及各项组织目标为起点，这对高层主管来说，责无旁贷。缺乏高层主管的指引，还希望整个机构能有共同一致的共同目标，那是缘木求鱼的奢望。

二、目标管理制度的推行

美国西南航空公司的目标管理，开始于若干年前。当年该公司总裁赫姆斯，邀集其总公司的高级主管举行一次会议。据称在该次会议中，首先将目标管理的意义对全体高级主管做了广泛的介绍。然后，该公司的高级主管一致同意应在下一个会计年度开始推行目标管理制度：一方面作为一项控制方法，另一方面作为对管理绩效的衡量工具。于是，赫姆斯总裁提出了一份该公司的长期目标的草案，要求各高级主管在两星期内提出意见，或建议其他的目标。

接着，西南航空公司要求高级主管员工参加委托密歇根大学举行的为期四天的目标管理研讨会。这次研讨会总时间虽然仅有四天，但是日程的安排煞费苦心：为了配合高级主管繁忙的日常工作，日程拖得颇长，以使全部主管不至于缺席。

该公司目标管理制度推行的第一年，是以公司各事业部及各部门的高级主管为对象。现在，西南航空公司的目标管理制度已经推行了许多年。由于有了经验，故推行范围已有所扩大。目前该公司各级主管均已在目标管理制度的范围之内了，包括第一线的基层主管在内。西南航空公司曾经发展了整套的内部训练方案。

当然，将目标管理普遍推行于整个组织的各部，需要相当长的时间始能成功。要知道一项制度的推行，往往欲速则不达，徒然只靠几次会议，或是发布若干指令，那是无法收效的。目标管理制度的程序，必须依赖于在实际推行中逐渐积累经验。因此，实际推行的阶段，也许得长达数年之久，而且还得靠主持当局的决心和恒心。

三、目标控制制度的八项成功法则

法则一：应由组织的高层主管为起点，积极参与，持之以恒，确立整个组织对目标管理的信心。

法则二：制度建立的初始，应有周详的计划，并应特别重视对各级单位主管有关目标管理的基础教育和训练。

法则三：应容忍不能立竿见影的效应。要知道积习难除，过去的观念绝非一朝一夕所能改变。

法则四：目标的设定，应该可以衡量，将来执行时的成果。必须为人人都能具体认定。

法则五：目标管理制度应与现行的管理信息系统相结合。当累积推行经验之后，或管理阶层感到有改变的需要时，当可改变原来的管理信息制度。

法则六：对于良好的绩效，应有奖励。奖励应与成果关联。

法则七：在目标管理制度的推行期间，应鼓励组织上下各级管理层都能热心讨论。

法则八：应有定期性的检讨，并建立信息的反馈制度。

四、目标管理制度的推行戒律

目标管理是一个企业中十分有效的管理系统，但应用不好，往往会出现如下一些问题：

1. 目标体系不完整

一些与企业财务表现密切相关的部门，如生产部门、销售部门有年度的工作目标；而许多支持性的部门，如财务部门、后勤部门却没有目标体系，因而不能对所有员工进行有效的目标管理。

2. 目标简单化、表面化

如生产部门只有产量、生产成本等目标，而销售部门只有销售额、销售毛利等目标，因而不能通过目标管理全面提升部门、个人的工作业绩，也不利于通过目标管理促进部门间的相互协作。

3. 目标不连贯

例如年终考核与年初制定的目标脱节，不能严格按目标体系对部门及员工的业绩表现进行考核，而往往采用员工自我工作报告的形式对其进行考核。这样，考核结果不易或不能与员工的奖惩挂钩，从而使目标管理成为一句空话，制定的目标不能对员工的工作起到约束、激励的作用。

除此之外，还要注意避免以下问题：

4. 勿对目标做过分的强调

单位主管所设定的个别目标，虽然是整个目标管理制度的核心，但是那毕竟只是主管所负职责中的一部分，而且目标常有需要改变的可能。具有真正的挑战性的目标，不一定全部可以达成。要知道目标能否达成，影响因素很多，且其中可能有若干因素为当事人所无法控制。

5. 勿视目标管理为一项书面的"制度"

过分强调其制度的规定，而忽视了成果的重要性。

6. 勿听任单位主管个人的喜恶作为设定目标的依据

并应注意勿以例行业务或琐细的业务设定目标。

7. 勿坚持缺乏弹性的方案或程序

要知情势若有变动，目标管理也应随之变动。

8. 勿以目标管理制度作为惩戒或非难各级主管的手段

9. 勿奢望目标管理能够解决管理上的所有问题

推行目标管理，可以使我们的管理做法改变。举例来说，目标管理制度足以增强主管及员工对制定组织方向及决定达成成果的参与。同时，在计划作业、决策、管理发展、报酬制度及其他种种活动方面，也将带来变化。当目标管理制度与组织的各项重要控制活动及职能开始密切联结，而成为各级主管的工作方式时，其效益必定很大。

五、对我国企业的反思

20 世纪 80 年代，目标管理作为国家经贸委向企业推广的 18 种管理方法之一，在全国范围内得到了较快的普及，除企业外，在其他组织也得到了广泛的应用。然而，目标管理在我国企业中的应用并没有取得理想的效果。有的企业在实际运用目标管理时与以前的计划管理没有实质性的区别。

没有切实可行的目标，就不会有真正的目标管理。顾名思义，目标管理理所当然是先有目标，然后才有管理，没有一个组织在实施目标管理时忽略到这一点，大多数企业的领导，有时仅仅是高层领导能轻而易举地列出一大堆目标。而且不管这个企业的现状如何，也不管这些目标能否实现，都会很快地将目标分配到各部门。这些目标不仅全面和系统，而且有条理，逻辑性强，但问题就在这里，目标不是想象出来的、不切实际的目标，即使很"完美"，也不能取得实际效益。目标的多少也取决于本企业的实际情况，并不是越多越好。另外，目标制定和展开的正确程序应是下级对上级目标进行商讨，并根据本部门的具体情况，按各项指标层层展开，主动找出实现上级目标的问题点，商讨一致后落实措施；而不是企业上级把目标分解后逐级下达，从上往下灌输，这样就与过去的计划管理没有实质上的区别。

没有适宜的授权，不可能产生有效的目标管理。众所周知，没有权力，谈何管理，目标管理也不例外。目标确定后，上级就必须向下级授权，目标是授权的依据，而授权是实现目标的保证。实践中普遍存在上级在向下级分解目标时不授予相应权力的情况，导致下级难以完成任务。有些企业在授权后，上级领导存在一个严重的心理障碍，就是对下级的能力不放心，时不时地干预下级的工作。搞目标管理，就是要相信下级有才能。如果认为下级没有能力完成分担的任务，在实施目标管理时就要解决这些问题，或者在目标分解时就要量其力而行之，不要将过重的负担压在一个没有能力的下级肩上。应当是上级的责任大于权力，而下级的权力大于责任，这会有利于目标的实现。

所以，若要问实施目标管理谁最辛苦，答案应该是越是上级越辛苦，而我国企业的实际情况恰恰相反，目标管理成了上级"解放自己"的手段，这又如何使目标管理取得成效？

没有基础工作，目标管理将是一句空话。企业基础工作的好坏直接影响企业管理水平，我国企业普遍存在轻视基础工作的现象，而一个没有扎实基础工作的企业是不可能搞好目标管理的。

（1）必须提高企业对基础工作的重视程度，认识它对目标管理的重要性，没有这样的认识水平，目标管理将是一句空话。

（2）基础工作也有轻重缓急。对目标管理而言，最重要的莫过于企业制度和各项定额。也就是说，目标管理不可能在陈旧的企业制度中生成，企业需要目标管理，但在需要目标管理前，就必须改革企业制度。

（3）目标管理作为一种科学的方法，采用了很多具体的定量方法，而基础工作中也有许多量的表现，这两者中的量是一种什么样的关系？基础工作中的量是目标管理中量的基础，这意味着目标管理是要有的放矢的，这个"的"就是基础工作中的量，基础工作中的量只是个参考数据，目标管理不能过于死板，而是要在实施过程中不断地加以修订；由于基础工作的重要性，对从事基础工作员工的素质要求比其他岗位要高，这一点被许多企业忽视，如企业把原始记录和统计工作仅仅看成是"登记数据"。

第十七章 员工薪酬管理

第一节 薪酬管理概述

一、薪酬管理的含义

薪酬制度也常称工资制度。工资制度是指与工资决定和工资分配相关的一系列原则、标准和方法。它包括工资原则、工资水平、工资形式、工资等级、工资标准、工资发放等内容。在现代工资制度的发展中，形成了岗位工资制、技能工资制、结构工资制、绩效工资制等工资制度类型。

薪酬管理，是薪酬制度的最后一块基石，没有有效的管理，世界上最完美的薪酬制度也会毫无用处。企业的薪酬管理，就是企业管理者对本企业员工报酬的支付水准、发放水平、要素结构进行确定、分配和调整的过程。

薪酬管理的目的和作用是：能够降低人员流动率，特别是防止高级人才的流失；短期激励和长期激励相结合，更容易吸引高级人才；减少内部矛盾，薪酬涉及每位员工的切身利益，若管理不当极易引起员工的不满和不公平感。

在人力资源管理领域中，薪酬管理是最困难的管理任务。它的困难性在于：第一，员工对薪酬的极大关注和挑剔；第二，薪酬管理根据实际情况的不同，没有一个统一的模式，对多数员工而言，他们会非常关心自己的薪酬水平，因为它直接关系到他们的生存质量。

二、现代薪酬管理的特点

传统的薪酬理论只对直接经济报酬，特别是货币工资感兴趣。因为按照古典经济学理论，薪酬是劳动成本，是一种生产费用，是能够为投资者带来收益的一种资本形式；同时，薪酬作为劳动者工作的报酬，是促使员工努力工作的最重要的动力源，薪酬管理质量的高低决定着员工生产积极性的高低。与古典经济学理论相适应，传统企业管理理论将报酬作为惟一的员工激励手段。

随着企业性质和管理模式的变革，员工报酬的构成发生了重大变化，间接经济报酬和非经济报酬部分越来越重要，与物质报酬完全不同的精神薪资也成为人们关注的焦点。报酬形式的多样化使人们对薪酬概念有了全新的认识：员工是作为企业的合伙人在领取共同的投资收入，员工的报酬有某种利润的性质，是一种投资回报。一些企业的管理者更加注重利用薪酬和福利管理对员工进行内在价值和创造潜力的挖掘。例如，将员工的培训和开发投入与薪酬管理结合起来，实行带薪休假制度；以各种形式让员工持有企业的股份，使员工的工作更具挑战性、趣味性、成就感和责任感；为员工创造舒适的工作条件和自由的工作时间等。多样化的薪酬管理方式也成为企业间竞争的一种方式。一些优势企业，趋向于提供比同行业平均报酬水平高的工资，而其他一些企业则通过对间接报酬和非经济报酬的有效管理弥补经济报酬的不足，以提高人才竞争力。

与传统薪酬管理相比较，现代薪酬管理有以下发展趋势：实行全面薪酬制度。在全面薪酬制度框架中，薪酬既不是单一的工资，也不是纯粹的货币形式的报酬，它还包括精神方面的激励，比如优越的工作条件、良好的工作氛围、培训机会、晋升机会等，这些方面也应该很好地融入到薪酬体系中去。内在薪酬和外在薪酬应该完美结合，偏重任何一方都会出现重大偏差，在实践中造成难以估量的后果。

三、薪酬管理与人力资源管理其他职能的关系

为了加深对薪酬管理的理解，有必要将它放在整个人力资源管理系统中，从更加宽广的视角分析它与人力资源管理其他职能的关系。

1. 薪酬管理与工作分析

应当说，工作分析是基本薪酬实现内部公平性的一个重要基础，在主流的岗位工资体系下，工作分析所形成的工作说明书是进行工作评价确定薪酬等级的依据，工作评价的信息大都来自工作说明书的内容。即使在新的技能工资体系中，工作分析仍然具有重要的意义，因为评价员工所具备的技能，仍然要以他们从事的工作为基础来进行。

2. 薪酬管理与人力资源规划的关系

薪酬管理与人力资源规划的关系主要体现在人力资源供需的平衡方面，薪酬政策的变动是改变内部人力资源供给的重要手段，例如提高加班工资的额度，可以促使员工增加加班时间，从而增加人力资源的供给量，当然这需要对正常工作时间的工作严格加以控制。

3. 薪酬管理与招聘录用的关系

薪酬管理对招聘录用有着重要的影响，薪酬是员工选择工作时考虑的重要因素之一，较高的薪酬水平有利于吸引大量应聘者，从而提高招聘的效果；此外，招聘录用也会对薪酬管理产生影响，录用人员的数量和结构是决定企业薪酬总额增加的主要因素。

4. 薪酬管理与绩效管理的关系

薪酬管理和绩效管理之间是一种互动的关系。一方面，绩效管理是薪酬管理的基础之一，激励薪酬的实施需要对员工的绩效做出准确的评价；另一方面，针对员工的绩效表现及时地给予他们不同的激励薪酬，也有助于增强激励的效果，确保绩效管理的约束性。

5. 薪酬管理与员工关系管理的关系

在企业的劳动关系中，薪酬是最主要的问题之一，劳资争议也往往是由薪酬问题引起的，因此有效的薪酬管理能够减少劳资纠纷，建立和谐的劳资关系。此外，薪酬管理

也有助于塑造良好的企业文化。

第二节　薪酬管理内容

一、薪酬的现状调查

薪酬的现状调查主要涉及这样几个方面的问题：

1. 是否具有内部一致性

这是指同一企业内部不同岗位之间或不同技能水平之间的比较。这种对比是以各自对完成企业目标所做贡献大小为依据的。内部一致性对薪酬目标的实现有重要影响，如企业内部的薪酬差距决定着他们是否愿意额外地进行培训投资以使自己更具有适应性，决定着他们是否会承担更大的责任。通过促使员工参加更多的培训，促使他们与顾客交往时挑起重担，薪酬差距间接地影响着工作效率，进而影响整个企业的效率。

2. 是否具有外部竞争力

这是指企业如何参照竞争对手的薪酬水平给自己的薪酬水平定位。视外部竞争情况而定位的薪酬决策对薪酬目标的实现有着双重的影响：一是确保薪酬足够吸纳和维系员工，一旦员工发现他们的薪酬低于企业内其他同行，他们就可能产生不满意；二是控制劳动成本以使本企业的产品或服务具有竞争力。

3. 是否与员工贡献成比例

这是指企业对员工业绩的重视程度。某个员工业绩突出，或工龄较长，他是否应该比其他人得到更多薪酬？或者是否所有员工都应该通过利润共享来平均分担企业的盈亏。对绩效或工龄的重视程度是一项重要的薪酬决策，因为它直接影响着员工的工作态度和工作行为。清楚制定了绩效工资政策的企业在制定薪酬制度时，会更为注重绩效工资和激励工资。

4. 借机了解内部信息

这主要是指员工满意度调查和员工合理化建议。满意度调查的功能并不一定在于了解有多少员工对薪酬是满意的，而是了解员工对薪酬管理的建议以及到底在哪些方面不满，进而为制定新的薪酬制度打下基础。

二、确定薪酬管理的目标

根据企业的人力资源战略确定薪酬管理目标，包括：建立稳定的员工队伍，吸引高素质员工；激发员工的工作热情，创造高绩效；努力实现组织目标和员工发展目标的协调。

三、确定影响本企业的薪酬管理因素

影响薪酬管理的因素很多，概括起来主要有以下三类：

1. 外在环境因素

包括政府指令、经济、社会、工会、劳动市场、团体协商、生活水平等。

2. 企业内在因素

包括财务能力、预算控制、薪酬政策、企业规模、比较工作价值、竞争力、公平因素等。

3. 个人因素

包括资历、绩效、经验、教育程度、发展潜力、个人协商能力等。

四、选择薪酬政策

所谓企业薪酬政策，就是对企业薪酬管理运行的目标、任务和手段的选择和组合，是企业在员工薪酬上所采取的方针策略。薪酬政策选择包括三方面内容：

1. 企业薪酬成本投入决策

例如，根据组织发展的需要，采取扩张劳动力成本或紧缩劳动力成本政策。

2. 根据企业的自身状况选择适合的工资制度

例如，是采取稳定员工收入的策略还是激励员工绩效的策略？前者多与等级和岗位工资制度相结合，后者与绩效工资制度相结合。

3. 确定企业的工资结构及工资水平

例如，是采取向高额工资倾斜的工资，还是采取均等化，或者向低额结构倾斜的工资政策？前者要加大高级员工比例，提高其薪酬水平；后者要缩减高级人员比例，降低其员工的薪酬水平。

因此，薪酬政策是企业管理者审时度势的结果，决策正确，企业薪酬机制就会发挥作用，运行就会通畅、高效；反之决策失误，管理就会受到影响，带来企业管理的一系列困扰。

五、制定薪酬计划

一个好的薪酬计划是企业薪酬政策的具体化。所谓薪酬计划，就是企业预计要实施的员工薪酬支付水平、支付结构以及薪酬管理重点等。企业在制定薪酬计划时，要通盘考虑，同时要把握一系列原则：

1. 与企业管理目标相协调的原则

在企业人力资源管理非规范化阶段，员工的薪酬管理也缺乏科学性。例如，一些企业不是根据企业自身发展的需要选择工资制度和薪酬标准，而是在很大程度上模仿其他企业。事实上，并不存在一个对任何企业都适用的薪酬模式。对此，一些企业明确指出，企业薪酬计划应该与企业的经营计划相结合。例如，在工资支付水平上，很多企业都不再单纯考虑与同行业工资率的攀比，而主要取决于三个要素的综合考虑：其一，该水平是否能够留住企业优秀人才；其二，企业的支付能力；其三，该水平是否符合企业的发展目标。

2. 增强企业竞争力的原则

工资是企业的成本支出，压低工资有利于提高企业的竞争能力，但是，过低的工资又会导致激励的弱化。所以企业既要根据其外部环境的变化，也要从内部管理的角度，选择和调整适合企业经营发展的薪酬计划。薪酬计划都不是固定的，必须在实施过程中根据需要随时调整。

六、调整薪酬结构

薪酬结构是指企业员工之间的各种薪酬比例及构成。主要包括：企业工资成本在不同员工之间的分配；职务和岗位工资率的确定；员工基本、辅助和浮动工资的比例以及奖励工资的调整；等等。

对薪酬结构的确定和调整主要掌握一个基本原则，即给予员工最大激励的原则。公平付薪是企业管理的宗旨。要避免员工的报酬不是给得过多，就是给得太少的现象，给多了会造成不称职员工不努力工作，给少了会造成高素质人才外流。同时，对薪酬结构的确定还必须与企业的人事结构相一致，如企业中高级员工占的比重较大，那这一块的工资成本就较高。

分配公平感指人们对企业中资源或薪酬的分配，尤其是涉及自身利益的分配是否公平合理的个人判断和感受。因此，分配是否公平的标准完全是主观的，主要取决于当事者的个性、需要、动机、价值观等个人因素，因而是因人而异的。

1. 影响公平感的因素

人的公平感一方面受其所得的绝对报酬的影响，另一方面受相对报酬的影响。

2. 相对性

不公平是比较出来的，是社会比较的结果，且无绝对标准。

3. 主观性

完全因个人特点而异，甲认为不公平的事，乙可能认为是公平的。

4. 不对称性

人们常在自己稍有吃亏时，便怨声载道，但在占了便宜时，却心安理得，毫无内疚之感。

5. 扩散性

人们在某项分配上感到不公，心存不满，会波及整个情绪。

为了避免和消除员工的分配不公平感，应尽量做到：一是企业的薪酬制度要有明确一致的指导原则，并有统一的、可以说明的规范做依据。二是薪酬制度要有民主性与透明性。三是企业要为员工创造机会均等、公平竞争的条件，并引导员工把注意力从结果均等转移到机会均等上来。

第三节 薪酬设计管理

一、薪酬体系设计流程

企业的薪酬制度必须具有外在的公平性与内在的公平性，才能达到吸引、保持和激励员工的目的。因此，薪酬制度的设计是人力资源管理的重要内容之一。目前在企业的人力资源管理中，薪酬制度的设计与管理已经有了一套较为完整的流程与程序。那么，一个规范的薪酬设计基本流程到底应包括哪些步骤和操作程序？图3－5清晰地描绘了这一流程：

薪酬设计基本流程

制定薪酬原则和策略

岗位设置与工作分析

工作评价

薪酬调查

工资结构设计

工资分级及定薪

工资方案的实施、修正和调整

图3－5　薪酬设计基本流程

1. 制定薪酬原则和策略

企业薪酬策略是企业人力资源策略的重要组成部分，而企业人力资源策略是企业人力资源战略的落实，说到底是企业基本经营战略、发展战略和文化战略的落实。因此制定企业的薪酬原则和策略要在企业的各项战略的指导下进行，要集中反映企业各项战略的需求，同时必须体现出薪酬制度的外在公平性与内在公平性。这也就是说，从企业外部讲，企业某种岗位的薪酬至少应达到本地区、本行业的平均水平，特别是与企业主要竞争对手相应岗位的工资相比，不能相差太大，这样才能起到稳定人心、吸引人才的目的；从企业内部讲，企业制定的薪酬制度应体现多劳多得的原则，不同岗位的工资应与其对企业的贡献挂钩，这样才能调动员工的积极性。此外，企业还要根据自己的实际和人力资源市场的供需情况，制定特殊的薪酬政策，如对企业急需的人才给以高薪，以吸引所需人才。

薪酬策略作为薪酬设计的纲领性文件要对以下内容做明确规定：对员工本性的认识、对员工总体价值的认识、对管理骨干即高级管理人才、专业技术人才和营销人才的价值估计等核心价值观；企业基本工资制度和分配原则；企业工资分配政策与策略，如工资拉开差距的分寸标准，工资、奖金、福利的分配依据及比例标准；等等。

2. 岗位设置与工作分析

企业根据自己的经营目标确定相应的组织结构，形成一定的组织结构系统，并配合企业的组织发展计划做好岗位设置，在做好岗位设置的基础上，进行科学的工作分析，通过工作分析确定每一岗位的工作内容、职责和任职资格，这是做好薪酬设计的基础和前提，通过这一步骤将产生清晰的企业组织结构图、岗位结构图和工作说明书体系。

3. 工作评价

工作分析反映了企业对各个岗位和各项工作的期望和要求，但并不能揭示各项工作之间的相互关系，因此要通过工作评价来对各项工作进行分析和比较，并准确评估各项工作对企业的相对价值，这是实现内在公平的关键一步。

具体来讲，就是以工作分析所确定的各种岗位的工作职责范围以及任职资格为依据，求出每一岗位对本企业的相对价值的大小，不同岗位的相对价值可用一定的顺序、等级或分数来表示，某一岗位工作完成的难度越大，对任职者的素质要求越高，这一岗位对企业的重要性也就越高，其相对价值和对企业的贡献也就越大。以每一岗位对企业的贡献和相对价值的大小为依据确定其工资水平，便保证了薪酬制度的内在公平性。

4. 薪酬调查

经过工作评价求出的不同岗位的相对价值，是制定企业薪酬制度的基础，在此基础上，还必须把每一岗位的相对价值转换成具体的实际工资数，这就需要企业在内外环境调查的基础上进行薪酬结构设计。企业要吸引和留住员工，不但要保证企业工资制度的内在公平性，而且要保证企业工资制度的外在公平性，要了解本行业的薪酬水平状况，特别是竞争对手的薪酬状况。同时要参照同行业同地区其对企业的薪酬水平，及时制定和调整本企业对应工作的薪酬水平及企业的薪酬结构，确保企业工资制度外在公平性的实现。

企业内外环境调查的内容具体包括以下几个方面：

（1）本地区社会生活水平、员工期望以及企业目标、经济效益和支付能力等方面的调查与分析。

（2）其他企业的工资情况调查。对本地区、本行业、特别是主要竞争对手的薪酬情况进行调查，以此作为参照标准来设计、制定和调整本企业相应岗位的工资，以保证企业薪酬制度的外在公平性。

（3）人力资源市场的供求分析。当企业所需的某种类型的员工在劳动力市场上供不应求时，企业就会不惜拉大与其他企业间的工资差距，制定出具有竞争力的薪酬标准以吸引所需人才，反之，就会制定出相反的薪酬策略。

5. 工资结构设计

所谓工资结构，是指一个企业的组织结构中各工作岗位的相对价值与其对应的实际工资数之间保持什么样的关系，这种关系不是随意的，而是与企业的薪酬分配原则与策略密切相关，如果企业鼓励员工间的竞争，严格按贡献付酬，不惜拉大不同贡献的员工间的收入差距，不同岗位间的实际工资数就会相差较大；反之，如果企业偏向于照顾大多数，不愿意因为收入悬殊而激化矛盾，则不同岗位间的实际工资数额相差就较小。企业的薪酬结构应体现出内在公平性与外在公平性，因此，常在岗位评价与内外环境调查的基础上综合考虑各方面的因素后才能确定。不同岗位的相对价值与实际工资数之间的关系是以某种原则为依据的，有一定规律的，这种关系的外在表现就是"工资结构线"。"工资结构线"为我们分析制订企业的工资结构提供了更为清晰、直观的工具。

6. 工资分级及定薪

工资结构线描绘了企业所有各项工作的相对价值及其对应的工资额，如果仅以此来开展薪酬管理，势必加大薪酬管理的难度，也没有太大的意义。因此为了简化薪酬管理，就有必要对工资结构线上反映出来的工资关系进行分等级处理，即将相对价值相近的各项工作合并成一组，统一规定一个相应的工资，称为一个工资等级，这样企业就可以组合成若干个工资等级。工资分级就是根据岗位评价与工资结构设计的结果，将众多类型的岗位工资归并组合若干等级，形成一个工资等级系列，从而确定企业内每一岗位的具体工资范围。

7. 工资方案的实施、修正和调整

工资方案出台以后，关键还在落实，在落实过程中不断地修正方案中的偏差，使工资方案更加合理和完善。另外要建立薪酬管理的动态机制，要根据企业经营环境的变化和企业战略的调整对薪酬方案适时地进行调整，使其更好地发挥薪酬管理的功能。

二、薪酬方案的实施与修正

薪酬方案一经建立，就应严格执行，发挥其保障、激励功能。在实施过程中，薪酬设计者还有一项重要的职责，就是要对制定出来的薪酬制度进行修正，这是薪酬设计的最终环节。这个环节要完成以下任务：

（1）薪酬设计过程中设计者是抛开具体的人而就事也就是工作进行设计的，但在实施过程中则是针对具体的人的，因此难免要出现很多在设计过程中没有考虑到的因素，而且考虑所有这些因素几乎是不可能的，特别是当设计者是外聘专家时更是如此，因此在正式公布实施前要做一个预演式的实施，并根据预演情况进行一些修正，减少公布后出现的风波。

（2）薪酬设计时效性很强，方案一旦成型就要立即实施，因为时间一长，方案中涉及的薪酬数据已经发生了变化，市场价格已经进行了调整，那么方案的数据也要进行相应调整，否则员工会对方案的科学性和可行性产生怀疑。

（3）要及时地做好员工的沟通和必要的宣传与培训。从本质上讲，劳动报酬是对人工成本与员工需求之间进行平衡的结果。公平是必要的，但绝对的公平是不可能的，因此实施者要做好宣传解释工作，通过沟通向员工阐明薪酬设计的依据，以尽可能消除误解，让尽可能多的员工满意。

（4）在保证薪酬方案相对稳定的前提下，还应随着企业经营状况和市场薪酬水平的变化做出相应的调整。在确定薪酬调整比例时，要对总体薪酬水平做出准确的预算。目前，大多数企业由业务部门做预算，但为了准确起见，人力资源部门做此预算更合适一些，因为财务部门并不十分清楚员工具体薪酬和人员变动情况，更不清楚企业的人力资源规划及实施情况，因此人力资源部门要作好薪酬台账，设计一套比较好的人力成本测算方法。

三、管理人员的薪酬管理

管理人员是企业中从事管理工作的那部分员工，按职位高低可以将管理人员划分为

三类：高层管理人员、中层管理人员和基层管理人员。对于这三类管理人员薪酬管理的侧重点有所不同，比如对高层管理人员和部分中层管理人员，薪酬管理的重点主要是探讨长期激励措施的实施问题；而对于基层管理人员薪酬管理的重点则要放在如何通过薪酬管理，改善其工作绩效，提高其管理效能上。

1. 激励奖酬机制

随着时代的进步，薪酬制度已由原来的单酬化（计时/计件制固定工资）转变成双酬化（固定工资 + 绩效奖酬），并发展到今天的多酬化（固定工资 + 绩效奖酬 + 激励奖酬）。广义地说，激励奖酬就是企业的奖金与福利部分。

激励奖酬机制与竞争机制互相补充、相辅相成，竞争机制能激发群体与个体的竞争意识与行为，激励奖酬机制向竞争成功者提供合理、有效、值得的奖赏，同时引发和增强员工持续的、强化的竞争行为来满足员工对竞争的需求与持续竞争需求。

对各级管理人员可以采取的物质激励奖酬方式如表 3 - 9 所示：

表 3 - 9　物质激励奖酬方式

高层管理人员	中层管理人员	基层管理人员
配发股票		
配发股票期权	长期服务奖	
分配红利	购房补贴	工作小组绩效奖金
股票优先认购权	购车补贴	公积金计划
带薪年假	公积金计划	旅游补助
教育基金	俱乐部会员	生日贺金
退休基金	医疗保险	结婚贺金
子女教育补贴	带薪年假	年节贺金
配车计划	子女教育补贴	部门活动经费
家庭医疗	结婚贺金	
人身保险		

2. 基层管理人员的管理

基层管理人员与企业一般员工有着直接而密切的接触，是企业政策的最终执行者，其工作有着不同于其他层次管理者的明显特点：

一是基层管理人员是将企业政策传达给员工的最后一级管理者，是企业战略的最终落实者，企业的战略只有通过基层管理人员的管理活动才能真正落到实处；基层管理人员贯彻政策的态度和能力决定着企业政策能否被员工接受而转变成员工的实际行动，能否得到顺利执行以及执行的效果。

二是基层管理人员对专业技术的要求仍然较高，而对管理知识和技巧的要求则相对较低。

三是基层管理人员是企业业务的主要执行者，企业业务能否顺利开展，业务范围能否不断扩大，效益能否提高，在很大程度上取决于基层管理人员的主观努力程度和能否有效地调动下属的积极性，他们的稳定和高效对企业业绩的好坏起着十分重要的作用。

基层管理人员的上述特点决定了基层管理人员的薪酬模式：基本薪金＋奖金＋福利。

（1）基本薪金。基层管理人员的基本薪金的确定可采取职位等级工资制：针对不同等级的岗位赋予不同的薪金水平。基层管理人员岗位等级的晋升要体现其管理能力、管理幅度、管理责任、管理难度和管理业绩的提升或扩大。随着基层管理人员岗位等级的晋升，其薪金也应逐步提升。

（2）奖金。基层管理人员的绩效表现为部门产量的增加、质量的提高、收入的上升、成本的节约及效益的提高等。基层管理人员的奖金设计要充分体现其业绩水平，以更好地发挥奖金的激励作用，进一步提高其业绩水平。同时，也要有利于改善基层管理人员与普通员工的关系，拉近基层管理人员与普通员工之间的距离。因此在奖金的设计上要体现以下几个方面的要求：

①要制定定额。对基层管理人员必须有明确的、量化的定额指标，比如，与产量挂钩，应制定部门产量定额；与质量挂钩，应制定质量控制指标（如合格品率、次品率）；与收入挂钩，应制定收入计划等。

②奖金的提取以超额完成定额给企业带来的利润为基数，以一定的百分比为提取系数。

③奖金奖励以月度为奖励周期。对基层管理人员的奖励不宜过长也不宜过短，太长了，起不到应有的激励效果；太短了，奖励过频，也容易使奖金奖励失去意义。因此奖金奖励要与企业的业务计划完成情况相配套，充分发挥奖金及时激励的作用，调动基层管理人员的积极性。

④基层管理人员紧密联系普通员工，对企业出现的问题比较敏感，也容易出现新点子，因此可以设置建议方案奖金和特殊贡献奖金等，用来奖励为企业提出有效建议的基层管理者。

（3）福利。对于基层管理人员的福利计划也要体现其特点：

①基层管理人员管理任务重，工作时间长，经常无暇照顾家庭与子女，因此要有意识地增加服务性福利项目，为基层管理人员提供更多的家庭服务，解决其后顾之忧，比如提供解决子女入学、帮助购物等服务。

②基层管理人员直接面对被管理者，在履行管理职能时容易与被管理者发生冲突，因此矛盾较为集中。尤其是当被管理者素质较低的情况下，基层管理者甚至面临着各种安全威胁，因此在安排福利计划时，为基层管理者设计保障性福利也符合基层管理者的福利需求，如人身伤害保险等。

③基层管理者工作比较忙碌而且单一，生活比较枯燥乏味，因此可为其增加一些实物性福利项目，比如可为其在工作场所设置体育设施；也可为其增加一些机会性福利项目，比如给予其带薪休假的机会，或者安排有家人参加的旅游活动。

④基层管理人员长期坚守在工作岗位上，接受新事物的机会比较少，因此可以为其提供继续深造学习的机会，使其有机会修读高等学历，并对其进行新的工作技能的培训，或安排其到优秀的企业去观察学习，参加专业交流活动。

3. 中层管理人员的薪酬管理

中层管理人员是企业决策的传达者，是日常事务的组织者，是企业的中流砥柱，在企业中起着承上启下的重要而不可替代的作用。树的生长原理告诉我们这样一个道理：树是由树根、树干、树枝、树叶组成的，若把企业领导层、决策层比作是树根，树干则是企业内的核心中层人员，树枝则好比是一般管理干部、辅助人员，树叶则是操作层员工。我们知道，维系树的生命虽然有树枝和树叶的功劳，但树的成长却是从树干的大小来判断的。是否有一个坚定的贯彻企业决策和思想的中层管理团队，是一个企业能否成功的重要因素；是否有一个处乱不惊的中层，也是一个企业是否成熟的重要标志。

中层管理人员兼具基层管理者和高层管理者的部分特点，但又与其有着明显区别，既需要有一部分专业技术知识，又需要有相当的管理知识。因此，对中层管理人员的薪酬激励既要有长期激励，又要有短期激励，要把两者紧密结合起来，才能达到最好的激励效果。

4. 高层管理人员的薪酬管理

新经济时代的企业所有者深知高利润有赖于产品、市场、技术的领先；领先需要一流的人才，而一流的人才，需要一流的待遇。当然，在高待遇下用人必须精简，并以高效率维持企业的竞争能力。美国、日本的大企业就是采用这种薪酬福利策略，国内目前的高科技产业、服务行业、金融保险业等，也在纷纷仿效。

"人"，特别是有知识有管理技能的人已被视为企业最重要的资产，他们不但需求工作的自主性、成就感，而高收入也是他们追逐的重要目标之一。企业的绩效如何，在很大程度上取决于高层管理人员的能力和积极性的发挥。高层管理者的一个决策可能救活一个企业，也可能搞垮一个企业。而且，高层管理者的行为是不是有远见卓识，也决定着一个企业的生死存亡。如果高层管理者只注重短期目标，那么很可能会导致资源的浪费、重复建设或者机会的丧失，这是因为短期内掠夺式的经营往往会取得较好的利润，而对企业未来的发展有着重要意义的新产品的研制和开发则需要大量的资金投入，而且短期内很难看到效果，如果高层管理人员不能把自己的利益和企业的长期发展相联系，就会做出一些以损害企业长期发展为代价的能增加短期利润的决策。因此，对高层管理人员的薪酬管理，必须突出长期激励，把企业的长期利益和管理者的薪酬紧密联系起来。

（1）年薪制。年薪制作为高层管理人员使用的薪资方法，与月薪制有着本质区别，它是一种"完全责任制"薪资。实施年薪制的高层员工一般为企业特聘人员，其中包括总经理、副总经理、部门经理、高级工程师等核心管理及技术人员。这些人因肩负企业的重任，企业为了实现短期效益和长期发展，对他们采用年薪制的激励模式。关于年薪制，本书将在下一章详细阐述，在此不再赘述。

（2）VIP 福利。对高层管理者投入大手笔福利待遇是目前企业中最常见的现象。因为企业知道，要想稳住这些核心人才，单靠薪资是满足不了他们的需求。对于这个层次的员工来说，前面谈到的福利是最基本的福利，而且也是企业应该提供的。更吸引人的福利待遇，在于他们所享受的待遇的特殊性和排他性，比如在职深造的教育基金、购车计划、地方管理学会或运动场所的会员籍、例外特休等一系列的贵宾措施。

VIP（Very Important Person），在企业内部指高层管理者，这种管理岗位低至事业部总监，高至 CEO。这个层次的管理者绝非单靠高薪就可以招募得到或留得住的，在他们的薪资之外，需要投入相当有激励性的福利。VIP 福利可以采取的方式除了下一章将要阐述的股票激励和股票期权激励以外，还包括仿真股票期权、延期收入、企业内创业和 MBO 等。

①仿真股票期权。就是没有上市的公司模拟假如公司上市后现有业绩会使公司股票如何变动，以此确定公司虚拟股票价格的一种激励机制。企业董事会将本企业的净资产值等额分成若干层次，每个层次量化为不同的股份。员工按照持股比例缴纳一定数量的保证金，承担企业经营亏损和资产损失赔偿的责任风险。

仿真股票期权激励方案为没有上市的公司提供了上市公司那样的可以操作的一揽子股票期权计划的制度基础，同时，较为有效地消除了股票市场因素的干扰和影响公司股票价格的不利因素，避免员工因股票市场价格的变动而分心。此外，由于员工持有的股票是虚拟的，股份不可流通、转让或继承，因而有利于稳定员工，激励其工作积极性。

②延期收入。就是为了激励企业管理者行为长期化，将他们的部分收入延迟到若干时期后再分期兑现。这样，管理者不仅要考虑任期内的企业绩效指标，而且需要为他离开企业后的企业长期绩效贡献力量，因为企业的长期利益与其个人延期收入是相互挂钩的。

③企业内创业。企业内创业的激励目标是通过企业来吸引有市场创新能力的核心人才，同时有效控制新产品的投资风险，其最终目标是帮助创业企业成为上市公司。

企业内创业有三种方式：一是业务部门核心人才创业；二是创立子公司合伙人机制；三是企业内独立创业。

④MBO。MBO（Management Buyout），即管理者收购或经理层融资收购，这是一种特殊形式的杠杆收购，即不是由战略投资人和金融（风险）投资人，而是由公司经理层借助金融杠杆购买本公司股份，实行资产重组改变公司所有权结构，从而达到经理层持股控制企业所有权的目的。

其操作模式为：企业管理层融资贷款以及现有员工的认购，设立员工持股会。员工持股会因此取得对公司的控股权，实现了对原有企业的收购和控制，使企业管理层转变为企业的真正所有者，从而形成企业利益共同体。

MBO 的基本模式有三种：一是企业管理者为惟一的投资收购者；二是企业管理者、企业对外投资者以及并购专家共同组成投资集团来完成 MBO；三是企业管理者收购与员工持股计划或员工控股收购计划相互结合起来，通过向企业全体或部分员工销售股权进行融资收购。

5. 专业技术人员的薪酬管理

（1）专业技术人员工作的特点。专业技术人员是指企业中具有专门知识或有专业技术职称，并在相关岗位上从事产品研发、产品研究、市场研究、财务分析、经济活动分析、人力资源开发、法律咨询工作的专门人员。这部分人的工作特点表现在：

①智力含量高但在企业中管理岗位低。

②工作业绩不容易被衡量。他们的工作大多要动脑，一般在实验室或办公室，工作

难度大，付出的辛苦多，但其业绩往往要经过很长的一段时间方可显示出来。

③工作时间无法估算。表面上看，他们好像与其他人一样准时上下班，但实际上有时他们为了保持思维的连贯性，连正常的睡眠时间都不能保证，将所有的时间都投入到了专业工作中。

④工作压力大。首先，企业的研发任务下达后，时限是非常紧迫的，而研发结果是很难预料的，因此研发人员接到任务后，就必须尽全力投入到研发中去，以实现最理想的结果，这是工作本身带来的压力；其次，对于研发人员还存在着一种竞争性压力，这种压力来自研发小组之间、研发小组内成员之间，还有来自整个专业领域内的压力；再次，社会乃至家庭的期望也是研发人员压力之源。

⑤市场价格高。企业各类专业人员是市场上的稀缺资源，由于他们是企业创新的骨干力量，他们构成或创造了企业的核心竞争力，因此他们是市场中各类企业中争夺的焦点，自然具有较高的市场价格。

（2）专业技术人员的薪酬模式。鉴于专业技术人员的上述特点，给专业技术人员设计薪酬就带来了难度，因为没有相应的办法能使其薪金与工作可靠地联系起来，甚至用目标评定也不能作为决定工资的基础，因为很难确定真正的目标所在，也很难预先知道达到目标的难易，更很难精密地测量效果。从薪酬体系的三大部分来讲，对于专业技术人员的基薪，可以采取能力取向型和价值取向型两种模式；对于专业技术人员的奖励，应将专业技术人员视为企业的骨干，纳入中高层管理人员的长期激励体系中；对于专业技术人员的福利着重强调个性化福利，给予他们充分选择福利的自由，比如可以给予他们一个福利费定额，让他们自主支配。

①基薪。

A. 能力取向型。能力取向型认为，针对专业技术人员设计基薪，要根据专业技术人员的工作特点，充分考虑专业技术人员的能力成长，划分不同的阶段，设计不同等级的薪酬。一般来讲，人的职业工作能力的发展可以划分为六个阶段：培育期、成长期、成熟期、鼎盛期、维持期和衰退期。下面我们具体分析这六个阶段员工的职业工作能力所表现出来的特点：

a. 培育期。员工刚步出学校走向工作岗位，职业能力低，不能独立开展工作，但工作热情高，精力充沛，因此职业能力逐步提升。培育员工执业的期望值很高，因此往往急于求成、易犯急躁冒进的毛病。

b. 成长期。员工的职业能力在经过培育期后得到快速成长，具备了独立从事本专业领域内涉及面较窄、操作较简单的工作的基本素质和专业技能，但一遇到较为复杂的局面就感觉难以驾驭。有的在本专业领域内已经取得一些成绩，或者成为所在组织的基层业务骨干。但心态浮躁，徘徊观望，执业的稳定性较差，对企业的忠诚性也较差。

c. 成熟期。随着阅历的不断丰富，职业能力继续全面提升，员工已经成长为所从事领域工作的重要组织者或所在组织的负责人之一；具备了较强的职业工作能力，能够驾驭较为复杂的局面。成熟期员工普遍渴望一个良好的工作平台，渴望有优越的工作条件和更多的表达和实现自己想法的机会以及更多的学习相关业务或接触其他新领域的机会，以便施展其才华。

　　d. 鼎盛期。员工职业能力处于鼎盛阶段，已成长为所从事专业领域内的主要组织者或所在组织的主要负责人，独当一面地主持和开展工作，具备了一定的事业基础并强烈地追求事业的更大成功。鼎盛期员工渴望扩大自己的事业基础以得到社会的广泛认可，但职业能力继续提升的空间有限。

　　e. 维持期。员工职业工作能力的提升受到限制，但相对于成熟期来说，这一时期员工的家庭负担大为减弱，因此能够投入更多的时间于工作和事业中，虽然精力不如从前，但尚足以应付工作中的复杂局面，研发能力尚能维持一个较高的水平，并且随着专业积累的不断增长，在专业领域还有可能出现第二个事业的高峰。

　　f. 衰退期。员工的职业工作能力处于衰退阶段时，其精力已经很难胜任繁重的研发工作或者驾驭全局，逐渐从一线退居二线，选择接班人，扶持其工作，不忘企业的培养，发挥自己的余热。

　　与职业工作能力的发展相对应，员工的职业生涯必然呈现两条不同的路径：一条是以岗位等级提升为主线；另一条是以专业技术提升为主线，两条路径都是企业根据战略需要所鼓励的，因此在设计薪酬体系时，可以设计管理跑道和专家跑道，两条跑道可以是平行的。为此我们提出岗位等级工资与专业技术等级工资并行的薪酬体系。

　　岗位等级工资是企业在综合考虑各种岗位工作的责任、难度、重要程度以及对任职者的资格要求等因素的基础上建立等级工资制度。这种工资仅针对岗位，而不针对任职者。任职者根据其所在岗位等级享受所在等级的工资，并沿着所在工资等级正常晋升工资级别。

　　专业技术等级工资则是在岗位等级工资之外，针对专业技术人员职业工作能力发展变化的特征确立的、以企业设立的专业技术等级为依据的工资体系。企业根据各种岗位工作的性质和需要，设立专业技术岗位。在专业技术岗位上工作的员工根据个人所具有的专业技术职称，享受相应的工资等级，并沿着所在工资等级正常晋升工资。不在专业技术岗位上工作的员工，则不享受专业技术等级工资。

　　专业技术等级工资与岗位等级工资的衔接方式：其一，每一个专业技术等级都有相应的岗位等级与之相对应（如表 3-10），相应的岗位等级的工资就是对应的技术等级的工资。如果专业技术人员个人的技术等级保持不变，其工资等级也保持不变，并与同等级的其他人员一样享受正常的工资晋升。其二，专业技术等级人员从一个技术等级晋升到另一个等级，其所在的工资等级相应进行调整，并沿着新的工资等级享受正常的工资晋升。

表 3-10　等级、岗位与职称对应表

职等	1 等	2 等	3 等	4 等	5 等	6 等	7 等	8 等	9 等
职位	总经理	副总经理	部门经理	副经理	部门主管	技术员	技术员	技术员	技术员
职称			高级	中级	初级	博士	硕士	本科	专科以下

能力取向型把员工的薪酬提升与员工的职业能力提升结合起来，使员工在提升自己能力的同时，薪酬也不断得到提升，这有力地调动了员工学习和提升技能的积极性。但是能力取向型过分强调能力提升，而忽视能力提升的经济价值，没有建立薪酬提升与企业经济效益提升的有机联系。如果员工的能力提升与其业绩提升成正比，则企业在人力成本上的投入产出比率可能是较为合理的；但是，如果员工的能力提升并没有带来相应的业绩提升，则会导致企业在人力成本上的投入没有相应的产出，那么这种投入显然就是无效的。

B. 价值取向型。所谓价值取向型工资体系就是企业将体现专业技术人员的技能和业绩因素价值化构筑的工资体系。

价值取向型薪酬体系实质上是一种结构工资体系，只不过在这种工资体系中，在考虑付酬因素时，针对专业技术人员的特点，强化了技能因素和业绩因素在工资结构构建中的作用，并将这些因素直接量化为员工的工资，增加了薪酬的透明度。但是实施价值取向型薪酬体系需要建立一套科学合理的技能和业绩指标体系，这里有三项工作非常重要：一是选取哪些技能和业绩指标；二是这些指标之间权重比例如何确定；三是如何确定指标的经济价值。因此要建立一套科学合理的价值取向型薪酬体系，需要聘请专家参与，工作量很大，成本很高，适宜大型企业采用。

②长期激励。由于科技人员肩负着为企业开发新产品的责任，而这往往是一个长期的过程，因此，在对科技人员的薪酬设计上，也要注重长期激励。如设立项目完成奖金，股票的优先认购权，对核心技术人员的股票激励，为科技人员分配红利等都是有效的方式。

A. 设立项目完成奖金。一个项目从立项、研发到最后成功，是一个长期过程，常常需要一两年甚至三五年或更长的时间，如果只注重短期收益，将极大地损害科技人员的积极性，而且科技人员往往都是市场上的激烈争夺的稀缺人才，在这么长的时间内很可能出现比现存企业条件更好的其他企业，如果科技人员在研发过程中离开，将给企业带来不可估量的损失。为长期项目设立完成奖金将对科技人员有着明显的激励作用，可以对促使科技人员完成手头的项目起到吸引和留住科技人才的作用。

B. 核心科技人员持股。这种方式可以使员工分享企业一定比例的财产所有权，从而促进企业竞争活力。推行这一计划，要对该计划的实施情况加以监管并及时解决遇到的问题。

C. 设立合资控股公司。对于有雄心、不甘于长期受雇于人的高级科技人员，他们对企业的忠诚度往往有限，他们为企业效力可能只是为了给自己的理想创造原始资本，对于这种科技人员，企业与其用种种手段为科技人员的离去制造障碍，不如考虑帮助其创业，并与其合资经营。这样既满足了科技人员的事业心，使其对企业充满感激，而且企业也可以分享科技人员的各种科技成果，两者达到双赢。

D. 聘请科技人员作为顾问。优秀的科技人员在劳动力市场上是稀缺资源，是各个企业争夺的对象，因此很可能出现科技人员中途跳槽的情况，离职人员和企业老死不相往来的情景早已过时，现在的企业都会与离职的优秀员工保持联系，聘请离职的科技人员做顾问就是一种很好的方式。虽然由于种种原因，科技人员不能留在企业中继续为某个具体的项目做出努力，但他仍可以作为企业的顾问，对于出现的新科技新动向及时地向企业做一些通报等，或对于企业正在进行的项目提出一些建议，都可以让企业受益。

③福利。由于科技人员工作的特点，他们工作时间往往比表面上看起来的要多，而他们的压力则要大得多，因此对科技人员的福利要以放松身心为主。此外，由于科技人员的职业特点，他们往往需要不断地进修以保持其知识的实用性并更新其知识体系和内容。因此，对科技人员的福利设计应主要从这几个方面入手：

A. 海外深造研习。对于科技人员来说，要想保持其知识的新鲜，跟上时代的发展，就必须不断地学习，因此，每隔一段时间，就应该给科技人员以学习的机会。到国外去深造学习是一种对科技人员很具有吸引力的激励手段，因为去国外的费用一般较高，单靠个人难以负担，而且，出国学习归来往往意味着待遇的提高，因此企业可以把出国深造作为一种福利待遇。

B. 加入职业生涯发展计划。从我国实际来看，科技人员往往专业素养较高而其他方面的知识相对欠缺，对自己的发展也往往没有一个明确的目标，这会导致在工作中的无目的性。如果企业能够在和科技人员讨论之后为其制定明确的职业生涯发展计划，使其看到自己的发展方向，将极大地提高其积极性，更好地投入到工作中。当然在为其制定职业生涯发展计划的时候要注意把其个人的发展与企业的目标相结合。

C. 自助式福利套餐。科技人员的工作连续性强，在接受任务后往往会有相当长的一段时间不能休假，而且部分科技人员可能会恃才自傲，不愿意接受企业既定的福利项目。因此，可以给科技人员制定一个自助式的福利套餐，在规定的费用和时间的前提下，自由选择想要的福利项目。这种方式可以减少矛盾，并且最大限度地达到员工的满意。

第四节 薪酬预算控制调整

一、薪酬预算

1. 薪酬预算的含义及其目标

对于任何一种经济活动而言，通过预算来进行成本控制都是不可或缺的一个环节。鉴于薪酬问题在经济上的敏感性及其对于企业财务状况的重要影响，薪酬预算也就理所当然地成为企业战略决策过程中的一个关键问题。它要求管理者在进行薪酬决策的时候，必须把企业的财务状况、所面临的市场竞争压力以及薪酬预算、薪酬控制等问题一起加以综合考虑。同样，在决定更新企业的薪酬结构、为员工加薪或者是实施收益分享计划的时候，薪酬预算也是企业确保薪酬成本不超出企业承受能力的一个重要措施。

所谓薪酬预算，实际上是指管理者在薪酬管理过程中进行的一系列成本开支方面的权衡和取舍。举例来说，在新的财务年度，管理者需要综合考虑外部市场的薪酬水平、员工个人的工作绩效、企业的经营业绩以及生活成本的变动情况等各种要素，并就这些要素在加薪中分别占据的比重进行权衡；这种权衡还发生在长期奖金和短期奖金之间、绩效加薪和根据资历加薪之间以及直接货币报酬和间接福利支出之间；此外，是主要以薪酬作为激励手段还是转而用其他人力资源管理手段来激励员工，这同样是一个值得管理者们考虑的问题。

事实上，在企业的财务资源一定的情况下，企业在薪酬管理、人员配备、员工培训和其他的一些管理措施之间所投入的财务预算存在着一种此消彼长的关系。因此，薪酬预算的规模大小可以很清晰地反映出企业的人力资源战略重心；它同时也是整个人力资源方案中的重要组成部分，直接关系到企业的经营成败和员工们的心理感受。在这种情况下，如果企业在薪酬预算方面不存在正式的制度而是任由管理者自由决定，那么就很可能在各种人力资源管理手段方面的投入出现较大偏差，而员工们可能也无法得到公平和公正的对待。为了避免这种情况，任何管理系统，包括薪酬预算，都应该追求操作的规范化，以利于企业实现提高效率、促进公平以及手段合法等几个方面的薪酬管理目标。

从某种意义上讲，薪酬实际上是企业和员工之间达成的一项隐含契约，它体现了雇佣双方就彼此的付出和给予达成的一致性意见；正是凭借这一契约，员工个人和企业之间的交换才得以实现。因此，在进行薪酬预算的时候，企业一般会希望凭借这一举措实现以下两个方面的目标：

（1）合理控制员工流动率，同时降低企业的劳动力成本。和所有的交换一样，发生在企业和员工之间、就劳动力和薪酬所进行的交换也要遵循经济学中最基本的规律：双方都想在提供最小投入的情况下从对方获得最大的产出。具体到企业方面，当它从员工方面得到的收益逐渐增多的时候，它在购买劳动力时需要支付的成本也在逐渐上升；因此，在企业劳动力成本的变动过程中，一定会出现这样一点，在该点能够满足这样一个条件，即企业的边际劳动力成本等于它所获得的边际劳动力收益，即达到所谓的均衡状态；而薪酬预算最为重要的目标就在于找到这一均衡点，以实现劳动力成本和企业收益之间的平衡，保证企业所有者的收益最大化目标能够得以实现。

（2）有效影响员工的行为。具体说来，薪酬预算能够施加影响的员工行为主要包括两个方面，即员工的流动率和他们的绩效表现。

首先，员工的流动率受到雇佣关系中诸多因素的影响，而薪酬水平是其中非常重要的一个影响因素。企业期望与大多数员工建立起长期和稳定的雇佣关系，以充分利用组织的人力资源储备，并节约在招募、筛选、培训和解雇方面所支出的费用；而员工通常会要求得到至少等于、最好超过其自身贡献的回报，否则就有可能会终止其与企业的雇佣关系。有鉴于此，企业在进行薪酬预算的时候，必须考虑如何才能既有效地控制劳动力成本，同时还能保持一个较合理的员工流动率。

其次，员工的绩效表现对于企业而言也至关重要。为促使员工表现出优良的绩效，一种最简单的方法就是把绩效要求直接与特定岗位结合在一起，员工在与企业建立起雇佣关系的同时就已经明确了其需要达到的绩效标准。从薪酬预算的角度来说，如果企业在绩效薪酬或者浮动薪酬方面增加预算，而在基本薪酬的增长方面则注意控制预算的增长幅度，然后再根据员工的绩效表现提供奖励，那么，员工们必将会重视自身职责的履行以及有效业绩的达成，而不是追求岗位的晋升或者是加薪方面的盲目攀比。

2. 薪酬预算的环境

在做薪酬预算之前，首先对企业所处的内部环境和外部环境加以了解是十分必要的。通过这一步骤，企业可以更清楚地了解自己目前的处境、市场和竞争对手的真实状况以及所面临的机遇与挑战，同时还会有助于自己制定相应的应对策略。

（1）外部市场环境。任何一个企业与其所处的市场间都会有着不可分割的联系。从薪酬预算的角度说，了解外部市场的一种常见方式就是进行薪酬调查。通过这种薪酬调查，企业可以搜集到有关基准岗位的市场薪酬水平方面的信息；把它们与企业中的现有状况进行比较，会有助于企业判定自己在劳动力市场上的准确位置，从而为企业的预算制定提供准确的依据。不仅如此，随着市场经营环境的不断变化和企业自身状况的改变，有目的地进行市场薪酬调查，对于企业依据市场变化保持相对于竞争对手的劳动力市场优势地位以及确保本企业薪酬预算的时效性也是十分必要的。

在进行薪酬调查的时候，一个很重要的问题是调查数据的时限问题。任何一次薪酬调查的结果所代表的都是调查时的市场状况，而当它们最终被企业获得并被应用时，不可避免地会出现时滞的问题。因此，在根据这些数据对企业的薪酬水平和薪酬结构进行调整时，同时也要把劳动力市场的持续变动情况考虑在内，注意不断地对有关数据进行调整和更新；这对于准确把握外部市场形势、增强薪酬预算的及时性和有效性、增强企业的自身竞争力都非常重要。

（2）企业内部环境。企业制定薪酬预算的内部环境主要取决于企业既有的薪酬决策和它在招募、挽留员工方面所花的费用。为了清楚地把握企业自身当前的内部状况，企业必须能够回答出下面的这些问题：哪些员工会一直留在企业里？他们会得到怎样的薪酬水平？那些离开企业的员工的薪酬水平又是怎样的？企业需要雇佣什么样的新员工，他们应当得到多高的薪酬？事实上，诸如此类的问题有很多，而且很关键。

概括地讲，企业内部环境的变动情况主要是源于员工队伍本身发生的变化，例如员工数量的增减以及员工的流动。通常情况下，员工人数的增加和流动的加剧都会降低企业的平均薪酬水平；这是因为由于资历的缘故，新员工大多会处于薪酬等级的底层，而资深员工则会位于薪酬等级的上部；当以新员工来代替已有员工或是增加新员工时，就有可能会使得整体的薪酬水平下降；而当员工人数减少或是流动速度缓慢时，则会产生相反的效应。

但值得注意的是，员工流动对于企业而言也并非总是一件便宜买卖。核心员工的流动会导致企业人力资源储备的丧失；流动走的员工的工作可能需要雇佣临时员工或依靠其他员工加班来完成，而这可能会是代价高昂的；同时，雇佣和培训新员工的成本也不能被忽视。因此，在为了进行薪酬预算而考虑有关员工流动的问题时，进行成本—收益分析理应是其中至为重要的一环。

另外一个会对薪酬预算的内部环境发生较大影响的因素是技术的进步，企业总体技能水平的提高和降低足以发挥出不亚于其他因素的影响作用。当科学技术的发展带来了企业技能水平的总体上升时，即使员工总数下降，相信平均薪酬水平也会有所上升，而这种上升无疑会给企业的薪酬预算带来种种影响。事实上，这些年里随着社会整体技术水平的快速上升，员工薪酬水平的随之上涨亦已成为不争的事实。

（3）生活成本的变动。企业在进行薪酬预算时，把生活成本的变动情况结合进去考虑是一种很自然的做法；毕竟薪酬的最基本功用就在于满足员工生活开支方面的需求。在通货膨胀比较严重的时候，如果企业对薪酬水平的调整跟不上生活成本的剧烈波动，往往会招致员工的强烈不满，甚至会导致企业经营上的危机。

但对员工的生活成本进行衡量又实在不是一件很容易的事情，这是因为它关乎员工个人的消费模式、婚姻状况、抚养人数、年纪大小甚至居住地点之间的地域差别；员工的生活成本反过来也与其领取的薪酬高低存在着一定的关联性。为了简便起见，企业普遍采取的做法是选取消费物价指数（CPI）作为参照物，以产品和服务价格的变化来反映出实际生活水平的变动情况。

实践证明，这一做法在多数情况下都是可以满足需要的；然而现在也有不少人对这种做法提出不同意见。理由概括以下三个方面：首先，消费物价指数忽视了个人消费模式中的替代效应，即当一种商品的价格突然大幅上涨时，消费者可能会选择用更便宜的其他商品来代替它，而不是像消费物价指数所假设的那样固定不变。其次，消费物价指数假定的消费结构可能是不合理的。举例来说，当房租突然上涨时，对于必须租房的人来说无疑是一场灾难，却不会给未租房的人带来任何影响，但消费物价指数通常是一概而论的。最后，消费物价指数中所设计的消费组合并不能充分代表全体消费者，它只能代表部分人口的消费习惯。

由此可见，根据消费物价指数来衡量生活成本的变动，对于企业而言，只能算作一种比较粗略的做法，它在企业对薪酬进行预算时可能起到一种有益的参考作用，对于一般的生活成本加薪来说，它足可以满足企业的需要，但是如果企业需要更为精确地对生活成本的变化情况进行衡量和反映时，则需要去做一些更为细致的研究。

（4）企业现有的薪酬状况。制作企业未来的薪酬预算必须以现有的薪酬状况作为参考。事实上，所谓现有的薪酬状况所涉及的范围相当广泛，可以说涵盖了企业薪酬管理的方方面面，其中比较重要的几个问题是：

①上年度的加薪幅度。相对于企业本年度的薪酬预算而言，上年度的加薪幅度可以充当一种参照物。之所以要根据这样一个参照物，是为了确保企业能够尽量保持不同年份之间薪酬政策的一致性和连贯性，并在年度支出方面进行平衡。无疑，这种做法对于保持组织结构的稳定性、给员工提供心理上的安全保障、实现稳健经营都是甚为必要的。年度加薪的幅度可以用下面的公式来进行计算：

年度加薪比率 ＝ 100% × （年末平均薪酬 － 年初平均薪酬）／年初平均薪酬

②企业的支付能力。在其他因素一定的情况下，企业的支付能力是其自身财务状况的函数。当企业的财务处境良好的时候，它往往具备保持其在劳动力市场上的优势竞争地位的实力，同时还可以通过收益分享以及利润分享等方案与员工分享企业的良好经营绩效。而当企业在财务方面出现问题的时候，企业则通常会采取裁员、降低基本薪酬上涨幅度或是缩减可变薪酬的做法来确保企业渡过难关。

③企业现有的薪酬政策。企业的薪酬政策主要可以分为两大类，即现有的薪酬水平政策和薪酬结构政策。前者涉及的问题包括：企业是要做特定劳动力市场上的薪酬领

袖、跟随者还是拖后者？哪些岗位理应得到水平较高的薪酬？而有关薪酬结构的具体问题则包括：在企业的薪酬水平决策中，外部竞争性和内部一致性所起的作用哪一个更大一些？企业里究竟有多少个薪酬等级？各个薪酬等级之间的重叠范围是否足够大？员工在什么情况下会获得加薪等？此外，对现有薪酬政策的考察可能涉及的其他问题还包括：当前企业里员工个人所获薪酬的具体状况是怎样的？员工和管理者对当前薪酬状况的满意度如何？

事实上，正是通过对上述这些问题的回答和反思，企业才有机会总结经验、正视不足、发现问题并认识到改进的迫切性，从而在其后的薪酬预算和控制中得以有的放矢，提高管理活动的针对性和有效性。比如说，某企业在综合考虑上年的加薪幅度、企业的支付能力、生活成本增加以及外部市场薪酬调查的结果之后得出结论：本公司生产人员的薪酬水平远远超出市场平均薪酬水平，因而下一年度只能根据生活成本的增加状况加薪2%；职能管理人员的现有薪酬水平与市场平均水平大致接近，下一年度的加薪幅度定位为6%；销售人员的现有薪酬水平大大低于市场平均水平，因而下一年度的加薪幅度确定为12%。

3. 薪酬预算的方法

薪酬预算对于任何达到一定规模的企业来说都是不可掉以轻心的大事情。最常规的薪酬预算方法有下面两种，即宏观接近法和微观接近法。

（1）宏观接近法。是指首先对企业的总体业绩指标做出预测，其次确定企业所能够接受的新的薪酬总额，最后再按照一定的比例把它分配给各个部门的管理者，由管理者负责进一步分配到具体的员工。因此，特定企业里这一流程所需的层级次数是与组织结构的繁简程度成正比。在结构较为烦琐的传统型企业里，这一过程往往很繁复，一旦管理不力，很可能给企业带来较大的管理成本。具体在采用宏观接近法的时候有下面两种基本操作方法：

①根据薪酬费用比率推算合理的薪酬费用总额。在企业采取的各种薪酬预算方法中，这是最简单、最基本的分析方法之一。在本企业的经营业绩稳定且适度的情况下，管理者可以由本企业过去的经营业绩推导出适合本企业的安全的薪酬费用比率，并以此为依据对未来的薪酬费用总额进行预算；若本企业的经营水平不佳，则应参考行业的一般水平来确定出合理的薪酬费用比率，并由此推断合理的薪酬费用。薪酬费用比率的计算公式可以表示如下：

薪酬费用比率＝薪酬费用总额/销售额＝（薪酬费用总额/员工人数）/（销售总额/员工人数）

由上式可知，如果要在维持一个合理的薪酬费用比率的前提下使薪酬费用总额能够有所上升，就必须增加销售额；换言之，薪酬水平的提高必须处在员工平均销售额的上升范围内。应该注意的是，这里所说的薪酬费用是指为雇佣员工所支付的一切费用，不仅包括基本薪酬、可变薪酬，还包括各种福利费用。根据一般经验，薪酬费用总额与销售额的比例大致为14%，其具体数值又因企业的规模和行业而异。

②根据劳动分配率推算合适的薪酬费用比率。这里所说的劳动分配率，是指在企业所获得的附加价值中，有多少被用来作为薪酬支付的费用，其计算公式是：

劳动分配率＝薪酬费用总额／附加价值

在这里，附加价值是指企业本身创造的价值，在性质上犹如家庭的可支配收入。它是生产价值中扣除从外面购买材料或其他的费用以后，附加在企业上的价值；它是企业进行劳动力和资本分配的基础。附加价值的计算方法有两种：一种是扣减法，即从销售额中减去原材料等由其他企业购入的由其他企业创造的价值；另一种是相加法，即将形成附加价值的各项因素相加而得出，其计算公式分别是：

附加价值＝销售额－外购部分＝净销售额－当期进货成本－（直接原材料＋购入零配件＋外包加工费＋间接材料）

附加价值＝利润＋薪酬费用＋其他形成附加价值的各项费用

　　　　＝利润＋薪酬费用＋财务费用＋租金＋折旧＋税收

通常情况下，在企业附加价值中，大企业的劳动分配部分约占41％，而小企业则为55％。

（2）微观接近法。与宏观接近法相对应，微观接近法指的是先由管理者预测出单个员工在下一年度里的薪酬水平，再把这些数据汇总在一起，从而得到整个企业的薪酬预算。在企业的经营过程中，这一做法比宏观接近法更为常见。具体说来，整个过程应该包括以下这些步骤：

①对管理者就薪酬政策和薪酬技术进行培训。在采用微观接近法的情况下，各级管理者是决定企业的薪酬预算能否顺利进行的最重要的力量，因此，在实施具体的薪酬预算之前，有必要首先对他们进行培训。通过培训，应该使他们具备根据绩效表现向员工支付薪酬的意识，并掌握加薪和预算等方面的常规性薪酬技术。因此，培训的主要内容应该包括公司的薪酬政策、薪酬增长政策线、预算技术以及薪酬等级划分的原则等。同时，就市场上的薪酬数据及其分布情况与这些管理者们进行沟通也是甚为必要的。

②为管理者提供薪酬预算工具和咨询服务。"工欲善其事，必先利其器"。在实际的薪酬管理工作中，向管理者提供一定的工具是十分必要的。这些工具应该包括薪酬预算说明书和工作表格。前者是对薪酬预算需要应用到的技术以及这些技术的具体使用方法做出的简要说明，它对管理者起到了引导性的作用，同时也有助于提高管理效率、降低管理成本；而工作表格则主要是提供特定员工在薪酬方面的一般性信息，例如他一贯的绩效表现、过去的加薪情况、过去加薪时间；这些数据有助于管理者针对特定员工所采取的薪酬管理举措保持一致性和连贯性，更好地实现内部公平。另外，为了促进组织内部薪酬预算的顺利进行，持续地向管理者提供咨询建议和薪酬信息、对他们进行技术和政策上的支持也非常重要。

③审核并批准薪酬预算。在管理者就各个部门里的薪酬预算形成初步意见之后，就需要对这些意见进行进一步的审核和批准。事实上，这一个大步骤又可以细化为若干个具体的小步骤。首先，要对这些预算意见进行初步的审核，使它们与企业已经制定出来的薪酬政策和薪酬等级相符合；其次，把企业内部各个部门的薪酬预算意见汇总在一起，进行总体上的调节和控制，确保内部公平性和外部一致性的实现，保证各个部门之间的平衡；最后，管理层进行集体决议，确定出最终的预算意见，并确保得到决策层的批准。

④监督预算方案的运行情况，并向管理者进行反馈。制定出薪酬预算方案以及得到决策层的认可并不意味着薪酬预算控制的完结；从某种意义上讲，这一过程才刚刚开始。在预算方案下达至各个具体部门并加以执行的整个过程中，管理者必须对该方案的执行状况进行严密监控，一方面要保持与员工的畅通交流，了解他们的看法和态度，并对他们的反映做出积极、快速的反馈；另一方面也要从企业全局的角度出发，做好因时因地对方案进行调整的准备。

二、薪酬策略的调整

1. 薪酬策略的含义

薪酬策略是人力资源部门根据企业最高管理层的方针拟定的，它强调的是相对与同规模的竞争性企业来讲其薪酬支付的标准和差异。从它的定义我们可以看出，薪酬策略主要包括两个方面的策略：一是体现企业支付标准的策略，即薪酬水平策略；二是体现企业支付差异的策略，即薪酬结构策略。这些策略通过企业的工资等级和工资幅度、加薪条件、晋升、降级、调制、付薪的机密性、小时工资率、加班、休假、工作时数和工作时间等各个方面的薪酬政策表现出来。薪酬策略的目标包括提高生产率、控制成本、实现对员工的公平对待和遵守国家法令。

企业的薪酬策略既要反映企业的战略需求，又要满足员工期望。薪酬与企业及其外部环境之间存在着一种依存关系，与企业的发展战略是契合的，企业的发展战略决定企业的薪酬策略，企业的薪酬策略支持企业发展战略的实现。企业策略对企业的发展战略的支持作用表现在通过薪酬策略向员工发出企业期望的信息，并对那些与企业期望一致的行为进行奖励来实现。

员工期望是企业制定薪酬策略需要考虑的重要因素，企业要根据员工的特点和不同需要，对不同年龄层次的员工采用不同的薪酬福利策略。对于青年员工，根据他们有冲劲，无经验，向往物质利益和职业前途的特点和需求，应该采取中等水平的薪酬、与业绩挂钩的高奖金、低福利的薪酬组合，从而鼓励他们开拓创新；对于中年员工，他们有经验，是企业的中坚力量，追求成就感和个人表现，应该采取高薪酬、一定水平的奖金、中等水平的福利的薪酬组合，鼓励他们充分利用经验和发挥技能；而对于老年员工，他们经验老到，首先要求稳定，希望获得尊重，应该采取中等水平的薪酬、低水平的奖金及高福利的薪酬组合，鼓励他们传授经验和善始善终。

2. 薪酬水平策略及调整

薪酬水平策略实质上就是企业薪酬的外部竞争力策略，其本质在于在市场既定的薪酬水平上设定一个对企业有利的最优报酬水平，在这一环节上，市场的薪酬调查结果具有重要借鉴作用。企业薪酬水平与市场水平的关系取决于企业设定的薪酬策略目标。企业可以根据不同的薪酬策略目标，将薪酬水平设定在高于、相当于或低于市场水平。比如，如果企业的薪酬策略目标是为了吸引和保持高质量的员工，降低员工对补偿的不满足感和提高生产率，则可以将薪酬水平设定在高于市场的水平；如果企业的薪酬策略目标是为了控制人力成本，则可以将薪酬水平设定在低于市场的水平。

薪酬策略目标是制定企业薪酬水平的基础，但是企业薪酬水平制定以后，并不是僵化不变的，为了加强薪酬策略目标的实现，需要不断对薪酬水平进行调整。薪酬水平调整的主要类型有以下几种：

（1）奖励性调整。又称功劳性调整，是针对员工做出的优良业绩进行的奖励，目的是为了激励员工的行为。

（2）补偿性调整。就是为了补偿员工因通货膨胀而导致的实际收入无形减少的损失而进行的薪酬水平的调整。

补偿性调整有三种方式：

第一种是等比式调整，即所有员工都在原有工资基础上调升同一百分比。等比式调整使工资偏高的调升绝对值幅度较大，似乎进一步扩大了级差，使工资偏低的员工容易产生不公平感。但等比式调整保持了工资结构内在的相对级差，使代表企业工资政策的结构线的斜率按统一规律变化。

第二种是等额式调整，即全体员工不论原有工资高低，一律给予等幅的调升，是按平均率运行的。它似乎一视同仁，但引起级差比的缩小，致使特征线上每一点的斜率按不同规律变化，动摇了原工资结构设计的依据。

第三种是工资指数化。工资指数化是指工资与物价直接挂钩。员工工资用指数表示，实际工资收入等于工资指数乘以最低生活费，最低生活费则依物价的变动而变动。工资指数化的目的是为了消除物价波动对员工工资水平的影响，对员工工资根据物价指数的变动而相应进行调整，使工资的增长高于或至少不低于物价的上涨。

（3）效益调整。就是当企业效益较佳，盈利颇丰时，对全体员工进行的普遍调高。这种调整可能是浮动式的、非永久性的，效益欠佳时可能调回。

（4）工龄调整。是指随着员工工龄的增加，逐年等额调升员工工资。

3. 薪酬结构策略及调整

薪酬结构策略是企业在薪酬策略设计中，在薪酬的水平变化和层级化之间的最优化选择。在企业的薪酬策略中，企业可采用水平化的薪酬策略，也可采用层级化的策略。所谓水平化策略，是指企业的薪酬层次比较少，不仅最高薪酬水平与最低薪酬水平之间的差距小，而且相邻的薪酬档次之间的差距也很小。所谓层级化策略是指企业的薪酬层次比较多，最高薪酬水平与最低薪酬水平之间的差距比较大，相邻的薪酬档次之间的差距也比较大。对于薪酬结构策略，有两点需要引起注意：一是薪酬的水平化和结构化是相对的，而不是绝对的，没有一个标准将两者完全分开；二是水平化策略或层级化策略没有优劣之分，采取水平化还是层级化，完全取决于企业中工作的组织方式和评价标准。如果企业中强调团队合作，注意对团队绩效的考评，则宜采用水平化策略；如果企业强调个人能力，注重对个人绩效的考评，则宜采用层级化策略。

企业的薪酬策略也不是一成不变的，而要定期进行调整。结构调整包括工资标准和工资等级调整两个方面，工资标准的调整主要参考市场工资率的变化；工资等级的调整主要是理顺企业员工的内部关系。具体做法如下：

（1）采取不同方式调整高、中、低三个层次人员的薪酬比重。在企业薪酬总额中，高、中、低三个层次员工所占的薪酬比重是不一致的，高级管理人员人数少，但人均占有薪酬比重高；基层人员人数多，但人均占有薪酬比重低。因此在调整薪酬结构中，要分不同层次员工采取不同的措施。比如为了降低成本，对于高级管理人员，采取降低录用率的措施，效果较为明显；对于中级管理人员，可以采取调整固定工资和绩效工资结构的办法，相对提高绩效工资的比重，并加大对绩效工资的考核力度，使得大部分员工只能拿到固定工资，而拿不到绩效工资，这对于降低成本效果也较为明显；对于基层人员，则可以采取延长工作时间或尽量压缩企业规定的休假时间，但不增加工资或增加幅度不大的办法，同样会起到降低成本的作用。

（2）调整工资标准和工资率。随着绩效工资制和弹性工资制的逐步推广和适用，对企业在员工收入分配上的灵活性提出了更高的要求，因此企业在调整薪酬结构时，广泛采用调整工资标准和工资率的措施。目前一些西方企业中出现的工资等级"宽波段化"趋向就是这一措施的典型做法。所谓"宽波段化"，就是将指对多个薪酬等级以及薪酬变动范围进行重新组合，从而变成只有相对少数的薪酬等级以及相对较宽的薪酬变动范围，这就是目前薪酬管理中出现的"宽带薪酬"趋势。其主要优点在于：

①使企业在员工薪酬管理上具有更大的灵活性。新的"波段"设置以后，使同一水平工资的人员类别增加，一些下属甚至也和主管享受一样的工资待遇，而且员工薪酬浮动幅度加大，对员工的激励作用也加强了。

②比较适合于一些非专业化的、无明显专业区域的工作岗位和组织，这些工作很难运用传统的工作评价和劳动测量计算雇员的工资量，"宽波段"的工资制度则比较灵活。它只是划分一个工资范围，具体工资收入根据员工的绩效情况弹性处理。

③有利于增强员工的创造性和全面发展，抑制一些员工仅仅为获取高一等级的工资而努力工作的单一追求倾向。

三、薪酬控制

1. 薪酬控制的含义及其作用

所谓控制，是指为确保既定方案顺利落实而采取的种种相关措施。在企业的实际经营中，正式的控制过程往往应该首先确定相关标准以及若干衡量指标，并将实际结果和既定标准进行比较，如果两者之间存在差距，要明确并落实补救性措施。具体到薪酬管理方面，企业通过薪酬预算，一般已经对自己的薪酬方面的具体标准和衡量指标有了比较清晰的认识；而薪酬控制的主要功能就在于确保这些预定标准的顺利实现。

毋庸置疑，薪酬控制对于企业而言十分必要。具体说，在外部劳动力市场方面，由于企业在进行薪酬预算时通常是对市场平均薪酬水平、薪酬变动幅度等因素进行大致的估计和预测，因此很多时候，针对实际情况进行调查、及时纠正预期就是非常必要的；与此类似，企业在进行薪酬预算时采取的内部信息往往也未必准确，同时实际雇佣状况也存在着随时变化的可能。这种情况下，为保证管理人员对整个薪酬体系的切实监控和预定薪酬管理目标的顺利实现，实施有效的薪酬控制对于企业而言就具有相当重要的意义。

对薪酬体系的运行状况进行监控，其主要目的在于对之前的预期和之后的实际状况进行对比；但究竟采取什么样的补救措施，则就因具体情况而定了。举例来说，企业在进行薪酬预算的时候，可能认为某种特定的薪酬设计会促使员工改进自己的工作绩效，但这种预期并没有实现；其原因可能是多方面的，可能和企业、管理者以及员工本身都有关系。但是，如果预期落空的一个很重要原因在于预算时的假设条件没有得到满足，那么需要改变的就是薪酬预算本身了。

从这个意义上说，薪酬预算和薪酬控制应该被看成是一个不可分割的整体；企业的薪酬预算需要通过薪酬控制来加以实现，薪酬控制过程中对薪酬预算的修改则意味着一轮新的薪酬预算的产生。在任何情况下，薪酬预算和薪酬控制都不能被简单看成是企业一年一度的例行公事，它们是持续不断地贯穿于薪酬管理的整个过程中的。

2. 薪酬控制的难点

对于任何一家企业而言，对日常经营活动（包括薪酬管理）进行监督和控制都不是一件很轻松的事情；实际的控制要受到多种因素的制约甚至阻碍。而这种情况之所以会出现，主要是因为控制行为本身的复杂性所致。这种复杂性主要表现在以下几个方面：

（1）控制力量的多样性。在一定程度上，每个人都有控制他人的欲望；当他们作为企业中的员工时亦是如此。在企业中，每个人都为实现企业的整体目标而完成自己的手头工作，同时也为实现自己的个人目标而进行种种努力；他们不可避免地要因为受控而承受来自企业和其他员工的压力，同时也在向他人施加一定的压力。概括来说，企业里的控制力主要有以下三种：企业里现有的正式控制体系、来源于小团体或特定个人的社会控制以及员工的自我控制。为了对企业里的各项事宜（包括薪酬）进行有效监控，通常要求这三种控制力量必须被整合在一起，对员工发挥相同方向的作用。但事实上，真正实现这种和谐的可能性是小之又小的，员工在大多数时候都必须在各种冲突力量之间进行选择，这也是企业里的控制体系为什么总是处于次优状况的一个重要原因。

（2）人的因素的影响。企业的控制体系在不同的时候、处在不同的环境下、面对不同的对象会发挥出不同的作用。举例来说，如果各项工作职责的设计和履行之间彼此独立，工作周期本身又比较短，那么控制体系的作用效果就比较明显；如果从事工作的是一名新员工，对于控制力量本身有着较强的需求，控制的效果也应该不会太差。但是，如果某项工作职责在最终结果出来以前要求在职者接受多年的培训、在很长的时间里与不同的岗位打交道，那么对其进行监控就不会有很明显的效果；这种情况下，借助于社会控制和自我控制的力量往往能够收到更为理想的效果。

（3）结果衡量的困难性。在企业的日常运营过程中，对一些工作行为进行观察往往是很困难甚至是不可能的；出于有效控制的目的，企业往往会针对其希望得到的结果制订出若干衡量指标。在一定程度上这种做法是有效的，但它容易使得员工把注意力集中在衡量指标而不是目标本身之上。举例来说，一名管理者可能会把他所有下属的绩效表现都评定为优秀；之所以这样做，可能并不是因为他们的绩效表现真的很优秀，而只是因为获得优秀评价能够加薪10%，而管理者希望他的下属得到这个10%的加薪。在这种情况下，衡量指标的制订和评价也就成为控制行为的一部分了。

3. 薪酬控制的途径

在企业的经营过程当中，薪酬控制在很大程度上指的是对于劳动力成本的控制，大多数企业里也都存在着正式的薪酬控制体系。一般情况下，企业的劳动力成本可以用下面的公式表示：

劳动力成本＝雇佣量×（平均薪酬水平＋平均福利成本）

因此，我们可以认为劳动力成本主要取决于企业的雇佣量以及在员工基本薪酬、可变薪酬和福利与服务这三个方面的支出，它们自然也就成了薪酬控制的主要着眼点；同时，企业所采用的薪酬技术，例如工作分析和工作评价、技能薪酬计划、薪酬等级和收益分享计划等，在一定意义上也能够对薪酬控制发挥不小的作用。这样说来，我们主要可以从以下几个方面来关注企业里的薪酬控制：第一，通过控制雇佣量来控制薪酬；第二，通过对平均薪酬水平、薪酬体系的构成的调整以及有目的地设计企业的福利计划以达到控制薪酬的目的；第三，利用一些薪酬技术对薪酬进行潜在的控制。

（1）通过雇佣量进行薪酬控制。众所周知，雇佣量取决于企业里的员工人数和他们相应的工作时数；而通过控制这两个要素来管理劳动力成本可能是最为简单和最为直接的一种做法。很显然，在支付的薪酬水平一定的情况下，企业里的员工人数越少，企业的经济压力也就相应越小；然而，如果薪酬水平能够保持不变，但是每位员工的工作时间可以延长，那么企业就会更为有利可图了。

①控制员工人数。事实上，已经有证据表明，对于公司股票价格而言，无论裁员还是关闭工厂都可以算得上是好信息。因为在市场看来，这些做法有助于改善企业的现金流量，有效控制企业的成本开支。当然，这种做法的副作用也很明显：裁员不当可能导致熟练工人的大量流失，直接影响到企业的人力资源储备。

鉴于这样的问题，为了更好地管理企业的劳动力成本，许多企业会选择和不同的员工团体之间建立不同性质的关系：与核心员工之间的关系一般是长期取向的，而且彼此之间有很强的承诺；与非核心员工之间的关系则以短期取向居多，只局限于特定的时间段内。同时，非核心员工与核心员工相比，其成本相对较低，而流动性更强一些。因此，采用了这种方式之后，企业可以在不触及核心员工利益的前提下，通过扩张或收缩非核心员工的规模来保持灵活性并达到控制劳动力成本的目的。

②控制工作时数。由于和变动员工的人数相比，控制变动员工的工作时数往往来得更加方便和快捷，所以这种做法在企业里的使用更为频繁一些。这里值得一提的是有关工时的法律规范方面的问题。举例来说，在很多国家都有明文规定，员工的工作时间在超过正常周工作时间以后，额外工作时间里的薪酬应该按照原有薪酬水平的 1.5 倍来计算。因此，对于企业而言，就需要在调整员工人数和调整工作时数两种做法之间选择，选择的依据则是哪一种调整方式的成本有效性更高。事实上，在实践中，当一个国家的劳动法管辖效力不高的时候，许多企业都会通过变相增加员工的工作时数的做法来达到降低自己的劳动力成本的目的，这种情况在我国经济发达地区的一些劳动密集型加工企业也经常能够看到。

（2）通过薪酬水平和薪酬结构进行薪酬控制。薪酬的控制，更主要的还是通过对薪酬水平和薪酬结构的调整来实现。此处的薪酬水平主要是指企业总体上的平均薪酬水平；而薪酬结构则主要涉及基本薪酬、可变薪酬和福利支出这样一些薪酬的构成以及各个具体组成部分所占的比重大小。各种薪酬组合水平高低不同和所占的份额大小不同，对于企业薪酬成本的影响也不同。

①基本薪酬。基本薪酬对于薪酬预算与控制的最主要影响体现在加薪方面，而原有薪酬水平之上的增加一般是基于以下三方面的原因：原有薪酬低于理应得到的水平；根据市场状况进行的调节；更好地实现内部公平性。而任何一次加薪能够发挥的效用直接取决于加薪的规模、加薪的时间以及加薪的员工参与率。

由于原有薪酬不足而导致的加薪意味着起码要把基本薪酬提高到其应处薪酬等级的最低水平线上。因此，这种做法的成本会和以下几种因素有关：基本薪酬所得存在不足的员工的数量；理应加薪的次数；实际加薪的规模。举例来说，如果企业存在着对每次加薪幅度的政策规定，那么管理者就需要决定，为了弥补某员工15%的薪酬差额，究竟是进行一次加薪还是两次或更多次加薪；不同的抉择显然会对企业的财务状况发生不同的影响。根据市场状况或是企业内部的公平情况来对基本薪酬水平进行调整，则更多地是为了确保和加强企业的地位，不管这种地位是相对于竞争对手的地位还是指员工心目中的地位。

②可变薪酬。越来越多的企业开始在企业内部使用这样或者那样的可变薪酬方案，它们的支付形式包括：利润分享、收益分离、团队奖励、部门奖励，如此等等，不一而足。它们给企业所带来的成本亦是进行薪酬预算与控制时不得不考虑的一项内容。

在提高薪酬水平给企业薪酬控制带来的影响方面，可变薪酬与基本薪酬既有相同点，亦有不同之处。一方面，可变薪酬所能发挥的影响同样取决于加薪的规模、加薪的时间以及加薪的员工参与率；而另一方面，由于大多数可变薪酬方案都是一年一度的，通常是在每个财务年度的年底进行支付，因此它们对企业的影响也只是一次性的，并不会作用于随后的年份。因此从劳动力成本方面看，可变薪酬相对于基本薪酬所占的比例越高，企业劳动力成本的变化余地也就越大，而管理者可以采取的控制预算开支的余地也就越大。这对于今天这种崇尚灵活性和高效率的企业环境来说，无疑是一种不错的选择。

③福利支出及其他。根据对薪酬预算与控制的作用大小，我们可以把企业的福利支出分为两类：与基本薪酬相联系的福利以及与基本薪酬没有什么联系的福利。前者多是像人寿保险和补充养老保险这样比较重要的福利内容，它们本身变动幅度一般不大，但是由于与基本薪酬相联系，因而会随着基本薪酬的变化而变化；同时由于它们在企业整体支出中所占份额较大，因而会对薪酬预算和薪酬控制发生较大的影响。而后者则主要是一些短期福利项目，例如健康保险、牙医保险以及工伤补偿计划等。比较来说，它们对于企业的薪酬状况所能发挥的作用要相对小得多。

除了我们上面提到的基本薪酬、可变薪酬以及福利支出之外，可以对薪酬预算发生影响的因素还有很多。比如带薪非工作时间：这种额外休假时间的成本取决于劳动力本身的性质；当不享受加班工资的员工暂时离开岗位的时候，一般不需要其他员工来代替，因此没有什么额外损失；而当享受加班工资的员工休假时，必须把承担其工作任务的人工成本计算在内。

（3）通过薪酬技术进行潜在的薪酬控制。工作分析和工作评价、薪酬政策线、薪酬宽波段等这些薪酬技术除去一些比较直观的目的之外，它们对于薪酬的预算控制也能起到不小的作用。

①最高薪酬水平和最低薪酬水平。一般说来，每一薪酬等级都会具体规定出该级别内的最高薪酬水平和最低薪酬水平。其中，最高薪酬水平对于企业薪酬控制的意义是比较大的，因为它规定了特定岗位能够提供的产出在企业里的最高价值。一旦由于特殊情况而导致员工所得高于这一限额，就使得企业不得不支付"赤字薪酬"；而当这种情况在企业里很普遍时，对薪酬等级和工作说明书进行调整也就很必要了。由于最低薪酬水平代表着企业中的岗位能够创造出来的最低价值，因而它一般会支付给那些尚处于培训期的员工。当然，如果员工因为绩效突出而晋升速度过快，也有可能出现这种情况。

②薪酬比较比率。在薪酬控制过程中，一项经常会被用到的统计指标是薪酬比较比率。这一数字可以告诉管理者特定薪酬等级的薪酬水平中值，以及该等级内部岗位或员工薪酬的大致分布状况。该数值的表示公式可以写为：

薪酬比较比率＝实际支付的平均薪酬/某一薪酬等级的中值

因此，当薪酬比较比率为1时，意味着等级内员工的平均薪酬水平和薪酬中值是恰好相等的。我们在前面已经指出，薪酬中值是绩效表现居中的员工理应得到的薪酬水平；理想情况下，企业支付薪酬的平均水平应该等于薪酬中值。因此，当比较比率大于1时，就说明因为这样或那样的原因，企业给员工支付的薪酬水平偏高：也许是因为人工成本控制不当，也许是多数员工的绩效表现确实突出，或是因为其他的种种原因。而当数值小于1时，薪酬支付不足的情况就显而易见了。当然，对于为什么会出现这种结果，企业需要进行进一步的深入分析。

③成本分析。数字的说服力往往是最强的，相信这也是成本分析为很多企业所青睐的原因。在决定一次新的加薪之前，企业一般都会对加薪所带来的经济影响进行深入和透彻的分析，以期了解事情的全貌。同样，企业在制定向销售人员奖励计划这样的薪酬方案时，也可以通过对该计划的成本测算来达到合理控制成本的目的。

四、薪酬沟通

1. 薪酬沟通概述

在企业制定和执行薪酬方案的时候，进行有效的沟通无疑是其中相当关键的一环。这是因为，如果无法取得员工和其他管理人员的理解和配合，纵使设计再精良的薪酬体系也无法取得预期的效果。

在这个领域进行的一些经验研究表明，对于大多数员工而言，在他们与企业的相互关系当中，再也没有什么比薪酬更重要的了；许多资料也已经显示，特定员工之所以接受或保留某一工作岗位，薪酬往往是最重要的原因。此外，对于企业的经营绩效而言，薪酬既可以起到正面的推动作用，亦可能成为瓶颈制约因素；关键在于企业采取了怎样的沟通措施，而员工又对薪酬持有什么样的态度。

然而，令人遗憾的是，当前仍有许多企业没能给薪酬沟通以足够的重视，许多员工对自己企业的薪酬政策和薪酬制度知之甚少，而之所以会出现这种情况，根本的原因在于企业和管理人员在管理理念上存在误区。很多企业的观念陈旧，认为薪酬管理只是管理者的事情，与普通员工无关；而相当数量的薪酬管理人员也没有意识到自己工作中很重要的一部分就是要向决策层和员工推销自己的薪酬体系。此外，还有很多企业对于薪酬沟通的认识存在偏差，对它的了解仅仅停留在媒介方面，认为沟通就意味着在宣传手册、执行方案、光盘或是内部刊物之间进行选择。殊不知，即便是一份印刷精美、内容丰富的宣传手册也可能在沟通方面起不了任何作用，甚至会向员工传达出负面的信息。有鉴于此，在薪酬沟通问题上采取一种系统的态度是很必要的。

通常说来，许多企业之所以会拒绝或忽视薪酬沟通，不外乎以下几种原因：其一，企业的薪酬体系和福利制度相当糟糕，既非精心设计的结果，也无法实现持续性管理；就它们而言进行沟通只会给员工带来困惑，造成管理上的纠纷。其二，一些企业在薪酬体系的设计上投入了很大的精力，结果也很不错，但它们宁愿选择薪酬保密制度，理由是"只有这样才与我们的企业文化相匹配"或是"决定薪酬是管理者的事情，员工们应该无条件接受"。其三，还有一些企业认为，对薪酬体系的沟通越多，问题和麻烦也就越多，需要管理者做很多的解释和说服工作，这是对时间和资源的浪费。

然而，随着经营环境中的竞争越来越激烈，企业对于员工的依赖越来越强，已经有越来越多的企业开始转变思维方式。它们发现，薪酬体系的精心设计和良好沟通已经成为有效激励员工、提高组织盈利率的关键要素；也正是因为这一点，很多传统企业已经抛弃了向员工封闭薪酬信息的传统做法，开始在薪酬沟通方面投入更多的时间和精力。

在薪酬管理的整个流程过程中，薪酬沟通是其中不可或缺的组成部分，贯穿于薪酬方案由制定到实施、控制、调整的全过程。事实上，企业在刚刚开始设计和开发薪酬方案的时候，就应该考虑到如何就该方案与员工进行沟通的问题。通常情况下，薪酬沟通本身往往开始得很早，远在新的薪酬战略开始实施以前；不仅如此，它还需要贯穿于薪酬方案的整个生命周期中。

一般来说，成功的薪酬沟通应该能够与企业的整体经营战略和沟通策略相一致，能够清除员工对新生事物的顾虑和畏惧，并说服员工们接受它。因此，在对当前环境下的薪酬沟通进行定位的时候，管理者们通常需要注意以下几个方面的问题：

首先，在现代企业里面，随着企业经营环境的风险不断增大，薪酬方案的调整频率已变得越来越高；为了顺应这种趋势，薪酬沟通就必须成为企业的一种良好习惯，很自然地贯穿于薪酬方案开发和执行过程的始终，涵盖到组织的方方面面，并置于与薪酬体系本身同等重要的位置上。因为只有这样，才能确保薪酬体系本身与企业的经营战略和结构体系相匹配，才能让员工接受企业所做出的薪酬调整方案。

其次，薪酬沟通不可能存在于真空之中。它不能是静止不动的，必须时刻保持自身的动态性和灵活性；它还必须被提升到战略高度，结合企业的大环境加以考虑。有效的薪酬沟通能够很好地加强企业的战略和变革本身，并成为联系它们的纽带。举例来说，当新的奖金方案是以质量和客户满意度为基础时，企业就必须能够持续不断地向员工提供有关企业质量改进措施和客户服务方面的信息；而员工也有权进行询问、得到答案并要求企业提供反馈。

最后，也是最为根本的一点，薪酬沟通必须是公开、诚实和直截了当的。在条件允许的情况下，员工们应该能够及时、准确、方便、高效地获得企业在薪酬方面的各种信息，包括企业的薪酬结构是怎样的、员工们的薪酬是如何决定的、在什么情况下他们能够得到加薪等；在很多时候，无知——包括对薪酬的无知——会让人觉得恐惧。

事实上，作为一种人际间的互动方式，薪酬沟通比其他很多的管理举措都更为复杂，对管理者的技巧和素质方面提出的要求也相对较高。但是，若想把企业经营好，赢得和保持市场上的竞争优势，薪酬沟通绝对是一个不可忽略的关键环节。有人甚至说，在今天的企业里，沟通已经成为每一位企业成员——无论是普通员工还是管理者——的第一责任。

2. 薪酬沟通的步骤

在企业中就薪酬体系进行沟通通常可以采取以下六个步骤：

（1）确定沟通目标。它意味着企业需要确定就什么进行沟通以及通过沟通要达到怎样的目的。当企业制定了新的薪酬方案或是对既有的薪酬方案进行了改动的时候，企业的薪酬政策以及薪酬方案的执行方式通常也需要进行相应的变革。举例来说，某企业在变革以前实行普遍加薪制度，即依据资历决定薪酬的增加；经过改革，新的薪酬体系改为以绩效为中心，同时建立了完备的奖金激励方案。在一定层面上，这种变革同时也是企业文化的转变，它使得企业更加侧重于责任的承担和对绩效的认可。如果员工不能迅速和准确地意识到这种企业文化的导向的转变，必然会给新方案的推进带来一定的困难。

我们可以把企业里薪酬沟通的目标概括为以下几个方面：第一，确保员工完全理解有关新的薪酬体系的方方面面；第二，改变员工对于自身薪酬决定方式的既有看法；第三，鼓励员工在新的薪酬体系下做出最大的努力。在企业的经营实现中，经过这样或那样的变动，上述三方面的目标可以适用于大多数薪酬沟通方案。此外，在这样三个总的目标下，企业还可以根据自己的具体情况，结合自己意欲达到的目的，再分别设计更为具体的目标。

（2）搜集相关信息。在沟通目标确定下来以后，下一步骤是要从决策层、管理者以及普通员工中间搜集他们对于薪酬体系的有关看法：既包括对现有体系的评价，也包括对未来变革的设想和期望。只有把这些信息和薪酬沟通目标结合在一起，才可以确保企业和员工们的需要都得到关注和满足。另外，询问员工对于薪酬体系的观点、看法以及相关态度，这本身已经表明了企业对员工所想所思的重视。同时，员工们也能由此获得参与感，并增强对企业的承诺，这些对于企业的经营成功都十分重要。

首先，从所要搜集的信息的内容看，尽管不同企业在经营状况方面的差异很大，想要达到的目标也不尽相同，但还是有些信息是值得所有企业都加以重视的，如员工们对企业现有薪酬体系的了解程度如何？管理者和员工是否掌握了与薪酬方案有关的准确信息？在薪酬沟通方面，管理者是否掌握了就薪酬和福利进行有效沟通的技巧？管理者和员工认为哪些沟通手段对于薪酬沟通来说是最有效的：书面文件、光盘、小型集会还是大型会议？

当然，上面列举出来的问题只是应该搜集的信息当中的一小部分。取决于特定的沟通要求，在不同的情况下需要就不同类型的信息进行搜集。

其次，从信息搜集的方式来看，企业可以采取若干种不同的方式来进行信息的搜集工作，主要包括问卷调查法、目标群体调查法、个体访谈法等。

比较而言，问卷调查法是一种应用甚为广泛的信息搜集方式。当需要面对为数众多的对象搜集大量信息的时候，这种方式往往最为有效。目标群体调查法，只是针对意欲调查的对象整体，即企业里的员工和管理者，随即抽取的一个小型样本。一般说来，每一个目标群体都要能够涵盖企业里的各个部门，从而保持样本的充分代表性。个人访谈法，主要是指针对企业决策层以及首席执行官进行的访谈。它的主要功能在于通过了解企业高层对薪酬问题的看法，给企业的薪酬沟通事先定下基调和风格，从而节约了时间和精力。

除去上面的这些方法外，其他的一些方法也都有可取之处。例如，利用企业中的非正式组织搜集信息；根据员工们对薪酬方案提出的质疑来发现问题；以及通过绩效面谈了解员工和管理者们的看法。在不同的情景之下，不同的信息搜集方式会发挥不同的作用，满足企业不同的目的。

（3）制定沟通策略。在搜集到有关员工对薪酬方案和心理感受的信息之后，我们可以着手在既定的目标框架之下制定薪酬沟通的策略。虽然已有研究对于企业应该和员工就什么进行沟通、怎样进行沟通并不曾有过明确的限制，但我们还是能够对企业中的沟通策略进行大致的分类。

具体说，有些企业采取的是"市场策略"：与向客户推销商品很相似，把目标员工和管理者当成客户，而企业的沟通目标在于有效控制客户对于薪酬方案的预期和态度，提高客户满意度。因此，这方面的相应措施可以包括：就客户对薪酬体系的反映进行调查，准确告知客户现有薪酬制度的优势和不足；对企业最新的薪酬举措进行宣传。也有一些企业立足于"技术策略"。这种策略不太重视薪酬政策本身的质量或优缺点，而是着眼于向客户提供尽可能多的技术细节。这些细节可能包括：企业里的具体薪酬等级、特定薪酬等级的上限和下限、加薪的相关政策，诸如此类。通过这种做法，可以加深目标员工和管理者对于薪酬体系本身的认识和理解，更好地实现沟通的目的。

（4）选择沟通媒介。当企业开始着手确定沟通媒介的时候，一般都会面临着多种备选方案。它们在技术复杂程度上有所差异，沟通效果也有着显著的不同。具体来说，这些媒介可以分为四大类：视听媒介、印刷媒介、人际媒介以及电子媒介。

①视听媒介。视听媒介涵盖的种类很多，包括幻灯片、活动挂图、电影、录像带和电子远程会议。通常情况下，当需要向身处不同地点的员工传达信息的时候，利用录像带或 VCD 是一种行之有效的方式，可以大大节约管理者的时间，但成本通常是很昂贵的。

与其他手段相比，远程电子会议这种视听手段的技术含量相对较高。借助于最新开发的电子沟通技术，它可以在沟通双方之间营造出生动、双向和有问有答的交流氛围，使得沟通的效果达到最大化。

此外，几乎在所有的沟通会议中，幻灯片、活动挂图都是经常会被采用到的手段。在记录与会者的讨论信息、突出重点和直观的进行展示方面，它们是尤为有效的，当然，对于企业而言，它们的低廉成本也是其尤为可贵之处。

②印刷媒介。一般情况下，薪酬手册、书信、备忘录、企业内部刊物、薪酬方案摘要和薪酬指南等都属于薪酬沟通时会使用到的印刷媒介；它们尤其适用于在有限时间内需要将特定的信息向大量员工进行传播的情况。

③人际媒介。在薪酬沟通的所有媒介中，人际媒介应该可以算作最为有效的方式之一；毕竟薪酬沟通的本质就是一种人际互动的过程。大型或小型的薪酬会议一般都可以给员工或管理者提供面对面的交流和互动的难得机会，而一对一的单独面谈则更是有助于薪酬管理者发现诸多问题。

相对而言，人际沟通的规模较小，越有利于双方就共同关注的问题进行深入交流。但在企业本身规模较大的情况下，这也意味着更多的财务支出和时间投入；同时，它对管理者的沟通技巧也提出比较高的要求。

④电子媒介。电子媒介是电子化的、以计算机为基础的一种沟通媒介，包括信息中心、电话问答系统、交互式个人电脑程序、E-mail 系统等。在当前的信息社会里，它已经成为很多企业很重要的一种沟通手段来加以选择。以交互式个人电脑程序和 E-mail 系统为例，它们几乎可以渗透到当前所有的企业当中；借助于这种沟通网络，管理者可以随时随地地解决员工们遇到的薪酬问题，就企业最新推出的薪酬和福利方案提供咨询，并为员工提供在线福利自选服务。在有些企业里，员工甚至可以根据自己的经济状况和掌握的信息，直接通过组织内部网络从企业的投资项目中撤出自己的份额。可以说，电子技术已经在一定程度上改变了当前企业薪酬沟通的全貌。

在企业的日常经营中，当需要确定沟通媒介的时候，很重要的一点是要综合考虑特定媒介的沟通效果和相应的研发成本。概括而言，最有效的薪酬沟通手段应该能够给沟通双方提供大量面对面的互动机会，同时可以传达充分个人化的信息，切实满足单个员工或是团队的个别需要。只有这样，才能使得组织内部的薪酬沟通得以最大化地发挥功效。

(5) 举行沟通会议。在任何薪酬沟通方案中，最重要的步骤可能是正式沟通会议的筹办和举行。这种会议一般位于薪酬沟通流程的末期，目的在于就整个薪酬方案进行解释和推销工作。在一次典型的薪酬沟通会议上，企业一般会就薪酬方案的各个方面进行解释。这些方面包括：工作评价、市场数据调查和分析、薪酬等级的确定、奖金方案的制定、绩效评价体系以及薪酬管理方面的问题。同时，员工们也大多会得到自己的工作说明书和一份详细的薪酬等级分布表以及有关企业的团队奖金方案、绩效评价系统和薪酬管理体系等的书面说明。

(6) 评价沟通结果。薪酬沟通的最后一步是要就整个沟通流程的效果进行评价。对薪酬沟通结果进行评价的最佳时期是举行正式会议之后的 4~6 个月，而中间的这段时间间隔则为员工们消化薪酬信息、适应新的薪酬体系提供了一个缓冲的机会。与前面提到的信息搜集方法相似，我们也可以采用问卷调查法、目标群体法或面谈的方法来对沟通结果进行评价；而理想情况下，此处的调查对象和前面搜集信息的对象也应该是同一群人。这样，根据调查对象在沟通前后对特定问题回答情况的不同，企业就可以从中提炼出有关沟通是否有效的丰富信息。

3. 薪酬沟通与企业文化

在前面我们已经提到，企业中薪酬沟通状况的好坏会受到多种因素直接或间接的影响；企业文化是其中的一种重要因素。与薪酬水平和薪酬结构类似，薪酬沟通在很大程度上也取决于企业里的主流文化类型。

（1）职能型文化下的薪酬沟通。在传统职能型文化的背景下，薪酬沟通往往只是意味着一年一度例行公事地告知员工他们本年度的加薪额度，而不再有其他内容。这种薪酬沟通通常都是正式的，通过一些静态的载体，例如备忘录、时事通讯或是大型会议加以传递。同时，它还是方向单一的；企业的高层管理者全权决定沟通的有关事宜，包括员工们需要些什么，他们应该在什么时候得知；在把这些信息传递给员工之后，很少会有基层员工向高层管理人员的反馈。因此，在这种文化背景之下，管理者们不需要花费很多时间对薪酬方案进行解释，也不用担心会有批评性的意见反馈上来。

（2）流程型文化下的薪酬沟通。与职能型文化不同，流程型文化下的薪酬沟通往往没有那么正式，覆盖的范围也相对广泛一些。在薪酬方向方面，由于流程型组织强调的是跨职能团队，因此沟通往往发生在团队内部和团队之间；同时，这种沟通也更具有持续性和互动性，通常会强调质量和持续不断的改进。

具体地说，一方面，在团队内部，团队成员应该处于持续的沟通之中，同时由于在员工的薪酬和绩效水平之间存在直接的联系，因此团队和员工个人必须得到有关本人以及团队绩效的充分信息，并了解团队绩效是如何影响企业总体绩效的。另一方面，还要保证本团队与其他团队之间的沟通畅通，以加强客户满意度和本企业的质量建设。

（3）时间型文化下的薪酬沟通。在时间型组织里，由于项目工作小组是最典型的工作单位，因此内部沟通频率往往较低，沟通的内容也很少直接涉及薪酬；但企业也要确保员工能够与一定范围内的同事和管理者进行沟通，以保证他们在需要的时候能得到准确和充分的信息。举例来说，开发一个新产品的项目小组可能需要立即获得研发或者市场方面的数据，企业必须有稳定和可靠的沟通渠道来满足这一需求；出于同样的道理，市场部门可能也会需要产品开发部门的一些信息，从而帮助企业制定关系到生存和前途的战略性决策。尽管这些交流表面上跟薪酬没什么关系，可是它们直接关系到项目小组的绩效表现，进而影响到他们的薪酬水平。

（4）网络型文化下的薪酬沟通。在网络型组织里，很少有固定的沟通模式。组织成员往往采用他们认为合适的方式进行沟通，只在自己需要的时候收发信息，并借助于这些信息来制定决策、取得自身的优良业绩和组织的经营成功。具体到薪酬沟通方面，员工之间的沟通通常都是非正式的和不定期的，同时还会牵扯到其他与薪酬有关的问题；员工们可能对企业确定薪酬水平和薪酬结构的细节并不感兴趣，他们只需要知道如何才能使得自己的收入最大化。

第十八章　员工情感管理

第一节　情感管理的概述

一、定义

所谓情感管理，就是主管以真挚的情感，增强与员工之间的情感联系和思想沟通，满足员工的心理需求，形成和谐融洽的工作氛围的一种管理方式。

情感管理将企业目标与员工个人心理目标有机结合起来，在企业目标实现的同时，员工个人心理目标也得到实现。情感管理的宗旨就是为了协调企业与员工之间的利益矛盾，谋求企业与员工共同发展，为了一个共同的目标，促使员工自觉管理。

当今西方国家许多优秀企业都很重视加强情感管理，如诺基亚的以人为本的管理理念，3M公司培育员工主人翁精神和自律性，形成同事间的相互比较、挑战自我的环境等做法，都是很好的例子。情感管理最能体现管理的亲和力，其核心是激发员工的积极性，消除员工的消极情绪，通过情感的双向交流和沟通实现有效的管理。

二、本质及意义

情感管理的本质就是尊重人的尊严与价值。尊重人就意味着有效满足一定对象在特定情境中的合理要求。尊重人，不仅要求企业尊重员工的人格尊严、劳动成果和价值；还需要企业为员工创造良好的人际关系、工作环境，公平、公正的制度和待遇，良好的沟通环境给员工以光荣感和成就感等。

情感管理在我国管理实务中具有特别重要的意义。中国传统文化是一种伦理型文化，伦理型文化往往要依赖情感的纽带来维系。中国古代先哲对情感管理的作用有许多精彩的论述，从"爱民"到"视卒如爱子"的倡导，种种见解与现代的情感管理理念如出一辙。

三、情感管理的基本要求

认真坚持"以人为本"的管理理念。所谓认真，就是讲始终如一不动摇。"以人为本"，对企业管理而言，就是要尊重员工的劳动和尊严，努力激发员工的劳动和创造热情。因此，企业必须做员工的"家"，使员工有归宿感、安全感、温馨感，企业领导要像家长一样关心和爱护员工。只有这样，员工才会为这个家自觉地积极创造，努力工作。

建立企业与员工共同的义务和责任制。明确企业、员工的共同目标，明确企业对员工应当承担的义务和责任，同时也规定员工对企业的义务和责任，企业和员工相互监督、相互促进。

人需要尊重，因为人都有自己的人格；人也需要关爱，因为人都需要情谊。企业主管在处理企业与员工的关系时，如果能恰如其分地将情感融入其中，可以大大缩小企业与员工的心理距离。很多企业追求生活环境的完美，甚至花费巨资建设花园式企业，千方百计提高员工生产、生活的舒适度，后勤服务质量不断改善提高；建设娱乐设施，供员工开展企业文化、文体活动，有员工说，企业是一个"放大的家"，这是企业吸引人才并能留住员工的优势之一。

另外，在企业的情感管理中，主管要有热心，"情"中带有亲切感。主管热情对待员工，就会很快打开员工的心扉，对员工的管理就能犹如春风化雨，"润物细无声"。当前，企业在质量管理上实行面对面的"亲和管理"，让管理人员深入生产现场，了解情况，解决问题。在与员工的更多接触中，言行一定要发端于心，加强感情沟通，培养一种亲密、信任的人际关系，建立一种敬业和谐的合作氛围。企业管理人员善于进行充满人情味的情感管理，就是为企业注入减少内耗、理顺人际关系的"润滑剂"。

互相理解，顺畅沟通。企业管理人员与员工之间的亲密感只能建立在相互尊重、互相理解的基础上。主管与员工只有设身处地地接纳对方，才能理解对方的行为，沟通才可以有效，关系才会密切。有人提出"管理透明化"的主张，这种主张要求管理人员坚持"公开、公平、公正"的管理原则，坦诚地与员工沟通，最大限度地调动员工的工作积极性。

开诚布公，倾听意见。主管要认真倾听员工的意见。企业生产经营的形势是与每个员工休戚相关的，员工只有知情明理，才能立足岗位，全身心地投入到工作中去。有的企业在公司范围内设置总经理信箱，员工有建议要提，可越级向总经理反映，形成快捷反馈渠道和机制。有的企业重视问卷调查，经常了解员工的所思所想、生产过程中遇到的困难等，大家畅所欲言、实话实说，调查的结果既实实在在又富有针对性，最大限度地让员工减轻负担，集中精力投入生产，心情舒畅地为公司贡献效益。

尊重员工的合理要求，采取措施帮助解决员工工作、生活中的困难，增强企业凝聚力。企业不要忘记员工对企业的点滴贡献，多进行激励，在制度、政策、待遇上激励员工积极向上，多为企业出谋划策，不断为企业做出更大的贡献。

企业质量管理人员要深切领悟"情感"是员工对企业的一种极其微妙的心理体验，情感因素对人的工作积极性以及人际关系具有重要影响。只要企业管理人员注意员工情感上的细微变化，实施恰当的感情诱导，积极满足员工的情感需求，努力增强企业的亲和力，企业的兴旺发达就有了坚实的人力基础。

第二节 管人如何重情感

在管人方面，对下属严厉可以树立威信，但不可一味严厉，还要注重情感。以情相感才能拉近与下属的距离，才能展现你的人格魅力，只有这样，下属才会愿意接受你的指令，并能主动而出色地完成任务。

公司的全体员工，包括业务人员、事务人员等，个个笑容可掬、亲切自然；上下班时，与大楼管理员也必寒暄问好。这家公司并没有明确的管理制度，只因为老板通常很早到办公室，而且只要有员工先到，他必会向员工微笑道："早安！"下班前，老板必须提前下班到工厂，也会向大家客气道："我先走了！"他平常对待员工没有任何特殊辞令，只是没有老板的架子，因此，与其说是一家公司，不如看成是一家人。这真是一家"不一样的公司"及一群"不一样的员工"啊！

该公司很少有人迟到、早退，都是在没有精神压力下，自动执行。该公司有 40 多人，员工对老板有何看法？他们说："我们只知道老板对大家很好。"很多待过别家大公司的员工，来到这家公司后，都没有想换公司的念头。

我们相信，该公司员工的家庭一定比别人幸福，因为公司的气氛会延续到家庭。有很多大企业也许会认为，员工太多、良莠不齐，非得以严格的制度来管制，否则将无法提高工作效率；其实，如果制度仅用于偶发的违规行为，大都是备而不用；且每个员工都不会心存"我只要符合规定就好"的念头，而是对企业有发自内心的认同感、参与感，相信企业的经营一定更有竞争力，员工也工作得更有意义。

因此，无论是大企业还是小公司的老板，如果希望企业运作不是一个冰冷的制度框框，而是充满了温暖，那么老板的"亲为表率"，将起到关键作用。

一、有情有理才会感染别人

作为一名主管，必须保持一种乐观健康的心态，尤其是在面对困难的时候。因为，在任何一个团体中，你就是其中的核心。因此，你的一言一行都具有很大的感召力，你的心情会影响到下属的心情，你的态度会影响到大家的态度。如果面临一点小小的挫折或者是困难，就已经垂头丧气，丧失信心，你相信你的下属会创造奇迹吗？相反，在必要的时候，如果能够敞开胸怀，乐观豪放，相信你的下属也会平添无穷的力量，增加信任感，一道齐心协力，克服困难。

因此，必须学会控制情绪。只要有意识去努力，快乐、豁达的情绪就不难得到。不但可以很好地完成工作，而且，你会发现周围的人也越来越友善，越来越信任。因为，你的威信已在潜移默化中得到提高。

当然，如果想做得更好，还要花些心思去关心一下下属或身边人的感情；及时发现他们的一些消极情绪，并找出症结，用热情去消除它们。如果作为主管能及时调整改善下属们的消极情绪，那样的结果会很完美。你会发现一切工作都会顺利完成，甚至顺利得超出你的想象。

二、真诚地对待你的下属

有时候，人们常常会遇上一种我行我素、独来独往的人，他（她）们像对一切事都漠不关心，对人也是冷若冰霜。尽管见面时客客气气地与你寒暄、打招呼，但随后又恢复常态，对什么都无所谓，好像他永远不会做出所期待的反应。

和这种人打交道，总是让人不自在、不舒服。如果是同事可以和他若即若离，不冷不热。可是，作为主管，出于工作上的需要必须与他经常来往，这时，该怎么办？怎样做才能使他愿意与你沟通，并提高他的工作热情呢？

尽管有些人看起来很死板，兴趣和爱好都很少，也不愿意和别人沟通。但作为一名主管，不能拿普通人的眼光来看待他。要尽量关怀他，注意他的一举一动，从他的言行中，找出他真正关心的事情来。这样，他可能会一扫往常的那种死板，而变得热情无比。

三、多给弱者一些爱

在我们这个大力提倡竞争的年代，弱者似乎就等同于失败。他无论在哪里都难免会受到别人有意无意的排挤与冷落。

也许人们对弱者所持的态度还是善意的，但在他们"哀其不幸，怒其不争"的同时，弱者最终还是沦落为别人"摒弃"的对象。

在你的公司中，肯定也存在着一些"身单力薄"之人。由于他们的自尊心、自信心在历经了一次次失败，以及在遭受了别人"软刀子"的刺痛之后，变得异常的脆弱与敏感，使他们在公司中"生存"的空间只限于他们三尺的工作台，甚至更小。也许他们的存在会使整个健康、开放、自由的人际关系显得有些名不副实。那个被爱遗忘的角落也许会最终成为公司中阳光永远照不到的地方。无疑，这对弱者来说是极不公平的，也对公司良好人际关系的维持是极其不利的。

对待这些将自己囚禁封闭起来的、遭别人冷落的不幸人士，不应该用生存的法则将他们清除出去，或是弃他们于不顾，让他们自生自灭。

同情是你正确的态度与立场，也许会觉得这样做会引起大多数人的非议，与众意不合，别人也许会说："公司的存在是需要效益与业绩的，他们只会把事情搞得更糟。不如让他们独自一人，好好反省，这对双方都有好处。"

让别人去说吧，别忘了你想建立的是什么样的公司氛围，在这里是不许任何一个人有"失意人生"的感觉的。

主动地接触那些弱者，用心真诚地关爱，使他的小小空间也能体会到公司的温暖，尽管这也许很微薄，但对一个处于风雪中的人来说，一根火柴足以慰藉心灵，况且，它或许能点燃、引发更多的热源。

四、给别人留情面就是给自己留情面

每个人都有自尊。人若没有了自尊，那便无药可救了。没有自尊的人有两种情况：

一是自己不珍惜而失去的；二是让别人给毁伤的。因此，身为主管必须时时刻刻注意，不能用言行来打击下属，尤其是在公共场合。即使非常讨厌他，也不能当众表现出来。

有些人由于工作能力较差，做不好事情，不时地给领导添麻烦，于是整个单位都想将他调走，又没有地方接纳他。有的主管便会说："他要是能调走，我磕头都来不及！"这种话是极伤人自尊心的，所以一定要注意说话的分寸、场合。

事实上，即使是被大多数人认为"无用"的人，也有他自己的长处。他或许比别人差一点，却在某一方面潜藏着特长；也许他比别人笨拙，却也因此比别人更勤奋卖力，所以，总会有适合他的一项工作。身为主管，切不可对他抱有嫌弃的态度。

有一项研究调查表明：凡是自尊心强的人，无论在什么岗位上，都会尽自己的最大努力而不愿落于人后。所以，作为一名明智的主管一定要保护下属的自尊心而不要因为一点点工作上的失误就当众批评他，即使非常地不喜欢他。尤其当其他同事在场时，更要注意。可以采取一些其他办法，比如，当秘书在整理文件时出现了错误，可以这样跟他（她）说："你的报表做得非常认真，但是这些数字你看还有没有可以补充的？"这时，他（她）一定会认真而虚心地接受"批评"，以后的工作也一定会更加努力。

五、善于沟通才能与下属拉近距离

与人交谈的时候，要以强调而且不断强调双方所共识的事情作为开始。不断强调大家都是为相同的目标而努力，惟一的差异只在于方法而不是目的。不要以讨论差异作为开始，否则，很难找到共同语言。

身为主管，如果想和同事融洽地相处，就必须深谙此道。平常多留心观察其他人的兴趣、爱好，对每个人都有一个大致的了解。然后，可以用聊家常的方式就他感兴趣的问题进行探讨，这样，他一定会从一开始就接纳你。说不定，聊着聊着他还会对你有种相见恨晚的感觉，双方之间的距离一下子就拉近很多。有了融洽的人际关系，对你以后的工作来说简直是一笔无价之宝。

六、不要妄加评论下属的短处

通常的情况，人们并不喜欢揭别人的短处，因为，人都是有理智的。况且，人这一生谁都有一些短处。"己所不欲，勿施于人"。但是，当在情绪不佳、暴怒的时候可就很难顾及这些了。

尤其是作为主管，因为有人事材料握在手中，对下属们的"历史问题"知根知底，一清二楚。怒在心头时，难免出言不逊，说些诸如"不要以为你过去的那些好事没人知道"之类伤人自尊的话。同样，对于一些他人不愿让别人知道的事情，不要刨根问底，即便已经知道了，也要装作不知。千万不能当着众人的面，讲关于他人的一些缺点或毛病之类的话。

相反，如果一个人爱揭别人的伤疤，可以说这个人是可悲的，更是可恨的。悲的是，他也许这一生不会有几个真正的朋友；恨的是，揭人伤疤让人勾起一段不愉快的回忆，也会让人产生这样一种感觉：都已经过去的事了，现在还抓住不放，真是太过分了。在这种人手下工作，只怕是一辈子也难有出头之日了。

有的主管揭下属的伤疤，除了叫被揭伤疤的人寒心之外，旁人也一定不大舒服。毕竟，伤疤人人都有，只是大小不同而已。见到同事鲜血淋漓的伤疤，只要不是幸灾乐祸的人，都会有一种"兔死狐悲，物伤其类"的感觉。

"并不是我存心要揭他伤疤，而是他的态度实在太恶劣，一点悔过的意思都没有，我是忍无可忍才跟他翻起旧账。"也许有些主管会这样辩解。

但这种解释是不能成立的。因为，即便是他态度恶劣，只能针对他的态度来加以警告，有什么权利将他人视为隐私的东西加以传播呢？更为重要的是，随着时间的推移，那个人总认为自己的"伤疤"已经得到人们的宽恕，相信人们已经把它忘记了，并以此信任大家。所以，作为主管又旧事重提时，他内心自然愤怒至极，认为你只是假装忘记，原来一直记挂在心上。如此一来，你在他心目中的形象便会完全改变。也许，以后他会对你心怀愤恨，使你今后的工作可能会遇上大麻烦。

主管要想杜绝揭人伤疤的行为，除了要知晓利害，学会自我控制外，还必须养成及时处理问题的习惯。不要把事情搁置起来，每个问题都要适时解决，已经有了结论后，就不要再旧事重提，再翻老账。

第三节　感情投资的技巧

员工的情感是一种亟待开发的人力资源。对员工情感的投入是管理员工的一个重要方法和手段，是一项重要的管人工程。它可以从内心深处激发每个员工的内在潜力、主动性和创造精神，可以使员工做到心情舒畅，从而不遗余力地为企业开拓新的优良业绩。

一、要学会关心员工

每个人都需要关怀与体贴。一句亲切的问候，一番安慰的话语，都会成为激励人们行为的动力。人都有情感，人的情感有两重性，积极的情感可以提高人的活力，消极的情感可以降低人的活力。通常来说，员工工作热情的高低，同主管与员工的感情多少成正比。

主管可以和员工经常沟通，内容可以是家庭、生活、婚姻、生产、娱乐、工作，等等。相互交流感情，可以使企业内部形成一种和谐与欢乐的气氛。

二、要学会善待员工

感情是人对客观事物好恶倾向的内在反映，人与人之间建立了良好的感情关系，便能产生亲切感。在有了亲切感的人与人之间，相互的吸引力就大，彼此的影响力就大。主管平时待人和蔼可亲，平易近人，时时体贴关怀员工和注意协调与员工的关系，相处十分融洽，他的影响力就往往比较大。如果主管与员工关系紧张，时刻都要互相提防，那么势必会造成心理距离。这种心理距离是一种心理对抗力，超过一定限度就会产生极坏的影响。

因此主管要想与员工关系融洽，就必须学会善待员工，做到以诚相待，与人为善。以诚相待，与人为善，就是诚心诚意地对待别人，友好善意地与他人相处，这是人和人交往的基本规范和总体要求，也是主管处理上下级关系的首要原则和前提条件。

古人云："精诚所至，金石为开"，"诚之所感，触处皆通。"意思是讲，只要真心诚意、以诚相见地对待别人，就会使人感动，无论在什么地方、什么情况下，都能把事情办好。同一级的领导者之间是为着共同目标工作的，没有理由不与人关系融洽，友好善意地和他人相处。应当以"吾心换你心"坦诚地对待下级、关心下级。当下级取得成绩，得到提升时，应当真诚地祝贺和欣慰；当下级受到某种挫折或不幸时，应当主动地关心和予以同情；当下级遇到困难时，应当主动地帮助和支持，而不能对其批评与指责。

善待每一位员工，是主管成功的根基，每一个主管都要时刻牢记。

三、要多倾听员工的声音

倾听是一门艺术，也是尊重对方发言最好的方式。对方坐在面前和你说话时，一定要注意倾听，让对方感受到你在关注他。

在企业管理中，倾听员工的心声，是主管一个必要的职责，倾听员工的心声包括倾听员工的建议、主张，以及员工的抱怨，而且还要注意倾听的技巧。

在实际工作中，一个好的建议，有创意的想法往往会给部门带来意想不到的巨大利益。经常让员工有反馈意见的机会，是成功的主管一个十分明智的做法。要让自己的员工清楚地认识到，不仅允许，而且鼓励他们提出自己的看法和主张，并且会认真地加以对待。如果能对不同的意见一直保持宽容的态度，员工们就能比较自由地提出自己的观点，或是对别人的看法进行发挥。实际上，一个人由于知识的局限性和看法的片面性，会忽视很多具体的问题。有些情况也许主管并不重视，但它却可能会对实际工作产生深刻的影响。只有广泛地听取别人的意见、看法，并认真地加以分析，才能避免工作中由于疏漏造成的失误。也只有这样，才能鼓励员工开动脑筋，不断地思索，积极有效地去完成各自的工作任务。

注意聆听员工的心声，是团结员工，调动员工工作积极性的最有效的办法。

一个员工如果失去了干劲或意志消沉时，是绝对无法执行上司交给他的任务的。这时，只要耐心地去听听造成这种现状的原因，就会找出事情的症结，从而得到很好的解决办法。

对待犯错误的员工，好的主管同样会采用聆听的办法，不是一味地去责怪他们，而是给他们解释的机会。就拿最常见的迟到来说，迟到了一两分钟是否应该责骂？一年中偶尔迟到一两次也要教训教训吗？因太太生病或交通问题而迟到的人，又该如何处置？要处理这种种不同的情况是很难的，搞不好，还会招致不良的后果。

同时，倾听下属的牢骚和抱怨也是一个重要的方面，作为领导一定不能忽视。主管不能把员工们的抱怨当做小事一桩，不能把其中的一些抱怨当做幼稚和愚蠢而忽视。这些抱怨对主管来说或许不成问题，但对员工们却至为重要，因而不可掉以轻心，漠然视之。

当然，员工并不会因为心存抱怨就愤然提出辞职，但他们会在抱怨无人听取又无人考虑的情况下辞职。如果事情弄到这一步，就变得很僵了。这时他们感到一种对他们人格的不尊，令他们无法忍受。

从某种意义上说，主管的一大职责就是听取抱怨。一个出色的主管应乐于接受员工的抱怨，如果一时无空听他们诉说，也应约一个时间让他们诉说。不要当即反驳员工的怨言，应该让他们一说为快。

有时候，他们发泄怨言似乎希望你采取什么行动，而实际上只要给他们一对善于倾听的耳朵，他们就心满意足了。如果抱怨的对象涉及另外的员工或其他部门的员工，必须也听取另一方的意见，以求问题的公正解决。

注意倾听，给予帮助。这意味着主管要真心帮员工解决一个问题，一个优秀的主管不仅要帮助员工把工作做好，还应该关心员工的生活，在自己的能力范围之内帮助解决难题，使之安心工作。

四、要以关怀换取真诚

德国军事研究中心出版了一本《铁腕将军》，其中论述过如下的理论：作为一位高层军事领导，值得重视的是要把关心士兵放在首位，士兵们才是冲锋陷阵的枪手，要把关心士兵看做是最重要的工作。假如只剩下一块纱布，那就应该先绑好受伤士兵的腿，这比绑好军官一只受轻伤的胳膊重要得多。假如只有一碗米，那么就应该让疲惫不堪、饥肠辘辘的士兵们分享。如果有一个担架，就应该抬那些受了重伤的冲锋陷阵者，而不是留作军官享用。

在企业中，主管要想取得员工的真诚与信赖，就必须关心员工。让员工感到温暖。只有这样，企业才有活力和凝聚力，"人心齐，泰山移"，全体员工的同心协力、一致努力是企业能获得最终成功的有力保证。而要做到这一点，主管就要多关心人才的生活，对他们遇到的事业挫折、感情波折、病痛烦恼等"疑难病症"给予及时的"治疗"和疏导，建立起正常、良好、健康的人际关系，从而赢得员工对公司的忠诚，增强员工对公司的归属感，使整个企业结成一个凝聚力很强的团体。

五、要视员工为朋友

中国的知名品牌海尔集团的首席执行官张瑞敏曾说过："企业好比一条大河，每个员工都是这条大河的源头。只有激发源头的活力，企业才能有效运转，才能增强企业的凝聚力。"这就总结了一条简单的原则：对员工们负责，那么他们也会对你负责。因为他们也需要你的关心，同时，才能接受你的管理。要想深入员工的心，硬件措施方面应首先考虑员工的权益，这样才能让一个员工有信心在你公司或企业长久工作。

"平等、自由"是每个人的基本权利和权益。对于一个现代的企业组织来说，人力资源并非是主管的私属物品，他们是到你的公司或企业帮助事业发展的。应该把员工视为朋友。所以应该自然而然地先尊重员工，而后再加以管理。对于员工的切身利益来说，能够在公司有自尊是每个人的首要选择。你可以想象，如果在公司，一个主管经常没好气地指示员工做东做西；反过来，另一个主管经常以"兄弟"的口气关怀员工，同时也合理地管理员工。假如你是公司里的一个员工，看了上述两位主管的做法后，你想选择谁呢？结果不言而喻。

六、要让员工感到"家"的温暖

企业文化的凝聚力不只是利益相关的结合，更是感情投入的结果。提倡将企业看成员工自己的家的企业精神是一面鲜明旗帜，它是公司员工共同的价值观和行为模式，它对聚集杰出的人才、营造一个优秀的群体有着巨大的感召力，能凝聚那些有着远大理想追求的人才。

在企业发展的过程中，遇到的最大难题其实并不在于外在的环境，而在于内部的氛围。如果每个人在企业中都切实有自己的一方天空，都能自主地管理相关的事务，在和谐的空气中无阻碍地交流信息，那这个家庭就是稳定的，主人翁精神便会成为每个人实现自我价值的最终追求！

七、要与员工保持亲密的关系

与员工保持亲密的关系，是增加上下级感情的重要手段。主管与员工之间关系融洽、亲密无间，可以使员工对主管服从，工作没有情绪，积极努力。作为主管如何与员工保持亲密关系呢？

首先学会常常微笑。微笑的力量是不可抗拒的。微笑是协调人际关系的一件法宝。微笑能缩短人与人之间的距离，融化人与人之间的矛盾，消解敌对情绪。生活中没有人拒收微笑这一"贿赂"。对一个主管来说，微笑最为廉价却最为珍贵。一位成功主管曾说，他的笑容使他成功，因为他的个性、魅力和亲和力，正是他成功的要素。而他个性中最让人喜欢的，就是那份使人得到鼓励的笑容。

在人际交往中，微笑已成为友好、热情的象征。它有助于克服羞怯的情绪和困窘的感情，使主管与员工的距离在瞬间缩短。无论是马路偶遇，或是预约交谈，开口之前都应先有微笑。

微笑的力量是不可抗拒的。有的心理学家甚至认为，"会不会微笑是衡量一个主管是否具有管理资格的尺度"。这种说法虽不免有点夸张，但微笑的主管的确能使员工受到鼓舞，增加彼此之间的亲密度。

其次，礼貌地握手必不可少。主管与员工握手看似小事一件，却包含着十分丰富的情感信息——友好、客气、欢迎、礼貌、祝贺、感激、理解、信任、支持、谅解、鼓励、保重。握手时的正确姿态动作是，面向受礼者而立，两脚靠拢，头部微低，上体前倾约15°角，右手拇指与其他四指分开呈65°角，四指并拢，掌心微凹，自然舒缓地伸向对方，握住对方伸出的右手，在其手掌的较高部位轻度而结实地一握。千万记住，握手时一定要望着对方的眼睛，而不可一边握手一边向别处张望，那样做是很不礼貌的。

与拥抱相比，握手是适合对大多数员工表示问候的一种方式。它可以使员工真切地感受到诚意，并会感到欣慰与鼓励。

再次，不要忘记祝贺员工生日。现代人都习惯祝贺生日，聪明的主管则会"见缝插针"，使自己成为庆祝的一员。这能给员工留下难忘的印象。给员工祝贺生日其实很简单，可以发点奖金、买个蛋糕、请顿饭，甚至送一束花，效果都很好。在生日卡上加一句祝福的话更能起到锦上添花的效果。

最后，及时亲自探望生病的员工。一位普通的员工住院了，主管如果能亲自去探望，虽然费时不多，却能让员工从内心感受到企业的温暖，生出深深的归属感。不仅如此，他还能对其他员工起到一定的宣传作用，使主管更加受人欢迎。

八、员工家里的事也要重视

聪明的主管要懂得善待员工，视员工为知己、为良友、为自己人，领导要处理好与员工的关系惟有以互助、互谅为基础，主管要对员工重视，体谅员工、关心员工、为员工排忧解难，同时对员工家的事也要重视，只有做到这些，主管的工作才会变得轻松而有意义，领导员工才能更得心应手。

我们不仅要尊重每一个公司员工，我们还要关心每一个公司员工，我们不仅要关心员工本人，我们还要关心员工的家庭。企业里每个员工的家庭都要幸福。

九、要尊重和信任员工

在今天这个日新月异的经济社会，一个企业想生存就必须不断地挖掘并提高员工的潜能，改变他们的思考模式，不断产生新创意，从而增强自己在同行业中的竞争优势。惠普相信，只要给予员工适合的环境和工具，员工就会努力做好自己的本职工作。而支持惠普这个管理哲学的前提基础是：员工必须被信任和尊重，他们的成就必须被了解。

成功的主管尊重员工不仅能够激发员工的积极性，而且还能够为打造一个基业常青的公司作最好的铺垫。尊重员工是必要的，即使是那些有这样那样缺点以至犯过错误的员工，也同样有自尊心，有时甚至比其他人更渴望得到别人的理解和尊重。作为主管，应该充分考虑到员工的这种心理需要，真心诚意、不掺半点虚伪地尊重他们。

十、学会赞美员工

心理学家杰斯莱尔说："赞扬就像温暖人们心灵的阳光，我们的成长离不开它。"赞扬是一小笔投资，只需片刻思索与工夫就能得到意想不到的回报，它还是与员工沟通情感、表示理解的方式，是一种有效而且不可思议的推动力量，是鼓励士气，激励员工进取的有效手段。

赞扬是含有巨大能量的，也是催人向上的最好动力，作为一门激励艺术，作为一位主管必须掌握它、运用它，用它来激励员工的创造力。

但是真诚的赞赏要有一定的前提——那就是发自内心之赞赏。否则，真诚便无以寄托。

人们希望得到赞赏。赞赏应该能真正表明他们的价值。就是说，人们希望赞赏是思考的结果，是真正把他们看成是值得赞美的人，花费了精力去思考才得出的结论。

赞美是对一个人的工作、能力、才干及其他积极因素的肯定。通过赞美，人们了解了自己的行为活动的结果。可以说，赞美是一种对自我行为的反馈，反馈必须及时才能更好地发挥作用。这要求主管在赞美员工时一定要及时。同时主管赞扬员工，就是把奖赏给予员工，就像分蛋糕，也需要公平、公正。

有的主管不能摆脱自私和偏见的束缚，对自己喜欢的员工极力表扬，对不喜欢的员工即使有了成绩也看不到，甚至把集体参与的事情归于自己或某个员工，常常引起员工们的不满，从而激化了内部矛盾。这样的主管不仅不总结经验，反而以"一人难称百人意"为自己解脱，实在是一种失败。

赞扬是最好的激励方式之一，但并不是每个主管都懂得赞扬员工。有些主管虽然知道赞扬员工的重要性，但却没有掌握赞扬的技巧，有时甚至弄巧成拙。如果主管能够充分地运用赞扬来表达自己对员工的关心和信任，就能有效地提高员工的工作效率。

十一、尊敬年长的员工

任职升迁不一定要依据资历，但资深员工无论如何都应该受到尊重。他们不仅有值得信任的经验，更有令人尊敬的对公司的信心。这种信心和经验，才是公司发达的根本。

年长的员工是一笔宝贵财富，在长期的工作实践中他们经历了许多风风雨雨，正反两个方面的经验相当丰富，年轻的主管都要认真学习他们政治上、思想上、工作上和作风上的长处。为此，年轻的主管平时要用心观察，对年长的员工在处理各种问题上的成功之道要着意留心、仔细推敲，在他们的言谈举止中，挖掘精要的东西。年轻的主管还要积极主动地与年长的员工沟通思想，交换意见，探讨问题。天长日久，彼此很可能成为莫逆之交，这样便于年轻的主管学到更多的东西，同时也表现出了对年长的尊敬。

在日常的工作中，年轻的主管一定要对年长的员工尊重。年轻的主管对年长的员工尊重，是加强彼此团结的桥梁和纽带，是激励年长员工工作热情的重要途径。尊重，就是要对年长的员工放手使用。对他们分管范围以内的工作，让他们独立行使职权，年轻的领导者不要去干涉他们。尊重，就是要为年长的员工排忧解难。年长的员工虽然有较高的素质，有较丰富的工作经验，在工作中也会遇到各种困难。对此年轻的主管绝不能袖手旁观，而应该全力以赴，帮助年长的员工排忧解难。同时尊重还要在年长的员工工作出现失误时做好弥补工作。当失误出现时，年轻的主管应冷静分析，弄清症结所在，然后寻找出改正的途径和办法。

年长的员工有较强的自尊心，不愿意在年轻的主管面前讲个人困难，提个人要求。年轻的主管要注意在和他们相处的过程中，通过一些细微之处，掌握年长员工的"底细"，帮其所需，解其所难。年轻的主管还在力所能及的情况下多为年长的员工办实事。只有这样，公司的事业才能蒸蒸日上，主管的业绩才会更辉煌。

第四节 爱抚管理的方法

一、如何理解爱抚管理

长期以来，企业人力资源管理的重点集中于对雇员的技能培训和报酬激励，对雇员情感和意愿的管理则重视得不够，导致企业人力资源管理的效力不能充分发挥。基于此，20 世纪 80 年代后期以来，西方国家的许多企业纷纷调整其人力资源管理战略，将

"爱抚管理"（又称爱心管理）当作企业人力资源管理的核心。

爱抚管理关注雇员的安全和健康。前者指保护雇员不受与工作相关事故的伤害；后者则指员工不患身体或心理疾病。爱抚管理意味着将企业管理的范围从企业内部拓展到雇员的社会活动区域，将企业管理的关注点从雇员的工作内容、工作方式和工作效果转向雇员的思想和心理。爱抚管理的出现，对当代企业管理的发展产生了重大影响。

爱抚管理的产生与当今的经济、技术和社会的发展变化密切相关。20世纪80年代以来，为了应付日益激烈的竞争，控制高科技的领先权，西方企业推行了超负荷的工作体系。由于工作负荷大增，员工的身心压力成倍增长。尤其是在高技术领域，员工长期处于超心理负荷、超生理强度的状态之中，身体健康得不到根本保证。再加上事业挫折、失业威胁等风险，心理健康更加扭曲。随着高技术产业的发展，这种超出生理和心理承受程度的"紧张状态症"（即高技术病）在西方蔓延。

爱抚管理是管理上的"人本主义"思想的进一步发展，它标志着企业人本管理观念和方法的深化：爱抚管理不仅强调雇员的心理因素，而且把全面关心雇员的身心健康和机能的正常发展作为目标，视野更加开阔；爱抚管理不只是把雇员看成是管理的对象，更注重把雇员作为伙伴和朋友，强调采用体贴、关怀的方式构筑企业和谐的气氛；爱抚管理不仅关心雇员的工作条件，而且把管理触角深入到雇员的生活领域，深入到雇员的家庭，把变革雇员的生活方式作为主要目标；爱抚管理不仅注意减轻雇员在企业的压力（如提供升职机会、安全保障等），而且努力帮助雇员解决企业之外的压力（如协助员工购房、教育子女等）；爱抚管理不仅重视软件开发（如激励、诱导等），而且重视与雇员管理有关的硬件开发（如新建健身实施、提供服务项目等）。

二、如何实施爱抚管理

从企业人力资源管理的高度来看，爱抚管理的内容主要包括以下几个方面：①价值观管理；②安全管理；③累积创伤失调管理；④工作场所暴力管理；⑤健康和卫生管理；⑥紧张情绪管理；⑦酒精滥用管理；⑧药品滥用管理；⑨其他不良嗜好管理。

为了有效地实施爱抚管理，企业可采取如下措施：

1. 实施员工援助方案

员工援助方案是许多公司用来处理众多问题的综合方法，这些问题包括婚姻或家庭困难、工作表现问题、紧张情绪、情感或心理健康问题、经济困难、药品或酒精滥用以及发生不幸等问题。

2. 强化伦理管理

将伦理融入到企业的日常管理之中，具体措施有：

（1）制定伦理守则。在20世纪90年代中期，在《财富》杂志排名的前500家企业中，有90%以上的企业通过成文的伦理守则来规范企业员工的行为。

（2）设置专门机构。在19世纪90年代中期，美国约有3/5的大企业设有专门的企业伦理机构。欧洲的大型企业也有约半数的企业设有同样的机构，负责有关企业伦理的工作。

（3）设置伦理主管。在美国制造业和服务业的前1000家企业中，有20%的企业聘用伦理主管，他们的主要职责是训练员工遵守正确的行为准则，并处理由员工对可能发生的不正当行为提出的质疑。

3. 将保健制度纳入企业组织制度之中

保健制度作为企业的专门制度，主要体现两方面的内容：①制定"增进健康计划"；②建立健康保障制度。企业中应设立专门机构，设置专职负责健康培训的人员，提供必要的物质条件。越来越多的企业意识到，投资兴建健身设施，由于促进了员工健康，企业从中获得的好处远远大于投资。

4. 采取措施，改变员工不良的生活习惯

不良的生活习惯随时会影响人们的健康，甚至会夺去生命。因此，企业应采取一些措施，纠正员工不良的生活习惯，增强公共健康意识。典型的措施是禁烟。由于吸烟者过多地生病或早逝，企业需要支付大量的费用。而且，吸烟者迟到及旷工率高，降低了生产率，又容易引起火灾和其他事故。此外，酗酒、吸毒和滥用药物也是西方企业的员工面临的严重的健康问题。

5. 增加健康咨询活动，提供各种健康服务

由于长期忙于工作和受职业的限制，大多数员工对健康知识比较缺乏。为了解决这一问题，公司应提供健康咨询服务。比如为员工减轻体重开设咨询训练班、提供控制饮食的营养菜单、开办营养讲座。还可以实施早期眼病检查及高血压、牙科检查，举办健康饮食讲座，聘请专家传授滑雪、健美操、防身术等方面的知识。

6. 重视对人类工程学的应用

人类工程学是关于人与工作环境如何相互作用的科学。合理运用人类工程学原理能提高生产率并防止出现健康障碍及某些与工作有关的紧张情绪。例如，计算机显示器的摆放高度、照明的强度、坐椅的高度等，均与员工的心理活动及生产率紧密相关。

三、如何达到爱抚管理的效果

推行爱抚管理后，企业至少可以达到如下方面的目的：

第一，通过爱抚管理、维护员工的身心健康，减少企业医疗保健费用的支出，从而降低成本。随着工作节奏的加快和压力的加大，由环境所诱发的各种身体和心理疾病日益增加，导致企业医疗保健费的上升速度和规模增加，给企业带来了沉重负担。雇主在心理健康福利上的支出已占全部福利开支计划的很大一部分，并呈不断增长之势。医疗保健费的大幅度增加，使企业产品成本上升。正是在这种情况下，西方企业纷纷寻找出路，认为通过维持员工的身心健康来抑制医药费的增加，是一条有效的超前管理措施。

第二，通过爱抚管理，增进员工的身心健康，促进生产力的提高，增强组织的凝聚力。员工的工作业绩与身心状态有密切的关系，因此，员工的身心健康是企业的最大财富。要保持员工的创造性和工作热情，就必须让他们摆脱超负荷、超强度的状态，否则发明创造的失败和挫折的概率会大幅度增加。据美国心理健康资料中心统计，美国因高技术病导致生产上的损失，每年平均多达170亿美元。由于身心健康无保障，迟到、旷工、效率低下、发生事故的现象屡见不鲜，企业为此蒙受巨大损失。此外，组织环境的气氛、安全保障程度、人际关系、个人前途等都会对员工的创造性和工作效率产生影响。爱抚管理积极倡导在企业内部建立新的管理机制，提倡关心人、爱护人、激励人、安慰人，为员工创造一个和谐、温馨的环境氛围，把"高情感"输入组织中，以此提高组织的凝聚力。

第三，通过爱抚管理，培养员工积极健康的生活方式，为企业迎接新挑战做准备。现代企业面临着新技术、国际经营、新型管理模式的种种挑战。企业能否顺利迎接这些新挑战，保持企业的持续发展，关键在于员工对环境改变的适应性。这要求肩负企业发展使命的员工在体能、智能和心理素质等方面达到更高的标准。企业通过实施"增进健康"计划，设立健身设施，鼓励员工参加体能训练，给员工提供营养配餐，帮助员工克服生活上的不良习惯和心理上的障碍，有助于员工树立积极的工作观和生活观，为应对挑战打好生理和心理上的基础。

四、爱抚管理的良方

1. 让员工有个温馨的港湾：建立温暖的大家庭

一个大企业就像一个大家庭，每一个员工都是家庭中的一分子。所以，现代企业主管能否充分调动起员工的积极性，挖掘他们的潜力，还在于是否能给予员工稳定的归属感。很多时候，员工需要的不仅仅是金钱。

主管应该意识到：在企业中，雇主与雇员，主管与被主管应该成为历史的概念，主管和员工之间应该是平等的，应该在一个分享民主和参与管理的氛围中建立起温暖的企业大家庭。在这样的氛围下，潜藏在员工内心深处的主人翁责任感与精神便会无止境地进发出来。

使员工产生归属感的方法很多，例如，对他们热情接待，倾听其意见，关心其疾苦，支持其工作，等等。良好的方法，可以收到良好的效果。然而，方法和感情是密切相关的，纯粹的方法从来都是不存在的。只有将员工当做自己人来看待，才会使其产生归属感。这种方法亦包括对当事人的批评和忠告，甚至处分。只要主管的内心是诚恳的，态度是端正的，无论是批评、忠告还是处分，这种方法都会切实有效。

在建立温暖的大家庭的过程中，主管对企业的精英员工要小心应付。如果企业是一个让员工没有归属感的地方，那么多数有能力、独立性强的人，会带着宝贵的经验抽身离去；与此同时，因企业"没有归属感"名声在外，使外面好的人才也不愿意进来，这种消极的形势和消极的态度会互相感染，严重影响周围员工的工作积极性。

实践证明，只有赢得了人心，才能"士为知己者用"。而且，一个企业若能使员工皆有归属之心，此种力量将胜于一切，它可以激励着员工，将整个企业员工彻底凝聚在一起，形成一个和谐的、充满生气的、有效率的集体组织，使企业臻于成功之境。

企业成为一个温暖的大家庭，将使得员工永远不只是一个流浪的过客，而是长期留驻的甚至永不离去的职员，这是每个企业、每个员工皆需要的。它所带给人的激励，将使员工与企业共同发展，共同前进。

2. 伸出你的手：关键时候拉人一把

员工处于困境中时，如果主管及时地伸出手拉他一把，员工将会感激你的恩情，用更加努力的工作来回报你。

以下三个关键时刻，主管要掌握好：

（1）替员工承担过错。当发生意外时，如果员工能够得到上司的庇护，他们在心理上无疑将获得莫大的安慰。

（2）不景气时也不辞退员工。大多数的企业一遇到不景气，就以减薪及裁员来渡过难关，这种忽视员工的做法，很容易打击员工的工作热情。

（3）对症下药，引导员工渡过难关。当看到员工独自加班到深夜时，会如何表示？也许只要说一句："加油吧！"必能使员工感到极大的安慰和鼓励。然而，视时间和场合不同，有时让他暂时停止工作可能会产生更好的效果。

一般而言，既努力工作而又懂得玩乐的人，必是精明干练之人，他善于将工作及休息作适当的安排和调整。要知道，充满干劲，执著工作固然难能可贵，但绝不能陷于固执。因此，当人们固执于某事时，就会感到身不由己，对于事物的观点也会变得故步自封。但如果能在工作之外，尽情游玩，避开固执的念头，便可恢复以新奇的眼光观察身边事物的活泼心态。

然而，对于工作阅历较浅的员工而言，与其说是不善于转换此种心情，不如说是不善于把握此种转变的时机。当工作陷入僵局时，越是想以固执的干劲予以克服，对于事物的观点往往越是局限、狭窄，并使得原有的意愿大打折扣。上司在目睹此种状态时，不妨利用适当的时机转换其心境，这也可说是身为上司者应有的职责。

所谓转换心境，即使令员工立即停止工作，但也没有带其饮酒作乐的必要。当然，也可将一件小事转交他去办。总之，只要立即中断其陷于僵局的工作即可。如此一来，当其回到原来的工作时，必然可以从不同的角度，找到解决问题的办法。

对于优秀的主管来说，找出事情的根本原因不仅是解决问题的入手点，而且是鼓舞人心、激发员工工作热情的有效手段。

3. 心会跟爱一起走：永远与员工同甘共苦

一个老板，两个员工，再加一间小屋，几个人同心协力，白手起家，终于独占鳌头，成就一番事业，这样的例子在商业史上不胜枚举，不知有多少企业巨头由此而来。

他们靠的是什么？靠的是老板与员工患难与共。在这种情况下，全体成员的心往一块贴，劲往一处使，还有什么困难克服不了呢？又有什么理由不成功呢？

（1）逆境中，与员工同心协力。任何公司都有运营不佳的时候，任何一个主管也都有身处逆境之日。这时，一个出色的主管应做一个好的舵手，看准方向，动员所有员工共同努力，充满自信面对困难。同时，主管千万别端着架子，指使员工。危船上也要尽一份力，否则，帆倒船翻，主管自己也要掉进海里。

（2）春风得意时，不忘员工。当时来运转、春风得意之时，千万不能翻脸不认人，即所谓过河拆桥，忘恩负义。这样的主管会为员工所不齿，谁愿意自己拼命保全的竟是一个忘恩负义的小人？一旦主管的人格丧失殆尽，并且背上不义气的骂名，那么，老员工不会再效力，新来的员工也会避而远之。

最好的做法是慷慨解囊，为员工加官涨薪，让他们分享企业的成功，使其自身的满足感和成就感得以实现，巩固所取得的成果。

一个公司的发展壮大依靠主管与员工的共同努力，同舟共济。在患难与共之中形成的上下级关系才是最牢固的关系。身为主管，一定要做到与员工同甘共苦，安不忘危，才能激励员工保持高涨的热情，始终追随你，为事业蒸蒸日上提供保证。

4. 为员工端上一杯茶：关心就是推动力

在情感激励中，主管要热心和诚心，"情"中带有亲切感。从小处着手，给员工细微关爱，最能让员工感到企业的温情，激励他们为公司效力。

日本企业家松下幸之助曾经说过："社长必须兼任端茶的工作。"当然，这里的意思并不是真的要社长亲自端茶倒水，而是说一个称职的主管，至少应该把这个想法视为理所当然。

一旦上司有了这种温和谦虚的心胸，那么，看见尽责尽职的员工，自然会满怀感激地说："真是太辛苦你了，请喝杯茶吧。"

作为主管，要建立同员工的亲近关系，最好的方式就是关心员工，体现关心的方法有以下几种：

（1）尊重员工。美国 IBM 公司提出的口号是"尊重个人"，如果员工不能在公司受到尊重，就谈不上员工能够尊重和认同公司的管理理念和企业文化。作为主管，更应该身体力行，把尊重员工落到实处而不只是停留在口头。

（2）体贴关怀员工。在美国，当别的经理都在忙于同工人对立、同工会斗法时，国民收款机公司的创始人帕特森却探求出一条新的道路。他为员工在公司建筑物里建造淋浴设施，供上班时间使用；开办内部食堂，提供减价热饭热菜；建造娱乐设施、学校、俱乐部、图书馆以及公园，等等。别的经理们对帕特森的做法大惑不解，甚至嘲笑他这是愚蠢的做法，但他却说，所有这些投资都会取得收益的，事实证明了他的成功做法。

（3）精心保护员工的利益。作为企业主管，理所当然是员工的"保护人"。也就是说，要竭尽全力地维护员工的种种切身利益，如经济利益、政治利益、文化利益、法律利益，等等。这往往也是许多员工最为关心的现实问题。

（4）到员工家中走访。主管的家庭走访要做到"一报"、"三访"。

人是有感情的。饮水思源、投桃报李。主管如果都以无微不至的"关怀"处理员工间的关系，使每个人融入整体，必将激励他们发挥出为公司做更多贡献的激情。

总之，主管要对员工充满热情，以情感人，用深厚的、亲切的"情"与员工进行情感交流，用细小而真诚的关爱去温暖员工，只有这样才会打开他们的心扉，得到同情、谅解和支持，犹如春风化雨"润物细无声"，并最终收获一个灿烂的金秋。

5. 关注员工私人问题：找准激励的关键点

只有点中要害才能事半功倍。激励员工必须找到关键所在，真正发现他的需要。

当主管问员工为什么工作速度不如往常快时，员工如果回答："抱歉，我有点私事，不能把心思集中在工作上。"这时，主管要重新激励起员工的干劲。首先，必须对这些发生在工作环境以外的，造成员工工作障碍的私人生活中的一些问题，给予充分的理解。而后，精明的主管所做的除了关心他的工作外，还要对员工的私人事情给予真切的关心。

主管要激励员工，就需要付出许多爱心和耐心。若要帮助员工化解因他们的私人问题而陷入的情绪低谷，就要像医生了解自己的病人那样，细腻、直接、清楚地了解员工的内心感受，了解他们所面对的种种生活压力（家庭纠纷、病重的孩子、家里有人死亡，等等）带给他们的影响，然后传递温暖，体谅其心情，用感情激励他们、感化他们，为他们也为公司重新注入一股新的力量。

让员工在生活上感到满足和幸福，同样也使领导得到了实惠，因为一个幸福愉快的员工比一个不幸的员工能生产出更多的高质量的产品。

6. 记住每位员工的名字

名字，只是一个人的代号而已，并没有什么特别的意义。但是，如果在一群陌生的人流中，忽然有个人叫出你的名字，然后你努力地去思索，终于想起这是前不久所认识的人，是不是就对他有一种亲近感呢？当偶然的相逢或是相遇时，别人能叫出你的名字，说明别人对你比较尊重，或者是别人很欣赏你，看重你，当然乐意与他交往。

这种感觉说明什么呢？说明记住别人的名字在软化人际关系中，是一种无形的力量。在管理中，主管也要善用此种方法来激励员工。

为了记住员工的名字，当然需要付出努力。主管只要认为了解员工的名字就如同钻石那样有价值，就一定会为此努力。特别是平时较少接触，而较易忘记的名字，更需要加倍地留心努力记忆。

记住名字的方法有很多，其中主要的有几项：如果对方的名字没有听清楚，必须请他再说一遍；如果他的名字很特别，你可以问："怎么写？"然后在彼此的交谈中，一再地重复对方的名字，将名字与其表情、身材、面貌特征，一齐印在脑海中。

7. 有效的劝说就是有效的激励

如果主管自认为"我是老板，我有绝对权"，对员工指手画脚，实际证明这只会比过去更糟。没有人喜欢主管一再告诫他该如何如何干，没有员工喜欢周围尽是命令声。试想，如果别人命令你怎样干一件事，相信你肯定会脸红脖子粗，充满敌意，并寻求任何可能的方式来摆脱这种命令。

说服总是高于强迫，它可使主管的收获更大并能持续下去。具体方法是首先要让他说个够，这有利于主管从中寻找对自己更有利的证据，因为，员工在谈话过程中，其弱点肯定会暴露无遗，以此，主管可击垮其防线。当员工知道自己的虚弱之处，就会接受主管的建议。当然，最好是让其自己发现这一点，自己去矫正其立场。但是想要实现这一目的，必须首先了解什么是劝说，它不是灌输，而是一个主管与员工情感互动的过程。

语言是激励的外衣，具有暗示与导向的功能。要成为一名优秀的主管，一定要有意识地训练自己劝说别人的语言能力。运用语言说服、影响别人，对一位成功的主管来说，往往是一件轻而易举、快乐而有趣的事情。用语言来诱导员工向自己预设的目标前进可以达到良好的激励效果。

说服别人不光靠感情和纯熟的表达技巧，还要加上一套说服"策略"。因此，当准备进行说服之前，不妨从大处着眼，根据情况先制定合适的"策略"。

逗引出对方的兴趣是成功说服的第一策略。如果对别人的兴趣不感兴趣，他们也不会对你所陈述、表达和准备沟通的内容感兴趣。"找出对方的兴趣"是一件需要热忱与诚意的事，如果希望说服有进展，就不要轻视它。

为此，可以在谈话之前先摸清对方的兴趣所在。每个人都有自己的兴趣、爱好，若你起头的重点和对方的趣味相合，一定会越谈距离越近，直至一拍即合。因为目的是要说服别人，用别人最感兴趣的措辞，提出自己的构想、建议，就比较有机会达到目的。

需要牢记的是：不要总是关心自己的见解或观点有多少可取之处，要先设身处地地想一想如果别人要说服你时，你期望人家要给你什么样的感觉。如果知道自己要什么，你就知道如何着手对别人动之以情了。

在说服的过程中，要力争做到言简意赅，主次有序。一方面要尽量除去没有必要的字眼和离主题太远的话；另一方面在确定好自己打算说的话以后，就要思考如何去表达才好。次序是相当重要的一件事，尤其当所要传达的信息内容相当长的时候，更应该留意到前后次序。一种有效的方法就是先告诉对方所要说的重点，然后暂停片刻，等听众的兴趣被激起来之后再详细地说出自己要说的话。

总之，劝说的内容如果有很强的说服力，一点一点按次序下来，以符合逻辑及能吸引注意力的方式逐一介绍的话，就可以使主管所传达的信息对听众产生风起云涌的效果，可以为企业带来无穷的财富和力量。它能够将人们团结在一起，推动革命，更新观念。在管理中，主管要充分应用劝说这种激励员工的重要手段。

第十九章　员工激励管理

第一节　激励管理概述

一、激励的内涵

激励是使人产生行动的动机。换句话说，就是让一个人有欲望做一件事，为了他自己做这个事情。激励的困难在于，人的动机太复杂了。不同的理论家总结出来人有不同的动机。同样一个人在不同场合下，动机也会发生很大的变化。所以要学会选择适合一个人，适合这个时间、在这个特定地方的激励，而不是笼统地找出来一条"放之四海而皆准"的激励办法。

对那些既有能力又有热情的人，激励问题非常容易解决。对这一类人一定要学会保护，保护他们的热情和利用他们的热情。就是对他们进行培训，给他们指导，让他们学习，增加他的能力。对那些有能力，没有动力和热情的人是特别需要激励的。

激励的方法有报酬激励、目标激励、工作激励和文化激励四种。激励的原则是与目标相一致的原则、物质激励和精神激励相结合的原则、外在激励和内在激励相结合的原则、按需激励的原则和激励的公正性原则。

二、激励的作用

缺乏适当的激励是员工不好好表现的原因。对领导者而言，激励即使不是一种口头禅，也往往由于误解激励而采用了无效的方式。

主管不了解激励的真义，没有花时间深入探讨激励的本质，那么嘴巴上说说，却缺乏真正的有效措施。这种空口说白话的激励，实际上不能激励下属好好地工作。

有些人认为刺激、鼓舞或开一些空头支票来描述未来的远景，便等于激励。有些人以为诚恳或坦诚就是激励，于是把这些与激励有关的东西当做激励看待，结果也没有适当的激励。更有些人用施加压力来激励，短暂地提高绩效，便自以为得计。

当然，也有些人知而不行，认为激励不激励都一样。却不知，因为员工缺乏激励机制，大家都不好好表现，以致业绩不佳。

业绩不佳的理由很多，包括组织、制度以及管理等方面的诸多问题。然而，大家很容易一下子便把责任推给"沟通不良"或"士气不振"。其中士气不振又联想到缺乏激励，所以缺乏激励成为大家指责的对象之一。

"不激励不行"似乎是一种趋势，因为大家公认激励是一种有效的驱动力，可以激发员工努力工作，尽量好好地表现。不激励的主管，下属懒洋洋，主管自己也不好受。

缺乏激励可能产生的不良现象，例如士气低落；员工流动率过大；彼此之间漠不关心，没有人情味；大家厌烦工作，生产力降低；不用心、不专心，到处制造浪费；一动不如一静，抵制革新。种种因素加在一起，就造成业绩不佳的可怕结果。

1. 激励可以调动员工工作积极性，提高企业绩效

企业最关心的是什么？是绩效！企业有了好的绩效才能生存。企业要有较高的绩效水平就要求员工有较高的个人绩效水平。在企业中，我们常常可以看到有些才能卓越的员工的绩效却低于一些才能明显不如自己的人。可见好的绩效水平不仅仅取决于员工的个人能力。

以往我国的企业过分强调员工的个人能力，认为企业效益完全由员工素质决定。其实，这个观点是非常片面的。个人绩效还与激励水平、工作环境有很大的关系。激励水平也是工作行为表现的决定性因素。员工能力再高，如果没有工作积极性，也是不可能有良好的行为表现的。

2. 激励可以挖掘人的潜力，提高人力资源质量

挖掘员工潜力在生产和管理过程中有着极为重要的作用。美国哈佛大学教授威廉·詹姆士研究发现，在缺乏激励的环境中，人的潜力只能发挥出 20%～30%，如果受到充分的激励，他们的能力可发挥 80%～90%。由此可见，激励是挖掘潜力的重要途径。索尼公司鼓励每一位员工对产品提出任何意见，由此，便有了随身听的诞生，这便是挖掘潜力非常成功的一个案例。

由此可见，以调动人的积极性为主旨的激励是人力资源开发和管理的基本途径和重要手段。企业管理中引入激励机制不仅是企业现代化管理的表现，更是迎接未来挑战的一剂良方。

三、激励是以员工需要为基础的

员工为什么可以被激励？怎样的激励才算是有效的激励？要弄清这些问题就必须了解什么是"需要"。需要是指个体由于某种重要东西的缺乏或被剥夺而产生的紧张状态。心理学研究表明：人的动机是由于他所体验的某种未满足的需要或未达到的目标所引起的。

马斯洛的需要层次论是激励理论中最基本、最重要的理论。它把员工的需要从低到高分为五个层次，依次为：生理需要、安全需要、社交需要、尊重需要、自我实现需要。各层次的需要可以相互转换。在众多的需要中有一种是对行为起决定作用的需要，称为优势需要。员工工作的动机正是为了达到需要的满足，尤其是优势需要的满足。只有需要达到满足，员工才有较高的积极性。

激励之所以有效，原因在于人们在事关自己切身利益的时候，就会对事情的成败分外关注，而趋利避害的本能会使面临的压力变为动力。

员工各式各样的需求正是激励的基础。激励手段必须针对员工的需要，才会产生积极的效果。另外，好的激励手段还应该引导员工的需要向高层次发展。总之，只有让员工满意的激励措施才是有效的。要建立使员工满意的激励措施，就要立足员工的需要。

四、科学的评价体系是激励有效性的保障

有效的激励还必须以科学的评价体系为保证。这里所指的评价体系包括绩效评估体系和对激励手段有效性的评价。

客观、公正的绩效评价是对员工努力工作的肯定，是对员工进行奖惩的依据。以员工绩效为依据，对员工进行奖惩，才能起到激励员工的目的。而激励的根本目的就是为了让员工创造出高的绩效水平。没有一个科学的绩效评价体系也就无法评定激励是否有效。

随着企业的发展，员工的需要也会随之变化，通过对激励手段的评价，可以随时把握激励手段的有效性和员工需要的变化，调整激励政策，达到激励员工的最好效果。

第二节　企业激励管理

一、激励方法

任何理论只有运用到实际中才有意义。激励也是如此。现在，大多数企业已经引入了激励，有的企业还有自己独特的一套激励方法。现对常用的激励方法总结如下：

1. 为员工提供满意的工作岗位

热爱一项工作是做好这项工作的前提。为员工创造一份满意的工作需要注意以下几点：

（1）为员工提供一个良好的工作环境。这包括企业必须为员工提供良好的工作场所、必要的工具、完整的工作信息以及公司各相关部门的协调等。

很多企业只关心员工的工作本身而忽略了为工作提供良好的支持。员工所处的工作环境是员工工作时随时可以感受到的。若环境对员工的工作产生负面影响，员工会有持续的不满。当员工总可以感觉到环境的不适时，企业无论怎么激励都不会有良好的效果的。

（2）员工的技能特点、性格特点要与岗位的任职条件相匹配。企业往往认为员工的素质越高，工作越出色。我们可以假想一下，让一个高素质的人去干一份平淡、简单的工作，结果会是怎样。长时间工作后，这类人一定会弃企业而去。

现代企业的岗位需要的是最适合的人来干。员工素质过高，对工作提不起兴趣；素质过低，无法完成工作，也不会对工作有兴趣。只有与员工的个人能力相匹配的工作，才会激起员工的工作兴趣，员工才会有积极性。

（3）工作的内容要丰富、具有一定挑战性。调查表明，当员工按部就班地工作一段时间以后，积极性会有很大的下滑趋势。对工作内容的设计，可以缓解这一问题。例如，流水线上的工人，每天从事一样的工作，较长时间后，积极性就会下降。如果适当调整其工作内容，扩大其工作内容，采用工作轮换，就会再次提起工人对工作的兴趣。对于管理人员和技术人员，工作内容较为丰富，企业鼓励其在工作上的创新，增强工作的挑战性，就可以有效地激励他们。

（4）为员工制定职业生涯规划。有关调查显示，求职者尤其是高学历的求职者，选择工作时最看重的就是发展前途。没有员工会满意没有前途的工作。企业要把员工的工作前途告诉员工，就要制定职业生涯规划，让员工明白自己在企业中的发展机会。

以往国内的企业很不重视这点，很多员工不知道自己将来的位置，发展存在很大盲目性。如果企业能够重视员工职业生涯规划的制定，充分了解员工的个人需要和职业发展意愿，结合企业实际，为员工提供适合其要求的升迁道路，使员工的个人发展与企业的可持续发展得到最佳结合，员工才有动力为企业贡献自己的力量。员工职业生涯规划设计，是一种长期激励措施，是一种必不可少的激励手段。

（5）给予员工培训的机会。如今已经到了知识经济的时代，科学技术突飞猛进，新技术、新思想层出不穷。员工深知，如果不及时补充新知识，掌握新技能，必然会被淘汰。所以，对培训的需要已经越来越强烈。针对员工这一需要，建立符合自己企业实际的培训体系就很重要。

培训员工时要注意，培训只是手段，使用才是目的。只有将使用与培训有效地结合起来，才能达到培训的目的。

2. 制定激励性的薪酬和福利制度

员工进入企业工作的主要目的之一，就是要获得一定的物质报酬。报酬是与人的生存需要密切相关的，是最有效的一种刺激物。在企业里，报酬的高低甚至可以代表员工的价值大小。所以，合理的薪酬系统是具有很大激励效果的。

（1）激励性的薪酬政策的制定。双因素理论认为，薪酬只是一种保健因素，不会对员工有激励作用。传统的薪酬体系设计也缺乏激励因素。其实，只要对薪酬体系进行科学的设计，同样是可以起到激励作用的。

①在保证公平的前提下提高薪酬水平。研究发现，从企业内部讲，员工关心薪酬的差别程度高于对薪酬水平的关心。所以，薪酬体系要想有激励性，保证其公平性是必需的。公平性包括内部公平和外部公平。外部公平要求企业的薪酬水平与行业的薪酬水平要相当，内部公平要求企业按贡献定薪酬。如果员工感觉报酬分配不公，他们就会感觉不满，只有保证公平，员工才能正常工作。

但是，仅仅保证公平是不够的。要想有激励效果，还要提高薪酬水平。高的薪酬水平可以形成对外竞争优势，员工会有优越感，认识到企业对自己的重视，有较高的工作积极性。

②薪酬要与绩效挂钩。要想使薪酬系统具有激励性，薪酬系统必须与员工绩效结合起来。绩效薪酬可以把公司与员工的利益统一起来，员工为自己目标奋斗的同时，也为公司创造了价值，可以达到一种"双赢"的目的。绩效薪酬实施过程中注意要以科学

的绩效评估体系为依据，否则，会影响绩效薪酬的公平性，达不到激励员工的目的。

③适当拉开薪酬层次。反差对比可以建立更为持久的动力。拉开薪酬层次可以鼓励后进者，勉励先进者。但是，层次不要拉开太大，否则会影响薪酬的公平性。

另外，在设计薪酬系统时，要注意薪酬中的固定部分。保持固定部分的比例，使员工有一定的安全感，激励薪酬措施才会有效。

薪酬激励是最重要、最常见的一种物质激励手段。这种手段易于企业控制，变化因素少，可以起到事半功倍的效果。

（2）设置具有激励性质的福利项目。福利是员工报酬的一种补充形式。"恰到好处"的福利也是具有激励效果的。

①采取弹性福利制度。不同的员工对福利的需要是多种多样的，有的喜欢物质的，有的喜欢精神的，可谓众口难调。以往企业给予员工一样的福利待遇，一定会有部分员工的需要难以得到满足。采取弹性福利制度就可以很好地解决这个问题。

弹性福利制度给予员工选择福利的机会，允许员工把个人需要与所需福利结合起来。另外，企业还把福利与工作年限联系在一起，高年限、高职务的员工有更大的选择空间，充分体现了企业的人文关怀，这样更有利于长期激励。

②保证福利的质量。拿一个简单的例子来讲，很多生产型企业都为工人建立了免费浴室，这本来是一项很好的福利措施，但是企业往往疏忽了管理，浴室里水忽冷忽热，工人抱怨不断。本来是好事，结果却很糟糕。在企业中类似的例子有很多。

因此，加强对福利项目的管理才能起到福利应有的作用。在物质激励方面上，薪酬和福利都是比较传统的激励方法。如今，又兴起了一种现代化的激励手段——"股权激励"。

3. 股权激励

据统计，美国企业500强中，有90%的企业采用了股权激励后，生产率提高了1/3，利润提高了50%。可见，股权激励是有较强的激励作用的。

股权激励把公司的股份作为奖励员工的工具，是一种先进的激励方法。它可以弥补传统激励手段的不足，把员工与企业紧紧联系到一起，具有束缚员工和稳定员工的作用，起到充分调动员工积极性的效果。是一种先进的长期激励手段。国内外成熟的股权激励手段有十几种，现只对常用的两种予以介绍。

（1）股票期权。这是美国企业中运用最多、最规范的股权激励手段。它授予员工享有未来接受股票的权利，是付酬形式的一种。多用于对高层领导人、核心员工的激励。

（2）期股。这是带有中国特色的一种股权激励形式。现在中国企业常用的股权激励形式，大多都是期股的变种。期股指通过被授予人部分首付、分期还款而实现的对企业股权的拥有。

针对一般的员工，通常股权激励不作为主要的激励手段。因为对于大部分普通员工而言，他们可能得到的股权不可能很多；企业整体绩效与他们的工作关联度及个人收入关联度都太低，股权激励作用不会太大。股权激励主要是针对企业的高级人员，例如，高级管理人员、主要技术人员等。他们的工作业绩好坏直接关系到企业的整体利益。另、外，股权激励作为一种长期激励手段，更能用股权这个工具牢牢把这些人才留在企业。

股权激励在我国企业中的运用还不是很广，也有很多问题。例如，在国企改革中，有的企业采取员工持股，对每个员工一视同仁，平均分摊股份，这样的股权激励是不可能起到作用的。

股权激励在我国作为一种新的激励方法，要想起到积极作用，还需要企业的主管们结合我国企业实际，参照外国成功经验，对其创新继承。

4. 人性化的管理手段

人性化的管理，是以人文关怀为基础的，以员工需要为出发点、尊重员工的。人性化管理是现代化管理的需要，是激励员工的重要手段。

企业要实施人性化管理，可以从以下几个方面入手：

（1）授予员工恰当的权力。现代人力资源的实践证明，现代员工都有参与管理的要求的愿望。任何员工都不想只是一个执行者，都有参与决策的需要。满足员工的这种需要，不仅可以激励员工，还有利于企业的长期发展。

在授权的过程中一定要注意，授权一定要恰当。权力过大，员工无法驾驭；权力过小，员工无法完成工作。只有恰当地授权才有激励作用。

在授权的过程中还要注意，授权后，不要对员工的权力乱加干涉，否则会使员工产生不信任的感觉。授权还要避免重复交叉，一个权力只授予特定的员工。

（2）目标激励。这是指通过设置恰当的目标，激发人的动机，达到调动积极性的目的。目标之所以能够起到激励的作用，是因为目标是组织和个人的奋斗方向，完成目标是员工工作结果的一种体现，是员工成就感的体现。

目标激励的关键在于目标的设置，只有恰当的目标才有激励效果。

①员工的目标要与组织目标一致。企业与员工都在追求自己的利益，在这个过程中，两者之间往往会有矛盾，协调好这对矛盾，使企业与员工的目标相一致是目标激励得以实现的基础。在企业目标中分离出员工的个人目标是非常重要的。

②目标必须是恰当的、具体的。目标恰当是指难度不能太大也不能太小。过高的目标，员工无法完成，会挫伤员工积极性；过低的目标，员工无法在完成目标的同时体会到成就感。最好的目标应该是"跳一跳，够得着"的，既具有一定挑战性，还具有一定的可实施性。

目标具体是指目标不能含混不清，最好有个量化的目标，这样不仅完成起来更有目的性，还便于评估。

要想实现这些要求，就要求主管在制定目标时，要注意与目标执行者的沟通。了解其需要和能力，这样才能制定出恰当的目标。

③当员工取得阶段性成果时要及时反馈给员工，有助于他们进一步实现自己的目标。另外要对完成目标的员工予以奖励，认可其工作成果。

（3）鼓励竞争。很多主管害怕企业内的竞争现象，认为这样会破坏企业的秩序。其实，只要主管对竞争进行合理引导，竞争还可以起到激励员工的作用。

对于企业中的后进员工，主管要鼓励他们迎头赶上；对于企业里的先进员工，主管要勉励他们继续领先。在企业内提倡个人竞争，提倡团队竞争，激发员工的工作激情，可以使企业形成良好的竞争氛围。

在企业内创造一个公平的竞争环境，对于竞争是必需的。竞争的有序性除了靠道德约束外，企业也可以制定一些奖惩措施，规范竞争。

（4）营造有归属感的企业文化。企业文化的塑造已经成为现代化企业精神激励的重要手段。实践表明，有着良好文化的企业，人才的流失是明显低于那些不重视企业文化塑造的企业的。当企业的文化和员工的价值观一致时，当企业文化充分体现到对员工的尊重时，员工会与企业融为一体。员工会为自己的企业感到骄傲，愿意为企业奉献自己的智慧。

良好的企业文化有着以下特征：

①尊重员工。尊重是加速员工自信力爆发的催化剂。尊重激励是一种基本的激励手段。员工之间的相互尊重是一股强大的精神力量，有助于员工之间的和谐，有助于凝聚力的形成。尊重员工，是人本管理的体现。

②强调人与人之间的协调合作关系，强化团队协作。

③鼓励创新。

5. 注意管理中的细节

细节是管理的缩影。在细节上体现对员工的关怀，是真正贯彻先进管理思想的体现。一个小礼物，一声问候更能体现企业对员工的重视。企业对细节上的疏忽往往会使员工产生企业口是心非的感觉。

另外，还要注意，企业领导者的示范作用。企业领导者的带头作用是不可忽视的。领导人做不好工作的话，还怎么去要求下属去完成自己的任务！

从上面我们可以看到，企业中常用的激励方法有很多。但仅仅知道这些方法还不够。要想让激励方法起到积极作用，必须在正确的指导思想下进行。很多企业在激励的思想、原则上把握不够，在对激励的认识和运用上存在很多误区，往往采用了激励手段，也无法起到激励的效果。

6. 激励者的自我管理

主管的最高境界，在于让被主管了解团队的目标，并且激发他们的工作热忱，而自动自发、无怨无悔，共同达成任务。简单地说，管理的奥妙在于如何"激励"下属，鼓舞他们为自己和组织奋斗不懈。

"激励"是一种仍未被大量开发的一项潜能。大多数的主管终其一生只运用了约不到10%的激励才华。因此，学习如何正确运用激励的潜能，才是已身为和正准备成为主管的人们不得不省思、正视的重要课题。

优秀的激励者最重要特征之一，就是他相当熟谙"要在激励别人前先激励自己"的道理，他懂得随时鞭策、激励自己，控制自己的情绪，而为人表率。因此，若不懂得如何激励自己，就很难成为一位成功的激励者。建议在学会如何激励自己的工作团队之前，一定先要完成"了解激励自己的因素是什么？"这个题目。因为它可以很快找到激励他人的因素，从中悟得激励的意义，并获得各种有效的激励要领。

一位好的主管非得以身作则不可。做好并做对每件事情，这样才能身先士卒，引爆"激励"下属们的干劲，率领他们更有效率地工作，进而受到下属爱戴和崇拜。

永远走在下属的前头，上行下效，自然就上下同心，气氛俱起，大家一起实现目标，"激励"就变得不是什么困难的事了。

永远记住：拥有主管的头衔、权力，并不能使你自动成为一位领袖人物。必须相信"激励"的魔力和魅力，学习更多、更有效的激励才能，并加以实践，才能成为一位真正的主管。

一位好的主管，每天都得不厌其烦地反复做"激励"这件事。

如果我们不经常激励下属，关怀、照顾他们，纵然我们拥有极为尖端的科技设备，一流的行销策略、产品，充裕可观的资金……也很难保证我们能在市场上扬名，赢得赞不绝口的声誉。惟有通过娴熟系统化的激励方案，一有机会就做"激励"这件事，这样才能让大家乐意追随你，打一场漂漂亮亮的胜仗。

有位专家将"激励"比喻成一把宝刀，有刀刃，也有刀背，用得正确，用对地方，用对时机，效果很好，反之则可能伤到自己，危及组织。因此，主管更需抱持着恭敬虔诚的态度，用心学习正确的激励之道。

激励下属达到预期目标，是作为一个主管必须做到的事情。要想让下属为所订的目标努力，应该竭尽所能为下属做好几件事情：让工作内容更有丰富性、娱乐性和挑战性，而且要求高品质的表现；下属不是机器，应协助他们了解工作对整个团队的重要性和意义所在；使下属完全明白对他们的期望，当他们达到所约定的标准时，确实能再得到激励；努力程度、工作成果和报酬奖赏之间要有明确的关联性；先信赖自己有无限的激励潜能，激励起源于"信赖"，确使自己能激励自己，同时拥有及培育为数可观的优秀下属，大家众志成城，上下一心，实现自己和组织赋予的目标。在互动过程中，时时刻刻表现出热情、坚持不懈完成目标的决心和毅力，用积极行为来鼓舞下属，让下属们感召和认同去自发性地增强工作动机及责任感；支持上级或组织所订的目标，下属们也会看样学样，全力支持并接受领导与指挥；订定目标时，应就下属的能力、水准与完成任务的难易度，做合理、公平的考量；被信赖的下属，都会心甘情愿地为信任他们的主管赴汤蹈火，记住，要在行动、言辞上处处表现出信赖他们的诚意；每位下属都是独立不同的个体，不要误认为他们的期待、需求完全一致，从实证显示，对某位员工堪称极佳的激励方法，可能对另一位员工完全失效，甚至产生负面影响；赞美、表扬、精神上支持、鼓舞是激发下属斗志不可或缺的催化剂，如能和金钱、奖金、红利等物质上的奖励环环相扣，最能紧扣人们的心弦，使他们全力奋发地投入工作。

二、激励策略

1. 巧妙运用奖励的策略

（1）激励员工要敢于投入。在工作之中，员工必须感受到自己的价值得到了他人的承认。这个价值不仅仅是他取得了多么了不起的成绩，也包括他的进步，哪怕是迟到次数的减少，都是他自身价值的体现。

主管要及时发现做得正确的人，还要立刻给予奖赏。奖赏不一定要很大，小的成功也要庆贺。我们总是看重主要的成就，可别忘了也要为小事情喝彩。比如，嘉奖那些为了完成一张备忘录或多接一个电话而加班的员工，或嘉奖那些每天要早来几分钟打扫卫生的员工。

由于工作努力而受到奖励，使员工能认识到整个企业的行为方针，认识到主管在注意看他们的表现，会有被承认的满足感和被重视的激励感，会保持高昂的工作热情和责任心，如果表现努力的员工没有获得一定的实际利益和奖赏，就会挫伤其积极性，从而使得员工的工作热情下降，工作受到影响。

许多公司甚至对出勤与安全这两项员工必备的基本素质也进行奖励。奖励他们为公司做出的贡献。

要成为一名优秀的主管，应当让员工清楚，真正努力的员工将会得到最好的回报，这样才能调动他们的工作积极性。

每个人都有一些本能的需要，希望别人尊重自己，渴望成功。这就构成了人的内部动力。要使企业有更多受到高度激励的员工，就应去寻找个人需要与企业风格相吻合的人，或者调整企业的管理风格使其适应员工的需要。因此，不仅要奖励出色员工的业绩，也要让努力的员工得到合理的奖励，才能调动全体员工的积极性，建造一个生机勃勃的企业。

（2）奖励标准要公平合理。科学家们发现，猴子天生有公平意识，如果觉得受到了不公正待遇，它们会发脾气或生气。

采用合理的奖励制度，是公司经营中必不可少的一个部分，奖励合理发放，不仅可以公平地体现劳酬关系，而且可以激发员工的积极性。

（3）要重视福利。企业发展最重要的目的是为了赢得利润、获得可持续发展，而其决定因素在于企业内部必须有一批致力于企业长远发展的人才。如果企业希望公司能够留住员工，那么，除了合理的薪酬之外，企业还必须能提供其他适当的福利。虽然没有强制企业提供一个包罗万象的员工福利，但是，为了吸引和留住员工，企业需要实施与其实力相适应的福利制度。这一决定因素的存在要求企业必须建立完善的福利制度，尽可能地组织员工开展具有时代特色的娱乐活动，丰富员工的情趣，陶冶员工的情操；建立完善的社会保障，并千方百计解决员工的工作生活难题，为员工解除后顾之忧，让员工轻装上阵，使企业获得不断的动力源泉。

福利的激励作用表现在：

①完善的福利制度可以满足和保证员工生活上的需要，解除员工的后顾之忧。因而，可以调动员工的积极性，提高其工作效率。

②可以激发员工的进取心。企业福利搞得好可以提高组织声誉，也能吸引更多更好的人才加盟，这样可以激活组织的创造性和动态性，这样的组织必然会营造出积极向上的竞争氛围。

③有利于增强组织内部的协作精神。由于全体员工都享受到了充分的福利，这可以减少由于薪酬不同而造成的差别感，从而减少员工之间的利益摩擦，和谐员工之间的人际关系，增进全体员工之间的集体感和团队意识。

可见，福利的激励效果持久而更加彻底。怎样利用福利激励员工是摆在主管面前的重要课题。

优先关心员工的福利，才是最能成功激励员工的诀窍。有了好的指导思想还要落实到具体行动上。在现实中，弹性福利政策最可取。

弹性福利（flexible benefits）制度是一种有别于传统固定式福利的新员工福利制度形式。弹性福利制度又称为"自助餐式福利"、"灵活福利"等，即允许员工从企业提供的众多福利项目中进行选择，以满足不同员工的多种需要。在某种程度上，弹性福利已经成为一种有效的员工激励手段。弹性福利理论于20世纪70年代开始出现，今天已在世界范围内兴起，一些公司正在把弹性福利制度整合为一种降低员工流动率和缺勤率、提高员工生产率和工作满意度的人力资源管理和激励工具。

对于员工人数少于100人的中、小型公司来说，可以成功地设计并实行灵活的福利计划。尽管灵活的福利计划也不适合每种情况，主管可以通过回答以下一些重要的问题来帮助公司制定正确的福利计划：

①公司的福利中是否有员工不需要的？

②公司是否提供某些员工需要的福利项目？

③员工是否真正理解现有的福利计划？与其他公司比较后认为本公司福利水平如何？

④在招聘和留住优秀人才的过程中，现有的福利是否是一个优越的条件？

⑤公司是否有兴趣削减并管理福利成本？

⑥公司是否认为其花费在福利方面的资金发挥出最大的价值？

⑦公司是否愿意倾注全力让员工理解一个新计划？

⑧公司是否愿意探索福利计划的新领域，并领先于其他竞争者？

每个致力于使管理层的目标符合员工需要的组织部门应认真检查这些问题以及其他问题。

灵活的薪酬计划可以迅速普及。根据资料显示，有50%的主管考虑或正在实行灵活的福利计划。总之，这是大势所趋。

2. 运用理解尊重的策略

（1）充分理解和尊重员工。人人都渴望理解。如果能得到他人的理解，那么，即使是自己受点损失，也会让人觉得这是值得的。

心理学家指出，人的一生都在追求重要感。人们都有这样一种意识存在，希望自己受到重视，鹤立鸡群，是群体中的中心，是焦点人物。然而，在今天这个机械化、集团化的社会中，一个人常常是办公室里的某个装备或某个装备的零部件。个性得不到表现，个人得不到重视，从而影响其工作的积极性和主动性。

要克服这种弊端，一种可行的方法，就是主管把每个员工都当做一位重要的大人物看待，使得每个人渴望被重视的心理得到满足，从而成为一种积极工作的推动力，尽心竭力为组织效力。

把员工当做大人物看，有时甚至比直接给员工物质方面的奖励更能激发他们的士气。因为，任何人在得到别人的承认和尊重时，心理上就得到一种莫大的安慰，这是无法用金钱、地位、工作环境来弥补的。

员工常凭直觉就能知道管理人员究竟是否欣赏他们，员工若感觉到主管对自己自然流露出的对专家般的敬意，定会使他们感到工作的快乐，并以自己的实际行动来报答主管的这种敬意和信任。若得不到这份应有的尊重，员工就会觉得自己无所作为，或觉得自己已不为上级所赏识，自己的价值得不到上司的承认。这样，员工就会沮丧，就会泄气，就会变得无精打采，工作效率自然会一路下滑。

一名主管把员工看得与自己平等甚至是值得尊敬的大人物，就一定能激发出员工为其尽力工作的热情。这是因为：把他们当做大人物看待，使他们产生由衷的自豪感。对员工表现出热情的关切，员工就会感觉到他是真正被尊重，他们就不会把你看成是一个毫无感情的上司，而是把上司看成是朋友，为朋友做事当然要比接受命令干某事积极舒服得多。

要做到把员工当做大人物看待，可使用以下方法：

①用心注意他人，防止造成伤害，如有伤害行为应尽力去帮助愈合。

②鼓励别人谈论他和他的兴趣。

③让别人都知道你重视他，以此确立他所渴望的特殊身份。

④记住每个人的名字。

⑤把部下的一些人事问题当做重要问题来处理。

在所领导的团队中，要试着去了解每个人，理解每个人，尊重每个人。每个人都会有自己的麻烦与困难，当他们身陷其中时，当他们的某些个人利益与部门或是与主管本人的利益发生矛盾时，其实他们也感觉到非常为难，常常会令他们无所适从。这时，作为他们的领导，就要展现出一位领导的博大胸怀，多体谅他们，宽容他们。主管的理解很容易就能打开他们的心扉，因为这个时候他们的心灵恰恰是最脆弱的时候。所以，不要过于死板，过于计较某些小的利益，而是去理解、尊重员工吧。

（2）考虑员工是否愿意接受。主管要想有效地激励员工，就要做好激励的准备工作。这是一种激励的前奏，也是一种有效的手段，事关激励的成败。

作为主管，就要深刻剖析影响员工情绪的因素，把他们心中积极的因素引导出来，同时，化解消极因素，必能引导他们走向成功。

激励之要在于"迎合"人心，但所谓"迎合"并不是一味姑息，而是充分利用人性的优点、缺点，如此，才能团结企业里的每一位员工，为企业共同的目标奋斗。

当然，人心是很难琢磨的，往往在推行某项措施之前，主管料定一定会大受欢迎，但结果却遭受激烈的反对，对主管造成很大的压力，这种例子随处可见，原因也很多。

社会上还有一种独裁性很强的人，这种有"独裁"之称的人，想事情时总是免不了命令式和单行道的做法。当然，这种人有很多是富有经验、十分优秀的。所以大致说，照他的命令去做，是不会有什么错误的。可是如果总是这样一个做法，时间一久，总会给人留下一些不满，令人感受到压制而不能从心底产生共鸣。这样，也就不可能有真正的好点子，从而在工作中产生真正的力量。

聪明的主管，在对人作批示或命令时，应该这样发问："你的意见怎样？我是这么想的，你呢？"然后必须留意到，是否合乎此人的意见，并询问他是否彻底了解了，至于发问的方式，也必须使对方容易回答。合格的主管在发命令时还应时常站在员工的立场上看待问题，多了解他们的心情，体察员工的愿望，在下命令或指示时，尽量采取商量的方式。

如果采取商量的方式，对方就会把心中的想法讲出来，而认为"言之有理"，就不妨说道："我明白了，你说得很有道理，关于这一点，我不这样做好不好？"诸如此类，一方面吸收别人的想法或建议；另一方面推进工作。这样对方会觉得，既然自己的意见被采纳，就一定要把这件事当做是自己的事，去认真地把它做好。也正是因为受到尊重的员工的热心，所以在成果上，自然而然会产生不同的效果，这样便成为大有可为的活动潜力。

如果主管善用平等、商量的方式下命令，那么，不仅使自己感到心情轻松愉快，员工也会感到愉快，把工作当做自己的事自动自发地做好。

国际管理顾问大师弗尼斯经过15年的研究，查访了2.5万名经理的亲身经历，最后得出了员工为什么不按主管要求做事的16个原因：

①员工不知道为什么这是他们应该做的；②员工不知道怎么做；③员工不明白让他们做什么；④员工认为你的方法无效；⑤员工认为他们的方法更好；⑥员工认为其他的事更重要；⑦员工认为做了此事没有正面结果；⑧员工认为他们正在按你的指令做事；⑨员工无功却受禄；⑩员工按指令做事反而有负面效果；⑪员工担心做此事给自己带来负面效果；⑫对员工来说做得不好没有实质的负面结果；⑬员工遇到了超出他们控制范围的障碍；⑭员工个人限制阻碍正常工作；⑮员工的私人问题；⑯指令没人能实现。

有的原因一看便明了。但有几个原因时常不被人重视。像员工不明白怎么做，员工不明白让他们做什么。自认为聪明的老板会说，这么笨的员工早就该炒掉了。

可实际工作中，往往会发生这样的情形，老板自以为已经很明白地告诉员工做什么，但员工在理解上和老板有偏差，或者说企业里没建立一套做事的程序和方法。我们大部分老板会对员工说："你负责把这件事做好。"但是，却没有一套完成这件事的具体指标。特别是还会发生上述第⑬个原因的情况，员工没有得到足够完成这件事的资源，相关部门互相扯皮不配合，更麻烦的是指令往往不止一个，员工得到的指令相互矛盾。这种部门扯皮、多头管理的问题，在国内的大型国有企业中比较普遍。但有的企业领导却不是这么认为，只是简单要求员工一定要做好，至于怎么做，做成什么样那就是做事的人的水平能力。还有一种情况是上述第⑯个原因，指令没人能实现。这就是领导者的管理水平问题了。

作为主管必须要让员工明确，在这个企业里，什么样的事最重要。否则员工就像上述第6个原因那样，认为其他的事情更重要。成功的企业中，员工做的是正确的事；不成功的企业中，员工做的是他们认为更重要的错事。

仔细分析一下这16个原因，对于主管而言，可以这样分类，第①～第⑥、第⑪、第⑬～第⑯的原因，是管理工作开始前应该做的事，第⑦～第⑩、第⑫是工作开始后要做的事。

可见，一个优秀的企业主管在推动政策之前，一方面要谨慎预估可能会发生的反应；另一方面在心理上准备应对事态的变化，久而久之，应该可以体会到人们反应的规律，更加了解人心的微妙，从而达到激励员工的目的。

主管做事如果完全不顾及员工可能的反应，顽固地坚守规章制度的条文，最容易引起大家的反感。如此，则工作无法顺利进行，或被迫采取高压手段，以命令来强制别人，这种做法都难免使双方各自承受高度的心理负担和精神压力。

想要了解人心的微妙之处，当然只有设法和各类人员接触，积累各种经验，最后见识自然成熟精辟。作为主管，原则上须有丰富的社会经验，同时，以此作为基础，以坦率的心情去领导下属，洞察人心的微妙。须知道，古往今来，无论是杰出的政治家，还是卓越的企业主管，都是因为他们具有洞察人心的能力，并善于利用其优缺点，达到自己所期待的目标。如此而来，不但事情进行得顺利，还能深得民心。

（3）注重下命令的细节。企业主管与员工之间由于岗位不同，工作内容不同，为了让企业高效地运转，主管常要对员工下命令。细节可以决定一件事的成败，同理，注重下命令的细节，也可以让员工受到大的激励，让命令得到迅速而高效的贯彻与执行，主管在下命令时，要注重以下细节：

①给予明确的指示。对下属员工下命令的行动是一项复杂而艰巨的任务，它远不是简单地说一句"这个任务交给你了"就算完事了。选用的词语、表达的方式、音调等因素都有助于对方更快地完成工作。

需要下属员工竭尽全力地帮助和协作，而不是违心地服从。因此，应该努力在彼此间创造自愿合作、尊重和理解的气氛。这种气氛不可能一夜之间就突然出现，而是要通过友善的对待、秉公办事和良好的管理方式来形成。

如果下属员工只做吩咐他们做的事情，说明你们的合作气氛不好，他们是毫无热情地完成工作的。为了让他们发挥主动性、创造性，你要在互相理解、信任和合作的气氛中给他们明确的指示。

任何不能理解的命令都无法执行，许多负责人都有下述的毛病：下达"不着边际的指示"。然后，他还奇怪被指示者为什么没有执行他的指示。

很多经理心想："雇用这个人的时候，他是很优秀的，又显得很有能力，怎么办起事情来这么差劲！"事实上该检讨的是他自己。再优秀的人才，如果弄不清楚究竟要他做什么，当然就无法完成任务。

②多用商量的方式，少用命令的口气。下属员工不仅是主管的下属，还是主管事业上不可或缺的伙伴。为此，在交代下属所负责的工作时，应尽量采用建议的口吻，而不是命令的口气。

无论交代的内容是什么，命令的口吻都会让人觉得粗暴和缺乏应有的尊重。

每个人都有自尊心，激发人的自尊心而不是伤害它，会使对方的自信和潜在的积极性得到发挥和表现。所以，如果想让下属员工做想要他做的事，那就避免使用"命令"的口吻，不妨试试"建议"的方法和"商量"的方法。

随着社会的不断发展，现在的企业经营者，已不再是那种可以任意支使别人的领导者了。对于辛苦争取来帮助的员工，过去的老板可以说："喂，你去做这件事。"可是现在却应改为："麻烦你去做这件事。"如果不用这种和善、恳求的口吻，就很难达成激励的愿望。

（4）激励员工要有耐心。金钱的确吸引人，但真正有抱负、有理想的人，绝不会为了一点点薪水而唯唯诺诺。要让他们为企业效劳，主管就要有足够的耐心去聘请他们，并在这个过程中，让他们感受到对他们的尊重、肯定、欣赏和爱护，从而激发他们与你合作，发挥才能，实现双赢。

对于那些我行我素、独来独往、对人冷若冰霜的精英人才，主管一定要耐心地对待他们，耐心是打开他们心门的钥匙，并传递出很重视、尊重、欣赏、肯定他们的信息，因为已为他们付出了你最珍贵的东西之一——时间。

3. 运用精神激励的策略

（1）信任能激发员工潜能。在工作中，每位员工都是具有卓越潜能的，即使是被公认有问题的人，也蕴藏着随时可能发生巨大变化的可能性，而让这种可能性转化成现实的动力就是信任。

要想让一个人发生变化，首先，就得完完全全地信任对方。不信任本身就是一种破坏性力量，如果在心目里把某人当成一个不可救药的人，那么，他很快就能感觉到你的这种想法。在这种情况下，如果还在背地里乱发牢骚，事情就会越来越糟糕，因为，这些牢骚不知不觉间就会传到他的耳中，于是，就会越发地把他刚刚袒露的心扉紧闭起来，久而久之就会形成恶性循环。

而当信任他时，就赋予他向积极方向转化的动机和力量，努力为企业贡献自己的聪明才智。

由于信任在当今的管理工作中起着非常重要的作用，主管应该积极地寻求和员工保持信任的关系。为了做到这一点，这里提供一些建议：

①加强开放程度。不信任在很大程度是因为人们了解的东西不够。开放能产生信心和信任。把事情向人们公开，使决策制定过程保持透明，解释你决策的合理性，对问题处理保持公正，充分公开相关信息。

②说出你的感受。铁面孔的主管会让人觉得不寒而栗，并让人疏远。和他人共享你的想法，能使员工觉得你真实并充满人情味。他们也将理解你、尊敬你。

③表现出一致性。员工希望事情可以预测，不信任感来自于人们不知道能期望什么。花时间来想一想你的价值观和信念。然后让它们在指导决策时保持一致性。如果了解自己的主要目的，从而采取相应一致的行动，那么，将因为能保持一致性而获得他人的信任。

④严守秘密。主管渴望信任那些慎重和值得依赖的人。员工也是这样认为的。如果他们要和你谈论一些秘密的事情，他们必须确定你不会向别人谈起和泄密。如果员工感觉你是经常泄露他人秘密的人，或是不可靠的人，那么，在他们的心目中就没有什么信任可言了。

除了遵循以上四点，还要注意处理好与自己偏爱的小集团的关系，当心对他们的不恰当偏爱会影响你的可信度。当你的偏好是建立在非绩效因素的基础之上，例如，和某些人有共同的兴趣和相似的人格特征，这就有可能降低你的领导有效性。然而，当偏好是建立在绩效的基础之上时也可能会有好处。但你的绩效评估系统要客观并易于评价，否则，仍有可能被看做是处事不公。让员工不信任，影响了团队内部的"人和"氛围。

（2）学会赞赏员工，具体内容见前面的主管沟通艺术。

三、激励方法

1. 物质激励

马克思说过这样一句话："人们奋斗所争取的一切，都同他们的利益有关。"因为，物质的需求不仅是人类赖以生存的基本前提，也是个人在精神、智力、娱乐等各方面获得发展的基础。

然而，物质奖励不仅是物质上的激励，同时也是一种精神激励，是上级管理人员对下属的行为和所取得成就的肯定，可以极大地满足下属的成就感，同时，也表明上级对下属的认可和赞赏。

企业管理人员在对员工进行物质激励时，一定要注意公平性原则。否则，不但起不到激励作用，反而会挫伤员工的积极性，甚至造成矛盾，影响团结。事实证明，下属对管理者的能力和工作水平低大都可以原谅，而对管理者不能一视同仁、处理问题不公平，则往往表现出不能容忍的态度。

2. 目标激励

所谓目标激励，就是通过确立工作目标来激励员工。只有设立正确而有吸引力的目标，才能够激发员工奋发向上，勇往直前。

运用目标激励时，管理者应注意以下几个问题：

（1）目标要切合实际。"目标价值"即目标本身的价值。"期望概率"就是实现目标的可能性。从理论上讲，目标的价值和期望概率越大，其激励作用就越强。但实际上，这是不可能的。因为目标价值和期望概率是成反比的，目标定得越高，价值越大，则实现的可能性，即期望概率就越小。反之，目标越低，价值越小，则实现的可能性，即期望概率就越大。因此，目标的制订不能盲目地求高、求大，而应考虑其实现的可能性，要使员工通过努力能够实现。只有这样，才能使目标激励真正起作用，才能实现目标激励作用的最大化。否则，不但起不到激励作用，还可能起消极作用，使员工丧失信心。

（2）目标的制订应该是多层次、多方向的。除了企业的基本目标外，还应包括其他许多目标，如企业管理目标、培训和进修目标、技术考核目标和生活福利目标等。

（3）要将目标分解为阶段性的具体目标。有了总目标可以使员工看到前进的方向，但只有总目标，会使人感到目标遥远，可望而不可即。如果同时制订出阶段性的具体目标，就能使员工感到有实现的可能，就会将目标转化为工作压力和工作动力，既增大了期望值，也便于目标的实施和检查。

（4）要将企业的目标转化为部门、各班组以及员工个人的具体目标。企业目标不仅要分解为阶段性的具体目标，还要转化为各部门、各班组以及员工个人的具体目标，使目标和责任联系起来，再加上检查、考核、奖惩等一系列手段，这样才能保证企业总目标的实施，才能使目标起到应有的激励作用。

3. 角色激励

角色激励实际上就是责任激励，就是让个人认识并担负起应负的责任，激发其为所扮演的角色献身的精神，满足其成就感。

但是，如果一个人认识不到自己应负的责任，就会放松对自己的要求，出现"油瓶子倒了也不去扶"的现象，角色激励也就失去了作用。所以，企业管理人员的责任之一就是要帮助员工认识和重视自己的责任，认识到自己的工作对于客人、对于企业以及对于社会的重要性。

4. 竞争激励

心理学研究指出，人自幼就有一种竞争心理。儿童时期，小孩子在一起玩，总是要超过别人。到了成年，不甘落后于他人的心理仍然存在。

竞争激励实际上也是荣誉激励。得到他人承认、荣誉感、成就感、受到别人尊重，是著名心理学家马斯洛需求层次中的高级需求。现代企业中，年轻人比较多，他们争强好胜，上进心强，对荣誉有强烈的需求，这是开展竞赛活动的心理基础。企业开展一些知识竞赛、服务态度竞赛和工作技能技巧竞赛等，不仅可以调动员工的积极性，还可以提高员工的素质。

5. 信息激励

一个人不与外界接触，闭目塞听，孤陋寡闻，必然自以为是，心安理得。如果迈开双脚到外边去走一走，看一看，让头脑得到新的信息，就会起到强大的激励作用。有一家企业，管理者迫切希望改进和提高服务水平。所以，在企业内积极推行服务的标准化、规范化和程序化。尽管管理者反复讲，亲自示范，然而收效甚微。后来，管理者改变了教育方法，他带领一批基层班组长和服务员去参观几家高标准的企业，回来后，这批员工成为推行标准化、规范化、程序化服务的积极带头人，使该企业的服务质量有了大幅度的提高。这一案例清楚地说明了信息的激励作用。看到或听到别人的成就、别人的进步，才能发觉自己的落后，才能激发起奋起直追的热情。因此，有条件时，企业管理者应组织员工去其他先进企业参观学习，或者向员工传递这方面的信息。

6. 情感激励

情感激励就是在对员工工作上严格要求的同时，在生活上要关心员工、尊重员工，以"情"动人。所谓尊重员工，就是要尊重员工的主人翁地位；理解员工，就是要理解员工的精神追求和物质追求；关心员工，就是要心系员工，尽可能解决员工的实际困难。高昂的士气，必须有必要的物质保障，这意味着要为员工创造良好的工作环境和生活条件。只有员工真正意识到自己受到了尊重，意识到是企业的主人，他们才会以主人翁的精神积极工作。

运用情感激励这一激励手段时，特别值得一提的是，当员工家庭或个人生活遇到什么不幸或困难时，管理者要给予问候和关怀，在经济上予以支持和帮助，员工对此会铭记在心，从而起到极大的潜在激励作用。事实证明，在关键时刻，对员工伸出同情与援助之手，比平时说上一千句、一万句激励的话要管用得多！

7. 奖惩激励

在管理工作中，奖励是一种"正强化"，是对员工的某种行为给予肯定，使这个行为得以巩固、保持；而惩罚则是一种"负强化"，是对某种行为的否定，从而使之减弱、消退，恰如其分的惩罚不仅能消除消极因素，还能变消极因素为积极因素。奖励和惩罚都能对员工起到激励作用，两者相结合，则效果更佳。运用奖惩这一强化激励方法，必须注意以下几个问题：

（1）及时性。拿破仑不仅是一名卓越的军事家，而且是一位非常懂得激励艺术的管理者。他曾经说过：“最有效的奖励是能立即给予的奖励。”这一点在企业管理中同样适用。一个员工工作表现好，取得了良好业绩或者提出了有效的建议，就应及时给予肯定；相反，一个员工如果表现不好，犯了错误，则应及时予以惩罚或批评。否则，时过境迁，激励作用会大打折扣。

（2）准确性。奖惩的准确性，是它发挥作用的前提条件。不论是对员工的表扬、奖励，还是批评、惩罚，管理人员都要做到实事求是，恰如其分，力求准确。表扬时不能为了突出某人的成绩而对之凭空拔高，否则会招来反感，批评时捕风捉影，任意上纲，也会产生不良后果。

（3）艺术性。特别要注意表扬和批评的艺术。勿在下属和客人面前批评员工。批评员工一定要注意时间、地点和场合。尤其不能当着其下属的面和客人的面批评员工，否则将极大地挫伤员工的积极性，伤害员工的自尊心，使其无“脸”管理下属，严重的还会因此而失去人才。

8. 参与激励

为了激发员工的工作积极性和主人翁精神，必须发扬民主，重视与员工的沟通。

参与激励就是在企业管理中，给予员工发表意见的机会，尊重他们的意见和建议，使员工能够以不同的形式参与企业管理活动，从而达到激励员工的目的。管理者不仅要把上级的指示传达到下属，而且要注意倾听下属的心声，把下属的意见和建议及时、准确地反映给上级管理者。在做决策时，要多与员工沟通，因为决策的最终执行者还是下属员工，经过员工充分讨论的科学合理的决策，有利于员工的顺利执行，也有利于激励员工。

另外，企业办报不仅是企业文化的组成部分，同时也是一种参与激励的管理方式。比如，可以在企业内刊设些专栏鼓励员工出谋献策或者以管理知识的方式渗透企业的激励思想。还有一种有效的沟通和激励方式，就是在企业确定“员工日”或“总经理接待日”，使每位员工都有机会和总经理面对面地说说自己的心里话，谈谈心中的“疙瘩”，提出合理化的建议和建设性的意见。

9. 晋升与调职激励

拿破仑曾说过：“不想当元帅的士兵不是好士兵。”因此，给予员工职位的晋升，对于人们的上进心来说，无疑是一种极为有效的激励方法。但晋升激励并非一定要“升官”，因为“官位”毕竟是有限的，不可能让员工都当管理者，但级别是无限的，以服务业为例，可设实习生、初级服务员、中级服务员、高级服务师等。虽然员工的行政职务没有变，但员工的待遇发生了变化，荣誉感增强了，从而可以起到很好的激励作用。

除了对工作表现好的员工晋升以外，通过在企业内部调换员工的工作岗位来激励员工也是一种很好的方法。一般有两种情况：一是目前的工作岗位不适合员工本人，不能充分发挥其个人专长和才干，通过调换工作岗位，不仅可以充分利用人力资源，还可以激励员工，极大地调动员工的工作积极性；二是个别管理者与员工之间由于下意识的偏见、古怪习性或意外事故的发生而引起尖锐的矛盾，如通过协调或其他方式仍无法解决，可将员工调离本部门（岗位），以调动矛盾双方的工作积极性。

10. 示范激励

一个企业的士气和精神面貌在很大程度上取决于其管理者。正所谓"榜样的作用是无穷的"，有什么样的管理者，就有什么样的下属员工。当管理者每天乐观向上地面对工作，下属在这种氛围影响下，自然也会以积极上进的态度投入到工作中来。因此，管理人员要以身作则，从各方面严格要求和提高自己，以自己的工作热情、干劲去影响和激励下属员工。

第三节　我国企业激励误区

一、管理意识落后

有的企业，尤其是我国的一些中小企业，对人才根本不重视，认为有无激励一个样。这些企业就需要革新自己的陈旧观点，把人才当作一种资本来看，挖掘人的潜力，重视激励，否则，必然会遭淘汰。还有的企业口头上重视人才，行动上却还是以往的一套。这些企业管理思想落后，在这些企业里的员工很难有高的积极性。

二、企业中存在盲目激励现象

不少企业看到别的企业有激励措施，自己便"依葫芦画瓢"。合理的借鉴是必需的，但很多企业只是照办。前面曾论述过，激励的有效性在于需要。只有立足本企业员工的需要，激励才会有积极意义。所以，要消除盲目激励的现象，必须对员工需要做科学的调查分析，针对这些需要来制定本企业的激励措施。

三、激励措施的无差别化

许多企业实施激励措施时，并没有对员工的需要进行分析，"一刀切"地对所有的人采用同样的激励手段，结果适得其反！这也没有认识到激励的基础是需要。同样的激励手段不可能满足所有员工的需要。

另外，企业要注重对核心员工的激励。在企业中，核心技术人员、高级主管、营销骨干等都属于核心员工，他们有着高于一般员工的能力。加强对他们的激励可以起到事半功倍的效果。对核心员工的激励更要使用长期激励的手段，如股票期权、目标激励等。

四、激励就是奖励

这是企业中普遍存在的一个误区。前面我们认识到，需要被剥夺的时候也可以激起员工的紧张状态，使其有较高的积极性。

企业的一项奖励措施往往会使员工产生各种行为方式，其中的部分并不是企业所希望的。因此，必要的束缚措施和惩罚措施就很必要。

但是，使用惩罚措施时要注意，惩罚力度不能过大。多用奖励，辅以惩罚。

五、激励过程中缺乏沟通

企业往往重视命令的传达，而不注重反馈的过程。这样对激励是很没有好处的。缺乏必要的沟通，员工就处于一个封闭的环境中，不会有高积极性的。

1. 对员工所做成绩进行肯定

所有的员工都希望能得到公司的赏识，但结果却往往令他们失望。很多员工总是抱怨，领导只有在自己出错的时候才会注意他们的存在。

主管注意对员工的正面反馈是很重要的。告诉员工企业感谢员工对企业的贡献，对员工进行肯定，拉近与员工的距离，这才是对员工的极大激励。

2. 透明管理

让下属了解公司的发展方向，了解公司的现实状态，是非常重要的。创造一种透明的环境，为员工提供相应的信息，可以极大地提高工作效率。

六、重激励轻约束

在中国的企业界，有这么一个现象，国有企业不重激励重约束，留不住人才；民营企业重激励不重约束，也留不住人才。可见，只强调对激励的重视还是不够的。

七、过度激励

有人认为激励的强度越大越好。其实，这也是一种错误的观点，凡事物极必反，激励也是这样。过度的激励就会给员工过度的压力，当这个压力超过员工承受力的时候，结果是可想而知的。适当的激励才会有积极意义。

激励中存在的问题有很多，并且会随着经济的发展滋生出新的问题。本书只对一般性问题作出论述。中国企业要想有科学的激励体系，除了注意这些问题外，创新是很重要的，结合自己的实际创出适合中国企业的激励机制是必由之路。

第二十章 劳动关系管理

第一节 劳动关系概述

劳动关系主要指企业所有者、经营者、普通员工及其工会组织之间在企业的生产经营活动中形成的各种权、责、利之间的关系。

一般来说，劳动关系主要包括所有者与全体员工的关系，经营管理者与普通员工之间的关系，经营管理者与工人组织之间的关系和工会与员工之间的关系等。

一、劳动关系的基本构成要素

劳动关系由三个基本要素构成，即劳动关系的主体、劳动关系的内容和劳动关系的客体。

1. 劳动关系的主体

劳动关系的主体是劳动关系的参与者，包括劳动者、劳动者的组织（工会、员工代表大会）和用人单位。

2. 劳动关系的内容

劳动关系的内容是指劳动主体双方依法享有的权利和需要承担的义务。随着我国经济体制改革的不断深入和现代企业制度的不断完善，劳动法律关系的内容将不断增加和完善，它对我国经济改革中社会关系的调整，对社会各阶层责、权、利的重新分配将起到保驾护航的作用。

3. 劳动关系的客体

劳动关系的客体是指主体的劳动权利和劳动义务共同指向的事物，如劳动时间、劳动报酬、安全卫生、劳动纪律、福利保险教育培训等。

我国《劳动法》规定的劳动者的主要权利是：劳动权、民主管理权、休息权、劳动报酬权、劳动保护权、职业培训权和社会保险权等。

我国《劳动法》规定劳动者的主要义务是：按质、按量完成生产任务和工作任务，学习政治、文化、科学技术和业务知识，遵守劳动纪律和规章制度，保守国家和企业的机密。

我国《劳动法》规定用人单位的主要权利有：依法录用、调动和辞退员工；决定企业的机构设置；任免企业的行政干部；劳动工资、报酬和福利方案；奖惩员工。

我国《劳动法》规定用人单位的主要义务有：依法录用、分配、安排员工的工作；保障工会和员工代表大会行使其职权；按劳动质量、数量支付劳动报酬；加强对员工思想、文化和业务的教育及培训；改善劳动条件，搞好劳动保护和环境保护。

二、劳动关系的特征

人力资源管理中的劳动关系与经济学中的劳动关系相比，具有如下特征：

1. 劳动关系是劳动的社会形式，劳动是这种关系的基础，也是它的实质和内容

劳动关系以劳动力的所有权与使用权相分离为核心；劳动者在劳动关系中始终是劳动力的所有者，在劳动过程中是劳动力的支出者；用人单位以拥有生产资料的产权为条件，使其成为劳动力的使用者。

2. 劳动关系具有平等性和隶属性的特点

劳动关系的当事人即企业与劳动者之间是平等主体的劳动合同关系，两者具有平等的法律人格。但是，在劳动合同签订以后，劳动者就成为企业的员工，企业就成为劳动力的支配者和劳动的管理者，劳动者必须听从企业的领导，并要遵守企业内部的劳动规则，这样一来使得劳动关系具有了隶属性，也就是说成为了一种隶属主体之间的以指挥和服从为特征的管理关系。

3. 劳动关系具有人身关系属性和财产关系属性相结合的特点

由于劳动力是一种特殊的商品，劳动力是人体中的一种机能，只能在人体之中。劳动力的存在和消费与劳动者人身瞬间都不能分离，劳动者向企业提供劳动力，实际上就是将其人身在一定限度内交给用人单位，因而劳动关系从其本质意义上说是一种人身关系。人身关系的隶属性使得劳动关系的运行具有极其复杂的特征，从而对人力资源管理提出了有别于其他管理的特殊要求。

三、劳动关系的调整形式

随着我国相关法律法规的逐步完善，我国企业劳动关系的调整也根据其调节手段的不同，而出现了不同形式。目前，在我国比较常用的调整形式有：通过相关法律法规对劳动关系的调整；通过劳动合同规范的调整；通过员工代表大会的调整；通过企业内部劳动关系管理规则的调整等。

1. 企业劳动关系管理制度对劳动关系的调整

企业劳动关系管理制度是企业根据国家法律法规的规定，并充分结合企业自身实际情况，为协调企业内部劳动关系，确保企业内部各项事业正常运转而制定的办法。

劳动关系管理制度是企业规章制度的重要组成部分。劳动关系管理制度具有以下特点：

（1）企业和劳动者必须共同遵守的行为规范。劳动关系管理制度是规范在劳动过程中的企业和劳动者之间的相关关系。劳动关系管理制度所调整的行为是作为劳动过程组成部分的用工行为和劳动行为，既约束全体劳动者，又约束企业行政各职能部门和企业的其他组成部分。

（2）企业劳动关系制度制定的特定性。劳动关系管理制度以企业为制定的主体，以企业公开、正式的行政文件为表现形式，只在本企业范围内适用。

（3）企业经营自主权与员工民主管理权相结合。劳动关系管理制度的制定和实施是企业通过规范化管理协调劳动关系，对劳动过程进行监督和管理的行为，是企业以经营权为基础，行使用工权的一种形式和手段。企业员工作为被监督的对象，一方面，要在企业的领导下有组织地为企业工作；另一方面，员工有权参与企业相关制度的制定，并有权对制度的实施进行监督。

2. 劳动关系管理的基本内容

劳动关系管理的基本内容主要包括劳动合同管理制度、劳动纪律、劳动定员定额规则、劳动岗位规范制定规则、劳动安全卫生制度和其他相关制度。

（1）劳动合同管理制度。主要内容有：

①劳动合同履行的原则。

②员工招收录用的条件、劳动合同草案、有关部门专项草案审批权限的规定等。

③员工招收录用计划的审批和执行权限的划分等。

④劳动合同续订、变更、解除事项的审批等。

⑤使用期的考核办法等。

⑥员工档案的管理办法等。

⑦应聘人员相关材料的保存办法等。

⑧集体合同草案的拟订等。

⑨接触、终止劳动合同人员的档案移交办法、程序等。

⑩劳动合同管理制度修改、废止等。

（2）劳动纪律。是企业依法制定全体员工在劳动过程中需要共同遵守的行为规范。劳动纪律的主要内容有：

①时间规则。

②组织规则。

③岗位规则。

④协作规则。

⑤品行规则。

⑥其他规则。

（3）劳动定员定额规则。

①编制定员规则。是企业根据自身实际情况制定的企业机构设置和配备人员的数量和质量等。

②劳动定额规则。是企业在一定生产技术和组织规模条件下，由劳动者完成单位合格产品或工作活动消耗量的限额。定额规则通常分为工时定额和产量定额两类。

（4）劳动岗位规范制定规则。劳动岗位规范是企业根据劳动岗位职责、任务和生产手段的特点对员工提出的客观要求的综合规定。劳动岗位规范主要包括以下内容：

①岗位名称。

②岗位职责。

③生产技术规定。

④上岗标准等。

（5）劳动安全卫生制度。是企业按照《劳动法》对企业必须贯彻落实的各项劳动安全卫生规程和各项管理制度所做的全面规定，劳动安全卫生制度主要包括以下几个方面：

①劳动安全技术规程。

②劳动卫生规程。

③安全生产责任制度。

④安全技术措施计划管理制度。

⑤安全生产教育制度。

⑥安全生产检查制度。

⑦重大事故隐患管理制度。

⑧安全卫生认证制度。

⑨伤亡事故报告和处理制度。

⑩个人劳动安全卫生防护用品管理制度。

⑪劳动者健康检查制度。

⑫女员工与未成年员工的特殊保护制度等。

（6）其他相关制度。主要包括工资制度、福利制度、考核制度、奖惩制度、培训制度等。

3. 员工代表大会对劳动关系的调节

员工代表大会是由企业员工经过民主选举产生的员工代表组织，代表全体员工实行民主管理权利的机构。员工代表大会制度与民主协商是员工参与民主管理的两种重要制度。

员工代表大会制度是企业员工行使民主管理权利的基本形式，也是员工民主管理的组织参与的具体表现。员工代表大会依法享有审议企业重大决策、监督行政领导和维护员工合法权益的权力。通过员工代表大会这一制度实现对企业的民主管理，是员工对企业管理的参与，而不是对企业管理的替代。

（1）员工代表大会的职权。员工代表大会的职权是依法享有的、对企业行政生产经营管理事务进行咨询、建议或决定的权力。员工代表大会的职权主要表现在以下几个方面：

①审议建议权。所谓的审议建议权是通过对企业生产经营重大决策事项进行审查、咨询和建议，如生产计划、重大科技引进与改造和财务预决算等提出意见或建议，并做出相关决议。

②审议通过权。对企事业单位有关员工切身权益的重大事项进行审查、讨论，并做出同意或否决的决议，从而维护和保障员工的合法权益。

③审议决定权。

④评议监督权。评议监督企业各级管理人员，并提出相应的奖惩和任免建议。

⑤推荐选举权。根据企业所有者的决定，民主推荐企业经营者或民主选举企业经营者。

（2）员工代表大会制度的特点。

1）员工参与企业民主管理有多种形式，具体表现在：

①组织参与。员工通过组织一定的代表性机构参与企业管理。

②个人参与。即员工通过其个人的行为参与企业管理。

2）企业的民主管理制度与合同规范协调劳动关系运行制度相比，具有以下特点：

①员工民主管理是由劳动关系当事人双方各自的单方行为所构成。

②员工民主管理是一种管理关系中的纵向协调。

3）企业的民主管理制度与劳动争议处理制度在协调劳动关系运行中的功能相比，具有以下几个特点：

①员工民主管理是一种自我协调或内部协调方式，而劳动争议仲裁是一种外部协调方式；企业劳动争议调解委员会对劳动争议的调解是一种群众自治的活动。

②员工民主管理是在劳动关系运行中的自行协调和事前协调，其目的是预防劳动争议；而劳动争议处理则是事后协调，其目的是解决劳动争议。

第二节　劳动合同管理

一、劳动合同概述

1. 劳动合同的内容

劳动合同又称为劳动契约，是指员工与企业之间建立劳动关系、明确双方权利和义务的协议。劳动合同是确立劳动关系的法律依据，具有法律约束力，双方必须遵守合同规定的各项条款。劳动合同的约定条款，可分为必要条件和补充条件。必要条件是劳动合同中必须具备的条款，补充条件是指非劳动合同必备的条款，由双方当事人协商一致后形成的条款。根据我国《劳动法》第 17 条的规定："订立和变更劳动合同，应遵循平等自愿的原则，不得违反法律、行政法规的规定。"

根据我国《劳动法》第 19 条的规定，劳动合同应具有以下条款：

（1）劳动合同期限。根据《劳动法》第 20、21 条的规定："劳动合同的期限分为有固定期限、无固定期限和以完成一定的工作为期限，劳动合同可以约定试用期，试用期不得超过 6 个月，员工在同一单位连续工作满 10 年以上，当事人双方同意续延劳动合同的，如果员工提出订立无固定期限的劳动合同，应当订立无固定期限劳动合同。"

（2）工作内容。这项条款应明确员工在企业中从事的工作岗位、性质、工种以及应完成的任务、应达到的目标等，劳动者应事先对从事的工作做到心中有数。

（3）劳动保护和劳动条件。企业应根据国家的有关规定，结合自身实际情况，建立健全劳动卫生制度、劳动安全制度等，还应配备必要的劳动防护设备、用品等。

（4）劳动报酬。这是员工在付出一定劳动后的回报，企业应根据国家的法律法规，结合员工的实际工作，合理、定期地发放劳动报酬，劳动报酬有工资、奖金、津贴等形式。

（5）劳动纪律。这是企业为了其正常的生产经营而建立的一种劳动规则。根据企业的实际情况，有工作时间纪律、生产纪律、保密纪律、防火纪律等。员工应自觉遵守企业制定的劳动纪律。

（6）劳动合同终止的条件。企业与员工之间约定的终止合同效力的内容，以《劳动法》第23、24、31、32条规定，以下情况员工可以自行辞职：如合同期满或约定的合同终止条件出现；在试用期内，企业以暴力威胁或者非法限制人身自由的手段强迫劳动的；企业未按照劳动合同约定支付劳动报酬或者提供劳动条件的；提前30日书面通知企业解除劳动合同的。

（7）违反劳动合同的责任。企业与员工任意一方由于自身的原因造成合同无法履行或不能完全履行，应按照合同的有关规定进行处罚，如我国《劳动法》第91条规定："企业有侵害劳动者合法权益的，由劳动行政部门责令支付员工的工资报酬、经济补偿、并可以责令支付赔偿金。"

《违反〈中华人民共和国劳动法〉行政处罚办法》规定：用人单位有下述四种行为之一的，应责令支付劳动者工资报酬、经济补偿，并可责令按相当于支付员工工资报酬、经济补偿总和的 1~5 倍支付员工赔偿金。

一是克扣或者无故拖欠员工工资的。

二是拒不支付员工延长工作时间工资报酬的。

三是低于当地最低工资标准支付员工的工资的。

四是解除劳动合同后，未按照《劳动法》规定给予员工经济补偿的。

我国《劳动法》第97、98、99条规定："由于企业的原因订立的无效合同，对员工造成损害的，应承担赔偿责任。""企业违反《劳动法》规定的条件解除劳动合同或者故意拖延不订立劳动合同的，由劳动行政部门责令其改正，对员工造成损害的，应当承担赔偿损失。""企业招用未解除合同的员工，对原企业造成经济损失的，该企业应当依法承担连带赔偿责任。"

根据《违反和解除劳动合同的补偿办法》的规定：

①企业克扣或拖欠劳动者工资以及拒不支付延长工作时间报酬的，除在规定时间内全额支付外，还需加发相当于工资报酬25%的经济补偿金。

②企业低于当地最低工资标准支付员工工资报酬的，除补足低于部分外，另外支付相当于低于部分25%的经济补偿金。

③企业与员工解除劳动合同后，未按规定给予提高经济补偿的，除全额发给经济补偿金外，还须按该经济补偿金数额的50%支付额外经济补偿金。

④员工不能胜任工作，经过培训或者调整工作岗位仍不能胜任工作的，由企业解除劳动合同，企业应按其在本单位工作年限，工作时间每满1年，发给相当于1个月工资的经济补偿金，最多不超过12个月。

⑤因劳动合同订立时所依据的客观情况发生变化，原劳动合同无法履行，协商后不

能达成协议的，企业解除劳动合同后，应按其在本单位工作年限，工作时间每满1年，发给相当于1个月工资的经济补偿金。

⑥由于企业濒临破产或生产经营发生严重困难，必须裁减的人员，企业应按员工在本单位工作年限，工作时间每满1年，发给相当于1个月工资的经济补偿金。

⑦经劳动合同当事人协商一致，由企业解除劳动合同，企业应按员工在本单位工作年限，工作时间每满1年，发给相当于1个月工资的经济补偿金，最多不超过12个月。

⑧对于员工患病或非因工负伤，企业应根据其在本单位的工作年限，每满1年发给相当于1个月工资的经济补偿金，同时发给不低于6个月工资的医疗补助费，患重病和绝症的还应增加医疗补助费，患重病的增加部分不低于补助费的50%，患绝症的增加部分不低于医疗补助费的100%。

对于员工违反规定条件自行解除劳动合同的，《劳动法》也作出了明确规定，我国《劳动法》第102条规定："员工违反《中华人民共和国劳动法》规定的条件解除劳动合同或者违反劳动合同中约定的保密事项，给企业造成经济损失的，应当依法承担赔偿责任。"

(8) 具体而言，企业劳动合同应该包含下列内容：

①双方当事人的名称、姓名。用人单位的名称要写全称，并应有其法定代表人的姓名；劳动者的姓名要与户口本、身份证上的姓名相一致。

②合同期限。要写明劳动者被录用的期限和劳动合同终止的期限，具体到年、月、日。以完成某项工作的时间为期限的合同，必须注明"本合同以某一工作的完成为届满期限"。

③试用期限。要写明试用开始和结束的日期。试用期的长短，凡有关部门有规定的按规定，无规定的，企业根据实际需要确定。

④职务（工种）。要明确劳动者所担任的具体工作。职务和工种须用专门术语写明，不得含糊其辞。

⑤工作时间。它含有两层意思：一是每周工作几天，休息几天；二是每天工作几小时和上、下班的准确时间（包括工间休息时间）。如果是以完成一定工作量为期限的合同，工作时间可由双方协商。

⑥劳动报酬。可分为试用期工资、试用期满后的工资、在合同期限内晋级后的工资三种。实行计件工资的，按计件付酬。按工作量订立的合同，可按工作量确定报酬。

⑦生活福利待遇。

⑧劳动保护。不论用人单位还是劳动者本人，必须按国家劳动保护法规办理。

⑨劳动保险待遇。劳动者患病、伤残、生育等待遇以及养老保险办法，凡国家有规定的，按规定执行；国家没有规定的，由双方协商。

⑩教育与培训。即劳动者在企业劳动期间可以享受到的教育、培训机会。

⑪劳动合同的变更。这项内容凡国家有规定的，按家规定办；国家没有规定的，由双方协商。在签订劳动合同时，须规定变更合同的原因及变更的办法。凡没有变更原因或变更原因未出现时，企业不得随意安排劳动者从事合同规定以外的工作。

⑫劳动合同的解除。国家对劳动合同的解除条件有明确规定的，按国家规定办；国

家没有规定的，由双方协商。双方协商的内容不得违背劳动法规及其他有关法律、法规、政策的规定。合同解除后，双方必须办理解除手续。

⑬违约责任。对于企业无故辞退劳动者，除应发给劳动者辞退补助费和路费外，还必须支付给劳动者违约金若干元。企业违反安全和劳动保护的规定，以致发生事故，应赔偿劳动者的损失。劳动者若擅自解除合同，必须赔偿企业的职业技术培训费和付给用人单位违约金若干元。劳动者违纪或违反操作规程，给企业造成损失时，企业有权按处理固定工的规定予以处理。

⑭其他事项。如住房问题、特殊困难问题等内容，均在本条款中写明。

2. 集体合同的内容

集体劳动合同是员工代表与企业就劳动报酬、工作时间、休息休假、工作条件、劳动安全卫生、保险福利等问题在协商一致的基础上签订的协议。

我国《劳动法》第33、34、35条规定："集体合同由工会代表与企业签订，没有建立工会的企业，由员工推举的代表与企业签订。""集体合同签订后应当报送劳动行政部门；劳动行政部门自收到集体合同文本之日起15日内未提出异议的，集体合同生效。""依法签订的集体合同对企业和企业全体员工具有约束力。员工个人与企业订立的劳动合同中劳动条件和劳动报酬等标准不得低于集体合同的规定。"

根据《集体合同规定》，集体合同包括以下几个方面：

（1）劳动报酬。

（2）工作时间。

（3）休息休假。

（4）保险福利。

（5）劳动安全与卫生。

（6）合同期限变更、解除、终止集体合同的协商程序。

（7）双方履行集体合同的权利义务。

（8）履行集体合同发生争议时协商处理的内容。

（9）违反集体合同的责任。

（10）双方认为应当协商约定的其他内容。

集体合同签订步骤可分为准备阶段、协商谈判阶段、审议和正式签署阶段。一旦集体合同签订后，双方当事人必须遵守合同的各项条款。如果当企业生产经营遇到困难而停产、转产或因国家法律法规的调整，使集体合同无法履行，企业和员工可提出变更或解除集体合同。如果集体合同的期限已满或集体合同的一方不存在，集体合同可自行终止。

3. 劳动合同文书

（注：该文本只是劳动合同的框架，每个单位应根据本企业的具体情况和特点，对合同内容进行增加或删改。）

甲方：   乙方：

经济类型：   性别：

法定代表人：   出生日期： 年 月 日

委托代理人：　　　　　　居民身份证号码：

邮政编码：　　　　　　　家庭住址：

甲方地址：　　　　　　　邮政编码：

所属街道办事处：

根据《中华人民共和国劳动法》及相关法规、规章规定，甲乙双方经平等协商，自愿签订本合同，共同遵守本合同所列条款。

第一章　劳动合同期限

第一条　本合同期限类型为_____期限合同。

本合同有效期为自_____年_____月_____日起至_____年_____月_____日止。其中前一个月，即_____年_____月_____日至_____年_____月_____日，为试用期。

第二章　工作内容_____

第二条　乙方同意根据甲方工作需要，在_____部门，担任_____岗位（工种）工作。

第三条　乙方完成的工作数量_____，达到_____质量标准，或在岗位（聘任）协议中约定。

第三章　劳动保护和劳动条件_____

第四条　甲方安排乙方执行下列_____种工作制。

1. 执行定时工作制的，甲方安排乙方每日工作时间不超过 8 小时，平均每周不超过 40 小时。甲方保证乙方每周至少休息一日。甲方由于工作需要，经与工会和乙方协商后可以延长工作时间，一般每日不得超过 1 小时，因特殊原因需要延长工作时间的，在保障乙方身体健康的条件下，每日不得超过 3 小时，每月不得超过 36 小时。

2. 执行综合计算工时工作制的，平均日和平均周工作时间不超过法定标准工作时间。

3. 执行不定时工作制的，在保证完成甲方工作任务情况下，工作和休息休假由乙方自行安排。

第五条　甲方安排乙方延长工作时间或加班的，应当按照下列标准给予乙方相应待遇：

1. 安排乙方延长工作时间的，支付不低于工资的百分之一百五十的工资报酬；

2. 休息日安排乙方工作又不能安排补休的，支付不低于工资的百分之二百的工资报酬；

3. 法定休假日安排乙方工作的，支付不低于工资的百分之三百的工资报酬。

第六条　甲方为乙方提供必要的劳动条件和劳动工具，建立健全生产工艺流程，制定操作规程、工作规范和劳动安全卫生制度及其标准。

甲方应按照国家有关部门的规定组织安排乙方进行健康检查。

第七条　甲方负责对乙方进行政治思想、职业道德、业务技术、劳动安全卫生及有关规章制度的教育和培训。

第四章　劳动报酬

第八条　甲方的工资分配应遵循按劳分配原则。

第九条　执行定时工作制或综合计算工时工作制的，甲方每月____日以货币形式支付乙方工资，工资不低于_____，工资分配水平在岗位（聘任）协议中约定，其中试用期间工资为_____元。

执行不定时工作制的工资支付_____执行。

第十条　由于甲方生产任务不足，使乙方下岗待工的，甲方保证乙方的月生活费不低于____。

第五章　保险福利待遇

第十一条　甲乙双方应按国家有关部门关于社会保险的有关规定缴纳养老、失业、医疗、工伤和女员工生育等社会保险费用。

第十二条　乙方患病或非因工负伤，其病假工资、疾病救济费和医疗待遇按照____执行。

第十三条　乙方患职业病或因工负伤的工资和医疗保险待遇按国家有关规定执行。

第十四条　甲方为乙方提供以下福利待遇：____。

第六章　劳动纪律

第十五条　乙方应遵守甲方依法制定的规章制度；严格遵守劳动安全卫生、生产工艺、操作规程和工作规范；爱护甲方的财产，遵守职业道德；积极参加甲方组织的培训，提高思想觉悟和职业技能。

第十六条　乙方违反劳动纪律，甲方可依据本单位规章制度，给予纪律处分，直至解除本合同。

第七章　劳动合同的变更、解除、终止、续订

第十七条　订立本合同所依据的法律、行政法规、规章发生变化，本合同应变更相关内容。

第十八条　订立本合同所依据的客观情况发生重大变化，致使本合同无法履行的，经甲乙双方协商同意，可以变更本合同相关内容。

第十九条　经甲乙双方协商一致，本合同可以解除。

第二十条　乙方有下列情形之一，甲方可以解除本合同：

1. 在试用期间，被证明不符合录用条件的；

2. 严重违反劳动纪律或甲方规章制度的；

3. 严重失职、营私舞弊，对甲方利益造成重大损害的；

4. 被依法追究刑事责任的。

第二十一条　有下列情形之一的，甲方可以解除本合同，但应提前30日以书面形式通知乙方：

1. 乙方患病或非因工负伤，医疗期满后，不能从事原工作也不能从事由甲方另行安排的工作的；

2. 乙方不能胜任工作，经过培训或者调整工作岗位，仍不能胜任工作的；

3. 双方不能依据本合同第十八条规定就变更合同达成协议的。

第二十二条　甲方濒临破产进行法定整顿期间或者生产经营发生严重困难，经向工

会或者全体员工说明情况，听取工会或者员工的意见，并向劳动行政部门报告后，可以解除本合同。

第二十三条 乙方有下列情形之一，甲方不得依据本合同第二十一条、第二十二条终止、解除本合同：

1. 患病或非因工负伤、在规定的医疗期内的；

2. 女员工在孕期、产期、哺乳期内的；

3. 复员、转业退伍军人和建设征地农转工人员初次参加工作未满 3 年的；

4. 义务服兵役期间的。

第二十四条 乙方患职业病或因工负伤，医疗终结，经市、区、县劳动鉴定委员会确认完全或部分丧失劳动能力的，按_____办理，不得依据本合同第二十一条、第二十二条解除劳动合同。

第二十五条 乙方解除本合同，应当提前 30 日以书面形式通知甲方。

第二十六条 有下列情形之一，乙方可以随时通知甲方解除本合同：

1. 在试用期内的；

2. 甲方以暴力、威胁、监禁或者非法限制人身自由的手段强迫劳动的；

3. 甲方不能按照本合同规定支付劳动报酬或者提供劳动条件的。

第二十七条 本合同期限届满，劳动合同即终止。甲乙双方经协商同意，可以续订劳动合同。

第二十八条 订立无固定期限劳动合同的，乙方离休、退休、退职或本合同约定的终止条件出现，本合同终止。

第八章 经济补偿与赔偿

第二十九条 有下列情形之一，甲方违反劳动合同约定条件的，应按下列标准支付乙方经济补偿金：

1. 甲方克扣或者无故拖欠乙方工资的，以及拒不支付乙方延长工作时间工资报酬的，除在规定时间内全额支付乙方工资报酬外，还需加发相当于工资报酬 25% 的经济补偿金；

2. 甲方支付乙方的工资报酬低于本市最低工资标准的，要在补足低于标准部分的同时，另外支付相当于低于部分 25% 的经济补偿金。

第三十条 下列情形之一，甲方应根据乙方在甲方工作年限，每满 1 年发给相当于乙方解除本合同前 12 个月平均工资 1 个月的经济补偿金，最多不超过 12 个月：

1. 经与乙方协商一致，甲方解除本合同的；

2. 乙方不能胜任工作，经过培训或者调整工作岗位，仍不能胜任工作，由甲方解除本合同的。

第三十一条 下列情形之一，甲方应根据乙方在甲方工作年限，每满 1 年发给相当于本单位上年月平均工资 1 个月的经济补偿金：

1. 乙方患病或者非因工负伤，不能从事原工作，也不能从事由甲方另行安排的工作而解除本合同的；

2. 劳动合同订立时所依据的客观情况发生重大变化，致使本合同无法履行，经当事人协商不能就变更劳动合同达成协议，由甲方解除劳动合同的；

3. 甲方濒临破产进行法定整顿期间或者生产经营状况发生严重困难，必须裁减人员的。

以上三种情况，如果乙方被解除本合同前 12 个月的月平均工资高于本单位上年月平均工资的，按本人月平均工资计发。

第三十二条　甲方解除本合同后，未按规定给予乙方经济补偿的，除全额发给经济补偿金外，还须按该经济补偿金数额的 50% 支付额外经济补偿金。

第三十三条　支付乙方经济补偿时，乙方在甲方工作时间不满 1 年的按 1 年的标准发给经济补偿金。

第三十四条　乙方患病或者非因工负伤，不能从事原工作，也不能从事由甲方另行安排的工作而解除本合同的，甲方还应发给乙方不低于企业上年月人均工资 6 个月的医疗补助费，患重病和绝症的还应增加医疗补助费，患重病的增加部分不低于医疗补助费的 50%，患绝症的增加部分不低于医疗补助费的 100%。

第三十五条　甲方违反本合同约定的条件解除劳动合同或由于甲方原因订立的无效劳动合同，给乙方造成损害的，应按损失程度承担赔偿责任。

第三十六条　乙方违反本合同约定的条件解除劳动合同或违反本合同约定的保守商业秘密事项，给甲方造成经济损失的，应按损失的程度依法承担赔偿责任。

第三十七条　乙方解除本合同的，凡由甲方出资培训和招接收的人员，应向甲方偿付培训费和招接收费。

第九章　当事人约定的其他内容

第十章　劳动争议处理

第三十八条　因履行本合同发生的劳动争议，当事人可以向本单位劳动争议调解委员会申请调解；调解不成，当事人一方要求仲裁的，应当自劳动争议发生之日起 60 日内向劳动争议仲裁委员会申请仲裁。当事人一方也可以直接向劳动争议仲裁委员会申请仲裁。对裁决不服的，可以向人民法院提起诉讼。

第十一章　其他

第三十九条　以下文件或协议作为本合同的附件：

第四十条　本合同未尽事宜按有关规定执行。

第四十一条　本合同一式两份，甲乙双方各执一份。

甲方：　　　（盖章）　　　　　乙方：　　　（签章）

法定代表人：

或委托代理人：　　　（签章）

签订日期：　　　年　　月　　日

二、员工合同管理

1. 合同的订立

在企业中，员工的诸如职务工作、工作时间、劳动报酬、生活福利等都由他们与雇主签订的劳动合同规定，合同一旦签订，即具有法律的约束力。

劳动合同的订立是指企业和员工就劳动合同的条款经过协商一致达成的协议，并以书面形式明确规定雇佣双方的责任、义务和权利的法律行为。

劳动合同的订立，既关系到企业员工的切身利益，又关系到企业的生产发展与经济效益。

（1）根据我国劳动合同法律的有关规定，劳动合同订立应遵循下列原则：

第一，不得违反法律、行政法规规定的原则。这是订立劳动合同最基本、最重要的原则。具体体现为：①劳动合同订立的目的必须合法，当事人不得以劳动合同的形式掩盖不法意图和不法行为，达到不良企图的目的。②劳动合同双方当事人必须合法，用人单位一方必须是依法成立的企业；劳动者一方必须达到法定劳动年龄，具有劳动权力能力和劳动行为能力。③劳动合同双方当事人协商一致的意见，合同的内容必须符合劳动法律、法规和政策的要求。④劳动合同订立的程序、形式必须合法。⑤劳动合同订立的行为必须合法。

第二，平等自愿原则。它是劳动合同订立的核心原则，它是指劳动关系双方当事人法律地位平等，应以平等的身份签订合同。具体体现为：①双方当事人以劳动力市场主体资格出现，互不隶属，各自独立；②双方当事人依法律规定享有平等的权利；③劳动合同订立的内容依法律规定由双方共同协商确定，一方不能强迫另一方接受自己的条件。

第三，协商一致的原则。这是平等自愿原则的延伸和结果。它指劳动合同的订立完全依据双方当事人的意愿，不能使用强加于人的欺骗等手段订立劳动合同。劳动合同的各项内容须经双方充分协商并达成一致意见才能正式订立。

第四，互利互惠的原则。互利互惠的原则也是企业劳动合同订立的基本原则。企业劳动合同的订立是将确立企业劳动关系作为自己的基本任务的，而企业劳动关系就其本质上说是一种经济利益关系，这样，双方当事人在企业劳动合同订立时，就要就双方的经济利益在平等自愿的基础上开展协商和讨论，而要最终达成协商一致，就必须在经济利益上保证双方当事人的互利互惠，这就是企业劳动合同订立中的互利互惠原则。可以说，互利互惠是协商一致的前提条件。没有互利互惠这个前提条件，也就没有协商一致；协商一致是互利互惠的结果或结论，只有在互利互惠的前提下，协商一致才能达成。因此，企业劳动合同订立中的互利互惠原则和协商一致原则彼此是紧密联系在一起的。

（2）企业劳动合同的订立程序，是指企业劳动合同在订立过程中必须履行的手续和必须遵循的步骤。企业劳动合同的订立程序主要包括两个阶段：一是确定当事人阶段；二是签约阶段。具体的步骤可概括如下：

第一，企业管理者公布招工或招聘的简章。企业一旦获准或决定招工或招聘后，管理者就要以特定的方式，如通过报纸、电台、电视台以及黑板报等向社会劳动者公布企业的招工或招聘简章。在招工或招聘简章中，管理者要说明招工或招聘的数量、条件、待遇以及报名办法和考核方式等事项。管理者通过公布招工或招聘的简章，目的是让社会劳动者充分了解企业招工或招聘的准确信息，使劳动者在参加招工或招聘前做到心中有数，准备有序，有备而来。

第二，劳动者自愿报名。劳动者在充分了解企业招工或招聘信息的基础上，本着自愿的原则，向企业报名，参与招工或招聘竞争。劳动者在报名时，要同时提交表明本人身份、职业技能、受聘历史等基本情况的有关证明文件，供管理者在全面考核时参考；管理者在劳动者报名时，也依法有权要求劳动者提交企业需要了解的有关情况的文字材料或证明材料，以便于管理者履行下面的招工或招聘手续。

第三，管理者对劳动者进行全面考核。企业在接受劳动者报名后，就要组织有关人员对参与竞争的劳动者进行健康状况、文化程度、基本技能、受雇历史等情况的全面考核。管理者在考核中，还要特别注意劳动者作为主体资格的法律确认。

第四，管理者对劳动者进行择优录用或聘用。管理者在对劳动者进行全面考核后，择优确定被录用或聘用人员，并向其本人发出书面通知。

第五，管理者提出企业劳动合同草案。管理者在决定录用或聘用有关劳动者以后，要拟订并向劳动者提交企业合同草案。所谓草案，是由管理者单方面提出的、供管理者和劳动者协商使用的合同文书草本。管理者对所提供的草案，有义务向劳动者说明各条款的具体内容和法律依据。劳动者有权对自己不清楚的条款要求管理者作出解释和回答。

第六，管理者向劳动者介绍企业内部劳动规章制度。

第七，双方协商企业劳动合同内容。在管理者提供企业劳动合同草案和向劳动者介绍企业内部劳动规章制度的基础上，劳动者和管理者双方主要就合同草案的条款逐一进行磋商，双方达成一致意见后，协商阶段即告结束。当然，在协商阶段，对企业内部劳动规章制度，劳动者只能表示接受与否，无权修改和补充；但在劳动合同条款中，双方可就规章制度的有关内容进行重新约定。

第八，双方签约。双方当事人在签字前，还要认真审阅合同文书的内容是否真实，是否全部是经过双方协商一致的结果；在确定无误的基础上，双方当事人通过一定仪式签字、盖章。如果合同不需要鉴证，则双方当事人签字、盖章后，合同的订立阶段即告结束，所签合同即具法律效力。

（3）订立劳动合同时应注意的问题。当前，一些企业和劳动者对劳动合同的法律后果认识不足，订立合同时往往比较马虎草率，导致劳动争议发生时，双方争扯不清，难以使问题得到较为妥善的解决。因此，订立劳动合同时，应注意下列一些问题：

①要看应聘人员是否有应聘条件，要验看应招人员提供的户籍、学历、技术级别等证明。

②劳动合同的条款要规定全面。合同的条款是当事人享有权利、承担义务的根据，条款不齐全、不全面，不仅影响当事人的合法权益，而且还会影响合同的履行。特别是一些必要条款，如果不全，合同的法律效力就会受到影响。如合同条款中没有规定工种、岗位或者报酬，合同就无法履行。还有双方认为需要规定的事项，也必须订清楚。

③劳动合同的措辞要确切，含义要清楚。如果劳动合同的内容规定得含糊其辞，就容易使合同双方在实际履行合同时发生争议，影响双方的合法权益。

④责任要规定得清楚、明确。责任是合同中的一项极为重要的内容，如果合同中规

定得不明确，一旦双方发生争议，追究责任时就会发生双方互相推诿的现象，使争议难以得到妥善的解决。

2. 企业劳动合同的履行、变更、解除和终止

（1）劳动合同的履行，是指劳动合同生效以后，当事人双方各自按照合同规定的条款完成各自应尽的义务的活动。因此，劳动合同的履行过程，就是当事人双方实现自己的承诺，完成自己义务的过程，同时，也是实现当事人双方在劳动合同中规定的权利的过程。可见，劳动合同的履行对当事人双方来说均具有极为重要的意义。

企业履行劳动合同时应做到：

第一，劳动合同的实际履行。所谓实际履行，就是指合同双方当事人要按照合同规定的标的履行自己的义务和实现自己的权利，不得以其他标的或方式来代替。这主要表现在两个方面：一是一方当事人即使违约，也不能以罚金或赔偿损失来代替合同标的履行，除非违约方对合同标的履行对另一方当事人已无实际意义；二是一方当事人不履行合同时，另一方当事人有权请求法院或仲裁机关强制或敦促其履行。实际履行的原则要求，劳动者一方要给管理者提供自己一定数量和质量的劳动，以保证企业生产经营活动的正常开展；管理者一方要为劳动者支付必要的劳动报酬和提供必要的劳动条件等，以保障劳动者正常的生活和工作需要。

第二，劳动合同的正确履行。对于企业来说正确履行劳动合同的内容包括：

①严格按照约定的标的履行，不得随意更改。企业在劳动者完成约定定额后，不得要求劳动者加班加点，特殊情况下必须进行加班加点，须严格依法进行。企业要为劳动者提供法定或约定的劳动条件，健全劳动安全卫生保护措施。

②严格按合同约定期限履行劳动合同，不能随意缩短或延长劳动合同期限。除了法律、法规规定可以提前终止合同关系和因不可抗力使合同无法继续履行需要终止合同关系外，劳动合同的期限不得延长或缩短，劳动合同期限届满，必须依法终止。如果需要延长，劳动合同当事人得重新续订合同。

③企业应该按照劳动合同规定的履行方式履行劳动合同，不得随意变动。劳动合同的履行方式是指劳动合同当事人双方完成合同规定的劳动任务的具体方法享有劳动权利的具体方式。劳动合同规定劳动者从事的工种和岗位也不能随意被改变，企业不能要求劳动者从事合同约定以外的其他工作方式。企业单位按合同规定需为劳动者提供的劳动保险和福利报酬形式，也不得用其他方式代替。

（2）劳动合同的变更，是指劳动合同在履行过程中，因法定原因或约定条款出现变化，从而对合同的部分条款进行修改，使合同内容适应变化了的新情况的一种法律行为。一般来说，劳动合同的变更主要反映在以下四个方面：一是生活或者工作任务的增加或减少；二是合同期限的延长或缩短；三是劳动者工种或职务的变化或变动；四是劳动报酬的增加或减少。

企业劳动合同变更的条件：

一是企业调整生产任务时，经合同双方当事人同意可以变更合同的相关内容。企业的生产任务调整以后，原订合同中的有关产量、质量、生产条件都发生了一定的变化，这就需要对原合同的某些条款作相应的修改，否则原合同难以履行。当发生这种情况时，法律规定，合同双方当事人经过协商一致后可以变更劳动合同的相关内容。通常这种变更都是由企业一方提出的。企业因调整生产任务而变更劳动合同的相关内容，事先应和劳动者一方协商取得一致，不可随意变动，否则会引起劳动争议，给企业的生产秩序和员工的利益带来损害。

二是因情况的变化，可变更劳动合同的相关内容。所谓情况的变化，是指在劳动合同的履行过程中，发生了影响原订合同全面履行的原因。具体包括如下几个方面：①订立劳动合同所依据的法律已修改，致使原订合同无法全面履行；②企业严重亏损，致使原订合同无法履行；③由于不可抗力的原因，比如天灾给企业造成了损失，劳动者因意外事故致伤、致残等，致使原订合同不能继续履行，需要变更相关的内容。因此，情况变化引起的合同变更涉及劳动合同双方当事人。

企业变更劳动合同时，应遵循下列原则：

①提出变更劳动合同的时间，必须在合同有效期内。

②企业提出变更劳动合同的内容，只是变更原订合同的一部分，而不是全部。劳动合同的变更只是对原订合同内容与现实情况不相符合的部分予以修改和补充，因而只能是针对劳动合同的部分内容。如果劳动合同的全部内容都要变更，这实际上是一种重新订立劳动合同的行为，根本不是劳动合同的变更，或是对原订劳动合同的废止。如果变更原订合同少部分内容的条款是影响到该合同全部效力的条款，也不是劳动合同的变更，而对原订合同的提前终止，这种性质的变更，也不能叫作合同变更。

③劳动合同的变更，一般是修改其内容或条款，是对原订劳动合同内容的某些修订，增加或减少原合同的条款。但这种变更行为，尽管只涉及内容的修改，但仍是一种法律行为，它涉及订立劳动合同当事人的利益能否实现，因而必须依照法定条件和程序，经双方当事人协商一致后才能进行。只有这样，才能保证变更后的劳动合同的合法有效，也才能真正体现劳动合同双方当事人的利益和权益。

④劳动合同的变更必须严格按照法定的程序进行。原订劳动合同履行了什么手续，在变更劳动合同时，仍应履行相同的程序。具体说来就是，劳动合同变更时，双方当事人应再签订一份劳动合同变更协议书。在变更协议书中，应指明对哪些条款进行变更，并且说明变更后的合同生效日期，劳动合同的变更协议书应当是书面的。

（3）劳动合同的解除，是指劳动合同生效以后、履行完毕之前，当事人一方或双方由于主客观情况发生变化，提前终止合同效力的法律行为，是劳动合同变更的一种特殊形式。

关于企业劳动合同解除的条件，可以分两种情况来说明：管理者解除合同的条件和劳动者解除合同的条件。管理者解除合同的条件主要表现在两个方面：

一是当劳动者符合下列情形之一的，管理者可以直接解除劳动合同，不需向劳动者预告：①试用不合格，即在试用期间被证明不符合录用条件的；②严重违纪，即严重违反劳动纪律或企业规章制度的；③给企业造成损害，即严重失职，营私舞弊，对企业利益造成重大损害的；④承担刑事责任，即被依法追究刑事责任的。

二是当劳动者符合下列情形之一的，管理者也可以解除劳动合同，但要提前预告劳动者本人：①劳动者患病或非因公负伤，医疗期满后，不能从事原工作也不能从事由管理者另行安排的工作；②劳动者不能胜任工作，经过培训或调整工作岗位，仍不能胜任工作的；③企业劳动合同订立时所依据的客观情况发生重大变化，致使原合同无法履行，经当事人双方协商不能就变更合同达成协议的。

此外，管理者还可以通过裁员的形式解除企业劳动合同，但必须符合这样的条件：①企业濒临破产进行法定整顿期间，确需裁员；②企业生产经营状况发生严重困难，确需裁员。

劳动者解除合同的条件也主要表现在两个方面：一是预告解除。预告解除要求劳动者提前一段时间向管理者递交书面报告或通知，表明要解除合同的意愿。二是即时解除。属于下列情形之一的，劳动者可以随时通知管理者解除劳动合同的关系：①在试用期内；②管理者以暴力、威胁或者非法限制人身自由的手段强迫劳动者劳动；③管理者未按照合同的约定支付劳动者的劳动报酬或提供相应的劳动条件。

但企业也存在不能解除劳动合同的时候。这是指企业虽具备解除劳动合同的条件，但依法不得解除劳动合同。

根据我国《劳动法》第29条的规定，劳动者有下列情形之一的，企业不得解除劳动合同：

第一，患有职业病或因工负伤并被确认为丧失或者部分丧失劳动能力的。劳动者患了职业病，往往是由于企业的生产或工作条件、安全制度或医疗条件不够完善等造成的。因工负伤，则往往是由于企业的劳动保护制度不完善或是劳动保护措施不得力而造成的。而企业的生产、工作条件必须符合法定的标准，这是国家和全社会对用人单位提出的义务，是用人单位必须履行的义务。企业由于劳动保护措施不得力，生产工作条件不够标准而导致劳动者患职业病或因工负伤，丧失或部分丧失了劳动能力，企业负有不可推卸的责任。因此，为了保障劳动者的合法权益，法律规定企业无论是在试用期内还是合同整个履行期内都不得解除患职业病员工和因工负伤员工的劳动合同。

第二，患病或负伤，在规定的医疗期内的。劳动者患病或负伤，企业应给予一定的医疗期。在规定的医疗期内企业不得解除劳动合同。一般来说，患病或负伤的医疗期为3个月至1年。在此期间，企业应当负担患病或负伤员工的医疗费用，并且不得以任何借口解除患病员工的劳动合同。而且按照法律规定，即使合同期满，医疗期未满，企业也不得解除劳动合同，而且必须持续到医疗期满后，经医疗鉴定委员会确认后，劳动者确实不能继续从事原工作的，企业才可以解除合同；劳动者愈后还能从事原工作的，企业仍应安排其重新工作，不得解除合同。

第三，女员工在孕期、产假和哺乳期内的。为了保护女员工的合法权益，保护妇女、儿童的身心健康，法律规定，对具备了劳动合同解除条件，但合同制女员工正处在孕期、产假和哺乳期间的，企业不得解除劳动合同；即使劳动合同期限届满终止，而女员工还处在孕期、产假和哺乳期间的，企业也不得解除劳动关系，必须延续到女员工孕期、产假、哺乳期限届满。

第四，符合法律、行政法规规定的其他情形时，企业也不得解除与劳动者的劳动合同。

（4）企业劳动合同的终止，是指企业劳动合同法律效力的终止，也就是双方当事人之间劳动关系的终结，彼此之间原有的权利和义务关系的不复存在。

需要指出的是，在企业劳动合同的终止中，经常会出现这样一些问题，应该给予重视和正确处理。

第一，管理者或劳动者一方在合同期限届满时，强迫对方续订合同。企业劳动合同期满即行终止，不存在任何附带条件。确实是因生产或工作需要，可以续订合同，但必须征得双方当事人的同意；任何一方无权强迫另一方续订合同。否则，所续订的合同是无效的，续订行为本身也是违法的。在实践中，多数情况下是企业管理者强迫劳动者续订合同。企业管理者强迫劳动者续订合同一般出于这样的原因：劳动者是企业的生产或技术骨干，或者企业曾为劳动者的培训支付了大量的费用等，劳动者离开企业，会给企业带来较大的损失。对于这类问题的处理，一般的方法是，企业管理者应与劳动者签订较长期限（如10年及以上）的合同或不定期合同，并规定一方违约要向另一方赔偿相应的经济损失。这样做是为了尽量减少企业的损失。

第二，合同到期后，双方当事人既不办理续订合同手续，也不终止合同，继续保持事实上的劳动关系。这种情况的出现，往往是源于双方当事人或一方当事人的法律意识淡薄。保持事实上的劳动关系，往往会给双方当事人的权益带来损害，因为事实上的劳动关系得不到法律的保护。

第三，双方当事人在办理续订手续时不合法或不完备。合同期限届满后，双方当事人若不终止合同，就要办理续订手续。实践当中，续订手续的办理经常会出现这样的情况：企业管理者不与劳动者协商，不经劳动者签字，而是由他人代为办理。管理者通过这种方式续订的合同不具有法律效力，对企业会祸害无穷。劳动者一方一旦不承认续订合同的有效性，或采取不辞而别的行为，企业的损失无从追究。因此，为避免此类事件的发生，双方当事人在续订企业劳动合同时，一定要按照有关规定办理有关手续，以防任何一方的权益受到损害。

（5）劳动合同的管理。劳动合同是明确雇佣双方权利和义务的协议，劳动合同履行率的高低，直接影响生产经营活动。对劳动合同的管理也就成为企业员工管理的重要内容，企业对劳动合同的管理是通过下列活动实现的：

①企业建立内部劳动合同管理机制，主要应做好三个方面的工作：一是要有管理机构，从组织制度上保证劳动合同的管理；二是要有专人管理，明确职责，各司其职；三是要有切实可行的规章制度，使企业对劳动合同的管理有章可循。

②健全企业劳动合同管理制度。企业劳动合同管理制度的内容一般应包括：招聘、用人的条件和标准，岗位责任或岗位说明书，劳动合同的订立、变更、解除、终止和续订的条件，劳动合同履行情况的考核奖惩制度，企业内部劳动合同档案制度，劳动合同统计报告制度，劳动合同纠纷调解制度，等等。

③实行考核制度。考核，是指根据一定的标准、方法、程序对劳动者的工作表现和履行劳动合同情况等方面进行评价和认定的一种活动。企业具有生产性或经营性的特性，企业的目标是追求最佳经济利润。企业的这一特征和目标，决定着它必须使用必要数量和相应素质的劳动者。因而，企业按定岗定员招（聘）用员工后，还需经常对员工的工作态度、工作成效等与劳动合同相关的内容进行考核，并以考核的结果作为工资

分配和人事使用提拔的依据。考核不仅具有评价和认定的作用，还具有激励员工学习和生产的积极性的作用。考核一般分为经常性考核和年度考核。企业应重点抓好经常性的考核工作，不要图形式，不能走过场。对员工经常性考核结果要记录备查，作为年度考核重要参考资料和使用奖惩依据。

④实行动态管理。劳动合同制度与传统的固定工制度的一个显著区别是，员工能进能出，能上能下。因此，劳动合同制度在运行中应实行动态管理，即通过考核，根据员工对合同的履行情况，员工不同的劳动态度、不同的技能和表现，将员工分为"在岗"、"试岗"、"下岗培训"、"待岗"四种状态。四种状态的人员分别享受不同的工资待遇，促使"在岗"人员有光荣感和责任感，"试岗"人员有压力感，"下岗培训"人员有紧迫感，"待岗"人员有危机感。"四岗"制构成动态的劳动合同管理机制，既能促进企业强化考核管理工作，又能增强广大员工的竞争和进取意识。

第三节　劳动保险福利

一、企业保险

1. 企业社会保险的办理

（1）社会保险的概念。社会保险是指国家通过立法建立制度和设立保险基金，使劳动者在年老、患病、工伤、失业、生育等情况下获得帮助和补偿的一种社会的基本保险体制。社会保险是社会保障体系的主要部分，是国家强制性规定的为员工提供的法定福利。完善的社会保险制度，是发展市场经济的客观要求和必不可少的条件，是实现社会公平分配及促进经济发展，维护社会安定的重要保证。

社会保障体系包括社会保险、社会救济、社会福利、社会优抚安置和国有企业下岗员工基本生活保障及再就业等方面。其中，根据我国《劳动法》第70条，社会保险内容包括养老保险、医疗保险、失业保险、工伤保险和生育保险五个项目。我国的社会保障体系正在部分省市试点，尚未建立。当前已经基本建立的是社会保险制度。

（2）社会保险的登记。企业应该依法参加社会保险，缴纳社会保险费。企业必须在《社会保险费征缴暂行条例》规定的期限内到所在地的社会保险经办机构进行社会保险登记，并定期缴纳社会保险费。

实行社会保险登记，是确保应参加单位参加社会保险的重要措施。办理社会保险登记以便社会保险经办机构能正确记录缴费单位和个人的缴费情况，为个人建立基本养老保险和基本医疗保险的账户，并定期向个人发放基本养老保险和基本医疗保险个人账户的通知单。通过社会保险登记，可以方便社会保险经办机构和工商、税务等部门核查没有参加社会保险的单位和个人。社会保险登记也是维护员工社会保险权益的重要手段。

（3）社会保险登记的办法。

①登记期限。企业自领取营业执照之日起30日内，应当向当地社会保险经办机构

申请办理社会保险登记。

②登记准备的资料。企业申请办理社会保险登记时，应当填写社会保险登记表，并出示以下证件和资料：

A. 营业执照、批准成立证件或其他核准执业证件；

B. 国家质量技术监督部门颁发的组织机构统一代码证书；

C. 省、自治区、直辖市社会保险经办机构规定的其他有关证件、资料。

③变更登记。

A. 企业在以下社会保险登记事项之一发生变更时，应当向原社会保险登记机构申请办理变更社会保险登记：单位名称；住所或地址；法定代表人或负责人；单位类型；组织机构统一代码；主管部门；隶属关系；开户银行账号；省、自治区、直辖市社会保险经办机构规定的其他事项。

B. 企业应当自工商行政管理机关办理变更登记或有关机关批准或宣布变更之日起30日内，持有关证件和资料到原社会保险登记机构办理变更社会保险登记。

④注销登记。企业如发生解散、破产、撤销、合并以及其他情形，依法终止社会保险缴费义务时，应当自工商行政管理机关办理注销登记之日起30日内，向原社会保险登记机构申请办理注销社会保险登记。

⑤保险登记告知。企业参加社会保险后，应向其员工告知本单位已参加社会保险，单位办理招聘员工和辞退员工手续时，也应向应聘人员和被辞退人员出示本单位的社会保险登记证。

2. 养老保险

（1）我国养老保险制度的基本情况。我国养老保险制度自20世纪50年代初期建立以来，经历了40多年的实践，对保障离退休人员的基本生活，稳定社会，促进经济发展起到了重要作用。

1951年，当时的政务院颁布了《劳动保险条例》，建立了第一个正式的养老保险制度，基本内容在于企业缴费、全国跨企业统筹和工会管理。1955年和1958年，对这个条例进行过一些调整，但总体来看，都属于国家养老模式。"文化大革命"以后，养老保险制度遭到破坏，国家养老模式为企业养老模式所替代。1978年以后，经过多次试点与改革，我国终于推出了符合国情的养老保险模式。80年代中期以来，我国的养老保险费用实行国家、企业、员工个人三方负担的办法，建立国家基本养老保险、企业补充养老保险、个人储蓄性养老保险等多层次的养老保险体系。1993年，养老保险制度再次进行重大改革，实行社会统筹与个人账户相结合的原则。1997年，国务院决定在全国范围内统一企业员工基本养老保险制度。统一制度主要表现在三个方面：一是统一和规范企业和个人的缴费比例；二是统一了个人账户的比例；三是统一了基本养老金计算办法（规定了基本养老保险金主要由两部分组成：一部分是基础养老金，按当地平均工资的20%计算，凡是按规定缴费且缴费年限满15年的，都可以享受这项待遇；另一部分是个人账户养老金，按退休时账户积累额除以120计算）。

目前，我国在全国范围内已基本实现了统一制度的目标。同时，大多数省、自治区、直辖市按国务院的要求，实行了基本养老保险省级统筹，原来11个行业的养老保险统筹工作已经移交到地方管理。

（2）基本概念。养老保险是社会保障制度的重要组成部分，是社会保险五大险种中最重要的险种之一。所谓养老保险（或养老保险制度），是国家和社会根据一定的法律和法规，为保障劳动者在达到国家规定的退休年龄或因年老丧失劳动能力退出劳动岗位后的基本生活而建立的一种社会保险。

可以从以下三个方面来理解养老保险制度。第一，养老保险是在法定范围内的老年人退出劳动生活后自动发生作用的；第二，养老保险的目的是为了保障老年人的基本生活水平；第三，养老保险是以社会保险为手段来达到保障目的的。

我国目前的养老保险主要包括离休养老保险、退休养老保险和退职养老保险。

（3）我国养老保险的特点。养老保险是社会保障制度的重要组成部分，是社会保险五大险种中最重要的险种，一般具有以下几个特点：

①强制性。强制性是社会保险的共同特征，养老保险也是由国家通过立法强制实行的。企业单位和个人都必须参加，符合养老条件的人可向社会保险部门领取养老金。

②共同负担。我国1986年开始推行劳动合同制以来，出现固定工和劳动合同工并行的局面。固定工适用于改革前的原有劳动保险法规，是"企业养老保险"，固定工不缴费，只要符合退休条件，办理了退休，就有权享受退休金；劳动合同制员工实行的养老社会保险，由员工和企业共同缴纳养老保险费用，养老保险基金实行社会化管理。

③社会性。养老保险具有社会性，体现在养老保险影响大、享受人多且时间较长、费用支出庞大，因此，必须设置专门机构，实行现代化、专业化、社会化的统一规划和管理。

④社会统筹与个人账户相结合。我国根据具体国情，创造性地实施了"社会统筹与个人账户相结合"的基本养老保险改革模式，经过5年的探索与完善已逐步走向成熟。随着时间的推移，这一模式必将成为在世界养老保险发展史上越来越具影响力的基本类型。

（4）我国养老保险的组成。我国是一个发展中国家，经济还不发达，养老保险应当要既能发挥保障生活和安定社会的作用，又能适应不同经济条件的需要，以利于劳动生产率的提高。为此，我国的养老保险由三个部分（或层次）组成。第一部分是基本养老保险，由政府主导并负责管理；第二部分是企业补充养老保险，由政府倡导，企业自主发展；第三部分是个人储蓄性养老保险，由团体或个人自愿购买的商业人寿保险。

（5）法定退休年龄。确定一个合适的退休年龄是十分重要的，退休年龄不适当会给就业和社会保险造成巨大的压力，造成人力资源的浪费，还可能使老年人的生活得不到保障。

在我国，国家法定的企业员工退休年龄是：

①男年满60周岁，女工人年满50周岁，女干部年满55周岁。

②从事井下、高温、高空、特别繁重体力劳动或其他有害身体健康工作的，退休年龄男年满55周岁，女年满45周岁，连续工龄满10年。

③因病或非因工致残，由医院证明并经劳动鉴定委员会确认完全丧失劳动能力的，退休年龄为男年满50周岁，女年满45周岁。

（6）基本养老保险费的缴纳办法。我国在世界上首创了一种新型的基本养老保险制度，即社会统筹与个人账户相结合的基本养老保险制度。这个制度的特点是在基本养老保险基金的筹集上采用传统型的基本养老保险费用的筹集模式，即由国家、单位和个人共同负担，基本养老保险基金实行社会互济，在基本养老金的计发上采用结构式的计发办法，强调个人账户养老金的激励因素和劳动贡献差别。因此，该制度既吸收了传统型的养老保险制度的优点，又借鉴了个人账户模式的长处；既体现了传统意义上的社会保险的社会互济、分散风险、保障性强的特点，又强调了员工的自我保障意识和激励机制。

①缴费年限和缴费工资基数。企业和员工个人共同缴纳养老保险费的年限称为缴费年限。实行个人缴费制度之前，员工的连续工龄可视为缴费年限。如果缴费年限达不到一定标准，即使具备了其他方面的条件，也享受不到足额的养老金。这个规定体现了养老保险权利与义务对等的原则。我国目前规定缴费满 15 年可以按月领取养老金。

缴费工资基数是指按照员工月平均工资为缴纳基本养老保险费的基数，包括员工缴费工资基数和企业缴费工资基数。员工本人以上一年度月平均工资为个人缴纳基本养老保险费的基数，称为员工（个人）缴费工资基数；企业以全部员工缴费工资基数之和为企业缴费工资基数。月平均工资应以工资总额的项目计算，其中包括工资、奖金、津贴和补贴等收入。按照有关规定，员工月平均工资低于当地员工平均工资 60% 的，按 60% 计算缴费工资基数；超过当地员工平均工资 200% 或 300% 的部分不计入缴费工资基数，也不计入计发养老金的基数。

②个人缴费的比例。

A. 按有关规定，员工按不低于个人缴费工资基数 3% 的比例缴费，以后一般每两年提高 1 个百分点，最终达到个人账户养老保险费的 50%。已离退休人员个人不缴费。

B. 个体工商户、私营企业主等非工薪收入者，可以按当地上一年度员工平均月工资作为缴费的基数，并由个人按 20% 左右的费率缴费，其中 4% 左右进入社会统筹基金，16% 左右进入个人账户。

C. 个人缴纳的养老保险费不计征个人所得税。

③企业缴纳养老保险费。企业缴纳的基本养老保险费按本企业员工工资总额和当地政府规定的比例在税前提取。

④建立基本养老保险个人账户。基本养老保险个人账户是由社会保险经办机构按照国家技术监督局发布的社会保障号码（国家标准 GB 11643—89）或居民身份证号码，为每个参加基本养老保险的人员建立的。企业和个人缴纳的养老保险费逐月记入员工养老保险手册和个人账户。基本养老保险个人账户按员工工资收入 16% 左右的费率记入，包括：

A. 员工本人缴纳的全部养老保险费。

B. 从企业缴纳的养老保险费中按个人缴费工资基数的一定比例划转记入的部分。

上述两项合计为 11% 左右。随着个人缴费比例的提高，从企业划转记入的比例相应降低。

C. 从企业缴纳的养老保险费中按当地员工月平均工资的 5% 左右划转记入的部分。

（7）基本养老保险个人账户的管理。

①基本养老保险个人账户的储存额按"养老基金保值率"计算利息。"养老基金保值率"根据银行的居民定期存款利率，并参考当地上一年度员工平均工资增长率确定。

②员工在同一地区范围内调动工作，不变换基本养老保险个人账户。员工由于各种原因停止工作或失业而间断交纳养老保险费的，其个人账户应予以保留。员工调动或中断工作前后缴费年限可以累积计算，个人账户存储额不间断计息。

③员工在不同地区之间调动工作，基本养老保险个人账户的全部储存额由调出地社会保险经办机构向调入地社会保险经办机构划转，调入地社会保险经办机构为该员工建立基本养老保险个人账户。

④员工基本养老保险个人账户的储存额（包括本金和利息）归个人所有，只能用于员工本人离退休后按月支付养老金，不能移作他用。

⑤员工在离退休前或者离退休后死亡，其基本养老保险个人账户的储存额的结余部分一次性发给员工指定的受益人或法定继承人，从企业缴纳的养老保险费中记入的部分归入社会统筹基金。

⑥员工离退休后，基本养老保险个人账户的储存额已领取完毕时，由社会统筹基金按规定标准继续支付，直至死亡。

（8）建立基本养老保险社会统筹基金。企业缴纳的养老保险费的一部分进入社会统筹基金。按规定从社会统筹基金中支付的项目有：

①原有离退休人员的养老金。

②改革时已有一定工龄的员工离退休后的部分养老金。

③寿命长和收入低的员工的部分养老金。

④根据在职员工工资增长调整养老金水平所需的资金。

（9）基本养老保险金计发办法。按照《企业员工基本养老保险社会统筹与个人账户相结合实施办法》的规定，员工到达法定离退休年龄，凡个人缴费累计满15年，或本办法实施前参加工作连续工龄（包括缴费年限）满10年的人员，均可享受基本养老保险待遇，按月领取养老金。计发办法是，以个人账户累计储存额（包括本金和利息），按离退休后的预期平均余命按月（120个月）计发。鉴于在职员工以前没有实行个人缴费，有些员工实行个人缴费后不久即将离退休，因此针对不同对象，采用不同的计发办法，以使新养老保险制度有机衔接，平稳过渡。办法如下：

①1998年1月1日以后工作，并参加基本养老保险社会统筹的员工，凡用人单位和员工缴纳基本养老保险费满15年的，到达法定离退休年龄离退休时，一律按基本养老保险个人账户的储存额按月支付基本养老金。计算公式为：

月基本养老金＝基本养老保险个人账户储存额÷120

②在基本养老保险制度实施前已经离退休的人员，仍按原来的办法计发养老金，同时，要随全市统一调整养老金待遇，逐步提高养老保险水平。在基本养老保险制度实施前参加工作、实施后3年内到达法定离退休年龄离退休的员工，在按改革前原养老金计发办法计发的同时，再按缴费期个人账户累计额存额的一定比例增发养老金。计算公式为：

月基本养老金＝按改革前原计发办法计发的养老金＋基本养老保险个人账户储存额×增发比例

确定增发比例的原则是，使同一工资水平的员工，后离退休的养老金比先离退休的略有增加，但差距不宜太大。

③在基本养老保险制度实施前参加工作、实施3年后到达法定离退休年龄离退休的员工，还可以视其在基本养老保险制度实施前的工作年限为缴费年限，以员工个人账户中的储存额推算出全部工作年限的储存额，再除以120，按月计发基本养老金。计算公式为：

月基本养老金＝基本养老保险个人账户储存额×系数÷120

设置系数是为了推算出其全部工作年限的储存额，以及合理调整过渡期间不同人员的养老金待遇。系数根据工龄和缴费年限制定。

3. 医疗保险

（1）基本情况。医疗保险制度是指社会劳动者在因为疾病、受伤等原因需要诊断、检查和治疗时，由国家和社会为其提供必要的医疗服务和物质帮助的一种社会保障制度。我国在20世纪50年代初建立的公费医疗和劳保医疗统称为员工医疗保险，它是国家社会保障制度的重要组成部分，也是社会保险的重要项目之一。医疗保险具有社会保险的强制性、互济性、社会性等基本特征。因此，原医疗保险制度通常由国家立法，以强制性的原则建立医疗保险基金。费用由国家和用人单位共同负担，医疗保险费由医疗保险机构（公费医疗办公室）支付，以解决劳动者因患病或受伤害带来的医疗风险。

我国的医疗保险制度自20世纪50年代建立以来，医疗保险制度主要分为三种：一是适用于企业员工的劳保医疗制度；二是适用于机关事业单位工作人员的公费医疗制度；三是适用于农村居民的合作医疗制度。实施50年来我国的医疗保险制度在保障员工身体健康和维护社会稳定等方面发挥了积极的作用。但是，随着社会主义市场经济体制的确立和国有企业改革的不断深化，这种制度已难以解决市场经济条件下的员工基本医疗保障问题。国务院于1998年12月下发了《国务院关于建立城镇员工基本医疗保险制度的决定》（国发〔1998〕44号），部署全国范围内全面推进员工医疗保险制度改革工作，要求1999年内全国基本建立员工基本医疗保险制度。

（2）任务和原则。医疗保险制度改革的主要任务是建立城镇员工基本医疗保险制度，即适应社会主义市场经济体制，根据财政、企业和个人的承受能力，建立保障员工基本医疗需求的社会医疗保险制度。

建立城镇员工基本医疗保险制度的原则是"以收定支、收支平衡、略有节余"。

①基本医疗保险的水平要与社会主义初级阶段的生产力发展水平相适应。

②城镇所有用人单位及其员工都要参加基本医疗保险，实行属地管理。

③基本医疗保险费由用人单位和员工双方共同负担。

④基本医疗保险基金实行社会统筹和个人账户相结合。

（3）基本医疗保险基金由统筹基金和个人账户构成。按《国务院关于建立城镇员工基本医疗保险制度的决定》规定，基本医疗保险费由用人单位和员工共同缴纳。员工个人缴纳的基本医疗保险费，全部计入个人账户，缴费率一般为本人工资收入的2%。

而企业缴费率应控制在员工工资总额的6%左右，企业缴纳的基本医疗保险费按30%左右划入个人账户，其余部分建立统筹基金。个人账户资金用于支付小额医疗费用或门诊费用，当员工看病费用超过当地年均工资的10%时，开始由统筹基金支付费用，支付的最高限额为当地员工年人均工资的4倍。

国有企业下岗员工的基本医疗保险费，包括单位缴费和个人缴费，均由再就业服务中心按照当地上年度员工平均工资的60%为基数缴纳。

（4）医疗保险的支付。用人单位及其员工按规定参加基本医疗保险并按时足额缴费的，参保人员可以在次月享受基本医疗保险待遇，终止医疗保险关系后，次月停止享受基本医疗保险待遇，但个人账户余额可以继续使用。

统筹基金和个人账户要划定各自的支付范围，分别核算，不得互相挤占。统筹基金的具体起付标准、最高支付限额以及在起付标准以上和最高支付限额以下医疗费用的个人负担比例，由统筹地区根据以收定支、收支平衡的原则确定。一般为：

①统筹基金的起付标准为当地员工年平均工资的10%左右，最高支付限额不超过当地员工年平均工资的4倍。

②起付标准以下的医疗费用，由个人账户支付或由个人自付；起付标准以上、最高支付限额以下的医疗费用，主要从统筹基金中支付，个人也要负担一定比例；超过最高支付限额的医疗费用，可以通过商业医疗保险等途径解决。

（5）医疗保险基金的管理。社会保险经办机构负责基本医疗保险基金的筹集、管理和支付，并要建立健全预决算制度、财务会计制度和内部审计制度。

基本医疗保险基金的银行计息办法：当年筹集的部分，按活期存款利率计息；上年结转的基金本息，按3个月期整存整取的银行存款利率计息；存入社会保障财政专户的沉淀资金，比照3年期零存整取的储蓄存款利率计息。

个人账户的本金和利息归个人所有，可以结转使用和继承。

（6）建立企业补充医疗保险。为了不降低一些特定行业员工现有的医疗消费水平，在参加基本医疗保险的基础上，作为过渡措施，允许建立企业补充医疗保险。根据国家有关规定，满足下列条件的企业可以在报经国家有关行政管理部门审批后实施补充医疗保险：

①具有一定资产规模与所属企业具有较紧密的资产关系及系统管理网络。

②本行业或公司有持续的税后利润，能保证足额发放员工工资和缴纳基本医疗保险费用。

③现已形成的医疗保险待遇高于基本医疗保险待遇，且有能力建立或参加企业补充医疗保险。

企业补充医疗保险费在工资总额4%以内的部分，从员工福利费中列支。福利费不足列支的部分，经同级财政部门核准后列入成本。

4. 失业保险

（1）我国失业保险制度的建立。我国失业保险制度的建立经历了一个由失业救济、待业保险到失业保险三个历史发展时期。

①失业救济。建国初期的失业救济制度。1950年6月，劳动部发布《救济失业暂

行办法》，规定了救济的范围、标准和救济基金的来源，这一制度对于恢复国民经济和维持社会稳定起到了重要的作用。

②待业保险。20 世纪 80 年代中期到 20 世纪 90 年代初期的待业保险制度。1986 年 7 月，国务院同时发布了四个劳动用工改革方面的行政法规，其中之一为《国营企业员工待业保险暂行规定》，这四个法规成为我国计划经济向市场经济转轨中劳动用工制度改革的重要指南。1993 年又发布了《待业保险规定》，进一步完善了待业保险制度。

③失业保险。1999 年 1 月，国务院发布《失业保险条例》，这是我国失业保险制度由不规范走向规范，从计划走向市场的重要标志。该《条例》吸取了我国失业保险制度建立和发展的实践经验，借鉴了国外有益做法，在许多方面做了重大调整，体现了社会主义市场经济对失业保险制度的要求，体现了失业保险制度服务改革和稳定大局的精神，为形成具有中国特色的基本完善的失业保险制度打下了坚实基础。

（2）基本概念。失业保险是指国家通过立法强制执行的，由社会集中建立基金，对因失业而暂时中断生活来源的劳动者给予物质帮助的制度。失业保险是社会保障体系的重要组成部分，是社会保险的主要项目之一。

失业人员是指在劳动年龄内有劳动能力，目前无工作，并正以某种方式寻找工作的人员，包括就业转失业的人员和新生劳动力中未实现就业的人员，而《失业保险条例》所指失业人员只限定为就业转失业的人员。构成失业的有四个基本特点：一是在劳动年龄之内；二是有劳动能力；三是有就业意愿；四是没有找到任何职业。根据有关规定，我国目前的法定劳动年龄是 16～60 岁（女年满 50 周岁），在法定劳动年龄内的人员都可以寻求职业，从事社会生产经营等活动，并取得合法收入。目前无工作并以某种方式寻找工作，是指失业人员有工作要求，但受客观因素的制约尚未实现就业。那些目前虽无工作，但没有工作要求的人不能视为失业人员，因为这部分人自愿放弃就业权利，也就不存在失业问题。

（3）失业保险基金的构成。根据《失业保险条例》，失业保险基金主要由下列各项构成：

①城镇企业事业单位、城镇企业事业单位员工缴纳的失业保险费。

②失业保险基金的利息。

③财政补贴。

④依法纳入失业保险基金的其他资金。

（4）失业保险金的发放。失业保险金由社会保险经办机构按月发放。社会保险经办机构为失业人员开具领取失业保险金的单证，失业人员凭单证到指定银行领取失业保险金。

失业是暂时中断就业的一种状态，失业保险金的发放也仅限于失业期间，为了鼓励再就业，法律一般会规定领取失业保险金的最长期限，因此，失业保险相对于其他保险而言，是一种短期给付的社会保险。

企业的人力资源管理部门应当及时为失业人员出具终止或者解除劳动关系的证明，告知其按照规定享受失业保险待遇的权利，并将失业人员的名单自终止或者解除劳动关系之日起 7 日内报社会保险经办机构备案。

　　员工失业后，应当持本单位为其出具的终止或者解除劳动关系的证明，及时到指定的社会保险经办机构办理失业登记。失业保险金自办理失业登记之日起计算。具体有：

　　①失业人员失业前所在单位和本人按照规定累计缴费时间满 1 年不足 5 年的，领取失业保险金的期限最长为 12 个月。

　　②累计缴费时间满 5 年不足 10 年的，领取失业保险金的期限最长为 18 个月。

　　③累计缴费时间 10 年以上的，领取失业保险金的期限最长为 24 个月。

　　④重新就业后，再次失业的，缴费时间重新计算。

　　⑤领取失业保险金的期限可以与前次失业应领取而尚未领取的失业保险金的期限合并计算，但是，最长不超过 24 个月。

　　5. 工伤保险

　　（1）基本概念。工伤保险是指国家和社会为在生产、工作中遭受事故伤害和患职业性疾病的劳动者及亲属提供医疗救治、生活保障、经济补偿、医疗和职业康复等物质帮助的一种社会保障制度，是社会保险制度中的重要组成部分。同其他社会保险相比，工伤保险具有两个显著的特点：具有显著的赔偿性质，因此保险金一般都由企业（或雇主）负担。劳动者个人不交费，待遇比较优厚，服务项目较多。

　　工伤指劳动者受到的由工作直接带来的或者与工作有关的间接的伤害。直接原因指的是机械、热能、化学方面以及电流方面的原因。间接原因指的是卫生方面的原因和技术组织方面的原因。职业伤害到员工生命和健康，并由此造成员工及其家庭成员的精神痛苦和经济损失。为了使劳动者切实享受到工伤保险待遇，国家劳动部于 1996 年 8 月 12 日公布了《企业员工工伤保险试行办法》（劳部发［1996］266 号），试行办法是这一阶段实施工伤保险制度的政策措施。

　　2003 年 4 月 16 日国务院第 5 次常务会议讨论通过，2003 年 4 月 27 日国务院发布第 375 号令，颁布了《工伤保险条例》，该条例自 2004 年 1 月 1 日起施行，它是落实工伤待遇的主要依据。

　　（2）工伤保险对象。工伤保险的对象是企业的员工，这里所指的员工是与企业存在劳动关系（包括事实劳动关系）的各种用工形式、各种用工期限的劳动者。企业应当将参加工伤保险的有关情况在本单位内公示。

　　（3）工伤保险费的缴纳。工伤保险基金按照以支定收、收支平衡的原则统一筹集，并存入银行开设的工伤保险基金专户。它由企业缴纳的工伤保险费、工伤保险基金的利息和依法纳入工伤保险基金的其他资金构成。企业按照员工工资总额的一定比例按时缴纳工伤保险费，员工个人不缴纳工伤保险费。

　　企业缴纳工伤保险费的数额为本单位员工工资总额乘以单位缴费费率之积。即：

　　工伤保险费 ＝ 工资总额 × 工伤保险费率

　　工资总额是指企业直接支付给本单位全部员工的劳动报酬总额。

　　（4）工伤保险费率。这是工伤保险基金筹集的核心问题，合理的费率可以促进工伤保险事业的发展，改进企业的安全生产状况。

　　国家根据不同行业的工伤风险程度确定行业的差别费率，并根据工伤保险费使用、工伤发生率等情况在每个行业内确定若干费率档次。行业差别费率及行业内费率档次由国务院劳动保障行政部门会同国务院财政部门、卫生行政部门、安全生产监督管理部门制定，报国务院批准后公布施行。

①关于行业划分。工伤保险赔付的对象是因公死亡和伤残员工等，因此，工伤事故的频率就成了确定差别费率的依据。根据不同行业的工伤风险程度，参照《国民经济行业分类》（GB/T4754—2002），将行业划分为三个类别：一类为风险较小行业，如金融业、服务业、商业、文化、教育等行业；二类为中等风险行业，如生产制造、加工、建筑、公共管理等行业；三类为风险较大行业，如有色金属、矿山开采、化工等行业。这三类行业分别实行三种不同的工伤保险缴费率。统筹地区社会保险经办机构要根据企业的工商登记和主要经营生产业务等情况，分别确定企业的行业风险类别。

②关于费率确定。

A. 差别费率，对于某一个企业或行业而言，征缴比例都是不同的，这就是"差别费率"。根据劳动和社会保障部《关于工伤保险费率问题的通知》规定，工伤保险的行业风险分为三类，单位缴费费率分别为：一类行业为员工工资总额的 0.5%，二类行业为员工工资总额的 1.0%，三类行业为员工工资总额的 2.0%。

B. 浮动费率，在差别费率的基础上，针对一定时期内企业的安全生产状况，提高或降低企业的保险费率。第二、三类行业的费率实行浮动，一至三年浮动一次。在行业基准费率的基础上，可上下各浮动两档：上浮第一档为 120%，第二档为 150%；下浮第一档为 80%，第二档为 50%。

（5）工伤认定。

①工伤认定的程序。员工发生工伤或者按照职业病防治法规定被诊断、鉴定为职业病，应当自事故伤害发生之日或者被诊断、鉴定为职业病之日起 15 日内，向统筹地区的劳动保障行政部门提出工伤认定申请，如有特殊情况，申请期限可以延长到 30 天。

工伤本人或其亲属没有可能提出申请的，可以由本企业工会组织代表工伤员工提出申请。

企业未在规定的时限内提交工伤认定申请的，则在此期间发生的符合规定的工伤待遇等有关费用由该企业负担。

工伤员工或者其直系亲属、工会组织、人力资源管理部门在事故伤害发生之日或者被诊断、鉴定为职业病之日起 1 年内，可以直接向企业所在地统筹地区劳动保障行政部门提出工伤认定申请。

②提出工伤认定申请应当提交下列材料：

A. 企业的工伤报告，或者劳动行政部门根据员工的申请进行调查的工伤报告。报告应当包括事故发生的时间、地点、原因以及员工伤害程度等基本情况。

B. 与用人单位存在劳动关系（包括事实劳动关系）的证明材料。

C. 医疗诊断证明或者职业病诊断证明书（或者职业病诊断鉴定书），属于轻伤无须到医院治疗的，由企业医疗所开具工伤诊断书。

③劳动能力鉴定。是指有关部门对因工受伤导致部分、大部分或完全丧失劳动能力的劳动者病伤后医疗康复程度和丧失劳动能力的程度所作出的鉴别和评定。根据丧失劳动能力的期限和程度，可以划分为四个等级：永久性完全丧失、永久性部分丧失、暂时

完全丧失、暂时部分丧失。

对于劳动能力的鉴定，一般需要借助于工伤评残标准。主要指劳动功能障碍程度和生活自理障碍程度的等级鉴定。一般来说，劳动功能障碍分为 10 个伤残等级，最重的为一级，最轻的为十级。生活自理障碍分为三个等级：生活完全不能自理、生活大部分不能自理和生活部分不能自理。劳动能力鉴定标准由国务院劳动保障行政部门会同国务院卫生行政部门等制定。

劳动能力鉴定由企业的人力资源管理部门、工伤员工或者其直系亲属向设区的市级劳动能力鉴定委员会提出申请，并提供工伤认定鉴定和员工工伤医疗的有关资料。

（6）工伤保险待遇。分为医疗待遇、工伤津贴、伤残待遇和死亡待遇四个部分。

员工因工作遭受事故或者患职业病进行治疗，享受工伤医疗待遇。员工治疗工伤应当在签订服务协议的医疗机构就医（情况紧急时可以先到就近的医疗机构急救）。

①由工伤保险基金支付的项目。

A. 统筹项目支付的待遇。

B. 事故预防费。

C. 工伤复发需要治疗的费用。

D. 经劳动能力鉴定委员会确认，可以安装假肢、矫形器、假眼、假牙和配置轮椅等辅助器具所需费用。

E. 生活护理费。工伤员工已经评定伤残等级并经劳动能力鉴定委员会确认需要生活护理的，从工伤保险基金按月支付生活护理费。生活护理费按照全部护理依赖、大部分护理依赖和部分护理依赖三个不同等级支付，其标准分别为统筹地区上年度员工月平均工资的 50%、40% 和 30%。

②企业支付的项目。

A. 员工住院治疗工伤期间的伙食补助，按出差伙食补助标准的 70% 计发住院伙食补助费。

B. 工伤员工到统筹地区以外就医所需的交通、食宿费用。

C. 工伤员工在医疗期间（停工留薪期）的工资福利（停工留薪期一般不超过12 个月）。

D. 生活不能自理的工伤员工在停工留薪期所需要的护理费。

③伤残补助金。工伤员工评定伤残等级后，停发原待遇，而享受伤残待遇，由工伤保险基金按伤残等级支付一次性伤残补助金和按月支付伤残津贴。具体标准见表 3－11 伤残补助金和伤残津贴标准。

表 3－11　伤残补助金和伤残津贴标准

伤残等级	一级	二级	三级	四级	五级	六级	七级	八级	九级	十级
补助金（月薪数）	24	22	20	18	16	14	12	10	8	6
津贴（月薪比例）	90%	85%	80%	75%	70%	60%	—	—	—	—

伤残津贴是由于伤残员工难以再工作而按月发给的津贴，其中，五级和六级伤残的津贴由企业按月支付。

劳动合同期满终止，或者员工本人提出解除劳动合同的，由企业支付一次性工伤医疗补助金和伤残就业补助金。

④丧葬补助金、抚恤金和工亡补助金。员工因工死亡，其直系亲属按照下列规定从工伤保险基金领取丧葬补助金、供养亲属抚恤金和一次性工亡补助金：

A. 丧葬补助金按省、自治区、直辖市上年度员工平均工资6个月的标准发给。

B. 直系亲属抚恤金发给由死者生前提供主要生活来源的死者亲属，标准为：配偶每月40%，其他亲属每人每月30%，孤寡老人或者孤儿每人每月在上述标准的基础上增加10%。抚恤金总额不得超过死者本人工资。

C. 一次性工亡补助金标准为48个月至60个月上年度员工月平均工资，具体标准由各省、自治区、直辖市确定。

二、用人单位福利

用人单位福利，是用人单位或行业在没有政府立法要求的前提下，为增强自身的凝聚力，吸引更多高素质的劳动力和人才，并鼓励他们在岗位上长期服务，而主动提供的福利。一般是通过举办集体福利设施、发放各种补贴等方式满足本单位、本行业员工某些普遍性和共同性的消费需要，并且以低费或免费形式提供。这种以用人单位或行业为主体自主地为员工提供的行业或单位内部的福利，在市场经济国家也很普遍。

1. 用人单位福利的特点

用人单位福利与法定福利项目及社会福利项目比较，具有以下特点：

（1）用人单位福利是以业缘关系为标志的，只有在本单位就业的员工才能享受（有些福利项目员工家属也可享受）。这是由于，虽然用人单位福利的直接效用是保障员工一定生活水平和提高其生活质量，然而站在用人单位的角度，其提供福利的出发点，一是保证员工的向心力、凝聚力，造就员工归属感和团队意识，吸引和留住高质量的员工服务于本单位，为企业创造效益；二是提高本行业、本单位的社会声望，树立良好的社会形象，增强竞争力。

（2）用人单位福利一般以普惠制方式向员工提供（某些企业或某些项目可能依据员工供职时间长短和贡献大小规定其享受待遇的高低差别）。用人单位福利的主要职能是以共同消费的形式满足共同需要，其发展趋势是以集体福利为主，它不是劳动者谋生的手段，只是工资收入的补充，一般情况下不是按劳分配。

（3）用人单位福利的资金来源于企业盈利，福利水平主要取决于企业的经济效益，在一定程度上反映了企业的兴衰进退。此外，企业所有者（或领导者）的偏好及观念、意识也会影响其对员工福利的重视程度，并在薪酬组合方式上有所体现。

2. 用人单位福利的内容

用人单位福利的内容可作如下分类：

（1）福利津贴。一般以现金形式提供，是员工工资收入以外的收入。它涉及衣、食、住、行、乐，可以多种形式存在，以多种名目出现，而且称谓不一样。就津贴发放的方式看，可以是普遍均一标准的"人头费"，可以是与岗位、工龄、贡献挂钩的特殊津贴，也可以是与员工家庭经济状况、子女数量相关联的差别津贴。

（2）企业补充养老保险。

①企业补充养老保险的发展沿革。企业补充养老保险亦称为"职业年金"或"企业年金计划"。美国称为"私人养老金计划"。它一般被定义为在国家有关法规指导下，企业建立的旨在为本企业员工提供一定程度退休收入保障的保险计划。

企业补充养老保险区别于法定的、公共开支项目下的基本养老保险计划以及个人储蓄养老保险计划之处在于：它一般由企业（雇主）建立，或是集体谈判的结果，政府很少参与计划的设立；管理成本相对较低；收益和贡献较为对称；覆盖范围一般较基本养老保险金要小，并且实施对象有较强的针对性，在收入分配方面更为向高收入群体倾斜；投资收益率不稳定，并且不同的投资计划下的收益率差距悬殊；养老金积累额的可流动转移性较差。不同企业设立的企业补充养老保险的内容和形式各异，并且由此引发涉及公平与效率的一系列的问题。然而，从其直接效果看，都可以为本单位员工在退休时积累更多的养老金，以提高替代率水平。

②企业补充养老保险计划的组织形式。企业补充养老保险计划，可以由单个企业设立；也可以由多个企业甚至行业共同设立；也有的企业在独立设立的同时，以多个企业的共同设立为补充。单个企业的补充养老保险计划通常设立在高新技术企业和存在大量直接现金交易的企业。在前一类企业中，雇主担心他所倚重的科技人员、管理人员跳槽以及可能发生的商业机密泄露；后一类企业如银行业、运输业及煤气公司等，这些行业易发生员工利用工作之便侵吞公款的行为。企业补充养老保险作为一项延迟发放的福利，诱导这些企业的员工，尤其是位于关键岗位的高级员工忠实地为企业服务直到退休。

③企业补充养老保险计划的给付结构。企业补充养老保险计划从给付结构上可以划分为缴费确定型计划和待遇确定型计划。

缴费确定型计划又称为"个人账户计划"，是指由企业或者由企业与员工共同缴纳一定比例的费用，进入员工个人的补充养老金账户。补充养老金水平取决于缴费年限的长短、资金积累的规模及其投资收益率。企业和员工的缴费率是按照一个预期的养老金水平来确定的。存入员工个人账户上的补充养老金，既可以用来向人寿保险公司购买人寿保险、年金保险或团体延期给付年金；也可以通过信托基金方式积累，由银行、信托公司或个人受托人来管理，投资收入贷记在员工的个人账户上，在退休时一次总付账户余额或分次支付。

待遇确定型计划又称为养老金受益确定计划，是指缴费并不确定，无论缴费多少，员工退休时的待遇是确定的，一般根据设定的公式计发补充养老金。在养老金待遇确定型计划中，不实行个人账户制度，一般情况下员工不缴费，费用全部由企业负担。企业缴费多少取决于经办机构的投资收益状况，如果收益较好，企业就可以少缴费甚至暂不缴费；反之，就应多缴费。员工退休时，按照其在该企业工作年限的长短，从经办机构领取相当于其在职期间工资收入一定比例的养老金。这与我国目前仍然实行的退休时以标准工资一定比例计发养老金的办法有相似之处。参加待遇确定型补充养老保险计划的员工退休时，领取的养老金待遇一般取决于员工特定的收入水平和就业年限两个基本因素。通用的计算公式是：

企业补充养老金 = 平均工资 × 系数 × 工作年限

（3）企业内部员工持股计划。西方国家企业内部员工持股计划（Employee Stock Ownership Plans，ESOPs）的思想渊源可以追溯到欧美国家实施"资本民主化"改良运动时期。第二次世界大战以后的现代管理革命及人力资本理论的兴起，加快了劳动力资本化的趋势，引起了产权关系的变革，因此可以说 ESOPs 是人力资本理论在实践中的具体运用。目前，美国、德国、法国、英国等发达国家均把 ESOPs 作为重新安排企业，尤其是高技术企业产权关系的一项重要政策措施。

以美国为例，通行的员工持股计划是通过信托使员工取得本公司股票。它包括以下主要内容：

一是实施员工持股计划的基本原则。①民主原则，即尽可能地让员工参与该计划，一般要求 70% 以上的员工参与，体现其共享性；②反垄断原则，即资本不能集中于少数人，表现为限制性；③私有权原则，强调个体分配原则。

二是基本的规定。①凡在公司工作一年以上，年龄在 21 岁以上的员工均可参加；②股份分配以工资为依据，兼顾工龄和工作业绩；③员工持有的股份由托管机构负责管理，它可以是公共的托管机构，也可以是公司内部自己的托管机构；④员工持有的股份须经 5~7 年，才能取得全部股份，并在满足了规定的时间和条件之后，员工有权转让其股份，公司有责任收购；⑤上市公司持股的员工享有其他股东相同的投票权，非上市公司的持股员工对公司的重大决策享有发言权。

三是员工持股计划的运作程序。第一步，拟实行员工持股计划的公司一般在雇主和员工之间达成协议，雇主自愿将部分股权转让给员工，员工承诺以减少工资或提高经济效益作为回报。第二步，公司建立员工持股计划信托基金会（以下简称基金会），正常情况下，基金会由 3~5 人组成，其中可以包括一个或一个以上的普通员工，由董事会任命，负责管理基金。第三步，一种方式是由公司向贷款机构借贷（可用股票或借贷双方认可的方式作抵押担保），然后交给基金会。如果是用股票作担保，则按分期归还贷款的多少而逐步拿回相应的股票数量。另一种方式是由公司向贷款人做出担保并承诺将向基金会支付足够的款项以归还其贷款本息，基金会直接向贷款人贷款。当公司取得贷款后，按股市现值购买公司新近发行的股票，如果是非上市公司，则按财政部和劳工部的规定，根据专家评估的价格成交。第四步，基金会取得股票后，先置于一个悬置的账户上。第五步，员工偿清贷款后，当员工离职、伤残或从公司退休时，按照已定的条款，可以从基金会中以现金或其他形式退股，基金会有义务购回这些股份。

美国 ESOPs 的实施依据了信托法，设立了独立的外部信托基金会。典型的 ESOPs 交易结构如图 3-6 所示。

西方国家企业之所以推行 ESOPs，主要有以下原因：员工不仅可以分享公司经营业绩和资本增值，而且可以在一定程度上参与企业决策，从而为员工提供了一种长期激励机制；可以得到税收优惠，如美国政府规定企业若以现金支付员工的红利可以减税，企业在归还员工持股贷款本息期间可免缴所得税等；企业可以扩大资金来源，获得低成本

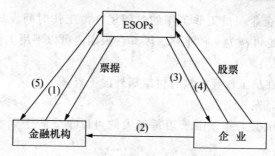

（1）金融机构贷款给 ESOPs，ESOPs 签署本票。

（2）捐赠企业出具担保书。

（3）ESOPs 信托从捐赠企业购买股票。

（4）企业捐赠现金给 ESOPs 信托。

（5）ESOPs 用现金偿付贷款本息。

图 3－6　典型的 ESOPs 交易结构

资金；有利于吸引人才，稳定员工队伍，防止其他企业的恶意收购。

（4）股票期权计划。股票期权计划实际上也是员工持股计划中的一种。股票期权，又称购股权计划，是指公司给予职业经理人在一定期限内按既定施权价购买一定数量本公司股票的权利。若公司经营状况良好，股价上涨，经营者行使购股权能获得可观的资本利得，以此激励经理人员努力改进公司经营管理，推进公司资产增值。这样，职业经理收入由三部分组成：一是基本工资和福利；二是与季度或年度利润等短期效益指标挂钩的奖金；三是股票、股票期权等与长期盈利挂钩的奖励。第一部分在总收入中所占比重很小，只能保障其基本生活，第二部分占总收入的比重也不大，公司的职业经理实际收入往往大部分来自股票期权。

股票期权之所以在高技术企业大行其道，不仅在于股票期权在统一企业和员工双方利益、增强企业凝聚力、激励员工士气等方面具有重要的作用。而且股票期权实际上给经理人员戴上了一副"金手铐"，有利于强化对经理人员"跳槽"行为的约束。高技术企业中员工流动性很强，高级经理"跳槽"到竞争对手企业工作，甚至支持对原公司的敌意收购，将严重损害企业利益。若授予经理人员股票期权，并在相应合同中增加惩罚性的"坏孩子条款"，规定其不得提前离开公司，离开公司时不得有为竞争对手工作的行为，否则取消当年乃至前 3 年的股票期权，将对经理人员产生相当的约束作用。

（5）人寿保险。发达国家的绝大部分大中型企业，都把为员工购买人寿保险作为一种福利，在雇主为员工购买的最低保险额之上，通常还允许员工自己交保，购买一定数额的额外保险。

（6）补充医疗保险及有关费用的支付。许多国家的基本医疗保险定位于提供低成本、有限责任、普遍享受的医疗保障，这就给企业为员工提供补充医疗保险，如为员工购买商业医疗保险或直接报销有关医疗费用留下了空间。由于医疗保险是事发频率极高且道德风险难以规避的高风险领域，企业经常通过多种方式来降低医疗保险费用。如共同保险，设置医疗费用负担的"起付线"和"封顶线"，请专家对医院的收费进行监督，大手术的决定要听取其他医院的第二意见，等等。

（7）带薪休假。企业在员工非工作的时间里，按工作时间发放工资的福利，称作带薪休假。带薪休假也可视为一种津贴，因其在限期内可以不用工作而照拿工资和各项补助。其主要内容包括：

①带薪度假，或在员工放弃度假时付给额外的工资。

②节假日按工作日发放工资。

③病假，即员工根据工作年限长短每年大约可以享受若干天病假，病假期间工资照发。

④当员工参加诸如军队预备役、选举之类活动时，按工作日付给工资。

⑤工间休息，如吃饭、更衣的时间计入工作时间。

⑥产假，即女性员工在生小孩以后可以享有一定的休息时间并领取产假工资，某些国家的男性员工也能享受到这项福利。

在市场经济和社会化大生产条件下，竞争激烈、工作紧张，绝大多数员工愿意放弃一部分收入换取更多的休闲时间。企业安排员工带薪休闲度假，允许员工生病时带薪休病假，可以帮助员工恢复和保持良好的精神和体力状态，在正常的工作时间里更加精力充沛地搞好工作。这项福利给员工精神和体力上带来的好处是工资所不能替代的。由于这个原因，带薪休假近20年来在世界范围内发展迅速。

3. 福利设施

（1）员工福利设施的类别。员工福利设施包括三大类：

①集体福利设施，包括员工食堂、员工宿舍、托儿所、幼儿园、浴室、理发室、休息室等生活福利设施，以及文化室、俱乐部、图书馆、健身房、游泳池、运动场、歌舞厅等公共性的文化、康乐设施。这些福利设施的建设，为员工文化、康乐活动提供便利条件，员工可以平等地享用。

②生产性福利设施，如舒适的工作条件。相对舒适的工作条件能否作为一种福利是有争议的，许多人认为企业为员工提供良好的工作条件是理所当然的。但是，当企业为那些必须忍受相对较差工作条件的员工增加经济报偿时，则在一定程度上反证了舒适的工作条件也是一种福利的观点的正确性。

③住宅，这样一种特殊的福利设施。住房是人类生存、发展和享受所必需的基本要素之一，是员工安居乐业乃至社会稳定的关键所在。我国在计划经济体制下实行福利分房政策，即由国家或企业进行住宅建设，低租金分配给员工使用的制度已不适应市场经济发展的需要，在一些外资和合资企业，推行员工住房计划，基本做法是：公司和员工共同承担住房公积金，员工将一定比例的基本工资和综合补贴存入住房基金的个人基金账户，企业也支付一定住房基金数额，参加住房公积金计划或对那些为公司服务满一定年限的员工可使用住房基金购买住房。

（2）我国员工福利设施的社会化程度及其改革。我国的员工集体福利设施社会化程度较低，大多为用人单位自办，利用率低、浪费严重、经济效益差。按照现代市场经济的要求，员工集体福利设施应当逐步实现社会化，即改变企业办社会的局面，打破用孤立、封闭的小生产方式办福利的格局，采取专业化分工、协作的方式办福利。其具体步骤为：第一步，鼓励大型企事业单位将利用率不高的服务设施向中小企业开放，有条件的也可以向社会开放，开放后合理收取费用；对于小型单位，由上级主管部门或社会团体、街道办事处等牵头，按社区或系统联合举办集体福利事业，其营业或管理费用，按各单位员工的受益程度，从各单位员工福利费中拨交。第二步，由地方政府根据需要与可能，结合发展第三产业，按地区统筹城市福利设施建设规划，组织专业化的福利服务机构，为本地区所有用人单位的员工服务，所需经费由各单位按受益程度拨交员工福利费，或者通过征收地方税予以解决。政府及其有关部门对集体福利事业应当采取税收优惠等措施予以扶持。通过员工集体福利设施社会化，集体福利事业中的大部分由用人单位转为社会承包，员工原在本单位享受的福利待遇转由社会提供。与此相应，用人单位向员工发放补贴，即由面向集体福利设施的暗补贴变为面向员工个人的明补贴。集体福利设施不论是否实行社会化，都应当实行企业化管理，即进行独立核算、自负盈亏，以提高其服务质量和经济效益。

4. 福利服务

员工福利服务涉及的内容相当广泛，既包括与上述各项设施相关的各项服务，也包括诸如接送上下班、举办托儿所以及提供健康检查等特别服务。

为了适应员工紧张工作和生活的需要，近年来，企业向员工提供的福利服务项目越来越多。有些企业甚至把允许员工低价购买本企业的产品，也当做一项福利。比如，一些航空公司规定，本公司所有起飞前尚未客满的航班，员工都可以低价乘坐。一些零售店，对外销售为成本加价60%左右，本企业员工购买同样产品只收成本加价10%或更少。

也有些企业对员工业余进修或攻读学位予以鼓励，在工作时间的安排上给予方便，乃至根据其学业完成情况以及学以致用情况，给员工报销部分乃至全部学费。

有些国家把为员工提供法律诉讼服务以及补偿全部或部分法律诉讼费用作为一项员工福利。

5. 用人单位福利发展的动因及趋势

（1）员工福利作为工资的替代方案，具有灵活机动、适用空间广泛的特性。一般来说，提高工资要受到国家的政策和立法的约束，且提高工资的做法透明度高，容易引起攀比。相比之下，领取各类福利津贴的灵活性和自由度要大得多，因而被企业和高收入员工所青睐。例如，用人单位和员工均认为企业补充养老保险计划是高工资的理想替代方案，不仅运用灵活，且有可能享受政府税收减免优惠。

此外，在发达的市场经济国家，工会作为劳资双方谈判中劳方代表，其在争取增加工资方面会受到很多因素的限制，因此工会经常把注意力放到增加福利上来。

（2）有利于缓和劳资矛盾，增强企业凝聚力。随着工业化程度和劳动复杂程度的提高，人力资源对生产率提高的重要性日益超过物质资源，同时对员工劳动过程的监督也越来越困难，企业必须更加依赖员工的自觉性来提高劳动生产率。出于对这一系列因素的考虑，企业也愿意通过增加员工福利来提高企业的凝聚力。

（3）降低成本和规避"逆向选择"。包括员工福利在内的社会保障制度建立之前，劳动力的价格完全体现在工资上。从这个角度看，员工福利和其他社会保障项目本质上都是劳动者原有工资的转化形式之一。劳动者寻求就业，关心的是其从就业中得到总的"报酬"，即总效用是多少。如果工人要将工资的一部分用于某项商品或劳务，比如购买医疗保险，而用人单位可以用较低的价格为员工购买该项商品或劳务，则员工会愿意将一个小于或等于这部分工资数额的收入交给雇主，通过雇主来购买该商品或劳务。这样，用人单位可以花同样的钱使员工得到较大的好处，对双方都是有利的。事实正是如此。由于多种原因，由企业为员工购买一些商品和服务作为福利，比员工用工资收入自己购买同样的商品和服务更便宜合算。首先，福利不是员工的直接收入，这一部分收益是不纳税的；其次，企业代表员工，作为集团购买方与商品或服务的供方进行集体谈判，在讨价还价能力上具有员工个人所没有的优势；再次，企业可以雇用专业人员，更好地了解市场行情，作为"内行"以批发价来购买一些商品和服务。

此外，由于逆向选择的原因，有一些商品和服务，员工个人甚至花钱也购买不到。比如，如果某人患有某种疾病或患某种疾病的可能性较大，商业性保险公司出于利润最大化的追求，不愿意为其提供医疗保险，而通过企业统一为员工购买，就可以解决这个逆向选择的难题。

（4）政府对员工福利的推动。政府作为具有一元化特征的社会中心，需要整合各种利益关系，对各种不负责任的个人行为或企业行为予以制约。在用人单位一方，为了眼前的利益，可能对劳动力使用过度而不注意对其保护；在员工一方，有些人可能有钱就花，对自己和家庭的将来不作负责任的安排。这些不负责任的企业和个人行为是一种负的"外部性"，最终都会造成社会问题，形成社会负担，既妨碍全社会劳动生产率的提高，也是社会上不稳定的因素。由此，政府除了直接通过立法要求用人单位为其员工提供某些福利外，还通过税收方面的优惠，鼓励用人单位为员工提供内部福利。

综合来看，员工福利发展及其表现方式的演变有政治的、社会的特殊原因，但更重要的还是经济原因。随着生产社会化程度的提高和科技进步，原始的、野蛮的管理方法已经显得不合时宜。企业需要增加对员工的凝聚力；收入增加后人们对医疗保健、生活安定等高层次消费需求更加强烈；消费结构变得更加复杂后，人们更加需要依赖专业人员的帮助，选择合适的消费内容。这些原因都是导致员工福利高速发展的本质原因。由此可以合理地推断，随着一个国家经济的发展，员工福利在劳动成本中所占的比重还会有相应的提高。从总体上看，员工福利在世界范围内确实不再是边边角角的事了，而是构成企业竞争力的重要内容之一。换言之，福利不仅仅是蛋糕上的糖霜，在某种情况下，甚至可能比蛋糕本身更重要。

6. 员工福利设计和管理的内容及流程

员工福利设计和管理的出发点有二：发挥员工福利应有的凝聚力；降低福利成本。

（1）分析影响员工福利体系与内容的要素。企业在设计本企业的员工福利体系时，应该分析和考虑的要素有：

①是否遵守了国家的法规并向员工提供了国家要求企业法定提供的福利？

②提供什么类型和内容的员工福利？为什么需要提供？

③员工福利体系中各类福利项目的权重如何，为什么要如此配置？

④向谁，提供多少福利？

⑤允许员工个人有多大的选择余地？

⑥员工福利成本由谁来承担或负担，各自负担比例如何，为什么？

以上问题中的第一项和第二项涉及的是员工福利的必要性，即实行或不实行某项员工福利，对提高劳动生产率有何影响。其余四项关心的是员工福利的成本问题。

上述几项要素的每一项都需要在综合考虑的基础上加以细化。下列因素对于拟定各类员工福利方案来说具有共性：

①了解企业希望吸引何种类型的员工，如果企业希望多吸引流动性比较低的员工，就可以增加补充养老保险金在本企业员工福利中的权重。

②了解本企业的竞争对手提供了哪些福利，市场上通行的"标准做法"是什么，在了解市场"行情"的基础上，考虑本企业员工福利体系的吸引力和竞争力。

③就各种员工福利项目的组合展开讨论，在多方案比较基础上择优。

④在对福利项目估算成本时，需对人工成本及替代方案如机器替代人工进行比较分析。

⑤经常对员工福利项目的需求强度和成本加以评估，在员工都选择一种需求较多的津贴以取代另一些利用率不高的津贴项目的情况下更应如此。

⑥考虑员工福利体系的纳税因素。

⑦员工福利项目体系中的个人偏好是否有影响团队精神的危险。

⑧考虑本企业员工中有职业的配偶的福利状况，以避免某些员工福利项目的重复选择（如健康保险）。

⑨考虑历史因素和员工福利的刚性特征，历史上已经存在的福利，没有充分的理由不宜轻易取消。

（2）决定不同员工享受福利的数量及其组合。为了降低福利成本，企业不必向所有的员工都提供一样的福利，而应根据具体情况，考虑以下区别对待的标准：

①以工龄为标准。员工福利待遇与工龄挂钩，随工龄增加而增加；也可以要求员工在向企业提供一定年限的服务之后，才能开始享受某些员工福利。

②以员工对企业的重要性或对企业的贡献为标准。对企业贡献大的员工，享受较高的福利待遇。但是，在强调团队精神的条件下，员工福利待遇差别也不宜过大。

③以在职和不在职为标准。在职员工享受的有些福利，例如托幼、业余教育、带薪休假等，退休员工或因为经济不景气而临时解雇的员工，则不必享受。

④以每周工作时间为标准。全日工享受的员工福利，半日工则不需要全部享受。

（3）员工福利成本负担以及降低福利成本的措施。员工福利成本的承担，原则上可以有三种选择：一是完全由用人单位承担；二是用人单位和员工分担；三是完全由员工承担。企业在计划和设计员工福利时，要认识每一种选择的利弊，慎重地进行多方案比较择优。

员工福利费用直接由用人单位支付，由于不计入员工个人收入而减小了员工缴纳个人所得税和社会保险税的税基，员工可以享受减免税优惠，并且管理简易。其弊端是员工在福利的使用上缺乏费用意识。

由用人单位和员工分担福利费用，可以使员工更好地认识到企业为自己的福利所做的贡献，也更加注意谨慎、节约地使用福利。但员工不能享受税收优惠，同时，员工也可能出于节约开支的动机，购买较少的福利，届时不敷使用。

有一些福利，使用的人比较少，费用比较昂贵，一般由员工完全承担费用，企业帮助购买。这种方式至少给部分员工提供了享受这些福利或以批量折扣价购买福利的可能性。

在员工福利持续增长的趋势中，关键的问题是如何降低福利成本。有关降低福利成本的措施归纳如下：

①共同负担，即由员工承担部分购买福利的费用。

②设置起付线和封顶线，即规定福利上下限。

③区别对待不同员工，根据需要采取差别福利待遇。

④针对双员工家庭，和员工配偶方所在的用人单位协商分担福利费用。

⑤审查员工申请享受福利的资格条件。

⑥降低购买福利的成本，如和福利的提供者作认真的谈判定价。

三、员工福利项目的优化设计

激烈的市场竞争和潜在的经济衰退迫使企业和员工一道转变有关员工福利的观念。固定奖励已走到尽头，而激励性奖励大行其道。许多企业开始对员工福利政策进行改革。长期以来，通行做法是根据市场行情提供福利待遇。至于是否符合企业发展战略，则先抛在一边。企业不假思索地制定福利政策，别人给什么，本企业就给什么。要吸引人才，就比别人多给一些，并把这一切都固定下来。举例来说，香港有些英国背景的老牌公司向它们的员工提供超乎寻常的优厚福利，如探亲旅费及津贴、远超过香港劳工法规定的丰厚退休金，等等。而企业员工的需要目前正从强调稳定性的福利项目转向追求灵活的针对性强的福利项目，从与生活方式相关联的花销待遇转向跟他们工作和职业成长相关联的各种便利机会和优势，从固定奖励转向激励式奖励。

经济衰退让企业看到了自身过去在员工福利设计上的僵化行径。企业没有能力这样一直提供既不为员工真正想要，也不是组织发展真正所需的福利待遇。许多企业现在已经开始行动，以确保福利政策符合组织目标以及员工不断变化的需要。但是，因为福利具有刚性特征，企业并不能随心所欲地、大刀阔斧地"砍"福利。即便需要降低人工成本，企业主要还是靠减薪或工资封顶来解决薪酬成本问题。如果说企业必须要削减福利的话，它们大多先从一些象征身份的、非核心的待遇动手，比如社交性的体育俱乐部会员资格等项目属于被企业削减的开支。企业为稳妥起见，会重视非有不可的福利项目，但会取消"有了更好"的福利待遇。

1. 构造福利自选体系

在21世纪员工福利制度面临的挑战是，如何在不增加成本的条件下，保持现有员工福利政策的实际价值。应对挑战的典型表现形式之一是构造福利自选体系。

福利自选体系是相对于员工无选择性的统一标准的福利体系而言。这种方式允许员工根据个人需要和偏好，在福利的内容组合方面有较大的选择余地：这些具有灵活性的员工福利方案，使得员工个人可以选择最能满足自身特定需求的福利，而且避免了某些福利待遇在不需要的员工身上被浪费，从而在不额外增加成本的前提下，使员工的福利报酬价值最大化，并加深员工对总体福利构成的了解。福利自选体系有多种具体的运作方式，员工通常被提供一个基础福利组合，主要包括那些具有需求共性的福利项目，在此基础上增加一定数量的满足员工个人需求的其他福利。其典型做法之一，是把各种不同的福利分成单项，并根据其费用的高低计点。比如医疗保险的成本比较高，可以计100点；人寿保险的成本比较低，可以计10点。每年伊始，企业先确定每个员工个人应该享受的福利水平，按核定结果分配一定的点数给每个员工，比如张三800点，李四950点。员工个人再用这些分配的点数，去购买自己需要的福利，直至把所有的点数都用完。因为这种做法如同个人用钱到自助餐厅买饭菜，也称为"自助餐厅菜单法"，或曰"柔性"福利体系，其特点是体现了福利内容和数量选择上的灵活性和对个人偏好的尊重。例如，英国某公司的一位经理年工资3.5万英镑，各类福利津贴8115英镑，公司给出了他的所有福利津贴组合的最高限度。他可以选择购买保险额为其工资1～3倍的人寿保险，或是四个档次的医疗保险，或是四个档次20～30天的带薪休假。此外，还可以选择免费使用公司轿车、购买长期伤残保险、牙医保健计划等。若所选津贴项目花费不到最高限额，则将差额补入工资，相当于加薪。公司要求每位经理必选的项目是最少天数的带薪休假。类似的福利自选体系，在欧洲和美、日等发达国家日渐流行。人力资源管理部门普遍认为，它对于挽留人才和提高招聘效率是非常有用的工具。例如，IBM世界贸易公司马来西亚分部，根据不同的人口数据资料制定了不同的福利方案让员工选择。该公司的员工福利计划叫做"我的选择"，它对每一类、每一项福利待遇都计定了价格，让职员各取所需。再如，美国花旗银行新加坡分部也是率先采用创造性福利措施的企业之一，其最初目的是要稳定银行的职员。该银行引入了一套计分系统，员工可以据此进行计分，然后以积分换取最适合他们的福利。比如说，女性职员可以选择延长产假，而单身员工则可能愿意减轻按揭负担。这套体制使花旗银行的职员流失率降至当地最低水平。该企业的人力资源管理人员认为，如果企业削减福利只是为了节省成本，这种策略是错误的。真正的挑战在于如何设计一个"适应性"的员工福利方案，既能做到保持各类人员心理平衡，富有竞争力，同时亦不至于增加成本。这显然需要进行创新了。

"福利自选体系"的局限性是：管理工作量大，可能导致管理成本的上升；员工缺乏专业知识，作为消费者，其选择有时不尽合理；存在"逆向选择"倾向，如自身或其家属容易生病的员工会倾向于更多地选择医疗保险方面的福利，容易发生法律纠纷的员工会更多地选择法律诉讼费用分担方面的福利，这样做的结果是享受福利待遇的总人数和总次数都会增加，企业为员工福利所作的开支也会相应增加。

由于完全划一的员工福利体系和完全灵活的福利自选体系各有其不足，作为折中方案，很多企业按统一标准向员工提供一部分福利，然后允许员工在其他福利上有一定的选择余地。

2. 员工福利和企业战略互动发展的创新方案

许多企业的员工福利方案不符合企业发展战略，也没有反映出公司的核心价值观。相反，各式各样的福利方案只意味着一大笔固定开销，没有起到激发员工工作动力的作用，这种僵化的福利机制，使许多员工认为福利只不过是一笔理所当然的收入。

鉴于此，需要根据企业发展战略制定共同的业绩目标，并使员工福利方案与企业业绩相关联。换言之，应当以业绩目标决定员工福利水平。例如，采用总业绩标准来决定全面股份和利润分享方案中的奖励水平是比较有效的做法之一。为了增加可信度，还可以采用与经理激励项目同样的奖励标准。假定采用每股收益、销售增长量和现金流这3个参数的加权平均数作为奖励标准，目标业绩由这种加权平均数测定的预期业绩来确定，这就赋予员工福利以新的内涵，体现了共同奋斗、分享成功以及赋予个人灵活性的机会。在上述情况下，公司的人工成本包括员工从业期间获得的包含工资、奖金、福利在内的所有报酬。员工可以通过这些方案花掉或积攒他们获得的奖励。这些方案给员工提供了投资及收入保障（选择权）的机会，也可以把他们的大部分奖励转换成直接使用的现金，从而具有很大的灵活性。由此，员工成了公司股份持有人，在公司成长和繁荣中有着既定利益。如果公司达不到最基本的业绩水平，他们就会比以前挣得少。但是，如果达到业绩目标的话，员工一般会比以前挣得多，达到最佳水平的话，他们挣的就更多了。

对公司而言，这种福利方案在财务上带来了积极的直接影响，因为奖励水平与公司业绩挂钩，公司的薪酬开支会随着业绩的好坏而变化，所以，不会超过企业支付能力。但是，这种新方案并非没有风险。如果企业的股票没有成长性，员工福利方案中大量使用公司股票必然会适得其反。另一个风险是，如果大量的浮动奖励基于不现实的业绩标准，员工会认为这是对他们的掠夺。由此看来，这种员工福利与企业发展战略互动的方案是否真正成功，还必须通过公司的长期业绩来加以衡量和保证。

第四节　劳动争议处理

一、基本概念

劳动争议又称劳动纠纷，一般指因履行劳动合同而发生的争议，是指劳动关系双方当事人在实现劳动权利和履行劳动义务的过程中发生的纠纷。由于劳动关系当事人双方有各自的利益目标，在劳动过程中必然会出现利益分配的不均衡，或实际的利益受侵犯，或感觉上的利益受侵犯。因而，双方对问题的看法会出现分歧，导致纠纷发生。

劳动争议的当事人是指劳动关系当事人双方——员工和用人单位（包括自然人、法人和具有经营权的用人单位），即劳动法律关系中权利的享有者和义务的承担者。

二、劳动争议发生的原因和处理原则

1. 原因

（1）因企业开除、除名、辞退员工和员工辞职、自动离职发生的争议。

（2）因执行国家有关工资、保险、福利、培训、劳动保护的规定发生的争议。

（3）因履行劳动合同发生的争议。

（4）法律、法规规定应当依照本条例处理的其他劳动争议。

2. 处理劳动争议应当遵循下列原则

（1）在查清的基础上，依法处理劳动争议原则。

（2）当事人在法律上一律平等原则。

（3）着重调解劳动争议原则。

（4）及时处理劳动争议的原则。

（5）基层解决争议原则。

三、处理劳动争议的机构

我国目前处理劳动争议的机构为：企业劳动争议调解委员会、地方劳动争议仲裁委员会和地方人民法院。

1. 企业劳动争议调解委员会

企业可以设立劳动争议调解委员会（以下简称调解委员会），由下列人员组成：员工代表、企业代表、企业工会代表。企业劳动争议调解委员会是负责调解本企业内部劳动争议的群众性组织。

2. 地方劳动争议仲裁委员会

劳动争议仲裁委员会是劳动行政主管部门设立的，它的主要职责是处理劳动争议和办理仲裁委员会日常事务。仲裁委员会调解、裁决劳动争议，实行仲裁员、仲裁庭制度。仲裁委员会组成人员必须是单数，由劳动行政部门的代表、同级工会和企业代表组成，主任由劳动行政主管部门的负责人担任。

3. 地方人民法院

人民法院是国家的审判机关，同时也担负着处理劳动争议的职责。劳动争议当事人对仲裁委员会的裁决不服、进行起诉的案件，人民法院应予以受理。

四、劳动争议处理程序

我国《劳动法》第77条规定："用人单位与劳动者发生劳动争议，当事人可以依法申请调解、仲裁，提起诉讼，也可以协商解决。调解原则适用于仲裁和诉讼程序。"这实际上是对劳动争议的基本范畴和处理程序作出了原则规定。

当用人单位与劳动者发生劳动争议后，当事人双方应当协商解决。不愿协商或者协商不成的，可以向本单位劳动争议调解委员会申请调解，调解不成的，当事人一方要求仲裁的，可以向劳动争议仲裁委员会提出仲裁申请。当事人也可以不经过企业劳动争议调解委员会调解，直接向劳动争议仲裁委员会申请仲裁，但不能直接向人民法院起诉。只有对劳动争议仲裁委员会的仲裁结果不服的，才可以向人民法院起诉。

1. 劳动争议的协商

协商，是指劳动争议双方当事人之间进行磋商，相互谅解，达成一致的活动。协商过程没有第三者介入，协商活动完全是争议当事人自愿进行的，经过协商所达成的协议反映了争议当事人的意志，不加入第三者的意志。

协商的特点是：

（1）没有第三者主持或者参加，完全是争议双方当事人自愿进行的活动。

（2）当事人双方都有自行解决争议的诚意，是一种开诚布公，相互耐心听取对方意见，经过反复商量，仔细讨论、相互谅解，寻求一种双方皆能接受的解决矛盾的活动。

2. 劳动争议的调解

所谓调解，也就是在劳动争议发生后，由劳动争议处理机构选派调解员出面，通过说服和劝导，促使争议双方在互相谅解的基础上，达成一致协议来解决争议。

调解可分为自愿调解与强制调解两种。所谓自愿还是强制，并不是指调解的结果，而是指发生争议时，争议双方是否被迫在采取别的行动（如罢工或闭厂，或者提交仲裁机构或法院）之前诉诸调解。

调解是处理企业劳动争议时用得较为普遍的一种方法。究其原因，在于调解程序本身具有许多可取之处。首先，它体现的是以和为贵，大家都不失面子，皆大欢喜。其次，在于它的自愿性和简易性。调解过程贯穿着自愿原则，争议双方不是被别人强加决定，而是自愿达成和解协议，同时，调解形式自然简便。最后，它适用范围广泛，可以用来处理任何性质的劳动争议，包括个人权利争议、集体权利争议和集体利益争议。

调解一般由个人调解员或调解委员会来进行，调解程序如下：

（1）调解准备工作。一旦开始了调解程序，调解员就需先做好一切必要的准备工作。这些工作主要包括调查了解争议双方各自的有关情况以及发生争议的主要原因及基本经过等。

（2）调解会议。当准备就绪后，就进入了实质性调解阶段。

对于个别争议，不一定正式召开调解会议，可以灵活简便一些。调解员在听取员工陈述后，可以通过电话和雇主对话，或把雇主召到办公室来，或自己上门听取雇主对争议的看法，并探讨解决的途径，促使双方达成协议。

对于集体争议，程序要多一些。调解员一般可预先和双方单独接触，然后，调解员可召开首次非正式的会议，说明将对此争议进行调解，讲清要运用的调解程序。通过首次会议，调解员可以对双方的立场和分歧有更详尽的了解，做到心中有数。同时，还可以知道双方是否欢迎调解。如不欢迎，调解员应及时调整自己的设想以适应双方的要求。

在首次会议后，调解员可再安排一次或几次调解会议，要求双方代表参加，必要时还可要求有关证人出席。

调解会议一般由调解员任会议主席。宣布开会后，即说明会议目的，简单陈述自己对争议的理解。然后，调解员可解答有关调解程序方面的问题，接着由申诉方首先发言，然后让另一方陈述，回答对方提出的问题。

调解员可以对双方的陈述进行综合，得出双方争议的焦点，或者要求一方提出争议焦点所在，然后询问另一方的意见。在争议双方都明确和承认了争议的焦点之后，调解员可要求双方分别表明自己的立场。接着，调解员可在他认为适当的时候宣布进入辩论阶段。辩论到一定阶段，调解员感觉有必要在会下和当事人单独交谈时，就可以宣布散会。

（3）调解终结。通过辩论和单独交谈，当双方已有达成调解协议的意愿时，调解员可以根据双方的要求或者以他本人的建议形式，提出解决争议的办法。调解可以是以双方达成协议而告终，协议一般采用书面文件形式；调解也许以失败而结束，这时也要作出书面记录。不论成功与否，调解员都要对调解过程写出书面报告并存档。这一记录对以后的仲裁程序或对今后处理类似的争议案件，都极为重要。

3. 劳动争议的仲裁

在劳动争议的调解过程中，如果一方当事人不愿意接受对方的条件，一方或双方不同意调解员的建议，都不会达成一致协议。在这种情况下，争议双方为寻求更有效的解决途径，避免争议久拖不决，只得再借助第三者，让他进行居中裁决，果断作出最后的结论。这个第三者做的，也就是仲裁。

仲裁，指发生劳动争议的双方当事人自愿把争议提交第三者审理，由其作出判断或者裁决，从而使争议得到处理的一种方式。

相对于调解而言，仲裁有其特有的优势。如在进行调解时，调解员的作用是促使争议双方达成一致协议，他自己则无权作出独立的决定。而仲裁则不同。仲裁员可以依据自己的分析和判断，果断地作出最后的裁决。从而抓住时机，使争议尽快解决。

对于企业劳动争议，仲裁程序一般为申诉、仲裁、执行三个阶段。

(1) 申诉阶段。当事人向劳动争议仲裁委员会提出申诉，必须具备以下条件：

①申诉人必须是与劳动争议案件有直接利害关系的劳动者或企业、事业单位，机关、团体等法人或非法人。

②当事人之间发生的争议必须是劳动争议。

③申请仲裁的劳动争议必须是属劳动争议仲裁委员会的受理内容，主要有：因企业开除、除名、辞退员工和员工辞职、自动离职发生的争议；因执行国家有关工资、保险、福利、培训、劳动保护的规定发生的争议；因履行劳动合同发生的争议；法律、法规规定应当受理的其他劳动争议。

④必须向有管辖权的劳动争议仲裁机关提出申诉。

⑤必须有明确的被诉人和具体的仲裁请求及事实依据。

⑥必须是在规定的申诉时效内。

(2) 劳动争议仲裁程序。劳动争议仲裁委员会受理劳动争议案件后，应自立案之日起 7 日内组成仲裁庭。对于简单的劳动争议案件，可由劳动争议仲裁委员会指定一名仲裁员单独处理。对于比较复杂的劳动争议案件，应组成合议仲裁庭进行审理。

对于员工一方在 30 人以上的集体劳动争议，应当由 3 名以上的仲裁员单数组成特别仲裁庭按照特别审理程序进行处理。

根据法律法规的规定，结合劳动争议仲裁工作的实际，劳动争议仲裁程序可分为以下几个步骤：

①仲裁调解。劳动争议仲裁活动中，在仲裁员主持下，由双方当事人自愿协商，互谅互让达成协议而解决争议的，叫作劳动争议的仲裁调解。仲裁调解应遵循查明事实，分清是非，双方当事人自愿，调解协议内容合法等原则，调解未达成协议或者调解书送达前当事人反悔的，仲裁庭应当及时裁决。

②仲裁裁决。仲裁庭开庭审理劳动争议，有以下几个程序：仲裁庭申诉与答辩；仲裁庭调查；仲裁庭调解；仲裁庭合议；宣布仲裁裁决。

③仲裁文书。劳动争议仲裁委员会受理的劳动争议案件，经过依法组成仲裁庭审

理，根据查明和认定的案件事实，正确适用劳动法律、法规、政策，以国家仲裁机关名义，对案件中的劳动实体权利义务以及事实和责任作出的公断，称为裁决。以文字的格式形成的，称裁决书。

（3）执行。裁决书送达当事人后，一方当事人在规定的时效内（15 日内）不向人民法院起诉的，裁决书即发生法律效力，双方当事人必须认真执行。承担义务方不履行裁决的，另一方当事人可以向人民法院申请强制执行。

4. 劳动争议的诉讼

劳动争议诉讼制度是司法最终解决劳动争议在劳动争议处理中的具体体现，是劳动争议当事人不服仲裁裁决寻求司法救助，从而保护其合法权益的法律制度。具体讲，是指人民法院依法对劳动争议案件进行审理和判决的司法活动，包括劳动争议案件的起诉、受理、调查取证、审判和执行等一系列诉讼程序。

劳动争议的一方当事人对劳动争议仲裁委员会的裁决不服，在法定期限内向人民法院起诉，符合下列情况之一的，应当受理：

（1）因企业开除、除名、辞退员工和员工辞职、自动离职发生的争议。

（2）因执行国家有关工资、保险、福利、培训、劳动保护的规定发生的争议。

（3）因履行劳动合同发生的争议。

（4）法律、法规规定应当由人民法院受理的其他劳动争议。

劳动争议案件由各级人民法院的民事审判庭受理。

第二十一章　职业生涯管理

第一节　职业生涯概述

一、职业生涯管理的概念

1. 职业的分类

职业通常是指个人在社会中所从事的作为主要生活来源的工作。简言之，职业就是社会中某一类型的工作。人为了生活必须工作，但又不能仅为满足物质生活等低层次的需要而工作。在工作中，人参与组织、与人交往、取得成就，从而满足了归属感、成就感等精神方面的高层次的需要。

如何对现代社会的职业做出分门别类直到岗位的划分，这是社会发展规划、管理和教育组织实施的一项基础性工作。不同的国家有不同的职业分类，表3-12是国际劳工局制定的《国际标准职业分类》（ISCO）与我国的职业分类标准的比照表。

国际标准职业分类在十个大类之下有83个小类、284个细类、1506个职业项目，总计列出了1881个职业名称，是一个完整的职业分类体系。而我国的职业结构则划分为8个大类、66个中类、413个小类和1838个细类，即职业。从对照表可以看出，在我国的职业分类中，将军人单独作为一类职业，商业与服务业合并为一类职业，其他分类与国际标准职业分类基本相同。这种职业分类法基本上包括了社会上的各行各业，从科学家、政府官员、公司经理到工人、农民、售票员、清洁工等无所不包，体现了大职业观念。然而，这一职业分类只分到职业项目，没有给出职业岗位。社会职业岗位是由社会劳动生产过程的组织和社会经济、政治、文化等决定的。它主要取决于社会经济发展水平，也与社会制度有关。职业岗位具体确定职业从业人员的社会位置。譬如，会计是一种社会职业，但会计的职业岗位却是千差万别的，有不同的行业、部门的会计，有会计员、会计师、总会计师。在横向上，职业岗位还具有不同行业的业务特征和职责，纵向上有职业业务能力、水平、职权的不同。显然，社会职业岗位数目要比社会职业项目的数目多得多。

表 3 – 12　国际与国内职业分类标准比照表

类别	国际标准职业分类	中国国家职业分类
1	专家、技术人员和有关工作者	专业技术人员
2	政府官员和企业经理	国家机关、党群组织、企业、事业单位负责人
3	事务性行政工作者	办事人员和有关人员
4	销售工作者	商业、服务业人员
5	服务工作者	军人
6	农业、牧业和林业工作者，渔民和猎人	农、林、牧、渔、水利业生产人员
7/8/9	生产和有关工作者，运输设备操纵者和劳动者	生产、运输设备操作人员及有关人员
10	不能按职业分类的工作者	不便分类的其他人员

2. 职业生涯管理的概念

职业生涯管理又称职业规划管理或职业发展管理，其含义有广义和狭义之分。广义的职业生涯管理是指一个人按一定的职业规划，遵循一定的职业道路或途径，去实现所选定的职业目标的过程，是一个人一生中所从事的一连串不同的工作职位所构成的一个连续的终身的过程；换言之，它是一个人从首次参加工作开始的依次从事的所有工作活动与经历，按年顺序串接组成的全过程。

狭义的职业生涯管理则是指在一个组织内，组织和员工共同对个人的职业生涯进行设计、规划、执行、评估、反馈和修正的一个综合性的管理过程。其中，科学的设计和规划是职业生涯管理的首要环节和基础。职业生涯管理过程是员工职业生涯的自我管理，员工是自己的主人，自我管理是职业生涯成功的关键；组织开展职业规划并协助员工设计其生涯，为员工提供必要的教育、训练、轮岗等发展的机会，以促进组织和员工生涯目标的实现；通过员工和组织的共同努力与合作，使每个员工的生涯目标与组织发展目标一致，使员工的发展与组织的发展相吻合。

显然，职业生涯管理与员工个人职业生涯规划的含义有明显的不同。个人职业生涯规划是以自我价值实现和增值为目的，自我价值的实现和增值并不局限于特定的组织内部，员工可以通过跳槽实现个人发展目标。职业生涯管理则是从组织的角度出发，根据组织发展对职业的需要，将员工视为可开发增值而非固定不变的资本。通过为员工设计在组织中的职业发展目标，并创造条件实现个人的职业发展目标，以谋求组织的可持续发展目标。职业生涯管理只是人生职业生涯规划中的一个组成部分。如果员工换了组织，则可能要根据新的组织设计新的职业生涯发展规划。本章所探讨的职业生涯管理是指在组织中员工的职业生涯规划与发展，属于狭义的职业生涯管理。

3. 职业生涯管理的特点

（1）职业生涯管理目标的双重性。组织和员工都必须承担一定的责任，双方共同完成对职业生涯的管理。在职业生涯管理中，员工个人和组织须按照职业生涯管理工作的具体要求做好各项工作。无论是个人还是组织，都不能过分依赖对方，因为许多工作是对方不能替代的。从员工角度看，个人职业生涯规划必须由个人决定，要结合自己的性格、兴趣和特长进行设计。而组织在进行职业生涯管理时，所考虑的因素主要是组织的整体目标以及所有组织成员的整体职业生涯发展，其目的在于通过对所有员工的职业生涯管理，充分发挥组织成员的集体潜力和效能，最终实现组织发展目标。

（2）职业生涯管理的系统性。系统性主要体现在三个方面。从时间上看，职业生涯管理自招聘新员工进入组织开始，直至员工流向其他组织或退休而离开组织的全过程中一直存在。从形式上看，组织对员工职业活动的帮助，均可列入职业生涯管理范畴之中。其中既包括针对员工个人的各类培训、咨询、讲座以及为员工自发扩充技能、提高学历的学习给予便利等；同时也包括针对组织的诸多职业发展政策和措施，如规范职业评议制度，建立和执行有效的内部升迁制度等。从内容上看，职业生涯管理既包括对员工个人状况的深入了解，又包括对组织的深入了解；既包括生涯规划目标的确定，又包括实现生涯目标所需的各种管理方法与手段。同时还涉及职业活动的各个方面，既应了解组织过去的发展及未来的目标，预测外在政治、经济、社会、文化等环境的变化及可能产生的影响，规划出长远性、前瞻性的发展方向，主动提供各种信息给员工，强化彼此之间的沟通、信赖与支持，又应了解员工的个别差异性及绩效表现、发展目标等，以提高员工的工作积极性和凝聚力。因此，一套系统的、有效的职业生涯管理制度和体系要涉及企业管理与员工发展的诸多方面的内容，是一个庞大的系统工程。

（3）职业生涯管理的动态性。这是造成职业生涯管理有效性的难点。职业生涯管理贯穿于员工职业生涯发展的全过程和组织发展的全过程。每个组织成员在职业生涯的不同阶段及组织发展的不同阶段，其发展特征、发展任务以及应注意的问题都是不相同的。每一阶段都有各自的特点、各自的目标和各自的发展重点，所以对每一个发展阶段的管理也应有所不同。由于决定职业生涯的主客观条件的变化，组织成员的职业生涯规划和发展也会发生相应变化，职业生涯管理的侧重点也应有所不同，以适应情况的变化。

根据职业生涯管理的内涵与特点，职业生涯管理的流程可用图 3-7 表示。

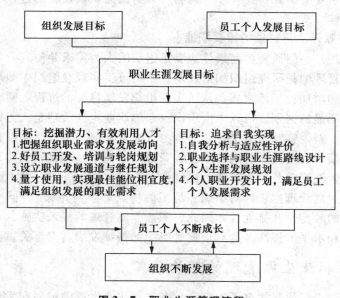

图 3-7 职业生涯管理流程

二、职业生涯管理的意义

职业生涯管理的意义主要体现在以下三个方面：

1. 有利于促进员工的成长和发展以及增加他们的满意感

现代社会，人一生的大部分时间是在职业中度过的，职业生涯跨越人生中精力最充沛、知识经验日臻丰富和完善的几十年，职业成为绝大多数人生活的重要组成部分。员工寻求职业的最初目的可能仅仅是找一份可以养家糊口的差事，进而追求的可能是财富、地位和名望。职业生涯管理对职业目标的多次提炼可以逐步使员工工作目的超越于财富和地位之上，追求更高层次的自我价值实现的成就感和满足感。因此，职业生涯管理不仅提供了个人谋生的手段，而且可以发掘出促使人们努力工作的最本质的动力，创造出实现自我价值的大好机会和广阔空间。任何一个现代企业的员工，如果没有人生奋斗的目标，即没有职业生涯的目标，就会被日益发达的、竞争日益激烈的经济社会所淘汰。此外，职业生涯管理不仅可以帮助员工从更高的角度看待职业生活中的各种问题和选择，将各种分离的事件结合在一起，相互联系起来，共同服务于职业目标，使职业生活更加充实和富有成效，还可以帮助员工综合地考虑职业生活同个人追求、家庭目标等其他生活目标的平衡，避免陷入顾此失彼、左右为难的窘境。

2. 是组织在人才竞争中的有力举措

经济竞争的关键在于人才，而人才的去留往往取决于组织是否关心并为他们的成长和发展提供机会，是否能帮助他们实现职业目标。通过职业生涯管理可以帮助组织了解内部员工的现状、需求、能力及目标，调和共同存在于企业现实和未来的职业机会与挑战间的矛盾，并设计出不同的职业发展途径和道路，以利于不同类型员工在职业生涯中扬长避短，克服困难，提高技能，实现职业生涯的发展，从而达到保持工作的稳定性和积极性，不断提高员工的业务技能和为企业创造更好的经济效益的双重目标，因此开展职业生涯管理是企业吸引和留住人才，调动广大员工的积极性和创造性，满足员工与企业双方需要的最佳方式。

3. 是人力资源开发与管理的重要职能

人力资源管理是一门研究如何最佳地满足组织的人力需求并使其发挥最优效益的学科；而职业生涯管理则是研究组织如何规划、协助员工实现在组织中的职业发展来达到调动员工积极性和增加员工满意感，从而实现组织发展目标的过程。两者在方法与内容上有交叉但也有明显的区别。可以说由组织发起的职业生涯管理是人力资源开发与管理中的一种新概念、新内容和新方法。它通常由人力资源部门负责，所以具有较强的专业性、系统性。同薪水、奖金、待遇、地位和荣誉的单纯激励相比，切实针对员工深层次职业需要的职业生涯管理具有更有效的激励作用，同时能进一步开发人力资源的人生价值。而且，职业生涯管理由于针对组织和员工的特点"量身定做"，同一般奖惩激励措施相比具有较强的独特性和排他性。因此，职业生涯管理的深入实施，有利于组织人力资源队伍的稳定和水平的提高，这对于促进组织的持续发展具有至关重要的作用。

三、国外职业生涯管理的理论

早在 20 世纪 60 年代起就有不少专家学者关注职业生涯的规划和发展，并对其中一些重要课题，如职业生涯发展的阶段划分、人岗匹配、职业性向与职业的选择等，进行了较深入的理论研究，提出了一些相关的理论或学说。

1. 萨帕的职业生涯发展阶段理论

职业生涯发展阶段是指个人职业生涯中具有各种不同特征的时期。这些特征主要表现在具有不同的职业、职务、组织部门以及工资报酬和福利待遇、需要、价值观、工作活动的方式和内容等方面。

人的职业选择心理在童年时期就已经产生了，随着个人的年龄、教育、经验及社会环境等因素的变化，人们的职业心理也会发生变化。因而，可以把一个人的职业发展分为连续的几个阶段，每个阶段都有自己的特征和相应的职业发展任务。对个人而言，如果前一阶段的职业发展任务不能顺利完成，就会影响后一阶段的职业成熟，导致最后职业选择时发生障碍。因此，职业生涯管理是一个系统而长期的过程，在不同的职业生涯阶段有不同的职业方式和内容。

每个人的职业生涯都要经过几个阶段，职业周期之所以重要，是因为一个人所处的不同的职业阶段会影响其知识水平以及对各种职业的偏好。因此，了解不同职业阶段的特点有助于更好地促进职业生涯规划与发展。美国职业管理专家萨帕（Donald E. Super）以年龄为标准，将一个人可能经历的主要职业阶段大体划分为如下几个阶段：

（1）成长阶段。成长阶段大体上可以界定在从出生到14岁年龄段上。在这一阶段，个人通过对家庭成员、朋友以及老师的认同以及他们之间的相互作用，逐渐建立起自我的概念。在这一时期，儿童通过角色扮演等方式，尝试各种不同的行为方式，使得他们形成人们如何对不同的行为做出反应的印象，并且帮助他们建立起一个独立的自我概念或个性。到这一阶段结束的时候，进入青春期的青少年，已经形成了一定的兴趣和能力，并开始思考未来可选择的职业。

成长阶段的任务是：逐渐认识自己是个什么样的人，同时对工作及其意义有一个初步理解。成长阶段又可以分为三个时期：

①幻想期（4～10岁），需要占主导地位，在幻想中扮演自己喜欢的角色；

②兴趣期（11～12岁），爱好成为职业期望和活动的主要决定因素；

③能力期（13～14岁），开始更多地考虑自己的能力以及工作要求。

（2）探索阶段。发生在15～24岁这一年龄段上。这一阶段，一个人开始通过学校学习、业余活动和部分时间的工作进行自我考察、角色鉴定和职业探索。探索阶段包括三个时期：

①尝试期（15～17岁），个人对需要、兴趣、能力、价值观以及就业机会等因素都有所考虑，并通过幻想、讨论、课外工作等方式进行择业的尝试性选择，鉴定出可能的合适的工作领域和工作层次。这一时期的主要任务是明确一种职业偏好。

②过渡期（18～21岁），个人进入劳动力市场或专门的培训机构，更多地考虑现实并试图补充对自我认知的看法。该时期的发展任务是明确一种职业倾向。

③试验和初步承诺期（22～24岁），个人已经发现了一个大体上合适的职业，开始从事第一份工作并试图把它作为可能的终身职业。在这个时期，承诺仍是暂时的，如果第一份工作不合适，个人可以重新进行选择、确定并实现某种职业倾向的过程。

人们在这一阶段上以及以后的职业阶段上需要完成的最重要的任务也许是对自己的能力和天资形成一种现实性的评价。此外，处于这一阶段的人还必须根据来自各种职业选择的可靠信息来做出相应的教育决策。

（3）确立阶段。发生在25～44岁这一年龄阶段上，它是大多数人工作生命周期中的核心部分。一些人在这期间能够找到合适的职业并随之全力以赴地投入到有助于自己在此职业中取得成就和发展的各种活动之中。特别是许多专业人士，早早地就将自己锁定在某一已经选定的职业上。然而，在大多数情况下，在这一阶段人们仍然在不断地尝试着与自己最初的职业选择所不同的各种职业能力和理想。

本阶段又可分成两个子阶段。

①尝试子阶段：发生在25～30岁年龄段。这一阶段，个人确定当前所选择的职业是否适合自己，如果不适合，他或她就会准备进行一些变动。

②稳定子阶段：到了30～40岁这一年龄段，人们通常就进入了稳定子阶段。在这一阶段，人们往往已经定下了较为坚定的职业目标，并制定较为明确的职业计划来尽力实现已确定的职业目标，包括评估自己晋升的潜力、工作调换的必要性，以及为这些目标需要接受哪些教育培训活动等。这一子阶段可能成为职业生涯中最重要、最辉煌、成就最多的阶段。

在这一子阶段的某一时段上，人们可能会进入一个中年职业危机阶段。在这一阶段，人们往往会根据最初的理想和目标对自己的职业进行一次重要的重新评价。他们有可能会发现，并没有朝着自己所梦想的目标靠近，比如成为公司总裁；或者已经完成了他们自己所预定的目标后才发现，过去的梦想并不是自己所想要的全部东西。在这一阶段，人们还可能会思考，工作和职业在自己的全部生活中到底占有多大的重要性。通常情况下，在这一阶段的人们第一次不得不面对一个艰难的抉择，即判定自己到底需要什么，什么目标是可以达到的，以及为了达到这一目标自己需要做出多大的牺牲。

（4）维持阶段。到了45～64岁这一年龄段，大多数人进入了维持阶段。在这一职业的后期阶段，人们一般都已经在自己的工作领域中为自己争得了一席之地，因而他们的大多数精力主要就放在保有这一位置上了，而很少或几乎不寻求新的领域。

这一阶段的发展任务是：接受自己的局限性，确定需要解决的新问题，开发新的技能；集中于最重要的活动，维持已获得的地位并努力加以增进。

（5）衰退阶段。当退休临近的时候，人们就不得不面临职业生涯中的衰退阶段。在这一阶段上，许多人都不得不面临这样一种前景：接受权力和责任减少的现实，学会接受一种新角色，学会成为年轻人的良师益友。再接下去就是几乎每个人都不可避免地要面对的退休，这时，人们所面临的选择就是如何去打发原来用在工作上的时间。

萨帕的职业发展阶段论似乎合理地阐述和构建了一个人职业生涯发展的完整模式，但这种职业生涯发展阶段的划分是以年龄为依据的，而现实中职业生涯却是个持续的过程，各阶段的时间并没有明确的界限。其经历时间的长短常因个人条件的差异和内外部环境的不同而有所不同，有长有短、有快有慢，有时还可能出现阶段性的反复。此外，萨帕的职业发展阶段论是以美国中产阶层白人作为研究对象的，因而其职业生涯阶段的年龄划分及具体特征和发展内容的表述不可避免地带有相当的局限性，不一定适合其他国家、其他阶层和文化的人们，但萨帕的研究对组织和个人的职业生涯规划和设计仍然具有很大的启发作用。

2. 施恩的职业锚理论

（1）职业锚的类型。美国著名组织行为学家埃德加·施恩（Edgar Schein）认为，职业规划实际上是一个持续不断的探索过程。在这一过程中，每个人都在根据自己的天资、能力、动机、需要、态度和价值观等慢慢地形成较为明晰的与职业有关的自我概念。随着人对自己越来越了解，这个人就会越来越明显地形成一个占主要地位的职业锚。所谓职业锚就是指当一个人不得不做出选择的时候，他或她无论如何都不会放弃的职业中的那种至关重要的东西或价值观。正如"职业锚"这一名词中"锚"的含义一样，职业锚实际上就是人们选择和发展自己职业时所围绕的中心，它反映出了个人的职业价值观和潜在的才能。一个人对自己的天资和能力、动机和需要以及态度和价值观有了清楚的了解之后，就会意识到自己的职业锚到底是什么。施恩根据他在麻省理工学院的研究指出，要想对职业锚提前进行预测是很困难的，这是因为一个人的职业锚是在不断发生变化的，它实际上是一个不断探索过程所产生的动态结果。有些人也许一直都不知道自己的职业锚是什么，直到他们不得不做出某种重大选择的时候，比如到底是接受公司将自己晋升到总部的决定，还是辞去现职，转而开办和经营自己的公司。正是在这一关口，一个人过去的所有工作经历、兴趣、资质、性向等才会集合成一个富有意义的模式或职业锚，这个模式或职业锚会告诉此人，对他或她个人来说，到底什么东西是最重要的，或最有价值的。施恩根据自己对麻省理工学院毕业生的研究，提出了以下五种职业锚。

①技术或功能型职业锚。具有较强的技术或功能型职业锚的人往往不愿意选择那些带有一般管理性质的职业。相反，他们总是倾向于选择那些能够保证自己在既定的技术或功能领域中不断发展的职业。

②管理型职业锚。有些人则表现出成为管理人员的强烈动机，他们的职业经历使得他们相信自己具备被提升到那些一般管理性职位上去所需的各种必要能力以及相关的价值倾向。必须承担较高责任的管理职位是这些人的最终目标。当追问他们为什么相信自己具备获得这些职位所必需的技能的时候，许多人回答说，他们认为自己具备以下三个方面的能力：一是分析能力，即在信息不完全以及不确定的情况下发现问题、分析问题和解决问题的能力；二是人际沟通能力，即在各种层次上影响、监督、领导、操纵以及控制他人的能力；三是情感能力，即在情感和人际危机面前只会受到激励而不会受其困扰和削弱的能力以及在较高的责任压力下不会变得无所作为的能力。

③创造型职业锚。麻省理工学院的有些学生在毕业之后逐渐成为成功的企业家。在施恩看来，这些人都有这样一种需要："建立或创设某种完全属于自己的东西——一件署着他们名字的产品或工艺、一家他们自己的公司或一批反映他们成就的个人财富等等。"比如，麻省理工学院的一位毕业生已经成为某大城市中的一个成功的城市房地产商，另外一位麻省理工学院的毕业生则创办了一家成功的咨询公司。

④自主与独立型职业锚。麻省理工学院的有些毕业生在选择职业时似乎被一种决定自己命运的需要所驱使着，他们希望摆脱那种因在大企业中工作而依赖别人的境况，因

为，当一个人在某家大企业中工作的时候，他或她的提升、工作调动、薪金等诸多方面都难免要受别人的摆布。这些毕业生中有许多人还有着强烈的技术或功能导向。然而，他们却不像持有技术或功能型职业锚的人那样，到某一个企业中去追求这种职业导向，而是决定成为一位咨询专家，要么是自己独立工作，要么是作为一个相对较小的企业中的合伙人来工作。具有这种职业锚的其他一些人则成了工商管理方面的教授、自由撰稿人或小型零售公司的所有者等。

⑤安全型职业锚。麻省理工学院还有一部分毕业生极为重视长期的职业稳定和工作的保障性。他们似乎比较愿意去从事这样一类职业：这些职业应当能够提供有保障的工作、体面的收入以及可靠的未来生活。这种可靠的未来生活通常是由良好的退休计划和较高的退休金来保证的。

对于那些对地理安全性更感兴趣的人来说，如果有更为优越的职业，但必须举家搬迁到一座可能生活不稳定或保障较差的城市或地区，那么他们会觉得在一个熟悉的环境中维持一种稳定的、有保障的职业对他们来说是更为重要的。对于另外一些追求安全型职业锚的人来说，安全则是意味着所依托的组织的安全性。他们可能优先选择到政府机关工作，因为政府公务员看来还是一种终身性的职业。这些人显然更愿意让他们的雇主来决定他们去从事何种职业。

（2）职业锚的作用。职业锚作为一个人职业选择的价值观判断模式，在个人的职业生涯与工作生命周期中，在组织的职业生涯管理事业发展中，具有重要的意义和作用。

①职业锚可作为识别个人职业抱负的模式和衡量职业是否成功的标准。职业锚是个人在工作过程中遵循着个人的需要、动机和价值观，经过不断探索所确定的长期的职业定位和职业价值观判断。因此，职业锚清楚地反映出了个人的职业追求与抱负。如选定技术或功能型职业锚的雇员，其志向和抱负在于专业技术方面的事业有成，有所贡献。同时，根据职业锚还可以判断雇员达到职业成功的标准。

职业成功并无统一固定标准，因人而异，因职业锚而不同。对于管理型职业锚的雇员来讲，其职业成功在于升迁至更高的职位，获得更大的全面管理的机会和更大的管理权力。而对于安全型职业锚的雇员来说，求得一个地位稳定和收入较高的工作，有着优雅的工作环境和轻松的工作节奏，便是其职业成功的标准。因此，积累和编排经验，识别长期的贡献区，对一个人要求发挥作用的工作情境的性质提出标准，识别抱负模式和个人用以衡量自己的成功标准，是职业锚的重要功能之一。

②职业锚能够促进组织与雇员的相互接纳。职业方向的选择、职业生涯的成功与职业锚都有着非常密切的关系。因此，职业生涯开发与管理的一项重要工作是帮助企业雇员确定职业锚，并通过这一过程密切组织与个人之间的关系。职业锚能准确地反映个人职业需要及所追求的职业工作环境，反映个人的价值观与抱负。通过帮助员工建立职业锚，组织可以获得雇员个人正确信息的反馈，这样，组织才能有针对性地对雇员的职业生涯发展设置合理、有效、可行、顺畅的职业通道与职业阶梯；个人则通过组织有效的职业管理，使自身的职业需要得以满足，从而深化了对组织的情感认同与职业归属。这样一个过程，能使组织与个人双方相互沟通，加深了解，从而达到一种深度而稳定的相互接纳。

③职业锚有助于提升个人职业技能和增加工作经验，从而提高工作效率和劳动生产率。职业锚是个人经过长期寻找所形成的职业定位，是个人的长期贡献区。雇员的职业锚形成后，便会相对稳定地长期从事某项职业，这样必然能够积累工作经验；随着个人工作经验的丰富和积累，知识的扩张，其职业技能也将不断增强，从而能够明显地提高工作效率和劳动生产率，增加企业的效益。

④职业锚可为雇员中后期职业生涯发展奠定基础。职业锚是在工作中习得的，通过工作经验的积累产生并形成的职业锚，能够清楚地反映当前这一雇员的价值观与才干，也能反映个人进入成年期的潜在需求和动机。雇员个人寻找职业锚并抛锚于某一职业过程，实际上就是个人真正自我认知的过程，即认识自己具有什么样的能力和才干，需要什么，职业价值观是什么，自己属于哪种职业锚类型。这同样也是把职业工作与完整的自我价值观相结合的过程，通过整合使自己找到了长期稳定的职业贡献区，从而也决定了成年期的主要生活和职业选择。所以，早期职业锚是中后期职业工作的基础，中后期的职业生涯发展与早期职业锚是密切联系在一起的。

3. 霍兰德的职业性向理论

美国职业咨询专家约翰·霍兰德（John Holand）于1971年提出了具有广泛社会影响的职业性向理论。霍兰德认为，包括价值观、动机和需要等构成的职业性向是决定一个人选择何种职业的一个重要因素。他特别提到决定一个人选择职业的六种基本的"职业性向"。比如，一个有着较强社会性向的人可能会被吸引去从事那种包含着大量人际交往内容的职业，而不是去从事那种包含着大量智力活动或体力活动的职业。换言之，他很可能会选择从事社会工作这样的职业。霍兰德基于自己对职业性向测试的研究，发现了如下六种基本的人格类型或职业性向（见表3－13）。

（1）实际性向：具有这种性向的人会被吸引去从事那些包含着体力活动并需要一定的技巧、力量和协调性才能承担的职业。这类职业的例子有：森林工人、耕作工人、农场主等。

（2）调研性向：具有这种性向的人会被吸引去从事那些包含着较多认知活动（思考、组织、理解等）的职业，而不是那些以感知活动（感觉、反应或人际沟通以及情感等）为主要内容的职业。这类职业的例子有：生物学家、化学家以及大学教授等。

（3）社会性向：具有这种性向的人会被吸引去从事那些包含着大量人际交往内容的职业，而不是那些包含着大量智力活动或体力活动的职业。这类职业的例子有：心理咨询医生、外交工作者以及社会工作者等。

（4）常规性向：具有这种性向的人会被吸引去从事那些包含着大量结构性的且规则较为固定的活动的职业，在这些职业中，雇员个人的需要往往要服从于组织的需要。这类职业的例子有：会计以及银行职员等。

（5）企业性向：具有这种性向的人会被吸引去从事那些包含着大量以影响他人为目的的语言活动的职业。这类职业的例子有：管理人员、律师以及公共关系管理者等。

（6）艺术性向：具有这种性向的人会被吸引去从事那些包含着大量自我表现、艺术创造、情感表达以及个性化活动的职业。这类职业的例子有：艺术家、广告制作者以及音乐家等。

表 3 - 13 霍兰德六种职业性向、工作者特征及所对应的职业类型

职业性向	工作者特征	适宜从事的职业类型
实际性向	性格：持久，感觉迟钝，不讲究，谦逊 行为特征： 1. 愿意使用工具从事操作性工作 2. 动手能力强，做事手脚灵活，动作协调 3. 偏好于具体任务，不善言辞和交际	1. 适宜从事各类工程技术工作、农业工作，通常需要一定的体力，需要运用工具或操作机器 2. 具体职业：木工、电器技师、工程师、营养专家、建筑师、运动员、农场主、森林工人、公路巡逻员、园艺工人、城市规划人员、军官、机械操作工、维修工、安装工人、矿工、电工、司机、测绘员、描图员、农民、牧民、渔民等
调研性向	性格：好奇，个性内向，非流行大众化，变化缓慢 行为特征： 1. 思想家而非实干家，抽象思维能力强，求知欲强，肯动脑，善思考，不愿动手 2. 喜欢独立的和富有创造性的工作 3. 知识渊博，有学识才能，不善于领导他人	1. 适宜从事科学研究和科学实验工作 2. 具体职业：生物学家、化学家、地理学家、数学家、医学技术人员、生理学家、物理学家、心理学家；自然科学和社会科学方面的研究与开发人员、专家；化学、冶金、电子、无线电、电视、飞机等方面的工程师、技术人员
社会性向	性格：缺乏灵活性，亲切仁慈 行为特征： 1. 乐于助人，喜欢从事为他人服务和教育工作 2. 喜欢参与解决人们共同关心的社会问题，渴望发挥自己的社会作用 3. 寻求亲近的人际关系，比较看重社会义务和社会道德	1. 适宜从事各种直接为他人服务的工作，如医疗服务、教育服务、生活服务等 2. 具体职业：公使、教师、学校管理人员、保育员、行政人员、医护人员、工作分析专家、社会工作人员、图书管理员、丧葬承办人、精神健康工作者、衣食住行服务行业的经理、管理人员和服务人员、福利人员、娱乐管理人员等
常规性向	性格：有责任心，依赖性强，效率高，猜疑心重 行为特征： 1. 尊重权威、喜欢按计划办事、习惯接受他人指挥和领导，自己不谋求领导职务 2. 不喜欢冒险和竞争、富有自我牺牲精神 3. 工作踏实、忠诚可靠、偏爱那些规章制度很明确的工作环境	1. 适宜从事各类与文件档案、图书资料、统计报表之类相关的各类科室工作 2. 具体职业：会计、出纳、银行职员、速记员、鉴定人、统计人员、打字员、办公室人员、秘书和文书、图书管理员、风险管理者、导游、外贸职员、保管员、邮递员、审计人员、人事职员等

续表

职业性向	工作者特征	适宜从事的职业类型
企业性向	性格：善辩，精力旺盛，寻求娱乐，努力奋斗 行为特征： 1. 追求权力、权威和物质财富，具有领导才能 2. 喜欢竞争，敢冒风险 3. 精力充沛，自信，善交际，口才好，做事巧妙	1. 适宜从事那些组织与影响他人共同完成组织目标的工作 2. 具体职业：综合性农业企业管理人员、房地产商、经理、企业家、政府官员、律师、金融家、零售商、人寿保险代理人、采购代理人、行业部门和单位的领导者、管理者等
艺术性向	性格：冷淡疏远，有独创性，非传统 行为特征： 1. 讨厌结构，喜欢以各种艺术形式的创造来表现自己的才能，实现自身价值 2. 具有特殊艺术才能和个性 3. 有创造力、乐于创造新颖、与众不同的艺术成果，渴望表现自己的个性	1. 适宜从事各类艺术创作工作 2. 具体职业：广告管理人员，艺术教师，艺术家，作家，广播员，室内装修人员，医疗绘图师，音乐家，摄影师，公共关系专家，音乐、舞蹈、戏剧等方面的演员、编导，教师；文学、艺术方面的评论员；广播节目的主持人、编辑、作者；绘画、书法、艺术、家具、珠宝等行业的设计师等

　　霍兰德的职业性向理论的实质在于工作者的职业性向与职业类型相适应。霍兰德认为，同一类型的工作者与同一类型的职业互相结合，便达到适应状态，这样工作者找到了适宜的职业岗位，其才能与积极性才能得以发挥。然而，大多数人实际上都并非只有一种职业性向，比如，一个人的职业性向中很可能是同时包含着社会性向、实际性向和调研性向这三种性向的。霍兰德认为，这些性向越相似或相容性越强，则一个人在选择职业时所面临的内在冲突和犹豫就会越少。为了帮助描述这种情况，霍兰德建议将这六种职业性向分别放在一个如图3-8所示的正六角形的每一个角上。可以看到，此图形一共有六个角，每一个角代表一个职业性向（比如"企业性向"）。根据霍兰德的研究，图中的某两种性向越接近，则它们的相容性就越高。霍兰德认为，如果某人的两种性向是紧挨着的话，那么他或她将会很容易选定一种职业。然而，如果此人的性向是相互对立的（比如同时具有实际性向和社会性向的话），那么他或她在进行职业选择时将会面临较多的犹豫不决的情况，这是因为他或她的多种兴趣将驱使他们在多种十分不同的职业之间去进行选择。

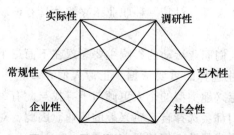

图3-8　霍兰德的职业性向选择图

第二节　个体职业生涯

无论是施恩的职业锚理论，还是霍兰德的职业性向理论，都是建立在个体的差异与职业类型相适应基础上的。因此，研究个体的差异就成为职业生涯设计和管理的前提条件。个体差异主要是指个人心理过程特征的差异，表现为能力、兴趣、气质、性格、需要、动机等的不同。从个体差异与职业活动的关系来看，每种心理过程特征都有其相应的作用，但其对职业活动的影响及制约程度是不一样的。一般来说，兴趣和能力是决定职业适应性即职业成功和工作满意的两个最主要的方面，也是职业设计和职业决策过程中所应着重考虑的因素。同时，气质、性格、动机等因素对职业活动也有不同方面和相当程度的影响。因而，从这方面看，职业生涯的设计和决策既要考虑多方面的个人差异，同时将它们作为决策依据时也应有一定的顺序，特别是当各个因素之间存在不一致时。

一、兴趣与职业选择

1. 兴趣及其在职业活动中的作用

兴趣是指一个人寻求并参与某些特定活动的心理倾向，职业兴趣就是个人对某种类型职业和与其相关的活动、学习科目等的喜好。这里的兴趣指的是中心兴趣，即相当稳定的兴趣。对于兴趣的研究主要是适应职业选择的需要，因为人们在选择职业时，需要知道自己对哪类工作感兴趣并能满足个人的意愿。只有将能力和兴趣结合起来考虑，才更有可能取得职业适应和成功。对于一个人来说，他从事有兴趣的工作，就会更加努力，而有努力就会出成就。从某种意义上甚至可以说，兴趣比能力更重要。

能力和兴趣被看做是一个人职业成功和工作满意的两个基本方面，可以为职业选择提供相互补充的信息。但兴趣和能力所起的具体作用是不一样的，我们可以从它们倾向于预测的变量的角度来分析这种区别。

能力主要用于预测一个人的工作绩效和效率，兴趣则用于预测一个人的工作满意感和工作稳定性。工作成功和工作满意是职业生涯的两大目标。

能力和兴趣之间并不存在某种固定的相关关系，有时它们之间的关系甚至是非常弱的。兴趣不能代表能力，一个人对某一职业有兴趣并不意味着他一定能干好这个行业；同样，如果一个人具有从事某项工作的能力但却缺乏兴趣，那么他在该职业上成功的可能性也是非常小的。一个人只有对某一种职业感兴趣并具有该职业所要求的相应的能力时才能做好这项工作。

具体来说，兴趣对人们职业活动的影响主要表现在下面三个方面：

（1）兴趣是人们职业选择的重要依据。正像人们在日常生活中喜欢从事自己感兴趣的活动一样，具有一定兴趣类型的个人更倾向于寻找与此有关的职业，特别是在当外界环境限制较小时，人们都会选择自己感兴趣的职业。因此，对个人的兴趣类型有了正确的评估后，就可能预测或帮助人们的职业选择。

（2）兴趣可以增强人的职业适应性。兴趣可以通过工作动机促进一个人能力的发挥，兴趣和能力的合理结合会大大提高工作效率。研究表明：如果一个人从事自己感兴趣的职业，则能发挥他的全部才能的 80% ~ 90%，而且长时间保持高效率而不感到疲劳；而对所从事工作没有兴趣的人只能发挥其全部才能的 20% ~ 30%。

（3）兴趣在某些情况下具有决定性作用。由兴趣的本质特征所决定，兴趣影响一个人的工作满意感和稳定性，在某些情况下，如不考虑经济因素，兴趣甚至具有决定性作用。一般来说，从事自己不感兴趣的职业很难让人感到满意，并会由此导致工作的不稳定。

2. 职业兴趣类型及相应的职业

与职业选择有关的兴趣称为职业兴趣。职业兴趣根据不同的标准可分为不同的类型，下面是根据《加拿大职业分类词典》中不同职业对兴趣因素的要求整理而成的职业兴趣类型特点及相应的职业，如表 3 - 14 所示。

表 3 - 14　兴趣类型、特征与适宜从事的职业

兴趣类型	兴 趣 特 征	适宜从事的职业
1	喜欢同事物打交道，而不喜欢与人打交道	制图、勘测、工程技术、建筑、机器制造、出纳、会计等
2	愿与人接触、交往，对销售、采访、传递信息一类的活动感兴趣	记者、推销员、服务员、教师、行政管理人员、外交联络员
3	愿干有规律的工作。这类人喜欢常规的、有规则的活动，习惯于在预先安排好的程序下工作	邮件分类、图书管理、档案管理、办公室工作、打字、统计
4	喜欢从事社会福利和助人工作，乐意帮助人，他们试图改善他人的状况，帮助他人排忧解难	律师、咨询人员、科技推广人员、医生、护士
5	愿做领导和组织工作，喜欢掌管一些事情，希望受到众人尊敬和获得声望，他们在企事业单位中起着重要作用	行政人员、企业管理干部、学校领导和辅导员
6	喜欢研究人的行为，对人的行为举止和心理状态感兴趣，喜欢谈论人的问题	心理学、政治学、人类学、人力资源管理等研究工作以及教育管理、行为管理
7	喜欢从事科学技术事业，对分析的、推理的、测试的活动感兴趣，长于理论分析，喜欢独立地解决问题，也喜欢通过试验做出新发现	生物、化学、工程学、物理学、地质学
8	喜欢从事抽象的和创造性的工作，对需要想象力和创造力的工作感兴趣，大都喜欢独立的工作，对自己的常识和才能颇为自信，乐于思考抽象问题，而且急于了解周围的世界	社会调查、经济分析、各类科学研究工作、化验、新产品开发

续表

兴趣类型	兴 趣 特 征	适宜从事的职业
9	喜欢从事操作机器的技术工作,对运用一定的技术、操作各种机械、制造新产品或完成其他任务感兴趣,喜欢使用工具,特别是喜欢大型的、马力强的先进的机器	飞行员、驾驶员、机械制造、建筑、石油、煤炭开采
10	喜欢从事具体的工作,希望能很快看到自己的劳动成果,愿意从事制作能看得见、摸得着的产品的工作,并从完成的产品中得到满足	室内装饰、园林、美容、理发、手工制作、机械维修、厨师

对于兴趣的关注对组织和个人同样都有积极作用,因为组织需要的是能安心工作、有钻研性并对工作感到满意的人;而对个人来讲,找到一份满意和愉快的职业是重要的生活目标之一。

二、能力与职业选择

心理学把能力定义为一个人顺利完成某种活动所必须具备的心理特征。从定义即可看出能力对于职业活动的作用是十分重要的。人们从事任何一种活动,必要的前提是具备一定的能力,能力是影响活动效果的基本因素。同样,对任何一种职业而言,要使职业活动得以顺利进行,必须要求从业者具备相应的能力。能力是选择职业的首要的和基本的制约因素。

人与人之间的能力差异是显而易见的。一般把人的能力差异概括为三个层面:第一,能力的水平差异,主要指个人能力发展程度的差异,这种差异可分为四个等级:能力低下、一般能力、才能、天才。第二,能力的类型差异,指个人能力发展方向的差异。第三,能力发展的早晚差异,指个人能力发展的年龄差异。从静态角度来看个人与职业的适应性时,主要注重的是能力的类型差异、水平差异与职业活动的关系。

1. 能力与职业相适应的原则

从能力差异的角度看,在职业生涯设计和职业选择决策中应遵循以下几个原则:

(1)能力类型与职业相匹配。人的能力有类型的差异。对职业生涯的研究表明,职业可以根据活动的性质、内容和环境而划分为不同的类型,并且对人的能力也有不同的要求,因此,应注意能力类型与职业类型、职业性质的匹配。例如,就思维能力来看,有人擅长形象思维,有人擅长逻辑思维,还有人擅长行动思维。如果根据思维能力类型来选择职业的话,属于形象思维型的人比较适合从事文学艺术方面的职业和工作;逻辑推理型的人比较适合从事哲学、数学等理论性较强的职业和工作;而具体动作思维型的人比较适合从事机械修理等方面的职业和工作。如果不考虑人的能力类型,而让其从事与之不同甚至相斥的职业,效果都不会好。从具体的操作角度看,也需要首先进行类型之间的匹配,各种丰富的职业能力测验正是以人的能力类型与职业类型的匹配为主要目标的。这说明,能力类型与职业的匹配是能力与职业匹配的最基本方面。

在长期的职业研究和指导活动中,人们对能力类型和职业类型进行了多种划分。如霍兰德从理论角度把个性与职业划分为六种类型，并描述了人的个性类型与职业类型的匹配关系。就实践方面来看，美国劳工部编制的著名的《一般能力倾向成套测验》把人的基本能力分为九种，每2～3种基本能力又分别组合成各种职业能力倾向类型，每种职业能力倾向类型都有与之相匹配的职业类型和职业群。

（2）能力水平与职业层次一致。就同一种职业类型来说，由于所承担的责任不一样又可分为不同层次，相应的对人的能力水平也有一定的要求。因此，在根据能力类型确定了职业类型后，还应进一步根据自己所达到或可能达到的能力水平确定相匹配的职业层次，即从已选定的职业的哪个层次上开始工作，只有这样，才能使能力与职业的匹配具体化。

（3）充分发挥优势能力的作用。每个人都有一个多种能力组成的能力系统。在个体内部的这个能力系统中，各方面能力的发展是不平衡的，常常是某方面的能力占优势，而另一些能力则不太突出。对职业选择和职业决策而言，更多的是考虑一个人的最佳能力或能力群，选择最能运用其优势能力的职业。同样，在组织的人力资源管理中，如果能够注重一个人的优势能力并安排相应的工作，会更有助于发挥一个人的作用。

2. 职业能力分析

能力包括一般能力和特殊能力两大部分。一般能力即智力，它是指人认识理解客观事物并运用知识、经验等解决问题的能力。包括记忆能力、观察能力、注意能力、思维能力，其核心是逻辑思维能力。一般能力是人在学习、工作、日常生活中必须具备和广泛使用的能力，特殊能力则是从事具体活动所需要的能力。要顺利完成某种活动，既要具有一定的智力，又要具有一定的特殊能力。我们可按能力这个基本结构来进行职业能力分析。

（1）能力倾向与成就。特殊能力又可分为两部分，即能力倾向和成就。成就是指个人通过正规学习和培训已经掌握和达到的能力程度，是显能。而能力倾向指的是一个人的潜能，即从未来训练中获益的能力。在进行职业设计和职业决策中更应注意的是一个人的能力倾向即潜能，特别是在未接受正规培训前。相应地，成就测验主要用于测量个人的学习效果，可用于绩效评价；能力倾向测验则用于预测被测者的潜在成就和将来可以充分发展的能力。因而，从能力与职业关系的角度来看，更注重对能力倾向与能力倾向测验的研究。

但是，随着研究的深入，人们发现成就测验和能力倾向测验并不能截然分开。首先，任何测验都要测量一个人的成就，测验不可能是对先天的或未学习过的能力的精确测量；其次，所有测验都可以用来预测将来的行为，因为过去的行为是将来行为的指示器。因此，成就测验和能力倾向测验的区别只在于用途和目的的不同，两者并没有本质的不同。由于这个原因，有人开始用能力这一术语来代替能力倾向和成就两个概念，把能力倾向测验和成就测验统称为能力测验。

（2）智力与职业。对某些职业来说，其对从业者的智力水平有绝对的要求，智力在相当大的程度上决定了所要从事的职业类型。比如，西方心理学中一般认为智商超过140以上者为天才，追踪研究表明被确定为天才的人在将来大多从事科学、文化方面的职业，并且取得相当大的成就。对一般职业而言，智力的制约作用虽不那么明显，但不同的职业对人的智力皆有一定的要求，这一点却是不言而喻的。某些职业需要从业者具有较高的智商，如律师、工程师、大学教师等，智力测验结果表明，他们的智商一般在130左右，比平均值100高出许多；一般的管理人员和行政人员的智商也比平均水平高出一点，在110左右；智商低于平均值以下的人则只能从事一些简单的工作。

当然，智力并不是决定从事职业的惟一因素，因为每种职业除了对智力的一般要求外，都有对特殊能力的要求。智力只能作为职业决策最初的参考因素，要进行合理的职业决策，必须把智力与特殊能力结合起来考虑。

（3）特殊能力与职业。随着社会分工的发展，人们从事的职业领域日益扩大，每种职业对人的特殊能力的要求也都不一样，因而具体的职业能力是非常丰富的。职业能力模式是由几种不同的基本能力组成的，根据《加拿大职业分类词典》，职业能力分为11个方面，包括智力和10种基本的特殊能力。如前所述，智力是指人认识理解客观事物并运用知识、经验等解决问题的能力。职业或专业水平越高，对人的特殊能力的要求也越高。10种基本的特殊能力包括语言表达能力、算术能力、空间判断能力、形态知觉能力、事务能力、动作协调能力、手指灵活度、手的灵巧度、眼手足协调能力和颜色分辨能力。

（4）确定职业层次。前面曾论述过，要使职业选择具体化，不仅需要确定所要从事的职业类型，还需要确定相应的职业层次。

职业层次是指在同一种职业或职业类型内部，由于工作活动及对人员要求的不同而造成的区别。一般按照工作所要求的技能和责任心的程度分为六种层次：

①非技能性工作。这种层次的工作简单、普通，不要求独立的决策和创造力。

②半技能性工作。要求在有限的工作范围里具有一些较低程度的技能知识或具备一种高程度的操作技能。

③技能性工作。具备熟练的技能、专门知识和判断能力，能完成所分配的工作。

④半专业性和管理性工作。要求一定的专门知识和判断能力的脑力工作，对他人有低程度的责任。

⑤专业性工作。要求大量的知识和判断能力，具有一定的责任和自主权。

⑥高度专业性和管理性工作。要求具有高水平的知识、智力和自主性，承担更多的决策和监督他人的责任。

由以上描述可以知道，决定一个人的职业层次的应该是他的能力水平。一般可用一个人的受教育程度或培训水平来代表他所达到的相应能力水平。因而，不同层次的工作要求不同的教育程度或培训水平，一个人的教育水平在相当程度上决定了其所要从事的职业层次。一般来说，第五、六两个层次的工作要求经过大学和研究生教育；第三、四层次的工作需要大中专教育或中等程度的培训；而第一、二两个层次的工作只需要进行适当的工作培训即可。

由于人性的作用，每个人都试图登上职业阶梯的最高层次，但实际上这是不可能的，因为社会分工要求人们必须在所有领域和层次上工作。因此，当人们确定了自己的工作领域或职业类型后，还需要进一步探索自己的能力、价值观和希望，以决定自己在所选择领域的哪个层次上开始工作及想要达到的层次目标。

三、气质与职业选择

气质是指个人心理活动的动力特征，它具有先天性和稳定性，表现在人的各种活动中而不管活动的具体内容、性质、动机和目的。一般来说，气质对人们所从事的职业活动并不具有决定性意义，其作用主要表现在对活动性质和效率的影响上。某些气质特征对职业活动既可能有促进作用，又可能有促退作用。相应地，不同职业对人的气质特点也有一定的要求。

气质与职业的关系首先应该注意的是气质差异的分类，气质差异主要表现在气质类型及其行为特征的差异。气质类型是由神经过程的基本特性按照一定方式结合而成的气质结构，因此，气质类型的行为表现带有稳定的规律性。下面是古希腊医生希波克拉特对气质类型的划分、相应的心理特征以及相对应的职业。

（1）多血质。主要行为特征是：精力充沛，行为反应灵活而敏捷，情绪易表现和变换，行为的外倾性明显，对行为的改造较容易。这一气质类型的人适合从事与外部世界打交道，灵活多变，富有刺激性和挑战性的工作，如外交、管理、记者、律师、驾驶员、运动员等，他们不太适合做过细的、单调的机械工作。

（2）胆汁质。主要行为特征是：精力充沛，但往往会粗心大意；行为兴奋，反应敏捷而迅速，但把兴奋性行为转变为抑制性行为较不灵活；情绪的抑制较难，易表现出暴发性情绪；行为的外倾性明显；对兴奋性行为的改造不容易。胆汁质的人喜欢从事与人打交道，工作内容不断变化，环境不断转换并且热闹的职业，如导游、推销员、节目主持人、公关人员等，但明显不适合长期安坐、持久耐心细致的工作。

（3）黏液质。主要行为特征是：有精力，但沉着平稳；行为反应迟缓，不敏捷；情绪易抑制，不易表露，行为的内倾性明显；对兴奋性行为的改造较容易。属于黏液质气质类型的人适合于做稳定的、按部就班的、静态的工作，如会计、出纳、话务员、播音员等。

（4）抑郁质。主要行为特征是：对事物的感受性很强，敏感多疑；精力不太充分；行为反应细心谨慎，但迟疑缓慢，带有刻板性；情绪易波动且持久；行为的内倾性严重，对行为的改造较难。抑郁质的人能够胜任安静、细致的工作，如校对员、打字员、排版工、检查员、化验员、登录员、保管员等。

以上根据对气质类型最基本的划分来看它与职业的配合，是相当粗略的。实际上，对大多数职业而言，之所以把气质作为职业决策所要考虑的心理因素之一，是为了个人更好地适应工作，提高效率。但气质并不是决定职业适应性和成功的主要因素，它只具有一定的辅助参考作用。在一些特殊职业中，其工作性质对从业者的某些气质特征要求非常高，而且无法用其他心理特点来弥补。如果从业人员不具备这些气质特征或没有达到应有的水平，那么有关工作就很难进行，甚至会造成重大事故。这方面的职业有飞行员、宇航员、大型动力和系统调度员以及运动员等，它们都要求身心的高度紧张、反应灵敏、具有顽强的耐力等，这些气质要求都不是一般人所能达到的。因而，就这些职业来说，气质成了职业选择的最主要的决定因素。在人员挑选中，首先须针对职业的要求对候选人进行气质测定，然后根据气质测定结果挑选和培训符合气质绝对要求的人员。这样，既可以避免造成重大的工作失误，同时也可以减少人员培训和开发上的不必要浪费。

四、性格与职业选择

性格在心理学上的定义是个人对现实的稳定态度和习惯化了的行为方式。同气质相比，性格更带有后天性，它是个人在社会实践活动中通过个体与环境的相互作用而逐步形成的，一经形成以后，就具有了一定的稳定性。

性格是个人心理特征的核心部分，它使一个人的个性心理特征构成为一个整体。气质是心理过程的动力特征，能力是完成某项活动所必备的心理特征，两者对现实的作用都是中性的，由于性格的参与才使它们带有了一定的意识倾向性并作用于客观现实，我们可以从这个角度来理解性格对职业活动的影响。

首先来看性格差异。对性格类型的研究是性格差异研究的一个重要视角，其中最流行的是瑞士精神分析学家荣格所提出的内倾型和外倾型的分类方法。在现实生活中，人在性格方面的内倾、外倾的表现是很明显的，属于外倾型的人对外界事物表现出关心和兴趣，善于表露自己的情感和行为并乐于与人交往；而属于内倾型的人对外界事物缺少关心和兴趣，不善于表露自己的情感和行为，而且不乐于与人交往。

从性格差异及类型的划分出发可以考察性格与职业之间的关系。个人选择职业时需要考虑性格的职业品质，选择适合个人性格特点的职业和工作；同样，由于每种职业对从业者的性格品质都有特定的要求，因此在挑选人员时也应重视有关性格特征的考核，尤其是对一些高层次工作更应如此。一般来说，外倾型性格类型的人更适合从事能充分发挥自己的能力并与外界有着广泛接触的职业，如管理人员、律师、政治家、推销员、记者、教师等；内倾型性格类型的人比较适合从事有计划的、稳定的、不需要与人过多交往的职业，如科学家、技术人员、会计师、一般办公室人员等。

当然，无论是内倾型的人还是外倾型的人，都有许多非常具体和丰富的性格特征，纯粹属于内倾型或者外倾型的人不多，大部分人属于混合型，只是存在着程度的差别而已。因此，上面关于性格与职业相互适应的分析是较为粗略的，只能提供一个大致的方面。对于性格来说，它作为人的一种心理特征具有一定的稳定性，但又不是一成不变的，客观环境的变化和个人的主观调节都会使性格发生改变，所以性格与职业的对应也并非绝对，而是具有一定的弹性。需要指出的是，在依据能力、兴趣两方面因素确定了职业方向后，出于更加适应职业的目的，也有必要将气质、性格，甚至包括需要、动机、价值观等这些个性因素加以一定的分析和考虑。

第三节　职业生涯管理步骤和方法

一、职业生涯管理中个人和组织的职责

职业生涯管理指组织和员工个人对职业生涯进行决策、设计、规划、开发、执行、监控和调整的综合性过程。在这个过程中，员工和组织各自扮演着不同的角色，共同努

力与合作，推进员工的职业生涯发展和组织目标的实现。

1. 员工在职业生涯管理中的职责

（1）学习和掌握对自己的职业生涯进行设计和规划的能力。只有具备了这种能力，才能结合外部条件和自身特点做出合理的决策。

（2）具备接受新知识、新技能的能力，更好地适应环境及改变环境。

（3）与主管人员就决策目标进行沟通和反馈，讨论自己的职业生涯目标是否切实可行，进展程度如何，需要进行哪些方面的改进等。

（4）对职业生涯的目标、规划等做出调整。根据职业生涯的不同发展阶段，适当地调整自己的职业目标和发展规划。

（5）最终选择一个自己最适合的职业领域，并努力在这个领域取得成功。

2. 组织在职业生涯管理中的职责

（1）鼓励和指导员工进行职业生涯的设计和规划，结合组织的需要，为员工提供便利条件，如提供职业信息、向员工指出组织内部职业发展的途径等。

（2）监督员工职业决策计划的执行，并及时向员工反馈消息。

（3）在招聘和选择过程中，既要考虑到现在员工的职业规划，也要考虑到组织的要求和所提供的发展途径，保证员工个人职业计划与组织目标的最佳结合。

（4）将人力资源的配置规划与员工的职业决策和规划统一起来。

（5）组织为员工提供广泛的培训和开发活动，帮助员工获得职业生涯决策所需的知识和技能，以顺利实现个人的职业设计与开发。

二、影响职业生涯发展的因素

职业生涯管理是一个职业选择、设计、决策和开发的复杂过程，它受到多种因素的影响。这些因素包括：

（1）个人条件的影响。职业生涯首先要受到个人自身条件的影响，如个人的生理素质、潜力、局限性、能力、气质、性格、兴趣、价值观、动机、需要等，它们通过不同的方式制约着个人作出职业决策、设计与开发。

（2）父母的影响。一个人最初是通过对父母职业角色的观察甚至是模仿才获得对职业的了解的，所以父母所担负的工作角色，他们的价值观、态度、行为等对个人选择职业道路会产生深刻的影响。这也可以解释为什么某些职业如医生、音乐家等，其家庭中几代人都从事同样的工作。

（3）学校教育的影响。学校教育对个人职业生涯的影响表现在两个方面：一方面，一个人所接受的教育的程度和水平对他选择什么样的职业、成功的可能性大小等产生着直接的影响；另一方面，学校教育所提供的知识和技能训练为个人职业的选择和发展提供了现实基础。

（4）朋友和同龄群体的影响。职业的选择会受到朋友、同龄群体的感染与影响，朋友和同龄群体的工作价值观、工作态度、行为特点等不可避免地会影响到个人对职业的偏好、选择从事某一类职业的机会、变换职业的可能性等方面。

（5）社会环境的影响。社会环境中流行的工作价值观、政治经济形势、产业结构的变动等因素，无疑会深深地影响到个人职业生涯的决策、设计与开发。

（6）信息的影响。一个人只有掌握全面而准确的职业信息，才能有效地管理自己的职业生涯。职业信息包括对个人职业适应性的充分了解，也包括对不同职业的前景、所需具备的条件及发展机会的把握。

（7）其他因素的影响。对职业生涯的决策、设计与开发还受到许多其他因素的制约，如性别、种族、社会阶层等。这些因素虽然不十分明显，但仍然占据着一定的影响地位，在某些情况下甚至可能起着主导作用。

三、职业生涯管理的步骤和方法

一般而言，职业生涯管理包括以下几个步骤。

1. 自我评估和认识

大多数人都会认为对自己有足够的了解，但许多错误的职业生涯抉择就是因为对自己认识不清做出的。职业生涯管理的目的就是要通过对以往成长经验的反思评估自己的价值。这可以通过专家来协助，多方面评估自我，在了解自己的基础上进行职业规划与开发。所谓了解自己，就是了解自己的心理动机、需要、兴趣、价值、取向、性格、气质、才能、专长、短处等特征，特别是应对自己的职业兴趣、能力、个性有较深入的认识和了解，才能保证职业生涯管理的目的性和方向性。

2. 对组织的了解和选择

对自我的了解，为个人的职业生涯管理准备了前提条件。但是对自我的了解不仅限于主观素质方面，还必须对客观环境进行考察，特别是对组织的了解和选择是职业生涯设计与开发中非常重要的一部分内容。对组织的了解应深入到以下几个方面：

（1）对组织性质、结构、规模、经营管理状况、竞争能力、组织文化、领导风格等方面的了解。

（2）对组织内部工作性质、工作任务、工作要求、工作条件等方面的了解。实际上也就是了解工作资格要求。

（3）对组织内部发展机会、晋升途径、工作报酬等方面的了解。个人可通过各种媒介获得组织的有关信息，并对不同组织之间的性质、特征加以分析和比较，再结合个人的兴趣、能力等特征，最后选择适当的组织作为自己的工作单位，开始职业生涯的发展活动。

3. 确定志向和设定职业生涯目标

在评估、认识自己以及了解和选择组织的基础上，确定志向，设定职业生涯目标，这是制定职业生涯规划的关键，也是职业生涯规划最重要的一点。

志向是事业成功的基本前提，没有志向，事业的成功也就无从谈起。俗话说："志不立，天下无可成之事。"综观古今中外，各行各业的佼佼者都有一个共同的特点，就是具有远大的志向。立志是人生的起跑点，反映着一个人的理想、胸怀、情趣和价值观，影响着一个人的奋斗目标及成就。

生涯目标的设定是职业生涯规划的核心。一个人事业的成败，在很大程度上取决于有无正确适当的目标。抉择是以自己的最佳才能、最优性格、最大兴趣、最有利的环境等条件为依据的。通常目标分短期目标、中期目标、长期目标和人生目标。短期目标一般为 1~2 年，中期目标一般为 3~5 年，长期目标一般为 5~10 年。

4. 制定行动策略与措施

行动是关键的环节。没有行动，就不能实现目标，也就谈不上事业的成功。这里所指的行动，是指落实目标的具体措施，主要包括工作、训练、教育、轮岗等方面的措施。例如，为达到目标，在工作方面，计划采取什么措施提高工作效率；在业务素质方面，计划如何提高业务能力；在潜能开发方面，应该采取什么措施开发潜能；等等，都要有具体的计划与明确的措施，并且这些计划要特别具体，以便于定时检查。

5. 对职业生涯的评估与调整

人们对最初的职业的选择和设计并不是永远不变的，相反，对职业生涯的决策、设计、适应、调整等活动则是终生相伴的。随着社会环境、组织环境和个人主客观条件的变化，必须在适当的时候对职业生涯的目标、方向、实现手段与方式等做出相应的调整。例如在现实生活中，一些有成就的专业技术人员适应现代市场经济发展的需要，不断努力，成长为新一代的企业家，为中国的企业改革和现代化作出自己的贡献。如果不是进行了适当的职业生涯调整，这些人很难获得新的职业满意感和更大的职业成就。

一个优秀的职业生涯规划方案要花费很多精力，要掌握丰富的信息，要对自己有充分的了解。人是善变的，环境也是多变的，在职业生涯设计的过程中，非常强调对于不同环境的适应性。成功的职业生涯设计需要时时审视内外环境的变化，并且调整自己的前进步伐。在 21 世纪，工作方式不断推陈出新，除了学习新的知识技能外，更应时时审视自己的生涯资本及其不足，不断修正自己的目标，才能立于不败之地。

第四篇　人力资源制度

　　制度是企业发展与壮大的保障，是人力资源的重要内容。任何企业要想强大，都必须以人力资源作为基石，以规章制度作为手段，以成功发展作为目标。所以，科学的制度对于人力资源主管具有十分重要的作用和意义。

　　本篇从人力资源工作出发，选取了与其密切相关的行政事务管理制度、人事考核奖惩制度、员工聘用调整制度等方面内容，极具参考性及实用价值。

第二十二章 行政事务管理制度

第一节 员工工作守则

一、基本准则

1. 必须遵守中华人民共和国各项法律法规。
2. 严守纪律，严格遵守公司的一切规章制度。
3. 在代表公司参与的各项活动中，必须维护公司的荣誉与利益。
4. 要有敬业精神，积极进取，尽职尽责。
5. 同事之间、部门之间应互相合作，不可相互推诿扯皮，推卸责任。
6. 增强成本意识，切勿铺张浪费。
7. 积极参与公司组织的各种有益的文体、社会活动。

二、领导守则

1. 领导无特权。公司各级领导与普通员工一样，享有同等权利，应尽同等义务，与员工一样共同遵守公司的各项规章制度。
2. 领导就是责任。公司各级领导必须把完成创收任务，增加经济效益，作为第一责任。团结员工，带好队伍，千方百计完成创收指标，在公司增加效益的同时，使员工在业务拓展、经济收入等方面受益。
3. 领导就是服务。要关心、理解员工，加强沟通，相互信任，做员工的知心朋友。要动脑筋想办法，多出主意，当好员工的参谋，帮助员工拓宽业务渠道，为员工开展业务提供便利。
4. 领导要甘于奉献。公司各级领导应吃苦在前，享受在后。在开展业务中，当个人利益与员工利益发生矛盾时，宁可牺牲个人利益也要礼让员工，顾全大局。
5. 领导要率先垂范。身教重于言教。公司各级领导必须在各方面做出表率。善于管理，精通业务，做到"管理是行家，业务是能手"，具备良好的综合素质，成为员工学习的榜样。

6. 领导要与时俱进。公司各级领导不能故步自封，安于现状。要不断学习，开拓创新，率领团队向更高的目标迈进。

三、敬业守则

1. 员工应牢固树立专一从业思想，加盟公司就应全力以赴干好本职工作，集中精力为公司服务，不可三心二意。应当认真对待每一天的工作和所参与的每一件事，投入百分之百的精力去完成。

2. 勤奋好学，刻苦钻研，提高专业水平，做合格称职的员工。对所从事的业务，应以专业标准为尺度，从严要求，一丝不苟，规范、专业、高质量完成各项任务。

3. 项目签约之后，不管面临多么严重的困难，不管客户的要求多么苛刻，都要无条件地接受，想方设法克服困难，高质量按时完成任务，兑现合同的承诺。

4. 不讲条件，不计得失，不计报酬，一切为了公司利益，一切服从公司大局。积极主动开拓市场，争取更多业务项目。不能以个人意愿患得患失，消极怠工。

四、诚信守则

1. 诚信、正直，加盟公司就必须忠于公司，处处维护公司的荣誉和权益。在内部通过正常渠道，可以对公司各方面的工作提出意见、建议，但不许诋毁公司形象。不妄加评论公司的政策和业务，不贬低公司的领导、同事，不发表消极言论，不流露抵触情绪。

2. 未经公司批准，不准以公司名义考察、谈判、签约；不准以公司名义提供担保、证明；不得代表公司出席公众活动。

3. 不准从事危害公司利益的经济活动及其他活动。在业务交往中，不准索取或收受客户的酬金、礼品。

4. 公司或部门有关业务、薪酬等政策规定，一经制定，确保执行，认真兑现。

5. 公司业务运作如果出现失误，影响客户利益，不隐瞒、不愚弄客户，公开承认错误并承担客户损失。

6. 尊重客户，理解客户。即使参与竞标活动失利，即使客户失信、违反操作规程，也不埋怨客户，不贬低客户。

7. 尊重同行，不贬低同行，不搞恶性竞争，自觉维护公司的良好声誉。

8. 树立诚信经营的职业道德，诚信为本，专业为重，规范操作。倡导行业自律，反欺诈，反失信，自觉维护广告行业的诚信形象。

五、上下班守则

1. 上班时提前十分钟到岗，打扫卫生，正点准时进入工作状态。

2. 下班时要做好以下工作：

（1）整理办公桌面，各类文件归放整齐。

（2）最后离开办公室的员工，应检查门窗，电灯、空调、电脑、饮水机等用电设备的电源是否关好，检查无遗留问题后锁门方可离去。

六、办公守则

1. 保持办公室安静有序的工作环境，保持高效、快捷的工作作风。

2. 工作时间不说与工作无关的话，不做与工作无关的事，不乱串工作岗位，不打私人电话，不得利用电话聊天。

3. 文明办公，禁止在办公室大声说话、嬉笑、打闹，自觉做到语言文明、举止高雅。

4. 工作时间应坚守岗位，离开公司外出应向部门负责人说明。

5. 不在办公室接待私事来访亲友，不准将与工作无关的人员带入办公室。

6. 不准在办公区域内争吵，如有误解应心平气和地沟通。严禁出现打架、骂人、拍桌子、摔门、砸东西等粗暴行为。

七、办公环境卫生守则

1. 办公室内严禁吸烟。客人来访确需吸烟，应到办公室说明并领取烟缸。公司员工不准陪客人吸烟。

2. 办公桌、椅、柜等物品固定位置摆放，不准乱搬乱动，乱贴乱挂，如有移动及时复位。办公桌面条理清洁，不摆放与办公无关的物品。

3. 不准乱扔纸屑、果皮，不随地吐痰。办公室的废纸篓每日清理。

4. 在办公室用餐后立即清理，室内不能看到餐具。

5. 窗台、文件柜顶、墙角不能放置杂物，不留卫生死角。

6. 每日上班前十分钟清理卫生，每周五下班前提前半小时集中清理。

八、保密守则

1. 员工应增强保密意识，保守公司商业秘密和工作秘密，维护公司利益。

2. 必须妥善保管公司机密文件及内部资料，不得擅自复印，不得带出公司。

3. 机密文件和内部资料无须保留时，必须销毁。

4. 不准对外提供涉及公司利益的内部文件，下列内容为公司机密：

(1) 公司资金状况、法律事务、利润税收、市场营销策略。

(2) 客户开发动态、策划方案、投标方案、业务合同金额、回款欠款情况。

(3) 员工薪酬、业务奖励。

(4) 合作伙伴的商业机密，如营销网络、促销方案、产品销量、价格、专利等。

九、节约守则

1. 必须树立勤俭节约、节约光荣的思想，反对大手大脚、铺张浪费，从点滴入手做好节约工作。

2. 牢固树立成本意识，完善成本考核机制，降低成本，增加收益。

3. 严格遵守办公用品领用制度，管理有序，账物相符。

4. 自觉做到节约用电用水，做到人走灯闭，人离水停；严格控制打印文件数量，纸张正反两面使用。

5. 外出办事精打细算，提倡远途乘火车硬座，市内乘公共交通，控制专车长途旅行和市内乘坐出租车。

6. 严控超标住宿。

7. 严格控制各种招待费用及馈赠礼品。

第二节 员工礼仪守则

一、公司内应有的礼仪

1. 员工必须仪表端庄、整洁。具体要求如下：

（1）头发：员工头发要经常清洗，保持清洁，男性员工头发不宜太长。

（2）指甲：指甲不能太长，应经常注意修剪。女性员工涂指甲油要尽量用淡色。

（3）胡子：胡子不能太长，应经常修剪。

（4）口腔：保持清洁，上班前不能喝酒或吃有异味食品。

（5）女性员工化妆应给人清洁健康的印象，不能浓妆艳抹，不宜用香味浓烈的香水。

2. 工作场所的服装应清洁、方便，不过分追求修饰。具体要求如下：

（1）衬衫：无论是什么颜色，衬衫的领子与袖口不得污秽。

（2）领带：外出前或要在众人面前出现时，应佩戴领带，并注意与西装、衬衫颜色相配。领带不得肮脏、破损或歪斜松弛。

（3）鞋子：应保持清洁，如有破损应及时修补，不得穿带钉子的鞋。

（4）女性员工要保持服装淡雅得体，不得过分华丽。

（5）员工工作时不宜穿大衣或过分臃肿的服装。

3. 在公司内员工应保持优雅的姿势和动作。具体要求如下：

（1）站姿：两脚脚跟着地，脚尖离开约45度，腰背挺直，胸膛自然，颈脖伸直，头微向下，使人看清你的面孔。两臂自然下垂，不耸肩，身体重心在两脚中间。会见客户或出席仪式的站立场合，或在长辈、上级面前，不得把手交叉抱在胸前。

（2）坐姿：坐下后，应尽量坐端正，把双腿平行放好，不要傲慢地把脚向前伸或向后伸。要移动椅子的位置时，应先把椅子放在应放的地方，然后再坐。

（3）公司内与同事相遇应点头行礼表示致意。

（4）握手时用普通站姿，并目视对方眼睛。握手时脊背要挺直，不弯腰低头，要大方热情，不卑不亢。伸手时同性间应地位高或年长者先向地位低或年轻者伸手，异性间应女方先向男方伸手。

（5）出入房间的礼貌：进入房间，要先轻轻敲门，听到应答再进。进入后，回手关门，不能大力、粗暴。进入房间后，如对方正在讲话，要稍等静候，不要中途插话，如有急事要打断说话，也要看机会，而且要说："对不起，打断你们的谈话。"

（6）递交物件时，如递文件等，要把正面、文字对着对方的方向递上去，如是钢笔，要把笔尖向着自己，使对方容易接着；至于刀子或剪刀等利器，应把刀尖向着自己。

（7）走通道、走廊时要放轻脚步。无论在自己的公司，还是访问的公司，在通道和走廊里不能一边走一边大声说话，更不得唱歌或吹口哨等。在通道、走廊里遇到上司或客户要礼让，不能抢行。

二、日常业务中的礼仪

1. 正确使用公司的物品和设备，提高工作效率。

（1）公司的物品不能野蛮对待，挪为私用。

（2）及时清理、整理账簿和文件，墨水瓶、印章盒等盖子使用后及时关闭。

（3）借用他人或公司的东西，使用后及时送还或归放原处。

（4）工作台上不能摆放与工作无关的物品。

（5）公司内以职务称呼上司；同事、客户间以先生、女士等相称。

（6）未经同意不得随意翻看同事的文件、资料等。

2. 正确、迅速、谨慎地接打电话。

（1）电话来时，听到铃响，至少在第二声铃响前取下话筒。通话时先问候，并自报公司、部门。对方讲述时要留心听，并记下要点。未听清时，及时告诉对方，结束时礼貌道别，待对方切断电话，自己再放话筒。

（2）通话简明扼要，不得在电话中聊天。

（3）对不指名的电话，判断自己不能处理时，可坦白告诉对方，并马上将电话交给能够处理的人。在转交前，应先把对方所谈内容简明扼要告诉接收人。

（4）工作时间内，不得打私人电话。

三、和客户的业务礼仪

1. 接待工作及其要求：

（1）在规定的接待时间内，不缺席。

（2）有客户来访，马上起来接待，并让座。

（3）来客多时以序进行，不能先接待熟悉客户。

（4）对事前已通知来的客户，要表示欢迎。

（5）应记住常来的客户。

（6）接待客户时应主动、热情、大方、微笑服务。

2. 介绍和被介绍的方式和方法：

（1）无论是何种形式、关系、目的和方法的介绍，应该对介绍负责。

（2）直接见面介绍的场合下，应先把地位低者介绍给地位高者。若难以判断，可把年轻的介绍给年长的。在自己公司和其他公司的关系上，可把本公司的人介绍给别的公司的人。

（3）把一个人介绍给很多人时，应先介绍给其中地位最高的或酌情而定。

（4）男女间的介绍，应先把男性介绍给女性。男女地位、年龄有很大差别时，若女性年轻，可先把女性介绍给男性。

3. 名片的接收和保管：

（1）名片应先递给长辈或上级。

（2）把自己的名片递出时，应把文字向着对方，双手拿出，一边递交一边清楚说出自己的姓名。

（3）接对方的名片时，应双手去接，拿到手后，要马上看，正确记住对方姓名后，将名片收起。如遇对方姓名有难认的文字，马上询问。

（4）对收到的名片妥善保管，以便检索。

第三节　某公司员工手册

为搞好企业现代化管理，健全公司组织，建立经营制度，提升企业规范化管理水平，特依据本省劳动条例、企业劳动管理规定及有关法规制定本公司员工规章手册，凡本公司暨所属员工的人力资源管理，除法令另有规定外，悉应遵守本手册的各项规定。

人事制度

第一章　总则

第一条　本手册所称本公司员工，系指本公司正式录用的员工，及试用期间的新进实习员工。

第二条　因业务需要而另聘的兼职技师、特约人员、顾问，依合同另行约定有关事宜。

第二章　雇用

第三条　本公司雇用员工，由用人单位提出用人计划送人力资源部，经批准后，办理招聘或内部调配。

第四条　本公司应聘人员须经体检、考试或测试合格，并经审查核定后方得雇用。

第五条　凡应聘人员有下列情形之一者不予雇用：

（1）政府规定不得雇用者；

（2）经本公司医院或指定医院实施体格检查不合格者，或经发现有恶性传染病者；

（3）经人力资源部审查有关证件不实者；

（4）依需要做工作性测验或专业知识测验不合格者；

（5）用人部门的面试、笔试未通过者；

（6）主管领导审查、面试未通过者。

第六条 除总经理批准外，新员工劳动合同期一般为两年，试用期为三个月。

第七条 应聘人员经核准雇用，应于接到通知后，按其指定日期及地点亲自办理报到手续，并缴验下列证件，否则视为拒绝受雇，该通知因而失其效力：

（1）人事资料卡；

（2）身份证；

（3）学（经）历证件；

（4）职称证；

（5）一寸照片；

（6）结婚证（含计划生育证）或未婚证明；

（7）劳动合同；

（8）其他经指定应缴验的证表。

第八条 本公司雇用人员除特殊情形经总经理核准免予试用、缩短试用期者外，均应试用三个月（含受训期间），在试用期间，请事、病假不予列计；试用期间公司派专人辅导或培训，并作试用考核送人力资源部。经考核不合格者不予雇用，除工资外不发任何补偿费，试用人员不得提出异议；经考核合格者，于考核合格之翌月1日起转正为本公司正式员工。

第三章 公司纪律须知

第九条 本公司员工应忠于职守，努力干好本职工作，遵守纪律，服从各级主管合理指挥，接受工作调配。

第十条 本公司员工应爱护公物，维护环境卫生，讲求文明礼仪，文明生产，安全生产。

第十一条 本公司员工应树立高度工作责任感，认真提高业务水平，保证质量，追求经济效益。

第十二条 本公司员工进入厂区或工作岗位，应着本公司制服或佩戴员工识别卡。

第十三条 本公司员工未经许可，不可在工作时间内会见亲友，影响工作，若必须会客时，应在指定地点，时间以不超过15分钟为原则。

第十四条 本公司员工应按时上、下班，并亲自打卡或登记出勤，不得迟到、早退或旷工。

第十五条 本公司员工不得在仓库、禁烟厂区内吸烟，在工作场所内切忌随地吐痰，乱抛垃圾或大声喧哗，每天下班后，应将环境打扫干净。

第十六条 本公司员工因故必须请假时，应按请假规定办理，完成手续后，始得离开工作岗位。

第十七条 本公司员工的加班应事先得到主管及工会认可，加班一律给加班费，每月加班时数超出36小时者可以办理同等工时补休。

第十八条 本公司员工应了解分层负责精神，对于职务及公事的报告，均应循级而上，不可越级报告，但紧急或特殊状况不在此限。

第四章　奖惩

第十九条　本公司员工的奖励分为下列五种：

（1）嘉奖，加发当月 2 天底薪；

（2）记功，加发当月 6 天底薪；

（3）记大功，加发当月 18 天底薪；

（4）奖金；

（5）晋级。

第二十条　有下列事迹之一者，得予嘉奖：

（1）工作努力，生产积极，适时完成任务，贡献突出者；

（2）遵法守纪，听从指挥，互相协作，事例突出者；

（3）热爱本职工作，热心服务，有具体事迹者；

（4）工作认真负责，保证产品质量，成绩显著者；

（5）有其他事迹，足为其他员工学习者。

第二十一条　有下列事迹者，得予记功：

（1）对于生产技术、生产工艺或管理制度，提出具体建议方案，经采用确具成效者；

（2）节约费用开支或对废料利用成绩显著者；

（3）遇有事故或灾变，勇于负责，并处置得宜，免于损失或减少损失者；

（4）举报违规或侵害公司利益的案件者；

（5）有其他事迹，足为其他员工的榜样者。

第二十二条　有下列事迹之一者，记大功：

（1）遇有意外事件或灾变，奋不顾身，极力抢救因而减少重大损失者；

（2）维护工厂安全，奋勇执行任务，确有实际功绩者；

（3）维护公司重大利益，竭尽全力，避免重大损失者；

（4）具有其他重大功绩，足为其他从业人员的模范表率者。

第二十三条　奖金是指：

（1）年终盈余奖金；

（2）研究发明奖金；

（3）工龄奖金；

（4）合理化建议奖金；

（5）节约物料、费用奖金；

（6）特殊功绩奖金；

（7）竞赛、考核奖金；

（8）非经常性奖金。

第二十四条　有下列事迹之一者，颁发奖金或予以晋级：

（1）年终评比总结成绩优秀者；

（2）研究发明，对公司确有重大贡献者；

（3）服务满 10 年、15 年、20 年、25 年，考核优良，未曾旷工或未受记过以上处分者；

（4）对公司作提案改善，经实施结果证明能创造公司利润或减少损失者；

（5）对公司目标管理的达成，经营效益的提高，成效卓著者；

（6）一年内记大功三次者；

（7）具有其他特殊贡献者（或斟酌列入公司年鉴、史册）。

第二十五条　本公司员工的惩罚分为下列五种：

（1）警告；

（2）记过；

（3）记大过；

（4）降级；

（5）解雇。

对员工进行上述惩罚时可以减薪，但减薪数额一般每月不应超过其工资总额的 20% 。

第二十六条　有下列情形之一经查证属实者或有具体事证者，应予警告：

（1）在工作时间谈天、嬉戏、阅读与工作无关的书报杂志或从事规定以外的工作者；

（2）在工作时间内擅离工作岗位者；

（3）因过失导致发生工作错误情节轻微者；

（4）妨害现场工作秩序或违反安全卫生规定者；

（5）初次不服从主管人员合理指挥者；

（6）浪费公物，情节轻微者；

（7）检查或监督人员未认真执行职务者；

（8）出入厂区不遵守规定或携带物品出入公司而拒绝保安或管制人员询问检查者；

（9）破坏环境卫生者；

（10）初次穿着拖鞋进厂上班者；

（11）在食堂就餐不排队、不守纪律、无理取闹者；

（12）外出办事不填写外出登记表者；

（13）品行不正，不讲文明礼貌，辱骂他人者；

（14）私自拆装宿舍照明电线、插座，或使用电炉、电热水器者；

（15）进入公司不着工作服又不佩戴工作识别卡经查获者；

（16）无故不参加培训中心指定必修课程者。

第二十七条　有下列情形之一经查证属实者或有具体事证者，应予以记过：

（1）对上级指示或有期限的命令，未申报正当理由而未如期完成或处理不当者；

（2）因疏忽致机器设备或物品材料遭受损害或伤及他人者；

（3）在工作场所喧哗、嬉戏、吵闹，妨害他人工作者；

（4）未经许可擅带外人入公司参观者；

（5）携带危险物品进入公司者；

（6）在禁烟的工作场所吸烟、丢烟头者；

（7）投机取巧、隐瞒蒙蔽谋取非正当利益者；

（8）对同事恶意攻击或诬告、伪证而制造事端者；

（9）在工作时间躺卧、睡觉者。

第二十八条　有下列情况之一经查证属实者或有具体事证者，应予记大过：

（1）擅离职守，导致生产变故使公司受重大损害者；

（2）泄露生产机密或公司机密者；

（3）携带违禁物品入厂不听制止者；

（4）遗失经管的重要文件、机件、物件或工具者；

（5）初次撕毁公文或公告文件者；

（6）擅自变更工作方法致使公司受重大损失者；

（7）拒绝听从主管人员合理指挥监督，经劝导仍不听从者；

（8）违反安全规定措施致使公司受重大损失者；

（9）工作时间在工作场所制造私人物件者；

（10）造谣生事，散播谣言致使公司蒙受重大不利者；

（11）一个月内累计旷工达三日者；

（12）私自拆装宿舍照明电线、插座、灯头，或使用电炉、电热器，发生危害者；

（13）初次代人打卡或托人代打卡或伪造出勤记录者；

（14）恶言吵骂同事或怂恿相骂或打架者。

第二十九条　有下列情况之一经查证属实者或有具体事证者，不经预告直接解雇除名：

（1）订立劳动合同时为虚伪意思表示，使公司误信而遭受损害者；

（2）凡动手打人、出手帮凶、使用武力或携带凶器威胁恫吓他人安全、实施暴行或有重大侮辱行为者；

（3）工作、服务态度恶劣，损害客户利益者；

（4）故意损耗机器、工具、原料、产品或公司其他物品，或故意泄露技术上、营业上的秘密，致使公司蒙受损害者；

（5）受政府判刑或受拘留处分情节重大者；

（6）无正当理由连续旷工15日，或一年内累计旷工达30日者；

（7）聚众结伙，妨害生活秩序、生产秩序者；

（8）张贴、散发煽动性文字、图书，破坏员工与公司关系者；

（9）在公司区、集体宿舍内赌博者；

（10）偷窃同事或公有财物，价值在人民币300元以上者；

（11）盗用公司名义在外招摇撞骗，致使公司名誉受重大损害或伪造、变造、盗用公司、部门的印信者；

（12）侵占公有财物营私舞弊，利用职务收受贿赂者；

（13）第二次代人打卡或托人代打卡或伪造出勤记录者；

（14）在禁烟区内吸烟或引火，造成公司损害者；

（15）在工作中酗酒滋事妨害生产秩序者；

（16）年度内积满二次大过未能功过相抵者；

（17）依据劳动合同调派工作，无故拒绝接受者；

（18）非法罢工、怠工或煽动他人怠工、罢工者；

（19）未经公司书面同意，在外从事相同业务或与公司利益冲突者。

第三十条　同年度的功过可予以抵消：嘉奖与警告，记功与记过，记大功与记大过视为同等功过。

第三十一条　奖惩依下列规定计算：

（1）三次嘉奖等于一次记功，三次记功等于一次记大功；

（2）三次警告等于一次记过，三次记过等于一次记大过。

第三十二条　员工的奖惩应填写员工奖惩申报审批表说明具体事实移送人力资源部调查核定。

第三十三条　本手册未规定的奖惩内容而又必须执行时，由总经理、副总经理、总经理办公室主任、人力资源部经理、管理部经理、相关部门经理议决，或提报上级有关部门核定。

第五章　薪资

第三十四条　本手册所称薪资系指员工因工作所获得的报酬，包括底薪、效益浮动工资或按计时、计日、计月、计件，以现金或实物等方式给付的奖金、津贴、加班费等。

第三十五条　公司员工的薪资系按工作繁简难易，职责轻重及所需专业技能，绩效标准订定，或由员工与公司于签订劳动合同时双方议定。

第三十六条　公司依营运经济效益及员工劳动贡献度，核发效益浮动工资，效益浮动工资最高为该员工底薪的40%。

第三十七条　薪资以八小时为一日计算。

第三十八条　本手册所称加班工资的计算，按平日每小时底薪加给50%。

第三十九条　本手册所称法定节日加班工资的计算，按平日每小时底薪的2倍计算。法定节假日加班工资计算按平日每小时底薪3倍加给。

第四十条　公司员工的薪资于次月10日发放，而薪资发放日适逢放假日时，于放假日前一日发给。

第四十一条　公司员工的职阶、职等、职级，按公司薪资管理办法实施。

第六章　考核

第四十二条　公司对所属员工每月作定期百分考核，考核项目与评分标准如下：

（1）出勤态度：占10%；

（2）遵纪守法，服从指挥，互相协作：占10%；

（3）爱护公物，勤于保养、维护设备：占10%；

（4）文明礼貌，文明生产：占10%；

（5）安全生产：占 10%；

（6）工作效率，产品质量：占 20%；

（7）工作任务、产品完成：占 20%；

（8）节约：占 10%。

第四十三条 根据以上八个项目进行考核：

（1）其中有一项目分数为零或总分低于 50 分者，不发当月浮动工资；

（2）分数在 50～70 分者，发放 50% 的当月浮动工资；

（3）分数在 71 分以上者，按实得分数比率计发当月浮动工资。

第四十四条 公司员工的考核分为主管成绩表、职员成绩表及员工成绩表三种。每年六月底及十二月底作年中、年终成绩，作为升迁或加薪、降级以及确定年终奖金等的依据。

第四十五条 公司就员工做的绩效考评，参照每月累计百分考核、主管成绩表、职员成绩表、员工成绩表、培训成绩等办理成绩评比，等级的区别如下：

（1）优等：90 分（含）以上～100 分者，升三级；

（2）甲等：80 分（含）以上～90 分者，升二级；

（3）乙等：70 分（含）以上～80 分者，升一级；

（4）丙等：60 分（含）以上～70 分者，不予升级；

（5）丁等：未满 60 分者，降级。

第四十六条 凡员工有下列情况之一者，其在该年度成绩等级不得列入优等：

（1）曾受警告或以上处分者；

（2）迟到或早退全年达 10 次（含）以上者；

（3）旷工达一日（含）以上者；

（4）请假超过规定日数者；

（5）培训中心所指定必修课程，有未经请假旷课两次（含）以上者。

第四十七条 凡员工有下列情况之一者，其在该年度成绩等级不得列入甲等或以上：

（1）曾受记过或以上处分者；

（2）迟到或早退全年达 20 次（含）以上者；

（3）旷工达两日（含）以上者；

（4）培训中心所指定的必修课程中，经考试测验有一科不及格者；

（5）培训中心所指定培训，全年缺席（因出国、出差除外）达 20%（含）以上者。

第四十八条 凡员工有下列情况之一者，其在该年度成绩等级不得列入乙等或以上：

（1）曾受记大过或以上处分者；

（2）迟到或早退全年共计 30 次（含）以上者；

（3）旷工达三日（含）以上者。

第四十九条 全公司员工成绩各等级比率，由总经理确定。

第五十条 凡有如下情况之一者取消年终成绩：

（1）正式录用未满一个月者；

（2）留职停薪尚未复职者。

第五十一条 本章所称年度自1月1日起至12月31日止。

第七章 考勤

第五十二条 本公司员工每日工作时间为八小时，但经员工半数以上或工会同意，可将周内一日的正常工作时数，调配在其他工作日上，但每周工作总时数仍以40小时为度。

第五十三条 本公司员工工作时间：上午八时上班，下午五时下班，中午休息一小时。担任流水线作业的员工，另依规定可于实施作业中间休息。

第五十四条 员工因出差或其他原因于工作场所外从事工作，不易计算其工作时间者，以平日的工作时间为其工作的时间。

第五十五条 因季节或订单量关系和因换班、准备或补充性工作，需在正常工作时间以外加班，本公司可延长工作时间。但每人每月加班不得超过36小时，每天班后加班不得超过3小时。

第五十六条 本公司员工的加班，必须事先批准，否则不予采计。

第五十七条 本公司对于写字楼职员的加班工时的统计与加班费的核发，另依本公司薪资管理办法实施。

第五十八条 本公司员工工作采取昼夜轮班制者，其工作班次每周更换一次。但为员工同意者不在此限。

第五十九条 本公司员工每周7日中休息两日，为星期假日。公司可配合生产需要而要求员工于星期假日出勤上班，该星期假日以加班工资计算。

第六十条 本公司员工如有迟到者，依下列规定办理：

（1）上班时间5分钟后至15分钟内，签到、打卡到工者为迟到。扣当月百分考核1分。

（2）上班时间15分钟后，签到、打卡到工者，均以旷工半日论。

（3）因偶发事件，经核准者，以请假处理。

第六十一条 本公司员工如有早退者，按下列规定办理：

（1）下班时间前5分钟内，即行签退或打卡提前下班者为早退。扣当月百分考核1分。

（2）下班时间前15分钟以前即行下班者，均以旷工半日论。

第六十二条 本公司员工如有旷工者，依下列规定办理：

（1）未经请假或假满未续假，而不到工者，均以旷工论。

（2）旷工一天扣发当月百分考核5分，并且不发当日底薪。

（3）委托或代人打卡或伪造出勤记录者，一经查明，当日双方均以旷工论处。

（4）员工上下班打卡仅打"到"未打"退"，或仅打"退"未打"到"者，若无具体确实的理由，当日以旷工处理。

（5）除因卡钟失灵，确实无法打卡者，可由科长（主管）以上人员注明，其他原因均属无效，仍以旷工处理。上下班时未能找到出勤卡者，应向保安人员登记确切时间，由人力资源部签字，否则仍以旷工处理。

（6）在连接星期日或法定假日前后旷工者，应视为连续旷工，但其中星期假日或法定休假日，不计入旷工日数内。

第六十三条 政府规定应放假的节日，均予休假，工资照给。

第六十四条 员工过春节需要有更长假期者，本公司可在春节期间，给予放假14天，工资照给，以代替前条第四项春节法定节日、探亲假及干休假。

第六十五条 本公司员工的请假为下列八种，分别规定：

（1）公假：依照政府法令应给公假者，凭有效证件办理。请公假可酌情核发路程假。公假期间，工资照给。

（2）工伤假：员工因执行职务而导致残疾、伤害，经指定医院证明，确不能出勤者，核给工伤假，工资照给。假期期满治愈无碍者，应主动复工，否则以旷工处理。请工伤假，除本公司医疗室证明及外诊医院证明外，应附工伤报告书。

（3）事假：员工因有事故，必须亲自处理者，可请事假，全年合计不得超过15天，事假期间不发工资；所属员工的请假超过规定日，应办理停薪留职，否则以旷工处理。

（4）病假：员工因普通伤病、疾病或生理原因，必须治疗或休养者，依下列规定请病假：

①未住院者，全年合计不得超过30天。

②住院者及其出院后的休养期，根据国家规定给予医疗期，但合计不得超过30个月。

③病假期间，底薪一律折半发给（但不得低于本地区最低工资的80%）。病假逾期者，可以事假抵充，再逾限则应办理停薪留职，但留职停薪以一年为限。

④请病假，需附经本公司医疗室出具的病假单，或其他指定医院开立经本公司医疗室签字确认的证明。请病假在7天（含）以上者，另需附本公司医疗室的病情报告书。

（5）婚假：本公司员工经试用合格为正式员工的本人结婚者，可按国家规定请婚假，应附结婚证书。工资照给。

（6）丧假：员工的父、母或子女或本人配偶丧亡者、给予丧假6天，工资照给。请丧假，应附讣文或死亡证明及户口文件。

（7）产假：女性员工分娩前后，应停止工作，给予产假90天。妊娠三个月以下流产者，依病假规定处理。请产假，应附准生证或出生证明。

（8）计划生育假：女性员工请晚育假、独生子女优待假、人工流产假、引产假、结扎假或带环假等，工资照给。请计划生育假，应附医院证明，经妇委会确认，送人力资源部按规定核准假期。

第六十六条 本公司员工因故必须请假时，应于事前办妥请假手续，方可离开工作岗位。如遇急病或临时重大事故需亲自处理时，需于一日内委托他人或以电话、电报、传真报告单位主管代为办理。事后申请给假时应提出相关证明文件。

第六十七条 本公司员工在法定节日仍然上班，而未行补休时，本公司发给当日法定节日加班工资。

第六十八条 本公司员工有迟到、早退、旷工、请事假、请病假、请婚假、请丧假、请计划生育假者，当月不发给全勤奖金。

第六十九条 本公司员工请公假、工伤假、产假，其全勤奖金照给。

第七十条 本公司员工请事假、婚假、丧假，如遇星期假日或政府规定应予休假的法定节日，则不计入请假期内。

第七十一条 本公司员工请事假均需以书面依下列规定核准：

（1）在2天（含）之内者，由车间主任或科长级主管批准；

（2）在6天（含）之内者，由部门经理批准；

（3）在6天以上者，由公司主管领导批准。

第七十二条 本公司员工的事、病假累计，均自每年1月1日起至同年的12月31日止；中途到工者其可请的事、病假天数，应依比率递减。

第八章 劳动保险与劳动保护

第七十三条 本公司员工经试用合格为正式员工，一律加入社会劳动保险，并追加试用期间的劳动保险。享有该保险规定的各项权利。

第七十四条 本公司员工参加社会劳动保险，享有该保险的员工退休金、退休期间医疗费、退休后死亡的丧葬费、遗属抚恤金，及合乎规定待业生活困难的补助费。

第七十五条 本公司员工参加社会劳动保险，领取退休金应按本市政府规定的条件办理：

干部：男员工年满60周岁，女员工年满55周岁，工作满15年以上。

工人：男员工年满60周岁，女员工年满50周岁，连续工龄15年以上。

本市户口临时工：男员工年满60周岁，女员工年满55周岁，投保期满15年。

因工致残或患有职业病，经指定医院证明并经劳动鉴定委员会确认的残疾程度为1~4级的在职员工。

第七十六条 本公司外地户口的临时工离职并离开本市回原籍时，其社会劳动保险金依法可发给本人，或按社会劳动保险部门的规定办理。

第七十七条 本公司依照有关劳动安全卫生法令规定，办理公司卫生工作，防止职业伤害，保护员工的安全健康。

第七十八条 本公司员工应重视安全技术知识并提升操作技术水平，积极参与公司内安全教育及技术培训。

第七十九条 本公司员工应依规定领取使用劳动防护用品及保健食品，确保工作安全及身体健康。

第八十条 本公司工作的女性员工，有妊娠者，不得加班；妊娠满7个月后，不得上夜班；有未满一周岁婴儿者，不得加班及上夜班。

第八十一条 本公司的女性员工，有未满一周岁婴儿者，在每天工作时间内，得以两次哺乳时间，每次哺乳时间以单胎计为30分钟，工资照给。

第九章 公司福利

第八十二条 本公司依法成立工会组织，并按月拨款作为工会经费，举办各种活动，如文艺活动、体育活动、宣传活动、教育活动、庆祝会等，本公司员工按规定参加。

第八十三条 本公司员工公积金的加入、提拨、公积金的相对提拨及公积金的提领与享受，按公积金制度实施。

第八十四条 本公司员工依法加入社会劳动保险。

第八十五条 本公司员工住宿按规定申请员工宿舍，服从宿舍管理办法。

第八十六条 本公司成立伙食团，员工按规定享用伙食，公司免费提供员工中午工作餐，员工用餐应服从食堂的规定。

第八十七条 本公司员工至医疗室就诊，或至本市区人民医院、妇幼保健院外诊，其公费补助，均按本公司医疗规定办理。

第八十八条 本公司员工上、下班，按规定申请免费乘本公司交通车。

第八十九条 本公司营业年度终了如盈余时，对于全年无过的员工，可酌情给予年终奖金。其发放办法，每年另行公布。

第九十条 本公司员工享有婚丧喜庆补助，凭证经相关部门签字确认，可到财务部领取补助费。

第十章 工龄计算

第九十一条 本公司员工有下列情形之一者，其工龄合并计算：

（1）在试用实习期间；

（2）批准给假的假期；

（3）短期合同期满或长期合同因故停止履行后，未满三个月又制定新合同或继续履行原合同时；

（4）连续服务本公司的期间，调任至本公司所经营投资的其他公司者，其服务期间的工龄。

第九十二条 本公司员工有下列情形之一者，其原有工龄不予计入：

（1）留职停薪者；

（2）因案停职而又获准复职者。

第九十三条 本公司员工在200×年×月×日以前到公司任职者，其工龄自200×年×月起计算。

第十一章 解雇、资遣与退休

第九十四条 本公司遇有下列情形之一者，可解雇员工：

歇业或转让时；亏损或业务紧缩时；不可抗力需暂停工作在一个月以上时；因生产、技术的变化，有减少员工的必要，又无适当工作可供安置时；员工经教育培训仍不能胜任职务工作，亦不宜改调其他工种职务时。

第九十五条 因前条原因终止劳动合同解雇员工时，应在 30 天前书面预告，未经预告即终止劳动合同者，发给 30 天的预告期间本人工资。

第九十六条 本公司员工经预告被终止劳动合同时，依下列规定发给资遣费：

（1）在本公司（本厂）或分公司（分厂）连续工作，工龄每满一年，发给本人一个月的工资；

（2）依前项计算的剩余月数，未满半年者以半年计，满半年者以一年计。

第九十七条 本公司员工欲主动终止劳动合同辞职时，亦应在 30 天前书面告知本公司批准办理辞职手续，未经预告批准即行终止劳动合同时，应赔偿本公司 30 天预告期间该员工工资，若致公司遭受损失时，依法诉请司法机关追偿。

第九十八条 本公司员工自动辞职或离职时，可要求发给在本公司的工作证明。

第九十九条 本公司员工自动辞职或因违反本手册第四章第三十三条各项规定而被解雇时，不发给预告期间工资及资遣费。

第一百条 本公司员工有下列情形之一者，可自请退休：

（1）在本公司服务工龄满 30 年；

（2）在本公司服务工龄满 20 年，男员工年满 55 周岁，女员工年满 50 周岁。

第一百零一条 在本公司员工有下列情形之一者，本公司得规定退休：

（1）男员工年满 60 周岁，女员工年满 55 周岁；

（2）心神丧失或身体残疾，不胜任工作者。

第一百零二条 本公司员工退休金的给付标准如下：

按服务本公司（本厂）或分公司（分厂）的工龄计，每满一年给一个月平均工资，其超过 15 年的服务工龄，每满一年给予一个半月平均工资，最高总数以 35 个月平均工资为限。

依前项计算后的剩余月数，未满半年者以半年计，满半年者以一年计。

第一百零三条 申请退休人员应填写退休申请书，经核定后批准。

第一百零四条 本公司规定退休的员工，应由人力资源部签报经核定后通知退休人员办理退休手续。

第一百零五条 退休人员经核定并办妥离职手续后，本公司应在 30 日内一次全部给付或分期给付退休金。

第一百零六条 本公司员工离职应办理离职手续，依下列程序办理：

（1）至原所任部门移交与公司有关的文件或使用工具；

（2）至行政部门办理公司宿舍和福利设施移交手续；

（3）至财务部门结清本人财务账目；

（4）至人力资源部门办理离职确认。

第十二章 附则

第一百零七条 本公司对于外籍员工的雇用、解雇、薪资、保险、退休及福利，由总经理决定，另订。董事会成员在职者，其任免、退休等由董事会决定。

第一百零八条 本公司雇用已退休人员，其雇用、解雇、薪资、保险、福利，依合同另订。

第一百零九条　本手册如有未尽事宜，依照有关法令规定办理，同一法令另有修正时，依修正后的法令办理。

第一百一十条　本手册经总经理核准，报请上级主管机关后，公布实施，修正时亦同。

第四节　员工文明行为规范

为保持公司对外良好的形象，保障公司文明氛围，特制定本行为规范，本规范适用于集团公司全体员工。

一、办公行为规范

1. 公司员工应按规定时间准时上下班，不迟到、不早退。

2. 各部门负责本部门办公室的卫生，随时保持办公场所整洁的环境，所有办公场所（包括会议室）一律禁止吸烟。

3. 保持办公环境安静。

4. 员工保持穿着、仪表、风度朴实大方，自然端庄，注意细节，正式场合建议男士着西装、女士着套装。

5. 办公场所不允许玩牌、下象棋、打麻将等娱乐活动。

二、语言行为规范

1. 员工在说话、发言时应使用礼貌语言，讲究分寸，彬彬有礼、富有感染力。

2. 与上级或者客人讲话时，要保持一定的距离，态度端正，亲切自然，目视对方，注意倾听。回答问话时，语句要清晰简明，表达得体。有不清楚的地方，须待交谈告一段落后，有合适的时机再询问。

3. 同事之间，不说粗话、脏话，不恶语伤人。避免高声辩论，保持办公环境安静。与他人谈话时，若有急事需要离开，要先打招呼表示歉意。

倾听他人谈话时，不应鲁莽地打断，需要插话时，应在适当时机，先说"对不起"或"打扰一下"后再发言，说话要清晰，速度适中。

4. 听到电话铃声立即接电话，最多不能让铃声响过三遍。接电话时，用自然、愉悦的普通话回答，口齿清晰，富有表现力。

通电话时，要使用"您好"、"请讲"、"谢谢"、"对不起"、"请原谅"、"没关系"、"不客气"、"请您稍候"、"再见"等礼貌用语，要准确熟练适时灵活加以运用，使对方感到亲切自然。严禁在电话里与对方大声谈笑或者使用不雅之词。

职员在打电话与别人交谈时，如有客人走近，应立即示意，表示已注意到他（她）的来临。通话告一段落或结束，要等客人先开口。

三、接待行为规范

1. 接待客人，应表情明朗，面带微笑，亲切和蔼，端庄稳重，落落大方，不卑不亢。微笑应该是发自内心，不要绷着脸、撅着嘴、皱着眉或者扭扭捏捏、缩手缩脚，过于拘谨。

2. 接待人员与客人接触时，切记不要打听或者询问客人的年龄（尤其对女客人）、履历、工资收入、衣物价格等这些与工作无关且被认为是个人隐私的其他事情。

3. 不得用手指或笔杆指客人或为客人指示方向，引导客人时，应走在客人的右前方，距离保持二至三步，不要太近或者太远。

第五节　员工行为规范制度

一、前言

一个职业的销售人员应具有的最基本能力就是"面对面的影响力"，而这又在很大程度上取决于是否能够留给别人良好的第一印象。影响第一印象的因素很多，其中最重要的是有自信的态度、整洁得体的仪容仪表、大方有礼的行为举止、明朗清晰的表达、亲切自然的表情等。这些，都需要不断的"修炼"，并养成日常的行为习惯才能实现职业化。希望大家从点点滴滴入手，从一个微笑、一个动作做起，遵守日常行为规范，培养职业习惯，创造良好的店面氛围，体现员工的良好精神风貌，给顾客以信任感，使员工成为顾客心中亲切的咨询顾问。

二、仪容仪表规范原则　端庄、整洁、大方

1. 仪容规范：勤洗澡、理发、保持清洁。

指甲应修剪整齐（男士指甲不宜超过指尖），保持清洁，不得涂有色指甲油。

头发要求梳理整齐、利落、不得染颜色鲜艳的彩色头发。男士发型要求前不遮眼眉，后不压衣领，两侧不盖耳。女士发型要求文雅大方。

男士不得留胡须。

女士可佩戴得体的首饰，在岗时可以化淡妆，不浓妆艳抹。

2. 着装规范：服装必须保持清洁、整齐、不能有明显的污渍和灰尘（特别是衣领和袖口）。袖口不能卷起，服装不能出现开线或纽扣脱落。

在岗期间，不得穿拖鞋、短裤，不得赤脚。

员工在岗期间必须在左胸前端正地佩戴胸牌。

附加说明：每日上岗前，员工应对自己的仪容仪表和着装进行自检。各部门负责人应在值班前检查员工的仪容仪表和着装。对不符合标准的员工进行警告，限定改正时间；对于情节严重、影响恶劣的员工，可以要求其首先解决问题，否则不予上岗。

三、日常行为规范原则　礼貌，周到，文雅，耐心

时刻维护企业的形象；不否定——任何时候，不能强硬地说"不"。不指责——你是专业人员，对方不是；不对客户表示出怀疑的言行。理解——站在客户的立场考虑问题。切记——让对方不满意的离开是我们最大的失败。

1. 言：不顶撞嘲讽、挖苦顾客。

2. 行：不在公司内吸烟、聊天、吃东西、干私活。

不在公司内暴露与堆放个人用品。

不玩电脑游戏，不在网上聊天。

不私分或私拿礼品。

不接受客户的礼品，宴请。当客户提出宴请或赠送小礼品时，要婉言谢绝。

当天的工作要当天完成，不得无故拖延，影响第二天的工作。因故不能上班时及时通知本部门负责人，以免影响正常工作。

注意公司的商业、财务、技术以及机密信息的秘密；机密文件由专人管理，不得随便丢放。

3. 举止：不坐着接待顾客，不背对顾客答语。

不在结账上货时不抬头与顾客答话或不理睬顾客询问。

四、接打电话规范

1. 打电话要领：打电话之前，按以下六点理出重点，以免浪费时间，分别为：何人（Who），何地（Where），何时（When），何事（What），原因（Why），如何（How）。

2. 接电话时间：电话铃响三声之内必须有人接听。

3. 接电话要领：接电话时先报自己公司及部门名称：您好，××企业××部门；

询问对方："请问您有什么事情"。

顾客询问事情无法回答对方："对不起，请稍等"，并请其他熟悉所询问事项的同事接听。

电话是找其他同事时，应问其姓名，以便转告，当事人不在时则问其"能不能请您留话"及其姓名、联络方法。随时用笔记下重点，关键数字复述核对无误后转交给承办人。

顾客结账与电话铃响在同时，应先接听电话并请其稍等，"对不起，请稍等一下"，再以顾客结账为优先。

商量时须用手遮住话筒，必须同有关同事商量后才可回答问题时，应按下保留键，以免对方听到商量的内容。

五、处理用户投诉规范

1. 投诉处理三原则：首先要处理好与用户的界面，给用户一个满意的处理；其次要找到相关的责任人并分析问题的性质，进行批评和处罚；最后还要触类旁通分析问题

的根源，制定改进的措施。

2. 投诉处理注意事项：做到尽量离开服务区，注意对其他客户的影响和颜相待，倾听顾客的怨言，对顾客表示理解和关注，并做记录明确表示承担替顾客解决问题的责任，必要时请上级出面，不做什么争辩、争吵、打断、批评，在事实澄清以前不随口承诺或承担责任或将事一推了之，让用户自己找其他部门。

六、特殊事件处理规范

1. 媒体拍照应对规范：专卖店里原则上不摄像；

媒体如需对公司进行摄像，须事先将摄像目的和配合要求报告经理，经同意后方可进行。

2. 偷窃行为处理规范：员工在发现偷窃者后，不能大声呼叫，切记要镇定；

如果偷窃未果，员工应上前主动询问商品是否合意，并巧妙地收回商品；

如果偷窃得手，应暗中监视其动向，并与收银员联系，由收银员揭示其是否还有商品未交款；

如果拒不拿出被窃商品，可以借口叫其稍候，通知当地保安或派出所处理；

无论任何情况下，员工不能流露出怀疑情绪，任何情况下严禁有搜顾客身、翻顾客包、强行限制其离店等损害顾客人身名誉的违法行为。

员工行为规范是企业员工工作的基本规范。每日履行规范内容将使你成为合格的企业员工！

第六节　员工着装管理规定

第一条　为树立和保持公司良好的社会形象，进一步规范化管理，本公司员工应按本规定的要求着装。

第二条　员工在上班时间内，要注意仪容仪表，总体要求是：得体、大方、整洁。

第三条　男职员的着装要求：夏天着衬衣、系领带；着衬衣时，不得挽起袖子或不系袖扣；着西装时，要佩戴公司徽章；不准穿皮鞋以外的其他鞋类（包括皮凉鞋）。

第四条　女职员上班不得穿牛仔服、运动服、超短裙、低胸衫或其他有碍观瞻的奇装异服，并一律穿肉色丝袜。

第五条　女职员上班必须佩戴公司徽章；男职员穿西装时要求戴公司徽章。公司徽章应佩戴在左胸前适当位置上。

第六条　部门副经理以上的员工，办公室一定要备有西服，以便有外出活动或重要业务洽谈时穿用。

第七条　员工上班应注意将头发梳理整齐。男职员发不过耳，并一般不准留胡子；女职员上班提倡化淡妆，金银或其他饰物的佩戴应得当。

第八条　员工违反本规定的，除通报批评外，每次罚款50元；一个月连续违反三次以上的，扣发当月奖金。

第九条　各部门、各线负责人应认真配合、督促属下员工遵守本规定。一月累计员工违反本规定超过三人次或该部室员工总数20%的，该负责人亦应罚100元。

第七节　仪表仪态行为规范制度

第一条　员工在工作区域内保持仪表端庄、整洁大方，具体要求如下：

1. 员工头发保持干爽清洁，男员工头发不过耳，女员工发型职业端庄，不烫染怪异发型；

2. 员工面容保持清洁，男员工不宜蓄须，女员工化妆应以淡妆为宜，不能浓妆艳抹，不宜使用香味浓烈的香水；

3. 经常修剪指甲，保持清洁，女员工涂指甲油应以淡色为主；

4. 口腔保持清洁，上班前不喝酒或吃有刺激性气味的食品；

5. 员工眼睛如无疾病，在工作区域不得佩戴颜色过深的眼镜。

第二条　员工在工作区域内以西装为正装，休闲装为辅，颜色协调、款式得体、保持清洁，禁止奇装异服，具体要求如下：

1. 男员工春秋服装以西装为正装，以深色为主，必须佩戴领带，夏季服装以衬衣为主，西装、衬衣、领带、鞋子款式颜色应协调相配；

2. 女员工服装以职业装为主，淡雅得体，不得穿着过分华丽、过分暴露、过分前卫、过分紧身的服装，不宜穿着无袖装，不宜佩戴夸张的饰品；

3. 鞋子保持清洁明亮，不得穿拖鞋、带钉子的鞋子或无后襟的拖鞋式鞋子上班；

4. 男士袜子保持干净清爽，颜色应与裤子、鞋子颜色相近，以棉袜为宜；

5. 工作期间不宜穿着大衣或过分臃肿的服装；

6. 出席正式场合如会见客户，召开会议时，必须穿着正装。

第三条　在公司内员工应保持职业优雅的姿势和谦逊有礼的态度：

1. 站姿：两脚脚跟着地，脚尖离开约45度，腰背挺直，挺胸抬头，两臂自然交叉放于腹部，不耸肩含胸，身体重心放于两脚中间，在正式社交场合或在长辈、上级面前不得把手臂交叉放在胸前或背放在后面。

2. 坐姿：坐姿端正，双腿自然平行放好，不宜把脚乱跷乱放或躺卧在椅中。

3. 公司内与同事相遇应面带微笑，点头行礼表示致意，公司内部以职务称呼上级、同事、客户，如不清楚客户职务时，以先生、女士相称。

4. 握手时用普通站姿，并目视对方眼睛，大方热情，不卑不亢。握手前应检查自己的手是否清洁干爽，伸手时同性间以地位高或年长者先伸手，异性间应以女性先伸手为宜，握手动作短暂而力度适当。

5. 进入别人房间前应先敲门，听到应答后再进入，进入后回身轻手关门，切忌粗暴把门带上。如对方正在谈话，应稍等静候，不要中途插话，如确有急事，应看准时机，并向对方致歉。从房间出去时，也应回身轻声关门。

6. 递交物品时，如递交文件，要把正面朝上、文字朝向接收方的方向递上去，如递交钢笔、剪刀等物品，不宜将尖端朝向接收方。

7. 走在通道、走廊时放轻脚步，不得大声喧哗影响他人工作，如遇到上级或客户要礼让，不宜抢行。

8. 上电梯时应主动先行按住开门键请客户、上级先上；下电梯时，应按住开门键，请客户、上级先下。

第八节　公司员工教育实施办法

一、总则

1. 本办法依据本公司人力资源管理规则的规定制订。

2. 教育实施的宗旨与目的如下：

（1）为加强人力资源管理，重视教育训练而提高员工的素质，对员工施以适当的教育训练，以培养其丰富的知识与技能，同时养成高尚的品德，处理业务能达成科学化，成为自强不息的从业人员；

（2）使员工深切体会本公司对社会所负的使命，并激发其求知欲、创造心，使其能充实自己不断努力向上，奠定公司基础。

3. 本公司员工的教育训练分为不定期训练与定期训练两种。

4. 本公司所属员工均应接受本办法所定的教育，不得故意规避。

二、不定期训练

1. 本公司员工教育训练由各部科主管对所属员工经常实施；

2. 各单位主管应拟订教育计划，并按计划切实推行；

3. 各单位主管经常督导所属员工以增进其处理业务能力，充实其处理业务时应具备的知识，必要时得指定所属限期阅读与业务有关的专门书籍；

4. 各单位主管应经常利用集会，以专题研讨报告或个别教育等方式实施机会教育。

三、定期训练

1. 本公司员工教育训练定期训练每年 2 次分为上半期（4 月、5 月中）及下半期（10、11 月中）举行，视其实际情况事务、技术人员分别办理；

2. 各部科由主管拟订教育计划，会同总务科各排日程并邀请各单位干部或聘请专家协助讲习，以期达成效果；

3. 本定期教育训练依其性质、内容分为普通班（一般员工）及高级班（股长以上干部），但视实际情况可合并举办；

4. 高级干部教育训练分为专修班及研修班，由董事长视必要时随时设训，其教育的课程进度另定；

5. 普通事务班其教育内容包括一般实务（业务概况、公司各种规章、各部门职责、事务处理程序等），本公司营业员工（待客接物的礼节及陶冶品格）等精神教育以及新进人员的基本教育；

6. 普通技术班教育内容除包括一般实务外，还应重视技术管理，计算机的相关知识；

7. 高级事务班其教育内容有业务企划、经营管理，使主管善领导、统御部属，并包括贯彻执行业务等有关主管必修的知识与技能；

8. 高能技术班教育内容为通晓法规，了解设计，严格督导，切实配合工作进度，控制资材，节省用料，提高技术水准等并视实际需要制订研修课题；

9. 各级教育训练的课程进度另定；

10. 各单位主管实施教育训练的成果列为平时考绩考核记录，以作年终考绩的资料，成绩特优的员工，可呈请选派赴国外实习或考察；

11. 凡受训人员接获调训通知时，除因重大疾病或重大事故经该单位主管出具证明得申请免以受训外，应即于指定时间内向主管单位报到；

12. 教育训练除另有规定外一律在总公司内实施；

13. 凡受训练期间，由公司供膳外不给其他津贴；

14. 本办法经董事长核准后实施，修改时亦同。

第九节　人事纠纷处理制度

第一条　为了促进公司的稳定发展，维护正常的工作秩序，发扬团结协作的精神，特制定此制度。

第二条　本制度遵循"先调后裁"的原则，审慎处理人事纠纷案件，以期化解矛盾于无形，创造良好的公司气氛。

第三条　人事纠纷的当事人双方可以是部门或员工。

第四条　发生纠纷的双方当事人中任何一方，均有权以口头或书面形式向本部门主管领导、人力资源部、上级主管领导、副总裁直至总裁提出人事纠纷处理申请。

第五条　受理人事纠纷的领导或部门，需及时指定专人对事实真相进行调查核实。在调查时，应本着公正客观的原则向当事人双方及第三者听取事实陈述，并征求处理建议。凡无事实根据的陈述，不得记录在案。

第六条 人事纠纷的调解工作由相应主管领导或人力资源部进行，也可由副总裁、总裁委托专人进行。在调解前，调解人应先向当事人双方陈述事实，以便消除误会，达成相互谅解。然后在分清责任、是非的基础上进行调解。

第七条 调解成功后，调解人将调解结果填入《人事纠纷调解协议书》，经纠纷双方当事人签章后，汇同《人事纠纷调查表》呈送人力资源部存档备查，同时将处理结果向委托人汇报结案。

第八条 对实属无法调解的人事纠纷，由调解人填写《人事纠纷处理表》一式三份，呈送人力资源部主管领导、副总裁或总裁进行裁决。

第九条 对无法由领导个人裁决的重大人事纠纷，可由委员会进行裁决。仲裁决定以少数服从多数为原则确定，以书面形式通知纠纷当事人双方。

第十条 仲裁通知书一式三份，一份送人力资源部存档备查，其余两份交纠纷双方当事人。

第十一条 凡经委员会裁决的人事纠纷一经结案，纠纷当事人必须严格遵守，若有异议，可以保留，但有依法向中立司法机构申诉的权利。

第十二条 为化纠纷于无形，公司人力资源部设专人于每周六上午接待有抱怨或投诉的员工。接待者必须将每位员工的抱怨或投诉记录在案，并根据具体情况的轻重缓急，与投诉当事人商议处理期限，力求做到有诉必答。对有牢骚的员工应尽力劝解，避免产生新的矛盾或扩大纠纷。

第十三条 对故意制造矛盾、扩大纠纷、煽动闹事以及私自传递非正式或不真实信息的员工，视情节严重程度予以警告、记过、停职、降职直至除名处分。

第十四条 本制度自批准之日起生效。

第十节 员工述职规定

第一章 总则

第一条 为使各级管理人员能够及时掌握部下的能力和适应性；有效地督导部下完成任务、实现目标，同时为员工的绩效考核提供事实依据，特制定本规定。

第二条 述职的依据是上级为其直接下级（述职人）制定的岗位描述。

第三条 述职分首次述职、定期述职和特别述职三种，分别在下列情况下进行：

（1）首次述职：当与员工签订聘任合同时，当实施新的管理模式时，当员工的岗位变动时，均需进行首次述职；

（2）定期述职：每季度定期进行，旨在考核直接下级的工作绩效；

（3）特别述职：是为调整、修改和重定岗位描述而设。

第四条 本规定适用于公司全体员工。

第二章 述职程序和内容

第五条 述职活动由述职人、述职人直接上级和人力资源部人员三方参加。总监级人员向总经理述职时，由人力资源总监参加并做记录；部门经理级人员向本系统总监述职时，由人力资源部经理参加并做记录；主管级（含）以下人员述职时，由人事考评员参加并做记录。

第六条 述职过程是上下级双边进行的，尽管人力资源部派员参加，但该人的职责只是记录上下级双方做出的决议，不参与上下级之间的讨论。

第七条 首次述职过程见首次述职程序，首次述职的主要述职内容如下：

（1）上级向应聘者或直接下级逐条宣读直接下级的岗位描述的内容，并与对方协商能否接受和完成岗位描述中赋予的责任和权力；

（2）应聘者或直接下级可根据自身实际情况向上级提出建议和要求；

（3）达成一致意见后双方在岗位描述和述职记录单上签字，岗位描述双方各留一份，人力资源部留一份岗位描述和述职记录单存档备案，述职过程宣告完成。如果双方未能达成一致，则双方在述职记录单上签字，表示此次述职不成立，双方可根据情况另行约定述职时间，述职记录单由人力资源部存档。

第八条 定期述职是和员工季度绩效考核同时进行的，定期述职的过程就是直接上级对述职人的季度绩效考核的过程。定期述职过程见定期述职程序，定期述职的主要述职内容如下：

（1）直接上级依据述职人岗位描述的各条款及述职人本季度内每个月的月度计划（或业务量）完成情况，逐条向述职人提问；

（2）述职人依据工作记录及自身实际情况回答直接上级的提问；

（3）直接上级依据述职人的岗位描述及本季度述职人的绩效完成情况，对述职人本季度绩效作出评价并给予评分；

（4）述职人作自我总结，并就某些事项提出意见或建议。最后述职双方在述职记录单上签字并各留一份，人力资源部存档一份。

第九条 特别述职的过程见特别述职程序。

第十条 上下级任何一方在工作中觉得有必要修改岗位描述时，可以向人力资源部申请安排时间和地点进行特别述职。原则上涉及直接下级工作内容、职责、权力、隶属关系的任何变化都要及时进行特别述职，定期述职只有在及时进行特别述职的基础上才有意义。特别述职完成后，上下级在修订的内容（另附页）处签字，该页附在原岗位描述后双方各留一份，另一份由人力资源部备案。

第三章 附则

第十一条 本制度由人力资源部制订并负责解释，报总经理批准后施行，修改时亦同。

第十二条 本制度施行后，凡既有的类似制度自行终止；与本制度有抵触的有关规定以本制度为准。

第十三条　本制度自颁布之日起施行。

第十一节　工作报告制度

第一章　工作报告的类型

第一条　工作报告分为正式工作报告和非正式工作报告两部分。

第二条　正式工作报告分为周工作总结和专项工作报告两种。

第二章　周工作总结

第三条　周工作总结主要记录当事人本周的工作情况，具体格式由直接上级确定。

第四条　总结递交时间：每周五下午下班前。

第五条　总结递交方式：电子邮件。

第六条　递交给直接上级，并抄送给直接上级的直接上级。

第七条　直接上级必须对收到的周工作总结回复意见。

第三章　专项工作报告

第八条　专项工作是指需要一段时间来完成的特定工作，报告具体格式由直接上级确定。

第九条　由部门经理确认本部门哪些工作为专项工作。

第十条　专项工作报告分专项工作计划和专项工作总结两部分。

第十一条　专项工作计划：

（1）递交方式：书面；

（2）内容：包括项目工作名称、目的、起止时间；主要步骤、控制点等；

（3）工作计划经直接上级批准有效。

第十二条　专项工作总结：

（1）递交方式：书面；

（2）内容：工作的完成情况，遇到的困难、解决的方法及对未完成部分的解释等；

（3）直接上级必须对收到的专项工作总结回复意见。

第四章　非正式工作报告

第十三条　非正式工作报告是指下级向上级随时进行的非正式工作沟通，包括口头沟通、电子邮件沟通等。

第十四条　在下列情况下应该进行非正式工作报告：

（1）在完成上级所安排的非专项工作任务时；

（2）当由于各种原因无法按时将工作按计划继续下去时；

（3）需要上级及时做决策的事务；

（4）个人对工作的看法及工作建议；

（5）上级认为需要进行非正式工作汇报的其他事情。

第五章 附则

第十五条 本制度由企业发展部负责解释。

第十六条 本制度自公布之日起实施。

第十二节 公司保密制度

1. 目的和作用

为防范公司的权益不受到损害，确保公司在文件资料管理过程、计算机使用过程、宣传报道活动过程、日常通信工作中的安全保密得到有效的防范，实现保密管理的制度化、规范化，特制定本制度。

2. 管理职责

2.1 公司保密工作由公司总经理直接领导，公司档案管理部门为公司保密工作的职能归口负责部门，负责本制度的督导检查和实施。

2.2 各部门主管负责人是本部门保密管理工作的责任人，应加强对下属人员的保密教育，使本制度得到贯彻落实。

3. 保密事项及密级确定

3.1 公司需要保密的事项。

3.1.1 公司尚未付诸实施的经营战略、经营规划、经营项目及经营决策。

3.1.2 公司内部掌握的合同、协议、意向书及相关可行性分析报告。

3.1.3 公司高层领导会议记录及重大决策中需保密事项。

3.1.4 公司财务预决算报告及各类财务报表和统计报表。

3.1.5 公司经营过程中的各项商业机密及未进入市场未公开的各类信息。

3.1.6 公司员工人事档案、工资收入等资料。

3.1.7 其他经公司确定应当保密的事项。

3.2 公司保密级别划分。

公司的密级分为"绝密"、"机密"、"秘密"三级。

3.2.1 绝密。是公司最重要的保密事项，泄露会使公司的权利和利益遭受特别严重的损害。

3.2.2 机密。是公司比较重要的保密事项，泄露会使公司的权利和利益遭受到严重的损害。

3.2.3 秘密。是公司一般的需保密事项，泄露会使公司的权利和利益遭受到一定的损害。

3.3　公司密级的确定。

3.3.1　公司经营发展中，直接影响公司权益的重要决策文件资料及特别重要的信息为绝密级。

3.3.2　公司内部的绝密情况、尚未实施的规划及相关策略方案、各类财务报表、统计资料、高层领导重要会议记录等为机密级。

3.3.3　公司人事档案、合同、协议、员工薪资发放及分配方案、尚未进入市场未公开的各类信息为秘密级。

3.3.4　一般性决定、决议、通知、行政管理资料等内部文件不属于保密范围。

3.3.5　属于公司保密的文件、资料，应当依据规定标明密级，并确定保密期限。保密期届满，自行解密。

4. 文件、资料的保密管理

在文件、资料管理工作的各个环节都要制定保密制度，遵守具体的保密规定和要求。

4.1　拟稿。

拟稿是文件、资料保密工作的开始，初稿形成后，要根据文稿的内容确定密级。确定密级要力求准确，避免过高或过低。同时，对文件、资料形成前的讨论稿、征求意见稿、审议稿等，必须同定稿等同对待，按保密的原则和要求管理。

4.2　印制。

秘密文件、资料，应由机要打字员打印，并应注意以下几点：一是在编文号时要标明密级和保密期限；二是对在本企业形成或上级组织授权翻印、复印的文件、资料，要严格按照主管领导审定的份数印制，不得擅自多印多留；三是严格控制印制中的接触人员；四是打印、印刷形成的蜡纸、衬纸、清样、废页要妥善处理，及时监销。

4.3　收发。

收发是文件、资料运行中的进出关口。收进文件，要核对收件单位或收件人，检查信件封口是否被开启；启封后，清点份数，按不同类别和密级，分别登记、编号、加盖收文章。发文要按照文件、资料的类别和文号及顺序号登记清楚去向，并填写好发文通知单，以便收文单位查点清收，信封要编号并加盖密级章。收发文件、资料都要建立登记制度和严格实行签收手续。

4.4　阅办。

阅办文件、资料应注意的事项是：应设立阅文室，按规定组织有关人员到阅文室阅读文件、资料；呈送领导人批示的文件、资料，应进行登记，领导人批示后，及时退还或由经管文件部门当日收回，领导人之间不得横向传批文件，不得把批文直接交承办单位（人）。凡需有关部门（人）承办的文件、资料，一律由文件、资料管理部门办理；文件、资料不得在个人手中保留，更不得把秘密文件、资料带回家或公共场所，无关人员不能看文件、资料。

4.5　复制。

复制是按照规定的阅读范围扩大文件、资料发行数量。复制秘密文件、资料要建立严格的审批、登记、送阅制度，并和正本文件、资料一样，阅办后按规定立卷、归档或清退、销毁。绝密文件资料未经原发文机关批准不得自行复制。

4.6 递送。

递送秘密文件、资料，要严格履行登记签收手续。企业内部建有文件、资料交换站的，可通过交换站进行，一律直送直取。递送外地的文件、资料，一律以特快专递或挂号信发送。凡携带秘密文件、资料外出，一般要有两人以上同行，必须装在可靠的文件包或箱内，做到文件不离人。递送的秘密文件、资料，一律要包装密封，并标明密级。

4.7 保管。

保密文件、资料应存放在有保密设施的安全处，做到专室专柜，专人保管。要集中管理，个人不得保存。绝密文件、资料一般不外借，确因工作需要借用的，经主管领导批准，办理借阅手续，当日收回。

4.8 清退。

要坚持文件、资料清退制度，一般每年（季度）要对所管理的文件、资料进行一次清理，并将清理情况报告有关主管部门，次年第一季度将上年的秘密文件、资料清退，交主管部门或上级发文机关。清退中如发现缺份，要及时向主管领导报告，认真查处。

4.9 归档。

归档一般要注意以下几点：一是没有解密的"三密"文件、资料在建立档案时，要在卷宗的扉页标明原定密级，并以文件、资料中最高密级为准。二是不宜保留或不属于本企业留存的"三密"文件、资料，要及时清理上交或登记销毁，防止失散。三是有密级的档案，要以秘密文件、资料管理办法进行管理。

4.10 销毁。

销毁秘密文件、资料必须按规定登记造册，经主管领导批准后，由两名以上机要人员护送至指定的地点，监督销毁。严禁向废品收购部门出售"三密"文件、资料。

5. 计算机保密管理

电子计算机已广泛应用于企业，企业的生产、经营等各种数据源源不断地被输入电脑。因此必须做好计算机应用中的保密工作，确保计算机应用中的保密安全。

5.1 计算机信息系统不安全的因素。

造成计算机信息系统不安全的因素一般有：计算机信息系统工作人员泄露计算机信息的秘密；直接破坏计算机实体；电磁辐射泄密；冒名顶替和越权偷用，暗藏非法程序，定时破坏、篡改；复制和窃取磁介质中的数据等。

5.2 防止计算机泄密的主要措施。

5.2.1 加强对工作人员的管理。 对计算机软硬件工作人员、操作人员，以及可以接触计算机的人员，经常进行保密教育，增强他们的保密观念；采取分工负责制的办法，防止因一人的疏忽而影响整个系统的安全。

5.2.2 严格信息管理。 规定信息资源共享的等级和范围，明确使用各密级信息的权限和人员；对存取秘密的信息，计算机网络系统要自动登记存取情况，以便查阅；对含有密级信息的磁记录介质（如磁带、软盘、硬盘、光盘等）要由专人负责保管；含有密级的打印纸要及时处理，对网络系统中软件清单要妥善保管，调试中的软件清单要及时销毁；对新购买的软件和其他机器拷贝的软件必须进行检查、消毒，以防计算机病毒带入系统。

5.2.3　完善系统功能。系统应有用户存取资格检查和用户身份识别功能，对非法的操作和无资格存取的用户要及时警告和登记；用户和网络系统的界面要清晰，采用多层控制，以防用户非法进入系统而破坏整个系统的功能；系统应有很强的数据加密软件，对需要保存在外存储介质上的信息和上信道传输的信息必须进行加密；要有多种经受得住专业密码分析人员攻击的加密算法，对不同的用户使用不同的加密算法。

5.2.4　采取必要的安全措施，计算机房出入物品要严格管理；经监测发现有辐射的机器和部件，要采取屏蔽措施；对进入机房的各类设备、仪器都要经过监测，以防在使用这些设备和仪器时，将计算机内的信息辐射或传导出去等。

6. 宣传报道保密管理

宣传报道保密，就是对宣传报道中可能发生的泄密采取一系列防范措施，确保企业秘密的安全。企业宣传报道保密应做好如下几个方面的工作：

6.1　向员工进行保密教育。

讲清宣传报道保密应注意什么，什么内容可以报道、什么内容不可以报道，怎样做好宣传报道保密等。

6.2　做好确定密级的工作。

使全体干部员工特别是领导、宣传报道人员能了解掌握。

6.3　建立健全宣传报道中的保密制度。

凡"三密"文件、资料的内容，都不得擅自公开或在报道中引用；企业产生或掌管的国家秘密事项及有关内部事项不得公开传播或宣传；对宣传报道稿件要认真进行保密审查。

7. 通信保密管理

通信保密采取的手段主要有两种：一是行政手段，就是利用行政管理的办法，如制定规章制度来保证信息的安全，为技术手段的实施提供某种程度的保障等；二是技术手段，就是利用技术的优势来保障信息传递、储存的安全或防止信息泄露的途径，主要有信源保护技术、信道保护技术、信息保护技术和通信保密检查技术等。

7.1　信源保护技术。

信源防范技术措施主要有：一是建立声屏系统，如在重要部位的门窗上安装毛玻璃或在墙外侧刷上一层建筑水泥使之凹凸不平，并安装振动器，使得激光、微波的反射波方向不确定，难以窃听；二是建造隔离室，将房屋进行特殊设计，建造屋中屋；三是建立屏蔽系统，如在电子设备外加法拉第笼进行屏蔽，或在电子设备内装置一块特殊的集成电路，当设备启动时，它可以产生一种与电子设备辐射频率相同的噪声，掩盖设备本身产生的电磁波辐射信息。

7.2　信息保护技术。

这是对传输的信息加以变化、伪装和隐蔽，主要技术措施有：加密处理；施放噪声干扰。

7.3　信道保护技术。

主要手段有：线路地缆化或光纤化；线路反窃听侦测。

7.4　通信保密检查技术。

通信保密检查是运用技术手段进行保密检查工作的重要部分，凡无线电通信都属于通信保密检查范围，包括无线电台、无线电话、无线对讲机、无线话筒和无线电传真数据通信等。

8. 其他有关保密措施

8.1　保密设备和产品。

公司属于保密的设备或者产品的研制、生产、运输、使用、保存、维修和销毁，由公司指定专门部门负责执行，并采取相应的保密措施。

8.2　在公司的经营活动中，因工作需要提供公司秘密事项的，应当事先经总经理批准，方可提供。

8.3　保密会议和活动。

具有属于公司保密内容的会议和其他活动，主办部门应采取下列保密的有关措施：

8.3.1　会议的召开应选择具备保密条件的场所。

8.3.2　对参加涉及密级事项会议的人员（含工作人员）应加以限定。

8.3.3　依照保密的规定使用会议设备和保密会议专门记录。

8.3.4　应向与会者说明会议内容的保密期限、有否传达要求及传达时间与传达范围。

8.4　关于"三机"管理。

为了消除"三机"（电子计算机、打印机、复印机）在保密领域的应用所产生的问题，应抓好以下几个方面工作：

8.4.1　应加强对干部、员工特别是"三机"工作人员的保密教育，以提高他们在工作中的保密意识。

8.4.2　应完善各项保密制度，并要具体落实。一是"三机"要指定专人使用和保管；二是要履行严格的审批手续；三是控制文件、资料的制发数量。

8.4.3　重视对"三机"人员的培训以提高专业技能，为防止泄密提供技能保障。

8.4.4　注意改善"三机"设备的环境条件，防止技术性泄密。

8.5　不准在私人交往和通信中泄露公司秘密，不准在公共场所谈论公司的秘密事项，不准通过其他方式传递公司秘密。

8.6　工作人员当发现公司秘密可能泄露或者已经泄露时，应当立即报告总经理办并采取必要的补救措施。

9. 违规处罚

9.1　出现下列情况之一者，给予行政警告处罚，并视情节给予 50～200 元范围内的罚款。

9.1.1　泄露公司秘密，尚未造成严重后果或经济损失的。

9.1.2　违反本制度规定的保密规定的。

9.1.3　已泄露公司秘密但采取补救措施的。

9.2 出现下列情况之一的，要酌情处以赔偿经济损失，对情节严重者予以辞退直至追究其法律责任。

9.2.1 故意或过失泄露公司秘密，造成严重后果或重大经济损失的。

9.2.2 违反本保密制度规定，为他人窃取、刺探、收买或违章提供公司秘密的。

9.2.3 利用职权强制他人违反保密规定的。

第十三节 公司会议管理制度

1. 目的和作用

公司会议的规范化、制度化是公司建立正常工作秩序，强化内部管理的要求。为了提高工作的实效，重视时间效应的管理，使公司经营活动过程中各种会议，通过合理的组织能够高效率、高质量地进行，保障每次会议均能产生预期的、较好的作用，特制定本制度。

2. 管理职责

2.1 总经办是公司会议管理的归口部门，负责公司组织召开的会议的会务工作和公司行政会议的会议组织和会议管理。

2.2 各职能部门负责各分管会议的会议组织和会议管理。

3. 会议准备

3.1 会议计划。

3.1.1 所有会议召开前都应有会议计划，重要和大型会议应制定书面计划（或方案）。

3.1.2 会议计划原则上应包括以下内容：会议名称、会议主题、会议时间、会议地点、会议召集人（或部门）、会议组织、参会人员、会议内容、会议日程、会议议程、会议资料清单、会议筹备工作、会议费用预算等。

3.1.3 例行会议的会议计划在第一次会议确定后，原则上不再变化，如有变化，由会议召集人（或部门）临时通知。小型或非正式会议，以上内容可简化，由会议召集人（或部门）决定。

3.1.4 会议计划（或方案），由总经办或会议召集部门拟订后，报公司分管领导（大型会议报总经理）审批同意后执行。

3.2 会议通知。

3.2.1 会议召开前，总经办或会议召集部门，应提前通知参会人员，以便作好参会准备。

3.2.2 会议通知有口头（直接或电话）和书面通知两种方式，小型或非正式会议可采用口头（直接或电话）通知；重要和大型会议则应采取书面通知；例行会议除第一次和有变动时通知外，以后则不再通知。

3.3 会议资料准备。

3.3.1 召开会议所需要的文件由召集会议的部门拟制，并报相关领导审核同意。如需下发给每个与会人员，则由总经办复印后，由会议召集部门或会务组发给每个与会人员。

3.3.2 如需与会人员准备发言材料或提供相关资料的，应在会议通知时具体说明。

3.4 其他会务准备除了以上准备工作外，还应做好以下会务准备工作，重要和大型会议，应成立临时的会务组，并进行分工，逐项落实。

3.4.1 会议地址的选定和会场内外的布置及会议设施的准备。如会场内的：会标、横幅、桌椅、座牌、灯光、音响、放映、录音、鲜花、茶水等；会场外的：空飘、条幅、拱门、刀旗、彩旗、欢迎牌、指示牌等。

3.4.2 会议食宿的安排。包括主食、烟、酒、茶、水果、糖果等；住宿安排应落实每个参会人员的房间号。

3.4.3 会议用品的准备。包括：会议礼品、会议奖品、会议证件（代表证、工作证、记者证）、会议服装等的准备。

3.4.4 会议人员接送安排，包括：接站、接机、接船和参观游览车辆安排及机票、车票、船票的预订等。

3.4.5 会议娱乐安排。若会议要求安排娱乐活动应提前做好准备，娱乐活动包括：联欢会、舞会、卡拉 OK、文艺表演、电影等。

3.4.6 会议宣传报道安排。包括：会议录像、照相、邀请新闻单位、采访安排、会议情况采写、报道等。

3.4.7 会议费用预算。会议费用应本着节约开支，留有余地的原则进行预算。

4. 会间管理

4.1 会前检查。

开会前，尤其是重要和大型会议前，必须对会议的各项准备工作进行一次全面检查。包括：所有参会人员是否都已通知；会议的各种资料是否准备完备；会场内的布置是否合乎要求；各种会议设施，会议用品是否准备齐备；接送人员的车辆是否落实，是否完好；会议录像、照相、新闻记者是否安排到位等，如发现问题，应立即采取补救措施。

4.2 会议签到。

会议组织者（或部门）应准备好会议签到册，与会人员到会时应签到。

4.3 会议纪律。

4.3.1 参加会议的人员不得迟到、早退、中途无故退席。因故不能参加会议，必须提前向主持人请假。

4.3.2 参加会议人员的手机、传呼机，开会时应转为振动，重要电话须接听，应到会议室外接听，严禁在会场内大声打电话。

4.4 会议组织。

会议主持人应把握好会议进程，控制会议时间，维持会议秩序，提高会议效率。

4.5　会议记录。

4.5.1　参加会议的人员应做好会议记录，重要的会议，会务组应为每位与会者准备好记录本和笔。

4.5.2　重要和大型会议，应由会议召集人安排专人作好会议记录；若会议分组讨论，还应安排好各组讨论记录。

4.5.3　会议记录要做到字迹清晰、内容完整、记录准确，对会议的结论、意见或决定事项，必须详细、准确地记录。

4.6　会议发言。

4.6.1　重要和大型会议的领导讲话应由总经办或会议秘书组准备好发言稿或发言提纲，并经领导审阅。

4.6.2　若需参会人员在会上发言或作报告，会议通知时应作说明，以便发言人提前做好准备。

4.6.3　会议发言应严格控制时间，除领导讲话和中心发言外，其他人员发言不应超过 10 分钟，力求使会议开得紧凑、高效。

4.7　会议讨论。

会议若需与会人员商议和研究的事项，应组织与会人员讨论，大型会议应划分成若干小组进行讨论。划分小组讨论时，主持人应指定小组召集人和记录人。

5. 会后工作

5.1　会议纪要。

根据会议情况需要发"会议纪要"或"决定"的，由会议记录人负责根据会议记录整理、拟写"会议纪要"或"决定"；经会议主持人审批签发。

5.2　会议的贯彻落实。

5.2.1　参加会议的人员，负责会议精神的传达与贯彻。

5.2.2　有会议纪要和会议决定的，由总经办或会议秘书组按主持人签发的部门送到相关部门和督察部门，由部门主管负责进行传达和贯彻。

5.2.3　对于会议决定、决议和领导在会上作出的指令，督察部门要及时进行督办，并将结果及时准确地向领导和会议主持人反馈。

5.3　会议宣传报道。

5.3.1　对重要和大型会议应安排录像和照相、录音，记录会议的全过程。

5.3.2　对外有宣传意义的会议，应邀请新闻记者参加，并向其提供相关资料，会后由记者撰稿在相关媒体上进行宣传报道。

5.4　会议总结。

5.4.1　会议完毕，应有专人对会议的所有资料进行搜集、整理并归档。会议资料包括：会议申请、会议计划（方案）、会议通知、发言稿、会议文件、会议记录、会议纪要（决定）、会务费用清单等。

5.4.2　重要和大型会议，会后应进行认真总结、分析得失，不断提高会议质量和会议的组织水平。

第十四节 公司值班管理制度

1. 目的和作用

公司值班制度是保证公司在公休日和节假日期间公司与外部的业务联络不致中断，保证内部政令、信息传递畅通和安全保卫管理的必要措施。为使值班管理工作有计划、有步骤正常顺利地进行，特制定本制度。

2. 管理职责

公司行政管理部负责值班的管理工作，除了应对每次值班作出布置安排之外，还应加强监督检查，以及有关事项的跟踪处理。

3. 值班的安排事项

3.1 公司处在休假日，除了保安人员的正常工作之外，还应保证有一名负责人值班处理事务。

3.2 参加值班的人员为副科级以上（含副科级）的管理者，除了总经理与副总经理之外，所有人员均得服从行政部的值班调遣。

3.3 行政部可按照人员轮换的排列方式制定出值班人员的时间表，使各人对自己的值班日有预先的知晓。

3.4 在值班日的前一天，行政部应对值班人作出最终确定并应直接通知到本人，如遇有出差、生病及公务等特殊情况，不能值班者应及时告诉行政部另行安排人员。

3.5 行政部应将值班者姓名写在值班牌上，挂在门卫室内，使保安人员知晓，以便于汇报工作。

4. 值班人员的工作任务与要求

4.1 值班任务。

4.1.1 接听值班电话，接洽公司来访客户。

4.1.2 处理节假日、公休日所发生的公司各项事务。

4.1.3 指挥监督保安人员及值勤工人。

4.1.4 预防灾害、盗窃及其他有损公司利益的各种危机事项。

4.1.5 随时注意公司清洁卫生、安全措施与公务保密。

4.1.6 接收公司的电文、信函、文件资料。

4.1.7 公司领导交办的值班期间的其他工作。

4.2 值班人员应遵守的纪律。

4.2.1 值班时间应与平常上班时间一样，上午9时至下午5时，值班者不得迟到与早退。

4.2.2 值班员应按规定时间在指定场所连续执行任务，不得中途随意外出，应在公司内进行中餐和午休，不得擅离职守，不得私自找人替岗。

4.2.3 值班员应按照值班任务的要求履行职责，在值班期间不得做与任务无关的事。

4.2.4 值班员遇有事情发生可先进行处理，事后分别报告。如遇其职权不能处理而又急办的事项，应立即与相关领导人员取得联系，按领导的指令要求办理，绝不可置之不管。

4.2.5 值班员应将值班时所处理的事项（包括未了事项）填具值班登记表，于交班时送主管领导转呈核查。

4.3 值班员收到电文、公函、文件分别依下列方式处理。

4.3.1 属于职权范围内的可即时处理。

4.3.2 非职权所及，视其性质，如属急办事项，应速与相关人员联系处理。

4.3.3 密件或挂号信件应立即原封保管，于上班时呈送有关领导。

4.3.4 所有收到的电文、公函、文件均应存值班登记表上记录。

5. 值班的其他有关规定

5.1 值班登记表是检查值班责任的依据，也是跟踪处理值班未了事项的依据，值班员应认真填写不得忽略。行政主管领导应负检查和保管的责任。

5.2 保安人员在当班期间应绝对服从值班员的指挥，共同担负维护公司利益和安全的责任。

5.3 公休及假日，公司其他非值班的高级管理人员（部长级以上）的移动电话应处在开机状态，以便联络。

5.4 值班员在值班期间有事需要临时找人代岗，如属自行找人代理的，所发生的责任事故由值班员负责；如属行政领导同意的，由代理者负一切责任。

5.5 值班员如遇紧急事件处理及时、得当，使公司减少损失者，公司视其情节给予嘉奖。

5.6 值班员在值班时间内违反值班纪律或没有履行好职责任务，给公司造成损失者，将视情节和损失程度给予处罚。

5.7 公司给值班人员发给值班津贴，每月由行政部造表交劳资部门在各人薪酬中一并发给（标准另定）。

第十五节 公司职员请假休假管理制度

第一条 本公司以下列日期为例假日（若有变更时预先公布），因业务需要可指定照常上班，但须以加班计算：

1. 例假日：

（1）元旦；

（2）春节；

（3）国庆节；

（4）妇女节（限女性）；

（5）劳动节。

2. 每星期六、星期日。

3. 其他经公司决定的休假日。

4. 例假日若适逢星期日，其隔日不予补假。

第二条　员工请假分下列七种：

1. 事假：

因事必须本身处理者可请事假，每年累计以 7 天为限。

2. 病假：

因病治疗或休养者应出具劳动局特约医院或公立医院证明申请病假，每年累计以 30 天为限；住院者，以 1 年为限，两者合计不得超过 1 年。

3. 婚假：

（1）员工结婚可请婚假 8 天（包括例假日）。

（2）子女结婚可请假 2 天（包括例假日）。

（3）兄弟姊妹结婚可请假 1 天。

4. 产假：

（1）员工生育可请假 8 星期，小产 4 星期（均包括例假日）。晚婚假加 1 个月，办理独生子女手续再加 3 个月。

（2）配偶分娩可请假 1 天。

5. 丧假：

（1）父母配偶丧亡可请丧假 8 天（包括例假日）。

（2）祖父母、兄弟姊妹及子女、岳父母的丧亡可请假 6 天（包括例假日）。

（3）其他直系亲属丧亡可请假 1 天。

6. 公假：

因兵役检查或军政各机关的调训，期间不满 1 个月者或应国家考试或担任各级代表出席会议期间在 3 天以内者，可请公假。

7. 特别假：

依其服务年限，可分别给予特别假。

第三条　前条各款期内的薪津照常支付。

第四条　第二条各条款假期的核准权限如下：

1. 主管级以下人员，假期三天内由主管核准，三天以上由经理（主任）核准。

2. 主管级人员，假期三天内由经理核准，三天以上由协理或副总经理核准。

3. 经理级人员由协理以上主管核准。

第五条　本公司员工因执行职务所发生的危险致伤病不能工作者，以公假论，期间以年为限。其假期延至次年时应合并计算，假期中薪金照给。

过期仍未痊愈者可依退休规定命令退休。

第六条　请假逾期，应照下列规定办理：

1. 事假逾期按日计扣薪金，一年内事假累计超过 30 天者免职或解雇。

2. 病假逾期可与未请事假的假期抵消，事假不敷抵消时按日计扣薪金。但患重大疾病需要长期疗养，经总经理特别核准者不在此限。

第七条 特准病假以半年为限，其假期延至次年时应合并计算。特准病假期间薪金减半发给，逾期者可予命令退休或资遣。

第八条 本公司员工请假，除因急病不能自行呈核可由同事或家属代为之外，应亲自办理请假手续。未办妥请假手续，不得先行离职，否则以旷工论处。

第九条 本公司员工请假期届满办理续假或虽办理续假尚未核准而不到职者，除确因病或临时发生意外等不可抗力事情外，均以旷工论。

第十条 本公司员工旷工在 7 日以内按日计扣薪金。

第十一条 请假理由不充分或有妨碍工作时，可酌情不予给假，或缩短假期或令延期请假。

第十二条 请假者必须将经办事务交代其他员工代理，并于请假单内注明。

第十三条 计算全年可请假日数，均自每年 1 月 1 日起到 12 月 31 日止，中途止职者，比例递减。特准病假延至次年销假者，其次年事、病假期比照中途到职人员计算。

第十四条 本公司员工依本规则所请假如发现有虚伪事情者，除以旷工论处外，并依情节轻重予以惩处。

第十五条 在本公司服务 1 年以上未满 3 年者每年给予特别休假 7 天。服务 3 年以上未满 5 年者每年给予特别休假 10 天。服务 5 年以上未满 10 年者给予特别休假 14 天，服务满 10 年者给予特别休假 15 天，满 10 年以上者每增满 1 年给 1 天，但至多以 30 天为限。

第十六条 特别休假按以下手续办理：

1. 每年初（元月）由各单位在不妨碍工作范围内，自行安排特别休假日期。特别休假日期表一式两份，一份留存原单位，一份逐级转呈各部（室）经理（主任）核阅后送人事单位备查。

2. 特别假休假时，办妥职务办理请假手续（填员工请假记录卡），并觅妥职务代理人、办妥职务交代后才能休假。

3. 基于业务上的需要不能休假时，可比照休假天数的薪金数额改为奖金，若于休假期间，因业务需要奉令销假的，照常工作而不补休假者亦可照其未休假天数的薪金额改发奖金。

第十七条 员工在休假之前一年有下列事情之一者，不给予特别假：

1. 事、病假累计逾 21 天者。

2. 旷工达 3 天以上者。

第十六节　员工基本情况一览表

基本情况 ＼ 姓名									
职别									
出生年月									
年龄									
学历									
经历									
服务年资									
薪津额									
服务加级									
备注									

第十七节　员工月考勤表

年　月　日　星期＿＿＿＿

日期 ＼ 姓名									
1									
2									
3									
4									
5									
6									
7									
8									

姓名 日期											
9											
10											
11											
12											
13											
14											
15											
16											
17											
18											
19											
20											
21											
22											
23											
24											
25											
26											
27											
28											
29											
30											
31											
出勤（天）											
加班（小时）											
公假（天）											
病假（天）											
事假（天）											
迟到（次）											
早退（次）											

日期	姓名												
旷工（天）													
备注													
说明	1. 符号说明："〇"出勤，"×"病假，"△"事假，"□"公假，"＊"旷工，"☆"迟到，"〇"加班。 2. 本月应出勤天数：　天												

第十八节　员工请假单

姓名	员工号码	职位	职务部门	
请假类别	□休假 □病假 □事假		□公假 □其他（请说明）	
请假时间 自（　年　月　日　时）　　　　至（　年　月　日　时）　　　总共请假____天____小时				
医生证明 注意：请病假超过一天需附医师证明 　　此证明上列姓名员工会（或将）自　年　月　日至　年　月　日接受医疗，此期间该员工确实（或将）无法上班工作				
此栏由主管部门填写				
□准 □不准（请述明理由）	主管签字 职位　　　　　日期			

第二十三章　后勤文档管理制度

第一节　设备管理制度

第一条　目的

确保设备满足装卸服务的需要，保证装卸、运输服务过程的实现。

第二条　适用范围

适用于公司装卸设备、运输设备全过程管理。

第三条　职责

1. 工程技术部负责装卸设备及其他配套设备的管理

2. 运输公司负责运输设备的管理

第四条　程序

1. 设备的提供

（1）根据公司的生产经营计划、货种结构变化，如需购置新的装卸、运输设备、计算机设备，需由设备管理部门填写《设备购置申请表》，经公司领导审核、批准后，方可购买。

（2）设备管理部门在填写《设备购置申请表》时，应注明设备名称、用途、型号规格、技术参数等。

（3）采购人员接到审批后的采购单后，要会同设备管理部门进行询价、比价、议价，按"货比三家"的原则，选择价廉物美的厂商进行采购。

（4）对大型固定资产的购置，由公司领导班子会议研究决定，按《招标投标法》的法规要求进行。

2. 设备的验收

（1）新购置的设备进公司后，由设备主管部门组织验收。

①装卸设备由工程技术部组织有关人员，按照《码头新购置装卸设备的验收和投产前准备工作的规定》，做好验收及投产前的准备工作；

②运输设备进公司后，由运输公司组织人员负责车辆的验收工作。

（2）验收合格后，设备管理部门和使用部门在《设备验收报告》上签字交接，并记录设备名称、型号规格、技术参数，单价、数量、随机附件及资料等内容。

（3）验收不合格的设备，由采购部门与供方协商解决，并在《设备验收报告》上记录处理结果。

（4）设备管理部门对验收合格的设备进行编号，建立《设备档案》，并在设备台账上登记，以掌握设备的运行情况。

3. 设备的使用、维护和保养

（1）设备的使用。

①对于大型、关键过程所用的装卸设备必须有操作规程，相关操作人员应持有市劳动局颁发的对应上岗证，同时由工程技术部负责上岗培训，培训内容包括：设备性能、维护知识、操作方法和技能等，考核合格后，方可上岗。

②操作者必须严格按《设备操作规程》进行作业，不得违章操作。如操作时发现问题，应按规程要求停机或作其他处理，并报告设备管理部门。

（2）设备的维护、保养。

①设备管理部门应制定《设备日常保养项目表》，规定保养项目、频次、要求发给使用班组执行。各班组负责人监督检查执行情况，并做好维护、保养记录，填写设备履历册。设备管理部门应每月检查，并把记录整理入档，作为制定年度检修计划的依据。

②工程技术部应严格按照《码头装卸设备计划修理、保养管理制度》的要求，落实执行设备的定期保养、修理工作。

③运输公司应按照《运输公司车辆维修、保养管理制度》的规定，执行车辆的定期保养、修理工作。

④日常生产中，设备发生故障，设备管理部门应尽快组织人员进行抢救，检修好的设备使用部门要仔细验收，验收合格后方可使用。设备管理部门应将检修情况记录在相应的《设备履历册》中。

4. 设备的更新和报废

（1）设备使用到规定的年限或设备缺陷已无修复价值，由设备主管部门依据《南伟码头设备报废管理办法》的规定填写《设备报废申请表》，经公司领导审核、批准后，方可报废。

（2）设备维护、修理所需的备品备料，由设备管理部门按《采购管理制度》的规定在每月底提出，经公司领导审批后，由采购部门负责采购。

（3）设备管理部门应积极收集港口设备的发展动态，采用先进、科学的新工艺、新技术、新手段管理设备。更新设备按本制度的第四条第1款要求执行。

第五条　相关文件

1. 采购管理制度

2. 码头新购装卸设备的验收和投产前准备工作的规定

3. 设备操作规程

4. 码头装卸设备计划修理、保养管理制度

5. 运输公司车辆维修、保养管理制度

6. 码头设备报废管理办法

第六条　记录

1. 设备购置申请表

2. 设备验收报告

3. 设备档案

4. 设备日常保养项目表

5. 设备履历册

6. 设备报废申请表

7. 设备运行日志

8. 设备修理、保养计划

9. 设备台账

第二节　设备维修保养制度

第一条　为合理使用设备，特制定本维修保养制度。

第二条　当班班组按所负责范围进行维护保养。

第三条　维修班按所负责范围进行维护保养。

第四条　每月填写一份维护保养报表，于保养后当天交给主管，并填好派工单。

第五条　下月上旬之前由主管、班组长进行检查，作为对员工进行评估的依据。

第六条　设备因维护保养不好而造成事故的，要由当班班组长填写事故报告，并按事故性质和损失程度进行处理。

第七条　开关、插座的清洁检查工作，开关、插头、插座、机器接零保护检查和紧固，由当班电工巡检。

第八条　分机保养（分区保养）。

1. 每班巡回检查 2 次。

2. 上班时做好加油工作。

3. 保持机件齐全，螺丝拧紧。

4. 做好机台清洁卫生工作，做到漆见本色、铁见光亮。

5. 机器保养采用分机保养、分工负责、定机定人。

6. 认真做好保养机器的工作，保证台台完好。

第九条　电器设备维护保养。

1. 对电器设备的开关、控制箱的完好情况，每 3 个月检查一次。

2. 对配电间的电器开关、电表的完好及清洁，每一个月检查一次。

3. 每半年对电线、路灯检查一次。

4. 对车间的电动机，每半年检查一次。

5. 防暑降温的电动机，每年检修一次。

6. 油开关每年换油一次。

第十条 机床维护保养。

1. 机床运转时禁止变速，以免损坏机器的齿轮。

2. 过重的工作物，不要夹在工具上过夜，否则在工作物下垫上垫物。

3. 尺寸较大、形状复杂而装夹面积小的工作物在校正时，应预先在机床床面上安放木垫，以防工件落下时损坏床面。

4. 禁止突然开倒车，以免损坏机床零件。

5. 工具、刀具及工作物不能直接放在机床的导轨上，以免把机床导轨碰坏，产生咬坏导轨的严重后果。

6. 每天下班前一刻钟，必须做好机床的清洁保养工作，严防切屑和杂质进入机床导轨的滑动面，咬坏导轨。机床使用后应把导轨上的冷却润滑油擦干并加机油润滑保养。

7. 各油眼每班至少加油 3 次，以保持油眼的清洁与畅通。

8. 各类机器（机床）定机定人，非规定操作人员未经组长安排和机床保养人员的同意不准随便开动。

第十一条 当值人员与各系统技术人员根据系统的运转情况制定出巡检路线、内容及巡检要求，并落实到班次人员。

第十二条 巡检人员严格按时间和巡检内容进行巡检，发现问题及时解决或上报处理。

第十三条 保证各系统的正常运行和重点设备正常运转。

第十四条 填巡检记录表，月终整理汇集报设备部经理，由档案管理人员收存备查。

第十五条 本制度自颁布之日起实施。

第三节 安全保障制度

第一章 总则

第一条 为了加强公司的各项安全工作，保障公司及员工生命、财产安全，使公司各项工作顺利进行，特制定本制度。

第二条 公司每位员工都有维护公司安全的义务。

第二章 安全组织及其职责

第三条 公司行政部确保安全制度的落实，行政部行政外勤负责具体安全工作实施，行政部经理进行监督。

第四条 公司实行安全责任制，设安全责任人。公司的安全责任人为行政部经理；

各办公室的安全负责人由各办公室推选产生（名单附后）。

第五条　公司行政部在安全方面的职责：

（1）制定、修改公司的安全工作制度；

（2）布置公司总体的安全工作；

（3）组织安全检查，主持整改事故隐患；

（4）调查处理公司重大的安全事故；

（5）制定公司安全培训计划；

（6）负责公司安全制度的落实检查，提高全体员工的安全意识。

第六条　安全责任人的职责：

（1）贯彻行政部的安全工作指示和公司的安全制度；

（2）负责监督本办公室员工接受公司的安全知识培训；

（3）定期对本办公室的安全进行检查，发现事故隐患及时处理，及时上报；

（4）发生火灾积极组织扑救，及时通知公司行政部并报火警；

（5）协助调查事故原因，提出处理意见。

第三章　安全规范

第七条　行政部要采取多种形式不定期地对公司全体员工进行安全教育。

第八条　公司实行逐级的例行检查以保证及时发现和消除安全隐患。每位员工应时常检查自己使用的计算机以及电源插座等；每个办公室的安全负责人应定期检查本办公室其他员工、公共电器以及线路等；行政部应随时检查全公司的电器及线路等。

第九条　未经行政部批准，任何人、任何部门不准私拉、私改电源线。如有此类必要应由行政部经理批准，由行政部外勤负责操作。

第十条　每逢节假日，行政部要提前对全公司进行一次安全大检查，对检查发现的各种不安全因素以定人、定措施、定时限的方法予以整改。

第十一条　员工在每工作日最后一次离开公司以前，须关闭本人计算机；办公室里最后离开公司的员工，须负责关闭该办公室的照明、中央空调、其他电器以及门窗；最后离开公司的员工，在确认公司无其他员工后，负责关闭公司公共照明电源及中央空调，并负责锁好公司的大门后方可离开。

第十二条　公司夜间不能关闭的计算机等设备，需由本办公室的安全责任人报行政部备案。

第十三条　有关吸烟的规定：

（1）除总经理办公室、会客室、会议室以外，公司所有员工在公司其他场合一律不得吸烟。

（2）公司所有员工均有义务告诫和劝阻来访客人不要在公共场合吸烟。客人吸烟只限在会客场所且接待人员必须在场。

第四章　火灾的预防和扑救

第十四条　公司办公区的要害部位要配置相应种类和数量的消防器材，并保证完好有效。消防器材、消防设施由行政部统一管理。

第十五条　任何员工发现火险，必须及时、准确地向行政部或公安消防机关报警，并积极参加有组织的扑救活动。公司行政部接到报警后要配合公安消防机关进行扑救。

第十六条　火灾目击者应迅速将着火物附近的可燃物移开。

第十七条　救火时，应特别注意下列事项：

（1）油类或电线失火，应用沙或纺织物等扑灭，切勿用水灭火。

（2）衣服着火，立即在地上打滚，较易扑灭。

（3）先救人，后抢物。抢救物品时，应先抢救账册、凭证及重要文件或贵重物品。

（4）在烟火中抢救，应用湿毛巾掩着口鼻。

第五章　奖励与惩罚

第十八条　对公司在安全方面做出突出贡献的员工，公司将给予行政或经济奖励。

（1）严格遵守安全规章制度，敢于直接制止违章行为，保障安全者；

（2）不怕危险，勇于排除隐患，制止火灾、爆炸事故发生者；

（3）及时扑灭火灾，减少损失者；

（4）其他对安全保障工作有贡献者。

第十九条　对下列情况之一，行政部将视情节分别给予直接责任人和安全责任人以经济或行政处罚，必要时依法追究法律责任。

（1）无视安全保障工作，违反有关法规，经指出拒不执行的；

（2）超过整改限期尚未完成整改的；

（3）违反本制度第九、第十一、第十三条规定的；

（4）损坏消防器材设备、消防设施或挪作他用的；

（5）未按规定定期进行安全检查的；

（6）玩忽职守造成火灾事故的；

（7）其他威胁公司安全或造成火险、火灾事故的行为。

第六章　附则

第二十条　本制度由公司行政部负责解释。

第二十一条　本制度自颁布之日起施行。

第四节　公文处理规定

1. 目的和作用

公司的公文（包括电报）是发布企业规章、请示和答复问题、指导和商洽工作、报告情况、交流经验的工具。为了促使公司公文处理做到准确、及时、安全、规范，特制定本规定。

2. 管理职责

公司的公文由总经办统一收发、分发、传递、用印、立卷和归档。在公文处理工作中应发扬深入实际、联系群众、调查研究、实事求是和认真负责的工作作风，克服官僚主义、形式主义和文牍主义，提高公文处理工作的效率和质量。

公司各部门及子公司都必须严格执行公文处理的程序，按职权范围认真做好公文管理中的各项工作，严格执行有关保密规定，提高公文办理的效益和质量，通过对公文的规范运作，更好地为公司经济建设服务。

3. 公文的种类

本公司常用的公文种类可以分为以下 10 种：

3.1 决定、决议。

3.1.1 对总公司或子公司的重要事项或重大行动做安排用"决定"。

3.1.2 经会议讨论通过并要求贯彻执行的事项用"决议"。

3.2 指示。对下级单位布置工作，阐明工作活动的指导原则用"指示"。

3.3 公告。公司决定的重要事项，需向外宣布，广而告知，用"公告"。

3.4 通告。公司决定在一定范围内公布应当遵守或周知的事项，用"通告"。

3.5 通知。发布公司重要决定，转发上级部门、同级部门和不相隶属单位的公文，转批下级部门的公文，要求下级部门办理和需要周知或共同执行的事项，用"通知"。

3.6 通报。表彰先进，批评错误，传达重要情况，用"通报"。

3.7 报告、请示。

3.7.1 向上级部门汇报工作，反映情况，提出建议用"报告"。

3.7.2 向上级部门请求指示，并需批复的用"请示"。

3.8 批复。下级部门提出请示后，答复请示事项，用"批复"。

3.9 函。各子公司之间相互商洽工作、询问和答复问题，向外单位联系公务、洽谈工作事项，用"函"。

3.10 会议纪要。传达重要会议所议定的事项和主要精神，要求与会单位共同遵守、执行的，用"会议纪要"。

4. 公文的格式

公文一般由标题、发文字号、签发人、秘密等级、紧急程度、主送机关、正文、发文时间、印章、主题词、抄送单位、印发单位及时间、附件等部分组成。

4.1 公文标题，应当准确简要地概括公文的主要内容，一般应标明发文单位、事由和文种，除批转规章制度性文件外，一般不加书名号。

4.2 发文字号，包括单位代号、年号、顺序号。几个单位联合发文，只标明主办单位发文字号。

4.3 公文除会议纪要外，应加盖印章。

4.4 保密公文应分别标明"绝密"、"机密"、"秘密"。

4.5 紧急公文应分别标明"特急"、"急"。

4.6 请示一般只写一个主送单位，如需同时送其他单位，应用抄报形式。

4.7　公文如有附件，应在正文之后，注明附件名称和顺序。

4.8　发文单位应写单位全称或规范化简称，几个单位联合发文，应将主办单位排列在前。

4.9　会议通过的文件（指决定、决议），应在标题下、正文前注明会议名称和通过日期。

4.10　文字从左到右横写、横排。

4.11　公文纸一般用 A4 复印纸，左侧装订，装订公文一律使用两颗订书钉，装订时公文纸张的地方，翻页口边要齐整。

4.12　文件标题一律用二号宋体字，正文使用小四号仿宋体字。主题词、报送、发送单位一律用小四号宋体字。

5. 行文规范

5.1　公司总部及各子公司的行为关系，应根据各自隶属关系和职权范围确定。

5.2　公司各部门在自己的权限内，可以互相行文，可以同下一级企业有关业务部门互相行文，也可以根据公司总部授权和有关规定对子公司直接行文。

5.3　各子公司之间的重要行文，应抄报公司总经办。

5.4　凡部门之间对有关问题未协商一致时，一律不得各自向下行文。

5.5　各子公司可以联合行文。

5.6　请示的公文，一般应一文一事。除领导直接交办的事项外，请示不要直接送领导者个人，更不要同时报送几个领导，严禁多头请示。

5.7　受双重领导的企业上报公文，应根据内容写明主报单位和抄报单位，由主报单位负责答复请示的问题，上级主管单位向双重领导的下级单位行文时，应同时抄送另一上级单位。

6. 公文办理

6.1　发文处理程序：拟稿→核稿→签发→注发→打印→盖印→装封→分发→归档。

6.1.1　拟稿。拟稿分两步，首先由公司领导人草拟文件，表达出文件的内容和意图，然后由秘书人员按照草拟内容，拟写出正式的文件稿。拟稿的要求是：重点突出、观点鲜明、表达准确、文种合理，尽量"一文一事"。

6.1.2　核稿。拟稿后，应将稿件交办公室主任进行核稿，检查内容是否准确反映领导的意图，语法文字是否规范，格式是否符合要求，文种及标题是否合适等。

6.1.3　签发。涉及企业整体事务或冠以公司名义的文件，必须由公司的主要负责人签发。签发人对文件负有完全责任。签发内容是：发送单位、阅读范围、密级程度、缓急要求等。

6.1.4　注发。文稿经过签发，正式文件已经形成，进入注发阶段。一是要对文稿进行编号；二是确定发出日期；三是确定文件的印刷方法。

6.1.5　打印。打印文件时，应先打出样稿，经过与原稿校对，确认无误后才可按所要求的份数打印出来。

6.1.6　盖印。文件需要加盖印章后才能发送，印章是企业发文有效的凭证。盖章由印章保管人负责执行，所盖的印章应清晰端正。

6.1.7　装封与分发。将文件分别装入信封，写好收文单位，并按需要加盖密级、急件、挂号等印章；发出文件前必须填写《发文登记表》，并由发出人签字。

6.1.8　归档。指打印的文件底稿应进行归档妥善保管。

6.2　收文处理程序：签收→登记→阅文→拟办→批办→承办→催办→办复。

6.2.1　签收与登记。来件经过清点检查无误后应办理签收，然后根据文件的类别进行登记。

6.2.2　阅文。负责处理批文的秘书人员应阅读文件，了解内容，以便正确批文。

6.2.3　拟办。拟办的主要工作是确定文件的分送与传阅范围，一般由办公室主任负责，如果所收文件份数不够分送传阅，还要加印复制。

6.2.4　批办。来文如提出了办理问题的要求，因此需要分派公司某个部门去具体执行和办理。这需要由公司的领导来确定承办单位及协办单位。

6.2.5　承办。领导批示的具体承办部门，应认真阅读文件，领会贯彻、执行的要点，按要求完成承办任务。如果所承办的事情重大，本部门难以独立办好，则应速说明理由，请求上级安排协办单位配合执行。

6.2.6　催办。公司应建立文件催办制度，目的是督促所需办的事能及时办好，以免承办部门因事务忙而遗忘或积压拖延。催办人员应及时将承办部门办理情况的信息反馈给公司领导。

6.2.7　办复。来文中提出需办复的，公司在承办结束后，应向来文单位作答复。

6.3　办理过程注意事项。

6.3.1　凡需要办理的公文，总经办应根据内容和性质，送领导人批示或交有关业务部门办理。紧急公文，总经办应提出办理时限。

6.3.2　凡涉及其他部门的问题，主办单位应主动与有关部门协商、会签。上报的公文，如有关方面意见不一致，要如实反映。

6.3.3　已送领导批示或交有关业务部门办理的公文，总经办要负责检查，对于多次催办仍无效果的，应向总经理汇报，采取必要的处罚措施。

6.4　草拟公文应注意事项。

6.4.1　要符合国家的法律、法规，符合党和政府的方针、政策及有关规定。

6.4.2　情况要确定，观点要明确，条理要清楚，层次要分明，文字要精练，书写要工整，标点要准确，篇幅要求简短。

6.4.3　人名、地点、数字、引文要准确，时间应写具体的年月日。

6.4.4　公文中的数字，除发文字号、统计表、计划表、序号、百分比、专用术语和其他必须用阿拉伯数码者外，一律用汉字书写。在同一文件中，数字的使用应前后一致。

6.4.5　引用公文应注明发文时间、机关、标题和文号。

6.4.6　用语要准确、规范。在使用简称时，应先用全称，并加以说明。不写不规范的字。

6.4.7　公司发出的公文，由公司总经理或授权的分管领导签发。

6.4.8　公司领导审批公文要认真、负责，文件主批人要签署自己的意见、姓名和时间。

6.4.9 草拟和签拟公文，应使用钢笔或毛笔。

6.4.10 公司各部门需要以公司名义或公司总经办文件发出的公文，文件起草完后，统交公司总经办核稿，以便统一编排文号和分发。

6.4.11 上报的公文，如不符合本规定的，公司总经办可退回呈报单位。

6.4.12 传递秘密公文时，必须采取相应的保密措施，确保文件安全。

6.4.13 草拟公文应使用公司或各子公司统一印刷的发文拟稿笺。

6.5 其他需注意事项。

6.5.1 公司总经办签收文件要逐一清点，重要文件要逐页查点，如发现问题，应及时向发文单位查询并采取相应措施，急件要注明签收的具体时间，发传真时要问清接收人的部门、姓名、接收时间，并一一作好登记，以备查询。

6.5.2 登记文件须将标题、密级、发文字号、缓急时限，来文单位、发往单位、件数、收发时间及处理等逐项登记清楚，以利于查询。

6.5.3 批办文件要根据内容、密级和工作需要确定文件主批人、承办单位以及印发范围，急件要及时处理。

6.5.4 报请主管领导人批示的文件，一般应由总经办提出拟办意见，并附有关背景材料，供领导审批时参考。

6.5.5 分发文件要严格按批办范围进行。时限性强的要及时分送，以免压误。

6.5.6 传阅文件，要严格登记手续，随时掌握文件去向，避免漏传、误传和延误。文件传阅要建立催阅（退）制度。

6.5.7 印制文件要遵守时限要求，保证质量，做到文件清晰，字体适当，用纸规范，美观大方。

7. 文件的立卷和归档

7.1 文件办完后，应根据文书立卷、归档的有关规定，及时将公文稿、正本和有关材料整理立卷。

7.2 文件立卷应根据其特征、相互联系和保存价值分类整理，保证齐全、完整、正确反映本企业的主要工作情况，便于保管、查找和利用。

7.3 没有存档价值和存查必要的公文，经过鉴别和主管领导人批准，可定期销毁。销毁秘密公文，要进行登记，专人监督，保证不丢失，不漏销。

第五节 档案管理制度

第一章 总则

第一条 为加强公司文书档案、声像资料的管理工作，保证文书档案、声像资料的及时归档和妥善保管，特制定本制度。

第二条　公司行政部行政内勤负责档案资料的归档督促和日常管理工作。

第三条　公司各部门在工作活动中形成的各种有保存价值的档案资料，都要按照本制度的规定在行政部备份。

第二章　文件资料的收集管理

第四条　归档范围：

（1）公司印发的公文；

（2）公司的各种规章制度、实施细则、程序文件；

（3）公司与其他单位签订的合同、协议书等文件正本；

（4）公司重要会议资料，包括会议的通知、决议、总结、重要发言、会议纪要等；

（5）上级机关发来的与公司有关的决定、决议、指示、条例、规定、计划等文件资料；

（6）公司对外的正式发文及与有关单位来往的文书及传真；

（7）公司重要的技术资料、供应商档案资料、客户资料等；

（8）公司管理人员任免的文件资料以及关于员工奖励、处分的文件资料；

（9）公司的历史沿革、大事记及反映公司重要活动的剪报、照片（及胶卷）、录音、录像等；

（10）公司及产品的获奖证书原件；

（11）公司保密制度中规定的保密范围材料。

第五条　重要资料承办人应及时将办理完毕或经批准的文件资料收集齐全，加以整理，送交档案管理人员归档。

第六条　一项工作由几个部门参与办理时，在工作活动中形成的重要文件资料，由此项工作的负责人收集并交行政部归档保管。

第七条　公司员工外出培训、学习、考察、调查研究、参加上级机关召开的会议等公务活动在核报差旅费时，必须将有归档价值的文件资料向行政部档案管理人员办理归档，档案管理人员签字认可后财务部方可办理报销手续。

第八条　公司所有收发的传真，均应由行政前台复印后，交由档案管理人员存档。

第九条　档案管理人员的职责：

（1）掌握公司文件资料的归档范围，收集保管公司重要的文件资料。

（2）认真执行定期归档制度。对公司的重要文件资料平时分类收集，每年6月底和12月底应将归档文件资料整理归档完毕。

（3）公司员工查阅和借用文件资料时，档案管理人员应积极地做好服务工作，并办理查阅和临时借用登记手续。

第三章　归档管理

第十条　档案管理人员应根据公司的业务及当年工作状况，编制重要文件资料归档使用的"案卷类目"。"案卷类目"的条款必须简明确切，并编上条款号。

第十一条　档案管理人员应及时将已归档的文件资料，按照"案卷类目"条款，放入保存文件夹内"对号入座"，并在文件处理登记簿上注明。

第十二条 归档的文件资料页数应齐全完整。

第十三条 在归档的文件资料中，应将每份文件的正件与附件、请求与批复、转发文件与原件、多种文字形成的同一文件，归放在一起，不得分开。

第十四条 每份案卷必须按规定的格式逐件填写卷内文件目标。填写的字迹要工整。卷内目录放在卷首。

第十五条 对于重要的声像类资料，档案管理人员应当在卷首附上文字说明，包括事由、时间、地点、人物、背景、作者（摄制者）等。

第四章 附则

第十六条 本制度由行政部负责解释。

第十七条 本制度自颁布之日起施行。

第六节 财产管理规定

第一条 所谓财产系指资产负债表上所列属于固定资产科目者，其有关事务处理悉依照本办法规定办理。

第二条 本公司财产管理系由财务部统筹管理并委托使用单位保管，依其性质划分如下：

1. 土地。

2. 房屋及建筑设备：办公室、厂房、酸洗间、仓库、宿舍、护堤、水道、围墙、停车场、道路。

3. 交通及运输设备：小轿车、客货车、推高机、起重机、机车、手推车、台车。

4. 机器设备：连续式铸造钢板设备、钢铁热轧设备、钢铁冷轧及冷压成型设备、金属热处理设备。

5. 电气设备：输电、配电、变电设备、照明设备。

6. 空气调节设备：冷气机、抽送风机、电扇。

7. 事务设备：机具设备（计时机、复印机、打字机、计算机、电话机、对讲机、扩音机、油印机等）、家具设备（写读家具、储放家具、坐息家具）、通信设备。

8. 供水设备：水塔、储水池、过滤设备、抽水机、马达、给水配管设备。

9. 其他设备：防护设备（消防警卫、医疗）、装潢设备、康乐设备。

第三条 财产保管部门应会同财务部每年定期盘点，但对新置者每月对账一次，其盘盈或盘亏应确实办理增值或减损。

第四条 由购入而取得的不动产，应即办理所有权移转登记，其有关产权的登记与变更登记及税法规定事宜与减损报废之报备均由财务部另行规定办理。

第五条 各项工程修造不论金额多寡均应编列预算表，并送财务部备查复核，其紧急处理者仍应补办手续。

第六条 有关不动产出租或租入，均应事先订立契约书，并送财务部复核转呈总经理核准后始得办理。

第七条 资本支出与费用支出划分的标准如下：

1. 支出结果能获得其他资产者属资本支出，否则应列为费用支出。

2. 资产因扩充、换置、改良而能增加其价值或效能者属资本支出，否则即为费用支出。

3. 支出结果所获得之固定资产，其耐用年限在两年以上，且其金额在 5 万元以上者属资本支出，其耐用年限不及两年或其效用仅及本期者属费用支出。

4. 凡为维持财产的原始使用效能，所需的维护费用作为费用支出。

第八条 财产支出核决权限，依内购核决权限表的规定办理。

第九条 固定资产的折旧，采用平均法，并以账面价值为准，其折旧耐用年限依所得税规定。

第十条 使用年限届满的固定资产，仍继续使用者，得不折旧，但主要或重要生产设备得予调整以往旧额，并继续折旧。

第十一条 有关固定资产设账，财务部于总分类设置"土地"、"房屋及建筑"、"机器设备"、"电气设备"、"空气调节设备"、"事务设备"、"供水设备"、"其他设备"，机械与各项设备之"备抵折旧"等科目，设置财产目录卡，并于各负责管理部门设置同式财产目录表，详细记录负责保管人及移动情况，并经使用人签认留存。财务部门与管理部门于每年会同盘点时并应互为核对双方登记卡表所载内容是否相符，如有不符应即查明更正。

第十二条 本办法经呈准公布实施，修改时亦同。

第七节 员工考勤管理规定

第一章 总则

第一条 为加强公司内部管理，维护工作秩序，保证公司各项业务的正常运行，特制定本规定。

第二条 本规定适用于公司全体员工，包括正式工、试用工、临时工、实习生等。

第三条 员工正常工作时间为：8：00 ~ 11：30，12：30 ~ 17：00，共 8 个小时。每周工作 6 天，各部门可根据实际情况安排员工轮休、调休、补休，于当月 2 日将本部门的轮休值班表报综合部，调休、补休必须有本部门经理签字批准的单据，并报综合部备案。

第四条 公司员工一律实行上下班打卡登记制度。

第五条 所有员工上下班均须亲自打卡，任何人不得代理他人或由他人代理打卡

（人未到班代打）。

第六条 所有员工须先到公司打卡报到后，方能外出办理各项业务。特殊情况须经部门经理批准，并于返厂1日内补办批准手续，不办理批准手续者，按迟到或旷工处理。

第七条 公司门卫保安监督员工上下班打卡，并负责次月2日前将员工出勤情况汇总报综合部，由综合部据此考核员工出勤情况。

第二章 迟到、早退、离岗、旷工

第八条 员工应按规定时间到（退）班，并打卡，漏打者不论其原因如何，均以迟到或早退论。

1. 员工逾规定时间到班时：

（1）超过5分钟至15分钟为迟到。

（2）超过15分钟至1小时以内按旷工1小时论。

（3）超过1小时按旷工半日论。

2. 员工未到规定时间提前下班时：

（1）提前5分钟以内下班者为早退。

（2）超过15分钟提前下班者按旷工半日论。

3. 工作时间未经领导批准离开工作岗位者，即为离岗（擅离职守），擅离职守超过1小时，或未经准假而不到班者，均为旷工。

第九条 因偶发事故迟到超过15分钟以上经部门经理或综合部查明属实者可准予补办请假。未及时补假的按迟到同等时间的旷工论。

第三章 请假、调休、出差、加班

第十条 员工因个人事务，未能到班或按时上下班可向本部门经理请假或申请调休，上班时间外出办私事也须向部门经理请假，事假时间可累计。

第十一条 员工请假、调休流程：到综合部填写请假、调休单，由本部门经理签字批准，出厂时交门卫，由门卫在其出勤表上注明。

第十二条 员工因紧急事件无法先填单后请假，必须向本部门经理电话请假，并由部门经理到门卫处注明。员工回厂后一天内补办请假、调休手续，并将请假、调休单交门卫。未及时补办手续的按旷工论。

第十三条 员工因病请假一天者，最迟应于请假的翌日提出申请，并经部门经理批准。请病假一天以内者免附医师证明，但当月连续请病假一天以上或累计逾一天者必须出具当日就医的劳保或公立医院证明（私人医院无效）。无证明的或未批准的按旷工论。

第十四条 员工因公出差，须事先填写出差登记表，由总经理批准。出差人员应于出差前先办理出差登记手续并交至门卫，由门卫在其出勤表上注明。工作时间因工外出，必须经部门经理批准同意后，在门卫处登记外出事由、返回时间等，并将工作证交门卫保管，回厂时取回。

第十五条　公司按国家法律法规给假，员工在法定假日应服从公司安排的值班。

第十六条　门卫于次月 2 日前将请假、调休单、出差单汇总交综合部备案。

第十七条　员工因工作需要或领导要求加班的，必须填写加班单，经部门经理签字后，交综合部备案。员工加班时间可累计，可抵相同时间的事假。

第四章　违规处理

第十八条　违反本规定第五条，代理人和被代理人均扣 20 元/次，多次违反，两者按旷工处罚。

第十九条　员工迟到、早退每次扣 10 元，一个月内累计三次以上，第四次开始按 100 元/次扣罚，连续一周以上予以严重警告，并扣罚当月 80% 岗位工资（岗位工资指本月的工资加奖金，下同）。

第二十条　事假按当月日均岗位工资扣发。

第二十一条　病假每月有一天带薪，超过一天的按事假扣罚。

第二十二条　旷工一天扣 100 元，每小时扣 12.5 元，旷工 3 天以上扣除当月岗位工资，一年累计 5 天以上者辞退。

第二十三条　违反第十四条，未按规定在外出时进行登记的，按外出同等时间的旷工处罚。

第二十四条　违反第十五条，未服从公司领导安排值班的，按旷工处罚。

第五章　附则

第二十五条　综合部负责本规定的监督管理。

第二十六条　本规定自总经理批准之日起施行。

第八节　防火安全管理规定

一、总则

第一条　为了加强公司的防火安全工作，保护公司及员工生命、财产的安全，保障各项工作的顺利进行，根据国家有关消防安全法律法规，结合公司实际情况，特制定本规定。

第二条　公司的防火安全工作，实行"预防为主，防消结合"的方针，实行防火安全责任制。

第三条　公司每一位员工都有维护公司消防安全，保护消防设施，预防火灾，报告火警，参加有组织的灭火工作的义务。

第四条　公司防火安全工作由防火安全领导小组负责实施。日常事务由安保部归口管理。

二、防火安全的组织机构

第五条　为确保各项防火安全措施落实，公司成立防火安全领导小组，行管总监任组长。防火安全领导小组在公司安全工作委员会领导下工作，负责公司全面的防火安全工作。防火安全的日常事务由安保部负责。

第六条　公司实行防火安全责任制，设防火安全责任人。公司的防火安全责任人为总经理；各系统、部门、分部（班组）的防火安全负责人为相应的负责人。

第七条　公司建立义务消防队，队长由总务部经理担任，安保部主管任执行队长，各部室、班组均设若干义务消防员，具体名单附后。

第八条　公司义务消防队受公司防火安全领导小组的指挥调动，认真履行消防职责。

三、防火安全组织机构的职责

第九条　公司防火安全领导小组的职责：

1. 制定、修改公司的防火安全制度；

2. 审批公司各部门制定的防火安全实施细则；

3. 布置公司总体的安全防火工作；

4. 组织防火安全检查，主持整改火灾事故隐患；

5. 组织扑救、调查处理公司重大的防火安全事故；

6. 审批公司防火安全培训计划；

7. 审批公司的消防演习计划；

8. 负责公司防火安全制度的落实检查，提高全体员工的防火安全意识；

9. 组织交流防火安全工作经验，评比表彰先进。

第十条　公司义务消防队的职责：

1. 负责公司火灾事故的预防、救助工作；

2. 负责公司员工的消防知识、消防技能的培训和考核工作；

3. 定期组织义务消防队员训练，队员应熟知消防设备器材的使用和消防设施的位置；

4. 负责公司消防设备器材和设施的维护保养、定期更换、检验，确保完好、有效；

5. 在公司明显处和重要防火部位设置消防安全标志。

第十一条　各系统、部门、分部（班组）的防火安全责任人与公司防火安全领导小组签订防火安全责任书。

第十二条　各级防火安全责任人的职责是：

1. 贯彻上级的消防工作指示，严格执行国家消防法规和公司防火安全制度；

2. 根据公司防火安全制度制订本部门的防火安全实施细则，报批通过后严格执行；

3. 将消防工作列入议事日程，做到与生产、经营同计划、同布置、同检查、同总结、同评比；

4. 负责组织本部门员工接受消防知识、消防技能的培训和考核；

5. 定期对所管辖区的防火安全进行检查，发现事故隐患及时处理，及时上报；

6. 发生火灾积极组织扑救，并及时通知公司义务消防队和报火警；

7. 协助调查火灾原因，提出处理意见。

四、防火安全措施

第十三条　各部室、车间、班组在生产和工作中，都要严格执行公司防火安全制度和本部门的防火安全实施细则。

第十四条　公司所有员工在公司内一律不准吸烟。

第十五条　公司所有员工均有义务告诫和劝阻来访客人不要在厂区内吸烟。客人吸烟只限在会客室，且接待人员必须在场。

第十六条　全体员工不论在宿舍或工作区，严禁使用电炉、电热水器（特殊情况经批准除外，但须加强管理）。

第十七条　防火安全领导小组要采取多种形式定期、不定期地对公司全体员工进行防火安全教育。全体员工必须掌握"三懂三会四能"。

"三懂"是指懂本岗位生产过程中的火灾危险性；懂预防火灾的措施；懂扑救火灾的方法。

"三会"是指会使用消防器材；会扑救初起火灾；会报火警119。

"四能"是指能宣传；能检查；能及时发现和整改火险；能有效扑救初起火灾。

第十八条　总务部经理要定期组织义务消防队进行消防训练，安保部主管协助完成具体工作。

第十九条　公司建立逐级例行检查制度，以保证及时发现和消除火灾隐患。各部门、分部（班组）的防火安全责任人，在每日下班或交接班前，对所管辖区域进行一次防火安全检查，每周对所管辖区域组织一次防火安全大检查。每月各系统的防火责任人对本系统的防火安全工作做一次大检查。公司防火安全领导小组每半年进行一次全面检查，每季度进行抽查。各级每次例行检查都必须详细记录《防火安全例行检查记录单》，该单一式两份，一份本部门留存，一份报安保部。

第二十条　每逢节假日和季节变化、异常天气变化时防火安全领导小组要对全公司进行一次安全防火、防雷电大检查，对检查发现的各种不安全因素以定人、定措施、定时限的方法予以解决。

第二十一条　公司厂区、办公区以及各生产车间、仓库、车库、化验室、员工宿舍区等要害部位要配置相应种类和数量的消防器材，并保证完好有效。消防器材、消防设施要定位置定专人管理，不得损坏、挪位、移作他用。

第二十二条　公司内（员工食堂除外）严禁明火。如特殊情况需要在作业中动用明火的，要由动火部门填写《临时动火作业申请表》，按动火的不同级别事前进行审批，待批准后方可进行动火作业。《临时动火作业申请表》同时报安保部备案。

一级动火作业指可能发生一般性火灾事故，由部门主管提出申请，经部门经理审核，报本系统总监批准；二级动火作业指可能发生重大火灾事故，由部门经理提出申请，经本系统总监审核，报总经理批准。动火期间必须由专人监控，妥善清理现场，不得脱岗。下班前要严格执行检查制度，确认安全后方可离开。

第二十三条　未经总务部批准，任何人、任何部门不准私拉、私改电源线。必需时由总务部经理批准，由动力设备室专业人员操作。

第二十四条　从事电工、电焊工等特殊工种的人员，要按国家规定进行防火安全技术考核，取得合格证方可上岗操作。

第二十五条　电源、电器设备以及烟囱、锅炉等易燃易爆的设备应指定责任人并定期检查，大风、大雨、地震后更应立刻检查有无损害。

第二十六条　生产车间、库房的消防通道应保证通畅，严禁堆放各种物品。

第二十七条　工作地点的易燃、易爆、危险品应放于安全地点，妥善保管，非本部门专业工作人员不得动用。

第二十八条　库存物资中的易燃、易爆、危险品要隔离存放、注意通风散热，实行定位置、定人管理。

第二十九条　工作时间生产车间的大门不得上锁。

第三十条　工作人员要提高警惕性，时刻提高防火意识。

五、火灾扑救

第三十一条　任何人发现火险，必须及时、准确地向安保部或公安消防机关报警，并积极参加有组织的扑救活动。公司安保部接到报警后要立即集合义务消防队进行扑救或配合公安消防机关进行扑救。

第三十二条　火灾目击者应迅速将着火物附近的可燃物移开。

第三十三条　火灾发生时主管人员应一面指挥救火，一面指挥抢救人员及物品。必要时通知邻近其他单位戒备。

第三十四条　救火时，应特别注意下列事项：

1. 油类或电线失火，应用沙或纺织物等扑灭，勿用水灭火。

2. 衣服着火，立即在地上打滚，较易扑灭。

3. 先救人，后抢物。抢救物品时，应先抢救账册、凭证及重要文件或贵重物品。

4. 在烟火中抢救，应用湿手巾掩着口鼻。

5. 如火焰封住出路，应设法从窗口逃生。

六、奖励与惩罚

第三十五条　防火安全领导小组对防火安全工作定期评比，对取得下列成绩的部门或个人，给予行政和经济奖励。

1. 进行消防技术革新，改善防火安全条件，促进安全生产者；

2. 坚持防火安全规章制度，敢于同违章行为作斗争，保障安全者；

3. 不怕危险，勇于排除隐患，制止火灾、爆炸事故发生者；

4. 及时扑灭火灾，减少损失者；

5. 其他对消防工作有贡献者。

第三十六条　对下列情况之一的部门或个人，视情节给予行政和经济处罚。必要时依法追究法律责任。

1. 无视防火安全工作，违反有关消防法规，经指出拒不执行的；

2. 超过整改限期尚未完成整改的；

3. 违反本制度第十四、第二十二、第二十三条规定的；

4. 发现火灾隐患或火警未能及时报险、报警致使公司财产遭受较大损失的；

5. 损坏消防器材设备，消防设施或挪作他用的；

6. 未按规定定期进行防火安全检查的；

7. 玩忽职守造成火灾事故的；

8. 其他威胁公司防火安全或造成火险、火灾事故的行为。

七、附则

第三十七条 公司各部门应根据本制度制订相应的实施细则。

第三十八条 本制度由公司防火安全领导小组制订，报公司董事会批准后施行。修改或终止时亦同。

第三十九条 本制度由公司防火安全领导小组负责解释。

第四十条 本制度由公司防火安全领导小组负责检查与考核，日常事务由安保部负责。

第四十一条 本制度施行后，公司既有的类似规章制度自行终止，与本制度有抵触的规定以本制度为准。

第四十二条 本制度自颁布之日起施行。

第九节　员工安全教育管理制度

目的：提高员工安全意识，掌握安全操作技术，确保安全生产。

适用范围：公司所有员工。

责任人：生产副总经理、制造部经理、工程部经理、生产车间主任、机修车间主任、班组长。

内容：

1. 安全教育设施

1.1 公司应有必要的安全教育器材，费用在安全技术措施费中列支。

1.2 工程部、制造部应充分利用安全教育设施，摄制、录制有关安全生产、劳动保护教育题材及事故案例等内容。不断积累、充实、完善教育史料。

2. 三级教育

2.1 新工人（临时工、合同工、实习人员）上岗前必须经过三级安全教育。

2.2 公司级教育由行政部组织，工程部、制造部负责教育，内容为国家有关安全生产法令和规定，公司生产特点、典型事故案例和安全守则。

2.3 车间级教育由车间主任负责，由车间安全员进行教育，内容为本车间生产特点，车间安全技术规程和安全生产规章制度等。

2.4 班组级教育由组长负责，内容为岗位技术安全操作法，岗位责任制，岗位事故案例预防事故的措施，安全装置及个人保护用品和消防器材的性能、用途和正确使用方法。

2.5 员工在公司内车间之间调动，干部参加劳动以及脱离岗位6个月以上者，要再履行车间、班组级安全教育，车间内部各工段之间工作调动也要履行班组级安全教育。

2.6 行政部对批准来参观、学习人员应讲明一般安全注意事项。

2.7 经三级教育后，必须进行考核，考核成绩归档保存。

3. 特殊教育

3.1 从事特种作业人员必须经地方政府机构（或受委托的公司有关主管部门）进行专业培训考核、取得安全作业证方可操作。

3.2 对特种作业人员，工程部每年要组织培训考核。

3.3 在新工艺、新技术、新设备和新产品投产前，按新的岗位安全操作法，对岗位操作者和有关人员进行专门培训教育，并经考试合格后方可独立操作。

3.4 发生重大事故或恶性未遂事故时，所在部门主管应及时组织有关人员进行事故现场教育，避免发生类似事故。

4. 日常安全教育

4.1 各级领导应对员工进行经常性的安全思想、安全技术、工艺纪律、劳动纪律和法制教育。

4.2 公司应经常开展安全教育活动，活动内容包括：

4.2.1 学习有关安全生产的文件和先进经验；

4.2.2 学习有关安全技术和工业卫生知识，检查规程制度贯彻执行情况；

4.2.3 开展事故预想及事故紧急处理的训练，分析、讨论事故或事故苗头的原因；

4.2.4 参观安全生产展览会，观看安全教育电影等；

4.2.5 安全操作表演；

4.2.6 进行典型教育，表扬先进。

4.3 大修前，停车中，检修前和开车前必须进行专门的安全教育。

4.4 对员工违章以及重大事故责任者，由行政部、工程部或制造部根据情节，进行离岗安全教育。重大事故责任者复工时需经制造部或有关单位进行复工安排教育，并将事故性质和责任记入安全档案。

4.5 有计划地对女员工进行特殊劳动保护教育。

5. 安全技术考核

5.1 制造部对员工每年进行一次安全技术考核，考核成绩予以公布并记入档案。

5.2 公司总经理、副总经理安全技术考核由上级负责。

5.3 中层干部和工程技术人员安全技术考核由行政部负责。

5.4 员工安全技术考核，由各车间主任主持，车间管理员具体执行。

第十节 人力资源档案管理办法

1. 保守档案机密。现代企业竞争中，情报战是竞争的重要内容，而档案机密便是企业机密的一部分。对人事档案进行妥善保管，能有效地保守机密。

2. 维护人事档案材料完整，防止材料损坏，这是档案保管的主要任务。

3. 便于档案材料的使用。保管与利用是紧密相连的，科学有序的保管是高效利用档案材料的前提和保证。

4. 人事档案保管制度的基本内容。建立健全保管制度是对人事档案进行有效保管的关键。其基本内容大致包括五部分：材料归档制度；检查核对制度；转递制度；保卫保密制度；统计制度。

（1）材料归档制度。新形成的档案材料应及时归档，归档的大体程序是：

①首先对材料进行鉴别，看其是否符合归档的要求；

②按照材料的属性、内容，确定其归档的具体位置；

③在目录上补登材料名称及有关内容；

④将新材料放入档案。

（2）检查核对制度。检查与核对是对人事档案材料本身进行检查，如查看有无霉烂、虫蛀等，也包括对人事档案保管的环境进行检查，如查看库房门窗是否完好，有无其他存放错误等。

检查核对一般要定期进行。但在下列情况下，也要进行检查核对：

①突发事件之后，如被盗、遗失或水灾火灾之后；

②对有些档案发生疑问之后，如不能确定某份材料是否丢失；

③发现某些损害之一，如发现材料变霉，发现了虫蛀等。

（3）转递制度。转递制度是指相关档案转移投递，不能交本人自带。另外，收档单位在收到档案，核对无误后，应在加执上签字盖章，及时退回。

（4）保卫保密制度。具体要求如下：

①对于较大的企业，一般要设专人负责档案的保管，应齐备必要的存档设备；

②库房备有必要的防火、防潮器材；

③库房、档案柜保持清洁，不准存放无关物品；

④任何人不得擅自将人事档案材料带到公共场合；

⑤无关人员不得进入库房，严禁吸烟；

⑥离开时关灯关窗，锁门。

（5）统计制度。人事档案统计的内容主要有以下几项：

①人事档案的数量；

②人事档案材料收集补充情况；

③档案整理情况；

④档案保管情况;

⑤档案利用情况;

⑥库房设备情况;

⑦人事档案工作人员情况。

第十一节　公司员工宿舍管理规定

为使员工宿舍保持良好的清洁卫生、整齐的环境及公共秩序,使员工获得充分的休息,以提高工作效率,特制定本规定。

一、员工申请住宿条件。人员于辖区内无适当住所或交通不便者,可以申请住宿。

二、凡有以下情况之一者,不得住宿:

1. 患有传染病者。

2. 有不良嗜好者。

三、本公司提供员工宿舍系现住人尚在本公司服务为条件,倘若员工离职(包括自动辞职,免职)时,对房屋的使用权当然终止,届时该员工应于离职日起3天内,迁离宿舍,不得借故拖延或要求任何补偿费。

四、宿舍统由舍长担任宿舍舍监,其工作任务如下(月5次以上履行职责不好罚30元):

1. 总理一切内务,分配清扫,保持整洁,维持秩序。

2. 监督轮值人员维护环境清洁。

3. 有下列情况之一者,应通知主管部门:

(1) 违反宿舍管理规则,情节重大者。

(2) 宿舍内有不法行为或外来灾害时。

(3) 员工身体不适或病情重大者应通知厂部。

五、员工对所居住宿舍,不得随意改造或变更房舍。

六、有关宿舍现有的设备(如玻璃、卫浴设备、门窗、床铺等)本公司以完好状态交与员工使用,如有疏于管理或恶意破坏,酌情由现住人员负担该项修理费或赔偿,并视情节轻重论处。

七、住宿员工应遵守下列规则:

1. 服从舍监管理与监督。

2. 室内禁止私自接配电线及装接电器(违者罚30元)。

3. 室内不得使用或存放危险及违禁物品(违者罚20～200元)。

4. 个人棉被、垫被起床后须叠齐。

5. 烟灰、烟蒂不得丢弃地上,易燃物品不得放置寝室。

6. 换洗衣物不得堆积地上(违者罚5元)。

7. 洗晒衣物须按指定位置晾晒。

8. 电视、收音机的使用，声音不得放大，以免妨碍他人安宁。

9. 就寝后不得有影响他人睡眠行为。

10. 夜间最迟应于 00：30 前返回宿舍。

11. 污秽、废物、垃圾等应集中于指定场所倾倒。

12. 宿舍卫生由各自住宿人员轮流清洁整理（无打扫罚 10 元）。

13. 水、电不得浪费，随手关灯及水龙头。

14. 沐浴的水、电、煤气用毕即关闭。

15. 沐浴以 20 分钟为限。

16. 员工不得于宿舍内聚餐、喝酒、赌博、打麻将或其他不良或不当行为。

八、住宿员工有下列情形之一者，呈报班组以上会议议处：

1. 不服从舍监的监督、指挥者。

2. 在宿舍赌博（打麻将）、斗殴及酗酒。

3. 蓄意破坏公用物品或设施等。

4. 擅自于宿舍内接待异性客人或留宿外人者。

5. 经常妨碍宿舍安宁、屡教不改者。

6. 违反宿舍安全规定者。

7. 有偷窃行为者。

九、迁出员工应将使用的床位、物品、抽屉等清理干净，所携出的物品，应先经舍监或主管人员检查。

十、员工住宿应向公安部门办理流动户口登记（暂住证）。

第十二节　公司文件管理规定

1. 目的和作用

公司的文件资料是公司的重要财富，加强对文件的管理，使文件在经营管理中充分发挥信息导向作用，保障和促进公司各项经营活动的顺利进行，是公司管理层的重要工作。为实现文件管理的程序化、规范化，使文件的管理既高效又安全，特制定本规定。

2. 管理职责

公司的文件管理统一由总经办归口负责。应加强对本部门秘书工作人员的业务培训，抓好文件的立卷归档、存放保管以及文件使用各环节中的管理程序，并对各职能部门文件管理工作进行指导和工作检查。

3. 文件立卷归档管理

秘书部门对公司文件的立卷归档，应按照以下程序做好工作：

3.1　收集立卷文书材料

应坚持平时随时收集文件进行归档，以保证文件材料的完整，对于办理完毕的文件材料应及时收回，对于会议文件要及时整理，对于本企业的对外发文要留好底稿和正本。

3.2 做好立卷类目的分类

按照不同文件的性质分成若干类别，如党政文书类、人力资源管理类、生产管理类、经济财务类、对外业务类等，以便于文件的整理和保管。

3.3 拟定卷内文件保存价值

按照统一的原则标准，将卷内所有文件分为永久、长期、短期三种不同的保管期限。

3.4 科学、合理地排列卷内文件

应按照一定的规律排列卷内文件，使文件保持条理性，一般要求是：

3.4.1 重要文件在前，次要文件在后；

3.4.2 政策性文件在前，业务性文件在后；

3.4.3 综合性文件在前，专题性文件在后；

3.4.4 正文在前，附件在后；

3.4.5 结论性文件在前，调研性文件在后。

3.5 文件装订成案

定卷时，在完成对卷内文件系统排列后，应编号，填写卷内目录和卷本备考表，然后填好案卷的封皮及案卷的目录，最后按规定的方式进行装订。

3.6 文件移交归档

文件完成立卷工作，就可在规定的时间移交档案室，一般都在年终时进行。移交档案时要有移交目录，双方清点后，应签字确认。

4. 文件的存放管理

文件的存放指日常文件的保管，主要由文秘人员负责，应做好以下方面工作：

4.1 加强文件安全性管理

4.1.1 文件应当有一个安全的存放之处，如专门的文件室与文件柜。

4.1.2 文件应当有专人负责保管，文件存、取及文件室、文件柜的钥匙保管均只得由专管人员掌握。

4.1.3 应对专管人员提出责任要求，主要应做好防盗、防火、防潮、防虫、防尘、防损等方面的工作。

4.1.4 主管人员应经常对专管员进行文件安全督察。

4.2 做好存放文件的分类工作

4.2.1 按文件的办理情况，可分为待办件、办结件分别存放；不需办理的，作为阅知性文件存放。也可按现行文件、存档文件、余存文件、待销文件进行分类。

4.2.2 对分好类的文件按收文顺序排列，并应在保存文件的盒或袋内放入文件目录，以利查找。

4.2.3 本单位发文的存档件和余存件应分别存放，文件发出后，要将文件底稿同正式文件放入待存档文件盒内，余存件放入余存文件袋，并在封面标上文号、余存份数，袋内还应附有余存文件登记表，使用余存文件时需在登记表上登记，收回时在表上注销。

4.3 做好文件的清退工作

4.3.1 对按规定应办理清退的文件，秘书部门应制发《清退文件通知单》，并对应清退的文件加盖清退戳记。

4.3.2 清退的文件按时间要求可分为以下两种：

4.3.2.1 随时清退的文件。包括传阅件、会签和送审件、承办件以及有重大错误需清退的文件等。这类文件要求阅后尽快清退，否则会贻误工作。

4.3.2.2 定期清退的文件。这类文件大多是上级机关下发的文件，清退时间一般半年清退一次，也可年终一次性清退。

4.3.3 对清退文件工作的要求一是要及时，即在要求的时限内完成清退工作；二是要完整，清退的文件不能有丢失和缺损。

4.4 做好文件销毁工作

4.4.1 公司每年的年底应对以下需销毁的文件进行清缴和销毁工作：

4.4.1.1 上级下发的不需要归档立卷的文件；

4.4.1.2 本机关制发的归档立卷后的余份；

4.4.1.3 下级抄报的无存档价值的文件、材料；

4.4.1.4 无归档立卷价值的内部刊物、资料；

4.4.1.5 上级机关指定需销毁的文件。

4.4.2 对销毁文件，在清点时一般需在收发文记录簿上加盖"销毁"印戳，并将清缴出的销毁文件统一填写在《销文登记表》上。

4.4.3 在销毁文件前应将销文登记表上报公司领导审核签批，由上级领导作最后的鉴别，确认文件没有存档价值后方可将文件销毁。

4.4.4 秘书人员销毁文件时应有上级指派的监销人在场，文件销毁后，监销人也应在销文登记表上签字。

5. 阅文管理

根据文件的不同情况，阅文管理包括传阅管理、借阅管理和阅文室管理几个方面。

5.1 文件的传阅管理

5.1.1 总经办主任应指定专门负责传阅文件的文秘人员（可兼职），负责对文件的传阅进行跟踪管理，准确掌握文件流向。

5.1.2 对传阅文件实行登记制度，传阅人收到文件时，应在登记簿上填写签收，阅完后把文件退回并注明。

5.1.3 阅文者不得将文件在同级之间横向传递，阅完后应退还文秘人员，由文秘人员交给下一个传阅人。

5.1.4 为了防止文件在传阅过程中积压，从而延误办理，文书部门应当及时催阅，以提高文件办理的效率。

5.2 文件的借阅管理

5.2.1 总经办负责制定文件借阅的有关制度，包括审批、登记、催退等方面的具体要求，文秘人员在文件借阅管理中应严格照章办事，确保文件借出后是有利于企业的，而不是危害企业的。

5.2.2　借阅文件者应对文件负责，遵守以下纪律：

5.2.2.1　保护文件不得丢失；

5.2.2.2　借阅的文件不得翻印，不得裁剪和涂改；

5.2.2.3　做好保密工作，不得转借他人；

5.2.2.4　爱护文件、注意清洁，不要弄脏；

5.2.2.5　在规定的时间内，阅后退还。

5.2.3　本企业的工作人员借阅业务性的非机密文件，可以不经领导的审批，由秘书人员掌握。但如借阅机密文件，尤其是在阅读范围之外的，必须经公司领导批准。

5.2.4　外单位人员借阅文件时，须持有介绍信，经总经理的特批方能办理借阅。

5.2.5　绝密文件只有董事长、总经理可以借阅，其他人员（指阅读范围内的人员）只能在指定地点或阅文室内阅读。

5.3　阅文室的管理

5.3.1　对于存放份数较少、机密程度高和不便传阅、借阅的文件、资料和刊物，应在总经办专设的阅文室内阅读，这样既能加强文件的保密管理，也有利于文件的利用。

5.3.2　在阅文室内的文件要分级分别存放，以便于阅文室人员按规定的阅读范围提供文件和资料。

5.3.3　阅文室的一些固定阅文者，由总经办发给"阅文证"，可以凭证进入阅文室。其他人必须经领导审批，并且必须在阅文室负责人陪同下领取所需文件阅读，不能随意翻看其他文件。

6. 文件的复印管理

文件的复印主要是因为原发的文件在数量上不能满足阅读的需要。但是如不加强控制管理，就会出现文件翻印混乱造成机密的泄露。公司对复印文件的管理主要是以下方面的控制：

6.1　公司文件的复印由总经办统一负责组织进行，各部门应将需复印的文件资料送到总经办，并应填写复印登记表，然后才能复印

6.2　各部门主管和公司领导负责对分管范围的复印文件资料的内容、印张进行审查把关

6.3　一般文件资料复印，经部门主管签字同意，即可交总经办复印

6.4　机密文件资料复印，须经公司分管的副总经理签字批准

6.5　绝密文件资料的复印，必须经总经理签字批准

6.6　需要公开发表的文件，同内部印发文件一样，也必须事前按以上条款的规定办理审批手续

6.7　文件资料的翻印除了复印，其他如打印、传真等，均应按复印的管理规定和要求执行

第十三节　公司印章管理办法

1. 目的和作用

印章是企业单位权力的象征。印章使用与管理工作不是一般意义上的日常事务，而是一项机要任务。为使印章的使用和保管更加规范化、制度化，防止印章被滥用或盗用，确保印章的正常使用和绝对安全，现特制定本管理办法。

2. 印章启用

印章的启用是指印章从何时开始生效使用。

2.1　印章刻制好后，应根据工作需要来确定印章的启用时间。

2.2　在选择好启用的时间时，各子公司应提前向集团总裁办提交正式启用印章的报告，注明启用日期，并附印模报集团总裁办备案，启用报告的印模用蓝色印油，以示第一次使用。

2.3　使用印章的单位、部门都要把启用日期的材料和印模立卷归档，永久保存。

3. 印章保管

3.1　专人负责。保管印章应根据保密的原则和制度，选择品德上可靠，保密观念强，敢于坚持原则的专人负责。

3.2　放置安全的地方。印章一般放在单位的机要室或办公室内，放置印章的办公桌应装备牢固的锁。有条件的单位必须将印章放在保险箱内。

3.3　要建立印章保管登记册，载明什么印章、印文、印模、保管人姓名和保管的起止时间等项。

3.4　印章保管人员应明确责任，保证印章的正常使用和绝对安全，防止印章被滥用或盗用。

3.5　按保密要求，印章保管人员不得委托他人代取代用。

3.6　保管印章要牢固加锁，防止被盗。用完印章后要随手锁好，不能将印章随意放置在办公桌上或敞开保管柜。

3.7　印章被盗用而产生的后果，保管人员应负法律责任。

3.8　印章保管人员还要注意保养印章，及时进行清洗（木制、塑料制）、加印油（原子印章），以确保盖印时清晰。

4. 印章的使用

4.1　印章的使用应按规定的制度办理，盖用单位公章，必须填写《印章使用申请单》，并由单位主要负责人或主要负责人授权的专人审核签名批准，方可使用。

4.2　在用印之前，要仔细审阅用印文的内容，并且应注意对所阅审文书的内容保密。

4.3　每次使用印章，必须登记，登记的主要项目有：时间、编号、用印单位、用印次数、经办人姓名、批准用印人姓名、盖印人姓名等。

4.4 印章专管人员不得随意私自使用印章，更不能在空白信笺和空白介绍信上滥盖印章，对滥用或盗用印章者，要追究当事人的经济责任和法律责任。

4.5 盖印时应专注，摆正位置，用力均匀，文尾落款处盖印要上不压正文，下压年月日，也称"骑年盖月"。

5. 印章的废止

如果单位撤销、机构变动和印章的样式改变，原印章应立即停止使用。

5.1 发文通知各有关单位，说明原印章停用时间，停用原因并宣布原印章失效。

5.2 报请领导审定印章的处理方法。单位正式印章一般应上缴原制发机关，不得在单位长期保存，属领导名章的应退还本人，一般戳记可经领导同意后销毁。

5.3 严格做好印章的缴销工作。对于作废的印章，要登记注销，对于个别具有重要保存价值的印章应存档保存，一般的印章应报集团总部分管领导批准销毁。

5.4 销印时应有主管人员到场监销，所有的销毁印章都要印下印模，注明销印的时间，经办人、监销人必须签字，以备日后查考。

第十四节　办公用品管理办法

1. 目的和作用

为加强公司办公用品管理，控制办公费用开支，堵塞漏洞，特制定本办法。

2. 管理职责

2.1 后勤管理部是办公用品管理的归口部门。负责公司办公用品采购计划的提出、报批，办公用品的采购、保管、发放和使用控制。

2.2 财务部负责各部门办公费用定额的核定和办公费用的考核。

2.3 各部门负责本部门办公用品需求计划的提出、报批。

3. 办公用品计划、采购

3.1 各部门每月 25 日前书面提出下月办公用品需求计划，并经部门主管签字后报后勤部。

3.2 后勤部将各部门的需求计划汇总后制定采购计划报财务部审查，再报分管领导和总经理审批。

3.3 后勤部按审批后的计划在次月 5 日前将办公用品一次性采购到位。

3.4 特殊或紧急需要的办公用品，由使用人提出申请，报部门主管，分管领导和总经理审批同意后，交由后勤部采购。

4. 办公用品类别的划分

办公用品分为：个人办公用品、部门办公用品。

4.1 个人办公用品分为：消耗品、管理消耗品及管理品三类。

4.1.1 消耗品：铅笔、胶水、橡皮、大头针、回形针、订书钉、笔记本、便笺、信笺、工作笔记、墨水、圆珠笔芯、签字笔芯、软皮抄、透明胶、夹子、牛皮文件袋

（盒）等。

4.1.2　管理消耗品：圆珠笔、签字笔、钢笔、修正液、硬皮抄、电池等。

4.1.3　管理品：计算器、订书机、打孔机、打码机、文件架、文件夹、文件篓、印台、塑料文件袋、剪刀、裁纸刀、直尺、三角尺、丁字尺、笔筒、名片册等。

4.2　部门办公用品：传真纸、打印纸、复写纸、印泥、软盘、碳粉、色带、墨盒、印刷表格、白板笔（擦）、账册（簿）等。

5. 办公用品的领取及费用管理

5.1　后勤部为每个部门建立办公用品领用卡。

5.2　办公用品采购到位后，各部门内勤负责到后勤部内勤处领取本部门计划领用的所有办公用品，并在办公用品领用卡上登记签字。

5.3　各部门内勤负责领用、保管、发放本部门的办公用品，并为每个员工建立办公用品领用卡，认真做好领用记录，月底统计每位员工领用的费用。个人消耗品和管理消耗品采取限额领用，个人办公费用定额，当月未使用完的可移至下月使用。当月超支，仍需领用的，经部门主管同意，可预支下月费用，但全年拉通结算超支的，则从本人工资中扣除。

5.4　管理品根据岗位工作需要，由本人申请，部门主管同意，分管公司领导批准后领用。管理品费用原则上每人不超过 60 元。使用时间不得少于 1 年，超支则从本人工资中扣除。第一次领用后，必须以旧换新。因工作调动或离开公司必须办理移交。如人为故障或损坏，由领用人折价赔偿。

5.5　部门办公用品费用定额由财务部制定。每月由总经办统计各部门领用的办公用品及费用，并进行通报，同时报财务部进行部门办公费用的考核。每月超支的可用下月费用预支，节约的可移至下月使用，全年拉通核算超支的，从该部门年终奖中扣除。

第十五节　办公用品管理制度

第一章　总则

第一条　为保证办公用品的有效使用和妥善保管，特制定本制度。

第二条　本规定中的办公用品包括：

（1）公司给员工个人配置的办公桌椅和员工日常工作所需的办公低值易耗品；

（2）公司给部门配置的文件柜、机柜、衣架、白板等；

（3）公司公共的办公用品和娱乐设施，如传真机、复印机、乒乓球案等；

（4）公司图书。

第二章　个人办公用品的管理

第三条　新员工办公桌椅的配备：人力资源部经理通知行政部，行政外勤与内勤配合工作，在新员工到岗之前为其配置一套桌椅及一套办公低值易耗品，并在桌椅上贴好公司标签。

第四条　员工日常办公低值易耗品的领用：

（1）公司员工领用办公低值易耗品，需在行政内勤处填写"办公用品领用登记表"；

（2）行政部行政内勤每季度公布一次公司办公低值易耗品的消耗情况。

第五条　行政部保证公司有一两套备用办公桌椅，并保证办公低值易耗品的及时供应，不得造成公司员工工作的不便。

第六条　公司员工应当自觉爱护公司财产，不得在桌椅上乱刻乱画；节约使用低值易耗办公品。

第三章　部门办公用品的管理

第七条　部门申请办公用品，由部门经理填写"材料申请单"，并由直接上级签字后，送交行政外勤，由行政外勤按照采购制度进行办公用品的购买或调配。对办公用品有特殊要求的（如规格、需要时间等），需在申请单中详细注明。

第八条　当行政外勤按照材料申请单的要求购回办公用品或调配好后，申请部门经理需进行规格等方面的检查，无误后即可领用。

第九条　部门办公用品领用之后，由部门经理或指定专人进行维护，并报行政外勤处备案。

第四章　公共办公用品的管理

第十条　公司公共办公用品由行政部统一管理和维护。

第十一条　传真机的使用：

（1）传真机的使用采用登记制度，员工发传真须在"传真登记表"中登记；

（2）传真由行政前台发送，发送完毕后由行政前台及时向传真对方确认传真是否收到及质量情况；

（3）传真机由行政部前台文员负责维护，保障传真纸张的充足。

第十二条　复印机的使用：

（1）员工不得一次复印超过5页的非工作文档。

（2）复印机的使用采用登记制度。凡一次复印超过10页的员工须在"复印登记表"中登记。

（3）一次复印10页以上，由行政前台复印，10页以下，员工可自己复印。

（4）复印机由行政前台负责维护，保障复印机复印效果的良好。

第十三条　打印机的使用：

（1）员工不得一次打印超过5页的非工作文档；

（2）打印机由行政外勤维护，保证打印机打印效果的良好。

第十四条　公司员工应当爱护公共办公用品，打印、复印避免浪费。

第五章 公司图书的管理

第十五条 图书的购买和入库：

（1）员工自行购买图书，应事前征得部门经理的同意；

（2）员工请行政部代为购买图书，征得部门经理同意后，告知行政部行政外勤进行购买。

第十六条 图书的报销和入库：

（1）图书购买后，员工填写"报销单"，并持书籍、发票由部门经理签字；

（2）持经理签字的"报销单"、书籍和发票到行政内勤处登记入库；

（3）入库完毕，行政内勤在发票背面书写"已入库"并签名；

（4）员工持行政内勤签字的发票，部门经理签字的"报销单"，在财务部办理报销手续。

第十七条 图书的借阅和归还：

（1）员工借阅图书，在行政内勤处领取"图书借阅登记表"登记。

（2）员工一次最多借阅两本，一本借阅时间不得超过一个月；如果需要续借，应重新在行政内勤处登记。

（3）员工借阅图书期间，图书不得转借他人。

（4）图书归还时，需在行政内勤处"图书借阅登记表"中登记。

（5）根据工作需要，行政部有权提前收回图书。员工应在行政部发出通知后三个工作日内归还，如果逾期未还，行政部通知其直接上级后，按照处罚规定进行处罚。

第十八条 盘点：

每一季度的最后一个工作日为图书盘点日。员工应积极配合行政内勤的盘点工作。

第六章 办公用品的处罚规定

第十九条 图书管理的处罚规定：

（1）员工借阅图书如果发生损坏或丢失现象，一律按照原图书版本购买或按照原价赔偿。

（2）员工如违反图书管理的有关规定，行政内勤首先对其提出劝告。不听劝告者，行政部通知其直接上级后，根据情节的轻重给予相应的经济处罚。

第二十条 其他办公用品管理的处罚规定：

（1）员工人为损坏公司办公用品，行政部应视情节的轻重责令其进行赔偿，同时处以相应的经济处罚；

（2）当办公用品的人为损坏找不到责任人时，其损坏责任由办公用品的维护人承担。

第七章 附则

第二十一条 本规定由行政部负责解释。

第二十二条 本规定自颁布之日起实施。

第十六节 计算机及网络设备管理制度

第一章 总则

第一条 为了正确使用计算机及网络产品，及时发现设备故障，延长设备使用寿命，保护公司财产，特制定本制度。

第二条 本规定中所涉及产品的界定：

（1）计算机是指为公司内部员工使用的 PC 机；

（2）网络产品是指公司内部使用的，包括服务器、网络交换机、路由器、集线器以及网络接入设备等；

（3）计算机其他配件是指公司备用的为公司内部员工使用的计算机配件，如光驱、软驱等；

（4）附带软件及相关文档包括计算机驱动盘、系统盘、说明书等。

第二章 计算机及网络产品使用规定

第三条 计算机及网络产品的领用：

（1）新员工整机领用。在到岗之前，由新员工所在部门经理填写"计算机设备申请单"，由信息管理部经理审核后，信息管理部系统管理员（以后简称系统管理员）按照配置要求为新员工准备。

（2）公司员工更新或添置计算机配件，需首先填写"计算机设备申请单"，然后由直接上级签字，并由信息管理部经理审核后，到系统管理员处领用。

（3）部门领用计算机及网络设备，由部门经理填写"计算机设备申请单"，经直接上级签字，信息管理部经理审核后，到系统管理员处领用。

（4）公司员工个人领用后由本人维护；部门领用后由部门经理指定专人维护，并报信息管理部备案。

第四条 计算机及网络产品的使用：

（1）公司所有计算机及其内部配件和网络产品均应由系统管理员粘贴公司标签，除已借用的笔记本电脑外，一律不得拿出公司。

（2）如工作需要需将公司计算机等拿出公司，员工需到行政部说明情况，由行政内勤开具出门证明，并报信息管理部备案。

（3）公司员工不得随意打开计算机机箱。如因工作需要需打开机箱者，应由直接上级同意并通知信息管理部，由系统管理员打开机箱；机器整理完毕，信息管理员为其重新粘贴公司标签。

（4）计算机在使用过程中未经他人许可严禁随意拷贝、修改及删除他人计算机中的资源。

（5）员工如果违反了计算机及网络产品的使用规定，由系统管理员上报人力资源部，对其进行相应的处罚。

第五条　计算机及网络产品的维修：

（1）公司员工发现所使用的计算机或网络产品出现硬件故障后应及时向系统管理员提出维修申请。

（2）系统管理员在接到申请后，需在一小时以内做出响应。

（3）如果员工的计算机在提出申请后一个工作日内仍不能修好，系统管理员需暂调其他备用机器以保证该员工工作的正常进行。

（4）在维修处理过程中，系统管理员应查阅该机器的采购和维修记录，确认出现故障的硬件是否在保修期内以享受免费维修。

（5）如果配件已无法维修，系统管理员应调配其他备用配件或按照采购制度购买新配件进行更换，更换后对领用清单进行相应修改。

（6）系统管理员需记录详细的维修日志。

（7）损坏责任的承担：

自然损坏：凡属于计算机原有的质量问题、超过使用年限等非人为因素造成的损坏。

个人原因损坏：凡属于人为因素，例如摔打、撞击等造成的损坏。

凡属自然损坏的，维修费用由公司承担；属个人原因损坏的，维修费用由个人承担。

当无法确认机器的损坏性质时，由信息管理部上报公司办公例会进行确认。

（8）机型过于陈旧无维修价值的，由信息管理部经理申请整机核销，经总经理助理批准后报财务部备案，并将该机其他有用部件作为维修配件。

（9）将整机核销的员工，需按照第三条的有关条款另行申请机器。

第六条　计算机及网络产品的归还：

当员工因内部调动或离开公司需要归还计算机及网络产品时，由系统管理员对照领用清单，查看计算机及其内部主要配件上的公司标签，通电检验，并修改所有口令之后，给予办理归还手续。如与领用清单不符需按现行价格对缺损部分进行赔偿。

第三章　笔记本电脑的使用规定

第七条　笔记本电脑的借用：

员工需要使用笔记本电脑时，首先在系统管理员处领取并填写"笔记本电脑借用单"，由直接上级签字后到系统管理员处借用。

第八条　笔记本电脑的使用：

（1）在使用笔记本电脑时应注意轻拿轻放，尽量减少震动以避免电池及其他板卡接口错位，开启显示屏时不要用力过猛以防接口断裂，同时在使用过程中注意笔记本电脑的保洁工作。

（2）因工作需要员工使用笔记本电脑超过借用期限，需提前在系统管理员处办理续借手续；如果出差在外，需提前告知系统管理员，待回公司后补办续借手续。

（3）如果员工超过借用期限而未通知系统管理员，系统管理员应及时与该员工取得联系，了解实际续借时间。

第九条 笔记本电脑的归还：

（1）笔记本电脑使用后应及时交回信息管理部，系统管理员认真检查；

（2）检查中如确系有人为因素的损坏，借用人需进行经济赔偿；

（3）检查后无任何问题，系统管理员在"笔记本电脑借用单"中填好归还时间，收回笔记本电脑并存档。

第四章 计算机配件、附带软件及其相关文档的管理

第十条 计算机配件、附带软件及其相关文档的借用：

（1）公司员工由于系统出现故障等原因需要重装计算机时，所需要的计算机配件、附带软件及其相关文档，需到系统管理员处借用；

（2）借用时员工到信息管理部系统管理员处填写"计算机配件及软件借用登记表"。

第十一条 计算机配件、附带软件及其相关文档的使用：

员工在使用过程中应当爱惜公共物品，正确使用，及时归还。

第十二条 计算机配件、附带软件及其相关文档的归还：

员工使用完毕归还时，在系统管理员处"计算机配件及软件借用登记表"内填写归还时间。

第五章 附则

第十三条 本规定由信息管理部负责解释。

第十四条 本规定自公布之日起执行。

第二十四章 人事考核奖惩制度

第一节 人事考核规程

考核规程，是制度性"规范"、"规则"和"程序"，即通过制度，把考核的目的、考核的内容、考核的方式和方法、考核原则、考核过程与程序以及考核的标准和考核结果的运用等等，明文规定下来。人事考核规程的规范条文如下：

总 则

第一条 目的

人事考核制度（以下称"制度"）的目的是以职能职务等级制度为基础，通过对职工的能力、成绩和干劲的正确评价，进而积极地利用调动、调配、晋升、特殊报酬以及教育培训等手段，提高每个员工的能力、素质和士气，纠正人事关系上的偏差。

第二条 适用范围

这一制度适用于被职能职务等级制度确定下来的员工。

第三条 种类

人事考核（以下称"考核"）按考核的目的进行分类实施。

（注：过去的人事考核，只限于在本职工作方面发挥能力，然而，在这里从能力观念出发，加上了开发能力、工作调动、岗位调配等方面的内容，而这些通过考核工作中的面谈等手段是可以做到的。）

第四条 考核的结构

考核由成绩考核、能力考核以及态度考核三方面构成。

第五条 考核者

（一）考核者原则上是被考核者的顶头上司，考核者又分为"第一次考核者"和"第二次考核者"。

（二）考核者与被考核者接触时间因工作调动、变迁而不足考核所规定的期限时，按下列规定处理。

1. 如果是奖励资格认定，不满（ ）个月时，按前任考核人员的意见行事。

2. 如果是提薪或晋升资格认定，不满（ ）个月时，按前任考核人员的意见行事。

第六条 被考核者

被考核者是指适用于职能职务等级制度的所有职工。但下列人员除外：

（一）如果是奖励资格这方面的考核，考核期限不满（ ）个月者以及退休人员，不在被考核者之列；

（二）如果是晋升、提薪方面的考核，考核期限不满（ ）个月者以及退休人员，不在被考核之列。

第七条 调整及审查委员会

考核结果原则上不予调整，只有被认为有必要保持整个企业平衡时，才设立审查委员会，进行审查和调整。

在这种情况下，由人事部长对一般员工、中间管理层人员的考核工作作出最后裁决；由负责人事工作的经理对高层管理者的考核，作出最后裁决。

即使如此，奖励方面的考核工作，一般不予调整。

第八条 考核方式

考核依据绝对评价准则，进行分析测评。

但是，在提薪考核方面，附加自我评价环节，以便自我认识，自我反省。

第九条 考核层次

考核依据"行为选择"、"要素选择"和"档次选择"三个层次进行。

第十条 面谈，对话

考核者在考核期限，必须就工作成果（完成程度）、工作能力（知识、技能和经验的掌握程度），以及工作的进取精神（干劲和态度的好坏程度）等方面内容，交换意见，相互沟通，以便彼此确认，相互认可。

第十一条 考核结果的反馈

有必要把考核结果通过被考核者的顶头上司，通知直接被考核者本人，并作出说明。

第十二条 考核表的分类

首先按一般职务 1~4 级，中层管理职务 5~7 级，高层管理职务和专门职务 8~10 级划分等级层次；进而按等级层次，考核奖励、提薪和晋升资格。

第十三条 考核期限

考核期与实施期依公司具体情况而定。

成绩考核

第十四条 成绩考核

所谓成绩考核是对每个员工在担当本职工作、完成任务中所发挥出来的能力进行的测评。

第十五条 成绩考核的要素

成绩考核要素，由工作执行情况（正确性、完善程度、速度、工作改进和改善情况）以及指导教育工作情况等构成。

能力考核

第十六条　能力考核

能力考核，就是对具体职务所需要的基本能力以及经验性能力进行测评。

第十七条　能力考核要素

能力考核的构成要素是，担当职务所需要的基本能力，即知识、技术和技能以及从工作中表现出来的理解力、判断力、创造力、计划力、表现力、折中力、指导和监督力、管理和统率力等经验性能力。

态度考核

第十八条　态度考核

态度考核，担负着成绩考核与能力考核的桥梁作用，是对工作态度和热情以及态度所做的测评。

第十九条　态度考核要素

态度考核要素，由工作积极性、责任感、热情及与其他部门的协作态度、遵纪守法等方面构成。

考核者训练

第二十条　训练考核者

为了使考核者能够公正合理地进行考核，为了提高考核者的监督管理能力，考核者必须接受企业内的训练。

第二十一条　训练后的素质

（一）考核者必须认识到考核工作是自己的重要职责，并努力在履行职责中陶冶自己的人格，提高自己的素质，致力于发挥每个人的能力。

（二）为了使考核工作公开而严格，考核者必须特别留心以下各方面：

1. 不徇私情，力求评价严谨公道。

2. 不轻信偏听，注重对被考核者实际工作的观察和评判。

3. 对被考核者在考核期限之外所取得的结果、能力、干劲和态度不作评价。

4. 以工作中的具体事实为依据，而不是根据其档案资料（学历、工龄、年龄、性别等）进行评价。

5. 对考核结果进行总体综合修正，以消除以偏概全倾向、逻辑推断倾向、宽容倾向、过分集中倾向、极端倾向以及人为假象，避免偏颇与失误。

6. 注意避免凭总体印象，夸大或缩小被考核者的成果、态度以及工作中表现出来的能力。

考核结果的应用

第二十二条　考核结果的应用

考核结果，作为人力资源管理工作的可靠资料，用于提薪、奖金、晋升、教育培训、调动和调配等人事待遇工作。

第二十三条 考核结果存档

考核结果，以《人事·教育卡》的形式存入档案，正本由人力资源管理部门的负责人保管，复印副本，由各个部门的负责人保管。

其 他

第二十四条 裁决权限

本规程的修改与废止，由主管人事的经理最终裁决。

第二十五条 实施日期

本规程自××年××月××日起实施。

第二节 员工奖励办法

总 则

第一条 目的

凡本公司员工长期努力于业务，或从事有益本公司的发明及改进，或具有特殊贡献者，均依照本办法授予奖励。

第二条 种类

本办法规定之奖励分服务年资奖、创造奖、功绩奖、全勤奖四种。

第三条 服务年资奖

员工服务年资满10年、20年及30年，且其服务成绩及操行均属优良者，分别授予服务10年奖，服务20年奖及服务30年奖。

第四条 创造奖

员工符合下列各项条件之一者，得经审查合格后授予创造奖。

（1）开拓新业务，对本公司有特殊贡献者；

（2）从事有益业务的发明或改进，对节省经费，提高效率或对经营合理化的其他方面具有贡献者；

（3）根据"其他奖励"屡次接受奖励或接受奖励之提案，其效果显著者；

（4）在独创性方面虽未达发明的程度，但对生产技术等业务上确有特殊的努力，因而对本公司具有重大贡献者；

（5）上述各项至少应观察6个月以上之实绩，经判断确具有效果者，方属有效。

第五条 功绩奖

员工符合下列各项之一者，得经审查后授予功绩奖。

（1）从事对本公司有显著贡献的特殊行为者；

（2）对提高本公司的声誉具有特殊功绩者；

（3）对本公司的损害能防患于未然者；

（4）遇非常事变，如灾害事故等能临机应变，措施得当，具有功绩者；

（5）救护公司财产及人员于危难者；

（6）其他具有足为本公司楷模，有益于公司及员工的善行者；

（7）根据"其他奖励"屡次接受奖励或其功绩经重新评定应属更高者。

第六条　全勤奖

员工连续1年未请病、事假或迟到早退者，得经审查后授予全勤奖。其奖励方式系于公司成立纪念日时，颁发奖品。

奖励方式

第七条　方式

奖励方式分奖金、奖状及奖品三种。

第八条　奖金及奖状

对创造奖及功绩奖，按下列等级授予奖金及奖状。

（1）创造奖。

一等　10000元

二等　7000元

三等　5000元

四等　3000元

五等　1000元

（2）功绩奖。

一等　3000元

二等　2000元

三等　1000元

第九条　奖品

对服务年资奖授予奖品及奖状，奖品内容据当时情况而定。

第十条　再奖励

员工有下列情形之一者，给予再奖励：

（1）根据第四条接受奖励后，其效果被评定为更高时，或同一人对同一事项做进一步改良时；

（2）根据"其他奖励"接受奖励后，其效果或功绩被评定为更高时，或同一人对同一事项再检讨改进时；

（3）根据第五条接受奖励后，其功绩经重新评定为更高时。

前项再奖励的审查与第四条或第五条相同，其奖金仅授予复审所定的奖金与原发奖金之差额。

第十一条　2人以上共得奖金

奖励事项如为2人以上共同合作而完成者，其奖金按参加人数平均分配。

颁　奖

第十二条　审查手续

应奖励事项，由主管部（室）经理检具有关文件向总务经理申请。

第十三条　员工奖励审查委员会

奖励种类及等级的评定，由员工奖励审查委员会为之，审查委员会由副总经理担任主任委员。企划经理、总务经理、业务经理及副经理、财务副理、事务经理及副理担任委员。以总务部为主办单位。

第十四条　奖励之核定及颁发

奖励之核定及颁发，呈请总经理室为之。

第十五条　颁奖日期

原则上每年一次，于本公司成立纪念日颁发。

附　则

第十六条　本办法经董事会通过后公告实施，修改时亦同。

第三节　员工绩效考核制度

第一章　总则

第一条　目的：为规范公司员工绩效考评与发展管理，特制定本制度。

第二条　范围：适用于本企业各部门、各分公司全体员工（包括临时工）。

第三条　定义：绩效是员工个人或团队的工作表现、直接成绩、最终效益的统一。

绩效考评是以工作目标为导向，以工作标准为依据，对员工行为及结果进行测定，并确认员工的工作成就的过程。

第四条　考评原则：公平公正，客观有效。

第二章　内容

第五条　职责和权限：

各级管理人员：负责对直接下属的考评，参与本部门考评复核会议。

部门总监：负责组织召开本部门考评复核会议，对本部门的考评结果负责。

考评小组：由公司总裁、各部门总监、人力资源部经理和考评主管组成，人力资源部行政总监担任组长。负责组织召开考评小组复核会议，对整个公司的考评结果负责，并具有最终考评权。

人力资源部负责考评工作的布置、实施、培训和检查指导，并拥有本制度的最终解释权。

第六条 考评时间和方式：

考评方式：（略）

考评时间、适用范围内容和形式。备注：统一考评每半年一次（每年7月和12月）。全公司各部门、各分公司所有员工按照本制度的规定月度或季度总结每月或每季度一次。总部各部门形式不限，作为统一考评的依据，月度考评每月一次；分公司形式不限，作为统一考评的依据，也是分公司绩效工资（奖金）发放的依据。

（注：本制度以下内容中提到的考评，都是指统一考评。）

第七条 考评内容和依据：

根据公司宗旨、价值观和原则，公司将从三个方面考评员工，内容和依据如下：绩效考评内容占总分比例80%，公司对员工的考评是以工作结果为导向，侧重员工的工作绩效。

依据员工"半年度工作目标"据实评分，纪律性占10%，《员工手册》的规定和公司的各项规章制度、工作流程，是基于公司宗旨、价值观、原则的员工行为准则，遵守纪律是公司对员工的基本要求。

根据《员工手册》的规定和月度总结、考评的成绩据实评分，团队协作精神占10%，团队协作是公司一直倡导的经营原则和工作作风，团队协作精神是员工的必备条件。

参考内部客户的评价，据实评分。

第八条 考评结果：

（一）考评等级：考评结果分为5个等级，分别为：

S. 总是超过工作目标及期望，并有突出贡献者

A. 经常超过工作目标及期望

B. 达到工作目标及期望，偶尔能超过目标及期望

C. 基本达到工作目标及期望，偶尔不能达到目标及期望

D. 经常不能达到工作目标及期望

（二）等级分配比例：原则上，在同一部门内、同一行政级别中，考评等级的分布都应符合以下的比例：

S级占同部门、同一行政级别的0～5%

A级占同部门、同一行政级别的15%～20%

B级占同部门、同一行政级别的60%～65%

C级占同部门、同一行政级别的10%～15%

D级占同部门、同一行政级别的0～5%

（三）对考评结果的处理原则：

1. 年度总评（一年两次考评的汇总成绩）决定员工下一考评年度的绩效工资：

S级　绩效工资上升2个薪级

A级　绩效工资上升1个薪级

B级　在公司预算内普调

C级　维持原状

D级 下浮绩效工资1个薪级，并换岗或辞退（连续两年考评为"D"级的员工将被辞退）

2. 影响年终奖的金额：年度总评成绩是计发员工当年年终奖的主要依据，计奖方法另发。

3. 职务变动的参考：根据公司人力规划和需求状况，公司将参考员工的绩效考评结果，决定员工职务的调配或晋升（考评结果为S、A、B级的员工才具备职务晋升的资格）。

4. 制订培训计划的参考：针对员工在考评中发现的不足，为员工设定有针对性的培训计划。

5. 为员工制定和修改职业发展计划提供参考。

第九条 考评流程：

一、人力资源部制定考评计划：经人力资源部行政总监批准后，人力资源部公布计划和下发有关表格。

二、工作总结：首先由员工填写工作总结，再由直接上司对员工上一考评期间的工作给出综合评价（见"员工工作总结和发展计划"的第一、二项）。

三、直接上司收集内部客户的反馈意见：主管及主管以上员工的考评需要提供3～5位主要内部客户（与被考评员工有密切工作关系的岗位人员，其中至少有一位必须是被考评员工的直接下属）的评价。客户的名单由员工本人提出，由直接上司最终确定并通过"内部客户评价反馈征集表"收集反馈。

四、考评。分两步进行：

（一）直接上司考评：直接上司和员工一对一、面对面直接沟通进行，程序如下：

1. 一起回顾员工半年度的工作（工作目标和计划等的完成情况）。

2. 直接上司就考评表的内容逐项考评员工，评定绩效等级（这个等级是建议等级，最终成绩待考评小组复核后确定）。

3. 员工与直接上司一起制定员工下半年发展计划（见"员工工作总结和发展计划"的第三、四、五项）。

4. 直接上司总结考评情况，重申对员工的综合评价，但不告知考评等级。

5. 如果员工对直接上司的评价有异议，可以以事实和数据为依据，向上一层上司陈述异议；上一层上司依据实际情况，在比较考评中予以协调。

（二）比较考评（被考评员工不参与）：管理人员召集下属管理人员，一起对更下一层员工进行全面的、多方位的比较评估，平衡各等级分布比例，具体如下：

总裁召集部门总监考评二级部门经理；

在同一部门内，部门总监召集二级部门经理考评部门主管级人员；

在同一部门内，部门经理召集主管级人员考评普通员工；分公司以此类推。

五、一级部门复核：

1. 总部考评表统一交给部门总监进行汇总（填写《考评成绩单》）；分公司考评表统一交给分公司经理进行汇总，然后把成绩单和A、D级员工的考评表一并交给营运总监。

2. 部门总监召集二级部门经理/分公司经理召开部门复核会议，审核本部门 S、A、D 级员工的资格，平衡 S、A、D 级员工的分布比例。

3. 部门总监批准签署复核通过的考评表。

六、考评小组复核：

1. 一级部门复核后，有关考评资料（总部所有考评表、分公司获得 S、D 级的员工的考评表、各部门《考评成绩单》）统一交到总部人力资源部，总部人力资源部汇总全公司的考评情况并拟写考评报告。

2. 总部人力资源部把考评报告和获得 S、D 级员工的考评表呈交考评小组。

3. 考评小组召开复核会议，审核获得 S、D 级员工的等级资格，平衡等级分布比例。

4. 考评组长批准签署复核通过的考评表。

七、通知考评结果：

考评小组把复核后的《考评成绩单》返还给部门总监/分公司经理保存，由其通过员工的直接上司，把结果告诉员工。

八、备案存档：

总部人力资源部根据考评小组复核结果，修改考评报告，并把有关考评资料备案存档。

第十条　考评资料的保存：

员工工作总结和发展计划：一式三份，分别交由员工本人、直接上司、总部/分公司人力资源部保存。

考评表：总部员工的考评表由总部人力资源部存入员工个人档案，分公司员工的考评表由分公司人力资源部存入员工个人档案。

考评成绩单：一式两份，分别由部门总监/分公司经理、总部人力资源部保存。

第四节　优秀员工评选办法

第一章　总则

第一条　目的

为加强企业文化建设，培养和塑造广大员工的集体荣誉感和使命感，增强企业凝聚力，让优秀员工评选合理化、公平化，激励员工工作激情，特制定本办法。

第二条　适用范围

本办法适用于公司各模块全体基层员工，中高层干部不参与公司优秀员工评选。

第三条　管理部门

经营管理部人力资源部负责组织公司优秀员工的评选、奖励等工作，并负责制定、完善和维护评选标准和评选程序。

第二章 评选标准

第四条 优秀员工分类

1. 公司层面的优秀员工分为：优秀员工和优秀研修生；

2. 集团层面的优秀员工分为：科技类、质量类、营销类等优秀员工；

3. 参加社团层面的优秀员工视具体通知而定。

在本办法中只对公司层面的优秀员工的评选作规定，其他两类参照执行。

第五条 基本条件

优秀员工必须具备以下条件：

1. 在公司连续工作 1 年以上（研修生不受此条限制）；

2. 遵守考勤纪律，年总出勤率在 99.7% 以上；

3. 品行端正，遵纪守法，无违反国家法律法规和厂规厂纪行为；

4. 工作认真负责，积极主动，服从整体安排，能配合同事完成各项工作任务，无较大的工作失误；

5. 热爱公司，爱岗敬业，乐于助人，与同事相处融洽；

6. 完全胜任本职工作，能较好完成工作任务；

7. 半年度绩效评价结果为良以上。

第六条 评分标准

在基本条件已具备的情况下，具备下列条件之一的员工可优先参与评比，经综合评价后择优确定人选。

＊以下分值均表示最佳状况时的得分，为该项目的满分；评选时将根据实际情况扣减后计正分。

一、管理人员

1. 刻苦钻研业务知识，在本职岗位工作成绩突出，受到领导和同事普遍好评。（30分）

2. 努力改进工作成效或通过合理化建议，为公司创造显著经济效益。（20分）

3. 对推动品质管理、成本控制工作和在体系监控、维护方面作出突出贡献。（15分）

4. 克己奉公，为公司挽回重大经济损失或名誉损失。（10分）

5. 为公司取得重大社会荣誉。（10分）

6. 在社会、集团和公司获得重大奖励和表彰。（10分）

7. 努力提高自身素质，通过自学或其他形式获得更高一级学历或学位，并能在工作中得到发挥。（5分）

二、车间直接员工（含作业长）

（一）除具备第五条列出的基本条件外，还应具备下列必备条件：

1. 未发生过质量事故。这里的质量事故是指：①制造过程中，违反有关规定或惯例，造成总价值在 2000 元以上的产品因类似的问题需返修、报废或不合格；②被客户投诉有性质严重的质量问题。

2. 无违反 ISO9001/ISO14001 体系而被公司通报批评案例。

3. 无工伤事故。

4. 无打架斗殴等重大违纪及违法现象。

（二）优先评选项目有：

1. 按月考核，质量水平超过车间指标要求的。质量水平的评价主要基于自错（含自检、互检）及合格率。各车间将公司下达的质量指标分解到各个岗位的质量指标。（30分）

2. 按月考核，生产效率超过车间指标要求的。各岗位的生产效率指标，以每小时产出量计算，由车间根据排产任务及实际情况，在现有基础上制定。（20分）

3. 在集团和公司获得重大奖励和表彰的。（15分）

4. 按月考核，设备故障率在5%以下的。（10分）

5. 自主改善活动，或对产品质量、成本、功能有较大贡献且经职能部门书面确认的。（15分）

6. 在社会上因好人好事受有关部门、单位或个人书面表扬或感谢的。（10分）

三、辅助员工（含作业长）

除具备第五条列出的基本条件外，还应考虑以下优先评选项目：

1. 绩效综合评价良以上。侧重于自错率、合格率及服务到位、反应速度等方面的评价。（30分）

2. 通过创新，提高工作效率和工作质量，为公司创造显著经济效益。（20分）

3. 在品质、成本控制工作中作出突出贡献的。（15分）

4. 在改善活动、合理化建议等活动中表现优异并获得重大奖励、表彰。（10分）

5. 克己奉公，为公司挽回重大经济损失或名誉损失。（5分）

6. 为公司取得重大社会荣誉。（5分）

7. 在集团和公司获得重大奖励和表彰。（10分）

8. 努力提高自身素质，通过自学或其他形式获得更高一级的学历或学位。（5分）

第七条　标准说明

各模块应根据本单位实际情况，在此标准的基础上细化、充实和完善各评选条件，确保评价体系的统一性、科学性和可操作性。

第三章　评选程序

第八条　评选时间

公司优秀员工评选时间为每年6月份和12月份，一年集中评选两次；并要求各职能模块分别在6月底和12月底以前完成本单位内部优秀员工评选，并向公司推荐。

第九条　评选人数

公司优秀员工候选人30名（每年可根据实际情况作相应调整），经综合评价后从中择优选出20名，评为优秀员工。

第十条　评选流程

1. 非间接人员的评选：

（1）公司根据各模块员工总人数、整体素质等情况确定优秀员工候选人分配名额；

（2）各模块班组选举优秀员工候选人→本模块选举公司优秀员工候选人→本模块

公布候选人名单，接受员工监督→本单元总监（部长）确认→公司评选小组经考查、民主评议最终确定人选。

2. 间接人员的评选：

各模块选举或推荐公司优秀员工候选人→本单元总监（部长）确认→公司评选小组公布候选人名单（在 BBS 公布），接受员工监督→公司评选小组经考查、民主评议最终确定人选。

第十一条 评选小组组成

公司优秀员工评选小组由各单元管理模块经理、车间主任等人员组成，总人数为 12 ~ 15 人。

第十二条 初步筛选

各模块在申报候选人名单时必须填写《优秀员工候选人申报表》，经主管部长或总监审批签字后，评选小组成员依据评选标准对优秀员工候选人进行初步筛选，不符合公司评选条件的员工将不再参加下一轮投票评选。

第十三条 投票表决

评选小组成员对经初步筛选后的优秀员工候选人进行差额投票评选，每个小组成员一人一票，按得票高低选出前 20 名，即为公司优秀员工；若第 20 名有多人得票相同时，可对相同票数的候选人再进行投票表决，按得票高低选出其中 1 名。

第十四条 报批及调整

经评选小组评选出的 20 名优秀员工名单连同候选人申报表，报经营管理部部长审核，总经理审批。在报批过程中有重大质疑和申诉时，可召集评选小组再进行评选。

第十五条 奖励标准

公司优秀员工由经营管理部组织实施奖励，原则上参加公司组织的采风活动；若颁发奖金，奖金数目另定。

第四章 附则

第十六条 本办法由经营管理部人力资源部负责制定并解释。

第十七条 本办法自文件下发之日起开始实施。

第五节 公司员工惩戒制度

一、惩戒的目的在于促使员工必须和应该达到并保持应有的工作水准，惩前毖后，从而保障公司和员工共同利益和长远利益。

二、按照规定的标准（规章制度、岗位描述、工作目标、工作计划等）检查员工的表现，对达不到标准的员工，视情节轻重给予相应的处罚。

1. 检查员工遵守公司的各项工作纪律、规章制度的情况，一切违反有关纪律、规章制度的行为构成违纪过失，填《（违纪）过失单》。

2. 考查员工岗位描述以及工作目标、工作计划的完成情况，凡对本人负有直接责任或领导责任的工作造成损失的情节视为责任过失，填《（责任）过失单》。

三、惩戒的方式有经济处罚与行政处分两种。

1. 经济处罚主要是罚款。

2. 行政处分分为警告、记过、记大过、辞退、开除。

3. 以上两种惩戒可分别施行，也可合并施行。

四、员工有下列行为之一者，视为违纪，罚款××元。

1. 迟到、早退在半小时之内者。

2. 接听电话不使用规范用语者。

3. 上班时间串岗聊天者。

4. 说脏话、粗话者。

5. 工作时间和工作场所，衣冠不整、着奇装异服影响公司形象者。

6. 与会人员迟到者。

7. 私自留客在食堂用餐者。

8. 私自留客在员工宿舍留宿者。

9. 未按公司指定位置，随意摆放车辆或堆放杂物者。

10. 在食堂就餐，乱倒饭菜者。

11. 乱扔杂物，破坏环境卫生者。

12. 工作时间做与工作无关事情者。

五、各部室第一负责人有下列行为之一者，视为违纪，并罚款××元。

1. 未能及时传达、执行公司下发的文件者。

2. 在所管辖区域内，有长明灯、长流水者。

3. 下班后本部室及所辖区域窗户未关，所用电器（空调等）电源未切断者。

4. 本部室及所辖区域环境卫生脏乱差者。

5. 部室内发生重大事情，如物品丢失等，未能及时上报有关部室或主管领导者。

6. 对本部室员工进行行政检查不力者。

7. 一周内本部室员工有5人次（含）违纪者。

六、员工有下列事件之一者给予警告处分，同时给予××元经济处罚，如造成损失并负赔偿责任，警告通报全公司。

1. 未经批准擅自离职怠慢工作者。

2. 妨害现场工作秩序经劝告不改正者。

3. 培训旷课者。

4. 培训补考不合格者。

5. 不能按时完成重大事务，又不及时复命，但未造成损失者。

6. 因指挥、监督不力造成事故情节较轻者。

7. 因操作不当，造成仪器、设备损坏者。

8. 私自移动消防设施者。

9. 一个月内违纪三次（含）以上者。

七、员工有下列事件之一者给予记过处分，同时给予××元经济处罚，如造成损失并负赔偿责任，记过通报全公司。

1. 工作时间酗酒者。

2. 在公司期间聚众赌博者。

3. 谩骂和相互谩骂者。

4. 不服从上级领导工作安排及工作调动者。

5. 对上级指示或有期限命令，无故未能如期完成致影响公司权益者。

6. 不服从主管人员合理指导，屡劝不听三次以上者。

7. 培训考试作弊者及为作弊提供方便者。

8. 培训无故旷考者。

9. 在工作场所喧哗、嬉戏、吵闹，妨碍他人工作而不听劝告者。

10. 对能够预防的事故不积极采取措施致使公司利益受到2000元以内经济损失者。

11. 泄露公司秘密事项，已对公司利益造成损害但情节较轻者。

12. 年度内累计警告三次者。

八、员工有下列事件之一者给予记大过处分，同时给予××元经济处罚，如造成损失并负赔偿责任，记大过通报全公司。

1. 对下属正常申诉打击报复经查属实但情节轻微者。

2. 故意损坏公司重要文件或公物者。

3. 携带公安管制刀具或易燃、易爆、危险品入公司者。

4. 在职期间受治安拘留，经查确有违法行为者。

5. 伪造病假单证明或无病谎开病假证明者。

6. 殴打同事或相互殴打者。

7. 虚报业绩、瞒报事故而蓄意妄取成绩、荣誉和个人私利者。

8. 故意造成同事失和或造成领导失察责任或致使他人工作受阻，公司利益直接或间接受到损害者。

9. 对能够预防的事故不积极采取措施，致使公司受到2000～10000元的经济损失者。

10. 对同事恶意攻击或诬害、伪证、制造事端者。

11. 年度内累计记过三次者。

九、员工有下列条件之一者，予以辞退或开除，同时通报全公司，并视情节移交司法机关处理。

1. 订立劳动合同时使用虚假证件，或用虚伪意思表示，使公司遭受损失者。

2. 连续旷工5天（含）以上，或一年内累计旷工10天（含）以上者。

3. 玩忽职守，致公司蒙受1万元（含）以上经济损失者，并负赔偿责任。

4. 对下属正常申诉打击报复经查属实情节严重者。

5. 对同事暴力威胁、恐吓、妨害团体秩序者。

6. 泄露公司秘密事项已对公司利益造成严重损害者（同时移交司法机关处理）。

7. 滥用职权，恣意挥霍公司财产造成较大经济损失者（同时移交司法机关处理）。

8. 损公肥私、泄露公司机密给公司造成较大损害者（同时移交司法机关处理）。

9. 偷盗、侵占同事或公司财物经查属实者（同时移交司法机关处理）。

10. 在执行公务和对外交往中索贿、受贿，收取回扣数额较大者（同时移交司法机关处理）。

11. 在公司内煽动怠工或罢工者。

12. 造谣惑众诋毁公司形象者。

13. 未经许可兼任其他职务或兼营与本公司同类业务者。

14. 在职期间刑事犯罪者。

15. 伪造或变造或盗用公司印信严重损害公司权益者（同时移交司法机关处理）。

16. 参加非法组织，经劝告不改者。

17. 年度内累计记大过三次者。

十、员工造成公司财物损坏和丢失的，由有关部门对责任人进行调查认定，根据具体的情况，酌情处理。

十一、员工被处罚时，根据其直接上级领导责任大小，给予该直接上级连带责任处罚。

十二、管理人员年度被记大过者，将并处降职或撤职处分，由人力资源部重新考核定岗。

第六节　企业员工奖惩条例

第一章　总则

第一条　根据中华人民共和国宪法的有关规定，为增强企业员工的国家主人翁责任感，鼓励其积极性和创造性，维护正常的生产秩序和工作秩序，提高劳动生产率和工作效率，促进社会主义现代化建设，特制定本条例。

第二条　企业员工必须遵守国家的政策、法律、法令，遵守劳动纪律，遵守企业的各项规章制度，爱护公共财产，学习和掌握本职工作所需要的文化技术业务知识和技能，团结协作，完成生产任务和工作任务。

第三条　企业实行奖惩制度，必须把思想政治工作同经济手段结合起来。在奖励上，要坚持精神鼓励和物质鼓励相结合，以精神鼓励为主的原则；对违反纪律的员工，要坚持以思想教育为主、惩罚为辅的原则。

第四条　本条例适用于全民所有制企业和城镇集体所有制企业的全体员工。对企业中由国家行政机关任命的工作人员给予奖励或惩罚，其批准权限和审批程序按照《国务院关于国家行政机关工作人员的奖惩暂行规定》办理。

第二章 奖励

第五条 对于有下列表现之一的员工，应当给予奖励：

（一）在完成生产任务或者工作任务、提高产品质量或者服务质量、节约国家资财和能源等方面，做出显著成绩的；

（二）在生产、科学研究、工艺设计、产品设计、改善劳动条件等方面，有发明、技术改进或者提出合理化建议，取得重大成果或者显著成绩的；

（三）在改进企业经营管理、提高经济效益方面做出显著成绩，对国家贡献较大的；

（四）保护公共财产，防止或者挽救事故有功，使国家和人民利益免受重大损失的；

（五）同坏人、坏事作斗争，对维持正常的生产秩序和工作秩序、维持社会治安，有显著功绩的；

（六）维护财经纪律、抵制歪风邪气，事迹突出的；

（七）一贯忠于职守，积极负责，廉洁奉公，舍己为人，事迹突出的；

（八）其他应当给予奖励的。

第六条 对员工的奖励分为：记功、记大功、晋级、通令嘉奖、授予先进生产（工作）者、劳动模范等荣誉称号。在给予上述奖励时，可以发给一次性奖金。

第七条 记功、记大功、发给奖金、授予先进生产（工作）者的荣誉称号，由工会提出建议，企业或者企业的上级主管部门决定。发放奖金一般一年进行一次，在企业劳动竞赛奖的奖金总额内列支。

通令嘉奖，由各级人民政府或者企业主管部门决定。

授予劳动模范称号的办法，另行制定。

第八条 对员工给予奖励，需经所在单位群众讨论或评选，并按照第七条规定的权限办理。员工获得奖励，由企业记入本人档案。

第九条 对员工中有发明、技术改进或合理化建议，符合第五条第（二）项规定的，按照《发明奖励条例》、《合理化建议和技术改进奖励条例》给予奖励，不再重复发给奖金。

第十条 经常性的生产奖、节约奖的发放原则、奖金来源、提奖办法，按照国家有关规定办理。

第三章 处分

第十一条 对于有下列行为之一的员工，经批评教育不改的，应当分别情况给予行政处分或者经济处罚：

（一）违反劳动纪律，经常迟到、早退、旷工，消极怠工，没有完成生产任务或者工作任务的；

（二）无正当理由不服从工作分配和调动、指挥，或者无理取闹，聚众闹事，打架斗殴，影响生产秩序、工作秩序和社会秩序的；

（三）玩忽职守，违反技术操作规程和安全规程，或者违章指挥，造成事故，使人民生命、财产遭受损失的；

（四）工作不负责任，经常产生废品，损坏设备工具，浪费原材料、能源，造成经济损失的；

（五）滥用职权，违反政策法令，违反财经纪律，偷税漏税，截留上缴利润，滥发奖金，挥霍浪费国家资财，损公肥私，使国家和企业在经济上遭受损失的；

（六）有贪污盗窃、走私贩私、行贿受贿、敲诈勒索以及其他违法乱纪行为的；

（七）犯有其他严重错误的。

员工有上述行为，情节严重，触犯刑律的，由司法机关依法惩处。

第十二条 对员工的行政处分分为：警告、记过、记大过、降级、撤职、留用察看、开除。在给予上述行政处分的同时，可以给予一次性罚款。

第十三条 对员工给予开除处分，须经厂长（经理）提出，由员工代表大会或员工大会讨论决定，并报告企业主管部门和企业所在地的劳动或者人力资源部门备案。

第十四条 对员工给予留用察看处分，察看期限为 1～2 年。留用察看期间停发工资，发给生活费。生活费标准应低于本人原工资，由企业根据情况确定。留用察看期满以后，表现好的，恢复为正式员工，重新评定工资；表现不好的，予以开除。

第十五条 对于受到撤职处分的员工，必要的时候，可以同时降低其工资级别。

给予员工降级的处分，降级的幅度一般为一级，最多不要超过两级。

第十六条 对员工罚款的金额由企业决定，一般不要超过本人月标准工资的20%。

第十七条 对于有第十一条第（三）项和第（四）项行为的员工，应责令其赔偿经济损失。赔偿经济损失的金额，由企业根据具体情况确定，从员工本人的工资中扣除，但每月扣除的金额一般不要超过本人月标准工资的20%。如果能够迅速改正错误，表现良好的，赔偿金额可以酌情减少。

第十八条 员工无正当理由经常旷工，经批评教育无效，连续旷工时间超过15天，或者1年以内累计旷工时间超过30天的，企业有权予以除名。

第十九条 给予员工行政处分和经济处罚，必须弄清事实，取得证据，经过一定会议讨论，征求工会意见，允许受处分者本人进行申辩，慎重决定。

第二十条 审批员工处分的时间，从证实员工犯错误之日起，开除处分不得超过5个月，其他处分不得超过3个月。员工受到行政处分、经济处罚或者被除名，企业应当书面通知本人，并且记入本人档案。

第二十一条 在批准员工的处分以后，如果受处分者不服，可以在公布处分以后10日内，向上级领导机关提出书面申诉。但在上级领导机关未作出改变原处分的决定以前，仍然按照原处分决定执行。

第二十二条 员工被开除或者除名以后，一般在企业所在地落户。如果本人要求迁回原籍，应当按照从大城市迁到中小城市、从沿海地区迁到内地或边疆、从城镇迁到农村的原则办理。

符合本条规定的，企业主管部门应当事先同迁入地的公安部门联系。迁入地公安部门应当凭企业主管部门的证明，办理落户手续。迁回农村的，生产队应当准予落户。

第二十三条 受到警告、记过、记大过处分的员工在受处分满半年以后，受到撤职处分的员工在满一年以后，受到留用察看处分的员工在被批准恢复为正式员工以后，在评奖、提级等方面，应当按照规定的条件，与其他员工同样对待。

第二十四条 对于弄虚作假、骗取奖励的员工，应当按照情节轻重，给予必要的处分。

第二十五条 对于滥用职权，利用处分员工进行打击报复或者对应受处分的员工进行包庇的人员，应当从严予以处分，直至追究刑事责任。

第四章 附则

第二十六条 各省、市、自治区人民政府和国务院各部门，可以根据本条例的规定，制定实施办法。

第二十七条 各级劳动部门有权对执行本条例的情况进行监督检查。

第二十八条 本条例自发布之日起施行。

第七节 员工参与管理制度

第一条 目的

本公司实行员工参与管理制度，目的在于增进员工满足心理、发挥员工的潜能，提高企业的工作效率。

第二条 范围

员工参与管理的范围包括公司的一切事务。但当涉及主管威信、公司商业秘密或对参与员工的地位不利时，通常不宜由员工参与。

第三条 方式

员工参与管理可采用参加座谈会、研讨会、专门会议等形式。员工有权利提出意见，有权利以各种方式参与管理。

第四条 奖惩

员工参与管理提出有创意的意见，公司对其实施适当奖励。

第五条 员工参与管理计划的修订

员工参与管理的计划，应随形势的不断变化而变化，消除缺点。

第六条 管理人员与员工的会谈

会谈必须由各部门管理人员主持，必要时要邀请有关专家、学者参加。要鼓励员工提出意见与建议。会谈每周举行一次，主要用来客观地衡量工作成果，并选择最适当的工作方法。

第七条 人员辅导

每次会谈快结束时，必须由与会的专家、学者对参与管理的员工给予个别的指导和考评。

第八条 效果测评

在施行上述举措之后，总经理办公室必须对其效果进行综合测评，并对表现优异者给予奖励和表扬，从而激励全体员工更加努力参与，共同为公司的发展献计献策。

第八节 提案建议管理条例

总 则

第一条 为了调动广大员工的积极性、创造性，推动公司提案建议和技术革新、技术开发工作的开展，促进生产技术的进步，改善经营管理，增强企业活力，特制定本条例。

第二条 提案建议和技术革新、技术开发工作是企业管理的重要组成部分，是提高企业素质的重要手段。各部门要积极发动、支持和鼓励员工开展这项活动。

第三条 本条例由总工室和科技项目评审委员会组织实施。

奖励范围

第四条 本条例实施奖励的范围包括两个方面：一是被采纳取得效果的合理化建议；二是取得成果的技术革新、技术开发项目。

第五条 合理化建议和技术革新、技术开发项目应该在如下方面发挥效用：

（1）挖掘通信设备能力，改善通信网络，增强通信能力；

（2）改善经营管理，提高通信质量和经济效益；

（3）应用新技术、新设备、新材料、新工艺，推广新的科技成果，对引进的先进设备和技术进行消化、吸收、改造，取得明显的经济效益；

（4）开拓新的通信业务，增加企业收入；

（5）计算机技术的应用取得明显的经济效益；

（6）改善劳动组织，减轻劳动强度，改进设备维护、业务操作方式方法，提高劳动生产效率；

（7）节约能源及其他费用开支，降低生产成本；

（8）降低工程造价，节约基建投资；

（9）解决公司在通信生产中急需解决的重大技术难题。

奖励的申报和审查

第六条 成果评审鉴定后，对于需要申报奖励的项目，已在上级主管部门立项的由总工室按有关规定向上申报；未在上级主管部门立项的由公司各部门填写科学技术进步奖申请表报总工室。

第七条 向上申报的项目由上级主管部门审查，其余项目由公司科技项目评审委员会负责审查。

第八条 公司科技项目评审委员会将从各部门申报的项目中选择优秀项目,向上申报科学技术进步奖。

第九条 未向上申报或申报而未获奖的项目,由公司科技项目评审委员会组织评定奖励。

奖励标准

第十条 对符合奖励条件的合理化建议或技术革新、技术改造项目,按其产生经济效益的大小参照下列数额作一次性奖励:

年节约或创造经济效益	奖金数额
10 万元以下	1000 ~ 5000 元
10 万 ~ 50 万元	5000 ~ 20000 元
50 万 ~ 100 万元	20000 ~ 30000 元
100 万 ~ 500 万元	30000 ~ 50000 元
500 万 ~ 1000 万元	50000 ~ 100000 元
超过 1000 万元	100000 元以上

第十一条 对于经济效益不容易估算的项目,评审委员会可按其作用大小、技术难易、创新程度、推广价值,给予科学、客观、公正的评判,确定相应的奖励等级。

奖励等级	奖金数额
特等	50000 元以上
一等	10000 元
二等	6000 元
三等	4000 元
四等	2000 元
五等	1000 元
六等	500 元

附 则

第十二条 公司科技项目评审委员会必须公正、实事求是地对合理化建议和技术革新、技术开发项目进行评奖,评审人员及其他与项目无关人员不能在奖金中分成。

第十三条 对获奖项目及人员、金额有争议的,由评审委员会参照《中华人民共和国专利法实施细则》及其他相关法规予以确定,争议项目须待争议解决之后才能给予奖励。

第十四条 本条例自颁布之日起开始试行。

第九节 员工建议管理办法

第一条 为倡导员工参与管理，并激励员工就其平时工作经验或研究心得，对公司业务、管理及技术，提供建设性的改善意见，借以提高经营绩效，特制定本办法。

第二条 本公司各级员工对本公司的经营，不论在技术上或管理上，如有改进或革新意见，可向行政管理部索取建议填写表格，详细填写建议事项内容。如建议人缺乏良好的文字表达能力，可请行政管理部经理或单位主管协助填写。

第三条 建议书内容有如下几项：

（1）建议事由：简要说明建议改进的具体事项；

（2）原有缺失：详细说明在建议案未提出前，原有情形之未尽妥善处以及应予革新处；

（3）改进意见或办法：详细说明建议改善之具体办法，包括方法、程序及步骤等项；

（4）预期效果：应详细说明该建议案经采纳后，可能获得的成效，包括提高效率、简化作业、增加销售、创造利润或节省开支等。

第四条 建议书填妥后，以邮寄或面呈方式，送交行政管理部经理。

第五条 建议书内容如偏于批评，或无具体的改进或革新实施办法，或不具真实姓名者，行政管理部经理可不予交付审议；其有真实姓名者，由行政管理部经理据实签注理由，将原件密退原建议人。

第六条 本公司为审议员工建议，设置员工建议审议委员会（以下简称审委会），各下属单位主管为当然审议委员，会议经理为召集人，在必要的时候，行政管理部经理与召集人洽商后，可邀请与建议内容有关的单位主管出席。

第七条 审委会的职责如下：

（1）审议员工建议案件；

（2）员工建议案件评审标准的研究拟订；

（3）建议案件奖金金额的研究讨论；

（4）建议案件实施成果的检验；

（5）其他有关建议制度的研究改进事项。

第八条 行政管理部收到建议书后，认为应审议的，应于收件后3日内编号密封送交审委会先行评核。前项审委会的审议除因案件特殊可延长至30天外，一般应于收件日起15天内完成审议工作。

第九条 本公司员工所提建议，具有下列情形之一者，应予奖励：

（1）对于公司组织研提调整意见，能收精简或强化组织功能效果的；

（2）对于公司商品销售或售后服务研提具体改进方案，具有重大价值或增进收益的；

（3）对于商品修护的技术提出改进方法，值得实行的；

（4）对于公司各项规章、制度、办法提供具体改善建议，有助于经营效能提高的；

（5）对于公司各项作业方法、程序、报表等提供改善意见，具有降低成本、简化作业、提高工作效率的；

（6）对于公司未来经营的研究发展等事项，提出研究报告，具有采纳价值的。

第十条　奖励的标准，由审委会各委员依员工建议案评核表各个评核项目分别逐项研讨并评定分数后，以总平均分数依下表拟定等级及其奖金金额。

等　级	奖　金
第一等	200 元
第二等	400 元
第三等	600 元
第四等	800 元
第五等	1000 元
第六等	2000 元
第七等	3000 元
第八等	5000 元
第九等	7000 元
第十等	10000 元
特等	12000 元

第十一条　建议案经审委会审定认为不宜采纳施行的，应交由行政管理部经理据实签注理由，通知原建议人。

第十二条　建议案经审委会审定认为可以采纳、施行的，应由审委会召集人会同行政管理部经理于审委会审定后 3 日内，以书面详细注明建议人姓名、建议案内容及该建议案施行后对公司的可能贡献、核定等级及奖金数额与理由，连同审委会各委员的评核表，一并报请经营会议复议后由总经理核定。

经审委会核定其等级在第四等以下者，由审委会决议后即按等级发给奖金。经经营会议复议后认为可列为第十等者，应呈请董事长核定。

第十三条　为避免审委会各委员对建议人的主观印象影响评核结果的公平，行政管理部经理在建议案未经审委会评定前，对建议人的姓名予以保密。

第十四条　建议的案件如系由两人以上共同提出者，其所得的奖金，按人数平均发给。

第十五条　有下列各情形之一者，不得申请评奖：

（1）各级主管人员对其本职工作范围内所作的建议；

（2）被指派或聘用从事专门研究工作而提出与该工作有关的建议方案者；

（3）由主管指定从事业务、管理、技术的改进或工作方法、程序、表报的改善或简化等作业，而提出改进建议者；

（4）同一建议事项经他人提出并已获得奖金者。

第十六条 本公司各单位如有问题或困难，需要解决或改进时，经呈请总经理核准后可公开向员工征求意见，所得建议的审议与奖励，依本办法办理。

第十七条 员工建议案的最后处理，应由行政管理部通知原建议人。员工所提建议，不论采纳与否，均应由行政管理部负责归档。经核定给奖的建议案，应在公司公布栏及公司月刊中表扬。

第十八条 本办法经呈请总经理核准后公布施行，修订时亦同。

第十节 员工提案管理办法

目 的

第一条 为集中员工的智慧与经验，鼓励员工提出更多的有利于公司生产改善、业务发展的建议，以达到降低成本、提高质量、激励员工士气的目的，特制定本办法。

范 围

第二条 提案内容包括本公司生产、经营范围，具有建设性及具体可行的改善方法等。

（1）各种操作方法、制造方法、生产程序、销售方法、行政效率等的改善；

（2）有关机器设备维护保养的改善；

（3）有关提高原料的使用效率，改用替代品原料，节约能源等；

（4）新产品的设计、制造、包装及新市场的开发等；

（5）废料、废弃能源的回收利用；

（6）促进作业安全，预防灾害发生等。

第三条 提案内容如属于下列范围，为不适当的，不予受理：

（1）攻击团体或个人的；

（2）与曾被提出或被采用过的提案内容相同的；

（3）与专利法抵触的。

提 案

第四条 提案人或单位，应填写规定的提案表，必要时可另加书面或图表说明，投入提案箱。每周六开箱一次。

审　查

第五条　审查组织。

（1）各厂成立"提案审查小组"，由有关主管组成；

（2）公司成立"提案审查委员会"，由各厂长及公司有关部门主管组成，并设执行秘书。

第六条　审查程序。

（1）各提案表均须先经各厂"提案审查小组"初审并经评分通过后，方可汇报"提案审查委员会"（公司各部门提案均送委员会）。

（2）"提案审查委员会"每月视需要，召开1～2次委员会会议，审查核定各小组汇送的提案表及评分表，必要时并请提案人或有关人员列席说明。

第七条　审查准则。

（1）提案审查项目及配合：

①动机20%；

②创造性15%；

③可行性25%；

④投资回收期30%；

⑤应用范围10%。

（2）成果审查项目及配合：

①动机15%；

②创造性20%；

③努力程度15%；

④投资回收期25%；

⑤效益25%。

处　理

第八条　审议采用的提案，由有关部门实施，除通知原提案人外，予以列管及实施成效检查。

第九条　不采用的提案，将原件发还原提案人。

第十条　保留的提案，须经较长时间考虑的，先将保留理由通知原提案人。

第十一条　成果检查。

（1）实施的提案，各实施部门应认真执行，每月应填具成果报告表，呈直接主管核定后，转呈各厂"提案审查小组"。经三个月的考核，并予评分后，再呈提案审查委员会。

（2）"提案审查委员会"依"审查小组"所报的成果报告表及评分表详作审查核定。

奖　励

第十二条　提案奖励：改善提案由"审查委员会"评定，凡采用者发给 1200 ~ 6000 元的提案奖金。

第十三条　成果奖励："审查委员会"依提案改善成果评分表，可核发 5000 ~ 10000 元的奖金。

第十四条　特殊奖励：提案采用、实施后，经定期追踪，成果显著、绩效卓越者，由委员会核算实际效益后，报请核发 20000 ~ 100000 元的奖金。

第十五条　团体特别奖：以科为单位，6 个月内，每人平均被采用四件提案以上，发给前三名特别奖：

第一名：锦旗及奖金 5000 元

第二名：锦旗及奖金 3000 元

第三名：锦旗及奖金 2000 元

附　则

第十六条　提案内容如涉及国家专利法者，相关权益的确定按《中华人民共和国专利法》等有关法律法规执行。

第十七条　本办法经呈董事长核定后，公布实施，修改时亦同。

第十一节　久任员工表彰办法

第一条　本公司为鼓励所属各单位员工的久任特制定本办法。

第二条　本公司正式员工连续服务满 5 年以上，其最近 3 年考绩有 1 年列甲等以上，2 年列乙等且最近 1 年内请假（不含公假）未超过 1 个月者得予表彰。

第三条　前条所称连续服务的年资以下列各款为限：

（1）在本公司服务的年资；

（2）本公司有投资关系的所属事业机构（包含本公司之前身），因业务上的需要调用者，其在前后机构服务的年资。

第四条　下列各款年资，不予合并计算：

（1）奉准留职停薪人员，其在留职停薪期间的年资；

（2）停职经准复职中断的年资。

第五条　员工受记大过以上的处分未经功过抵消者，不予表彰。但受记大过处分后 5 年内，未再受任何处分，而合于第二条的规定者，不在此限。

第六条　合于第二条、第三条规定服务满一定期限（以每年 4 月底为计算基准）的员工于期满后，依下列方式予以表彰，奖状及奖品级等另定。

（1）连续服务满 5 年的员工发给奖状及奖品；

（2）连续服务满 10 年的员工发给奖状及奖品；

（3）连续服务满 15 年的员工发给奖状及奖品；

（4）连续服务满 20 年的员工发给奖状及奖品；

（5）连续服务满 25 年的员工发给奖状及奖品。

第七条　员工表彰于每年五一劳动节进行。

第八条　本办法经董事会通过实施，修改时亦同。

第十二节　员工发明创作奖励办法

目　的

第一条　为激励员工运用智慧，从事发明、创作，以贡献公司，特制定本办法。

名词解释

第二条　本办法所称"发明"，是指我国专利法规定的发明创造活动，包括发明、实用新型和外观设计三种类型；本办法所称"创作"，是指直接产生文学、艺术和科学作品的智力活动。

发明、创作提出规定

第三条　本公司员工若有发明、创作，应即填具说明书及图说，呈送各一级主管，转送设计开发部主管处理。

工业所有权的让渡

第四条　员工职务上的发明、创作，依专利法及著作权法的规定属公司所有应即让渡与公司。员工与职务上有关的发明创作，依本公司劳动合同的规定应让渡与公司。

上述员工的发明、创作，公司放弃承让权后得由发明、创作人自由处分。

取得工业所有权的归属

第五条　经让渡与公司的发明、创作取得国内及外国工业所有权均属公司所有。

取得工业所有权的奖励

第六条　员工的发明、创造让渡与公司，经公司依专利法取得工业所有权时即依下列规定给予发明或创作者奖励。

（1）外观设计专利权 2000 元；

（2）实用新型专利权 3000 元；

（3）发明专利权 5000 元；

（4）著作权参照国家规定给予。

上项发明奖金的支给以取得国内专利权时一次性支给，取得外国专利权时不另支给。发明、创作人有 2 人以上时，按其约定或作出的贡献大小确定支付比例，如无约定又无法区分发明、创作人的贡献大小，则平均支给。

工业所有权及著作权实施的报酬

第七条　员工职务上的发明、创作取得的工业所有权经实施后 1 年，依其对公司的贡献，按下列标准给予报酬。

（1）外观设计专利权 2000～5000 元；

（2）实用新型专利权 5000～10000 元；

（3）发明专利权 10000～20000 元；

（4）著作权实施后按税后利润的 5% 提成。

第八条　员工与职务有关的发明、创作取得的工业所有权及著作权经实施后 1 年，依其对公司的贡献，按下列标准给予报酬。

（1）外观设计专利权 2000～5000 元；

（2）实用新型专利权 5000～10000 元；

（3）发明专利权 10000～20000 元；

（4）著作权实施后按税后利润的 5% 提成。

第九条　员工与职务无关的发明、创作取得的工业所有权及著作权，经员工授权本公司实施之后 1 年，依其对公司的贡献，按下列标准给予报酬。

（1）外观设计专利权 2000～10000 元；

（2）实用新型专利权 5000～20000 元；

（3）发明专利权 20000～50000 元；

（4）著作权实施后按税后利润的 5% 提成。

无工业所有权的创作实施的报酬

第十条　员工的发明、创作基于工业机密而未申请工业所有权者，其实施报酬，依第七、第八、第九条标准支给。

报酬的审定

第十一条　本办法的报酬金额由经营会议审定，报请总经理决定支给。

报酬的给付

第十二条　本办法的报酬金支给对象，以给付当时本公司现职人员为原则。给付当时违反劳动合同主动离职者概不支给，但退休人员应予支付。报酬金平均分 3 年付给。发明、创作人有 2 人以上时以平均支给为原则，但共同发明、创作人如有约定，则从其约定。

附　则

第十三条　依本办法奖励者，除得依人力资源管理规则规定给予奖励外不另依本公司其他奖励办法给予奖励。

第十四条　本办法提请经营会议通过后公布实施，修改时亦同。

第十三节　出勤及奖惩办法

1. 本公司为使员工勤于职务，提高工作效率起见，特制定本办法。

2. 员工因迟到、早退、记过及记功者均依下列标准扣分或加分。

(1) 迟到每次扣0.5分。

(2) 早退每次扣0.5分。

(3) 申诫一次扣1分。

(4) 记小过一次扣3分。

(5) 记大过一次扣9分。

(6) 嘉奖一次加1分。

(7) 记小功一次加3分。

(8) 记大功一次加9分。

3. 上项累积分数于次月发薪时依照下列标准加（减）薪金（第二条项目不再由考绩表上加减），并公布姓名。

(1) 迟到、早退、申诫、记过：

每扣1分减1%的当月薪金。

(2) 嘉奖记功：

每加1分增1%的当月薪金。

4. 本办法经呈准后实行，修改时亦同。

第十四节　严重违纪通知单

部门：

你部门员工_____在考核期的严重违纪记录如下：

序号	时间	违纪情况	处理情况

序号	时间	违纪情况	处理情况

根据考核制度规定，_____员工没有资格参加此次考核，特此通知。

人力资源部主管：

年　月　日

第十五节　员工奖惩登记表

年度   页次：

员工编号	姓名	奖惩事项及文号	统计					
			警告	记过	大过	嘉奖	记功	大功

　　本表纯粹用于员工的奖励与处罚情况登记，便于有关主管人员阅读，也能很方便地知道每个员工所受奖惩的情况，从而间接地了解员工的工作努力程度。

第十六节　员工管理才能考核表

姓名			年龄			到职年月	
服务部门			现任职务或职级			担任本职开始年月	
管理才能	项目	优异	良好	平常	欠佳	本项目之评语	
	领导能力						
	处事能力						
	协调能力						
	责任感						
	总评						
培植建议							
派职建议							

上一级主管：　　　　　　　　　　　　　　　　　　　　　　直接主管：

第十七节　员工工作自我鉴定表

姓名		职称		部门		
入本企业日期	年　月　日（年）	职位		学历		
出生年月日	年　月　日（年）	工资	元	现行主要工作	现行工作时间	年　月
项　目				理由及建议	厂长批示	总经理指示
目前工作	（1）你认为目前担任的工作对你是否适才适度？ 　　　（□适合□不太适合□不适合） （2）工作的"量"是否恰当？ 　　　（□太多□适中□很少） （3）你执行工作时曾感到什么困难？					

项　目		理由及建议	厂长批示	总经理指示
工作希望	(1) 你认为你比较适合哪些方面的工作？ (2) 你不适合哪些方面的工作？ (3) 其中最适合你的工作是什么？ (4) 你对现在的工作有什么希望？			
薪资及职位	(1) 你认为你的工作报酬是否合理？ 　　（□合理□不合理） (2) 职位是否合理？（□合理□不合理） (3) 职称是否合理？（□合理□不合理） (4) 理由何在？ (5) 你的希望？			
教育训练	(1) 这一年间你曾否参加公司外部或内部举办的训练？ 　　（□曾参加□未曾参加） (2) 曾参加什么训练？ (3) 你希望接受什么项目的训练？ (4) 你对本企业训练的意见如何？			
工作分配	(1) 你认为你的部门当中工作分配是否合理？ 　　（□合理□不合理） (2) 什么地方亟待改进？			
工作目标	(1) 你的工作目标是什么？ (2) 这个目标你已做到什么程度？			
特殊贡献	(1) 你认为本年度对公司较特殊贡献的工作是什么？ (2) 你做到什么程度？			
工作构想	在你担任的工作中，你有什么更好的构想？ 请具体说明：			
其他	(1) 请代为安排和_____面谈 (2) 本人希望或建议_____			

说明：本表呈厂长或部门经理参阅后转人事室存档。

第十八节 员工综合素质考核表

姓名		所属部门					第一次		第二次	
年龄	岁	成绩评语	年上期	年下期	年上期	年下期	出勤		缺勤	其他
评定项目		职级	要 点				评定			
基本能力	知识	通用	是否充分具备现任职务所要求的基础理论知识和实际业务知识							
理解力		A级 B级	是否能充分理解上级指示,干脆利落地完成本职工作任务,不需上级反复指示或指导							
判断力		C级以上	是否能充分理解上级指示,正确把握现状,随机应变,进行恰当的处置							
表达力		A级 B级	是否具有现任职务所要求的表达力(口头和文字),是否进行一般联络、说明工作							
交涉力		C级以上	在和企业内外的对手交涉时,是否具有使对方诚服,接受同意或达成妥协的表达、交涉力							
纪律性		通用	是否严格遵守工作纪律和规定,很少迟到、早退、缺勤等。对待上级、先辈和企业外部人士有礼貌、注重礼仪。严格遵守工作汇报制度,按时提出工作报告							
协调性		通用	在工作中,是否充分考虑到别人的处境,能否主动协助上级和同事,是否努力使工作单位团结、活跃、协调							
积极性		通用	对分配的任务是否不讲条件,主动积极,尽量多做工作,主动进行改良改进,向困难挑战							

[评定标准]	[评语与分数的换算]	合计分	分
A……非常优秀,理想状态 A1……优秀,满足要求 B……基本满足要求 B1……略有不足 C……不满足要求	A——48分以上 B——24～47分 C——23分以下	决定评语	(人力资源主管填写)

第二十五章 工资福利财务制度

第一节 工资标准及发放办法

一、总则

1. 为了调动员工工作积极性，创造最佳社会效益和经济效益，特制定本办法。

2. 公司实行效益工资制。公司员工根据全方位规范管理目标的实现情况限额递增或递减标准效益工资。

3. 公司员工工资随着公司发展和经济效益的提高逐步增加。

4. 公司正式录用专职员工、兼职员工、特邀员工和顾问在应聘期间的工资发放适用本办法。

二、工资总额构成

5. 工资总额是指公司在一定时期内直接支付给员工的劳动报酬总额。

工资总额的计算应以直接支付给员工的全部劳动报酬为依据。

6. 工资总额由下列六个部分组成：

（1）计时工资；

（2）计件工资；

（3）奖金；

（4）津贴和补贴；

（5）加班加点工资；

（6）特殊情况下支付的工资。

7. 计时工资是指按计时工资标准和工作时间支付给员工的劳动报酬，包括：

（1）对已做工作按计时工资标准支付的工资；

（2）效益工资制情况下支付给员工的基础效益工资和职位工资；

（3）新聘员工试用期间的见习工资。

8. 计件工资是指对已做工作按计件单价支付的劳动报酬，包括：

（1）按超额累进计价、直接无限计件、限额计件、超定额计件单价支付给员工的工资；

（2）按工作任务包干方法支付给员工的工资；

（3）按营业额提成或利润提成办法支付给员工的工资。

9. 奖金是指支付给员工完成任务或超额完成任务或创收节支的劳动报酬，包括：

（1）任务（定额）奖；

（2）超额奖；

（3）节约奖；

（4）创收奖；

（5）管理奖；

（6）劳动竞赛奖；

（7）其他奖金。

10. 津贴和补贴是为了补偿员工特殊或额外的劳动消耗和因其他特殊原因支付给员工的津贴，以及为了保证员工工资水平不受物价影响支付给员工的物价补贴，包括：

（1）津贴包括补偿员工特殊或额外劳动消耗的津贴、保健性津贴、技术性津贴、年功性津贴及其他津贴；

（2）物价补贴包括为保证员工工资水平不受物价上涨或变动而支付的各种补贴。

11. 加班加点是指按规定支付的加班工资或加点工资。

12. 特殊情况下支付的工资包括：

（1）根据国家法律、法规和政策规定或公司规定，因病、工伤、产假、计划生育假、婚丧假、定期休假、停工学习等原因按计时工资标准或计时工资标准的一定比例支付的工资；

（2）附加工资、保留工资。

13. 工资总额不包括下列项目：

（1）在国家有关部门或公司取得的创造发明奖、自然科学奖、科学技术进步奖、合理化建议奖、技术改进奖及为公司引进资金、人才、信息、技术、产品奖和卓越贡献奖；

（2）员工保险和福利方面的各种费用；

（3）劳动保护的各项支出；

（4）稿费、授课费、校对费及其他劳务性报酬；

（5）出差伙食补助费、午餐补助费；

（6）员工包干完成工作任务的风险性补偿收入；

（7）因录用员工向有关单位支付的手续费、管理费、停薪留职费；

（8）其他认定不应包括的事项。

三、工资级别和工资标准

14. 公司将员工分为高级、中级、一般三类，工资级别定为五个档。

15. 公司员工分为下列三类：

（1）高级员工：总经理、副总经理；

（2）中级员工：主管经理、总经理助理、总经理秘书、总会计师、主编、各部室主任；

（3）一般员工：主任助理、秘书、会计、审计、出纳、保管、公务、编辑、信息员、发行策划、公关策划、培训管理、电脑操作员等。

16. 公司员工的工资级别和工资标准如下：

（1）高级员工分为一级、二级。

①一级：总经理：标准月薪 2000 元；

②二级：副总经理：标准月薪 1600 元。

（2）中级员工分为三级、四级。

①三级：主管经理、总经理助理、总经理秘书、主编：标准月薪 1400 元；

②四级：总会计师、各（部）室主任：标准月薪 1200 元。

（3）一般员工为五级。

五级：一般员工（包括第 15 条第（3）款规定的所有员工）：标准月薪 1000 元。

17. 公司员工的标准月薪包括下列项目：

（1）计时工资；

（2）计件工资；

（3）奖励工资（完成方案责任指标后核发的工资）；

（4）各种津贴和补贴；

（5）经认可的其他项目。

18. 公司员工的标准月薪不包括下列项目：

（1）奖金；

（2）加班加点工资；

（3）特殊情况下支付的工资；

（4）本办法第 13 条规定的项目。

19. 公司顾问、兼职员工、特邀员工不享受本办法第 16 条规定的工资标准。

20. 公司聘请的顾问实行结构工资制，包括基础工资和职位工资。

21. 公司顾问工资按级别不得高于下列标准：

（1）高级顾问：标准月薪 1000 元；

（2）专业顾问：标准月薪 500 元；

（3）一般顾问（具有特殊专长的）：标准月薪 300 元。

22. 公司兼职人员、特邀员工实行计件或计时工资制，具体标准由兼职人员和特邀员工管理部门制定。

四、工资及非工资收入的评定

23. 享受效益工资的公司员工由部门主管根据公司管理目标逐级评定。公司副总经理的工资由总经理评定，主管经理、总经理秘书、总经理助理、总会计师、各部室主任的工资由副总经理评定，一般员工的工资由各部室主任评定。

24. 公司员工效益工资的评定依据为：

（1）任务占工资标准的30%，其中定额为15%，质量为15%；

（2）效益占工资标准的50%，其中利润为40%，创收为5%，节约为5%；

（3）管理占工资标准的20%，其中出勤为7%，制度执行情况为6%，卫生与安全为2%，纪律为3%，综合考评为2%。

25. 公司员工效益工资的核发办法如下：

（1）享受效益工资的公司员工，从效益工资实行之日起，月发效益工资标准的50%。年终核定指标后，达标者一次补清。

（2）享受效益工资的公司员工，年终核定本部门未达标时，按未完成指标的比例递减标准效益工资。

（3）已享受效益工资的员工，经定期考核发现其完成的指标低于当月指标的50%以下时，按效益工资标准的20%发放。

（4）已享受效益工资的员工三个月均未能完成核定指标时，停发标准效益工资。

26. 公司员工年终奖励工资和奖金采取与核发工资比值等同比例的办法评定发放，也就是说公司员工每年平均月薪收入比例即为公司员工年终奖励工资和奖金比例，计算方法为：年平均月薪收入/标准月薪的50%×100%=奖励工资比例或奖金比例。

27. 公司对按期完成责任指标、超额完成责任指标、创收节约者的奖金评定按照公司有关规定执行。

28. 公司的奖金评定以公司或部门核定责任指标的完成情况为依据，出现下列情况之一的，公司员工不得享受奖金：

（1）公司或部门没有按核定的方案实现其利润指标，而且创收和节约等实际收入又不能补足利润指标的；

（2）公司或部门的创收和节约指标均低于核定方案的30%以下的；

（3）公司或部门管理指标低于核定方案的50%以下的；

（4）公司或部门在实施方案中出现一次以上责任事故以致造成严重社会影响和重大经济损失的；

（5）总经理办公室认定其他不应当享受奖金原因的。

29. 公司高级员工的奖金从公司核定方案实施后的效益指标中提取。奖金数额一般不得超过效益指标的3%。

30. 公司中级员工的奖金数额根据下列情况确定：

（1）能够按期完成责任指标的部门，该部门负责人有权取得高于本部门员工平均奖金收入2倍的奖金数额；

（2）能够超额完成责任指标的，该部门负责人有权取得高于本部门员工平均奖金收入3倍的奖金数额；

（3）超额完成效益指标，超过该部门核定方案效益指标的30%以上的，该部门负责人有权取得高于本部门员工平均奖金收入4倍的奖金数额；

（4）部门负责人完成上述（1）、（2）、（3）项，并且本人为公司作出卓越贡献，或本人创收超过10万元的，部门负责人有权取得高于本部门员工平均奖金收入5倍的奖金数额（是否为卓越贡献由总经理确定）。

31. 公司员工非工资收入的评定按公司制定的有关规定执行。公司没有明文规定的，由总经理办公会或总经理办公室评定。

五、核发程序

32. 公司总经理办公室财务部是发放工资及非工资收入的惟一合法机构。财务人员根据总经理签批的工资表及领款单发放。其他部门无权发放工资及非工资性收入。

33. 公司员工工资表由各部门主管依据本办法第 24 条规定和其他规章制度，按月份部门逐级编制。编制工资表必须做到：内容具体有依据，项目齐全有事实，金额准确无差错，字迹清楚无涂改。

编制工资表必须使用碳素墨水钢笔或签字笔。

34. 部门编制的工资表经复查无误，由部门主管和编制人签名盖章后交总经理办公室。总经理办公室会同财务人员对各部门提交的工资表逐一审核。认定内容、项目、金额等准确无误后，由审核人员签字盖章，送交总经理批准。

35. 总经理办公室在审核中，发现部门编制的工资表有误，应及时指出并退回有关部门重新编制，并限定编制时间。审核中对某些问题或事项有争议的，报主管副总经理或总经理认定。

36. 公司财务人员依据总经理批准的工资表，及时提款，按时发放工资。

37. 非工资性收入的发放由公司员工填写领款单，部门主管批准并签字，财务人员审核并送总经理签批。

非工资性收入由财务部门定期或不定期发放。

38. 公司员工的奖励工资和奖金经年终核定部门达标，并办理奖金领款单和编制奖励工资表等手续后，经总经理办公室审核，送总经理签批。奖励工资和奖金由财务部门在年终指定时间一次性发放。

六、附则

39. 本办法在实施中可根据具体情况制定实施细则，或提出修正意见提交总经理办公室予以修正。

40. 本办法的解释权归总经理办公室。

41. 本办法从发布之日起施行。

第二节　工资保密制度

第一条　本公司为鼓励各级员工恪尽职守，且能为公司盈利与发展作出贡献，实施多劳多得的薪金制度。为避免优秀人员遭到嫉妒，特推行薪金管理保密办法。

第二条　各级主管应领导所属人员养成不探询他人薪金的礼貌、不评论他人薪金的风度，以工作表现争取认可的精神。各级人员的薪金除公司主办核薪的人员和发薪的人员与各级直属主管外，一律保密；如有违反，罚则如下：

1. 主办核薪及发薪人员，非经核准外，不得私自外泄任何人薪金；如有泄露，另调他职；

2. 探询他人薪金者，扣发 1/4 年终奖金；

3. 吐露本身薪金者扣发 1/2 年终奖金，因而招惹是非者扣发年终奖金；

4. 评论他人薪金者扣发 1/2 年终奖金，因而招惹是非予以停职处分。

第三条　薪金计算如有不明之处，报经直属主管向经办人查明处理，不得自行理论。

第四条　本办法经经理级会议研讨并呈奉总经理核准后实施，修改时亦同。

第三节　兼职人员工资制度

第一条　工资的构成：

兼职人员的工资，由下列三部分构成：

1. 基本工资；

2. 规定时间外加班津贴；

3. 交通津贴。

第二条　基本工资：

兼职人员的基本工资规定如下：

1. 基本工资决定的原则是，考察公司员工所担任的职务、技术、经验、年龄等事项后，由人事部根据个人表现分别制订；

2. 基本工资给付的原则是，不得低于劳动部门所制定的最低支付额；

3. 兼职人员因私事请假或迟到、早退、私自外出而造成的缺勤，不得给予其工资，应从工资中直接扣除相等的缺勤基本工资额；

4. 公司与兼职人员共同达成基本工资的协议后，应由人事部制订雇用合同书加以明确。

第三条　规定工作时间外的加班津贴：

规定工作时间外的加班应付给津贴，具体规定如下：

1. 兼职员工的工作时数因业务上需要，并由其主管要求加班而延长时，或于休假日返回公司工作时，应依下列计算方式，以小时为计算单位计算加班津贴：

基本工资（小时工资部分）×1.25＝加班津贴

2. 深夜执行公务者（从晚上 10 点到次日清晨 5 点），则应加给上项所得的 1/4，作为深夜工作的津贴。

第四条　交通津贴：

兼职员工从住宅到公司上班的单程距离超过 6 公里者，按照公司交通津贴细则给付，并参考其出勤状况。

第五条 工资扣除：

对兼职人员扣除薪金应按以下规定办理：

1. 下列规定的扣除额应从薪金中直接扣除：

（1）个人薪金所得税；

（2）根据公司与工会的书面协议规定，应代为扣除的代收金额；

（3）其他法令规定事项。

2. 工资经上列各项扣除后，员工所得应以现金形式直接交予本人。

第六条 工资计算期间及工资支给日：

工资计算期间从前一个月 21 日开始到当月的 20 日为止，并以当月的 29 日为工资支付日。

第七条 离职或解雇时的薪金：

兼职员工申请离职或被解聘时的薪金，应从离职日的 7 日内计算并支付该员工已执行工作任务所应得的薪金。

第八条 奖金：

兼职员工服务届满 1 年以上且表现优异者，经部门主管呈报人事部评定为绩效优良的员工，则可予以奖励。

第九条 奖金计算及给付：

奖金计算的标准以基本工资为计算单位，并于每年 7 月根据员工的表现，个别发放。

第四节 企业职务工资管理细则

一、一般规定

1. 凡本公司有关职务工资的制定、计算、发放，均依照本章各节规定加以办理。

2. 本公司可根据实际需要设立一个进行工作评价的单位，或以科级主管人员为主体对所属员工的个别工作加以考核评价，以此作为公平合理的工资给付的有力依据。

3. 有关的工资政策或工资计划应使每位员工都知道，工资的差别应能反映各级工作的难易程度和责任的轻重差别，借以鼓励员工愿意承担较重大的工作。

二、工资等级

4. 本公司各级员工的工资津贴体系如下：

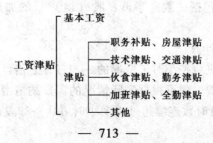

5. 本公司员工的工资津贴项目的具体规定如下：

（1）基本工资：各级员工的基本工资按公司标准进行核定，工资标准根据物价指数进行调整。

（2）职务补贴：对担任主管职务或职责繁重的工作人员，根据各自所担任职务发给职务补贴。

（3）房屋津贴：在公司服务一年以上有配偶者，根据各自所担任的职务发给其房屋津贴。

（4）技术津贴：对担任技术职务或对技术上有贡献人员，可酌情发给技术津贴。

（5）交通津贴：住宿地点距公司办公所在地两公里以上有证明者，以每月发给××元以内的交通津贴为原则，但经特准者不在此限。

（6）茶水津贴（其他）：担任外销工作的人员，每年逢6～10月间，每月发给茶水津贴××元。

（7）伙食津贴：每月××元。

（8）勤务津贴：平时工作认真，且工作繁多者，可酌情发给勤务津贴，其发给标准由各级主管人员核报。

（9）加班津贴。

（10）全勤津贴：对每月除公司规定休假日外没有请过假的员工可发给全勤奖金××元。

三、工资计算

6. 本公司员工的工资计算方法如下：

（1）按年支付工资的员工：基本工资＋津贴。

（2）按月支付工资的员工：基本工资＋津贴。

（3）按日支付工资的员工：日工资额×实际出勤日数＋加班津贴＋其他有关津贴。

（4）按工时支付工资的员工：小时工资率×实际出勤总时数＋加班津贴＋其他有关津贴。

7. 本公司对作业人员工资的计算方式，可根据实际情况的需要，采用计件制的方式，把每位作业员的工作数量或件数作为工资给付的标准，其计算公式如下：生产件数×每件产品的工资价格＋其他津贴。

8. 计件工资中每件产品的工资价格的计算标准另行规定。

9. 本公司员工的各项津贴要依各人所担任职务的不同酌情发放。

10. 加班工资的计算方式如下：

（1）职员的加班费，包括一般办事员、股（组）长的加班费按每小时××元计算（科长级以上人员除外）。

（2）作业员的加班费计算：

①计时制：每小时加班费按小时工资率的一、三、五倍计算；

②计件制：不发加班费，但可根据实际情况的需要酌情增加每件产品的工资价格。

11. 凡本公司员工加班时数连续超过4个小时者，一律发给点心费或供应餐点（但以夜间为限），其规定如下：

（1）职员点心费或餐点以每人××元为原则；

（2）作业员点心费或餐点以每人××元为原则。

12. 员工全勤津贴的计算方式如下：

（1）职员部分：按月和按年支付工资的人员，其全勤津贴为每人每月应得基本工资的（　　）% 乘以出勤率。

（2）作业员部分：按小时和日支付工资的人员，根据休假办法每人发给：

①女作业员：每月××元；

②男作业员：每月××元。

四、工资发放

13. 凡本公司新进员工的工资，自报到上班之日起开始计算。

14. 工资津贴的发放日期确定为：

（1）按年支付工资的员工（经理级部分）：每年 1、4、7、10 月分 4 次于每月月初发放；

（2）按月支付工资的员工（职员部分）：每月 5 号发放；

（3）按日、小时支付工资的员工（作业员部分）：每月 5 号发放，但要于上月 20 号预支。

15. 辞职（指辞退、停职、免职人员）或停薪留职的员工，于命令到达之日停发工资，并做如下规定：

（1）按月支付工资的辞职人员，在该月的 15 日前离职者，发给半个月的工资和津贴，在 16 日以后离职者，发给全月的工资和津贴；

（2）按日支付工资的员工被解职时，从其离职之日起停发工资；

（3）按小时支付工资的员工被解职时，一律以当日实际出勤时数计算工资；

（4）对于被解职的按年支付工资的员工，另行规定处理办法。

16. 本公司职员在请假期间的待遇按下列规定办理：

（1）事假：呈经主管人员批准后，在不超过规定期限的情况下全数发给工资和津贴，事前未经批准擅离职守者一律不发；

（2）病假：经取得医师证明确为生病者，在不超过规定期限情况下照发原工资与津贴；

（3）婚丧假、生育假、属私事公假，在规定期间内工资津贴照发；

（4）公伤假：因公伤病不能继续坚持工作者，在规定的疗养期间内工资津贴照发；

（5）公假：每月公假在×日以内者工资津贴照发，超过部分发给半数。

五、附则

17. 员工对工资津贴计划如有疑问或要求，提出申诉意见时，有关主管人员应迅速加以调查，根据事实予以改进。

第五节 总公司工资结构调整方案

一、分配原则

总公司按照"多劳多得、优劳优得、效益优先、兼顾公平"的按劳分配原则，打破原来事业单位的分配机制，建立适应后勤服务实体的分配机制，实行与档案工资脱钩的绩效工资制度，以充分调动总公司全体人员的工作积极性，为学院提供更好的后勤服务。

二、分配办法

工资构成：基本工资＋岗位工资＋考核奖＋效益工资

（一）基本工资

总公司员工的基本工资是工资收入中相对固定的部分，考虑到原来的工资状况，基本工资包括：

1. 职务工资；

2. 职务津贴；

3. 文明奖；

4. 住房公积金；

5. 护补；

6. 能源补贴；

7. 独生子女补贴；

8. 女同志卫生费；

9. 回补。

扣除个人应负担的部分。

（二）岗位工资

根据各岗位的劳动（工作）技能、责任、强度和任务复杂程度等要素综合测定，进行分类列出岗序，以岗定薪，岗变薪变。岗位工资设 4 级（每级 3 档）（见附件）。

（三）考核奖

1. 总公司全体成员实行月考核，每人每月满分为 100 分（只减分不加分），每分分值暂定为 1.5 元；

2. 考核办法另定；

3. 根据各部门履行岗位职责和完成任务情况确定各部门考核奖总额，以部门为单位统一发放考核奖。

（四）效益奖

员工每人每月平均效益奖可按一定数额预发，年终根据总公司收益及各部门完成任务情况再统一决算考虑。确定各中心效益奖总额，各中心制定分配原则，经主管总经理审核、总经理批准后实施。班组长的效益奖一般可为所在部门员工平均效益奖的1.1~1.2倍；各中心经理的效益奖，一般可为所在部门员工平均效益奖的1.3~1.8倍；副总经理效益奖一般可为部门经理平均效益奖的1.5~2倍；总经理的效益奖一般可为部门经理平均效益奖的2~2.5倍。

三、几点说明

1. 若工资结构发生变化时，基本工资予以相应调整。

2. 寒暑假期间无实质性工作的，不发考核奖，效益奖发50%，上班人员根据实际出勤天数和完成工作情况按比例享受。

3. 总公司根据效益情况每年留出适当资金作为总公司的发展基金。

4. 饮食中心、工厂等部门分配办法由各部门根据具体经营情况自行确定，报总公司审批后实施。

第六节　公司员工出差管理制度

一、范围

本标准规定了×××有限公司员工出差旅费支付办法细则。本标准适用于××××有限公司员工公派出差办理公务的管理。

二、规范性引用文件

下列文件中的条款通过本标准的引用而成为本标准的条款。凡是注日期的引用文件，其随后所有的修改单（不包括勘误的内容）或修订版均不适用于本标准，然而，鼓励根据本标准达成协议的各方研究是否可使用这些文件的最新版本。凡是不注日期的引用文件，其最新版本适用于本标准。附《出差申请单》、《差旅费报销单》、《出差报告》。（略）

三、要求

本公司内员工出差旅费支付办法按本制度执行：

1. 公司员工奉命或因业务需要出差，应先由派遣出差部门主管核准，登记出差相关内容，并凭核准预借或报支旅费。员工出差依下列程序办理：①出差前应填写《出差申请单》（格式须明确记录出差日程、出差目的地及出差要务等），出差期限由派遣主管或总经理视情况需要限定日期，事前予以核实核定，并送人力资源部备案。如情形特殊事前无法及时办理，亦应尽快补办手续后方可支给出差旅费。②出差人凭核准的《出差申请单》，可向财务部暂支相当数额的差旅费。其预借款额，须经由主管部长初审，呈请总经理核准后暂付的，出差完毕，销差后应于三日内填具《差旅费报销单》，结清暂支款项，未于一周内报销者，财务部应将该员工预借差旅费在当月薪金中先予扣回，待其报销时，再行核付。

2. 员工在本市、郊区及短程或其他同日可往返出差，出差时应经部长级主管核准。当日出差，除按正常工作日支付当日工资外，原则上不支给交通费以外的任何费用，交通费凭乘车凭证实数支给。当日出差人员必须于当日赶回，不得在外住宿，因工作需要当日中午无法返回的，给予适当的中餐补贴（补贴标准按 10 元/人执行），但如实际需要，须事先呈主管核准批准。

3. 员工出差在一日以上，无论出发或返回一律按实际差旅日给付，乘夜车往返者，不另支付其他费用。

4. 出差的审核决定权限如下：①四日以上由总经理核准；②部长级人员一律由总经理核准。

5. 本公司员工乘坐火车、轮船、飞机，按以下实际票额发给交通费：

（1）乘坐汽车及火车，原则上应出具公路局、铁路局或汽车公司的购票凭证；

（2）乘坐轮船应出具轮船公司的购票凭证或船票存根；

（3）因急要公务必须搭乘飞机者，应事先报公司总经理核准后凭飞机票存根报销交通费；

（4）搭乘或驾驶公司的交通工具者，凭车辆行驶损耗及车辆行驶必支费用凭证报销，不得再报支其他交通费。

6. 交通费包括旅程中必需的船车等费，按实际报支，其他零星用费均在膳杂费内开支，不得另行报支。

7. 出差人员膳食、住宿、杂费（包括公交出租车费、手机费），最高定额按以下标准核发（住宿及公交出租费须凭票据报销），超支部分不予报销。

（1）部长级：地区、县级城市每日住宿费及杂费 180 元，膳食费每日 35 元。省会及 14 个沿海城市每日住宿费及杂费 300 元，膳食费每日 50 元。

（2）普通级：地区、县级城市每日住宿费及杂费 100 元，膳食费每日 35 元。省会及 14 个沿海城市每日住宿费及杂费 200 元，膳食费每日 50 元。

（注：14 个沿海开放城市是指大连、秦皇岛、天津、烟台、青岛、连云港、南通、上海、宁波、温州、福州、广州、湛江、北海。）

8. 员工出差同行时要求同住，住宿费每二人按一人标准报销，另一人只支付定额内的膳食费和杂费。

9. 出差期间因公支出的下列费用，准予按实报销：

（1）邮费等费用应以邮电局的收据为凭。凡因公拍发邮电及特别公务，临时雇用劳力、车马等所支出必要费用，经批准，可另列特别费用按实凭证报支。

（2）因公宴客的费用，应以正式统一收据发票为凭。

（3）因公携带的行李运费，应以正式的运费收据为凭。

10. 出差费用的报销：

（1）交通费、住宿费按标准报销，采取超标自付原则；

（2）膳食费等按标准领取；

（3）交际费由领导核定，凭据报销。

11. 出差人员中途患病、遇不可抗拒原因或因工作实际需要延误，导致无法在预定期限返回销差，必须延长滞留，出差者须出具申请，经调查确定无误，方可支给出差旅费。出差员工不得任意改变起程日期、出差路线或因私事借故延长出差时间，否则除不予报销差旅费外，并依情节轻重论处。但事后总经理特准者除外。

12. 员工出差得按实报支出差旅费，如因特殊情况公务上原因必须支付超额费用，可以呈请总经理特别核准，其余超额报支一律剔除。

13. 员工报销出差旅费时，应据实提交收据，经核实，如发现有瞒报、虚报，除将所领款追回外，并视情节之轻重，酌予惩处。

14. 出差一般不得报支加班费，但节假日出差酌情予以计薪。

15. 出差行程时间工资自出发日起至回公司之日止计算给付，首尾行程时间足半天不足一天的，按一天支给；不足半天按半天支给。出差人员交通费，凭交通票据实数支给。

16. 出差人员在出差期间或退差后，应及时将出差相关状况总结编制《出差报告》向直属主管汇报，并及时到人力资源部报到退差。

17. 本标准为人事行政部起草，经总经理核定、批准后发布施行，人事行政部对该条款负有解释权，修改时亦同。

18. 本标准如有未尽事宜可随时修改之。

第七节 出差经费管理制度

1. 本公司员工因公务需要，受命出差依照本章的规定办理。

2. 员工出差均依各部门经理的命令，视实际的需要，限定日期呈总经理核准后执行。

3. 出差员工应于出发前，依式填写所定表格，通知财务部登记，如情形特殊事前来不及办理时，亦须尽快补填表格，送交登记。

4. 员工出差按实报支出差旅费，其最高标准除特殊情况，经总经理核准者外，其余如有超额报支，一律剔除。

5. 员工出差前，可按实际需要预借旅费，其预借款额，经由各部门负责人初审，呈请总经理核准后暂付。出差完毕，向财务部报销后应于3日内呈报核销。如3日后仍未报支者，会计组应将该员工之预借旅费在下月薪资中先予以扣回，待报支时，再行核付。

6. 员工在本市及郊区或其他同日可往返的出差按实际支给交通费及误餐费。

7. 交通费包括旅程中必需的车船、机票等，公司鼓励员工出差乘公共交通工具，汽车票据据实报销；出差乘火车的按公司高级管理层享受软卧，其他员工享受硬卧的标准据实报销，如由于其他原因未享受到该相应的标准时，公司按该标准将差额部分直接补贴给个人；如出差要乘飞机的，特殊情况下必须事先向公司领导层汇报原因，经公司领导同意后方可乘坐飞机，据实报销。

8. 员工出差当天不能回来需要在外住宿的，按以下规定：①公司领导层一般性事务出差，在外住宿最高房价不得超过 250 元/天；商务性应酬的，在外住宿最高房价不得超过 450 元/天；省外出差的，不得入住四星级以上酒店。②其他员工出差的，一般性事务，在外住宿最高房价不得超过 150 元/天；省外出差的，住宿最高房价不得超过 250 元/天。

9. 员工出差在外吃饭标准按以下规定：管理层出差为一般性事务的，按 25 元/餐标准，商务性宴请，据实报销；其他员工出差，按 20 元/餐标准，早餐 10 元，按标准直接补贴给个人，不进行报销。

10. 员工出差除中途患病及天然不可抗力之原因，并有确实证明者外不得任意改变起程日期，或延长出差时间，但事后经总经理特准者，得追认之。

11. 员工报销出差旅费和回家探亲差旅费，应据实提出发票单据，核发之，但如发现有虚报不实情事，除将所领款项追回外，并视情节的轻重，酌予惩处。

12. 来公司报到的员工，报到的交通费在试用期满后方可报销。

第八节 员工福利待遇管理规定

第一章 总则

第一条 福利待遇是公司在岗位工资和奖金等劳动报酬之外给予员工报酬。建立两个良好的福利待遇体制能够增加员工对企业的依恋情感，从而增加企业的凝聚力。

第二条 本规定所列福利待遇均根据国家规定及企业自身情况而定。

第三条 本规定适用于集团公司、各二级法人公司及事业部。

第二章 福利待遇的种类及标准

第四条 福利待遇的种类：

1. 补贴福利

指公司根据国家有关政策和规定及企业的实际情况，发给员工的补贴和津贴。包括：国家规定政策性补贴及家属补贴、住房补贴、交通费、洗理费、托费、独生子女费、午餐津贴、社会工龄津贴、企业工龄津贴、学历津贴、技术津贴、保健费、冬菜补贴、夏季降暑费等。

2. 健康福利

公司为了保证员工的身体健康，更出色地为企业服务而设立的福利项目，包括医疗保险和住房公积金。

3. 退休福利

公司为了解除员工的后顾之忧，让退休的员工安度晚年而设立的福利项目，即养老保险。

4. 休假福利

公司为了照顾女员工的身心健康和夫妻两地分居员工的家庭生活而设立的项目，包括婚假、产假、探亲假、丧假、工伤假等。

5. 教育培训福利

公司为使员工的知识、技能、态度等方面与不断变动的经济技术、外部环境相适应而设立的福利项目，包括员工在职或短期脱产免费培训、公费进修等。

6. 设施福利

公司为了丰富员工的业余生活，培养员工积极向上的道德情操而设立的项目，包括创建文化、娱乐场所，组织旅游，开展文体活动等。

第五条　福利待遇标准：

1. 补贴福利（元/每人、每月）

（1）国家规定政策性补贴：77.8元。

（2）家属补贴：34.8元。

（3）住房补贴：员工岗位工资的0.3%。

（4）交通费：24元。

（5）洗理费：男员工25元，女员工30元。

（6）托费：20元（发至子女6周岁止）。

（7）独生子女费：2.5元（发至子女14周岁止）。

（8）午餐津贴：100元。

（9）社会工龄津贴：每年2元。

（10）企业工龄津贴：每年5元。

（11）学历津贴：大专50元，本科100元，硕士150元，博士200元。

（12）技术津贴：司机岗位100元。

（13）保健费：打字员、化验员、出纳员岗位40元。

（14）冬菜补贴：依公司当年实际情况而定。

（15）夏季降暑补贴：同冬菜补贴。

2. 健康福利

（1）医疗保险：每月按公司70%，员工个人30%比例出资缴纳。

（2）住房公积金：公司和员工个人每月各按员工月工资额7%的比例出资存入政府指定的银行。

3. 退休福利

养老保险：每月按公司70%、员工个人30%比例出资缴纳。

休假福利：

（1）婚假：员工适龄婚假3天，符合国家规定晚婚条件（男25岁、女23岁）的员工婚假10天，工资照发。

（2）产假：女员工产假90天，剖腹产女员工产假105天，男员工护产假7天，工资照发。

（3）探亲假：未婚员工父母家住外地或夫妻两地分居员工，每年享受一次探亲假，假期 20 天（包括往返路程），工资照发，并报销普通硬座车（船）票。

已婚员工的父母家住外地，每四年享受一次探亲假，假期待遇同上。

（4）丧假：员工直系亲属（父母、配偶、儿女）亡故，丧假 3 天，工资照发。

（5）工伤假：工作时间内，做与本职工作直接相关的事情而受伤，视为工伤。工伤须持有指定医院证明，办理工伤申请，并经所属部门经理批准，报人力资源部（二级法人公司及事业部报办公室）备案。

工伤期间员工享有岗位工资，医疗费用按国家有关规定执行。

凡员工因违反操作规程和公司有关规定而导致受伤的，其后果原则上由个人自负。

员工伤亡按照国家有关规定结合公司具体情况妥善处理。

4. 教育培训福利

教育培训福利由培训部会同人事部根据公司实际情况另行制订计划。

5. 设施福利

设施福利由人事部根据公司实际情况另行制订计划。

第三章　福利待遇的发放

第六条　补贴福利每月随岗位工资一起按时发放。

第七条　女员工产假期间工资由公司每月按时发放。

第四章　附则

第八条　本制度由劳资部门制定并负责解释。

第九条　本制度报总裁批准后施行，修改时亦同。

第十条　本制度施行后，凡既有的类似制度自行终止，与本制度有抵触的规定，以本制度为准。

第十一条　本制度自颁布之日起施行。

第九节　某公司福利制度

一、总则

1. 为吸引和留住优秀人才，公司提供优良的福利条件，并根据国家、当地政府有关劳动、人事政策和公司规章制度，特制定本方案。

二、指导思想和原则

2. 结合公司生产、经营、管理特点，建立起公司规范合理的福利制度体系。

3. 公司福利不搞平均主义和大锅饭，应根据绩效不同、服务年限不同而有所区别。

4. 避免公司福利一应俱全的弊病，福利享受从实物化转变为货币化。

三、福利对象

5. 公司福利对象：

（1）正式在职员工；

（2）非正式员工；

（3）离退休员工。

不同员工群体在享受福利项目上有差异。

四、福利项目

6. 公司提供的各类假期：

（1）法定节假日；

（2）病假；

（3）事假；

（4）婚假；

（5）丧假；

（6）探亲假；

（7）计划生育假（产假）；

（8）公假；

（9）年假；

（10）工伤假。

具体请假事宜见员工请假办法文件。

7. 公司提供进修、培训教育机会。具体事宜见员工培训与教育管理办法文件。

8. 公司可提供各类津贴和补贴。

（1）住房补贴或购房补贴；

（2）书报费补贴；

（3）防暑降温或取暖补贴；

（4）洗理费补贴；

（5）交通补贴；

（6）生活物价补贴；

（7）独生子女费和托儿津贴；

（8）服装费补贴；

（9）节假日补贴；

（10）年假补贴。

具体事宜见公司补贴津贴标准。

9. 公司可提供各类保险：

（1）医疗保险；

（2）失业救济保险；

（3）养老保险；

（4）意外伤害、工伤事故保险；

（5）员工家庭财产保险。

具体事宜见公司员工保险办法文件。

10. 公司推行退休福利，所有退休人员享有退休费收入，领取一次性养老补助费。

11. 公司提供免费工作午餐，轮值人员享有每天两顿免费餐待遇。

12. 公司提供住宿给部分员工。

13. 公司员工享受有公司年终分红的权利和额外奖励。

14. 公司为员工组织各种文化体育和联谊活动，每年组织旅游和休养、疗养。

15. 公司对员工结婚、生日、死亡、工伤、家庭贫困均有补助金。

16. 劳动保护。公司保护员工在工作中的安全和健康。

（1）凡因工作需要保护的在岗员工，公司须发放劳动保护用品；

（2）劳保用品不得无故不用，不得挪作他用。辞职或退休、退职离开公司时，须交还劳保用品。在公司内部调配岗位，按新工种办理劳保用品交还转移、增领手续。

17. 保健费用。

（1）凡从事有毒或恶劣环境作业的员工须发放保健费；

（2）对义务献血的员工，除给予休假外，发放营养补助费。

第十节 费用报销规定

第一条 现金报销需填制报销凭证，按凭证内容要求在"摘要"处填写报销内容及金额，由部门经理、审核人员、总经理审核签字后交财务核报。

第二条 申购物品须事先填制物品申购单，经部门经理、办公室签字后交财务部，物品单价在300元以上（含300元）须总经理审核签字，未经审批，擅自购买者不得报销。财务人员审核时应对照已收到的申购单。购买物品原则上由办公室办理，专业用品自行购买后至办公室办理登记后财务核报。

第三条 员工因工作需要不能回公司就餐的，可凭发票每人每餐报销10元。外出联系工作，应乘坐公交车辆，按实报销，若有特殊情况，经部门经理事先同意方可乘坐出租车，报销时须在发票上写明出发地、目的地。

第四条 业务招待费：因工作需要招待客户或赠送礼品，费用在1000元以上者应事先填制特批单，报总经理审核签字后交财务部，财务人员审核时应对照已收到的特批单。员工因工作需要所支付的业务招待费在报销时须向部门经理、审核人员主动说明，并由经办人及部门经理在该张发票背后签字。

第五条 市外差旅费：员工因公赴外省、市出差，路程超过六小时及需要过夜的可购买硬卧火车票，轮船票不超过三等舱位；遇有急事需乘飞机的，必须事先填制特批单，经总经理签字后交财务部。财务人员审核报销时须对照已收到的特批单。住宿费每日标准为 150 元，伙食补贴每日 80 元，上述两项费用可累计使用。

第六条 员工参加关于本职工作的进修需经部门经理、总经理同意，并至管理部登记备案，所发生培训费用按公司制定有关规定予以报销。

第七条 员工因病就诊发生的费用按公司有关医疗费用报销规定执行。

第八条 员工因探病发生的费用，除受总经理委派外，均不能报销。

第九条 手机费：凡公司员工领用手机每月月租控制在 200 元以下，超出部分由领用人自行承担，遇特殊情况需提高额度，应填制特批单，经总经理批准。

第十一节 借款及报销制度

第一章 总则

第一条 为进一步完善和加强财务管理，严格执行财务制度，特制定本标准及程序。

第二章 借款标准、审批及程序

第二条 借款标准一览表。

出差借款	省　内	北京及沿海地区	其他外省
	150 元/人/天	400 元/人/天	300 元/人/天
业务借款	5000 元		
因私借款	1000 元		

第三条 出差借款程序。

（1）员工因出差借款，持"出差审批单"在财务部领取并填写"借款单"；

（2）经部门经理审批签字；

（3）由财务部经理审核签字，超出标准的由总经理助理审批签字；

（4）在财务部出纳处借款。

第四条 员工前次借款出差返回时间超过五个工作日未履行报销手续，并未向财务经理说明原因者，不得再借款。

第五条 业务借款包括：招待费、礼品费、备用金以及其他。

第六条 业务借款的借用范围。

（1）招待费原则上只借用给主管经理、销售部销售人员以及财务部员工；

（2）礼品费只借用给行政部；

（3）备用金借用给销售部销售人员、采购人员。

第七条 业务借款程序。

（1）在财务部领取并填写"借款单"；

（2）经部门经理审批签字；

（3）经总经理助理审批签字；

（4）财务部经理审核；

（5）在财务部出纳处借款。

第八条 因私借款的程序。

（1）在财务部领取并填写"借款单"，同时附上书面的借款申请；

（2）经部门经理审批签字，超过因私借款标准的经总经理助理审批签字；

（3）经财务部经理审核；

（4）在财务部出纳处办理借款。

第九条 借款审批人责任。

（1）公司员工借款（差旅费、业务费和因私借款），无法偿还并且扣除工资也无法偿清的，审批人有连带责任；

（2）公司试用期员工借款，须由该员工的直接上级出具书面证明，方能按照第二条至第七条相应的标准和程序办理借款手续。若借款人未能偿还借款，该员工的直接上级负有还款责任。

第三章 费用开支标准及审批

第十条 生产经营性费用，系指公司购买原材料、中间产品等所发生的费用。

第十一条 生产经营性费用开支无标准的，根据实际需要凭单据核准报销。

第十二条 出差费用开支标准一览表。

允许的交通工具		住 宿		补 助	
主管经理	其他员工	主管经理	其他员工	北京及沿海地区	本省及其他省外
飞机、汽车 火车、轮船	汽车、火车（硬卧及以下）、轮船（三等舱及以下）	130元/人/天	80元/人/天	主管经理 其他员工	160元/人/天
				150元/人/天　80元/人/天	

第十三条 住宿。

（1）公司员工出差前，可由行政前台联系订房，住宿费用凭单据核准报销。

（2）公司员工出差住宿费低于公司住宿标准的，公司奖励住宿标准与实际住宿费差额的50%。

（3）一般员工因工作需要或其他特殊原因，住宿费用超过住宿标准，需主管经理出具书面说明材料，并签字，到财务部经理处备案；主管经理住宿费用超过住宿标准，需总经理出具书面说明材料并签字，到财务部经理处备案。

第十四条 交通费。

（1）公司一般员工出差如遇特殊情况超标准乘坐交通工具，需事前经主管经理书面同意，事后报总经理助理核准方可报销；

（2）异地的市区公共交通费（地铁和公共汽车），凭票据核准报销；

（3）销售部销售人员每天可凭票据报销40元的异地出租车费；

（4）主管经理异地出差，市内交通费凭票据核准报销；

（5）使用公司交通车辆或公司借用车辆者不得报销交通费；

（6）出差乘坐交通工具（火车及轮船）低于公司标准的，公司奖励实际票价和标准票价差额的50%。

第十五条 出差补贴。

（1）出差补助天数以住宿天数为基础加至异地的路程时间计算；

（2）出差参加会议，会务费中含有食宿费的，不再给予补贴。

第十六条 出差期间发生的其他杂费。

（1）其他杂费包括：存包裹费、电话费、货物运输费等；

（2）出差期间发生的其他杂费，凭单据核准报销；

（3）异地电话费报销中，如购买IC卡、IP卡，报销完毕后应将卡交回行政部；

（4）主管经理、销售部销售人员、客户服务部员工出差的手机漫游费，凭单据核准报销。

第十七条 业务招待费有关规定。

（1）除主管经理、销售部销售人员、财务部员工之外，其他部门员工发生的业务招待费原则上不予报销。若确属工作需要应提前报请主管经理同意，并事后经总经理助理审核后方可报销。

（2）业务招待费的报销应及时办理，费用发生一次报销一次。

第十八条 公司任何部门的礼品均由行政部统一购买。

第十九条 其他非生产经营性的各项费用规定：

（1）公司电话费、电费、水费等，由行政外勤凭单据核准报销；

（2）销售部的销售人员每月可凭单据核准报销300元的手机费。

第二十条 费用报销时间的规定。

（1）借款出差员工回公司后，应在五个工作日内到财务部办理报销手续；

（2）备用金、招待费的报销，应在业务发生后五个工作日内到财务部办理报销手续；

（3）因私借款应按照还款计划中的时间办理还款手续；

（4）报账后仍有结欠或五个工作日内无故不办理报销、还款手续的员工，财务部门向其发出催促报账通知书，被通知后五个工作日内仍未结清者，财务部有权在该员工的工资中从当月开始，根据具体情况按比例逐月扣回。

第四章 费用报销程序

第二十一条 费用报销的程序。

（1）报销人出具书面报销明细，经部门经理审批签字；

（2）报销人将报销明细，连同全部发票一并放入一个信封内，交财务部经理；

（3）财务部经理收到该信封，将发票与报销明细认真核对，仔细计算，剔除不合乎财务制度的发票，并向报销人说明原因；

（4）财务经理将发票与报销明细核对完毕后填写"报销单"，出差报销需再计算补贴等填写在"报销单"上，并在其上签字；

（5）总经理助理审核后在"报销单"上签字；

（6）财务经理通知报销人到财务部完成报销程序。

第五章 补充说明

第二十二条 如借款、报销审批人出差在外，则按对应管理权限向上递延。

第六章 附则

第二十三条 本制度由财务部负责解释。

第二十四条 本制度自颁布之日起施行。

第十二节 奖金管理制度

第一条 范围

凡本公司员工长期努力工作促进了公司业务发展或做出特别贡献者均依照本制度予以奖励。

第二条 奖励种类

本制度规定奖励的种类为年资奖、创造奖、功绩奖、全勤奖四种。

第三条 年资奖

本公司员工服务年满10年、20年及30年，而且其服务成绩与态度均属优秀者，分别授予服务10年奖、服务20年奖及服务30年奖。

第四条 创造奖

本公司员工符合下列各项条件之一者经审查合格后授予创造奖：

1. 设计新产品对本公司有特殊贡献者；

2. 从事有益于业务的发展或提高，对节省经费提高效率或对经营合理化的其他方面做出贡献者；

3. 在独创方面尚未达到发明的程度，但对公司生产技术等业务发展确有特殊的贡献者；

4. 上述各款至少应观察6个月经判断效果的确很好才属有效。

第五条 功绩奖

本公司员工符合下列各项之一者经审查后授予功绩奖：

1. 从事对本公司有显著贡献的特殊行为；

2. 对提高本公司的声誉有特殊功绩；

3. 对本公司的损害能防患于未然；

4. 遇到非常事变如灾害事故等能临机应变，采取得当措施；

5. 敢冒风险救护公司财产及人员脱离危难；

6. 具有优秀品德可以作为本公司的楷模，有益于公司及员工树立良好风气的其他情况。

第六条 全勤奖

凡本公司连续一年未缺勤的员工经审查后授予全勤奖，其奖励方式是颁发奖品。

第七条 奖励方式

本公司奖励分奖品、奖金、奖状三种方式。

第八条 奖金及奖状

对创造奖和功绩奖可以按下列等级授予奖金及奖状：

创造奖

一等：人民币 10000 元

二等：人民币 7000 元

三等：人民币 5000 元

四等：人民币 3000 元

五等：人民币 1000 元

功绩奖

一等：人民币 3000 元

二等：人民币 2000 元

三等：人民币 1000 元

第九条 奖品

对服务年资奖授予奖品及奖状，奖品内容根据企业当年度经营状况和员工的需要确定。

第十条 再奖励

员工有下列情形之一者给予再奖励：

1. 根据第四条接受奖励后，其效果被评定为最高创造时或同一员工对同一事项再实施与改进时；

2. 根据第五条接受奖励后其功绩经重新评定为更高时，前项再奖励审查与第四条或第五条相同，其授予的奖金数目是复审所定的奖金与原发奖金的差额。

第十一条 由2人或2人以上共同获得奖金的情形

奖励事项如为2人或2人以上共同合作而完成的，其奖金按参加人数平均分配。

第十二条 审查手续

奖励事项由主管部（室）经理核实后送总经理批准。

第十三条 员工奖励审查委员会

奖励种类及等级的评定由员工奖励审查委员会负责，审查委员会由总经理任命主任委员各级管理人员担任委员。

第十四条 奖励的核定与颁奖

奖励的核定与颁奖由总经理负责。

第十五条 颁奖日期

原则上每年一次，于本公司成立纪念日颁发。

第十六条 本制度经总经理批准后公告实施，修改时亦同

第十三节 年终奖金制度

第一条 为加强公司竞争机制，激发员工工作积极性，依据本公司人力资源管理规章，特制定本规定。

第二条 适用范围：

1. 本公司从业人员年终奖金的发放，按规定办理；

2. 本规定以公司编制内的人员为限，顾问、试用人员、临时人员均不适用（但得视情况另行发给）。

第三条 从业人员的年终奖金数额视公司当年度的业务状况及个人成绩而定。

第四条 按实际工作月数比例计算的范围，从业人员在年度内中途到职者，按实际工作月数比例计算；凡未满半个月者以半个月计，半个月以上者以 1 个月计。

第五条 在当年度奖金发放前，有下列情况之一者，不发年终奖金：

1. 辞职或解雇者；

2. 资遣者；

3. 停薪留职者（期间扣除）；

4. 其他原因中途离职者。

第六条 年终奖金的发放计算基数标准如下：

本薪＋主管加薪＋职务加薪＋技术加薪。

第七条 从业人员在当年度曾受奖惩者，年终时依下列标准加减年终奖金：

1. 嘉奖一次：加发 1 日份薪额的奖金；

2. 小功一次：加发 3 日份薪额的奖金；

3. 大功一次：加发 10 日份薪额的奖金；

4. 申诫一次：扣减 1 日份薪额的奖金；

5. 小过一次：扣减 3 日份薪额的奖金；

6. 大过一次：扣减 10 日份薪额的奖金。

第八条 请假旷工的扣减标准：

1. 旷工者按照天数计算，每天扣减 2 日份薪额的奖金，不足 1 天者以 1 天计；

2. 年度内请事病假（合并计算）达 10 天以上者，每超过 1 天扣减 1 日份薪额的奖金（服务未满 1 年者，照比例折算）。

第九条 考绩加发标准年度考绩依下列等级加发：

1. 优等者加发 10 日份；

2. 甲等者加发 3 日份；

3. 乙等者不予加发。

第十条 年度计算：由每年 1 月 1 日起至 12 月 31 日止。

第十一条 发放日期：每年度从业人员的年终奖金于翌年春节前发放。

第十二条 实施及修订：本细则呈奉总经理核定后实施，修改时亦同。

第十四节 绩效奖金制度

总 则

第一条 目的：为促使各部门达成本年度预定经营目标，并充分掌握各职层所分担的勤务责任，以达到本年度的营业利润为目的，特颁布各部门奖金核发办法。

第二条 适用资格：下列各部门人员皆适用本资格规则：

1. 生产部门；

2. 营业部门；

3. 开发部门；

4. 管理部门。

第三条 计算期间：各部门考核计算期间乃依照会计年度 1 月 1 日起至 12 月 31 日为止，并于每年年初计算前年度各部门考绩成绩，并依其考绩分数支付奖金。

第四条 奖金支付方式：

各部门奖金支付，按每年分两次发放；原则上于每年 2 月及 8 月支付。其计算期间如下：

1. 上期（8 月）奖金：从 1 月 1 日起至 6 月 30 日止，并于 8 月份与薪金合并发放；

2. 下期（2 月）奖金：从 7 月 1 日起至 12 月 31 日止，并于下年 2 月份与农历春节奖金合并发放。

第五条 计算单位奖金时以元为单位；若计算时有元以下的尾数产生时，一律以四舍五入计算至元为计算单位。

第六条 离职或遭解雇时的处理：员工基于私人理由而向公司申请离职时或受惩戒解雇时的奖金，一律不予支付。

第七条 考绩评定表：各部门考绩评核项目及评分比率如下表：

考核项目	得分	附注
基准率	30	保障项目
1. 销售目标达成率	20	
2. 销售增长率	10	2～3 项为须由各部门共同努力，
3. 投资回报率	10	才能达成的项目
4. 附加价值提取率	10	

考核项目	得分	附注
业绩率	20	由各部门独立控制
合计	100	
预留调整	0～20	

第八条　基准率：各部门考绩分数如享有 30 分的基准率，其主要目的在于保障员工不论身置任何职务或任何部门，皆可享有全体同仁共同努力的成果，并能为公司的发展，作出共同努力。

第九条　销售目标达成率：

1. 营业部门：依据各营业部门销售净所得与预定销售目标相除后所得的成绩，再与对各生产单位预定生产销售目标所达成比率，按下列方式进行评核：

（1）销售目标达成率×80％＝A；

（2）对生产部门所承诺的生产销售目标达成率×20％＝B；

（3）A＋B＝营业部门销售目标达成率分数。

2. 生产部门：除考虑营业部门所允诺的生产销售目标外，各生产部门间的附加价值亦须一并考虑，其评核按如下规定执行：

（1）有附加价值的评核规定包括下列两项：

①当期附加价值净值÷外购附加价值的成本×95％＝附加价值利益；

②附加价值利益÷附加价值预定目标×加权平均数＝附加价值达成率。

（2）无附加价值者，依照各营业部门预定销售比例计算。

3. 其他各部门考绩计算则依照营业部门的评核考绩计算。

第十条　销售增长率：

1. 营业部门：各部门销售增长比例，就当期实际销售额与目标销售额相比较后所得即为销售增长率，其评核规定如下：

（1）销售增长率的考核分数＝10 分（考核基准）×达成率计算。

（2）达成率＝A＋B：

①A＝1＋（实际值－目标值）；

②B＝该部门占公司实际销售比例×部门实际增长率×全公司实际增长率；

③公司实际增长率若低于 10％时，则最低评核标准仍以 10％计算。

当该期的预定目标值呈负增长时，不论该项评核分数如何皆不予以计算。

2. 生产部门：依照与营业部门预定的销售目标评核，但生产部门若有附加价值产生时，则加算附加价值的评核。

3. 其他各部门考绩的计算，依照营业部门的评核标准计算。

第十一条　投资报酬率：公司视前年度营业增长比例由董事会议通过后，所制订的各部门年度损益目标及投资报酬率。其标准如下：

1. 评分基准投资报酬率×考核分数标准＝投资报酬率评定分数；

2. 营业部门投资报酬率税前纯利/使用资产＝营业部投资报酬率；

3. 管理部门全公司年度税前纯利/总资产 = 管理部门投资报酬率；

4. 其他各部门的投资报酬率则由经营企划部门评核后，设定各部门目标达成标准后，呈报总经理评定后实施。

第十二条　附加价值提取率：本公司所支付的奖金乃由附加价值利益中，提出40% ~50% 的净所得（须扣除该项的营销费用及销货成本）作为奖金的分配额。其评定方式具体如下：

1. 当期附加价值实际产生及销售额 > 预定目标时，则依照原订的考核分数 10 分计算；

2. 当期附加价值实际产生及销售额 < 预定目标时，则依照原订的基准分数 × 达成率计算；

3. 经营企划部门在计算出各部门目标值后，呈报总经理评定后实施。

第十三条　业绩率：各部门的经营可由经营企划部门视各部门所负责的职务分别设定目标及评核项目，以作为该项达成率的考绩分数。各部门对公司的贡献程度（业绩率）评核标准如下表。

考核项目	A 部门	B 部门	C 部门
1. 平均薪金销售额	20	20	20
2. 营销费用比率	15	15	15
3. 资金运用成本控制	10	10	10
4. 应收账款比率	15	10	10
5. 应收票据比率	10	10	15
6. 促销商品达成率	15	15	15
7. 市场占有率	10	10	10
8. 呆账损失比率	5	5	5
9. 存货控制比率	5	5	5
合计	105	100	105

第十四条　预留调整：该项评估系保留给最高主管针对市场变动及社会经济结构变化时，对各部门职务责任度及管理控制等因素，予以裁定评核；其评核标准则视其需要程度给予 0 ~20 分的考绩评比。

附　则

第十五条　修订：各部门对于本规则有任何疑义产生时，由各部门主管汇整后，呈报人事科代为解释疑义；倘若有修订的必要时，应由人事科提出改善建议方案后，呈报总经理评核。

第十六条　本规则自____年____月____日起实施。

第十五节 津贴管理制度

住宅津贴

第一条 领取资格：

在公司住宅、宿舍及其他公司设施以外居住的本公司员工，自＿＿＿＿年＿＿＿＿月起，按下列标准领取住宅津贴。

第二条 津贴额：

住宅津贴按下列分类分别确定其津贴额：

1. 本人是户主。

（1）有抚养家属，共同居住

①租借房屋每月津贴＿＿＿元；

②自有房屋每月津贴＿＿＿元。

（2）无抚养家属（单身）

①租借房屋每月津贴＿＿＿元；

②自有房屋每月津贴＿＿＿元。

2. 本人不是户主。

（1）所抚养家属为户主时

①租借房屋每月津贴＿＿＿元；

②自有房屋每月津贴＿＿＿元。

（2）所抚养家属不是户主时

①租借房屋每月津贴＿＿＿元；

②自有房屋每月津贴＿＿＿元。

（3）无抚养家属时

①租借房屋每月津贴＿＿＿元；

②自有房屋每月津贴＿＿＿元。

3. 购、建私房津贴。

（1）本人是户主

①有抚养家属者以＿＿＿元为限；

②无抚养家属者以＿＿＿元为限。

（2）本人不是户主

①有抚养家属者以＿＿＿元为限；

②无抚养家属者以＿＿＿元为限。

第三条 住宅津贴的发放和停止：

住宅津贴从员工成为领取住宅津贴的对象当月即开始发放，在员工不符合领取条件时停止发放。

第四条　领取手续：

希望领取住宅津贴的员工，事先必须将"家属关系证明书"及有关住房情况的材料提交给本单位领导，请代为转交给总务处。

第五条　确认：

根据第四条中记载的提交材料，本单位负责人及总务处负责人需要确认该员工领取住宅津贴的资格及住宅津贴的金额，填写住宅津贴确认表。

第六条　确认过程中的有关调查：

公司在审核员工提交的有关资料时，根据需要可要求员工进一步提交有关辅助资料（如租房契约、交房租收据等），对事实进行确认性调查。

第七条　领取条件发生变动时的手续：

当住宅津贴的领取条件发生变动时，本人必须及时向本单位领导提交有关材料，并请代为转交给总务处。

特别工作津贴

第八条　领取资格：

对于从事化学制品的生产和试验研究者，按以下标准支付特别工作津贴。

第九条　专职从事化学制品生产者：

对于专职从事化学制品生产的人员，每月发给特别工作津贴____元。

第十条　兼职从事化学制品生产者：

上一条专职从事化学制品生产以外者，按下列标准支付特别工作津贴：

1. 试验研究部门或协助生产化学制品的人员，其从事化学制品生产或试验研究的时间比率（实际从事化学制品生产或试验研究的时间占 1 个月的全部工作时间的百分比）及相对应的特别工作津贴如下表所示。

从事化学制品生产或试验研究的时间比率	特别工作津贴
不到 10%	每月____元
10% 以上，不到 15%	每月____元
15% 以上，不到 30%	每月____元
30% 以上，不到 50%	每月____元
50% 以上，不到 70%	每月____元
70% 以上的	每月____元

2. 在上述计算标准中，生产部门和试验研究部门没有区别；工作时间比率由该部门负责人按工作考勤计算。

3. 特别工作津贴的奖金标准额，为半年（上半年或下半年）特别工作津贴的月平均额，每半年发放 1 次。

锅炉操作津贴

第十一条　领取资格：

对于有锅炉操作资格的并实际从事锅炉操作的人员，按以下标准支付锅炉操作津贴。

第十二条　专职锅炉工：

对于专职锅炉工，每月发给锅炉操作津贴____元。

第十三条　兼职锅炉工：

因专职锅炉工休假、缺勤或其他原因由兼职人员从事锅炉操作时，按下列标准支付锅炉操作津贴：

1. 兼职人员从事锅炉操作的时间比率及锅炉操作津贴如下表所示：

从事锅炉操作的时间比率	锅炉操作津贴
不到 10%	每月____元
10% 以上，不到 15%	每月____元
15% 以上，不到 30%	每月____元
30% 以上，不到 50%	每月____元
50% 以上，不到 70%	每月____元
70% 以上的	每月____元

2. 工作时间比率由该部门负责人按工作考勤计算；锅炉操作津贴的奖金标准额的计算，以第十条第 3 项的规定为依据。

电话交换津贴

第十四条　对于从事电话交换工作的人员，按下列标准支付电话交换津贴。

第十五条　对于专职电话交换员，每月发给电话交换津贴____元。

第十六条　因专职电话交换员休假、缺勤或其他原因，由兼职人员从事电话交换时，按下列标准支付电话交换津贴：

1. 兼职人员从事电话交换的时间比率及电话交换津贴；
2. 工作时间比率由该部门负责人按工作考勤计算；
3. 电话交换津贴的奖金标准额的计算，以第十条第 3 项的规定为依据。

保健津贴

第十七条　保健津贴的发放范围：

在工厂内经常并大量处理有毒化工原料者或工作环境有可能损害其健康者，享受保健津贴。

第十八条　长期工作者：

长期在第十七条所述环境中工作者，每月领取保健津贴＿＿＿元。

第十九条　临时工作者：

临时在第十七条所述环境中工作者，按下列标准发给保健津贴：

第二十条　领取资格及金额：

因工作原因而不能在本公司食堂就餐的员工，按标准发给伙食补贴。

1. 每天午餐补贴＿＿＿元，晚餐补贴＿＿＿元；

2. 伙食补贴每月结算一次，按出勤天数乘以每天的伙食补贴标准支付。

第二十一条　本公司员工市内出差，也按上一条标准领取伙食补贴。

第二十二条　在本公司食堂用餐者按下列标准给予伙食补贴：

1. 早餐＿＿＿元（限在本公司宿舍居住的单身员工）；

2. 午餐＿＿＿元；

3. 晚餐＿＿＿元（限在本公司宿舍居住的单身员工及须在晚 7 点以后加班者）。

第二十三条　本公司员工因需要在下班以后加班 2 小时以上者，免费供应一顿晚餐（或夜餐）。

第十六节　员工抚恤办法

第一条　本公司员工凡不能参加劳动保险或人寿保险者，抚恤办法悉按照本办法执行。

第二条　本办法不适用于临时、特约顾问、特聘等非正式员工。

第三条　凡因执行职务而致公伤，一时不能工作者，在其医疗期间，按月发给全部薪金但以 24 个月为限。

第四条　在职死亡，按照下列规定给予一次性抚恤金：

1. 服务未满 1 年者，给予 1 万元；

2. 服务 1 年以上未满 2 年者，给予 2 万元；

3. 服务 2 年以上未满 3 年者，给予 3 万元；

4. 服务 3 年以上未满 4 年者，给予 4 万元；

5. 服务 4 年以上未满 10 年者，给予 5 万元；

6. 服务 10 年以上者，给予 6 万元。

第五条　凡因下列情形之一，而致因伤死亡者，除照第四条办理外，得由直属主管叙明事实，呈报总经理核定，另行酌给特别抚恤金，但以 5 个月薪金为限：

1. 明知危险而奋勇抢救同仁或公物者；

2. 不顾个人生命危险，尽忠职守抵抗强暴者；

3. 于危险地点或危险时期工作尽忠职守者。

第六条　因超出病假期限而在停薪留职期间内病故者，得按在职死亡抚恤，但在停薪留职后 6 个月内为限。

第七条 遗属请领抚恤时，应检具死亡证明书及户籍誊本各 1 份，继承人以分配顺序表及同意书件等随同申请表送交人事单位。

第八条 抚恤申请表应由人事、会计两单位审查签证后呈奉核准后发给。

第九条 受领抚恤金的遗属，须备有证明文件，受领抚恤金的顺序如下：

1. 配偶；

2. 直系血统的子女；

3. 父母；

4. 祖父母；

5. 孙子女；

6. 兄弟姊妹。

第十条 死亡者如无遗族或遗族居住远方，不能赶到、无法亲临埋葬时，由公司指定人员代为埋葬，其费用在应给的抚恤金内支用。

第十一条 申请抚恤金应在死亡后 3 个月内申请，但遇有人力不可抗拒的事故时，准予延长。

第十二条 本细则呈奉董事会核定后施行，修正时亦同。

第十七节 公司员工抚恤规定

第一条 本规定依据本公司人力资源管理规则制定。

第二条 本公司编制内的员工的抚恤除法律另有规定外，均依本规定办理。

第三条 工伤的抚恤：员工因执行职务而致伤，一时不能工作的，除由本公司负担医药费外，治疗期间按月给予全数本薪，但以两年为限，逾期要停薪留职一年或命令退休。

第四条 死亡的抚恤：员工因执行职务而死亡（包括患职业病死亡）者，凡服务未满五年的，按照最后月份本薪一次发给一年的抚恤金，满五年以上的，每满一年增给一个月本薪的抚恤金。

第五条 特别抚恤：员工因下列情形之一而致伤或死亡的，除照第三、四条规定办理外，并要由直接主管叙明事实，总经理或董事长另行议恤，依最后月薪酌情给予两年以内的特别抚恤金。

1. 明知危险而奋勇救护同事或公物的。

2. 不顾危险尽忠职守抵抗强暴的。

3. 于危险地点或时间工作尽忠职守的。

第六条 在职死亡的抚恤：员工在职死亡，凡服务未满一年的，按照其最后月份本薪一次发给五个月抚恤金，满一年以上的，每满一年增给一个月抚恤金，最高以 × 年为限。

第七条 停薪留职期间死亡的抚恤：员工于停薪留职期间内死亡时，其停薪留职原因为公伤假的，按第四条或第五条规定申请抚恤。其停薪留职原因为特别病假的，要按

第六条规定申请抚恤。

第八条　丧葬费：员工死亡除按第四条至第六条规定抚恤外，并另给丧葬费。

第九条　领受顺序：领受抚恤金、丧葬费的亲属，须具有确实证明，除非遗嘱另有指定，其领受依有关法令顺序如下：

1. 配偶；

2. 子女；

3. 父母；

4. 孙儿；

5. 同胞兄弟姊妹。

第十条　共同承领：领受抚恤金、丧葬费的亲属，同一顺序内有数人的，应共同具名平均承领。如有愿意放弃的，应出具书面声明。

第十一条　申请手续：申请抚恤金应于死亡一年内由亲属填写抚恤金申请表及申请抚恤金保证书，连同死亡证明书、户籍誊本与保证书向本公司请恤。但有不可抗拒事故时，其期限准予延长。请恤时应由人事、会计部门审核各项凭证后呈总经理签发，但配有眷属的，应在亲属办理退出手续后，始予核付。

第十二条　受领抚恤金的权利：受领抚恤金的权利，不得扣押、让与别人或提供担保。

第十三条　代殓的处理：死亡者如无亲属时，要由其服务部门提供丧葬费指定人员代为殓葬。

第十四条　编制外人员工伤抚恤：聘用、试用员工及临时员工因执行职务而致伤，一时不能工作的，除由本公司负担医疗费外，治疗期间按月给予全数薪金，但以一年为限。其因执行职务而致死亡的，要一次核发给最后月薪 18 个月作为死亡补偿。

第十五条　亲属迁宿处理：员工死亡时其租配有宿舍的，其亲属未住满半年的，按比例给予房屋津贴。

第十六条　工伤的定义：因执行职务而致伤害或死亡的认定，均以"因执行职务而致伤害"审查准则为依据。

第十七条　本规定经人力资源部通过后实施，修改时亦同。

第十八节　员工公伤补偿办法

第一条　本公司员工公伤除特殊规定外，均按本办法执行。

第二条　公伤补助费的支给：

1. 医疗给付；

2. 残废给付。

第三条　医疗给付：

员工因公受伤急需医疗者，得发给医疗补助费。

参加劳动保险的员工，因公受伤者可凭据由公司补助下列医疗费用：

1. 因情况危急先行送往就近医院治疗者所付费用；

2. 急救所做紧急处理，如输血或特效针药等费用；

3. 主治医师认为必需的针药，而劳保不能给付者。

第四条 因受劳动保险条例第十五条规定的限制不能参加劳保的员工，其医疗费用的支给比照劳保规定由公司发给。

第五条 残废给付：员工因公受伤经医疗后，诊断为残废者，依照本公司退休办法的规定支领退休金。

第六条 临时及试用人员不适用本办法，但得视实际情况酌予补助。

第七条 公伤补助费的发给应检附医院证明及收据申请核付（申请书由人事科制发）。

第八条 本办法经董事会通过后公布实施。

第十九节 员工健康安全福利制度

员工健康检查办法

第一条 为保证公司员工身心健康，提高工作效率，特制定本办法。

第二条 本公司员工健康检查，每年举办一次，有关检查事项由人事室办理。

第三条 X光摄影由人事室与防病中心接洽时间，请派巡回车至公司或工厂办理。经防病中心通知必须进一步检查者，应前往指定医院拍摄大张X光片，以助判断疾病。

第四条 一般检查由人事室负责与市立医院接洽时间，分别至该医院接受检查。工厂由人事组接洽医师至厂内检查。

第五条 有关费用概由各部门负担。

第六条 经检查结果有疾病者，应早期治疗，如有严重病况时，由公司令其停止继续工作，返家休养或往劳保指定医院治疗。

第七条 人事室每届年终，应依检查表作成疾病名称、人数及治疗情形等统计，以作有效措施及卫生改善的参考。

第八条 本办法经呈准后施行。

员工医疗补贴规定

第一条 为保障员工的身体健康，促使医疗保健落到实处，特制定本规定。

第二条 凡在本公司就业的正式聘用员工每人每月补贴医药费40元；员工子女补贴一个，即每月40元；员工父母实行半费补贴一个，即每月20元。

第三条 凡在本公司就业的试用人员及临时工每人每月补贴30元。

第四条 正式聘用员工因病住院，其住院的医疗费凭区以上医院出具的住院病历及收费收据，经公司有关领导批准方可报销。报销时应扣除当年应发医药补贴费，超支部分予以报销，批准权限如下：

1. 收据金额在 5000 元以内由财务经理审核，主管、副总经理批准。

2. 收据金额在 5000 元至 2 万元的由财务经理审核，总经理批准。

3. 收据金额在 2 万元以上，由主管、副总经理审核，总经理批准。

第五条　试用人员、临时工因病住院，其住院的医疗费用按第四条报销办法，扣除当年医药补贴后，超支部分按 60% 报销。

第六条　员工因工负伤住院治疗，其报销办法同第四条。

第七条　员工父母因病住院，可向公司申请补助，由总经理批准后，在员工福利或工会互助金中实行一次性补贴。

第八条　由公司安排的，员工每年例行身体健康检查，其费用由公司报销。

第九条　医疗费补贴由劳资部每月造册，通知财务部发放。

员工公伤补助费支给办法

第一条　本公司为安定员工生活，使其能认真地工作，免有后顾之忧，特制定本办法。

第二条　公伤补助费的支给计分：

1. 医疗给付。

2. 残废给付。

第三条　医疗给付：

员工因公受伤急需医疗者，得发给医疗补助费。

第四条　已参加劳动保险的员工，因公受伤者可凭据由公司补助下列医疗费用：

1. 于送往劳保局指定医院前，因情况危急先行送往就近医院治疗者，其所付费用。

2. 急救所做紧急处理，如输血或特效针药等费用。

3. 主治医师认为必需的针药，而劳保不能给付者。

第五条　因受劳动保险条例第十五条规定的限制不能参加劳保的员工，其医疗费用的支给比照劳保规定由公司发给。

第六条　残废给付：

员工因公受伤经医疗后，诊断为残废者，依照本公司退休办法的规定支领退休金。

第七条　临时及试用人员不适用本办法，但得视实际情况酌予补助。

第八条　公伤补助费的发给应检附医院证明及收据申请（申请书由人事科制发）。

第九条　本办法经董事会通过后公布实施，修改时亦同。

员工购置住宅奖助办法

第一条　本公司为奖励帮助工作勤恳谨慎的员工，谋求员工生活的安定，特制定本办法以协助员工购置住宅。

第二条　本公司员工欲承购正统建设公司于市区或其近郊兴建的住宅房屋（店铺、公寓限第二层以上）者，可依本办法的规定申请奖助。

第三条 申请奖助的员工应具备下列各项条件，但经特准者，不在此限。

1. 在本公司服务满 3 年，并达法定年龄者，男性员工须服完兵役，其免役者，不在此限。

2. 考绩在乙（75 分）以上者。

第四条 申请人应详填本公司印制的申请书，由所属单位层呈审核。

申请人有多人时，按下列标准评定积点以定顺位：

1. 年资：服务满 3 年者 15 点，以后每增一年增 5 点，不满 1 年之零数不计，至 50 点为止。

2. 考资：最近 3 年年终考绩平均 75 分者。

3. 抚养负担：单身者 5 点，有配偶者加 5 点，有依所得税法规定应抚养的父母子女者，每 1 人加 2 点，累加至 20 点为止。

4. 职等：七职等者 5 点，每进一职等加 1 点，至 10 点为止。

积点高者为先，积点相同者以公开抽签方式定其顺位。

第五条 凡申请获准依本办法奖助的员工享受下列优待：

1. 在正统建设公司公开推出其所建房屋一个月内订购者，由本公司洽请正统建设公司照该公司公开售价优惠 4.5 万元。超过一个月订购者，优惠 3 万元。

2. 由本公司无息贷与申请人 10 万元以下，以供缴纳自备款。此项贷款由本人直接拨交正统建设公司。作为申请人承购该公司房屋的最后一期自备款。

第六条 前条贷款自核拨之日起分 10 年按月平均由申请人所属部门于发薪时扣还。

第七条 申请人应觅得本公司认可之人为保证人，负连带清偿债务的责任。

房屋津贴给付办法

第一条 本公司员工的房屋津贴悉依本办法给付。

第二条 凡外勤人员因工作关系，经公司调离现住址或本籍地以外县市需租屋以执行职务者，由该人员自行申请，经主任复核，该部经理核准后始付房屋津贴。

第三条 但合于下列情况之一的，不得申请房屋津贴：

1. 应征在招募地区服务的。

2. 在家庭所在地执行职务的。

3. 调离是出自自愿的。

第四条 每月津贴规定如下：

	单身	已婚者
主任以上	600 元	1000 元
一般人员	400 元	600 元

第五条 津贴在每月 20 日与薪金一并发放。

第六条 外勤人员若因调动而必须取消房屋津贴者，应由该部门通知人事室停止支付。

第七条 本办法经呈准总经理后施行，修改时亦同。

第二十节　员工薪金单

单位	员工编号		年　月		期薪资		
应 发	薪资	津贴	加给	加班费	夜点费	值班费	奖金
	初发	误餐费				上月尾款	应发金额
应 发	上半期预发	借支扣还	所得税	保险费	劳保费	伙食费	
	利息	补扣	分期付款	福利金	其他扣款	本月尾款	应扣金额
备 考	结薪日数		日　　时　　加值				实发金额
	夜点次数		A B C D E　值日 H K				

本表按应发工资与应扣部分来计算员工的实得工资。应发部分详细记录了员工应得的各项收入，应扣部分也分十一项情况反映了员工工资中应扣除部分。通过此表，员工能清楚地明白自己工资的构成情况。

第二十一节　现代企业常用工资表

绩效综合表							
部门	工作编号	姓名	基本工资	出勤扣奖	公积金	所得税	……
设计部	B009	BEN·LI	a	b	c	d	……

你的本期（2008/10）评级：AA

第二十二节 企业员工保险记录表

姓名										
工号										
工资总额										
医疗保险	个人缴纳									
	公司缴纳									
社会保险	个人缴纳									
	公司缴纳									
个人合计										
公司合计										
备注										

填表人： 填表日期： 年 月 日

第二十六章 员工聘用调整制度

第一节 人员招聘制度

招聘原则

第一条 公开、公正原则。

公开、公正的原则是保证引进人才质量的前提条件。在招聘工作中，必须做到计划公开，岗位公开，要求公开，考核和评价标准公正。

第二条 平等和竞争原则。

择业面前人人平等，必须杜绝因为地域、民族、单位、学派等不同而带来的歧视现象。考核过程中引入竞争机制，原则上每个岗位应有五人以上的应聘者。

第三条 回避原则。

公司允许员工向公司推荐人才（一般来说亲属除外），但应遵循回避原则，面试考核人员不应与应聘人有特殊关系。如果遇有同学、朋友等来应聘，面试考核人员应主动回避。保证被推荐人和其他应聘者在同样的标准下接受考核。

第四条 保密原则。

一方面，招聘考核人员必须注意自身言行，严守公司机密，在招聘过程中，妥善保管公司有关资料文件。另一方面，招聘考核人员还应为应聘者严格保密，不准将应聘者情况随意透露给他人。

招聘主管部门

第五条 人力资源部为公司负责招聘工作的职能部门。

招聘申请

第六条 公司各部门根据业务发展、工作需要以及人员使用状况，填写员工招聘申请表，报行政部。

第七条 行政部根据各部门汇总情况，提出公司招聘计划，报总经理批准。

招聘程序

第八条　由行政部组织招聘组负责对人员进行筛选，至少由两人组成。

第九条　初选：行政部对所有应聘材料通览后，挑选基本条件合格者，发出面试通知。

第十条　面试：由行政部组织对所有参与面试人员进行初步考核，填写面试记录表。考核其基本素质、品质等。主要考核内容包括：个人修养、工作责任心及敬业精神、工作稳定性、工作环境的适应性、分析判断能力等。

第十一条　复试：由总经理对初步考核合格者进行复试。

第十二条　实习：由行政部安排所有复试合格人员按专业分别到各业务部门进行1~2周的实习。由负责培训的副部长安排具体工作。实习结束后，实习人员提交实习报告，副部长征求本部门各位成员的反映后提交一份评估报告，两份报告交总经理和行政部作为是否录用的参考，并由行政部向其所在院校了解情况。

第十三条　录用：综合考虑用人部门的考核结果等，经总经理批准后，对合格者发送录用通知单。

录　用

第十四条　发出录用通知。

第十五条　应聘者接到录用通知后，到指定医院体检。如查出有严重疾病，取消录用资格。

第十六条　应聘人被录用，如在发出录用通知15天内不能正常报到，可取消录用资格。特殊情况经批准后可延期报到。

试用及正式录用

第十七条　新进员工携录用通知书和其他人事档案材料等到行政部报到，按行政部指定到用人部门报到。开始三至六个月的试用期，签订劳动合同。特聘人员经总经理审批可不实行试用期。

第十八条　员工试用期满，由本人提交转正申请，经用人部门负责人审查并签署具体意见后送行政部汇总，上报总经理审批。

第十九条　签订正式的劳动合同，合同最低年限视员工岗位职务等因素而定，一般员工为三年、主管以上管理人员为五年。所有劳动合同须经公司总经理签字后方可正式生效。

解除劳动合同

第二十条　公司因下列原因，可对有关员工解除劳动合同：

1. 员工因本人业务、技术水平等原因，经考核不能胜任工作要求。

2. 员工违反国家法律法规和公司的规章制度。

3. 员工劳动合同趋于届满。

4. 员工在劳动合同期内提出辞职。

第二十一条　解除劳动合同可由员工或公司各方提出，必须于离职前一个月提出。

第二十二条　员工辞职时，应向其所在部门提交书面申请，经所在部门和人力资源部经理签具意见，报总经理批准后，开始办理辞职手续。

第二十三条　离职人员应在一周内交还所有公司物品，结清账务，办好工作交接手续：

1. 向所在部门就自己的工作近况、详细客户档案（包括国外客户和国内生产商）、所有出货情况、接手的所有单证和财务票据等，制成一份书面的交接清单，由离职人员、公司指派的交接人员和部门经理三方做完整的交接工作，并在交接清单上签名确认。

2. 除私人物品外，辞职者不得带走属于公司的任何东西，包括工作笔记、公司的文件资料、书籍等，还有其他公司发放的办公用品：如电脑、通信工具、计算器、名片等，以及办公桌、文件柜和公司大门的钥匙等。所有公司物品交行政部签收。

3. 入住公司寝室者还必须完成其私人物品的搬离，并交还所有公司提供的用品，由公司指定人员进行交接工作，签收交接意见。

4. 财务部负责清点离职人员的所有财务款项，离职人员必须还清所有支款欠款等。完成1~3中手续以后，结清离职人员应得的工资款项，并出具结算证明。

5. 所有交接清单和证明等必须附在离职申请表后面作为离职手续齐全的凭证。

第二十四条　重要涉密岗位员工辞职，必须作出书面承诺，保证不对外泄露公司技术秘密及商业机密。

第二十五条　行政部经理审核其离职手续齐全后，将其人事档案调出，正式允许其离开。

第二节　公司人员聘用管理规定

第一条　为了规范公司的员工聘用管理，以利于人力资源开发，特制定本规定。

第二条　本公司主管、副主管的录用及薪酬，由总经理报请董事长核定，组长及一般员工由经理报请总经理核定。

第三条　本公司员工录用除技术人员可由各单位向总经理呈报，自行选聘，再行报请总经理核定外，其他员工概由公司统一选聘。

第四条　本公司所属各部门需要人员时，应填具申请书，由各主管呈请总经理、董事长核准后，交人力资源部公开招聘。

第五条　本公司新进的员工，无论公开招聘或内部员工引荐，均应先书写个人简历一份、履历表一份。经初选合格后，另行通知考试。

第六条　本公司新进员工的考试，有下列方式：

1. 面试：分面谈及口试；

2. 笔试：分专业及英语测试；

3. 测验：定向测验。

第七条 笔试合格后，依成绩高低及专业需要，通知参加面试。

第八条 面试考官应注意下列各项：

1. 要尽量使应征人员感到亲切、自然轻松；

2. 要了解自己所要获知的答案及问题要点；

3. 了解自己要告诉对方的问题；

4. 要尊重对方的人格；

5. 将口试结果随时记录于口试记录单内。

第九条 本公司各级员工的任用，均以学识、品德、能力、经验及工作的需要为原则。

第十条 参加考试成绩优良者，由申请部门主管决定录用后，即交由人力资源部通知报到试用。

第十一条 经通知报到的试用人员，应先办理以下各项手续：

1. 交验学历及相关工作经历、证件复印件各一份、半身免冠照片6张；

2. 填写员工资料表；

3. 填写服务志愿书一份；

4. 保证书一份。

第十二条 凡经选聘合格的人员，应按通知指定的日期到本公司报到，因故未能按期报到者，须申请延缓报到，否则即以弃权论处。

第十三条 本公司各级新进员工试用期为三个月，根据实际情况可予以调整。

第十四条 在试用期间内，如有任何一方对试用情况不满，均可随时终止试用，试用期满双方认为满意时，由人力资源部签报总经理，正式通知录用。

第十五条 经正式录用的员工，均由公司发给聘任书。

第十六条 本公司正式录用的员工均须具有保证人。保证人应具备下列资格之一，并经本公司认为适当者为限。

1. 铺保：资本充实，并经合法登记的工厂、商店。

2. 个人保：

（1）有正式职业，在社会上有相当信誉及地位的人士；

（2）担任委员及以上的公务人员。

第十七条 本公司新进员工，应于办妥保证书及服务志愿书后方可报到。

第十八条 经管现金、有价证券、票据、器材、产品及仓储人员之保证限于铺保，并经本公司确认。

第十九条 员工保证书得由人力资源部每年对保一次，必要时得随时对保，如发现保证人情形变更时，须重新觅保不得异议。

第二十条 保证人责任，如保证书所列各项，被保证人有下列情形之一者，保证人应负赔偿及追偿的责任：

1. 营私舞弊或以其他不法的行为导致本公司蒙受经济损失者；

2. 积欠公款者；

3. 吞蚀公款、公物者；

4. 弃职携款潜逃者。

第二十一条　保证人有下列情形之一者，被保证人应即以书面报告人事单位，并限其一个月之内另觅妥保证人，重填保证书：

1. 保证人死亡或犯案者；

2. 本公司认为有换保必要时；

3. 保证人迁入国外地区者；

4. 保证人退休者；

5. 保证人丧失保证能力者。

第二十二条　保证人如欲退保，应直接以书面通知本公司，经本公司同意后，被保证人应即觅新保证人，填妥保证书后，原保证人始能解除责任。

第二十三条　依规定换保时，对于换保以前的责任，仍由原保证人负责。

第二十四条　本规定适用于公司全体员工。

第二十五条　本规定呈请董事长核准后实施。

第三节　外聘人员管理制度

为进一步规范和完善公司的人力资源管理制度，保护公司及外聘人员的合法权益，促进人才流动的合理化、规范化、科学化，并根据公司的实际情况，制定本办法。

1. 外聘人员在公司服务期计算方法。

1.1　首次服务期为自招聘报到之日起 2 年；

1.2　原定服务期内，凡晋升专业技术职称者，从任职资格通过之日起，其在公司服务期顺延 2 年；

1.3　原定服务期内，凡在职继续深造者（如中专升大专、专升本、攻读研究生、送外培训等），从毕业回公司工作之日起，其在公司服务期顺延 2 年。

2. 外聘人员继续再教育。

2.1　鼓励外聘人员参加对本职工作相关知识的培训学习，公司人事部定期做好对外聘人员建立档案工作，外聘人员不论服务年限均可参加公司统一组织的各类培训学习或继续教育，与正式员工同等享受。同时，公司人事部必须组织外聘人员有针对性的培训教育，使其融入公司企业文化。

2.2　外聘人员在公司服务期间，参加与本职工作相关学习深造（如中专升大专、专升本、攻读研究生、送外培训等）者，学成归来签约 2 年的，学习费用与差旅费按正式员工报销标准报销 50%，学成归来签约 3~5 年的报销 70%，学成归来签约 5 年以上的全部报销。

2.3　对上级部门组织的各类专业技术人员培训学习、继续再教育，与正式员工同等享受，但也有权不参加，如公司组织有针对性的培训，必须参加。

3. 职称评审与续聘。

3.1　外聘人员在公司服务期间，应将其相关技术资格证书、毕业证书、身份证等复印件交公司人事部存底，其人事档案可自愿转至公司（在试用期内除外），试用期满考核合格后，其人事档案由公司人事部转入市人才交流中心托管，在服务期间，其档案托管费由公司支付。

3.2　按国家人事部有关规定，若在公司服务期满两年，外聘人员可享受各类技术职称评审，与正式员工同等享受，如因公司人力资源部门延误评审，视情况追究责任人责任。

3.3　外聘人员若取得各类技术职称，其技术资格证书由公司人事部统一负责保存，公司实行一年一聘制。若公司不再续聘或外聘人员提出辞职，均应提前一个月书面通知对方。否则，按本规定有关条款处理。

4. 福利待遇。

4.1　按公司正常上班（在工地工作除外）为原则，按国家法定假休假规定执行。

4.2　遇重大节日或活动，外聘人员与正式员工同等享受一切待遇。

4.3　外聘人员特别休假，参照《员工给假管理制度》有关条款执行。

4.4　外聘人员在服务期内，公司应按国家规定为其缴纳养老保险金。

4.5　外聘人员应享受的其他待遇，均参照《员工福利制度》执行。

5. 若公司提前终止劳务合同或外聘人员私自离职，而未达到规定的服务年限的，须一次性交纳违约金：具有中级职称以上者3000元，初级职称以下者1000元。

6. 公司聘用的特殊人才，并按公司政策享受到优惠待遇的外聘人员，如未满服务期离开公司，其享受的优惠待遇作如下处理：

6.1　安家费和购房补贴应全额退还公司；

6.2　各类设备及技术资料交还公司，由公司相关部门验收后方可办理离职手续。

7. 凡服务期已满的外聘人员若自动离开公司，其所在公司享受的住房应按规定退还公司，公司按规定退付其购房款。

8. 外聘人员若中专升大专、专升本或在职攻读研究生、送外培训人员，学成后未满服务期离开公司的，应全额退还公司所提供的学费及学习期间出差补助，全额退还公司为其在人才交流中心所托管的人事档案管理费。

9. 本办法自发文生效之日起执行，以前有关规定与本办法不一致的，以本办法为准。

10. 本办法由公司人事部负责解释。

第四节　管理人员录用办法

第一条　为规范公司对管理人员的录用，特制定本办法。

第二条　考试方法：考试分笔试和面试两种。笔试合格者才有资格参加面试。面试前，需要应试者提交求职申请和应聘管理人员申请。

第三条　任职调查和体检：是否正式聘用，还要经对应聘者以往任职情况调查和体检后决定。任职调查根据另项规定进行。体检由企业指定医院代为负责。

第四条　考试时间：笔试两小时，面试两小时。

各考试方式的考试总时间原则上应为4小时以上，附带考查应聘者的毅力和韧性。

第五条　笔试内容：因各部门具体管理对象不同，笔试内容应有所侧重。一般包括以下五个方面：

（1）应聘部门所需的专业知识；

（2）应聘部门所需的具体业务能力；

（3）领导能力和协调能力；

（4）对企业经营方针和战略的理解；

（5）职业素质和职业意识。

第六条　面试内容：面试考核的内容主要是管理风格、表达能力、应变能力和个人形象等。

第七条　录用决策：在参考笔试和面试成绩的基础上，最终的录用提议应由用人部门主管提出，报总经理核准后决定录用。

第五节　公关人员录用办法

第一条　为规范公司对公关人员的录用，特制定本办法。

第二条　交谈能力的测定：

由面试考官与应聘者进行自由交谈，由此判断应聘者的谈吐、语言风格等。注意应给应聘者更多的讲话机会。

对胆怯、不善言谈、表达不清者应给低分。

测定的重点主要看应聘者进入考场如何打招呼；当交谈冷场后，看应聘者的反应；询问应聘者为什么要到本企业应聘。

第三条　交谈应变能力的测定：

在对外联系中，谈话的内容千变万化，要求应聘者必须善于驾驭交谈内容，随机应变，否则往往会导致谈判的失败。考官在与应聘者交谈中应不断变换话题或有意避开话题，看其有何反应。

第四条　理解能力的测定：

只有理解对方的谈话内容和意图后，才能争取主动。面试考官可用较长时间模糊地表述一个问题，看应聘者能否领会其实质内容；也可以让应聘者看一本书或一份企划案，然后让其表述其中的内容。

第五条　语音语调的测定：

主要测定应聘者的音色、音质、语速、语音大小等。测定方式主要是让应聘者朗诵一篇文章或一首小诗。

第六条 讲话表情的考核：

主要是看应聘者讲话时的神态和动作。如果表情呆滞、讲话时自卑或有令人讨厌的动作则不适合公关工作。表情生动活泼、具有感染力的应聘者往往能在对外联系中打开局面。

面试考官可提出各种问题，变换各种表情，与应聘者友好交谈或大声呵斥，并观察应聘者的表情。

第七条 对掌握谈判主动权能力的考核：

在公关谈判中，往往出现谈判对手漫无边际地闲聊或有意避开话题的情况。所以在交谈中，应时刻考察应聘人员掌握谈判主动权的能力。

在面试中，面试考官可提出许多漫无边际的话，考察应聘者能否把交谈拉回主题。

第八条 外观和整体印象观察：

面试考官对应聘者的服饰、五官及随身携带品进行观察，察看是否整洁、协调和美观。

第九条 测定观察能力：

考核应聘者的机敏性，并由此判断出应聘者的性格特点。体察入微是公关人员必备的基本素质。考试方式采取在黑板上贴一张图片或一幅画，也可采用其他方式，让应聘者在限定时间内观察并描述出来。

第十条 记忆力考核：

公关人员需要面对各种各样的数字和资料，因而必须有较强的记忆力。考试方式可以是在黑板上写一组数字或单词，然后由应聘者默写出来。

第十一条 运算能力考核：

主要考核应聘者的口算能力，计算应限定在加减乘除四则运算。可出几组运算题，让应聘者口算或速算。

第十二条 聘用名单初步确定后：

要对应聘者提供的个人资料进行调查。如调查结果与个人所提供的资料不符，可调整聘用名单。

第十三条 录用调查主要包括：

1. 担保人调查。确认担保人能否提供担保。

2. 任职经历调查。到应聘者的原工作单位调查；看应聘者所提供的资料与实际情况是否相符，应重点调查应聘者的工作情况、职务、业务能力和工资收入。

3. 体检。要求应聘者到公司医院或公司合同医院进行体检。

第六节 新进人员任用细则

一、员额申请：各部门如需增添人员，应将所需员额、条件以及需求期限，填具增用人员通知单呈准后交人事单位依限尽速办理，并设法于半个月内完成为原则。

二、征召：无论征召或介绍，必须先经人事单位面谈口试合格后，再移申请单位考试或试用，需考试者，应通知人事单位会同办理。

三、新进人员经人事单位口试或会同考试后应将合格者呈请雇用，经批准后方可通知到职（限月薪人员及技术性人员）。

四、报到：新进人员报到时应先缴验学历证件及离职证明，并缴交全户户籍誊本，1 寸半身照片三张，再填具人事调查基本资料卡一式两份，保证书一份（经管财务者须殷实铺保），保防联保切结一份，指模笔迹一份。

五、考核：新进人员不论其为考取、介绍以及有无工作经验，均须先经试用，并由主管（用人单位）考核一周，合者继续试用，不合者即予辞退。

六、试用及升正：

1. 试用开始，职员先由所属单位主管引谒上级主管及介绍本单位同仁。

2. 试用期间月薪者定为 4 个月，日薪者定为 40 天，升正时间定为每月一日，凡试用（月薪）期满认为成绩合格者即于次月一日统一办理升正，其成绩较差者，可视情形延长试用，最多以四个月为限，日薪者最多以 40 天为限，不理想者，即予以淘汰。其升正的计算如下例：3 月 2 日到职，如果两个月升正则应于 9 月 1 日办升正手续（日薪者亦以此办理）。

3. 试用人员升正，必先经安全调查办妥无问题方可，因安全调查延迟，凡已升正者如安全有问题者，即通知离职，不予录用。

七、核薪：

1. 核薪程序参照薪资表实施细则第十条规定办理。

2. 员工经试用后于每月 10 日及 25 日统一办理核薪手续，其余核薪前离职者按其职等的最低试用薪计给。

3. 采薪资保密制，薪资核定经人事单位登记后径送财务部主管。

八、员工升正后应即与公司签订合约，凡未签约者，其薪资仍按试用计算，并须遵守下列原则。

1. 员工升正于合约签订日期生效。

2. 员工升正合约签订后，服务未满一年，而故意旷职（工）离去，视为自请辞职，并以违背聘雇合约第一条论。

九、临时雇用人员另订办法。

十、本细则实施后无论升正员工的合约已签或未签，双方均应以此为据。

十一、本细则由经理级会议研讨通过并呈总经理核准后实施，如有未尽事宜得随时呈请修正。

第七节　新员工培训规章规范

一、目的

为规范员工进厂培训和上岗考核，使新员工尽快适应公司需要，企业尽快发挥新进员工聪明才智，达成双方的相互认知和协调统一，特制定本规范。

二、适用范围

适用于新进公司员工的培训和聘用资格考核。

三、职责

1. 人力资源部负责新员工培训的归口管理及组织公司相关制度的培训。

（1）质量部负责产品质量知识的培训。

（2）安技处负责企业安全知识的培训。

2. 综合部负责介绍公司相关情况、员工行为规范以及办事原则和程序的培训。

3. 保安部负责新员工吃苦耐劳和团队协作精神的训练工作。

4. 各生产车间负责新员工熟悉本车间的工艺流程。

四、具体规定和要求

1. 公司介绍（责任部门：综合部4课时或1天）。

（1）公司的地理位置。

（2）公司生产的产品。

（3）公司组织机构和部门职责的介绍。

（4）公司的采购网络和营销网络的介绍。

（5）公司通过的质量认证的介绍。

（6）公司的发展思路：通过股权转让工作，公司引入新的股东，新股东为公司带来了新的发展思路和运作机制，大大促进了公司业务的发展。

①主导业务：汽车零部件的生产与经营。

②路桥建设。

③城市基础设施。

④房地产开发。

⑤高科技领域。

（7）公司的创新机制：通过资产重组，公司的主业将会更加突出，并将在新的业务领域面临更大的发展机遇，切实转换经营机制，以创新促发展，公司必将迎来一个崭新而辉煌的明天。

①管理创新。

②技术创新。

③营销创新。

④文化创新。

（8）行为规范：

①讲诚信。

②有责任感。

③坚持原则。

④竞争意识。

（9）办事原则和程序。

2. 公司相关制度。

（责任部门：人力资源部安技处质量部 8 课时或两天）

（1）内部公文传递程序。

（2）总经理办公会议制度。

（3）员工考勤制度。

（4）印章管理制度。

（5）费用支出及报销程序。

（6）公文管理办法。

（7）采购管理规程。

（8）厂区禁烟管理条例。

（9）生产区出入管理制度。

（10）物资进出厂管理制度。

3. 销售发货流程。

（1）安全知识：由公司安技处安排，对新员工进行安全知识培训，提高其安全意识。

（2）产品质量知识：由公司质量部安排，对新员工进行质量知识培训，提高其质量意识。

4. 军训（责任部门：保安部 2~3 天）。

（1）掌握军训一般知识：

①军姿。

②步伐转换。

③齐步走。

④跑步。

⑤正步。

（2）团队协作精神训练：在军训的过程中，进行一些活动增强人与人之间的相互理解、相互帮助，提高团队意识。

5. 到车间熟悉生产流程：（责任部门：相关车间）。

（1）到齿轮车间工作 1 个星期，熟悉齿轮加工工艺流程。

（2）到桥体车间工作 1 个星期，熟悉桥壳加工工艺流程。

（3）到总装车间工作 1 个星期，熟悉前后装配工艺流程。

6. 培训时间：1 个月左右。

7. 培训效果检测与运用：统一进行考核，合格者才能上岗，不合格者不予聘用。

8. 培训安排：公司将分阶段分批进行培训。

第八节 公司员工培训规章制度

结合我公司实际，现制定公司员工培训制度，公布如下：

第一条 员工培训的目标与宗旨。

1. 为提高员工素质，满足公司发展和员工发展需求，创建优秀的员工队伍，建立学习型组织。

2. 培训的目标是通过不断提高员工的知识水平、工作能力，把因员工知识、能力不足和态度不积极而产生的人力成本的浪费控制在最小幅度，使员工达到实现自我的目标。

3. 公司的培训制度与员工的职业生涯设计相结合，促进公司与个人的共同发展。

4. 培训方针是自我培训与传授培训相结合，岗位培训与专业培训相结合。

第二条 培训的组织策划和实施。

1. 总部人力资源部负责培训活动的统筹、规划。

2. 各公司人事行政部门负责培训的具体实施。

3. 公司其他各部门负责人应协助人事行政部门进行培训的实施、督促，同时在公司整体培训计划下组织好本部门内部的培训。

第三条 培训的形式与方法。

1. 公司的培训形式包括公司内部培训、外派培训和员工自我培训。内部培训又分为员工职前培训、岗位技能培训和员工态度培训。

2. 职前教育：公司新入职人员均应进行职前教育，使新入职人员了解公司的企业文化、经营理念、公司发展历程、管理规范、经营业务等方面内容。职前教育由各公司人事行政部门统一组织、实施和评估。

3. 岗位技能培训：根据公司的发展规划及各部门工作的需求，按专业分工不同对员工进行岗位技能培训，并可视其实际情况合并举办。岗位技能培训由人事行政部门协同其他各部门共同进行规划与执行。由各部门提出年度岗位技能培训计划，报人事行政部门，再将其汇总报人力资源部，由人力资源部根据需求统筹制订培训方案，呈报董事长核准后，由人力资源部会同各公司人事行政部门共同安排实施。

4. 部门内部培训：部门内部培训由各部门根据实际工作需要，对员工进行小规模的、灵活实用的培训。同时各部门经理应经常督导所属员工以增进其处理业务能力，充实其处理业务应具备的知识，必要时应指定所属限期阅读与专业有关的书籍。部门内部培训由各部门组织，定期向人事行政部门通报培训情况。

5. 外派培训：培训地点在公司以外，包括参加各类培训班、管理人员及专业业务人员外出考察等。由公司出资外培的，公司应与参培人员签订培训合同。

6. 个人出资培训：由员工个人参加的各类业余教育培训，均属个人出资培训。公司鼓励员工在不影响本职工作的前提下，参加各种业余教育培训活动。员工因考试需占用工作时间，持准考证，经部门负责人批准办理请假手续。

7. 临时培训：各级管理人员可根据工作、业务需要随时设训，人事行政部门予以组织和配合。

第四条　工作业绩及工作能力特优，且与企业有共同价值观的员工可呈请选派外培或实习考察。

第五条　培训结束后，要开展评估工作，以判断培训是否取得预期的效果。评估的形式包括：考卷式评估、实际表演式评估、实际工作验证评估等。

第六条　培训过程前、中、后所有记录和数据由人事行政部门统一收集、整理、存档。

第七条　公司投入的培训费用应严格按照培训计划实施，杜绝浪费现象。

第八条　各单位（部门）经理（主管）实施员工培训的成果列为考绩的记录，作为年终考核的资料之一。

第九条　凡受训人员在接获培训通知时，应在指定时间内向组织单位报到，特殊情况不能参训，应经分管领导批准。

第十条　本制度经董事长核准后实施，修订时亦同。

第九节　人员调整管理方案

第一条　为合理配置公司各层次、各类型的人才，达到人尽其才的目标，公司人力资源部特制定本方案。

第二条　员工要求调出时，首先由本人提出申请，写明调出理由，经本部门经理签署意见，上报人力资源部。

第三条　经人力资源部批准后，由本人填写"调出申请表"，办理调出手续。

第四条　人员调出后，人力资源部应及时更改人员统计表，并将"调出申请表"、"工资停发单"等归档。

第五条　凡要求调入公司的人员，首先要填写"调入申请表"，按公司用人需要和用人标准，由人力资源部与用人部门对其进行面试，了解基本情况。

第六条　人力资源部通过电话、信函、上门访问等方式与申请调入人原所在单位联系，具体了解其全部情况。

第七条　调入人员须进行体格检查，检查结果符合要求的，由人力资源部开具调令。

第八条　办理调入手续包括：核定工资，填写员工登记表、工资转移单，更换工作证等。

第九条　人力资源部和接收部门应及时填写人员调入记录，建立有关档案。

第十节　员工调离管理方案

第一条　本方案的制定目的在于保证员工的合理流动，同时保证公司利益不受损失。

第二条　员工调离本公司的审批权限按人事责权划分执行。

第三条　公司员工不能胜任现任工作岗位要求时，可申请调换一次工种或岗位。调换后如仍不合格，公司有权解除聘用合同，包括正式聘用合同和短期聘用合同。

第四条　员工要求调离公司时，应办理如下手续：

（1）向本部门提出请调报告；

（2）请调报告获批后，请调人到人力资源部填写员工调离移交手续会签表；

（3）按有关部门要求清点、退还、移交公司财产、资料；

（4）填写调离表及办理有关手续。

第五条　员工调离时，工资的发放按员工与本公司所签聘用合同书办理。

第六条　员工未经批准，私自离开工作岗位达一个月者，公司登报申请除名并停交劳动保险，将其人事关系退回地区人才市场。

第十一节　员工离职管理方案

第一条　为使公司员工离职有所依循，且使工作不受影响，公司人力资源部特制定本方案。

第二条　本公司员工不论何种原因离职，均依本方案办理。

第三条　员工离职区分：

（1）辞职：因员工个人原因辞去工作；

（2）辞退（解雇）：员工因各种原因不能胜任其工作岗位或公司因不景气原因裁员；

（3）开除：严重违反规章制度或有违法犯罪行为；

（4）自动离职：员工无故旷工30日以上，脱离其工作岗位自动生效。

第四条　辞职者应提前一个月申请。未按规定申报者，公司应向其提出相关赔偿责任。

第五条　辞职者，若平时工作成绩优秀，应由单位直属主管加以疏导挽留；如其去意仍坚，可办停薪留职半年，但不发离职证件，目的是仍希望其再返公司效力。

第六条　离职手续：员工离职，应向人力资源部索要《移交清单》3份，按《移交清单》内容规定，详细填写《移交清单》，办妥移交手续后，一份存原单位，一份由离职人保存，一份随同《离职申请单》及工卡一并交人力资源部门核定。

第七条　移交手续：

（1）工作移交：原有职务上保管及办理中的簿册、文件（包括公司章则、技术资料、图样）等均应列入《移交清单》并移交指定的接替人员或有关部门，并应将已办而未办结的事项交代清楚（规章制度文本、技术资料、图样等类应交保管资料单位签收）。

（2）事务移交：原领的工作服装交还总务部（使用一年以上的免交）；原领的工具、文具（消耗性的除外）交还总务部或有关部门；上述交还物品不必列入《移交清单》，由接收部门经办人在离职单上签字证明即可。

（3）移交期限：5 天。

第八条　离职人员办理移交时应由直属主管指定接收人接收；如未指定接收人时，应临时指定人员先行接收保管，待人选确定后再转交；如无人可派时，暂由其主管自行接收。

第九条　各员工所列《移交清单》，应由其直属主管详细审查，不合之处，及时更正；如离职人员正式离职后，发现财物、资料未交还或对外的公司应收款项有亏欠未清的，应由该单位主管负责追索。

第十条　各种移交手续办妥后，方可领取薪金。薪金结算如下：

（1）本公司工作合同期满辞职者，除发给正常工资外，另按《劳动法》规定予以补助；

（2）未满合同期而辞职者，发给正常工资，无补助费；

（3）即辞即走者，无补助费且应依约追究其违反劳动合同的违约金和培训费等损失；

（4）自动离职者，不发任何薪金。对公司财物交接不清而擅自离开者，视情节轻重报送当地公安机关处理；

（5）辞退者，发给正常工资，另按《劳动法》规定发给经济补偿金；

（6）违纪开除者，依法按公司规章制度处分或罚款后，结算其正常工资；若有违法情节，报送公安机关处理。

第十二节　员工辞职管理办法

总　　则

第一条　为保证公司人员相对稳定、维护正常人才流动秩序，特制定本办法。

辞职程序

第二条　员工应于辞职前至少 1 个月向其主管及总经理提出辞职请求。

第三条　员工主管与辞职员工积极沟通，对绩效良好的员工努力挽留，探讨改善其工作环境、条件和待遇的可能性。

第四条　辞职员工填写辞职申请表，经各级领导签署意见审批。

第五条　员工辞职申请获准，则办理离职移交手续。公司应安排其他人员接替其工作和职责。

第六条　在所有必需的离职手续办妥后，到财务部领取工资。

第七条　公司可出具辞职人员在公司的工作履历和绩效证明。

离职谈话

第八条　员工辞职时，该部门经理与辞职人进行谈话；如有必要，可请其他人员协助。谈话完成下列内容：

1. 审查其劳动合同；

2. 审查文件、资料的所有权；

3. 审查其了解公司秘密的程度；

4. 审查其掌管工作、进度和角色；

5. 阐明公司和员工的权利和义务。

记录离职谈话清单，经员工和谈话经理共同签字，并分存公司和员工档案。

第九条　员工辞职时，人事经理应与辞职人进行谈话，交接工作包括：

1. 收回员工工作证、识别证、钥匙、名片等；

2. 审查员工的福利状况；

3. 回答员工可能有的问题；

4. 征求对公司的评价及建议。

记录离职谈话清单，经员工和谈话经理共同签字，并分存公司和员工档案。

第十条　辞职员工因故不能亲临公司会谈，应通过电话交谈。

辞职手续

第十一条　辞职员工应移交的工作及物品：

1. 公司的文件资料、电脑磁盘；

2. 公司的项目资料；

3. 公司价值在40元以上的办公用品；

4. 公司工作证、名片、识别证、钥匙；

5. 公司分配使用的车辆、住房；

6. 其他属于公司的财物。

第十二条　清算财务部门的领借款手续。

第十三条　转调人事关系、档案、党团关系、保险关系。

第十四条　辞职人员若到竞争对手公司就职，应迅速要求其交出使用、掌握的公司专有资料。

第十五条　辞职人员不能亲自办理离职手续时，应寄回有关公司物品，或请人代理交接工作。

工资福利结算

第十六条　辞职员工领取工资，享受福利待遇的截止日为正式离职日期。

第十七条　辞职员工结算款项：

1. 结算工资。

2. 应得到但尚未使用的年休假时间。

3. 应付未付的奖金、佣金。

4. 辞职补偿金。按国家规定，每年公司工龄补贴 1 个月、最多不超过 24 个月的本人工资。

5. 公司拖欠员工的其他款项须扣除以下项目：

（1）员工拖欠未付的公司借款、罚金。

（2）员工对公司未交接手续的赔偿金、抵押金。

（3）原承诺培训服务期未满的补偿费用。

如应扣除费用大于支付给员工的费用，则应在收回全部费用后才予办理手续。

附　则

第十八条　公司辞职工作以保密方式处理，并保持工作连贯、顺利进行。

第十九条　辞职手续办理完毕后，辞职者即与公司脱离劳动关系，公司亦不受理在 3 个月内提出的复职要求。

第二十条　本办法由公司办公室主任解释、补充，经公司总经理批准颁行。

第十三节　员工退休管理办法

总　则

第一条　本公司为鼓励职员长期服务于公司，为了维护退休职员权益，特制定本办法。

适用范围

第二条　本办法适用于在公司工作达到一定期限的一般职员，订有 1 年以内期间的雇用契约者除外。

种　类

第三条　正常退休——属于下列情形之一者：

1. 服务满 25 年以上；

2. 早期退休——服务 20 年以上，年龄满 50 周岁；

3. 延期退休——符合正常退休条件后，经总经理认为必要时予以核定，可延长服务期限，至年龄满 60 周岁为止。

第四条　命令退休——属于下列情形之一者：

1. 年龄满 60 周岁；

2. 在延期退休中，因心神丧失或因身体残废不能胜任职务。

退休金的给付

第五条　退休金的种类：

1. 一次退休金；

2. 一次退休金及年金。

服务 15 年以上者，由退休职员就上列两种选任何一种，但确定后中途不得变更。

服务 5 年以上未满 15 年者仅可采用第一种。

第六条　基数——以退休职员最后 6 个月的薪金（包括底薪及职务津贴）总数为一个基数。服务满 5 年者，给付 10 个基数，每增 1 年加付 2 个基数；满 15 年时，给付 30 个基数；满 15 年至满 25 年止，每增 1 年加付 1.5 个基数，满 25 年以后每增 1 年加付 1 个基数，最高以 10 个基数为限；对于延期退休期间，其年资满 40 年以后，每增 1 年加付 1 个基数。

第七条　年金——采用一次退休金及年金时，除给付一次退休金 15 个基数外，另给付年金。服务满 5 年者，年金之月额按 1 个基数的 16% 计算，以后逐年增加。

第八条　早期退休——在达到正常退休年龄以前，每提前一年减少基数 4%。

退休金的加发

第九条　退休职员在服务期间对本公司业务有特殊贡献而功绩卓著者，可经总经理拟定提请董事长及副董事长核定，加发退休金。

第十条　本办法第三条第 4 项第 2 款规定的退休职员，其心神丧失或身体残废系因公伤病所致者，一次退休金依照第四条第 2 项加付 20%，年金一律按 1 个月基数的 50% 给付，其服务未满 5 年者以 5 年计。

伤病的认定

第十一条　本办法第三条第 4 项第 2 款所称的心神丧失或身体残废，以劳动保险残废给付标准表所定者为准。

第十二条　本办法第五条第 2 项所称的因公伤病系指有下列情形之一者而言：

1. 因执行职务所导致的危险而致伤病者；

2. 因特殊职业病者；

3. 在工作处所遭受不可抗力的危险而致伤病者。

服务年资的计算

第十三条　服务年资系按进入公司的月份起至退休之日止计算。退休之日以职员退休的月份为准。未满 1 年的尾数，其为 6 个月以上者以 1 年计算，不满 6 个月者以半年计。

第十四条　属于下列各项情况，不予计入职务年资：

1. 属于一年以内期间的劳动合同期间；
2. 停职期间，但非因公伤病，请假在两个月以内者，不受此限。

年龄的认定

第十五条　依据户口本所记载的资料为准。

给付期间

第十六条　一次退休金于职员经核准退休办妥离职手续后即予给付。

年金的给付期间及调整

第十七条　本公司调整职员薪金时，年金亦比照底薪部分调整。

早期退休的核准

第十八条　职员早期退休者须经总经理室指定或经申请核准。未经核准而离职者，以辞职或解聘论，其退职金依照本公司"职员退职金给付规则"的规则给付。

年金的转让与转换

第十九条　退休职员支领年金的权利不得转让他人。

第二十条　退休职员支取年金者，于本公司因故未能继续经营或转移给其他公司经营时，依其服务年资，并按本规则第四条第 2 项的规定换算一次退休金基数，对已领的一次退休金及年金应全额扣除。

年金的停止

第二十一条　支领年金之退休职员死亡时，其支领年金的权利应即停止。

奖金的给付

第二十二条　退休职员服务最后一日历年的奖金仍予给付。如为上半年内退休者，其一季奖金按实际服务月数比例给付；如为下半年内退休者，其冬季奖金亦按实际服务月数比例给付。服务月数按十足计算，即未满一个月的部分不计。奖金给付时间与本公司在职职员者相同。

不适用的规则

第二十三条　本办法实施后本公司"职员退职金给付规则"仍属有效，但不适用于职员退休。

附 则

第二十四条 本办法经本公司董事会通过后实施，修改时亦同。

第二十五条 本公司正式员工的退休，依本办法实行。

第二十六条 员工服务满 25 年以上，年满 55 周岁者，可申请退休。

第二十七条 员工有下列情形之一者，可命令其退休：

1. 年满 60 周岁者；

2. 心神丧失或身体残废，不胜任职务者，或因伤病逾特准病假期间仍未痊愈者。

前项第一款规定的年龄，如其服务单位主管认为必须留用者，就要呈请总经理核准，酌予延长，延长期限最高以 5 年为限。

第二十八条 前条所称心神丧失，系指神经受损伤及精神失常不能治疗者。所称残废，系指具下列情形之一者：

1. 失残视觉者；

2. 失残听觉者；

3. 失残语言功能者；

4. 失残一肢以上的机能者。

前项心神丧失或残废，以公立或劳保局指定医院的医师证明为凭。

第二十九条 申请退休或命令退休者，除依照本公司员工储蓄及退休福利基金计划请领退休金外，由董事会就其服务情形及对公司贡献成绩核对给特别退休金。

第三十条 本办法所称服务年资及年龄的认定，均自服务本公司（或出生）的年、月、日起计算，停薪留职期间，其服务年资以中断计算。

第三十一条 申请退休员工，应填具退休申请书，检附户籍卷本，转呈总经理核定。

第十四节 公司员工试用转正制度

一、新聘人员除董事长或总经理特批或劳动合同中约定无试用期者，可免予试用或缩短试用期外，一般都必须在劳动合同中约定须经过一至三个月的试用期。试用期最长不超过三个月。

二、试用人员由其直接上级对其进行工作态度、业务水平、工作能力的考核，直接上级每周要对试用员工的工作进行考核或评价，填写《试用员工周考核表》，对连续三周考核不合格者，退回人力资源部，办理调岗或辞退手续。

三、根据新聘员工培训结果和业绩表现情况，试用部门负责人可根据实际情况提出对该员工的转正申请，申请时须填写《转正审批表》，由人力资源部进行审核后，再由试用员工的隔级上级进行审批。

四、试用员工的绩效考核结果应在优良以上方有资格转正。

五、若试用部门在员工试用三个月内未能向人力资源部提出员工转正申请，人力资源部应及时向试用部门了解情况，以决定该员工是否转正或辞退。

六、员工转正以"直接上级提名，人力资源部审核，隔级上级批准"的原则进行。

七、人力资源部根据批准人意见，如批准办理转正手续，发放《试用人员转正通知单》。如不批准视情况不予聘用或调整岗位。试用人员转正后纳入公司日常人力资源管理。

第十五节　公司人员调动与降职管理规定

一、目的

第一条　为了规范公司人员的调动与降职管理工作，特制定本规定

二、人员调动管理

第二条　调动的定义

调动是组织内平行的人事异动，即没有提高职位，扩大调动人员的权利和责任，不增加薪金。

第三条　人员调动的原则

人员调动必须符合人力资源管理的基本原则，主要有：

符合企业的经营方针；

符合相关的人事政策；

提高员工任职能力，做到适才适用。

第四条　人员调动的实施

依据以上原则，凡属下列情况的企业应对员工实施职位调动：

配合企业的经营任务；

调整企业结构促成企业员工队伍的合理化；

适合员工本人的能力；

缓和人员冲突，维持组织正常秩序。

三、人员降职管理

第五条　降职的定义

降职即从原有职位降到较低的职位，降职的同时意味着削减或降低被降职人员的地位权利、机会和薪金，所以降职实际上是一种带有惩处性质的管理行为。

第六条　降职的原因

大多数情况下，下列情形可对员工进行降职处理：

1. 因为企业机构调整而精简工作人员；

2. 因为不能胜任本职工作调任其他工作又没有空缺；

3. 应员工要求如身体健康状况不好不能承担繁重工作等而对员工降职；

4. 依照考核与奖惩规定对员工进行降职。

第七条 降职的程序

降职程序一般是由用人部门提出申请报送人力资源部门，人力资源部门根据企业政策对各部门主管提出的降职申请事宜予以调整，然后呈请主管人事的上级核定。凡已经核定的降职人员，人力资源部门应以人事变动发布通告，并以书面形式通知降职者本人。公司内各级员工收到降职通知后，应于指定日期内办理好移交手续，履任新职不得借故推诿或拒绝交接。

第八条 降职的审核权限

依据企业人力资源管理规则审核权限一般按以下核定：

高层管理人员的降职由企业最高管理者裁决人事部备案。

各部门主管人员的降职由人事部提出申请报总经理核定。

各部门一般管理人降职由用人部门或人事部提出申请报经理审核由总经理核定。

一般员工的降职由用人部门提出申请报人事部核准。

第九条 降职的薪金处理

降职时其薪金由降职之日起重新核定，凡因兼代职务而加发的职务津贴在免除兼代职务后，其薪金按新的职务标准发放。

第十条 附则

如果被降职的人员对降职处理不满，可向人事部提出申请，未经核准前不得出现离开现职或怠工现象。

第十六节 人员调动与晋升管理制度

第一条 公司可根据工作需要调整职员的工作岗位，职员也可以根据本人意愿申请在公司各部门之间流动。职员的调动分为部门内部调动和部门之间调动两种情况：

一、部门内部调动：是指职员在本部门内的岗位变动，由各部门经理根据实际情况，经考核后，具体安排，并交人力资源部存档。

二、职员部门之间调动：是指职员在公司内部各部门之间的流动，须经考核后拟调入部门填写《职员调动申报表》，由所涉及部门的主管批准并报总经理批准后，交由人力资源部存档。

第二条 晋升制度：

一、为提高员工的业务知识及技能，选拔优秀的人才，激发员工的工作热情，制定此办法。

二、晋升分四种：

1. 职等职务同时升迁；

2. 职等上升、职务不变；

3. 职等不变、职务上升；

4. 与职务无关的资格晋升。

补充概念：

1. 职系：是指一些工作性质相同，而责任轻重和困难程度不同，所以有职级、职等不同的职位系列。简言之，一个职系就是一种专门的职业（如机械工程职系）。

2. 职组：工作性质相近的若干职系综合而成为职组（如：人力资源管理和劳动关系职组包括 17 个职系）。

3. 职级：指将工作内容、难易程度、责任大小、所需资格皆很相似的职位划分为同一职级，实行同样的管理使用与报酬。

4. 职等：工作性质不同或主要任务不同，但其困难程度、职责大小、工作所需资格等条件充分相同之职级的归纳称为职等。同一职等的所有职位，不管它们属于哪一职系的哪一职级，其薪金报酬相同。

（一）每季度人事考核成绩一直是优秀者，再考察该职员以下因素：

1. 具备较高的职位技能；

2. 有关工作经验和资历；

3. 在职工作表现及品德；

4. 完成职位所需要的有关训练课程；

5. 具有较好的适应性和潜力。

（二）晋升：分定期不定期。

1. 定期：每年×月×日，根据人事考核办法（另行规定）和组织经营情况，统一实施。

2. 不定期：

（1）破格提升：职员在平时人事考核中，对组织有特殊贡献、表现优异者，随时得以提升，每年破格提升的名额控制在 10% 左右。

（2）工龄工资：在公司服务满 3 年，工龄工资增加 30 元/月，4 年到 5 年，工龄工资增加 45 元/月，6 年及以上的增加 60 元/月，6 年后不再增加。

（三）晋升操作规程：

凡部门呈报晋升者，部门准备下列资料：

1. 《职员调动、晋升申报表》。

2. 员工的人事考核表。

3. 主管鉴定。

4. 具有说服力的事例。

5. 其他相关材料。

人力资源部则根据该表中调整的内容填写《工资通知单》，一式两份，一份交由本人，一份由人力资源部存档。

第十七节　离职人员物品移交程序

第一条　为规范离职人员物品移交手续，特制定本程序。

第二条　离职人员应填具物品移交表，由接收人员点收签名以清手续。

第三条　各部接收人员：离职者为外勤人员时，接收人员为其直属主任；离职者为内勤人员时，接收人员为该部经理所指定的人员。

第四条　离职人员获准离职后，人力资源部或财务部（会计组及总务组）应填具移交表一式三份（必要时离职人员须附明细表三份），经点收人员接收签名交稽核室核对并结清账目后，由离职人员留存一份，一份由会计组留存作账，一份交人力资源部呈请总经理发出离职证明后归档。

第五条　接收程序：

（1）所属部门；

（2）稽核室；

（3）财务部；

（4）人力资源部。

第六条　外勤人员（包括业务代表、业务员、护士、家访员、收款员）离职时，应将未收账款根据手存账单编列应收账款明细表一式三份，经该外勤人员及其主任逐页签字后，转交稽核室核对账目。稽核室应尽快将结果通知其主任。若经核对无误，一份交稽核室自存，余两份分别由直属主任及离职人员留存。

第七条　新任外勤人员，由直属主任接收账单后，应于旧任人员离职后三个月内访问各接收账项的客户，以清理或确定本公司的债权。如发现账目不符，或离职人员已收款或已退货而未交公司等，应取得客户证明，寄交稽核室处理；逾期发现的问题概由新任外勤人员负责（清单上应注明三个月后发现的问题，概由新任外勤人员负责，以示责任的归属）。

第八条　原外勤人员离职后两个月账款未清的，由人力资源部通知新任外勤人员，提醒期限，清理账款。

第九条　稽核室于收到新任外勤人员寄来的客户证明，经与账目核对无误后一周内，列表通知部门经理，副本抄送财务经理。

第十条　稽核室应将离职人员应缴还的金额或不符的账目通知离职人员，该人员于接到通知后两周内须到公司清结账款。若逾期不到或虽到而未能清结时，稽核室应立即向保险公司请求赔偿，再由保险公司依法向离职人员及保险人追诉。

第十一条　本公司员工离职时，各部须通知人力资源部，由人力资源部以书面形式通知财务部冻结支付任何款额，待账目经稽核室核对清结，并由该部经理核准支付后，始由人力资源部请款支付。

第十二条　属于公司的物品，其使用者于离职时，应按本程序归还公司。

第十八节 晋升制度

第一条 为提高员工的业务知识及技能，选拔优秀人才，激发员工的工作热情，特制定晋升管理办法。

第二条 晋升较高职位依据下列因素：

（1）具备较高职位的技能；

（2）有关工作经验和资历；

（3）在职工作表现及操行；

（4）完成职位所需的有关训练课程；

（5）具有较好的适应性和潜力。

第三条 职位空缺时，考虑内部人员，在没有合适人选时，考虑外部招聘。

第四条 员工晋升分定期和不定期两种。

（1）定期。每年×月及×月依据考核评分办法（另行规定），视组织运营状况，统一实施晋升计划。

（2）不定期。员工在年度进行中，对组织有特殊贡献、表现优异者，可随时予以提升。

（3）试用人员成绩卓越者，由试用单位推荐晋升。

第五条 晋升操作程序。

（1）人力资源部根据组织政策于每年规定期间内，依据考核资料协调各部门主管提出的晋升建议名单，呈请核定。不定期者，则另做规定。

（2）凡经核定的晋升人员，人力资源部以人事通报发布，晋升者则以书面形式个别通知。

第六条 晋升核定权限。

（1）副董事长、特别助理、总经理由董事长核定；

（2）各部门主管，由总经理以上人员提议呈董事长核定；

（3）各部门主管以下各级人员，由各一级单位主管提议，呈总经理以上人员核定，报董事长复核；

（4）普通员工由各一级单位主管核定，报总经理以上人员复核，并通知财务部门和人事资源部。

第七条 各级职员接到调职通知后，应于指定日期内办妥移交手续，就任新职。

第八条 凡因晋升变动其职务，其薪酬由晋升之日起重新核定。

第九条 员工年度内受处罚未抵消者，次年不得晋升职位。

第十条 本办法于×××年×月×日正式生效。

第十九节　员工离职单

工作单位		姓名		工卡号码		宿舍编号	
职别		到职日期		离职日期		衣柜号码	
离职原因							
所属部门	主管意见		经理		交接物品 （1）工具 （2）手册		
人力资源部	（1）出入证 （3）衣柜锁 （5）住宿 （7）其他	（2）员工手册 （4）劳保 （6）图书		人力资源主管			
会计部	（1）应领薪资 （2）扣缴金额 （3）实际薪资		出纳		会计经理		
总经理批示		备注					

第二十节　员工任免通知书

原驻		姓名	动态	派驻新职		
单位	职别			单位	职别	股本薪额
附注	自　　　年　　　月　　　日起生效。					

核定如下：

1.

2.

3.

总经理：

年　　月　　日

第二十一节　离职人员应办手续清单

姓名			单位		
职别			日期		
程序	承办单位	办理事项		应扣款项	经办人
1	人	凭批准之离职申请单通知			
2	工作单位	1. 指定代理人　　2. 移交			
3	仓储	清理领用工具及物料			
4	资料	清理借用图书资料			
5	总	1. 清理伙食　2. 搬离宿舍　3. 借用被服			
6	人	1. 收回员工识别证 2. 员工守则及结算出勤日期			
7	会计	1. 清发薪资　　　2. 结算应扣款			
8	福利	清偿时期福利社账款			
9	警卫	1. 清理携出物品及行李 2. 通知当日离厂			
10	备注				

参考文献

1. 赵文明编著. 高效管理员工 16 法. 北京：中国致公出版社，2005 年
2. 徐文锋主编. 员工管理一日通. 广州：广东经济出版社，2007 年
3. 李剑编著. 员工管理. 北京：企业管理出版社，2002 年
4. 张培弛编著. 领导七术. 北京：中国商业出版社，2006 年
5. 金和编著. 实用领导艺术. 北京：中国纺织出版社，2007 年
6. 申望，周欣编著. 员工管理实用全书. 北京：中国致公出版社，2007 年
7. 周理弘编著. 员工管理实务全书. 北京：中国致公出版社，2007 年
8. 魏进编著. 员工管理完全攻略. 北京：中国纺织出版社，2006 年
9. 程玉谦主编. 新编企业员工管理制度范本大全. 北京：蓝天出版社，2007 年
10. 文征编著. 激励员工的 80 个手段. 北京：中国致公出版社，2006 年
11. 刘莹编著. 管人用人艺术全书. 北京：新世界出版社，2007 年
12. 高业编著. 管人必备的权谋术. 北京：中国致公出版社，2008 年
13. 李津主编. 现代企业经典管理制度. 海口：海南出版社，2006 年
14. 苏钧编著. 小企业员工招聘、绩效考核与薪酬管理. 北京：中国致公出版社，2007 年
15. 陈东升编著. 小企业员工管理必备手册. 北京：经济科学出版社，2006 年
16. 徐翔编著. 管理员工有手段. 北京：中国华侨出版社，2006 年
17. 苏晓光主编. 搞定你的员工. 哈尔滨：哈尔滨出版社，2007 年
18. 李美灵编著. 员工问题的 136 个怎么办. 北京：海潮出版社，2006 年
19. 许宗权编著. 管理员工有绝招. 北京：民主与建设出版社，2003 年
20. 刘丰编著. 员工综合素质. 北京：时事出版社，2007 年
21. 李永倬. 王永莉编著. 私营企业员工管理手册. 北京：企业管理出版社，2001 年
22. 劳动和社会保障部法制司组织编写. 劳动者维权手册. 北京：中国劳动社会保障出版社，2003 年
23. 法律出版社法规中心编. 劳动合同法实用问答. 北京：法律出版社，2008 年
24. 嵇绍军，王伟著. 工伤事故索赔全程操作. 北京：法律出版社，2006 年
25. 戴文龙编著. 现代企业管理制度大全. 广州：广东经济出版社，2004 年
26. 李玉萍，许伟波，彭于彪著. 绩效·剑. 北京：清华大学出版社；2008 年

— 772 —

27. 秦志华著．人力资源总监——企业与员工的共同发展．北京：中国人民大学出版社，2003 年

28. 赵曼主编．人力资源开发与管理．北京：中国劳动社会保障出版社，2002 年

29. 孙泽厚，罗帆主编．人力资源管理——理论与实务．武汉：武汉理工大学出版社，2007 年

30. 胡文虎编．人力资源管理职位指导手册．北京：中国纺织出版社，2008 年

31. 盖勇等编著．薪酬管理．济南：山东人民出版社，2004 年

32. 刘伟，刘国宁主编．中国总经理工作手册．北京：中国言实出版社，2006 年

33. 白光主编．人力资源与企业文化战略．北京：中国经济出版社，2004 年

34. 申望编著．员工管理手册．北京：民主与建设出版社，2004 年

35. 本书编写组编著．新编员工考核与薪酬管理必备制度与表格．北京：企业管理出版社，2005 年

36. 张爱卿，钱振波主编．人力资源管理：理论与实践．北京：清华大学出版社，2008 年

37. 章达友编著．人力资源管理．厦门：厦门大学出版社，2003 年

38. 程爱学主编．人事总监．北京：北京大学出版社，2005 年

39. 张建国，陈晶瑛主编．现代人力资源管理．成都：西南财经大学出版社，2005 年

40. 金延平主编．人员培训与开发．大连：东北财经大学出版社，2006 年

41. 董福荣，刘勇编著．现代企业人力资源管理创新．广州：中山大学出版社，2007 年

42. 吴振兴主编．人事经理工作手册．哈尔滨：哈尔滨出版社，2006 年

43. 陈远敦，陈全明主编．人力资源开发与管理．北京：中国统计出版社，2001 年

44. 现代企业经典管理范本与表例研究中心编．现代企业经典管理制度1000例．北京：中国大地出版社，2003 年